Ai

- 全视频教学
- 全彩印刷
- 超值内容
- 海量素材

卢秋帆　温培利　编著

全视频课堂

中文版 Illustrator CC 2017 平面设计与制作 208例

随书附赠 1DVD 高质量全视频教学

内容涵盖了近千个素材文件、源文件和最终效果文件，以及全书 208 个案例的全部视频教学文件，使读者可以充分享受到专家课堂式讲解，保证了学习质量和学习效率。

- 本书内容全面，以提高读者的实际动手能力为出发点，覆盖了中文版 Illustrator CC 2017 软件的全方位技术与技巧，全书精心安排了 208 个实训案例，由浅入深，由易到难，逐步引导读者系统地掌握软件操作技能和相关行业知识。
- 全面介绍软件技术与制作经验的同时，还专门为读者安排了许多知识拓展内容，以方便读者在遇到问题时可以及时得到准确、快速的解答。
- 每个案例都经过作者精挑细选，具有很强的典型性和实用性以及极高的参考价值，读者可以边做边学，从一个新手快速成长为平面设计与制作高手。

北京希望电子出版社
Beijing Hope Electronic Press
www.bhp.com.cn

内 容 简 介

本书由浅入深、循序渐进地介绍了中文版 Illustrator CC 2017 的使用方法和操作技巧。

全书共 14 章，包括 Illustrator CC 2017 新手入门、绘制图形、简单的图形对象、填充与描边图形对象、钢笔与路径、文字、混合和封套、图层、动作和蒙版、符号与图表、艺术效果和滤镜。还进一步讲解了海报设计、户外广告设计、杂志广告设计、企业 VI 设计、包装设计等领域的内容。书中各章均围绕综合实例进行介绍，便于提高和拓宽读者对 Illustrator CC 2017 基本功能的掌握与应用。

本书内容详实，结构清晰，语言流畅，实例分析透彻，操作步骤简洁实用，适合作为大中专院校数字媒体艺术、广告设计制作等相关专业的教材，同时也可以作为社会各类初、中级平面设计培训班的教学用书。本书还适合从事平面设计、广告设计、包装设计、插画设计、网页设计的人员学习使用。

本书配套资源包含书中 208 个案例的多媒体影音教学、素材文件和最终作品效果文件，绘声绘影的讲解让您一学就会、一看就懂。

图书在版编目（CIP）数据

中文版 Illustrator CC 2017 平面设计与制作 208 例 ：全视频课堂 /卢秋帆, 温培利编著. -- 北京 ：北京希望电子出版社, 2019.1

ISBN 978-7-83002-599-1

Ⅰ. ①中… Ⅱ. ①卢…②温… Ⅲ. ①平面设计－图形设计 Ⅳ. ①TP391.412

中国版本图书馆 CIP 数据核字(2018)第 250074 号

出版：北京希望电子出版社
地址：北京市海淀区中关村大街 22 号
中科大厦 A 座 10 层
邮编：100190
网址：www.bhp.com.cn
电话：010-82620818（总机）转发行部
010-82626237（邮购）
传真：010-62543892
经销：各地新华书店

封面：深度文化
编辑：周卓琳 全 卫
校对：刘 伟
开本：889mm×1194mm 1/16
印张：24（全彩印刷）
字数：735 千字
印刷：北京博图彩色印刷有限公司
版次：2019 年 3 月 1 版 1 次印刷

定价：89.90 元（配 1 张 DVD 光盘）

前 言 PREFACE

随着计算机的快速发展，人们越来越习惯使用电脑进行美术创作和作品设计，但困扰广大初学者的一个问题是，如何快速掌握软件的使用方法和创作技巧？本书就是在这样的背景下构思的。作者在相关知识的学习过程中有着深刻的体会，希望本书能够帮助读者在学习的过程中达到事半功倍的效果。

Illustrator CC 2017是一款矢量图形处理软件，它以便捷的操作、强大的图像处理功能，在平面设计和计算机绘图领域占据着非常重要的地位，被广泛应用到社会生活中的各个领域。本书通过Illustrator在各行各业的应用实例，完整介绍Illustrator CC 2017中文版从绘制基本图形、路径编辑、不同蒙版的应用到滤镜与效果的特效创建等知识。还全面介绍了Illustrator在不同行业应用中的特点，使读者在制作实例的过程中掌握绘制图像的基本知识。

全书分为14章，各章的主要内容如下。

第1章，Illustrator CC 2017新手入门。介绍如何安装、启动、卸载Illustrator CC 2017，并学习该软件的一些基本操作。

第2章，绘制图形。讲解矩形工具、圆角矩形工具、椭圆工具、多边形工具、星形工具、光晕工具等的绘制方法和绘制技巧。

第3章，简单的图形对象。讲解通过不同的方法选择图形对象、对象的移动、复制、锁定、编组、调整对象的层次，还讲解了对象的对齐与分布、显示和隐藏、删除和恢复等命令的使用。通过中秋之夜、田园风光以及情人节贺卡等实例的设计制作，使读者进一步巩固对编辑图形对象命令的掌握。

第4章，填充与描边图形对象。主要讲解Illustrator CC 2017中的填充和描边功能，包括单色填充、渐变填充、渐变网格填充、图案填充等，只要可以想象到的填充效果，都可以实现。

第5章，钢笔与路径。讲解钢笔工具、路径编辑命令和路径查找器面板的使用，通过记事本、卡通鸡、海豚、热气球、玩具熊、圣诞蜡烛等实例的讲解，使读者进一步掌握钢笔工具和路径查找器面板的使用。

第6章，文字、混合和封套。通过菜谱及桌面餐牌设计、宣传单排版、商场特价吊牌正面、商场特价吊牌背面、招聘广告、标签文字、发光文字、粉笔文字、凹凸文字等实例讲解文字工具组的使用方法和技巧。除此之外，还讲解了混合工具和封套命令的使用。

第7章，图层、动作和蒙版。讲解图层、动作面板及蒙版命令的使用，用户可以通过【图层】面板对图层进行操作及管理。在制作复杂的图形对象时，可将不同的内容放置不同的图层，使管理对象变得更为简洁方便。与此同时，本章还会对蒙版进行简单的学习。

第8章，符号、图表和样式。通过学习使用符号工具和图表工具，可以绘制各种符号和创建多种图表，明显地提高工作效率。

第9章，艺术效果和滤镜。讲解裁剪标记、扭曲和变换效果组、风格化效果组、像素化效果组、扭曲效果组、模糊效果组、画笔描边效果组、素描效果组、纹理效果组、艺术效果组等命令的使用。

第10章，海报设计。讲解芭蕾舞演出海报、简易海报设计、篮球海报、旅游海报、公益海报的制作方法。

第11章，户外广告设计。讲解相机广告、汽车户外广告、创意设计大赛活动广告、活动广告的制作方法。

第12章，杂志广告设计。讲解汽车杂志广告、DM版式设计、杂志封面设计、家居杂志广告、相机杂志广告、化妆品杂志广告的制作方法。

第13章，企业VI设计。讲解尚品装饰 Logo、翰和旅行社Logo、名片、工作证正面、工作证反面、档案袋、信封制作的制作方法。

第14章，包装设计。讲解月饼包装、牙膏盒包装、酸奶包装设计、香烟包装设计、制作化妆品包装、制作丝绸包装的制作方法。

本书总结了作者多年从事影视编辑工作的实践经验，目的是帮助想从事影视制作行业的广大读者迅速入门并提高学习和工作效率，同时对有一定视频编辑经验的人士也有很好的参考作用。

由于本书工作量巨大，参与本书编写及内容整理、视频录制的还有：朱晓文、李少勇、刘蒙蒙、陈月娟、陈月霞、刘希林、黄健、刘希望、黄永生、田冰、张锋、相世强、王强、牟艳霞、李玉霞、唐琳等老师，在此一并表示感谢。

本书疏漏之处在所难免，恳请读者和专家批评指正。

编著者

目 录 CONTENTS

第5章 钢笔与路径

第6章 文字、混合和封套

第7章 图层、动作和蒙版

第8章 符号与图表

第9章 艺术效果和滤镜

第10章 海报设计

第11章 户外广告设计

第12章 杂志广告设计

第13章 企业VI 设计

第14章 包装设计

第1章 Illustrator CC 2017新手入门

Illustrator CC 2017是由Adobe公司开发的一款专业的矢量绘图软件，功能强大、工具众多。本章中将介绍如何安装、启动、卸载Illustrator CC 2017，并学习该软件的一些基本操作，帮助读者在设计与制作作品时，知道该从何处下手，该从哪些方面切入正题。

实训练习001 Illustrator CC 2017的安装

想要学习和使用Illustrator CC 2017，首先要正确安装该软件，本实例将讲解如何安装Illustrator CC 2017。

素材	无
场景	无
视频	视频教学 | Cha01 | Illustrator CC 2017的安装.MP4

❶ 将Illustrator CC的安装光盘放入光盘驱动器，系统会自动运行Illustrator CC的安装程序。屏幕中会弹出一个安装初始化，如图1-1所示，这个过程大约需要几分钟的时间。

图1-1 初始化程序

❷ 弹出Illustrator CC的安装路径，安装过程需要创建一个文件夹，用来存放Illustrator CC全部的安装内容。如果用户希望将Illustrator CC安装到默认的文件夹中，直接单击【安装】按钮即可，如果想要更改安装路径，可以单击安装位置右边的【更改】按钮，在磁盘列表中选择需要安装到的磁盘，如图1-2所示。

❸ 用户选择好安装的路径之后，单击【安装】按钮，开始安装Illustrator CC软件，如图1-3所示。

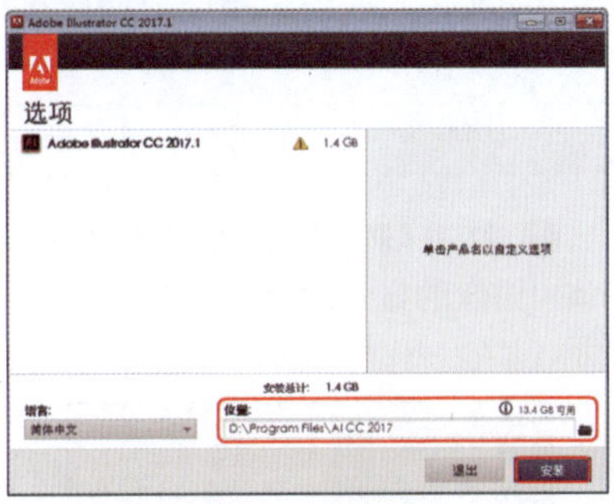

图1-2 安装路径

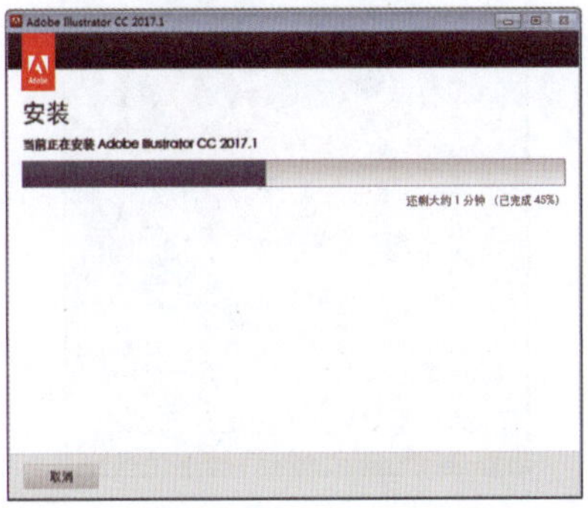

图1-3 安装进程

❹ Illustrator CC 2017安装完成后，会显示一个安装完成的窗口，如图1-4所示。

图1-4 安装完成界面

❺ 单击【关闭】按钮，完成Illustrator CC 2017的安装。软件安装结束后，Illustrator CC会自动在Windows程序组中添加一个Illustrator CC 2017的快捷方式，如图1-5所示。

图1-5 Illustrator CC 2017快捷方式

实训练习002 Illustrator CC 2017的启动与退出

本实例将讲解如何启动与退出Illustrator CC 2017。

素材	无
场景	无
视频	视频教学 | Cha01 |实训练习002 Illustrator CC 2017的启动与退出.MP4

❶ 双击桌面上的Illustrator CC快捷方式就可以进入Illustrator CC 2017的工作界面，如图1-6所示，这样程序就启动完成了。

图1-6 Illustrator CC的工作界面

❷ 退出程序可以单击Illustrator CC 2017工作界面右上角的 × 按钮关闭程序， 也可以单击菜单栏中的【文件】|【退出】命令退出程序，如图1-7所示。

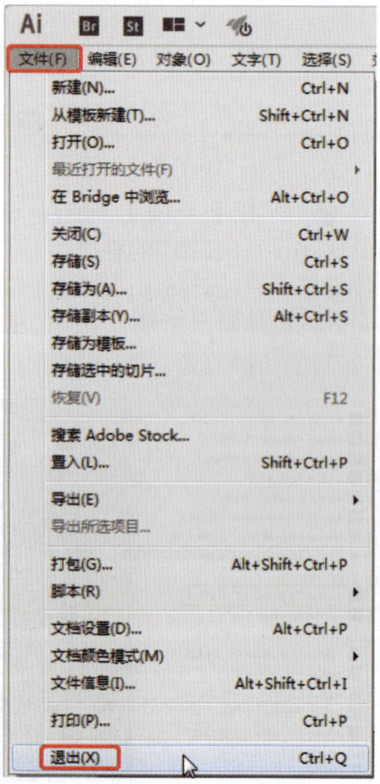

图1-7 选择【退出】命令

知识链接

Illustrator CC 2017在设计流程中的应用

Illustrator没有Photoshop强大的图片处理功能，也不能像InDesign那样能快速无误地排版多页面出版物，它主要用于制作标志、包装设计和插画等，是一个矢量绘图软件。了解Photoshop、Illustrator和InDesign三个软件的不同功能有助于设计师合理使用软件，完成作品的制作。

通过下面的流程图，设计师能直观地看到三个软件的不同作用，以及它们共同协作完成作品的制作流程，如图1-8所示。

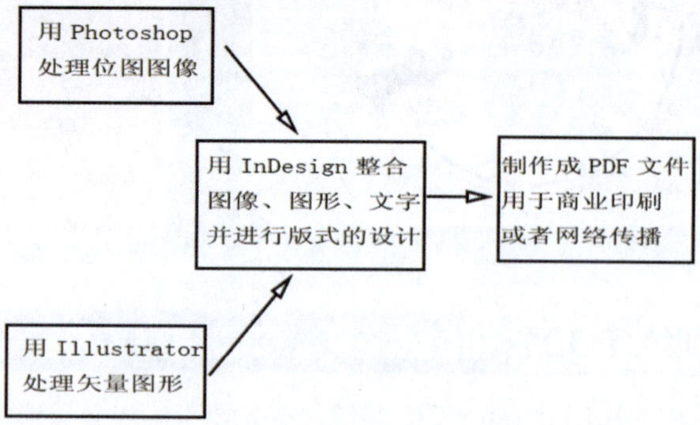

图1-8 设计流程图

实训练习003 图像的显示比例

本实例主要帮助用户掌握更改图像显示比例常用的操作方法，即通过缩放工具、更改视图显示的菜单命令以及通过导航器面板设置三种方法实现。

素材	素材|Cha01|图像的显示比例.ai
场景	无
视频	视频教学 | Cha01 |实训练习003 图像的显示比例.MP4

❶ 打开随书配套资源中的素材|Cha01|图像的显示比例.ai文件，如图1-9所示。

图1-9 打开素材文件

❷ 使用【缩放工具】，移动鼠标指向图形，此时指针变为状态，单击鼠标则按一定比例放大图形对象。按住Alt键不放，指针变为状态时，指向图形单击鼠标就会缩小对象，如图1-10所示。

图1-10 缩放图形1

❸ 选择菜单栏中的【视图】|【放大】命令，放大对象。选择菜单栏中的【视图】|【缩小】命令，缩小对象，如图1-11所示。

图1-11 缩放图形2

❹ 选择菜单栏中的【视图】|【画板适合窗口大小】命令，此时对象会最大限度地显示在工作界面中并保持其完整性，如图1-12所示。

图1-12 画板调至适合窗口大小

提 示

按Ctrl++组合键可以放大对象。

按Ctrl+—组合键可以缩小对象。

按Ctrl+0组合键可快速将画板调至适合的窗口大小。

❺ 选择菜单栏中的【视图】|【实际大小】命令，可将对象按100%的比例显示效果，如图1-13所示。

图1-13 显示【实际大小】比例效果

❻ 选择菜单栏中的【视图】|【全部适合窗口大小】命令，可将对象按100%的比例显示效果，如图1-14所示。

图1-14 按100%的比例显示效果

提 示

按Ctrl+1组合键，可快速执行【视图】|【实际大小】命令。

按Ctrl+Alt+0组合键，可快速执行【视图】|【全部适合窗口大小】命令。

❼ 如果想要对图形的局部区域进行放大，可以使用【缩放工具】，在需要放大的区域拖拽鼠标即可，如图1-15所示。

图1-15 选择要放大的区域

❽ 释放鼠标后，被框选的区域就会放大显示并填满整个窗口，如图1-16所示。

图1-16 放大区域

❾ 使用【导航器】面板也可以控制图像的显示比例，包括在左下角输入数值，单击【缩小】按钮或【放大】按钮，都可按一定比例放大或缩小对象，如图1-17所示。

图1-17 导航器

知识链接

平面专业的应用领域及就业范围

Illustrator广泛应用于广告平面设计、CI策划、网页设计、插图创作、产品包装设计、商标设计等领域，下面简单介绍Illustrator在这几方面的应用。

1. 广告平面设计

在广告平面设计中，Illustrator起到非常重要的作用，无论是图书封面，还是大街上看到的招帖、海报，这些包含丰富图像的平面印刷品，都需要Illustrator的参与，如图1-18所示。

图1-18 海报

2. CI策划

Illustrator在CI设计领域应用广泛。CI，也称CIS，是英文Corporate Identity System的缩写，目前一般译为"企业视觉形象识别系统"。CI设计即有关企业视觉形象识别的设计，包括企业名称、标志、标准字体、色彩、象征图案、标语、吉祥物等方面的设计。使用Illustrator设计出的作品能够满足高品质的CI设计要求，如图1-19所示。

SUMGLE 上格电子

图1-19 企业标志

3. 网页设计

随着互联网技术的发展，各企业和机构在网络上的竞争也日趋激烈，为了吸引眼球，企业和机构都在想方设法在利用网络形象上包装自己，以使自己在同行业的竞争中脱颖而出。Illustrator在网页设计中主要辅助设计企业LOGO、网标以及视觉上的排版，如图1-20所示。

BOX

图1-20 移动新业务网页设计

4. 插图创作

在现代设计领域中，插画设计可以说是最具有表现性的，插画是运用图案的表现形式，本着审美与实用相统一的原则，达到设计形象清晰，制作方便。绘画插图多少带有设计者主观意识，无论是幻想的、夸张的、幽默的、情绪化的还是象征化的情绪Illustrator可以反复运用分割、直线与色彩创造出平面与单纯化的效果，如图1-21所示。

图1-21 卡通插图

5. 产品包装设计

产品包装设计即指选用合适的包装材料，针对产品本身的特性以及受众的喜好等相关因素，运用巧妙的制作工艺，为产品的容器结构造型和包装的美化装饰进行设计。Illustrator在出版、图像处理上有很强的精度和控制能力，图像可以转换成可编辑的矢量图案，使设计师在使用的过程中随心所欲。它在颜色取样上非常精确，这就让整个设计能够满足客户所要的高要求的色差，如图1-22所示。

图1-22 食品包装——月饼

实训练习004 新建和打开文件

本实例讲解新建和打开文件的基本操作。

素材	素材|Cha01|万圣节.ai
场景	无
视频	视频教学 | Cha01 |实训练习004 新建和打开文件.MP4

❶ 在Illustrator CC 2017中选择菜单栏中的【文件】|【新建】命令，在弹出的【新建文档】对话框中设置【名称】为【空白文件】，将【宽度】和【高度】都设置为500，【单位】设置为【像素】，将【画板数量】设置为1，【出血】设置为3mm，其他采用默认选项即可，如图1-23所示。

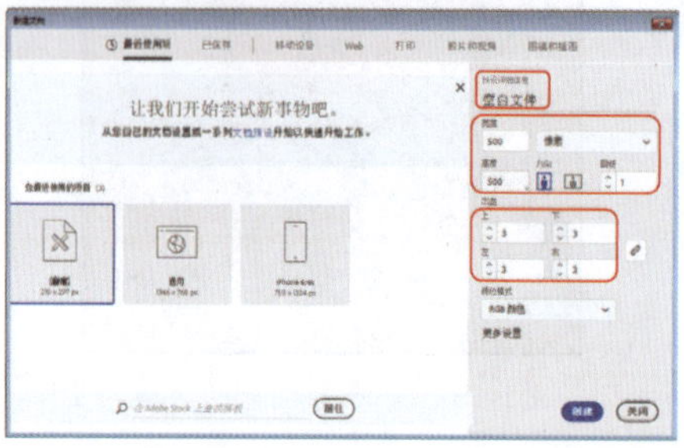

图1-23 新建文件

❷ 设置完成后，单击【创建】按钮，此时根据选项创建新的文档，如图1-24所示。

图1-24 创建新的文档

❸ 在菜单栏中选择【文件】|【打开】命令，在弹出的对话框中选择随书配套资源中的素材|Cha01|万圣节.ai素材文件，如图1-25所示。

知识链接

Illustrator中提到的“出血”是什么意思？

为什么要叫“出血”？这有什么含义？

出血在成品切边的时候起作用。切纸时不可能是一张一张切的，纸张经过推齐，但事实上不可能都很齐，在切的过程中，可能导致每张纸所切的边缘位置都不一样，如果没有出血，被切多的纸将会丢失内容，被切少的纸将会有白边出现。

出血就是把边缘再多留出3mm，虽然多留的3mm的部分将被切掉，但避免了被多切或少切而出现的问题。

此外，在拼版时，还要考虑留出印刷机夹取纸张的位置，称为“叨口”或者“衔头”。

通常A4纸大小的都要设为216×303cm，实际上A4纸的大小为210×297cm。如果做的杂志是420×297cm大小的，那么建立文档时应该设为426×303cm。

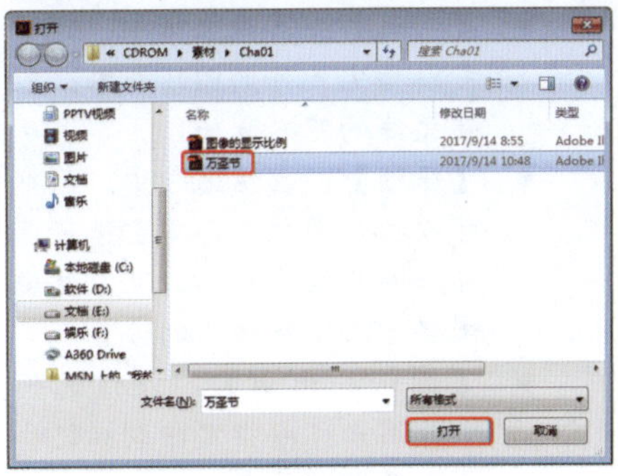

图1-25 打开素材文件

❹ 打开素材文件后的效果，如图1-26所示。

图1-26 万圣节素材

知识链接

什么是AI格式？

AI是Adobe Illustrator 的文件格式。该格式文件为矢量图。它的优点是占用硬盘空间小，打开速度快，方便格式转换，现已成为业界矢量图的标准。

几乎所有的图形软件都能导入AI格式，其地位就像点阵图中的jpg一样。

例如Photoshop，Animate（flash），3d max，Maya，CorelDraw等等都能导入AI，但编辑还得用Illustrator。

这里需要提的一点是Illustrator自带的一些样本需要打散才能导到别的软件里。

AI与EPS的转换

AI格式与EPS格式的转换主要用于和CorelDraw以及其他矢量软件的交互。

AI格式转换为EPS格式只需要在Illustrator中另存为即可。EPS转换为AI只需要用Illustrator打开EPS文件，然后保存，软件会提示保存为AI格式。

AI与CDR的转换

AI格式与CDR格式的转换仅用于Illustrator与CorelDraw之间的转换。

如果是低版本的AI格式文件，不用转换，用高版本的CorelDraw可直接打开。如果不满足前面的条件，那么就只能按上面所述，先存为EPS格式，用CorelDraw打开，再转换为CDR格式。CDR文件可以直接另存为AI格式。

实训练习005 保存文件

本实例将讲解如何保存素材文件。

素材	无
场景	场景|Cha01|矢量插画.eps
视频	视频教学 | Cha01 |实训练习005 保存文件.MP4

❶ 继续上一实例的操作，在菜单栏中选择【文件】|【储存为】命令，如图1-27所示。

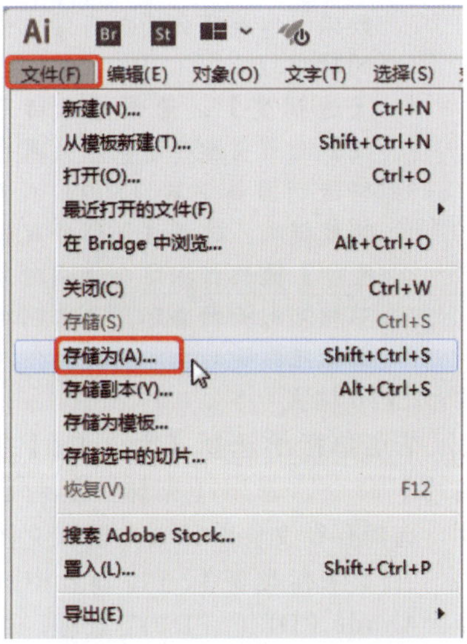

图1-27 选择【储存为】选项

❷ 弹出【储存为】对话框，设置保存路径，将文件名称设置为【矢量插画】，将【保存类型】设置为Illustrator EPS（*.EPS），单击【保存】按钮，即可存储文件，如图1-28所示。

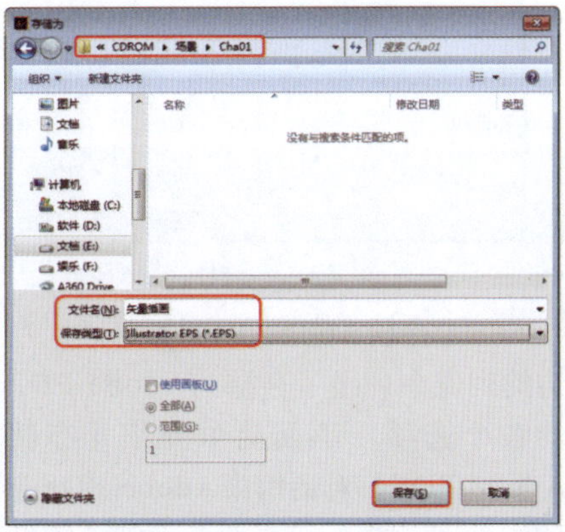

图1-28 【另存为】对话框

❸ 弹出【EPS选项】对话框，保持默认设置，单击【确定】按钮，如图1-29所示。

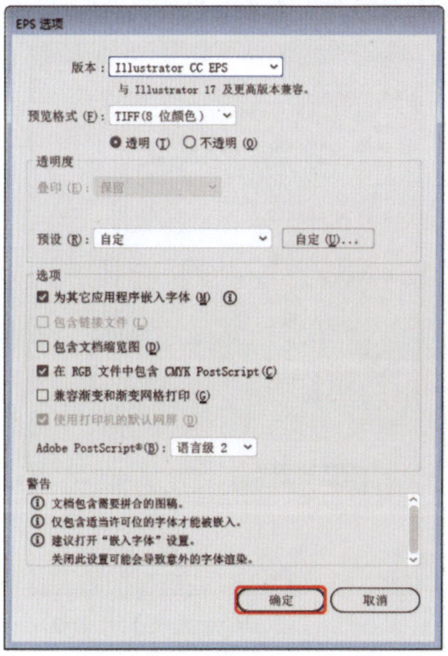

图1-29 【EPS】选项

知识链接

图形的文件格式

在Illustrator CC 2017中可以将设计的图稿存储为4种基本文件格式：AI、PDF、EPS和SVG。这些格式都可以保留所有Illustrator的数据。

提 示

如果将在Illustrator中设计的图稿保存为PDF和SVG格式，必须选择【保留Illustrator 编辑功能】选项，才能保留所有Illustrator数据。

1. AI格式

在菜单栏中选择【文件】|【存储为】菜单命令，弹出【存储为】对话框，如图1-30所示。

图1-30 【存储为】对话框

选择存储文件的位置并输入文件名，在【保存类型】下拉列表中选择“Abode Illustrator(*.AI)”选项，单击【保存】按钮，弹出【Illustrator选项】对话框，如图1-31所示。

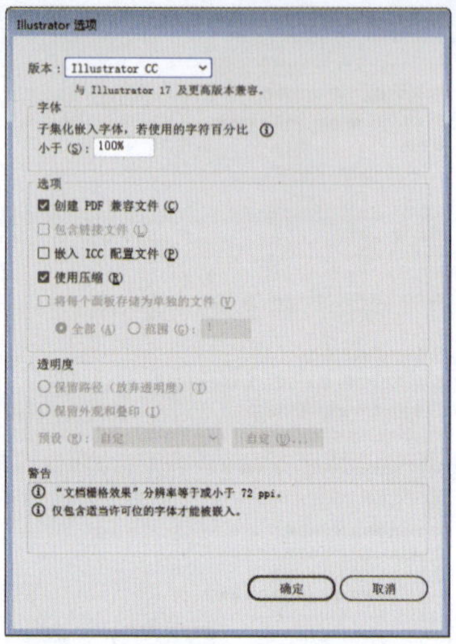

图1-31 【Illustrator选项】对话框

将图稿保存为AI格式时，可以在【Illustrator选项】对话框中设置如下选项。

- 【版本】：在【版本】下拉列表中可以选择所希望文件兼容的Illustrator版本。旧版格式不支持当前版本Illustrator中的所有功能。所以，如果在【版本】下拉列表中选择了当前版本以外的版本时，某些存储选项不可用，并且可能会更改部分数据。

提 示

当在【版本】下拉列中选择了比当前Illustrator版本更低的版本时，在【版本】下拉列表右侧会出现警告标志，在【Illustrator选项】对话框底部的【警告】框中会显示相应的警告信息。

- 【子集化嵌入字体，若使用的字符百分比】：指定何时根据文档中使用字体的字符数量嵌入完整字体。
- 【创建PDF兼容文件】：选中此选项，可以在Illustrator文件中存储PDF的演示文档，并可以使保存的Illustrator文件与其他Adobe软件兼容。
- 【包含链接文件】：如果在Illustrator文档中有链接的外部文件，该选项可选。选中此选项，则嵌入与图稿链接的文件。
- 【嵌入ICC配置文件】：选中此选项，保存的文件中的色彩受文档的管理。
- 【使用压缩】：选中此选项，可在Illustrator文件中压缩PDF数据，但是将会增加存储文档的时间。
- 【透明度】：选择【保留路径】选项将放弃透明度效果并将透明图稿重置为100%不透明度模式。选择【保留外观和叠印】选项将保留与透明对象不相互影响的叠印，与透明对象相互影响的叠印将被拼合。

2. PDF格式

在菜单栏中选择【文件】|【存储为】命令，弹出【存储为】对话框。选择存储文件的位置并输入文件名，在【保存类型】下拉列表中选择“Abode PDF (*.PDF)”选项，单击【保存】按钮，弹出【存储Adobe PDF】对话框，如图1-32所示。

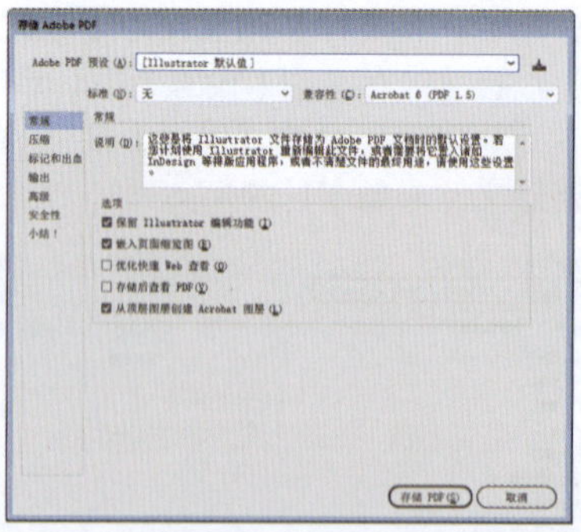

图1-32 【存储Adobe PDF】对话框

在【存储Adobe PDF】对话框左边的列表中列出了存储为Adobe PDF的各个选项，下面简单介绍【存储Adobe PDF】对话框中Adobe PDF选项的类别，并详细介绍各类别中的设置，读者可以参考Illustrator CC 2017联机帮助。

- 【常规】：在该选项中，用户可以指定文件的PDF版本，以及文件的基本选项。
- 【压缩】：在该选项中，用户可以指定图稿是否需要进行压缩和缩减像素取样，可以使用哪些方法以及相关的设置。
- 【标记和出血】：在该选项中，用户可以指定印刷标记和出血及辅助信息。
- 【输出】：在该选项中，用户可以控制颜色和PDF/X输出目的配置文件存储在PDF中的方式。
- 【高级】：在该选项中，用户可以控制字体、压印和透明度存储在PDF文件中的方式。
- 【安全性】：在该选项中，用户可以向PDF文件添加安全性设置。
- 【小结】：在该选项中，提示当前PDF设置的小结。

3. EPS格式

在菜单栏中选择【文件】|【存储为】菜单命令，弹出【存储为】对话框。选择存储文件的位置并输入文件名，在【保存类型】下拉列表中选择“Illustrator.EPS (*.EPS)”选项，单击【保存】按钮。弹出【EPS选项】对话框，如图1-33所示。

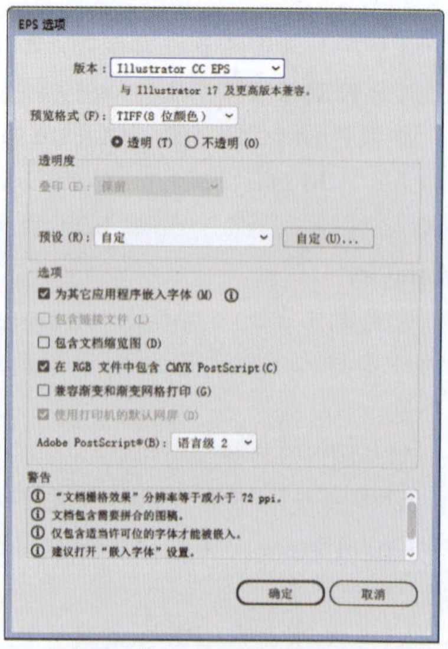

图1-33 【EPS选项】对话框

将图稿保存为EPS格式时，可以在【EPS选项】对话框中设置如下选项。

- 【版本】：与保存为AI格式的Illustrator选项对话框中的

【版本】功能相同。

提 示

几乎所有页面版式、文字处理和图形应用程序都直接导入或置入了封装PostScript(EPS)文件。EPS格式保留了许多使用Illustrator创建的图像元素，这意味着可以重新打开EPS文件并作为Illustrator文件编辑。因为EPS文件基于PostScript语言，所以它们可以包含矢量图像和位图图像。

- 【格式】：设置存储在文件中的预览图像的格式。预览图像的作用是在不能直接显示EPS图稿的应用程序中显示预览图像。如果不希望创建预览图像，可以在【格式】下拉列表中选择【无】选项。默认情况下格式为【TIFF(8位颜色)】。
- 【透明度】：设置文档中如何处理透明对象和叠印。
- 【为其他应用程序嵌入字体】：选中该选项，如果文件置入到另一个应用程序中(例如Adobe InDesign)，将显示和打印原始字体。如果文件在没有安装该字体的计算机上的Illustrator中打开，字体将被替换。
- 【包含链接文件】：与保存为AI格式的【Illustrator选项】对话框中的【包含链接文件】作用相同。
- 【包含文档缩略图】：选中此选项，可以创建图稿的缩略图。创建的图稿缩略图显示在Illustrator【打开】和【置入】的对话框中。
- 【兼容渐变和渐变网格打印】：旧的打印机和PostScript设备可以通过将渐变对象转换为JPEG格式来打印渐变和渐变网格。
- 【Adobe PostScript】：在Adobe PostScript下拉列表中选择用于存储图稿的PostScript级别【PostScript语言级别2】，表示彩色以及黑白矢量和位图图像，并为矢量图形和位图图形支持基于RGB、CMYK和CIE的颜色模型。

4. SVG格式

在菜单栏中选择【文件】|【存储为】菜单命令，弹出【存储为】对话框。选择存储文件的位置并输入文件名。在【保存类型】下拉列表中选择“SVG(*.SVG)”选项或“SVG压缩(*.SVGZ)”选项，单击【保存】按钮，弹出【SVG选项】对话框，如图1-34所示。

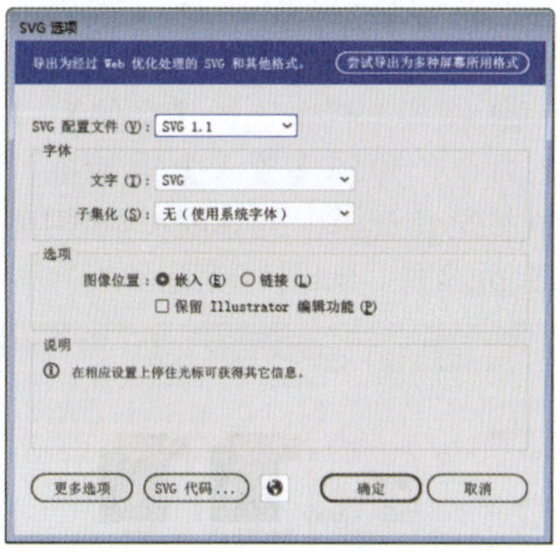

图1-34 【SVG选项】对话框

将图稿保存为SVG格式时，可以在【SVG选项】对话框中设置选项。

- 【SVG配置文件】：在该下拉列表中可以选择相应的SVG配置文件，默认选项是“SVG 1.1”。

提 示

SVG格式是一种可生成高质量交互式Web图形的矢量格式。SVG格式有两种版本，SVG和SVG压缩(SVGZ)。SVGZ可以将文件大小减小50%至80%，但是不能使用文本编辑器编辑SVGZ文件。

如果将图稿保存为SVG格式时，网格对象将被栅格化。此外，没有Alpha通道的图像将转换为JPEG格式，具有Alpha通道的图像将转换为PNG格式。

在【SVG配置文件】下拉列表中还有一些其他选项，简单介绍如下。

(1) “SVG1.0”和“SVG1.1”是适合在台式计算机上查看的SVG文件。

(2) “SVG1.1”是SVG规格的完整版本，“SVG1.1”包含“SVG Tiny 1.1”“SVG Tiny 1.1+”和“SVG Basic 1.1”。

(3) “SVG Tiny 1.1”和“SVG Tiny 1.1+”适合要在小型设备(例如手机)上查看的SVG文件，但不是所有手机都支持SVG Tiny和SVG。

(4) “SVG Tiny1.1”不支持渐变、透明度、剪切、蒙版、符号或SVG滤镜效果。“SVG Tiny1.1+”包括显示渐变和透明度的功能，但不支持剪切、蒙版、符号或SVG滤镜效果。

(5) “SVG Basic1.1”适合在中型设备（如手提设备）中查看SVG文件，但不是所有手提设备都支持SVG Basic配置文件。SVG Basic不支持非矩形剪切和一些SVG滤镜效果。

- 【文字】：在该下拉列表中可以选择相应的文字类型，默认选项是Adobe CEF。

在【文字】下拉列表中还有其他一些选项，简单介绍如下所述。

【Adobe CEF选项】：使用字体提示以更好地渲染小字体。Adobe SVG查看器支持此字体类型，但其他SVG查看器不支持。

【SVG选项】：不使用字体提示。所有SVG查看器均支持此字体类型。

【转换为轮廓】选项：将文字转换为矢量路径。使用此选项保留文字在所有SVG查看器中的视觉外观。

- 【子集化】：控制在导出的SVG文件中嵌入哪些特定字体的字符。如果可以依赖安装在最终用户系统上的必需字体，可以在【子集化】下拉列表中选择【无】选项。选择【仅使用的字形】选项，仅包括当前图稿中文本的字形。其他值（通用英文、通用英文和使用的字形、通用罗马字、通用罗马字和使用的字形、所有字形）在SVG文件的文本内容为动态时将发挥作用。
- 【图像位置】：确定栅格图像直接嵌入到文件或链接到从原始Illustrator文件导出的JPEG或PNG图像。嵌入图像将增大文件大小，但可以确保栅格化图像始终可用。
- 【保留Illustrator编辑功能】：通过在SVG文件中嵌入AI文件，保留特定于Illustrator的数据。如果需要在Illustrator中重新打开和编辑SVG文件，可以选中此选项。

实训练习006 置入和导出文件

本实例主要讲解置入文件和导出文件命令的使用。

素材	素材|Cha01|美食诱惑.jpg
场景	场景|Cha01|实训练习006 置入和导出文件.ai
视频	视频教学 | Cha01 |实训练习006 置入和导出文件.MP4

❶选择【文件】|【新建】命令，在弹出的【新建文档】对话框中，将【宽度】和【高度】分别设置为970和483，将【单位】设置为【像素】，将【画板数量】设置为1，其他采用默认选项即可，单击【创建】按钮，如图1-35所示。

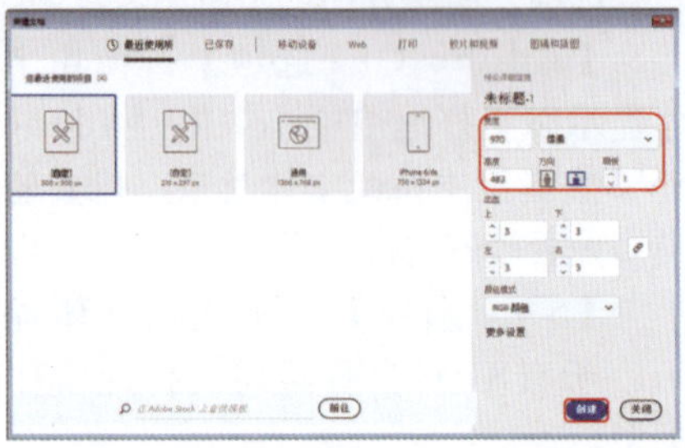

图1-35 新建文档

知识链接

像素与分辨率

分辨率是度量位图图像内数据量多少的一个参数，如每英寸像素数(ppi)或每英寸点数(dpi)，也可以表示图形的长度和宽度，如1024×768等。分辨率越高，图像越清晰，表现的细节更丰富，但包含的数据越多，文件也就越大。分辨率的种类很多，其含义也各不相同，其中有一类就是设备分辨率。在比图像本身的分辨低的输出设备上显示或打印位图图像时也会降低其外观品质。因为，位图有分辨率的问题。所以放大时就不可避免地会出现边缘锯齿和图像马赛克的问题。

矢量图形是与分辨率无关的，这意味者它可以显示在各种分辨率的输出设备上，而丝毫不影响品质。但在实际操作中，为显示或打印矢量图形，往往要将矢量图形转换为位图，这时分辨率将影响显示或打印矢量图形的清晰度。低分辨率图像通常采用72 dpi，也就是意味着最终用途为显示器显示或低标准印刷。高分辨率图像的最终用途为彩色印刷，所以其分辨率至少应达到250 dpi，若是高质量印刷应该考虑达到300 dpi以上。

❷在菜单栏中选择【文件】|【置入】命令，弹出【置入】对话框，选择随书配套资源中的素材|Cha01|美食诱惑.jpg文件，如图1-36所示。

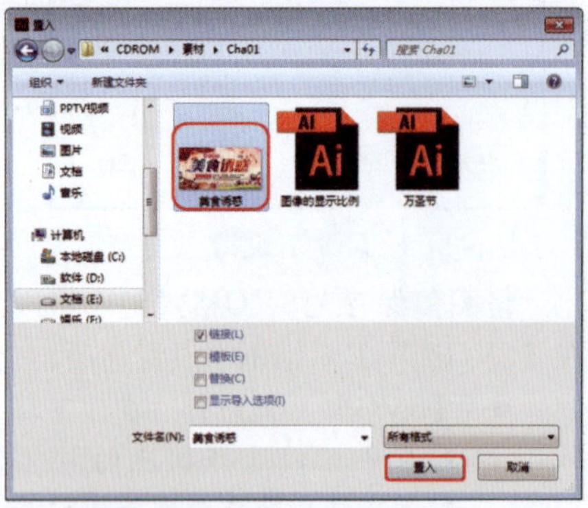

图1-36 选择素材文件

知识链接

JPEG格式

JPEG是Macintosh机上常用的存储类型，但无论是从Photoshop、Painter、FreeHand、Illustrator等平面软件还是在3ds或3ds MAX中都能够开启此类格式的文件。

JPEG格式是所有压缩格式中最卓越的。在压缩前，可以从对话框中选择所需图像的最终质量，这样就有效地控制了JPEG在压缩时的损失数据量。JPEG格式可以在保持图像质量不变的前提下，实现惊人的压缩比，在没有明显质量损失的情况下，它的容量能降到原BMP图片的1/10。这样，可以不必再为图像文件的质量以及硬盘的大小而头疼苦恼了。

另外，用JPEG格式可以将当前所渲染的图像输入到Macintosh机上做进一步处理，或将Macintosh制作的文件以JPEG格式再现于PC机上。总之JPEG是一种极具价值的文件格式。

❸单击鼠标左键，置入图片，调整一下图片的位置，如图1-37所示。

图1-37 置入素材

❹选择【文件】|【导出】|【导出为】命令，如图1-38所示。

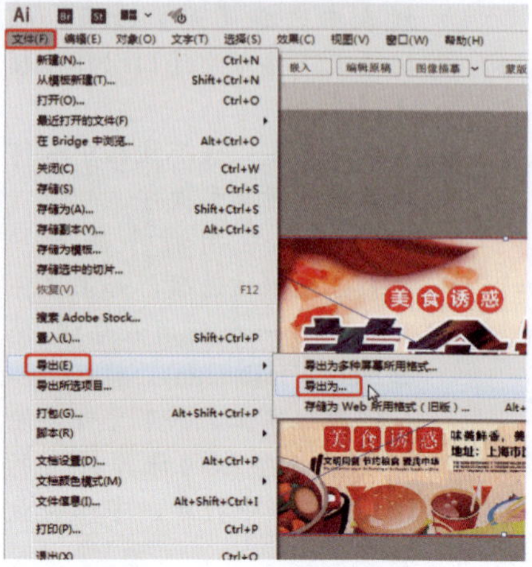

图1-38 选择导出设置

❺弹出【导出】对话框，设置保存路径，将【文件名】设置为“美食诱惑”，将【保存类型】设置为JPEG，单击【导出】按钮，如图1-39所示。

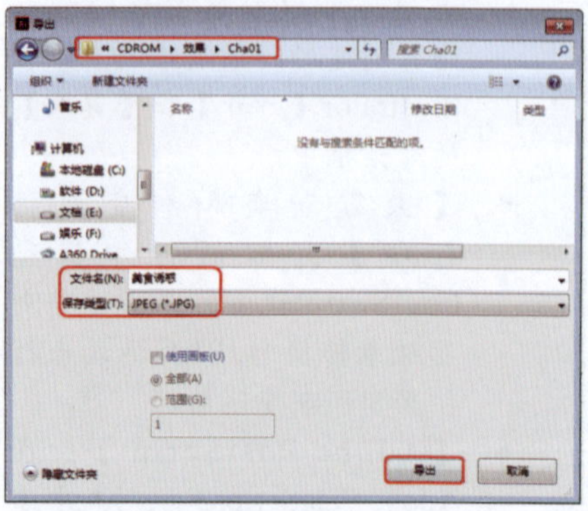

图1-39 导出文件

❻弹出【JPEG选项】对话框，保持默认设置，单击【确定】按钮，如图1-40所示。

❼导出后查看预览效果，如图1-41所示。

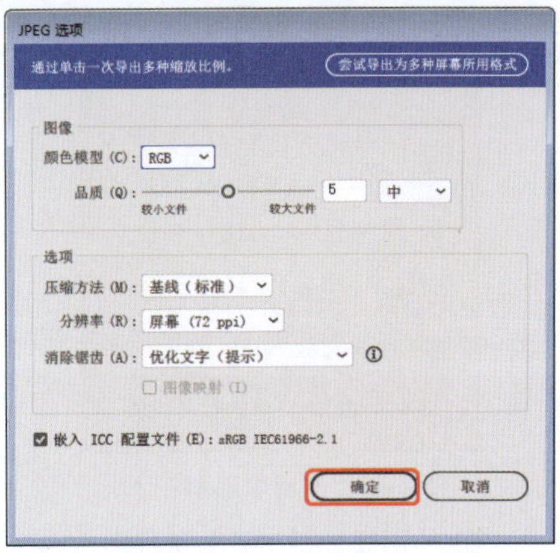

图1-40　设置JPEG选项

图1-41　预览效果

知识链接

常用图像格式

要确定理想的图像格式，首先要考虑图像的使用用途。例如，用于网页的图像一般使用JPEG和GIF格式（JPEG在前面的提示中介绍过了），而用于印刷的图像一般要保存为TIFF格式。其次要考虑图像的类型，最好将有大面积平淡颜色的图像存储为GIF或PNG-8图像，而将那些有颜色渐变或其他连续色调的图像存储为JPEG或PNG-24文件。

在没有正式进入主题之前，首先讲一下有关计算机图形图像格式的相关知识，因为它在某种程度上将决定设计创作的作品输出质量的优劣。另外在制作影视广告片头时，会用到大量的图像作为素材、材质贴图或背景。将一个作品完成后，文件的输出格式也将决定所制作作品的播放品质。

在日常的工作和学习中，还需要发现、收集和积累各种文件格式的素材。需要注意的是，由于所收集的图片或图像文件各种格式的都有，这就涉及到一个图像格式转换的问题。若已经掌握了图像格式的转换，在制作过程中就不会受到限制。

在作品的输出过程中，同样可以从容地将其存储为所需要的文件格式，而不必再为播放质量或输出品质的问题而担心。

下面就将对日常中所涉及到的图像格式进行简单介绍。

1. PSD格式

PSD是Photoshop专用的文件格式，它是Adobe公司优化格式后的文件，能够保存图像数据的每一个细节，包括图层、蒙版、通道以及其他的细微内容，但这些内容在转存成其他格式时将会丢失。另外，因为这种格式是Photoshop支持的自身格式文件，所以Photoshop能比其他格式更快地打开和存储这种格式的文件。

该格式唯一的缺点是以这种格式存储的图像文件容量特别大，尽管Photoshop在计算的过程中已经应用了压缩技术，但是因为这种格式不会造成任何的数据丢失，所以在编辑的过程中最好还是选择这种格式存盘，直到最后编辑完成后再转换成其他占用磁盘空间较小、存储质量较好的文件格式。在存储成其他格式的文件时，有时会合并图像中的各图层以及附加的蒙版通道，这会给再次编辑带来不少麻烦，因此，最好在存储一个PSD的文件备份后再进行转换。

PSD格式支持所有的可用图像模式（位图、灰度、双色调、索引色、RGB、CMYK、Lab和多通道等）、参考线、Alpha通道、专色通道和图层（包括调整图层、文字图层和图层效果等）等，它可以保存图像的图层和通道等信息，但使用这种格式存储的文件容量较大。

2. TIFF格式

TIFF格式直译为标签图像文件格式。用于在应用程序之间和计算机平台之间交换文件，是Macintosh和PC机上使用最广泛的文件格式。它采用无损压缩方式，与图像像素无关。TIFF格式常被用于彩色图片色扫描，它以RGB的全彩色格式存储。

TIFF格式支持带Alpha通道的CMYK、RGB和灰度文件，支持不带Alpha通道的Lab、索引色和位图文件，也支持LZW压缩。

存储Adobe Photoshop图像为TIFF格式可以选择存储文件为IBM-PC兼容计算机可读的格式或Macintosh可读的格式。要自动压缩文件，可单击【LZM压缩】注记框。对TIFF文件进行压缩可减少文件大小，但会增加打开和存储文件的时间。

TIFF是一种灵活的位图图像格式，实际上被所有的绘画、图像编辑和页面排版应用程序所支持，而且几乎所有的桌面扫描仪都可以生成TIFF图像。Photoshop可以在TIFF文件中存储图层，但是如果在另一个应用程序中打开该文件，则只有拼合图像是可见的。Photoshop也能够以TIFF格式存储注释、透明度和分辨率金字塔数据，TIFF文件格式在实际工作中主要用于印刷。

3. GIF格式

GIF格式是一种压缩的8位图像文件。正因为它是经过压缩的，而且又是8位的，所以这种格式的文件大多用在网络传输上，速度要比传输其他格式的图像文件快得多。

此格式文件的最大缺点是最多只能处理256种色彩。它绝不能用于存储真彩的图像文件。正因为其体积小，曾经一度被应用在计算机教学、娱乐等软件中，也是人们较为喜爱的8位图像格式。

4. BMP格式

BMP全称为Windows Bitmap。它是微软公司Paint的自身格式，可以被多种Windows和OS/2应用程序所支持。Photoshop中，最多可以使用16兆的色彩渲染BMP图像。因此，BMP格式的图像可以含有极其丰富的色彩。

5. PCX格式

PCX格式普遍用于IBM PC兼容计算机上。大多数PC软件支持PCX格式版本5，版本3文件采用标准VGA调色板，该版本不支持自定调色板。

PCX格式支持在DOS和Windows下绘图的图像格式。PCX格式支持RGB、索引色、灰度和位图颜色模式，不支持Alpha通道。PCX格式支持RLE压缩方式，支持位深度为1、4、8或24的图像。

6. PNG格式

现在有越来越多的设计人员倾向以PNG格式替代GIF格式。像GIF格式一样，PNG格式也使用无损压缩方式来减小文件的尺寸。越来越多的软件开始支持这一格式，在不久的将来它有可能会在整个Web上流行。

PNG图像可以是灰阶的（位深可达16bit）或彩色的（位深可达48bit），为缩小文件尺寸，它还可以是8-bit的索引色。PNG格式使用新的、高速的交替显示方案，可以迅速地显示，只要下载1/64的图像信息就可以显示出低分辨率的预览图像。与GIF格式不同，PNG格式不支持动画。

PNG格式用于存储的Alpha通道定义文件中的透明区域，以确保将文件存储为PNG格式之前，删除那些除了需要的Alpha通道以外的所有的Alpha通道。

实训练习007 对象的排列顺序

本实例将讲解Illustrator CC 2017的对象排列顺序。

素材	无
场景	场景|Cha01|实训练习007 对象的排列顺序.ai
视频	视频教学 | Cha01 |实训练习007 对象的排列顺序.MP4

❶在Illustrator CC 2017中选择菜单栏中的【文件】|【打开】|命令，打开随书配套资源中的场景|Cha01|实训练习007中对象的排列顺序.ai文件，如图1-42所示。

图1-42 打开文件

❷ 使用【选择工具】，单击并选择图中的对象，如图1-43所示。

图1-43 选择对象

❸ 选择菜单栏中的【对象】|【排列】|【后移一层】命令，将所选择的对象后移一层，如图1-44所示。

图1-44 将对象后移一层

❹ 使用【选择工具】，单击并选择如图1-45所示的对象。

图1-45 选择对象

❺选择菜单栏中的【对象】|【排列】|【置于底层】命令，将所选对象后移一层，如图1-46所示。

图1-46 将对象后移一层

❻ 使用【选择工具】选择所有图形对象。选择菜单中的【对象】|【锁定】|【所选对象】命令，如图1-47所示。

图1-47 锁定对象

实训练习008 对齐与分布图形对象

本实例将讲解Illustrator CC 2017的对齐与分布图形对象。

素材	素材|Cha01|对齐与分布.ai
场景	场景|Cha01|实训练习008 对齐与分布图形对象.ai
视频	视频教学 | Cha01 |实训练习008 对齐与分布图形对象.MP4

❶ 在Illustrator CC 2017中选择菜单栏中的【文件】|【打开】|命令，打开随书配套资源中的素材|Cha01|对齐与分布.ai文件，如图1-48所示。

图1-48 打开文件

❷ 如果没有显示【对齐】面板，

可以选择菜单栏中的【窗口】|【对齐】命令，打开【对齐】面板，如图1-49所示。

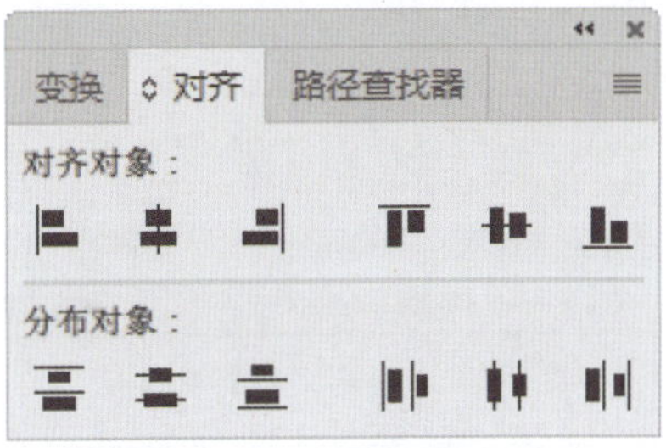

图1-49 【对齐】面板

③ 使用【选择工具】单击并选择图中的对象，如图1-50所示。

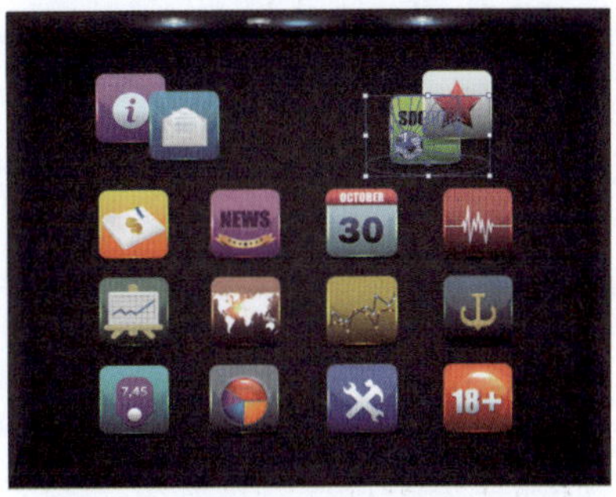

图1-50 选择对象

④ 拖动鼠标将对象移动到图示的位置上，如图1-51所示。

图1-51 拖动对象至相应位置

⑤ 使用【选择工具】拖拽并选择图示中的对象，如图1-52所示。

图1-52 选择对象

⑥ 在【对齐】面板中单击【垂直底对齐】按钮，即所有选取对象都将向下对齐，如图1-53所示。

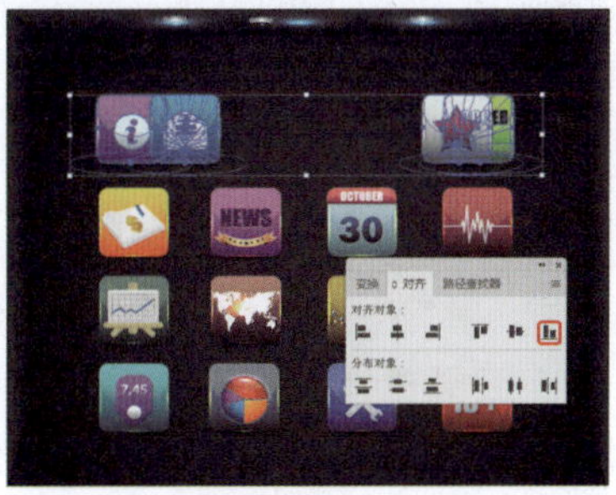

图1-53 垂直底对齐

⑦ 单击【对齐】面板中的【水平居中分布】按钮，即所有选取的对象都将水平居中分布，如图1-54所示。

⑧ 使用【选择工具】拖拽并选择图示中的对象。选择菜单栏中的【对象】|【编组】命令，将所选对象组合为一个整体，如图1-55所示。

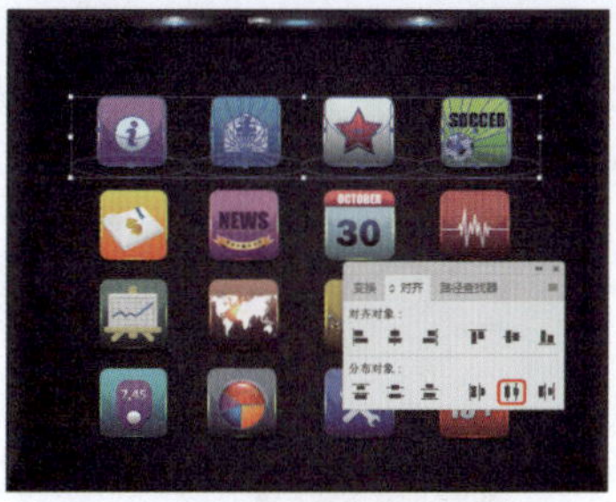

图1-54 水平居中分布

图1-55 将所选对象设为一个整体

实训练习009 对象的显示与隐藏

本实例将讲解Illustrator CC 2017中对象的显示与隐藏。

素材	素材|Cha01|生日贺卡.ai
场景	无
视频	视频教学 | Cha01 |实训练习009 对象的显示与隐藏.MP4

① 在Illustrator CC 2017中选择菜单栏中的【文件】|【打开】命令，选择随书配套资源中的素材|Cha01|生日贺卡.ai文件，如图1-56所示。

图1-56 打开文件

② 使用【选择工具】单击并选择文本对象，如图1-57所示。

图1-57 选择对象

③ 选择菜单栏中的【对象】|【隐藏】|【所选对象】命令，将所选对象暂时隐藏，如图1-58所示。

图1-58 隐藏所选对象

④ 继续使用【选择工具】单击并选择如图1-59所示的对象。

图1-59 选择对象

❺ 选择菜单栏中的【对象】|【隐藏】|【所选对象】命令，隐藏所选的对象，如图1-60所示。

图1-60　隐藏对象

❻ 选择菜单栏中的【对象】|【显示全部】命令，先前被隐藏的图形对象都将显示出来，如图1-61所示。

图1-61　显示被隐藏对象

实训练习010　设置用户界面

本实例将讲解如何设置用户界面，其操作步骤将在下面进行详细讲解。

素材	无
场景	无
视频	视频教学 | Cha01 |实训练习010　设置用户界面.MP4

❶ 在菜单栏中选择【编辑】|【首选项】|【用户界面】命令，如图1-62所示。

图1-62　选择【用户界面】命令

❷ 弹出【首选项】对话框，将【亮度】设置为【中等浅色】，单击【确定】按钮，如图1-63所示。

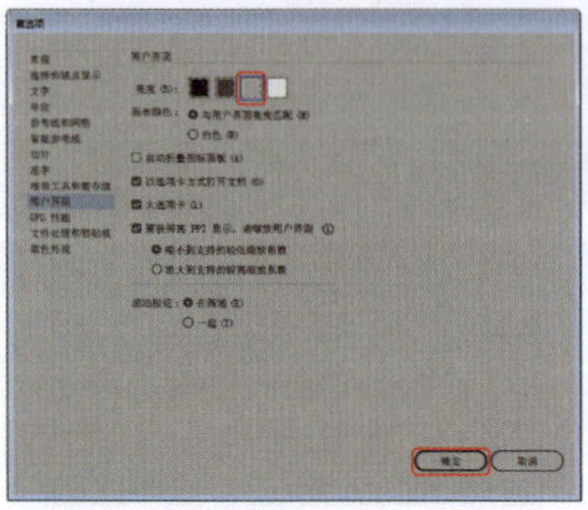

图1-63　设置用户颜色

❸ 此时可以发现界面发生的变化，如图1-64所示。

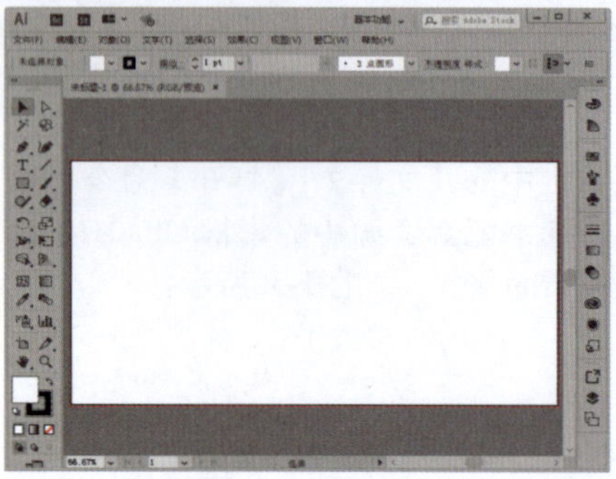

图1-64　更改界面

知识链接

设置页面大小

在创建文件的时候就对文档进行了最初设置，当对设置参数不满意时，可以重新进行设置。

对文档进行设置的方法有如下两种。

（1）选择【文件】|【新建】命令，弹出【新建文档】对话框，如图1-65所示，进行页面设置。单击【确定】按钮完成设置，Illustrator会按照当前的设置创建一个新的文档。

（2）如果希望改变目前的页面设置，可选择【文件】|【文档设置】命令，弹出【文档设置】对话框，依据个人的需要来设置，如图1-66所示。

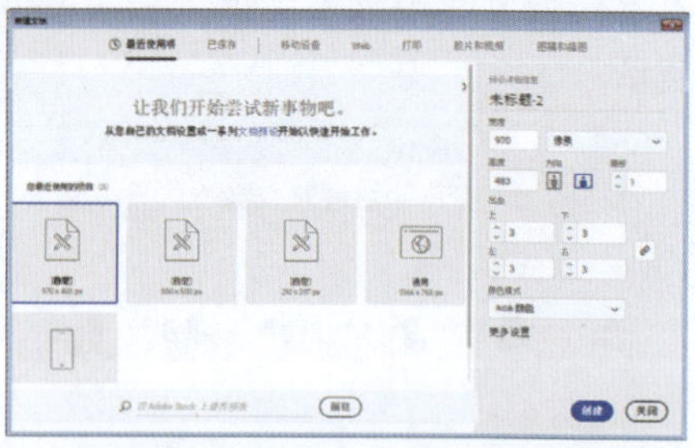

图1-65　【新建文档】对话框

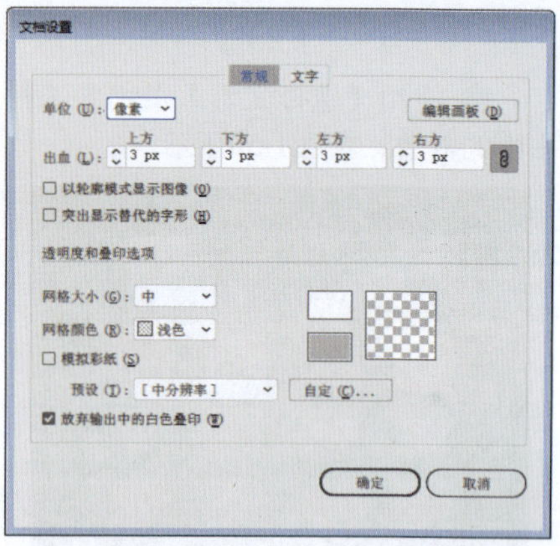

图1-66　【文档设置】对话框

实训练习011　辅助工具的使用

本实例将讲解Illustrator CC 2017辅助工具的使用，其操作步骤如下所述。

素材	素材|Cha01|卡通生日海报.ai
场景	无
视频	视频教学 | Cha01 |实训练习011　辅助工具的使用.MP4

❶ 在Illustrator CC 2017中选择菜单栏中的【文件】|【打开】命令，打开随书配套资源中的素材|Cha01|卡通生日海报.ai文件，如图1-67所示。

图1-67　打开文件

❷ 选择菜单栏中的【视图】|【标尺】|【显示标尺】命令，窗口将显示标尺，如图1-68所示。

图1-68　显示标尺

❸ 设置标尺的单位，选择菜单栏中的【编辑】|【首选项】|【单位】命令，可以在打开的对话框中的【常规】下拉列表框中进行设置，如图1-69所示。

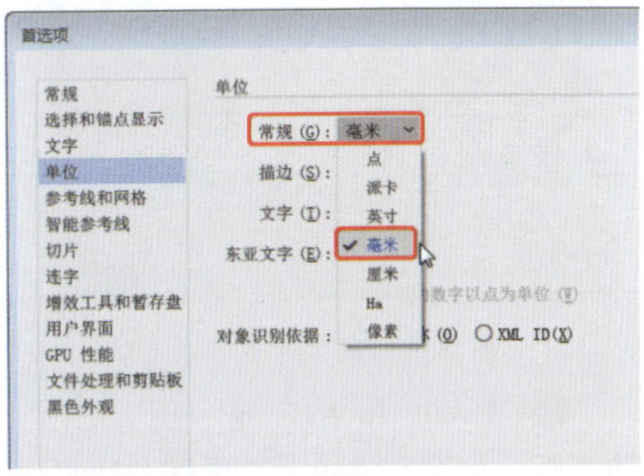

图1-69　设置标尺单位

❹ 直接将光标指向标尺，单击鼠标右键，在弹出的快捷菜单中也能选择具体的单位，如图1-70所示。

图1-70　在快捷菜单中设置标尺单位

❺ 在默认状态下，标尺的坐标原点在工作页面的左上角，如果要更改坐标原点，可在指向水平与垂直标尺的交界处单击鼠标并将其拖拽到任意位置上，释放鼠标后即可将坐标原点设置在此处。如果想恢复坐标原点的位置，双击水平与垂直标尺的交界处即可，如图1-71所示。

❻ 在绘制图形的过程中，参考线可以在页面的任意位置上，帮助对齐对象。参考线也是对象，能被选择、移动和删除。如果要增加参考数，可用鼠标在水平或垂直标尺上向页面中拖拽，即可拖出水平或垂直参考数，如图1-72所示。

图1-71　更改与恢复坐标原点的方法

图1-72　拖出参考线

❼ 选择菜单栏中的【视图】|【参考线】|【清除参考线】命令，可以清除参考线。如果要设置参考线的颜色和线型样式，选择菜单栏中的【编辑】|【首选项】|【参考线和网格】命令，在打开的对话框中的【颜色】和【样式】处设置具体参数，如图1-73所示。

❽ 网格用于对齐对象，选择菜单栏中的【视图】|【显示网格】命令，显示出网格。选择菜单栏中的【视图】|【隐藏网格】命令，可以隐藏网格，如图1-74所示。

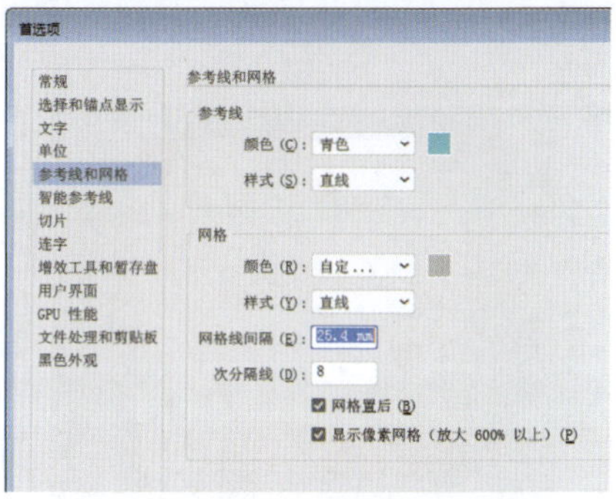

图1-73　清除参考线的方法与设置属性

图1-74　显示网格

❾ 选择菜单栏中的【编辑】|【首选项】|【参考线和网格】命令，在打开的对话框中设置【颜色】【样式】【网格线间隙】等选项，其中【次分隔线】用于设置分隔线的多少，【网格置后】用于设置网格线显示在图形的上方还是下方，如图1-75所示。

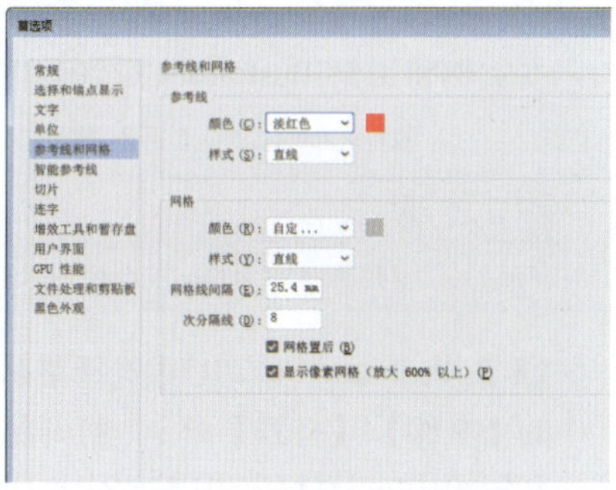

图1-75　设置属性和位置

实训练习012 图形的显示模式

本实例将讲解Illustrator CC 2017图形的显示模式，其操作步骤如下所述。

素材	素材|Cha01|扁平卡通眼罩.ai
场景	无
视频	视频教学 | Cha01 |实训练习012　图形的显示模式.MP4

❶ 在Illustrator CC 2017中选择菜单栏中的【文件】|【打开】命令，打开随书配套资源中的素材|Cha01|扁平卡通眼罩.ai文件，如图1-76所示。

❷ 选择菜单栏中的【视图】|【轮廓】命令，可将视图切换到轮廓模式，如图1-77所示。

图1-76 打开文件

图1-77 转换为轮廓模式

❸ 选择菜单栏中的【视图】|【预览】命令，可将视图切换到预览模式。

选择菜单栏中的【视图】|【叠印预览】命令，可将视图切换到叠印预览模式，如图1-78所示。

图1-78 转换为叠印预览

❹ 选择菜单栏中的【视图】|【像素预览】命令，可将视图切换到像素预览模式，如图1-79所示。

图1-79 转换为像素预览

图1-82 全屏模式

❹ 单击Tab键可以关闭工具箱和浮动面板，如图1-83所示。再按一次又可将其显示。

图1-83 窗口模式快捷键

❺ 按Shift+Tab组合键，可以关闭浮动面板，如图1-84所示。再按一次可以将其显示。

图1-84 窗口模式快捷键

实训练习013 窗口的排列

本实例将讲解Illustrator CC 2017图形的窗口排列，其操作步骤如下所述。

素材	素材|Cha01|扁平卡通眼罩.ai；素材|Cha01|卡通生日海报.ai
场景	无
视频	视频教学 | Cha01 |实训练习013 窗口的排列.MP4

❶ 在Illustrator CC 2017中选择菜单栏中的【文件】|【打开】命令，打开随书配套资源中的素材|Cha01|扁平卡通眼罩.ai文件，使用工具箱中的【更改屏幕模式】，可以在3种模式之间转换，如图1-80所示。

图1-80 屏幕模式的转换

❷ 带有菜单栏的全屏模式包括菜单栏、工具箱、浮动画板，如图1-81所示。

图1-81 带菜单栏的全屏模式

❸ 全屏模式只包括状态栏。工具箱、浮动面板、标题栏和菜单栏将被隐藏，如图1-82所示。

❻ 将其更改为正常屏幕模式，【打开】命令打开随书配套资源中的素材|Cha01|卡通生日海报.ai，选择菜单栏中的【窗口】|【排列】|【平铺】命令，如图1-85所示。

图1-85 打开文件

❼ 选择菜单栏中的【窗口】|【排列】|【合并所有窗口】命令，如图1-86所示。

图1-86 合并所有窗口

❽ 选择菜单栏中的【窗口】|【排列】|【全部在窗口中浮动】命令，如图1-87所示。

图1-87 浮动窗口

知识链接

1.位图与矢量图

计算机中的图形和图像是以数字的方式记录、处理和存储的。按照用途可以将它们分为两大类：一类是位图图像，另外一类是矢量图像。Illustrator是典型的矢量图形软件，但它也可以处理位图。下面就介绍一下位图与矢量图的特点和区别。

位图在技术上被称为栅格图像，它最基本的单位是像素。像素呈方块状，因此，位图是由许许多多的小方块组成的。如果想要观察像素，可以使用【缩放工具】在位图上连续单击，将位图放大至最大的缩放级别。位图图像的特点是可以表现色彩的变化和颜色的细微过渡，从而产生逼真的效果，并且可以很容易地交换使用在不同的软件之间。使用数码相机拍摄的照片、通过扫描仪扫描的图片等都属于位图，如图1-88所示。最典型的位图处理软件就是Photoshop。

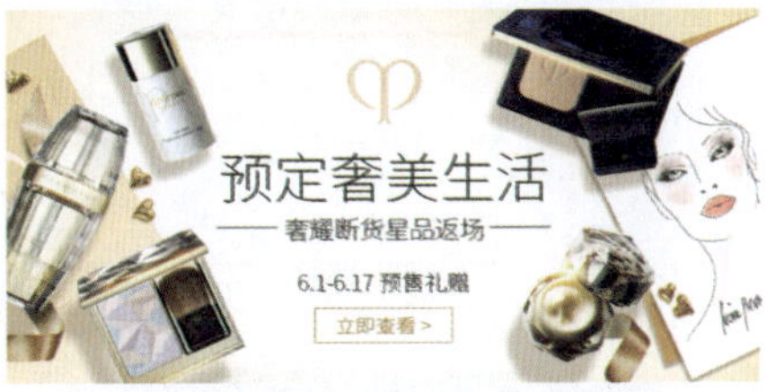

图1-88 位图

在保存位图图像时，系统需要记录每一个像素的位置和颜色值，因此，位图所占用的存储空间比较大。另外，由于受到分辨率的制约，位图图像包含固定的像素数量，在对其进行旋转或者缩放时，很容易产生锯齿。图1-89所示为位图与局部放大后所看到图像边缘的锯齿变化。

图1-89 位图与局部放大后的位图

提 示

分辨率指每单位长度内所包含的像素数量，一般常以【像素/英寸】为单位。单位长度内像素数量越大，分辨率越高，图像的输出品质也就越好。

矢量图是由被称为矢量的数学对象定义的直线和曲线构成的，它最基本的单位是锚点和路径。我们平常所见到和使用的矢量图像作品是由矢量软件创建的，如图1-90所示。典型的矢量软件除了Illustrator之外，还有CorelDRAW、AutoCAD等。

图1-90 矢量图

矢量图像与分辨率无关，它最大的优点是占用的存储空间较小，并且可以任意旋转和缩放却不会影响图像的清晰度。对于将输出的不同大小的图稿，例如Logo、图标等，矢量图形是最佳选择。矢量图形的缺点是无法表示位图图像所能够呈现的丰富的颜色变化，以及细腻的色调过渡效果。图1-91所示为矢量图局部放大后所显示出的清晰线条效果。

图1-91 局部放大后的矢量图

Illustrator CC主要功能就是对矢量图形进行编辑和制作，而且能够对位图进行处理，也支持矢量图与位图之间的相互转换。

提 示

由于计算机的显示器只能在网格中显示图像，因此，在屏幕上看到矢量图形和位图图像均显示为像素。

2. 色彩模式

颜色模式决定了用于显示和打印所处理的图稿的颜色方法。颜色模式基于颜色模型，所以选择某种特定的颜色模式就等于选用了某种特定的颜色模型。常用的颜色模式有RGB模式、CMYK模式和灰度模式等。

颜色模型用数值描述了在数字图像中看到和用到的各种颜色。因此，在处理图像的颜色时，实际上是在调整文件中的数值。在【拾色器】对话框中包含了RGB、CMYK和HSB三种颜色模型，如图1-92所示。

在RGB模式下，每种RGB成分都可以使用从0(黑色)到255(白色)的值。当三种成分值相等时，即生成灰色，如图1-93所示。当所有成分值均为255时，可以得到纯白色，如图1-94所示。当所有成分值均为0时，可以得到纯黑色，如图1-95所示。

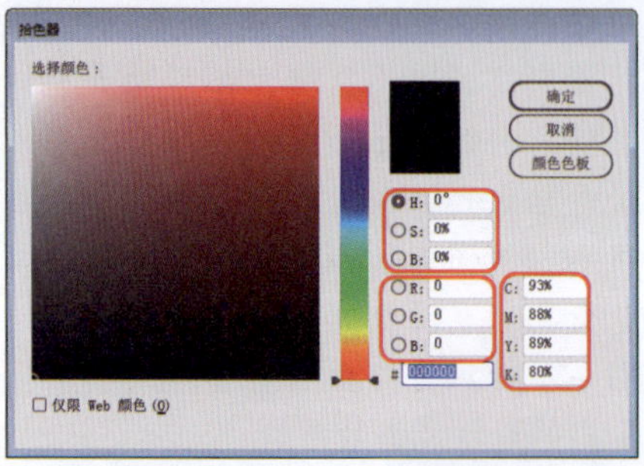

图1-92　三种颜色模型

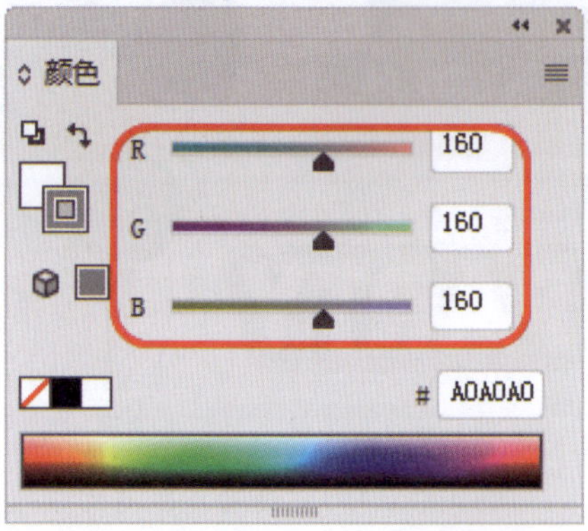

图1-93　灰色

图1-94　纯白色

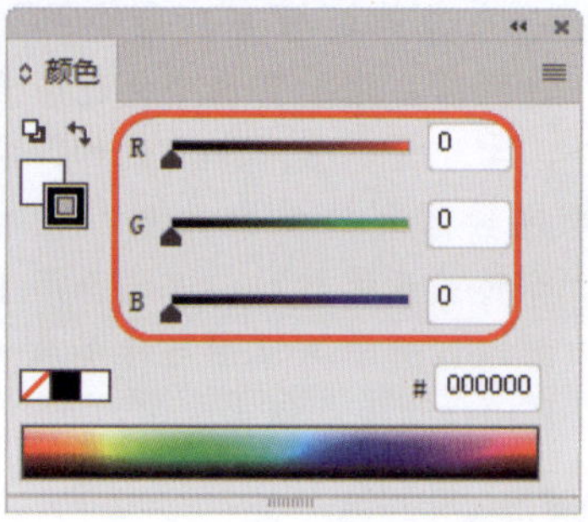

图1-95　纯黑色

CMYK模式是一种印刷模式，如果设计文件要用于印刷，应使用此模式。在CMYK模式下，每种油墨可使用从0至100%的值。低油墨百分比更接近白色，如图1-96所示。高油墨百分比更接近黑色，如图1-97所示。

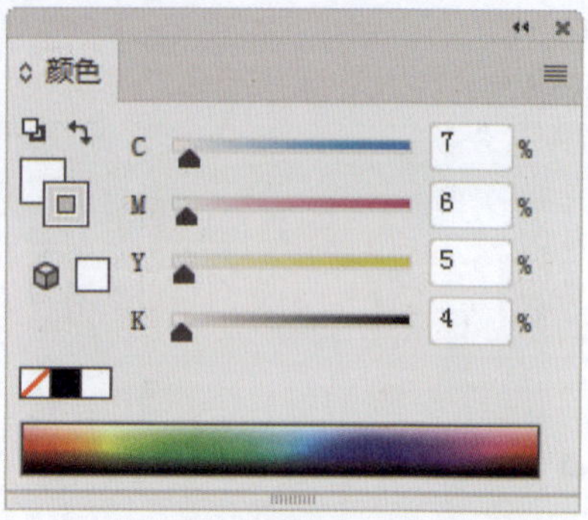

图1-96　低油墨百分比

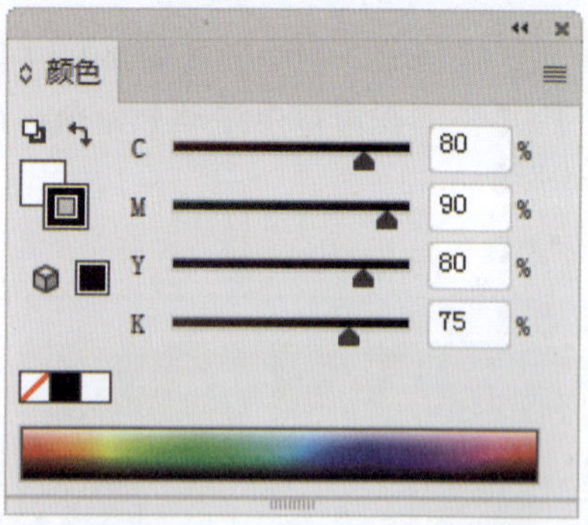

图1-97　高油墨百分比

第2章 绘制图形

在图形绘制中经常会使用几何图形进行创意设计。为了满足这种需求，Illustrator CC 2017提供了多种基本几何图形绘制工具，它们能极大满足平面设计中绘制图形的需求。

本章主要介绍基本绘图工具的使用方法和技巧，如矩形、椭圆形、多边形等。

实训练习014 矩形工具

本实例主要讲解矩形对象的绘制方法及技巧，以及如何修改已绘制好图形的大小，效果如图2-1所示。

素材	素材|Cha02|矩形工具.ai
场景	场景|Cha02|实训练习014 矩形工具 .ai
视频	视频教学 | Cha02 |实训练习014 矩形工具 .MP4

图2-1 绘制矩形后的效果图

❶ 在Illustrator CC 2017中选择菜单栏中的【文件】|【打开】命令，打开随书配套资源中的素材|Cha02|矩形工具.ai文件，如图2-2所示。

❷ 使用【矩形工具】▭，绘制矩形，双击填色色块，如图2-3所示。

❸ 弹出【拾色器】对话框，将RGB设置为249、246、222，单击【确定】按钮，如图2-4所示。

图2-2 打开素材文件

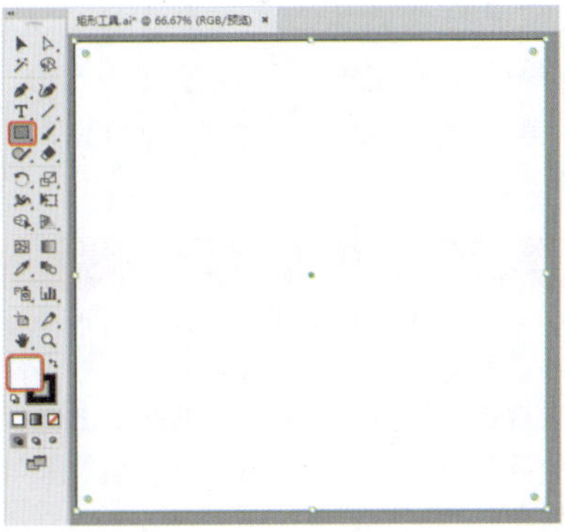

图2-3 绘制矩形

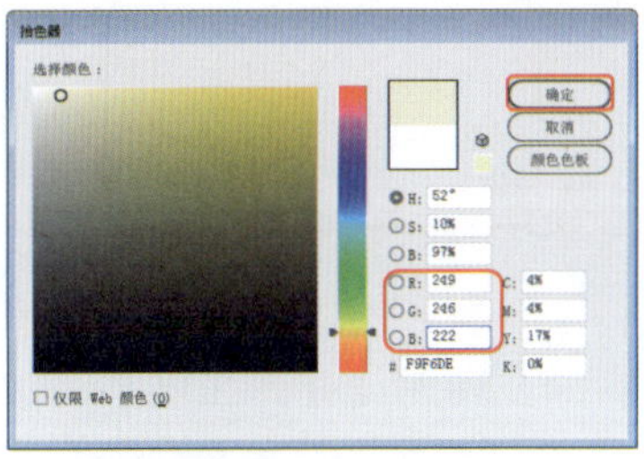

图2-4 设置矩形颜色

❹ 按F7键，打开【图层】面板，将绘制的矩形调整至其他图层的下方，如图2-5所示。

图2-5 调整矩形的图层顺序

知识链接

绘制矩形的多种方法

（1）选择【文件】|【新建】命令，此时弹出【新建文档】对话框，各选项都采用默认设置即可，单击【确定】按钮。

（2）使用【矩形工具】，在页面中合适的位置按住鼠标左键不放，拖拽鼠标到合适的位置，松开鼠标左键，即可绘制一个矩形，如图2-6所示。

提 示

按M键可快速选择【矩形工具】。

（3）使用【矩形工具】，按住Shift键不放，在页面中按住并拖拽鼠标，拖拽到合适的大小后松开鼠标左键，可以绘制一个正方形，如图2-7所示。

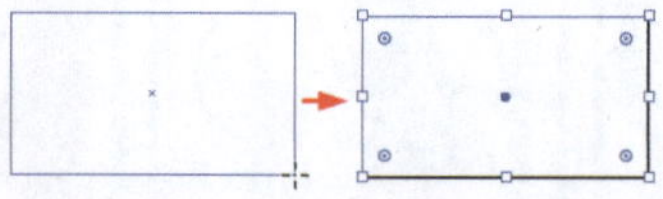

图2-6 绘制矩形

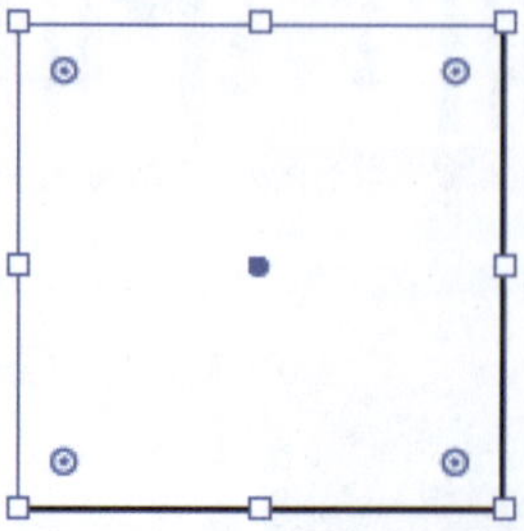

图2-7 绘制正方形

（4）使用【矩形工具】，按住Alt键不放，在页面中按住并拖拽鼠标，拖拽到合适的大小后松开鼠标左键，可以绘制一个以鼠标落点为中心的矩形，如图2-8所示。

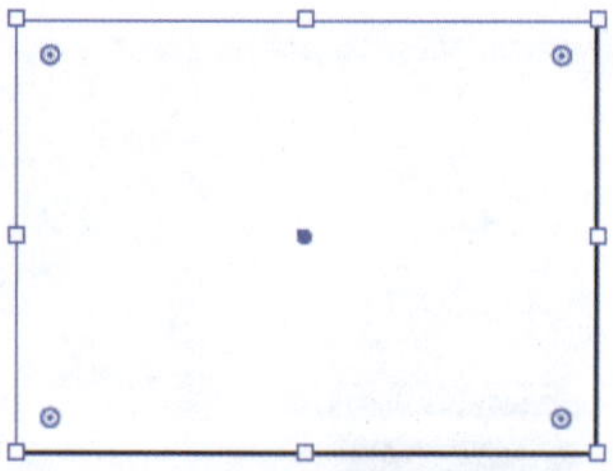

图2-8 以鼠标落点为中心的矩形

（5）使用【矩形工具】，按住Alt+Shift组合键不放，在页面中按住并拖拽鼠标，拖拽到合适的大小后松开鼠标左键，可以绘制一个以鼠标落点为中心的正方形，如图2-9所示。

（6）使用【矩形工具】，按住“~”键不放，在页面中按住并拖拽鼠标，拖拽到合适的大小后松开鼠标左键，可以绘制多个矩形，如图2-10所示。

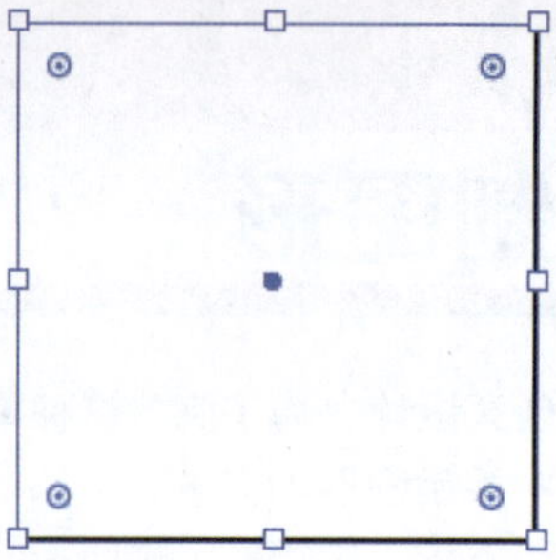

图2-9 以鼠标落点为中心的正方形

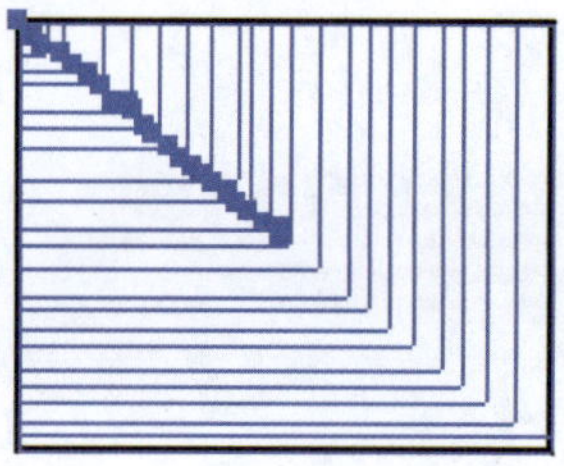

图2-10 绘制多个矩形

（7）使用【矩形工具】，按住~+Alt组合键不放，在页面中按住并拖拽鼠标，拖拽到合适的大小后松开鼠标左键，可以绘制多个以鼠标落点为中心的矩形，如图2-11所示。

图2-11 多个落点为中心的矩形

（8）使用【矩形工具】，按住~+Alt+Shift组合键不放，在页面中按住并拖拽鼠标，拖拽到合适的大小后松开鼠标左键，可以绘制多个以鼠标落点为中心的正方形，如图2-12所示。

提 示

使用【矩形工具】，在页面中按住并拖动鼠标，按住空格键不放，可冻结当前正在绘制的图形，将其移动至页面的任意位置，松开空格键后可继续绘制矩形。

图2-12 落点为中心的正方形

使用数值来精确绘制矩形，具体步骤如下所示。

（1）使用【矩形工具】在页面中需要的位置单击，此时弹出【矩形】对话框，在对话框中设置矩形的【宽度】和【高度】，如图2-13所示。

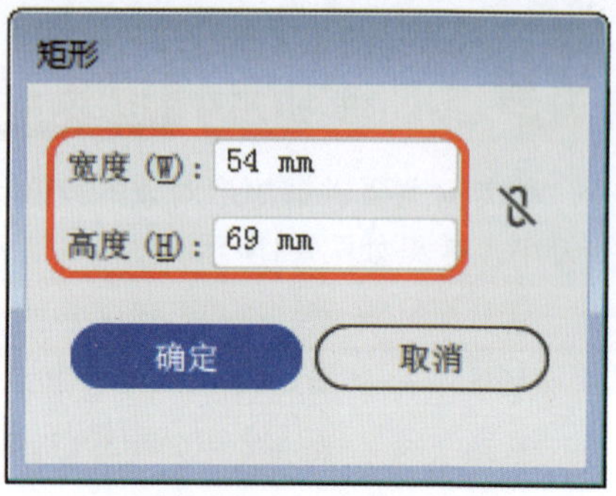

图2-13 【矩形】对话框

（2）设置完成后单击【确定】按钮，如图2-14所示。

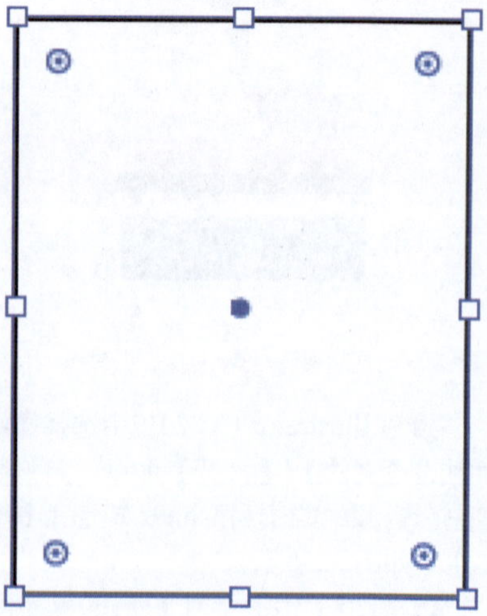

图2-14 通过数值绘制的矩形

实训练习015 圆角矩形工具

本实例主要讲解圆角矩形工具的绘制方法及技巧，帮助读者掌握复制及粘贴命令的使用，效果如图2-15所示。

素材	无
场景	场景|Cha02|实训练习015　圆角矩形工具.ai
视频	视频教学 | Cha02 |实训练习015　圆角矩形工具.MP4

图2-15　绘制圆角矩形后的效果图

❶ 按Ctrl+N组合键，弹出【新建文档】对话框，将【宽度】设置为300，将【高度】设置为300，将【单位】设置为mm，将【出血】设置为3，新建一个空白文件，使用【圆角矩形工具】，在页面中合适的位置处单击，此时弹出【圆角矩形】对话框，将【宽度】和【高度】都设置为85，将【圆角半径】设置为8，单击【确定】按钮，如图2-16所示。

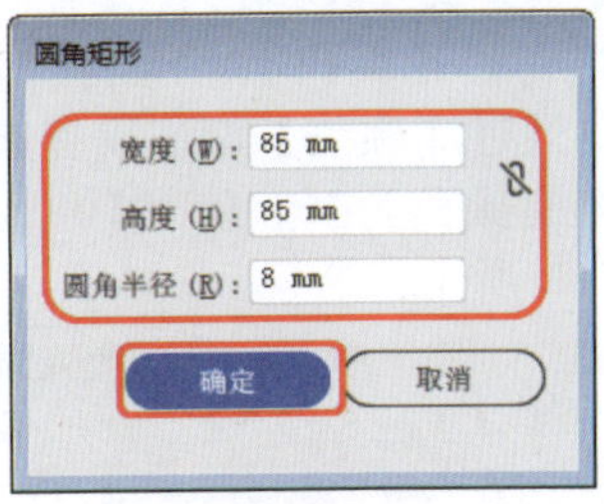

图2-16　设置圆角矩形参数

❷ 绘制圆角矩形后的效果如图2-17所示。

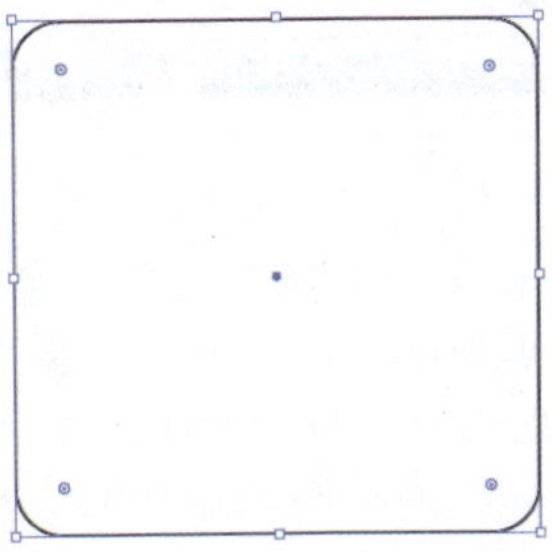

图2-17　通过数值绘制圆角矩形

❸ 通过【颜色】面板设置对象的填充颜色为0、100、100、0，如图2-18所示。

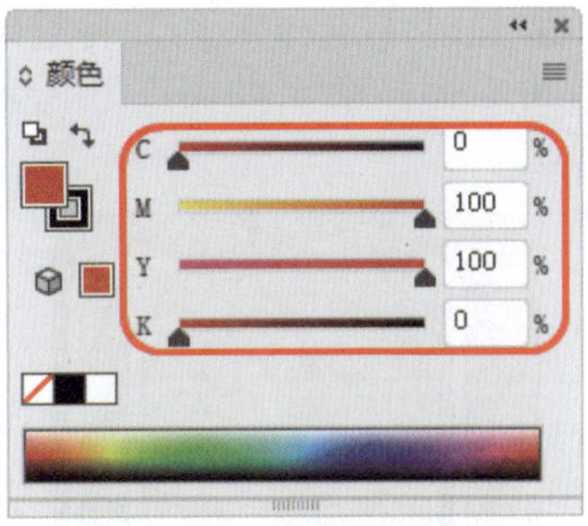

图2-18　设置颜色参数

❹ 设置属性后的圆角矩形效果如图2-19所示。

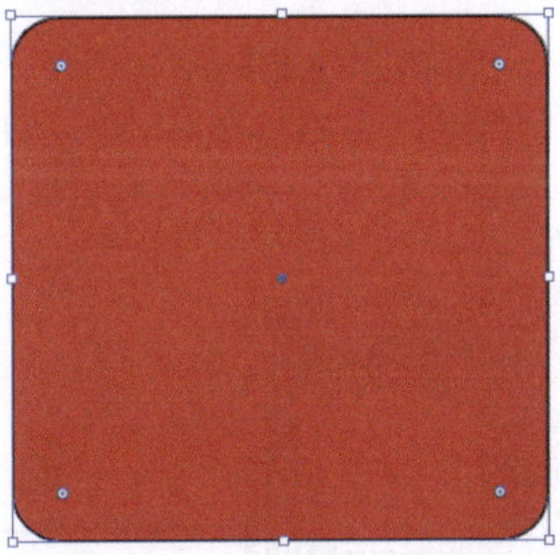

图2-19　绘制圆角矩形

❺ 使用【圆角矩形工具】，在页面中合适的位置单击，此时弹出【圆角矩形】对话框，将【宽度】和【高度】都设置为70，单击【确定】按钮，如图2-20所示。

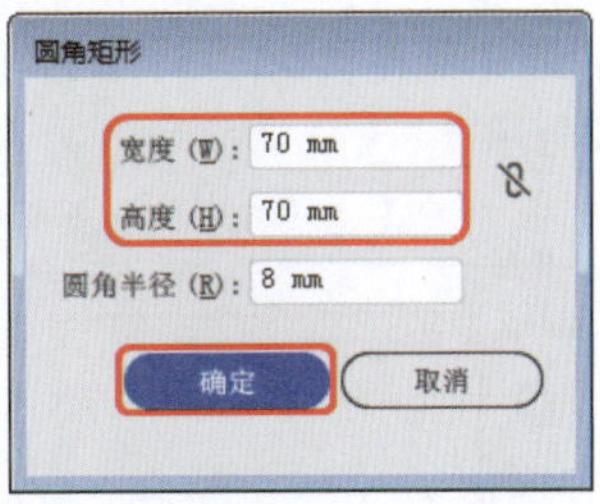

图2-20　设置圆角矩形参数

❻ 通过【颜色】面板设置圆角矩形的填充颜色为0、0、0、0，如图2-21所示。

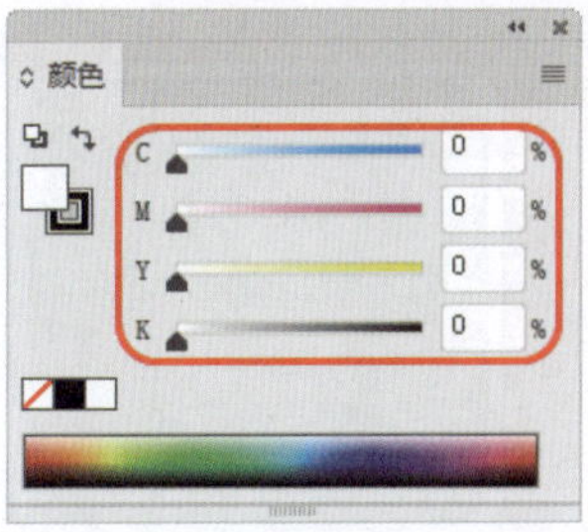

图2-21　设置颜色参数

❼ 通过【选择工具】将绘制好的圆角矩形移动到如图2-22所示的位置。

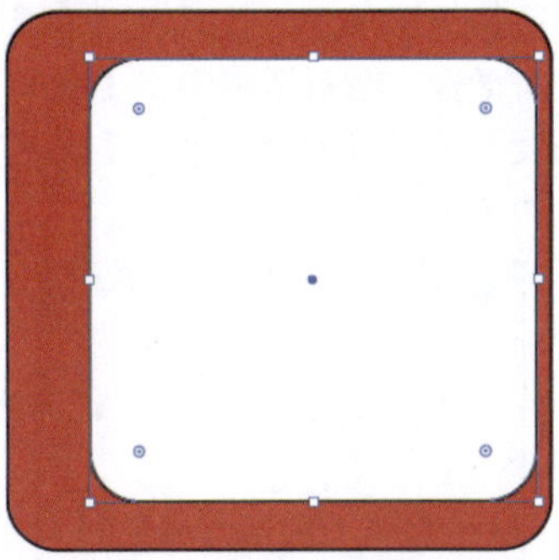

图2-22　绘制并移动圆角矩形

❽ 使用【圆角矩形工具】，在页面中合适的位置单击，此时弹出【圆角矩形】对话框，在对话框中将【宽度】和【高度】都设置为65，单击【确定】按钮，如图2-23所示。

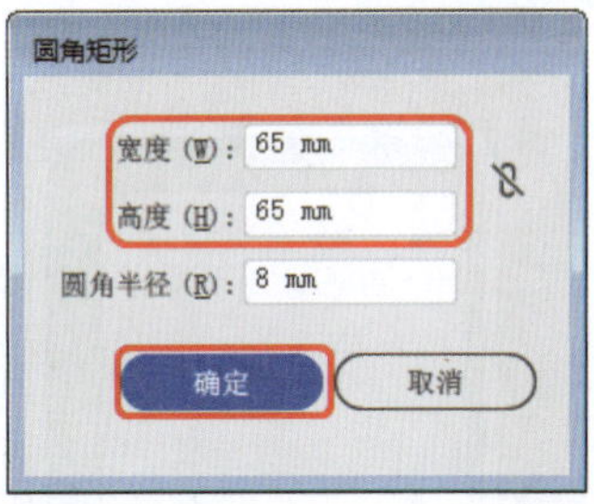

图2-23　设置圆角矩形参数

❾ 通过【颜色】面板设置圆角矩形的填充颜色为44、20、88、0，如图2-24所示。

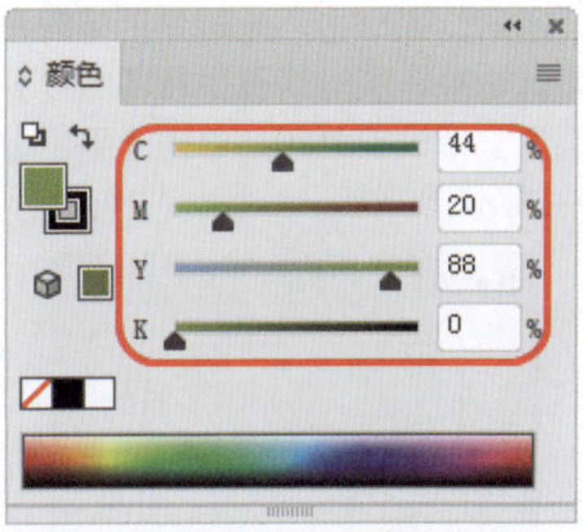

图2-24　设置颜色参数

❿ 通过【选择工具】将绘制好的圆角矩形移动到如图2-25所示的位置。

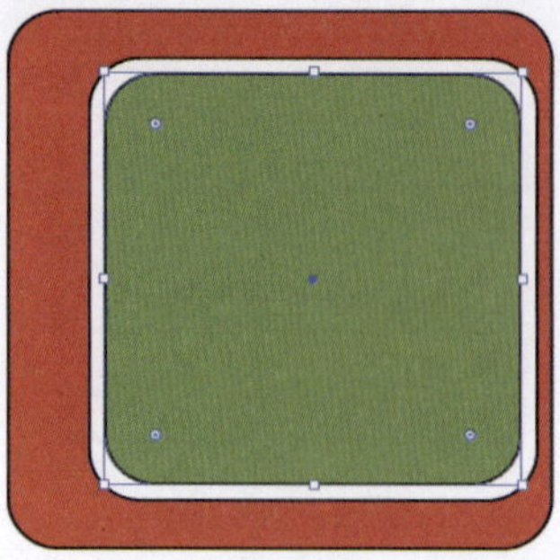

图2-25　移动圆角矩形

⑪使用【圆角矩形工具】，在页面中合适的位置单击，此时弹出【圆角矩形】对话框，在对话框中将【宽度】和【高度】都设置为55，单击【确定】按钮，如图2-26所示。

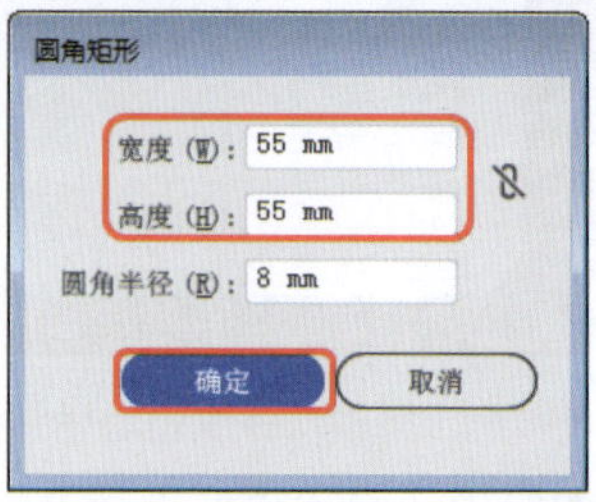

图2-26　设置圆角矩形参数

⑫通过【颜色】面板设置圆角矩形的填充颜色为白色，通过【选择工具】将绘制好的圆角矩形移动到如图2-27所示的位置。

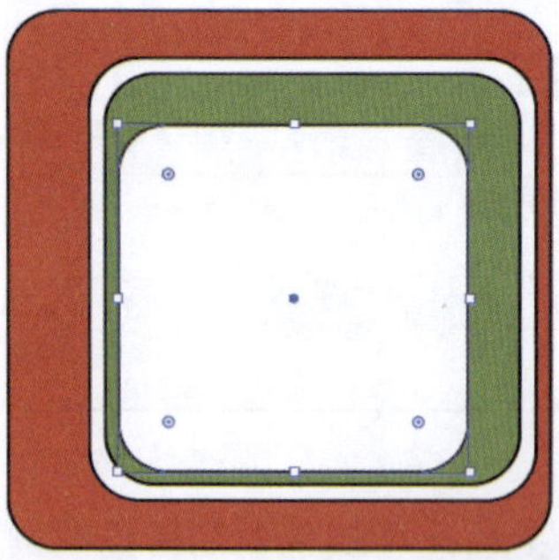

图2-27　绘制并移动圆角矩形

⑬使用【圆角矩形工具】，在页面中合适的位置单击，此时弹出【圆角矩形】对话框，在对话框中将【宽度】和【高度】都设置为50，单击【确定】按钮，如图2-28所示。

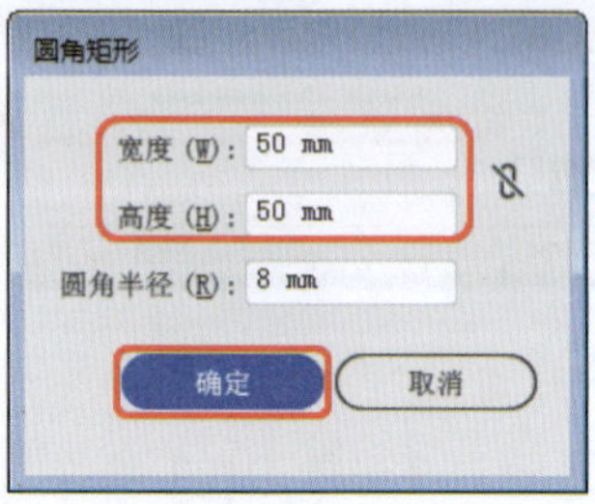

图2-28　设置圆角矩形参数

⑭通过【颜色】面板设置圆角矩形的填充颜色为3、33、90、0，如图2-29所示。

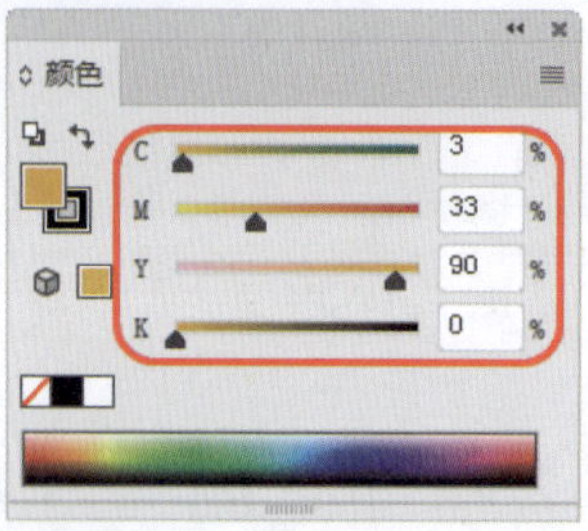

图2-29　设置颜色参数

⑮通过【选择工具】将绘制好的圆角矩形移动至如图2-30所示的位置。

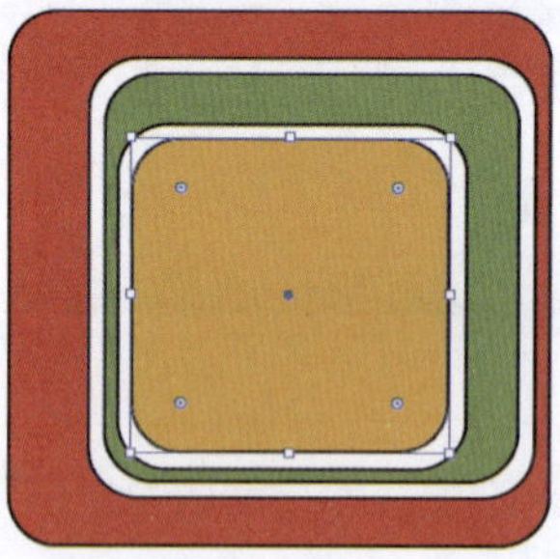

图2-30　移动圆角矩形

⑯使用【圆角矩形工具】，按住Shift键，绘制如图2-31所示的图形，调整其位置，将矩形颜色设置为白色。

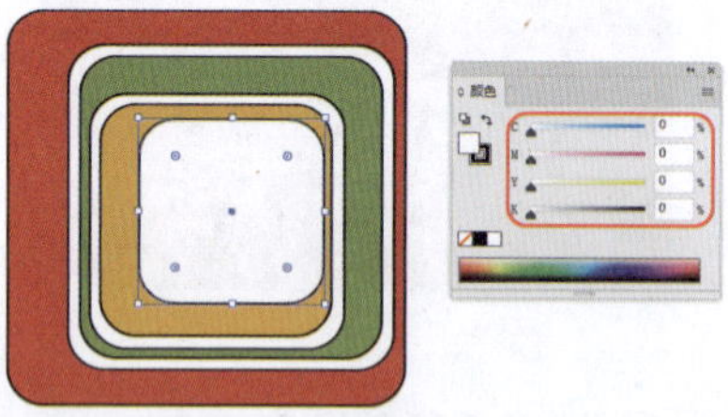

图2-31　绘制圆角矩形

⑰通过【选择工具】选择白色的圆角矩形，按Ctrl+C组合键对其进行复制，按Ctrl+F组合键，将图形粘贴到前面，通过【颜色】面板设置圆角矩形的填充颜色为20、5、82、0，如图2-32所示。

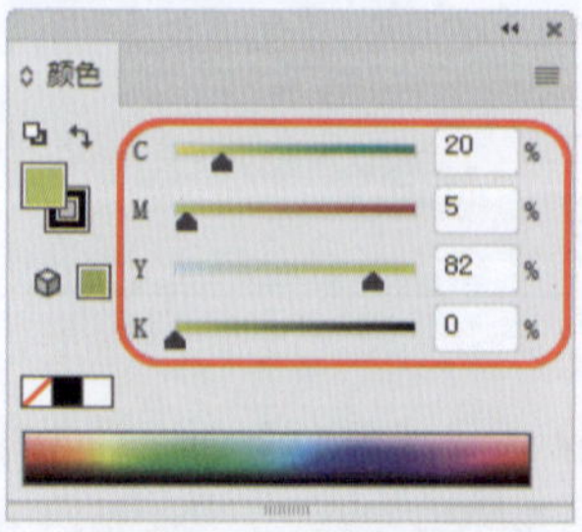

图2-32　设置颜色参数

⑱使用【选择工具】指向前面的圆角矩形的一个角点，当鼠标变为双箭头时按住，配合Shift+Alt组合键拖拽鼠标，调整圆角矩形的大小，将其移动至如图2-33所示的位置。

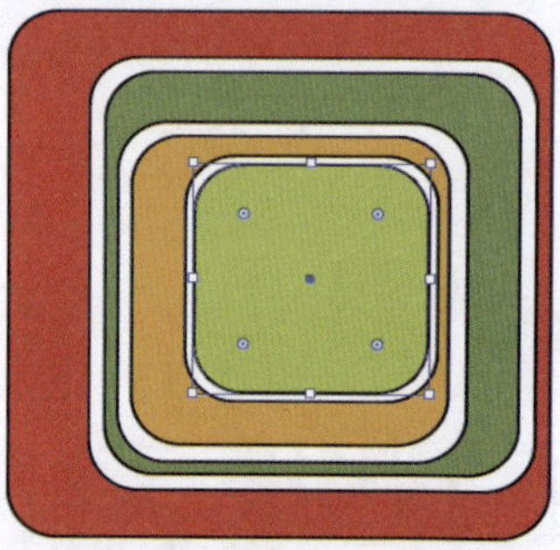

图2-33　调整圆角矩形

⑲使用【圆角矩形工具】，在页面中合适的位置拖拽鼠标绘制一个圆角矩形，通过【颜色】面板设置圆角矩形的填充颜色为白色，如图2-34所示。

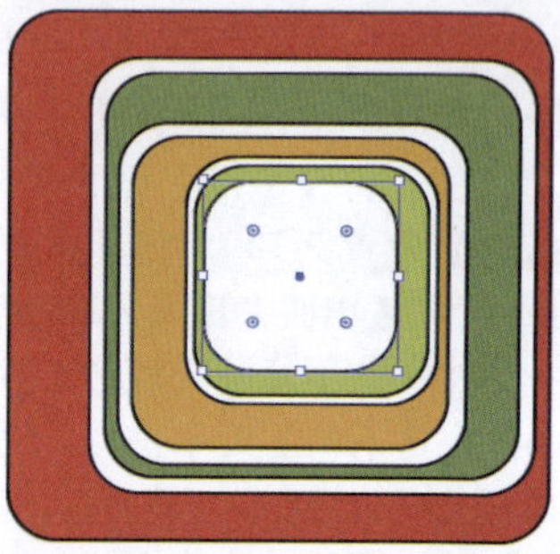

图2-34　绘制圆角矩形

⑳通过【选择工具】选择白色的圆角矩形，选择【编辑】|【复制】命令，再选择【编辑】|【贴在前面】命令，通过【颜色】面板设置圆角矩形的填充颜色为46、95、100、15，如图2-35所示。

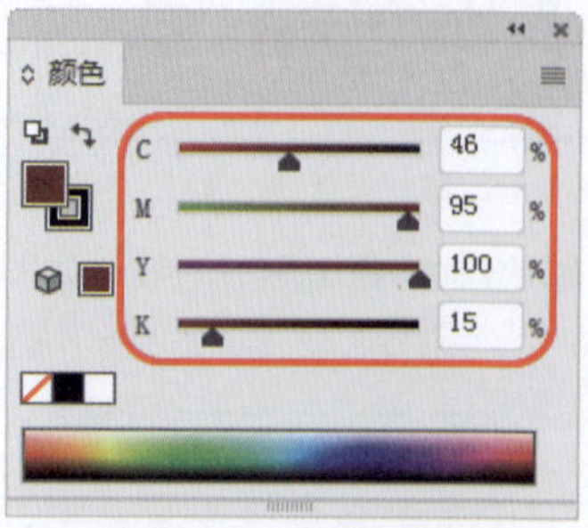

图2-35　设置颜色参数

㉑使用【选择工具】，指向前面的圆角矩形的一个角点，当鼠标变为双箭头时按住，配合Shift+Alt组合键拖拽鼠标，调整圆角矩形的大小，如图2-36所示。

图2-36 调整圆角矩形大小

㉒ 使用【圆角矩形工具】，绘制圆角矩形，将填充颜色设置为白色，如图2-37所示。

图2-37 绘制圆角矩形

㉓ 选择所有的图形对象，将描边设置为白色，如图2-38所示。

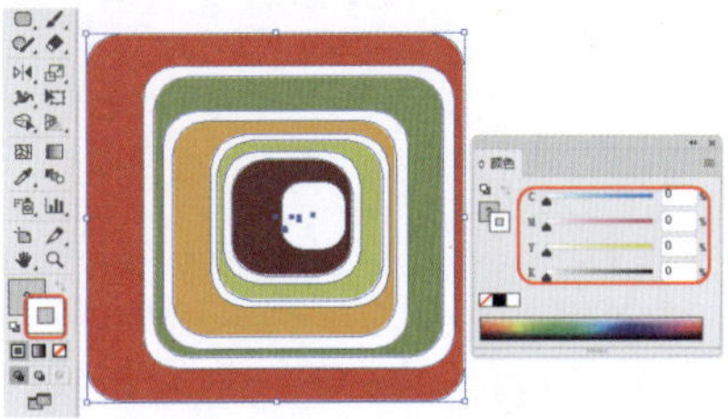

图2-38 设置描边参数

㉔ 重复上面的操作，制作其他的图形对象，效果如图2-39所示。

图2-39 完成后的效果

实训练习016 椭圆工具

本实例主要讲解椭圆工具的绘制方法及技巧，重点掌握通过数值精确绘制椭圆的方法，效果如图2-40所示。

素材	素材|Cha02|椭圆工具.ai
场景	场景|Cha02|实训练习016 椭圆工具 .ai
视频	视频教学 | Cha02 |实训练习016 椭圆工具 .MP4

图2-40 绘制椭圆后的效果图

❶ 打开随书配套资源中的素材|Cha02|椭圆工具.ai文件，如图2-41所示。

图2-41 打开素材文件

❷ 使用【椭圆工具】，在合适的位置处单击鼠标左键，弹出【椭圆】对话框，将【宽度】和【高度】都设置为52，如图2-42所示。

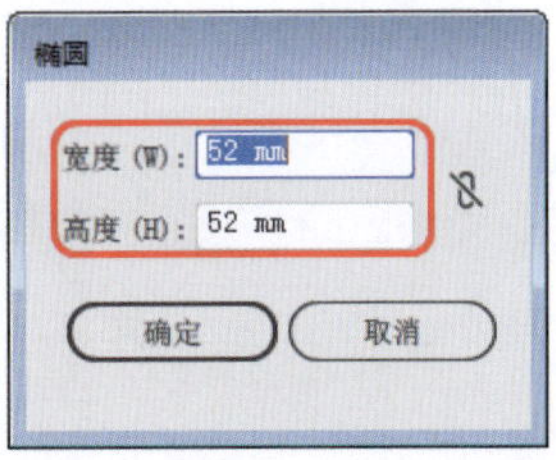

图2-42 设置【椭圆】参数

❸ 单击【确定】按钮，选择创建的椭圆形对象，将【颜色】的RGB值设置为184、210、0，将【描边颜色】设置为白色，将【描边粗细】设置为5pt，如图2-43所示。

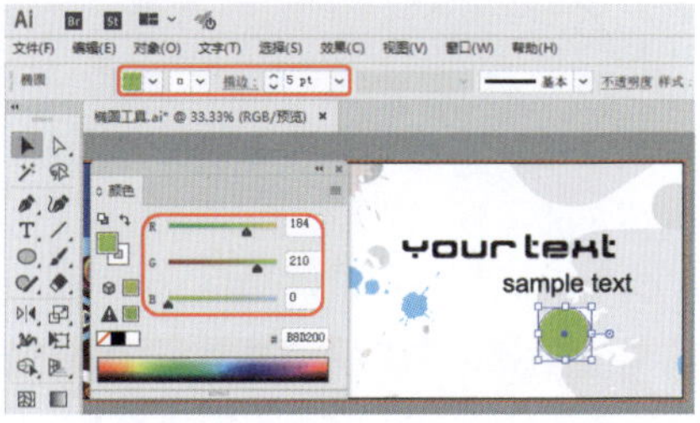

图2-43 设置椭圆颜色

❹ 按住Alt键，复制两个椭圆形，将左侧椭圆形的颜色设置为0、125、201，如图2-44所示。

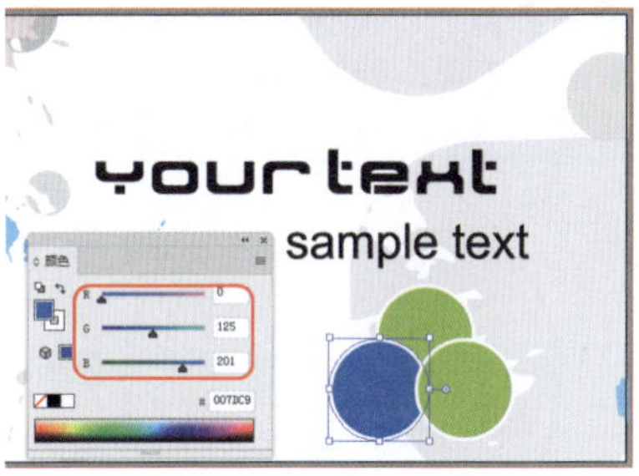

图2-44 设置椭圆颜色

❺ 选择右侧的椭圆形，将RGB值设置为230、0、18，如图2-45所示。

图2-45 设置椭圆颜色

❻ 最终效果如图2-46所示。

图2-46 最终效果

知识链接

绘制椭圆的多种方法

（1）选择【文件】|【新建】命令，弹出【新建文档】对话框，各选项都采用默认设置即可，单击【确定】按钮。

（2）使用【椭圆工具】，在页面中合适的位置按住鼠标左键不放，拖拽鼠标到合适的位置，松开鼠标左键即可绘制一个椭圆，如图2-47所示。

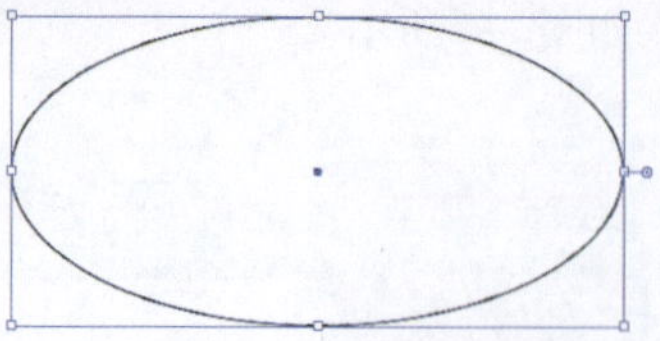

图2-47　绘制椭圆

> **提　示**
>
> 按L快捷键可快速选择【椭圆工具】。

（3）使用【椭圆工具】，按住Shift键不放，在页面中按住并拖拽鼠标，拖拽到合适的大小后松开鼠标左键，可以绘制一个正圆，如图2-48所示。

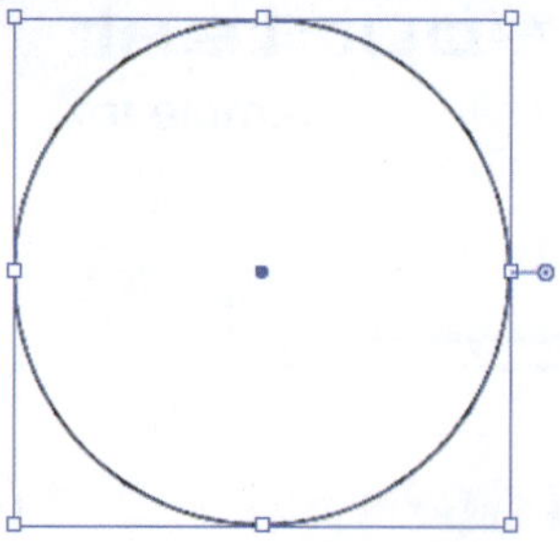

图2-48　绘制正圆形

（4）使用【椭圆工具】，按住Alt键不放，在页面中按住并拖拽鼠标，拖拽到合适的大小后松开鼠标左键，可以绘制一个以鼠标落点为中心的椭圆，如图2-49所示。

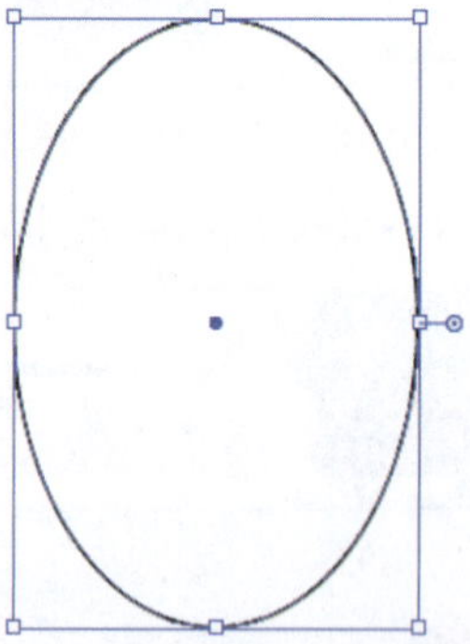

图2-49　以落点为中心的椭圆

（5）使用【椭圆工具】，按住Alt+Shift组合键不放，在页面中按住并拖拽鼠标，拖拽到合适的大小后松开鼠标左键，可以绘制一个以鼠标落点为中心的正圆，如图2-50所示。

（6）使用【椭圆工具】，按住~键不放，在页面中按住并拖拽鼠标，拖拽到合适的大小后松开鼠标左键，可以绘制多个椭圆，如图2-51所示。

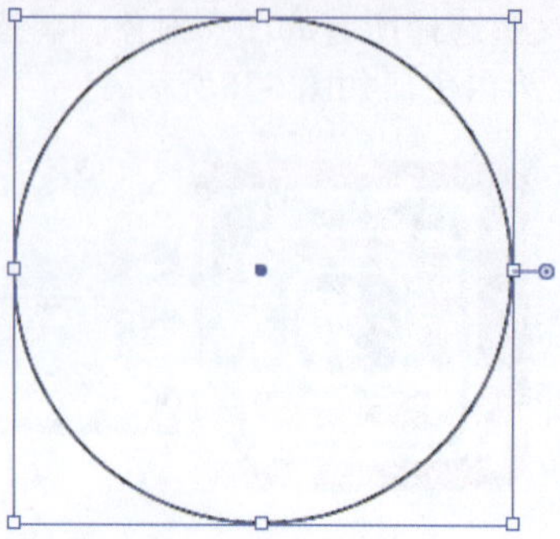

图2-50　以鼠标落点为中心的正圆

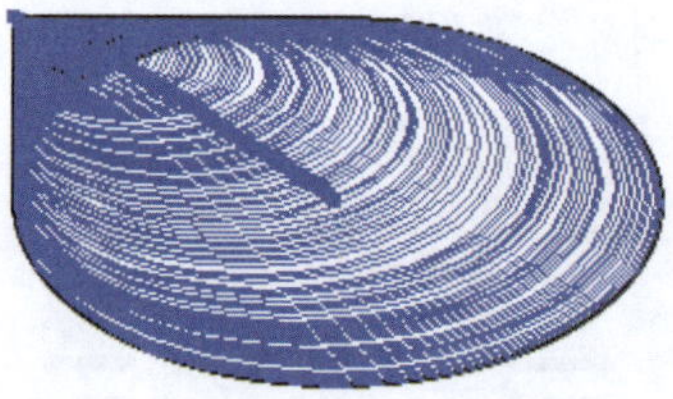

图2-51　绘制多个椭圆

（7）使用【椭圆工具】，按住~+Alt组合键不放，在页面中按住并拖拽鼠标，拖拽至合适的大小后松开鼠标左键，可以绘制多个以鼠标落点为中心的椭圆，如图2-52所示。

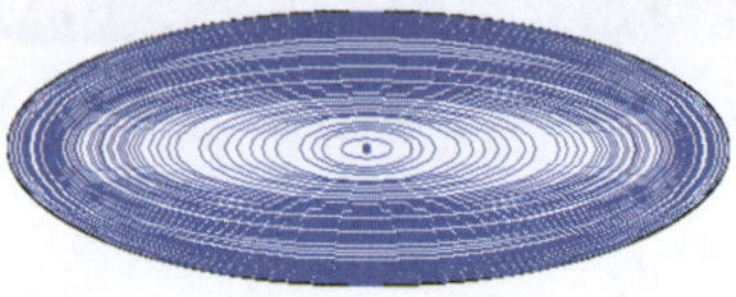

图2-52　绘制以鼠标落点为中心的椭圆

（8）使用【椭圆工具】，按住~+Alt+Shift组合键不放，在页面中按住并拖动鼠标，至合适的大小后松开鼠标左键，可以绘制多个以鼠标落点为中心的正圆，如图2-53所示。

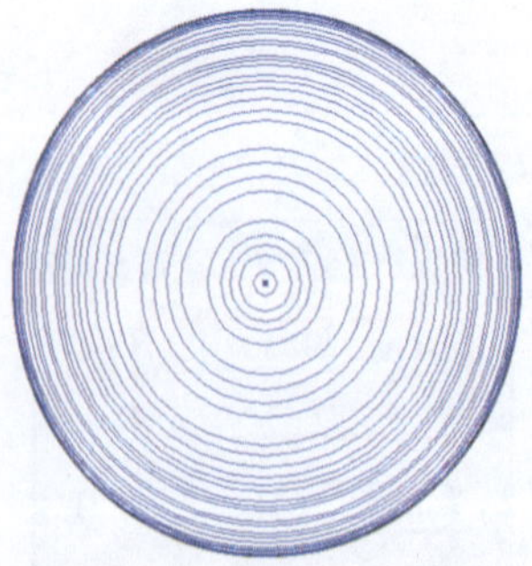

图2-53　落点为中心的正圆

使用数值来精确绘制椭圆，具体步骤如下所示。

（1）使用【椭圆工具】，在页面中需要的位置单击，此时弹出【椭圆】对话框，在对话框中可以设置椭圆的【宽度】和【高度】，都设置为50，如图2-54所示。

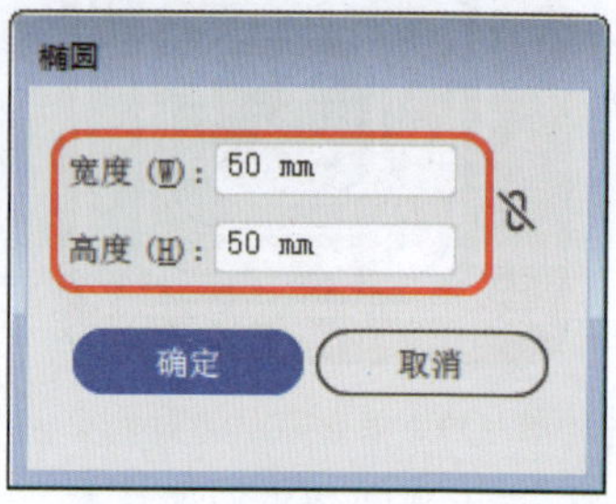

图2-54　【椭圆】对话框

（2）设置完成后单击【确定】按钮，如图2-55所示。

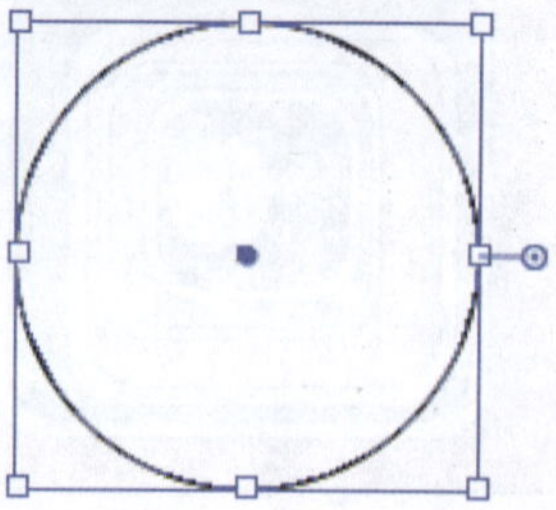

图2-55　通过数值绘制的正圆

> **提　示**
>
> 当绘制完一个椭圆后，想要改变椭圆的大小，可在菜单栏中选择【窗口】|【变换】命令，显示【变换】面板，在【W】和【H】数值框中重新设置。

实训练习017　多边形工具

本实例将讲解多边形工具的绘制方法，效果如图2-56所示。

素材	素材|Cha02|多边形.ai
场景	场景|Cha02|实训练习017 多边形工具.ai
视频	视频教学|Cha02|实训练习017　多边形工具.MP4

图2-56　绘制多边形后的效果图

❶ 打开随书配套资源中的素材|Cha02|多边形.ai文件，如图2-57所示。

图2-57 打开素材文件

❷ 使用【多边形工具】，在绘图区中单击鼠标左键，弹出【多边形】对话框，将【半径】设置为25mm，将【边数】设置为6，单击【确定】按钮，如图2-58所示。

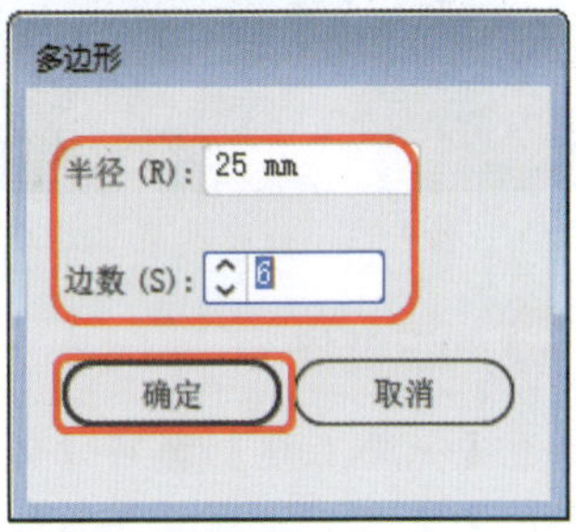

图2-58 设置【多边形】参数

❸ 选择绘制的多边形，将【填充颜色】设置为无，将【描边颜色】的RGB值设置为22、132、59，将【描边粗细】设置为5pt，如图2-59所示。

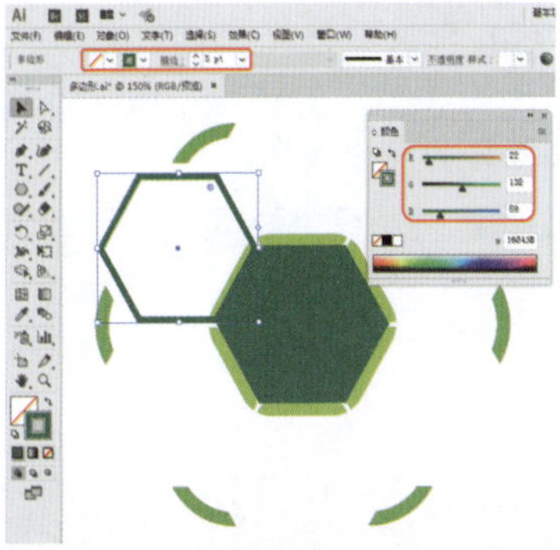

图2-59 设置填充和描边

提 示

【多边形工具】对话框中的相关参数介绍

【半径】：可以设置绘制多边形的边数。边数越多，生成的多边形越接近于圆形。

【边数】：可以设置绘制多边形的边数。

❹ 选中绘制的多边形对象，按住Alt键，对图形进行多次复制，调整对象的位置，如图2-60所示。

图2-60 最终效果

实训练习018 星形工具

本实例将讲解星形工具的绘制方法及技巧，如图2-61所示。

素材	素材|Cha02|星星.ai
场景	场景|Cha02|实训练习018 星形工具.ai
视频	视频教学 | Cha02 |实训练习018 星形工具.MP4

图2-61 绘制星形后的效果图

❶ 打开随书配套资源中的素材|Cha02|星星.ai文件，如图2-62所示。

图2-62 打开素材文件

❷ 使用【星形工具】，在绘图区单击鼠标左键，在弹出的【星形】对话框中，将【半径1】设置为15pt，将【半径2】设置为7pt，将【角点数】设置为5，如图2-63所示。

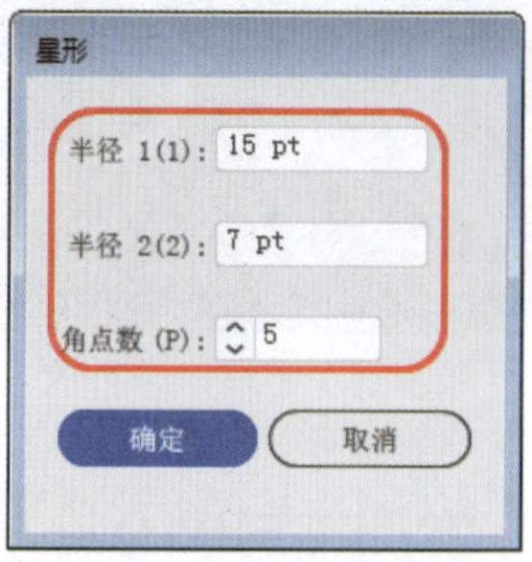

图2-63 设置【星形】参数

提 示

【星形工具】对话框中的相关参数介绍

【半径1】：可以定义所绘制的星形内侧点(凹处)到星形中心的距离。

【半径2】：可以定义所绘制的星形外侧点(顶端)到星形中心的距离。

【角点数】：可以定义所绘制星形图形的角点数。

【半径1】与【半径2】的数值相等时，所绘制的图形为多边形，且边数为【角点数】的两倍。

❸ 单击【确定】按钮，选择绘制的星形对象，将【填充颜色】设置为白色，将【描边颜色】设置为无，如图2-64所示。

图2-64 设置星形的填充和描边

❹ 将星形对象进行旋转，如图2-65所示。

图2-65 旋转星形

❺ 选择星形对象，按住Alt键，对星形进行多次复制，并调整星形的角度和位置，如图2-66所示。

图2-66　复制多个星形

实训练习019 光晕工具

本实例将讲解光晕工具的使用方法，同时帮助读者了解蒙版命令的使用，效果如图2-67所示。

素材	素材|Cha02|光晕工具 .ai
场景	场景|Cha02|实训练习019　光晕工具 .ai
视频	视频教学 | Cha02 |实训练习019　光晕工具 .MP4

图2-67　光晕效果

❶ 打开随书配套资源中的素材|Cha02|光晕工具 .ai文件。单击【光晕工具】按钮，在页面的右上角按住鼠标左键不放，拖拽鼠标到需要的位置松开鼠标左键，如图2-68所示。

图2-68　按住并拖动鼠标

❷ 在页面中需要的位置按住鼠标左键不放，拖拽鼠标到需要的位置松开鼠标左键，如图2-69所示。

图2-69　拖拽鼠标

提　示

选择【光晕工具】后，按Ctrl键拖动鼠标，中心控制点的大小保持不变，而光线和光晕会随鼠标的拖动按比例缩放。

❸ 再次使用【光晕工具】，在页面需要的位置按住鼠标左键不放，拖拽鼠标到需要的位置，松开鼠标左键，如图2-70所示。

图2-70　按住并拖动鼠标

❹ 在页面中需要的位置处按住鼠标左键不放，拖拽鼠标到需要的位置处松开鼠标左键，如图2-71所示。

图2-71　拖拽鼠标

❺ 使用【矩形工具】，绘制一个与页面大小相同的矩形，如图2-72所示。

提　示

选择【光晕工具】后，按住鼠标左键拖拽，此时再按住光标上下移动可增减光线的数量，按住Shift键拖动鼠标，中心控制点、光线和光晕会随鼠标的拖动按比例缩放。

图2-72　绘制矩形

❻ 按Ctrl+A组合键，选择所有的对象，按Ctrl+7组合键，创建蒙版，效果如图2-73所示。

图2-73　最终效果

知识链接

使用【光晕工具】可以创建带有光环的阳光灯。下面将讲解如何绘制精确的光晕效果。

(1) 使用【光晕工具】，在画板中单击鼠标左键，即鼠标的落点是要绘制光晕的中心点，弹出【光晕工具选项】对话框，如图2-74所示。

(2) 在该对话框中进行相应的设置，单击【确定】按钮，画板上就显示设置好的发光效果。

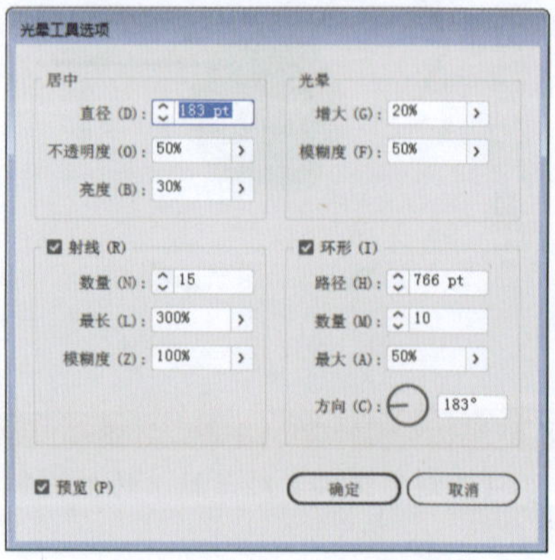

图2-74　【光晕工具选项】对话框

【光晕工具】对话框中的相关参数介绍如下所述。

● 【居中】选项组

【直径】：指发光中心圆的半径。

【不透明度】：用来设置中心圆的不透明程度。

【亮度】：设置中心圆的亮度。

- 【光晕】选项组

【增大】：表示光晕散发的程度。

【模糊度】：指余光的模糊程度。

- 【射线】选项组

【数量】与【最长】：用于设置多个光环中最大光环的大小。

【模糊度】：设置光线的模糊程度。

- 【环形】选项组

【路径】：设置光环的轨迹长度。

【数量】：设置第二次单击时产生的光环。

【最大】：设置多个光环中最大光环的大小。

【方向】：用来设定光环的方向。

实训练习020　直线段工具

下面将讲解如何使用直线段工具，效果如图2-75所示。

素材	素材|Cha02|卡通人物.ai、装饰.ai
场景	场景|Cha02|实训练习020　直线段工具.ai
视频	视频教学 | Cha02 |实训练习020　直线段工具.MP4

图2-75　直线段效果图

❶ 按Ctrl+N组合键，弹出【新建文档】对话框，将【宽度】和【高度】都设置为1100，将【单位】设置为毫米，如图2-76所示。

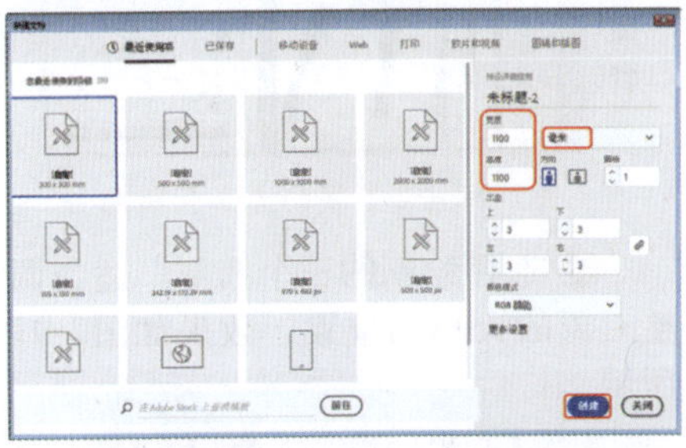

图2-76　新建文档

❷ 使用【矩形工具】，绘制一个与页面大小相同的矩形，将【填充颜色】的RGB值设置为250、251、227，如图2-77所示。

❸ 使用【直线段工具】，在绘图区中绘制直线，将【描边颜色】设置为215、217、168，将【描边粗细】设置为100pt，如图2-78所示。

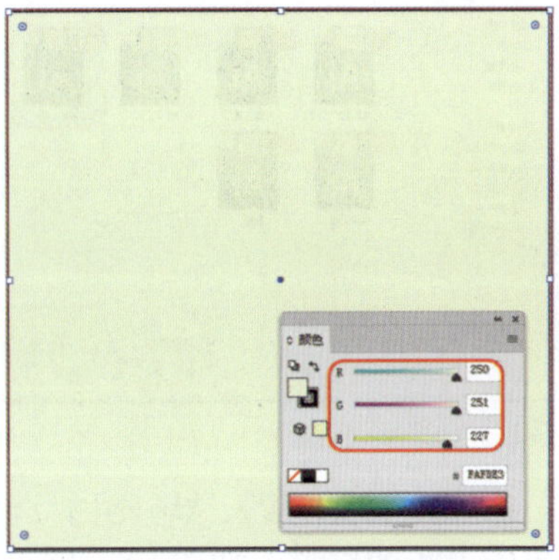

图2-77　设置背景的RGB值

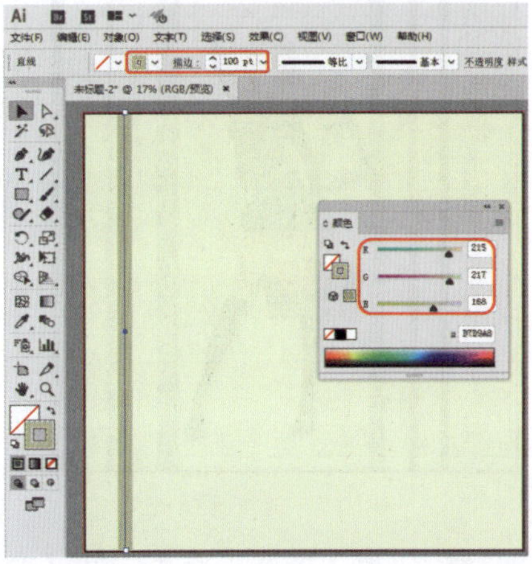

图2-78　绘制直线并设置填充和描边

❹ 使用【直线段工具】，在绘图区中绘制直线，将【描边颜色】设置为124、128、19，将【描边粗细】设置为60 pt，如图2-79所示。

❺ 使用【直线段工具】，在绘图区中绘制直线，将【描边颜色】设置为203、23、20，将【描边粗细】设置为60 pt，如图2-80所示。

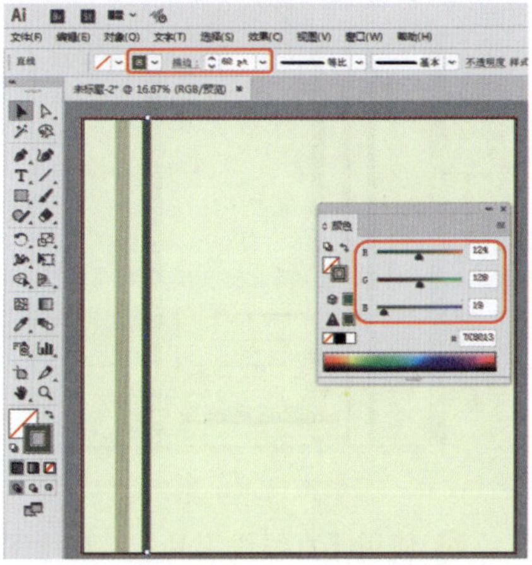

图2-79　绘制直线并设置填充和描边

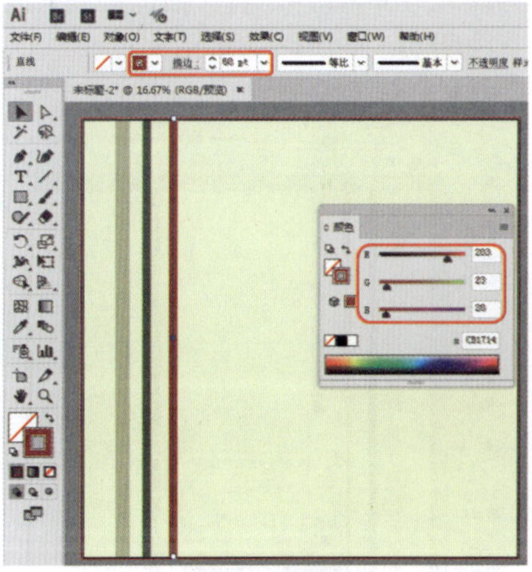

图2-80　绘制直线并设置填充和描边

❻ 使用【直线段工具】，在绘图区中绘制直线，将【描边颜色】设置为155、160、24，将【描边粗细】设置为100 pt，如图2-81所示。

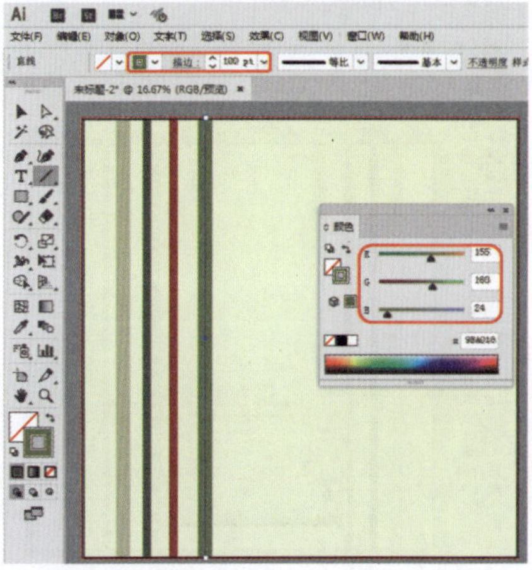

图2-81　绘制直线并设置填充和描边

❼ 使用【直线段工具】，在绘图区中绘制直线，将【描边颜色】设置为132 、13、93，将【描边粗细】设置为140 pt，如图2-82所示。

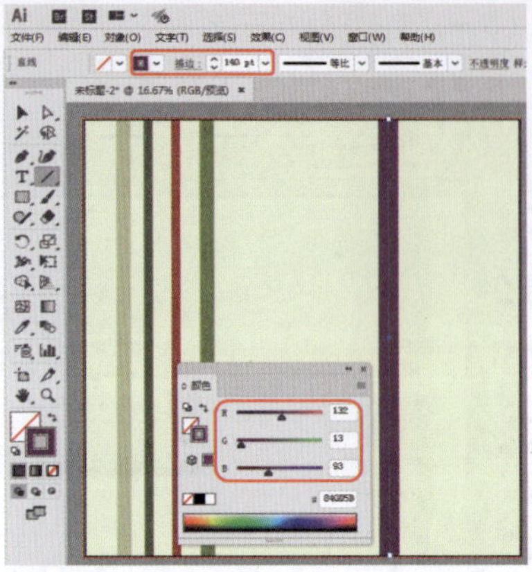

图2-82　绘制直线并设置填充和描边

❽ 使用【直线段工具】，在绘图区中绘制直线，将【描边颜色】设置为255、132、214，将【描边粗细】设置为60 pt，如图2-83所示。

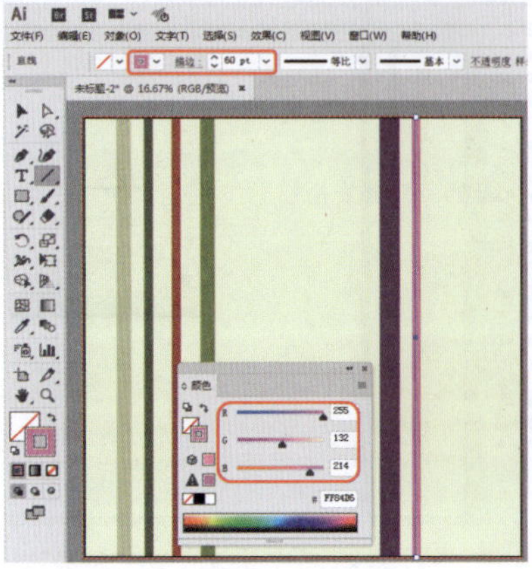

图2-83　绘制直线并设置填充和描边

❾ 使用【直线段工具】，在绘图区中绘制直线，将【描边颜色】设置为148、7、101，将【描边粗细】设置为50 pt，如图2-84所示。

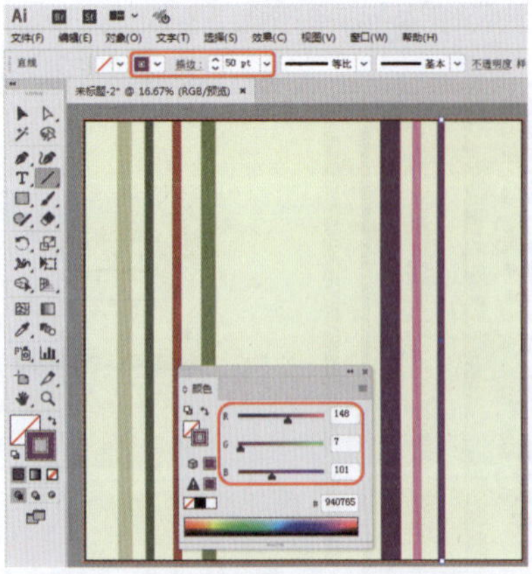

图2-84　绘制直线并设置填充和描边

❿ 使用【直线段工具】，在绘图区中绘制直线，将【描边颜色】设置为95、97、43，将【描边粗细】设置为80 pt，如图2-85所示。

图2-85　绘制直线并设置填充和描边

⓫ 在菜单栏中选择【文件】|【置入】命令，弹出【置入】对话框，选择“卡通人物.ai”素材文件，单击【置入】按钮，如图2-86所示。

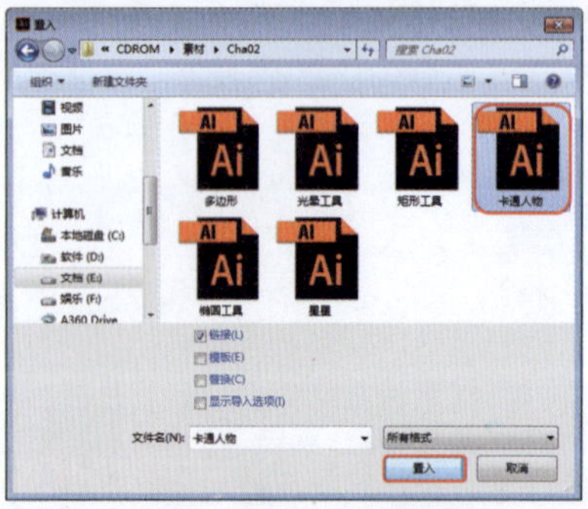

图2-86　选择置入的素材文件

⓬ 将素材文件置入该场景中，调整对象的大小和位置，如图2-87所示。

图2-87　调整后的效果

⓭ 使用【椭圆工具】，在【变换】面板中将【宽】和【高】都设置为170，将【颜色】的RGB值设置为66、6、46，将【描边颜色】设置为无，如图2-88所示。

提　示

在菜单栏中选择【窗口】|【变换】命令，可打开【变换】面板。

图2-88　设置圆的大小和颜色

⓮ 再次使用【椭圆工具】，绘制【宽】和【高】为100的圆，将【填充颜色】设置为白色，将【描边颜色】设置为无，如图2-89所示。

图2-89　设置圆的大小和颜色

⓯ 使用【椭圆工具】，绘制【宽】和【高】为60的圆，将【填充颜色】的RGB值设置为126、6、86，将【描边颜色】设置为无，如图2-90所示。

图2-90　设置圆的大小和颜色

⓰ 选择绘制的三个圆形，适当调整对象的大小和位置，效果如图2-91所示。

图2-91　调整圆的大小

⑰ 适当调整直线段的位置，如图2-92所示。

图2-92 调整直线段的位置

⑱ 在菜单栏中选择【文件】|【置入】命令，弹出【置入】对话框，选择“装饰.ai”文件，如图2-93所示。

图2-93 选择置入的素材文件

⑲ 单击【置入】按钮，适当调整其位置，如图2-94所示。

图2-94 最终效果

知识链接

【直线段工具】的使用非常简单，可以用它直接绘制各种方向的直线。

使用【直线段工具】，在画板空白处当指针变为状态时，单击鼠标确定直线段的起点，拖拽线段至终止位置时释放鼠标，即可绘制一条直线段，如图2-95所示。

图2-95 绘制直线段

提 示

在确认完起点后，如果觉得起点不是很适合，可拖拽鼠标（未松开）的同时按住空格键，直线便可随鼠标的拖拽移动位置。

拖动鼠标可绘制直线段，按住Shift键可以绘制出0°、45°或者90°方向的直线。如图2-96、图2-97、图2-98所示。

图2-96 绘制0° 直线段

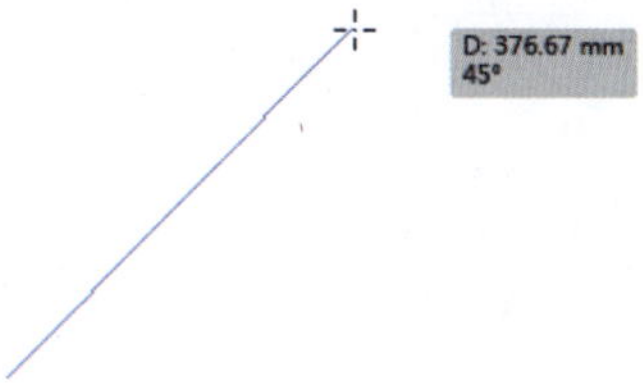

图2-97 绘制45° 直线段

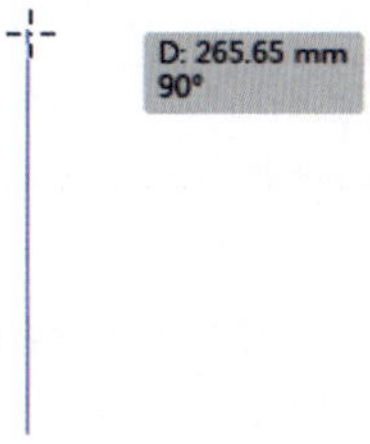

图2-98 绘制90° 直线段

绘制精确方向和长度的直线。其具体的操作步骤如下所述。

(1) 在工具箱中选择【直线段工具】。

(2) 在画板空白处单击鼠标，确认直线段的起点，弹出【直线段工具选项】对话框，如图2-99所示。

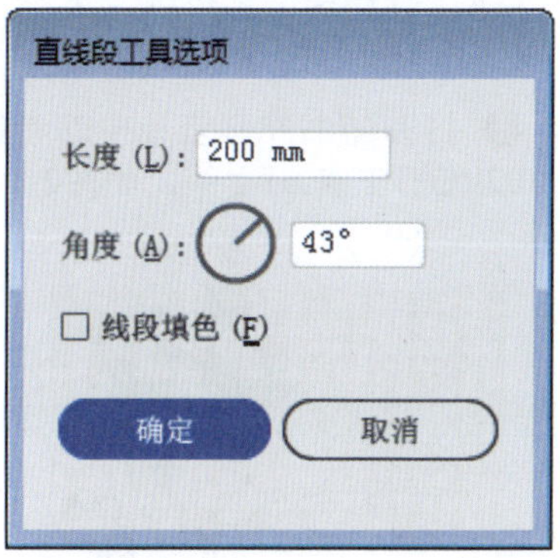

图2-99 【直线段工具选项】对话框

该对话框中的各项说明如下所述。

- 【长度】：可用来设定直线的长度。
- 【角度】：可用来设定直线和水平轴的夹角。
- 【线段填充】：勾选该复选框后，可为绘制的直线段填充颜色。(可在工具栏中设置填充颜色)。

(3) 创建图形后的效果如图2-100所示。

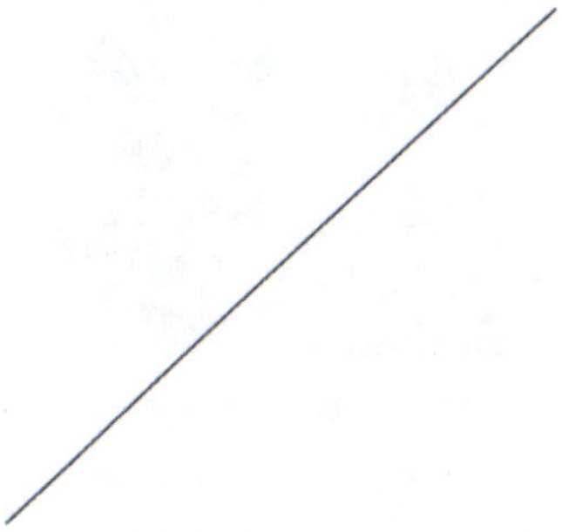

图2-100 创建的图形

实训练习021 弧形工具

本实例主要讲解弧形工具的绘制方法和技巧，同时了解镜像工具的使用，效果如图2-101所示。

素材	素材|Cha02|弧形工具.ai
场景	场景|Cha02|实训练习021 弧形工具.ai
视频	视频教学 | Cha02 |实训练习021 弧形工具.MP4

图2-101　最终效果

❶ 打开随书配套资源中的素材|Cha02|弧形工具.ai文件，如图2-102所示。

图2-102　打开素材文件

❷ 使用【弧形工具】，在页面中按住鼠标左键不放，拖拽鼠标到合适的位置，按住Shift+C组合键，松开鼠标左键，可以绘制闭合的、正立的圆弧线，通过【颜色】面板设置对象的填充颜色为228、0、127，描边颜色设置为无，如图2-103所示。

图2-103　设置弧形的颜色

❸ 在菜单栏中选择【效果】|【扭曲和变换】|【收缩和膨胀】命令，如图2-104所示。

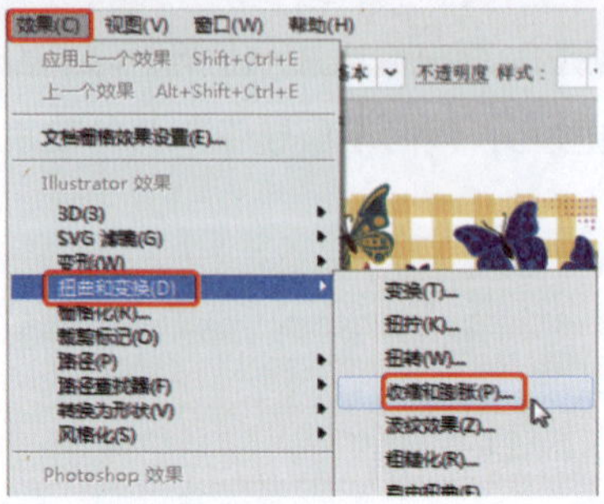

图2-104　选择【收缩和膨胀】命令

❹ 弹出【收缩和膨胀】对话框，设置参数为145%，单击【确定】按钮，如图2-105所示。

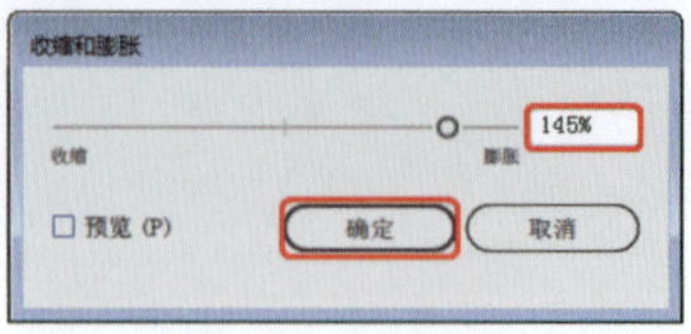

图2-105　设置参数

❺ 效果如图2-106所示。

图2-106　设置完成后的效果

❻ 使用【镜像工具】，按住Alt键不放单击定位镜像中心点，弹出【镜像】对话框，在对话框中设置参数，单击【复制】按钮，如图2-107所示。

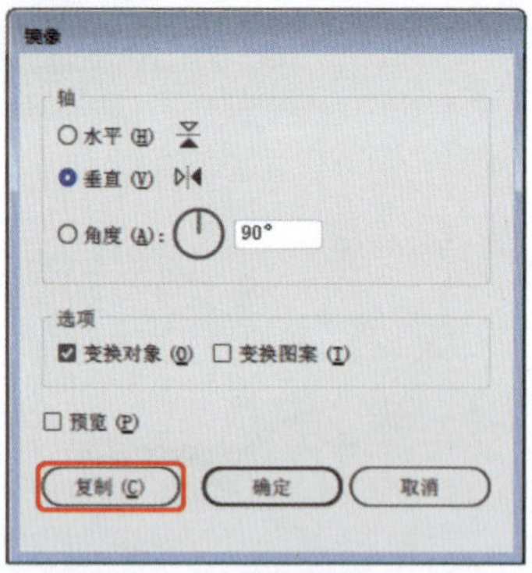

图2-107　设置镜像参数

❼ 复制完成后调整对象的位置，如图2-108所示。

图2-108　调整对象的位置

❽ 选择两个图形对象，按住Alt键，对其进行复制，如图2-109所示。

图2-109　复制对象

❾ 单击鼠标右键，在弹出的快捷菜单中选择【变换】|【旋转】命令，如图2-110所示。

图2-110　选择【旋转】命令

❿ 弹出【旋转】对话框，将【角度】设置为180°，单击【确定】按钮，如图2-111所示。

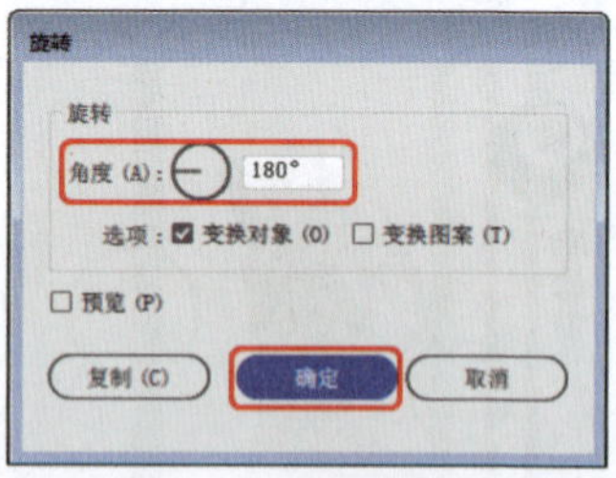

图2-111　设置【角度】

⓫ 旋转后，选择绘制的4个对象，对图形进行缩放，并调整图形的位置，如图2-112所示。

图2-112　调整图形的位置

⑫ 使用【弧形工具】，绘制圆弧对象，单击工具栏中的【描边】，将【粗细】设置为1pt，勾选【虚线】复选框，将【虚线】和【间距】的参数设置为5pt，对圆弧进行复制，可以根据自己的喜好调整圆弧的颜色，如图2-113所示。

图2-113 最终效果

知识链接

【弧线工具】可用来绘制各种曲率和长短的弧线。拖拽鼠标的同时，执行如下操作，可达到不同的效果。

- 按住Shift键，可得到x轴、Y轴长度相等的弧线。
- 按“↑”或“↓”箭头键可增加或减少弧线的曲率半径。
- 按C键可改变弧线类型，即开放路径和闭合路径间的切换。
- 按F键可改变弧线的方向。
- 按X键可令弧线在“凹”和“凸”曲线之间切换。
- 按住空格键，可随鼠标移动弧线的位置。

绘制精确方向和长度的直线。其具体的操作步骤如下所述。

(1) 在工具箱中选择【弧线工具】。

(2) 在画板空白处单击鼠标，确认直线的起点，弹出【弧线段工具选项】对话框，在此可设置弧线的参数，如图2-114所示。

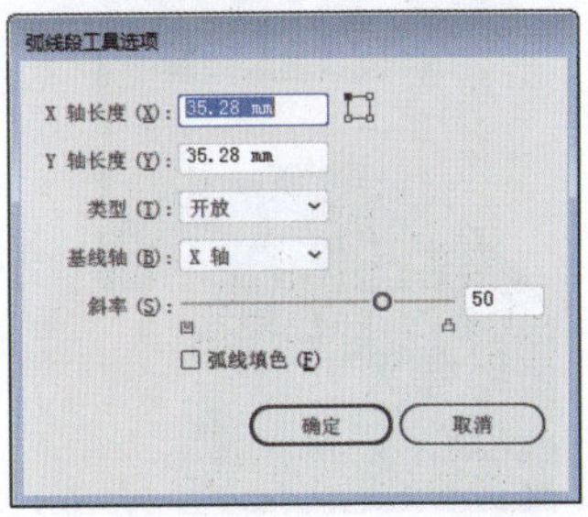

图2-114 【弧线段工具选项】对话框

(3) 单击【确定】按钮，画板上即可出现弧线。

- 【x轴长度】【Y轴长度】：指形成弧线基于x轴、Y轴的长度，可以通过右侧的图标选择基准点的位置。
- 【类型】：分别为开放和闭合。执行开放，所绘制的弧线为开放式的；如果选择闭合选项，所绘制的弧线为封闭式的。
- 【基线轴】：分别为X轴和Y轴，单击后面的选项按钮，可设置弧线的轴向。
- 【斜率】：可设置绘制弧线的弧度大小。
- 【弧线填色】：设置其弧线的填充色。

实训练习022 螺旋线工具

下面将讲解如何使用螺旋线工具，效果如图2-115所示。

素材	素材|Cha02|螺旋线工具.ai
场景	场景|Cha02|实训练习022 螺旋线工具.ai
视频	视频教学 | Cha02 |实训练习022 螺旋线工具.MP4

图2-115 螺旋线效果图

❶ 打开随书配套资源中的素材|Cha02|螺旋线工具.ai文件，使用【螺旋线工具】，在绘图区中单击鼠标左键，弹出【螺旋线】对话框，将【半径】设置为20mm，将【衰减】设置为80%，将【段数】设置为10，如图2-116所示。

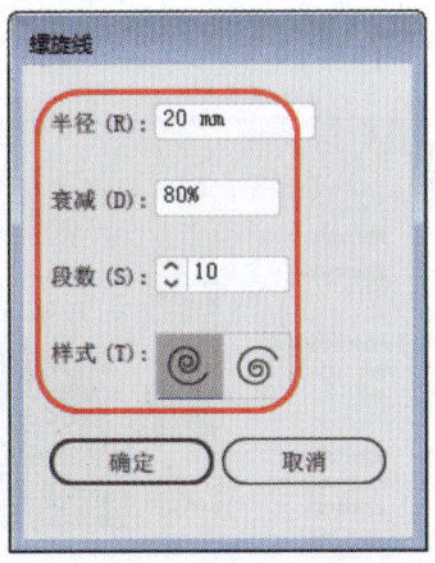

图2-116 设置【螺旋线】参数

❷ 单击【确定】按钮，选择绘制的螺旋线对象，将【填充颜色】设置为无。将【描边颜色】的RGB值设置为233、148、17，将【描边粗细】设置为8pt，如图2-117所示。

图2-117 设置填充颜色和描边颜色

❸ 单击【镜像】按钮，按住Alt键不放，单击定位镜像中心点，弹出【镜像】对话框，将【角度】设置为180°，单击【复制】按钮，如图2-118所示。

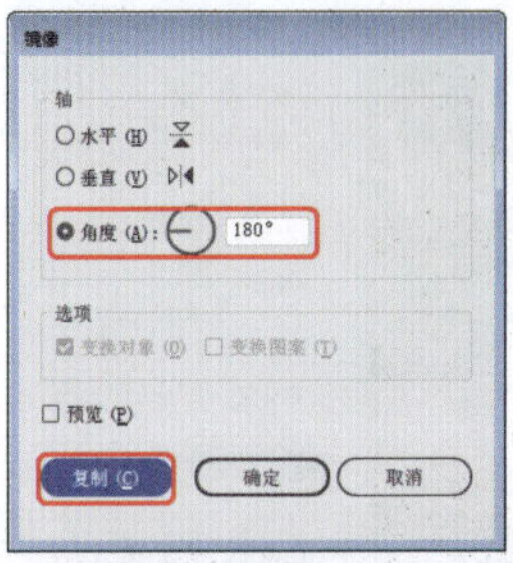

图2-118 设置【镜像】参数

❹ 镜像完成后，调整螺旋线的位置，如图2-119所示。

图2-119 调整螺旋线的位置

提 示

螺旋线对话框中的相关参数介绍如下所述。

【半径】：表示中心到外侧最后一点的距离。

【衰减】：用来控制螺旋线之间相差的比例，百分比越小，螺旋线之间的差距就越小。

【段数】：可以调节螺旋内路径片断的数量。

【样式】：可选择顺时针或逆时针螺旋线形。

⑤ 单按住Alt键，对螺旋线进行多次复制，如图2-120所示。

图2-120 复制螺旋线

⑥ 选择所有的螺旋线，单击【镜像】按钮，按住Alt键不放，单击定位镜像中心点，弹出【镜像】对话框，将【角度】设置为90°，单击【复制】按钮，如图2-121所示。

图2-121 设置【镜像】参数

⑦ 调整复制后的螺旋线位置，如图2-122所示。

⑧ 单击【螺旋线工具】按钮，在绘图区中单击鼠标左键，弹出【螺旋线】对话框，将【半径】设置为25mm，将【衰减】设置为80%，将【段数】设置为7，如图2-123所示。

图2-122 调整位置

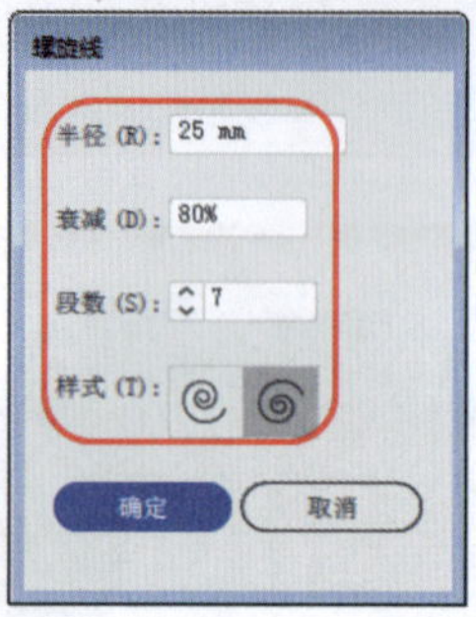

图2-123 设置螺旋线参数

⑨ 单击【确定】按钮，将【填充颜色】和【描边颜色】的RGB值都设置为233、148、17，如图2-124所示。

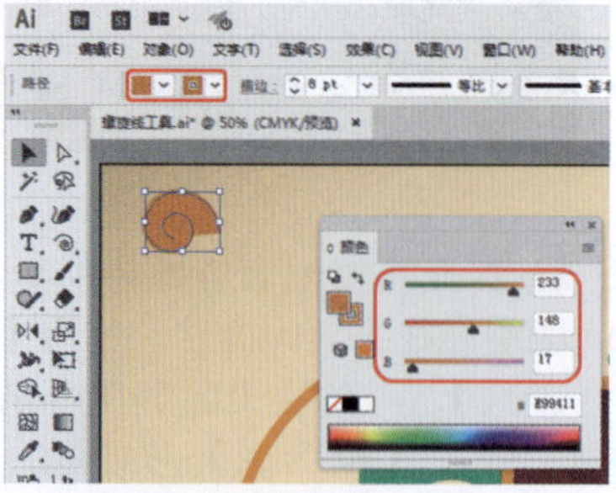

图2-124 设置填充颜色和描边颜色

⑩ 单击鼠标右键，在弹出的快捷菜单中选择【变换】|【旋转】命令，如图2-125所示。

图2-125 选择【旋转】命令

⑪ 弹出【旋转】对话框，将【角度】设置为45°，单击【确定】按钮，如图2-126所示。

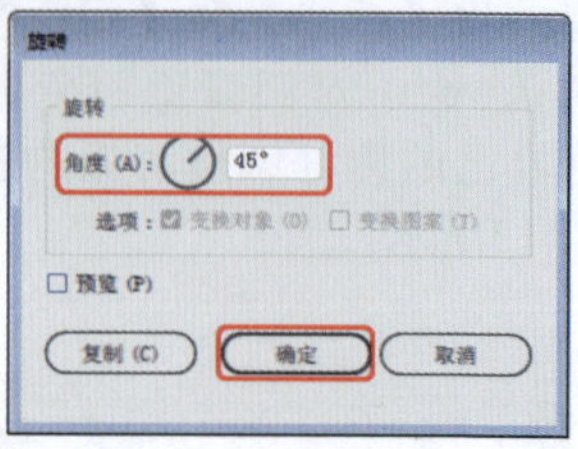

图2-126 设置【旋转角度】参数

⑫ 单击【镜像】按钮，按住Alt键不放，单击定位镜像中心点，弹出【镜像】对话框，将【角度】设置为90°，单击【复制】按钮，如图2-127所示。

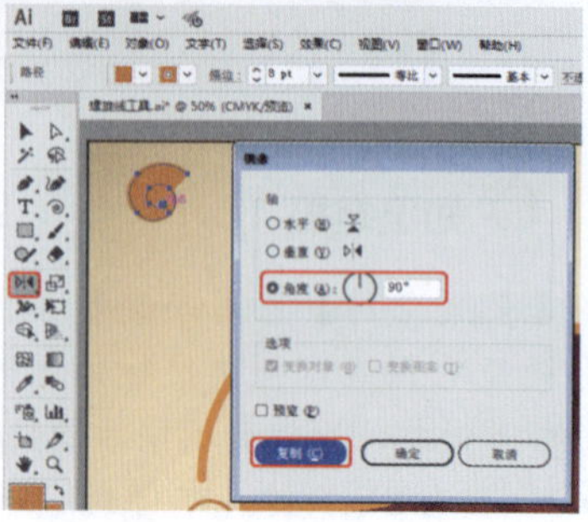

图2-127 设置镜像参数

⑬ 调整镜像后的对象的位置，如图2-128所示。

图2-128 调整位置

⑭ 选择两个螺旋线，按住Alt键，对其进行多次复制，如图2-129所示。

图2-129 最终效果

知识链接

下面将介绍如何使用鼠标拖拽绘制弧线。

(1) 使用【螺旋线工具】，在页面中合适的位置按住鼠标左键不放，拖拽鼠标到合适的位置，松开鼠标左键，即可绘制出任意角度的螺旋线，如图2-130所示。

图2-130 绘制任意角度的螺旋线

(2) 使用【螺旋线工具】，按住Shift键不放，在页面中合适的位置按住鼠标左键不放，拖拽鼠标到合适的位置，松开鼠标左键，可绘制出螺旋线，此时螺旋线的角度是被约束的，如图2-131所示。

图2-131 绘制有约束角度的螺旋线

(3) 使用【螺旋工具】，按住“~”键不放，在页面中合适的位置按住鼠标左键不放，拖拽鼠标到合适的位置，松开鼠标左键即可绘制出多条不同角度的螺旋线，如图2-132所示。

图2-132 绘制多条不同角度的螺旋线

实训练习023 矩形网格工具

本实例主要讲解矩形网格工具的绘制方法与技巧，巩固锁定命令和对象排列命令的使用，了解旋转工具和【变换】面板的使用，效果如图2-133所示。

素材	素材|Cha02|矩形网格工具.ai
场景	场景|Cha02|实训练习023　矩形网格工具.ai
视频	视频教学 | Cha02 |实训练习023　矩形网格工具.MP4

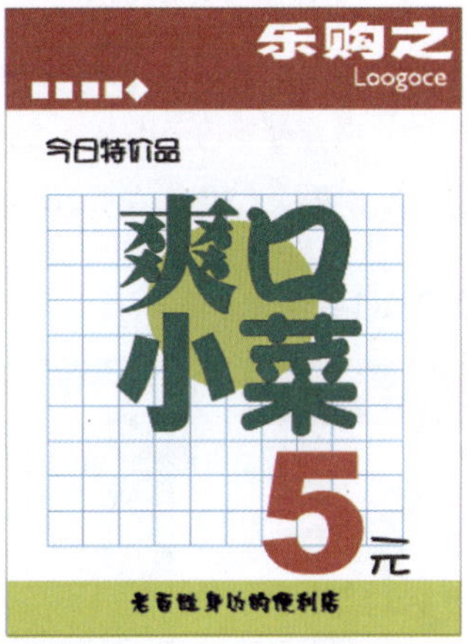

图2-133 矩形网格工具

❶ 打开随书配套资源中的素材|Cha02|矩形网格工具.ai文件，如图2-134所示。

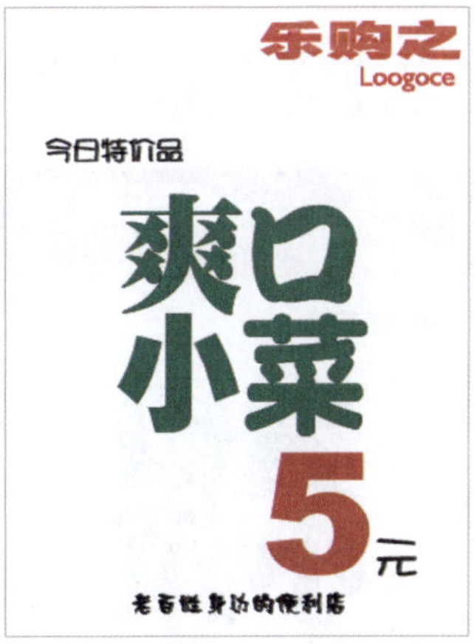

图2-134 打开素材文件

❷ 单击【矩形工具】按钮，在页面中合适的位置绘制一个矩形，在【变换】面板中将【宽度】设置为160mm，将【高度】设置为36mm，将【填充颜色】的RGB值设置为221、64、18，将【描边颜色】设置为无，如图2-135所示。

❸ 在绘制的矩形上单击鼠标右键，在弹出的快捷菜单中选择【排列】|【置于底层】命令，如图2-136所示。

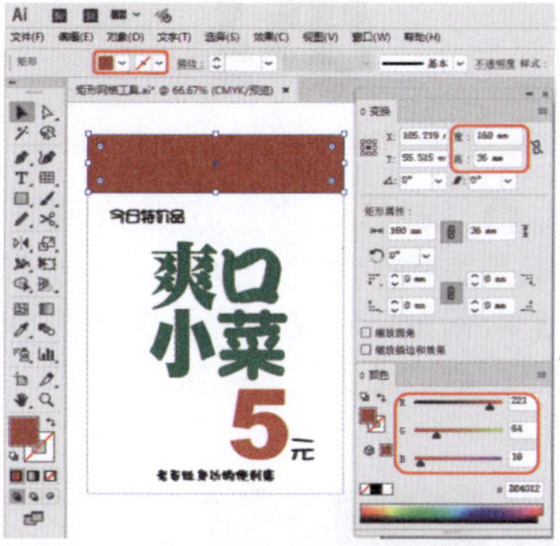

图2-135 设置矩形的填充颜色和描边颜色

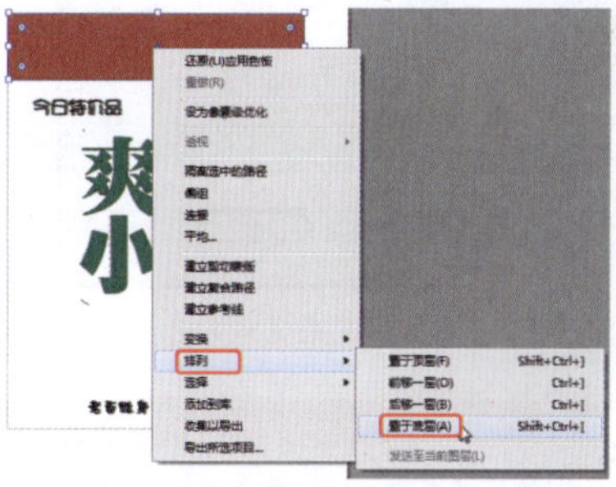

图2-136 选择【置于底层】命令

❹ 选择右上角的红色文字，将填充颜色设置为白色，将描边颜色设置为无，如图2-137所示。

图2-137 更改文字颜色

❺ 使用【矩形工具】，在页面中绘制5个【宽度】和【高度】都为6mm的矩形，将【填充颜色】设置为白色，将【描边颜色】设置为无，如图2-138所示。

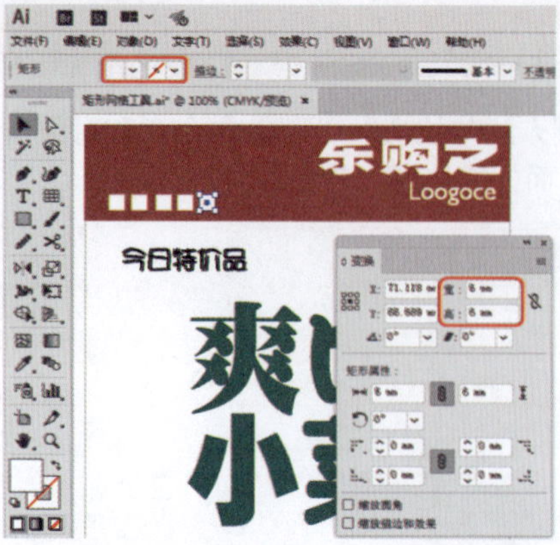

图2-138　绘制矩形并设置填充颜色

⑥ 选择第5个白色矩形，使用【旋转工具】，按Enter键，弹出【旋转】对话框，在【角度】文本框中输入45，单击【确定】按钮，如图2-139所示。

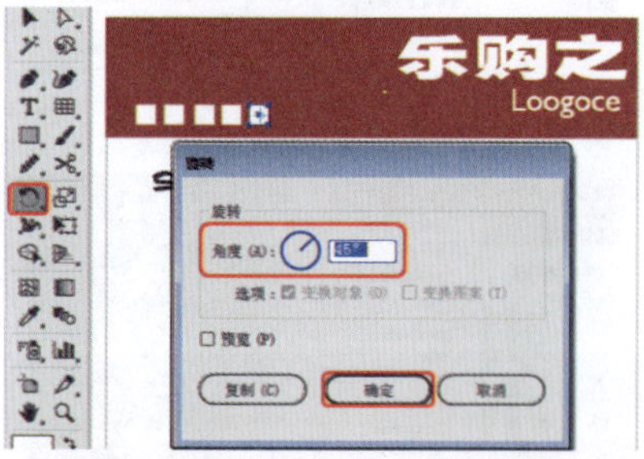

图2-139　设置【旋转】参数

提　示

按R键可快速选择【旋转工具】。

⑦ 旋转后的效果如图2-140所示。

图2-140　旋转后的效果

⑧ 单击【椭圆工具】按钮，绘制椭圆，在【变换】选项组中将【宽度】和【高度】都设置为60mm，将【填充颜色】的RGB值设置为239、234、56，将【描边颜色】设置为无，如图2-141所示。

图2-141　设置椭圆的大小和填充颜色

⑨ 单击鼠标右键，在弹出的快捷菜单中选择【排列】|【置于底层】命令，如图2-142所示。

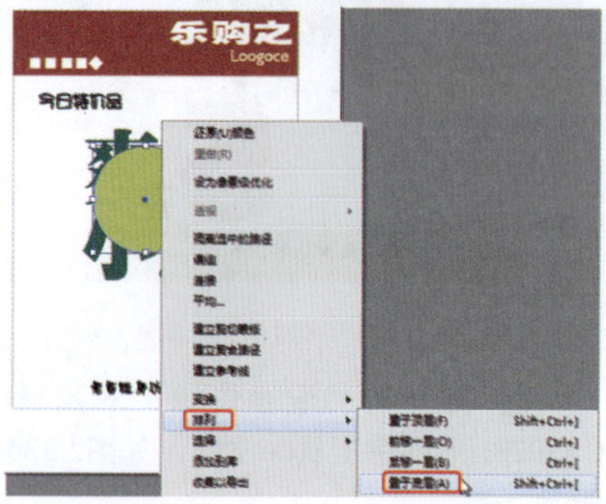

图2-142　选择【置于底层】命令

⑩ 适当调整圆的位置，将圆置于底层，效果如图2-143所示。

图2-143　置于底层后的效果

⑪ 使用【矩形网格工具】，在绘图区中单击鼠标左键，弹出【矩形网格工具选项】对话框，将【宽度】和【高度】设置为125mm，将【水平分隔线】的【数量】设置为9，将【垂直分隔线】的【数量】也设置为9，单击【确定】按钮，如图2-144所示。

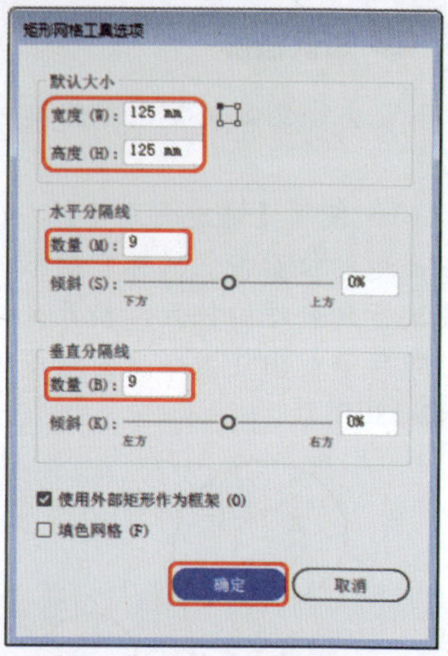

图2-144　设置【矩形网格工具】

⑫ 调整网格的位置，将网格的【填充颜色】设置为无，将【描边颜色】的RGB值设置为133、196、234，如图2-145所示。

图2-145　设置网格的颜色

⑬ 选择网格，单击鼠标右键，在弹出的快捷菜单中选择【排列】|【置于底层】命令，如图2-146所示。

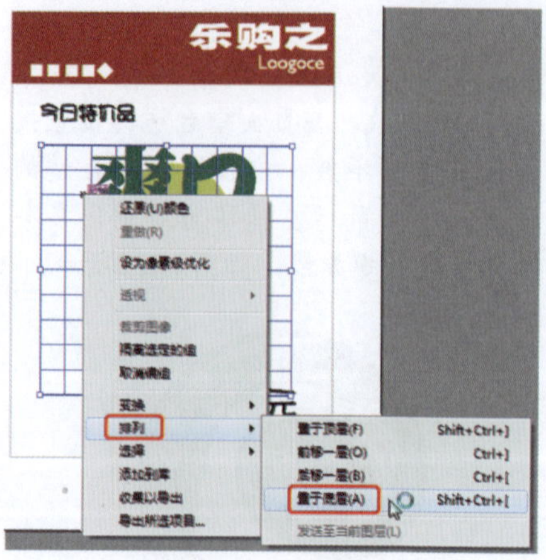

图2-146　选择【置于底层】命令

⑭ 置于底层后的效果如图2-147所示。

图2-147　置于底层后的效果

提　示

【矩形网格工具选项】对话框中的相关参数介绍如下所述。

【宽度】和【高度】：可以设置矩形网格的宽度和高度。

【水平分隔线】：用户可以在该选项组中设置水平分隔线的参数。

【数量】：表示矩形网格内横线的数量，即行数。

【倾斜】：指行的位置，数值为0时，线与线距离均等；数值大于0时，网格向上的行间距逐渐变窄；数值小于0时，网格向下的行间距逐渐变窄。

【垂直分隔线】：用户可以在该选项组中设置垂直分隔线的参数。

【数量】：指矩形网格内竖线的数量，即列数。

【倾斜】：表示列的位置，数值为0时，线与线距离均等；数值大于0时，网格向右的列间距逐渐变窄；数值小于0时，网格向左的列间距逐渐变窄。

⑮ 单击【矩形工具】按钮，在绘图区中绘制矩形，将【变换】选项组中的【宽】设置为160mm，将【高】设置为20mm，将【填充颜色】的RGB值设置为239、234、56，将【描边颜色】设置为无，如图2-148所示。

图2-148　设置矩形的大小和颜色

⑯ 选择矩形对象，单击鼠标右键，在弹出的快捷菜单中选择【排列】|【置于底层】命令，如图2-149所示。

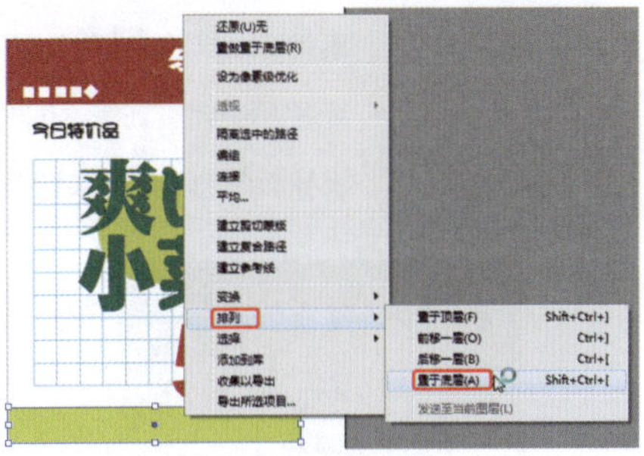

图2-149　选择【置于底层】命令

⑰ 置于底层后的效果如图2-150所示。

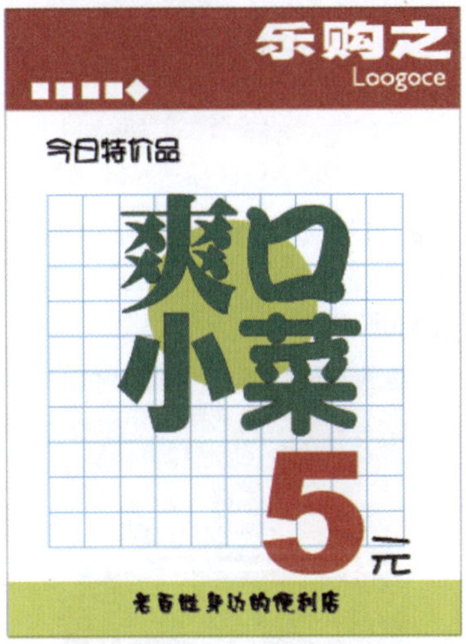

图2-150　置于底层后的效果

知识链接

如何使用鼠标拖拽绘制矩形网格

（1）使用【矩形网格工具】，在页面中合适的位置按住鼠标左键不放，拖拽鼠标到合适的位置，松开鼠标左键，即可绘制出一个矩形网格，如图2-151所示。

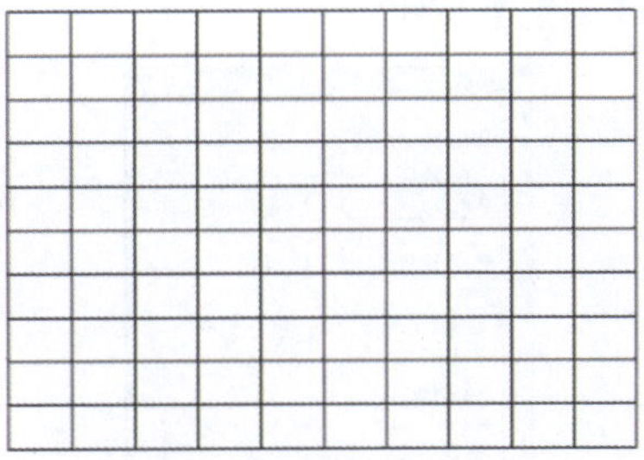

图2-151　绘制任意大小的矩形网格

（2）使用【矩形网格工具】，按住Shift键不放，在页面中合适的位置按住鼠标左键不放，拖拽鼠标到合适的位置，松开鼠标左键，可绘制出一个正方形网格，如图2-152所示。

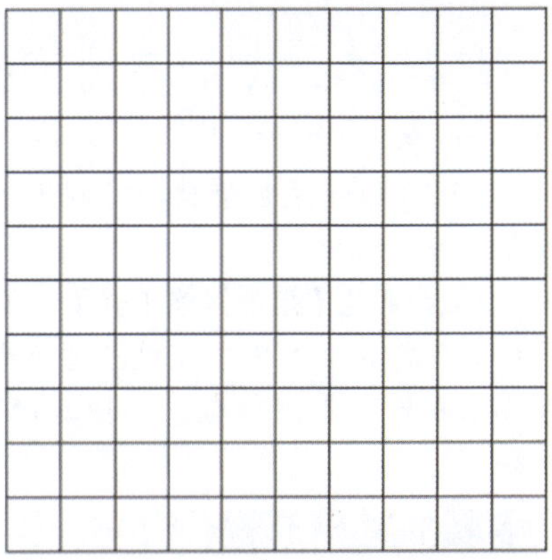

图2-152　绘制正方形网格

提　示

拖拽鼠标绘制矩形网格的同时，按住空格键不放，会冻结当前正在绘制的矩形网格。

（3）使用【矩形网格工具】，在页面中合适的位置按住鼠标左键不放，按【光标左右移动】键，可增减矩形网格的列数，如图2-153所示。

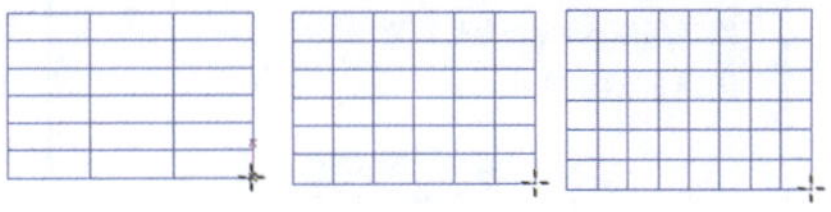

图2-153　增减矩形网格的列数

（4）使用【矩形网格工具】，在页面中合适的位置按住鼠标左键不放，按【光标上下移动】键，可增减矩形网格的行数，如图2-154所示。

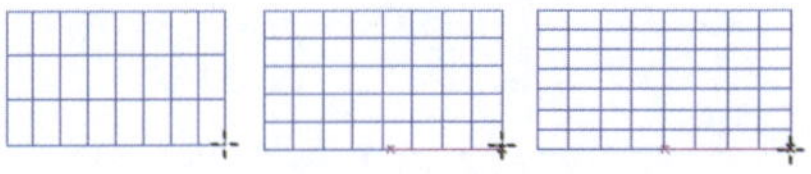

图2-154　增减矩形网格的行数

（5）使用【矩形网格工具】，在页面中合适的位置按住鼠标左键不放，按F键以10%的度量值改变下侧水平网格线的间距，按V键以10%的度量值改变上侧水平网格线的间距，如图2-155所示。

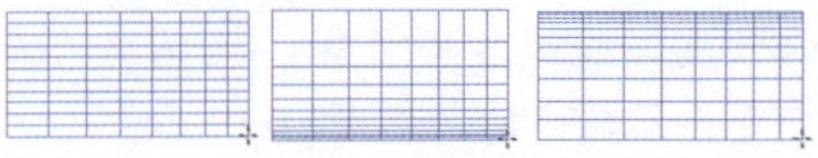

图2-155　改变矩形网格水平网格线的间距

（6）使用【矩形网格工具】，在页面中合适的位置按住鼠标左键不放，按X键以10%的度量值改变左侧垂直网格线的间距，按C键以10%的度量值改变右侧垂直网格线的间距，如图2-156所示。

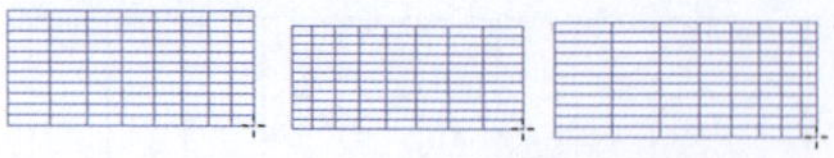

图2-156　改变矩形网格垂直网格线的间距

下面介绍使用数值精确绘制矩形网格。

（1）使用【矩形网格工具】，在页面中需要的位置单击，弹出【矩形网格工具选项】对话框，如图2-157所示。

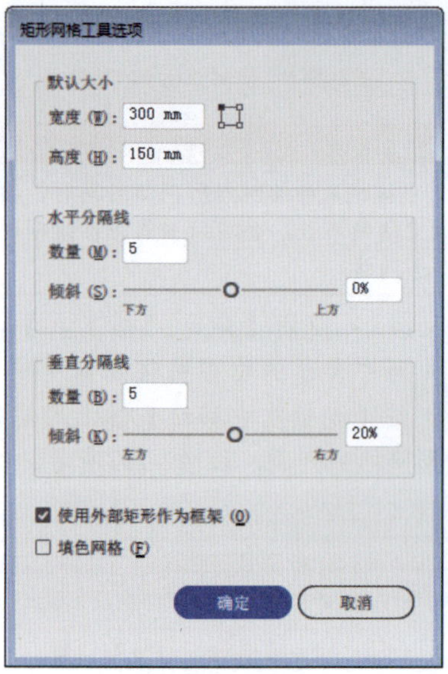

图2-157　【矩形网格工具选项】对话框

（2）在对话框中可以进行相应的参数设置，设置完成后单击【确定】按钮，效果如图2-158所示。

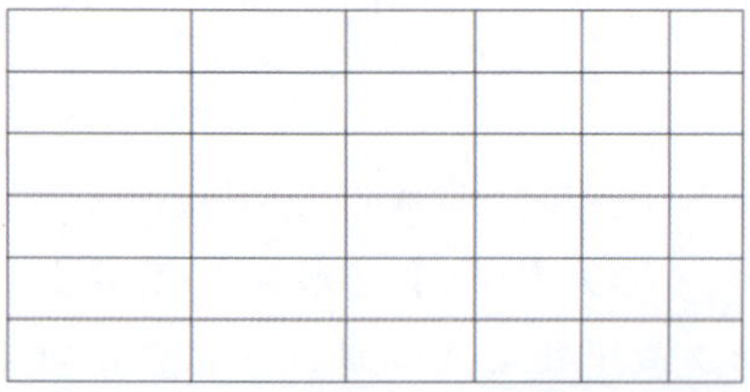

图2-158　通过数值绘制的矩形网格

（3）选择【对象】|【取消编组】命令，可使用【选择工具】选中对象，分别对其进行修改，更改线条的长度、线型和颜色等，把规则的表格变为不规则的，如图2-159所示。

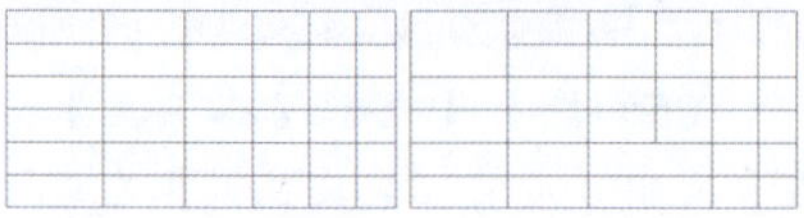

图2-159　将规则的表格变为不规则的矩形网格效果

实训练习024　极坐标网格工具

下面将讲解如何使用极坐标网格工具，效果如图2-160所示。

素材	素材|Cha02|极坐标网格工具.ai
场景	场景|Cha02|实训练习024　极坐标网格工具.ai
视频	视频教学 | Cha02 |实训练习024　极坐标网格工具.MP4

图2-160　极坐标网格工具

❶ 打开随书配套资源中的素材|Cha02|极坐标网格工具.ai文件，如图2-161所示。

图2-161　打开素材文件

❷ 使用【极坐标网格工具】，在页面中需要的位置单击，此时弹出【极坐标网格工具选项】对话框，参照如图2-162设置参数，设置完成后单击【确定】按钮。

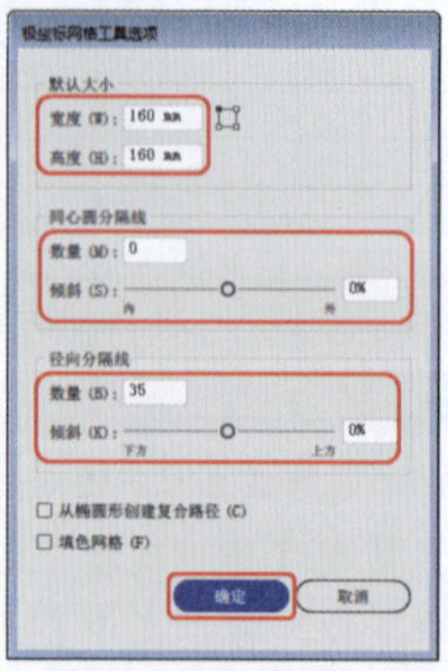

图2-162　【极坐标网格工具选项】对话框

❸ 使用【选择工具】，选择极坐标网格图形，将其移动到合适的位置，将【填充颜色】设置为无，将【描边颜色】设置为白色，单击【描边】选项，在弹出的下拉列表中勾选【虚线】复选框，如图2-163所示。

图2-163　设置描边

❹ 在图形上单击鼠标右键，在弹出的快捷菜单中选择【取消编组】选项，如图2-164所示。

图2-164　选择【取消编组】选项

❺ 选择正圆，按【Delete】键将圆删除，如图2-165所示。

图2-165　删除圆

❻ 选择极坐标网格图形，将【不透明度】设置为30%，如图2-166所示。

图2-166　设置不透明度

❼ 使用【极坐标网格工具】，在页面中合适的位置按住鼠标左键不放，按【光标上下左右移动】键，可增减极坐标网格中放射线网格和同心圆的数量，绘制完成后，在工具栏中单击【描边】选项，取消勾选【虚线】复选框，如图2-167所示。

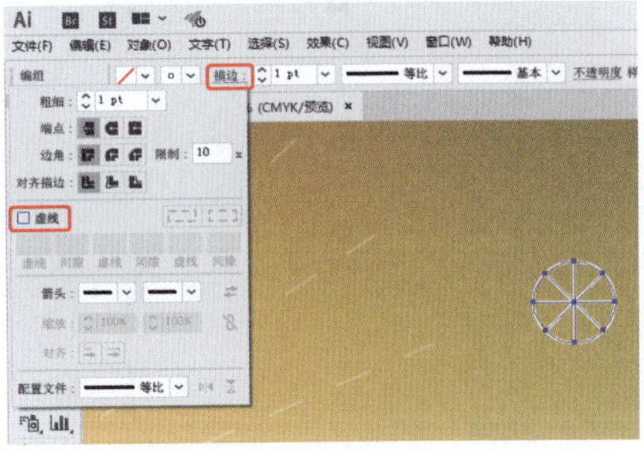

图2-167　极坐标网格图形

❽ 在对象上单击鼠标右键，在弹出的快捷菜单中选择【取消编组】选项，如图2-168所示。

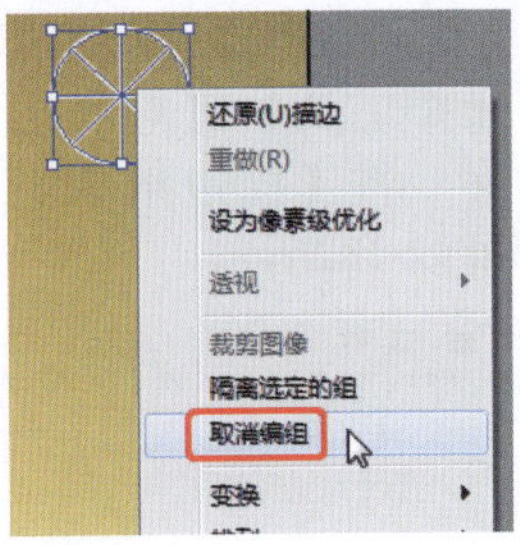

图2-168　取消编组

❾ 将圆删除，调整对象的大小，如图2-169所示。

图2-169　调整大小

❿ 使用【椭圆工具】，在页面中绘制一个正圆，将椭圆的填充颜色设置为白色，选择【对象】|【编组】选项，将对象成组，如图2-170所示。

图2-170　绘制椭圆并设置

⓫ 选择成组后的对象，按住Alt键不放拖拽鼠标复制对象，调整对象的位置，效果如图2-171所示。

图2-171　最终效果

知识链接

【极坐标网格工具】可以用来绘制同心圆和确定参数的放射线段。

(1) 使用【极坐标网格工具】，在画板空白处单击确认极坐标的起点，如图2-172所示。

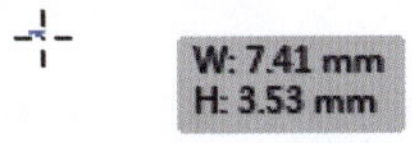

图2-172　确认极坐标网格起点

(2) 松开鼠标后就可以看到绘制的极坐标网格，如图2-173所示。

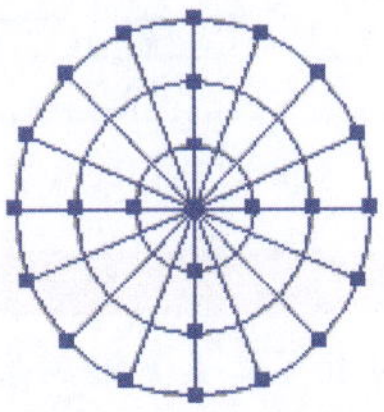

图2-173　创建的极坐标网格

绘制精确极坐标网格，其操作步骤如下所述。

（1）在工具箱中选择【极坐标网格工具】。

（2）在画板空白处单击鼠标，弹出【极坐标网格工具选项】对话框，将【宽度】设置为150mm，将【高度】设置为150mm，在【径向分隔线】文本框中输入3，如图2-174所示。

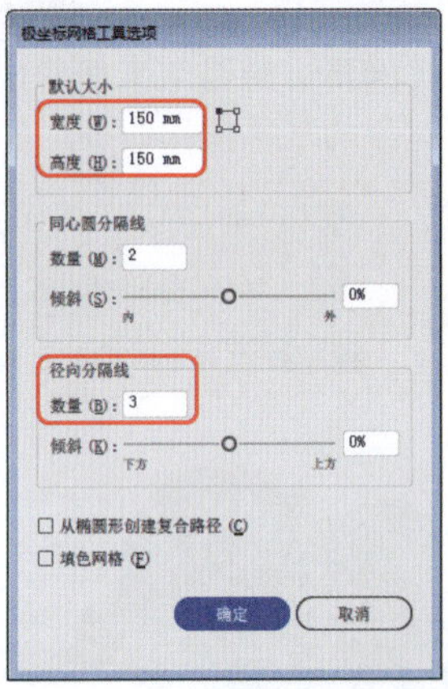

图2-174　【极坐标网格工具选项】对话框

（3）单击【确定】按钮，画板上即可常见一个极坐标网格，如图2-175所示。

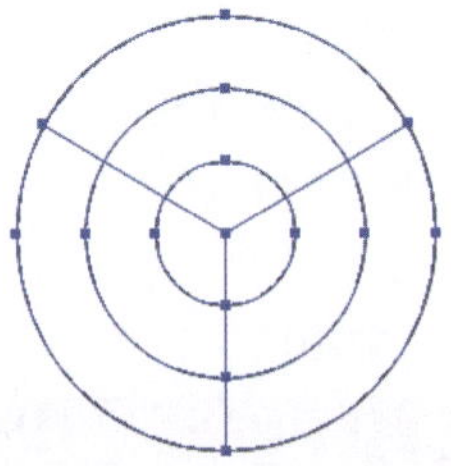

图2-175　创建的极坐标网格工具

- 【宽度】和【高度】：指极坐标网格的水平直径和垂直直径，可通过是择基准点的位置。
- 【同心圆分隔线】：用户可以在该选项组中设置同心圆的参数。
- 【数量】：表示极坐标网格内圆的数量。
- 【倾斜】：指圆形之间的位置径向距离，数值为0时，线与线距离均等；数值大于0时，网格向外的间距逐渐变窄；数值小于0时，网格向内的间距逐渐变窄。
- 【径向分隔线】：用户可以在该选项组中设置径向射线的参数。
- 【数量】：指极坐标网格内放射线的数量。

- 【倾斜】：表示放射线的分布，数值为0时，线与线距离均等；数值大于0时，网格顺时针方向逐渐变窄；数值小于0时，网格逆时针方向逐渐变窄。
- 【从椭圆形创建复合路径】：选中该复选框，颜色模式中的填色和描边会应用到圆形和放射线的位置上，如同执行复合命令，圆和圆重叠的部分会被挖空，多个同心圆环构成一个极坐标网格。
- 【填色网格】：选中该复选框，填色和描边只应用到网格部分，即颜色只应用到线上。

实训练习025 铅笔工具

本实例将讲解铅笔工具的使用，巩固【渐变】和【颜色】面板的使用，掌握图形对象的基本操作命令，如图2-176所示。

素材	素材|Cha02|铅笔工具.ai
场景	场景|Cha02|实训练习025 铅笔工具.ai
视频	视频教学 | Cha02 |实训练习025 铅笔工具.MP4

图2-176 最终效果

❶ 启动Illustrator CC 2017软件，选择【文件】|【新建】命令，此时弹出【新建文档】对话框，各选项都采用默认设置即可，单击【确定】按钮，生成一个新的空白文件。

提 示

按Ctrl+N组合键，可快速新建文件。

❷ 绘制卡通雪人的头部区域。使用【铅笔工具】，在页面中合适的位置绘制图形，通过【直接选择工具】可对相应的节点进行修改，将【填充颜色】设置为白色，将【描边颜色】设置为黑色，将【描边粗细】设置为0.7pt，效果如图2-177所示。

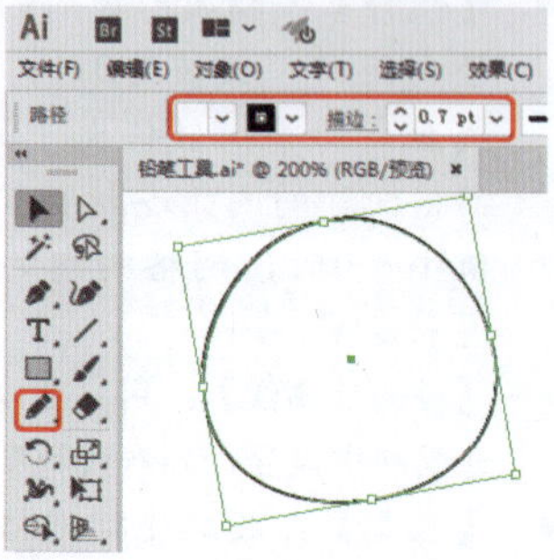
图2-177 绘制雪人头部区域

❸ 使用【铅笔工具】，在页面中合适的位置绘制图形，通过【直接选择工具】可以对相应的节点进行修改，效果如图2-178所示。

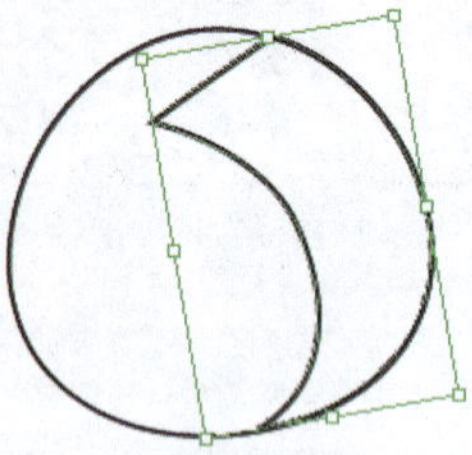
图2-178 绘制图形

知识链接

使用【铅笔工具】可以在绘图区任意绘制路径。双击【铅笔工具】，可弹出【铅笔工具选项】对话框，通过该对话框可以设置铅笔的参数，效果如图2-179所示。

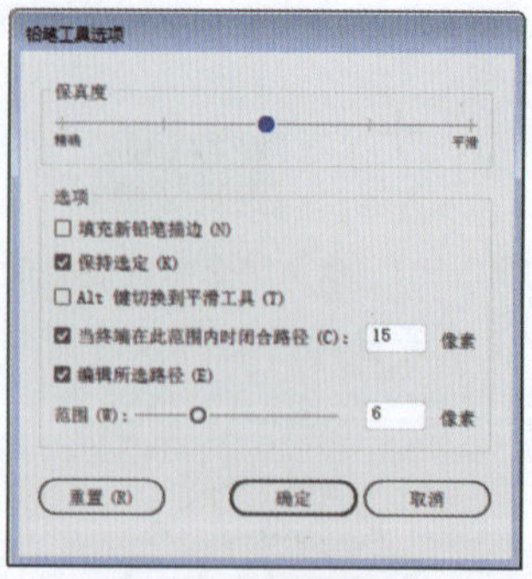

图2-179 【铅笔工具选项】对话框

提 示

使用【铅笔工具】绘制路径时，按住Alt键可以绘制一条闭合的路径。

❹ 将【填充颜色】的RGB值设置为211、215、215，将【描边颜色】设置为无，如图2-180所示。

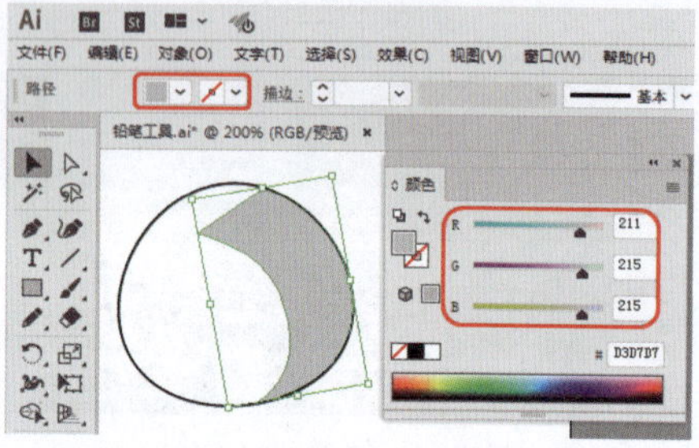
图2-180 设置图形的填充颜色

❺ 制作雪人的身体区域。选择【铅笔工具】，在页面中合适的位置绘制图形，通过【直接选择工具】可对相应的节点进行修改，将【描边粗细】设置为0.7pt，如图2-181所示。

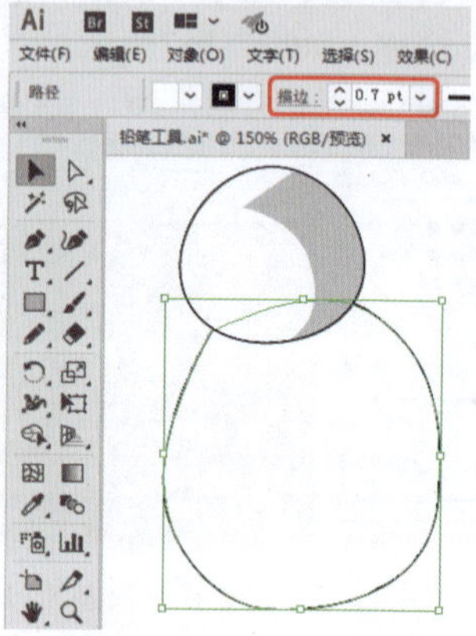
图2-181 制作雪人身体部分

❻ 为雪人绘制一顶帽子，让雪人形象更加可爱。使用【铅笔工具】，在页面中合适的位置绘制图形，通过【直接选择工具】可对相应的节点进行修改，将【描边粗细】设置为0.7pt，如图2-182所示。

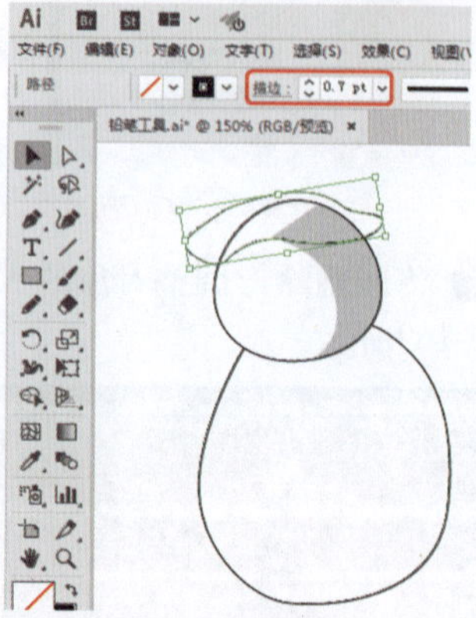
图2-182 绘制雪人帽子

提 示

铅笔工具的快捷键为N。

❼ 在菜单栏中选择【窗口】|【渐变】选项，打开【渐变】面板，将【类型】设置为【线性】，将【角度】设置为125°，将左侧的光标移动至10%位置处，将RGB值设置为61、69、65；将右侧的光标移动至100%位置处，将RGB值设置为169、182、164，如图2-183所示。

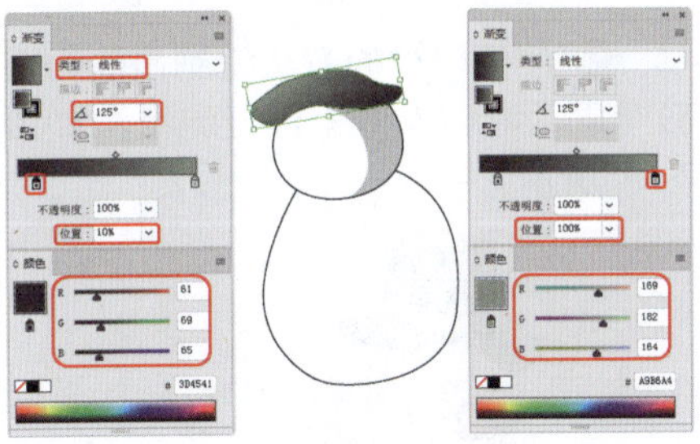

图2-183　设置帽子的渐变颜色

❽ 使用【铅笔工具】，在页面中合适的位置绘制图形，通过【直接选择工具】可对相应的节点进行修改，将【描边粗细】设置为0.7pt，如图2-184所示。

图2-184　绘制图形

❾ 使用【吸管工具】，单击指向设置渐变属性的图形，将其填充颜色复制到当前所选对象，将渐变颜色的【角度】设置为98.2°，效果如图2-185所示。

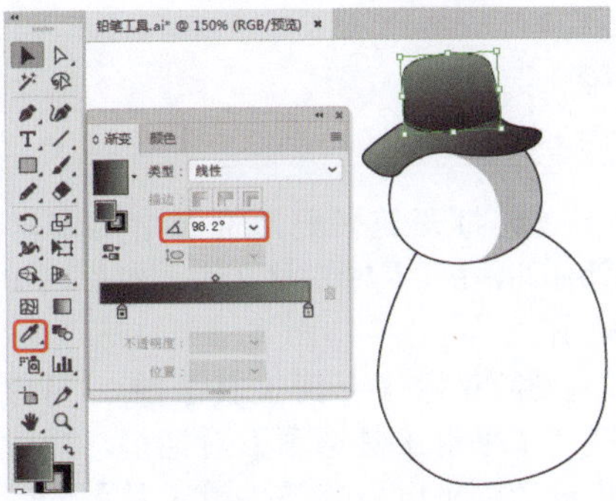

图2-185　复制填充颜色

❿ 使用【铅笔工具】，在页面中合适的位置绘制图形，通过【直接选择工具】可对相应的节点进行修改，如图2-186所示。

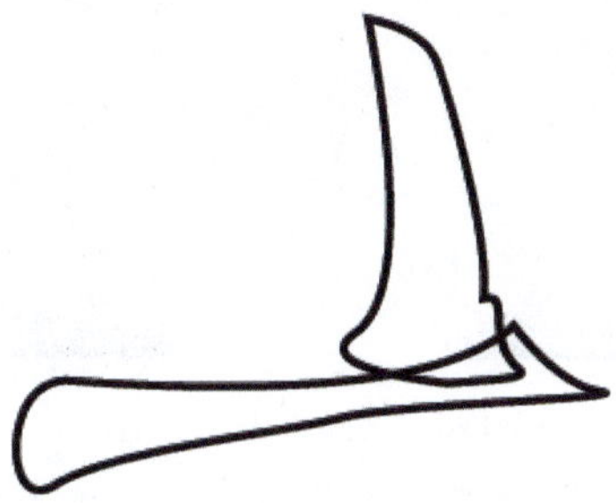

图2-186　绘制图形

⓫ 调整图形对象的位置，通过【颜色】面板分别设置图形的填充颜色为（C：35，M：28，Y：26，K：0）和（C：20，M：12.5，Y：14，K：0），描边颜色设置为无色，如图2-187所示。

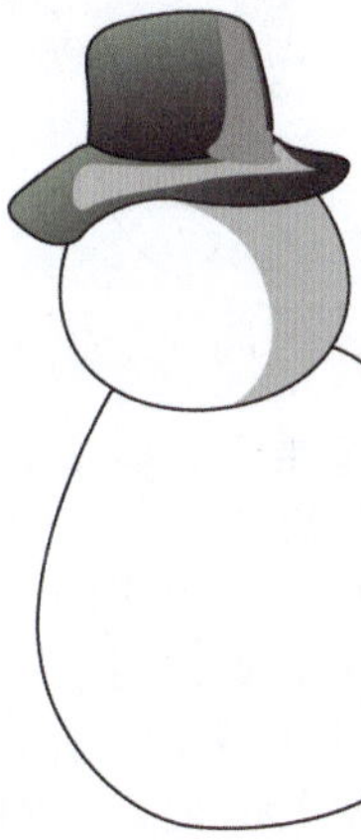

图2-187　设置图形的填充颜色

⓬ 选择图形对象，选择【窗口】|【透明度】命令，显示【透明度】面板，在面板中设置图形的混合模式为正片叠底，如图2-188所示。

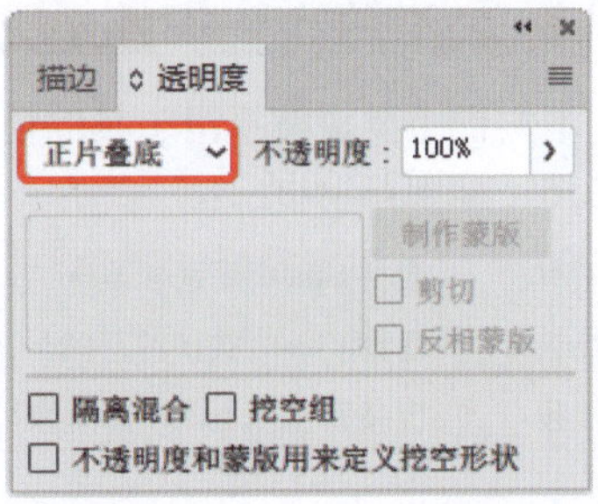

图2-188　【透明度】面板

⓭ 设置完成后的图形效果如图2-189所示。

⓮ 可爱的卡通雪人的外观轮廓已经制作完成了，接下来对雪人面部进行细化处理。先来制作雪人的鼻子，使用【铅笔工具】，在页面中合适的位置绘制图形，通过【直接选择工具】可对相应的节点进行修改，将【描边粗细】设置为0.7pt，如图2-190所示。

图2-189　设置透明度后的效果

图2-190　绘制图形

⓯ 打开【渐变】面板，将【类型】设置为【线性】，选择左侧的色标，确认其位置为0处，将RGB值设置为233、138、66；选择右侧的色标，确认其处于100%位置处，将RGB值设置为237、188、102，如图2-191所示。

图2-191　设置雪人鼻子颜色

⓰ 使用【铅笔工具】，在雪人的面部、鼻子的上方位置绘制两个眼睛图形，通过【直接选择工具】可对相应的节点进行修改。将眼睛的RGB值设置为66、47、51，如图2-192所示。

图2-192　绘制眼睛并设置其颜色

⑰ 从鼻子下方绘制嘴巴图形，将【填充颜色】设置为无，将【描边颜色】的RGB值设置为118、76、51，将【描边粗细】设置为0.7pt，如图2-193所示。

提　示

铅笔工具的快捷键为N。

图2-193　绘制嘴巴并设置其颜色

⑱ 为雪人绘制围巾图形。使用【铅笔工具】，在雪人的头部与身体之间处绘制围巾图形，通过【直接选择工具】可对相应的节点进行修改，将【描边粗细】设置为0.7pt，如图2-194所示。

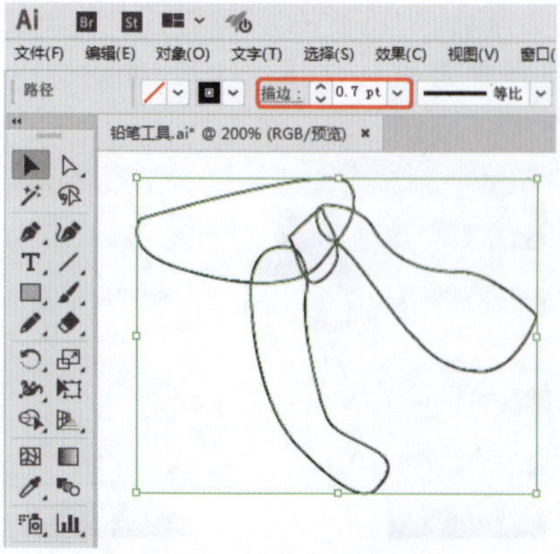

图2-194　绘制雪人的围巾

⑲ 打开【渐变】面板，将【类型】设置为【线性】，选择左侧的色标，确认其位置为0处，将RGB值设置为221、97、66；选择右侧的色标，确认其位置处于100%位置处，将RGB值设置为241、155、115，如图2-195所示。

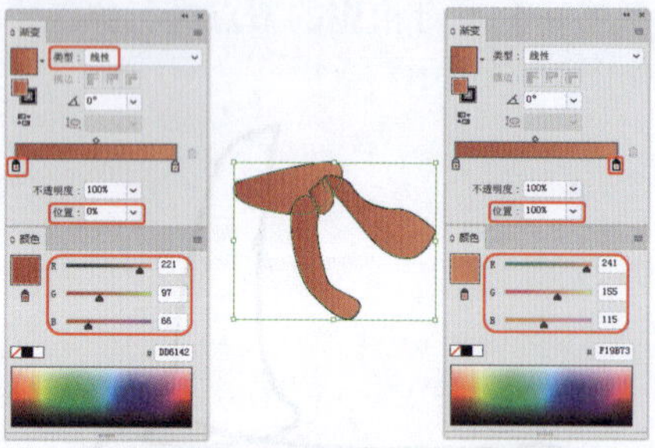

图2-195　设置围巾的渐变颜色

⑳ 调整围巾的位置，如图2-196所示。

图2-196　调整围巾的位置

㉑ 使用【铅笔工具】，在页面中合适的位置绘制图形，通过【直接选择工具】可对相应的节点进行调整，打开【渐变】面板，将【类型】设置为【径向】，选择左侧的色标，确认其位置为0处，将RGB值设置为241、161、161；选择右侧的色标，确认其位置处于100%位置处，将RGB值设置为255、255、255，如图2-197所示。

图2-197　设置渐变颜色

㉒ 使用同样的方法绘制其他的图形对象，对雪人对象进行编组，如图2-198所示。

图2-198　绘制雪人的其他部分

㉓ 打开随书配套资源中的素材|Cha02|铅笔工具.ai文件，将绘制好的雪人复制到当前文件中，然后调整雪人的位置，最终效果如图2-199所示。

图2-199　最终效果

实训练习026　平滑工具

本实例主要讲解平滑工具的使用，帮助读者掌握【平滑工具选项】对话框的使用，如图2-200所示。

素材	素材|Cha02|平滑工具.ai
场景	场景|Cha02|实训练习026　平滑工具.ai
视频	视频教学 | Cha02 |实训练习026　平滑工具.MP4

图2-200　最终效果

① 打开随书配套资源中的素材|Cha02|平滑工具.ai素材文件，如图2-201所示。

② 双击【平滑工具】，可以打开【平滑工具选项】对话框，通过此对话框可以设置【平滑工具】的参数，如图2-202所示。

图2-201　打开素材文件

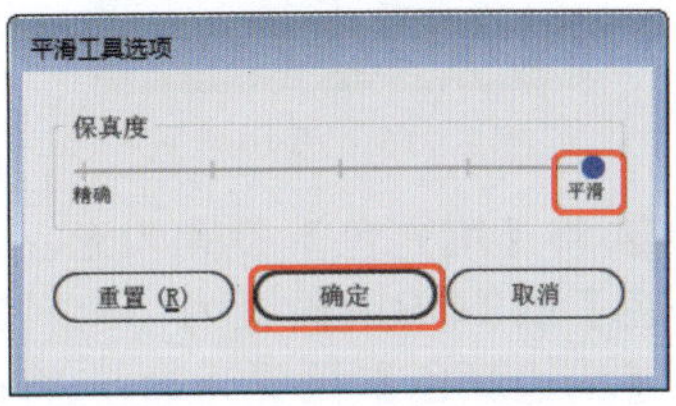

图2-202　【平滑工具选项】对话框

❸ 使用【选择工具】，单击并选择【平滑工具】编辑的路径，选择【平滑工具】，在选定的路径上拖拽鼠标，平滑左下角的路径线，平滑后的效果如图2-203所示。

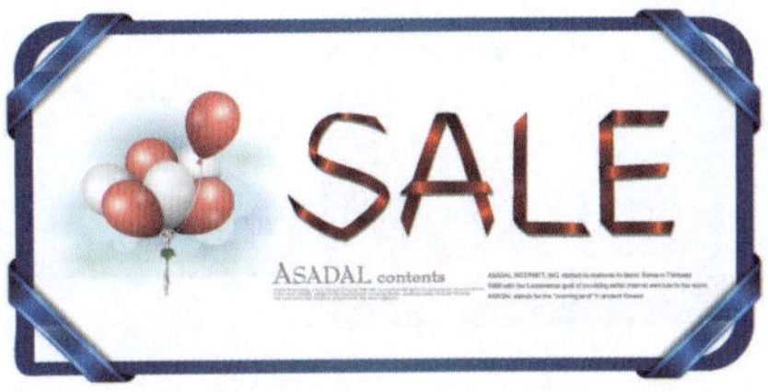

图2-203　使用【平滑工具】的效果

实训练习027　橡皮擦工具

本实例将讲解橡皮擦工具的使用以及【橡皮擦工具选项】对话框中各参数的使用，如图2-204所示。

素材	素材|Cha02|橡皮擦工具.ai
场景	场景|Cha02|实训练习027　橡皮擦工具.ai
视频	视频教学 | Cha02 |实训练习027　橡皮擦工具.MP4

图2-204　最终效果

❶ 打开随书配套资源中的素材|Cha02|橡皮擦工具.ai文件，如图2-205所示。

图2-205　打开素材文件

❷ 使用【选择工具】，单击选择对象，如图2-206所示。

图2-206　选择图形对象

❸ 使用【橡皮擦工具】，将鼠标放置到需要擦除的路径上，按住鼠标左键不放并在路径上拖拽鼠标，擦除后的效果如图2-207所示。

图2-207　使用【橡皮擦工具】的效果

知识链接

双击【橡皮擦工具】，弹出【橡皮擦工具选项】对话框，如图2-208所示。在对话框中可以设置角度、圆度和大小。

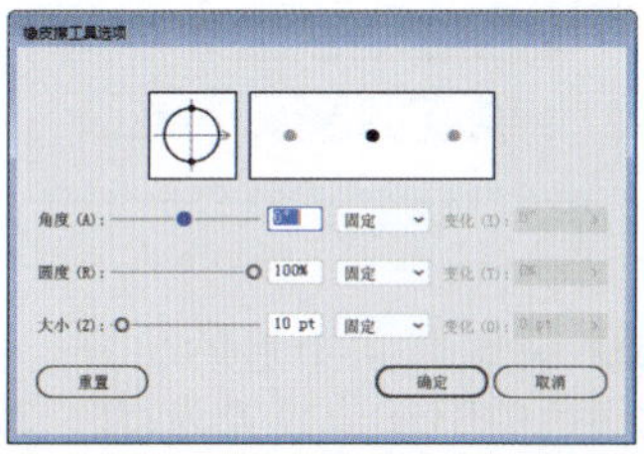

图2-208【橡皮擦工具选项】对话框

- 【角度】选项用于设置【橡皮擦工具】在水平线上的角度。
- 【圆度】选项用于设置橡皮擦的圆度。
- 【大小】选项用于设置橡皮擦的笔触大小（快捷键为左右中括号）。

实训练习028　日历图标

本实例将讲解如何制作UI日历图标。使用【圆角矩形工具】【钢笔工具】【椭圆工具】制作图标的背景，绘制日历中的月份和日期。完成后的效果如图2-209所示。

素材	无
场景	场景|Cha02|实训练习028　日历图标.ai
视频	视频教学 | Cha02 |实训练习028　日历图标.MP4

图2-209　日历图标

❶ 启动软件后按Ctrl+N组合键新建文档。在【新建文档】对话框中，将【名称】设置为【日历图标】，将【宽度】设置150mm，【高度】设置为150mm，【颜色模式】设置为RGB，单击【创建】按钮，如图2-210所示。

❷ 使用【圆角矩形工具】，在画板的空白处单击鼠标左键，在弹出的【圆角矩形】对话框中，将

【宽度】设置为60mm，【高度】设置为57mm，【圆角半径】设置为3mm，单击【确定】按钮，如图2-211所示。

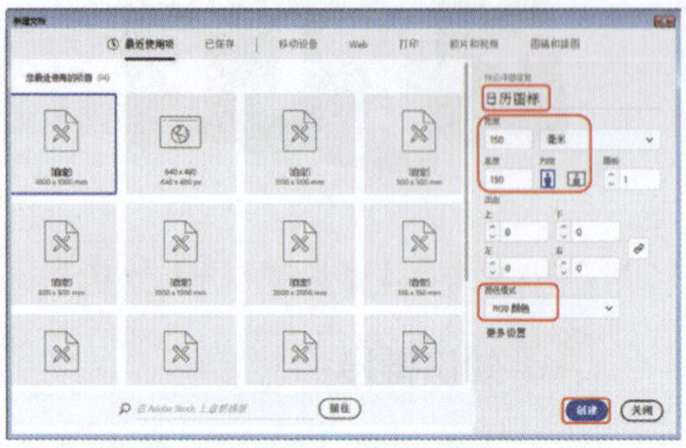

图2-210　创建文档

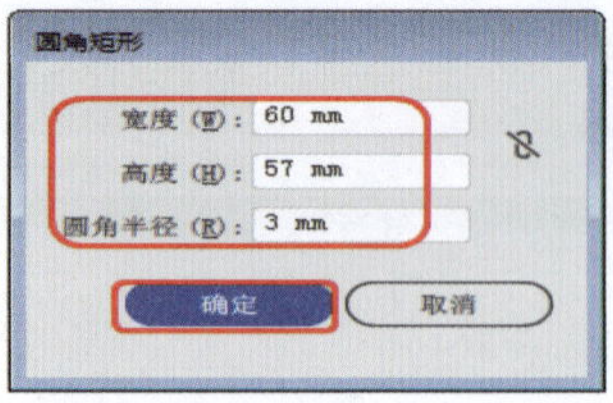

图2-211　【圆角矩形】对话框

3 调整圆角矩形的位置，将其填充颜色的RGB值设置为255、227、156，【描边颜色】设置为无色，如图2-212所示。

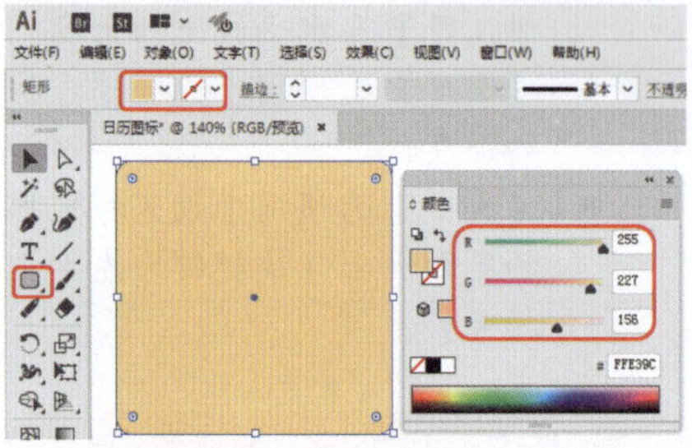

图2-212　设置圆角矩形颜色

4 选中绘制的圆角矩形，按Ctrl+C和Ctrl+F组合键，将其在原位置复制，选中复制得到的圆角矩形，将其【填充颜色】的RGB值设置为190、150、80，然后调整其位置，如图2-213所示。

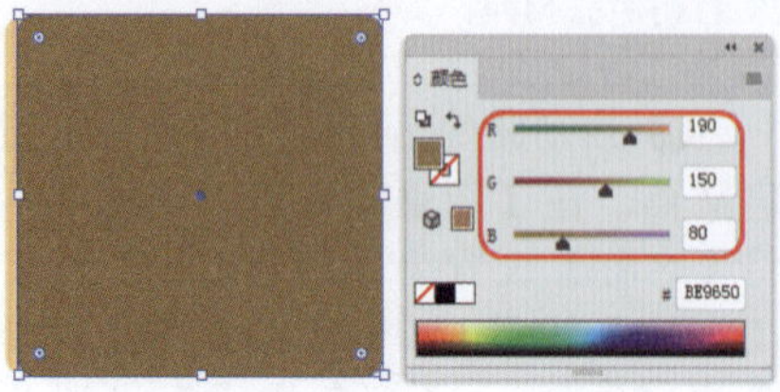

图2-213　更改圆角矩形颜色

5 使用相同的方法复制圆角矩形，将其填充颜色的RGB值设置为227、198、125，将复制得到的圆角矩形适当缩放，向左上方调整其位置，如图2-214所示。

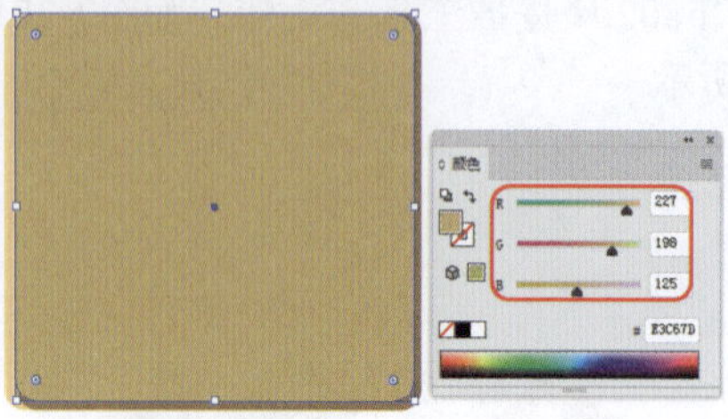

图2-214　更改圆角矩形颜色

6 选择【圆角矩形工具】，绘制圆角矩形，将其填充颜色的RGB值设置为51、51、51，【描边】设置为无色，如图2-215所示。

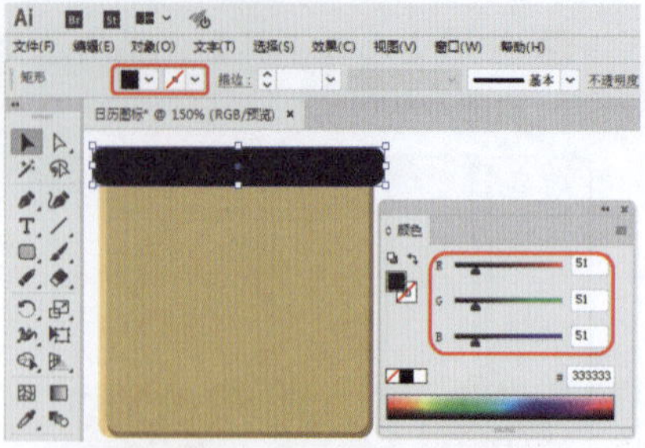

图2-215　绘制圆角矩形

7 原位置复制圆角矩形，适当缩放圆角矩形并调整其位置，使用【渐变工具】，在弹出的面板中将【类型】设置为径向，将0%位置的颜色RGB值设置为255、255、255，100%位置的颜色RGB值设置为0、0、0，如图2-216所示。

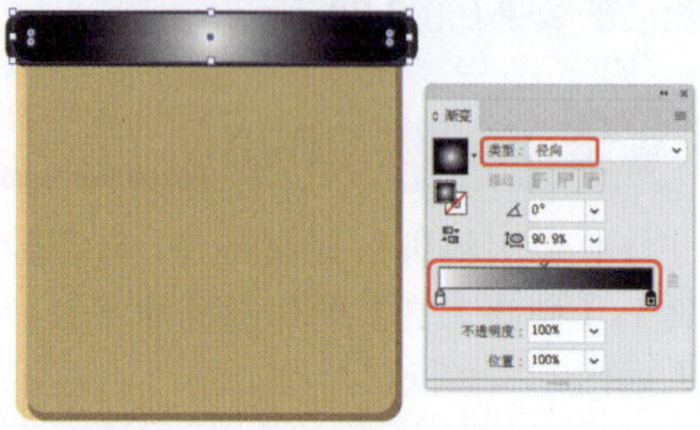

图2-216　设置渐变颜色

8 原位置复制圆角矩形，适当缩放圆角矩形的高度并调整其位置，将其颜色RGB值设置为0、0、0，如图2-217所示。

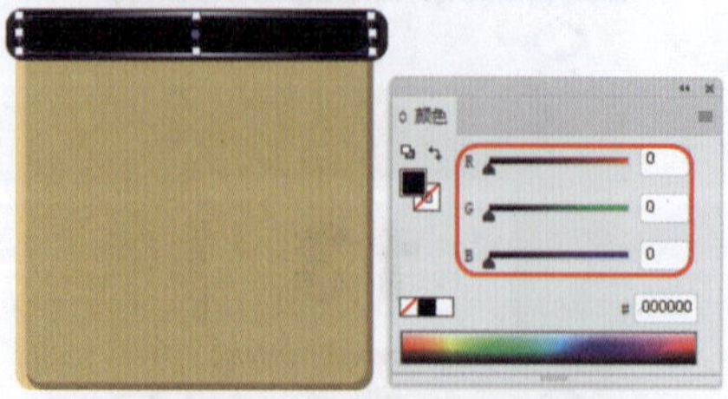

图2-217　复制圆角矩形并设置颜色

9 使用【钢笔工具】，在如图2-218所示的位置添加锚点。

图2-218　添加锚点

10 将【填充色】设置为无，【描边颜色】的RGB值设置为153、102、51，【描边颜色】设置为2pt，将描边设置为如图2-219所示的类型，在另一点单击鼠标，绘制完成一条线段，如图2-219所示。

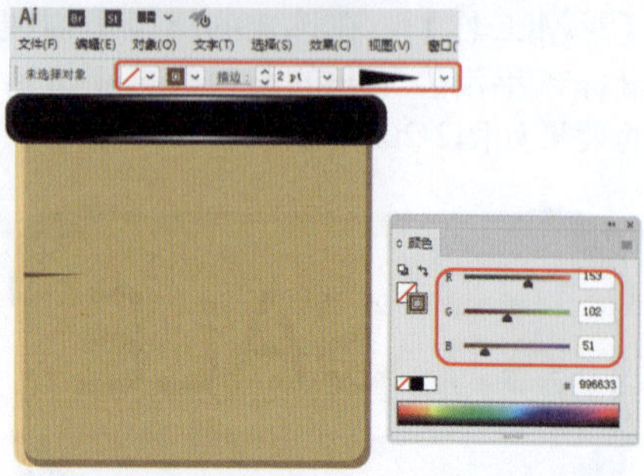

图2-219　绘制线段

11 使用【钢笔工具】绘制其他线段，如图2-220所示。

图2-220　绘制其他线段

12 在画板的空白位置，使用【椭圆工具】绘制一个椭圆，将其颜色设置为黑色，描边设置为无，如图2-221所示。

图2-221　绘制椭圆

13 继续使用【椭圆工具】绘制一个椭圆，将其颜色的RGB值设置

153、153、153，【描边】设置为无，如图2-222所示。

图2-222 绘制椭圆

⑭ 继续使用【椭圆工具】绘制一个椭圆，将其颜色的RGB值设置255、255、255，【描边】设置为无，如图2-223所示。

图2-223 绘制椭圆

提 示

用户也可以将椭圆进行复制并将其进行缩放。

⑮ 选中绘制的三个椭圆，按Ctrl+G组合键，将其组成组，移动其位置，如图2-224所示。

图2-224 移动椭圆组的位置

⑯ 选中椭圆组，按住Alt键，拖动椭圆组进行多次复制，然后调整其位置，如图2-225所示。

图2-225 复制椭圆组

⑰ 使用【矩形工具】，单击绘制的图形，在弹出的【矩形】对话框中，将【宽度】设置为36mm，【高度】设置为20mm，单击【确定】按钮，如图2-226所示。

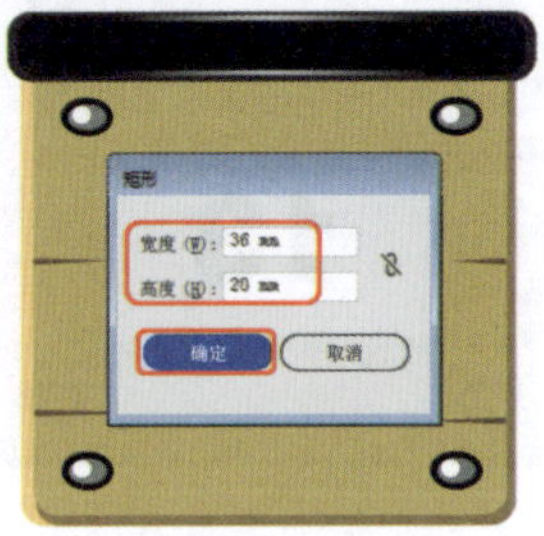

图2-226 【矩形】对话框

⑱ 调整矩形的位置，将其颜色设置为白色，描边设置为无，如图2-227所示。

图2-227 调整矩形

⑲ 选中绘制的矩形，按Ctrl+C和Ctrl+F组合键，将其在原位置复制，向上移动复制得到的矩形，如图2-228所示。

图2-228 移动矩形

⑳ 选中复制的矩形，在菜单栏中选择【效果】|【风格化】|【投影】命令，在弹出的【投影】对话框中，设置投影参数，如图2-229所示。

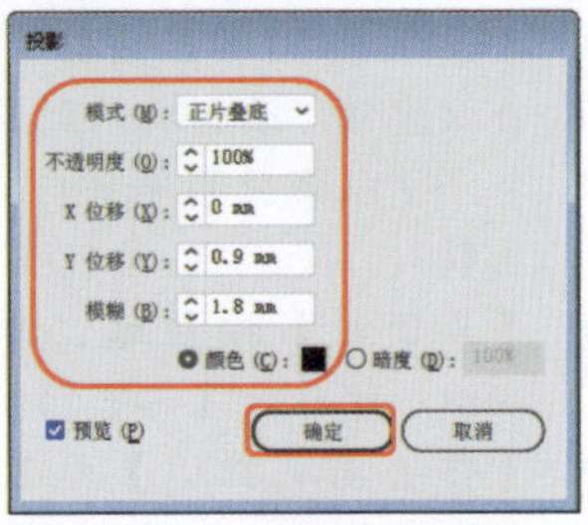

图2-229 【投影】对话框

㉑ 单击【确定】按钮，矩形投影效果如图2-230所示。

图2-230 投影效果

㉒ 使用【文字工具】，在绘图页中输入文字，在属性栏中单击【字符】，在弹出的面板中，将【字体】设置为【Swis721 Blk BT】，【字体大小】设置为36pt，将文字颜色的RGB值设置为153、102、51，调整文字的位置，如图2-231所示。

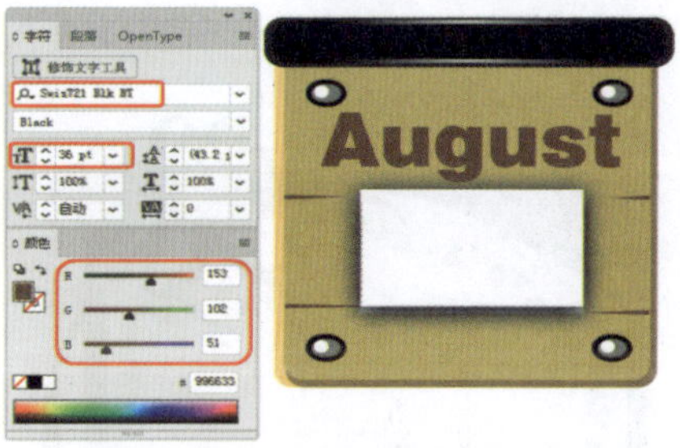

图2-231 输入文字

㉓ 使用【文字工具】，在绘图页中输入数字，在属性栏中单击【字符】，在弹出的面板中，将【字体】设置为【Swis721 Blk BT】，【字体大小】设置为36pt，将文字颜色设置为黑色，调整文字的位置，如图2-232所示。

图2-232 输入数字

㉔ 选中数字，在菜单栏中选择【效果】|【风格化】|【涂抹】命令，在弹出的【涂抹选项】对话框中设置涂抹参数，如图2-233所示。

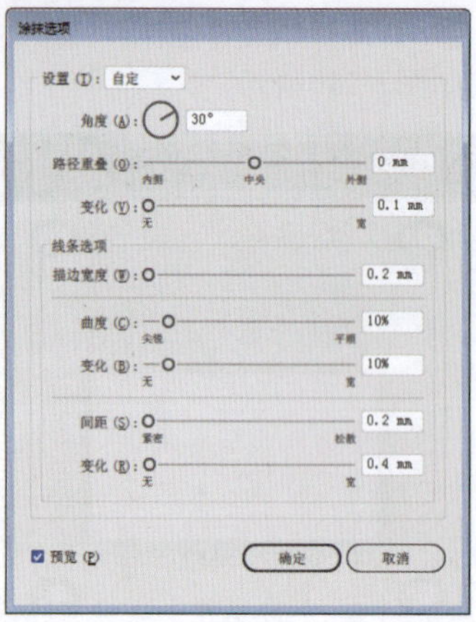

图2-233 设置【涂抹选项】对话框

㉕ 单击【确定】按钮完成操作，效果如图2-234所示。最后将场景文件进行保存并导出效果图片。

图2-234 最终效果

实训练习029 画笔工具

本实例主要讲解画笔工具、【画笔】以及【画笔工具选项】对话框的使用等，掌握载入画笔命令以及如何将画笔样式应用于图形中，如图2-235所示。

素材	素材|Cha02|画笔工具.ai
场景	场景|Cha02|实训练习029　画笔工具.ai
视频	视频教学 | Cha02 |实训练习029　画笔工具.MP4

图2-235 画笔工具

① 打开随书配套资源中的素材|Cha02|画笔工具.ai文件，如图2-236所示。

图2-236 打开素材文件

② 选择【窗口】|【画笔】命令，显示【画笔】面板，使用该面板可以改变画笔描边的效果，如图2-237所示。

提　示

【画笔】命令的快捷键为F5。

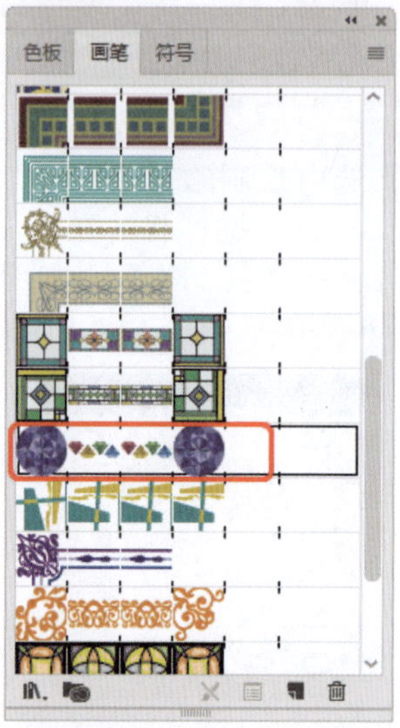

图2-237 【画笔】面板

知识链接

使用【画笔】面板底部的命令按钮可以对画笔进行管理。

- 【画笔库菜单】按钮：单击该按钮，选择相应的菜单命令，可以将画笔库中更多的画笔载入。
- 【库面板】按钮：单击该按钮，可打开【库】面板。
- 【移去画笔描边】按钮：去除路径的画笔描边效果，恢复路径原先的填充颜色。
- 【所选对象的选项】按钮：选中应用画笔的路径，单击该按钮，可以打开相应的对话框，可以控制画笔的大小，角度等参数。
- 【新建画笔】按钮：可以创建不同类型的新画笔。
- 【删除画笔】按钮：可以删除面板中的画笔。

③ 使用【画笔工具】，绘制如图2-238所示的装饰对象。

图2-238 最终效果

提　示

【画笔工具】的快捷键为B。

知识链接

使用【画笔工具】，可以绘制出带有不同风格的路径效果，双击【画笔工具】，此时弹出【画笔工具选项】对话框，如图2-239所示。通过该对话框可以设置【笔刷工具】的属性。

- 【保真度】：该值越高，路径越平滑。
- 【填充新画笔描边】：将填充应用于所绘制的路径。
- 【保持选定】：绘制完一条路径后是否将该路径保持选定。
- 【编辑所选路径】：是否可以用【画笔工具】改变一条现有的路径。

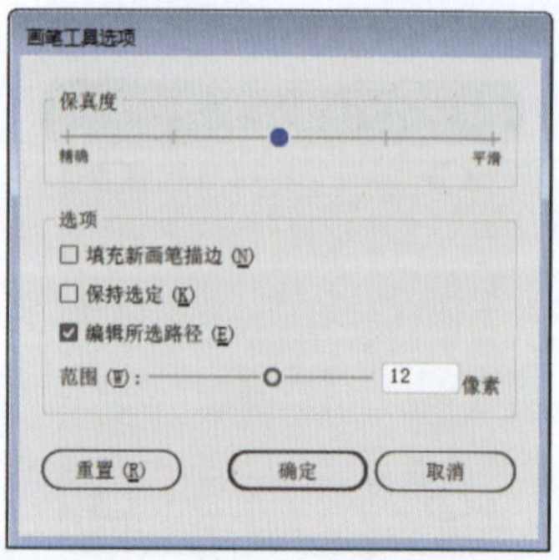

图2-239 【画笔工具选项】对话框

实训练习030 透视网格工具

本实例将讲解透视网格工具的使用，帮助读者掌握透视网格工具的快捷键以及使用方法，如图2-240所示。

素材	无
场景	场景|Cha02|实训练习030 透视网格工具.ai
视频	视频教学 | Cha02 |实训练习030 透视网格工具.MP4

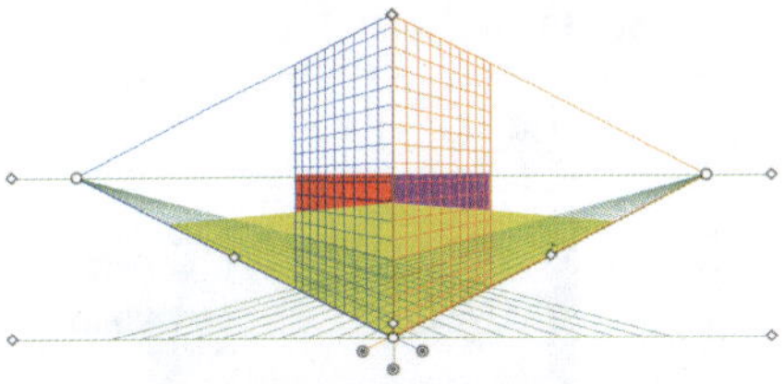

图2-240 透视网格工具

❶ 启动Illustrator CC 2017软件，选择【文件】|【新建】命令，创建一个新的空白文档。

❷ 使用【透视网格工具】，此时在页面中合适的位置将出现透视网格，如图2-241所示。

提 示

透视网格工具的组合键为Shift+P。

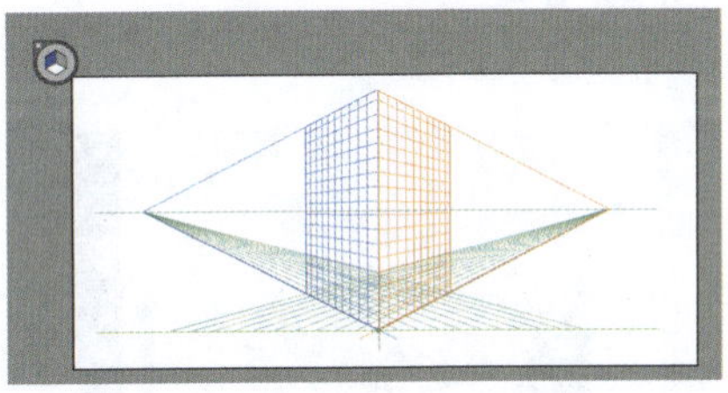

图2-241 显示透视网格

❸ 默认选择左侧网格，使用【矩形工具】，在页面中合适的位置绘制矩形，在【色板】面板中单击【红】色块，将【描边颜色】设置为无，效果如图2-242所示。

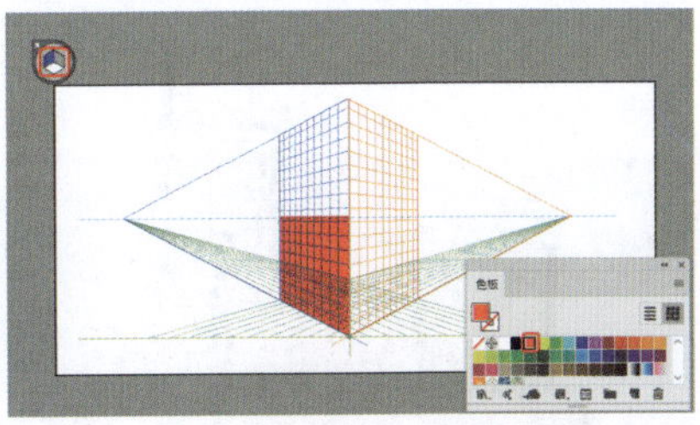

图2-242 绘制矩形并设置颜色

❹ 选择右侧网格，使用【矩形工具】，在页面中合适的位置绘制矩形，在【色板】面板中单击【粉红】色块，将【描边颜色】设置为无，如图2-243所示。

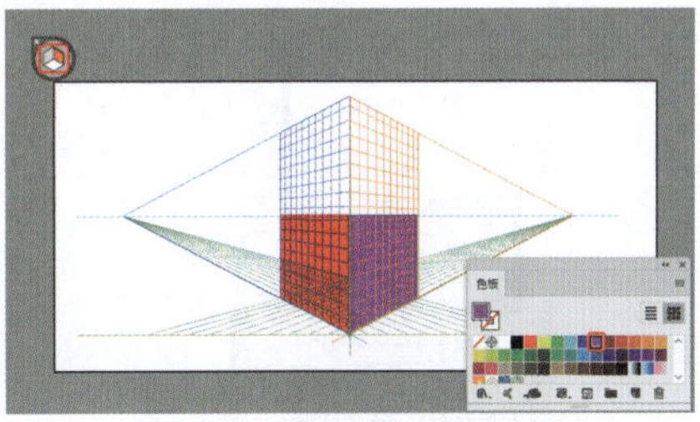

图2-243 绘制矩形并设置颜色

❺ 选择水平网格，使用【矩形工具】，在页面中合适的位置绘制矩形，在【色板】面板中单击【黄色】色块，将【描边颜色】设置为无，如图2-244所示。

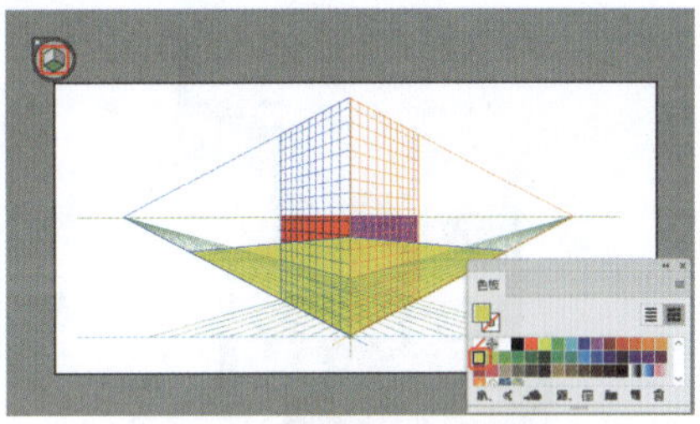

图2-244 绘制图形并设置颜色

❻ 选中【透视网格工具】，单击【隐藏网格】按钮，如图2-245所示。

提 示

注意一定要选中【透视网格工具】，单击【隐藏网格】按钮，才可以隐藏透视网格的显示。

❼ 隐藏网格后的效果，如图2-246所示。

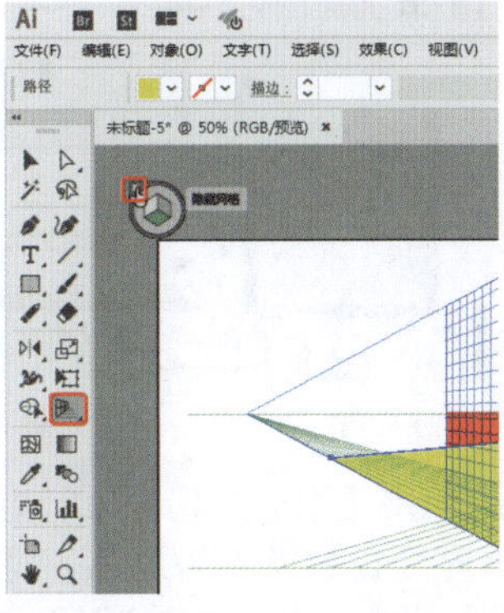

图2-245 单击【隐藏网格】按钮

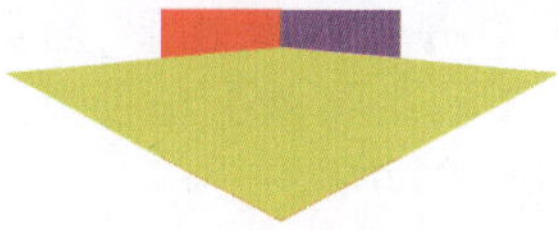

图2-246 隐藏后的效果

实训练习031 色彩斑斓的墨迹

本实例通过色彩斑斓墨迹的设计制作，巩固画笔工具和【画笔】面板的使用，重点掌握载入画笔笔刷命令的使用，如图2-247所示。

素材	素材|Cha02|色彩斑斓的墨迹.ai
场景	场景|Cha02|实训练习031 色彩斑斓的墨迹.ai
视频	视频教学 | Cha02 |实训练习031 色彩斑斓的墨迹.MP4

图2-247 色彩斑斓的墨迹

❶ 打开随书配套资源中的素材|Cha02|色彩斑斓的墨迹.ai文件，如图2-248所示。

图2-248 打开素材文件

❷ 在菜单栏中选择【窗口】|【画笔库】|【艺术效果】|【艺术效果_油墨】命令，如图2-249所示。

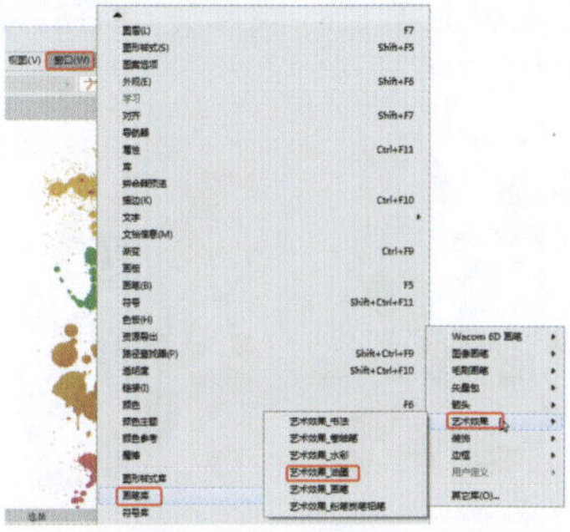

图2-249 选择【艺术效果_油墨】命令

3 打开【艺术效果_油墨】面板，将【油墨泼溅】拖拽至绘图区中，如图2-250所示。

图2-250　添加【油墨泼溅】效果

4 选择添加的【油墨泼溅】效果，单击鼠标右键，在弹出的快捷菜单中选择【取消编组】选项，如图2-251所示。

图2-251　选择【取消编组】选项

5 选择图形对象，可通过【色板】对其分别填充颜色，如图2-252所示。

图2-252　填充颜色

6 使用同样的方法，用户可根据自身喜好，对【油墨泼溅】设置渐变颜色或填充单色，设置完成后的效果如图2-253所示。

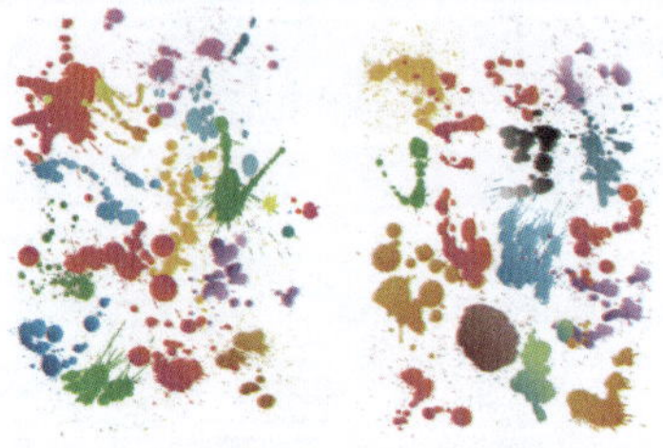

图2-253　最终效果

实训练习032 平面图

本实例通过平面图的设计制作，帮助读者掌握弧形工具和矩形工具的使用，进一步巩固旋转复制命令的使用，效果如图2-254所示。

素材	素材|Cha02|平面图.ai
场景	场景|Cha02|实训练习032　平面图.ai
视频	视频教学 | Cha02 |实训练习032　平面图.MP4

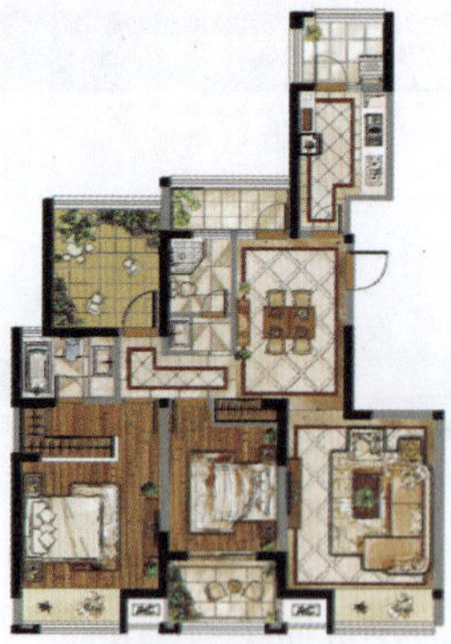

图2-254　平面图

1 打开随书配套资源中的素材|Cha02|平面图.ai文件，如图2-255所示。

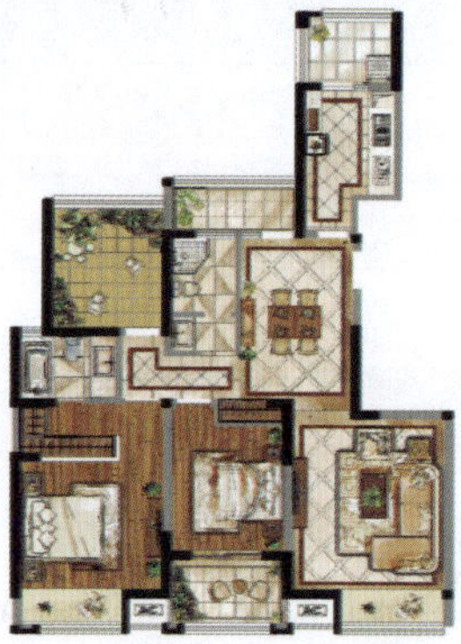

图2-255　打开素材文件

2 使用【矩形工具】绘制矩形，将【填充颜色】的CMYK值设置为0、40、100、20，将【描边粗细】设置为0.5pt，如图2-256所示。

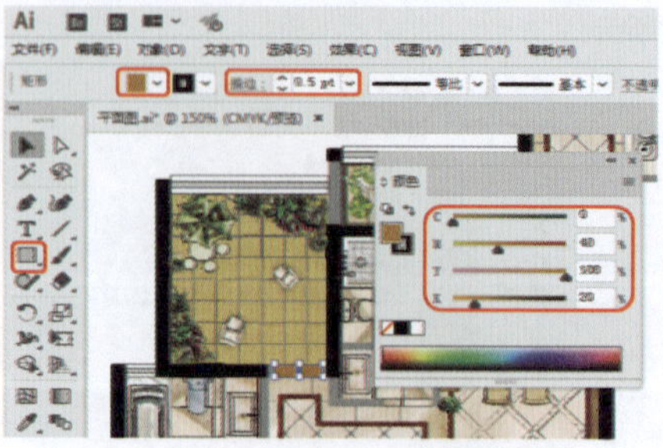

图2-256　设置矩形的颜色与描边

3 使用【矩形工具】绘制矩形，将【填充颜色】设置为黑色，将【描边颜色】设置为无，如图2-257所示。

图2-257　绘制矩形

4 使用【弧形工具】，绘制弧形，将【填充颜色】设置为无，将【描边颜色】设置为黑色，如图2-258所示。

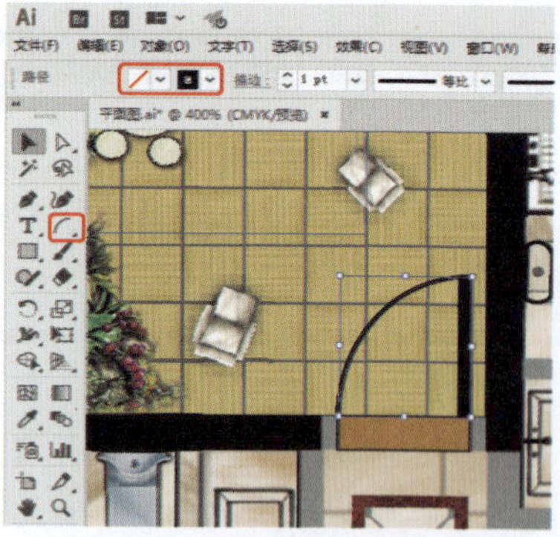

图2-258　绘制弧形

5 使用同样的方法，绘制其他的门，如图2-259所示。

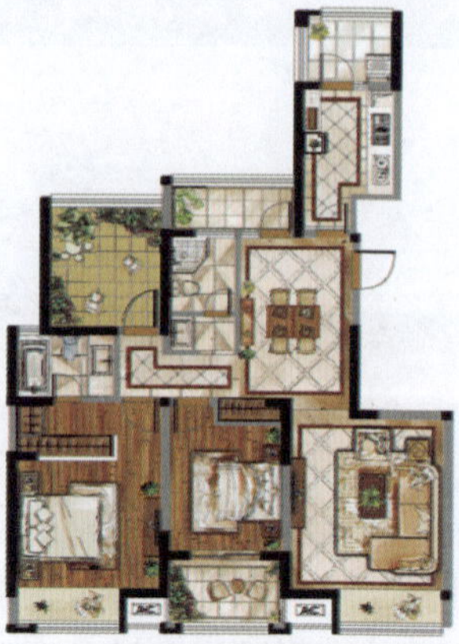

图2-259　绘制其他的门

第3章 简单的图形对象

本章主要介绍对图形进行编辑和管理，包括选择、移动、复制、锁定与解锁、编组与取消编组、排列、对齐、分布，以及显示和隐藏等操作。重点涉及选择工具、直接选择工具和魔棒工具。

实训练习033 使用选择工具选择对象

本实例主要讲解使用选择工具、魔棒工具和直接选择工具选择图形对象及其节点，并且在选择对象后进行移动、删除、修改对象属性等操作。

素材	素材|Cha03|使用选择工具选择对象.ai
场景	场景|Cha03|实训练习033 使用选择工具选择对象.ai
视频	视频教学 | Cha03 |实训练习033 使用选择工具选择对象.MP4

❶ 启动Illustrator CC 2017软件，选择【文件】|【打开】命令，打开随书配套资源中的素材|Cha03|使用选择工具选择对象.ai文件，如图3-1所示。

图3-1 打开素材文件

❷ 使用【选择工具】单击并选择如图3-2所示的对象。

提 示

【选择工具】的快捷键为V。

❸ 通过【颜色】面板将所选对象的【填充颜色】的RGB值设置为250、255、139，如图3-3所示。

提 示

按住Shift键，分别在相应的物体上单击，可连续选择多个对象，可加选或减选；使用鼠标拖拽框选的方法可同时选择一个或多个对象。

图3-2 选择对象

图3-3 更改【填充颜色】

❹ 使用【直接选择工具】，单击鼠标左键选择节点，如图3-4所示。按住键盘上的光标下移键，将所选择的节点移到合适的位置，如图3-5所示。

提 示

【直接选择工具】的快捷键为A。

图3-4 使用【直接选择工具】选择节点

图3-5 移动节点后的效果

❺ 使用【魔棒工具】，单击选

择具有相同颜色的对象，如图3-6所示。

图3-6　选择相同对象

❻ 通过【颜色】面板将所选对象的【填充颜色】的RGB值设置为69、249、255，效果如图3-7所示。

图3-7　更改【填充颜色】

提　示

【魔棒工具】的快捷键为Y。

❼ 使用【魔棒工具】，单击并选择有相同颜色的对象，效果如图3-8所示。

图3-8　选择相同的对象

❽ 通过【颜色】面板将所选对象的【填充颜色】的RGB值设置为255、179、23，效果如图3-9所示。

图3-9　更改【填充颜色】

❾ 使用【魔棒工具】，单击并选择具有相同颜色的对象，效果如图3-10所示。

图3-10　使用【组选择】工具选择对象

❿ 通过【颜色】面板将所选择对象的【填充颜色】更改为黑色，效果如图3-11所示。

图3-11　更改【填充颜色】

实训练习034　使用选择菜单选择对象

本实例主要讲解使用选择菜单中的命令选择图形对象，并通过【渐变】和【颜色】面板更改其填充属性。

素材	素材|Cha03|使用选择菜单选择对象.ai
场景	场景|Cha03|实训练习034 使用选择菜单选择对象.ai
视频	视频教学 | Cha02 |实训练习034 使用选择菜单选择对象.MP4

❶ 启动Illustrator CC 2017软件，选择【文件】|【打开】命令，打开随书配套资源中的素材|Cha03|使用选择菜单选择对象.ai文件，如图3-12所示。

图3-12　打开素材文件

❷ 使用【选择工具】，选择矩形对象，效果如图3-13所示。

图3-13　选择对象

❸ 通过【渐变】面板设置对象的【填充颜色】，将【类型】设置为线性，将颜色色块左侧的RGB设置为255、255、255，将右侧的色块的RGB设置为254、106、255，【不透明度】设置为100%，【位置】设置为100%，如图3-14所示。

图3-14　更改【填充颜色】

❹ 使用【选择工具】，单击并选择如图3-15所示的图形。

图3-15　选择对象

❺ 选择【选择】|【相同】|【填充颜色】命令，选择后的效果如图3-16所示。

图3-16 选择相同颜色

❻ 通过【颜色】面板设置对象的【填充颜色】的RGB值为255、62、23，如图3-17所示。

图3-17 更改【填充颜色】

❼ 通过工具属性栏设置对象的【不透明度】为50%，设置后的效果如图3-18所示。

图3-18 设置不透明度

❽ 使用【选择工具】，单击并选择图形，如图3-19所示。

图3-19 选择图形

❾ 选择【选择】|【相同】|【填充颜色】命令，选择后的效果如图3-20所示。

图3-20 选择相同颜色

知识链接

下面介绍【选择】菜单中其他命令的使用。

- 【全部】：可以将绘图页面中的所有对象同时选择，隐藏和锁定的对象除外。
- 【取消选择】：可以取消所有对象的选取状态。
- 【重新选择】：可以重复上一次的选取操作。
- 【反向】：可以选择除当前选择对象之外的所有对象。
- 【上方的下一个对象】：可以选择当前被选中对象之上的对象。
- 【下方的下一个对象】：可以选择当前被选中对象之下的对象。
- 【相同】：子菜单提供了许多可以选取具有相同属性的对象的命令，包括【混合模式】【填充和描边】【填充颜色】【不透明度】【描边颜色】【描边粗细】【样式】【符号实例】和【链接块系列】。
- 【对象】子菜单包括【同一图层上的所有对象】【方向手柄】【画笔描边】【剪切模板】【游离点】【文本对象】【Flash动态文本】和【Flash输入文本】。
- 【存储所选对象】：可以保存当前选择的对象操作。
- 【编辑所选对象】：可以对已经保存的选取操作进行编辑。

❿ 通过【颜色】面板设置对象的【填充颜色】的RGB值为228、0、231，如图3-21所示。

图3-21 更改【填充颜色】

⓫ 使用【选择工具】，单击并选择图形，如图3-22所示。

图3-22 选择图形

⓬ 通过【颜色】面板设置对象的【填充颜色】的RGB值为232、255、71，如图3-23所示。

图3-23 更改【填充颜色】

⓭ 使用【选择工具】，单击选择图形，如图3-24所示。

图3-24 选择图形

⓮ 通过【颜色】面板分别设置对象的【填充颜色】的RGB值为255、194、69，如图3-25所示。

图3-25 更改【填充颜色】

知识链接

1.选择工具

【选择工具】是最常用的工具，可以选择、移动或调整整个对象。在默认状态下处于激活状态，按下快捷键V可以选取该工具，可以执行下列操作之一。

单击对象可以选取单个对象并激活其定界框，选中对象后，对象处于选中状态，出现8个白色控制手柄，可以对其作整体变形，如缩放等，如图3-26所示。

图3-26　缩放对象

- 按下Shift键，单击对象可选取多个对象并激活其定界框。在屏幕上单击拖出矩形框可以圈选多个对象并激活其定界框。
- 按下Ctrl键，依次单击将选取不同前后次序中的对象。
- 按下Alt键的同时，单击并拖动对象可复制对象，如图3-27所示。
- 若多个对象重叠在一起，按下Ctrl+Alt+]组合键，可以选择当前对象的下一对象，按下Ctrl+Alt+[组合键，可以选择当前对象的上一对象。

图3-27　复制对象

2.直接选择工具

使用【直接选择工具】可以选择对象上的锚点，按下快捷键A，选择【直接选择工具】可以执行下列操作。

- 单击对象可以选择锚点或群组中的对象，如图3-28所示。
- 选中对象时，将激活该对象中的锚点，按下Shift键可以选中多个锚点或对象。选中锚点后，可以改变锚点的位置或类型。
- 选取锚点后，按下Delete键，可以删除锚点。
- 选取锚点后，拖拽鼠标或按下箭头键，可以移动单个、多个锚点。

图3-28　选择描点

3.编组选择工具

【编组选择工具】可用来选择组内的对象或组对象，包括选取混和对象、图表对象等。要使用【编组选择工具】选取对象，可以执行下列操作之一。

- 在群组中的某个对象或组对象上单击可以选择该对象或该组对象。
- 按Shift键可以选中群组中的多个对象，如图3-29所示。
- 在选中组对象时，在某个对象或组对象上单击可以选择下一层中的对象或组对象。

图3-29　选择群组中多个对象

4.套索工具

【套索工具】可以圈选不规则范围内的多个对象，也可以同时选择多个锚点或路径。选取【套索工具】可以执行下列操作之一。

- 拖动绘制出不规则形状，将圈选不规则范围内的多个对象，如图3-30所示。
- 在群组中的某个对象或组对象上单击可以选择该对象或组对象。
- 在选取对象上圈选，可圈选对象中的锚点或路径，如图3-31所示。

图3-30　圈选对象

图3-31　圈选效果

5.魔棒工具

按下Y键，选择【魔棒工具】，可用它来选择具有相似属性的对象，相似属性如填充、轮廓、不透明度等。双击【魔棒工具】，打开魔棒面板，设置好容差值，若选择【填充】复选框，则选择相似属性将包含填充属性。按下Y键，选择【魔棒工具】，在要选择对象上单击将选取图稿中具有相似属性的对象，如图3-32所示。

图3-32　选择对象效果

6.使用命令选择对象

除了使用选择工具选取对象外，还可以使用菜单命令选择对象，要使用菜单命令选取对象，可以执行下列操作之一。

- 若选取重叠的某一对象，在菜单栏中选择【选择】|【下方的下一个对象】命令或按下Alt+Ctrl+［组合键，将选择下一个对象。
- 若选取重叠的某一对象，在菜单栏中选择【选择】|【上方的下一个对象】命令或按下Alt+Ctrl+］组合键，将选择上一个对象。
- 若在菜单栏中选择【选择】|【全部】命令或按下Ctrl+A组合键，将选择所有的对象。
- 若在菜单栏中选择【选择】|【相同】命令，则在打开的下级菜单中可以选择【混合模式】【填充和描边】【填充颜色】【描边颜色】等命令，该命令可选取具有相同属性的对象。

实训练习035 移动图形对象

本实例主要讲解通过【移动】对话框、选择工具拖拽鼠标、光标移动键等方式移动图形对象。

素材	素材|Cha03|移动图形对象.ai
场景	场景|Cha03|实训练习035 移动图形对象.ai
视频	视频教学 | Cha02 |实训练习035 移动图形对象.MP4

❶ 启动Illustrator CC 2017软件，选择【文件】|【打开】命令，打开随书配套资源中的素材|Cha03|移动图形对象.ai文件，如图3-33所示。

图3-33 打开素材文件

❷ 使用【选择工具】，单击选择对象，如图3-34所示。

图3-34 移动后的效果

❸ 按Enter键，弹出【移动】对话框，在对话框中进行相应的参数设置，如图3-35所示。设置完成后，单击【确定】按钮，移动后的效果如图3-36所示。

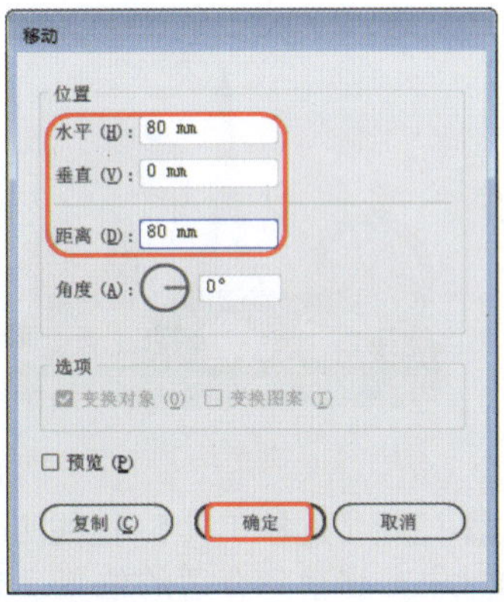

图3-35 【移动】对话框

图3-36 移动后的效果

❹ 使用【选择工具】，单击并选择如图3-37所示的对象。

❺ 按Enter键，弹出【移动】对话框，在对话框中进行相应的参数设置，如图3-38所示。

图3-37 选择对象

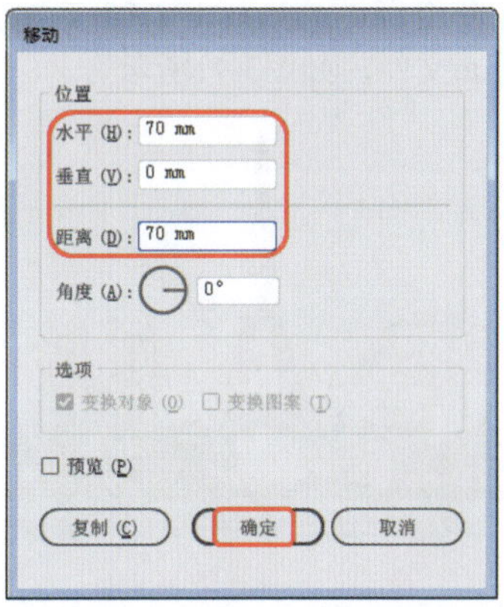

图3-38 【移动】对话框

❻ 设置完成后单击【确定】按钮，移动后的效果如图3-39所示。

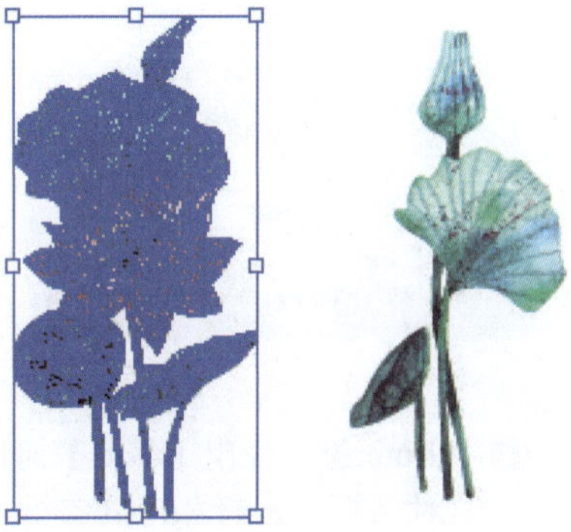

图3-39 移动后的效果

❼ 使用【选择工具】单击并选择对象，拖拽鼠标直接将选择对象移动到如图3-40所示的位置。

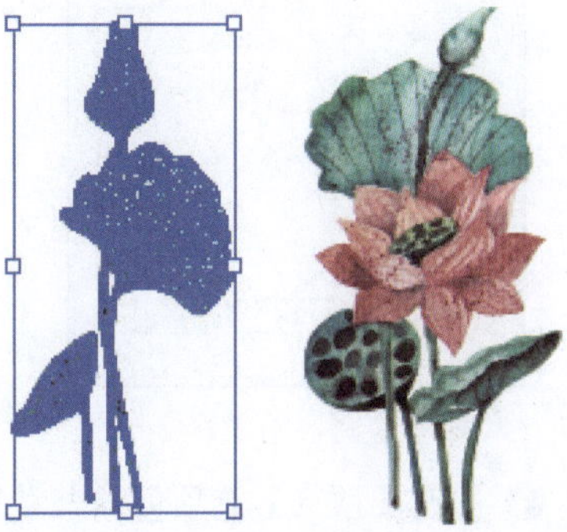

图3-40 最终效果

实训练习036 复制图形对象

本实例主要讲解通过【移动】对话框、选择工具拖拽鼠标、光标移动键等方式复制图形对象。

素材	素材|Cha03|复制图形对象.ai
场景	场景|Cha03|实训练习036 复制图形对象.ai
视频	视频教学 | Cha02 |实训练习036 复制图形对象.MP4

❶ 启动Illustrator CC 2017软件，选择【文件】|【打开】命令，打开随书配套资源中的素材|Cha03|复制图形对象.ai文件，如图3-41所示。

图3-41 打开素材文件

❷ 使用【选择工具】单击并选择对象，如图3-42所示。

图3-42 选择对象

❸ 按Enter键，弹出【移动】对话框，在该对话框中进行相应的参数设置，如图3-43所示。

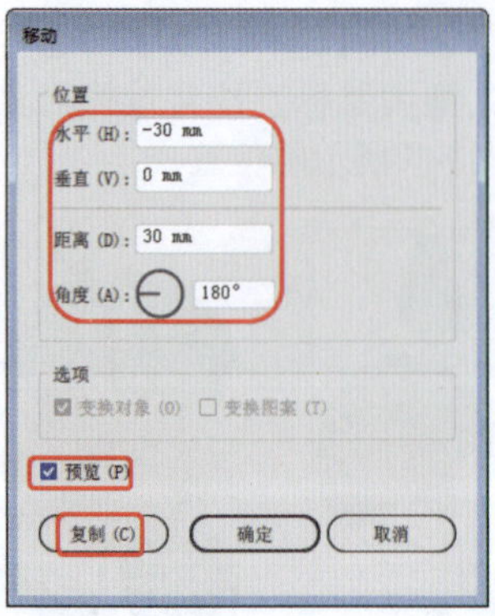

图3-43 【移动】对话框

❹ 勾选【预览】选项可以查看复制后的效果，最后单击【复制】按钮完成操作，完成后的效果如图3-44所示。

图3-44 复制后的效果

❺ 使用【再次变换】命令来复制对象。使用【选择工具】单击并选择要复制的对象，然后选择菜单栏中的【对象】|【变换】|【再次变换】命令，多次按Ctrl+D组合键，可以重复复制多个对象，效果如图3-45所示。

图3-45 执行【再次变换】命令后的效果

❻ 使用【选择工具】拖拽四个相同的对象，移动到合适的位置，效果如图3-46所示。

图3-46 选择要复制的对象

提 示

【再次变换】命令的组合键为Ctrl+D。

❼ 选择要复制的对象，按Alt+Shift组合键不放，沿水平方向拖拽鼠标，移动至合适的位置后释放鼠标，效果如图3-47所示。

图3-47 移动复制对象

❽ 使用【选择工具】，单击并选择如图3-48所示的对象。

图3-48 选择要复制的对象

❾ 按住Alt+Shift组合键不放，沿垂直方向拖拽鼠标，移动到合适的位置后释放鼠标即可完成图形对象的复制，如图3-49所示。

图3-49 复制后的效果

知识链接

旋转工具

使用【旋转工具】可以对对象进行旋转操作，在操作时，如果按住Shift键，对象可以45°增量角旋转。

1. 改变旋转基准点的位置

(1) 用【选择工具】选中对象，在工具箱中单击【旋转工具】，在图像中单击，创建新的基准点，如图3-50所示。

(2)在图形上拖拽鼠标，如图3-51所示，即沿基准点旋转图形，如图3-52所示。

提 示

拖拽鼠标的同时，按住Alt键，可在保留原图形的同时，旋转复制一个新的图形，如图3-53所示。

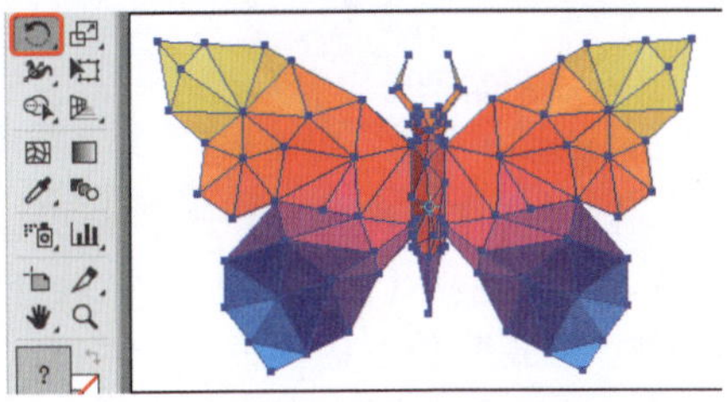

图3-50 显示参考点

图3-51 拖拽鼠标

图3-52 旋转后的效果

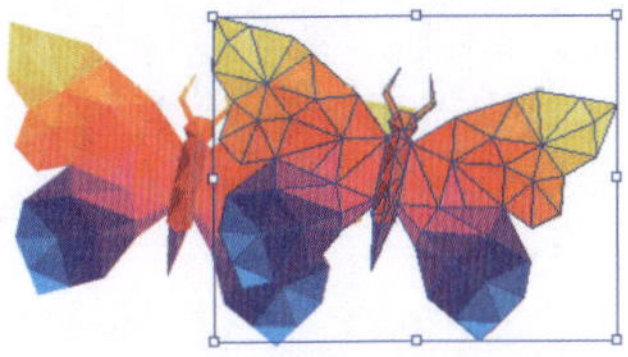

图3-53 旋转并复制

2. 精确控制旋转的角度

(1) 使用【选择工具】选中图形，如图3-54所示，双击工具箱中的【旋转工具】，弹出【旋转】对话框，如图3-55所示。

也可以按住Alt键，在页面中单击鼠标左键，即鼠标的落点是选择的对象的新基准点，同样可以弹出【旋转】对话框。

(2) 在该对话框中将其【角度】设置为60°，选中【预览】复选框可以预览旋转后的图形，如图3-56所示。

图3-54 选择对象

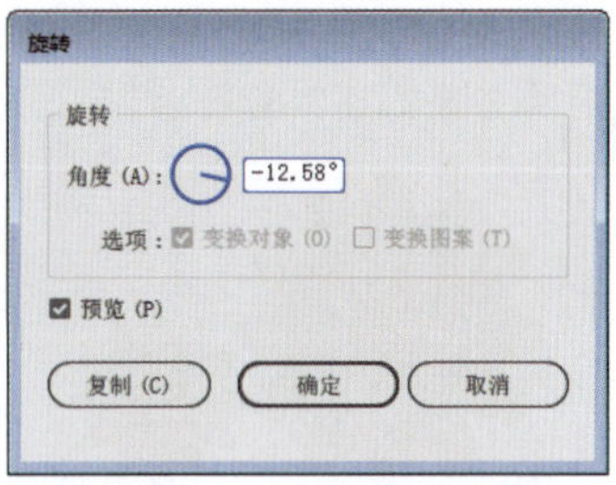

图3-55 【旋转】对话框

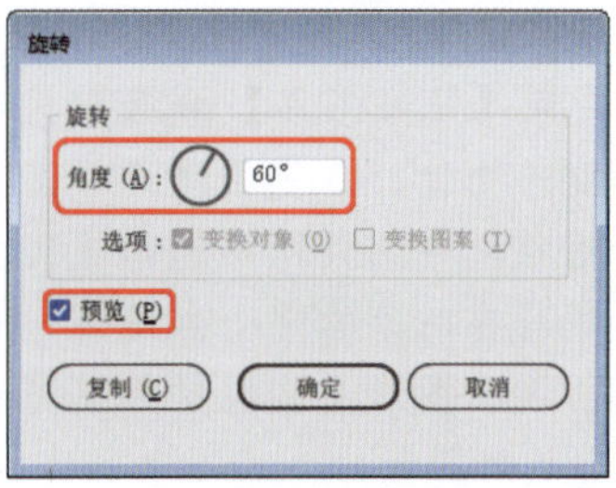

图3-56 【旋转】对话框

(3) 单击【确定】按钮，图形就可以按照所设置的数值旋转，单击【复制】按钮，保留原来的图形并按照设定的角度旋转并复制一个，如图3-57所示。

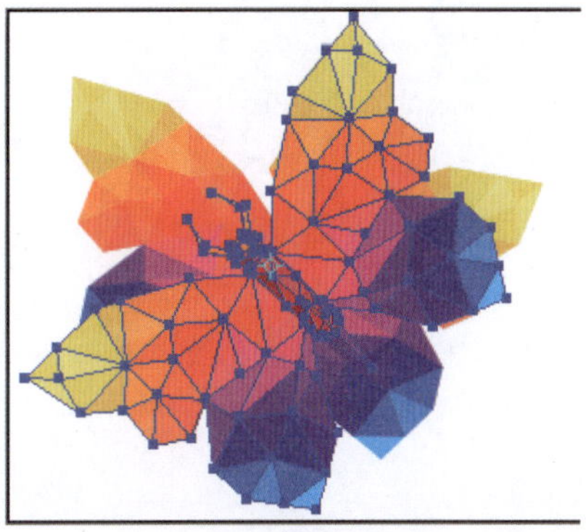

图3-57 复制后的效果

3. 旋转图形

(1) 新建空白文档，在工具箱中选择【椭圆工具】，按Ctrl+F9组合键打开【渐变】面板，如图3-58所示。

(2) 在该面板中单击渐变缩略图右侧的下拉按钮，在弹出的下拉菜单中选择【金粉】选项，如图3-59所示。

图3-58 【渐变】面板

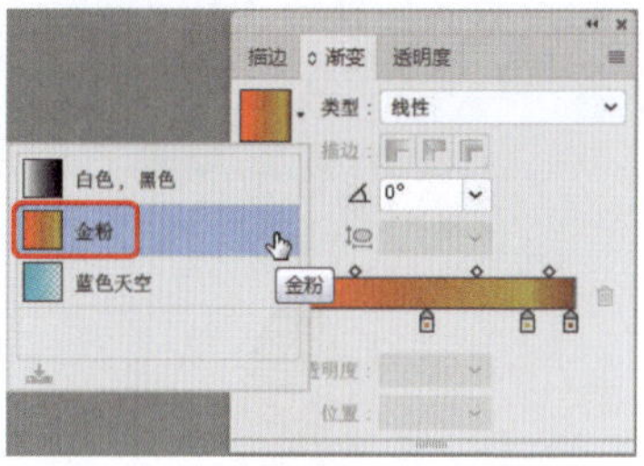

图3-59 选择【金粉】选项

(3) 执行该操作后，将【类型】设置为线性，设置其角度值为90°，如图3-60所示。

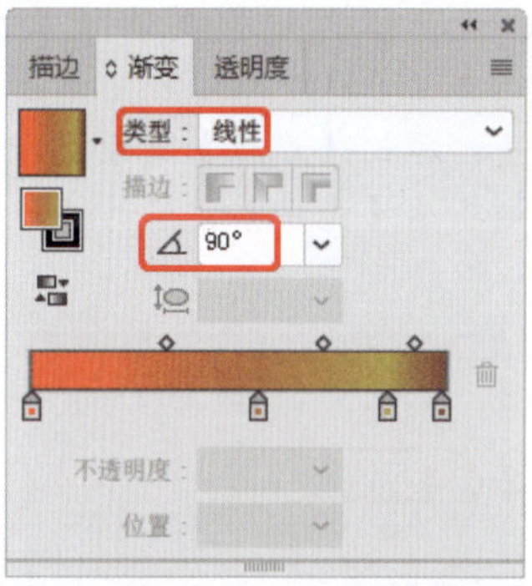

图3-60 设置角度值

(4) 关闭其对话框，在选项面板中将描边设置为无，在画板中单击，在弹出的对话框中设置其【宽度】值为30mm，【高度】设置为80mm，如图3-61所示。

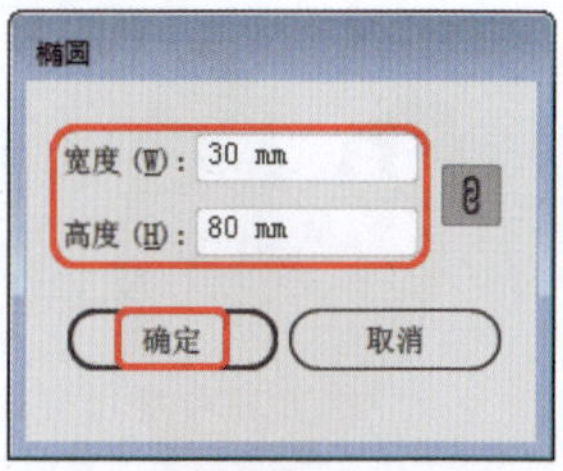

图3-61 【椭圆】对话框

(5) 单击【确定】按钮，即可创建一个渐变填充的椭圆，如图3-62所示。

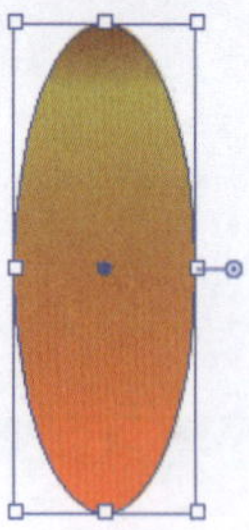

图3-62　创建的椭圆

(6) 在工具箱中选择【直接选择工具】，选择椭圆的下角，在【锚点】选项栏中将其转换为【将所选锚点转换为尖角】，如图3-63所示。

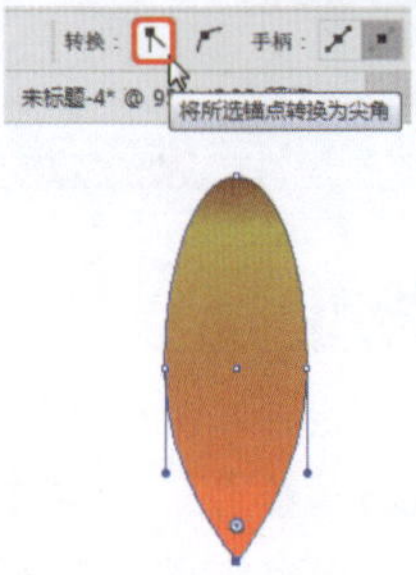

图3-63　转换为尖角

(7) 在工具箱中选择【旋转工具】，按住Alt键的同时在椭圆的下角单击，弹出【旋转】对话框，在该对话框中将【角度】设置为30°，如图3-64所示。

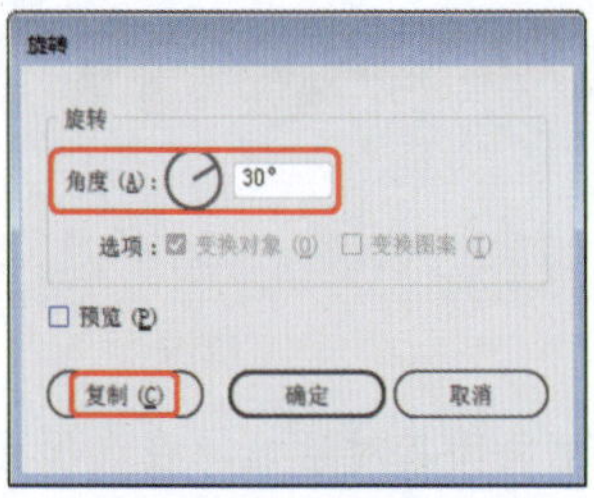

图3-64　【旋转】对话框

(8) 单击【复制】按钮，即可将该对话框关闭，并得到如图3-65所示的效果。

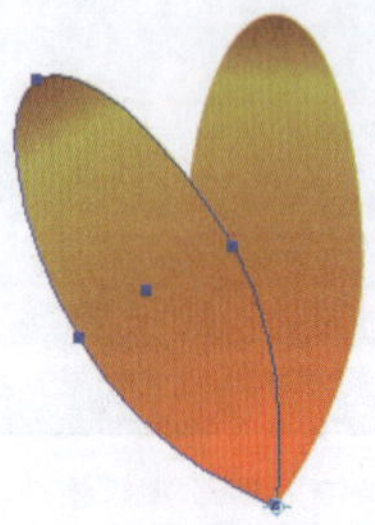

图3-65　复制后的效果

(9) 多次执行该操作，直到达到如图3-66所示的效果。

图3-66　完成的效果

(10) 使用同样的方法，制作其他小花朵，设计者可根据自己的需求设置单个花瓣的大小，然后将其排列，完成后的效果如图3-67所示。

图3-67　完成后的效果

镜像工具

使用【镜像工具】可以按照镜向轴旋转物体，首先用【选择工具】选择对象，在工具箱中选择【镜像工具】即可在对象的中心点出现一个基准点，再在图形上拖拽鼠标就可以沿镜向轴旋转图形。

1.改变镜像基准点的位置

(1) 使用【选择工具】选中图形，在工具箱中选择【镜像工具】，此时基准点位于图形的中心，如图3-68所示。

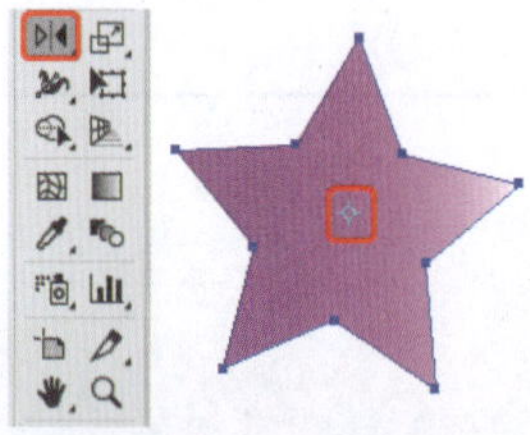

图3-68　显示基准点

(2) 在页面中单击鼠标，鼠标落点即为新的基准点，如图3-69所示。

图3-69　新建基准点

(3) 在图形上单击并拖拽鼠标，图形就可以根据新的镜像轴旋转物体了，如图3-70所示。

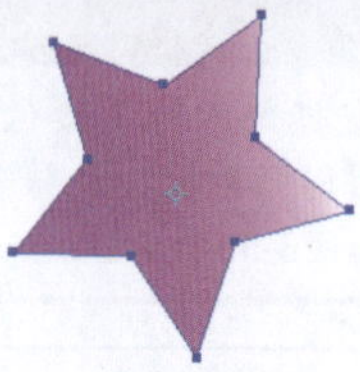

图3-70　旋转物体

2.精确控制镜像的角度

(1) 使用【选择工具】选中图形，在工具栏中选择【镜像工具】，按住Alt键，在图形的右侧单击鼠标左键，即鼠标的落点是镜像旋转对称轴的轴心，此时弹出【镜像】对话框，如图3-71所示。

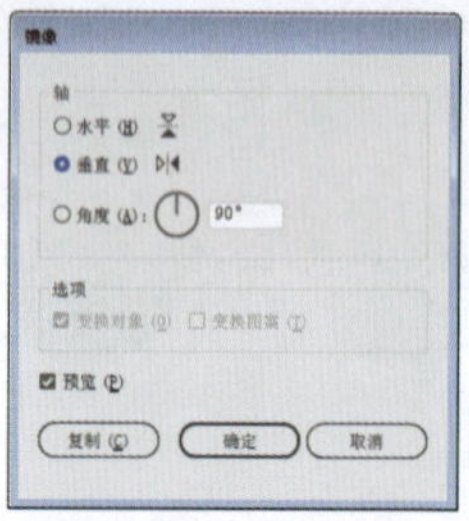

图3-71　【镜像】对话框

提　示

双击工具箱中的【镜像工具】，也可以弹出【镜像】对话框。

(2) 在【镜像】对话框的【轴】选项组中包括【水平】【垂直】和【角度】三个选项。可自行设置其旋转的轴向和旋转的角度。

(3) 单击【确定】按钮，图形按照确定好的轴心垂直镜像旋转，如图3-72，单击【复制】按钮，图形按照确定好的轴心进行镜像复制，如图3-73所示。

图3-72　旋转后的对象

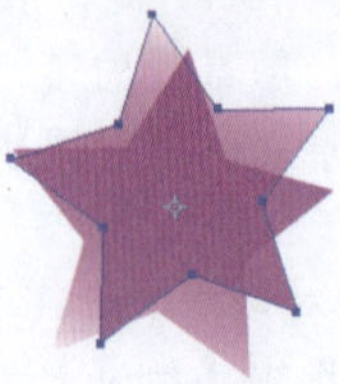

图3-73　旋转并复制

比例缩放工具

使用【比例缩放工具】可以对图形进行任意的缩放，与【旋转工具】的用法基本相同。

1. 改变缩放基准点的位置

(1) 用【选择工具】选择对象，在工具箱中单击【比例缩放工具】，可看到图形的中心位置出现缩放的基准点，如图3-74所示。

图3-74 显示基准点

(2) 在图形上拖拽鼠标，如图3-75所示，释放鼠标后就可以沿中心位置的基准点缩放图形，如图3-76所示。

图3-75 拖动鼠标

图3-76 缩放后的效

> **提 示**
>
> 拖拽鼠标的同时，按住Shift键，图形可以成比例缩放；按住Alt键，可在保留原图形的同时，缩放复制一个新的图形。

2. 精确控制缩放的程度

(1) 用【选择工具】选择对象，如图3-77所示。

图3-77 选择对象

(2) 双击工具箱中的【比例缩放工具】，弹出【比例缩放】对话框，在【比例缩放】选项组中单击【等比】单选按钮，图形会成比例缩放，如图3-78所示。

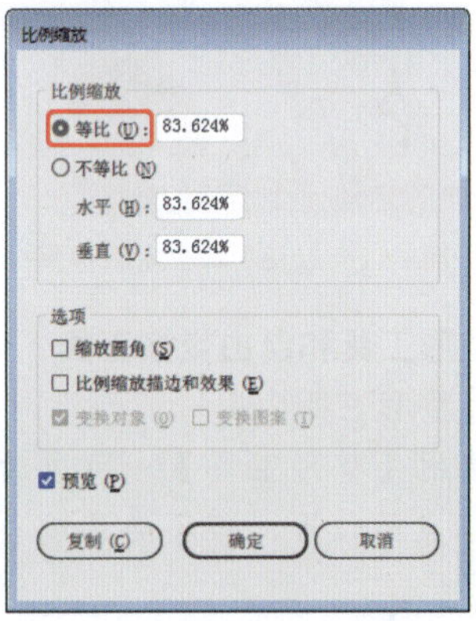

图3-78 【比例缩放】对话框

- 选中【比例缩放描边和效果】复选框，边线也同时缩放。
- 选中【不等比】时，在【水平】和【垂直】的数值框中分别输入适当的缩放比例。

(3) 单击【确定】按钮，图形可按照输入的数值缩放，单击【复制】按钮，保留原来的图形并按照设定比例缩放复制。

倾斜工具

1. 使选择的对象倾斜一定角度

(1) 使用【选择工具】选择要倾斜的对象，在工具箱中选择【倾斜工具】，可看到图形的中心位置出现倾斜的基准点，如图3-79所示。

图3-79 显示基准点

(2) 再在图形上拖拽鼠标，就可以根据基准点倾斜对象，倾斜后的效果如图3-80所示。

图3-80 倾斜后的效果

> **提 示**
>
> 拖拽鼠标的同时，按住Alt键，可在保留原图形的同时，复制出新的倾斜图形。基准点不同，倾斜的效果也不同。

2. 精确地定义倾斜的角度

(1) 使用【选择工具】选择需要倾斜的对象，如图3-81所示。

图3-81 选择对象

(2) 双击工具箱中的【倾斜工具】，弹出【倾斜】对话框，如图3-82所示。也可以按住Alt键，在页面中单击鼠标左键，即鼠标的落点是倾斜的基准点，同样可以弹出【倾斜】对话框。

图3-82 【倾斜】对话框

(3) 选择【倾斜】轴选项，包括【水平】轴、【垂直】轴和【角度】轴。在【倾斜】对话框中设置【倾斜角度】为30，单击【垂直】单选按钮，如图3-83所示。

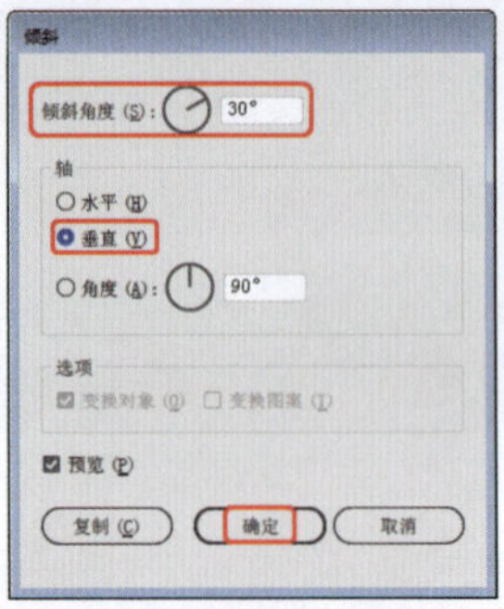

图3-83 【倾斜】对话框

(4) 单击【确定】按钮，可以看到图形沿垂直倾斜轴倾斜30°，如图3-84所示。

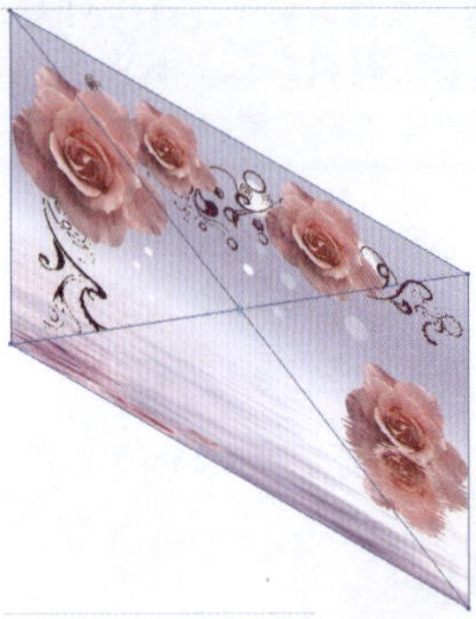

图3-84 垂直倾斜后的效果

(5) 在【倾斜】对话框中设置【倾斜角度】为30°，单击【水平】单选按钮，如图3-85所示，单击【确定】按钮，可以看到图形沿水平倾斜轴倾斜30°，如图3-86所示。

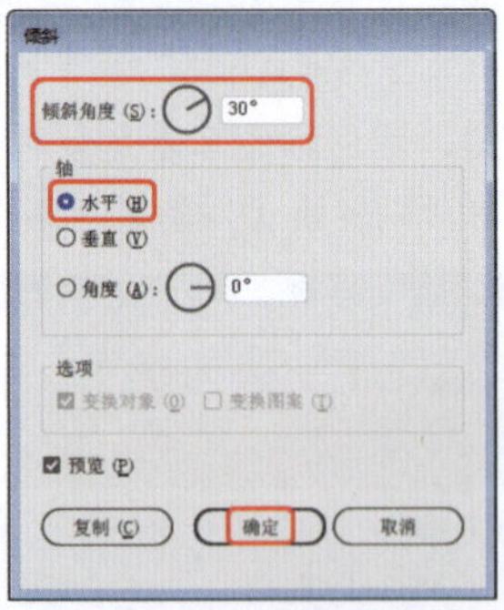

图3-85 【倾斜】对话框

图3-86 水平倾斜后的效果

(6) 在【倾斜】对话框中设置【倾斜角度】为30°，如图3-87所示，单击【复制】按钮，可以看到图形沿倾斜轴倾斜30°，如图3-88所示。

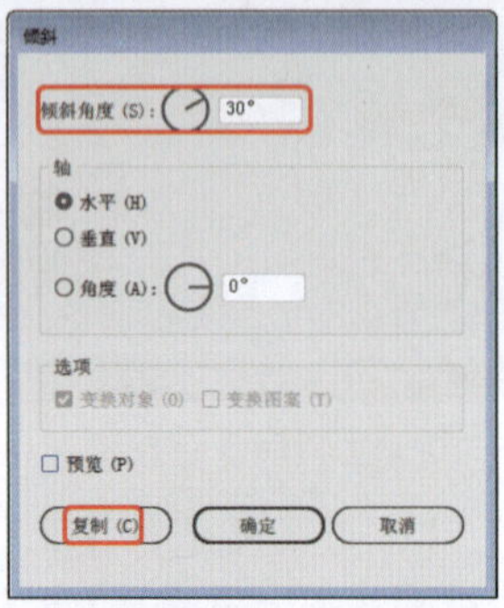

图3-87 【倾斜】对话框

图3-88 复制倾斜后的效果

整形工具和自由变换工具

1. 整形工具

使用【整形工具】可以改变路径上锚点的位置，但不会影响整个路径的形状。

(1) 用【直接选择工具】选择对象，如图3-89所示。

图3-89 选择对象

(2) 单击工具箱中的【整形工具】，用【整形工具】在要改变位置的锚点上拖拽鼠标，将其拖拽至合适的位置，如图3-90所示。释放鼠标即可得到相应的效果，如图3-91所示。

图3-90 拖拽锚点

图3-91 完成后的效果

提 示

用变形工具在路径上单击，会出现新的曲线锚点，可以进一步调节变形。

2. 自由变换工具

【自由变换工具】也有类似改变路径上锚点位置的作用。

(1) 用【选择工具】选择对象，如图3-92所示。

图3-92 选择对象

(2) 在工具箱中选择【自由变换工具】，在弹出的工具箱中选择【透视扭曲】，将鼠标放至定界框上，按住鼠标左键将边框向内拖拽或按Shift+Alt+Ctrl组合键，向内侧拖拽鼠标，如图3-93所示，至合适的形状后，释放鼠标，完成后的效果如图3-94所示。

图3-93 拖拽边框

图3-94 完成后的效果

提 示

拖拽鼠标的同时，按住Alt+Ctrl组合键可以倾斜图形，如图3-95所示。按Shift+Alt+Ctrl组合键可以使图形产生透视效果。按住Ctrl键，只对图形的一个角进行变形。

图3-95 倾斜图形

【自由变换工具】也可以移动、缩放和旋转图形。

实训练习037 锁定与解锁图形对象

本实例主要讲解对图形对象进行锁定和再解锁操作，重点掌握操作过程中对快捷键的使用。

素材	素材|Cha03|锁定与解锁图形对象.ai
场景	场景|Cha03|实训练习037 锁定与解锁图形对象.ai
视频	视频教学 | Cha02 |实训练习037 锁定与解锁图形对象.MP4

❶ 启动Illustrator CC 2017软件，选择【文件】|【打开】命令，打开随书配套资源中的素材|Cha03|锁定与解锁图形对象.ai文件，如图3-96所示。

图3-96 打开素材文件

❷ 使用【选择工具】，单击并选择对象，如图3-97所示。

图3-97 选择对象

❸ 选择【对象】|【锁定】|【所选对象】命令，效果如图3-98所示。

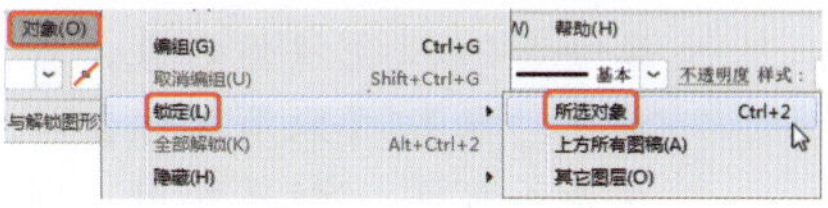

图3-98 锁定所选对象命令

❹ 锁定对象后，选择【选择】|【全部】命令，此时只选择未被锁定的对象，可对它进行相应的移动、复制等编辑操作。

❺ 如果要解锁对象，选择【对象】|【全部解锁】命令。此时，可对被解锁后的对象进行任意编辑操作。

提 示

【所选对象】命令的组合键为Ctrl+2。

【全部】命令的组合键为Ctrl+A。

【全部解锁】命令的组合键为Ctrl+Alt+2。

为了避免妨碍其他图形的编辑，有时也可将暂时不用的图形隐藏起来，选择【对象】|【隐藏】|【所选对象】，此时可将所有被隐藏的对象全部显示出来。

实训练习038 对图形对象进行编组

可以将多个对象编组，编组对象可以作为一个单元被处理。可以对其进行移动或变换，这些将影响对象各自的位置或属性。例如，可以将图稿中的某些对象编成一组，以便将其作为一个单元进行移动和缩放。

素材	素材|Cha03|对图形对象进行编组.ai
场景	场景|Cha03|实训练习038 对图形对象进行编组.ai
视频	视频教学 | Cha02 |实训练习038 对图形对象进行编组.MP4

❶ 启动Illustrator CC 2017软件，选择【文件】|【打开】命令，打开随书配套资源中的素材|Cha03|对图形对象进行编组.ai文件，如图3-99所示。

图3-99 打开素材文件

❷ 使用【选择工具】，单击并选择如图3-100所示的图形。

图3-100 选择对象

❸ 通过键盘上的光标移动键将所选图形移动至如图3-101所示的位置。

图3-101 移动矩形到合适的位置

❹ 再次使用【选择工具】，分别选取两个对象，如图3-102所示。

图3-102 选择图形

❺ 通过【选择工具】拖拽鼠标选择移动后的所有图形，在菜单栏中选择【对象】|【编组】命令，如图3-103所示。

提 示

【编组】命令的组合键为Ctrl+G。

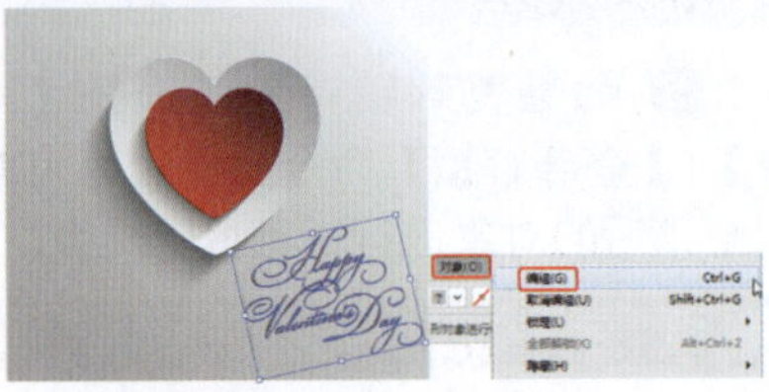

图3-103 选择【编组】命令

❻ 使用【选择工具】，单击选择编组后的图形进行移动，可以查看一下效果，如图3-104所示。

图3-104 编组后的效果

提 示

- 如果想要选定编组对象中的某一对象，可以使用工具箱中的【编组选择工具】来选取对象。一旦把多个图形对象组合之后，通过【选择工具】单击并选择编组中的任一对象，都将选定数个图形组。
- 若要取消已经编组在一起的多个图形对象，可以使用【对象】|【取消编组】命令（组合键为Ctrl+Shift+G）来取消多个图形对象的组合。
- 若不能确定某个对象是否属于编组，可以先选择该对象，查看【对象】|【取消编组】命令是否可用，如果可用，则表示该对象已经被编组。

实训练习039 对齐与分布图形对象

本实例主要讲解图形对象的对齐与分布，重点掌握【对齐】面板中各项按钮的使用，以及通过工具选项栏中的按钮完成对齐与分布操作。

素材	素材|Cha03|对齐与分布图形对象.ai
场景	场景|Cha03|实训练习039 对齐与分布图形对象.ai
视频	视频教学 | Cha03 |实训练习039 对齐与分布图形对象.MP4

❶ 启动Illustrator CC 2017软件，选择【文件】|【打开】命令，打开随书配套资源中的素材|Cha03|对齐与分布图形对象.ai文件，如图3-105所示。

图3-105 打开素材文件

❷ 在菜单栏中选择【窗口】|【对齐】命令，如图3-106所示。

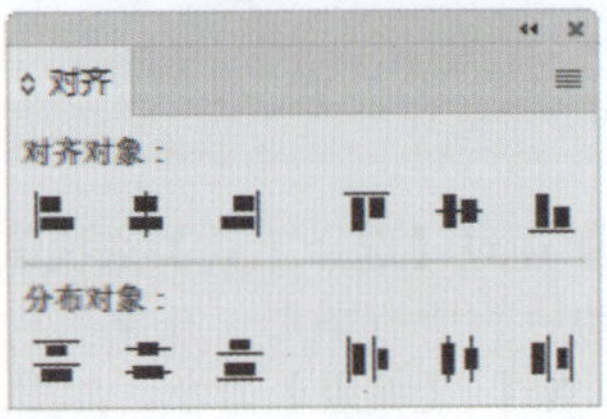

图3-106 【对齐】面板

提 示

【对齐】命令的组合键为Shift+F7。

❸ 在【对齐】面板中，单击右上角的 按钮，在弹出的下拉菜单中选择【显示选项】命令，即可显示【分布间距】选项组。单击相应的命令按钮，可以使选定的多个对象按一定的方式对齐，如图3-107所示。

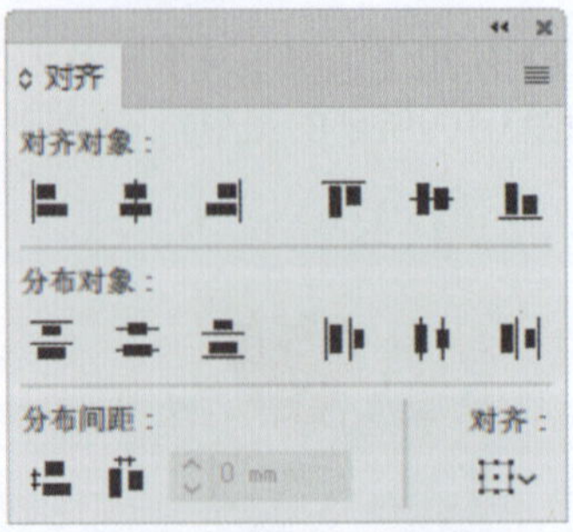

图3-107 显示【分布间距】

❹ 使用【选择工具】，单击并选择如图3-108所示的对象。

图3-108 选择对象

❺ 拖动鼠标将对象移动到如图3-109所示的位置。

图3-109 移动位置

❻ 使用【选择工具】，选择如图3-110所示的对象。

图3-110 选择对象

❼ 在【对齐】面板中单击【垂直顶对齐】按钮，即所有选取对象都将向上对齐，效果如图3-111所示。

图3-111 垂直顶对齐效果

❽ 单击【对齐】面板中的【水平居中分布】按钮，即所有选取的对象都将水平居中分布，效果如图3-112所示。

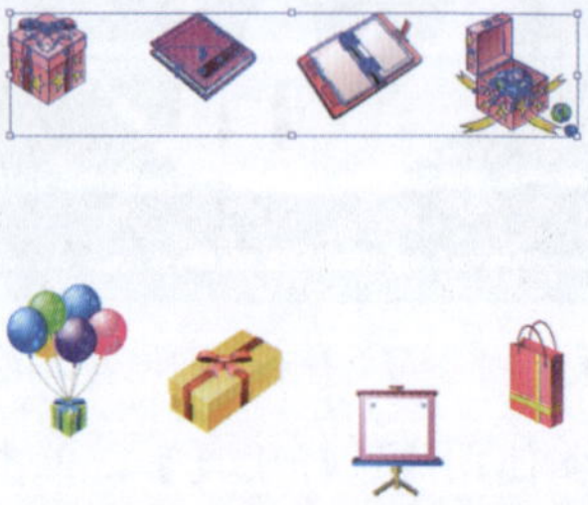

图3-112 水平居中分布效果

❾ 使用【选择工具】，单击并选择如图3-113所示的对象。

图3-113 选择对象

❿ 拖动鼠标将对象移动到如图3-114所示的位置。

图3-114 移动对象

⓫ 使用【选择工具】，选择如图3-115所示的对象。

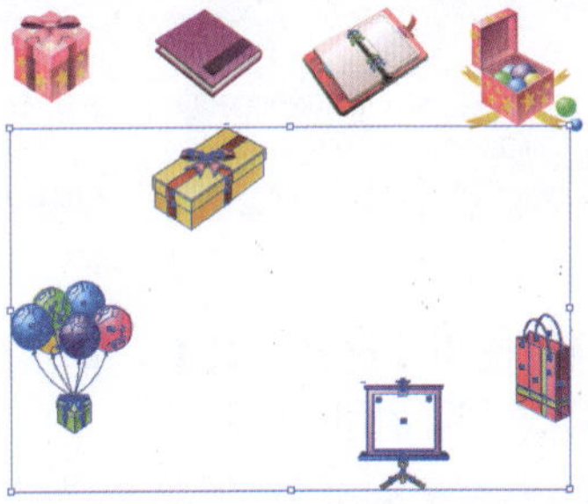

图3-115 选择对象

⓬ 在【对齐】面板中单击【垂直顶对齐】按钮，即所有选取对象都将向上对齐，效果如图3-116所示。

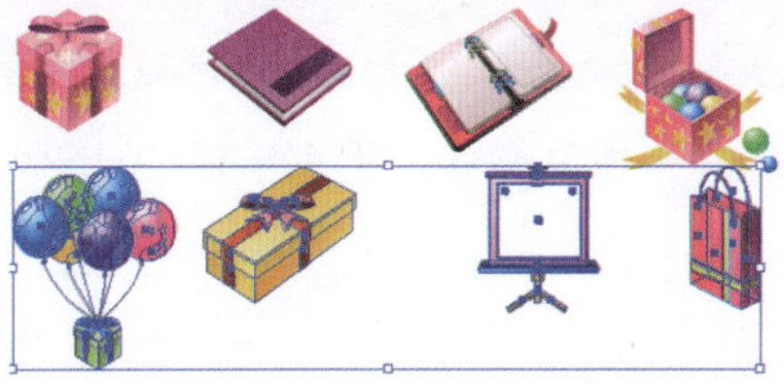

图3-116 垂直顶对齐效果

⓭ 单击【对齐】面板中的【水平居中分布】按钮，即所有选取的对象都将水平居中分布，效果如图3-117所示。

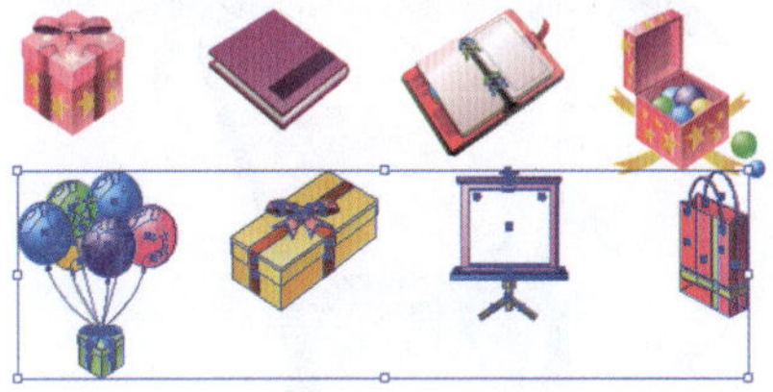

图3-117 水平居中分布效果

知识链接

分布间距

在Illustrator CC 2017中，在对象分布与对齐时，可以设置分布间距，若单击【垂直分布间距】按钮，将垂直分布间距；若单击【水平分布间距】按钮，将水平分布间距，如图3-118所示。

图3-118 对象水平与垂直分布间距

实训练习040 对象的显示与隐藏

本实例主要讲解对图形对象执行显示和隐藏操作，以便在绘图的过程中隐藏暂时不用的图形对象。

素材	素材|Cha03|对象的显示与隐藏.ai
场景	场景|Cha03|实训练习040 对象的显示与隐藏.ai
视频	视频教学 | Cha03 |实训练习040 对象的显示与隐藏.MP4

❶ 启动Illustrator CC 2017软件，选择【文件】|【打开】命令，打开随书配套资源中的素材|Cha03|对象的显示与隐藏.ai文件，如图3-119所示。

❷ 使用【选择工具】，单击并选择如图3-120所示的对象。

图3-119 打开素材文件

图3-120 选择对象

❸ 选择菜单栏中的【对象】|【隐藏】|【所选对象】命令，将所选对象暂时隐藏，效果如图3-121所示。

图3-121 隐藏对象的效果

❹ 继续使用【选择工具】，单击并选择如图3-122所示的对象。

图3-122 选择对象

❺ 选择菜单栏中的【对象】|【隐藏】|【所选对象】命令，将所选对象暂时隐藏，效果如图3-123所示。

图3-123 隐藏后的效果

❻ 选择菜单栏中的【对象】|【显示全部】命令，之前所有被隐藏的对象都将显示出来，如图3-124所示。

图3-124 全部显示的效果

实训练习041 对象的删除与恢复

本实例主要讲解如何对图形对象进行删除和恢复操作，重点掌握Ctrl+Z和Ctrl+Shift+Z组合键的使用。

素材	素材|Cha03|对象的删除与恢复.ai
场景	场景|Cha03|实训练习041 对象的删除与恢复.ai
视频	视频教学 | Cha03 |实训练习041 对象的删除与恢复.MP4

❶ 启动Illustrator CC 2017软件，选择【文件】|【打开】命令，打开随书配套资源中的素材|Cha03|对象的删除与恢复.ai文件，如图3-125所示。

图3-125 打开素材文件

❷ 使用【选择工具】，单击并选择如图3-126所示的对象。

图3-126 选择对象

❸ 按Delete键将所选对象删除，效果如图3-127所示。

❹ 再次使用【选择工具】，单击并选择如图3-128所示的对象。

图3-127 删除所选对象

图3-128 选择对象

❺ 再次按Delete键，将所选对象删除，效果如图3-129所示。

图3-129 删除所选对象

❻ 选择菜单栏中的【编辑】|【还原清除】命令，可撤销最近一步操作，重复执行此命令可撤销多步，效果如图3-130所示。

提 示

【还原清除】命令的组合键为Ctrl+Z。

图3-130 执行后的效果

实训练习042 切割对象

本实例主要讲解【分割下方对象】命令的作用，重点掌握刻刀工具和剪刀工具在使用过程中的区别。

素材	素材|Cha03|分割下方对象.ai
场景	场景|Cha03|实训练习042 分割下方对象.ai
视频	视频教学 | Cha03 |实训练习042 分割下方对象.MP4

❶ 启动Illustrator CC 2017软件，选择【文件】|【打开】命令，打开随书配套资源中的素材|Cha03|切割对象.ai文件，如图3-131所示。

图3-131 打开素材文件

❷ 使用【选择工具】，单击并选择如图3-132所示的对象。

图3-132 选择对象

❸ 选择菜单栏中的【对象】|【路径】|【分割下方对象】命令，分割对象，如图3-133所示。

图3-133　分割对象

❹ 按Delete键将所选的图形对象删除，如图3-134所示。

图3-134　删除对象

❺ 使用【选择工具】，单击并选择如图3-135所示的对象。

图3-135　选择对象

❻ 选择菜单栏中的【对象】|【路径】|【分割下方对象】命令，并按Delete键将对象删除，如图3-136所示。

图3-136　删除对象

❼ 使用【选择工具】，单击并选择如图3-137所示的对象。

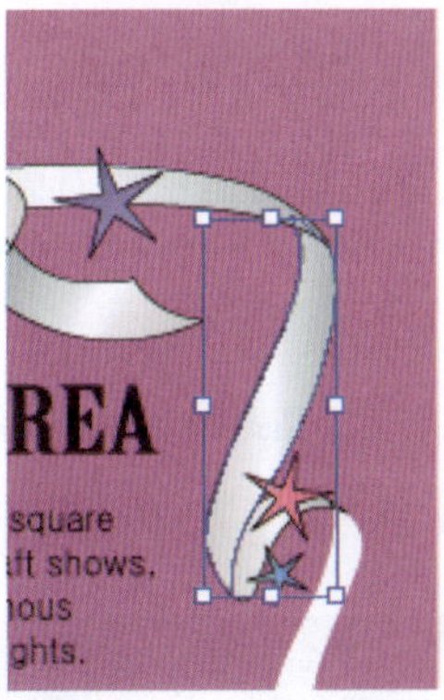

图3-137　选择对象

❽ 使用【分割下方对象】命令和Delete键将对象删除，如图3-138所示。

图3-138　删除对象

❾ 使用【选择工具】，单击并选择如图3-139所示的对象。

❿ 使用【刻刀工具】按钮，同时按住鼠标左键拖拽鼠标去分割图形对象，如图3-140所示。

图3-139　选择对象

图3-140　分割图形对象

⓫ 使用【选择工具】拖拽并选择如图3-141所示的对象，并通过【颜色】面板更改其【填充颜色】的RGB值为23、255、219，如图3-141所示。

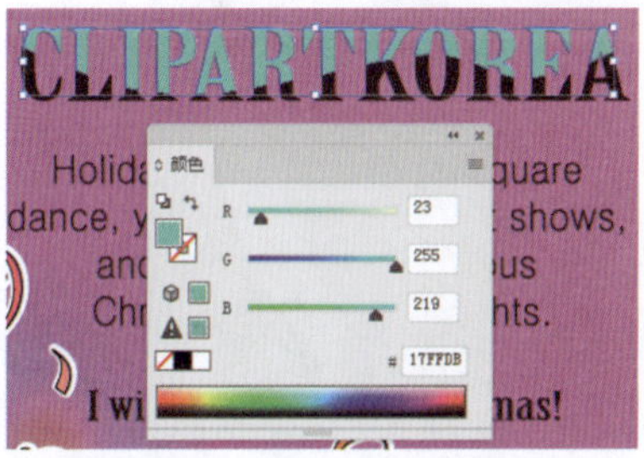

图3-141　更改颜色

⓬ 使用【选择工具】拖拽并选择如图3-142所示的对象，并通过【颜色】面板更改其【填充颜色】的RGB值为222、255、0，如图3-142所示。

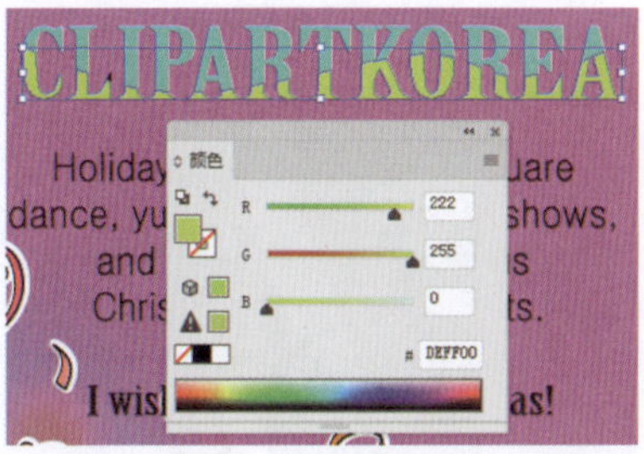

图3-142　更改颜色

⓭ 单击工具箱中的【剪刀工具】，单击图形中的节点断开路径，如

图3-143所示。

提 示

【剪刀工具】的快捷键为C。

图3-143 断开路径

⑭ 使用【选择工具】分别单击图形对象，并通过【颜色】面板修改它们的【填充颜色】的RGB值，分别为255、23、88和247、255、69，效果如图3-144所示。

图3-144 更改颜色

⑮ 使用【选择工具】，单击并选择如图3-145所示的对象。

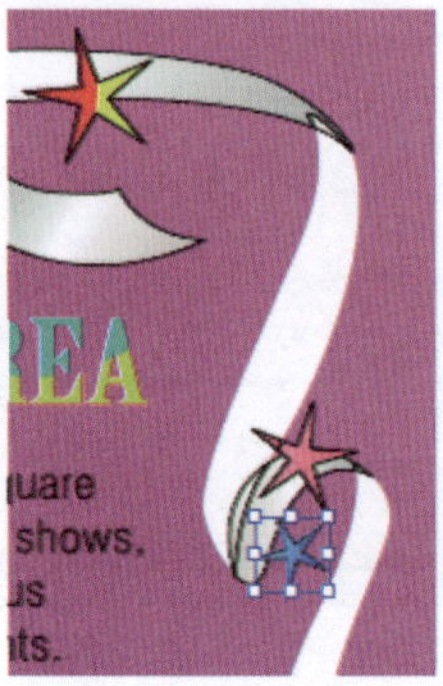
图3-145 选择对象

⑯ 同时按住Alt键不放，拖拽鼠标并复制图形对象到合适的位置，如图3-146所示。

图3-146 复制并移动对象

⑰ 使用【剪刀工具】，单击复制后的图形断开路径，如图3-147所示。

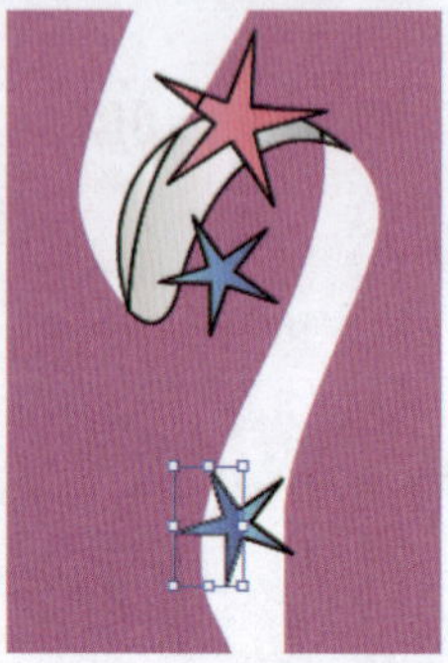
图3-147 断开路径

⑱ 使用【选择工具】分别单击图形对象，并通过【颜色】面板修改它们的【填充颜色】的RGB值，分别为255、246、46和251、0、255，效果如图3-148所示。

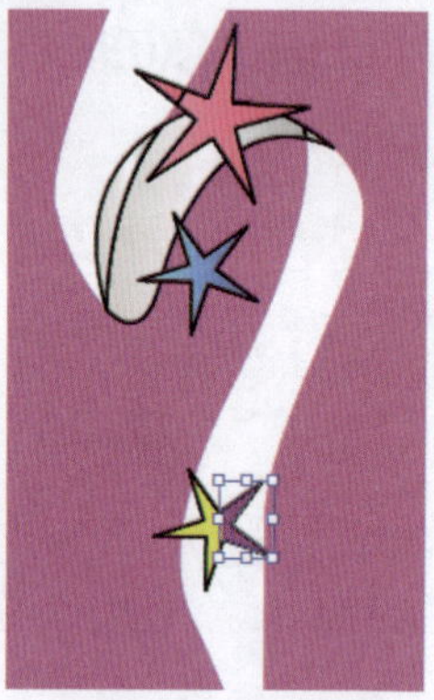
图3-148 更改颜色

实训练习043 中秋之夜

本实例主要讲解使用对象排列命令，巩固编组命令和锁定命令的作用，重点掌握排列命令的快捷键，如图3-149所示。

素材	素材|Cha03|中秋之夜.ai
场景	场景|Cha03|实训练习043 中秋之夜.ai
视频	视频教学 | Cha03 |实训练习043 中秋之夜.MP4

图3-149 中秋之夜效果图

❶ 启动Illustrator CC 2017软件，选择【文件】|【打开】命令，打开随书配套资源中的素材|Cha03|中秋之夜.ai文件，如图3-150所示。

图3-150 打开素材文件

❷ 使用【选择工具】，单击选择对象，效果如图3-151所示。

图3-151 选择对象

❸ 选择【对象】|【排列】|【置于底层】命令，将所选择的对象移动至所有对象的下方，如图3-152所示。

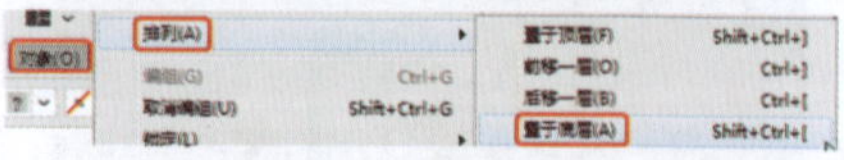
图3-152 选择【置于底层】命令

❹ 执行命令后的效果如图3-153所示。

提 示

【置于底层】命令的组合键为Ctrl+Shift+[。

图3-153 执行后的效果

❺ 使用【选择工具】，单击并选择对象，如图3-154所示。

图3-154 选择对象

❻ 选择【对象】|【排列】|【前移一层】命令，将所选择对象前移一层，调整后的效果如图3-155所示。

图3-155 执行【前移一层】后的效果

❼ 使用【选择工具】，单击并选择对象，效果如图3-156所示。

图3-156 选择对象

❽ 选择【对象】|【排列】|【后移一层】命令，将所选择对象后移一层，如图3-157所示。

图3-157 执行【后移一层】命令后的效果

提 示

【后移一层】命令的组合键为Ctrl+[。

知识链接

【排列】子菜单中提供了5个命令，下面熟悉各个命令的作用。

- 【置于顶层】：将所选取的图像移动至所有图像的最前面。
- 【前移一层】：将所选取的图像向前移动一个图像。
- 【后移一层】：将所选取的图像向后移动一个图像。
- 【置于底层】：将所选取的图像移动至所有图像的最后面。
- 【发送至当前图层】：将所选取的图像移动至当前图层中，使用它可以在多个不同的图层之间移动对象。

实训练习044 圣诞夜景

本实例主要讲解选择工具和组选择工具的使用方法。在使用的过程中按住键盘上的Alt键可以复制对象，并通过再次变换命令可以重复复制图形对象，通过本实例可以帮助读者进一步巩固对象排列命令的使用，如图3-158所示。

素材	素材|Cha03|圣诞夜景.ai
场景	场景|Cha03|实训练习044 圣诞夜景.ai
视频	视频教学 | Cha03 |实训练习044 圣诞夜景.MP4

图3-158 圣诞夜景效果图

❶ 在Illustrator CC 2017中，选择菜单栏中的【文件】|【打开】命令，打开随书配套资源中的素材|Cha03|圣诞夜景.ai文件，如图3-159所示。

图3-159 打开素材文件

❷ 使用【选择工具】选择卡通建筑，并按住Shift键不放，加选其他对象，如图3-160所示。

图3-160 选择对象

❸ 按住Alt键并拖拽鼠标复制图形对象到图3-161所示的位置。

图3-161 复制图形

❹ 确定被复制的对象仍然处于选择

状态，选择【对象】|【变换】|【再次变换】命令，将对象再次复制一次，效果如图3-162所示。

图3-162　再次复制图形

提　示

【变换】：对复制出的图形再次进行复制。

❺ 使用【选择工具】选择卡通建筑上方的烟筒对象，如图3-163所示。

图3-163　选择对象

❻ 按住Alt键并拖拽鼠标，对图形对象进行两次复制，并移动到图3-164所示的位置。

图3-164　复制对象

❼ 使用【编组选择工具】选择图3-165所示的窗户图形对象，按住Shift键不放单击并加选其他图形对象。

图3-165　选择对象

❽ 按住Alt键不放，拖拽鼠标复制图形对象到图3-166所示的位置。

图3-166　复制图形对象

❾ 使用【选择工具】选择图3-167所示的窗户图形对象，按住Shift键不放，单击并加选其他图像对象。

图3-167　选择对象

❿ 按住键盘上的Alt键，拖拽鼠标，复制图形对象到图3-168所示的位置。

图3-168　复制图形

⓫ 使用【选择工具】，单击并选择图3-169所示的窗户上的烟筒图形对象。

⓬ 按住键盘上的Alt键，拖拽鼠标并复制图形对象到图3-170所示的位置。

图3-169　选择对象

图3-170　复制对象

⓭ 使用【选择工具】单击路灯图形对象，并按下键盘上的Alt键，拖拽鼠标复制图形对象到图3-171所示的位置处。

图3-171　复制路灯对象

实训练习045　可爱南瓜

本实例主要讲解选择工具和对象排列命令的使用，如何将图形样式应用于所选图形，帮助读者进一步巩固编组与锁定对象命令的使用，如图3-172所示。

素材	素材|Cha03|可爱南瓜.ai
场景	场景|Cha03|实训练习045　可爱南瓜.ai
视频	视频教学 | Cha03 |实训练习045　可爱南瓜.MP4

图3-172　可爱南瓜效果图

❶ 在Illustrator CC 2017中，选择菜单栏中的【文件】|【打开】命令，打开随书配套资源中的素材|Cha03|可爱南瓜.ai文件，如图3-173所示。

图3-173　打开素材文件

❷ 使用【选择工具】，单击选择南瓜上方的叶子对象，如图3-174所示。

图3-174 选择对象

❸ 按Alt键将选择的叶子对象移动并复制到南瓜对象的右下方位置，对其进行旋转，效果如图3-175所示。

图3-175 复制并旋转对象

❹ 使用【选择工具】，单击视图中颜色最深的叶子对象，如图3-176所示。

图3-176 选择对象

❺ 按Alt键将其移动到大个南瓜的左下方位置，并进行旋转，效果如图3-177所示。

图3-177 复制并旋转图形对象

❻ 使用【选择工具】单击视图右上方的叶子对象，如图3-178所示。

图3-178 选择对象

❼ 按Alt键将其移动到比较大的南瓜的右侧位置，并进行旋转，效果如图3-179所示。

图3-179 复制并旋转对象

❽ 使用【选择工具】单击视图中比较小的南瓜上方的叶子对象，如图3-180所示。

图3-180 选择对象

❾ 按住键盘上的Alt键对其进行移动复制到比较大的南瓜右下方位置，并进行旋转，效果如图3-181所示。

图3-181 复制并旋转图形对象

❿ 使用【选择工具】，在视图中拖拽选择所有的图形对象。选择【对象】|【编组】命令进行编组，如图3-182所示。

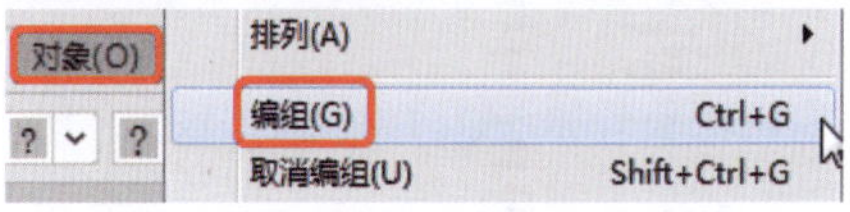

图3-182 进行编组

⓫ 使用【矩形工具】，在视图中南瓜及叶子的左上方绘制一个矩形对象，矩形的大小以覆盖住所有的图形对象为准，效果如图3-183所示。

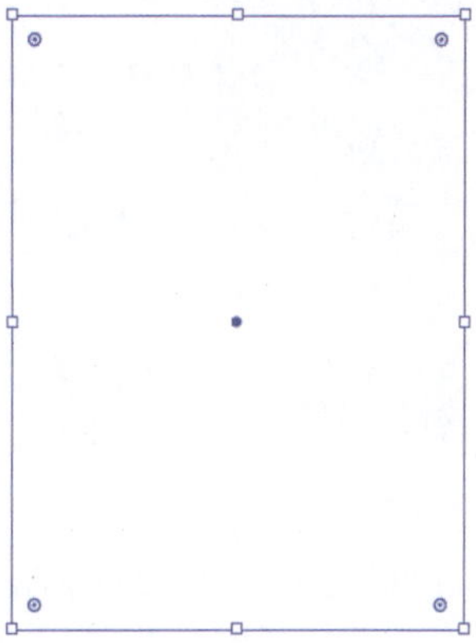

图3-183 绘制矩形

⓬ 选择【对象】|【排列】|【置于底层】命令，将矩形对象置于最底层。在菜单栏中选择【编辑】|【复制】命令，再选择【编辑】|【贴在后面】命令，最后选择【对象】|【锁定】|【所选对象】命令，将复制的矩形进行锁定，完成后的效果如图3-184所示。

图3-184 锁定复制的矩形

⓭ 使用【选择工具】，单击未锁定的矩形对象，选择【窗口】|【图形样式库】|【艺术效果】命令，如图3-185所示。

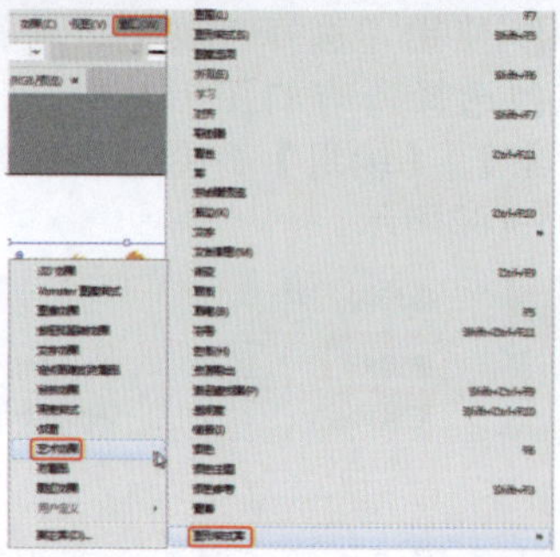

图3-185　选择【艺术效果】命令

⑭ 单击应用图形样式，效果如图3-186所示。

图3-186　应用后的效果

⑮ 选择【对象】|【全部解锁】菜单命令，选择【窗口】|【画笔库】|【边框-装饰】命令，单击【矩形1】边框效果，效果如图3-187所示。

图3-187　添加边框

⑯ 通过工具选项栏设置描边的粗细，再使用选择工具选择所有图形对象，最后通过【编组】命令将其组合为一个整体，效果如图3-188所示。

图3-188　设置描边的粗细并编组

实训练习046　田园风光

本实例主要讲解选择工具选择对象、排列命令更改对象的排列顺序、复制和贴在前面命令的使用，如图3-189所示。

素材	素材|Cha03|田园风光.ai
场景	场景|Cha03|实训练习046　田园风光.ai
视频	视频教学 | Cha03 |实训练习046　田园风光.MP4

图3-189　田园风光效果图

❶ 在Illustrator CC 2017中选择菜单栏中的【文件】|【打开】命令，打开随书配套资源中的素材|Cha03|田园风光.ai文件，如图3-190所示。

图3-190　打开素材文件

❷ 使用【选择工具】，单击并选择视图中的图形对象，如图3-191所示。

图3-191　选择对象

❸ 选择【对象】|【排列】|【置于底层】命令，将所选择的对象移动至所有图形对象的最下面，效果如图3-192所示。

图3-192　将所选对象置于底层

❹ 使用【选择工具】，单击并选择视图中的植物图像，选择【编辑】|【复制】命令，效果如图3-193所示。

提　示

【复制】命令的组合键为Ctrl+C。

图3-193　复制图形对象

❺ 选择【编辑】|【贴在前面】命令，通过范围框调整图形对象的高度，如图3-194所示。

提　示

【贴在前面】命令的组合键为Ctrl+F。

图3-194　选择【贴在前面】命令

❻ 在【颜色】面板中更改图形对象填充属性的RGB值为143、231、0，如图3-195所示。

图3-195　更改颜色

❼ 确定需要修改颜色的植物图像仍然处于选择状态，选择【对象】|【排列】|【后移一层】命令，将其向后移动一层，完成后的效果如图3-196所示。

图3-196 将所选对象后移一层

8 使用【选择工具】，单击并选择视图中的图像，使用【复制】和【贴在前面】命令，效果如图3-197所示。

图3-197 复制对象

9 通过范围框调整复制图形对象的高度，效果如图3-198所示。

图3-198 调整对象的高度

10 通过范围框调整复制图形对象的宽度，并将其移动至合适的位置，通过【颜色】面板更改其填充属性的RGB值为141、208、0，完成后的效果如图3-199所示。

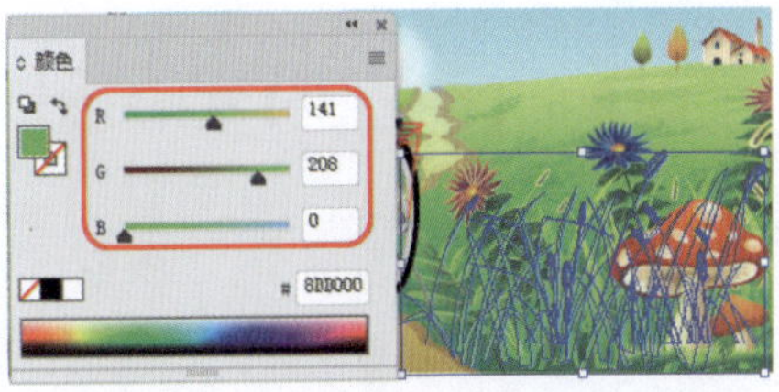

图3-199 更改颜色

11 使用【选择工具】，单击并选择视图中的白色花朵，如图3-200所示。

12 按下键盘上的Alt键拖拽鼠标复制图形对象，并将其移动至如图3-201所示的位置。

13 调整视图中各个图形的位置，再在菜单栏中选择【对象】|【编组】命令，将其组合成为一个整体，完成后的效果如图3-202所示。

图3-200 选择对象

图3-201 复制图形对象

图3-202 完成后的效果

实训练习047 复古花卉

本实例主要讲解选择工具选择对象，通过排列命令更改对象的排列顺序，巩固锁定对象和编组命令的使用，如图3-203所示。

素材	素材|Cha03|复古花卉.ai
场景	场景|Cha03|实训练习047 复古花卉.ai
视频	视频教学 | Cha03 |实训练习047 复古花卉.MP4

图3-203 复古花卉效果图

1 在Illustrator CC 2017软件中选择菜单栏中的【文件】|【打开】命令，打开随书配套资源中的素材|Cha03|复古花卉.ai文件，如图3-204所示。

图3-204 打开素材文件

2 使用【选择工具】，单击并选择视图中的正方形图形对象，如图3-205所示。

图3-205 选择对象

3 在菜单栏中选择【对象】|【排列】|【后移一层】，效果如图3-206所示。

图3-206 图形后移一层的效果

❹ 再次使用【选择工具】，单击并选择正方形图形对象，按Shift键不放的同时加选其他对象，如图3-207所示。

图3-207 选择对象

❺ 在菜单栏中选择【对象】|【锁定】|【所选对象】命令，将所选择的图形进行锁定，如图3-208所示。

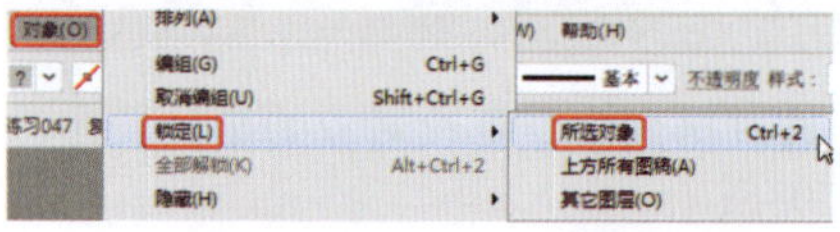
图3-208 锁定所选对象

❻ 使用【选择工具】拖拽并选择所有的图形对象，选择【对象】|【编组】命令，将他们进行编组操作，完成后的效果如图3-209所示。

图3-209 对所有图形对象编组

实训练习048 风景插画一

本实例主要讲解使用选择工具选择对象，通过排列命令更改对象的排列顺序，项固锁定对象和编组命令的使用，如图3-210所示。

素材	素材|Cha03|风景插画一.ai
场景	场景|Cha03|实训练习048 风景插画一.ai
视频	视频教学|Cha03 |实训练习048 风景插画一.MP4

图3-210 风景插画一的效果图

❶ 启动Illustrator CC 2017软件，选择【文件】|【打开】命令，打开随书配套资源中的素材|Cha03|风景插画一.ai文件，如图3-211所示。

图3-211 打开素材文件

❷ 使用【选择工具】，单击并选择图3-212所示的对象。

图3-212 选择对象

❸ 在菜单栏中选择【对象】|【排列】|【置于底层】命令，将所选对象置于底层，效果如图3-213所示。

图3-213 执行【置于底层】命令的效果

❹ 使用【选择工具】，单击并选择图3-214所示的对象。

图3-214 选择对象

❺ 在菜单栏中选择【对象】|【编组】命令，将所选对象进行编组，如图3-215所示。

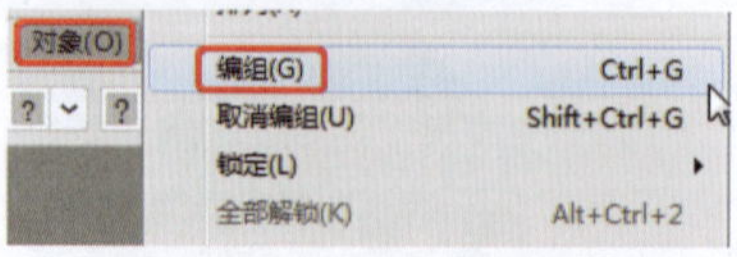

图3-215 将所选对象编组

❻ 在菜单栏中选择【对象】|【锁定】|【所选对象】命令，将所选对象进行锁定，如图3-216所示。

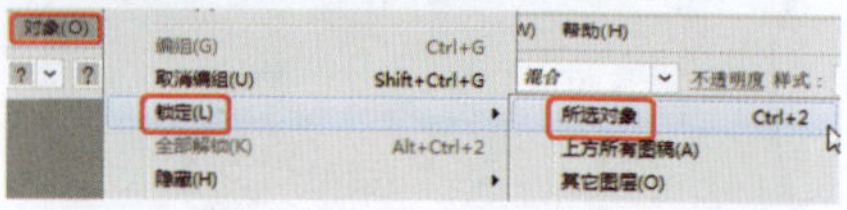
图3-216 将所选对象锁定

❼ 通过【选择工具】选择对象，如图3-217所示。

图3-217 选择对象

❽ 在菜单栏中选择【对象】|【编组】命令，将所选对象进行编组，如图3-218所示。

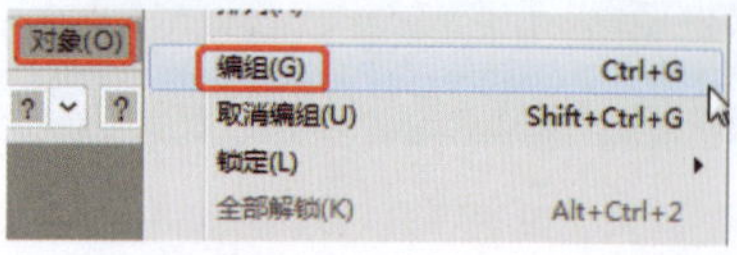

图3-218 对象编组

提 示

若使用【选择工具】选择对象时，选择了不需要的对象，可以按Shift键后单击不需要选择的对象，即可取消对该对象的选择。

❾ 通过【选择工具】拖拽编组后的对象到合适的位置，效果如图3-219所示。

图3-219 拖拽对象

❿ 使用【选择工具】选择对象，如图3-220所示。

图3-220 选择对象

⓫ 通过【选择工具】拖拽对象到合适的位置，效果如图3-221所示。

图3-221 拖拽对象

⑫ 确定该图形处于选择状态，在菜单栏中选择【对象】|【排列】|【置于顶层】命令，将所选对象置于顶层，效果如图3-222所示。

图3-222 将所选对象置于顶层

⑬ 通过【选择工具】拖拽到合适的位置，效果如图3-223所示。

图3-223 将所选对象置于顶层

实训练习049 风景插画二

本实例主要讲解使用选择工具选择对象，通过排列命令更改对象的排列顺序，项固锁定对象和编组命令的使用，如图3-224所示。

素材	素材|Cha03|风景插画二.ai
场景	场景|Cha03|实训练习049 风景插画二.ai
视频	视频教学 | Cha03 |实训练习049 风景插画二.MP4

图3-224 风景插画二的效果图

❶ 启动Illustrator CC 2017软件，选择【文件】|【打开】命令，打开随书配套资源中的素材|Cha03|风景插画二.ai文件，如图3-225所示。

图3-225 打开素材文件

❷ 使用【选择工具】拖拽鼠标选择对象，如图3-226所示。

图3-226 选择对象

❸ 在菜单栏中选择【对象】|【编组】命令，对选择的对象进行编组，拖拽鼠标，将所选对象移动到合适的位置，效果如图3-227所示。

图3-227 移动对象

❹ 确定对象处于选择状态，在菜单栏中选择【对象】|【排列】|【置于顶层】命令，将所选对象置于顶层，如图3-228所示。

图3-228 将所选对象置于顶层

❺ 再次使用【选择工具】选择对象，将其拖拽至合适的位置，如图3-229所示。

图3-229 移动对象

❻ 确定对象处于选择状态，在菜单栏中选择【对象】|【排列】|【置于顶层】命令，将所选对象置于顶层，如图3-230所示。

图3-230 将所选对象置于顶层

❼ 使用【选择工具】单击选择对象，如图3-231所示。

图3-231 选择对象

❽ 在菜单栏中选择【对象】|【排列】|【置于底层】命令，将所选对象置于底层，效果如图3-232所示。

图3-232 将所选对象置于底层

❾ 再次使用【选择工具】选择对象，如图3-233所示。

图3-233 选择对象

❿ 在菜单栏中选择【对象】|【排列】|【置于底层】命令，将所选对象置于底层，效果如图3-234所示。

图3-234 将所选对象置于底层

实训练习050 水墨花卉

本实例主要讲解使用选择工具选择对象，通过排列命令更改对象的排列顺序，巩固对锁定对象和编组命令的使用，如图3-235所示。

素材	素材|Cha03|水墨花卉.ai
场景	场景|Cha03|实训练习050 水墨花卉.ai
视频	视频教学 | Cha03 |实训练习050 水墨花卉.MP4

图3-235 水墨花卉效果图

❶ 启动Illustrator CC 2017软件，选择【文件】|【打开】命令，打开随书配套资源中的素材|Cha03|水墨花卉.ai文件，如图3-236所示。

图3-236 打开素材文件

❷ 使用【选择工具】选择对象，通过拖拽鼠标，将所选对象移动到合适的位置，效果如图3-237所示。

图3-237 移动所选对象

❸ 确定刚刚移动的图形处于选择状态，在菜单栏中选择【对象】|【排列】|【置于底层】命令，将所选对象置于底层，效果如图3-238所示。

图3-238 将所选对象置于底层

❹ 使用【选择工具】单击选择对象，如图3-239所示。

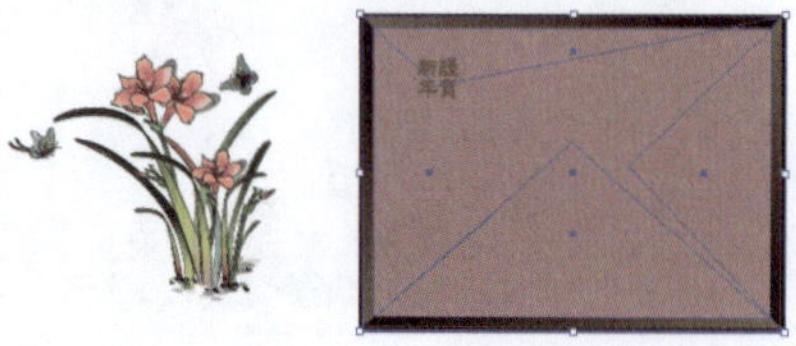

图3-239 选择对象

❺ 在菜单栏中选择【对象】|【排列】|【置于底层】命令，将所选对象置于底层，效果如图3-240所示。

图3-240 将所选对象置于底层

❻ 再次使用【选择工具】选择对象，拖拽鼠标选择对象，如图3-241所示。

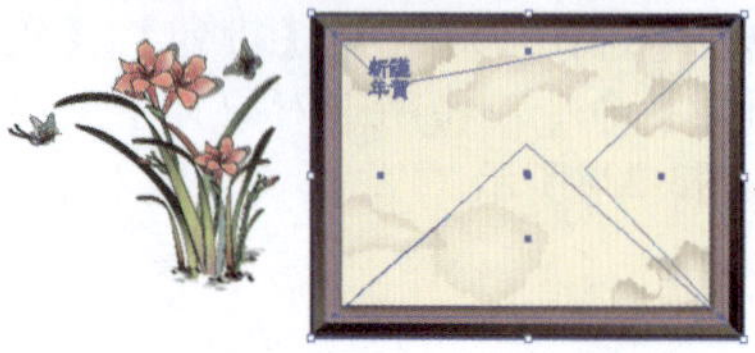

图3-241 选择对象

❼ 在菜单栏中选择【对象】|【编组】命令，将所选对象进行编组，如图3-242所示。

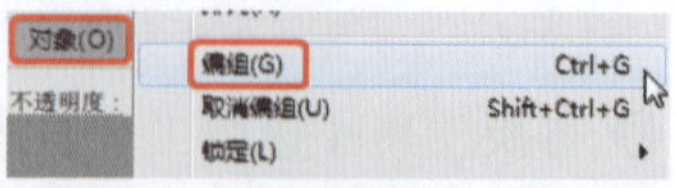

图3-242 将选择的对象进行编组

❽ 使用【选择工具】选择编组后的图形，在菜单栏中选择【对象】|【锁定】|【所选对象】命令，将其进行锁定，如图3-243所示。

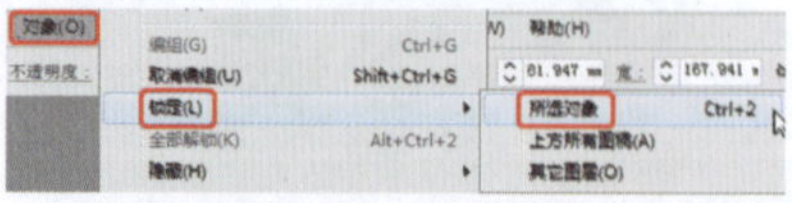

图3-243 移动编组后的图形

❾ 再次使用【选择工具】选择对象，单击选择对象，将其拖拽到合适的位置，效果如图3-244所示。

图3-244 移动对象

实训练习051 夏季海滩

本实例主要讲解使用选择工具选择对象，通过排列命令更改对象的排列顺序，巩固对锁定对象和编组命令的使用，如图3-245所示。

素材	素材|Cha03|夏季海滩.ai
场景	场景|Cha03|实训练习051 夏季海滩.ai
视频	视频教学 | Cha03 |实训练习051 夏季海滩.MP4

图3-245 夏季海滩的效果图

❶ 启动Illustrator CC 2017软件，选择【文件】|【打开】命令，打开随书配套资源中的素材|Cha03|夏季海滩.ai文件，如图3-246所示。

图3-246 打开素材文件

❷ 使用【选择工具】选择对象，单击并选择如图3-247所示的对象。

图3-247 选择对象

❸ 在菜单栏中选择【对象】|【锁定】|【所选对象】命令，将所选对象锁定，如图3-248所示。

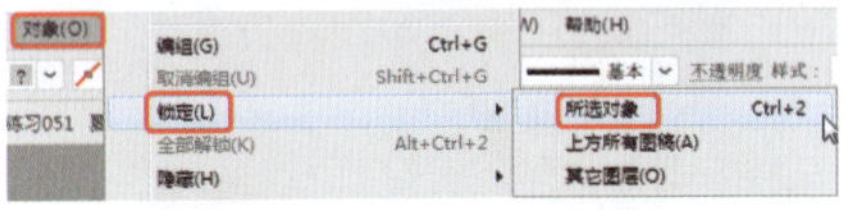

图3-248 将所选对象锁定

❹ 使用【选择工具】选择对象，单击并选择如图3-249所示的对象。

图3-249 选择对象

❺ 在菜单栏中选择【对象】|【排列】|【前移一层】命令，将所选对象前移一层，效果如图3-250所示。

图3-250 将所选对象前移一层

❻ 再次使用【选择工具】选择对象，单击并选择对象，将其移动到合适的位置，效果如图3-251所示。

图3-251 选择对象

❼ 在菜单栏中选择【对象】|【排列】|【置于顶层】命令，将所选对象置于顶层，如图3-252所示。

图3-252 将所选对象置于顶层

❽ 再次使用【选择工具】选择对象，单击选择如图3-253所示的对象。

图3-253 选择对象

❾ 在菜单栏中选择【对象】|【排列】|【置于顶层】命令，将所选对象置于顶层，如图3-254所示。

图3-254 将所选对象置于顶层

❿ 再次使用【选择工具】选择对象，单击并选择如图3-255所示的对象。

图3-255 选择对象

⓫ 在菜单栏中选择【对象】|【排列】|【置于顶层】命令，将所选对象置于顶层，如图3-256所示。

图3-256 将所选对象置于顶层

实训练习052 麦穗

本实例主要讲解使用选择工具选择对象，通过排列命令更改对象的排列顺序，巩固对锁定对象和编组命令的使用，如图3-257所示。

素材	素材|Cha03|麦穗.ai
场景	场景|Cha03|实训练习052 麦穗.ai
视频	视频教学 | Cha03 |实训练习052 麦穗.MP4

图3-257 麦穗的效果

❶ 启动Illustrator CC 2017软件，选择【文件】|【打开】命令，打开随书配套资源中的素材|Cha03|麦穗.ai文件，如图3-258所示。

图3-258 打开素材文件

❷ 使用【选择工具】选择对象，单击并选择如图3-259所示的对象。

图3-259 选择对象

❸ 在菜单栏中选择【对象】|【锁定】|【所选对象】命令，将所选对象锁定，如图3-260所示。

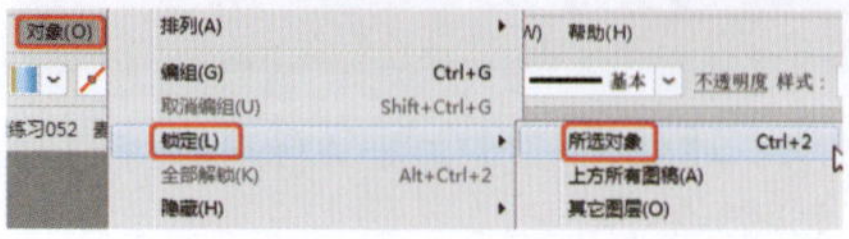

图3-260 将所选对象锁定

❹ 使用【选择工具】选择对象，单击选择太阳图形对象，将其移动到合适的位置，效果如图3-261所示。

图3-261 移动对象

❺ 再次使用【选择工具】单击并选择对象，按住Alt键不放，拖拽鼠标复制对象，效果如图3-262所示。

图3-262 复制对象

❻ 按住Shift键拖拽范围框，调整图形的大小，将其图形移动到合适的范围，效果如图3-263所示。

图3-263 调整并移动图形

❼ 使用【选择工具】单击并选择对象，按住Alt键不放，拖拽鼠标复制对象，如图3-264所示。

图3-264 复制对象

❽ 按住Shift键拖拽范围框，调整图形的大小，将其图形移动到合适的范围，效果如图3-265所示。

图3-265 调整并移动图形

❾ 使用相同的方法多次复制移动图形，最终效果如图3-266所示。

图3-266 最终效果

实训练习053 运运鞋

本实例主要讲解使用选择工具选择对象，通过排列命令更改对象的排列顺序，巩固对锁定对象和编组命令的使用，如图3-267所示。

素材	素材|Cha03|运动鞋.ai
场景	场景|Cha03|实训练习053 运动鞋.ai
视频	视频教学 | Cha03 |实训练习053 运动鞋.MP4

图3-267 运动鞋的效果

❶ 启动Illustrator CC 2017软件，

选择【文件】|【打开】命令，打开随书配套资源中的素材|Cha03|运动鞋.ai文件，如图3-268所示。

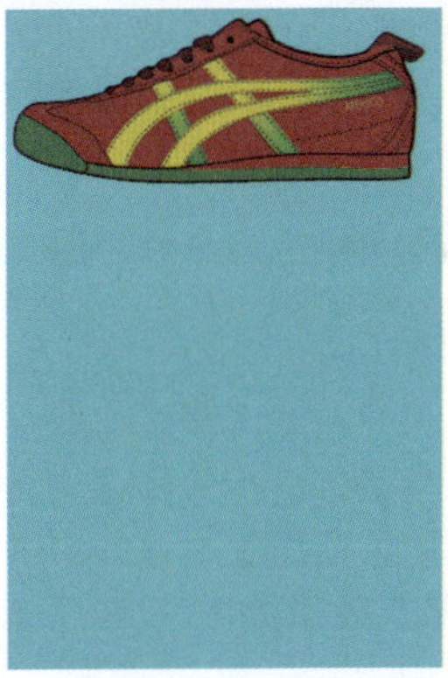

图3-268 打开素材文件

❷ 使用【选择工具】选择对象，单击并选择如图3-269所示的对象。

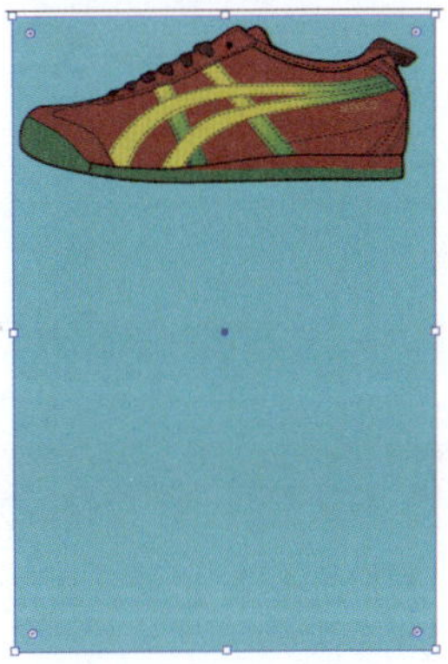

图3-269 选择对象

❸ 在菜单栏中选择【对象】|【锁定】|【所选对象】命令，将所选对象锁定，如图3-270所示。

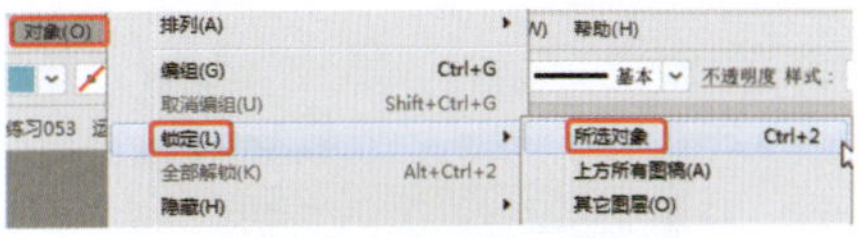

图3-270 将所选对象锁定

❹ 通过【选择工具】拖拽鼠标选择图形对象，如图3-271所示。

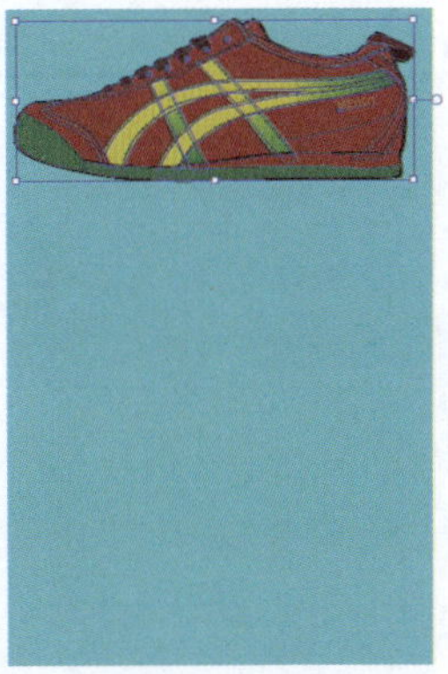

图3-271 选择对象

❺ 按住Alt键不放，拖拽鼠标复制图形，如图3-272所示。

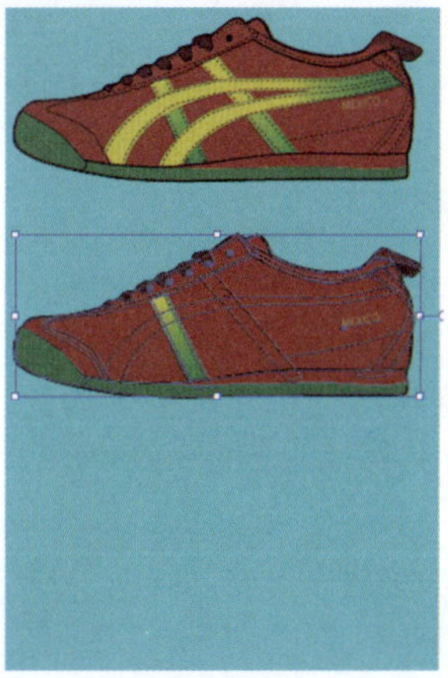

图3-272 复制图形

❻ 通过【选择工具】选择对象，通过【颜色】面板分别更改图形的颜色，效果如图3-273所示。

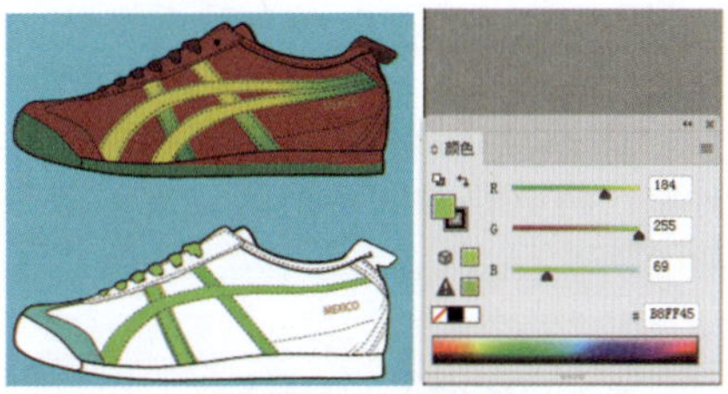

图3-273 更改图形的颜色

❼ 按住Alt键不放，拖拽鼠标复制图形，如图3-274所示。

图3-274 复制图形

❽ 通过【选择工具】选择对象，通过【颜色】面板分别更改图形的颜色，效果如图3-275所示。

图3-275 更改图形的颜色

实训练习054 情人节贺卡

本实例主要讲解使用选择工具选择对象，通过排列命令更改对象的排列顺序，巩固对锁定对象和编组命令的使用，如图3-276所示。

素材	素材|Cha03|情人节贺卡.ai
场景	场景|Cha03|实训练习054 情人节贺卡.ai
视频	视频教学 | Cha03 |实训练习054 情人节贺卡.MP4

图3-276 情人节贺卡效果图

❶ 启动Illustrator CC 2017软件，选择【文件】|【打开】命令，打开随书配套资源中的素材|Cha03|情人节贺卡.ai文件，如图3-277所示。

图3-277 打开素材文件

❷ 使用【选择工具】选择对象，单击并选择如图3-278所示的对象。

图3-278　选择对象

❸ 在菜单栏中选择【对象】|【锁定】|【所选对象】命令，将所选对象锁定，如图3-279所示。

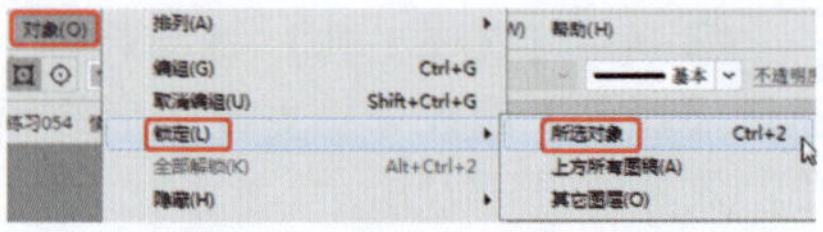

图3-279　将所选对象锁定

❹ 通过【选择工具】拖拽鼠标并选择图形对象，如图3-280所示。

图3-280　选择对象

❺ 在菜单栏中选择【对象】|【编组】命令，对所选对象进行编组，如图3-281所示。

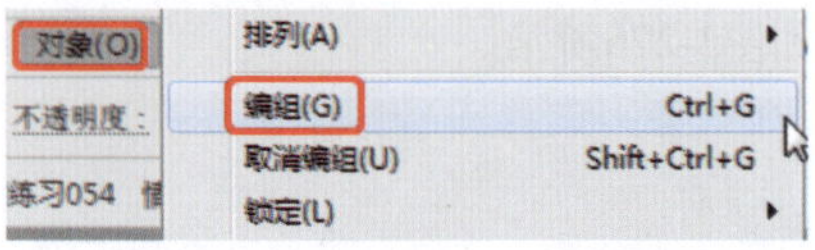

图3-281　对所选对象进行编组

❻ 通过使用【选择工具】将编组后的图形进行移动，如图3-282所示。

图3-282　移动编组后的图形

❼ 使用【选择工具】选择对象，将其移动，如图3-283所示。

图3-283　移动对象

❽ 再次使用【选择工具】选择对象，将其移动，如图3-284所示。

图3-284　移动对象

❾ 通过【选择工具】单击并选择对象，将其移动到合适的位置，效果如图3-285所示。

图3-285　移动对象

❿ 在菜单栏中选择【对象】|【排列】|【置于顶层】命令，将所选对象置于顶层，效果如图3-286所示。

图3-286　将所选对象置于顶层

实训练习055 春

本实例主要讲解使用选择工具选择对象，通过排列命令更改对象的排列顺序，巩固对锁定对象和编组命令的使用，如图3-287所示。

素材	素材|Cha03|春.ai
场景	场景|Cha03|实训练习055 春.ai
视频	视频教学 | Cha03 |实训练习055 春.MP4

图3-287　春的效果图

❶ 启动Illustrator CC 2017软件，选择【文件】|【打开】命令，打开随书配套资源中的素材|Cha03|春.ai文件，如图3-288所示。

图3-288　打开素材文件

❷ 使用【选择工具】选择对象，单击并选择如图3-289所示的对象。

图3-289　选择对象

❸ 在菜单栏中选择【对象】|【锁定】|【所选对象】命令，将所选对象锁定，如图3-290所示。

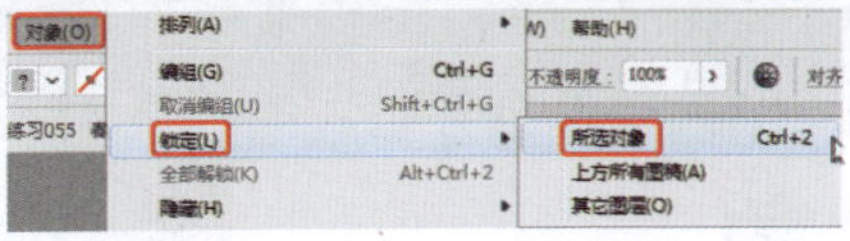

图3-290 将所选对象锁定

❹ 通过【选择工具】单击并选择“春”字图形对象，将其移动到合适的位置，如图3-291所示。

图3-291 选择对象

❺ 通过【选择工具】单击并选择燕子图形对象，再按住Shift键单击图形进行多选，如图3-292所示。

图3-292 选择对象

❻ 在菜单栏中选择【对象】|【编组】命令，对所选对象进行编组，并将其移动到合适的位置，如图3-293所示。

图3-293 对所选对象编组并移动

❼ 使用【选择工具】单击并选择花穗图形对象，将其移动到合适的位置，如图3-294所示。

图3-294 选择并移动对象

❽ 使用【选择工具】单击并选择“Spring”英文文字对象，将其移动到合适的位置，如图3-295所示。

图3-295 选择并移动对象

❾ 使用同样的方法选择并移动圆形对象，效果如图3-296所示。

图3-296 最终效果

提 示

若图形移动得不美观，可以通过【选择工具】进行调整。

第 4 章 填充与描边图形对象

本章将重点介绍Illustrator CC 2017中单色填充、渐变填充、图案填充、渐变网格填充和描边等工具的使用。通过加油器、超市海报、卡通蛋、公路指示牌、荷花等实例的制作，帮助读者熟练掌握这些工具。

实训练习056 认识颜色模式

本实例主要讲解RGB和CMYK这两种色彩模式的转换，效果如图4-1所示。

素材	素材|Cha04|热气球.ai
场景	场景|Cha04|实训练习056 认识颜色模式 .ai
视频	视频教学 | Cha04 |实训练习056 认识颜色模式 .MP4

图4-1 RGB和CMYK的区别

❶ 打开随书配套资源中的素材|Cha04|热气球.ai文件，如图4-2所示。

图4-2 打开素材文件

❷ 在菜单栏中选择【文件】|【文档颜色模式】|【CMYK颜色】命令，如图4-3所示。

❸ 应用【CMYK颜色】后的效果，如图4-4所示。

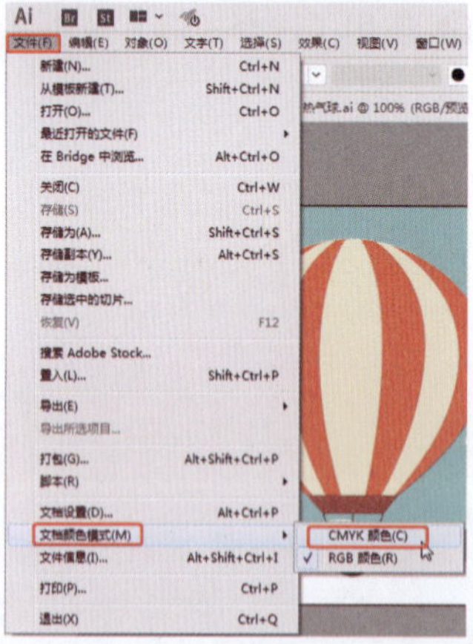

图4-3 选择【CMYK颜色】模式

图4-4 应用后的效果

知识链接

色彩模式是指同一属性下的不同颜色的集合，它反映了图像文件不同的色彩范围。Illustrator CC 2017中提供了RGB、CMYK、HSB、Web安全RGB和灰度5种色彩模式。其中最常见的是CMYK和RGB模式，而CMYK是默认的色彩模式。

RGB色彩模式是一种加色模式，其图像是由红、绿、蓝3种颜色叠加组合而成的，其主要作用于显示。RGB这3种基色中的每一种单色都有一个0~255的取值范围，如图4-5所示。

CMYK色彩模式是一种减色模式，其图像有青色、品红、黄色和黑色，这4中基色中的每一种单色都有一个从0～100%的取值范围，如图4-6所示。

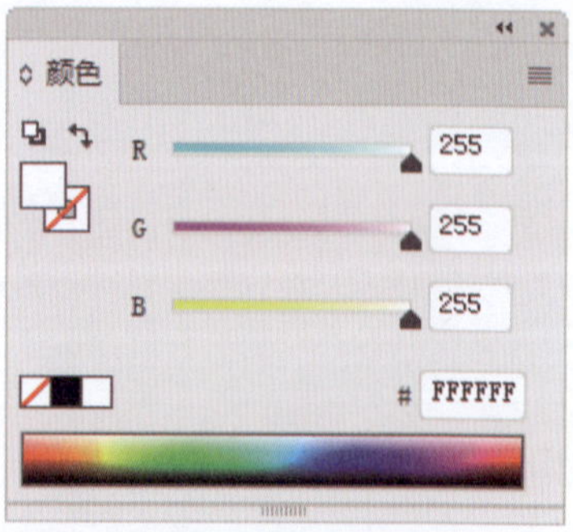

图4-5 RGB色彩模式

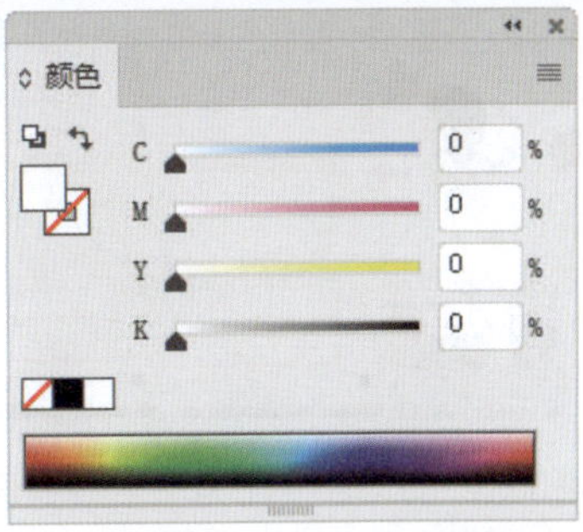

图4-6 CMYK色彩模式

实训练习057 单色填充

本实例主要讲解通过选择工具选中图形对象，通过颜色面板调整填充属性和描边属性，效果如图4-7所示。

素材	素材|Cha04|单色填充.ai
场景	场景|Cha04|实训练习057 单色填充 .ai
视频	视频教学 | Cha04 |实训练习057 单色填充 .MP4

图4-7 单色填充

❶ 打开随书配套资源中的素材|Cha04|单色填充.ai文件，如图4-8所示。

图4-8 打开素材文件

❷ 选择椅子中间的橙色线条，如图4-9所示。

图4-9 选择图形对象

❸ 打开【颜色】面板，将【填充颜色】的RGB值设置为249、228、202，将【描边颜色】设置为无，如图4-10所示。

图4-10 设置填充和描边颜色

❹ 选择椅子中间的粉红色线条，如图4-11所示。

图4-11 选择图形对象

❺ 将【填充颜色】的RGB值设置为255、98、105，将【描边颜色】设置为无，如图4-12所示。

图4-12 设置填充和描边颜色

❻ 选择填充后的对象，单击鼠标右键，在弹出的快捷菜单中选择【排列】|【后移一层】命令，如图4-13所示。

图4-13 选择【后移一层】选项

❼ 选择右侧的滑板，单击鼠标右键，在弹出的快捷菜单中选择【隔离选中的剪切蒙版】选项，如图4-14所示。

图4-14 隔离选中的剪切蒙版

❽ 选择滑板中间的对象，如图4-15所示。

图4-15 选择图形对象

❾ 将【填充颜色】的RGB值设置为238、97、64，将【描边颜色】设置为无，如图4-16所示。

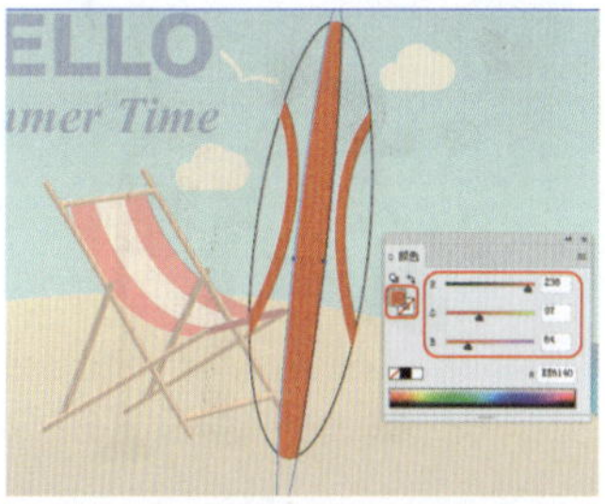

图4-16 设置填充和描边颜色

❿ 框选滑板最外侧的边，如图4-17所示。

图4-17 选择图形对象

⑪ 将【填充颜色】的RGB值设置为253、208、93，将【描边颜色】设置为无，如图4-18所示。

图4-18　设置填充和描边颜色

⑫ 在空白的位置处单击鼠标右键，在弹出的快捷菜单中选择【退出隔离模式】选项，如图4-19所示。

⑬ 效果如图4-20所示。

图4-19　退出隔离模式

图4-20　最终效果

实训练习058 渐变填充

本实例通过选择工具选中图形对象，通过【渐变】和【颜色】面板更改填充的属性，重点掌握如何添加渐变色块以及对渐变工具的使用，效果如图4-21所示。

素材	素材|Cha04|渐变填充.ai
场景	场景|Cha04|实训练习058　渐变填充 .ai
视频	视频教学 | Cha04 |实训练习058　渐变填充 .MP4

图4-21　渐变填充

❶ 打开随书配套资源中的素材|Cha04|渐变填充.ai文件，如图4-22所示。

图4-22　打开素材文件

❷ 选择图4-23所示的图形对象。

图4-23　选择人物衣袖

❸ 打开【渐变】面板，将【类型】设置为【线性】，将0%位置处将RGB值设置为255、252、221，将100%位置处将RGB值设置为199、215、72，将【描边颜色】设置为无，如图4-24所示。

❹ 选择图4-25所示的对象。

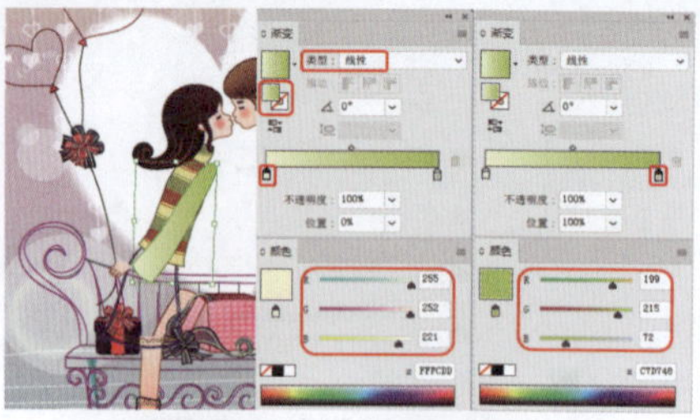

图4-24　设置渐变颜色

图4-25　选择裙子

❺ 打开【渐变】面板，将【类型】设置为【线性】，将【角度】设置为-97.5°，将0%位置处将RGB值设置为122、55、0，将100%位置处将RGB值设置为40、14、3，将【描边颜色】设置为无，如图4-26所示。

图4-26　设置渐变颜色

❻ 选择图4-27所示的对象。

图4-27　选择靴子

❼ 使用【吸管工具】，在人物的裙子上单击鼠标，如图4-28所示。

图4-28 拾取颜色

❽ 拾取颜色后，在【渐变】面板中将【角度】设置为75°，如图4-29所示。

图4-29 设置角度

❾ 选择图4-30所示的图形对象。

图4-30 选择对象

❿ 将【渐变】面板中的【类型】设置为【线性】，将0%位置处的RGB值设置为90、142、158，添加两个色标，将35%位置处的RGB值设置为0、85、119，将65%位置处的RGB值设置为0、42、63，将100%位置处的RGB值设置为0、25、40，将【描边颜色】设置为无，如图4-31所示。

图4-31 设置渐变颜色

⓫ 选择图4-32所示的图形对象。

图4-32 选择鞋子

⓬ 将【渐变】面板中的【类型】设置为【线性】，将【角度】设置为-57°，将0%位置处的RGB值设置为193、132、61，添加色标，将50%位置处的RGB值设置为124、44、0，将100%位置处的RGB值设置为84、29、2，将【描边颜色】设置为无，如图4-33所示。

图4-33 设置渐变颜色

⓭ 单击鼠标右键，在弹出的快捷菜单中选择【排列】|【置于顶层】命令，如图4-34所示。

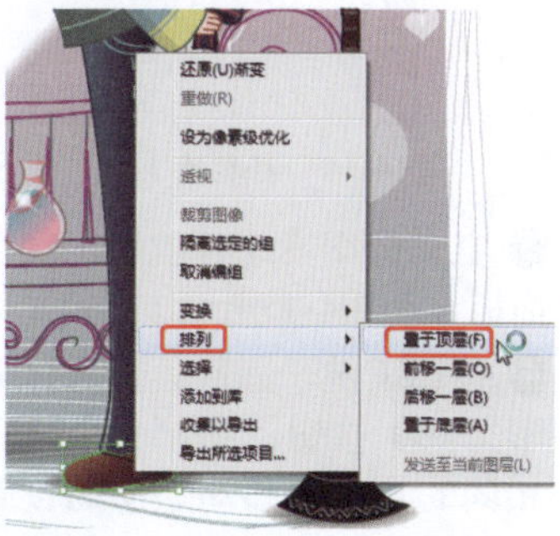

图4-34 选择【置于顶层】命令

⓮ 选择图4-35所示的图形对象。

图4-35 选择对象

⓯ 将【渐变】面板中的【类型】设置为【线性】，将0%位置处的RGB值设置为41、211、206，添加两个色标，将30%位置处的RGB值设置为32、188、188，将60%位置处的RGB值设置为29、170、170，将100%位置处的RGB值设置为27、147、144，将【描边颜色】设置为无，如图4-36所示。

图4-36 设置渐变颜色

⓰ 使用【钢笔工具】，绘制如图4-37所示的图形。

图4-37 绘制心形

⓱ 将【渐变】面板中的【类型】设置为【线性】，将【角度】设置为-26°，将0%位置处的RGB值设置为255、21、0，添加色标，将50%位置处的RGB值设置为220、17、2，将100%位置处的RGB值设置为166、7、14，将【描边颜色】设置为无，如图4-38所示。

图4-38　设置渐变颜色

⑱ 使用【钢笔工具】，绘制心形，如图4-39所示。

图4-39　绘制心形

⑲ 将【渐变】面板中的【类型】设置为【线性】，将【角度】设置为85°，将0%位置处的RGB值设置为255、128、174，将100%位置处的RGB值设置为255、67、82，将【描边颜色】设置为无，如图4-40所示。

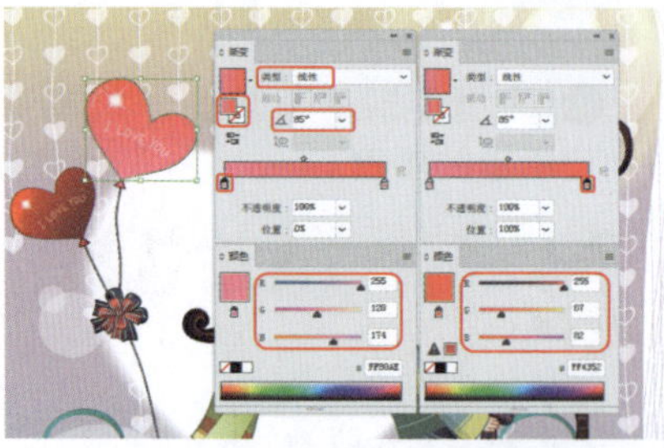

图4-40　设置渐变颜色

⑳ 最终效果如图4-41所示。

图4-41　最终效果

实训练习059　图案填充

本实例将讲解创建图案命令的使用，以及如何将定义的图案应用到所创建的图形对象中，效果如图4-42所示。

素材	素材|Cha04|图案填充.ai
场景	场景|Cha04|实训练习059　图案填充.ai
视频	视频教学 | Cha04 |实训练习059　图案填充.MP4

图4-42　图案填充

❶ 打开随书配套资源中的素材|Cha04|图案填充.ai文件，如图4-43所示。

图4-43　打开素材文件

❷ 选中所有图形文件，在菜单栏中选择【对象】|【图案】|【建立】命令，如图4-44所示。

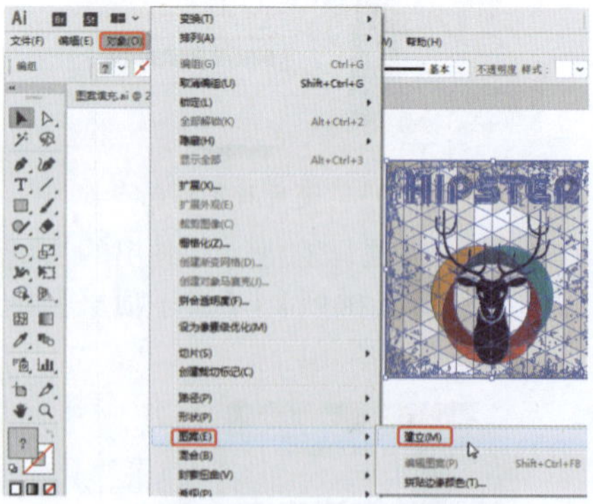

图4-44　图案建立

❸ 定义的图案此时就添加到【色板】面板，如图4-45所示。

❹ 按ESC键，返回绘图区，单击【矩形工具】按钮，绘制一个与页面大小相同的矩形，移动矩形的位置，如图4-46所示。

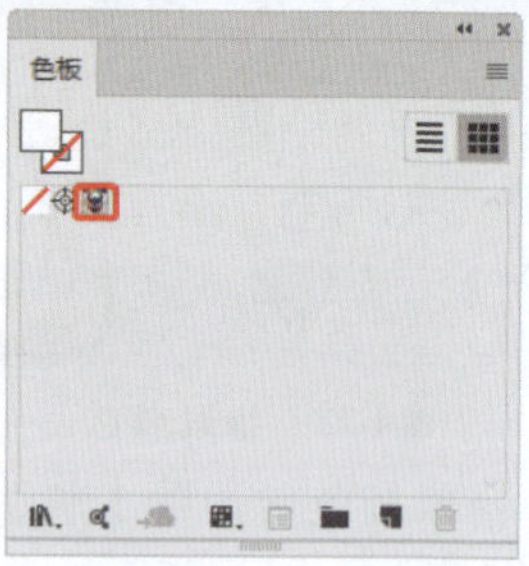

图4-45　添加到【色板】面板中的图案

图4-46　绘制矩形

❺ 确认选择绘制的矩形，单击【色板】面板中的【新建图案】按钮，如图4-47所示。

图4-47　新建图案

❻ 使用【比例缩放工具】，按Enter键，弹出【比例缩放】对话框，参照图4-48设置参数，单击【确定】按钮。

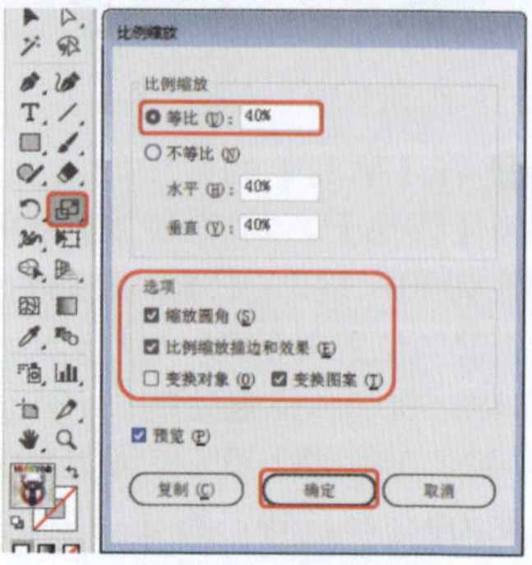

图3-48　设置比例缩放

❼ 此时只有图案发生变化，图像大小并没有改变，如图4-49所示。

图4-49 对比效果

知识链接

下面介绍如何载入不同的图案库，具体操作方法如下所述。

（1）选择【窗口】|【色板库】|【其他库】命令，弹出【选择要打开的库】对话框，如图4-50所示。

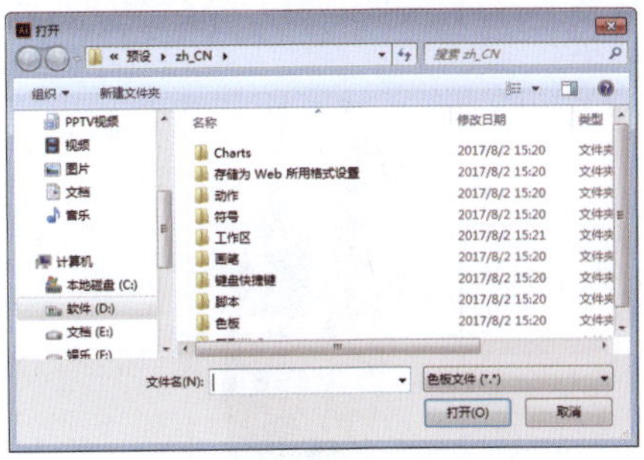

图4-50 【打开】对话框（1）

（2）在对话框中选择Illustrator CC 2017目录下【预设】中的【色板】文件夹，单击【打开】按钮，弹出如图4-51所示的对话框。

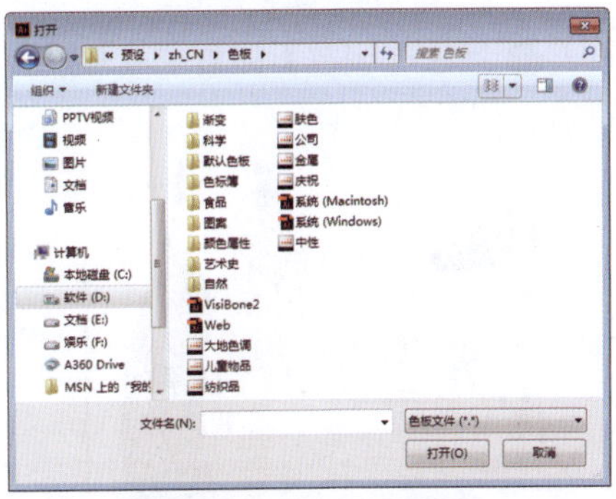

图4-51 【打开】对话框（2）

（3）在对话框中选择【色板】目录下的【图案】文件夹，单击【打开】按钮，弹出如图4-52所示的对话框。

（4）在对话框中选择【图案】目录下的【自然】文件夹，单击【打开】按钮，弹出如图4-53所示的对话框。

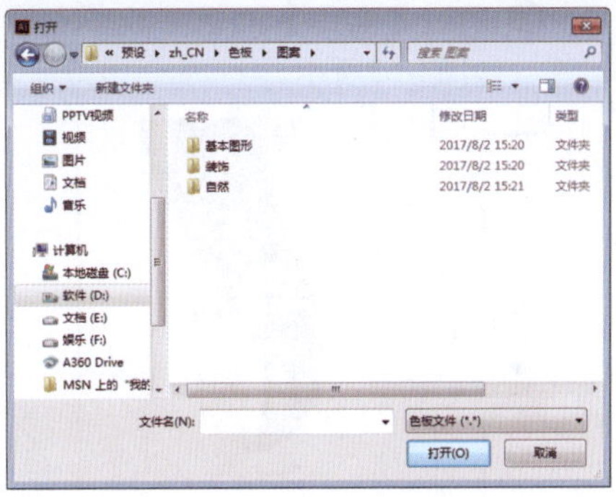

图4-52 【打开】对话框（3）

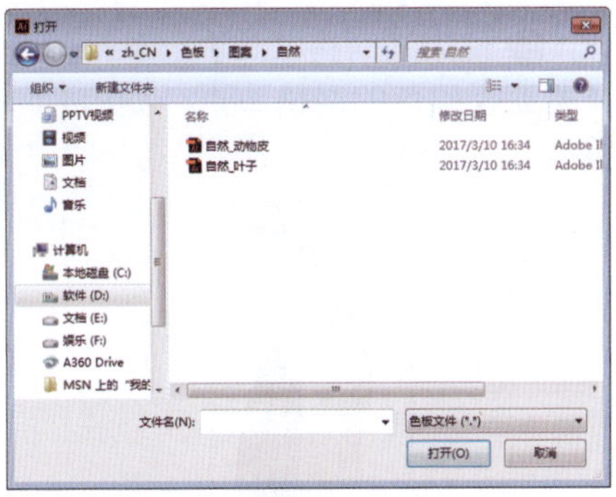

图4-53 【打开】对话框（4）

（5）单击所选择的文件夹，可以选择不同的图案库，单击【打开】按钮，如图4-54所示。

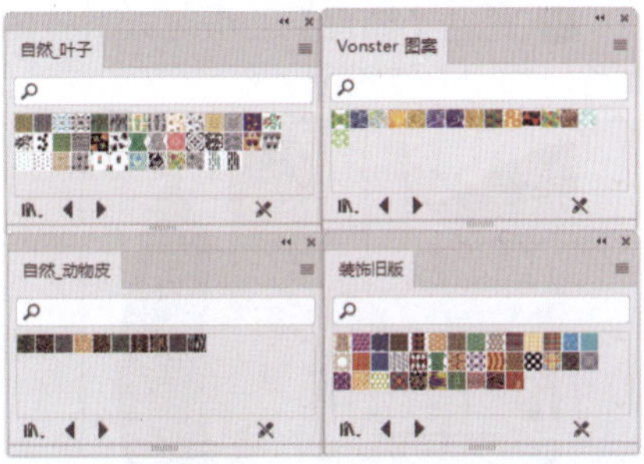

图4-54 载入不同的图案库

实训练习060 渐变网格填充

本实例主要讲解渐变网格工具的使用，重点掌握如何增加和删除横向及纵向网格线，以及更改渐变网格点的颜色，效果如图4-55所示。

素材	素材|Cha04|渐变网格填充.ai
场景	场景|Cha04|实训练习060 渐变网格填充 .ai
视频	视频教学 | Cha04 |实训练习060 渐变网格填充 .MP4

❶ 打开随书配套资源中的素材|Cha04|渐变网格填充.ai文件，如图4-56所示。

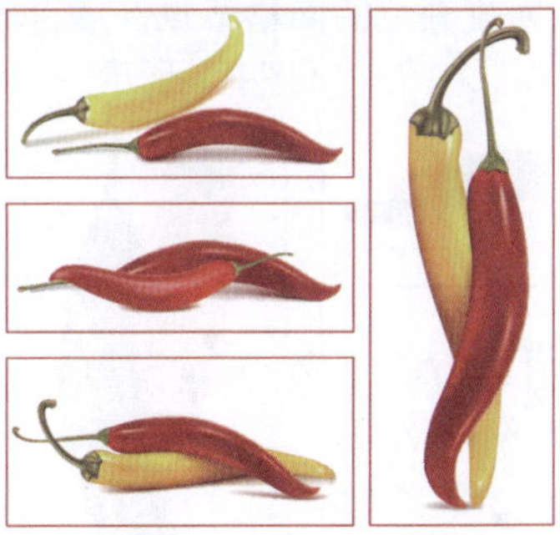

图4-55 渐变网格填充

图4-56 打开素材文件

❷ 使用【网格工具】，指向并单击图形内部，创建横向和纵向网格线，如图4-57所示。

提 示

【网格工具】的快捷键为U。

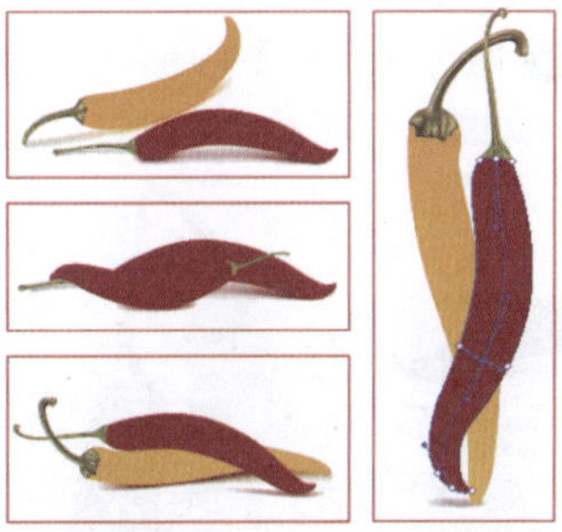

图4-57 创建横向和纵向网格线

❸ 使用【网格工具】，指向并单击图形内部，分别增加横向网格线和纵向网格线，如图4-58所示。

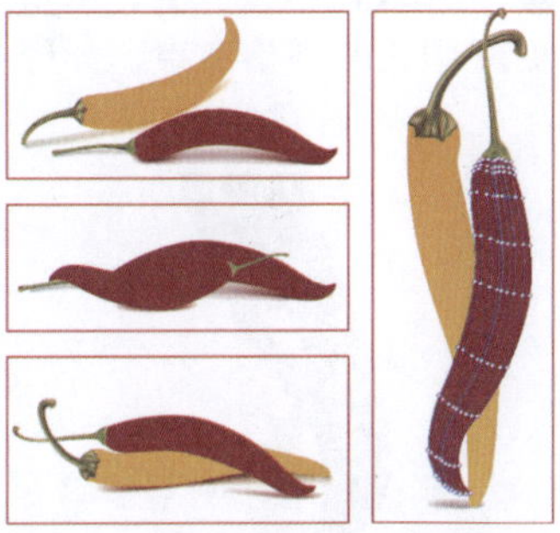

图4-58 创建横向和纵向网格线

❹ 使用【网格工具】，单击并选

择要更改颜色的网格节点，通过颜色面板设置颜色，如图4-59所示。

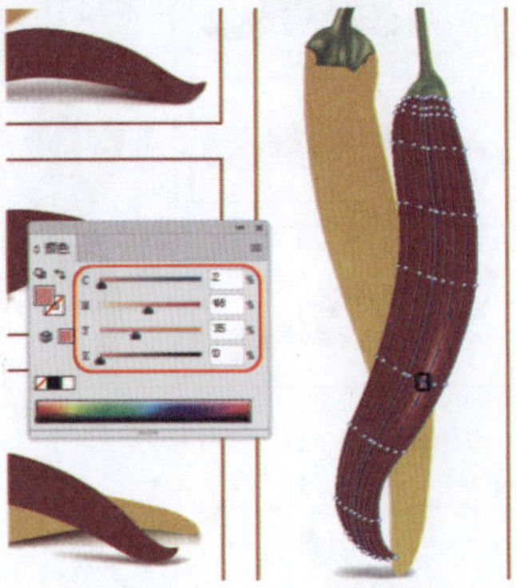

图4-59　更改网格点颜色

❺ 使用【网格工具】，单击并选择要更改颜色的网格节点，如图4-60所示。

图4-60　选择网格点

❻ 通过【颜色】面板更改节点的颜色，如图4-61所示。

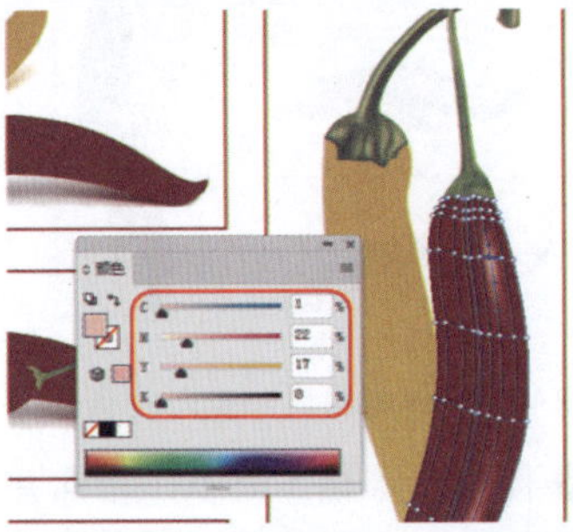

图4-61　更改网格点颜色

❼ 使用【网格工具】，单击并选择要更改颜色的网格节点，如图4-62所示。

图4-62　选择网格点

❽ 通过【颜色】面板更改节点的颜色，如图4-63所示。

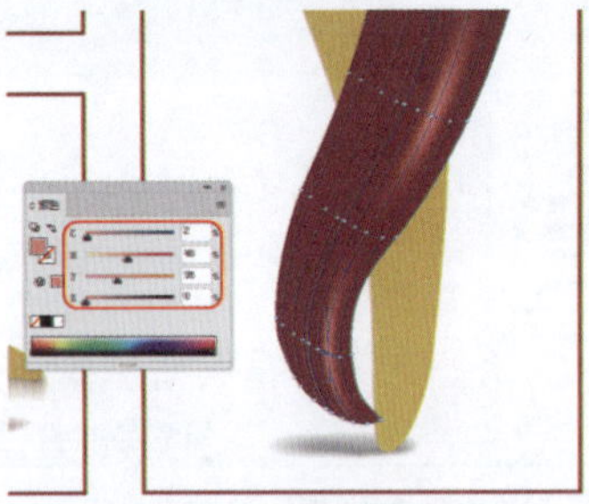

图4-63　更改网格点颜色

❾ 使用【网格工具】，单击并选择要更改颜色的网格节点，如图4-64所示。

图4-64　选择网格点

❿ 通过【颜色】面板更改节点的颜色，如图4-65所示。

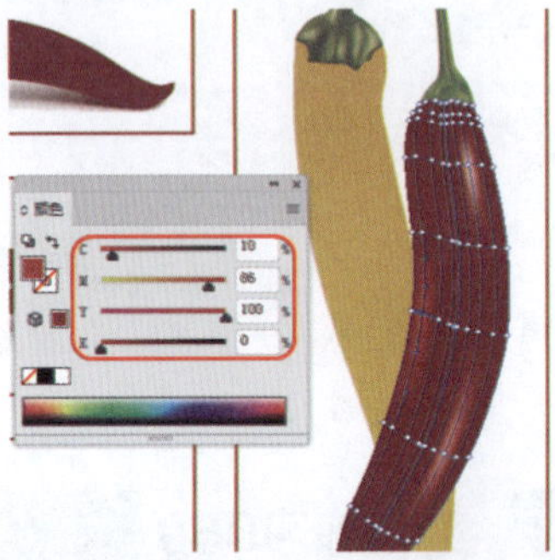

图4-65　更改网格点颜色

⓫ 使用【网格工具】，单击并选择要更改颜色的网格节点，如图4-66所示。

图4-66　选择网格点

⓬ 通过【颜色】面板更改节点的颜色，如图4-67所示。

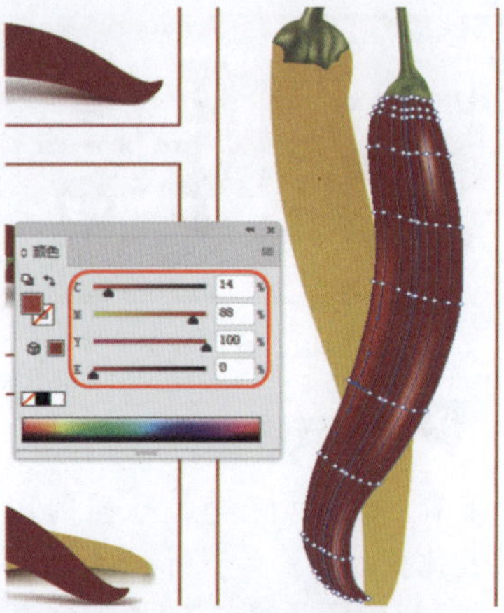

图4-67　更改网格点颜色

⓭ 使用【网格工具】，单击并选择要更改颜色的网格节点，如图4-68所示。

图4-68　选择网格点

⓮ 通过【颜色】面板更改节点的颜色，如图4-69所示。

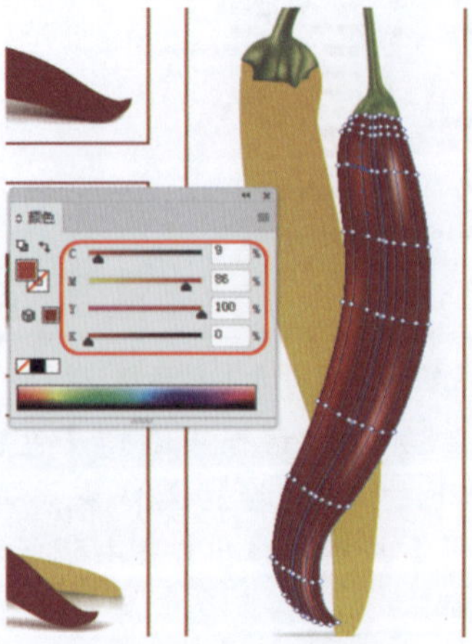

图4-69　更改网格点颜色

⓯ 重复上面的操作，对其他对象进行渐变网格填充，效果如图4-70所示。

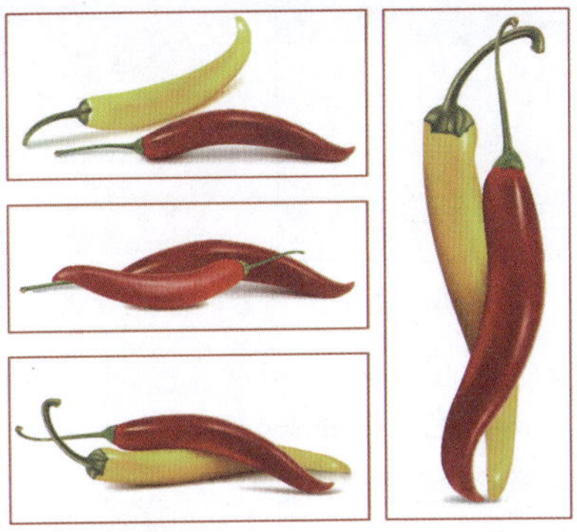

图4-70 最终效果

知识链接

新建一个空白文档，选择【椭圆工具】，在页面中合适的位置单击鼠标，弹出【椭圆】对话框，在对话框中进行如图4-71所示的参数设置，设置完成后单击【确定】按钮，绘制完成后的效果如图4-72所示。

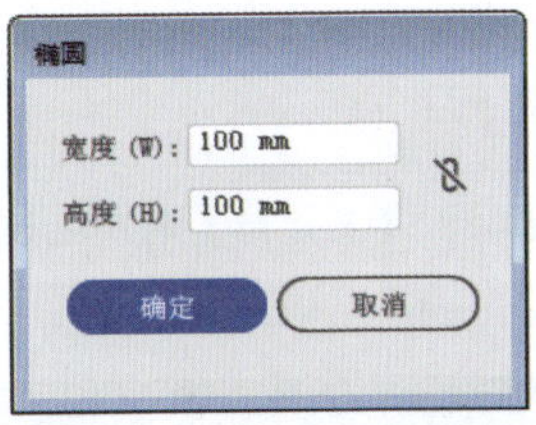

图4-71 【椭圆】对话框

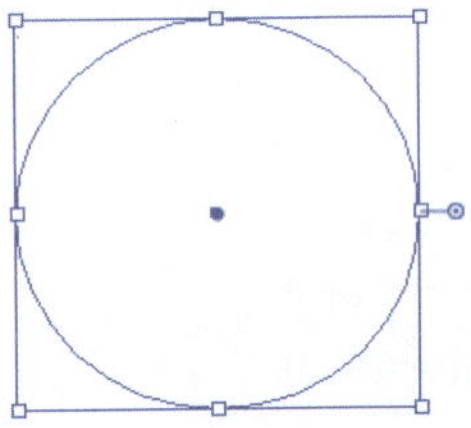

图4-72 绘制完成后的椭圆

通过【颜色】面板设置对象的填充颜色，效果如图4-73所示。激活【笔触】按钮，单击【颜色】面板中的【无】按钮，如图4-74所示。

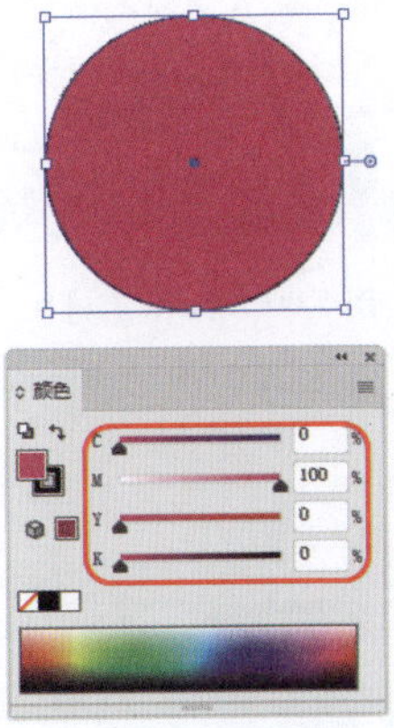

图4-73 设置对象的填充对象

提 示

激活【笔触】按钮的快捷键为X。

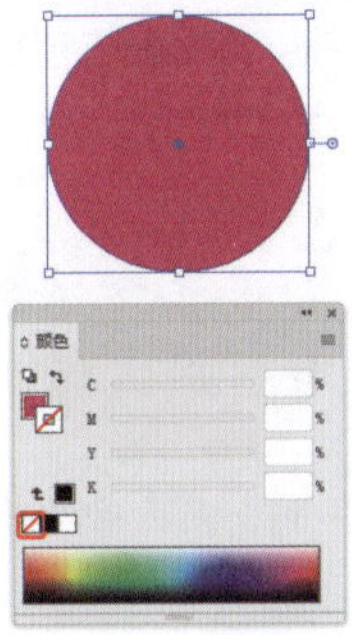

图4-74 设置笔触的颜色为无色

提 示

一个完整的渐变网格物体是由网格点和网格线（横向网格线和纵向网格线）组成的。4个网格点组成的一个网格片，在非矩形物体的边缘，3个网格点就可以组成一个网格片，网格点和网格点上手柄的移动会影响颜色的分布。

使用【网格工具】，将鼠标移到填充好的椭圆对象的内部，鼠标变成形状，在椭圆对象上单击，即可创建一个简单的渐变网格物体，效果如图4-75所示。此时椭圆内部各增加了一条横向网格线和纵向网格线，网格线相交形成的网格点会自动填上当前的前景色。

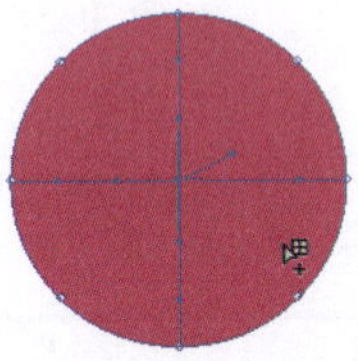

图4-75 创建渐变网格

如果不想让它自动填充，可以选择网格点，通过【颜色】或【色板】面板直接选择相应的颜色进行修改，如图4-76所示。

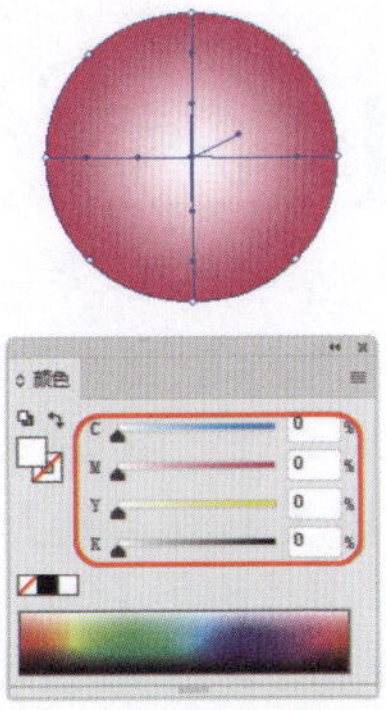

图4-76 设置网格点颜色

将鼠标移到横向网格线上单击，此时将添加一条纵向网格线，相反，指向并单击纵向网格线，将添加一条横向网格线，如图4-77所示。

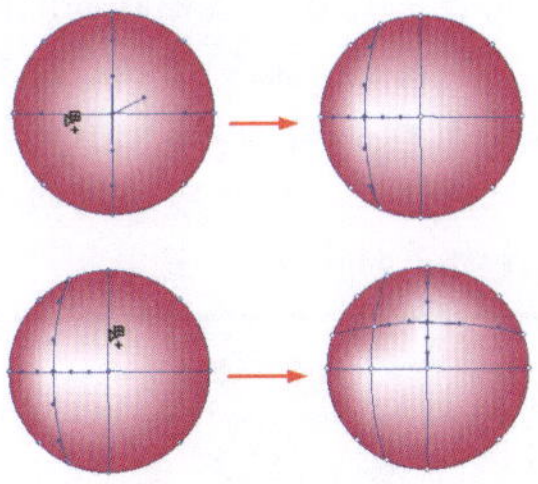

图4-77 自动添加纵向网格和横向网格线

为椭圆分别添加两条横向网格线和两条纵向网格线，如图4-78所示。

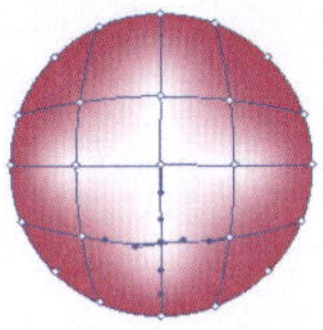

图4-78 增加网格线的效果

使用【网格工具】单击并选择网格点，通过【色板】面板设置颜色，如果同时要更改多个网格点的颜色，可通过【直接选择工具】配合Shift键，单击要更改颜色的网格点，通过【色样】面板设置颜色，如图4-79所示。

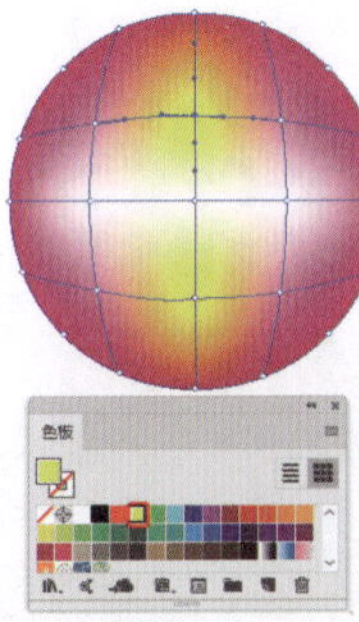

图4-79 设置多个网格点颜色

通过【直接选择工具】单击椭圆外边缘的节点，通过【色板】面板设置颜色，如图4-80所示。

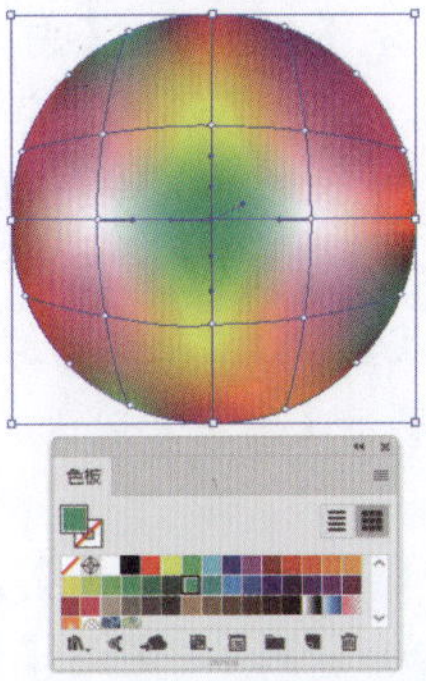

图4-80 更改网格点颜色后的椭圆效果

提　示

网格点和原物体的节点很相似，但是它们在形状和本质上不同。网格点的形状是菱形方块，并且不能被填充颜色。网格线和贝塞尔路径相似，同样每一个节点都有两个控制手柄，但交叉的网格线会有相互交叉的4个手柄，它可以在4个方向上控制色彩过渡的方向和距离，如图4-81所示。

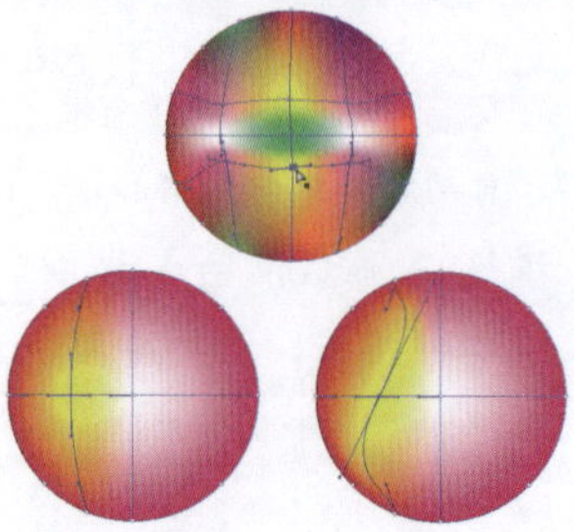
图4-81　移动网格点的位置

使用【渐变网格工具】，按住Alt键不放单击网格线，可以将网格线删除，如图4-82所示。

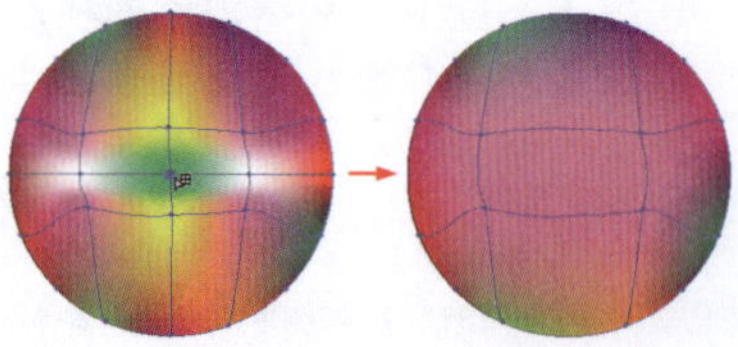
图4-82　删除网格线

使用【多边形工具】，在页面中按住Shift键拖拽鼠标绘制一个正立的多边形，通过【色板】面板设置颜色，如图4-83所示。

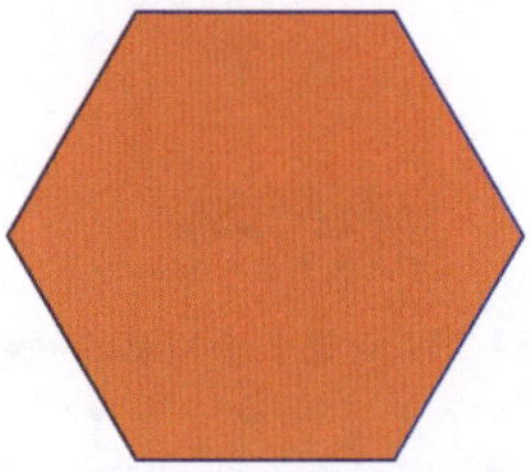
图4-83　绘制正立的多边形

使用【选择工具】单击并选择多边形，选择【对象】|【创建渐变网格】命令，弹出【创建渐变网格】对话框，在对话框中输入相应的【行数】和【列数】，通过单击【预览】按钮，可以查看设置后的图像效果，设置完成后单击【确定】按钮，如图4-84所示。

使用【直接选择工具】，单击并选择相应的网格点，通过【颜色】面板设置颜色，最终效果如图4-85所示。

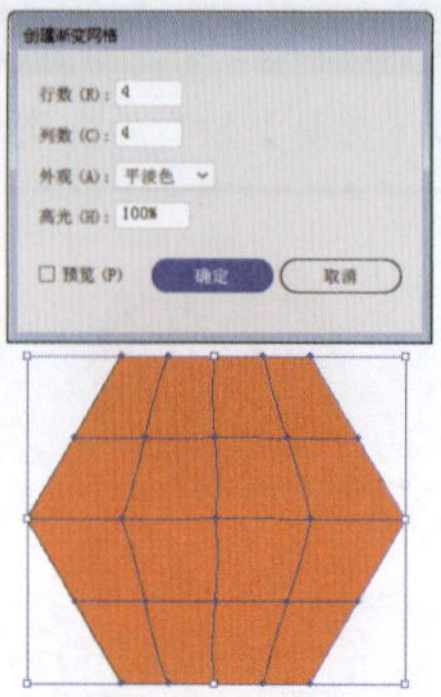
图4-84　完成后的效果

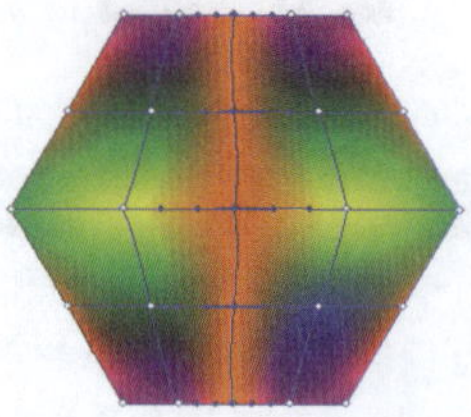
图4-85　更改后的效果

【创建渐变网格】对话框中的【外观】选项用于创建简单的高光效果，包括3个选项设置。【平淡色】是将对象的原始颜色均匀地应用于表面，没有高光效果，如图4-86所示。

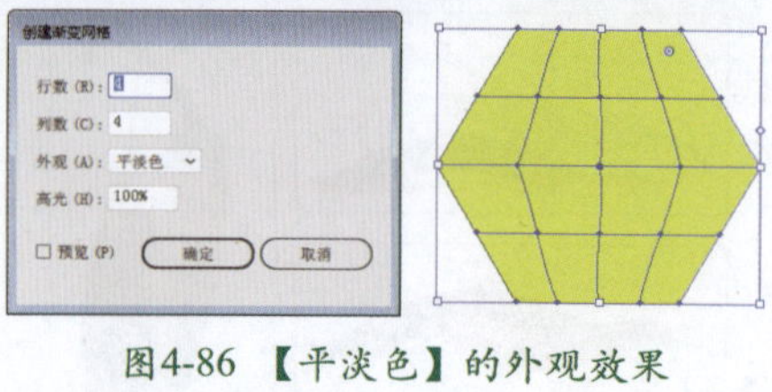
图4-86　【平淡色】的外观效果

【至中心】可创建一个位于对象中心的高光，如图4-87所示。

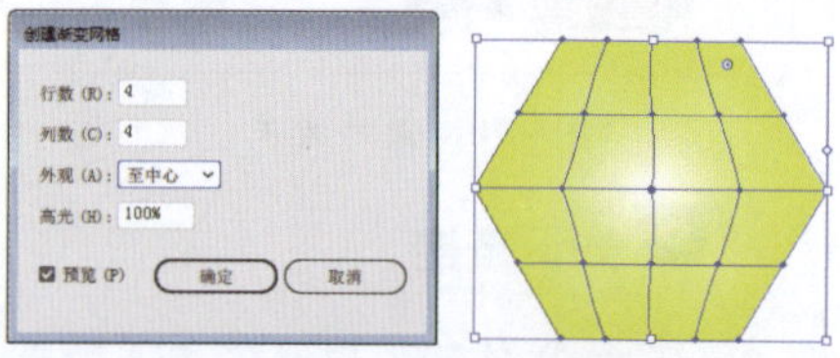
图4-87　【至中心】的外观效果

【至边缘】创建一个位于对象边缘的高光，如图4-88所示。

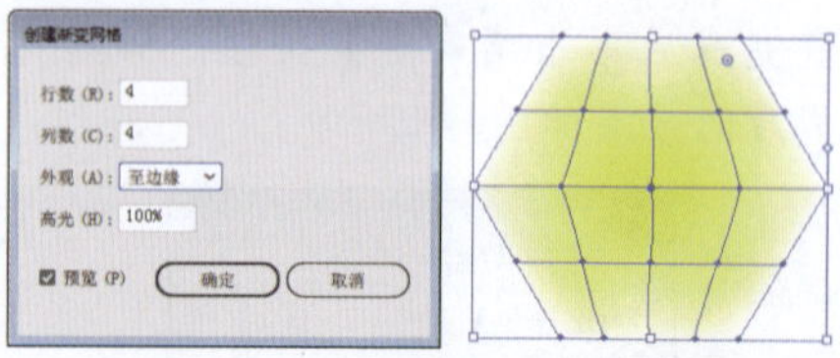
图4-88　【至边缘】的外观效果

实训练习061　【描边】面板

本实例主要讲解【描边】面板的使用，帮助读者进一步巩固对矩形工具及对象排列命令的使用，重点掌握在【描边】面板中设置虚线线段，效果如图4-89所示。

素材	素材|Cha04|描边.ai
场景	场景|Cha04|实训练习061　【描边】面板.ai
视频	视频教学|Cha04|实训练习061　【描边】面板.MP4

图4-89　图形描边后的效果

图4-90　打开素材文件

❶ 打开随书配套资源中的素材|Cha04|描边.ai文件，如图4-90所示。

❷ 使用【矩形工具】，在页面中单击，弹出【矩形】对话框，在对话框中设置矩形的宽度和高度，单击【确定】按钮，如图4-91所示。

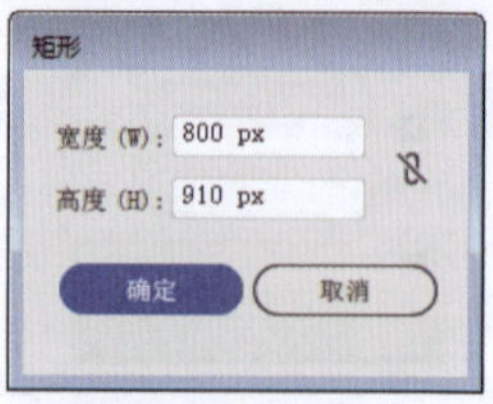

图4-91　【矩形】对话框

❸ 通过数值绘制好的矩形效果如图4-92所示。

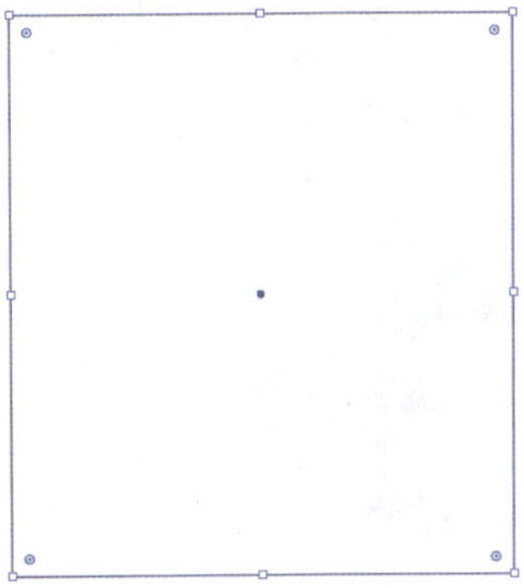

图4-92 绘制矩形

❹ 通过【颜色】面板设置矩形的填充颜色（C：3，M：3，Y：8，K：0）和描边颜色（C：27，M：85，Y：76，K：14），设置填充颜色后的效果如图4-93所示。

图4-93 设置填充颜色后的效果

❺ 选择【窗口】|【描边】命令，弹出【描边】面板，如图4-94所示。

图4-94 【描边】面板

❻ 使用【选择工具】，单击并选择矩形，选择【对象】|【排列】|【置于底层】命令，将所选择对象移到所有对象的最下面，如图4-95所示。

图4-95 执行【置于底层】命令后的效果

知识链接

描边属性

- 【粗细】：用来设置轮廓线的宽度，还可以通过工具选项属性栏设置轮廓线的粗细。
- 【端点】：用来设置轮廓线中各线段的开始和结尾的形状，有平头端点、圆头端点和方头端点3种不同的顶点样式，平头端点是系统默认的样式。
- 【边角】：用来设置轮廓线的拐点，即轮廓线的拐角形状。有斜接连接、圆角连接和斜角连接3种拐角样式。
- 【虚线】：用来设置轮廓线的虚线效果。虚线是指虚线线段的长短，间隔是指虚线线段之间的间距。
- 【对齐描边】：包括使描边居中对齐、使描边内侧对齐、使描边外侧对齐3种对齐方式。
- 【限制】：用来设置斜角的长度，它将决定笔画沿路径改变方向时伸展的长度。

❼ 在菜单栏中选择【编辑】|【复制】命令，选择【编辑】|【贴在后面】命令，通过【描边】面板设置矩形轮廓线的宽度，圆头端点等，如图4-96所示。

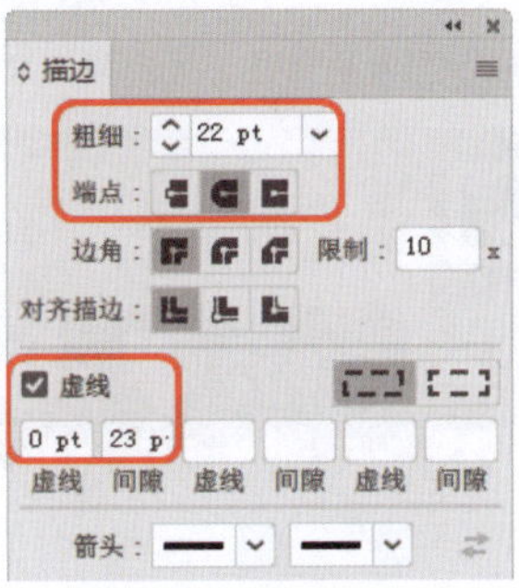

图4-96 设置描边

❽ 最终效果如图4-97所示。

图4-97 设置完成后的效果

实训练习062 文化用品

本实例主要讲解通过选择工具选中图形对象，通过【渐变】和【颜色】面板更改填充属性，重点掌握如何添加渐变色块以及对渐变工具的使用，效果如图4-98所示。

素材	素材|Cha04|文化用品.ai
场景	场景|Cha04|实训练习062 文化用品.ai
视频	视频教学 | Cha04 |实训练习062 文化用品.MP4

图4-98 文化用品

❶ 打开随书配套资源中的素材|Cha04|文化用品.ai文件，如图4-99所示。

图4-99 打开素材文件

❷ 选择书的封面，即蓝色的线条，如图4-100所示。

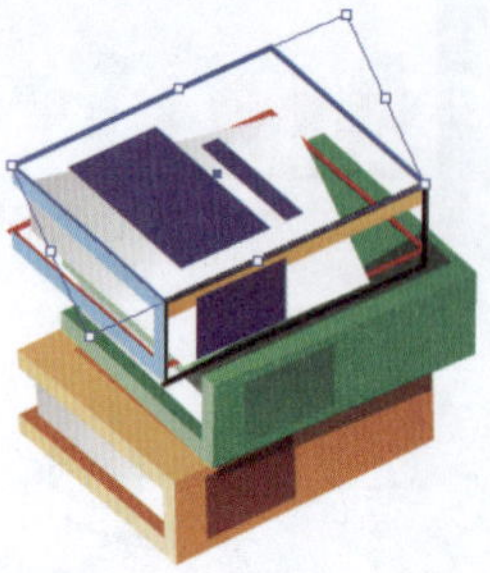

图4-100 选择书的封面

❸ 打开【渐变】面板，将【类型】设置为【线性】，将0%位置处的RGB值设置为0、172、236，将100%位置处的RGB值设置为113、122、186，将【角度】设置为18°，将【描边颜色】设置为无，如图4-101所示。

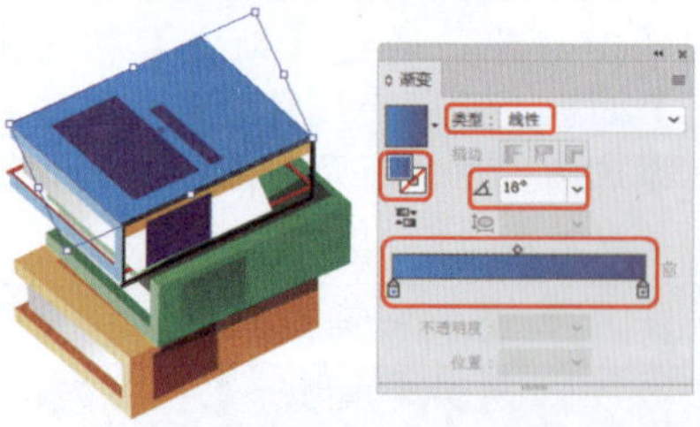

图4-101 设置封面的渐变颜色

❹ 选择书的背面，即红色的线条，如图4-102所示。

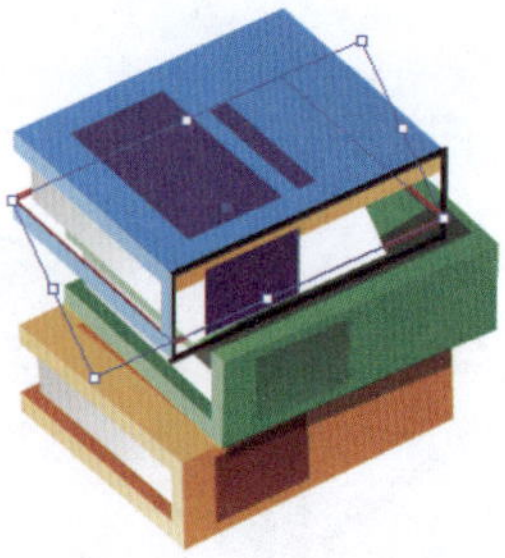

图4-102 选择书的背面

❺ 打开【渐变】面板，将【类型】设置为【线性】，将0%位置处的RGB值设置为26、60、149，将100%位置处的RGB值设置为113、122、186，将【角度】设置为-137.6°，将【描边颜色】设置为无，如图4-103所示。

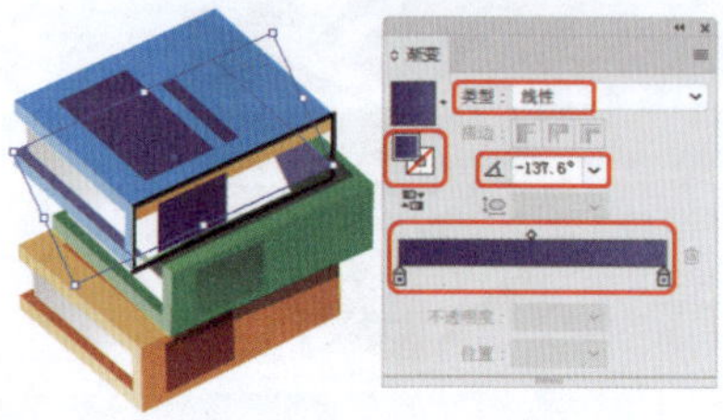

图4-103 设置书背的渐变颜色

❻ 选择书脊，即黑色的线条，如图4-104所示。

图4-104 选择书脊

❼ 打开【渐变】面板，将【类型】设置为【线性】，将0%位置处的RGB值设置为26、60、149，将100%位置处的RGB值设置为113、122、186，将【角度】设置为-136°，将【描边颜色】设置为无，如图4-105所示。

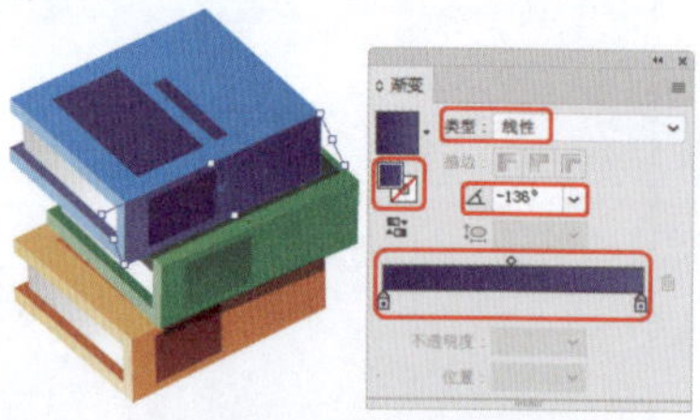

图3-105 设置属性

实训练习063 沙发

本实例主要讲解使用选择工具选中图形对象，通过吸管工具吸取颜色，设置网格点的颜色，效果如图4-106所示。

素材	素材|Cha04|沙发.ai
场景	场景|Cha04|实训练习063 沙发.ai
视频	视频教学 | Cha04 |实训练习063 沙发.MP4

图4-106 沙发

❶ 打开随书配套资源中的素材|Cha04|沙发.ai文件，如图4-107所示。

图4-107 打开素材文件

❷ 选择沙发靠垫，如图4-108所示。

图4-108 选择沙发靠垫

❸ 使用【网格工具】，指向图形内部并单击，分别增加横向网格线和纵向网格线，如图4-109所示。

图4-109 创建横向和纵向网格线

❹ 使用【网格工具】，单击并选择要更改颜色的网格节点，如图4-110所示。

图4-110 选择网格节点

❺ 使用【吸管工具】，在沙发上吸取颜色，如图4-111所示。

❻ 使用【网格工具】，单击并选择要更改颜色的网格节点，如图4-112所示。

图4-111 吸取颜色

图4-112 选择网格节点

❼ 使用【吸管工具】，在沙发上吸取颜色，如图4-113所示。

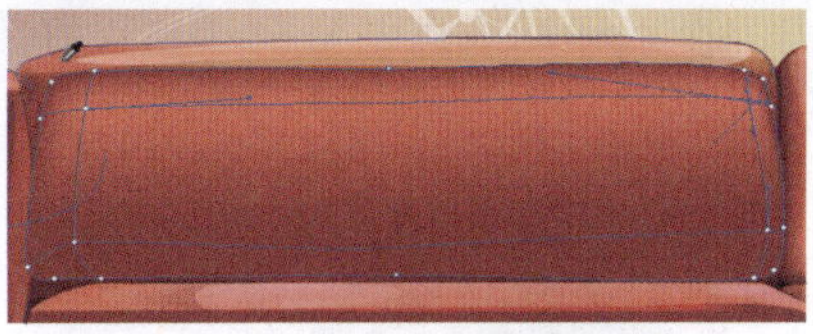
图4-113 吸取颜色

❽ 最终效果如图4-114所示。

图4-114 最终效果

实训练习064 坐椅

本实例主要讲解使用选择工具选中图形对象，通过渐变网格工具设置图形对象的填充属性，效果如图4-115所示。

素材	素材|Cha04|坐椅.ai
场景	场景|Cha04|实训练习064 坐椅.ai
视频	视频教学 | Cha04 |实训练习064 坐椅.MP4

图4-115 座椅

❶ 打开随书配套资源中的素材\|Cha04\|坐椅.ai文件，如图4-116所示。

图4-116 打开素材文件

❷ 使用【网格工具】，选择小椭圆，指向图形内部并单击，分别增加横向网格线和纵向网格线，如图4-117所示。

图4-117 创建横向和纵向网格线

❸ 选择网格点，将【颜色】面板中的RGB值设置为224、92、18，如图4-118所示。

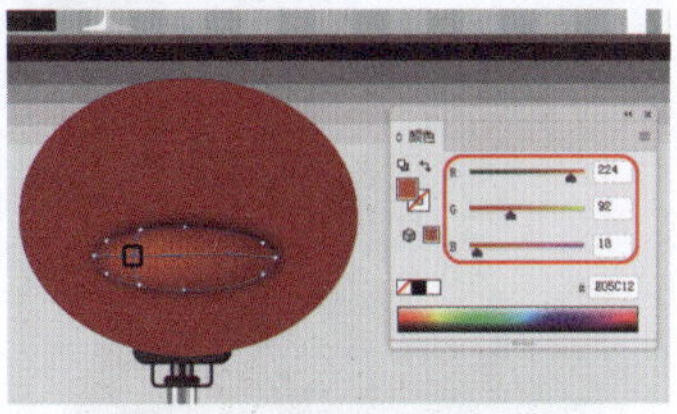
图4-118 设置网格点颜色

❹ 使用【直接选择工具】，按住Shift键，选择椭圆外侧的所有网格点，将【颜色】面板中的RGB值设置为178、0、0，如图4-119所示。

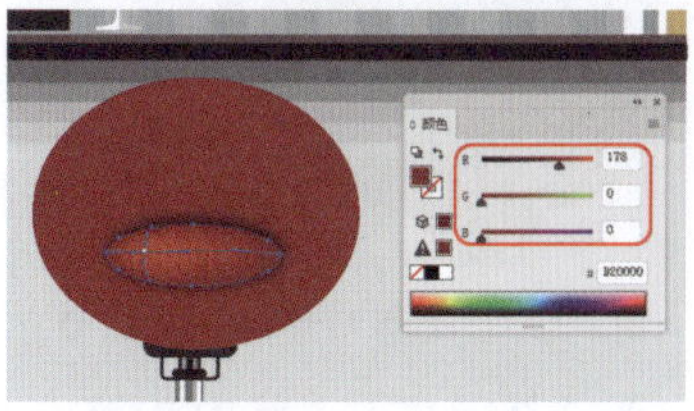
图4-119 设置网格点颜色

❺ 选择椭圆，如图4-120所示。

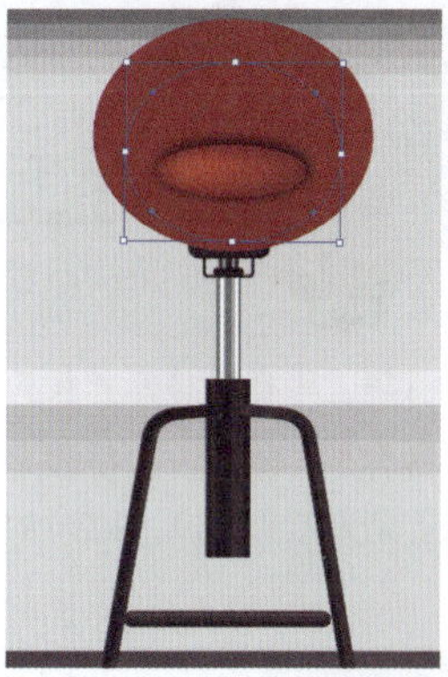
图4-120 选择椭圆

❻ 向上移动椭圆的位置，如图4-121所示。

图4-121 调整椭圆的位置

❼ 使用【网格工具】，指向图形内部并单击，分别增加横向网格线和纵向网格线，如图4-122所示。

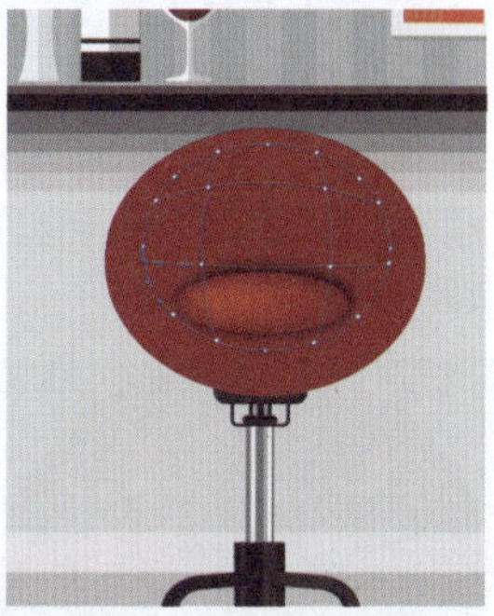
图4-122 创建横向和纵向网格线

❽ 选择网格点，在【颜色】面板中将RGB值设置为175、0、0，如图4-123所示。

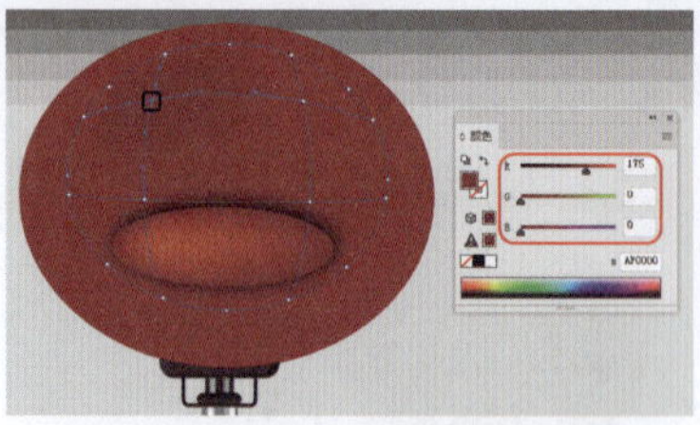

图4-123　选择网格点并设置颜色

❾ 选择网格点，将RGB值设置为112、0、0，如图4-124所示。

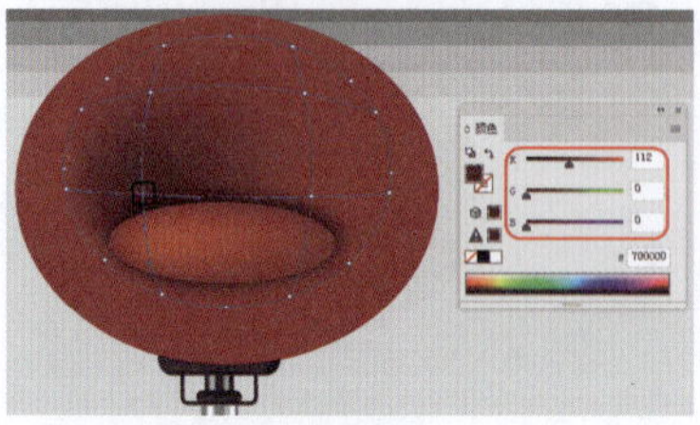

图4-124　选择网格点并设置颜色

❿ 按住Shift键，选择网格点，将RGB值设置为229、89、12，如图4-125所示。

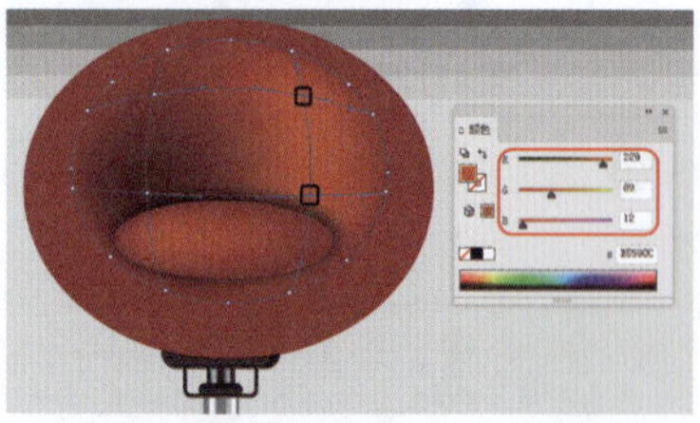

图4-125　选择网格点并设置颜色

⓫ 按住Shift键，选择外侧的所有网格点，将RGB值设置为201、0、0，如图4-126所示。

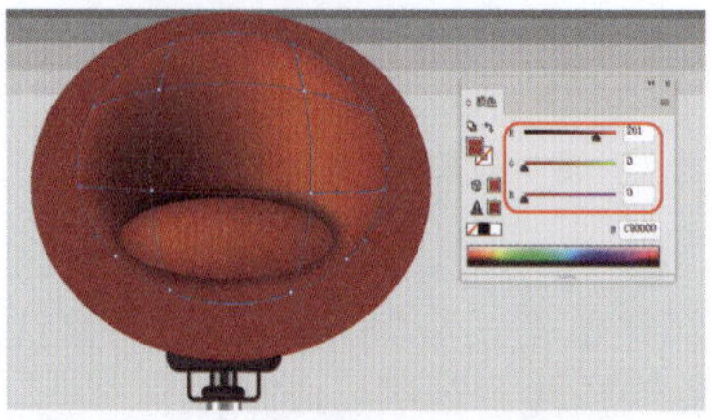

图4-126　选择网格点并设置颜色

⓬ 选择座椅外侧的椭圆，使用【网格工具】，指向图形内部并单击，分别增加横向网格线和纵向网格线，如图4-127所示。

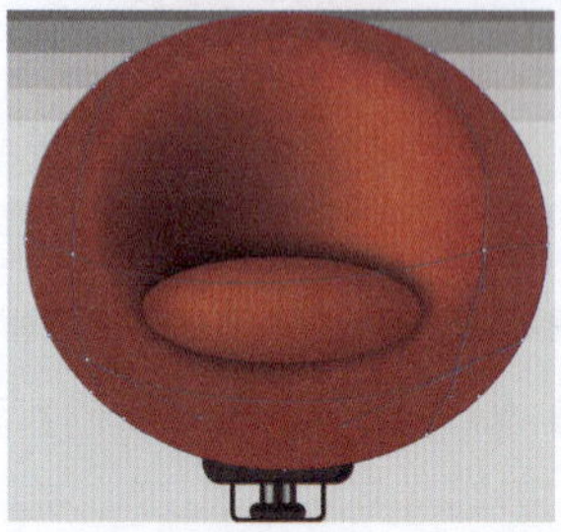

图4-127　创建横向和纵向网格线

⓭ 选择网格点，将RGB值设置为255、131、69，如图4-128所示。

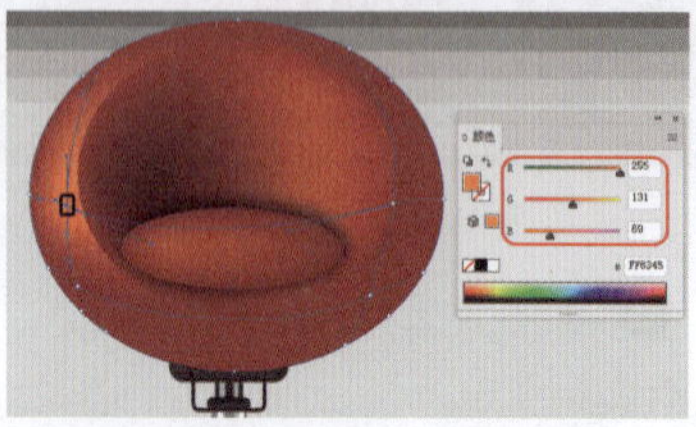

图4-128　选择网格点并设置颜色

⓮ 选择网格点，将RGB值设置为194、0、0，如图4-129所示。

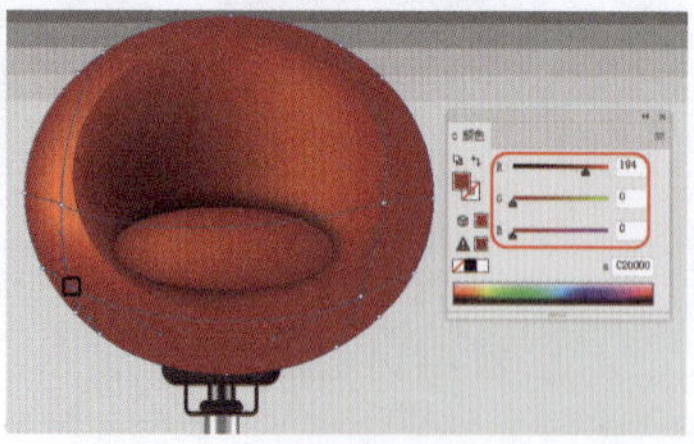

图4-129　选择网格点并设置颜色

⓯ 选择网格点，将RGB值设置为157、0、0，如图4-130所示。

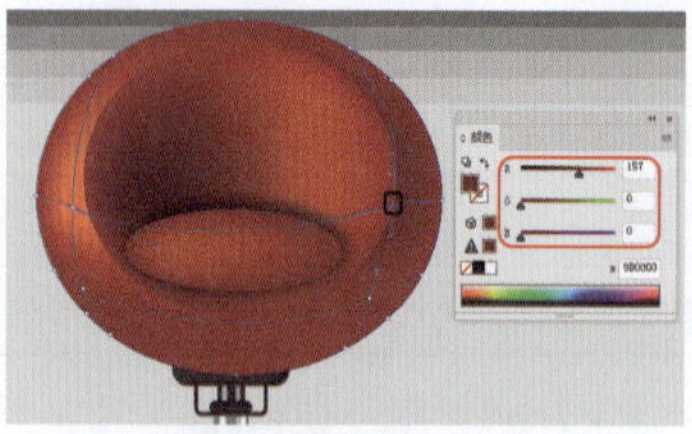

图4-130　选择网格点并设置颜色

⓰ 选择网格点，将RGB值设置为119、0、0，如图4-131所示。

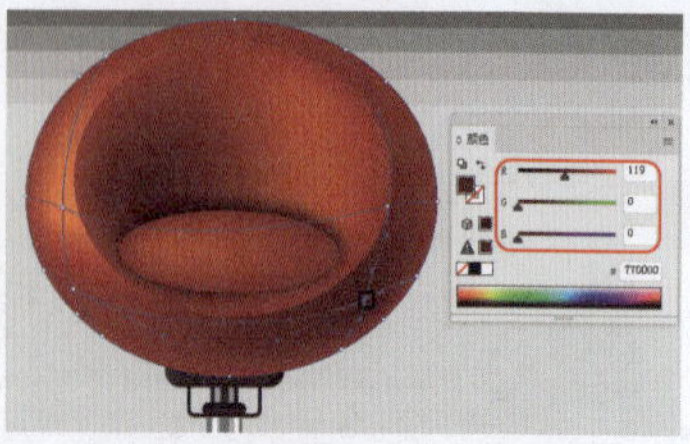

图4-131　选择网格点并设置颜色

⓱ 按住Shift键，选择椭圆外侧的所有网格点，将RGB值设置为201、0、0，如图4-132所示。

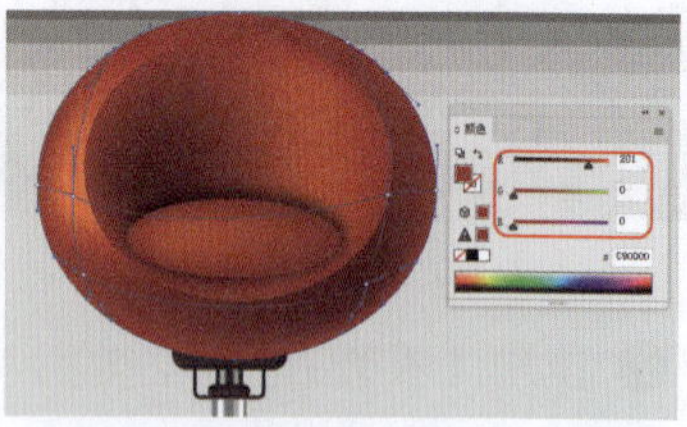

图4-132　选择网格点并设置颜色

⓲ 使用同样的方法，设置另一个座椅的网格点，通过【颜色】面板设置座椅的颜色，如图4-133所示。

图4-133　最终效果

实训练习065 巧克力和樱桃

本实例主要讲解使用选择工具选中图形对象，通过渐变网格工具设置图形对象的填充属性，效果如图4-134所示。

素材	素材|Cha04|巧克力和樱桃.ai
场景	场景|Cha04|实训练习065　巧克力和樱桃.ai
视频	视频教学 | Cha04 |实训练习065　巧克力和樱桃.MP4

图4-134　巧克力和樱桃

❶ 打开随书配套资源中的素材|Cha04|巧克力和樱桃.ai文件，如图4-135所示。

图4-135　打开素材文件

❷ 使用【网格工具】，选择樱桃，如图4-136所示。

图4-136 选择樱桃

❸ 指向图形内部并单击，分别增加横向网格线和纵向网格线，如图4-137所示。

图4-137 创建横向和纵向网格线

❹ 通过【色板】和【颜色】面板分别设置颜色，如图4-138所示。

❺ 使用同样的方法，通过【色板】和【颜色】面板设置巧克力的颜色，如图4-139所示。

图4-138 设置樱桃的网格点颜色

图4-139 设置巧克力颜色

❻ 最终效果如图4-140所示。

图4-140 最终效果

实训练习066 礼品包装盒

本实例主要讲解使用选择工具选中图形对象，通过【渐变】和【颜色】面板设置图形对象的填充属性，效果如图4-141所示。

素材	素材|Cha04|礼品包装盒.ai
场景	场景|Cha04|实训练习066 礼品包装盒.ai
视频	视频教学 | Cha04 |实训练习066 礼品包装盒.MP4

图4-141 礼品包装盒

❶ 打开随书配套资源中的素材|Cha04|礼品包装盒.ai文件，如图4-142所示。

图4-142 打开素材文件

❷ 选择图形对象，将【渐变】面板中的【类型】设置为【线性】，将【角度】设置为45°，将0%位置处的RGB值设置为178、25、71，将25%位置处的RGB值设置为239、168、170，将70%位置处的RGB值设置为178、23、76，将100%位置处的RGB值设置为117、22、39，如图4-143所示。

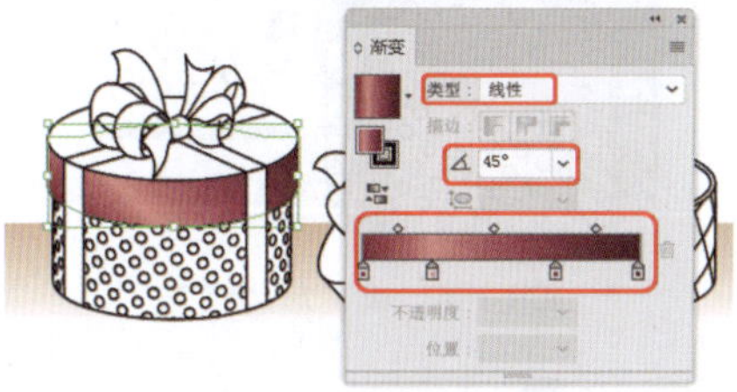

图4-143 设置渐变颜色

❸ 选择礼盒盖，使用【吸管工具】吸取渐变颜色，将渐变颜色的【角度】设置为45°，如图4-144所示。

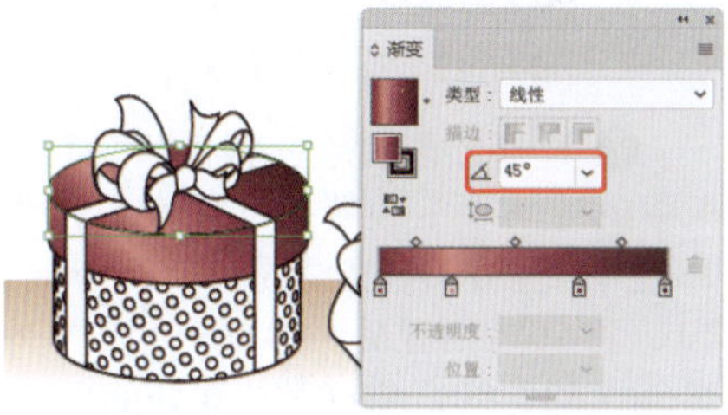

图4-144 设置礼盒盖的渐变颜色

❹ 选择图形对象，将【渐变】面板中的【类型】设置为【线性】，将0%位置处的RGB值设置为147、30、35，将25%位置处的RGB值设置为205、94、93，将50%位置处的RGB值设置为191、77、78，将90%位置处的RGB值设置为147、30、35，将100%位置处的RGB值设置为147、30、35，如图4-145所示。

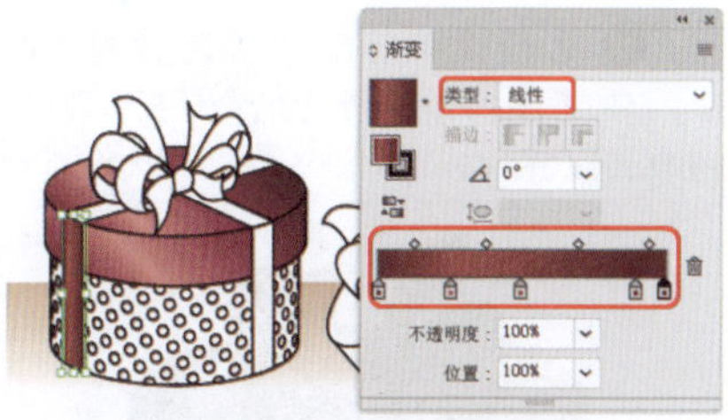

图4-145 设置渐变颜色

❺ 使用【吸管工具】，对图4-146所示的对象进行渐变填充，将渐变颜色的【角度】设置为65°。

❻ 选择图形对象，将【渐变】面板中的【类型】设置为【线性】，将

0%位置处的RGB值设置为244、212、198，将30%位置处的RGB值设置为251、234、212，将77%位置处的RGB值设置为199、157、135，将100%位置处的RGB值设置为244、212、198，如图4-147所示。

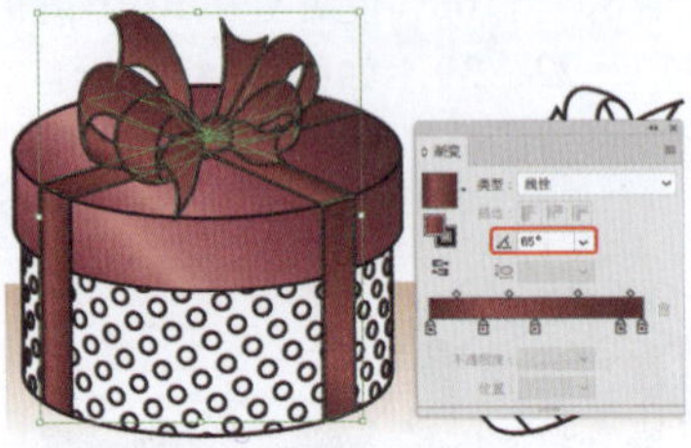
图4-146 填充后的效果

图4-147 设置渐变颜色

❼ 选择图形对象，将【渐变】面板中的【类型】设置为【线性】，将0%位置处的RGB值设置为233、85、20，将40%位置处的RGB值设置为236、158、90，将80%位置处的RGB值设置为233、85、20，将100%位置处的RGB值设置为236、158、90，如图4-148所示。

图4-148 设置渐变颜色

❽ 选择设置好渐变颜色后的礼品盒，将【描边颜色】设置为无，效果如图4-149所示。

图4-149 设置完成后的效果

❾ 使用同样的方法，填充其他礼品盒的渐变颜色和填充颜色，如图4-150所示。

图4-150 最终效果

实训练习067
鞋盒

本实例主要讲解使用选择工具选中图形对象，通过【渐变】和【颜色】面板设置图形对象的填充属性，效果如图4-151所示。

素材	素材|Cha04|鞋盒.ai
场景	场景|Cha04|实训练习067 鞋盒.ai
视频	视频教学 | Cha04 |实训练习067 鞋盒.MP4

图4-151 鞋盒

❶ 打开随书配套资源中的素材|Cha04|鞋盒.ai文件，如图4-152所示。

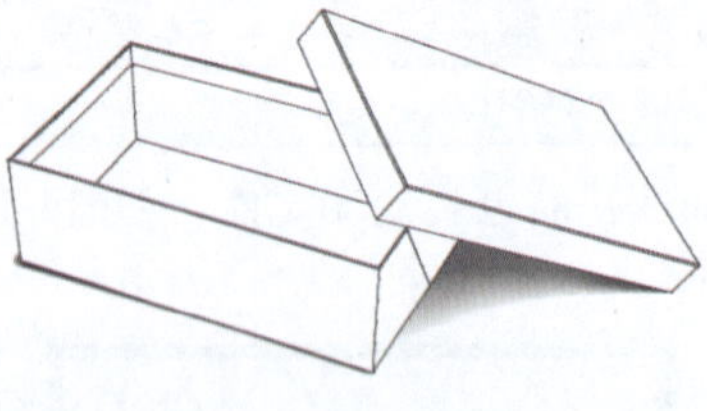
图4-152 打开素材文件

❷ 使用【选择工具】，选择图形对象，打开【渐变】面板，将【类型】设置为【线性】，将【角度】设置为-117，将0%位置处的RGB值设置为172、0、101，将100%位置处的RGB值设置为199、45、119，如图4-153所示。

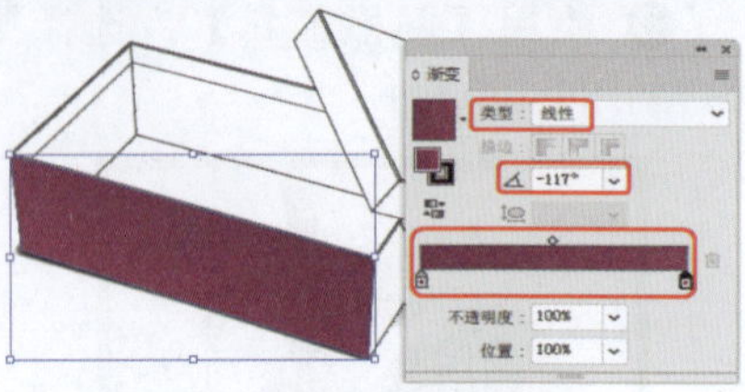
图4-153 设置渐变颜色

❸ 使用【选择工具】，选择图形对象，打开【渐变】面板，将【类型】设置为【线性】，将【角度】设置为-177°，将0%位置处的RGB值设置为120、0、77，将50%位置处的RGB值设置为172、0、101，将100%位置处的RGB值设置为120、0、77，适当的调整【渐变滑块】的位置，如图4-154所示。

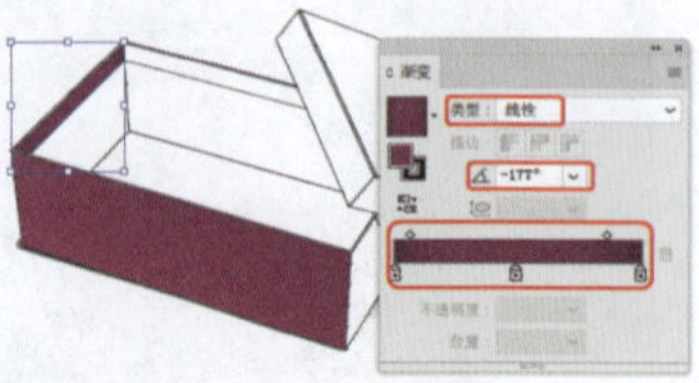
图4-154 设置渐变颜色

❹ 使用【吸管工具】吸取颜色，如图4-155所示。

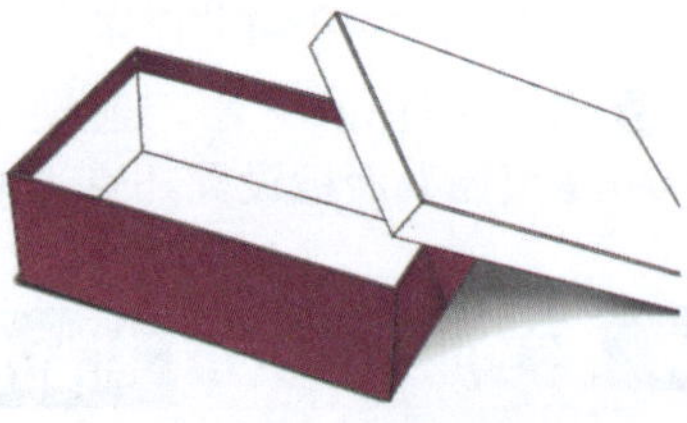
图4-155 吸取颜色

知识链接

渐变是两种或多种颜色混合或同一颜色的两个色调间的逐渐混合。使用的输出设备将影响渐变的分色方式。渐变是通过渐变条中的一系列色标定义的，色标为渐变中心的一点，也就是以色标为中心，向相反的方向延伸，而延伸的点就是两个颜色的交叉点，即这个颜色过渡到另一种颜色上。

默认情况下，渐变以两种颜色开始，中点在50%处。可以将【色板】面板或【库】面板中的渐变应用于对象，也可以使用渐变面板创建命名渐变，并将其应用于当前选取的对象。

❺ 选择鞋盒内侧图形对象，打开【渐变】面板，将【类型】设置为【线性】，将【角度】设置为-20°，将60%位置处的K值设置为15%，将100%位置处的K值设置为35%，如图4-156所示。

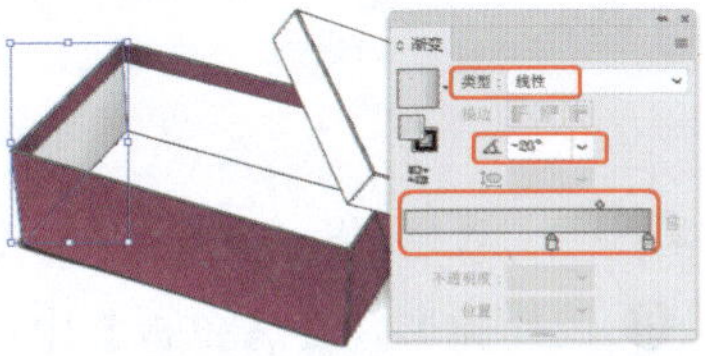

图4-156 设置渐变颜色

❻ 使用【吸管工具】吸取颜色，如图4-157所示。

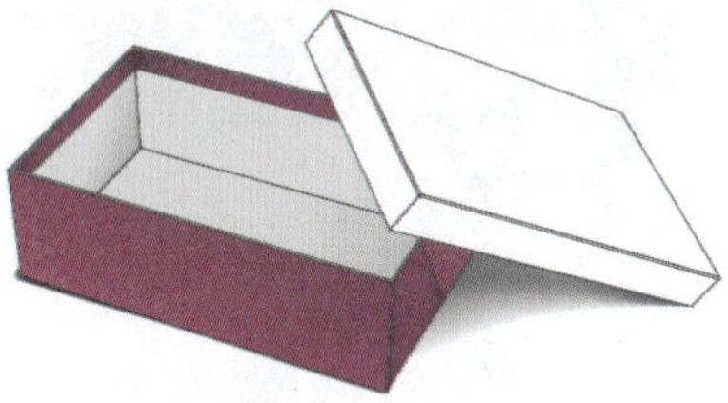

图4-157 吸取颜色

知识链接

选取色块，可以执行下列操作之一。

- 在色板面板中拖动一个色板将其置于渐变色标上。
- 按下Alt键，单击色板面板中的一个颜色色板。
- 在颜色面板中，设置一种颜色。

❼ 使用【选择工具】选择鞋盒的边，打开【渐变】面板，将【类型】设置为【线性】，将0%位置处的RGB值设置为172、0、101，将100%位置处的RGB值设置为120、0、77，如图4-158所示。

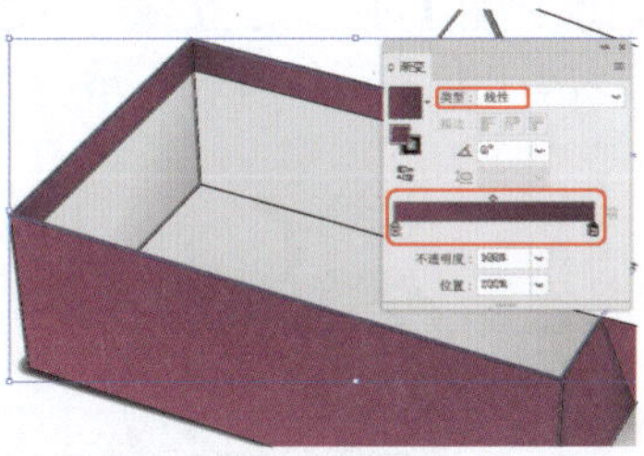

图4-158 设置渐变颜色

❽ 使用同样的方法，填充鞋盒盖，选择鞋盒和鞋盒盖，将【描边颜色】设置为无，如图4-159所示。

图4-159 最终效果

实训练习068 纸箱

本实例主要讲解使用选择工具选中图形对象，通过【渐变】和【色板】面板设置图形对象的填充属性，效果如图4-160所示。

素材	素材|Cha04|纸箱.ai
场景	场景|Cha04|实训练习068 纸箱.ai
视频	视频教学 | Cha04 |实训练习068 纸箱.MP4

图4-160 纸箱

❶ 打开随书配套资源中的素材|Cha04|纸箱.ai文件，如图4-161所示。

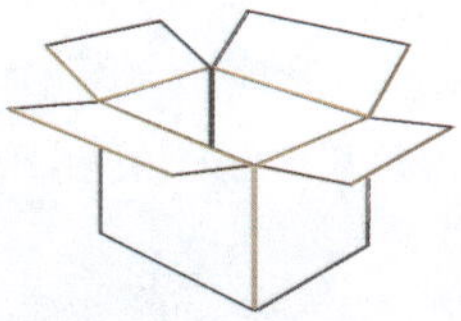

图4-161 打开素材文件

❷ 选择图形，在【色板】中选择图4-162所示的色块，将【渐变】面板中的【角度】设置为30°，如图4-162所示。

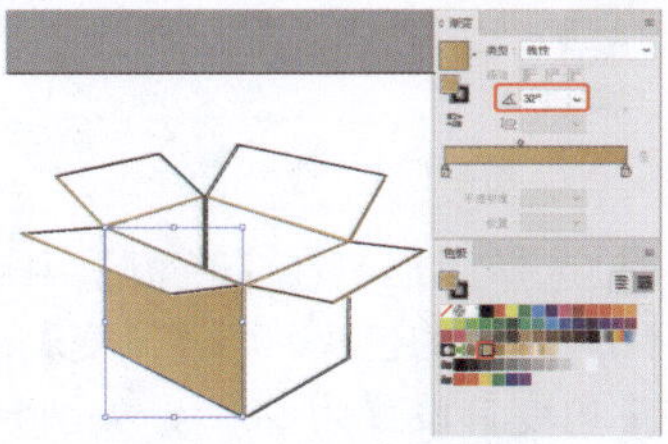

图4-162 设置渐变颜色

❸ 选择图形，在【色板】中选择色块，将【渐变】面板中的【角度】设置为0，如图4-163所示。

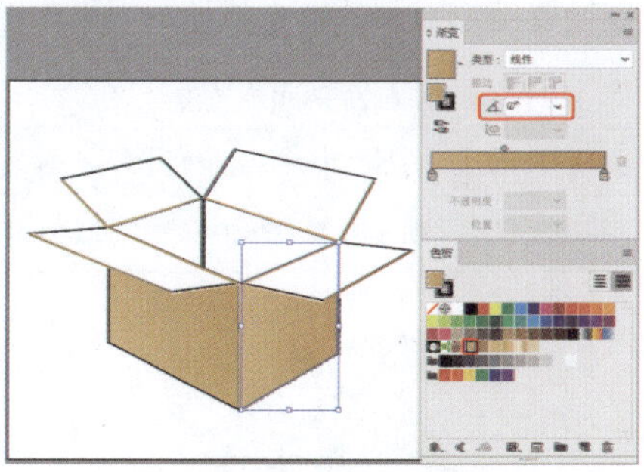

图4-163 设置渐变颜色

❹ 选择图形，在【色板】中选择色块，如图4-164所示。

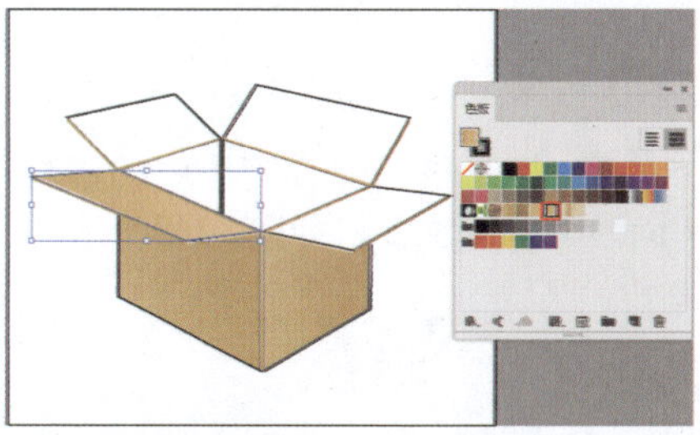

图4-164 设置渐变颜色

❺ 使用【吸管工具】吸取颜色，如图4-165所示。

图4-165 吸取颜色后的效果

❻ 按住Shift键，选择图形对象，在【色板】中选择色块，如图4-166所示。

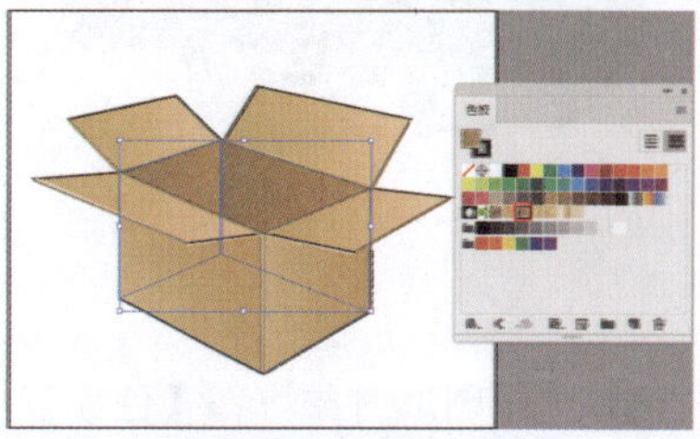

图4-166 设置渐变颜色

❼ 选择纸箱对象，将【描边颜色】设置为无，如图4-167所示。

图4-167 最终效果

实训练习069 苹果

本实例主要讲解使用选择工具选中图形对象，通过【渐变】和【色板】面板设置图形对象的填充属性，效果如图4-168所示。

素材	素材|Cha04|苹果.ai
场景	场景|Cha04|实训练习069　苹果.ai
视频	视频教学 | Cha04 |实训练习069　苹果.MP4

图4-168　苹果

❶ 打开随书配套资源中的素材|Cha04|苹果.ai文件，如图4-169所示。

图4-169　打开素材文件

❷ 选择图形对象，在【色板】中选择色块，如图4-170所示。

图4-170　选择色块

❸ 选择图形对象，在【色板】中选择色块，如图4-171所示。

图4-171　选择色块

❹ 使用【渐变工具】，调整渐变的大小和位置，如图4-172所示。

图4-172　调整渐变的大小和位置

❺ 选择图形，在【色板】中选择色块，如图4-173所示。

图4-173　选择色块

❻ 使用【渐变工具】，调整渐变的大小和位置，如图4-174所示。

图4-174　选择色块

❼ 选择图形，在【色板】中选择如图4-175所示的色块。将【渐变】面板中的【角度】设置为-90°，如图4-175所示。

图4-175　选择色块并设置渐变角度

❽ 选择图形，在【色板】中选择色块，如图4-176所示。

图4-176　选择色块

提　示

若所选对象使用的是已命名的渐变，则使用渐变面板编辑渐变时将只能更改该对象的颜色。

❾ 框选图4-177所示的图形。

图4-177　选择叶子对象

❿ 在【色板】中选择色块，如图4-178所示。

图4-178　选择色块

⓫ 选择叶子的脉络，在【色板】中选择色块，如图4-179所示。

图4-179 选择叶子脉络

⑫ 按Ctrl+A组合键，选择所有图形对象，将【描边颜色】设置为无，如图4-180所示。

图4-180 最终效果

知识链接

1.通过【拾色器】对话框选择颜色

通过【拾色器】对话框可以以数字方式指定颜色，也可以通过设置RGB、Lab或CMYK颜色模型来定义颜色。在工具箱、颜色面板或色板面板中，双击【填色】或【描边】，弹出【拾色器】对话框，如图4-181所示。要定义颜色，请执行下列操作之一。

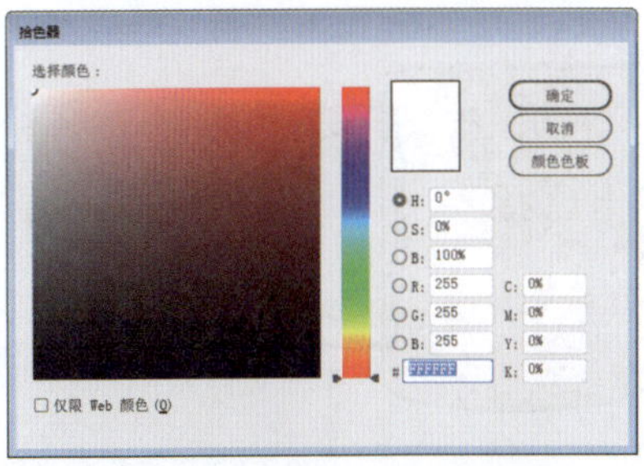

图4-181 【拾色器】对话框

- 在RGB色彩条中，可以单击或拖动其右方的滑块选择颜色。
- 在HSB、RGB、CMYK右侧的文本框中输入相应颜色的值，即可选择需要的颜色。
- 【# FFFFFF】：网页制作编辑中颜色对应的代码。代表当前颜色为白色，如果设定当前颜色，可输入：style="color:#ffffff;" 如在一个层里：<div style="#ffffff">这是白色的文字 而tr bgcolor="#FFFFFF" 则是指这一行的背景颜色是白色。
- 【颜色色板】：单击该按钮将会打开【颜色色板】对话框，如图4-182所示。

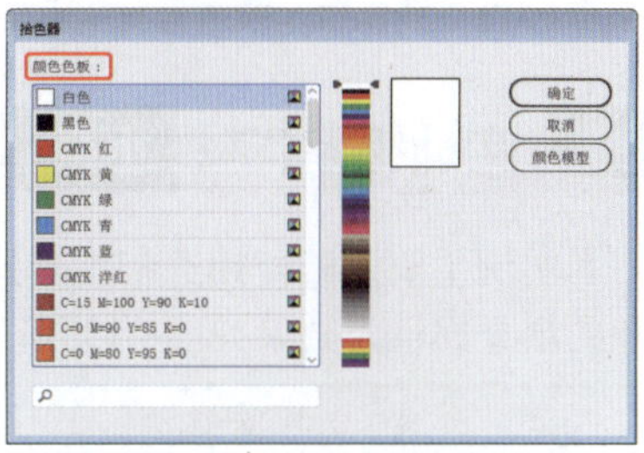

图4-182 【颜色色板】对话框

2.应用最近使用的颜色

工具箱下方的显示最近应用过的颜色或渐变色块，这时可以直接单击工具箱，应用该颜色或渐变，要应用最近使用的颜色，可以执行下列操作。

(1) 选择要着色的对象或文本，如图4-183所示。(该对象并无提供，设计者可自行设计)

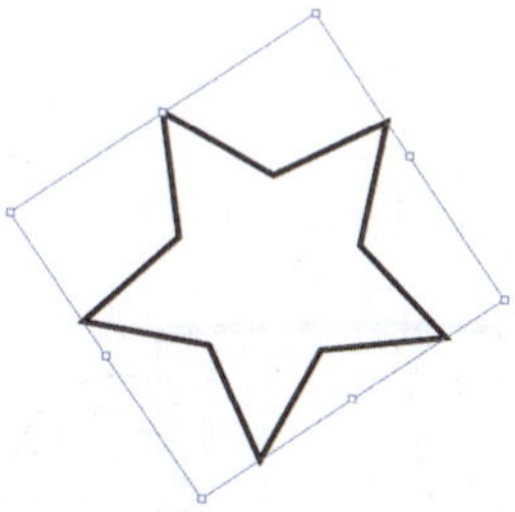

图4-183 选择着色的对象

(2) 在工具箱中，根据要着色的文本或对象部分，单击【填色】或【描边】。

(3) 执行上述操作之一便可得到不同的效果，单击【填色】按钮，效果如图4-184所示。

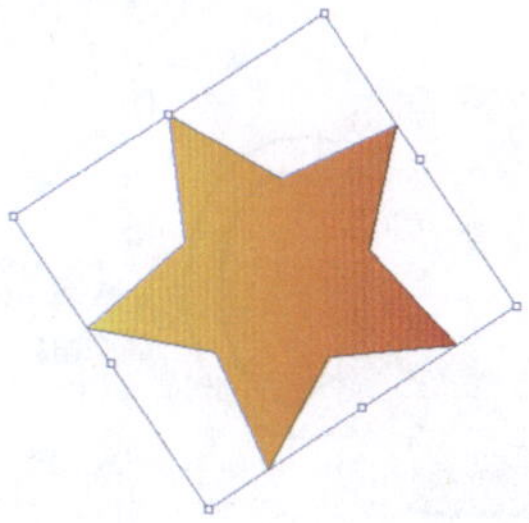

图4-184 使用最近颜色填充后的效果

> **提 示**
>
> 选取文本框架或文本时，在工具箱、颜色面板或色板面板中，若选中【文字工具】按钮，此时颜色将应用于文本；若选中按钮，则格式针对容器，此时将颜色应用于文本框架。

3.通过拖动应用颜色

应用颜色或渐变的简单方法是将其颜色源拖动到对象或面板中，该操作不必先选择对象就可将颜色或渐变应用于对象，通过拖动应用颜色为其填充颜色。

可以执行下列操作之一，拖动颜色或渐变到下列对象上，应用颜色或渐变。

- 要对路径进行填色、描边或渐变，可将填色、描边或渐变拖动到路径上，再释放鼠标。
- 将填色、描边或渐变拖动到色板面板中，可以将其创建为色板。
- 将色板面板中的一个或多个色板拖动到另一个Illustrator文档窗口中，系统将把这些色板添加到该文档的色板面板中。

> **提 示**
>
> 应用颜色时最好使用色板面板，但也可以使用颜色面板以应用或混和颜色，可以随时将颜色面板中的颜色添加到色板面板中。

实训练习070 打印机

本实例主要讲解使用选择工具选中图形对象，通过【渐变】面板设置图形对象的填充属性，效果如图4-185所示。

素材	素材|Cha04|打印机.ai
场景	场景|Cha04|实训练习070 打印机.ai
视频	视频教学 | Cha04 |实训练习070 打印机.MP4

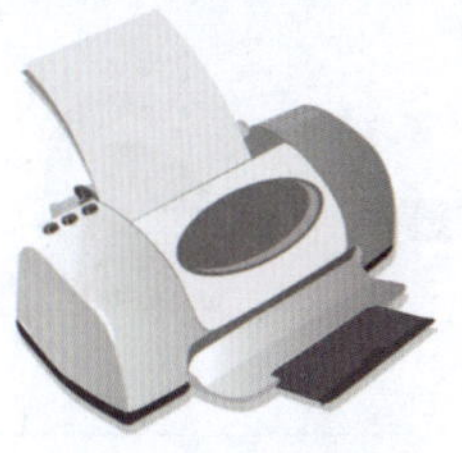

图4-185 打印机

❶ 打开随书配套资源中的素材|Cha04|打印机.ai文件，如图4-186所示。

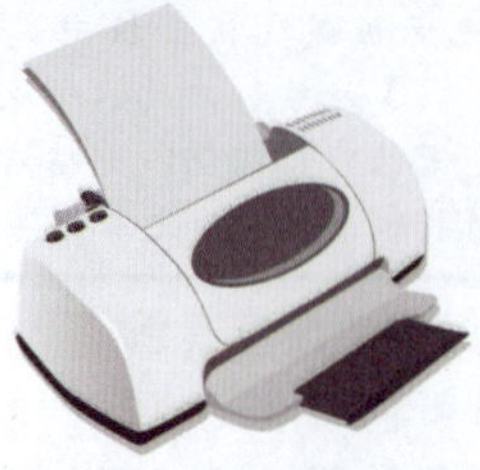

图4-186　打开素材文件

❷ 选择打印机外壳，如图4-187所示。

图4-187　选择打印机外壳

❸ 在【色板】中选择色块，如图4-188所示。

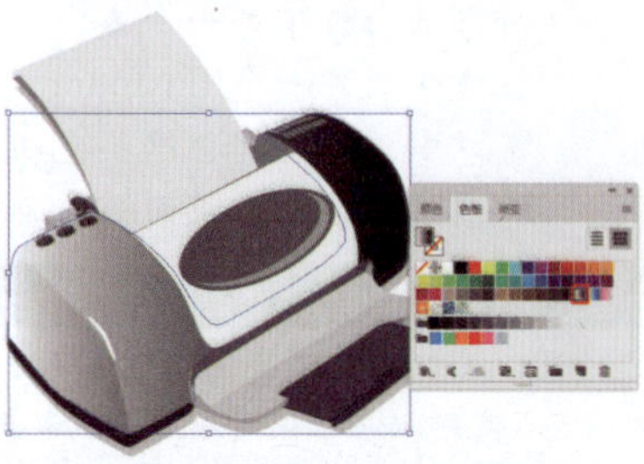

图4-188　选择色块

❹ 使用【渐变工具】，调整渐变的大小和位置，如图4-189所示。

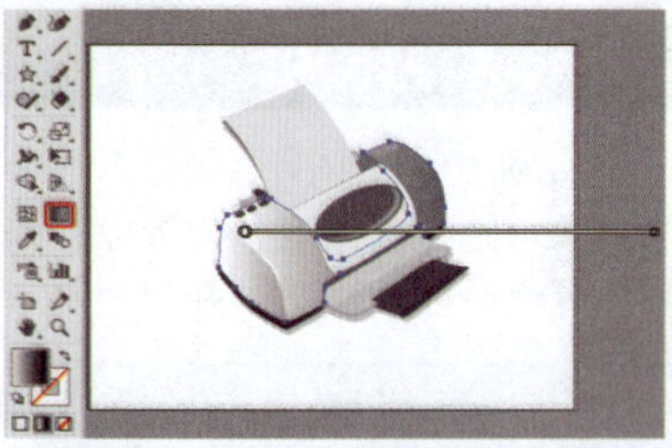

图4-189　调整渐变的大小和位置

❺ 选择图形对象，在【色板】中选择色块，如图4-190所示。

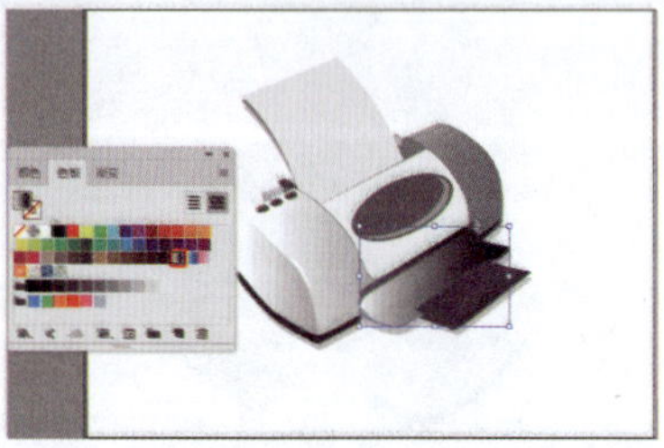

图4-190　选择色块

❻ 使用【渐变工具】，调整渐变的大小和位置，如图4-191所示。

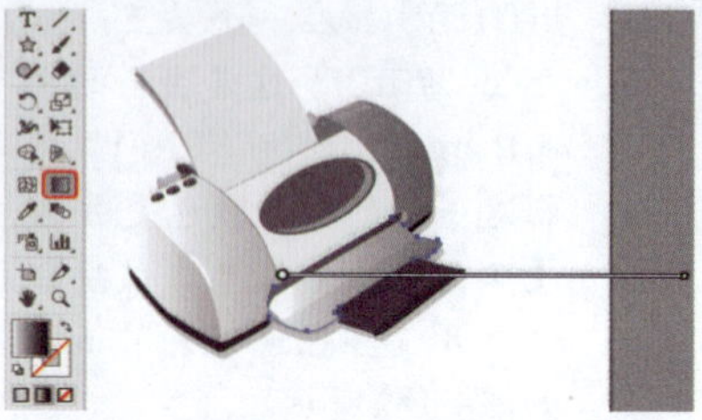

图4-191　调整渐变的大小和位置

❼ 选择打印机的侧面，选择色块，使用【渐变工具】，调整渐变的大小和位置，如图4-192所示。

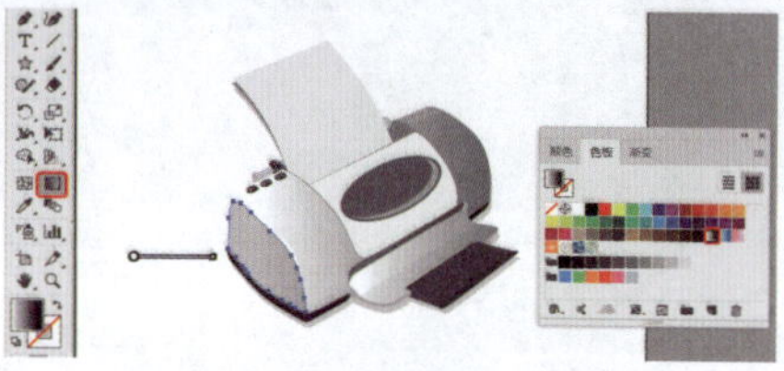

图4-192　设置渐变大小和位置

实训练习071　水杯

本实例主要讲解使用选择工具选中图形对象，通过【色板】面板设置图形对象的填充属性，效果如图4-193所示。

素材	素材|Cha04|水杯.ai
场景	场景|Cha04|实训练习071　水杯.ai
视频	视频教学 | Cha04 |实训练习071　水杯.MP4

图4-193　水杯

❶ 打开随书配套资源中的素材|Cha04|水杯.ai文件，如图4-194所示。

图4-194　打开素材文件

❷ 选择图形对象，在【色板】面板中选择色块，对图形应用已经设置好的填充颜色，如图4-195所示。

图4-195　选择色块

❸ 选择图形对象，在【色板】面板中选择色块，对图形应用已经设置好的填充颜色，如图4-196所示。

图4-196　选择色块

❹ 选择图形对象，在【色板】面板中选择色块，对图形应用已经设置好的填充颜色，如图4-197所示。

图4-197　选择色块

❺ 选择图形对象，在【色板】面板中选择色块，对图形应用已经设置好的填充颜色，将【渐变】面板中的【角度】设置为180°，如图4-198所示。

❻ 选择水杯，将【描边颜色】设置为无，如图4-199所示。

图4-198 选择色块并设置渐变颜色

图4-199 最终效果

实训练习072 飞行棋棋盘

本实例通过飞行棋棋盘的设计制作，讲解基本绘图工具的使用，包括建立、旋转命令的使用，效果如图4-200所示。

素材	无
场景	场景|Cha04|实训练习072 飞行棋棋盘.ai
视频	视频教学 | Cha04 |实训练习072 飞行棋棋盘.MP4

图4-200 飞行棋棋盘

❶ 启动Illustrator CC 2017，选择【文件】|【新建】命令，建立一个空白文件。选择【矩形工具】，在页面中绘制一个矩形。选择【窗口】|【变换】命令，在打开的【变换】面板中更改矩形的宽和高，如图4-201所示。

> **提 示**
>
> 【矩形工具】的快捷键为M。

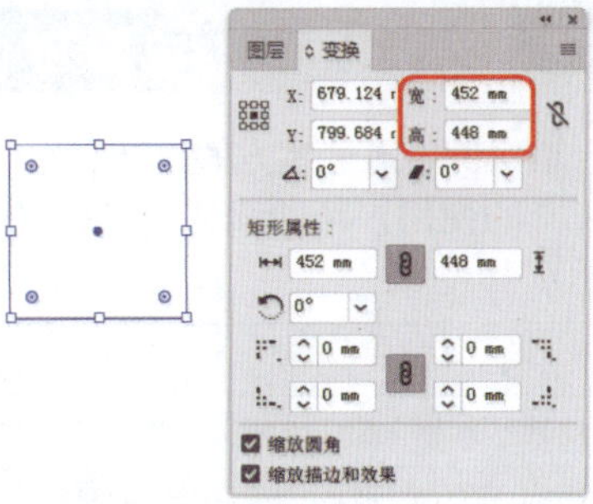

图4-201 更改矩形的宽度和高度

❷ 通过【颜色】面板设置矩形的填充属性为CMYK，其值设置为60、40、0、0，将【描边颜色】设置为无，如图4-202 所示。

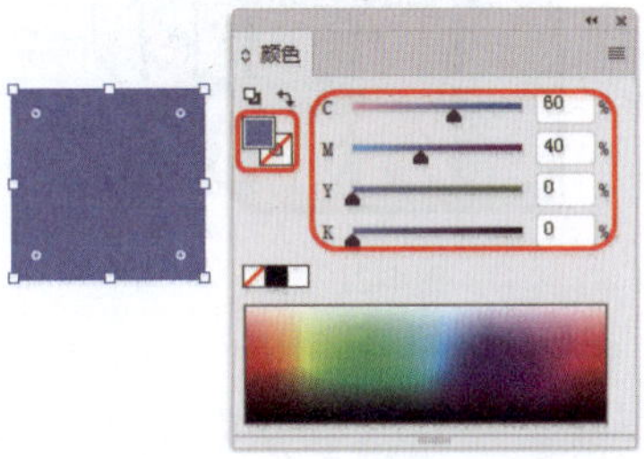

图4-202 设置矩形的填充属性

❸ 使用【圆角矩形工具】，在页面中绘制圆角矩形，在【颜色】面板设置圆角矩形的填充属性为CMYK，其值设置为0、0、20、0，将【描边颜色】设置为无，完成后的效果如图4-203所示。

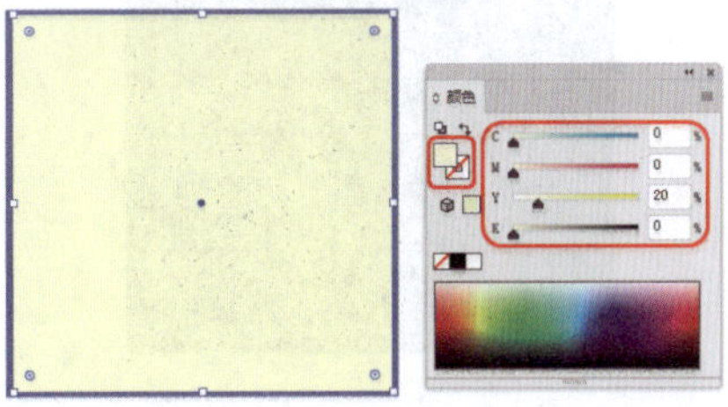

图4-203 绘制圆角矩形

❹ 使用【矩形工具】，在页面中同时按住Shift键不放，绘制一个正方形，在【变换】面板中，将【宽】和【高】都设置为95mm，效果如图4-204所示。

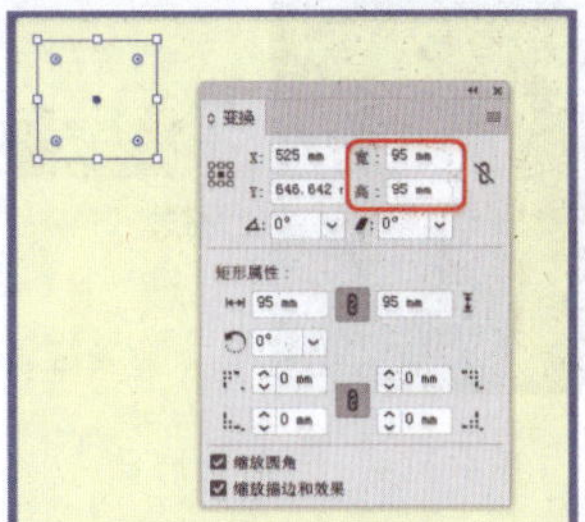

图4-204 绘制正方形

❺ 在【颜色】面板中设置正方形的填充属性为CMYK，其值设置为40、0、100、0，描边属性为无色，效果如图4-205所示。

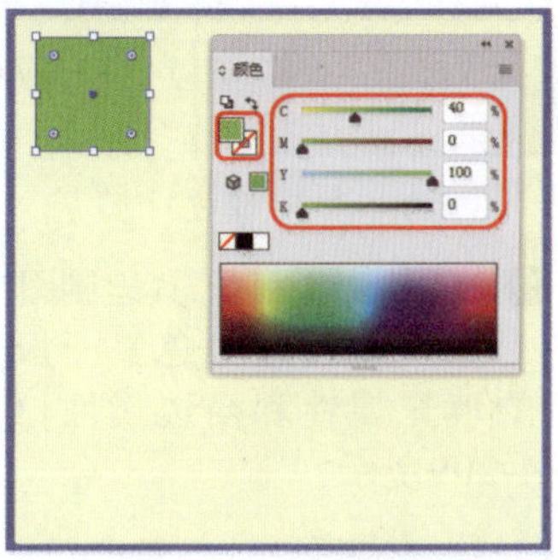

图4-205 设置正方形的填充属性

❻ 使用【椭圆工具】，在页面中同时按住Shift键不放，绘制一个正圆形，将【宽度】和【高度】都设置为33mm，再按住Alt键不放，复制四个圆形图形对象，通过【颜色】面板设置正圆形的填充属性为CMYK，其值设置为20、0、100、0，描边属性为无色，效果如图4-206所示。

> **提 示**
>
> 【椭圆工具】的快捷键为L。

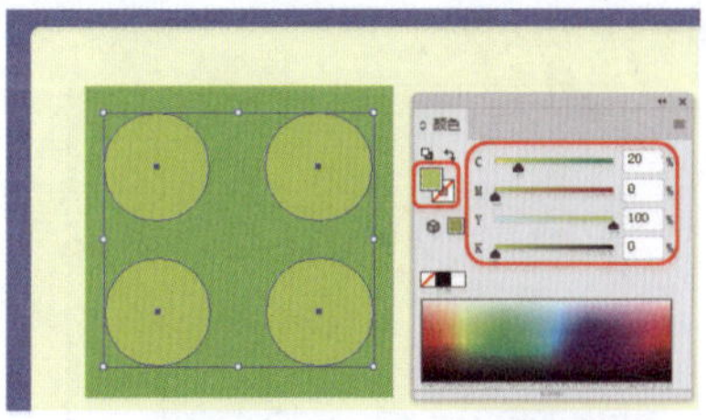

图4-206 填充椭圆

❼ 选择绘制的正方形和椭圆形对象，按住Alt键，多次复制所选对象，适当调整图形对象的位置，完成后的效果如图4-207所示。

图4-207 复制图形对象

❽ 使用【选择工具】，分别选择图形，并通过【色板】面板更改其填充属性，如图4-208所示。

图4-208　填充对象

❾ 使用基本图形工具绘制图4-209中的对象，通过【颜色】面板设置它们的填充属性和描边属性，效果如图4-209所示。

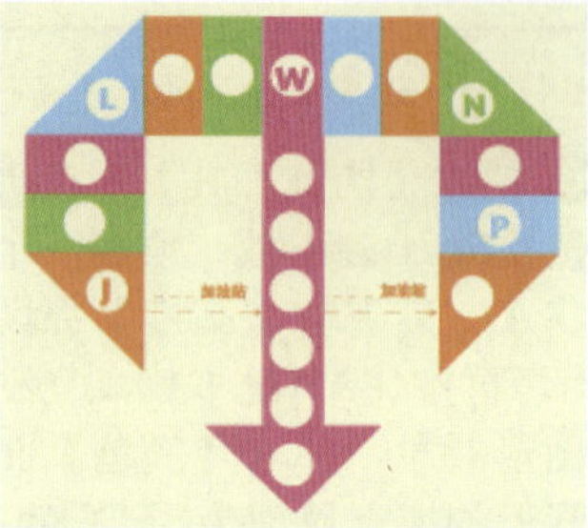

图4-209　设置填充属性和描边属性

❿ 使用【旋转工具】，按住Alt键不放并单击鼠标，设置自定义旋转对象的中心点，设置【旋转】的【角度】为90°，单击【复制】按钮，如图4-210所示。

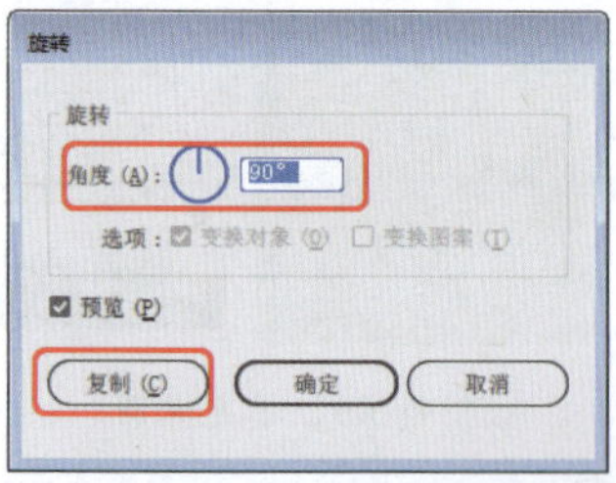

图4-210　【旋转】对话框

提　示

【旋转工具】的快捷键为R。

⓫ 选择图形对象，多次复制所选对象，参照图4-211进行调整。

图4-211　最终效果

实训练习073　魔方

本实例将通过魔方的设计制作，主要讲解圆角矩形工具、比例缩放工具和倾斜工具的使用，帮助读者掌握如何通过数值精确复制图形对象，效果如图4-212所示。

素材	无
场景	场景|Cha04|实训练习073　魔方.ai
视频	视频教学 | Cha04 |实训练习073　魔方.MP4

图4-212　魔方

❶ 启动Illustrator CC 2017软件，选择【文件】|【新建】命令，新建一个文件。选择【圆角矩形工具】在视图中绘制一个【宽度】为100mm、【高度】为100mm、【圆角半径】为2mm的圆角矩形，并将其填充为黑色，效果如图4-213所示。

图4-213　绘制圆角矩形

❷ 使用【圆角矩形工具】绘制一个【宽度】为30mm、【高度】为30mm、【圆角半径】为2mm的圆角矩形，并将其填充为绿色，最后将其移动至图4-214所示的位置。

图4-214　填充矩形颜色

❸ 使用选择工具选择绿色矩形，按下Enter键，在弹出的【移动】对话框中设置相应的参数，单击【复制】按钮，如图4-215所示。

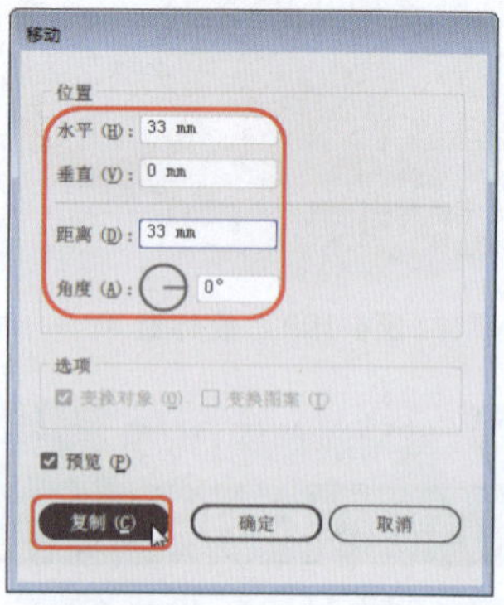

图4-215　设置【移动】参数

❹ 选择【对象】|【变换】|【再次变换】命令，对对象进行多次复制，完成后的效果如图4-216所示。

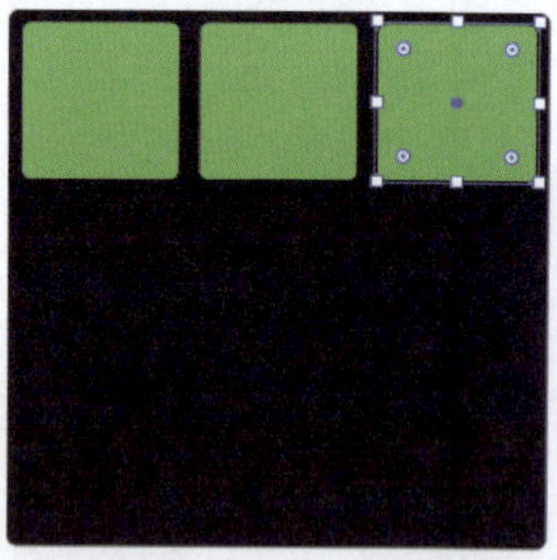

图4-216　复制后的效果

❺ 使用【选择工具】，按下Shift键选择3个绿色矩形，效果如图4-217所示。

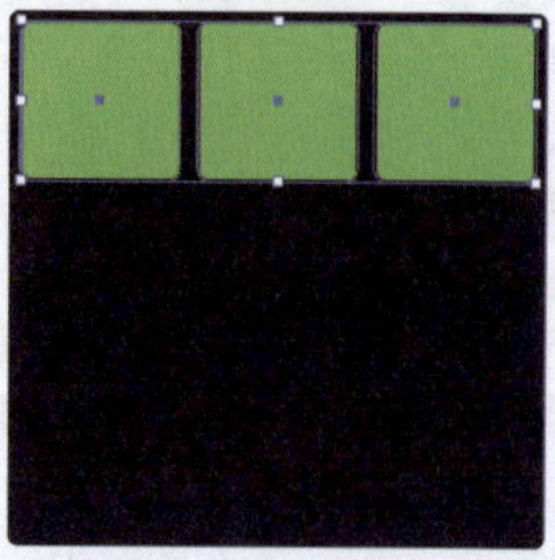

图4-217　选择矩形

❻ 按下Enter键，弹出【移动】对话框，在【移动】对话框中设置参

数，单击【复制】按钮，完成复制效果，如图4-218所示。

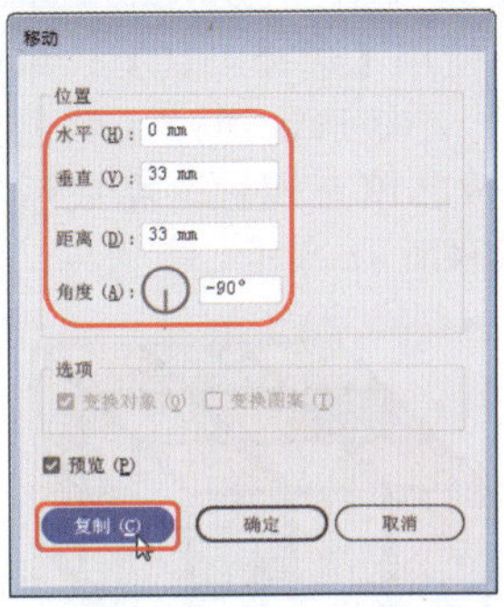

图4-218 设置【移动】参数

⑦ 选择【对象】|【变换】|【再次变换】命令，复制对象，完成后的效果如图4-219所示。

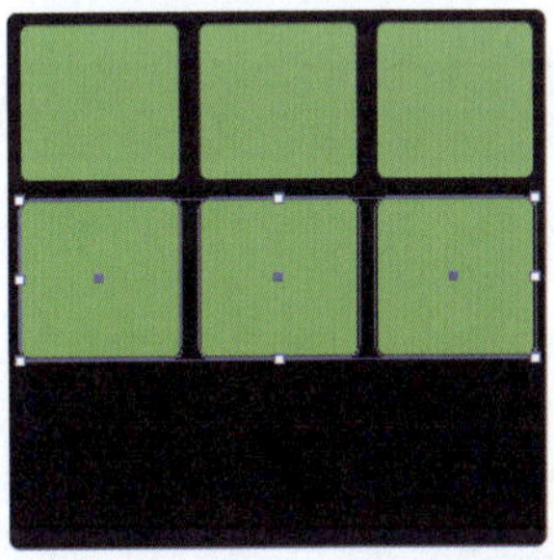

图4-219 复制对象

⑧ 按Ctrl+D组合键，对图形对象进行快速复制，完成后的效果如图4-220所示。

图4-220 复制对象

⑨ 选择【对象】|【编组】命令，将所有图形对象进行编组，编组后的效果如图4-221所示。

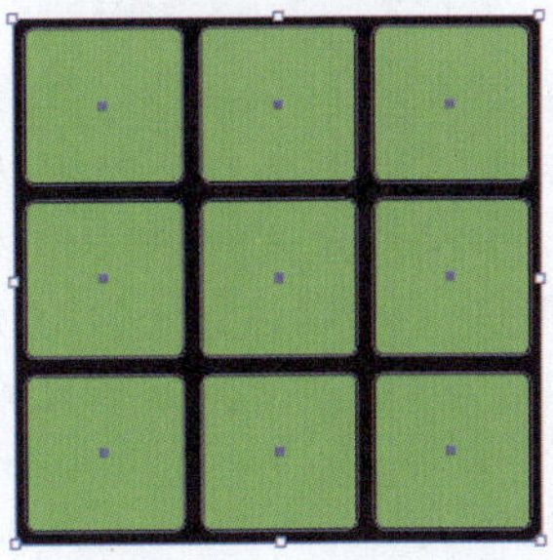

图4-221 编组对象

提 示

按Ctrl+G组合键，对图形进行快速编组。

⑩ 按Enter键，弹出【移动】对话框，在【移动】对话框中设置参数，单击【复制】按钮，如图4-222所示。

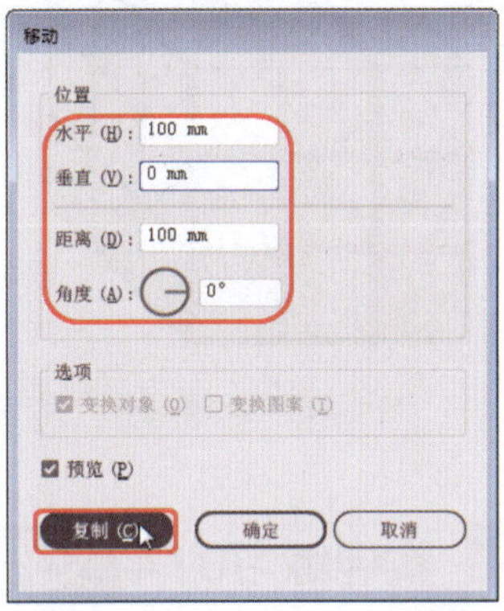

图4-222 设置【移动】参数

⑪ 完成复制后的效果如图4-223所示。

图4-223 复制后的效果

⑫ 单击【比例缩放工具】按钮，按住Alt键并单击锚点，弹出【比例缩放】对话框，在【比例缩放】对话框中设置【不等比】中的【水平】为50%，其余保持默认设置，单击【确定】按钮，如图4-224所示。

提 示

【比例缩放工具】的快捷键为S。

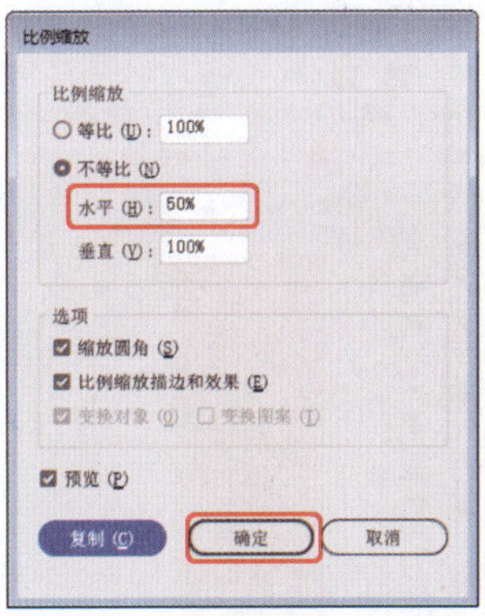

图4-224 设置【比例缩放】参数

⑬ 缩放后的效果如图4-225所示。

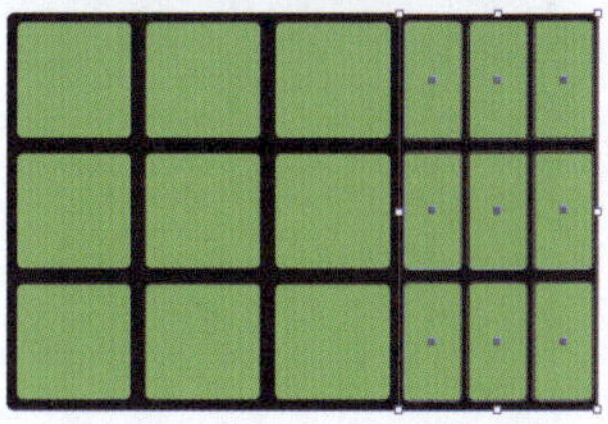

图4-225 缩放后的效果

⑭ 使用【倾斜工具】，按住键盘上的Alt键不放，单击锚点，弹出【倾斜】对话框，在【倾斜】对话框中设置相应的参数，单击【确定】按钮，效果如图4-226所示。

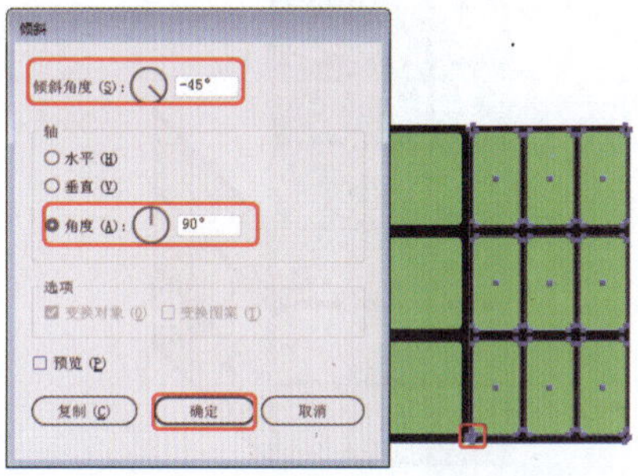

图4-226 设置【倾斜】参数

⑮ 倾斜后的效果如图4-227所示。

图4-227 倾斜后的效果

⑯ 使用【选择工具】，单击并选择图形，效果如图4-228所示。

图4-228 选择对象

⑰ 直接按Enter键，弹出【移动】对话框，在【移动】对话框中设置相应的参数，单击【复制】按钮，如图4-229所示。

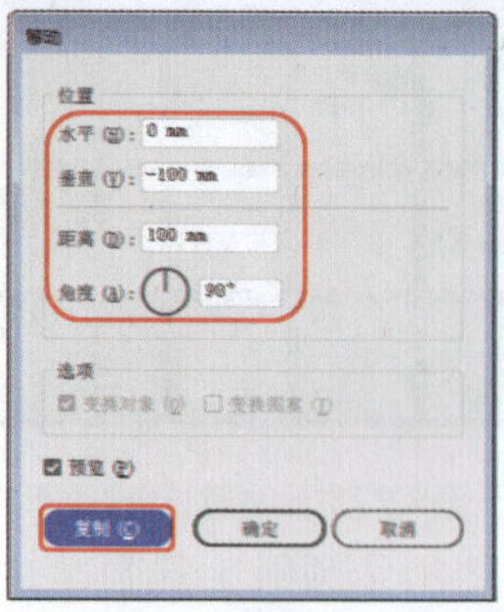

图4-229 设置【移动】参数

⑱ 移动复制后的效果如图4-230所示。

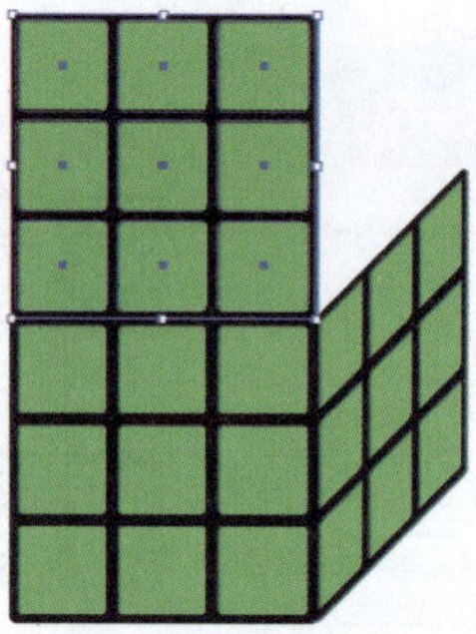

图4-230 移动复制后的效果

⑲ 使用【比例缩放工具】，按住Alt键并单击锚点，弹出【比例缩放】对话框，在其中设置参数，单击【确定】按钮，效果如图4-231所示。

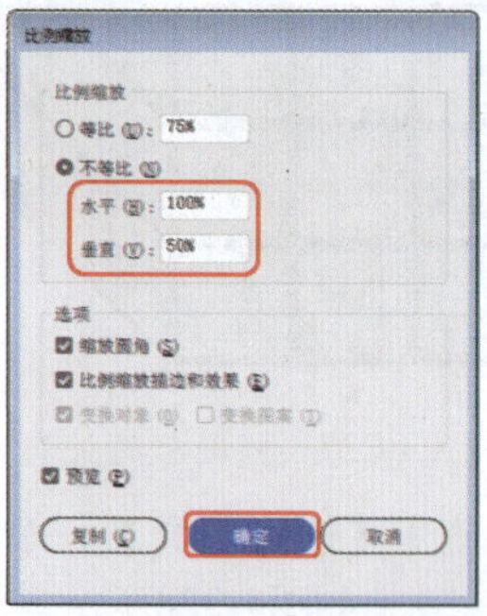

图4-231 设置【比例缩放】参数

⑳ 使用【倾斜工具】，按住Alt键并单击锚点，在弹出的【倾斜】对话框中设置参数，单击【确定】按钮，如图4-232所示。

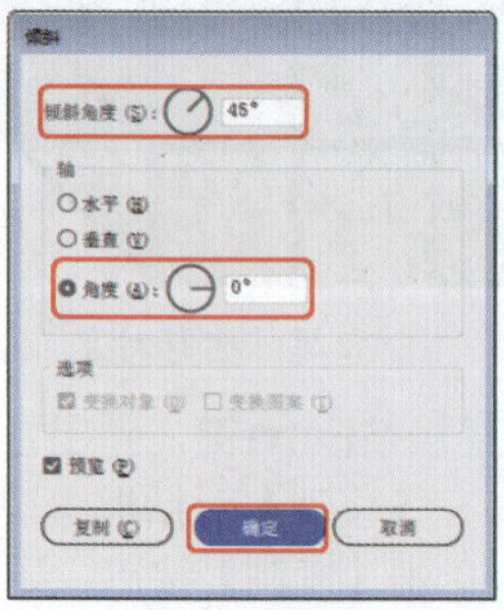

图4-232 设置【倾斜】参数

㉑ 使用【选择工具】，单击选择所有图形，选择【对象】|【取消编组】命令，连续执行两次【取消编组】命令，将所有图形取消组合，取消后可单独选择某个对象，效果如图4-233所示。

图4-233 取消编组

提 示

取消编组的组合键为Ctrl+Shift+G。

㉒ 使用【选择工具】，单击选择任意一个小矩形，通过【颜色】面板分别更改其填充属性，完成后的效果如图4-234所示。

图4-234 最终效果

实训练习074 文件夹

本实例通过文件夹的设计制作，主要讲解矩形工具及倾斜工具的使用，效果如图4-235所示。

素材	无
场景	场景|Cha04|实训练习074 文件夹.ai
视频	视频教学 | Cha04 |实训练习074 文件夹.MP4

图4-235 文件夹

❶ 新建一个空白文件，使用【矩形工具】绘制矩形，将【填充颜色】设置为红色，将【描边颜色】设置为无，如图4-236所示。

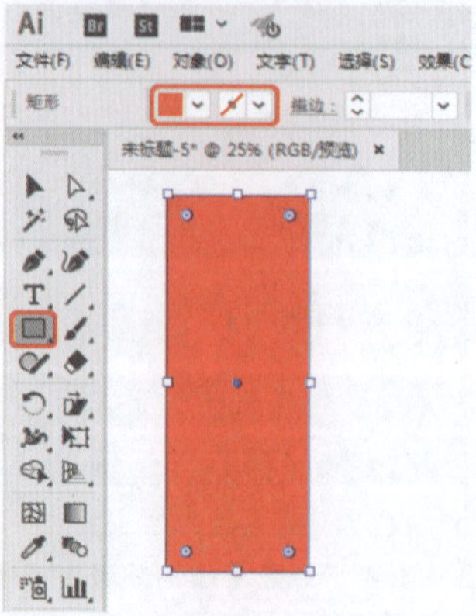

图4-236 设置填充颜色和描边颜色

❷ 选择矩形，在菜单栏中选择【编辑】|【复制】命令，选择【编辑】|【贴在前面】命令，将矩形的颜色设置为黑色，复制矩形并调整矩形的大小，如图4-237所示。

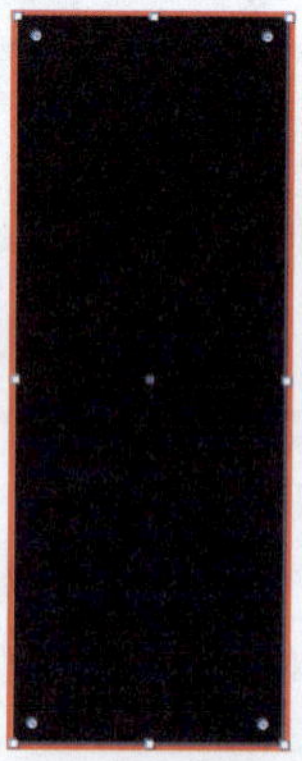

图4-237 调整矩形大小

❸ 再次复制一个矩形，打开【渐变】面板，将【类型】设置为【线性】，将0%位置处的RGB值设置为153、0、0，将5%位置处的RGB值设置为200、0、0，将50%位置处的RGB值设置为255、0、0，将95%位置处的RGB值设置为200、0、0，将100%位置处的RGB值设置为153、0、0，调整

矩形的大小，如图4-238所示。

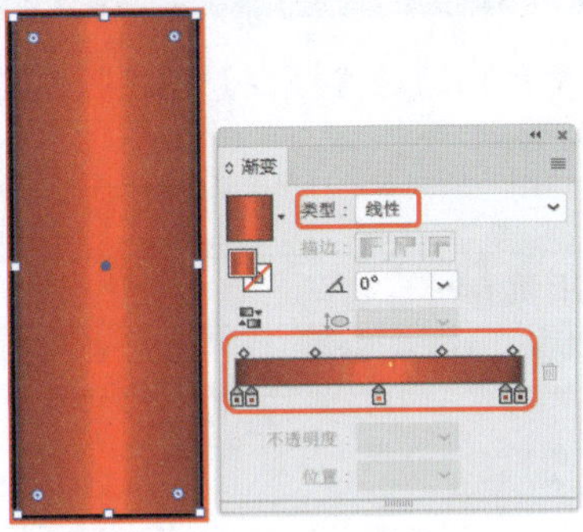

图4-238 设置矩形的渐变颜色

❹ 使用【矩形工具】，绘制一个矩形，将【填充颜色】设置为白色，将【描边颜色】设置为无，如图4-239所示。

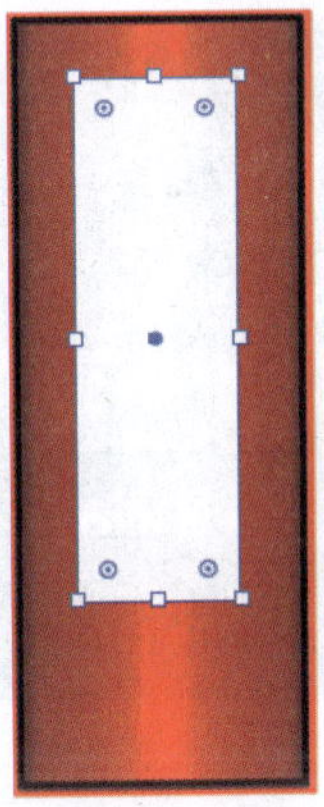

图4-239 绘制矩形

❺ 对绘制的白色矩形进行复制，打开【颜色】面板，将【填充颜色】的RGB值设置为153、153、153，调整其位置，如图4-240所示。

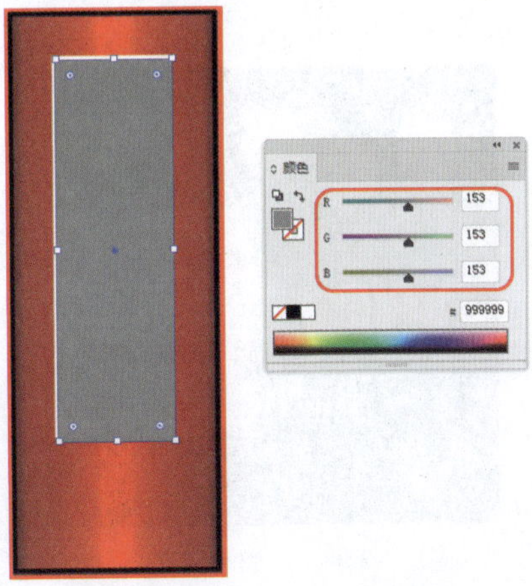

图4-240 设置矩形的填充颜色

❻ 确认选中灰色矩形，单击鼠标右键，在弹出的快捷菜单中选择【排列】|【后移一层】命令，效果如图4-241所示。

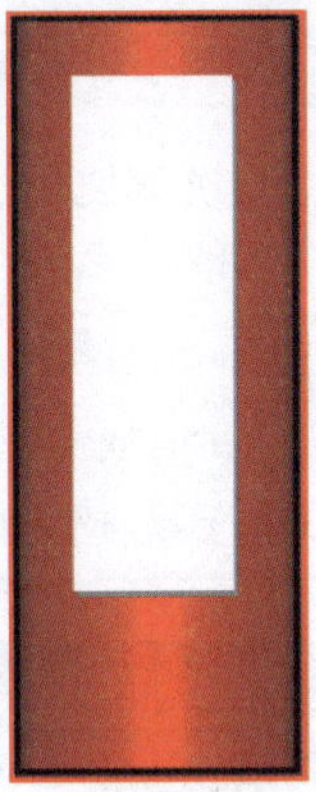

图4-241 选择【后移一层】命令

❼ 使用【椭圆工具】，按住Shift键，绘制一个正圆，如图4-242所示。

图4-242 绘制正圆

❽ 打开【渐变】面板，将【类型】设置为线性，将【角度】设置为135°，将0%位置处的RGB值设置为153、153、153，将50%位置处的RGB值设置为255、255、255，将100%位置处的RGB值设置为153、153、153，如图4-243所示。

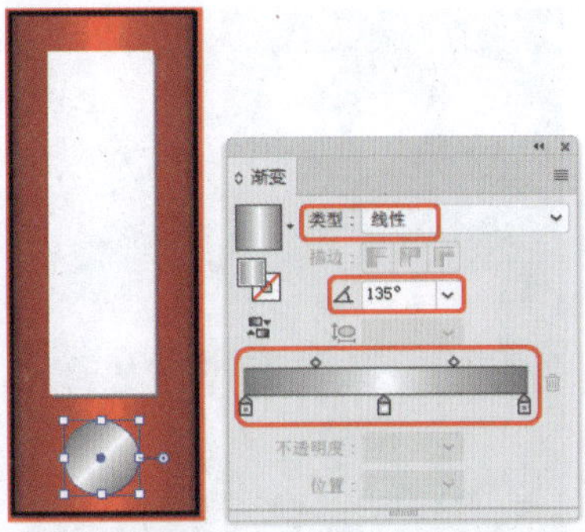

图4-243 设置渐变颜色

❾ 使用【椭圆工具】，按住Shift键，绘制一个正圆，将【填充颜色】设置为黑色，如图4-244所示。

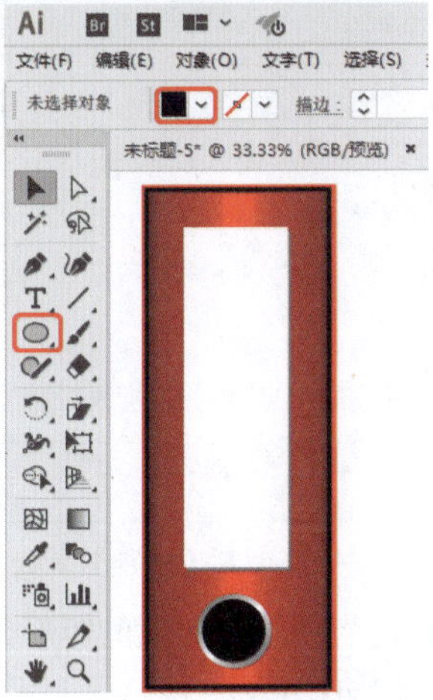

图4-244 绘制正圆

❿ 使用【矩形工具】绘制矩形，使用【吸管工具】，对图形对象吸取颜色，如图4-245所示。

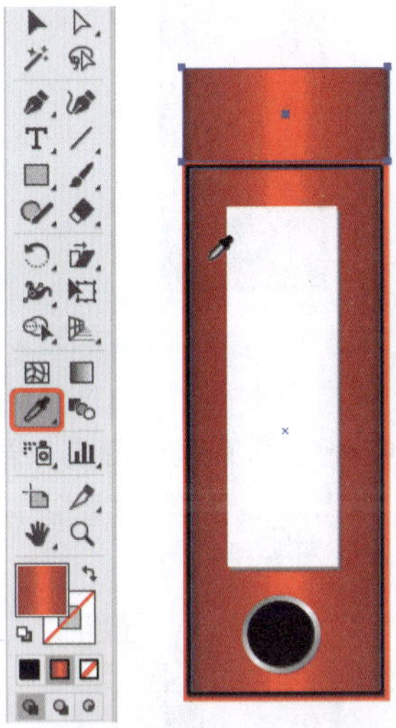

图4-245 填充后的效果

⓫ 使用【倾斜工具】，按住Alt键，单击锚点位置，如图4-246所示。

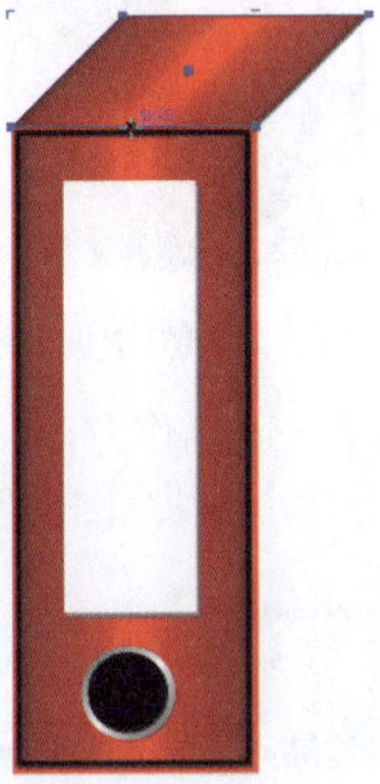

图4-246 单击锚点位置

⓬ 弹出【倾斜】对话框，将【倾斜角度】设置为45°，单击【确定】按钮，如图4-247所示。

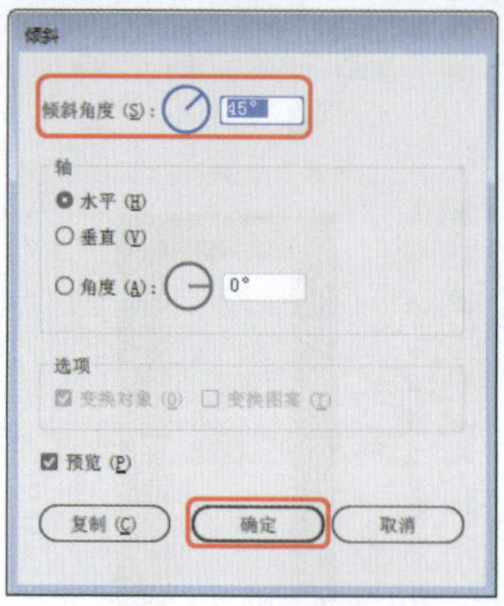

图4-247 设置【倾斜】参数

⑬ 适当调整倾斜后的矩形大小，如图4-248所示。

图4-248 调整后的效果

⑭ 使用【矩形工具】绘制矩形，使用【吸管工具】吸取颜色，最后使用【倾斜工具】对矩形进行倾斜处理，效果如图4-249所示。

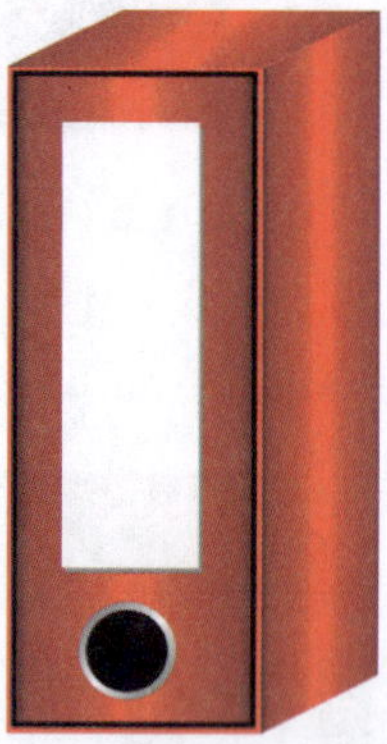

图4-249 绘制完成后的效果

⑮ 参照上述制作方法，制作不同颜色的文件夹，效果如图4-250所示。

图4-250 最终效果

实训练习075 缤纷气球生日贺卡

本实例主要讲解使用选择工具选中图形对象，通过【渐变】和【颜色】面板设置图形对象的填充属性，效果如图4-251所示。

素材	素材|Cha04|缤纷气球生日贺卡.ai
场景	场景|Cha04|实训练习075 缤纷气球生日贺卡.ai
视频	视频教学 | Cha04 |实训练习075 缤纷气球生日贺卡.MP4

图4-251 缤纷气球生日贺卡

❶ 打开随书配套资源中的素材|Cha04|缤纷气球生日贺卡.ai文件，如图4-252所示。

图4-252 打开素材文件

❷ 按住Shift键，选择素材中的“HAPPY”文字，如图4-253所示。

图4-253 选择文字

❸ 在菜单栏中选择【对象】|【隐藏】|【所选对象】命令，如图4-254所示。

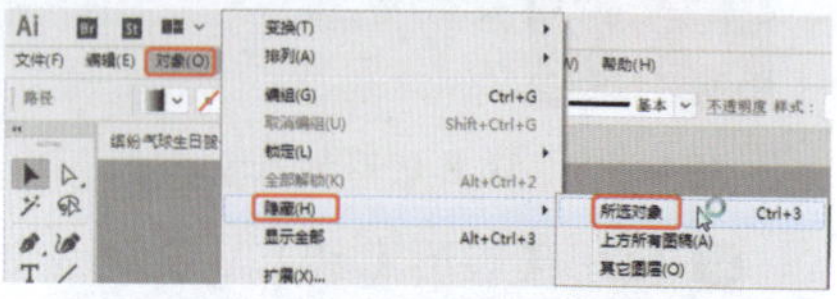

图4-254 选择【所选对象】命令

❹ 隐藏文字后，选择图4-255所示的图形。

图4-255 选择图形对象

❺ 打开【渐变】面板，将【类型】设置为【线性】，将【角度】设置为-83°，将0%位置处的RGB值设置为255、135、66，将55%位置处的RGB值设置为200、49、76，将100%位置处的RGB值设置为253、133、66，如图4-256所示。

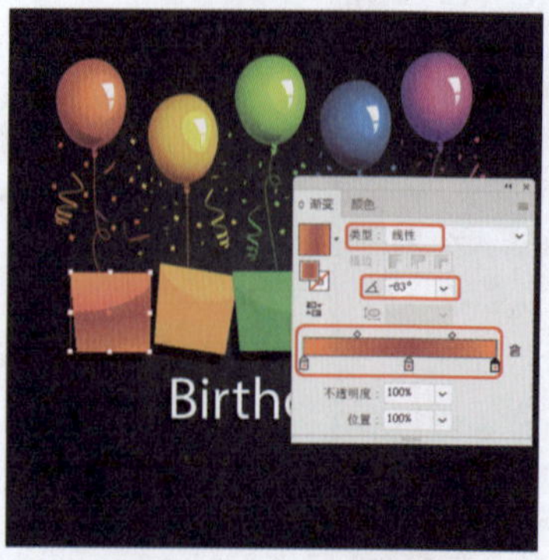

图4-256 设置渐变颜色

❻ 选择图4-257所示的图形。

❼ 在【渐变】面板中将【类型】设置为【线性】，将【角度】设置为-105°，将5%位置处的RGB值设置为255、212、15，将58%位置处的RGB

值设置为232、116、6，将100%位置处的RGB值设置为252、206、14，如图4-258所示。

图4-257 选择图形对象

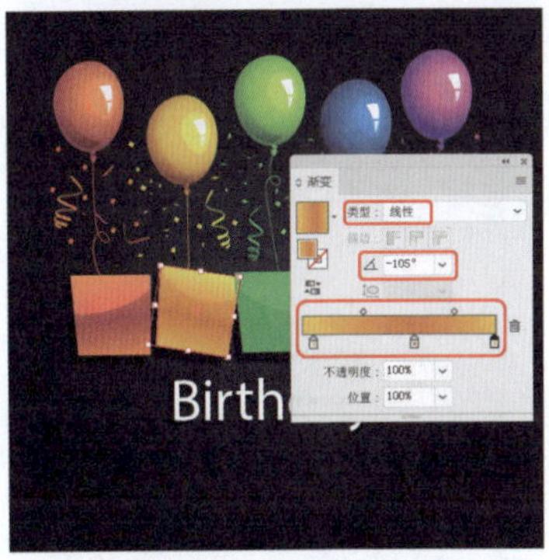

图4-258 设置渐变颜色

❽ 选择图4-259所示的图形。

图4-259 选择图形对象

❾ 在【渐变】面板中将【类型】设置为【线性】，将【角度】设置为-98°，将0%位置处的RGB值设置为193、246、0，将55%位置处的RGB值设置为57、140、10，将100%位置处的RGB值设置为169、227、2，如图4-260所示。

❿ 选择图4-261所示的图形。

⓫ 在【渐变】面板中将【类型】设置为【线性】，将【角度】设置为-90°，将0%位置处的RGB值设置为0、154、223，将100%位置处的RGB值设置为0、54、92，如图4-262所示。

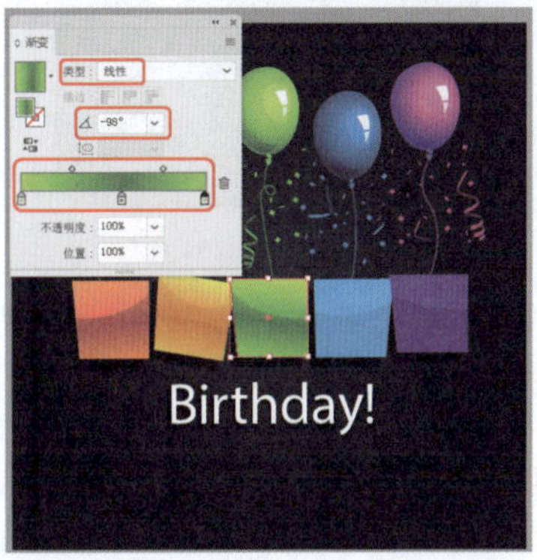

图4-260 设置渐变颜色

图4-261 选择图形对象

图4-262 设置渐变颜色

⓬ 选择图4-263所示的图形。

⓭ 在【渐变】面板中将【类型】设置为【线性】，将【角度】设置为-93°，将0%位置处的RGB值设置为255、66、160，将50%位置处的RGB值设置为149、35、169，将100%位置处的RGB值设置为242、62、161，如图4-264所示。

图4-263 选择图形对象

图4-264 设置渐变颜色

⓮ 按Alt+Ctrl+3组合键，显示所有隐藏的图形对象，最终效果如图4-265所示。

图4-265 最终效果

实训练习076 数码相机

本实例通过数码相机的设计制作，帮助用户掌握圆角矩形工具和钢笔工具的使用，效果如图4-266所示。

素材	无
场景	场景|Cha04|实训练习076　数码相机.ai
视频	视频教学 | Cha04 |实训练习076　数码相机.MP4

图4-266　数码相机

❶ 新建一个空白文件，使用【圆角矩形工具】，在绘图区中单击鼠标左键，弹出【圆角矩形】对话框，将【宽度】和【高度】分别设置为68mm、40mm，将【圆角半径】设置为5mm，单击【确定】按钮，如图4-267所示。

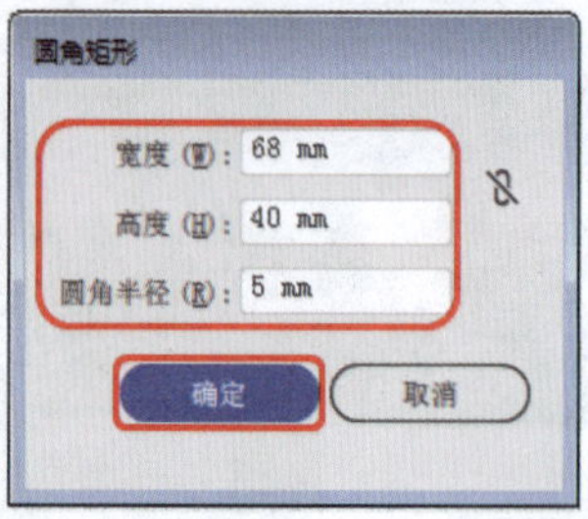

图4-267　设置【圆角矩形】参数

❷ 在【颜色】面板中，将【填充颜色】的RGB值设置为24、52、26，将【描边颜色】设置为无，如图4-268所示。

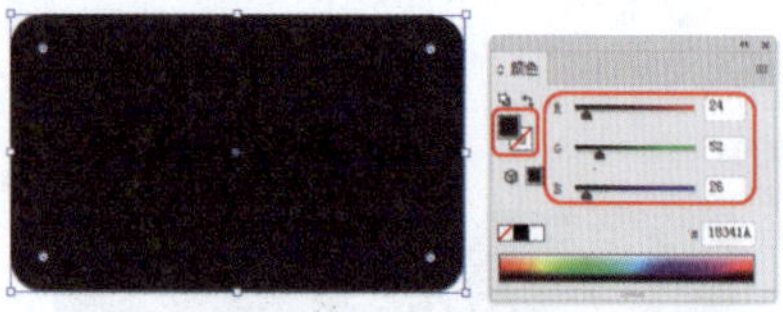

图4-268　设置填充和描边颜色

❸ 在菜单栏中选择【编辑】|【复制】命令，在菜单栏中选择【编辑】|【贴在前面】命令，打开【渐变】面板，将【类型】设置为【线性】，将0%位置处的RGB值设置为68、119、54，将10%位置处的RGB值设置为134、193、46，将100%位置处的RGB值设置为81、131、54，调整其大小，如图4-269所示。

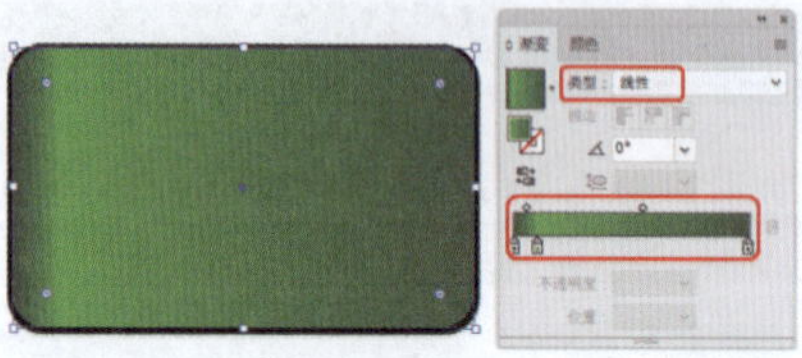

图4-269　复制图形对象并设置填充颜色

❹ 使用【钢笔工具】，绘制线条，如图4-270所示。

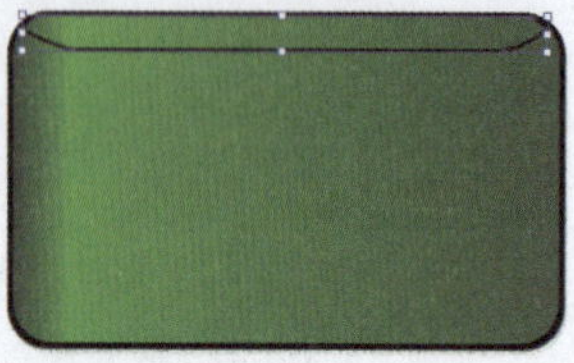

图4-270　绘制图形

❺ 在【渐变】面板中，将【类型】设置为【线性】，将【角度】设置为90°，将0%位置处的RGB值设置为42、133、58，将90%位置处的RGB值设置为137、194、47，将100%位置处的RGB值设置为25、133、59，将【描边颜色】设置为无，如图4-271所示。

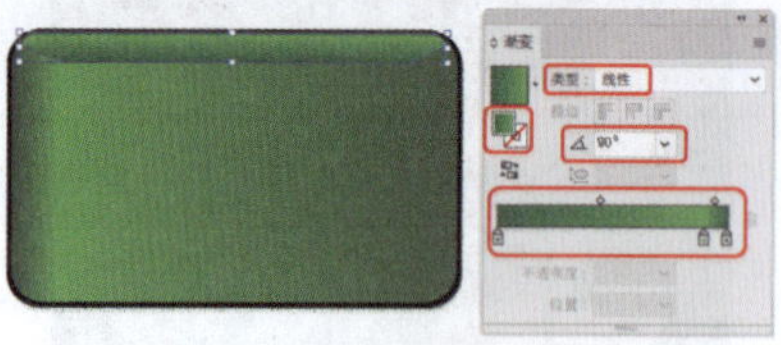

图4-271　设置填充和描边颜色

❻ 单击【镜像工具】按钮，按住Alt键，指定锚点位置，弹出【镜像】对话框，选择【水平】单选按钮，单击【复制】按钮，如图4-272所示。

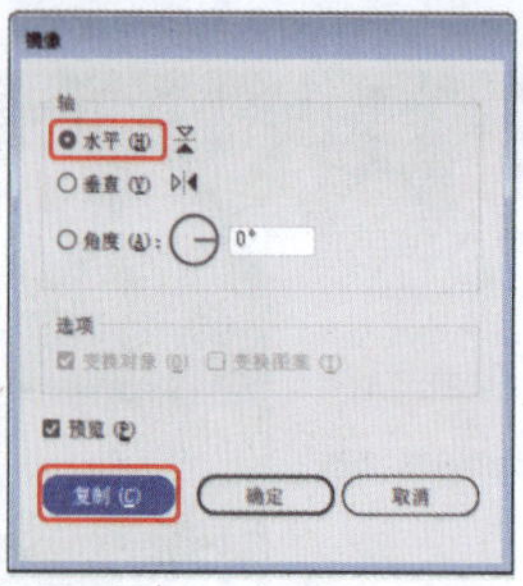

图4-272　设置【镜像】参数

❼ 适当调整对象的位置，效果如图4-273所示。

图4-273　调整对象的位置

❽ 选择镜像复制后的图形，将【颜色】面板的RGB值设置为31、112、55，如图4-274所示。

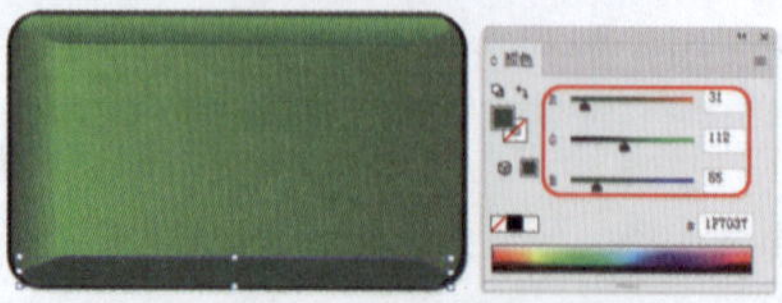

图4-274　设置填充颜色

❾ 使用【钢笔工具】，绘制如图4-275所示的图形，并将【填充颜色】的RGB值设置为28、112、56，将【描边颜色】设置为无。

图4-275　设置图形的填充和描边颜色

❿ 使用【圆角矩形工具】，在绘图区中单击鼠标，弹出【圆角矩形】对话框，将【宽度】和【高度】分别设置为13mm和4mm，将【圆角半径】设置为5mm，单击【确定】按钮，如图4-276所示。

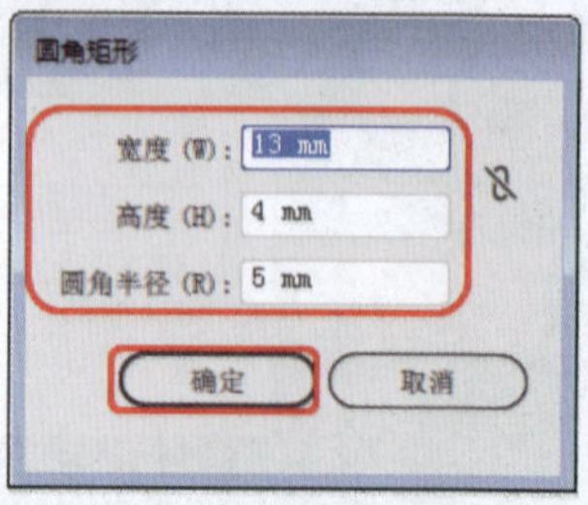

图4-276　设置【圆角矩形】参数

⓫ 将圆角矩形【填充颜色】的RGB值设置为178、178、178，将【描边颜色】的RGB值设置为黑色，如图4-277所示。

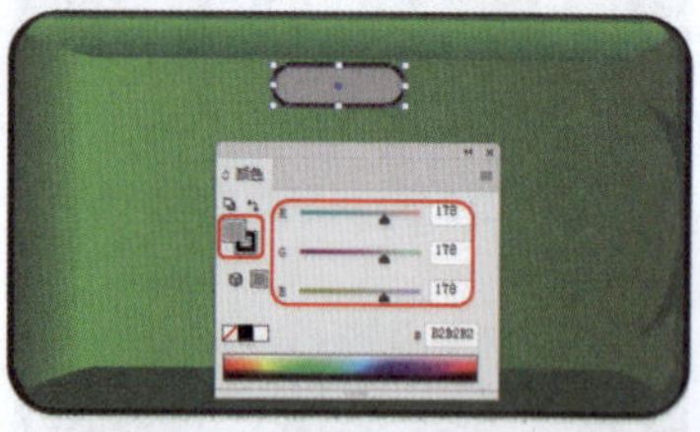

图4-277　设置填充和描边颜色

⓬ 使用【矩形工具】绘制矩形，将【填充颜色】的RGB值设置为255、255、255，将【描边颜色】的RGB值设置为无，如图4-278所示。

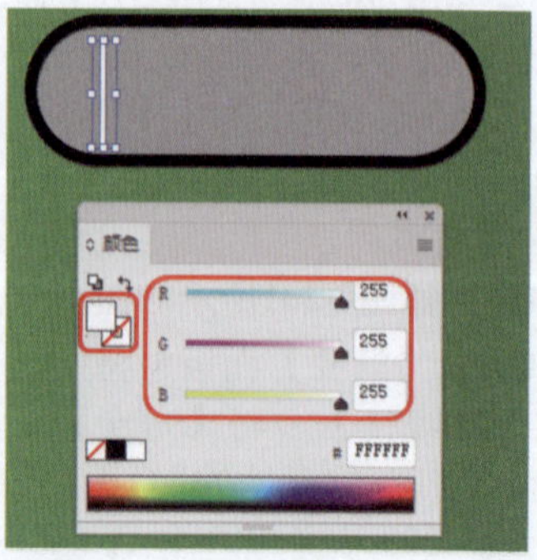

图4-278　绘制矩形并填充白色

⓭ 按住Alt键，对图形进行多次复制，按住Shift键，选择所有的白色矩形，按Ctrl+G组合键，调整对象的位置，如图4-279所示。

图4-279 复制后的效果

⓮ 使用【钢笔工具】【椭圆工具】和【圆角矩形工具】绘制图形对象，并利用【颜色】和【渐变】面板，对其设置颜色，如图4-280所示。

图4-280 绘制图形对象

实训练习077 心形标签

本实例通过心形标签的设计制作，主要讲解钢笔工具和【描边】面板的使用，巩固对通过【描边】面板设置虚线样式的操作，效果如图4-281所示。

素材	素材|Cha04|心形标签.ai
场景	场景|Cha04|实训练习077　心形标签.ai
视频	视频教学 | Cha04 |实训练习077　心形标签.MP4

图4-281 心形标签

❶ 打开随书配套资源中的素材|Cha04|心形标签.ai文件，如图4-282所示。

图4-282 打开素材文件

❷ 使用【钢笔工具】绘制心形，如图4-283所示。

❸ 将【填充颜色】设置为无，将【描边颜色】设置为27、117、187，如图4-284所示。

图4-283 绘制心形

图4-284 设置填充颜色和描边颜色

❹ 打开【描边】面板，将【粗细】设置为0.2pt，勾选【虚线】复选框，将【虚线】和【间隙】都设置为0.5pt，如图4-285所示。

图4-285 设置描边

实训练习078 卡通树

本实例通过卡通树的设计制作，主要讲解复制图形对象、调整图形对象排列顺序的基本操作，效果如图4-286所示。

素材	素材|Cha04|卡通树.ai
场景	场景|Cha04|实训练习078　卡通树.ai
视频	视频教学 | Cha04 |实训练习078　卡通树.MP4

图4-286 卡通树

❶ 打开随书配套资源中的素材|Cha04|卡通树.ai文件，如图4-287所示。

图4-287 打开素材文件

❷ 使用【选择工具】选择树上的小鸟对象，将其移动至图4-288所示的位置。

图4-288 移动小鸟的位置

❸ 选择小鸟对象，单击鼠标右键，在弹出的菜单栏中选择【取消编组】选项，多次执行该命令，对其进行复制，调整其大小并通过【颜色】面板分别设置小鸟的颜色，红色小鸟的RGB值设置为211、55、30，羽毛的RGB值设置为白色；黄色小鸟的RGB值设置为255、236、85，羽毛的RGB值设置为164、151、201；将橙色小鸟的RGB值设置为255、147、30，羽毛的RGB值设置为240、234、115，如图4-289所示。

图4-289 设置小鸟的颜色

❹ 选择渐变背景，单击鼠标右键，在弹出的快捷菜单中选择【排列】|【置于底层】命令，如图4-290所示。

图4-290 执行【置于底层】命令

❺ 置于底层后的效果如图4-291所示。

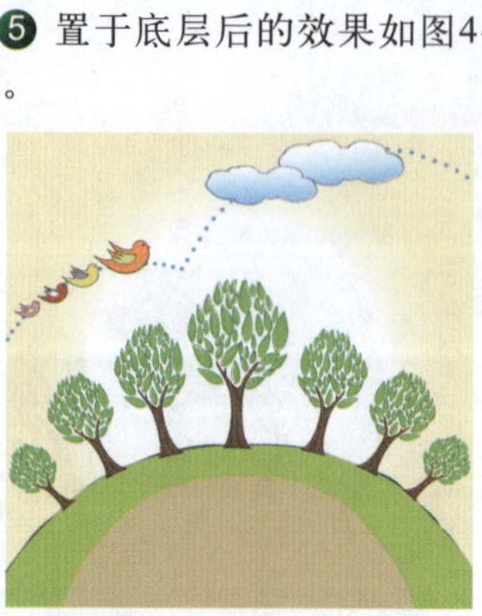

图4-291 置于底层的效果

实训练习079 多彩图案

本实例通过多彩图案的设计制作，主要讲解矩形工具、倾斜工具和镜像工具的使用，通过【颜色】面板设置填充属性，通过复制对象命令复制图形对象，效果如图4-292所示。

素材	素材|Cha04|多彩图案.ai
场景	场景|Cha04|实训练习079　多彩图案.ai
视频	视频教学 | Cha04 |实训练习079　多彩图案.MP4

图4-292 多彩图案

❶ 新建一个空白文件，使用【矩形工具】在空白处单击鼠标，在弹出的对话框中将【宽度】和【高度】分别设置为8mm和16mm，单击【确定】按钮，如图4-293所示。

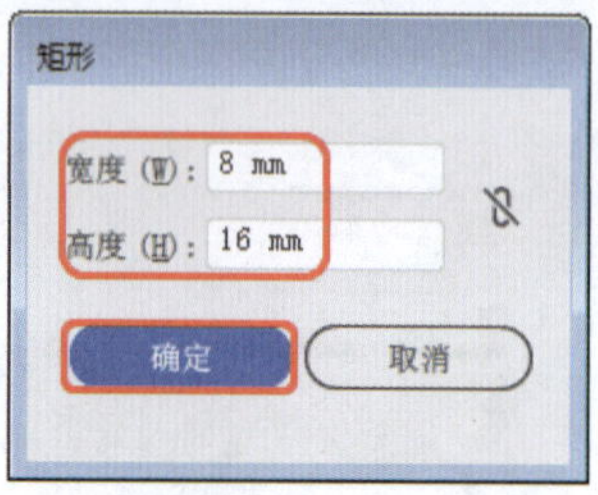

图4-293 绘制矩形

❷ 打开【颜色】面板，将【填充颜色】的RGB值设置为119、24、39，将【描边颜色】设置为无，如图4-294所示。

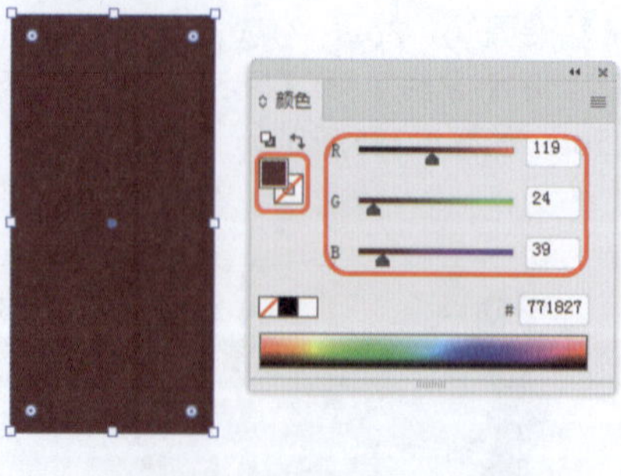

图4-294 设置填充颜色

❸ 使用【倾斜工具】，按住Alt键，单击如图4-295所示的锚点。

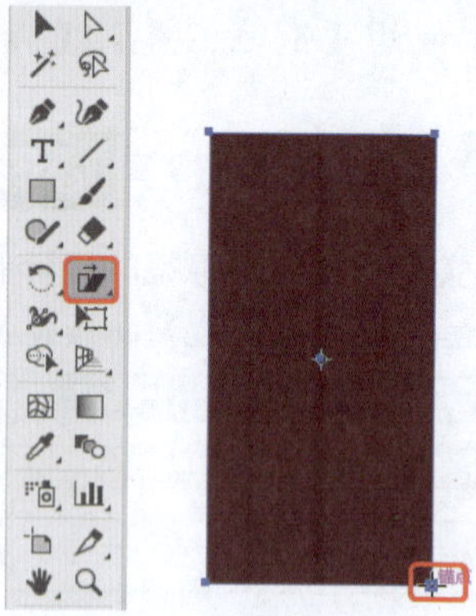

图4-295 指定倾斜锚点

❹ 弹出【倾斜】对话框，将【倾斜角度】设置为30°，将【轴】的【角度】设置为90°，单击【确定】按钮，如图4-296所示。

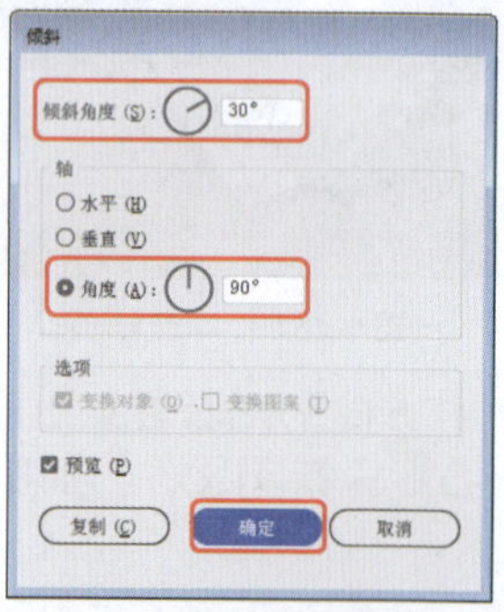

图4-296 设置【倾斜】参数

❺ 倾斜后的效果如图4-297所示。

图4-297 倾斜后的效果

❻ 使用【镜像工具】，按住Alt键，单击如图4-298所示的锚点。

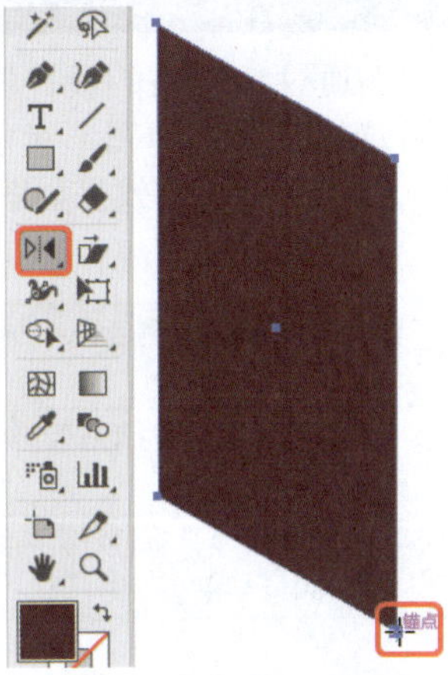

图4-298 指定镜像锚点

❼ 弹出【镜像】对话框，保持默认设置，单击【复制】按钮，如图4-299所示。

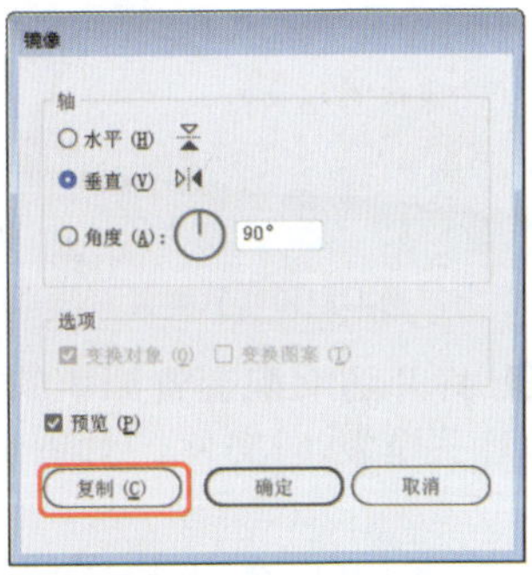

图4-299 镜像复制对象

❽ 镜像后的效果如图4-300所示。

图4-300 镜像对象

❾ 按Ctrl+A组合键，选择所有的图形对象，按住Alt键，向右进行复制，在【色块】面板中选择色块，设置颜色，如图4-301所示。

图4-301 设置颜色

❿ 再次向右进行复制，在【色板】面板中选择色块，设置颜色，如图4-302所示。

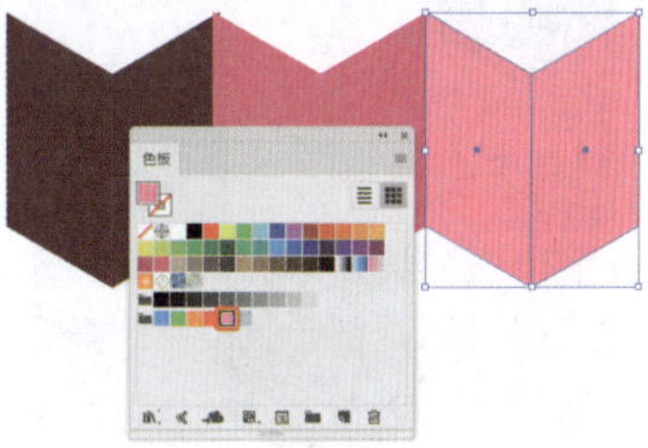

图4-302 设置颜色

⓫ 选择所有的图形对象，如图4-303所示。

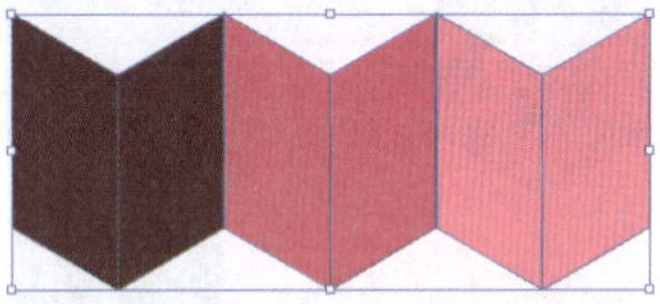

图4-303 选择所有对象

⓬ 按住Alt键进行多次复制，如图4-304所示。

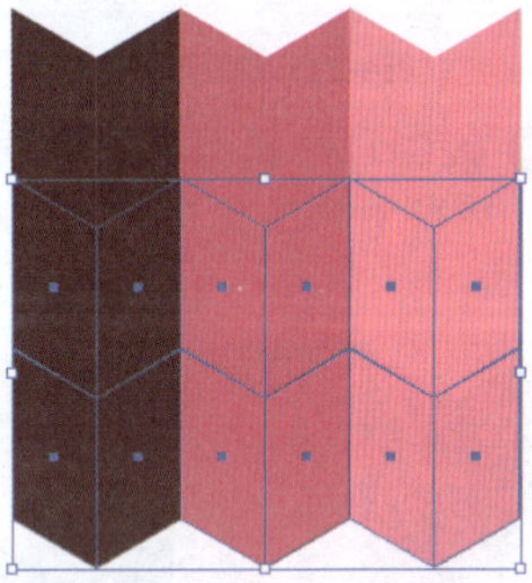

图4-304 多次复制

⓭ 选择如图4-305所示的图形对象，使用【吸管工具】，在场景中吸取颜色。

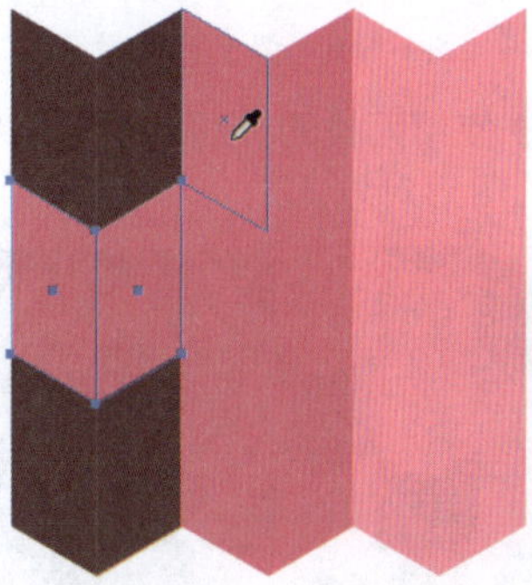

图4-305 吸取颜色

⓮ 使用同样的方法，为其他对象吸取不同的颜色，如图4-306所示。

⓯ 使用【矩形工具】绘制矩形，如图4-307所示。

图4-306 完成后的效果

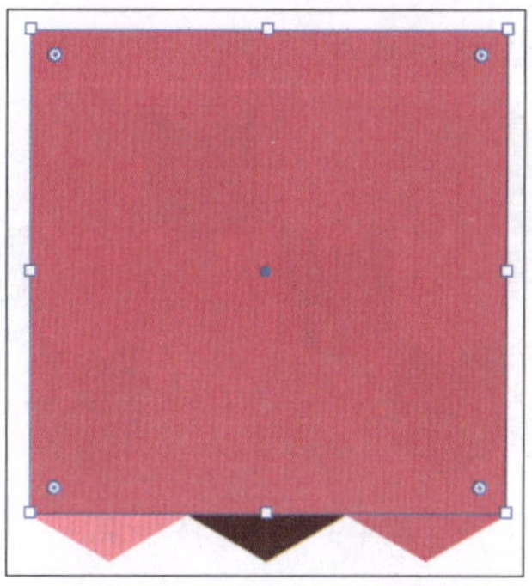

图4-307 绘制矩形

⓰ 将矩形的【填充颜色】设置为无，将【描边颜色】设置为黑色，将【描边粗细】设置为0.25pt，如图4-308所示。

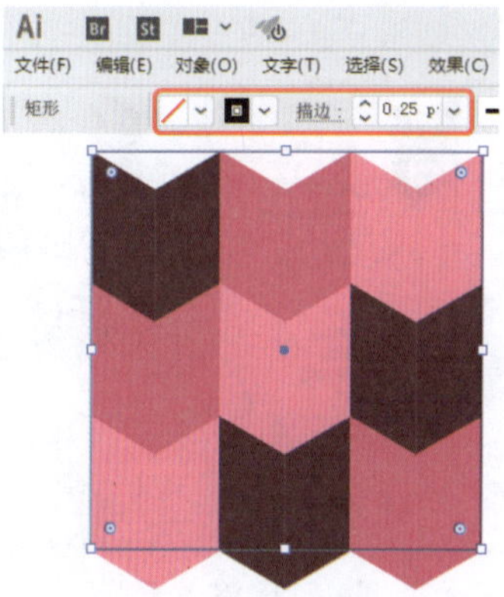

图4-308 设置填充颜色和描边颜色

⓱ 选择所有的图形对象，如图4-309所示。

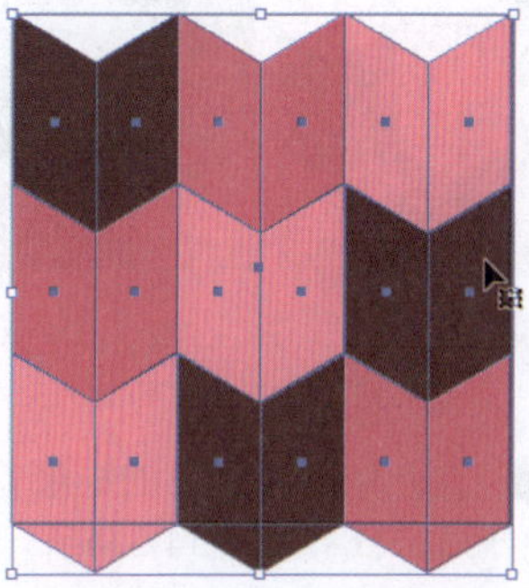

图4-309 选择所有图形

⑱ 按住Alt键，向左侧复制图形对象，如图4-310所示。

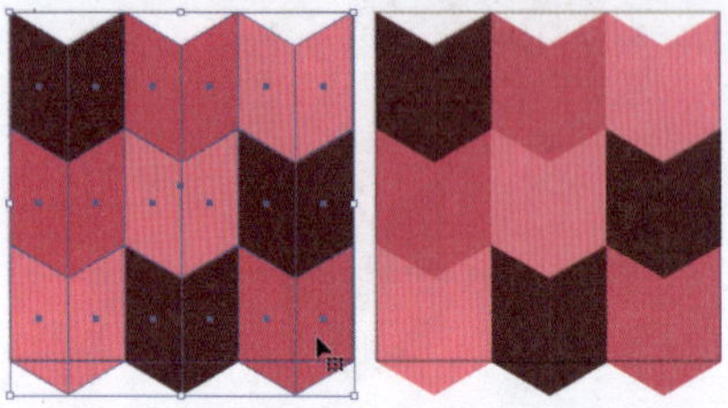

图4-310 复制对象

⑲ 选择图4-311所示的图形对象。

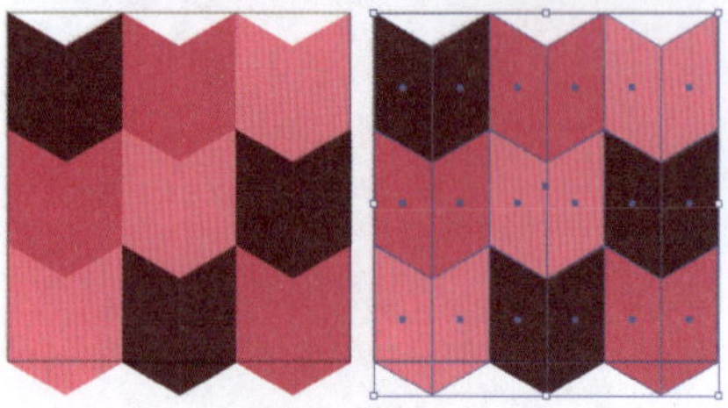

图4-311 选择对象

⑳ 在菜单栏中选择【对象】|【剪切蒙版】|【建立】命令，如图4-312所示。

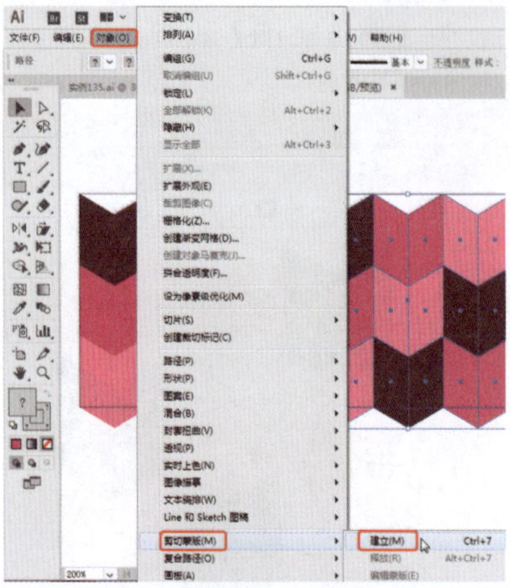

图4-312 建立蒙版

㉑ 建立后的效果如图4-313所示。

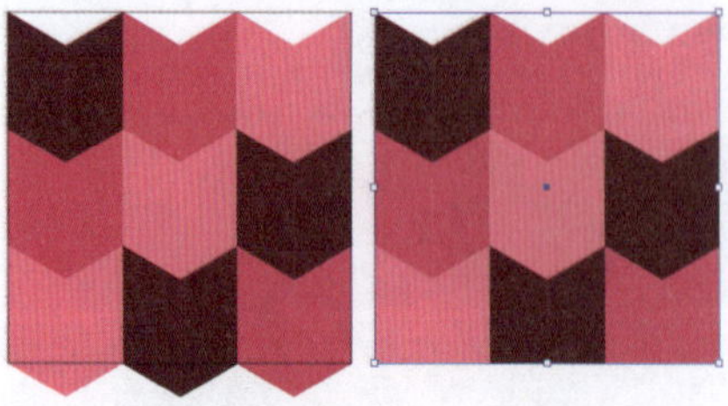

图4-313 建立后的效果

㉒ 选择左侧图形中的矩形对象，调整矩形的大小，如图4-314所示。

㉓ 选择左侧的图形部分，如图4-315所示。

图4-314 绘制矩形

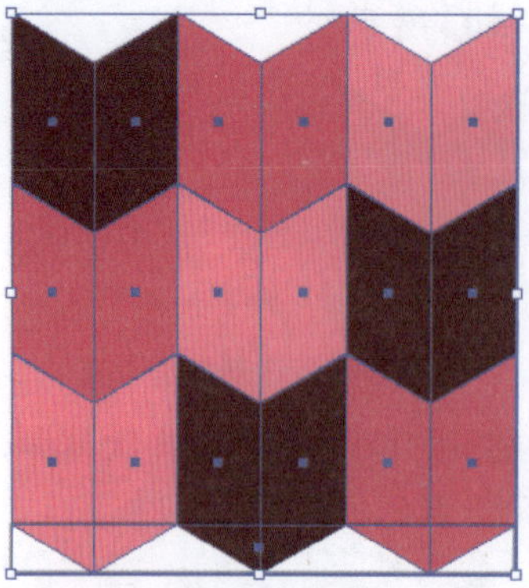

图4-315 选择对象

㉔ 按Ctrl+7组合键，建立剪切蒙版，调整对象的位置，如图4-316所示。

图4-316 调整后的效果

㉕ 使用同样的方法，绘制图4-317所示的图形对象。

图4-317 最终效果

实训练习080 手提袋

本实例通过手提袋的设计制作，主要讲解选择工具选中图形对象、倾斜工具倾斜图形对象，效果如图4-318所示。

素材	素材|Cha04|手提袋.ai、手提袋素材.ai
场景	场景|Cha04|实训练习080 手提袋.ai
视频	视频教学 | Cha04 |实训练习080 手提袋.MP4

图4-318 手提袋

❶ 打开随书配套资源中的素材|Cha04|手提袋.ai文件，如图4-319所示。

图4-319 打开素材文件

❷ 使用【倾斜工具】，按住Alt键单击图4-320所示的锚点。

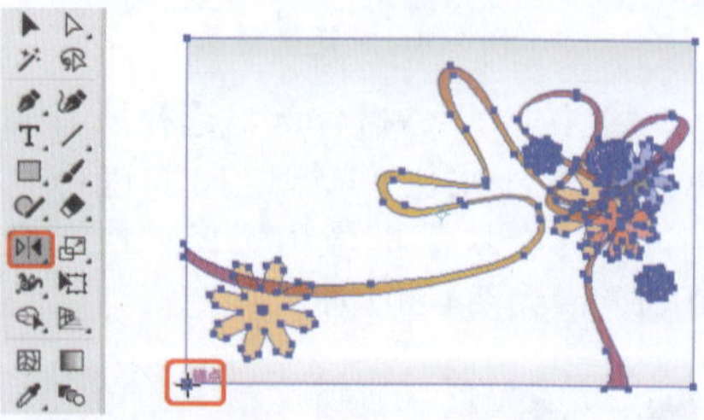

图4-320 指定锚点

❸ 弹出【镜像】对话框，保持默认设置，单击【复制】按钮，如图4-321所示。

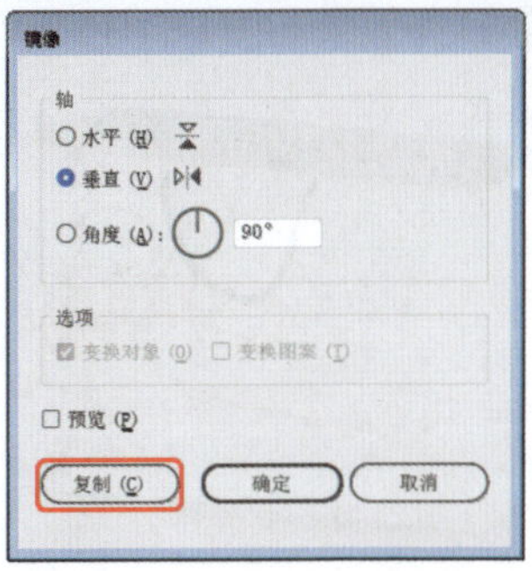

图4-321 【镜像】对话框

❹ 镜像复制后的效果如图4-322所示。

图4-322 复制后的效果

❺ 使用【矩形工具】绘制矩形，如图4-323所示。

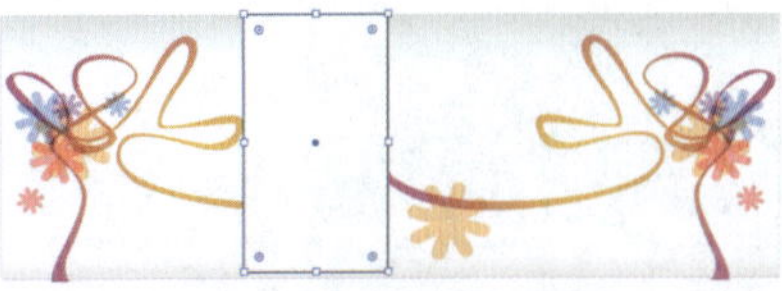

图4-323 绘制矩形

❻ 选择图4-324所示的图形对象。

图4-324 选择图形对象

❼ 按Ctrl+7组合键，建立剪切蒙版，如图4-325所示。

图4-325 建立剪切蒙版

❽ 拖动节点，调整一下对象的大小，如图4-326所示。

图4-326 调整大小

❾ 使用【倾斜工具】，按住Alt键，单击图4-327所示的锚点。

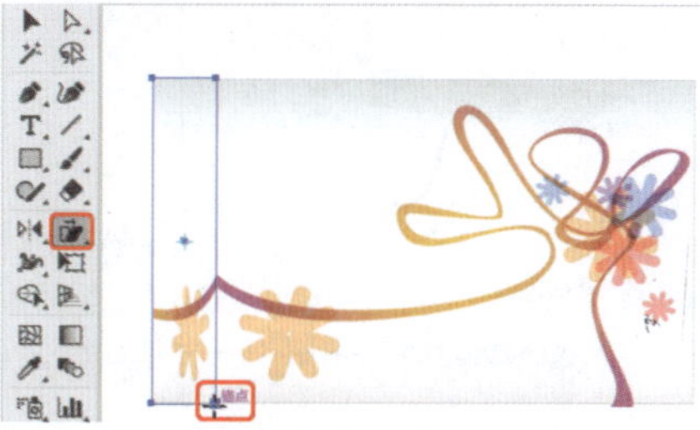

图4-327 指定锚点

❿ 弹出【倾斜】对话框，将【倾斜角度】设置为35°，将【轴】的【角度】设置为90°，单击【确定】按钮，如图4-328所示。

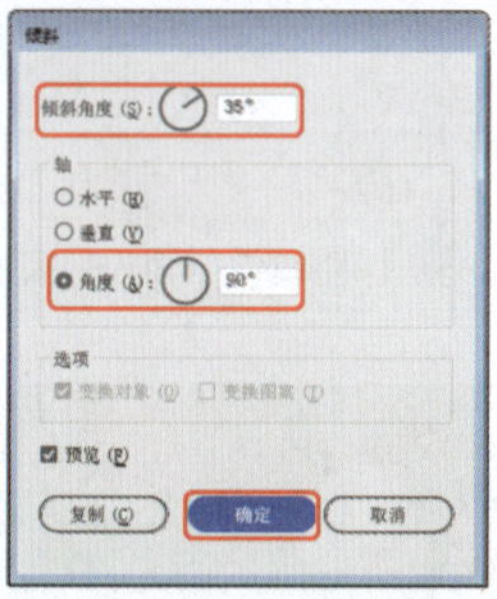

图4-328 设置【倾斜】参数

⓫ 倾斜后的效果如图4-329所示。

图4-329 倾斜后的效果

⓬ 选择图4-330所示的对象。

图4-330 选择图形对象

⓭ 使用【倾斜工具】，按住Alt键，单击图4-331所示的锚点。

⓮ 弹出【倾斜】对话框，将【倾斜角度】设置为-6°，单击【确定】按钮，如图4-332所示。

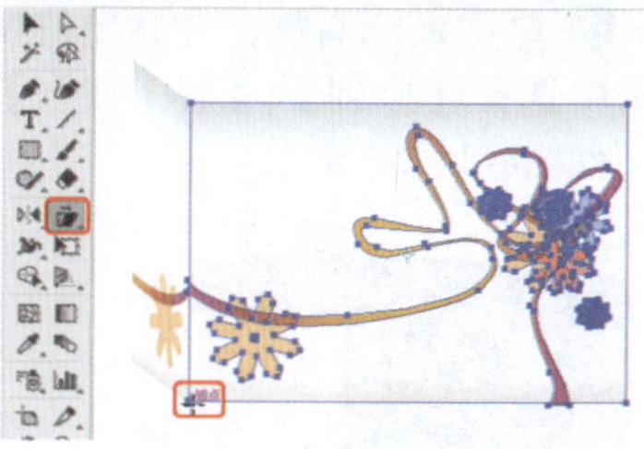

图4-331 指定锚点

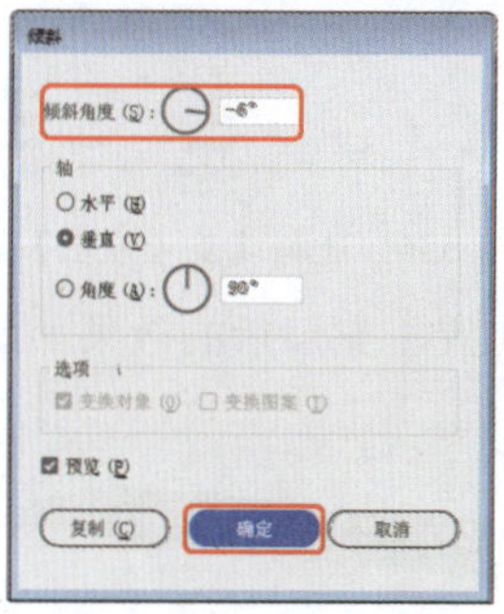

图4-332 设置倾斜角度

⓯ 使用【钢笔工具】绘制图形，将【填充颜色】的RGB值设置为76、73、72，将【描边颜色】设置为无，如图4-333所示。

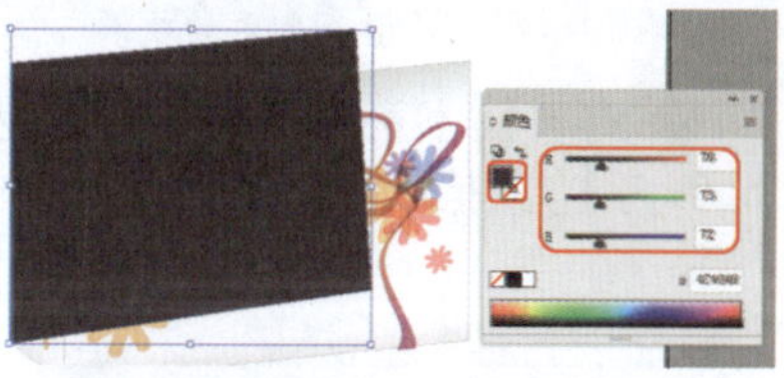

图4-333 设置填充颜色和描边颜色

⓰ 使用【钢笔工具】绘制图形，将【填充颜色】的RGB值设置为114、112、111，将【描边颜色】设置为无，如图4-334所示。

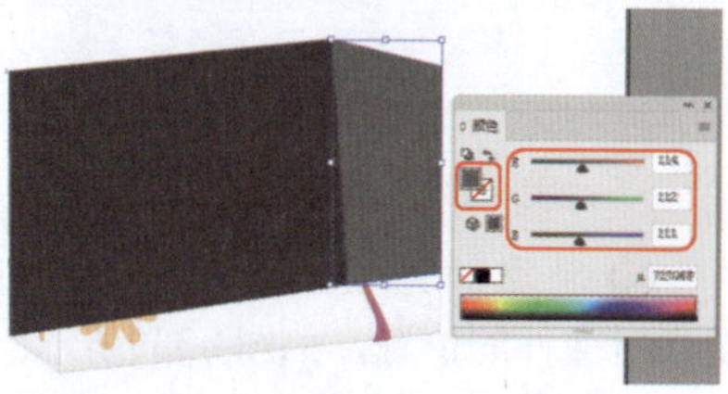

图4-334 设置填充颜色和描边颜色

⓱ 按住Shift键，选择绘制的图形对象，如图4-335所示。

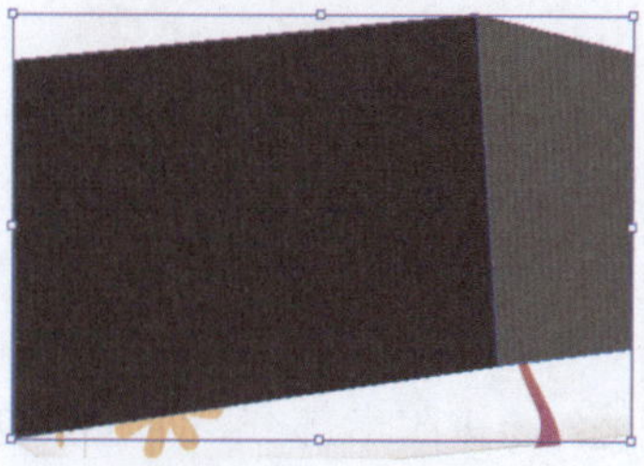

图4-335 选择图形对象

⑱ 单击鼠标右键，在弹出的快捷菜单中选择【排列】|【置于底层】命令，如图4-336所示。

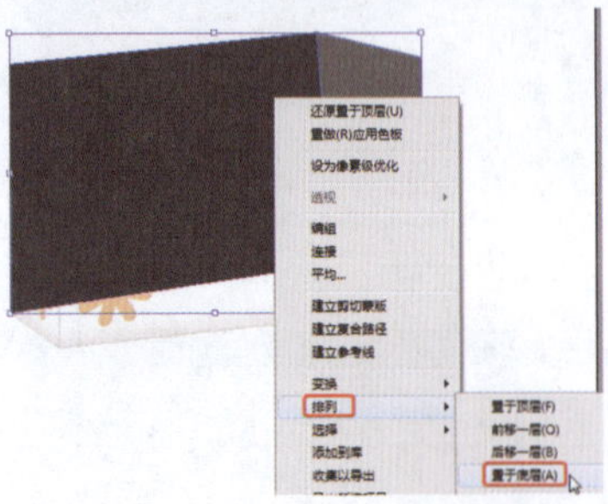

图4-336　选择【置于底层】命令

⑲ 置于底层后的效果如图4-337所示。

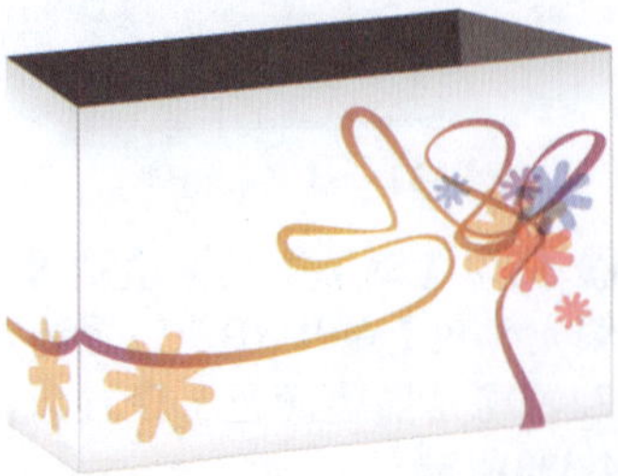

图4-337　置于底层后的效果

⑳ 打开随书配套资源中的素材|Cha04|手提袋素材.ai文件，如图4-338所示。

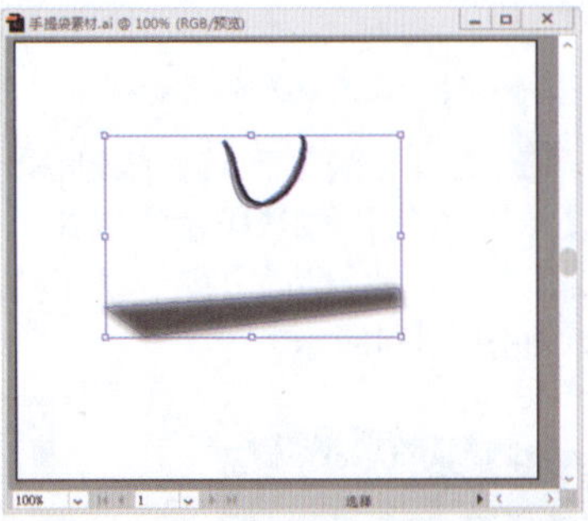

图4-338　打开素材文件

㉑ 将素材文件复制到场景中，调整素材文件的位置，如图4-339所示。

图4-339　调整素材文件的位置

㉒ 选择阴影部分，单击鼠标右键，在弹出的快捷菜单中选择【排列】|【置于底层】命令，如图4-340所示。

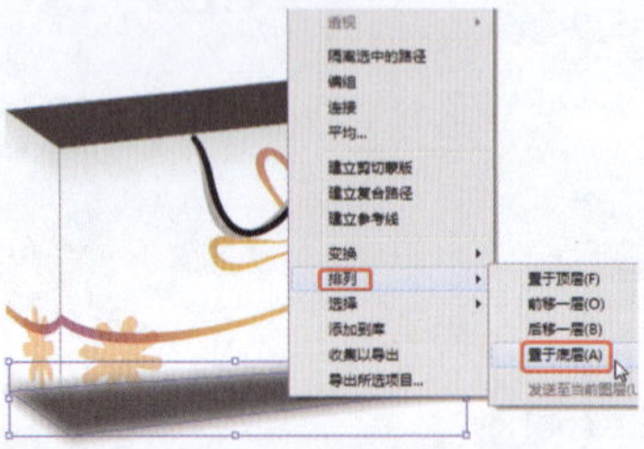

图4-340　选择【置于底层】命令

㉓ 最终效果如图4-341所示。

图4-341　最终效果

实训练习081 壁纸效果

本实例通过壁纸效果的设计制作，主要讲解椭圆工具的使用方法和技巧，效果如图4-342所示。

素材	无
场景	场景|Cha04|实训练习081　壁纸效果.ai
视频	视频教学 | Cha04 |实训练习081　壁纸效果.MP4

图4-342　壁纸效果

❶ 使用【矩形工具】，在绘图区中单击鼠标，弹出【矩形】对话框，将【宽度】和【高度】都设置为210mm，单击【确定】按钮，如图4-343所示。

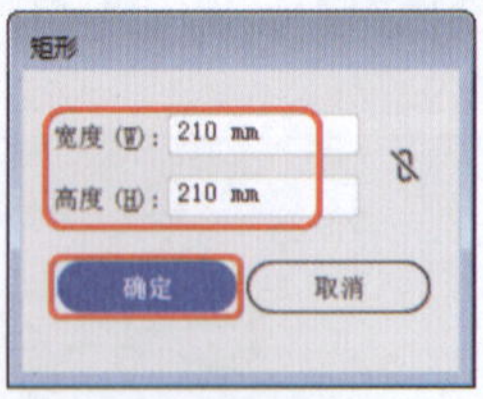

图4-343　绘制矩形

❷ 打开【颜色】面板，将矩形的CMYK值设置为50、0、100、0，将【描边颜色】设置为无，如图4-344所示。

❸ 使用【椭圆工具】绘制椭圆，将【填充颜色】设置为无，将【描边颜色】的CMYK值设置为0、75、100、0，如图4-345所示。

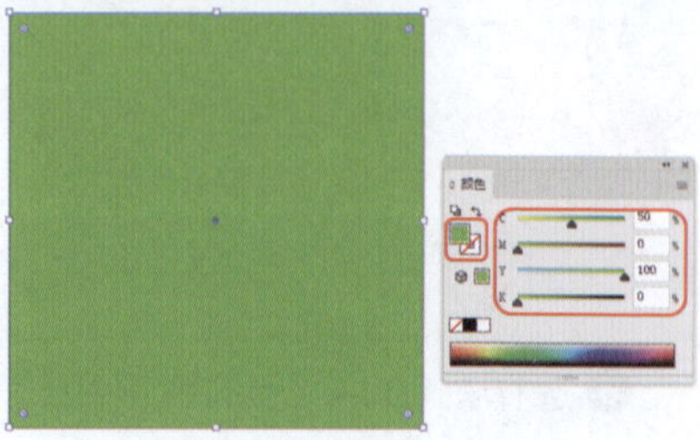

图4-344　设置填充和描边颜色

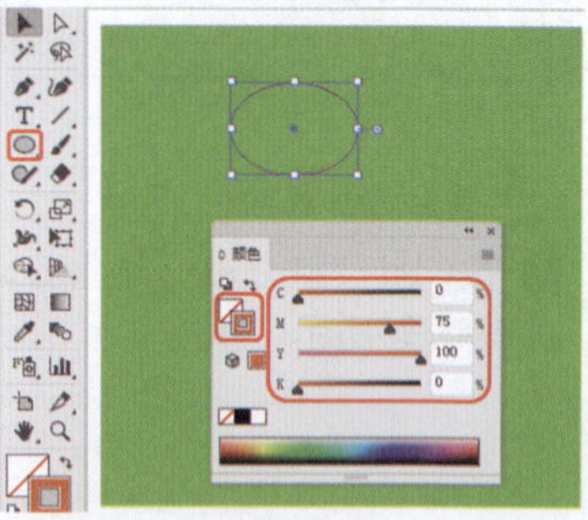

图4-345　设置填充颜色和描边颜色

❹ 将【描边粗细】设置为25pt，设置变量宽度配置文件，如图4-346所示。

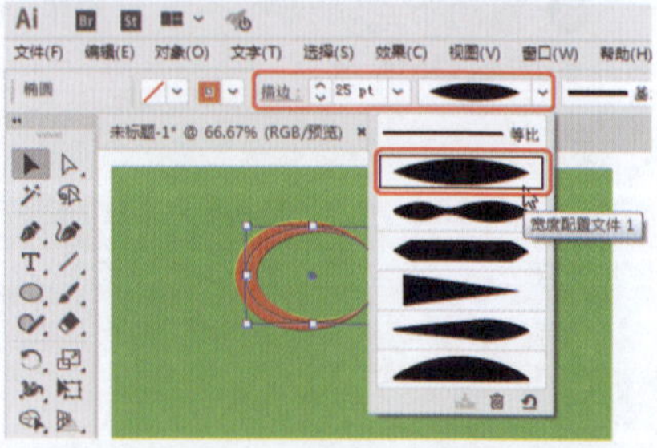

图4-346　设置描边和变量宽度配置文件

❺ 使用【椭圆工具】绘制椭圆，如图4-347所示。

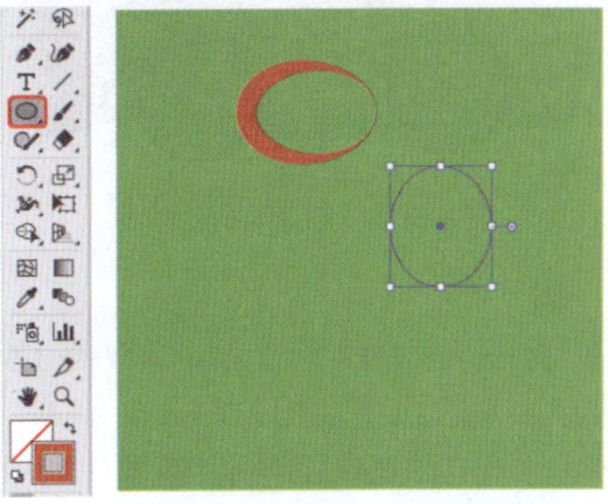

图4-347 绘制椭圆

❻ 将椭圆的CMYK值设置为26、0、100、0，将【描边颜色】设置为无，如图4-348所示。

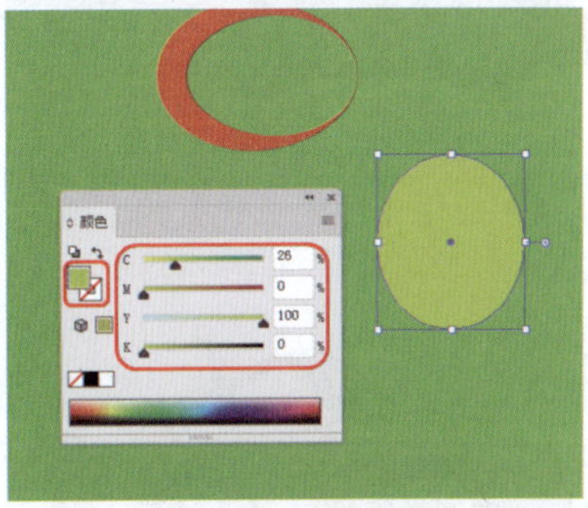

图4-348 设置椭圆颜色

❼ 使用【椭圆工具】绘制椭圆，单击【颜色】面板中的【互换颜色和描边】按钮，如图4-349所示。

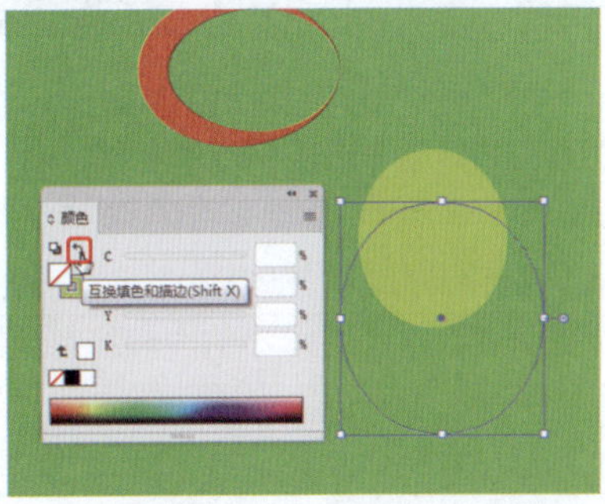

图4-349 绘制椭圆

❽ 将【描边粗细】设置为20pt，设置变量宽度配置文件，如图4-350所示。

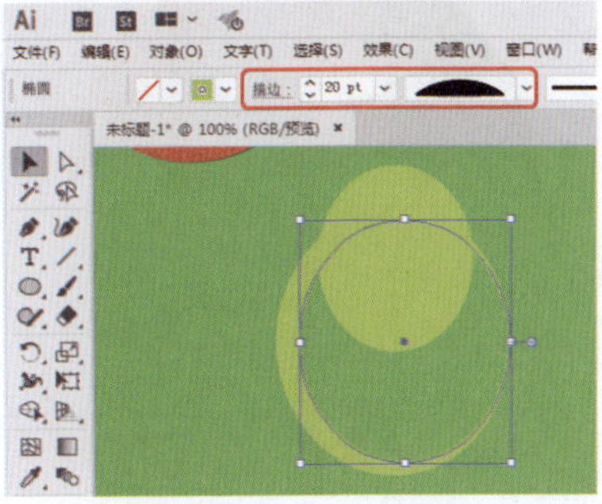

图4-350 设置完成后的效果

❾ 调整椭圆的大小、角度和位置，如图4-351所示。

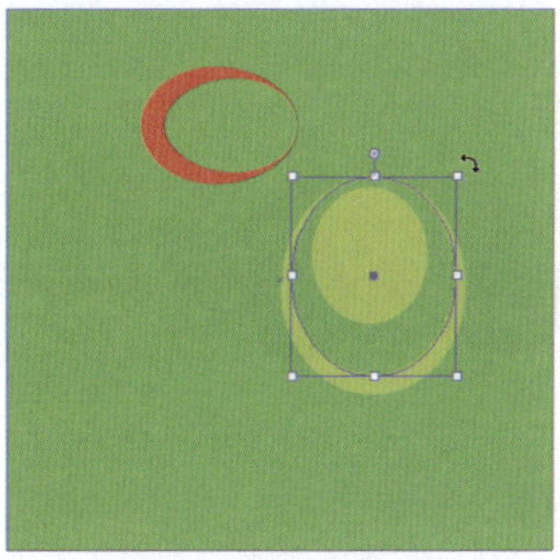

图4-351 调整完成后的效果

❿ 根据上面介绍的方法，制作图4-352所示的图形对象。

图4-352 制作完成后的效果

⓫ 选择绘制的矩形，如图4-353所示。

图4-353 选择图形对象

⓬ 按Ctrl+C组合键复制，按Ctrl+F组合键贴在前面，选择复制后的矩形，单击鼠标右键，在弹出的快捷菜单中选择【排列】|【置于顶层】命令，如图4-354所示。

图4-354 置于顶层后的效果

⓭ 按Ctrl+A组合键，选择所有的图形对象，如图4-355所示。

图4-355 选择所有的图形对象

⓮ 按Ctrl+7组合键，建立剪切蒙版，效果如图4-356所示。

图4-356 最终效果

实训练习082 卡通玩具汽车

本实例主要讲解使用选择工具选中图形对象，通过【渐变】和【颜色】面板设置图形对象的填充属性，效果如图4-357所示。

素材	素材|Cha04|卡通玩具汽车.ai
场景	场景|Cha04|实训练习082 卡通玩具汽车.ai
视频	视频教学 | Cha04 |实训练习082 卡通玩具汽车.MP4

图4-357 卡通玩具汽车

❶ 打开随书配套资源中的素材|Cha04|卡通玩具汽车.ai文件，如图4-358所示。

图4-358 打开素材文件

❷ 选择车身的上半部分，如图4-359所示。

图4-359 选择车身的上半部分

❸ 打开【渐变】面板，将【类型】设置为【线性】，将【角度】设置为86°，将0%位置处的RGB值设置为255、208、135，将100%位置处的RGB值设置为236、22、83，如图4-360所示。

图4-360 设置渐变颜色

❹ 选择车身的下半部分，如图4-361所示。

图4-361 选择车身的下半部分

❺ 打开【渐变】面板，将【类型】设置为【线性】，将【角度】设置为86°，将0%位置处的RGB值设置为236、22、83，将100%位置处的RGB值设置为255、222、130，如图4-362所示。

图4-362 设置渐变颜色

❻ 选择车门对象，如图4-363所示。

图4-363 选择车门对象

❼ 使用【吸管工具】，吸取车身的下半部分颜色，在【渐变】面板中，将【角度】设置为86°，如图4-364所示。

图4-364 吸取颜色

❽ 选择图4-365所示的图形。

图4-365 选择图形对象

❾ 打开【渐变】面板，将【类型】设置为【径向】，将0%位置处的RGB值设置为255、222、130，将100%位置处的RGB值设置为221、225、30，如图4-366所示。

图4-366 设置渐变颜色

❿ 选择图4-367所示的图形。

图4-367 选择图形对象

⓫ 打开【渐变】面板，将【类型】设置为【径向】，将70%位置处的RGB值设置为0、153、142，将100%位置处的RGB值设置为0、90、68，如图4-368所示。

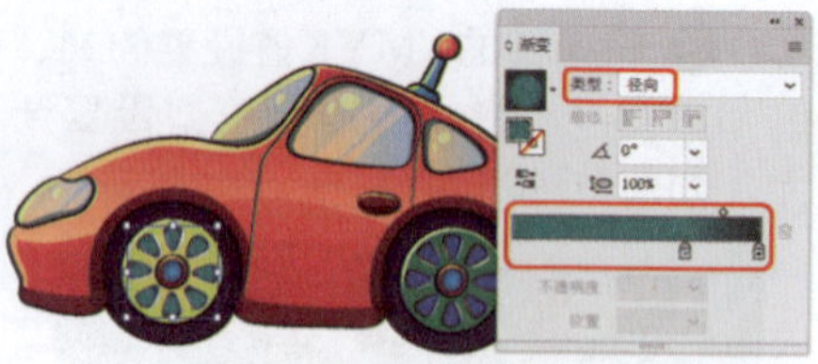

图4-368 设置渐变颜色

⓬ 使用【吸管工具】为右侧的车轮吸取颜色，效果如图4-369所示。

图4-369 最终效果

实训练习083 伞

本实例是对伞进行设计制作，通过钢笔工具绘制出雨伞的轮廓，通过【颜色】面板设置图形对象的填充属性，效果如图4-370所示。

素材	无
场景	场景|Cha04|实训练习083 伞.ai
视频	视频教学 | Cha04 |实训练习083 伞.MP4

图4-370 伞

❶ 使用【钢笔工具】，绘制雨伞，如图4-371所示。

图4-371 绘制雨伞

❷ 选择雨伞把对象，如图4-372所示。

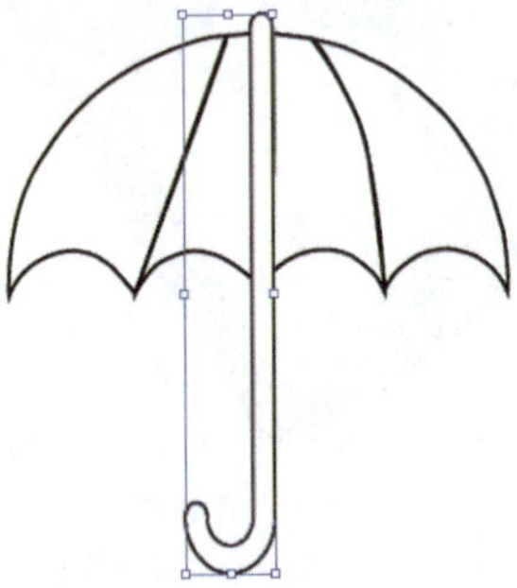

图4-372 选择雨伞把对象

❸ 通过【颜色】面板设置【填充颜色】的RGB值设置为228、0、127，将【描边颜色】设置为无，如图4-373所示。

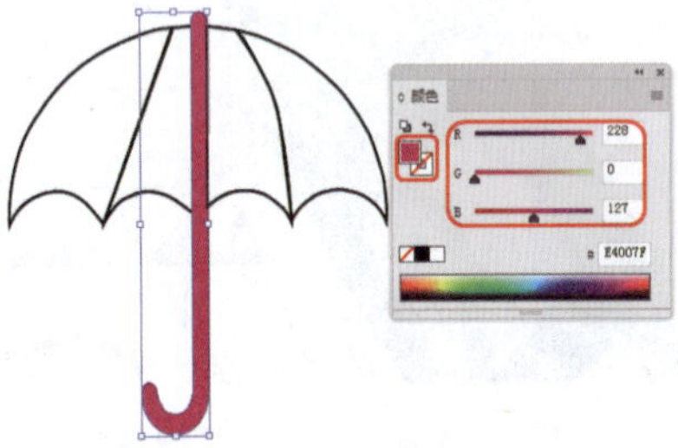

图4-373 设置填充颜色和描边颜色

❹ 选择图4-374所示的图形对象，通过【颜色】面板设置【填充颜色】的RGB值设置为0、145、58，将【描边颜色】设置为无。

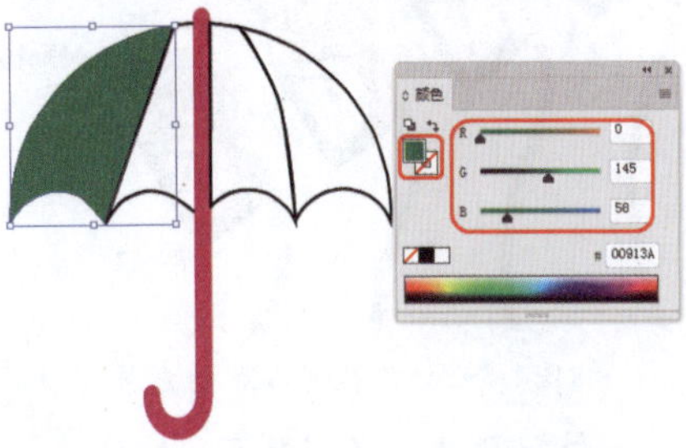

图4-374 设置填充颜色和描边颜色

❺ 选择图4-375所示的图形对象，通过【颜色】面板设置【填充颜色】的RGB值设置为243、152、0，将【描边颜色】设置为无。

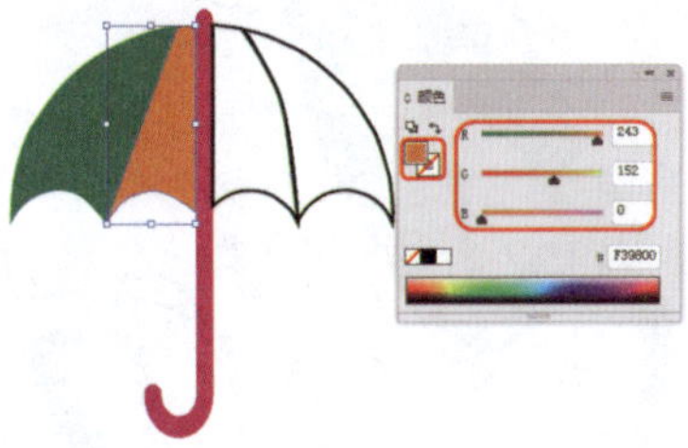

图4-375 设置填充颜色和描边颜色

❻ 选择图4-376所示的图形对象，通过【颜色】面板设置【填充颜色】的RGB值设置为46、167、224，将【描边颜色】设置为无。

❼ 选择图4-377所示的图形对象，通过【颜色】面板设置【填充颜色】的RGB值设置为234、85、20，将【描边颜色】设置为无。

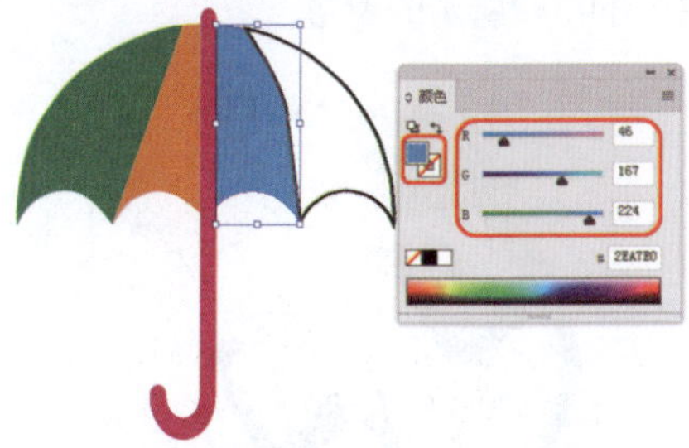

图4-376 设置填充颜色和描边颜色

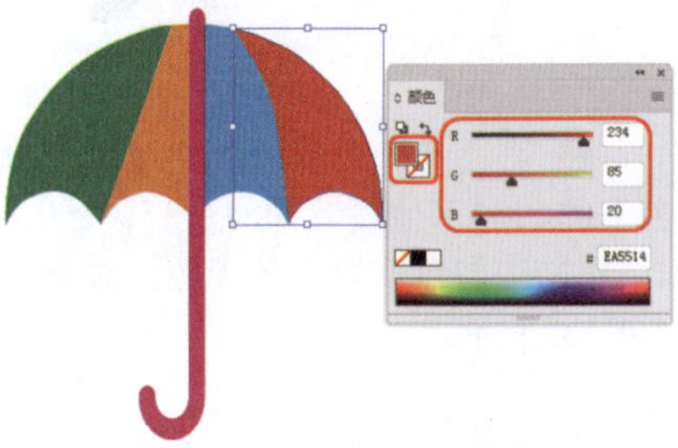

图4-377 设置填充颜色和描边颜色

实训练习084 加油器

本实例主要讲解使用选择工具选中图形对象，通过【颜色】面板更改图形对象的填充属性和描边属性，效果如图4-378所示。

素材	素材|Cha04|加油器.ai
场景	场景|Cha04|实训练习084 加油器.ai
视频	视频教学 | Cha04 |实训练习084 加油器.MP4

图4-378 加油器

❶ 打开随书配套资源中的素材|Cha04|加油器.ai文件，如图4-379所示。

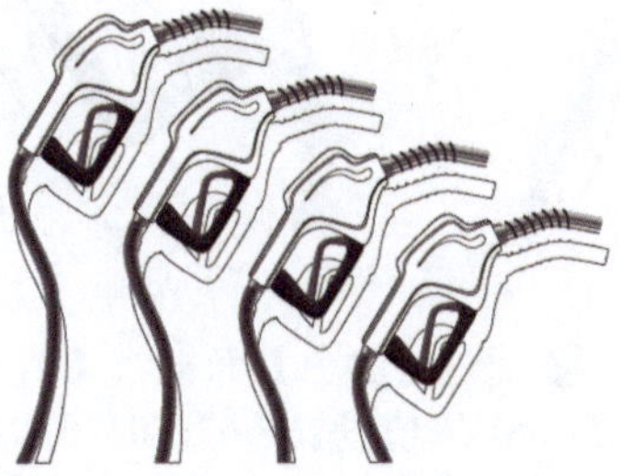

图4-379 打开素材文件

❷ 使用【选择工具】，选择加油器手柄图形，如图4-380所示。

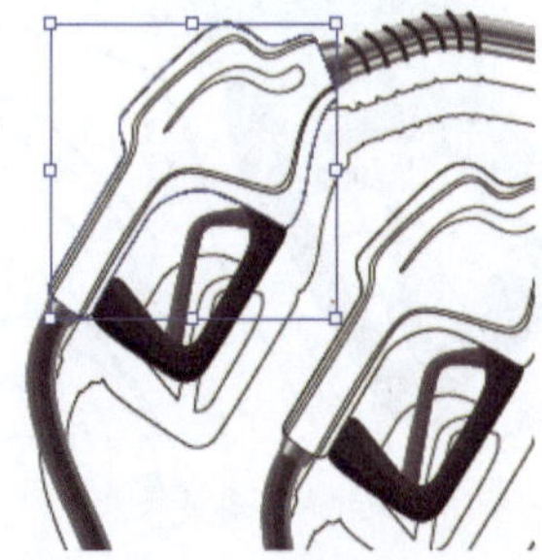

图4-380 选择加油器手柄

❸ 通过【颜色】面板将【填充颜色】的CMYK值设置为73、0、100、0，【描边颜色】设置为无色，完成后的效果如图4-381所示。

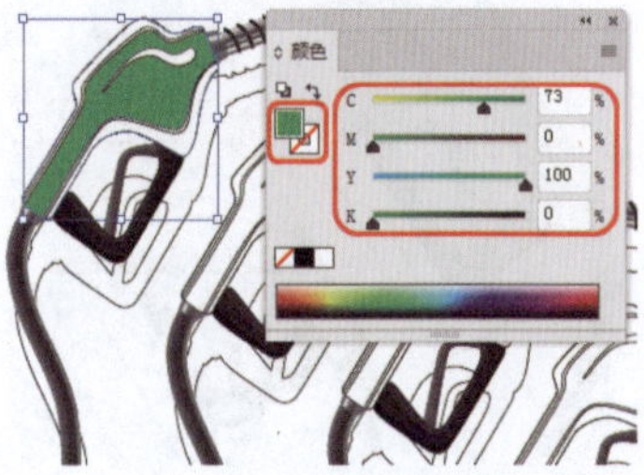

图4-381 设置填充和描边颜色

❹ 使用【选择工具】，单击并选择图4-382所示的图形。

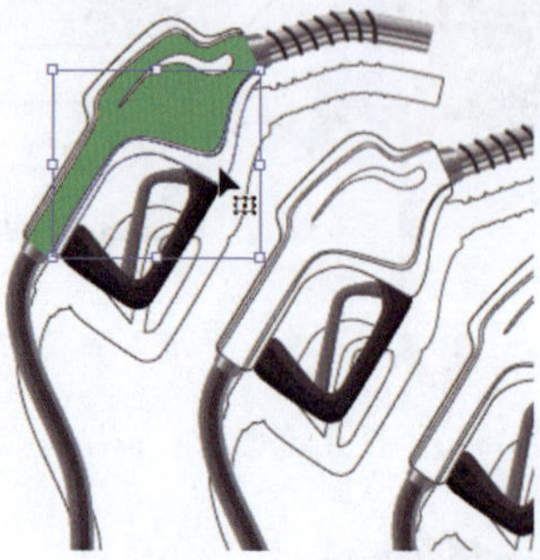

图4-382　选择图形

❺ 通过【颜色】面板将【填充颜色】的CMYK值设置为84、37、100、2，【描边颜色】设置为无色，效果如图4-383所示。

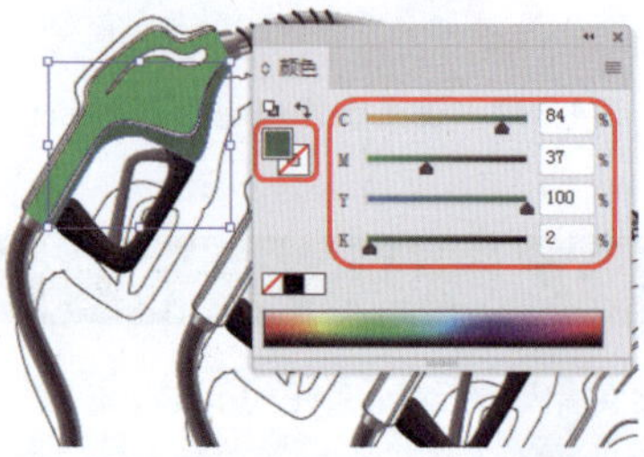

图4-383　设置填充和描边颜色

❻ 使用【选择工具】，单击并选择图4-384所示的图形。

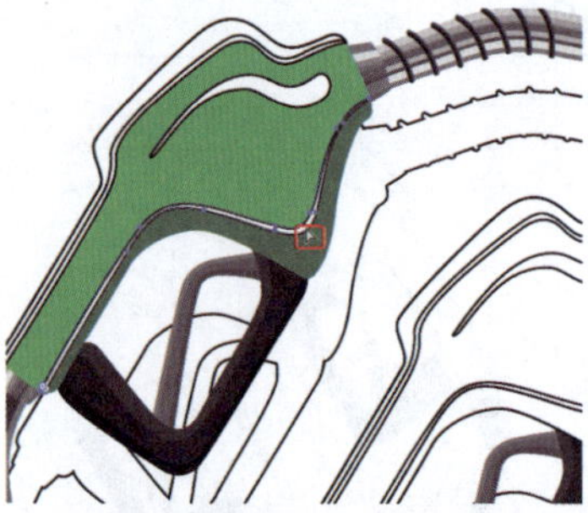

图4-384　选择图形

❼ 通过【颜色】面板将【填充颜色】的CMYK值设置为80、25、100、0，描边颜色设置为无色，效果如图4-385所示。

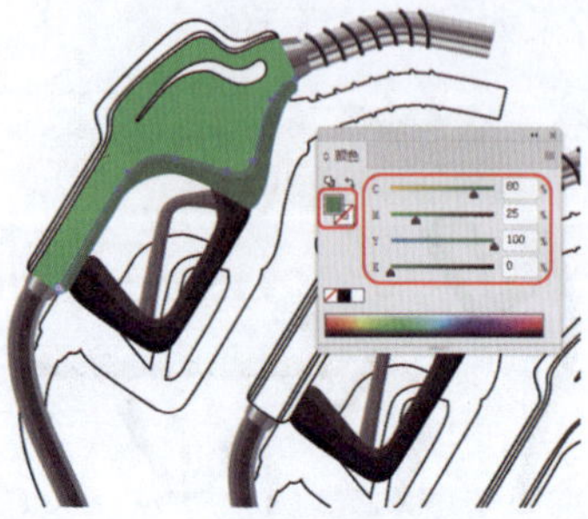

图4-385　设置填充颜色和描边颜色

❽ 使用【选择工具】，单击并选择图4-386所示的图形。

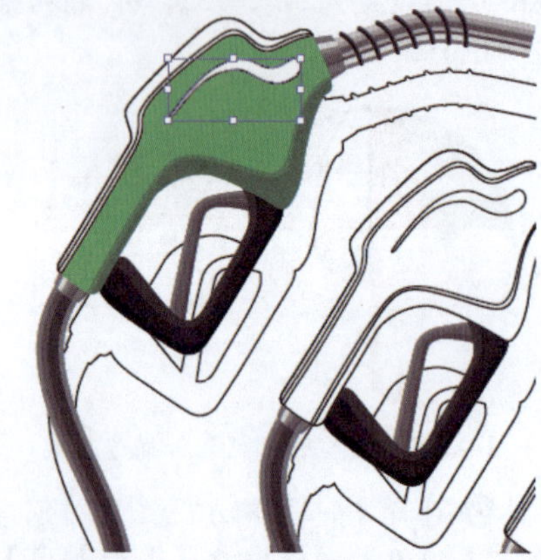

图4-386　选择图形

❾ 通过【颜色】面板将【填充颜色】的CMYK值设置为35、0、40、0，【描边颜色】设置为无色，效果如图4-387所示。

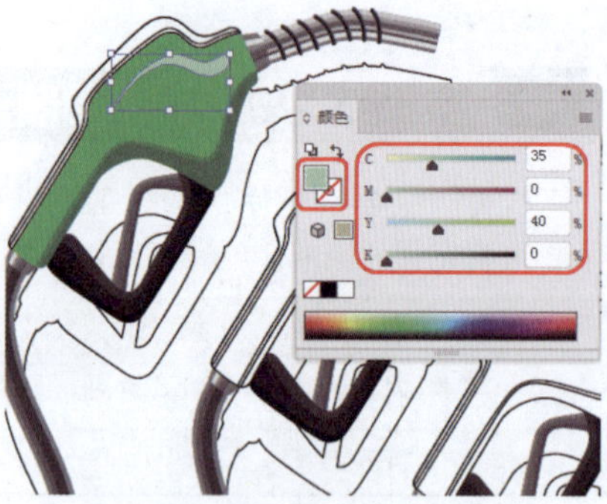

图4-387　设置填充和描边颜色

❿ 使用【选择工具】，单击并选择图4-388所示的图形。

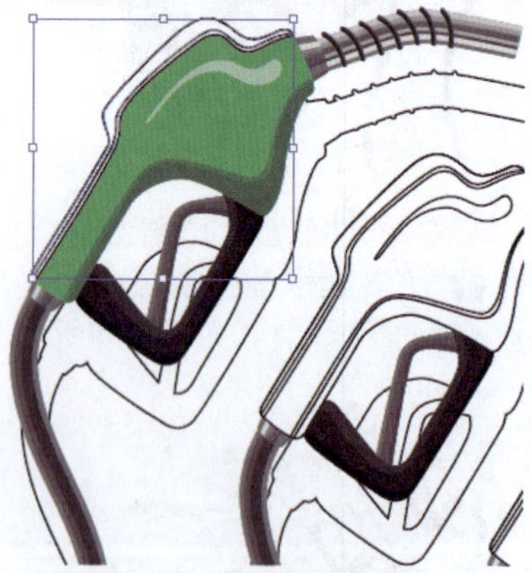

图4-388　选择图形

⓫ 通过【颜色】面板将【填充颜色】的CMYK值设置为62、0、83、0，描边颜色设置为无色，效果如图4-389所示。

⓬ 使用【选择工具】，单击并选择图4-390所示的图形。

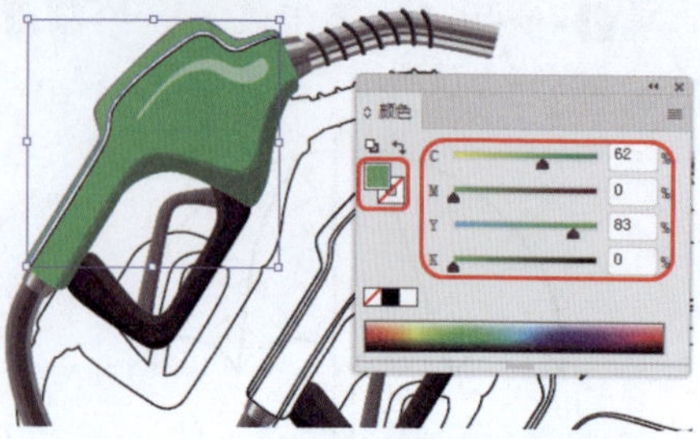

图4-389　设置填充和描边颜色

图4-390　选择图形

⓭ 通过【颜色】面板将【填充颜色】的CMYK值设置为52、0、70、0，【描边颜色】设置为无色，效果如图4-391所示。

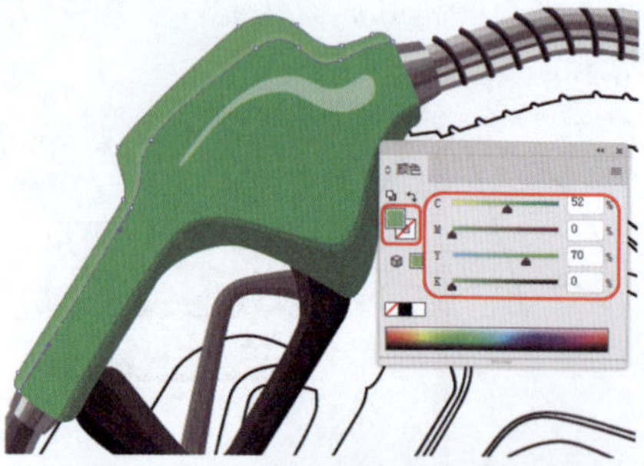

图4-391　设置填充颜色和描边颜色

⓮ 通过上面介绍的方法，再将其他图形填充颜色，效果如图4-392所示。

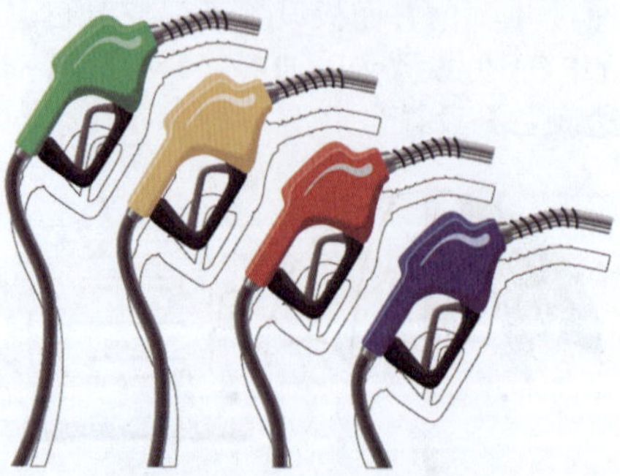

图4-392　设置完成后的效果

⓯ 使用【选择工具】，按住Shift键选择图形，效果如图4-393所示。

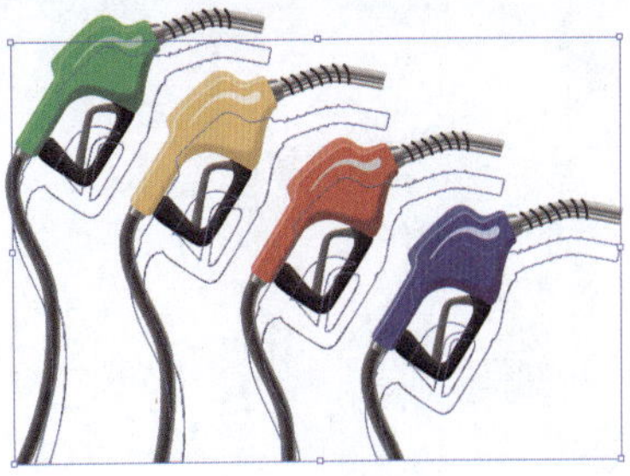

图4-393 选择阴影部分

⑯ 通过【颜色】面板设置所选图形的填充颜色为CMYK值设置为18、15、13、0，【描边颜色】设置为无色，最终的效果如图4-394所示。

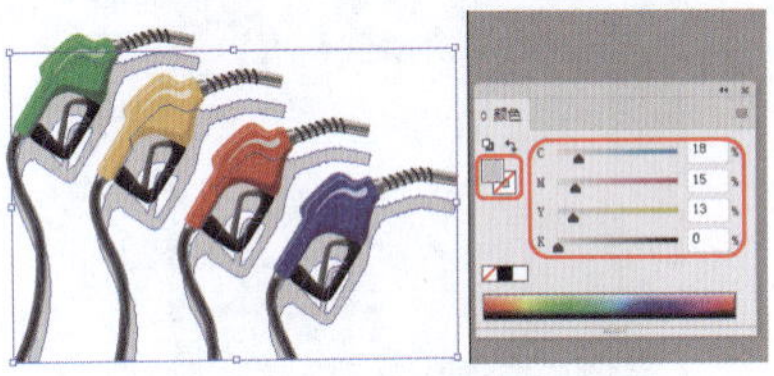

图4-394 设置填充颜色和描边颜色

实训练习085 圣诞贺卡

本实例主要讲解使用选择工具选中图形对象，渐变网格工具填充图形对象及【描边】面板的使用，效果如图4-395所示。

素材	素材|Cha04|圣诞贺卡.ai
场景	场景|Cha04|实训练习085 圣诞贺卡.ai
视频	视频教学|Cha04|实训练习085 圣诞贺卡.MP4

图4-395 圣诞贺卡

❶ 打开随书配套资源中的素材|Cha04|圣诞贺卡.ai文件，如图4-396所示。

图4-396 打开素材文件

❷ 使用【选择工具】，按住Shift键选择贺卡中的信封图形，如图4-397所示。

图4-397 选择图形

❸ 通过【颜色】面板将【填充颜色】的CMYK值设置为50、54、75、2，【描边颜色】设置为无色，完成后的效果如图4-398所示。

图4-398 设置填充颜色和描边颜色

❹ 使用【网格工具】，在图4-399所示的位置处单击，增加网格线。

提 示

网格工具的快捷键为U。

图4-399 增加网格线

❺ 通过【颜色】面板将【填充颜色】的CMYK值设置为40、43、56、0，效果如图4-400所示。

图4-400 更改网格点的颜色

❻ 使用【选择工具】，按住Shift键单击并选择图形，效果如图4-401所示。

图4-401 选择图形

❼ 打开【描边】面板，将【粗细】设置为2pt，将【限制】设置为10，勾选【虚线】复选框，将【虚线】和【间隙】分别设置为10pt和6pt，将【描边颜色】的CMYK值设置为0、0、0、0，效果如图4-402所示。

❽ 使用【网格工具】，在图形中合适的位置单击，增加网格线，如图4-403所示。

❾ 通过【颜色】面板将【填充颜色】的CMYK值设置为40、43、56、0，效果如图4-404所示。

图4-402 【描边】面板及设置后的效果

图4-403 增加网格线

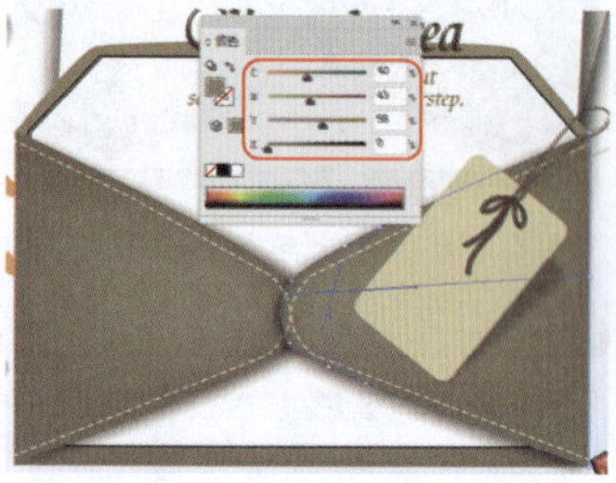

图4-404 更改网格线的颜色

⑩ 使用【圆角矩形工具】，在页面中合适的位置单击，此时弹出【圆角矩形】对话框，将【宽度】和【高度】分别设置为60mm和100mm，将【圆角半径】设置为5mm，设置完成后单击【确定】按钮，如图4-405所示。

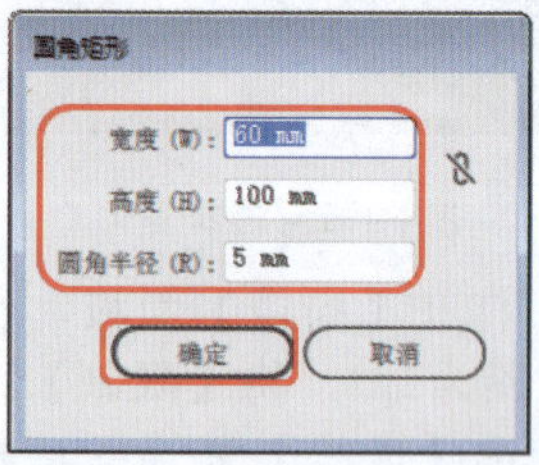

图4-405 设置【圆角矩形】参数

⑪ 通过【颜色】面板设置圆角矩形的填充颜色为无色，【描边颜色】的CMYK值设置为58、69、82、23，效果如图4-406所示。

⑫ 打开【描边】面板，将【粗细】设置为1.2pt，将【端点】设置为【圆头端点】，勾选【虚线】复选框，将【虚线】和【间隙】都设置为5pt，如图4-407所示。

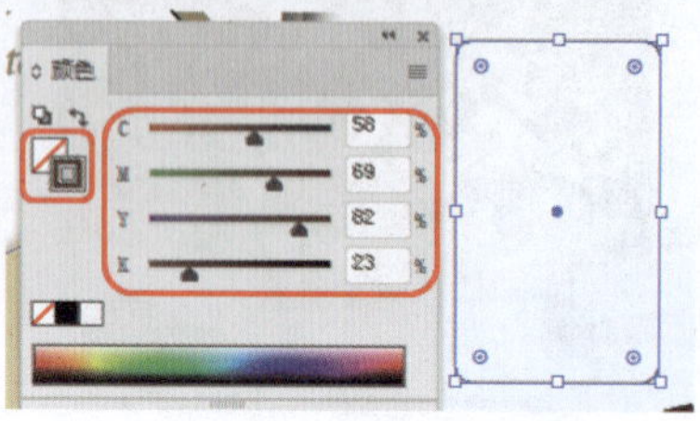

图4-406 填充颜色和描边颜色

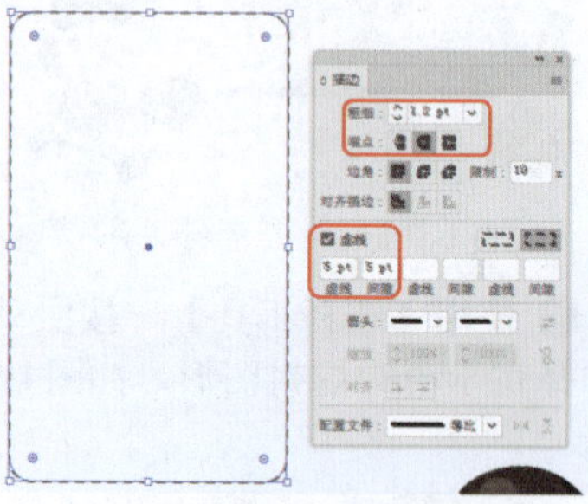

图4-407 设置后的效果

⑬ 使用【选择工具】选择图形，将其移到合适的位置，并通过变换框旋转一定的角度，效果如图4-408所示。

图4-408 调整圆角矩形的角度

⑭ 使用【选择工具】选择图形，效果如图4-409所示。

图4-409 选择图形

⑮ 打开【描边】面板，将【粗细】设置为1pt，将【端点】设置为【平头端点】，将【限制】设置为10，勾选【虚线】复选框，将【虚线】和【间隙】都设置为5pt，通过【颜色】面板设置图形的【填充颜色】设置为无色，【描边颜色】设置为白色，效果如图4-410所示。

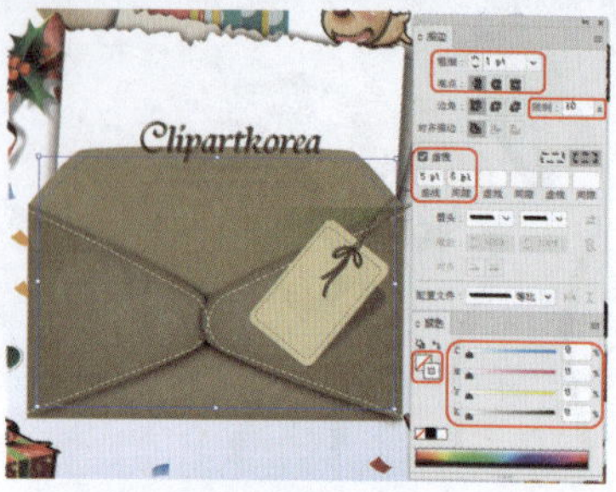

图4-410 设置填充颜色和描边颜色

⑯ 设置虚线样式后，使用【选择工具】，单击并选择图形，如图4-411所示。

图4-411 选择图形

⑰ 在菜单栏中选择【对象】|【排列】|【前移一层】命令，执行两次，如图4-412所示。

图4-412 选择两次【前移一层】命令

⑱ 最终的效果如图4-413所示。

图4-413 最终效果

实训练习086 餐具

本实例主要讲解选择工具选中图形对象，通过【渐变】和【颜色】面板填充属性，效果如图4-414所示。

素材	素材|Cha04|餐具.ai、放射背景.ai
场景	场景|Cha04|实训练习086 餐具.ai
视频	视频教学 | Cha04 |实训练习086 餐具.MP4

图4-414 餐具

❶ 打开随书配套资源中的素材|Cha04|餐具.ai文件，如图4-415所示。

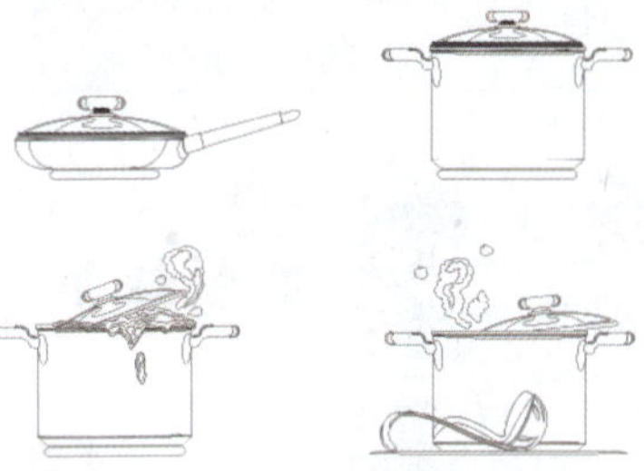
图4-415 打开素材文件

❷ 使用【选择工具】，单击并选择锅体图形，如图4-416所示。

图4-416 选择锅体图形

❸ 在【渐变】和【颜色】面板中设置锅体图形对象的颜色，完成后的效果如图4-417所示。

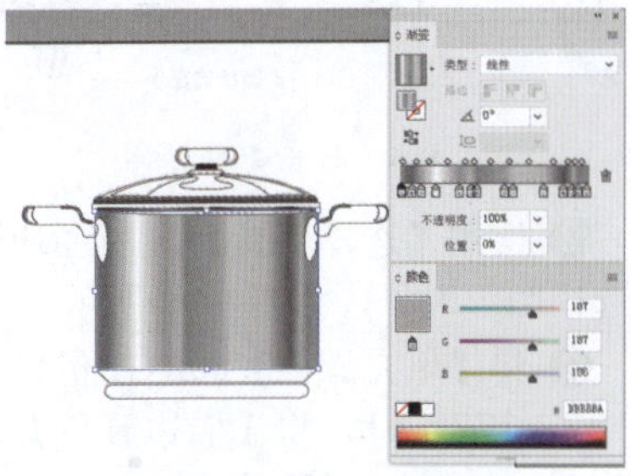
图4-417 设置渐变颜色

❹ 使用【选择工具】，选择锅体下方的第一个锅底图形，如图4-418所示。

图4-418 选择图形对象

❺ 在【渐变】和【颜色】面板中设置锅底图形对象的颜色，完成后的效果如图4-419所示。

图4-419 设置渐变颜色

❻ 使用【选择工具】选择锅体下方最底端的锅底图形，如图4-420所示。

图4-420 选择锅底底端图形

❼ 通过【颜色】面板设置对象的【填充颜色】为黑色，【描边颜色】设置为无色，效果如图4-421所示。

图4-421 设置填充颜色和描边颜色

❽ 使用【选择工具】选择锅体上方的锅盖图形，完成后的效果如图4-422所示。

图4-422 选择锅盖图形

❾ 在【渐变】和【颜色】面板中设置锅盖图形对象的颜色，效果如图4-423所示。

图4-423 设置渐变颜色

❿ 使用【选择工具】，按住Shift键选择图4-424所示的图形。

图4-424 选择图形对象

⓫ 通过【渐变】和【颜色】面板设置对象的填充颜色，效果如图4-425所示。

⓬ 使用【选择工具】，选择如图4-426所示的图形对象。

图4-425　设置渐变颜色

图4-426　选择图形对象

⑬ 通过【渐变】和【颜色】面板设置对象的填充颜色，如图4-427所示。

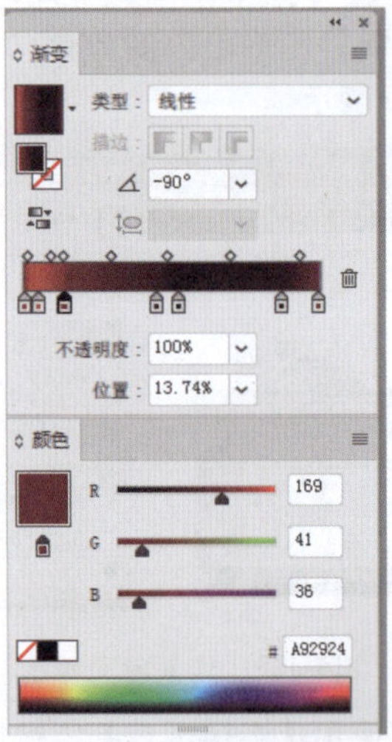

图4-427　设置渐变颜色

⑭ 填充后的效果如图4-428所示。

图4-428　填充后的效果

⑮ 使用【选择工具】选择图4-429所示的图形对象，通过【渐变】和【颜色】面板设置对象的填充颜色。

图4-429　设置图形的渐变颜色

⑯ 使用【选择工具】选择图4-430所示的图形对象，通过【渐变】和【颜色】面板设置对象的填充颜色。

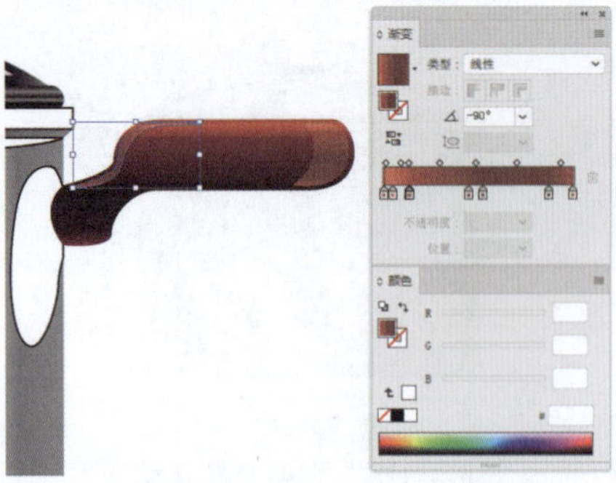

图4-430　设置图形的渐变颜色

⑰ 使用同样的方法，对餐具其他的部分进行填充，如图4-431所示。

图4-431　填充后的效果

⑱ 打开随书配套资源中的素材|Cha04|放射背景.ai文件，如图4-432所示。

图4-432　打开素材文件

⑲ 将设置好的餐具复制到放射背景.ai文件中，调整对象的位置，最终效果如图4-433所示。

图4-433　最终效果

实训练习087 超市海报

本实例主要讲解选择工具选中单个或多个图形对象，通过【颜色】面板设置填充和描边属性，效果如图4-434所示。

素材	素材|Cha04|超市海报.ai
场景	场景|Cha04|实训练习087　超市海报.ai
视频	视频教学 | Cha04 |实训练习087　超市海报.MP4

图4-434　超市海报

❶ 打开随书配套资源中的素材|Cha04|超市海报.ai文件，如图4-435所示。

图4-435　打开素材文件

❷ 使用【选择工具】，按住Shift键选择图形对象，如图4-436所示。

❸ 将【填充颜色】的RGB值设置为107、177、61，将【描边颜色】设置为无，如图4-437所示。

图4-436 选择图形

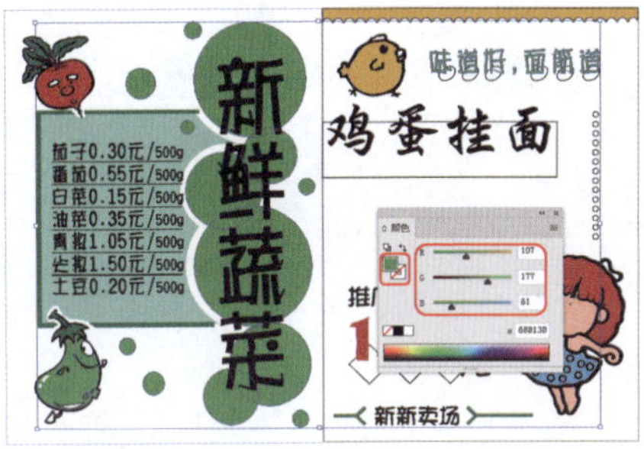

图4-437 设置填充和描边颜色

❹ 选择图4-438所示的矩形。

图4-438 选择矩形对象

❺ 将【填充颜色】的RGB值设置为223、121、58，将【描边颜色】设置为无，如图4-439所示。

图4-439 设置填充颜色和描边颜色

❻ 使用【选择工具】，按住Shift键选择图形对象，如图4-440所示。

❼ 将【填充颜色】的RGB值设置为95、171、216，将【描边颜色】设置为无，如图4-441所示。

图4-440 选择图形对象

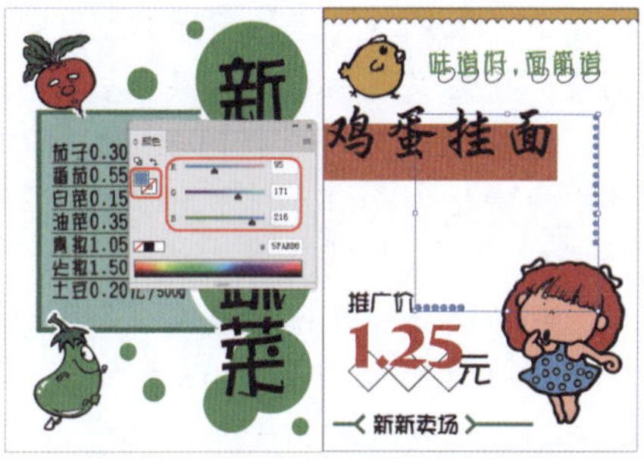

图4-441 设置填充颜色和描边颜色

❽ 选择图4-442所示的菱形对象。

图4-442 选择菱形对象

❾ 将【填充颜色】的RGB值设置为231、227、76，将【描边颜色】设置为无，如图4-443所示。

图4-443 设置填充颜色和描边颜色

❿ 最终效果如图4-444所示。

图4-444 最终效果

知识链接

超市海报

超市海报也称为超市海报纸，即POP是英文Point of Purchase的缩写。

主要用途是刺激、引导消费和活跃卖场气氛。它的形式主要有户外招牌展板、橱窗海报、店内台牌、价目表、吊旗，甚至是立体卡通模型等。

POP为短期促销使用，其表现形式夸张幽默、色彩强烈，能有效地吸引顾客的视点，激发购买欲，作为一种低价高效的广告方式已被广泛使用。

适用范围：大型商场、超市、专卖店、电器产品卖场、药店、宾馆、酒店以及各类娱乐场所等。

海报分类

1. DM海报

DM是英语Direct Mail Advertisings的缩写，直译为“直接邮寄广告”，即通过邮寄方式，将推广品递给消费者。亦有将其表述为Direct Magazine Advertising（直投杂志广告）。两者没有实质上的区别，都强调直接投递（邮寄）。

DM方式有广义和狭义之分，广义的包括广告单页，如大家熟悉的街头巷尾、商场超市散发的传单。狭义的仅指装定成册的集纳型广告推广画册，页数在20页至200页不等。

（1）DM广告杂志不能标价销售，不能向订户收取费用，只能免费赠送。

（2）DM广告需有工商局批准的广告刊号才能刊载广告。

（3）DM广告可以和邮电局的

DM专送合作。

2. POP海报

POP是指“购买点的广告”。

凡在商场建筑物内外、所有能帮助促销的广告物或提供有关商品信息、服务、指示、引导等标示都可以称为POP广告，如商场外悬挂着的横幅标语广告等。

3. 招贴海报

“招贴”按其字面解释，“招”是指吸引注意，“贴”是张贴，即“为招引注意而进行张贴”。招贴的英文“poster”，牛津英语词典解释为展示于公共场所的告示（Placard Displayed in A Public Place）。国际教科书出版公司出版的广告词典里，poster意指张贴于纸板、墙、大木板或车辆上的印刷广告，或以其他方式展示的印刷广告，它是户外广告的主要形式，广告中最古老的形式之一。

也有人根据poster的词根结构及掌故来解释招贴的词义，认为poster是从“post”转化而来，“post”词义为柱子，故poster是指所有张贴于柱子上的告示。

招贴又名“海报”或“宣传画”，属于户外广告，分布在街道、影剧院、展览会、商业区、车站、码头、公园等公共场所。国外也称之为“瞬间”的的街头艺术。

招贴相比其他广告具有画面大、内容广泛、艺术表现力丰富、远视效果强的特点。对于学设计的人来说，提起广告首先想到的就是招贴。

（1）画面大。

招贴不是捧在手上的设计，而是要张贴在公共场所，它受到周围环境和各种因素的干扰，所以必须以大画面及突出的形象和色彩展现。其画面有全开、对开、长三开及特大画面（八张全开等）。

（2）远视强。

为了使来去匆忙的人们对海报留下印象，除了面积大之外，还要充分体现定位设计的原理，以突出商标、标志。标题、图形对比强烈的色彩，或大面积空白、简练的视觉流程成为视觉焦点。如果就形式上区分广告与其他视觉艺术的不同，招贴可以说更具广告的典型性。

（3）艺术性高。

通过了解厂家、商品、对象和环境的具体情况，充分发挥想象力，以其新颖的构思、短而生动的标题和广告语，具有个性的表现形式，强调招贴画的远视性和艺术性。

在国外，招贴的大小有标准尺寸。按英制标准，招贴中最基本的一种尺寸是30英寸×20英寸(508mm×762mm)，相当于国内对开纸大小，依照这一基本标准尺寸，又发展出其他标准尺寸：30英寸×40英寸、60英寸×40英寸、60英寸×120英寸、10英寸×6.8英寸和10英寸×20英寸。

美国最常用的招贴尺寸有四种：1张一幅(508mm×762mm)、3张一幅、24张一幅和30张一幅，其中最常用的是24张一幅，属巨幅招贴画，一般贴在人行道旁行人必经之处和售货地点。

招贴多数是用制版印刷方式制成，在公共场所和商店内外张贴。当然，也有一些用于临时性的招贴，不用印刷，只以手绘完成，此类招贴属POP性质，如商品临时降价优惠，通知展销会、交易会、时装表演或食物品尝会的时间、地点等。这种即兴手绘式招贴，有时用即时贴代替，大多以手绘美术字为主，有时兼有插图，且较随意、快捷，它不及印刷招贴构图严谨。手绘海报的优点是传播信息及时，成本费用低，制作简便。

正因为招贴具备特有的艺术效果及美感，广告史上最具代表性的广告设计师大多数都是因其在招贴设计上的突出表现而成名。从这种意义上讲，招贴设计的研究是广告设计家成功的必经之路。

4. 商场海报

简单的说，商场海报就是商场超市为了促销，而自行设计手写的促销海报。只需要用手写，描绘出商品信息，节省成本，小批量用，无需浪费大量成本去生产。

绘制一张精美的POP海报，可以利用以下工具来混合搭配，不限定某一种特定的工具。

（1）彩色笔：分角头及圆头二种笔头。

（2）麦克笔：分角头及圆头二种笔头，又分酒精、水性、油性三种溶液的麦克笔。

（3）粉笔、蜡笔。

（4）粉彩笔。

（5）色铅笔、素描铅笔。

（6）水彩、广告颜料、圆或平的水彩笔。

（7）毛笔、墨汁、色丹。

（8）笔刀、美工刀、割圆器、造型剪刀、剪刀。

（9）双面胶、口红胶、透明胶带、纸胶带、胶水、照片胶、台湾黏胶。

（10）切割板、切割钢尺（三十公分、七十公分、一百公分各一）、小尺、波浪尺、软尺。

（11）圆规。

（12）针笔。

（13）立可白、修正带、白漆笔、金漆笔、银漆笔。

（14）手提袋、纸卷筒。

5. 海报格式

促销海报一般由标题、正文和落款三部分组成。

标题

促销海报的标题写法较多，大体有以下一些形式。

其一，单独由文种名构成。即在第一行中间写上“海报”字样。

其二，直接由活动的内容承担题目。如“舞讯”“影讯”“球讯”等。

其三，可以是一些描述性的文字。如“×××再显风彩”“×××旧事重提”。

正文

促销海报的正文要求写清楚以下一些内容。

第一，活动的目的和意义。

第二，活动的主要项目、时间、地点等。

第三，参加的具体方法及一些必要的注意事项等。

落款

要求署上主办单位的名称及促销海报的发文日期。

以上格式是就海报的整体而讲的，实际的使用中，有些内容可以省略。

注意事项

海报一定要具体真实地写明活动的地点、时间及主要内容。文中可以用些鼓动性的词语，但不可夸大事实。

海报文字要求简洁明了，篇幅要短小精悍。

海报的版式可以做些艺术性的处理，以吸引受众。

实训练习088 卡通蛋

本实例主要讲解渐变风格工具的使用，重点介绍如何增加和删除横向及纵向网格线，以及更改渐变网格点的颜色，如图4-445所示。

素材	素材|Cha04|卡通蛋.ai
场景	场景|Cha04|实训练习088 卡通蛋.ai
视频	视频教学 | Cha04 |实训练习088 卡通蛋.MP4

图4-445 卡通蛋的效果图

❶ 在Illustrator CC 2017软件中通过【新建】命令建立一个空白文件，使用【椭圆工具】，在页面中单击，在弹出的【椭圆】对话框中设置【宽度】和【高度】，完成后单击【确定】按钮，如图4-446所示。

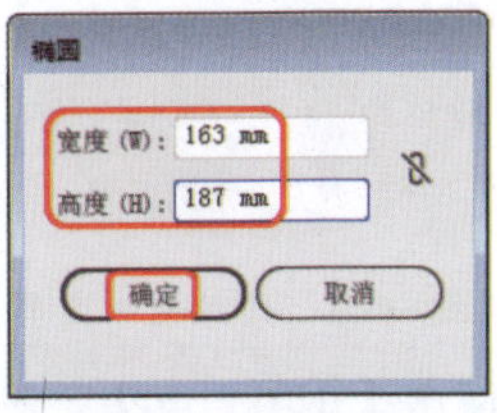

图4-446 【椭圆】对话框

❷ 使用【直接选择工具】，单击图形对象的描点，通过移动光标将节点移动到合适的位置上，如图4-447所示。

❸ 再次使用【直接选择工具】单击选择要调整的锚点，通过光标移动键移动节点的位置，调整方向杆到合适的长度，如图4-448所示。

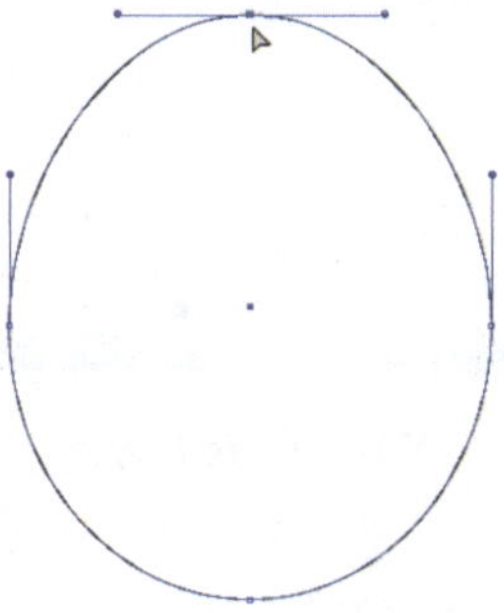

图4-447 移动节点

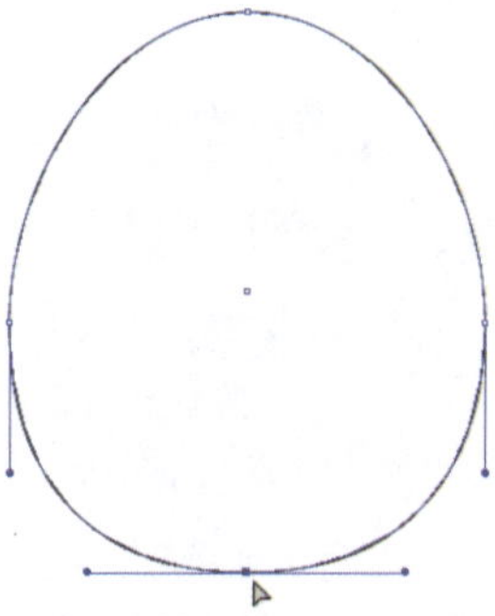

图4-448 调整椭圆的形状

❹ 通过【颜色】面板设置图形的【填充颜色】的RGB值为251、111、236，【描边属性】为无色，如图4-449所示。

图4-449 设置属性

❺ 使用网格工具，在图形内部单击鼠标，创建横向和纵向网格线，如图4-450所示。

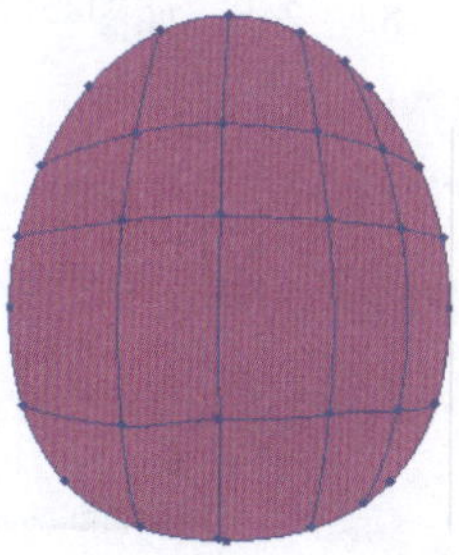

图4-450 添加网格线

❻ 使用【直接选择工具】，同时按住Shift键，选中多个锚点，通过【颜色】面板设置所选锚点的颜色的RGB值设置为255、185、248，如图4-451所示。

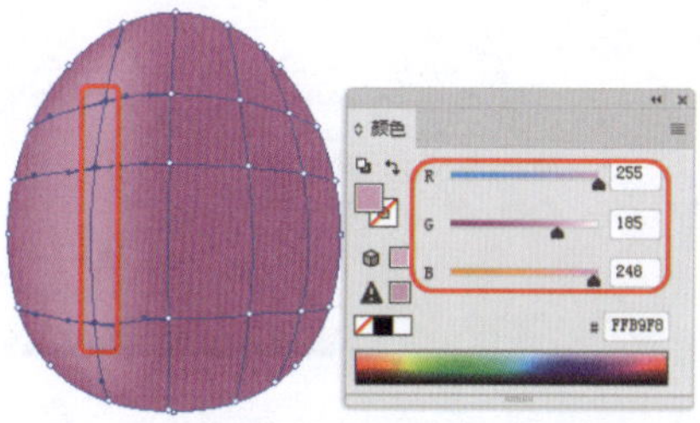

图4-451 更改锚点颜色

❼ 使用【直接选择工具】单击锚点，通过【颜色】面板设置所选锚点的颜色的RGB值设置为251、179、236，如图4-452所示。

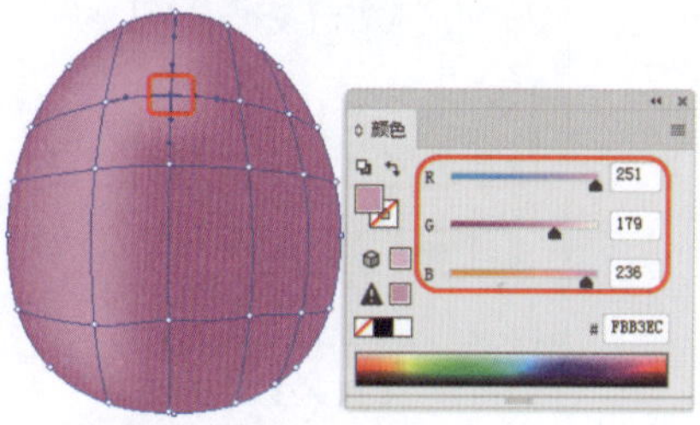

图4-452 更改锚点颜色

❽ 使用【直接选择工具】，同时按住Shift键，选中多个锚点，通过【颜色】面板设置所选锚点的颜色的RGB值为251、123、236，如图4-453所示。

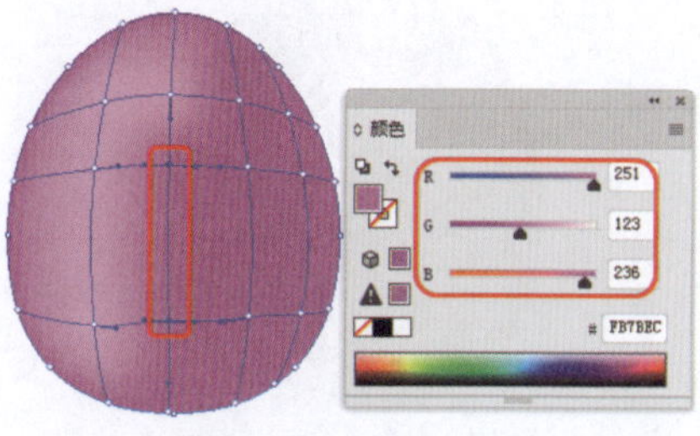

图4-453 更改锚点颜色

❾ 使用【直接选择工具】，同时按住Shift键，选中多个锚点，通过【颜色】面板设置所选锚点的颜色的RGB值为255、185、248，如图4-454所示。

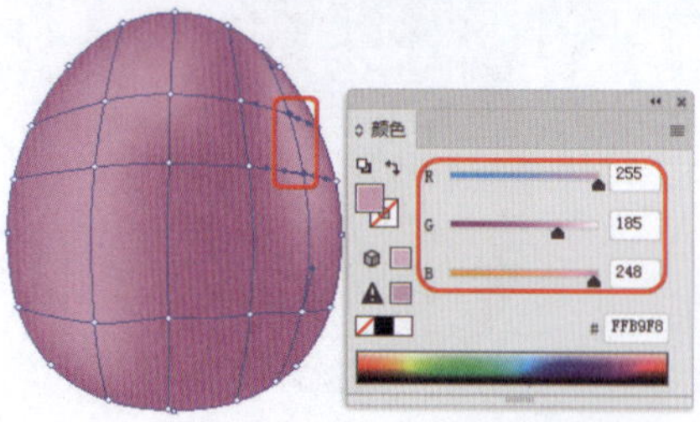

图4-454　更改锚点颜色

❿ 使用【直接选择工具】单击锚点，通过【颜色】面板设置所选锚点的颜色的RGB值为251、179、236，如图4-455所示。

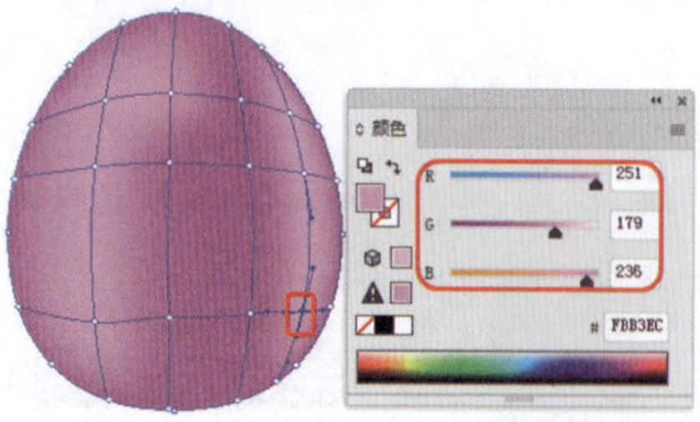

图4-455　更改锚点颜色

⓫ 使用【椭圆工具】，在页面中单击，在弹出的【椭圆】对话框中设置椭圆的【宽度】和【高度】，完成后单击【确定】按钮，如图4-456所示。

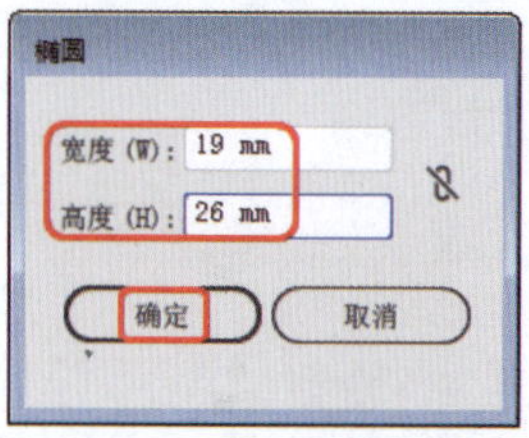

图4-456　【椭圆】对话框

⓬ 将绘制的椭圆对象的颜色设置为白色，使用【选择工具】，单击刚绘制出的椭圆对象，配合Alt键将其复制，将它们旋转合适的角度并移动到如图4-457所示的位置上。

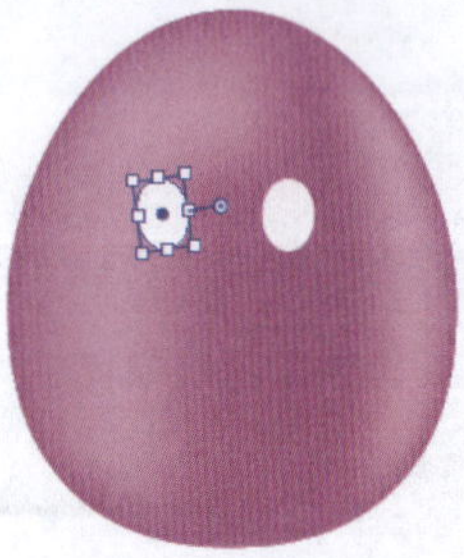

图4-457　对椭圆进行复制

⓭ 使用【钢笔工具】在页面中绘制表示眼底的图形，在绘制过程中可通过直接选择工具对相应的节点进行移动或修改操作，如图4-458所示。

提　示

【钢笔工具】的快捷键为P。

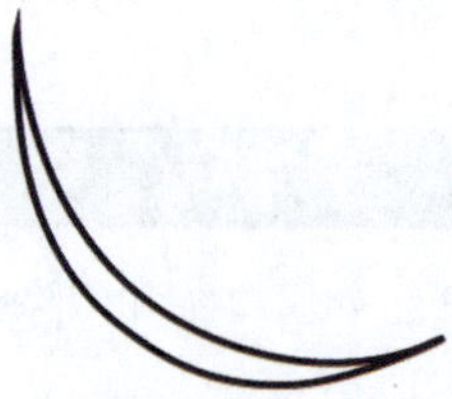

图4-458　绘制图形

⓮ 通过【颜色】面板设置对象的【填充颜色】的RGB值为238、35、249，并将【描边属性】设置为无色，如图4-459所示。

图4-459　设置属性

⓯ 使用【选择工具】选中眼底图形，配合Alt键将其复制，将它们旋转合适的角度并移动到如图4-460所示的位置上。

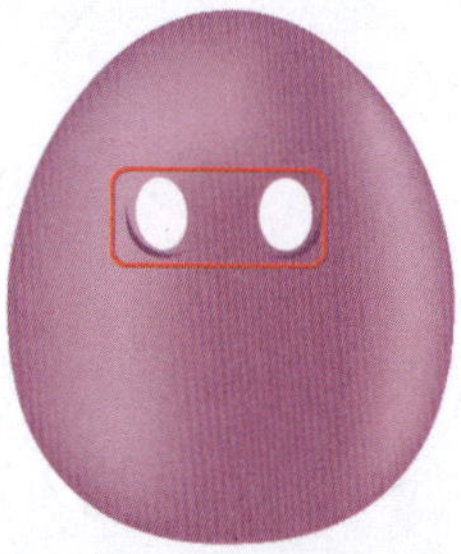

图4-460　复制图形并调整

⓰ 使用【椭圆工具】，在页面中拖拽鼠标绘制表示眼睛图形的对象，为其填充颜色，旋转图形对象，并将其移动到如图4-461所示的位置上。

图4-461　制作眼睛图形对象

⓱ 使用【钢笔工具】，在页面中绘制表示眼皮的图形，可通过直接选择工具对相应的节点进行移动或修改，效果如图4-462所示。

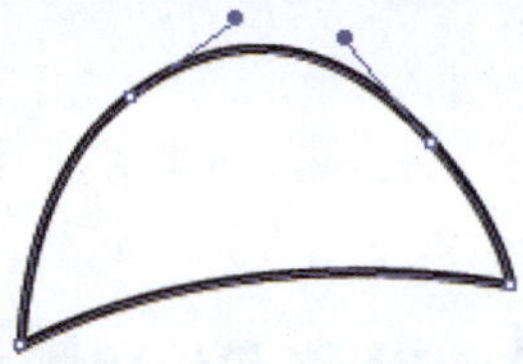

图4-462　绘制眼皮的图形

⓲ 通过【渐变】面板设置图形的【渐变颜色】，将第一个色块的RGB值设置为238、35、249，再在颜色条块上单击，添加色块并将该色块的RGB值设置为238、187、249，将第三个色块的RGB值设置为238、39、249，将【角度】设置为180°，如图4-463所示。

⓳ 使用【选择工具】和Alt键复制图形，并将其移动到如图4-464所示的位置上。

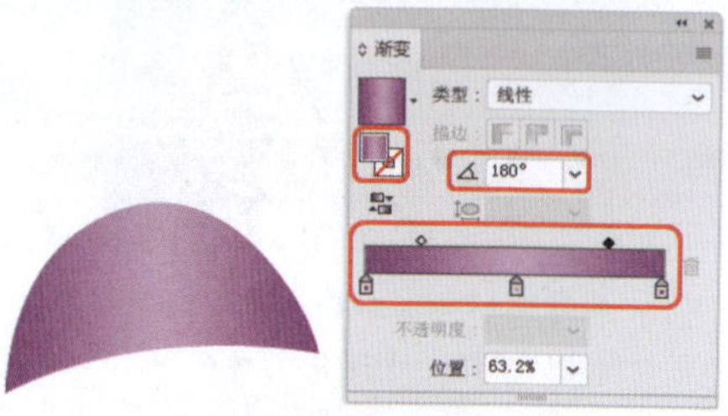

图4-463　设置属性

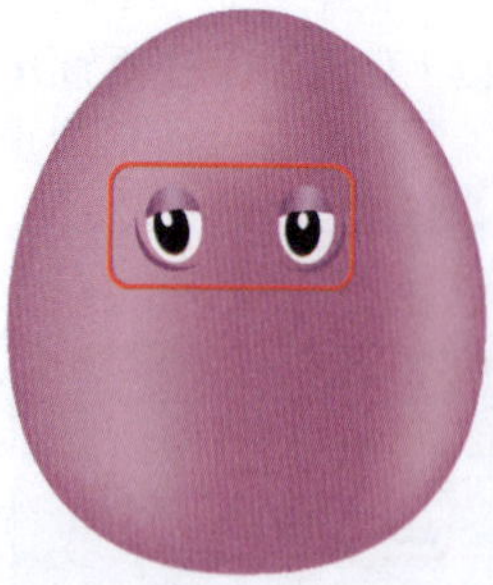

图4-464　移动复制图形

⓴ 使用【钢笔工具】，在页面中绘制表示睫毛的图形，通过【直接选择工具】对相应的节点进行移动或修改，如图4-465所示。

图4-465　绘制睫毛的图形

㉑ 通过【颜色】面板设置对象

的【填充颜色】的RGB值为255、0、255，将【描边属性】设置为无色，使用【选择工具】和Alt键复制图形，并将其移动到图4-466所示的位置上。

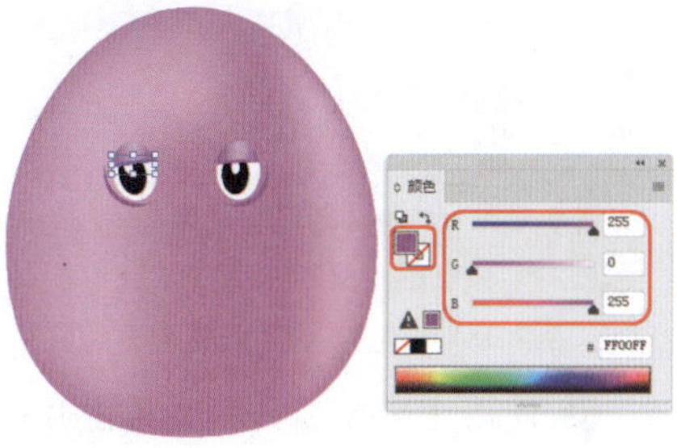

图4-466 设置属性

㉒ 使用【钢笔工具】，在页面中绘制表示眉毛的图形，可通过【直接选择工具】对相应的节点进行移动或修改，如图4-467所示。

图4-467 绘制眉毛的图形

㉓ 通过【颜色】面板设置对象的【填充颜色】的RGB值为255、0、255，将【描边属性】设置为无色，如图4-468所示。

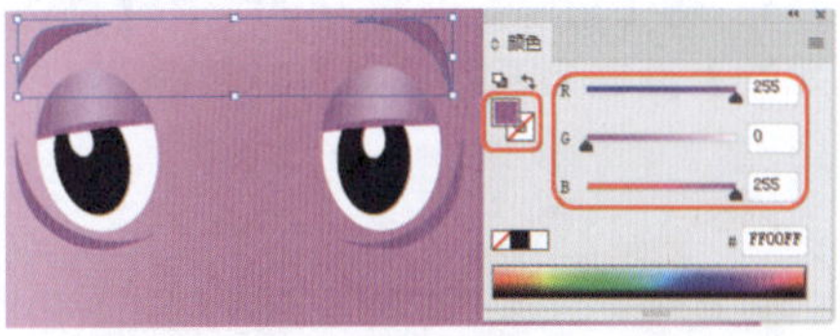

图4-468 设置属性

㉔ 使用【钢笔工具】在页面中绘制表示眉毛渐变部分的图形，如图4-469所示。

图4-469 绘制图形

㉕ 通过【渐变】面板设置对象的【渐变颜色】，将第一个色块的RGB设置为238、118、249，第二个色块的RGB值设置为白色，将【角度】设置为180°，如图4-470所示。

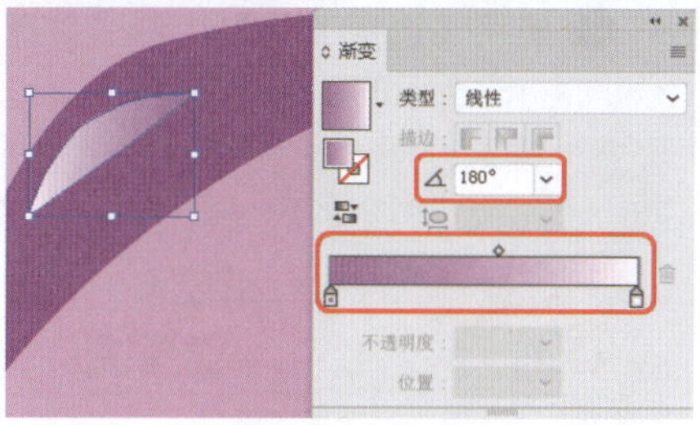

图4-470 设置属性

㉖ 使用【选择工具】和Alt键复制图形，并将其移动到图4-471所示的位置上。

图4-471 移动复制图形

㉗ 选择【钢笔工具】，在页面中绘制表示嘴巴的图形，如图4-472所示。

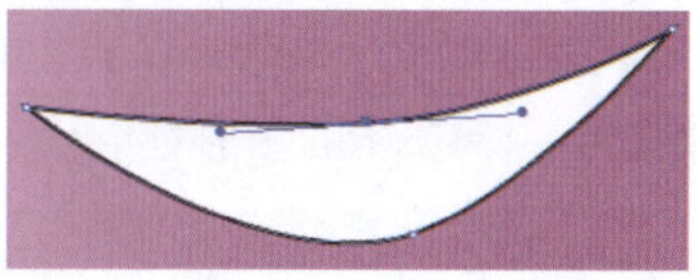

图4-472 绘制图形

㉘ 通过【渐变】面板设置图形对象的【渐变颜色】，将第一个色块的RGB值设置为255、58、255，将第二个色块的RGB值设置为185、0、32，描边颜色设置为无色，完成后的效果如图4-473所示。

图4-473 设置属性

㉙ 使用【钢笔工具】在页面中绘制其他的图形，并设置相应的【填充颜色】，效果如图4-474所示。

图4-474 绘制图形

㉚ 重复以上的操作，分别绘制如图4-475所示的图形。

图4-475 绘制其他图形

㉛ 使用【矩形工具】绘制矩形，将四个卡通蛋图形覆盖，在菜单栏中选择【对象】|【排列】|【置于底层】命令，如图4-476所示。

图4-476 绘制矩形

㉜ 在菜单栏中选择【窗口】|【图形样式库】|【纹理】命令，选择如图4-477所示的纹理。

图4-477 添加纹理

实训练习089 海边风光

本实例主要讲解使用选择工具选

中图形对象，通过【渐变】和【颜色】面板设置填充和描边属性，重点介绍通过吸管工具复制填充属性，如图4-478所示。

素材	素材|Cha04|海边风光.ai
场景	场景|Cha04|实训练习089 海边风光.ai
视频	视频教学 | Cha04 |实训练习089 海边风光.MP4

图4-478　海边风光的效果图

❶ 启动Illustrator CC 2017软件，选择【文件】|【打开】命令，打开随书配套资源中的素材|Cha04|海边风光.ai文件，如图4-479所示。

图4-479　打开素材文件

❷ 选择工具箱中的【选择工具】，单击并选择图4-480所示的图形对象。

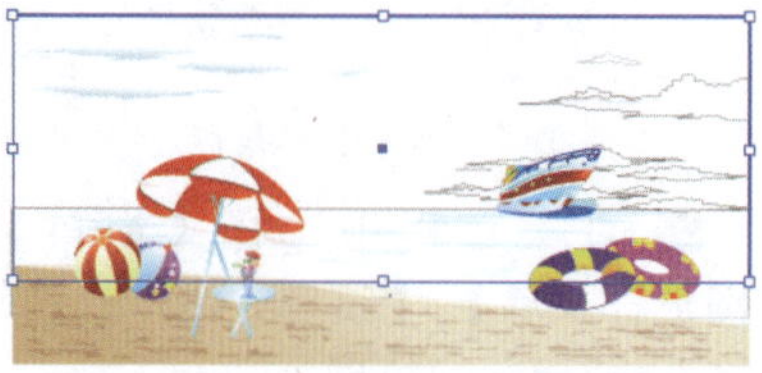

图4-480　选择对象

❸ 选择菜单栏中的【窗口】|【渐变】命令，打开【渐变】面板。将【类型】设置为【线性】，将【渐变】设置为【蓝色天空】，将【角度】设置为-90°，如图4-481所示。

提　示

【渐变】命令的组合键为Ctrl+F9。

图4-481　设置属性

❹ 使用【选择工具】，单击并选择如图4-482所示的图形对象。

图4-482　选择对象

❺ 使用【吸管工具】单击刚刚设置了【填充颜色】的图形对象，将其【填充颜色】应用到当前选定的对象中，在【渐变】面板中将【角度】设置为90°，如图4-483所示。

图4-483　设置属性

提　示

【吸管工具】的快捷键为I。

❻ 继续使用【选择工具】，单击并选择图4-484所示的图形对象。

图4-484　选择对象

❼ 使用【吸管工具】单击之前的云彩图形对象，将其【填充颜色】应用到当前选定的对象中，并在【渐变】面板中将【角度】设置为-80°，如图4-485所示。

图4-485　设置属性

❽ 使用【选择工具】，单击并选择图4-486所示的图形对象。

图4-486　选择对象

❾ 使用【吸管工具】单击之前的云彩图形对象，将其【填充颜色】应用到当前选定的对象中，如图4-487所示。

图4-487　复制【填充颜色】

❿ 使用【选择工具】，单击并选择图4-488所示的图形对象。

图4-488　选择对象

⓫ 通过【渐变】面板设置所选图形的【填充属性】，将第一个色块的RGB值设置为61、180、237，将第二个色块的RGB值设置为255、255、255，将【角度】设置为-90°，【描边属性】设置为无色，如图4-489所示。

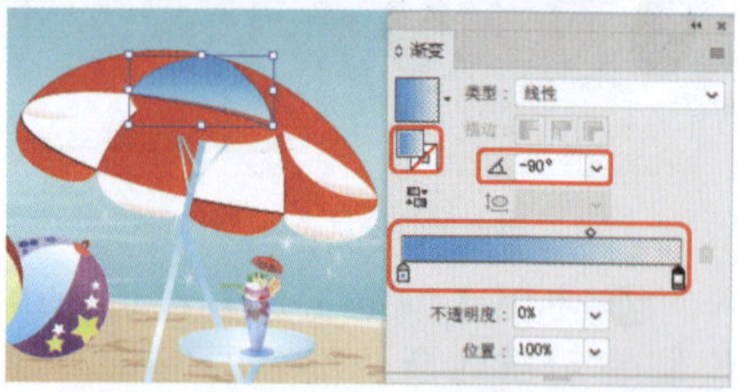

图4-489　设置属性

⓬ 使用【选择工具】，单击并选择图形对象，按住Shift键进行加选，如图4-490所示。

图4-490　选择对象

⑬ 使用【吸管工具】单击之前设置了【填充颜色】的图形对象，将其【填充颜色】应用到当前选定的对象中，如图4-491所示。

图4-491 复制【填充颜色】

⑭ 使用【选择工具】，单击并选择图4-492所示的图形对象。

图4-492 选择对象

⑮ 使用【吸管工具】单击之前设置了【填充颜色】的图形对象，将其【填充颜色】应用到当前选定的对象中，如图4-493所示。

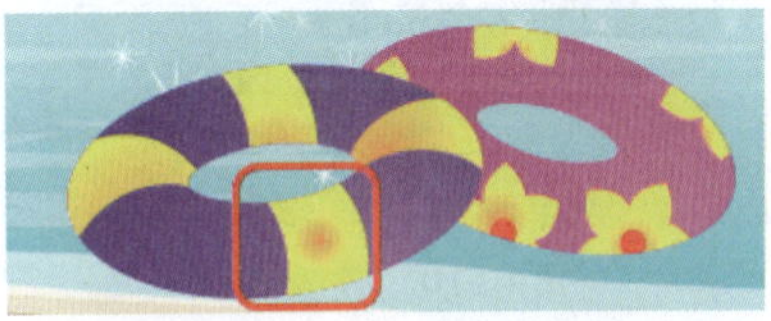

图4-493 复制【填充颜色】

⑯ 使用【渐变工具】单击并复制【填充颜色】的图形对象，拖拽鼠标改变渐变的中心点，如图4-494所示。

提 示

【渐变工具】的快捷键为G。

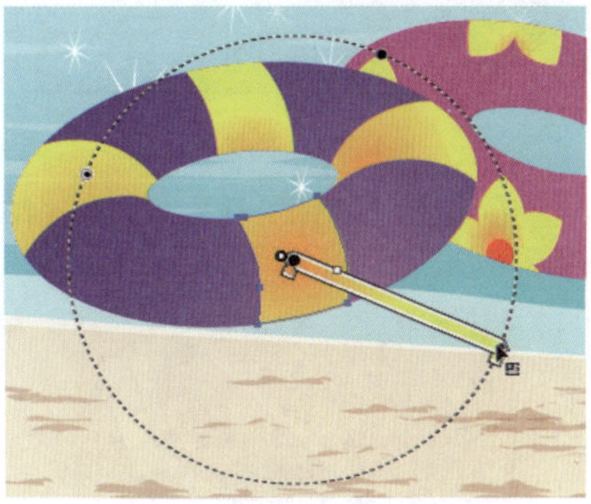

图4-494 调整渐变的中心点

⑰ 使用【选择工具】拖拽并选择所有的图形对象，选择菜单栏中的【对象】|【编组】命令进行编组，如图4-495所示。

图4-495 【编组】命令

实训练习090 公路指示牌

本实例主要讲解使用选择工具选中单个或多个图形对象，通过【颜色】面板设置填充和描边属性，进一步巩固对通过吸管工具复制图形填充颜色的操作，如图4-496所示。

素材	素材|Cha04|公路指示牌.ai
场景	场景|Cha04|实训练习090 公路指示牌.ai
视频	视频教学 | Cha04 |实训练习090 公路指示牌.MP4

图4-496 公路指示牌的效果图

❶ 启动Illustrator CC 2017软件，选择【文件】|【打开】命令，打开随书配套资源中的素材|Cha04|公路指示牌.ai文件，如图4-497所示。

❷ 使用【选择工具】，单击并选择图4-498所示的矩形对象。

❸ 通过【渐变】面板设置所选图形的【渐变颜色】，将第一个色块的RGB值设置为237、123、140，第二个色块的RGB值设置为92、90、90，将第二个色块的【不透明度】设置为0%，将【角度】设置为-90°，【描边属性】设置为无色，如图4-499所示。

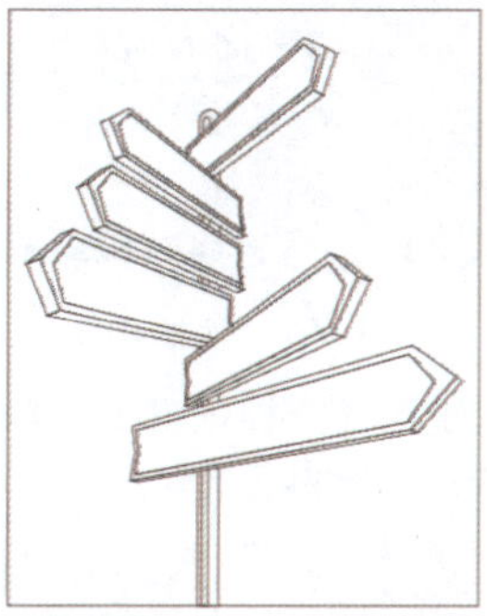

图4-497 打开素材文件

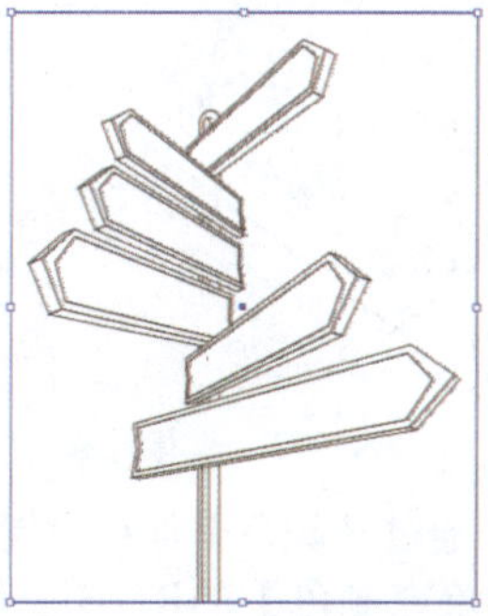

图4-498 选择对象

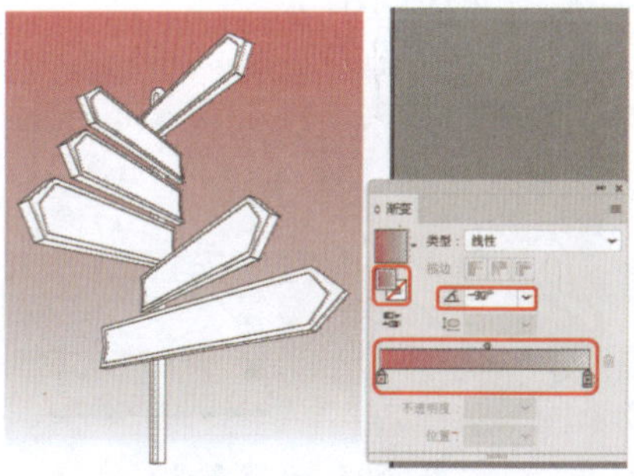

图4-499 更改填充颜色

❹ 使用【选择工具】，单击并选择图4-500所示的图形对象。

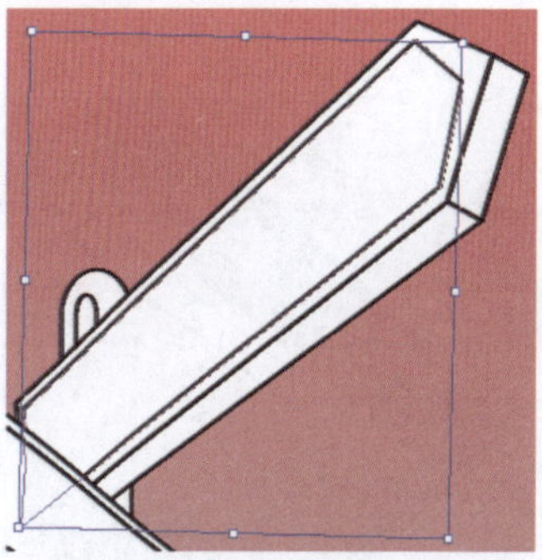

图4-500 选择对象

❺ 通过【颜色】面板设置所选图

形的【填充颜色】的RGB值为171、83、155，【描边颜色】的RGB值设置为133、78、155，如图4-501所示。

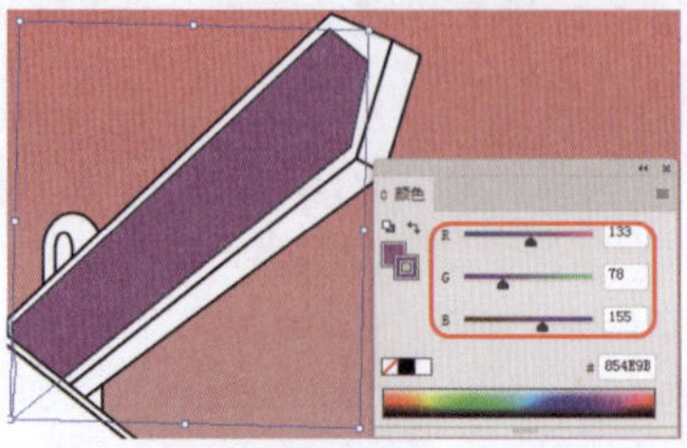

图4-501 设置属性

❻ 使用【选择工具】，单击并选择图4-502所示的图形对象。

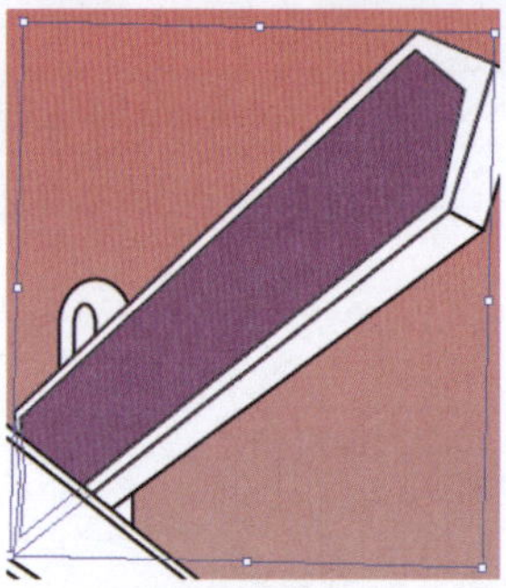

图4-502 选择对象

❼ 通过【颜色】面板设置所选图形的【填充颜色】的RGB值为255、255、255，并将【描边属性】设置为无色，如图4-503所示。

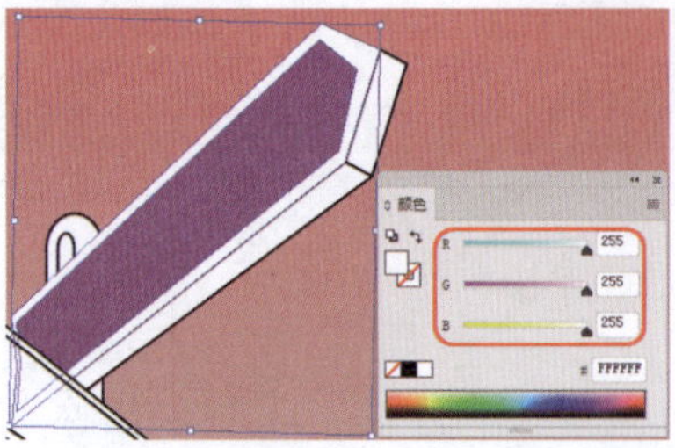

图4-503 设置属性

❽ 使用【选择工具】，单击并选择表示阴影的图形对象，如图4-504所示。

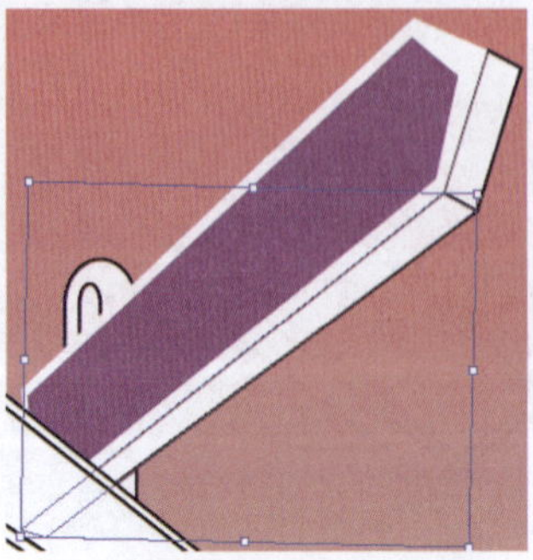

图4-504 选择对象

❾ 通过【颜色】面板设置所选图形的【填充颜色】的RGB值为168、169、169，并将【描边属性】设置为无色，如图4-505所示。

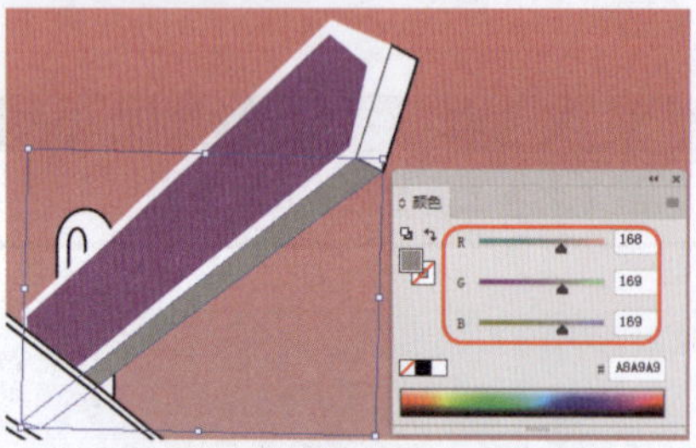

图4-505 设置属性

❿ 使用【选择工具】单击并选择表示阴影的图形对象，如图4-506所示。

图4-506 选择对象

⓫ 使用【吸管工具】，单击之前表示阴影的图形对象，此时将其【填充属性】应用到当前所选的图形对象中，效果如图4-507所示。

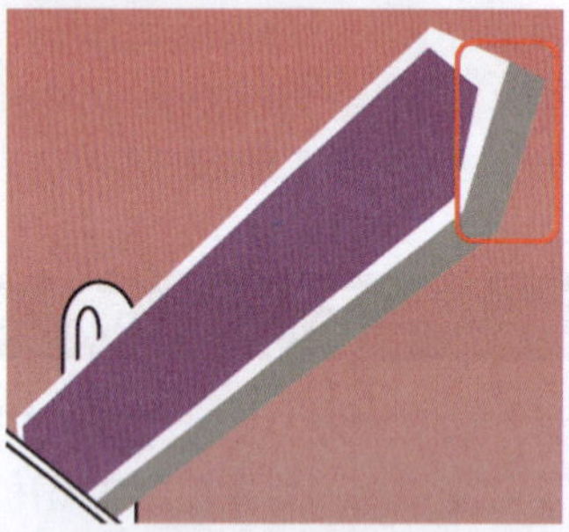

图4-507 复制颜色

⓬ 使用【选择工具】，同时按住Shift键加选图形对象，如图4-508所示。

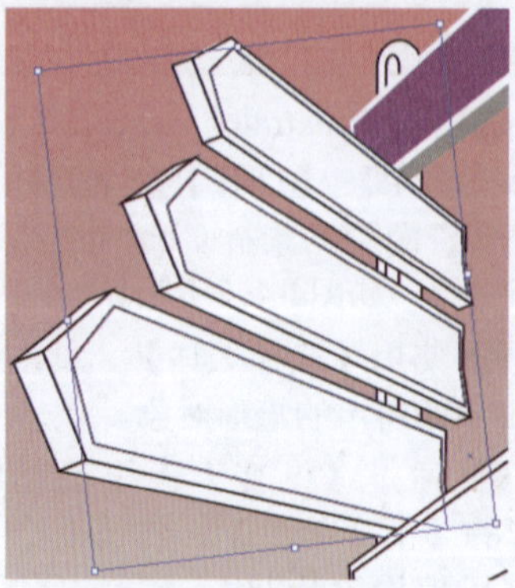

图4-508 选择对象

⓭ 通过【颜色】面板设置所选图形的【填充颜色】的RGB值为32、184、217，并将【描边颜色】的RGB值设置为16、153、175，如图4-509所示。

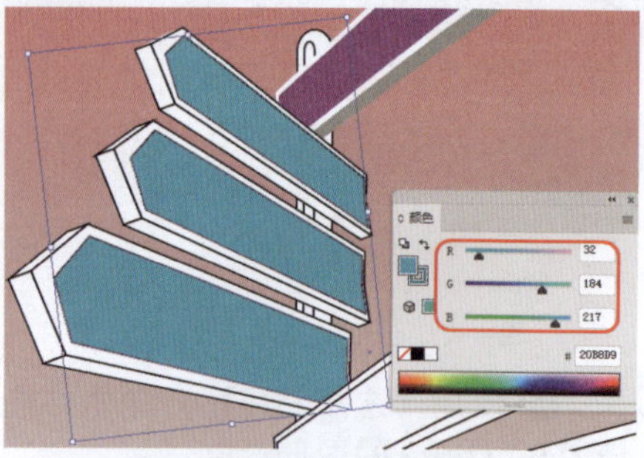

图4-509 设置属性

⓮ 使用【选择工具】▶图形对象，通过【颜色】面板设置所选图形的【填充颜色】的RGB值为255、255、255，【描边属性】设置为无色，如图4-510所示。

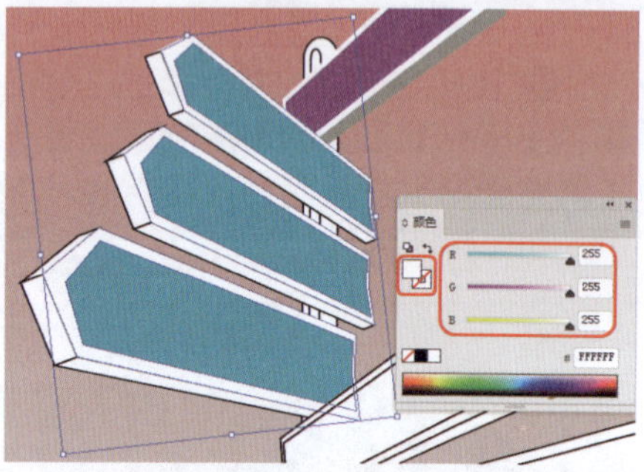

图4-510 设置属性

⓯ 使用【选择工具】并配合Shift键依次加选图形对象，如图4-511所示。

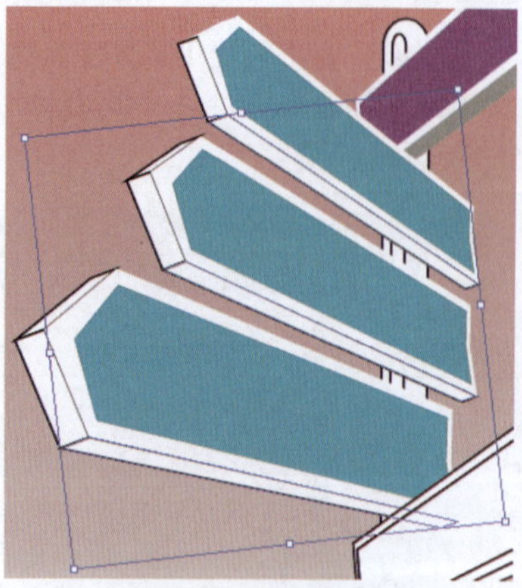

图4-511 选择对象

⓰ 使用【吸管工具】，单击之前表示阴影的图形对象，将其【填充属性】应用到当前所选的图形对象中，如图4-512所示。

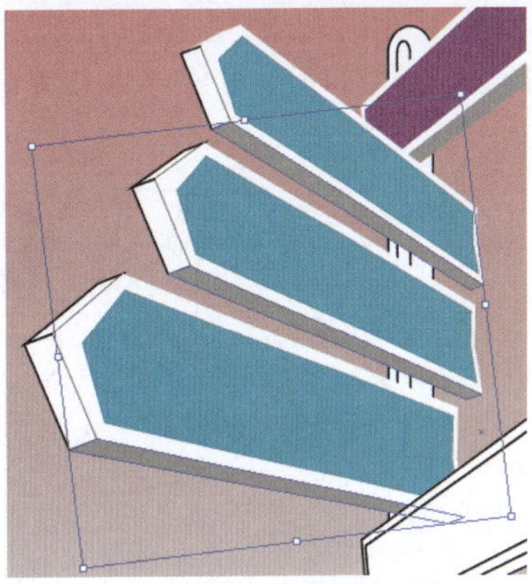

图4-512 复制颜色

⑰ 使用【选择工具】并配合Shift键依次加选图形对象，如图4-513所示。

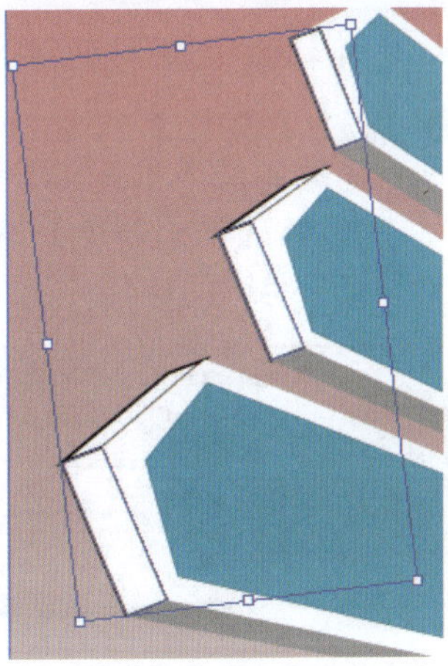

图4-513 选择对象

⑱ 使用【吸管工具】，单击之前表示阴影的图形对象，将其【填充属性】应用到当前所选的图形对象中，如图4-514所示。

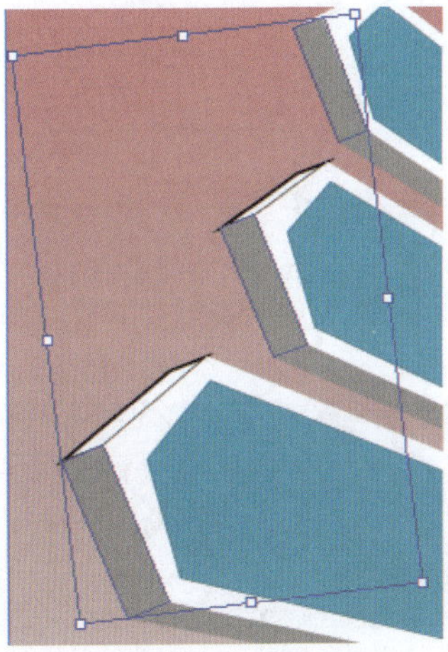

图4-514 复制颜色

⑲ 使用【选择工具】并配合Shift键依次加选图形对象，通过【颜色】面板设置所选图形的【填充颜色】的RGB值为255、255、255，【描边属性】设置为无色，如图4-515所示。

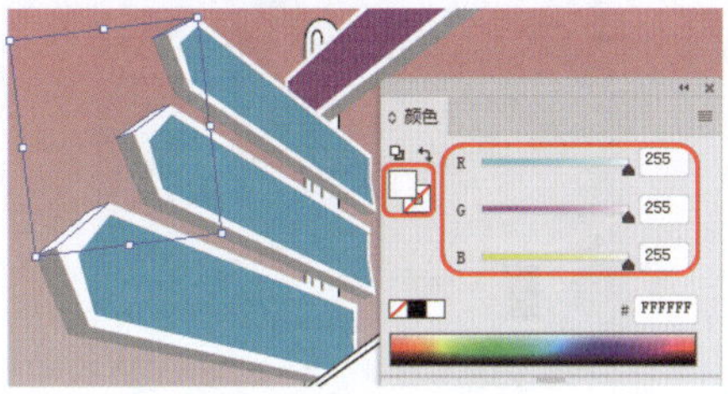

图4-515 设置属性

⑳ 使用【选择工具】单击并选择图4-516所示的图形对象。

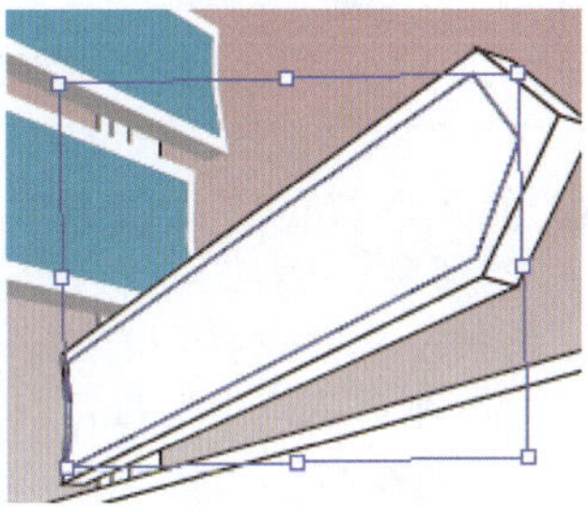

图4-516 选择对象

㉑ 通过【颜色】面板设置所选图形的【填充颜色】的RGB值为192、215、48，【描边颜色】设置为209、222、53，如图4-517所示。

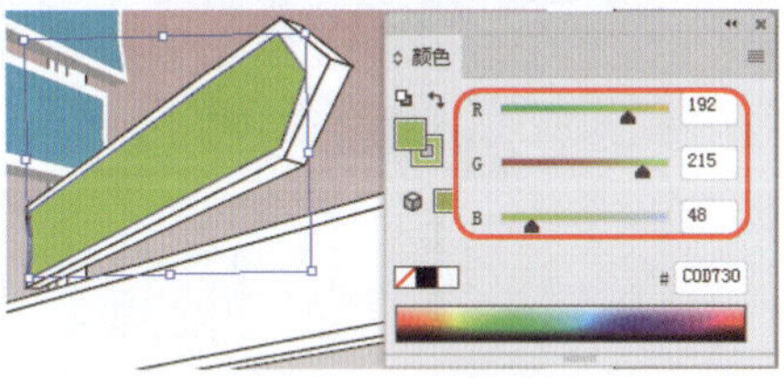

图4-517 设置属性

㉒ 使用【选择工具】单击并选择图4-518所示的图形对象。

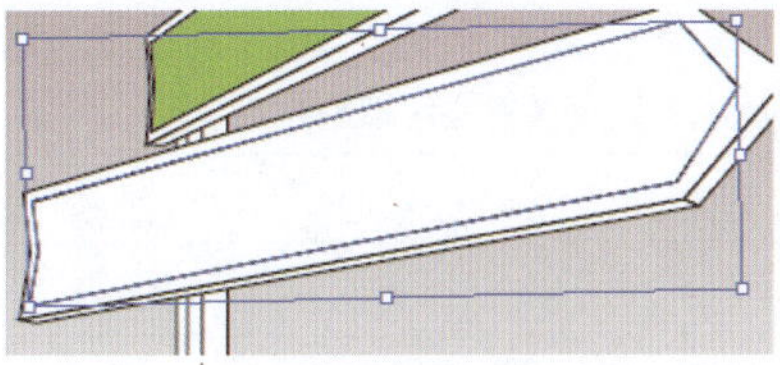

图4-518 选择对象

㉓ 通过【颜色】面板设置所选图形的【填充颜色】的RGB值为29、83、164，【描边颜色】设置为23、61、150，如图4-519所示。

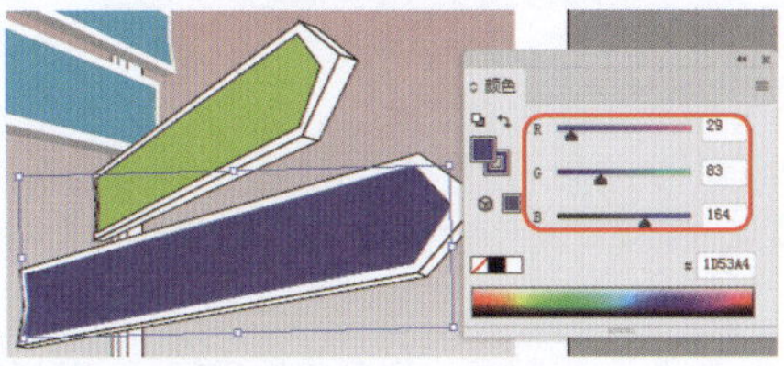

图4-519 设置属性

㉔ 使用【选择工具】并配合Shift键依次加选图形对象，通过【颜色】面板设置所选图形的【填充颜色】的RGB值为255、255、255，【描边属性】设置为无色，如图4-520所示。

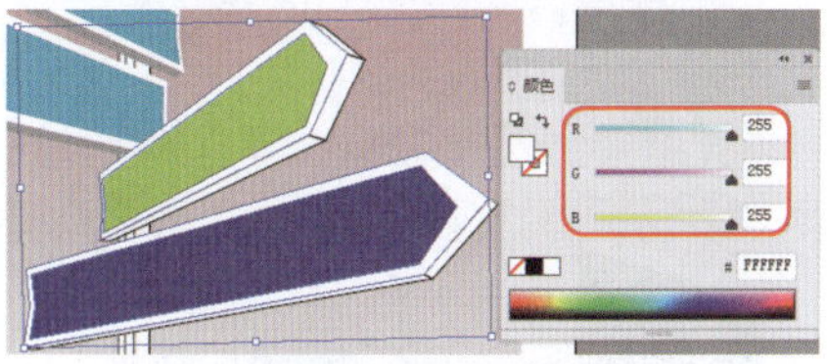

图4-520 设置属性

㉕ 使用【选择工具】并配合Shift键依次加选图形对象，如图4-521所示。

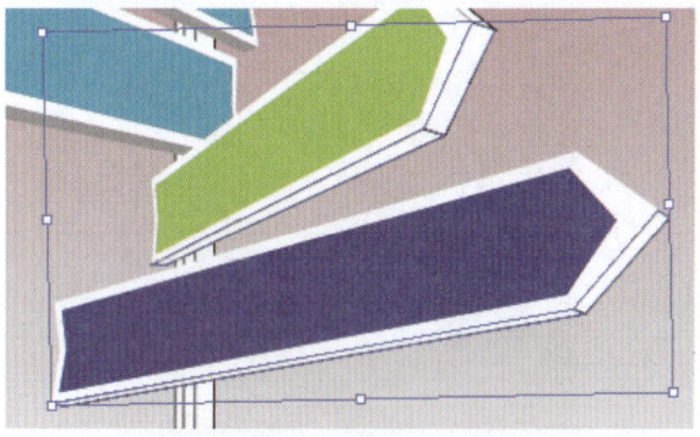

图4-521 选择对象

㉖ 使用【吸管工具】，单击之前表示阴影的图形对象，将其【填充属性】应用到当前所选的图形对象中，如图4-522所示。

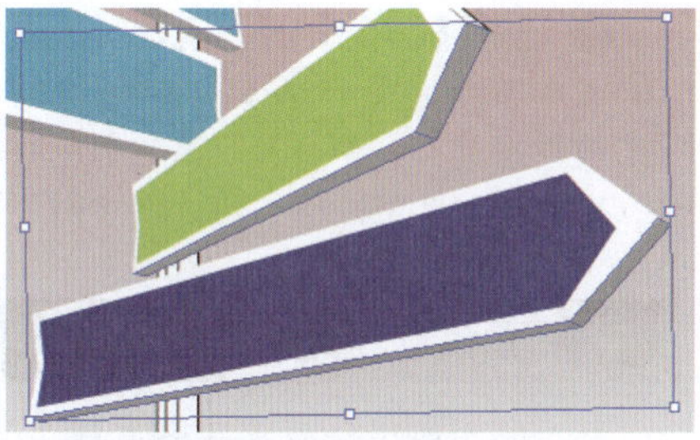

图4-522 复制颜色

㉗ 使用【选择工具】，单击并选择图4-523所示的图形对象。

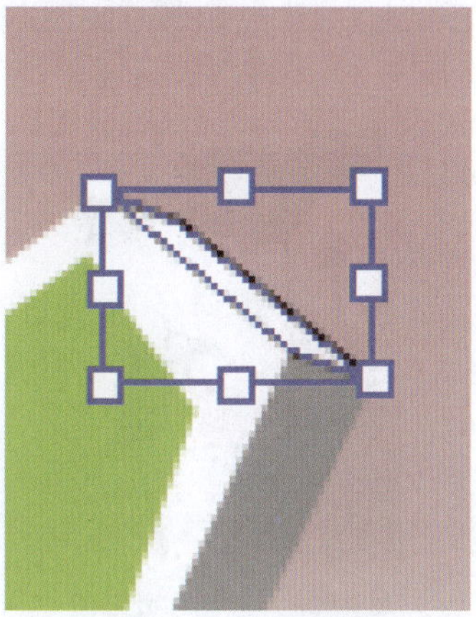

图4-523 选择对象

㉘ 通过【颜色】面板设置所选图形的【填充颜色】的RGB值为255、255、255，【描边属性】设置为无色，如图4-524所示。

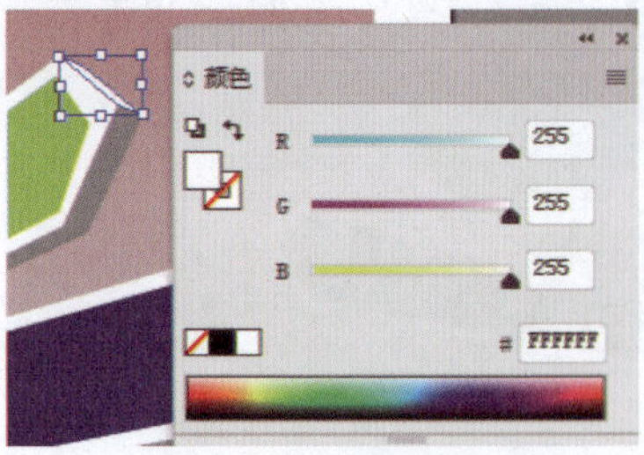

图4-524 设置属性

㉙ 使用【选择工具】，单击并选择图4-525所示的图形对象。

图4-525 选择对象

㉚ 通过【渐变】面板设置所选图形的【渐变颜色】，将第一个色块的RGB值设置为35、24、21，第二个色块的RGB值设置为35、24、21，将【描边属性】设置为无色，如图4-526所示。

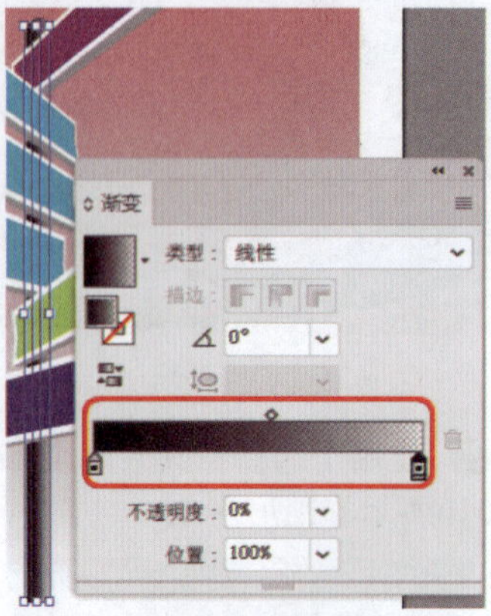

图4-526 设置属性

㉛ 使用同样的方法设置其他图形的渐变颜色，继续使用【选择工具】，拖拽鼠标并选择所有的公路指示牌对象，在菜单栏中选择【对象】|【编组】进行编组，如图4-527所示。

图4-527 编组后的效果

实训练习091 荷花

本实例主要讲解使用选择工具选中单个或多个图形对象，进一步掌握通过【渐变】和【颜色】面板设置填充属性的方法，效果如图4-528所示。

素材	素材|Cha04|荷花.ai
场景	场景|Cha04|实训练习091 荷花.ai
视频	视频教学 | Cha04 |实训练习091 荷花.MP4

图4-528 荷花的效果图

❶ 启动Illustrator CC 2017软件，选择【文件】|【打开】命令，打开随书配套资源中的素材|Cha04|荷花.ai文件，如图4-529所示。

图4-529 打开素材文件

❷ 使用【选择工具】，单击并选择最下面的荷叶对象，如图4-530所示。

图4-530 选择对象

❸ 通过【颜色】面板设置所选对象的【填充颜色】的RGB值为0、175、0，将【描边属性】设置为0.25pt，如图4-531所示。

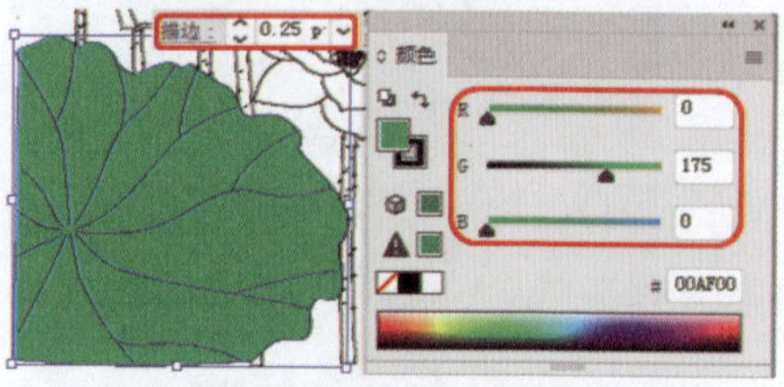

图4-531 设置属性

❹ 使用【选择工具】，单击并选择其他的荷叶面图形对象，如图4-532所示。

图4-532 选择对象

❺ 使用【吸管工具】，单击最下面的荷叶图形对象，将其【填充属性】应用到当前所选的图形对象中，如图4-533所示。

图4-533 复制对象颜色

❻ 使用【选择工具】，同时按住Shift键加选所有的荷叶下底面图形对象，如图4-534所示。

图4-534 选择对象

❼ 通过【颜色】面板设置所选对象的【填充颜色】的RGB值为5、92、0，将【描边属性】设置为0.25pt，如图4-535所示。

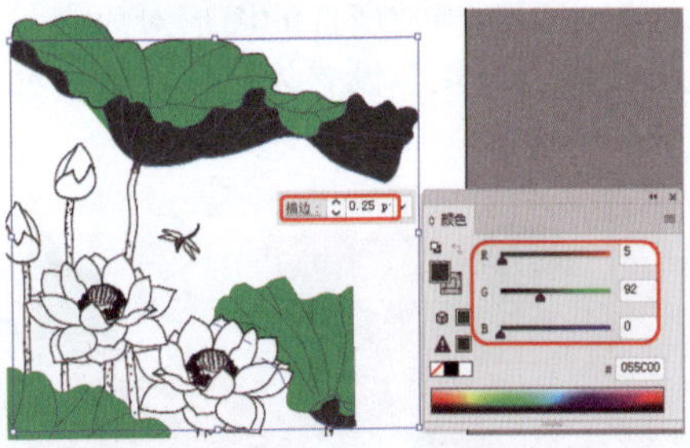

图4-535 设置属性

❽ 使用【选择工具】，单击并选择所有的荷叶杆对象，如图4-536所示。

❾ 使用【吸管工具】，单击任意一个荷叶底面图形对象，将其【填充属性】应用到当前所选的图形对象中，如图4-537所示。

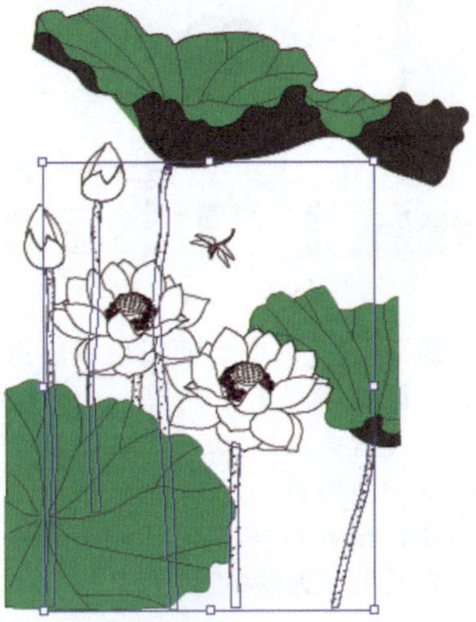

图4-536 选择对象

图4-537 复制颜色

❿ 使用【选择工具】，同时按住Shift键加选图形对象，如图4-538所示。

图4-538 选择对象

⓫ 使用【吸管工具】，单击任意一个荷叶面图形对象，将其【填充属性】应用到当前所选的图形对象中，并将【描边属性】设置为无色，在这里为了便于查看，只截取了一部分，如图4-539所示。

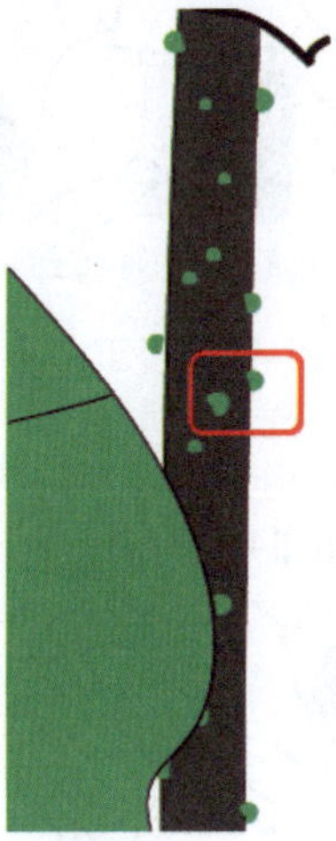

图4-539 复制颜色

⓬ 使用【选择工具】，同时按住Shift键加选图形对象，如图4-540所示。

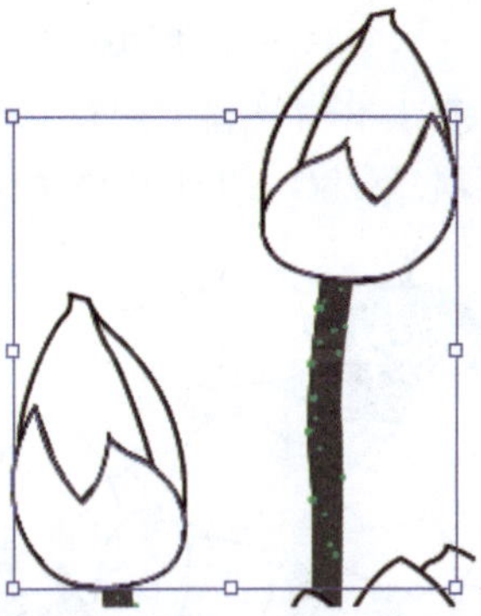

图4-540 选择对象

⓭ 使用【吸管工具】，单击任意一个荷叶底面图形对象，将其【填充属性】应用到当前所选的图形对象中，效果如图4-541所示。

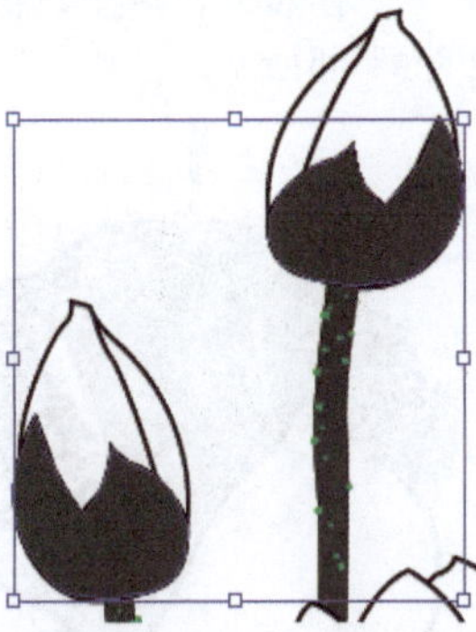

图4-541 复制颜色

⓮ 使用【选择工具】，单击并选择莲藕心对象，如图4-542所示。

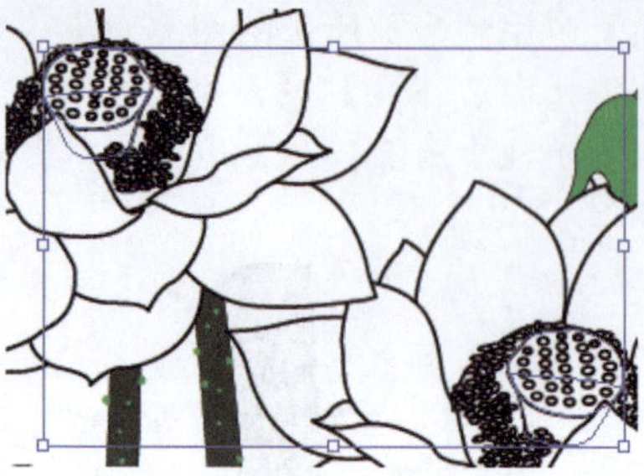

图4-542　选择对象

⑮ 使用【吸管工具】，单击任意一个荷叶底面图形对象，将其【填充属性】应用到当前所选的图形对象中，效果如图4-543所示。

图4-543　复制颜色

⑯ 使用【选择工具】，单击并选择莲藕籽对象，如图4-544所示。

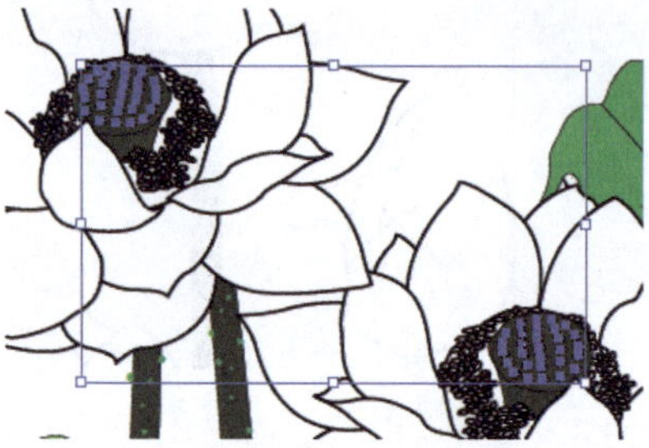

图4-544　选择对象

⑰ 使用【吸管工具】，单击任意一个荷叶面图形对象，将其【填充属性】应用到当前所选的图形对象中，为了便于查看效果，这里只截取一部分，如图4-545所示。

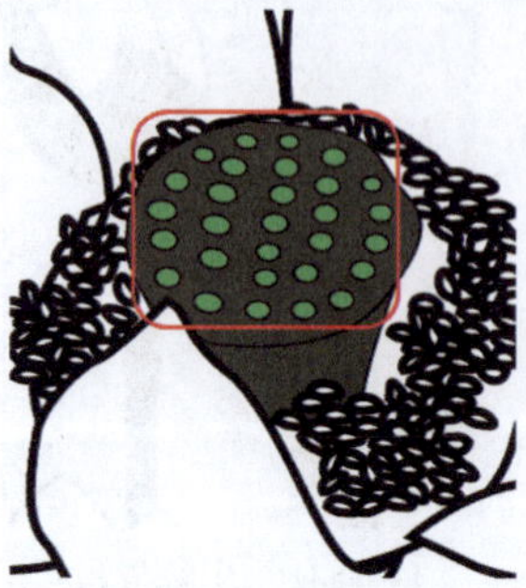

图4-545　复制颜色

⑱ 使用【选择工具】，单击并选择荷花对象，效果如图4-546所示。

图4-546　选择对象

⑲ 通过【渐变】面板设置所选对象的【渐变颜色】，将第一个色块的RGB值设置为255、0、102，第二个色块的RGB值设置为255、255、255，将【角度】设置为-90°，【描边属性】设置为无色，如图4-547所示。

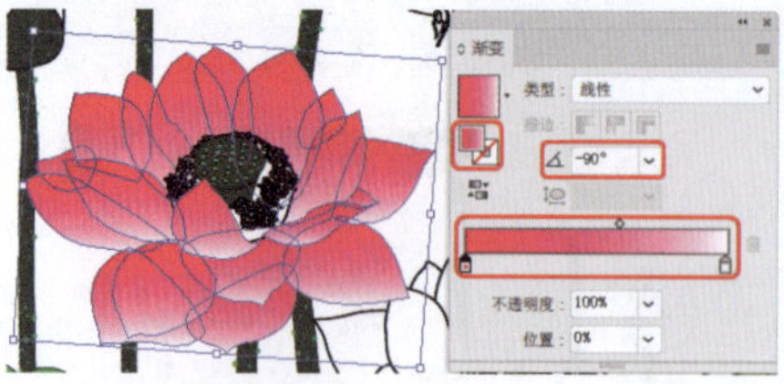

图4-547　设置属性

⑳ 使用【选择工具】，并按住Shift键加选所有的荷花对象，如图4-548所示。

图4-548　选择对象

㉑ 使用【吸管工具】，单击任意一个荷叶面图形对象，将其【填充属性】应用到当前所选的图形对象中，如图4-549所示。

图4-549　复制颜色

㉒ 使用【选择工具】，并按住Shift键加选所有的荷花蕊对象，如图4-550所示。

图4-550　选择对象

㉓ 通过【颜色】面板设置所选对象的【填充颜色】的RGB值为255、252、46，将【描边属性】设置为无色，如图4-551所示。

图4-551　设置属性

㉔ 使用【选择工具】，并按住Shift键加选图4-552所示的图形对象。

图4-552　选择对象

㉕ 使用【吸管工具】，单击任意一个荷叶面图形对象，将其【填充属性】应用到当前所选的图形对象中，将【描边属性】设置为无色，效果如图4-553所示。

图4-553　复制颜色

㉖ 使用【选择工具】，单击选择蜻蜓对象，如图4-554所示。

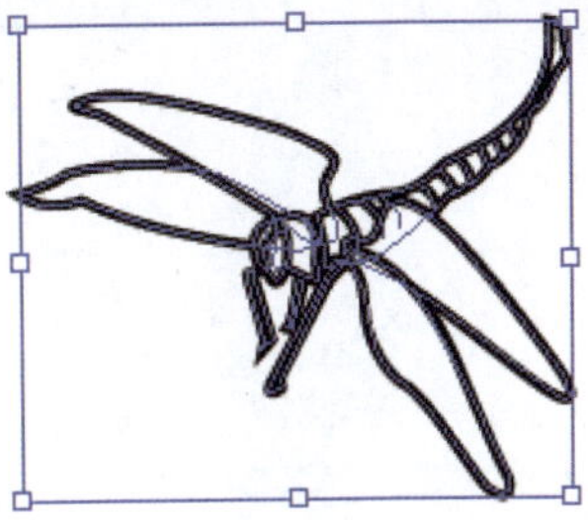

图4-554 选择对象

27 通过【颜色】面板设置所选对象的【填充颜色】的RGB值为255、252、46，将【描边属性】设置为0.25pt，如图4-555所示。

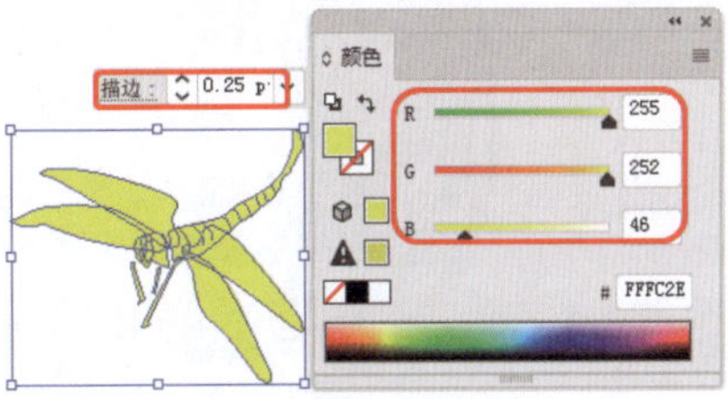

图4-555 设置属性

实训练习092 水滴

本实例主要讲解使用选择工具选中图形对象，通过【渐变】和【颜色】面板设置图形对象的填充属性，如图4-556所示。

素材	素材|Cha04|水滴.ai
场景	场景|Cha04|实训练习092 水滴.ai
视频	视频教学 | Cha04 |实训练习092 水滴.MP4

图4-556 水滴的效果图

1 启动Illustrator CC 2017软件，选择【文件】|【打开】命令，打开随书配套资源中的素材|Cha04|水滴.ai文件，如图4-557所示。

图4-557 打开素材文件

2 使用【选择工具】，单击并选择视图中的矩形对象，如图4-558所示。

图4-558 选择对象

3 在菜单栏中选择【对象】|【锁定】|【所选对象】命令，如图4-559所示。

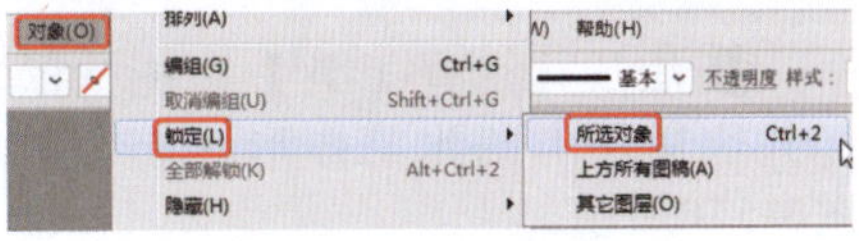

图4-559 锁定对象

4 使用【选择工具】，单击并选择图4-560所示的图形对象。

图4-560 选择对象

5【渐变】面板中调整所选对象的【渐变颜色】，【类型】设置为【径向】，将第一个色块的RGB值设置为0、173、238，单击条板可添加色块，将第二个色块的RGB值设置为187、229、250，第三个色块的RGB值设置为255、255、255，将【描边】属性设置为无色，如图4-561所示。

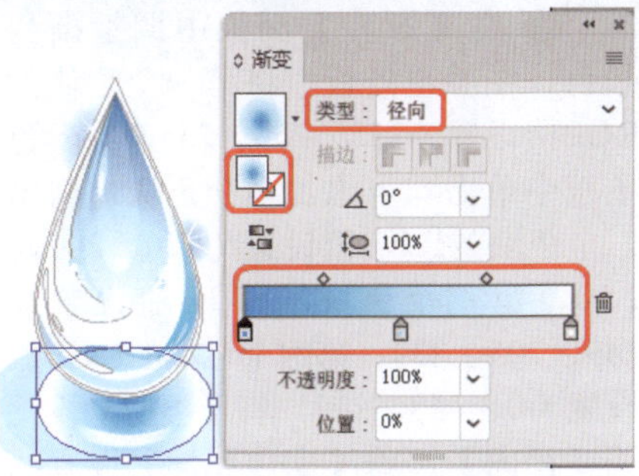

图4-561 设置属性

6 选择工具箱中的【选择工具】，单击并选择图4-562所示的图形对象。

图4-562 选择对象

7 在【颜色】面板中设置所选对象的【填充颜色】的RGB值为0、135、205，将【描边】属性设置为无色，如图4-563所示。

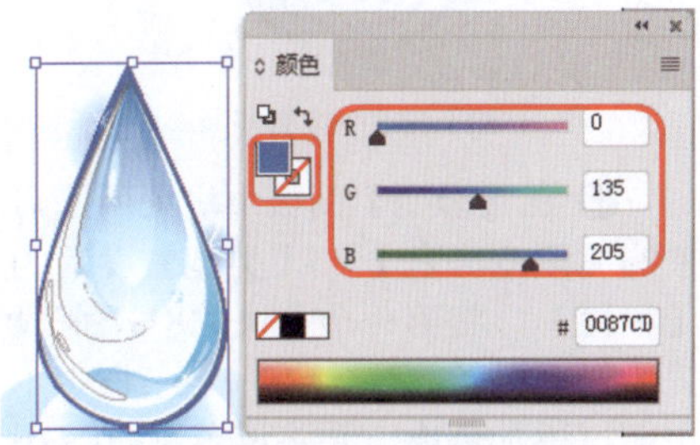

图4-563 设置属性

8 使用【选择工具】，单击并选择图4-564所示的图形对象。

图4-564 选择对象

❾ 在【渐变】面板中调整渐变颜色，在颜色条板中将第一个色块的RGB值设置为255、255、255，在颜色条板中单击即可添加多个色块，将第二个色块的RGB值设置为220、241、250，第三个色块的RGB值设置为149、205、239，第四个色块的RGB值设置为0、148、217，将【类型】设置为【径向】，将【描边属性】设置为无色，如图4-565所示。

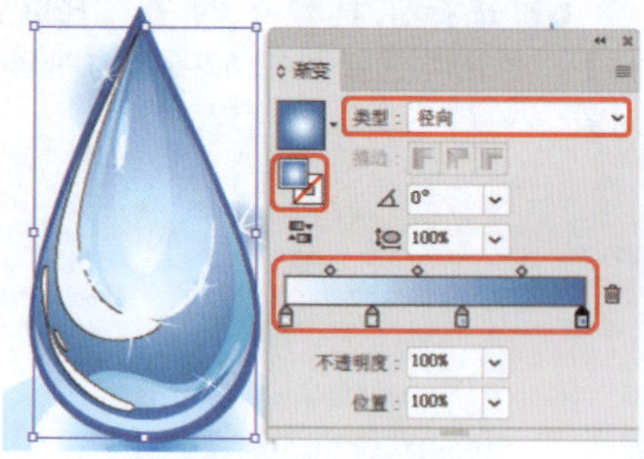

图4-565 设置属性

❿ 使用【选择工具】，单击并选择图4-566所示的图形对象。

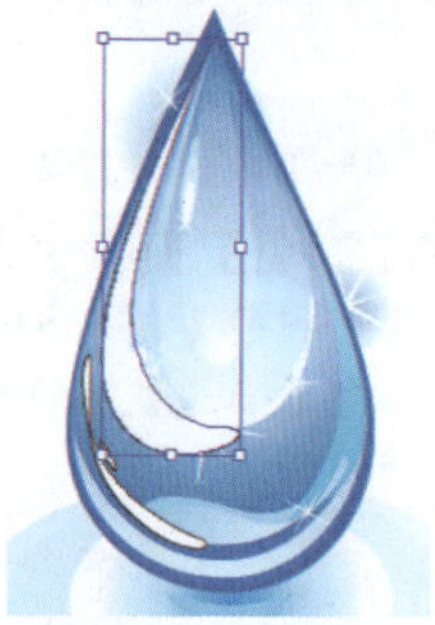

图4-566 选择对象

⓫ 在【渐变】面板中设置所选对象的【渐变颜色】，【类型】设置为【线性】，将第一个色块的RGB值设置为140、215、247，在颜色条板中单击即可添加色块，并将该色块的RGB值设置为220、241、252，第三个色块的RGB值设置为255、255、255，将【描边属性】设置为无色，如图4-567所示。

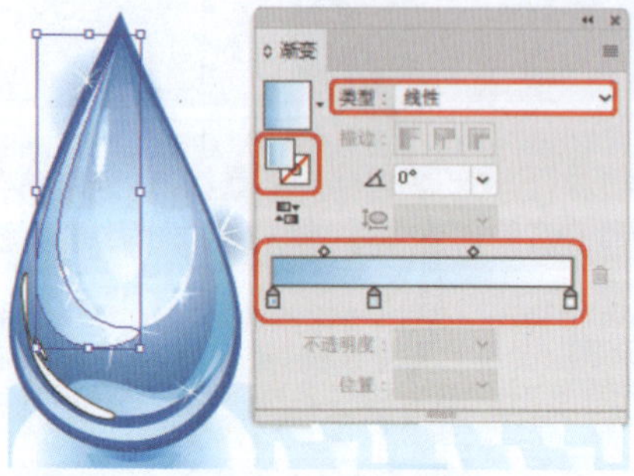

图4-567 设置属性

⓬ 使用【选择工具】，单击并选择图4-568所示的图形对象。

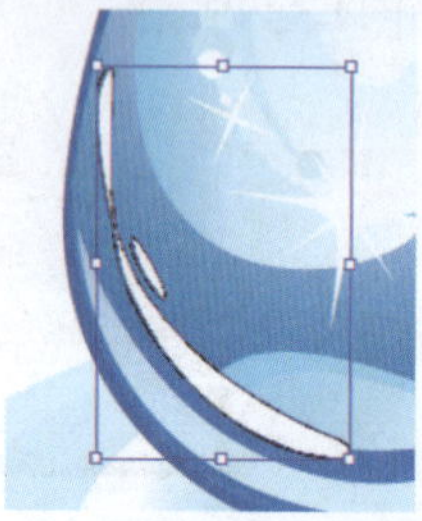

图4-568 选择对象

⓭ 在【颜色】面板中设置所选对象的【填充颜色】的RGB值为0、135、205，将【描边】属性设置为无色，如图4-569所示。

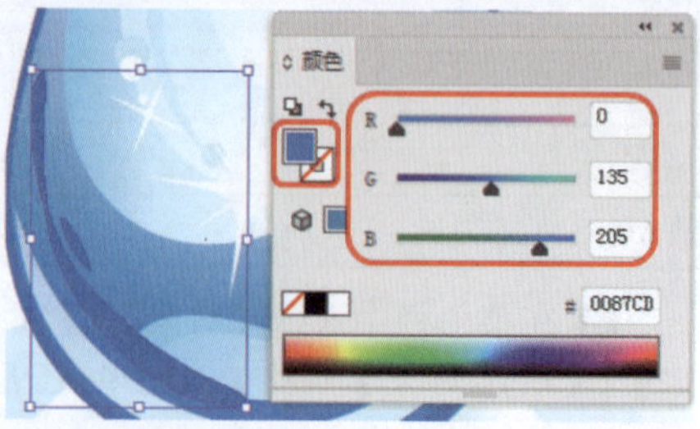

图4-569 设置属性

⓮ 使用【选择工具】，拖拽鼠标并选择所有的水滴图形对象，如图4-570所示。

⓯ 在菜单栏中选择【对象】|【编组】命令，如图4-571所示。

图4-570 选择对象

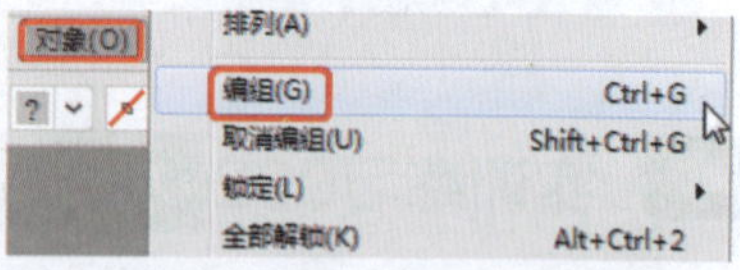

图4-571 选择【编组】命令

⓰ 确定编组后的图形处于选择状态，按住Alt键不放，复制出多个水滴对象并调整大小和位置，完成后的效果如图4-572所示。

图4-572 复制并调整

实训练习093 飞鸟

本实例主要讲解使用选择工具选中图形对象，通过【颜色】和【渐变】面板设置填充属性，如图4-573所示。

素材	素材|Cha04|飞鸟.ai
场景	场景|Cha04|实训练习093 飞鸟.ai
视频	视频教学 | Cha04 |实训练习093 飞鸟.MP4

图4-573 飞鸟的效果图

❶ 启动Illustrator CC 2017软件，选择【文件】|【打开】命令，打开随书配套资源中的素材|Cha04|飞鸟.ai文件，如图4-574所示。

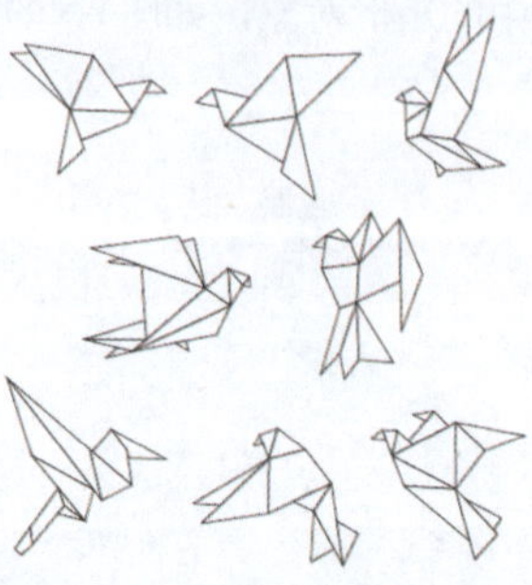

图4-574 打开素材文件

❷ 使用【选择工具】，单击并选择图4-575所示的对象。

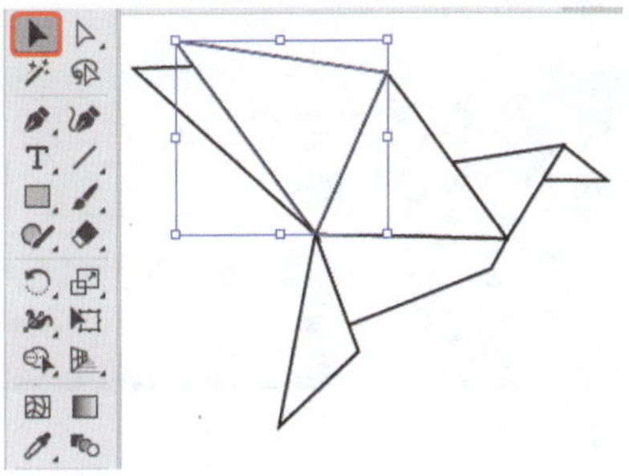

图4-575 选择对象

❸ 通过【颜色】面板设置所选对象的【填充颜色】的RGB值为255、132、255，将【描边属性】设置为无色，如图4-576所示。

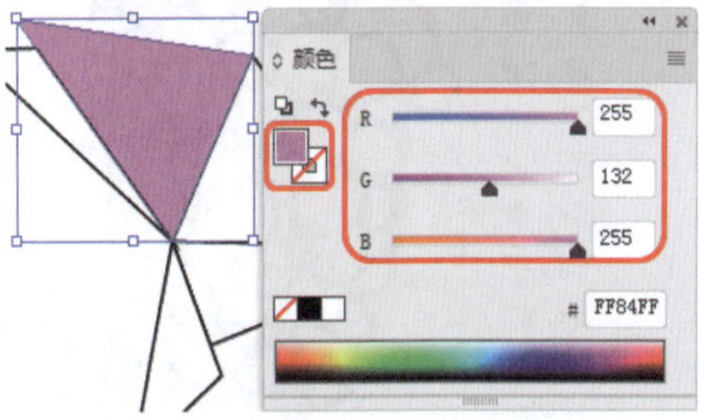

图4-576 设置属性

❹ 使用【选择工具】，单击并选择图4-577所示的对象。

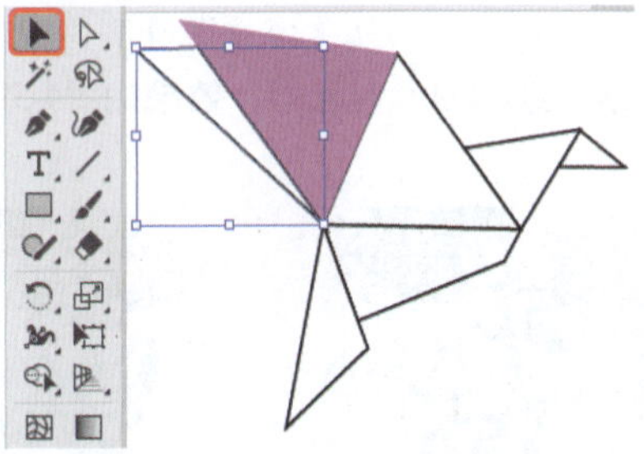

图4-577 选择对象

❺ 通过【颜色】面板设置所选对象的【填充颜色】的RGB值为255、69、255，将【描边属性】设置为无色，如图4-578所示。

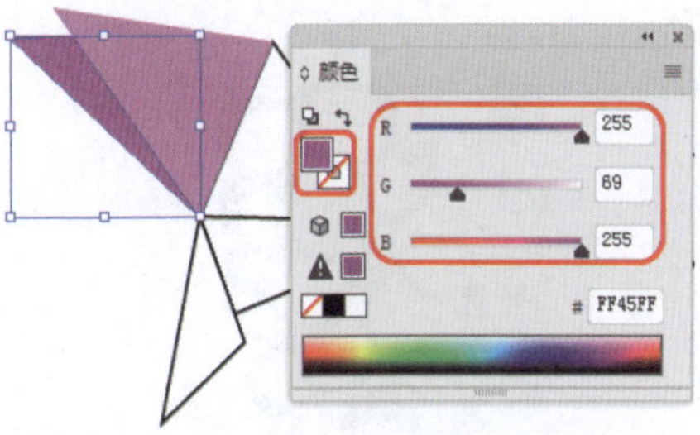

图4-578 设置属性

❻ 使用【选择工具】，单击并选择图4-579所示的对象。

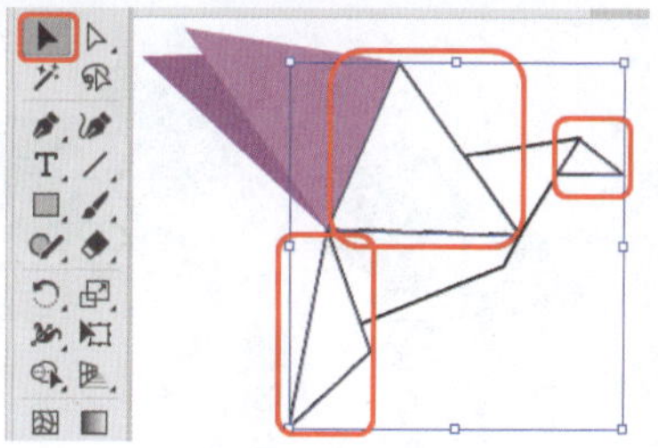

图4-579 选择对象

❼ 使用【吸管工具】，单击图形对象，将其【填充属性】应用到当前所选的图形对象中，效果如图4-580所示。

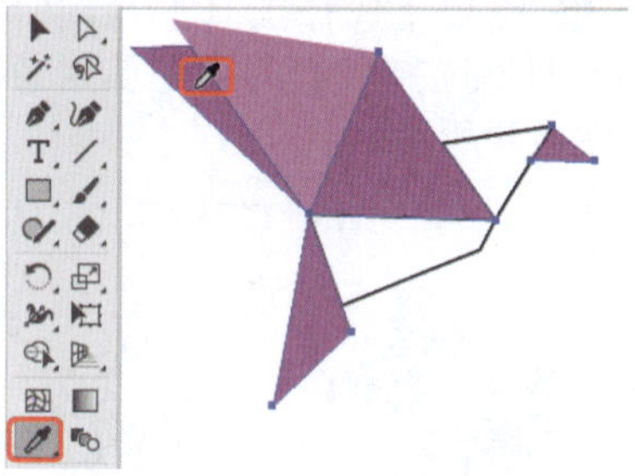

图4-580 复制颜色

❽ 使用【选择工具】，单击并选择图4-581所示的对象。

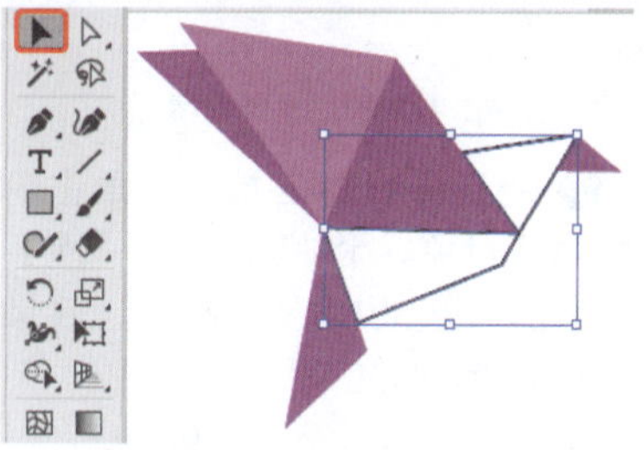

图4-581 选择对象

❾ 使用【吸管工具】，单击图形对象，将其【填充属性】应用到当前所选的图形对象中，效果如图4-582所示。

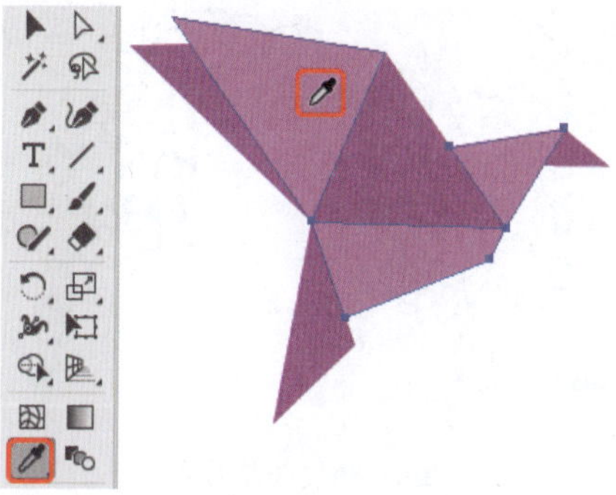

图4-582 复制颜色

❿ 使用同样的方法填充其他飞鸟图形对象，最终效果如图4-583所示。

图4-583 最终效果

实训练习094 葡萄

本实例主要讲解使用选择工具选中图形对象，通过【颜色】和【渐变】面板设置图形对象的填充属性，如图4-584所示。

素材	素材|Cha04|葡萄.ai
场景	场景|Cha04|实训练习094 葡萄.ai
视频	视频教学 | Cha04 |实训练习094 葡萄.MP4

图4-584 葡萄的效果图

❶ 启动Illustrator CC 2017软件，选择【文件】|【打开】命令，打开随书配套资源中的素材|Cha04|葡萄.ai文件，如图4-585所示。

图4-585 打开素材文件

❷ 使用【选择工具】，单击并选择第一个葡萄叶对象，如图4-586所示。

图4-586 选择对象

❸ 通过【渐变】面板设置所选对象的【渐变颜色】，将第一个色块的RGB值设置为0、127、26，第二个色块的RGB值设置为0、255、30，【角度】设置为90°，如图4-587所示。

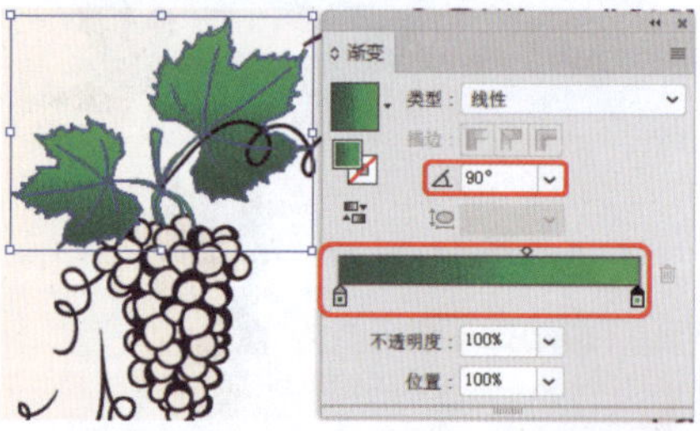

图4-587 设置属性

❹ 使用【选择工具】，单击并选择另外一个葡萄叶对象，如图4-588所示。

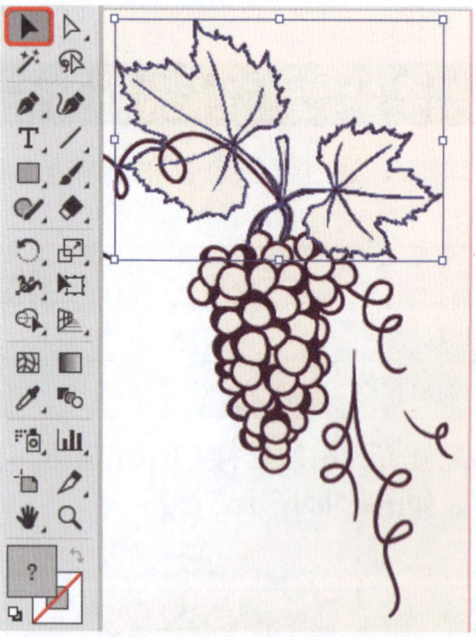

图4-588 选择对象

❺ 使用【吸管工具】，单击第一个葡萄叶对象，将其【填充属性】应用到当前所选的图形对象中，在【渐变】面板中将【角度】设置为90°，效果如图4-589所示。

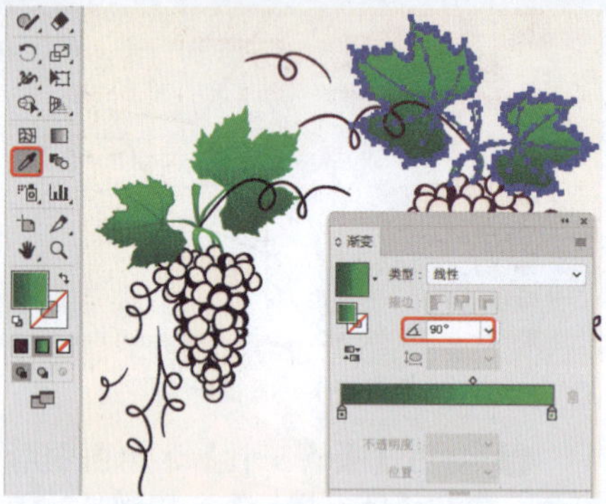

图4-589 复制渐变颜色

❻ 使用【选择工具】，同时按住Shift键选择所有的葡萄藤对象，如图4-590所示。

图4-590 选择对象

❼ 使用【吸管工具】，单击第一个葡萄叶对象，将其【填充属性】应用到当前所选的图形对象中，效果如图4-591所示。

图4-591 复制属性

❽ 使用【选择工具】，单击并选择整个葡萄对象，如图4-592所示。

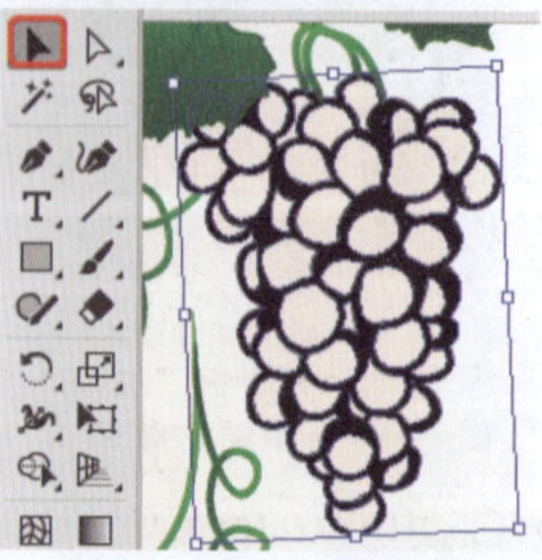

图4-592 选择对象

❾ 通过【颜色】面板设置【填充颜色】的RGB值为97、0、139，如图4-593所示。

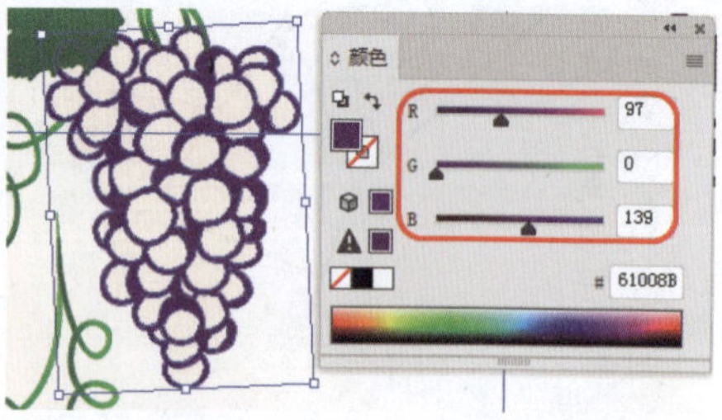

图4-593 设置属性

❿ 使用【选择工具】，单击并选择另外一个整个的葡萄对象，如图4-594所示。

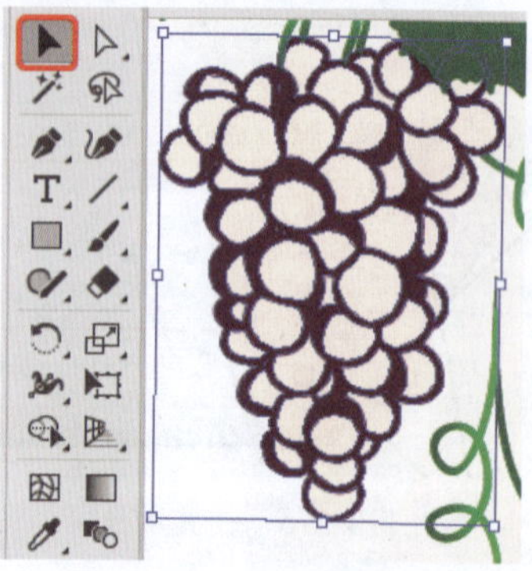

图4-594 选择对象

⓫ 使用【吸管工具】，单击第一个葡萄对象，将其【填充属性】应用到当前所选的图形对象中，效果如图4-595所示。

图4-595 复制属性

⓬ 使用【选择工具】，单击并选择任意一个单个的葡萄对象，如图4-596所示。

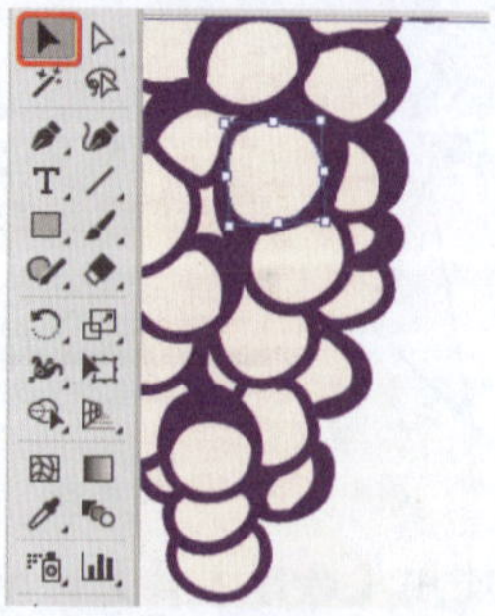

图4-596 选择对象

⑬ 通过【渐变】面板设置所选对象的【渐变颜色】，【类型】设置为【径向】，将第一个色块的RGB值设置为255、255、255，第二个色块的RGB值设置为97、0、139，如图4-597所示。

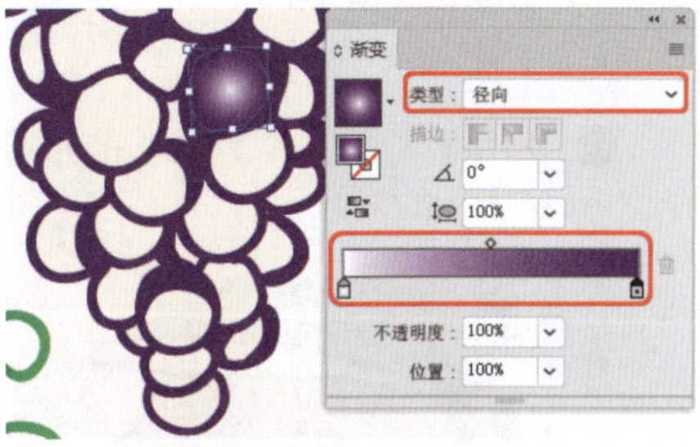

图4-597　设置属性

⑭ 使用【选择工具】，单击并选择其他所有单个的葡萄对象，如图4-598所示。

⑮ 使用【吸管工具】，单击刚刚的单个葡萄对象，将其【填充属性】应用到当前所选的图形对象中，效果如图4-599所示。

图4-598　选择对象

图4-599　复制属性

实训练习095 甜橙

本实例主要讲解使用选择工具选中图形对象，通过【颜色】和【渐变】面板设置图形对象的填充属性，如图4-600所示。

素材	素材|Cha04|甜橙.ai
场景	场景|Cha04|实训练习095　甜橙.ai
视频	视频教学 | Cha04 |实训练习095　甜橙.MP4

图4-600　甜橙的效果图

❶ 启动Illustrator CC 2017软件，选择【文件】|【打开】命令，打开随书配套资源中的素材|Cha04|甜橙.ai文件，如图4-601所示。

图4-601　打开素材文件

❷ 使用【选择工具】，单击并选择整个橙子对象，如图4-602所示。

图4-602　选择对象

❸ 通过【渐变】设置所选对象的【渐变颜色】，【类型】设置为【径向】，将第一个色块的RGB值设置为255、241、0，在颜色条板中单击即可添加色块，并将该色块的RGB值设置为245、164、0，将第三个色块的RGB值设置为237、117、0，将【描边属性】设置为无色，如图4-603所示。

❹ 使用【选择工具】，单击并选择整个橙子上比较小的多边形对象，如图4-604所示。

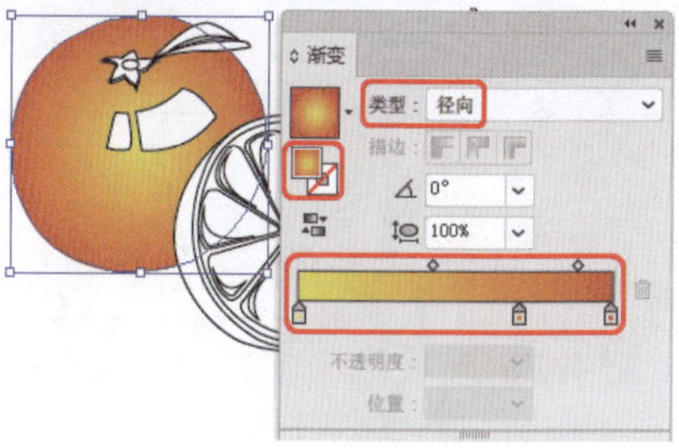

图4-603　设置属性

图4-604　选择对象

❺ 通过【颜色】面板设置所选对象的【填充颜色】的RGB值为255、255、138，并将【描边属性】设置为无色，如图4-605所示。

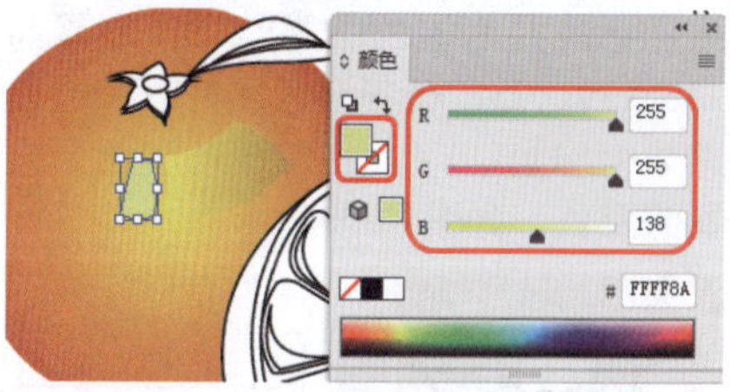

图4-605　设置属性

❻ 使用【选择工具】，单击并选择整个橙子上比较大的多边形对象，如图4-606所示。

图4-606　选择对象

❼ 通过【渐变】面板设置所选对象的【渐变颜色】，【类型】设置为【线性】，将第一个色块的RGB值设置为255、255、138，第二个色块的RGB值设置为255、229、48，将【描边属性】设置为无色，如图4-607所示。

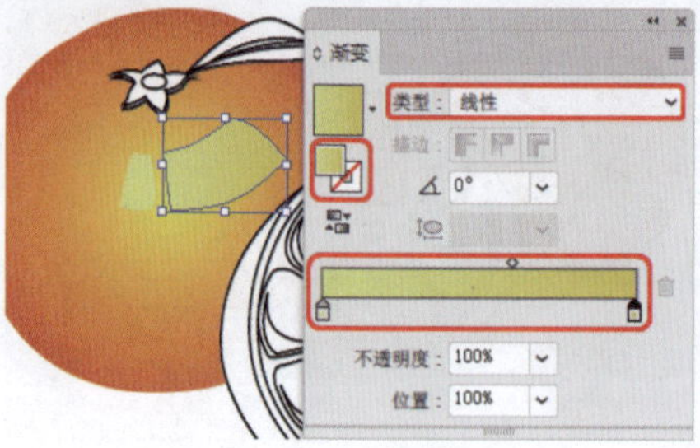

图4-607　设置属性

❽ 使用【选择工具】，单击并选择图4-608所示的对象。

图4-608　选择对象

❾ 通过【渐变】面板设置所选对象的【渐变颜色】，【类型】设置为【径向】，将第一个色块的RGB值设置为234、225、0，单击颜色条板即可添加色块并将该色块的RGB值设置为92、179、73，第三个色块的RGB值设置为0、111、64，将【描边属性】设置为无色，如图4-609所示。

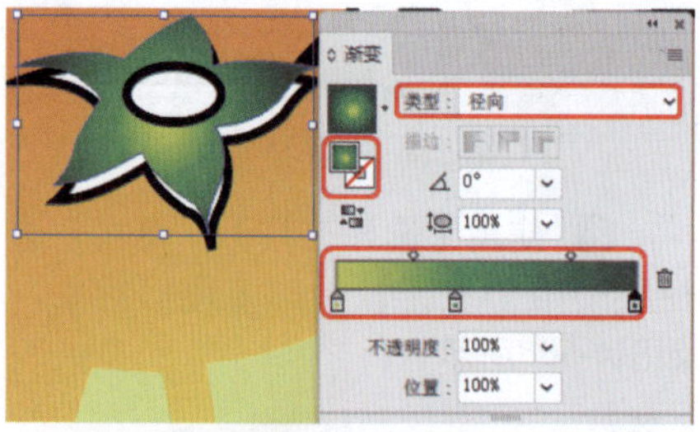

图4-609　设置属性

❿ 使用【选择工具】，单击并选择图4-610所示的对象。

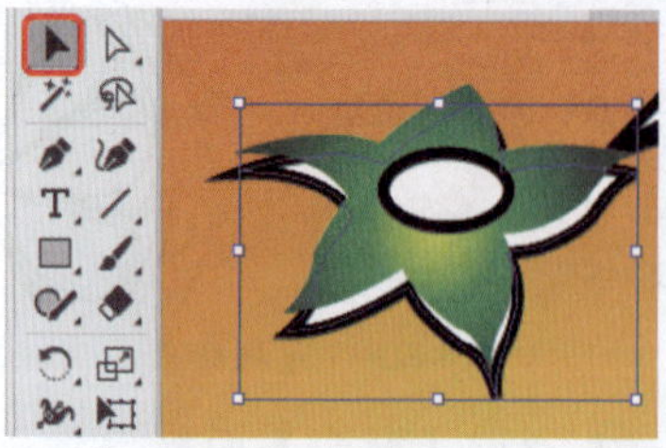

图4-610　选择对象

⓫ 通过【渐变】设置所选对象的【渐变颜色】，【类型】设置为【径向】，将第一个色块的RGB值设置为255、241、0，在颜色条板中单击即可添加色块并将该色块的RGB值设置为245、164、0，将第三个色块的RGB值设置为237、117、0，将【描边属性】设置为无色，如图4-611所示。

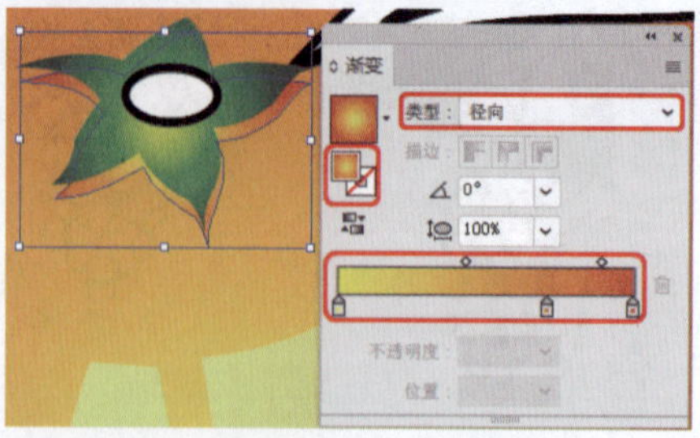

图4-611　设置属性

⓬ 使用【选择工具】，单击并选择图4-612所示的对象。

图4-612　选择对象

⓭ 通过【渐变】面板设置所选对象的【渐变颜色】，【类型】设置为【线性】，将第一个色块的RGB值设置为127、192、65，第二个色块的RGB值设置为0、111、64，【角度】设置为-90°，将【描边属性】设置为无色，如图4-613所示。

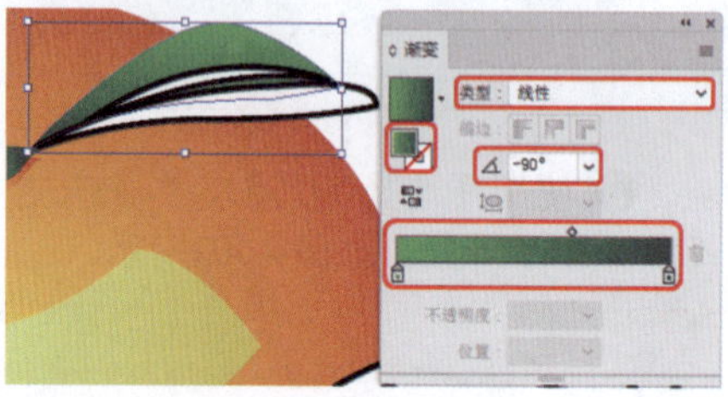

图4-613　设置属性

⓮ 使用【选择工具】，单击并选择图4-614所示的对象。

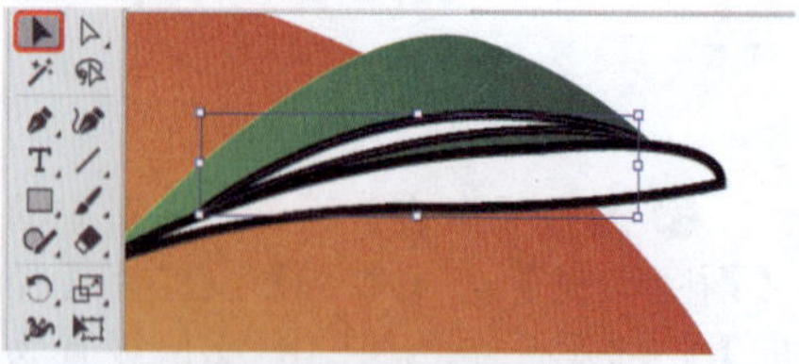

图4-614　选择对象

⓯ 通过【渐变】面板设置所选对象的【渐变颜色】，【类型】设置为【线性】，将第一个色块的RGB值设置为255、255、255，第二个色块的RGB值设置为120、177、48，【角度】设置为90°，将【描边属性】设置为无色，如图4-615所示。

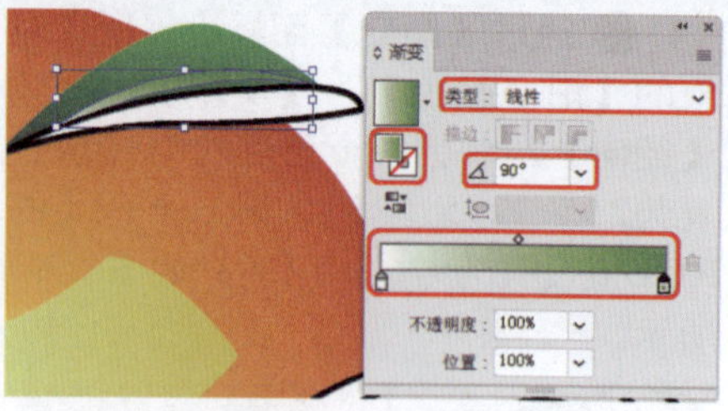

图4-615　设置属性

⓰ 使用【选择工具】，单击并选择图4-616所示的对象。

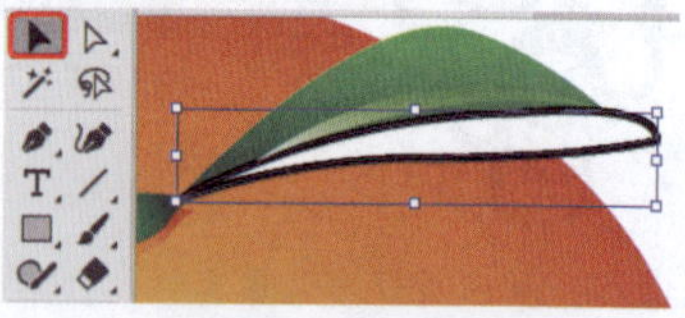

图4-616　选择对象

⓱ 使用【吸管工具】，单击图4-617所示的对象，将其【填充属性】应用到当前所选的图形对象中，效果如图4-617所示。

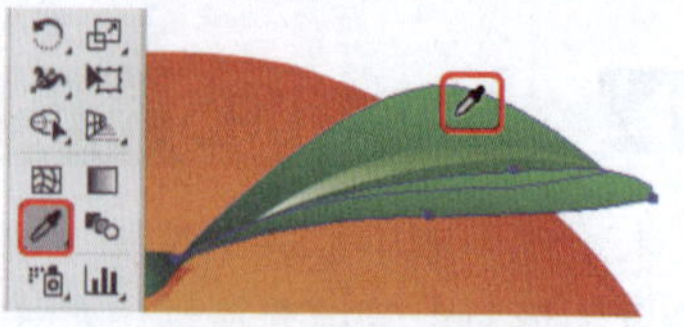

图4-617　复制属性

⓲ 使用【选择工具】，单击并选择图4-618所示的对象。

图4-618　选择对象

⓳ 使用【吸管工具】，单击图4-619所示的对象，将其【填充属性】应用到当前所选的图形对象中，效果如图4-619所示。

图4-619　复制属性

⑳ 使用【选择工具】，单击图4-620所示的对象。

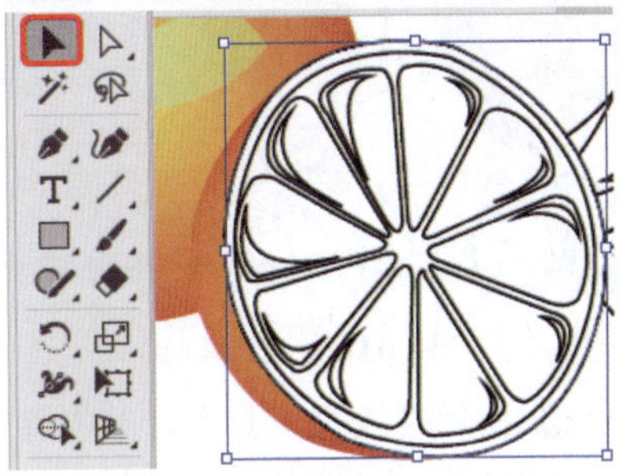

图4-620 选择对象

㉑ 通过【颜色】面板设置所选对象的【填充颜色】的RGB值为255、209、0，将【描边属性】设置为无色，如图4-621所示。

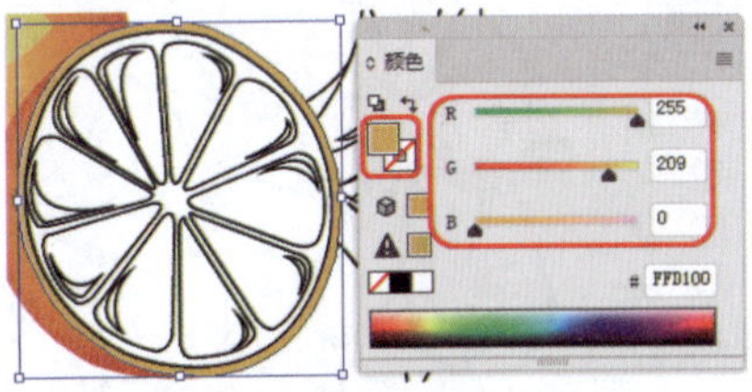

图4-621 设置属性

㉒ 使用【选择工具】，单击图4-622所示的对象，将【描边属性】设置为无色，效果如图4-622所示。

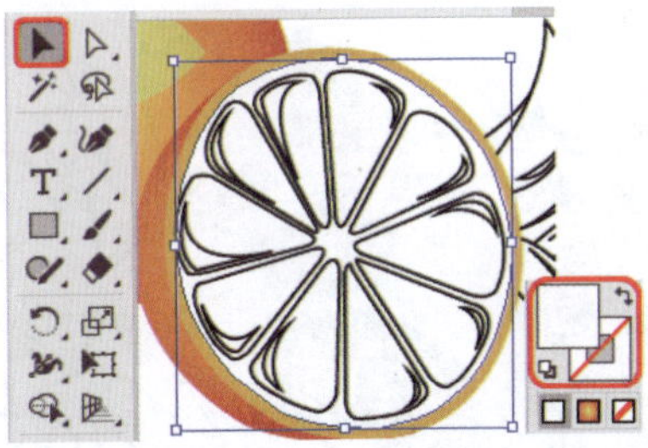

图4-622 选择对象并设置

㉓ 使用【选择工具】，单击图4-623所示的对象。

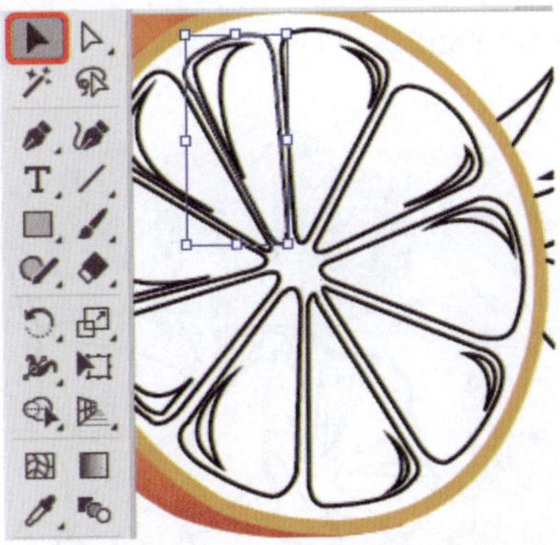

图4-623 选择对象

㉔ 使用【吸管工具】，单击图4-624所示的对象，将其【填充属性】应用到当前所选的图形对象中，在【渐变】面板中将【类型】设置为【线性】，【角度】设置为90°，效果如图4-624所示。

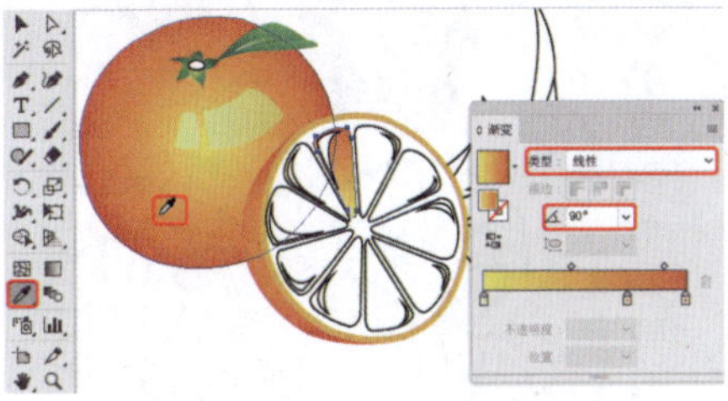

图4-624 复制属性并设置

㉕ 使用【选择工具】，单击图4-625所示的对象。

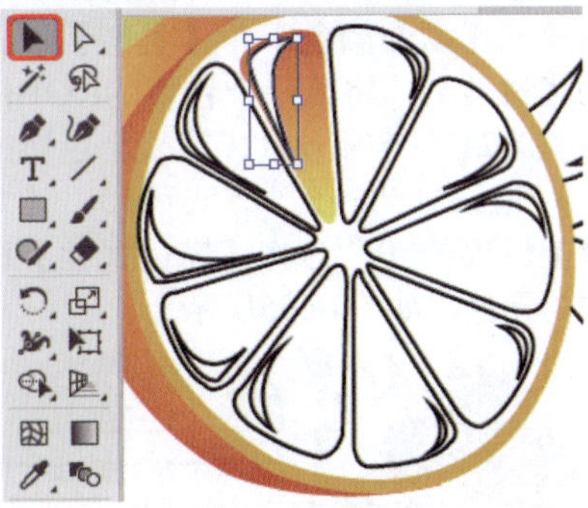

图4-625 选择对象

㉖ 使用【吸管工具】，单击图4-626所示的对象，将其【填充属性】应用到当前所选的图形对象中，如图4-626所示。

图4-626 复制属性

㉗ 使用同样的方法制作视图中其他的图形对象，最终效果如图4-627所示。

图4-627 最终效果

实训练习096
牵牛花

本实例主要讲解使用选择工具选中图形对象，通过【颜色】和【渐变】面板设置图形对象的填充属性，如图4-628所示。

素材	素材|Cha04|牵牛花.ai
场景	场景|Cha04|实训练习096 牵牛花.ai
视频	视频教学 | Cha04 |实训练习096 牵牛花.MP4

图4-628 牵牛花的效果图

❶ 启动Illustrator CC 2017软件，选择【文件】|【打开】命令，打开随书配套资源中的素材|Cha04|牵牛花.ai文件，如图4-629所示。

图4-629 打开素材文件

❷ 使用【选择工具】▶，单击并选择视图中的图形对象，如图4-630所示。

图4-630　选择对象

❸ 通过【颜色】面板设置所选对象的【填充颜色】的RGB值为217、80、151，【描边颜色】的RGB值设置为217、36、151，如图4-631所示。

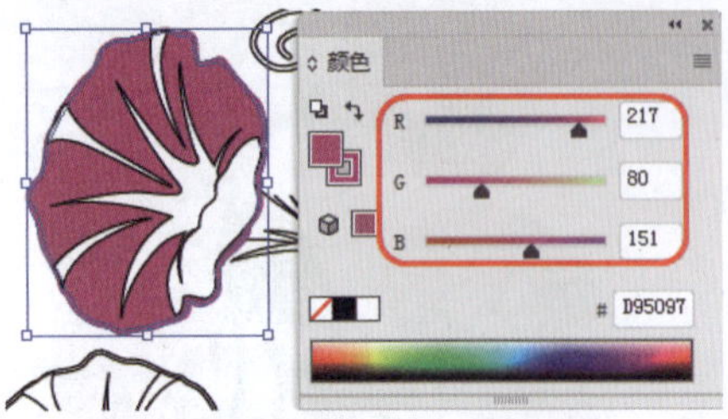

图4-631　设置属性

❹ 使用【选择工具】，同时按住Shift键加选图4-632所示的对象。

图4-632　选择对象

❺ 通过【渐变】面板设置所选对象的【渐变颜色】，【类型】设置为【线性】，将第一个色块的RGB值设置为179、54、111，第二个色块的RGB值设置为217、80、151，将【描边属性】设置为无色，如图4-633所示。

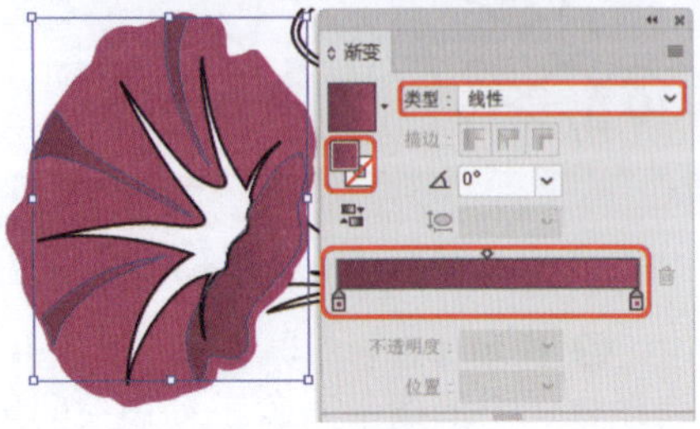

图4-633　设置属性

❻ 使用【选择工具】，单击并选择图4-634所示的对象。

图4-634　选择对象

❼ 通过【渐变】面板设置所选对象的【渐变颜色】，【类型】设置为【线性】，将第一个色块的RGB值设置为217、80、151，第二个色块的RGB值设置为255、255、255，【角度】设置为90°，将【描边属性】设置为无色，如图4-635所示。

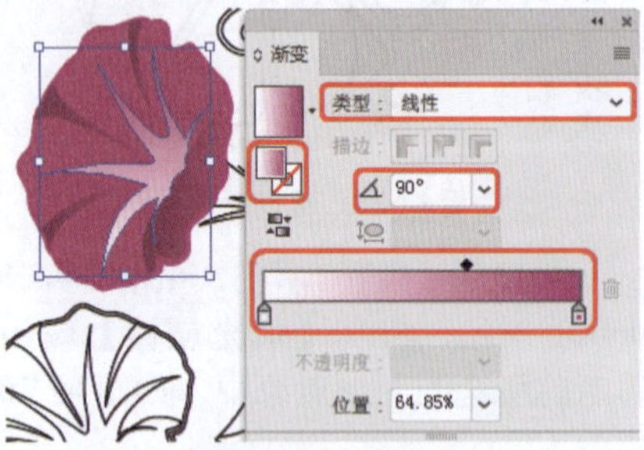

图4-635　设置属性

❽ 使用【选择工具】，单击并选择图4-636所示的对象。

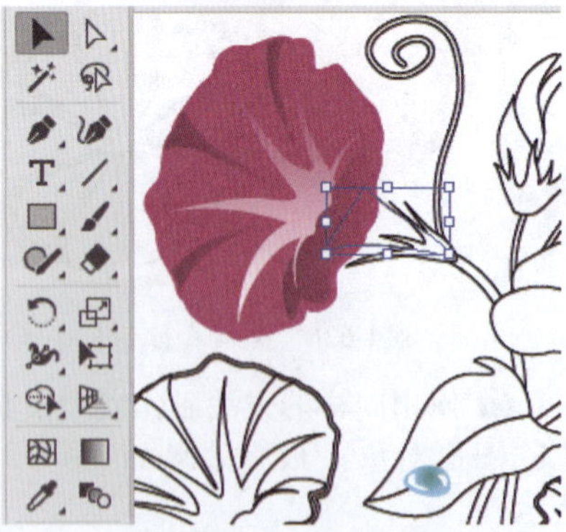

图4-636　选择对象

❾ 通过【渐变】面板设置所选对象的【渐变颜色】和【描边属性】，【类型】设置为【线性】，将第一个色块的RGB值设置为217、80、151，第二个色块的RGB值设置为255、255、255，将【描边属性】设置为无色，如图4-637所示。

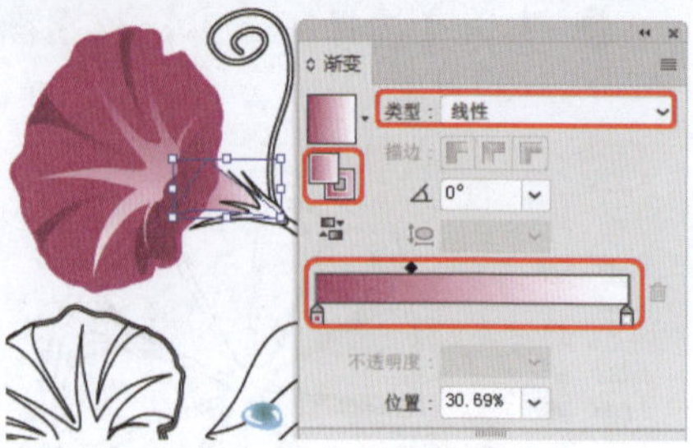

图4-637　设置属性

❿ 使用【选择工具】，单击并选择图4-638所示的对象。

⓫ 使用【吸管工具】，单击图4-639所示的对象，将其【填充属性】应用到当前所选的图形对象中，效果如图4-639所示。

图4-638　选择对象

图4-639　复制属性

⓬ 使用【选择工具】，单击并选择图4-640所示的对象。

图4-640　选择对象

⑬ 使用【吸管工具】，单击图4-641所示的对象，将其【填充属性】应用到当前所选的图形对象中，效果如图4-641所示。

图4-641 复制属性

⑭ 使用【选择工具】，单击并选择图4-642所示的对象。

图4-642 选择对象

⑮ 使用【吸管工具】，单击图4-643所示的对象，将其【填充属性】应用到当前所选的图形对象中，效果如图4-643所示。

图4-643 复制属性

⑯ 使用同样的方法为其他的牵牛花填充颜色，效果如图4-644所示。

⑰ 使用【选择工具】，拖拽鼠标并选择图4-645所示的对象。

图4-644 复制属性

图4-645 选择对象

⑱ 使用【吸管工具】，单击图4-646所示的对象，将其【填充属性】应用到当前所选的图形对象中，并在【渐变】面板中将【角度】设置为90°，效果如图4-646所示。

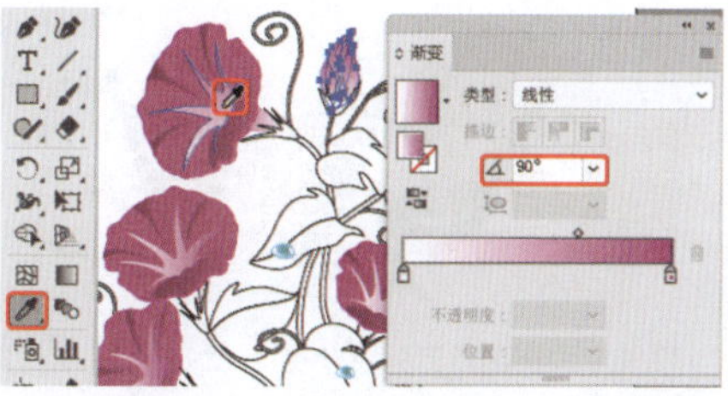

图4-646 复制属性并设置

⑲ 使用【选择工具】，选择如图4-647所示的对象。

⑳ 通过【颜色】面板设置所选对象的【填充颜色】的RGB值为0、212、17，【描边颜色】的RGB设置为0、150、0，如图4-648所示。

图4-647 选择对象

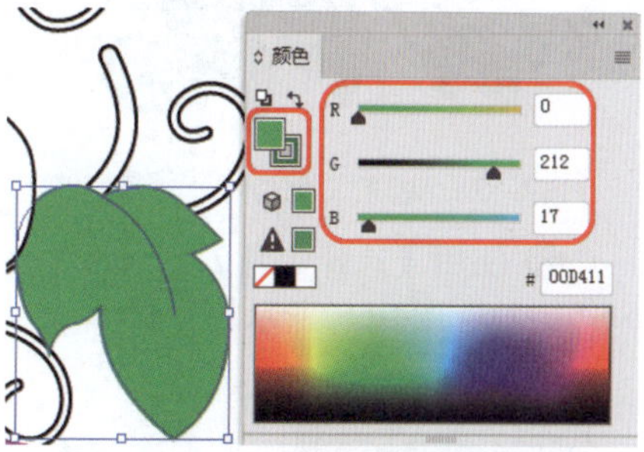

图4-648 设置属性

㉑ 使用【选择工具】，选择图4-649所示的对象。

图4-649 选择对象

㉒ 通过【颜色】面板设置所选对象的【填充颜色】的RGB值为0、167、17，【描边颜色】的RGB设置为0、116、0，如图4-650所示。

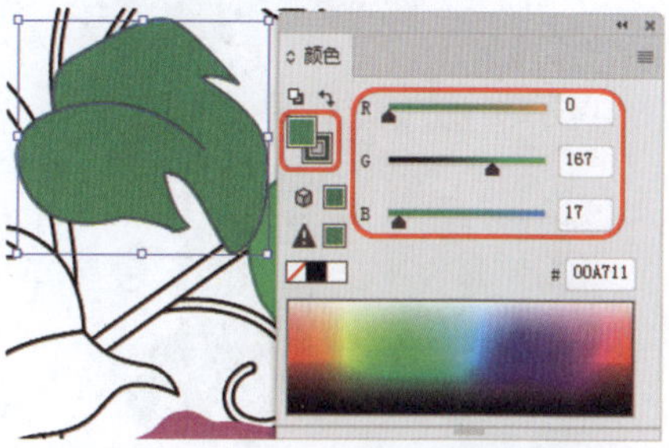

图4-650 设置属性

㉓ 使用【选择工具】和【吸管工具】选择并复制其他的叶子对象，效果如图4-651所示。

图4-651　填充其他的叶子对象颜色

㉔ 使用【选择工具】，同时按住Shift键加选图4-652所示的对象。

图4-652　选择对象

㉕ 使用【吸管工具】，单击图4-653所示的对象，将其【填充属性】应用到当前所选的图形对象中，效果如图4-653所示。

图4-653　复制属性

㉖ 使用【选择工具】，同时按住Shift键加选图4-654所示的对象。

图4-654　选择对象

㉗ 使用【吸管工具】，单击图4-655所示的对象，将其【填充属性】应用到当前所选的图形对象中，效果如图4-655所示。

图4-655　复制属性

实训练习097 柠檬

本实例主要讲解渐变网格工具的使用，如何增加和删除横向及纵向网格线，以及更改渐变网格点的颜色，如图4-656所示。

素材	素材|Cha04|柠檬.ai
场景	场景|Cha04|实训练习097 柠檬.ai
视频	视频教学 | Cha04 |实训练习097 柠檬.MP4

图4-656　柠檬的效果图

❶ 启动Illustrator CC 2017软件，选择【文件】|【打开】命令，打开随书配套资源中的素材|Cha04|柠檬.ai文件，如图4-657所示。

图4-657　打开素材文件

❷ 使用【选择工具】，单击并选择柠檬对象，如图4-658所示。

图4-658　选择对象

❸ 使用【网格工具】，在选择的柠檬对象上单击，添加多个网格点，如图4-659所示。

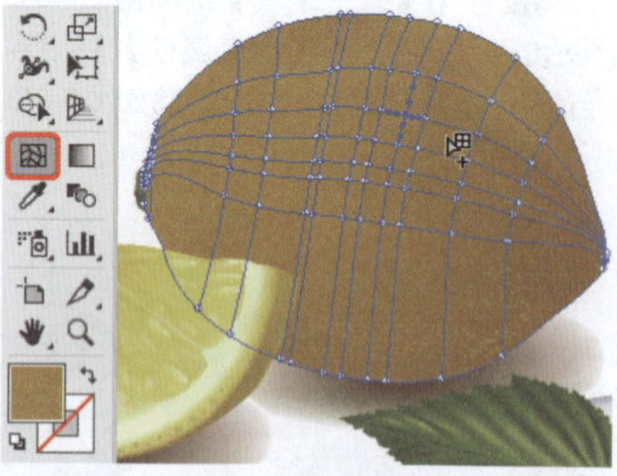

图4-659　添加网格点

❹ 通过【选择工具】和【渐变】面板设置各个网格点的颜色，效果如图4-660所示。

图4-660　设置属性

实训练习098 钳子

本实例主要讲解使用选择工具选中图形对象，通过【颜色】和【渐变】面板设置图形对象的填充属性，如图4-661所示。

素材	素材|Cha04|钳子.ai
场景	场景|Cha04|实训练习098 钳子.ai
视频	视频教学 | Cha04 |实训练习098 钳子.MP4

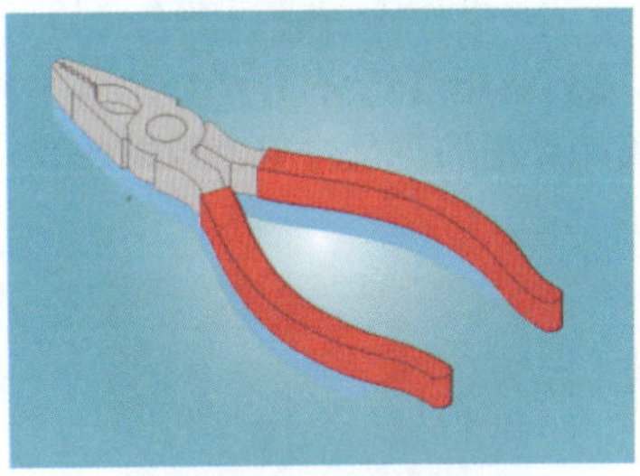

图4-661 钳子的效果图

❶ 启动Illustrator CC 2017软件，选择【文件】|【打开】命令，打开随书配套资源中的素材|Cha04|钳子.ai文件，如图4-662所示。

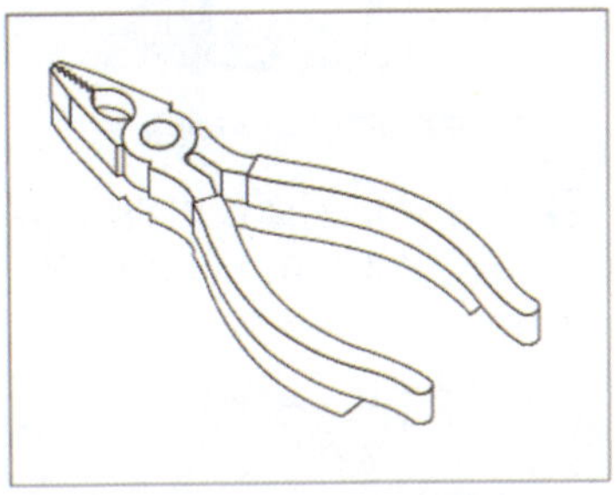

图4-662 打开素材文件

❷ 使用【选择工具】，单击并选择矩形对象，如图4-663所示。

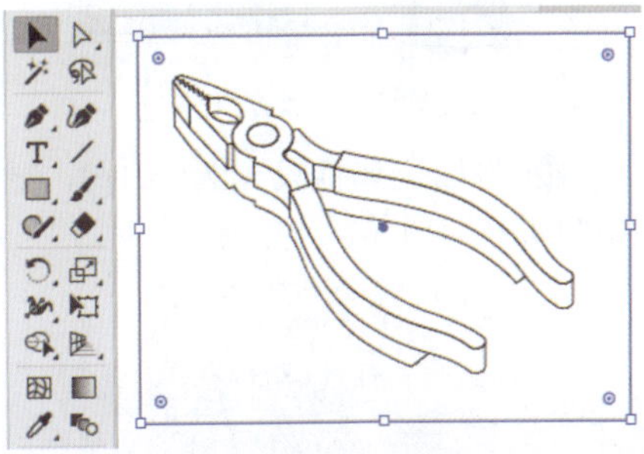

图4-663 选择对象

❸ 通过【渐变】面板中设置所选对象的【渐变颜色】，【类型】设置为【径向】，将第一个色块的RGB值设置为255、255、255，第二个色块的RGB值设置为0、241、255，将【描边属性】设置为无色，如图4-664所示。

❹ 使用【选择工具】，单击并选择钳子把对象，如图4-665所示。

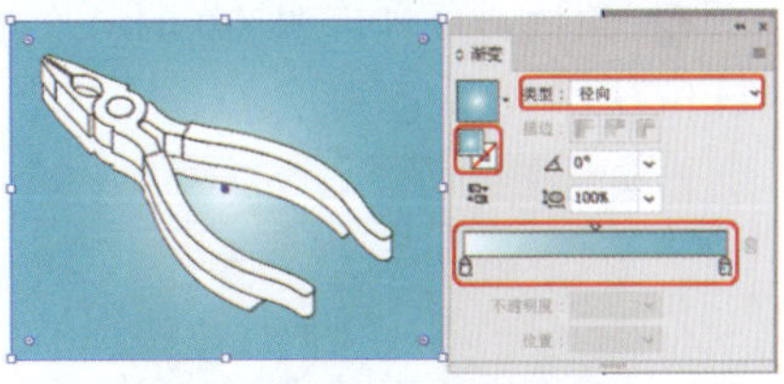

图4-664 设置属性

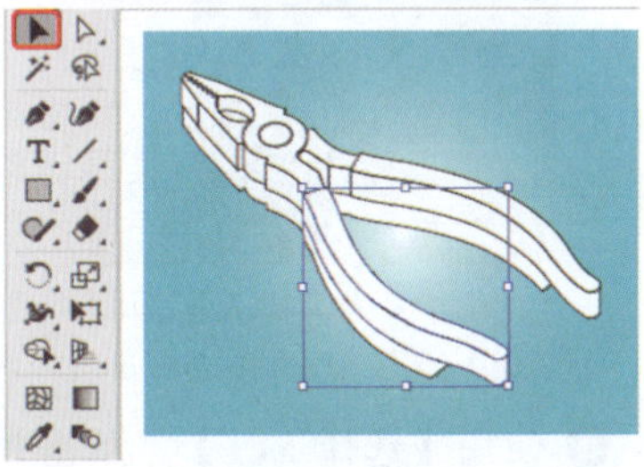

图4-665 选择对象

❺ 通过【颜色】面板设置所选对象的【填充颜色】的RGB值设置为255、69、85，【描边颜色】设置为200、69、85，如图4-666所示。

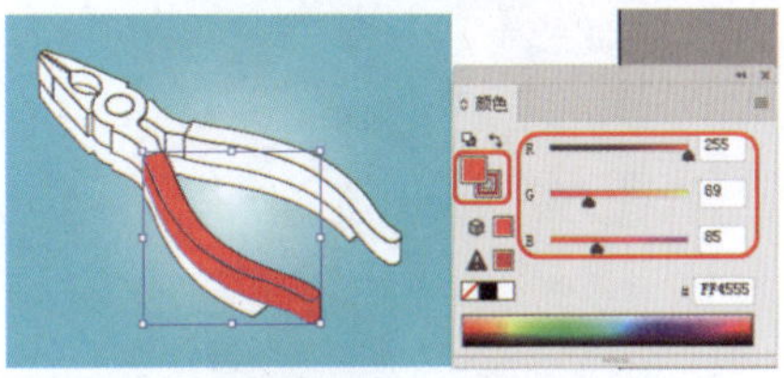

图4-666 设置属性

❻ 使用【选择工具】，单击并选择另一个钳子把对象，如图4-667所示。

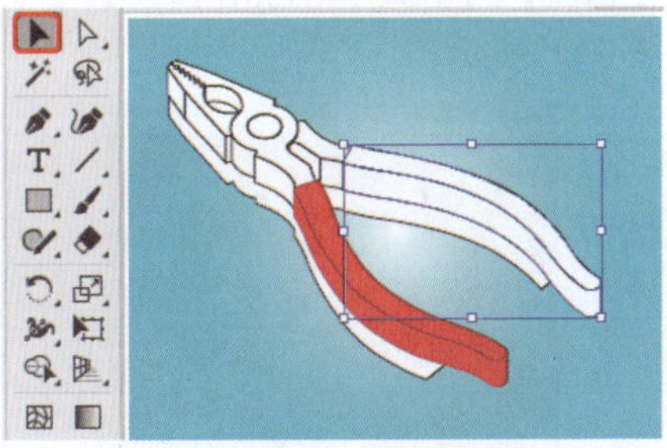

图4-667 选择对象

❼ 使用【吸管工具】，单击图4-668所示的对象，将其【填充属性】应用到当前所选的图形对象中，效果如图4-668所示。

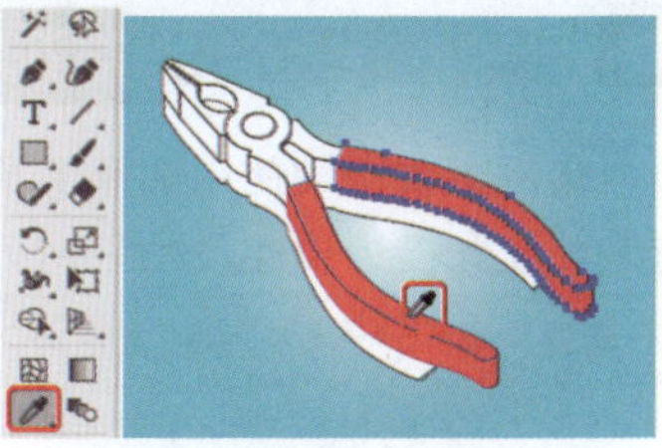

图4-668 复制属性

❽ 使用【选择工具】，同时按住Shift键加选所有的钳子头对象，如图4-669所示。

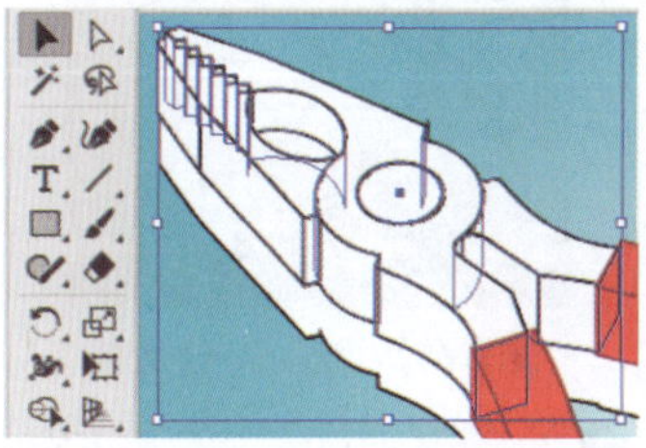

图4-669 选择对象

❾ 通过【颜色】面板设置所选对象的【填充颜色】的RGB值为217、217、217，将【描边属性】设置为0.25pt，如图4-670所示。

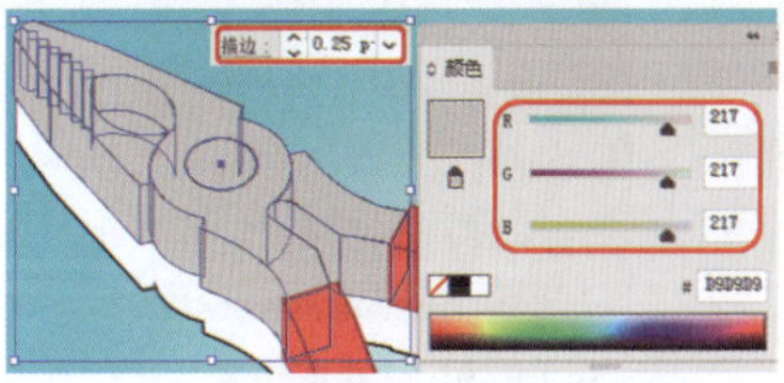

图4-670 设置属性

❿ 使用【选择工具】，单击并选择图4-671所示的对象。

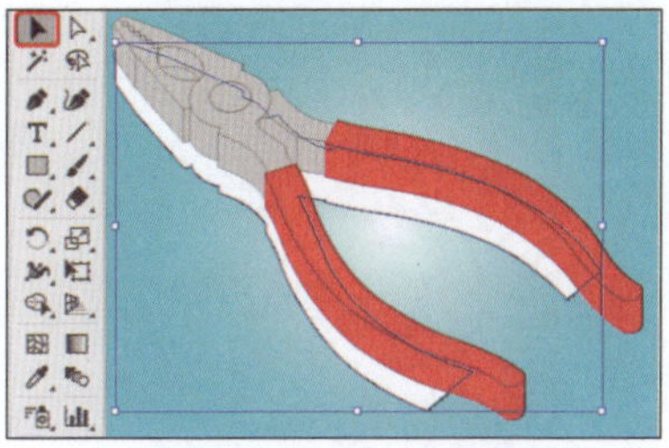

图4-671 选择对象

⓫ 通过【颜色】面板设置所选对象的【填充颜色】的RGB值为118、224、255，将【描边属性】设置为无色，如图4-672所示。

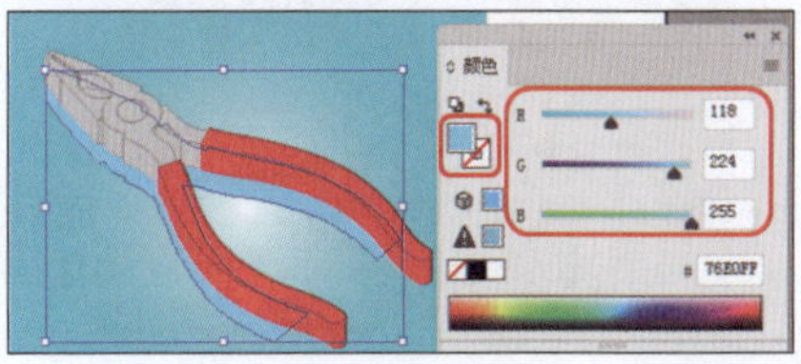

图4-672 设置属性

实训练习099 盆花

本实例主要讲解使用选择工具选中图形对象，通过【颜色】面板设置图形对象的填充和描边属性，如图4-673所示。

素材	素材|Cha04|盆花.ai
场景	场景|Cha04|实训练习099 盆花.ai
视频	视频教学 | Cha04 |实训练习099 盆花.MP4

图4-673 盆花的效果图

❶ 启动Illustrator CC 2017软件，选择【文件】|【打开】命令，打开随书配套资源中的素材|Cha04|盆花.ai文件，如图4-674所示。

图4-674 打开素材文件

❷ 使用【选择工具】，单击并选择第一个花盆对象，如图4-675所示的对象。

图4-675 选择对象

❸ 通过【颜色】面板将所选对象的填充颜色的RGB值设置为92、57、0，如图4-676所示。

图4-676 更改填充颜色

❹ 将描边属性设置为0.01pt，如图4-677所示。

图4-677 更改描边属性

❺ 使用【选择工具】，单击并选择第一束花的花瓣对象，如图4-678所示。

图4-678 选择对象

❻ 在菜单栏中选择【选择】|【相同】|【外观】，选择后的效果如图4-679所示。

图4-679 选择相同对象

❼ 在【颜色】面板中将描边属性设置为无色，效果如图4-680所示。

图4-680 设置描边属性

❽ 使用【选择工具】，单击并选择第二束花的花盆对象，效果如图4-681所示。

图4-681 选择对象

❾ 在【颜色】面板中将所选对象的RGB值设置为130、58、0，效果如图4-682所示。

图4-682 更改填充颜色

❿ 将描边属性设置为0.01pt，效果如图4-683所示。

图4-683 更改描边属性

⑪ 使用【选择工具】，单击并选择第三个花盆对象，如图4-684所示。

图4-684 选择对象

⑫ 使用【吸管工具】，单击第二个花盆对象，效果如图4-685所示。

图4-685 使用【吸管工具】改变颜色

⑬ 使用【选择工具】，单击选择第四个花盆对象，如图4-686所示。

图4-686 选择对象

⑭ 使用【吸管工具】，单击第二个花盆对象，效果如图4-687所示。

图4-687 使用【吸管工具】改变颜色

知识链接

使用吸管工具的技巧分为四种。

吸管工具技巧一

如何将左边矩形中的红色复制到右边的矩形框中？

（1）使用【选择工具】，单击并选择右边的矩形，如图4-688所示。

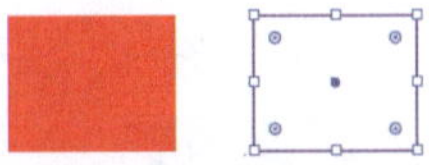

图4-688 选择右边的矩形

（2）使用【吸管工具】，鼠标变为一支吸管，单击左边红色矩形，可以将左边矩形的红色复制填充到右边矩形上，如图4-689所示。

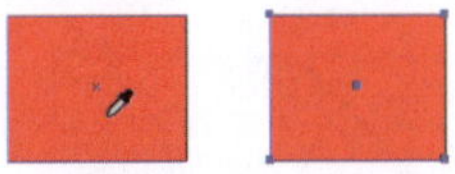

图4-689 使用【吸管工具】复制颜色

吸管工具技巧二

如何将左边矩形的填充色红色复制到右边矩形的轮廓上面？

（1）使用【选择工具】，单击并选择右边的矩形，如图4-690所示。

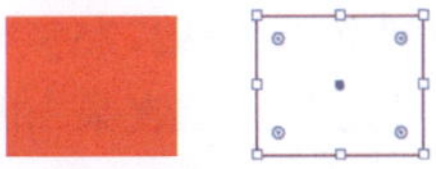

图4-690 选择右边的矩形

（2）单击工具箱中的按钮，将【轮廓色】放在上方，如图4-691所示。

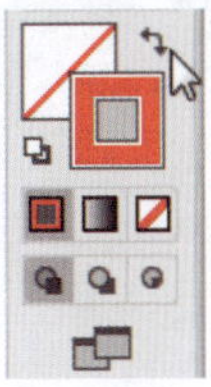

图4-691 将【轮廓色】放在上方

（3）使用【吸管工具】，鼠标变为一支吸管，按住Shift键，在红色矩形上单击并吸取颜色，这样就可以将吸取的颜色放在【轮廓色】上了，右边矩形的轮廓就是红色的了，如图4-692所示。

图4-692 使用【吸管工具】复制颜色

吸管工具技巧三

如何将右边的文字也变为左边一样的字体、字号、颜色呢？

（1）使用【选择工具】，单击并选择右边的文字，如图4-693所示。

图4-693 选择右边的文字

（2）使用【吸管工具】，鼠标变为一支吸管，单击左边文字，就可以将左边文字的样式复制到右边文字上面来，如图4-694所示。

图4-694 使用【吸管工具】复制文字

吸管工具技巧四

吸管工具工具强大之处还在于它可以吸取Illustrator软件界面之外的颜色。

（1）使用【选择工具】，选择要改变颜色的图形，如图4-695所示。

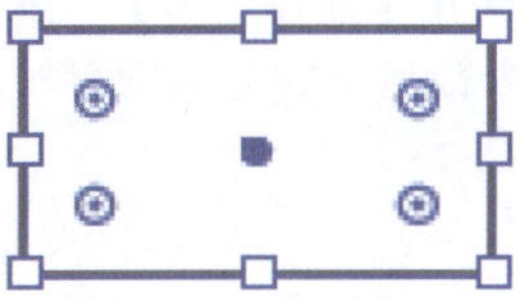

图4-695 选择图形

（2）使用【吸管工具】，按住鼠标左键不放，将光标移到Illustrator界面之外的任意目标颜色处，释放鼠标即可将吸取的颜色填充到需要改变颜色的图像上面，如图4-696所示。

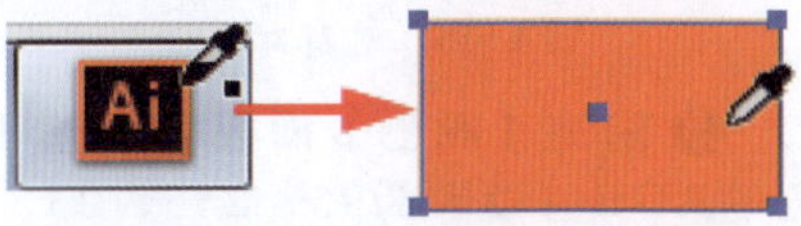

图4-696 完成后的效果

实训练习100 钱包

本实例主要讲解使用选择工具选中图形对象，通过【渐变】和【颜色】面板设置图形对象的填充和描边属性，以及【描边】面板的使用，如图4-697所示。

素材	素材|Cha04|钱包.ai
场景	场景|Cha04|实训练习100 钱包.ai
视频	视频教学 | Cha04 |实训练习100 钱包.MP4

图4-697 钱包的效果图

❶ 启动Illustrator CC 2017软件，选择【文件】|【打开】命令，打开随书配套资源中的素材|Cha04|钱包.ai文件，如图4-698所示。

图4-698 打开素材文件

❷ 使用【选择工具】，单击并选择第一个钱包上的花朵图形对象，如图4-699所示。

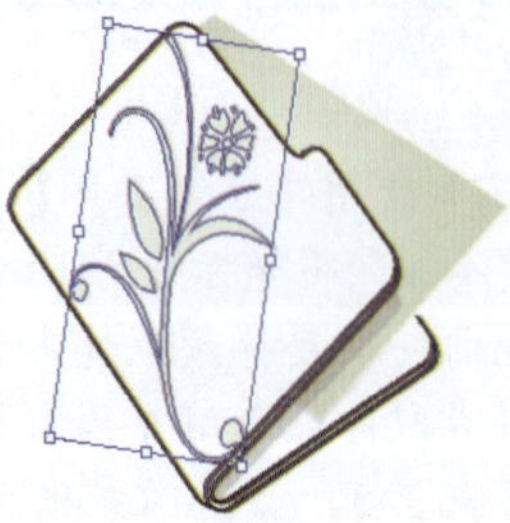

图4-699 选择对象

❸ 通过【颜色】面板将所选对象的RGB值设置为95、255、23，如图4-700所示。

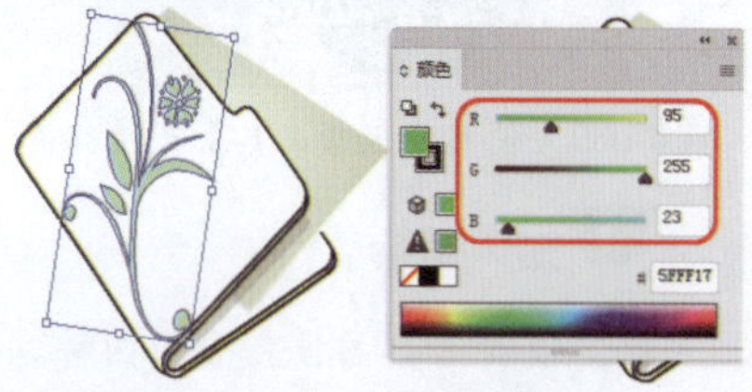

图4-700 更改填充颜色

❹ 将【描边】设置为无色，如图4-701所示。

图4-701 设置描边

❺ 使用【选择工具】，单击并选择第一个钱包图形对象，如图4-702所示。

图4-702 选择对象

❻ 在【颜色】面板中将填充颜色的RGB值设置为193、255、0，【描边】设置为无色，效果如图4-703所示。

图4-703 选择相同颜色

❼ 使用同样的方法更改图形对象的颜色，最终效果如图4-704所示。

图4-704 最终效果图

实训练习101 啤酒和酒杯

本实例主要讲解使用选择工具选中图形对象，通过【渐变】和【颜色】面板设置图形对象的填充和描边属性，如图4-705所示。

素材	素材|Cha04|啤酒和酒杯.ai
场景	场景|Cha04|实训练习101 啤酒和酒杯.ai
视频	视频教学 | Cha04 |实训练习101 啤酒和酒杯.MP4

图4-705 啤酒和酒杯

❶ 启动Illustrator CC 2017软件，选择【文件】|【打开】命令，打开随书配套资源中的素材|Cha04|啤酒和酒杯.ai文件，如图4-706所示。

图4-706 打开素材文件

❷ 使用【选择工具】，单击并选择两个矩形对象，如图4-707所示。

图4-707　选择对象

❸ 通过【颜色】面板设置所选对象的填充颜色的RGB值为0、182、231，如图4-708所示。

图4-708　更改填充颜色

❹ 将所选图形对象的【描边】属性设置为无色，效果如图4-709所示。

图4-709　更改【描边】颜色

❺ 使用【选择工具】，单击并选择第一个啤酒瓶的瓶身对象，如图4-710所示。

图4-710　选择对象

❻ 在【颜色】面板中，将所选图形对象的填充颜色的RGB值设置为0、115、26，如图4-711所示。

❼ 将【描边】属性设置为无色，效果如图4-712所示。

图4-711　设置属性

图4-712　设置【描边】属性

❽ 使用【选择工具】，单击并选择第一个啤酒瓶的标志图形对象，如图4-713所示。

图4-713　选择对象

❾ 通过【渐变】面板设置渐变颜色，如图4-714所示。

图4-714　设置渐变颜色

❿ 将【描边】属性设置为无色，效果如图4-715所示。

图4-715　设置【描边】属性

⓫ 使用【选择工具】，单击并选择第一个啤酒瓶的瓶口处图形对象，如图4-716所示。

图4-716　选择对象

⓬ 使用【吸管工具】，复制啤酒瓶的标志图形对象的颜色，效果如图4-717所示。

图4-717　复制对象颜色

实训练习102 木门

本实例主要讲解使用选择工具选中图形对象，通过【渐变】和【颜色】面板设置图形对象的填充属性，如图4-718所示。

素材	素材|Cha04|木门.ai
场景	场景|Cha04|实训练习102 木门.ai
视频	视频教学 | Cha04 |实训练习102 木门.MP4

图4-718　木门

❶ 启动Illustrator CC 2017软件，选择【文件】|【打开】命令，打开随

书配套资源中的素材|Cha04|木门.ai文件，如图4-719所示。

图4-719　打开素材文件

❷ 使用【选择工具】，单击并选择对象，如图4-720所示。

图4-720　选择对象

❸ 通过【渐变】面板设置渐变的颜色，将角度设置为-30°，如图4-721所示。

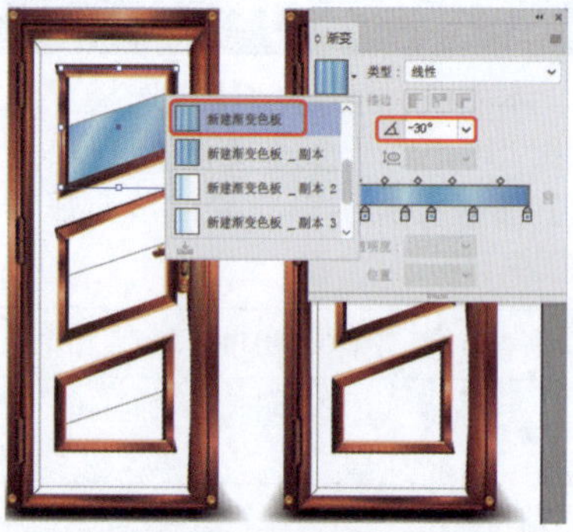

图4-721　设置渐变颜色

❹ 使用【选择工具】，单击并选择对象，如图4-722所示。

图4-722　选择对象

❺ 使用【吸管工具】，复制刚刚更改的渐变颜色，并将角度设置为-30°，如图4-723所示。

图4-723　复制对象颜色

❻ 使用【选择工具】，单击并选择对象，如图4-724所示。

图4-724　选择对象

❼ 使用【吸管工具】，复制刚刚更改的渐变颜色，将角度设置为-30°，将【描边】属性设置为0pt，如图4-725所示。

图4-725　复制对象颜色

❽ 使用【选择工具】，单击并选择对象，如图4-726所示。

❾ 通过【渐变】面板设置渐变的颜色，将角度设置为-30°，如图4-727所示。

❿ 将【描边】属性设置为0pt，效果如图4-728所示。

图4-726　选择对象

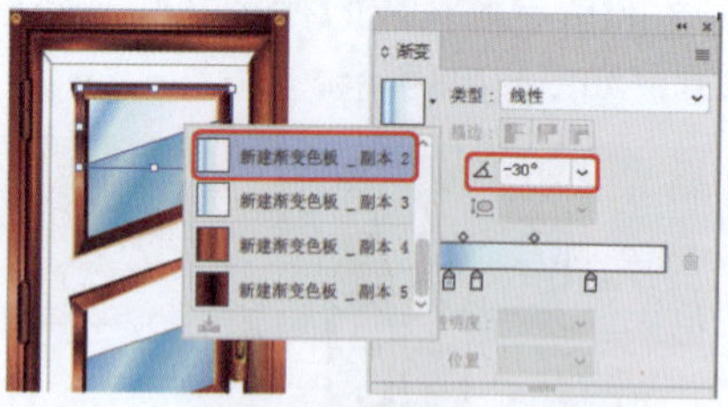

图4-727　设置渐变颜色

图4-728　设置【描边】属性

⓫ 使用【选择工具】，单击并选择对象，如图4-729所示。

图4-729　选择对象

⓬ 使用【吸管工具】，复制刚刚更改的渐变颜色，将角度设置为-30°，如图4-730所示。

⓭ 使用相同的的方法更改渐变颜色，效果如图4-731所示。

⓮ 使用【选择工具】，单击并选择对象，如图4-732所示。

图4-730 复制对象颜色

图4-731 更改渐变颜色

图4-732 选择对象

⑮ 通过【渐变】面板设置渐变的颜色，将【描边】属性设置为无色，如图4-733所示。

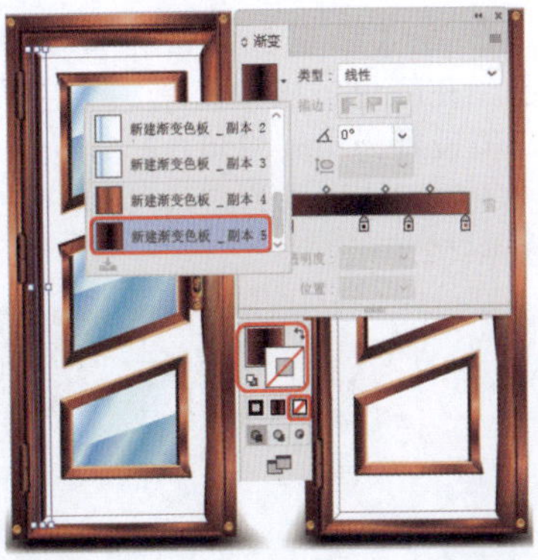

图4-733 设置渐变颜色和【描边】属性

⑯ 使用【选择工具】，单击并选择对象，如图4-734所示。

图4-734 选择对象

⑰ 使用【吸管工具】，复制刚刚更改的渐变颜色，效果如图4-735所示。

图4-735 复制渐变颜色

⑱ 使用同样的方法更改其他图形的渐变颜色，效果如图4-736所示。

图4-736 更改渐变颜色

⑲ 使用同样的方法更改另外一扇门的渐变颜色，效果如图4-737所示。

图4-737 更改渐变颜色

实训练习103 邮筒

本实例主要讲解使用选择工具选中图形对象，通过【渐变】和【颜色】面板设置图形对象的填充属性，如图4-738所示。

素材	素材|Cha04|邮箱.ai
场景	场景|Cha04|实训练习103 邮箱.ai
视频	视频教学 | Cha04 |实训练习103 邮箱.MP4

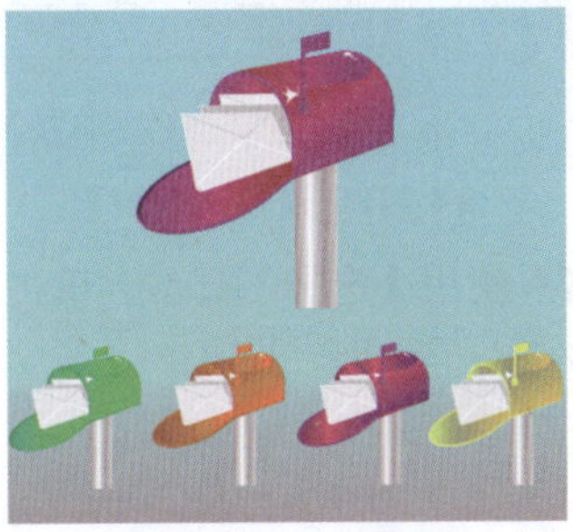

图4-738 邮箱

❶ 启动Illustrator CC 2017软件，选择【文件】|【打开】命令，打开随书配套资源中的素材|Cha04|邮箱.ai文件，如图4-739所示。

图4-739 打开素材文件

❷ 使用【选择工具】，单击并选择邮箱支架图形对象，如图4-740所示。

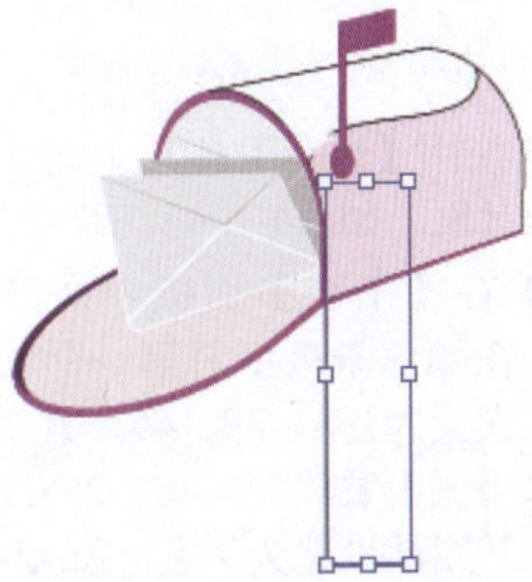

图4-740 选择对象

❸ 在【渐变】面板中调整渐变颜色，在颜色条板中将第一个色块的RGB值设置为179、179、179，单击条板可添加色块将第二个色块的RGB值设置为白色，第三个色块的RGB值设置为179、179、179，第四个色块的RGB值设置为230、230、230，将【描边】属性设置为无色，如图4-741所示。

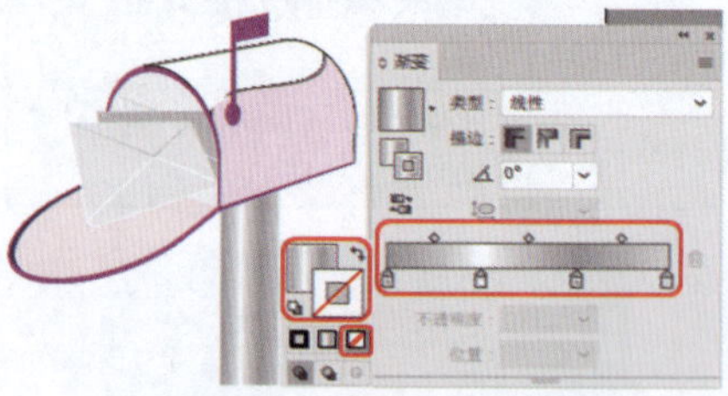

图4-741 设置渐变颜色

❹ 使用【选择工具】，单击选择图形对象，如图4-742所示。

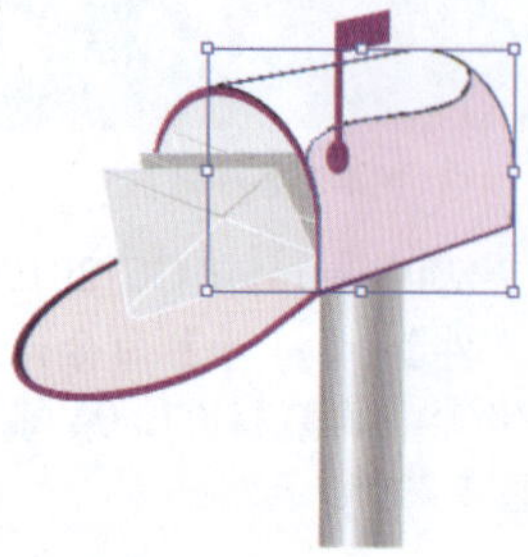

图4-742 选择对象

❺ 在【渐变】面板中调整渐变颜色，在颜色条板中将第一个色块的RGB值设置为193、39、45，单击条板可添加色块将第二个色块的RGB值设置为209、29、99，第三个色块的RGB值设置为255、0、255，并将【描边】属性设置为无色，如图4-743所示。

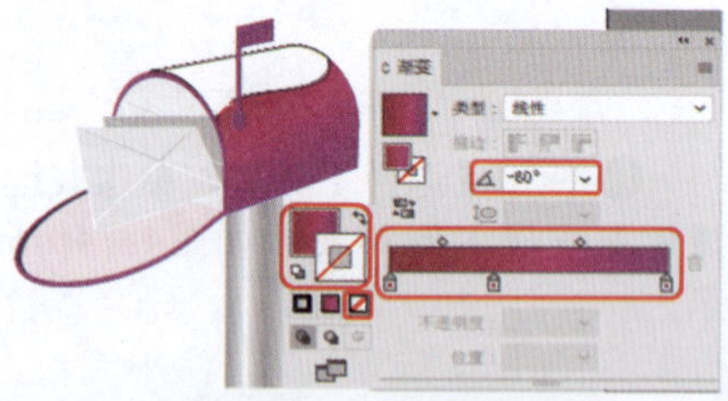

图4-743 设置渐变颜色

❻ 使用【选择工具】，单击并选择图形对象，如图4-744所示。

❼ 在【渐变】面板中调整渐变颜色，在颜色条板中将第一个色块的RGB值设置为193、39、45，第二个色块的RGB值设置为255、0、255，并将【描边】属性设置为无色，如图4-745所示。

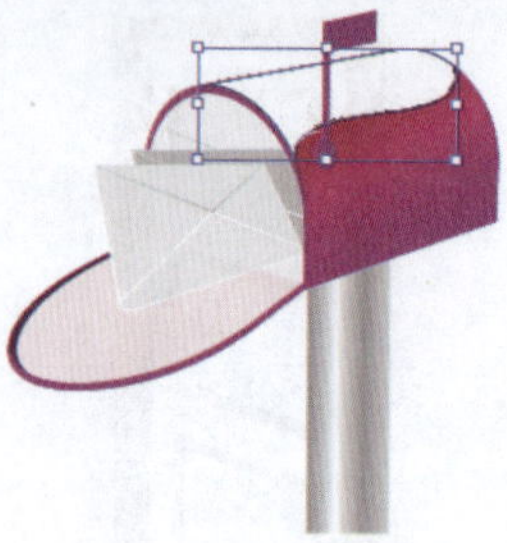

图4-744 选择对象

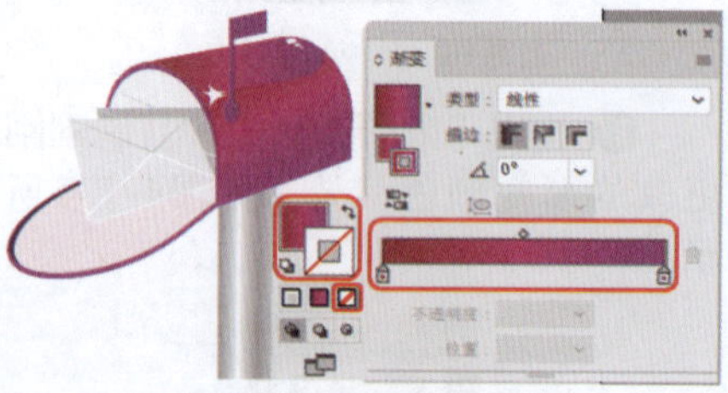

图4-745 设置渐变颜色

❽ 使用【选择工具】，单击并选择图形对象，如图4-746所示。

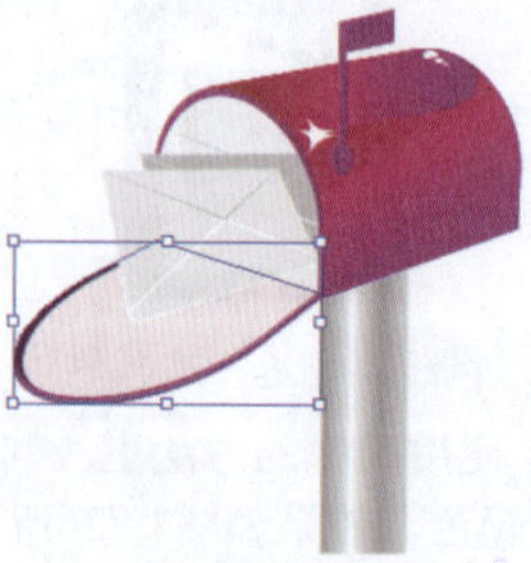

图4-746 选择对象

❾ 在【渐变】面板中调整渐变颜色，在颜色条板中将第一个色块的RGB值设置为255、0、255，第二个色块的RGB值设置为193、39、45，如图4-747所示。

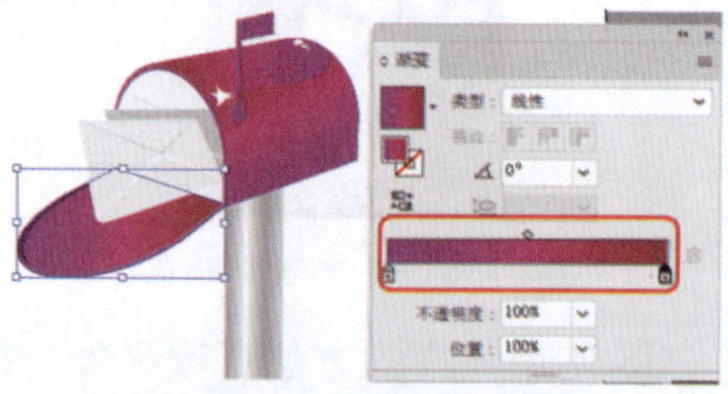

图4-747 设置渐变颜色

❿ 使用【选择工具】，单击并选择图形对象，如图4-748所示。

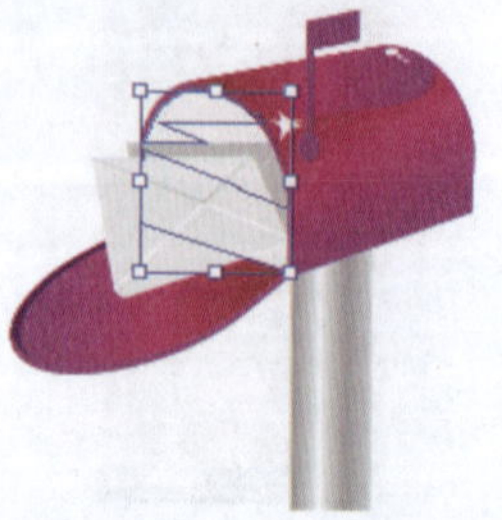

图4-748 选择对象

⓫ 在【渐变】面板中调整渐变颜色，在颜色条板中将第一个色块的RGB值设置为255、0、255，第二个色块的RGB值设置为193、39、45，如图4-749所示。

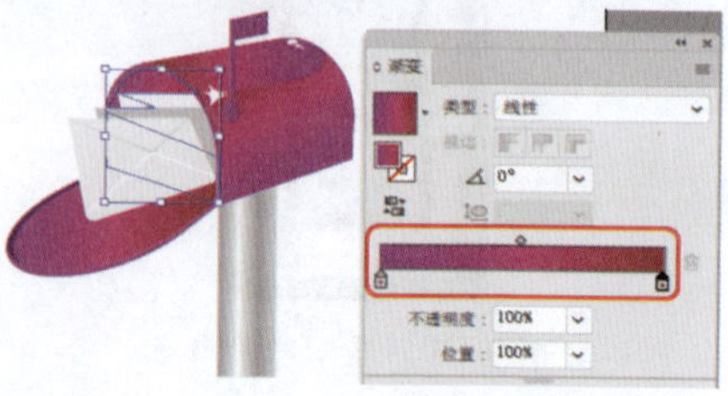

图4-749 设置渐变颜色

⓬ 使用【矩形工具】，在视图中绘制一个矩形使其覆盖邮箱图形对象，如图4-750所示。

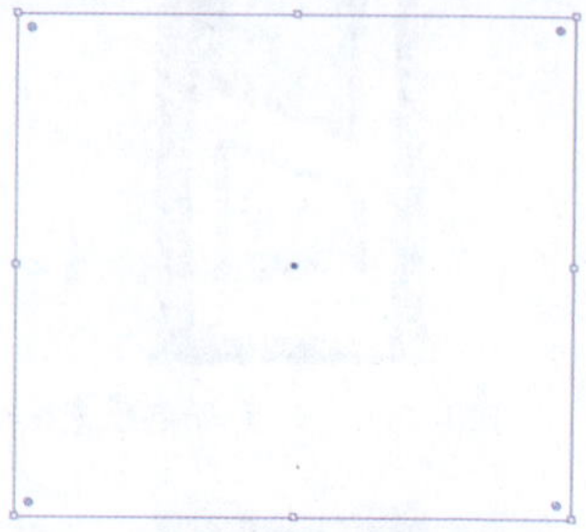

图4-750 绘制矩形

⓭ 确定矩形处于选择状态，在菜单栏中选择【对象】|【排列】|【置于底层】命令，效果如图4-751所示。

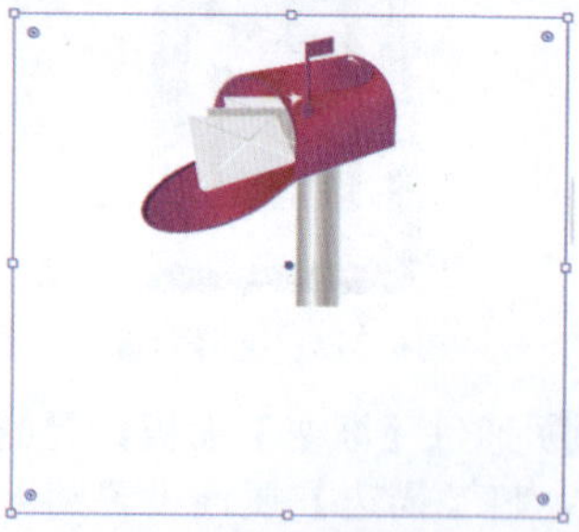

图4-751 将对象置于底层

⓮ 在【渐变】面板中调整渐变颜色，在颜色条板中将第一个色块的RGB值设置为135、255、255，第二个色块的RGB值设置为179、179、179，如图4-752所示。

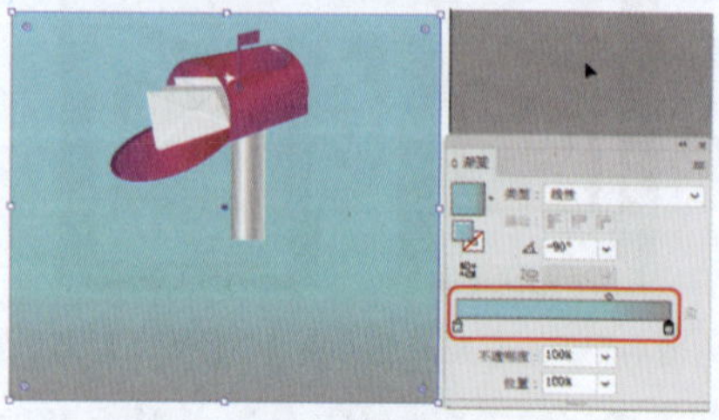

图4-752 设置渐变颜色

⑮ 确定矩形对象处于选择状态，在菜单栏中选择【对象】|【锁定】|【所选对象】命令，如图4-753所示。

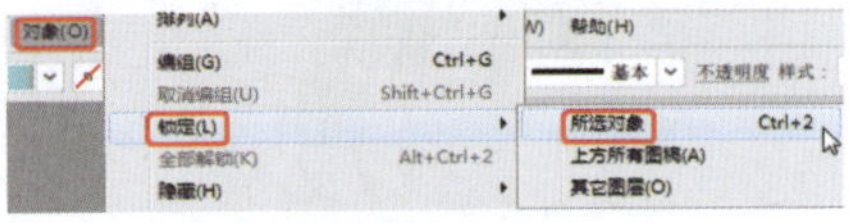

图4-753　锁定所选对象

⑯ 使用【选择工具】，拖拽鼠标选择整个邮箱，将其编组，如图4-754所示。

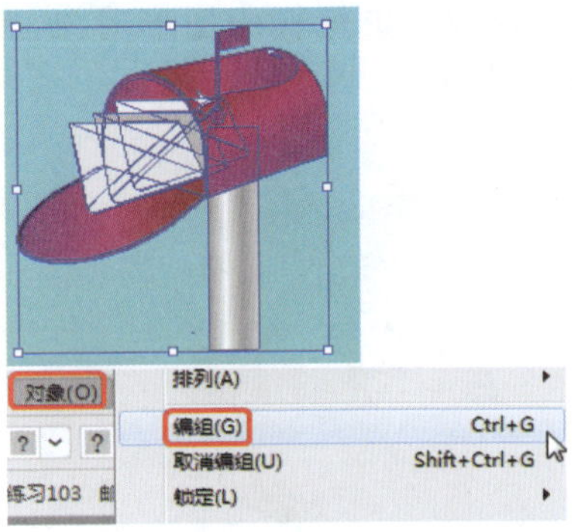

图4-754　将对象进行编组

⑰ 确定编组后的对象处于选择状态，按住Alt键不放，移动复制出4个图形，调整图形的大小，效果如图4-755所示。

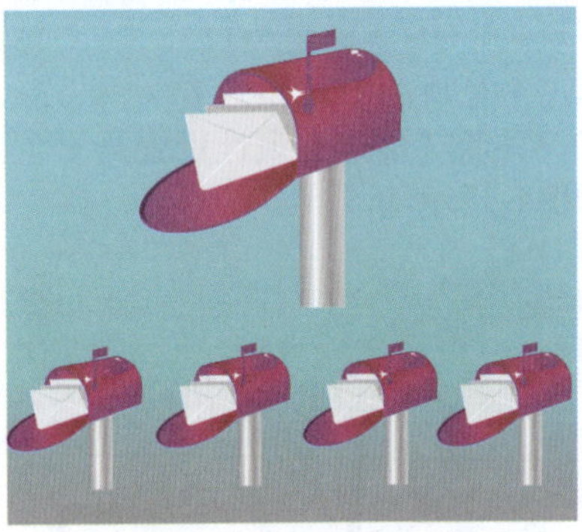

图4-755　复制并调整图形大小

⑱ 使用前面所介绍的方法对下面的4个邮箱更改渐变的颜色，效果如图4-756所示。

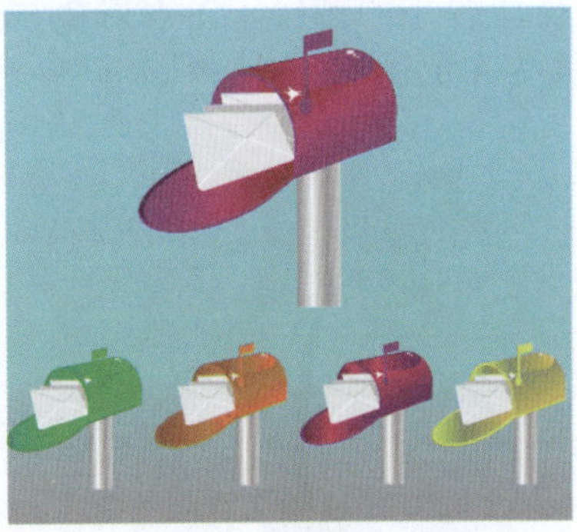

图4-756　更改渐变颜色

实训练习104 漏斗

本实例主要讲解使用选择工具选中图形对象，通过渐变网格工具设置图形对象的填充属性，如图4-757所示。

素材	素材|Cha04|漏斗.ai
场景	场景|Cha04|实训练习104 漏斗.ai
视频	视频教学 | Cha04 |实训练习104 漏斗.MP4

图4-757　漏斗

❶ 启动Illustrator CC 2017软件，选择【文件】|【打开】命令，打开随书配套资源中的素材|Cha04|漏斗.ai文件，如图4-758所示。

图4-758　打开素材文件

❷ 使用【选择工具】，单击并选择图4-759所示的对象。

图4-759　选择对象

❸ 通过【渐变】面板设置渐变颜色，将【描边】属性设置为无色，如图4-760所示。

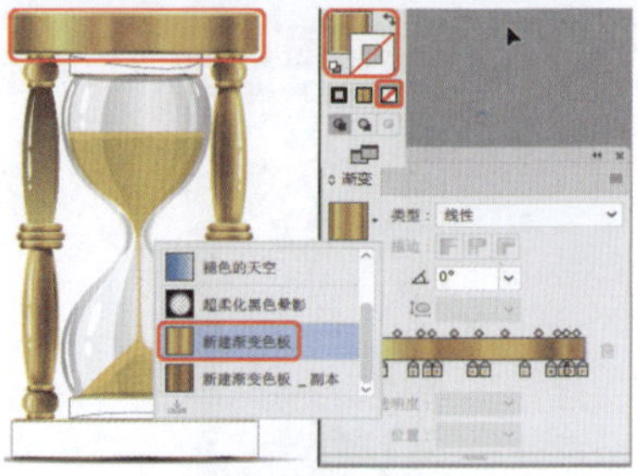

图4-760　设置渐变颜色和【描边】属性

❹ 使用【选择工具】，单击并选择图4-761所示的对象。

图4-761　选择对象

❺ 使用【吸管工具】，复制刚刚更改的渐变颜色，如图4-762所示。

图4-762　复制颜色

❻ 使用同样的方法更改其他图形的渐变颜色，效果如图4-763所示。

图4-763　更改渐变颜色

❼ 使用【选择工具】，单击并选择图4-764所示的对象。

图4-764　选择对象

❽ 通过【渐变】面板设置渐变颜色，将【类型】设置为【线性】，将【描边】属性设置为无色。

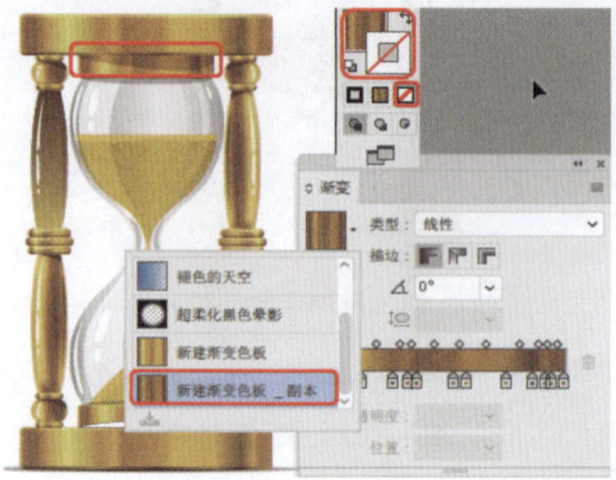

图4-765　更改渐变颜色

❾ 使用【选择工具】，单击并选择图4-766所示的对象。

图4-766　选择对象

❿ 使用【吸管工具】，复制刚刚更改的渐变颜色，如图4-767所示。

图4-767　复制颜色

⓫ 使用【选择工具】，单击并选择图4-768所示的对象。

图4-768　选择对象

⓬ 在工具箱中使用【网格工具】添加网格，并调整网格的颜色，调整完成后的效果如图4-769所示。

图4-769　添加网格

实训练习105
椰树

本实例主要讲解使用选择工具选中图形对象，通过【颜色】和【渐变】面板设置图形对象的填充属性，如图4-770所示。

素材	素材|Cha04|椰树.ai
场景	场景|Cha04|实训练习105 椰树.ai
视频	视频教学 | Cha04 |实训练习105 椰树.MP4

图4-770　椰树

❶ 启动Illustrator CC 2017软件，选择【文件】|【打开】命令，打开随书配套资源中的素材|Cha04|椰树.ai文件，如图4-771所示。

图4-771　打开素材文件

❷ 使用【选择工具】，单击并选择比较大的椰树干图形对象，如图4-772所示。

图4-772　选择对象

❸ 通过【渐变】面板调整所选对象的渐变颜色，在颜色条板中将第一个色块的RGB值设置为198、156、109，单击条板添加色块，将第二个色块的RGB值设置为117、76、36，第三个色块的RGB值设置为96、56、19，并将【描边】属性设置为无色，如图4-773所示。

图4-773　设置渐变颜色

❹ 使用【选择工具】，单击并选择比较小的椰树干图形对象，如图4-774所示。

图4-774　选择对象

❺ 使用【吸管工具】，复制刚刚更改的渐变颜色，如图4-775所示。

图4-775 复制渐变颜色

❻ 使用【选择工具】，单击并选择椰子图形对象，如图4-776所示。

图4-776 选择对象

❼ 在【颜色】面板中将所选对象的【填充颜色】的RGB设置为117、76、36，并将【描边】属性设置为无色，如图4-777所示。

图4-777 设置属性

❽ 使用上述方法更改其他椰子的【填充颜色】和【描边】属性，效果如图4-778所示。

图4-778 更改属性

❾ 使用【选择工具】，单击并选择椰树叶图形对象，并按住Shift键进行多选，如图4-779所示。

图4-779 选择对象

❿ 在菜单栏中选择【对象】|【编组】命令，如图4-780所示。

图4-780 选择【编组】命令

⓫ 确定编组后的对象处于选择状态，按住Alt键不放，移动复制并调整大小，再进行旋转，完成后的效果如图4-781所示。

图4-781 完成后的效果

实训练习106 书架

本实例主要讲解使用选择工具选中图形对象，通过【颜色】和【渐变】面板设置图形对象的填充属性，如图4-782所示。

素材	素材|Cha04|书架.ai
场景	场景|Cha04|实训练习106 书架.ai
视频	视频教学 | Cha04 |实训练习106 书架.MP4

❶ 启动Illustrator CC 2017软件，选择【文件】|【打开】命令，打开随书配套资源中的素材|Cha04|书架.ai文件，如图4-783所示。

图4-782 书架

图4-783 打开素材文件

❷ 使用【选择工具】，单击并选择如图4-784所示的对象。

图4-784 选择对象

❸ 通过【渐变】面板调整所选对象的渐变颜色，在颜色条板上将每一个色块的RGB值设置为117、76、36，在颜色条板上单击即可添加色块并将第二个色块的RGB值设置为198、156、109，将第三个色块的RGB值设置为117、76、36，并将【描边】属性设置为无色，如图4-785所示。

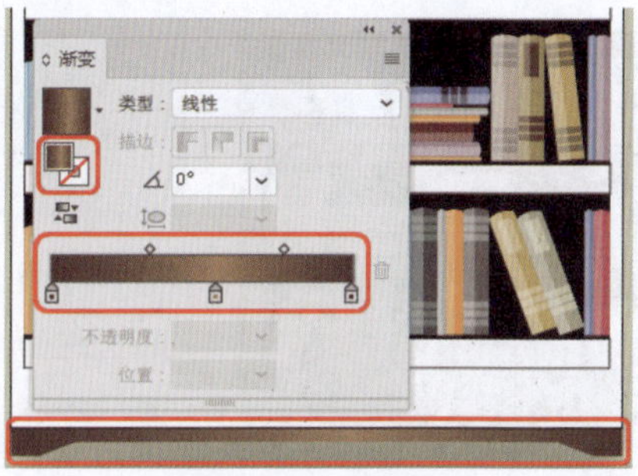

图4-785 设置属性

❹ 使用【选择工具】，单击并选择图4-786所示的对象。

图4-786　选择对象

❺ 使用【吸管工具】，复制刚刚更改的渐变颜色，如图4-787所示象。

图4-787　复制图形颜色

❻ 使用【选择工具】，单击并选择图4-788所示的对象。

图4-788　选择对象

❼ 通过【颜色】面板设置所选图形对象的【填充颜色】的RGB设置为121、61、0，并将【描边】属性设置为无色，如图4-789所示。

图4-789　设置属性

实训练习107　存钱罐

本实例主要讲解【分割下方对象】命令的作用，重点介绍刻刀工具和剪刀工具在使用过程中的区别，效果如图4-790所示。

素材	素材|Cha04|存钱罐.ai
场景	场景|Cha04|实训练习107 存钱罐.ai
视频	视频教学|Cha04|实训练习107 存钱罐.MP4

图4-790　存钱罐

❶ 启动Illustrator CC 2017软件，选择【文件】|【打开】命令，打开随书配套资源中的素材|Cha04|存钱罐.ai文件，如图4-791所示。

图4-791　打开素材文件

❷ 使用【选择工具】，单击并选择视图中的矩形对象，如图4-792所示。

图4-792　选择对象

❸ 在菜单栏中选择【对象】|【锁定】|【所选对象】命令（快捷键为Ctrl+2），如图4-793所示。

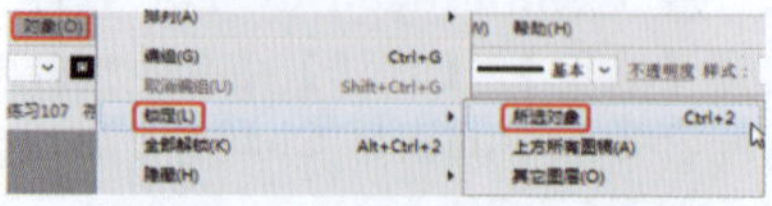

图4-793　选择【所选对象】命

❹ 使用【选择工具】，单击并选择视图中的矩形对象，如图4-794所示。

图4-794　选择对象

❺ 通过【渐变】面板设置所选对象的渐变颜色，并将【描边】属性设置为无色，如图4-795所示。

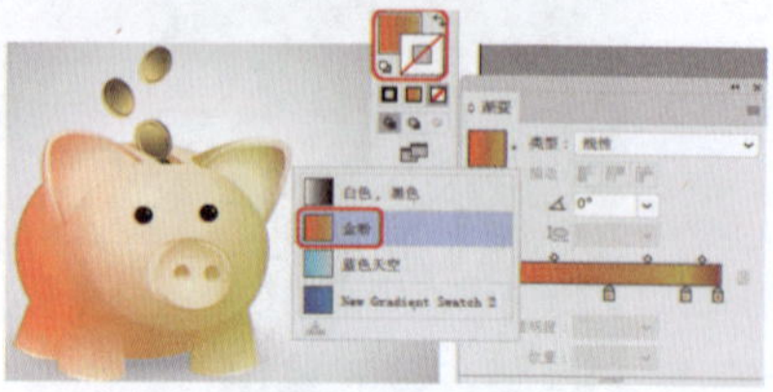

图4-795　设置属性

❻ 使用【选择工具】，拖拽鼠标选择小猪和钱币对象，如图4-796所示。

图4-796　选择对象

❼ 在菜单栏中选择【对象】|【编组】命令，如图4-797所示。

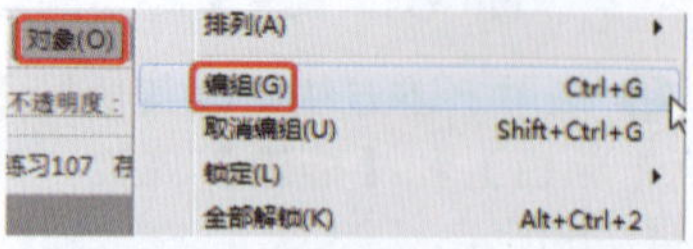

图4-797　选择【编组】命令

❽ 按住Alt键移动并复制图形对象，调整大小，效果如图4-798所示。

图4-798　复制图形对象

⑨ 使用上面所介绍的方法更改复制出的两个图形的渐变颜色，效果如图4-799所示。

图4-799 更改颜色

实训练习108 篮球

本实例主要讲解使用选择工具选中图形对象，通过渐变网格工具设置图形对象的填充属性，效果如图4-800所示。

素材	素材|Cha04|篮球.ai
场景	场景|Cha04|实训练习108 篮球.ai
视频	视频教学 | Cha04 |实训练习108 篮球.MP4

图4-800 篮球

① 启动Illustrator CC 2017软件，选择【文件】|【打开】命令，打开随书配套资源中的素材|Cha04|篮球.ai文件，如图4-801所示。

图4-801 打开素材文件

② 使用【选择工具】，单击并选择篮球架对象，如图4-802所示。

图4-802 选择对象

③ 在【颜色】面板中设置所选对象的【填充颜色】的RGB为185、46、36，并将【描边】属性设置为无色，如图4-803所示。

图4-803 设置属性

④ 使用【选择工具】，单击并选择篮球外围的图形对象，如图4-804所示。

图4-804 选择对象

⑤ 在【颜色】面板中设置所选对象的【填充颜色】的RGB为231、124、0，并将【描边】属性设置为无色，如图4-805所示。

图4-805 设置属性

⑥ 使用【选择工具】，单击并选择篮球上月牙形的图形对象，如图4-806所示。

⑦ 在【渐变】面板中设置所选对象的【渐变颜色】，将第一个色块的RGB值设置为255、170、63，在颜色条板上单击添加色块并将该色块的RGB值设置为212、171、0，将第三个色块的RGB值设置为241、255、106，并将【描边】属性设置为无色，如图4-807所示。

图4-806 选择对象

图4-807 设置属性

⑧ 使用【选择工具】，单击并选择篮球上圆形的图形对象，如图4-808所示。

图4-808 选择对象

⑨ 在【渐变】面板中设置所选对象的【渐变颜色】，将第一个色块的RGB值设置为255、115、0，将第二个色块的RGB值设置为229、148、3，并将【描边】属性设置为无色，如图4-809所示。

图4-809 设置属性

⑩ 使用【选择工具】，选择整个篮球对象，对其进行编组，如图4-810所示。

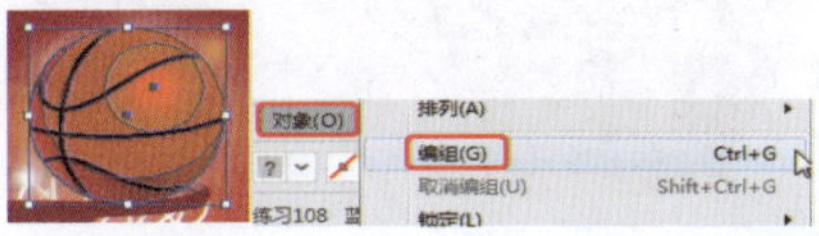

图4-810 对篮球进行编组

第5章 钢笔与路径

本章主要介绍钢笔工具和路径菜单工具的使用，通过本章的学习，可以帮助读者轻松编辑路径、熟练掌握钢笔工具组在实际工作中的应用。

实训练习109 创建复合路径

下面介绍如何创建复合路径，具体操作步骤如下所述。

素材	无
场景	场景|Cha05|实训练习109　创建复合路径.ai
视频	视频教学 | Cha05 |实训练习109　创建复合路径.MP4

❶ 使用【星形工具】，绘制一个星形对象，并设置填充和描边颜色，效果如图5-1所示。

图5-1　绘制星形并填充颜色

❷ 使用【多边形工具】，绘制一个多边形对象，设置填充和描边颜色，调整对象的位置，效果如图5-2所示。

图5-2　绘制多边形并设置填充和描边颜色

❸ 使用【选择工具】，拖拽鼠标并选中对象，效果如图5-3所示。

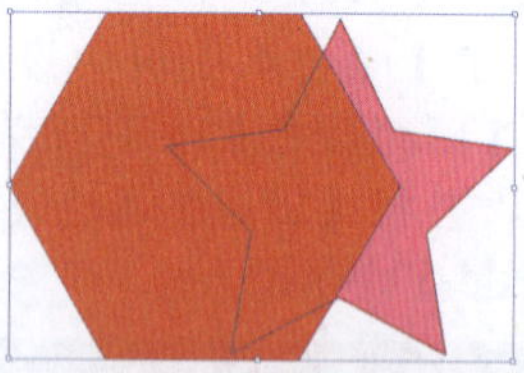

图5-3　选中多边形和五角星图形

❹ 选择菜单栏中的【对象】|【复合路径】|【建立】命令，创建复合路径，路径间重叠部分将被镂空，效果如图5-4所示。

图5-4　创建复合路径

提　示

按Ctrl+8组合键可快速创建复合路径。

❺ 选择菜单栏中的【对象】|【复合路径】|【释放】命令，释放复合路径，效果如图5-5所示。

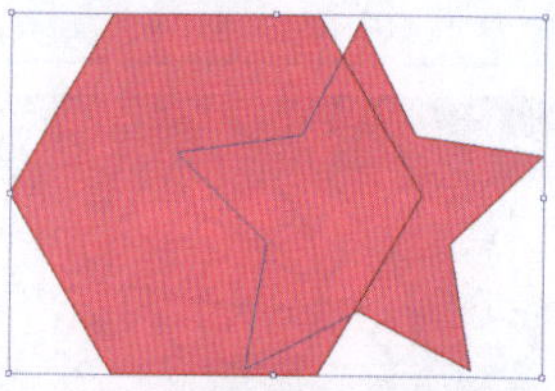

图5-5　释放复合路径

❻ 使用【椭圆工具】，绘制椭圆对象，通过旋转工具旋转并复制对象，使用选择工具拖拽并选择所有对象，按Shift+Ctrl+F9组合键，打开【路径查找器】面板，在【路径查找器】面板中单击【差集】按钮，完成后的效果如图5-6所示。

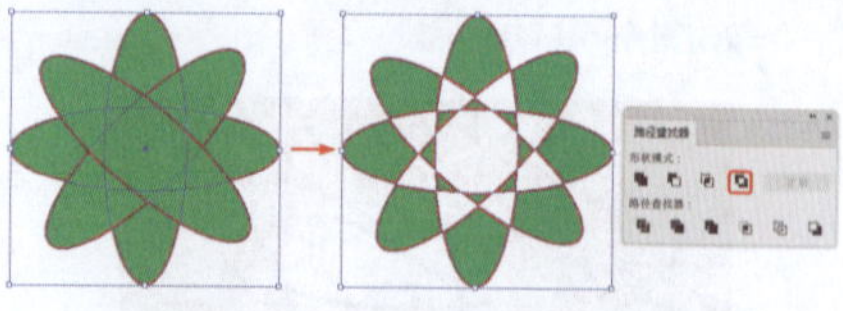

图5-6　差集后的效果

知识链接

下面介绍开放路径、闭合路径及复合路径的概念，并熟悉角点的类型。

（1）开放路径：有两个明显的端点，且两个端点没有连接在一起，中间有任意数量的定位点，如图5-7所示。

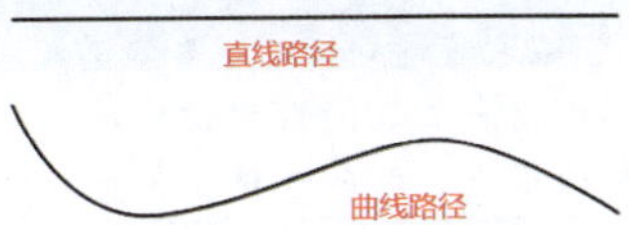

图5-7　开放路径

（2）闭合路径：是一条连续的路径，没有终点和起始点，如图5-8所示。

图5-8　闭合路径

（3）复合路径：由两个或多个开放或闭合路径组合而成，如图5-9所示。

图5-9　复合路径

（4）路径是由节点和线段组成，可以通过调整路径上的节点或线段来改变它的形状。在曲线路径上，每一个节点都有一条或两条控制线，在曲线中间节点有两条控制线，在曲线端点的节点有一条控制线。控制线总是与曲线上节点所在的圆相切，控制线呈现的角度和长度决定了曲线的形状。控制线的端点称为控制点，可以通过调整控制点来对整条曲线路径进行调整，如图5-10所示。

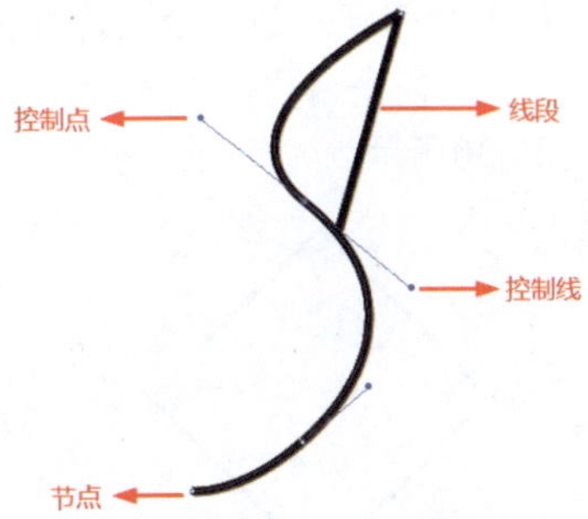

图5-10　路径的组成

（5）节点是构成直线路径或曲线路径的最基本元素，通常被叫做锚点。通过【钢笔工具】在路径上任意添加或删除锚点，通过调整锚点来改变路径的形状，可通过【转换点工具】对锚点进行转换。锚点分为平滑点和角点。平滑点，曲线路径平滑地通过这些锚点，其特点是路径不会突然改变方向，而且一个平滑点有两个相关联的控制线，如图5-11所示。

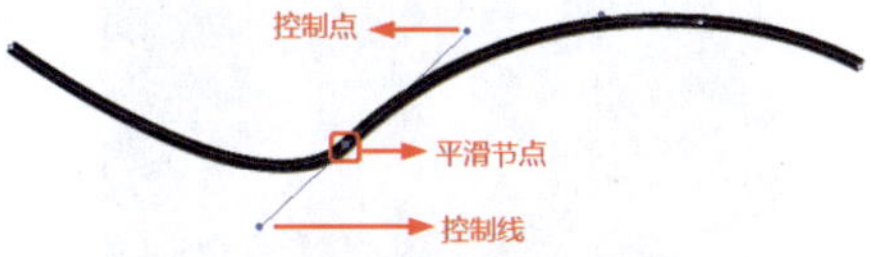

图5-11　平滑点

（6）角点的特点是路径在角点上改变方向。若按相交线形，角点可以分为3类：直线角点，节点没有控制线，而且两条直线以某个角度形成的交点；曲线角点，有两条控制线，两条方向各异的曲线相交的点；复合角点，节点只有一条控制线，一条直线和一条曲线相交的节点，如图5-12所示。

图5-12　角点

（7）使用【钢笔工具】，在页面中单击鼠标确定直线的起点，同时按住键盘上的Shift键并移动鼠标，单击确定直线终点，效果如图5-13所示。

图5-13　绘制直线

提　示

钢笔工具的快捷键为P。

（8）在需要的位置连续单击，确定直线路径的其他节点，就可以绘制折线路径，如图5-14所示。

图5-14　制折线路径

（9）使用【钢笔工具】，在页面中单击并拖拽鼠标确定曲线的起点，待出现两条控制线时释放鼠标，效果如图5-15所示。

图5-15　绘制曲线的起点

（10）移动鼠标到需要的位置，再次单击并按住鼠标左键，此时出现了一条曲线段，效果如图5-16所示。

图5-16　绘制曲线段

（11）在需要的位置再连续单击并拖拽鼠标，可以绘制出一些连续的平滑曲线，效果如图5-17所示。

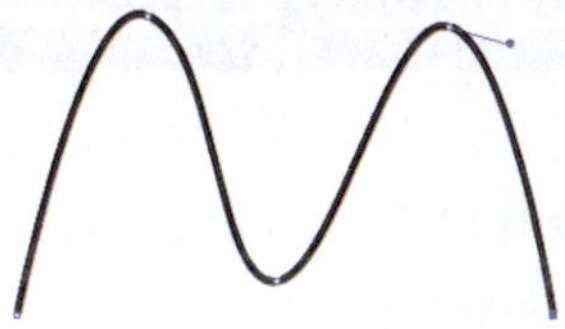

图5-17　绘制连续的平滑曲线

实训练习110　刻刀工具

本实例讲解刻刀工具的使用方法，效果如图5-18所示。

素材	素材|Cha05|刻刀工具.ai
场景	场景|Cha05|实训练习110　刻刀工具.ai
视频	视频教学 | Cha05 |实训练习110　刻刀工具.MP4

图5-18　刻刀后的效果

❶ 打开随书配套资源中的素材|Cha05|刻刀工具.ai文件，如图5-19所示。

图5-19　打开素材文件

❷ 使用【刻刀】，在如图5-20所示的位置处单击并拖拽鼠标，从上至下绘制一条线段。

图5-20　拖拽一条线段

❸ 使用【选择工具】，选择图5-21所示的图形对象。

图5-21　移动图形

❹ 通过方向键向左移动图形，如图5-22所示。

图5-22　调整图形对象的位置

❺ 使用【刻刀】，在图5-22所示的位置上从左到右拖拽一条直线，如图5-23所示。

图5-23　拖拽一条线段

❻ 通过方向键向下移动图形，如图5-24所示。

图5-24　调整图形对象的位置

知识链接

下面讲解钢笔工具、添加锚点工具和删除锚点工具以及转换点工具的使用。

（1）在Illustrator CC 2017中通过【文件】|【新建】命令建立一个空白文件。使用【钢笔工具】，在页面中绘制如图5-25所示的路径。

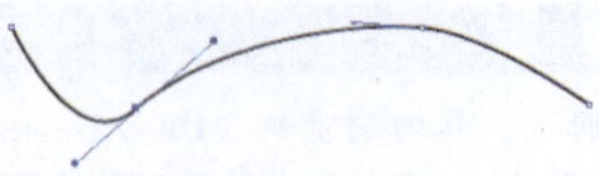

图5-25　绘制路径

（2）使用【添加锚点工具】，在路径的任意位置上单击鼠标，此时路径就会增加一个新的锚点，效果如图5-26所示。

图5-26　添加新锚点

提　示

添加锚点工具的快捷键为+；
删除锚点工具的快捷键为-。

（3）使用【删除锚点工具】，在路径线中任意锚点的位置单击鼠标，锚点就会被删除，效果如图5-27所示。

图5-27　删除锚点

（4）使用【椭圆工具】，配合Shift键绘制一个正圆对象，效果如图5-28所示。

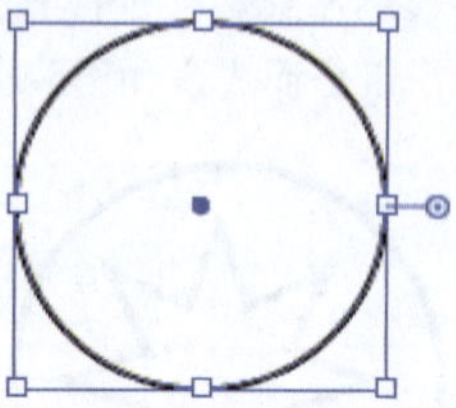

图5-28　绘制正圆

（5）使用【转换点工具】，单击路径上的锚点，平滑点转换为角点，效果如图5-29所示。

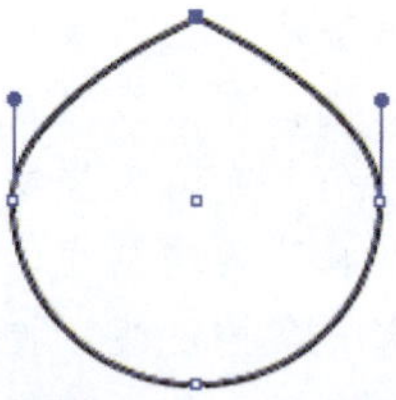

图5-29　转换为角点

提　示

转换点工具的组合键为Shift+C。

（6）使用同样的方法依次单击其他的锚点，使平滑点都转为角点，效果如图5-30所示。

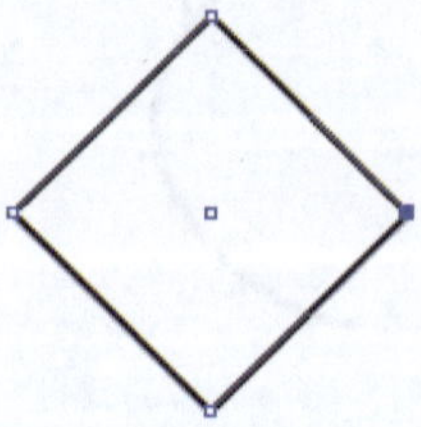

图5-30　转换为角点

（7）使用【直接选择工具】，选择图5-31所示的锚点。

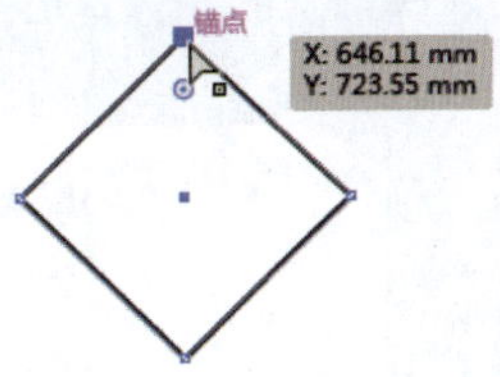

图5-31 选择锚点

（8）通过键盘上的方向键，将节点移动到图5-32所示的位置。

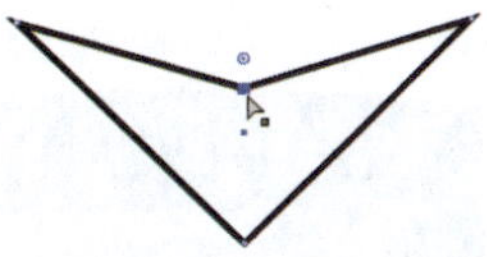

图5-32 移动节点的位置

（9）重复操作，移动图5-33所示的节点位置。

图5-33 移动节点的位置

（10）使用【转换点工具】，指向路径上的锚点并按下鼠标左键不放拖拽鼠标，角点转换为平滑点，完成后的效果如图5-34所示。

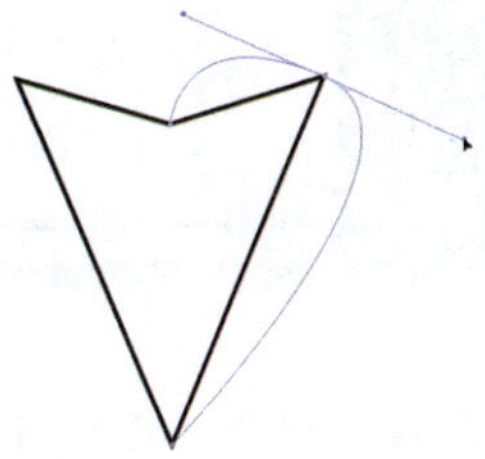

图5-34 将角点转换为平滑点

（11）使用同样的方法将另一侧的角点转换成平滑点，如图5-35所示。

图5-35 调整完成后的效果

（12）使用【剪刀工具】，单击图5-36所示的节点，如图5-36所示。

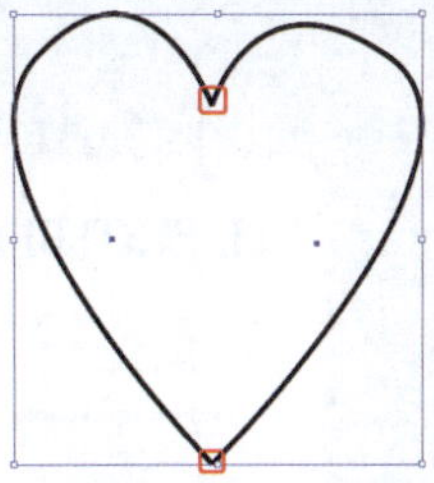

图5-36 单击节点

提 示

剪刀工具的快捷键为C。

（13）路径从节点位置处被断开，断开路径后，通过【选择工具】选择其中一条断开的路径，并将其移动一下位置，如图5-37所示。

图5-37 移动对象的位置

（14）选择【编辑】|【还原剪刀】命令，回到初始的心形路径，如图5-38所示。

图5-38 撤销对象

（15）使用【刻刀】工具，在页面中单击鼠标并从上至下拖拽出一条直线，如图5-39所示。

图5-39 拖拽出一条直线

（16）断开路径以后，通过【选择工具】单击其中一条断开的路径，并将其移动一下位置，如图5-40所示。

图5-40 断开路径后调整对象的位置

实训练习111 其他路径编辑命令

本实例主要讲解其他路径编辑命令的使用，包括平均命令、偏移命令。同时巩固对选择工具、直接选择工具和剪刀工具的使用，效果如图5-41所示。

素材	素材|Cha05|其他路径编辑命令.ai
场景	场景|Cha05|实训练习111　其他路径编辑命令.ai
视频	视频教学 | Cha05 |实训练习111　其他路径编辑命令.MP4

图5-41 效果图

❶ 打开随书配套资源中的素材|Cha05|其他路径编辑命令.ai文件，如图5-42所示。

图5-42 打开素材文件

❷ 使用【选择工具】，选择图5-43所示的对象。

图5-43 选择图形对象

❸ 使用【剪刀工具】，在如图5-44所示的位置处单击鼠标，将路径断开。

图5-44 将路径断开

❹ 使用【选择工具】，选择上方断开后的路径，再通过光标移动键将其移动到图5-45所示的位置处。

图5-45 调整上方路径的位置

❺ 单击【直接选择工具】按钮，单击图5-46所示的锚点，按住Shift键并单击另一个锚点。

图5-46 按住Shift键选择锚点

❻ 选择【对象】|【路径】|【连接】命令，两个锚点之间的开放路径将连接起来，完成后的效果如图5-47所示。

图5-47 连接路径后的效果

❼ 使用【直接选择工具】，按住Shift键选择要进行连接的两个端点，选择【对象】|【路径】|【连接】命令，将其连接，效果如图5-48所示。

图5-48 连接两个端点

❽ 使用【直接选择工具】，选择要平均分布处理的锚点，选择【对象】|【路径】|【平均】命令或按Alt+Ctrl+ J 组合键，如图5-49所示。

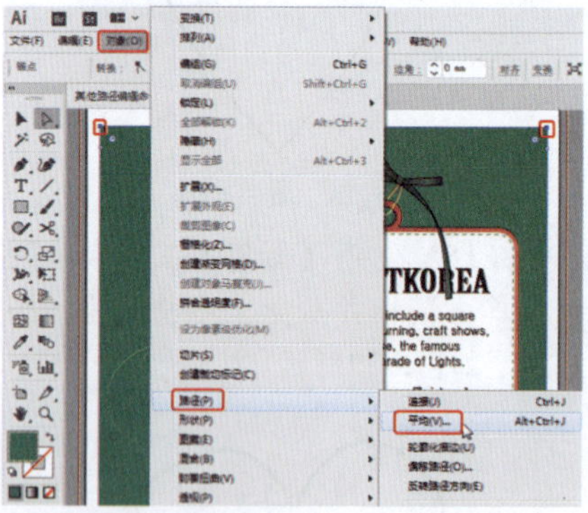

图5-49 平均分布处理锚点

❾ 在弹出的【平均】对话框中选择【两者兼有】选项，单击【确定】按钮，效果如图5-50所示。

❿ 使用【直接选择工具】，分别选择要平均分布处理的锚点，选择【对象】|【路径】|【平均】命令，在弹出的【平均】对话框中选择【两者兼有】选项，调整点的位置，效果如图5-51所示。

图5-50 设置【平均】参数

图5-51 调整完成后的效果

⓫ 使用【选择工具】单击并选择图5-52所示的对象，通过【描边】面板设置其【粗细】为8pt，将【描边颜色】的RGB值设置为68、255、23，完成后的效果如图5-52所示。

图5-52 设置描边和颜色

⓬ 设置完毕后，选择【对象】|【路径】|【轮廓化描边】命令，此时对象是一个群组的状态，如图5-53所示。

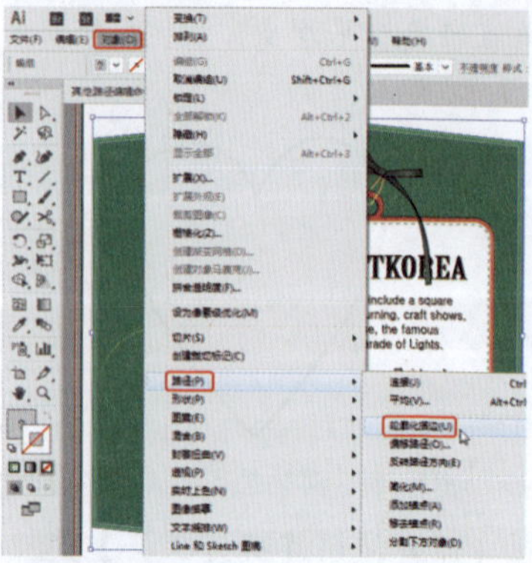

图5-53 选择【轮廓化描边】命令

⑬ 选择【对象】|【取消编组】命令，再使用【选择工具】选中图形对象，如图5-54所示。

图5-54 选中图形对象

⑭ 通过【渐变】和【颜色】面板设置对象的填充属性为线性渐变，将0%位置处的RGB值设置为255、255、0，将50%位置处的RGB值设置为106、184、45，将100%位置处的RGB值设置为239、234、58，如图5-55所示。

图5-55 设置渐变颜色

⑮ 在菜单栏中选择【对象】|【路径】|【偏移路径】命令，其中设置【位移】为2mm，完成后单击【确定】按钮，如图5-56所示。

图5-56 设置【偏移路径】参数

⑯ 使用【选择工具】单击图5-57所示的对象。

图5-57 选择图形对象

⑰ 选择【对象】|【路径】|【简化】命令，弹出【简化】对话框，在【简化】对话框中进行相应的参数设置，完成后单击【确定】按钮，如图5-58所示。

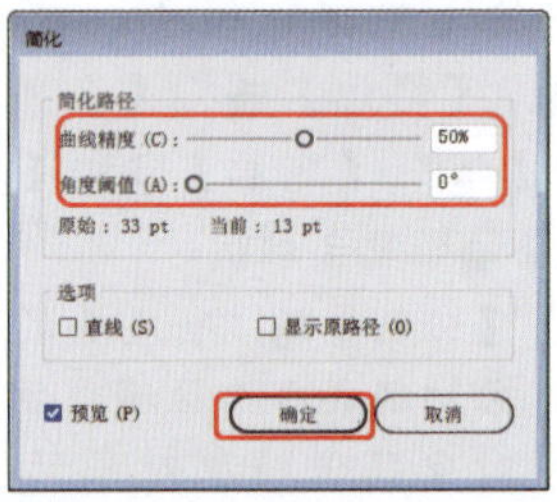

图5-58 设置【简化】参数

⑱ 对象路径的节点由多变少，如图5-59所示。

图5-59 观察效果

⑲ 使用【选择工具】，选择图形对象，选择【对象】|【路径】|【分割为网格】命令，如图5-60所示。

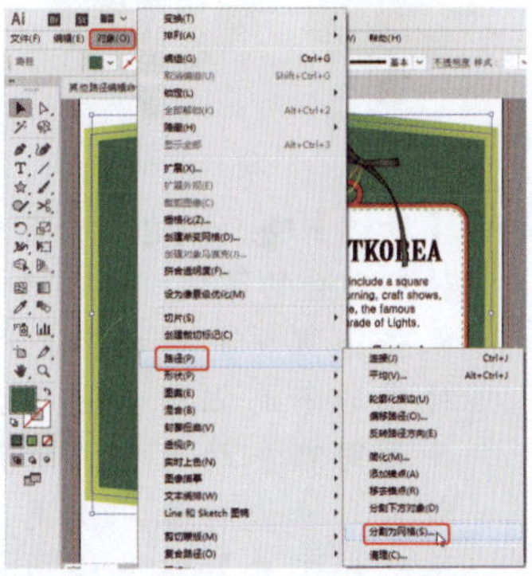

图5-60 选择【分割为网格】命令

⑳ 弹出【分割为网格】对话框，在【分割为网格】对话框中设置【行】和【列】的选项参数，完成后单击【确定】按钮，如图5-61所示。

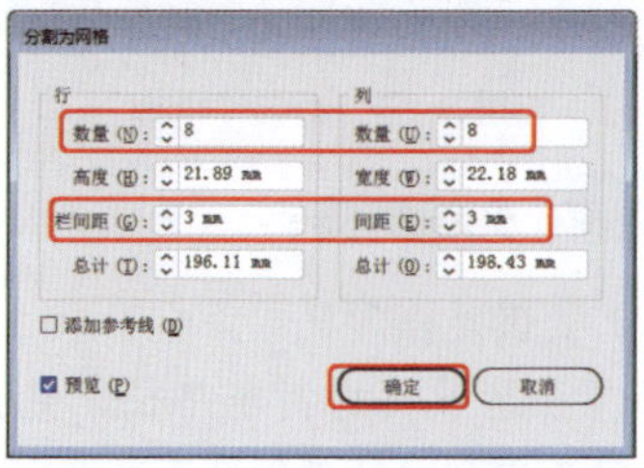

图5-61 设置【分割为网格】参数

㉑ 在图形对象上单击鼠标右键，在弹出的快捷菜单中选择【排列】|【置于底层】命令，效果如图5-62所示。

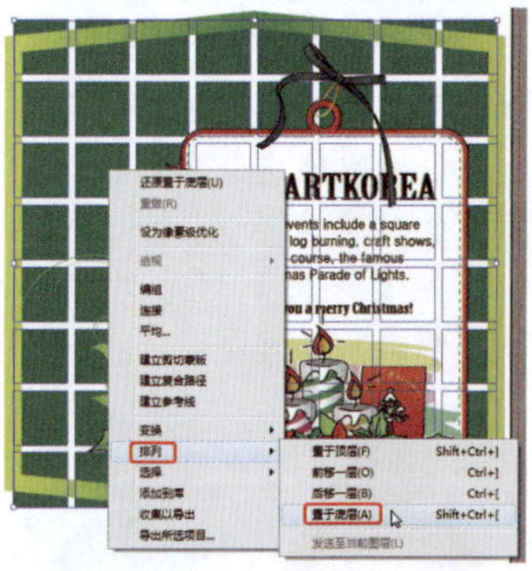

图5-62 选择【置于底层】命令

㉒ 由于绘制图形时会产生一些游离点、未上色的对象，以及空文本路径，所以当文档编辑完成后，一般都要进行清理工作。选择【对象】|【清理】命令，在弹出的【清理】对话框中，勾选【游离点】【未上色对象】和【空文本路径】复选框，单击【确定】按钮，清理后的效果如图5-63所示。

图5-63 设置【清理】参数

㉓ 系统会自动清理好当前文档。如果文档中没有要清除的对象，此时就会弹出一个提示对话框，提示用户当前文档不需要清理，如图5-64所示。

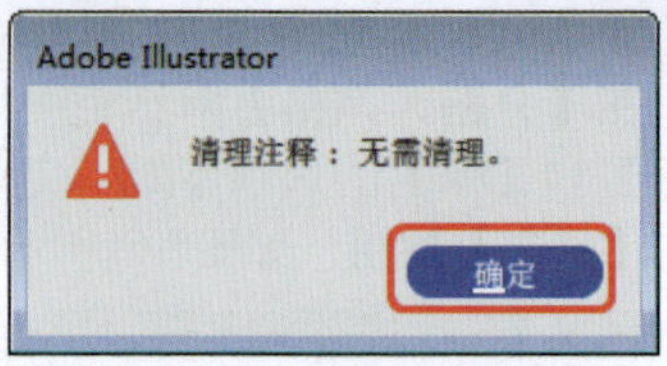

图5-64　提示对话框

知识链接

1.认识复合形状

复合形状可由简单路径、复合路径、文本框架、文本轮廓或其他形状复合组成。复合形状的外观取决于产生复合的方法，常用的复合形状在【路径查找器】面板中的【形状模式】选项组中，其中包括【联集】、【减去顶层】、【交集】和【差集】。

- 【联集】：跟踪所有对象的轮廓以创建复合形状，即将两个对象复合成为一个对象，其【联集】前后的对比效果如图5-65所示。

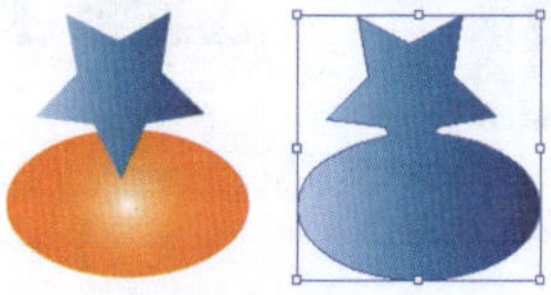

图5-65　联集效果

- 【减去顶层】：前面的对象在背景对象上打孔，产生带孔的复合形状，其【减去顶层】前后的对比效果如图5-66所示。

图5-66　减去顶层效果

- 【交集】：以对象重叠区域创建复合形状，其【交集】前后的对比效果如图5-67所示。

图5-67　交集效果

- 【差集】：从对象不重叠的区域创建复合形状，其【差集】前后的对比效果如图5-68所示。

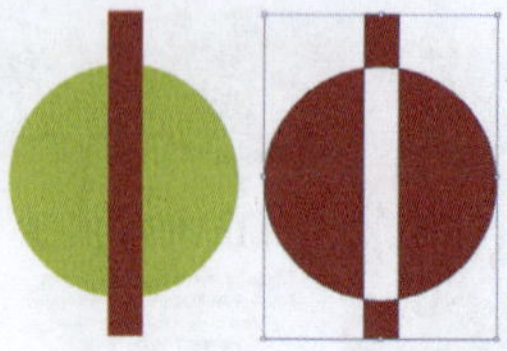

图5-68　差集效果

提　示

大多数情况下，生成的复合形状采用最上层对象的属性，如填色、描边、透明度、图层等，但在减去形状时，将删除前面的对象，生成的形状将采用最下层对象的属性。

2.其他复合形状

其他复合形状在【路径查找器】面板中的下排按钮组中，包括【分割】、【修边】、【合并】、【裁剪】、【轮廓】和【减去后方对象】等复合形状。

- 【分割】：将重叠的选取对象切割成各个区域，被分割的对象将保持原对象的上色、透明度等属性，如图5-69所示。分割完成后，使用【直接选择工具】，选择分割完成后的对象并将其调整位置，如图5-70所示。这样，就可以很清晰地查看分割后的效果了。

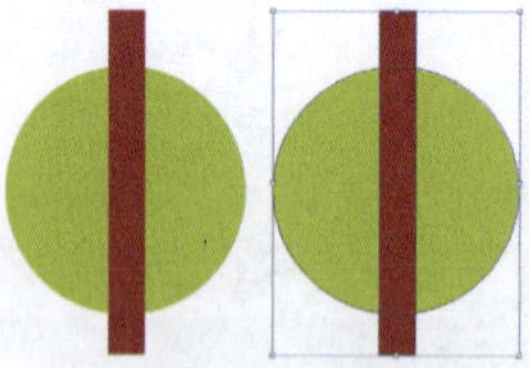

图5-69　分割对象

图5-70　调整分割后的对象

- 【修边】：修边删除与其他对象重叠的区域，最前面的对象将保留原有的路径，删除对象的所有描边，且不会合并相同颜色的对象。图5-71所示为修边对象，使用【直接选择工具】将其修边后的对象进行调整，完成后的效果如图5-72所示。

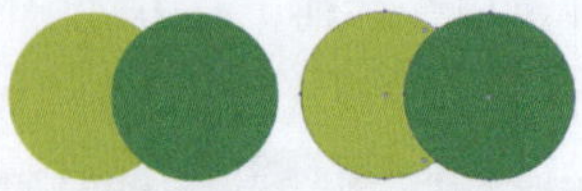

图5-71　修边对象

图5-72　调整对象

- 【合并】：删除下方所有重叠的路径，只留下没有重叠的路径，图5-73所示为合并对象，合并完成后使用【直接选择工具】，调整合并后的对象，完成后的效果如图5-74所示。

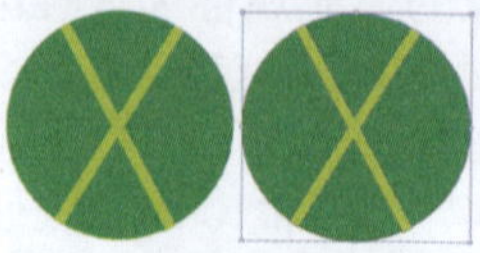

图5-73　合并对象

图5-74　调整对象

- 【裁剪】：只保留与上方对象重叠的对象，所有超过上方对象的图形将被裁剪掉，同时删除所有描边，图5-75所示为裁剪对象，裁剪完成后，使用【直接选择工具】，调整裁剪后的对象，完成后的效果如图5-76所示。

图5-75　裁剪对象

图5-76　调整对象

- 【轮廓】：所选取的重叠对象将被分割，并且转变为轮廓路径，并给描边填充颜色，分割为较小的路径段并维持路径独立性，以方便再编辑或专色陷印。图5-77所示为轮廓对象，添加完轮廓后，使用【直接选择工具】调整其轮廓，如图5-78所示。

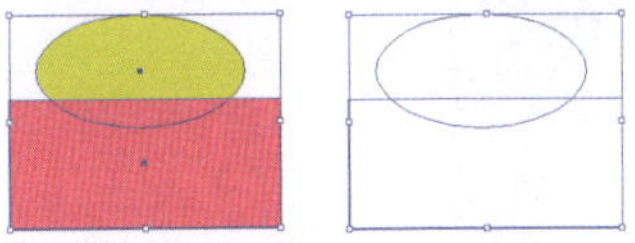

图5-77　为对象添加轮廓

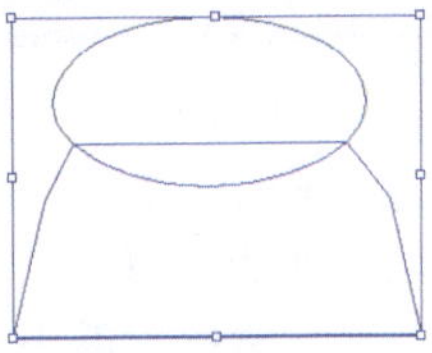

图5-78　调整对象

- 【减去后方对象】：后面的对象在前面的对象上打孔，产生带孔的复合形状。图5-79所示为减去后方对象的效果。

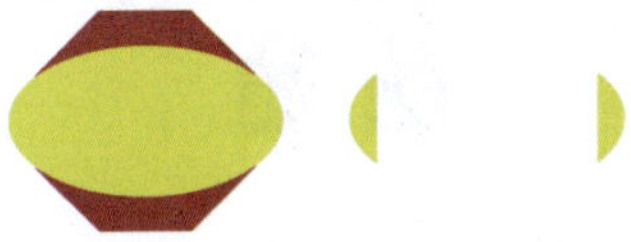

图5-79　减去后方对象的效果图

3.释放与扩展复合形状

【释放复合形状】命令可将复合对象拆分回原有的单独对象，具体的操作如下所述。

（1）在画板中选择已经复合后的形状，如图5-80所示。

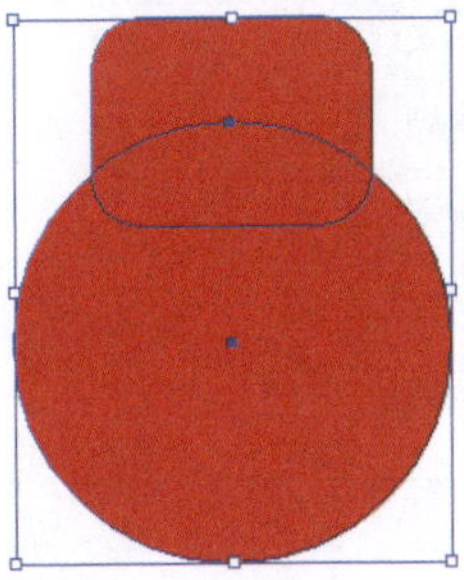

图5-80　选择复合形状

（2）打开【路径查找器】面板，单击该面板右上方的按钮，在弹出的下拉菜单中选择【释放复合形状】命令，如图5-81所示。画板中复合的形状已经恢复原来的形状，如图5-82所示。

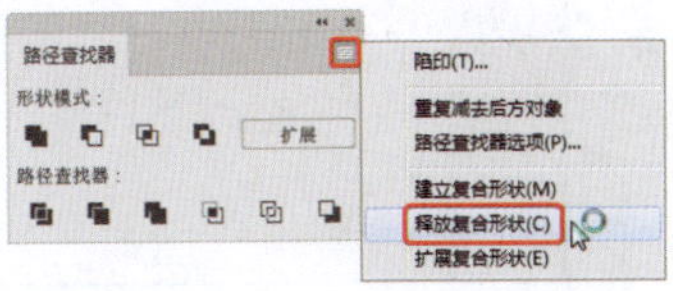

图5-81　选择【释放复合形状】命令

图5-82　释放复合形状后的效果

【扩展复合形状】命令会保持复合对象的形状，并使其成为一般路径或复合路径，以便对其应用某些复合形状不能应用的功能，扩展复合形状后，其单个组件将不再存在，具体操作如下所述。

（1）在画板中选择要扩展复合形状中的路径，如图5-83所示。

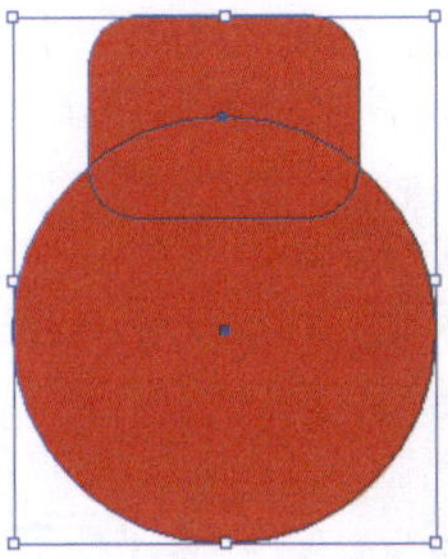

图5-83　选择复合形状

（2）单击该面板右上方的按钮，在弹出的下拉菜单中选择【扩展复合形状】命令，如图5-84所示。

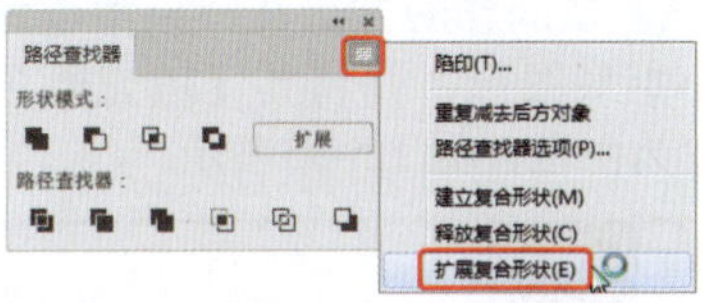

图5-84　选择【扩展复合形状】命令

（3）单击【路径查找器】面板中的【扩展】按钮。根据所使用的形状模式，复合形状将转换为【图层】面板中的【路径】或【复合路径】选项，如图5-85所示。

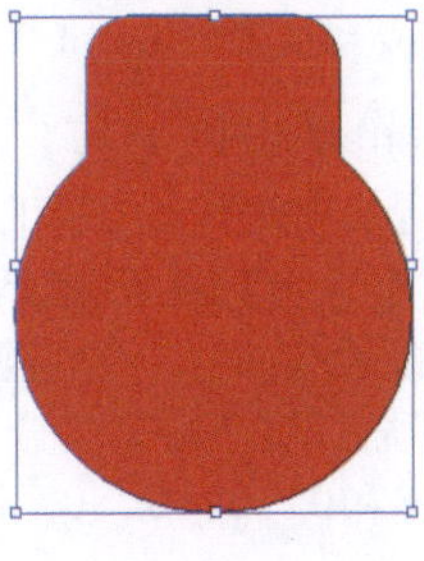

图5-85　扩展复合形状

4. 路径查找器选项

设置路径查找器选项。打开【路径查找器】面板，在面板中单击按钮，在打开的下拉菜单中选择【路径查找器选项】命令，如图5-86所示。打开【路径查找器选项】对话框，如图5-87所示。

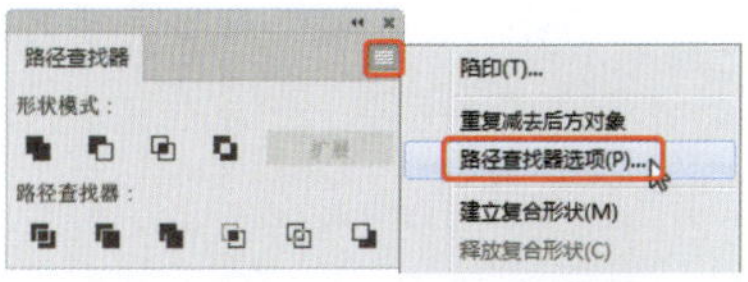

图5-86　选择【路径查找器选项】命令

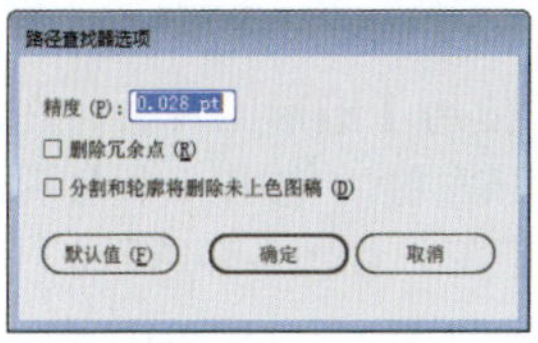

图5-87　【路径查找器选项】对话框

- 【精度】：可设置滤镜计算对象路径时的精确程度，精确越高，生成结果路径所需的时间就越长。
- 【删除冗余点】：将删除不必要的点。
- 【分割和轮廓将删除未上色图稿】：单击【分割】或【轮廓】，将删除选定图稿中的所有未填充对象。
- 【默认值】：选择该选项，系统将使用其默认设置。

实训练习112　背景花纹

下面通过绘制背景花纹的操作，介绍【钢笔工具】和【排列】命令在Illustrator中的应用，效果如图5-88所示。

素材	素材|Cha05|装饰文件夹|001.ai~006.ai
场景	场景|Cha05|实训练习112 背景花纹.ai
视频	视频教学 | Cha05 |实训练习112 背景花纹.MP4

图5-88　背景花纹效果图

❶ 启动Illustrator CC 2017后，按Ctrl+N组合键，在弹出的【新建文档】对话框中，将【宽度】和【高度】分别设置为297mm和210mm，单击【创建】按钮，如图5-89所示。

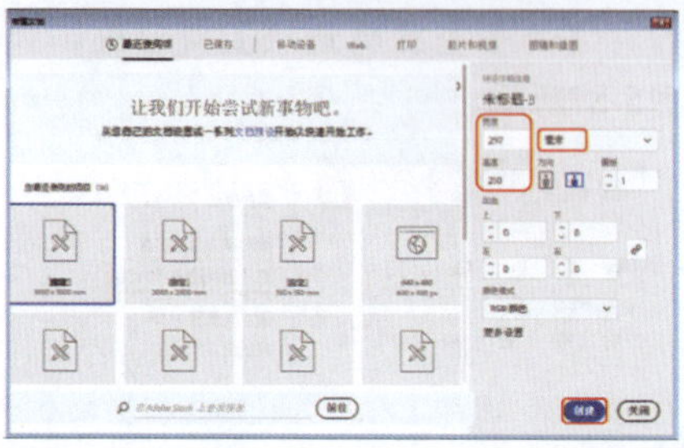

图5-89　设置文档

❷ 使用【矩形工具】，在画板中按住鼠标左键，拖出一个与页面大小相同的矩形，如图5-90所示。

图5-90　创建矩形

❸ 确认刚刚创建的矩形处于编辑状态，按F6键，打开【颜色】面板，将其【填充颜色】的CMYK值分别设置为0、12、0、0，如图5-91所示。

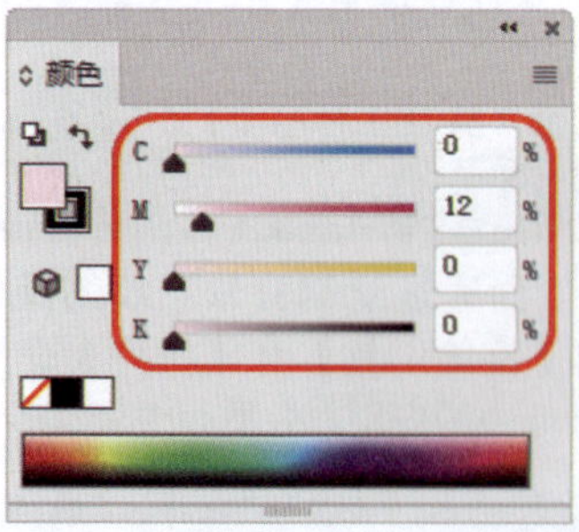

图5-91　设置【颜色】面板中的参数

❹ 使用【钢笔工具】，在画板中绘制图5-92所示的形状。

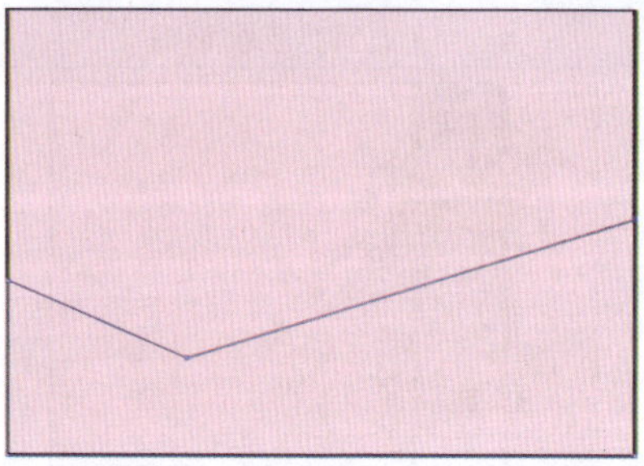

图5-92　在画板中绘制形状

❺ 使用【转换锚点工具】，调整图形的形状，按F6键，并在打开的【颜色】面板中将其【填充颜色】的CMYK值分别设置为0、28、0、0，设置后的效果如图5-93所示。

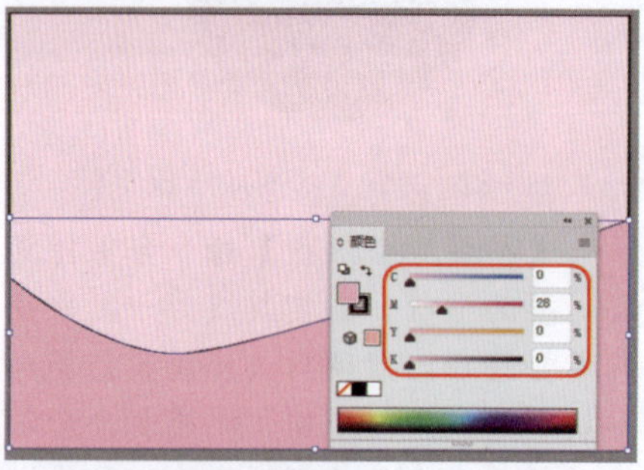

图5-93　调整图形并设置颜色

❻ 使用【矩形工具】，在画板中创建一个矩形，按F6键，并在打开的【颜色】面板中将其【填充颜色】的CMYK值分别设置为0、65、90、0，设置后的效果如图5-94所示。

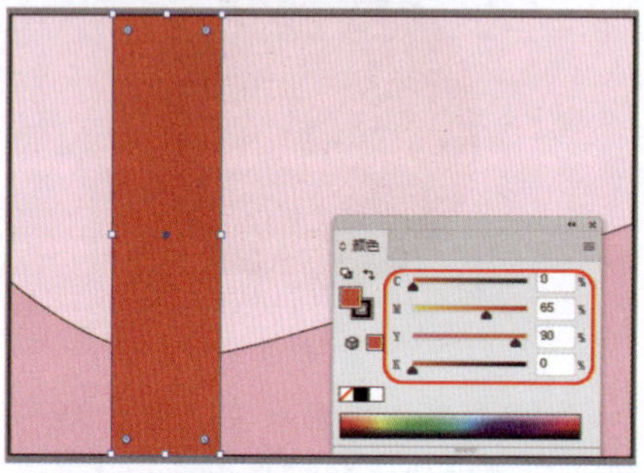

图5-94　填充矩形颜色

❼ 按同样的方法在画板中创建两个小矩形图形，并将其【填充颜色】设置为白色，如图5-95所示。

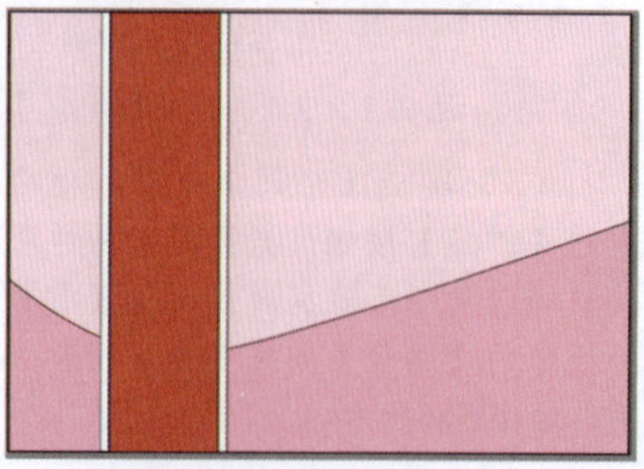

图5-95　创建两个矩形并填充颜色

❽ 使用【矩形工具】，在画板中创建一个矩形图形，打开【渐变】面板，将【类型】设置为【线性】，【角度】设置为-90，从左至右设置渐变滑块的颜色的CMYK值分别为38、88、0、18和0、0、0、0，如图5-96所示。

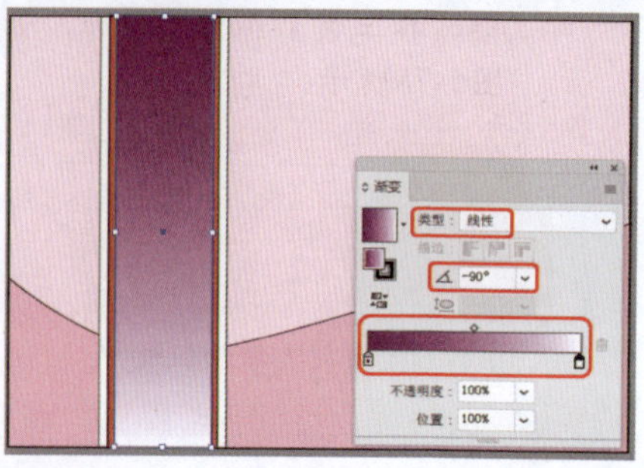

图5-96　设置渐变参数

❾ 在菜单栏中选择【文件】|【打开】命令，在弹出的【打开】对话框中选择随书配套资源中的素材|Cha05|装饰文件夹|001.ai文件，如图5-97所示。

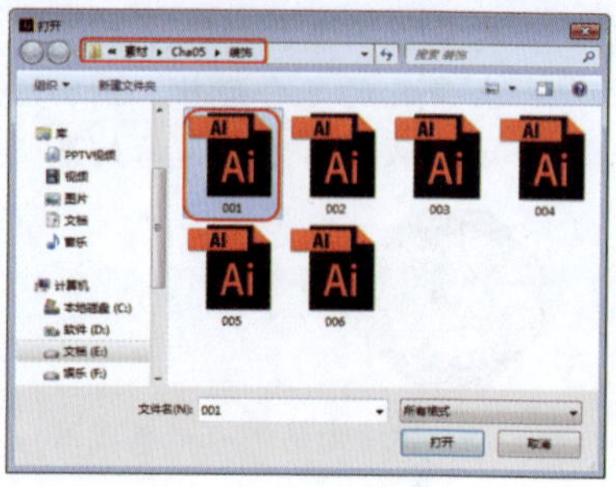

图5-97　选择文件

❿ 单击【打开】按钮，即可打开选择的文件，在工具箱中单击【选择工具】，将刚刚打开的文件，拖拽到背景花纹文档中，调整素材文件的大小，效果如图5-98所示。

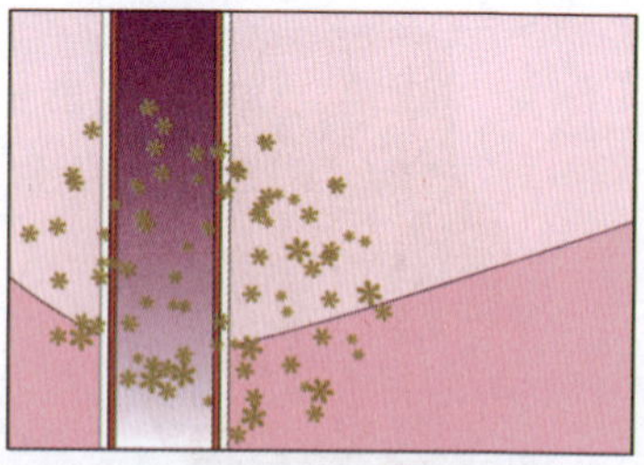

图5-98　拖拽至文档后的效果

⓫ 使用【圆角矩形工具】，在画板中绘制出一个圆角矩形图形，使用【直接选择工具】，使用【直接选择工具】调整图形的形状，将其【颜色】填充为白色，如图5-99所示。

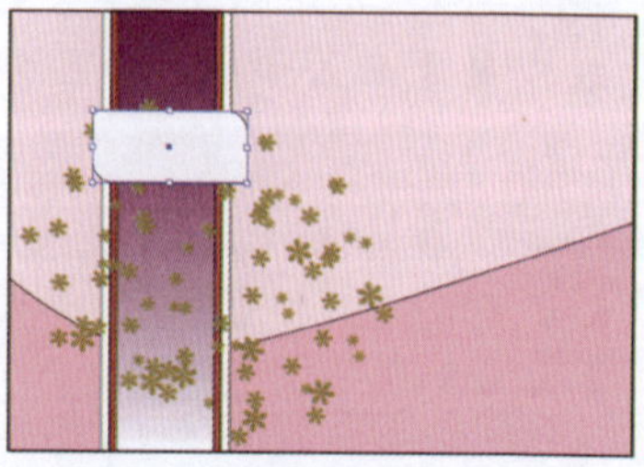

图5-99　绘制并调整圆角矩形

⑫ 使用【选择工具】，选中刚刚调整的图形，按住Alt键复制此图形的副本，按F6键，在打开的【颜色】面板中，将其【填充颜色】的CMYK值分别设置为0、16、85、0，使用【选择工具】调整此图形的大小，如图5-100所示。

图5-100　复制并填充圆角图形

⑬ 使用【文字工具】，在画板中按住鼠标左键拖拽出一个矩形，输入字母“Flower Sample text”，【颜色】设置为黑色，在菜单栏中选择【窗口】|【文字】|【字符】命令，打开【字符】面板，将【字体】设置为【方正小标宋简体】，【大小】设置为20pt，如图5-101所示。

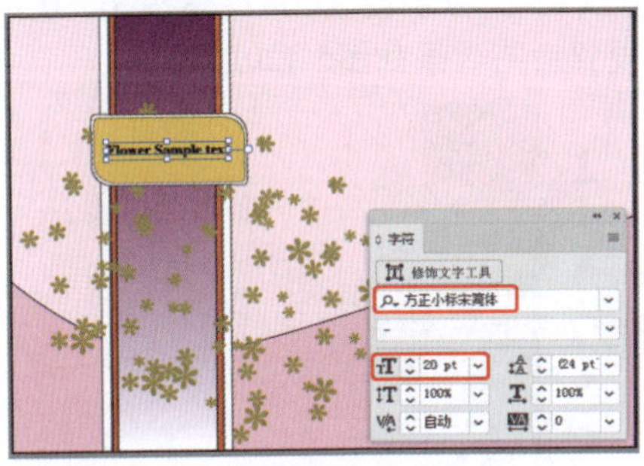

图5-101　设置文字的参数

⑭ 在菜单栏中选择【文件】|【打开】命令，在弹出的【打开】对话框中选择随书配套资源中的素材|Cha05|装饰文件夹|002.ai文件，使用【选择工具】将其拖拽至背景花纹文档中，如图5-102所示。

图5-102　拖拽至背景花纹中的效果

⑮ 使用【椭圆工具】，在画板中绘制一个椭圆图形，使用【直接选择工具】分别选择图形左边和右边的锚点，单击工具栏上的【将所选锚点转换为尖角】按钮，如图5-103所示。

图5-103　将图形锚点调整为尖角

⑯ 使用【添加锚点工具】，在刚刚绘制的图形上添加两个锚点，使用【直接选择工具】调整该图形的效果，如图5-104所示。

图5-104　调整后的效果

⑰ 使用【旋转工具】，按住Alt键，单击图5-105所示的锚点，弹出【旋转】对话框，将【角度】设置为-60°，单击【复制】按钮，效果如图5-105所示。

图5-105　复制图形

⑱ 在菜单栏中多次选择【对象】|【变换】|【再次变换】命令，完成后的效果如图5-106所示。

⑲ 使用【选择工具】，选择所有变换后的椭圆图形，在菜单栏中选择【对象】|【编组】命令，如图5-107所示。

图5-106　变换后的效果

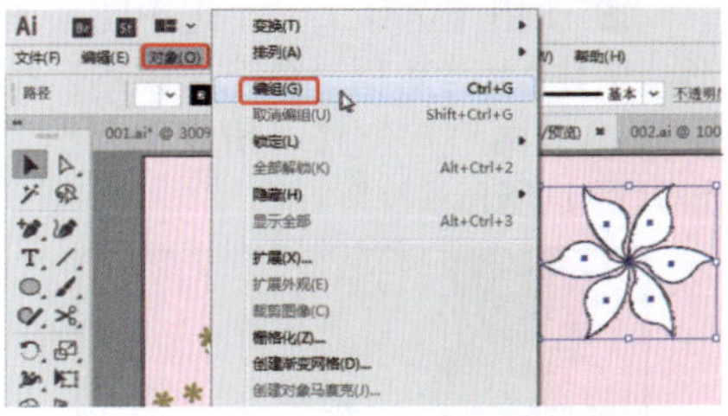

图5-107　选择【编组】命令

⑳ 使用【渐变工具】，在弹出的【渐变】面板中将【类型】设置为【径向】，从左至右设置渐变滑块的颜色的CMYK值分别为0、0、0、0和0、100、0、0，设置后的效果如图5-108所示。

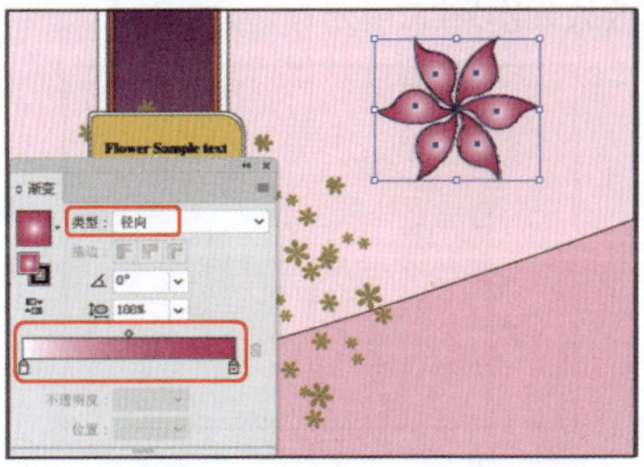

图5-108　设置渐变色后的效果

㉑ 使用【选择工具】选中此图形，调整图形大小将其放置在合适的位置，如图5-109所示。

图5-109　调整图形的大小和位置

㉒ 在菜单栏中选择【文件】|【打开】命令，在弹出的【打开】对话框中选择随书配套资源中的素材|Cha05|装饰文件夹|003.ai文件，使用【选择工具】将其拖拽至背景花纹文档中，调整图形大小和位置，效果如图5-110所示。

图5-110　拖拽至背景文档中的效果

㉓ 使用【选择工具】选中花朵图形，按住Alt键复制一个花朵副本，按住Shift键调整其位置、角度和大小，如图5-111所示。

图5-111　调整花朵的副本

㉔ 确认刚刚复制的花朵处于编辑状态，按住Ctrl+［键，连续按5次，效果如图5-112所示。

图5-112　点击5次的效果

㉕ 选中花朵图形，按住Alt键再复制一个花朵，按住Shift键调整其位置和大小，在菜单栏中选择【对象】|【排列】|【置于顶层】命令，设置后的效果如图5-113所示。

图5-113　选择【置于顶层】命令后的效果

㉖ 在菜单栏中选择【文件】|【打开】命令，在弹出的【打开】对话框中选择随书配套资源中的素材|Cha05|装饰文件夹|004.ai文件，将其拖拽至背景花纹文档中，调整其位置，如图5-114所示。

图5-114　拖拽至背景花纹文档中的效果

㉗ 选中花朵图形，按住Alt键复制3个花朵图形，按住Shift键调整其位置和大小，如图5-115所示。

图5-115　复制3个花朵图形

㉘ 在菜单栏中选择【文件】|【新建】命令，在弹出的【打开】对话框中选择随书配套资源中的素材|Cha05|装饰文件夹|005.ai文件，将其拖拽至背景花纹文档中，调整其位置和大小，如图5-116所示。

图5-116　拖拽至背景花纹中的效果

㉙ 使用【选择工具】选中刚刚拖拽至背景花纹文档中的图形，按Ctrl+［组合键，连续按6次，效果如图5-117所示。

图5-117　点击6次后的效果

㉚ 在菜单栏中选择【文件】|【打开】命令，在弹出的【打开】对话框中选择随书配套资源中的素材|Cha05|装饰文件夹|006.ai文件，将其拖拽至背景花纹文档中，调整其位置和大小，如图5-118所示。

图5-118　拖拽至背景花纹中的效果

㉛ 选择花朵图形，按住Alt键复制一个花朵图形，按Ctrl+［组合键，连续按8次，效果如图5-119所示。

图5-119　复制花朵图形

㉜ 使用【文字工具】，输入字母“Flower Sample text”，将【字体】设置为【方正小标宋简体】，【大小】设置为35pt，【填充颜色】的CMYK值分别设置为41、87、0、0，设置后的效果如图5-120所示。

图5-120　设置文字参数后的效果

㉝ 使用【选择工具】选中文字，按住Alt键复制3次文字，分别调整文字的【大小】为25pt和15pt，将其中两个文字的【填充颜色】设置为白色，如图5-121所示。

图5-121　复制文字

实训练习113 可爱图标

本实例介绍绘制可爱图标的方法，主要用到的工具有【椭圆工具】和【钢笔工具】，效果如图5-122所示。

素材	无
场景	场景|Cha05|实训练习113 可爱图标.ai
视频	视频教学|Cha05|实训练习113 可爱图标.MP4

图5-122 可爱图标效果

❶ 按Ctrl+N组合键弹出【新建文档】对话框，在该对话框中的【名称】文本框中输入【可爱图标】，将【宽度】和【高度】设置为210mm和180mm，如图5-123所示。

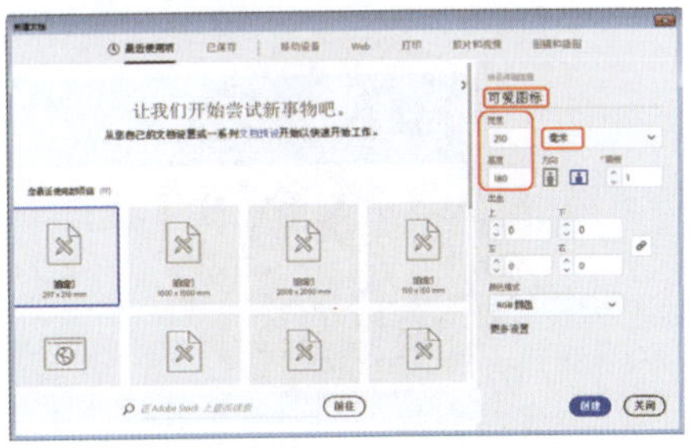

图5-123 新建文档

❷ 单击【创建】按钮，即可新建一个空白的文档，使用【椭圆工具】，在画板中按住Shift键绘制正圆，如图5-124所示。

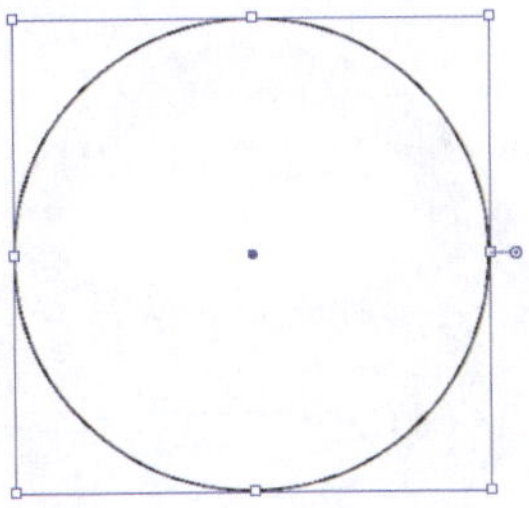

图5-124 绘制正圆

❸ 在工具箱中双击填色图标，在弹出的【拾色器】对话框中将CMYK值设置为0、42、100、0，单击【确定】按钮，如图5-125所示。

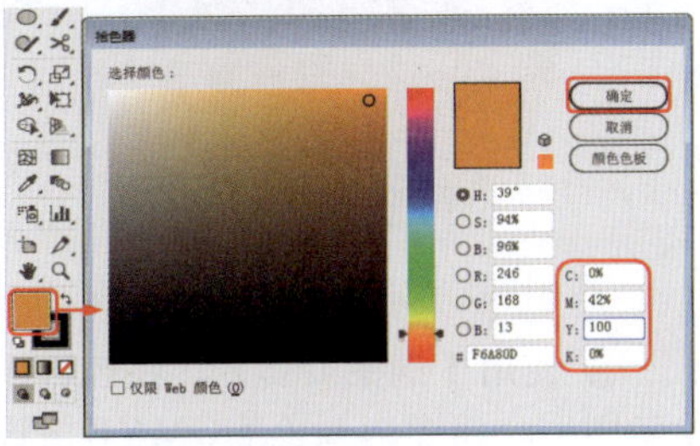

图5-125 设置填充颜色

❹ 工具栏中将【描边颜色】设置为无，效果如图5-126所示。

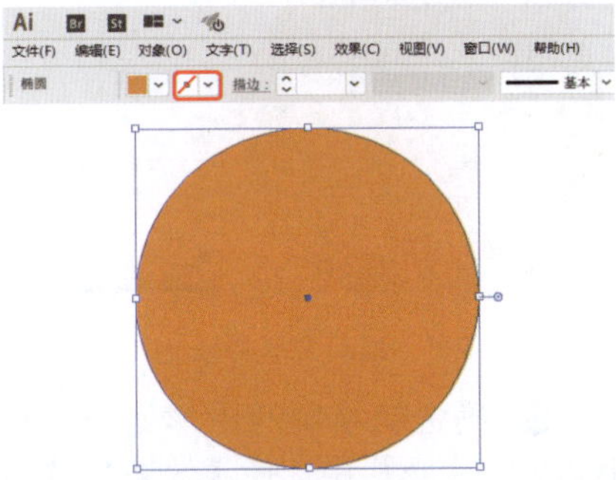

图5-126 设置描边

❺ 确定新绘制的正圆处于选择状态，在菜单栏中选择【对象】|【路径】|【偏移路径】命令，如图5-127所示。

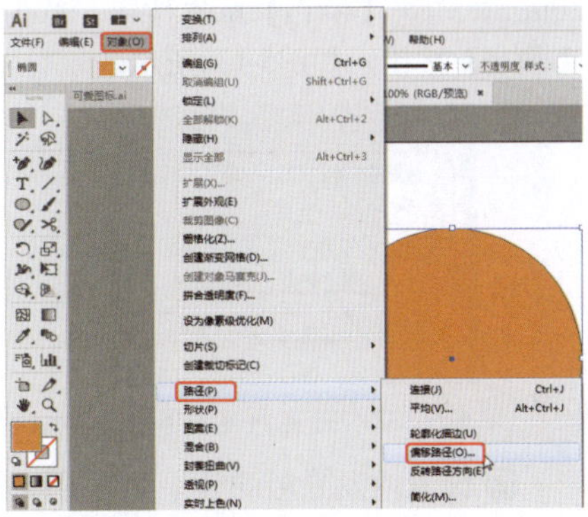

图5-127 选择【偏移路径】命令

❻ 弹出【偏移路径】对话框，在该对话框中将【位移】设置为-3mm，单击【确定】按钮，如图5-128所示。

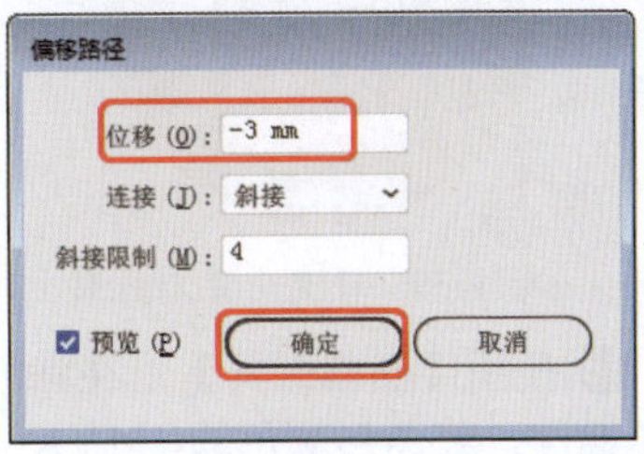

图5-128 【偏移路径】对话框

❼ 位移出的路径如图5-129所示。

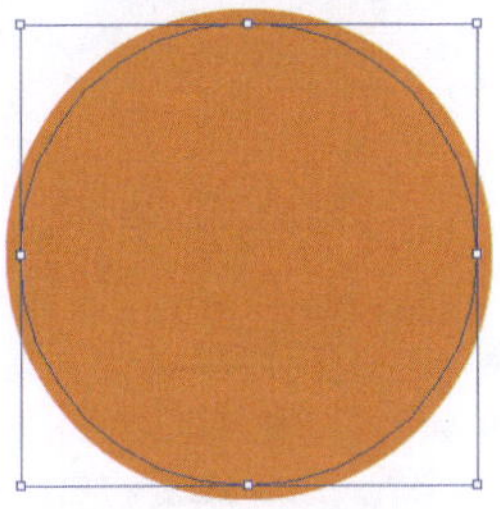

图5-129 位移出的路径

❽ 确定位移出的路径处于选择状态，按Ctrl+F9组合键弹出【渐变】面板，在该面板中将【类型】设置为【径向】，在渐变条上双击左侧的渐变滑块，在弹出的面板中单击按钮，在弹出的下拉菜单中选择【CMYK】命令，如图5-130所示。

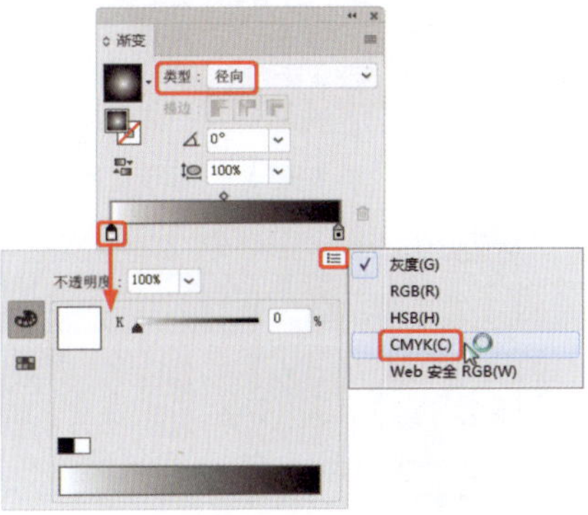

图5-130 选择【CMYK】命令

❾ 在面板中将CMYK的值设置为1、10、100、0，如图5-131所示。

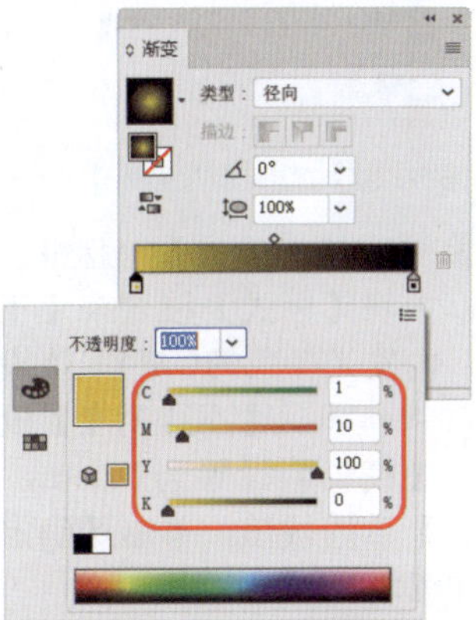

图5-131 设置颜色

❿ 将右侧渐变滑块的CMYK值设置为0、30、100、0，如图5-132所示。

⓫ 位移出的路径填充渐变颜色后的效果如图5-133所示。

⓬ 在菜单栏中选择【效果】|【风格化】|【内发光】命令，如图5-134所示。

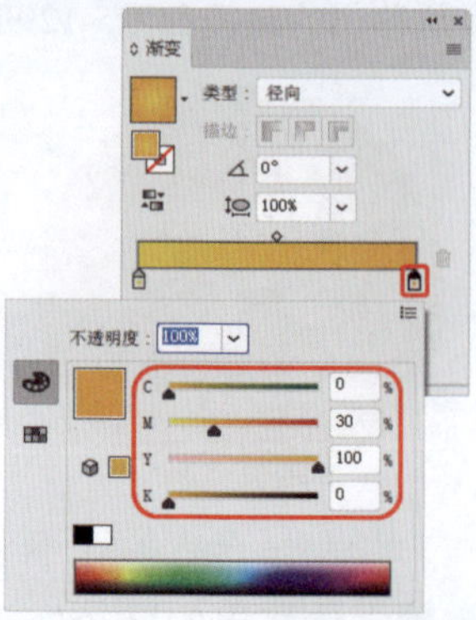

图5-132　为右侧滑块设置颜色

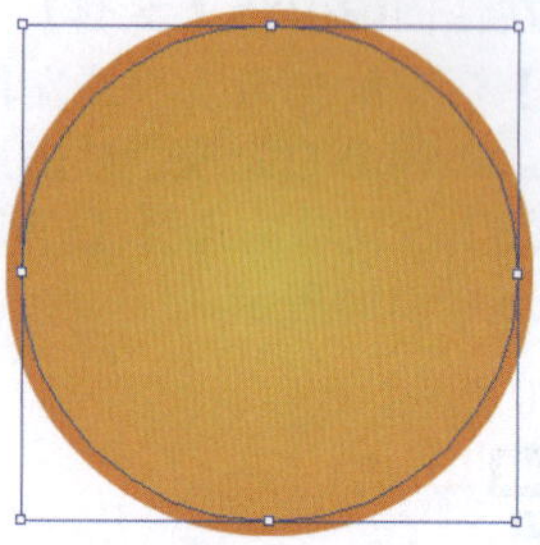

图5-133　填充渐变色后的效果

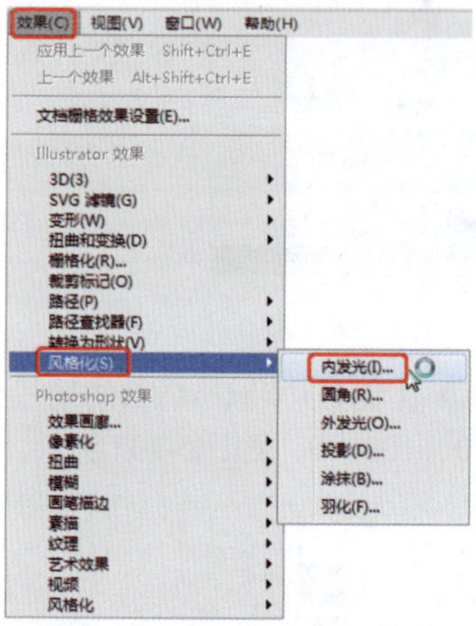

图5-134　选择【内发光】命令

⑬ 弹出【内发光】对话框，在该对话框中将【模式】设置为【正片叠底】，内发光颜色的CMYK值设置为0、47、98、0，【不透明度】设置为50%，【模糊】设置为20mm，勾选【中心】单选按钮，单击【确定】按钮，如图5-135所示。

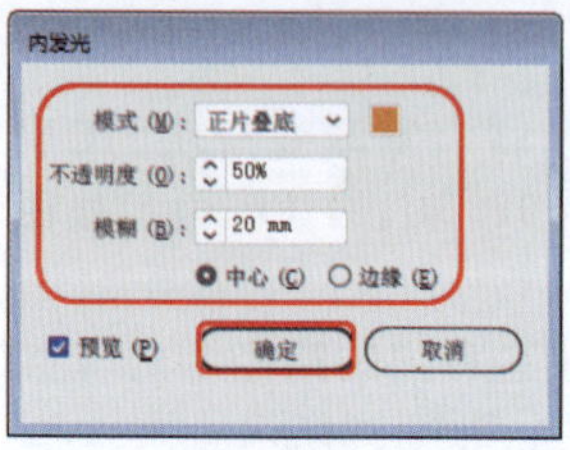

图5-135　设置内发光

⑭ 设置内发光后的效果，如图5-136所示。

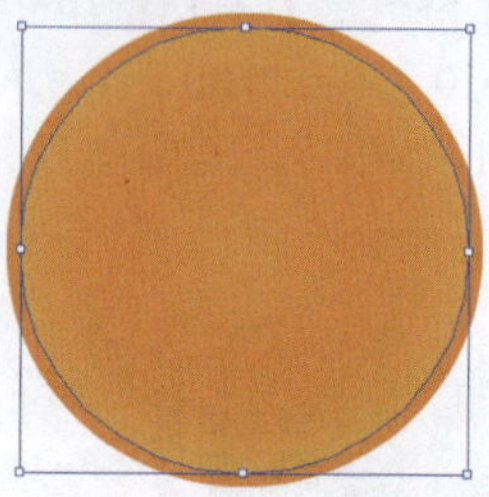

图5-136　设置内发光后的效果

⑮ 使用【钢笔工具】，在画板中绘制图形，将图形颜色的CMYK值设置为0、20、100、0，将描边设置为无，效果如图5-137所示。

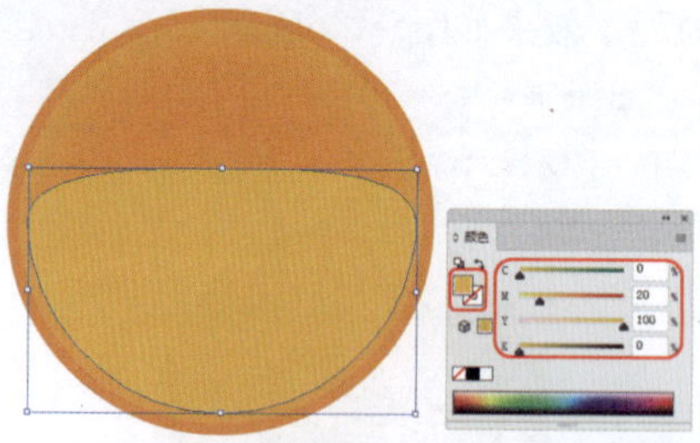

图5-137　绘制图形并填充颜色

⑯ 确定新绘制的图形处于选择状态，在菜单栏中选择【效果】|【风格化】|【内发光】命令，弹出【内发光】对话框，在该对话框中将【模式】设置为【正常】，内发光颜色的CMYK值设置为0、47、97、0，【不透明度】设置为100%，【模糊】设置为20mm，勾选【中心】单选按钮，单击【确定】按钮，如图5-138所示。

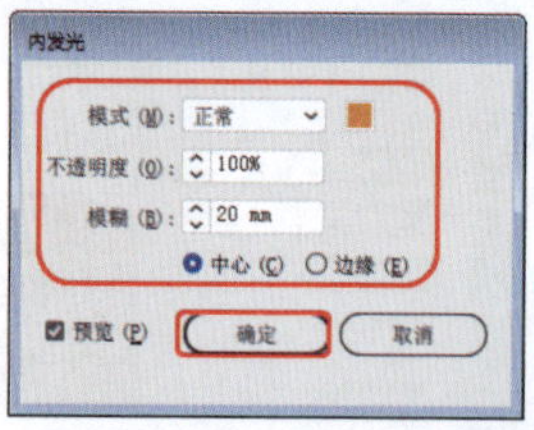

图5-138　设置内发光参数

⑰ 设置内发光后的效果如图5-139所示。

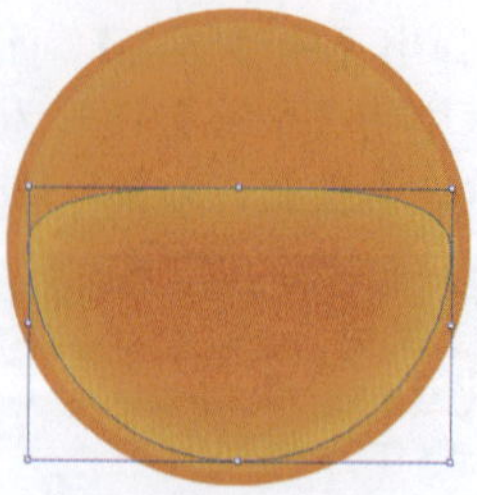

图5-139　设置内发光效果

⑱ 使用【椭圆工具】，在画板中绘制椭圆，将图形颜色的CMYK值设置为1、14、100、0，将描边设置为无，效果如图5-140所示。

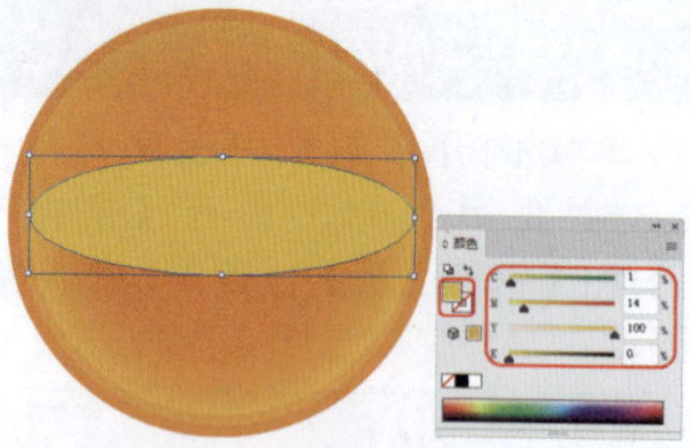

图5-140　绘制椭圆

⑲ 确定新绘制的椭圆处于选择状态，在菜单栏中选择【效果】|【风格化】|【内发光】命令，弹出【内发光】对话框，在该对话框中将【模式】设置为【正片叠底】，内发光颜色的CMYK颜色值设置为0、47、97、0，【不透明度】设置为100%，【模糊】设置为15mm，单击【确定】按钮，如图5-141所示。

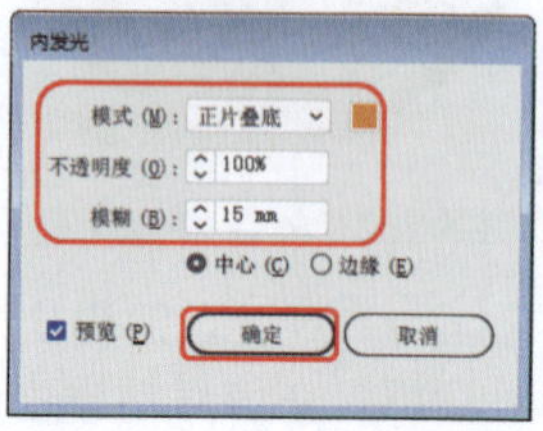

图5-141　设置内发光参数

⑳ 设置内发光后的效果如图5-142所示。

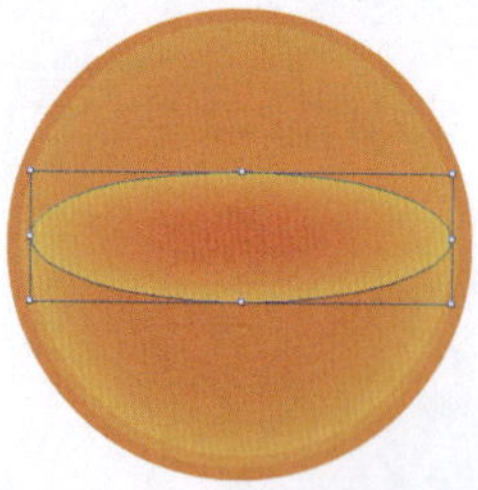

图5-142　设置内发光后的效果

㉑ 使用【钢笔工具】，在画板中绘制图形，将图形的填充颜色设置为白色，将描边颜色的CMYK值设置为0、42、100、0，效果如图5-143所示。

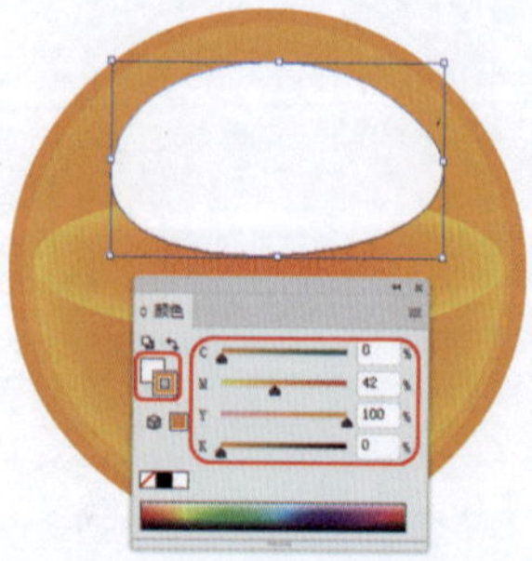

图5-143　绘制图形

㉒ 将【描边粗细】设置为4pt，将【不透明度】设置为20%，如图5-144所示。

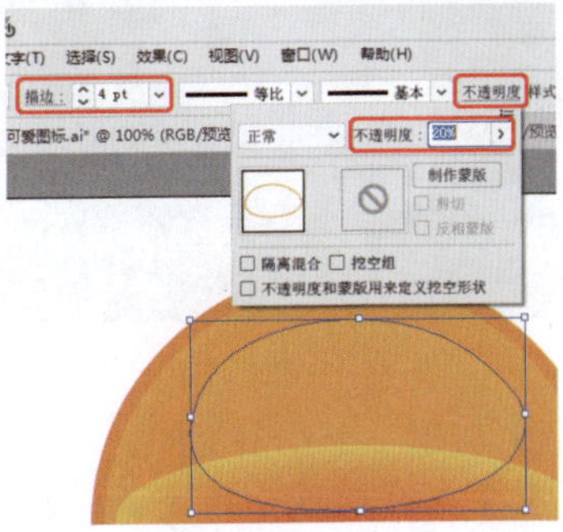

图5-144 设置参数

㉓ 使用【钢笔工具】在画板中绘制图形，将绘制图形的【填充颜色】设置为白色，将【描边颜色】设置为无，如图5-145所示。

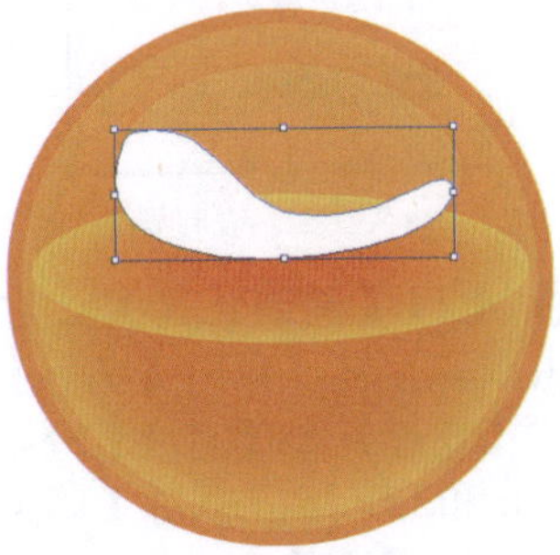

图5-145 绘制图形并填充颜色

㉔ 将【不透明度】设置为20%，如图5-146所示。

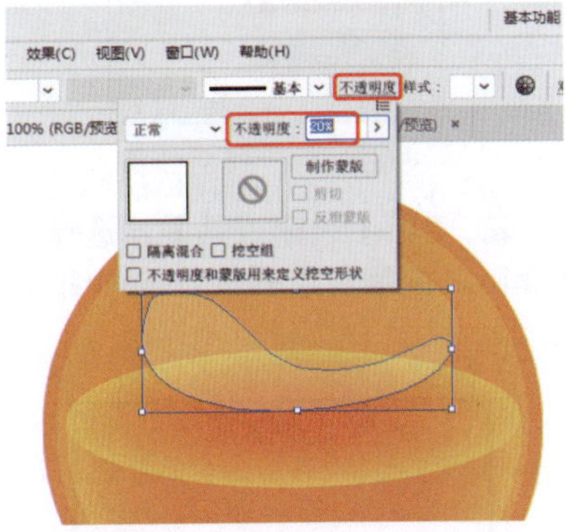

图5-146 设置参数

㉕ 在菜单栏中选择【窗口】|【路径查找器】命令，打开【路径查找器】面板，选择绘制的两个图形对象，在该面板中按住Alt键单击【减去顶层】按钮，单击【扩展】按钮，如图5-147所示。

㉖ 使用【钢笔工具】绘制图形对象，将图形颜色设置为白色，将描边设置为无，将【不透明度】设置为15%，如图5-148所示。

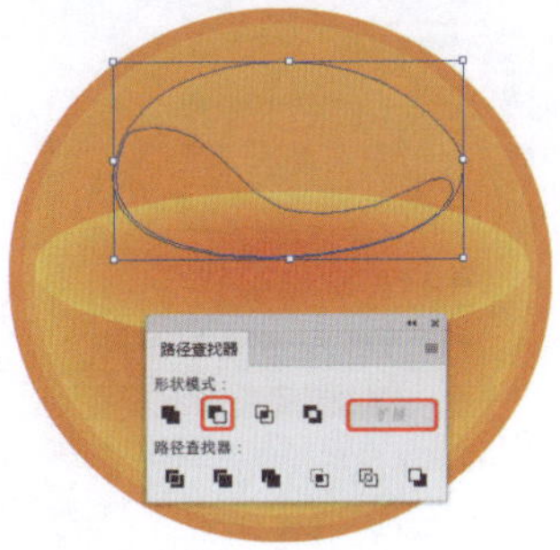

图5-147 【路径查找器】面板

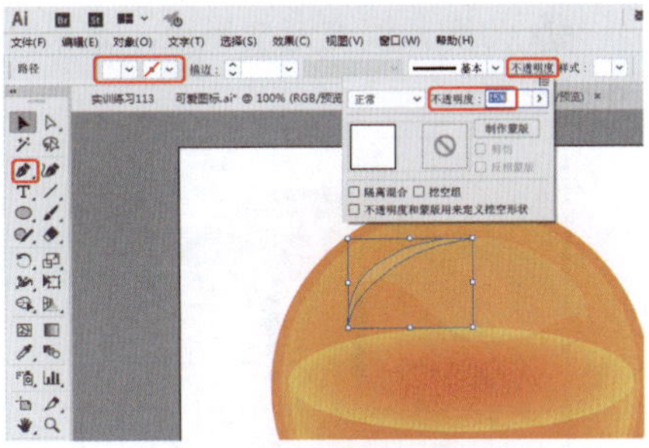

图5-148 绘制并设置图形

㉗ 使用同样的方法，绘制其他图形，并对图形的颜色、描边和不透明度进行设置，如图5-149所示。

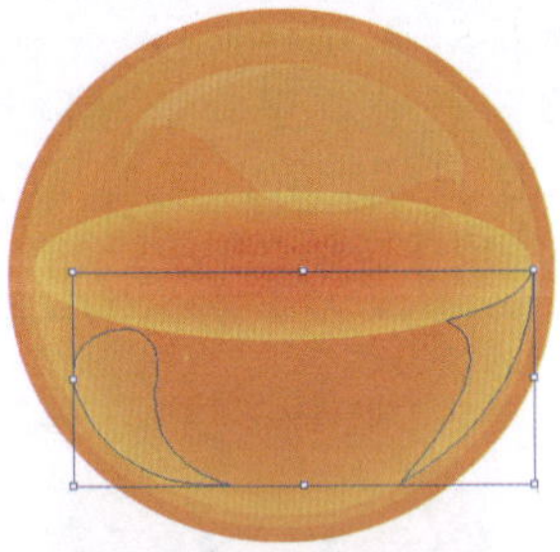

图5-149 绘制其他图形

㉘ 使用【圆角矩形工具】，将【填充颜色】设置为黑色，将【描边颜色】的CMYK值设置为0、47、97、0，将【描边粗细】设置为3pt，绘制圆角矩形，如图5-150所示。

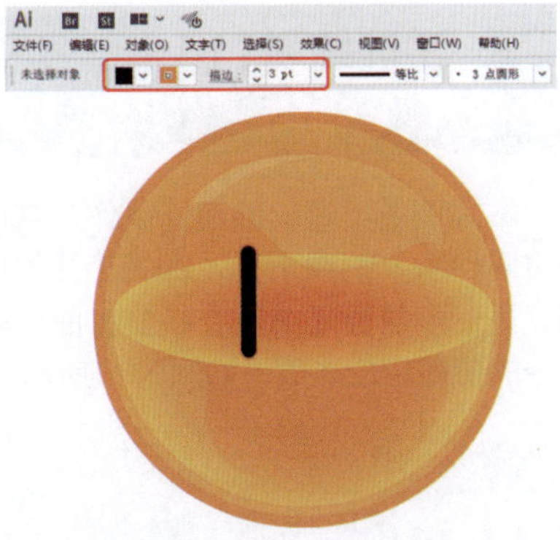

图5-150 绘制圆角矩形

㉙ 按住Alt键复制圆角矩形，如图5-151所示。

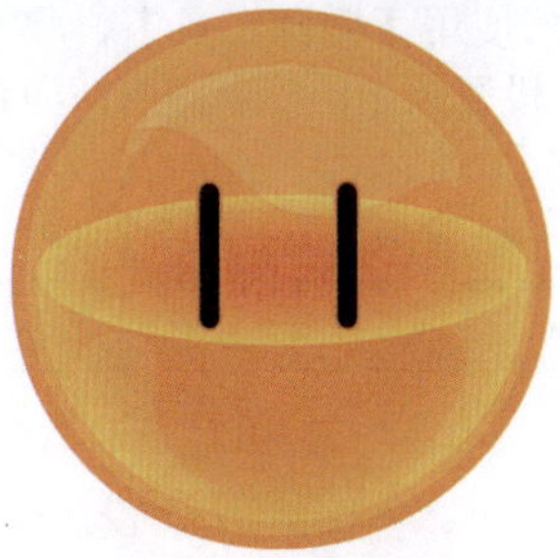

图5-151 复制圆角矩形

㉚ 使用【椭圆工具】，将【填充颜色】的CMYK值设置为0、96、95、0，将【描边颜色】的CMYK值设置为0、47、97、0，绘制椭圆，如图5-152所示。

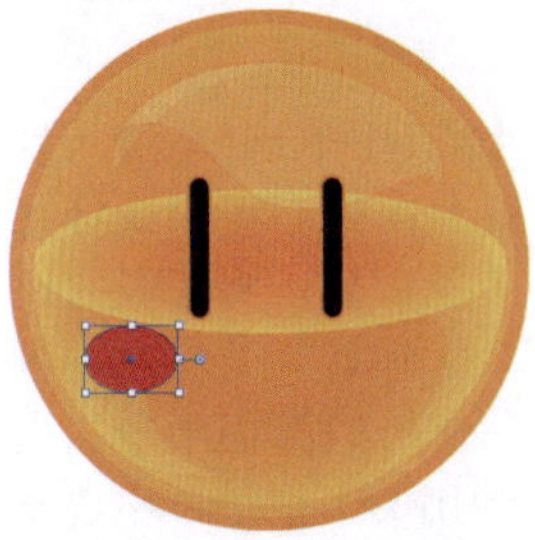

图5-152 绘制椭圆

㉛ 选择绘制的椭圆，将【描边】设置为3pt，将【不透明度】设置为30%，如图5-153所示。

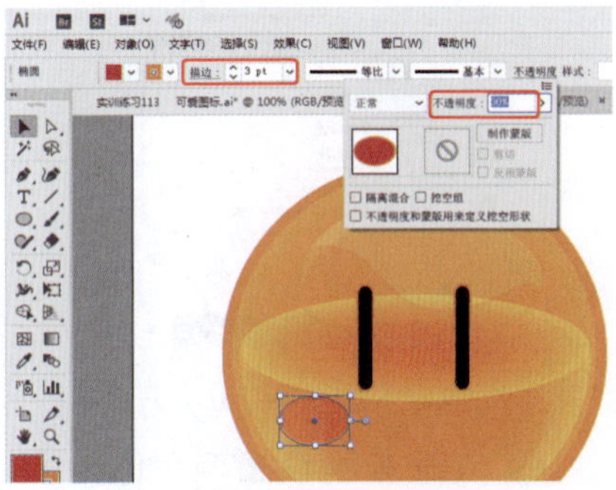

图5-153 设置椭圆

㉜ 在菜单栏中选择【编辑】|【复制】命令，复制新绘制的椭圆，在菜单栏中选择【编辑】|【粘贴】命令，粘贴复制的椭圆，调整椭圆的位置，如图5-154所示。

图4-154 复制椭圆

㉝ 使用【椭圆工具】，将【描边颜色】设置为无，绘制椭圆，如图5-155所示。

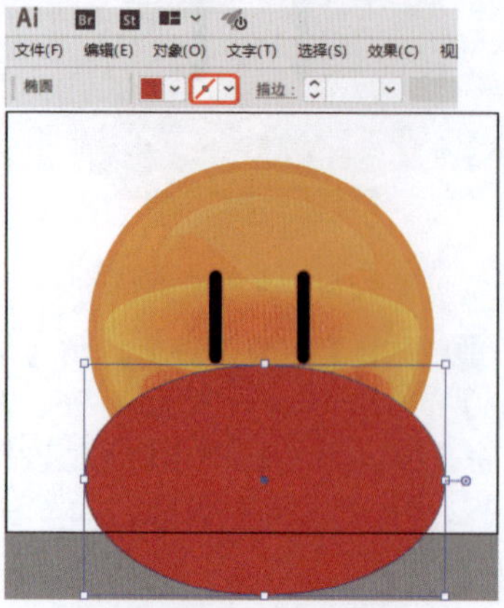

图5-155　绘制椭圆

㉞ 按Ctrl+F9组合键，打开【渐变】面板，在该面板中选择【类型】设置为【径向】，将【长宽比】设置为15.4，在渐变条上双击左侧的渐变滑块，在弹出的面板中单击右侧的按钮，在弹出的下拉菜单中选择CMYK命令。如图5-156所示。

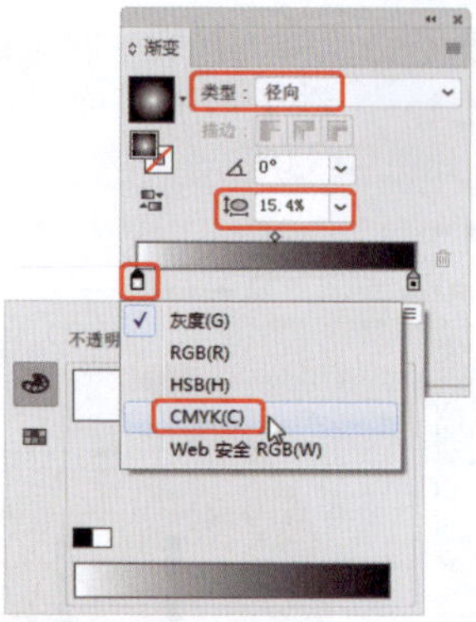

图5-156　选择【CMUK】命令

㉟ 在面板中设置颜色值为0、59、100、0，将【位置】设置为45%，如图5-157所示。

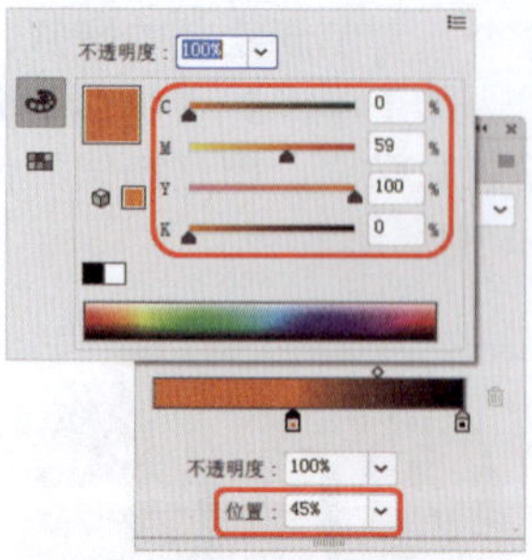

图5-157　设置颜色

㊱ 将右侧渐变滑块的CMYK值设置为0、30、100、0，将【不透明度】设置为0，如图5-158所示。

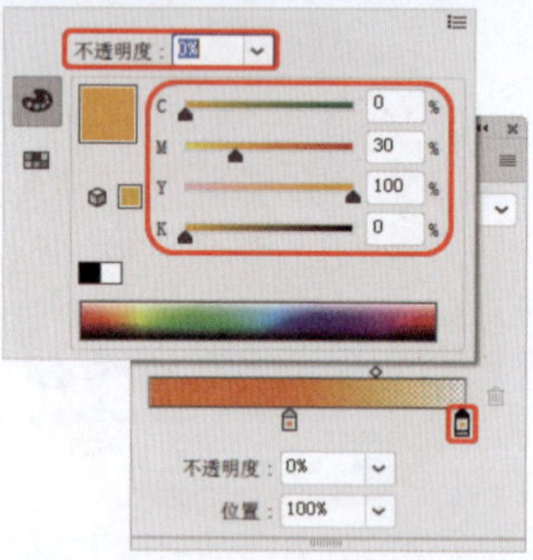

图5-158　为右侧滑块设置颜色

㊲ 为椭圆填充渐变颜色，效果如图5-159所示。

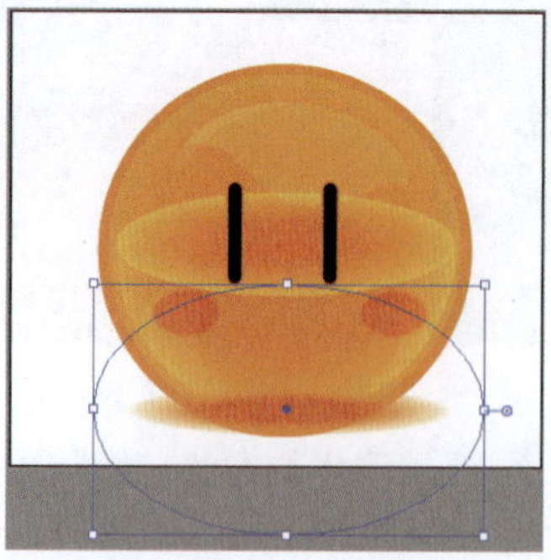

图5-159　填充渐变颜色后的效果

㊳ 按Shift+Ctrl+［组合键，将椭圆形移动至最底层，调整阴影的颜色，如图5-160所示。至此，可爱图标就制作完成了。

图5-160　将椭圆形移动至最底层

实训练习114
卷纸

本实例通过卷纸的设计制作，帮助读者掌握基本绘图工具、钢笔工具的使用，进一步掌握【路径查找器】面板中命令的使用，最终效果如图5-161所示。

素材	无
场景	场景|Cha05|实训练习114　卷纸.ai
视频	视频教学|Cha05|实训练习114　卷纸.MP4

图5-161　卷纸

❶ 新建一个空白文件，使用【矩形工具】，在页面中单击鼠标左键，弹出【矩形】对话框，将【宽度】和【高度】分别设置为37mm和27mm，单击【确定】按钮，如图5-162所示。

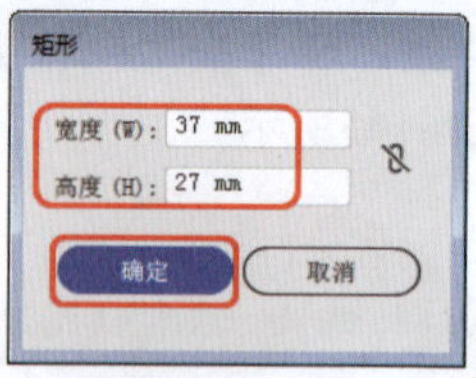

图5-162　绘制矩形

❷ 使用【椭圆工具】，在页面中单击鼠标左键，弹出【椭圆】对话框，将【宽度】和【高度】分别设置为37mm和23mm，单击【确定】按钮，如图5-163所示。

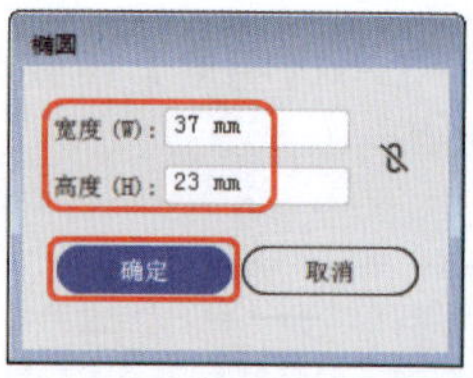

图5-163　绘制椭圆

❸ 使用【选择工具】，选择矩形和椭圆，调整对象的位置，如图5-164所示。

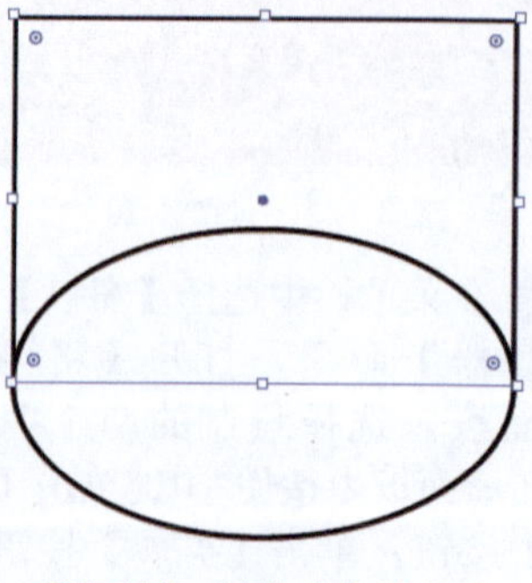

图5-164　调整对象的位置

❹ 使用【选择工具】，选择椭圆，按住Alt键不放，拖拽并复制一个椭圆，将其移动至合适的位置，如图5-165所示。

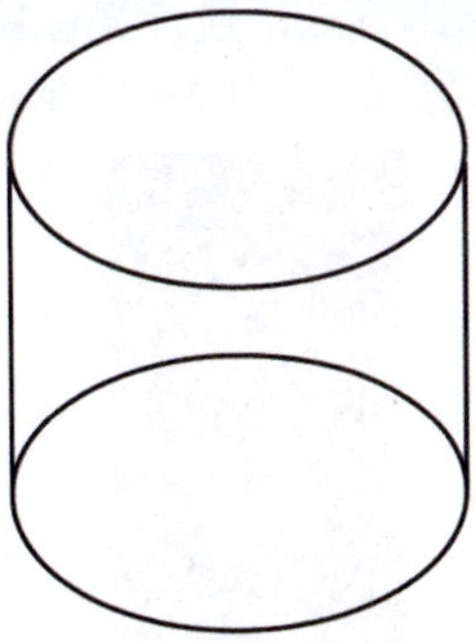

图5-165　复制椭圆并调整位置

❺ 使用【选择工具】选择矩形和底部的椭圆形对象，单击【路径查找器】面板中的【联集】按钮，如图5-166所示。

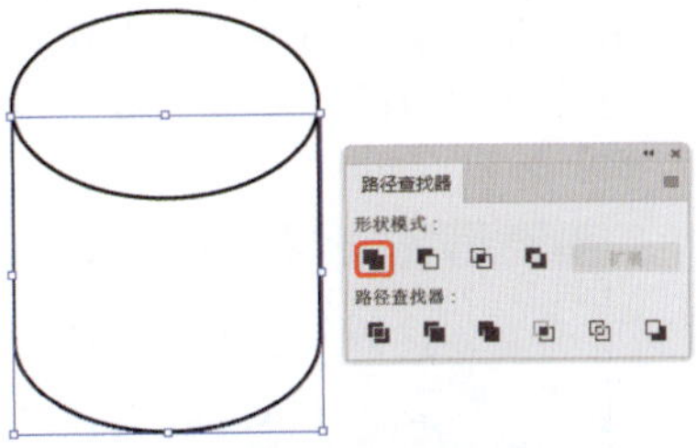

图5-166　联集对象

❻ 选择图5-167所示的图形，打开【渐变】面板，将【类型】设置为【线性】，将【角度】设置为167°，将0%位置处的【灰度】设置为0，将100%位置处的【灰度】设置为40，将【描边颜色】设置为无。

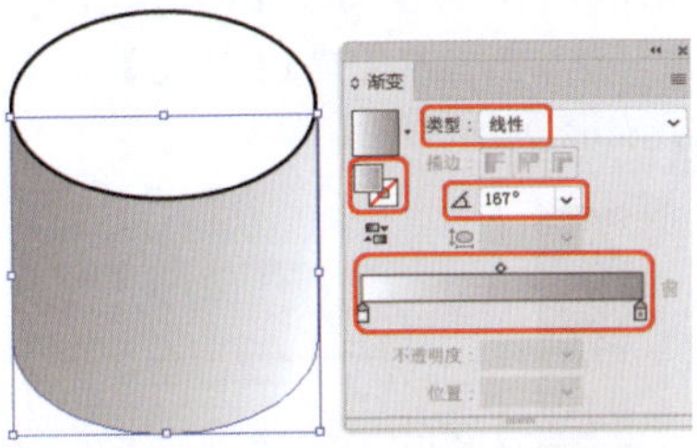

图5-167　设置渐变颜色

❼ 选择椭圆对象，使用【吸管工具】，吸取对象的颜色，如图5-168所示。

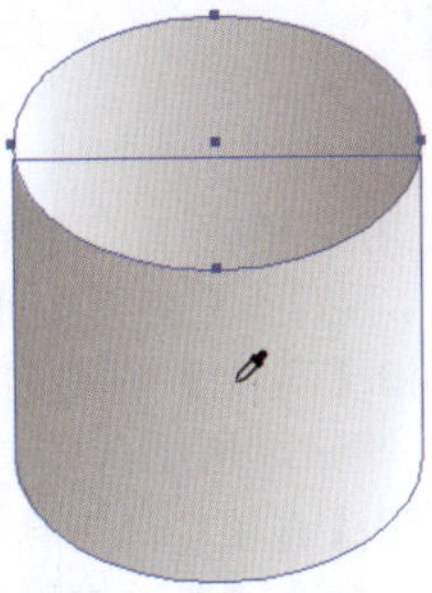

图5-168　吸取颜色

❽ 使用【椭圆工具】绘制椭圆，如图5-169所示。

图5-169　绘制椭圆

❾ 使用【钢笔工具】，绘制图5-170所示的图形对象。

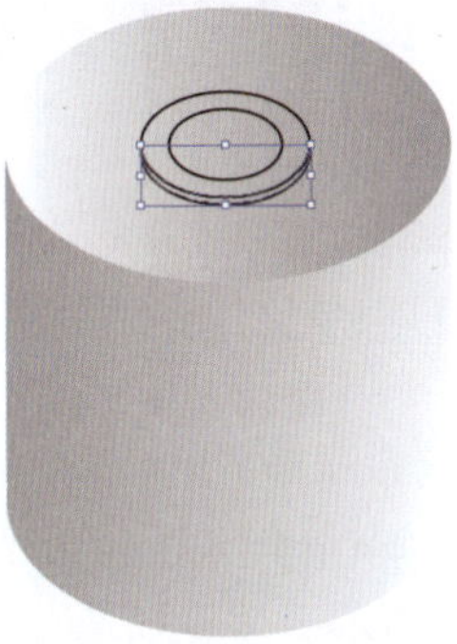

图5-170　绘制图形对象

❿ 设置对象的填充颜色，如图5-171所示。

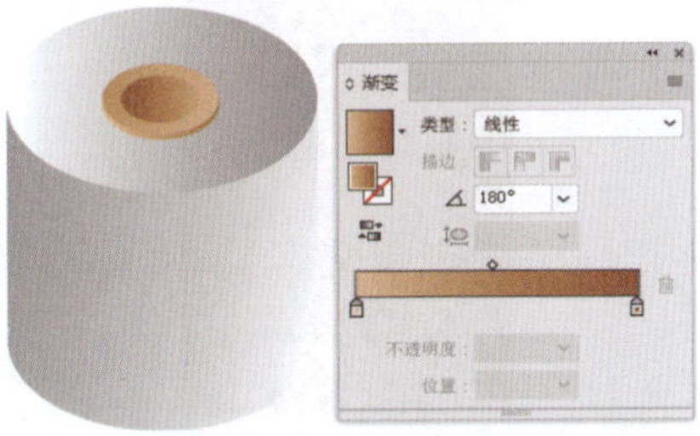

图5-171　设置渐变颜色

⓫ 使用【矩形工具】绘制矩形对象，将【填充颜色】的RGB值设置为166、205、52，将【描边颜色】设置为无，如图5-172所示。

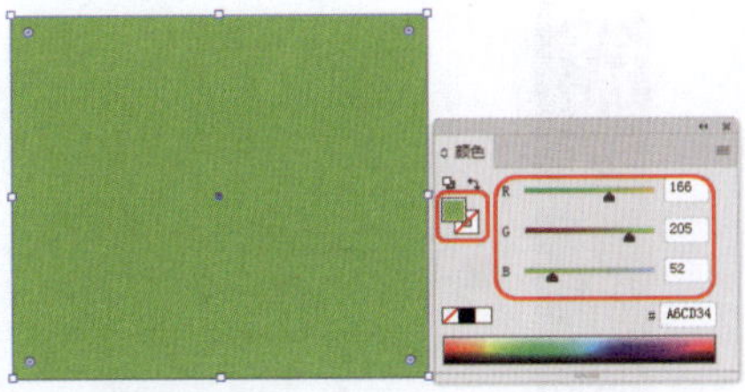

图5-172　设置填充颜色和描边颜色

⓬ 选择矩形，单击鼠标右键，在弹出的快捷菜单中选择【排列】|【置于底层】命令，如图5-173所示。

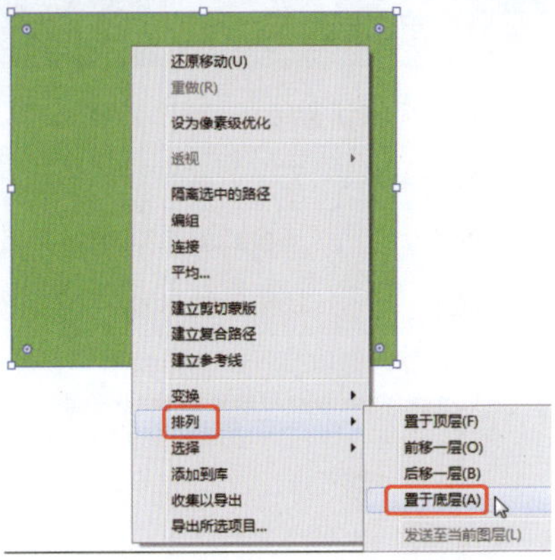

图5-173　选择【置于底层】对象

⓭ 对卷纸对象进行复制，调整对象的位置和顺序，如图5-174所示。

图5-174　调整对象的位置和顺序

⓮ 使用【钢笔工具】绘制图形对象，如图5-175所示。

图5-175　绘制图形对象

⓯ 使用【吸管工具】吸取颜色，如图5-176所示。

图5-176　拾取颜色

实训练习115 彩铅

本实例将讲解如何制作彩铅，效果如图5-177所示。

素材	无
场景	场景|Cha05|实训练习115 彩铅.ai
视频	视频教学 | Cha05 |实训练习115 彩铅.MP4

图5-177 彩铅

❶ 新建一个空白文件，使用【矩形工具】，在空白位置处单击鼠标左键，弹出的【矩形】对话框，将【宽度】和【高度】分别设置为14mm和438mm，单击【确定】按钮，如图5-178所示。

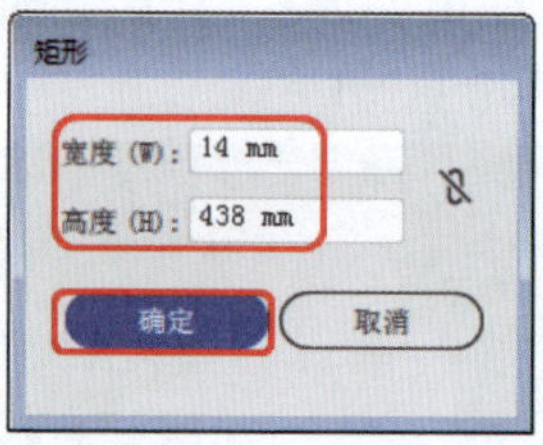

图5-178 设置矩形参数

❷ 打开【颜色】面板，将【填充颜色】的RGB值设置为230、0、18，将【描边颜色】设置为无，如图5-179所示。

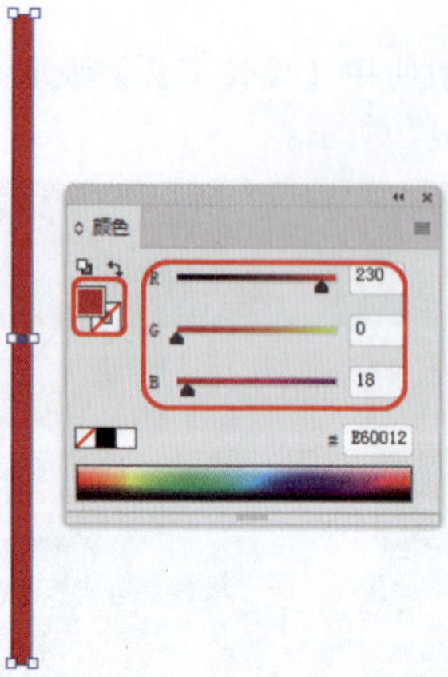

图5-179 设置填充和描边颜色

❸ 使用【钢笔工具】增加节点，通过【直接选择工具】对节点进行修改，如图5-180所示。

图5-180 修改节点

❹ 按住Alt键，对图形进行复制，如图5-181所示。

图5-181 复制对象

❺ 选择复制后的对象，将【填充颜色】的CMYK值设置为0、100、100、25，将【描边颜色】设置为无，如图5-182所示。

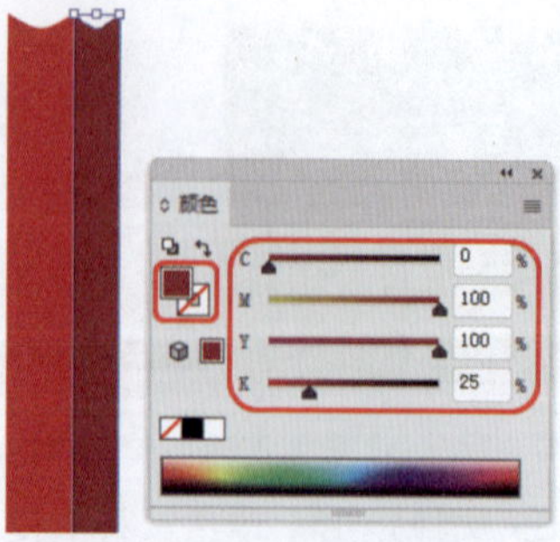

图5-182 设置填充和描边颜色

❻ 使用【直接选择工具】在图形的底部选择节点，通过光标移动键更改节点的位置，如图5-183所示。

图5-183 移动点的位置

❼ 使用【选择工具】选择图形，使用【镜像工具】配合Alt键在页面中单击，设置镜像的中心点，在弹出的【镜像】对话框中设置参数，单击【复制】按钮，如图5-184所示。

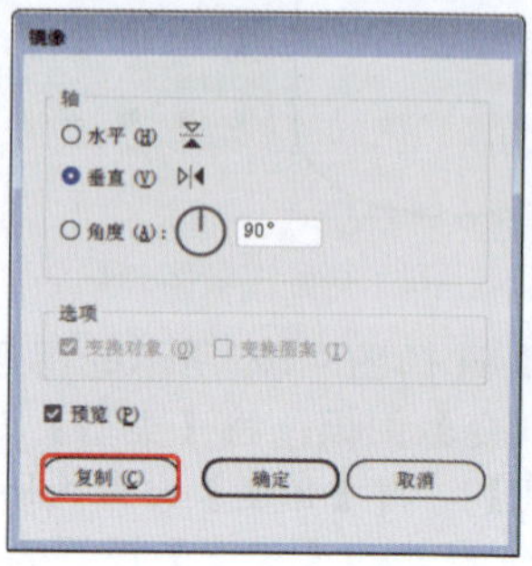

图5-184 设置【镜像】参数

❽ 通过【颜色】面板设置复制后图形的填充属性为CMYK其值为0、50、50、0，将【描边属性】设置为无，如图5-185所示。

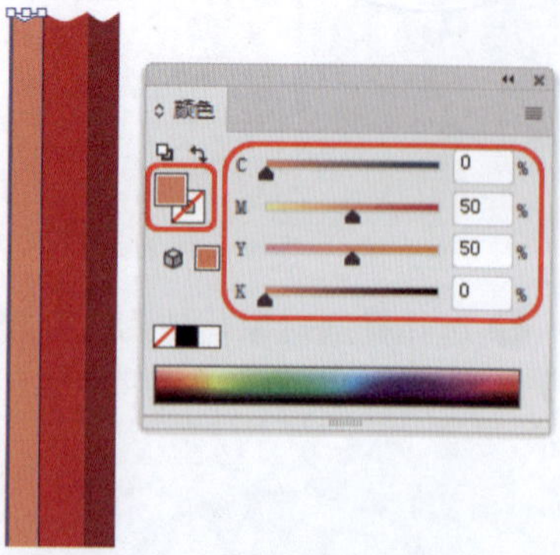

图5-185 设置填充和描边颜色

❾ 使用【矩形工具】在页面中绘制图形，通过【变换】面板设置【宽度】和【高度】分别为23mm和14mm，如图5-186所示。

❿ 使用【直接选择工具】选择图形的节点，通过键盘上的移动键更改其位置，如图5-187所示。

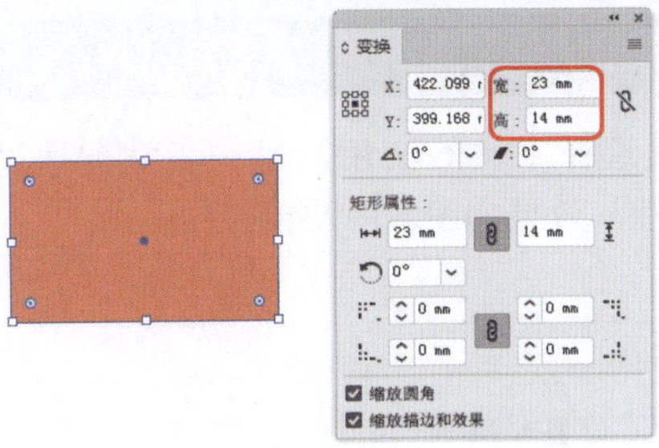

图5-186 设置矩形宽度和高度

图5-187 移动节点的位置

⑪ 使用【钢笔工具】在图形中单击，增加节点，通过键盘上的移动键移动其位置，如图5-188所示。

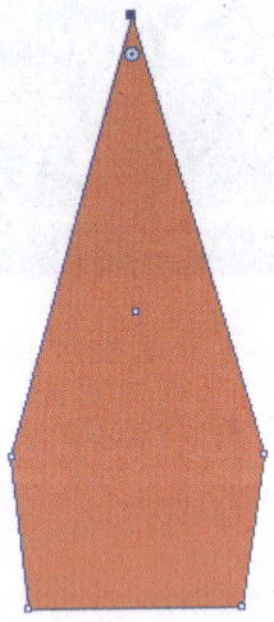

图5-188 添加节点并调整节点位置

⑫ 使用【网格工具】，在图形中增加网格线，如图5-189所示。

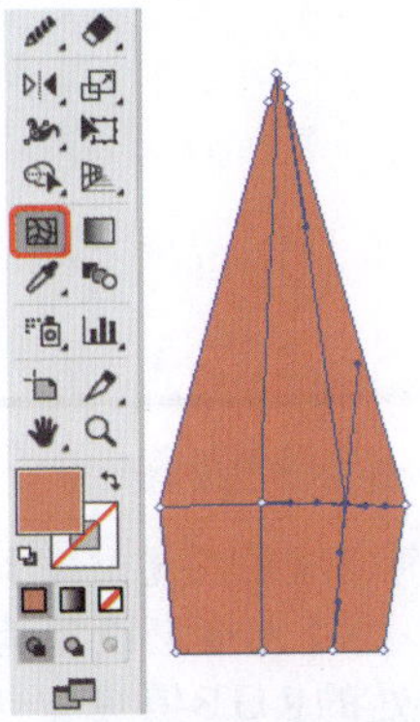

图5-189 增加网格线

⑬ 使用【直接选择工具】选择图形节点，通过【颜色】面板设置节点的CMYK颜色值为5、28、48、20，如图5-190所示。

⑭ 使用【直接选择工具】，选择图形节点，通过【颜色】面板设置节点的CMYK颜色值为7、25、38、4，如图5-191所示。

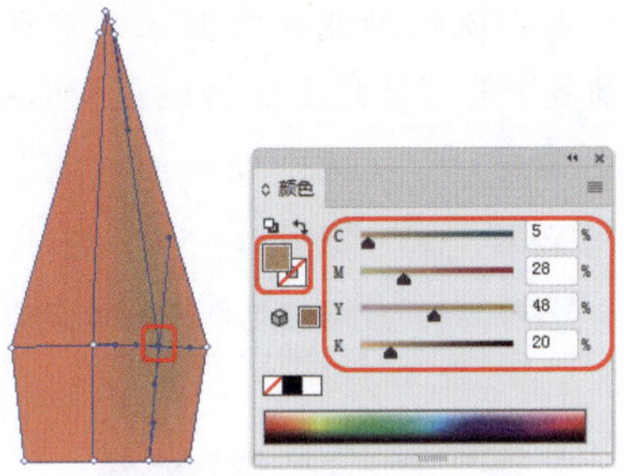

图5-190 设置填充颜色

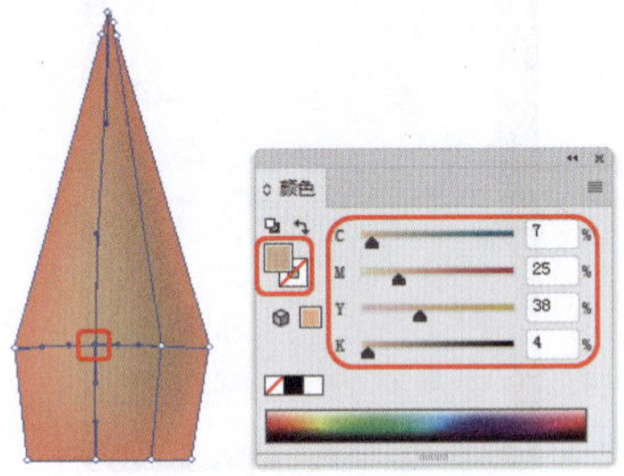

图5-191 设置填充颜色

⑮ 使用【选择工具】选择图形，将填充渐变和网格后的图形移动至图5-192所示的位置。

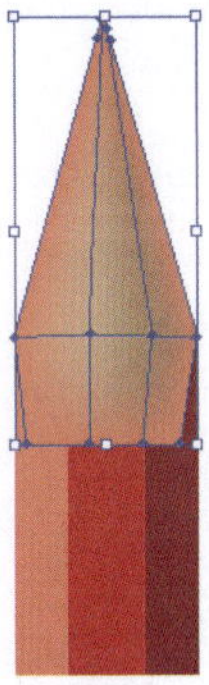

图5-192 调整对象的位置

⑯ 将对象选中，选择菜单栏中的【对象】|【排列】|【置于底层】命令，将其置于底层，如图5-193所示。

图5-193 置于底层后的效果

⑰ 使用【钢笔工具】绘制铅笔头，如图5-194所示。

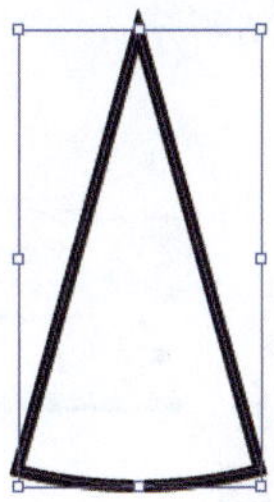

图5-194 绘制笔头

知识链接

彩色铅笔是一种非常容易掌握的涂色工具，外形以及画出来的效果都类似于铅笔。颜色多种多样，画出来效果较淡，清新简单，便于被橡皮擦去。它是用经过专业挑选，具有高吸附显色性的高级微粒颜料制成。彩色铅笔具有透明度和色彩度，在各类型纸张上使用时都能均匀着色，流畅描绘，笔芯不易从芯槽中脱落。有单支系列（129色）、12色系列、24色系列、36色系列、48色系列、72色系列、96色系列等。

彩色铅笔分为两种，一种是水溶性彩色铅笔（可溶于水），另一种是不溶性彩色铅笔（不能溶于水）。

不溶性彩色铅笔可分为干性和油性，一般市面上买的大部分都是不溶性彩色铅笔。不溶性彩色铅笔价格便宜，是绘画入门的最佳选择。不溶性彩色铅笔画出的效果较淡，简单清晰，大多可用橡皮擦去。不溶性彩色铅笔有着半透明的特征，可通过颜色的叠加，呈现不同的画面效果，是一种较具表现力的绘画工具。

水溶性彩色铅笔又叫水彩色铅笔，它的笔芯能够溶解于水，碰上水后，色彩晕染开来，可以实现水彩般透明的效果。水溶性彩色铅笔有两种功能：在没有蘸水前和不溶性彩色铅笔的效果是一样的。可是在蘸上水之后就会变成像水彩一样，颜色非常鲜艳亮丽，十分漂亮，而且色彩很柔和。

⑱ 通过【颜色】面板设置节点的CMYK颜色值为0、100、100、0，将【描边颜色】设置为无，如图5-195所示。

⑲ 使用【选择工具】选择所有图形对象，对其编组，按住Alt键复制对

象，如图5-196所示。

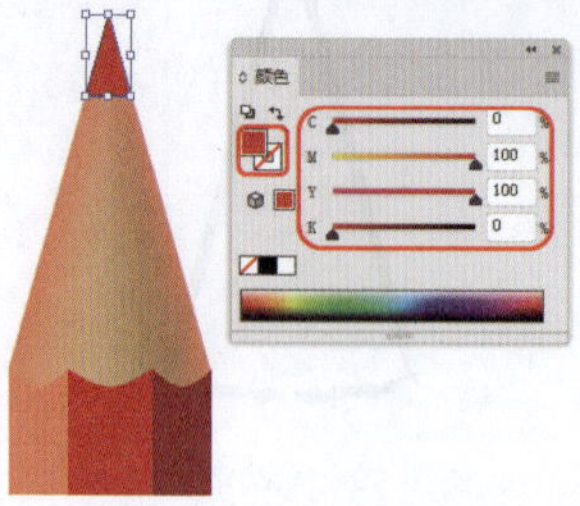

图5-195　设置笔头颜色

图5-196　复制对象

⑳ 将复制后的图形对象解组，通过【颜色】面板设置复制后图形的填充属性为0、0、0、15，描边属性为无，选择菜单栏中的【对象】|【排列】|【置于底层】命令，如图5-197所示。

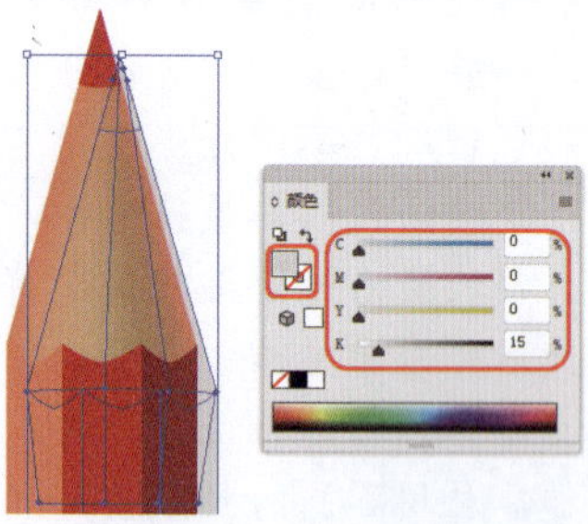

图5-197　设置填充颜色

㉑ 使用前面介绍的方法，绘制其他的彩铅图形，再使用矩形工具绘制图形并填充属性，如图5-198所示。

图5-198　最终效果

实训练习116　记事本

本实例帮助读者掌握钢笔工具和直接选择工具的使用，进一步掌握通过【渐变】和【颜色】面板设置图形填充属性，效果如图5-199所示。

素材	无
场景	场景|Cha05|实训练习116　记事本.ai
视频	视频教学 | Cha05 |实训练习116　记事本.MP4

图5-199　记事本

❶ 新建空白文件，使用【圆角矩形工具】在页面中绘制圆角矩形，如图5-200所示。

图5-200　绘制圆角矩形

❷ 将渐变颜色的【类型】设置为【线性】，将【角度】设置为-140°，将0%位置处的RGB值设置为255、164、0，将25%位置处的RGB值设置为245、91、0，将50%位置处的RGB值设置为106、15、0，如图5-201所示。

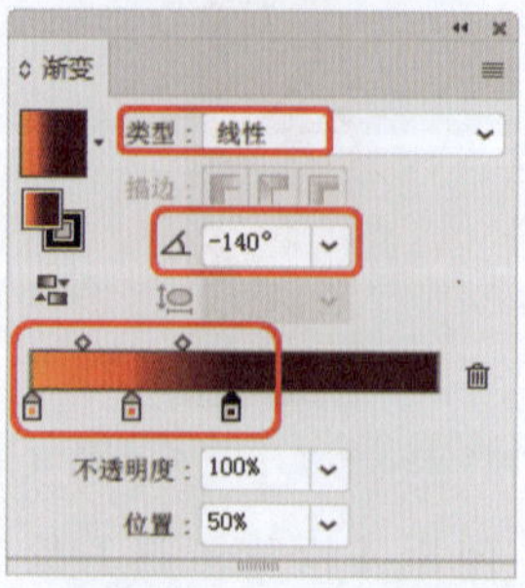

图5-201　设置渐变颜色

❸ 使用【渐变工具】在图形的右上角向左下角拖拽，渐变效果如图5-202所示，将【描边颜色】设置为无。

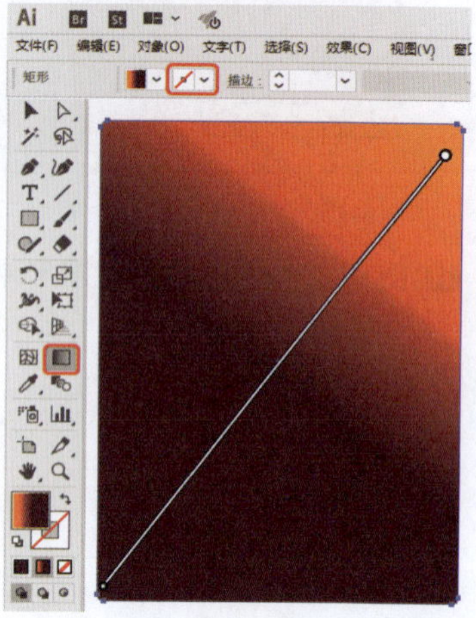

图5-202　设置渐变效果

❹ 使用【矩形工具】，绘制矩形，如图5-203所示。

图5-203　绘制矩形

❺ 将渐变颜色的【类型】设置为【线性】，将【角度】设置为55°，将0%位置处的RGB值设置为255、48、0，将100%位置处的RGB值设置为177、30、0，将描边属性设置为无，如图5-204所示。

❻ 使用【钢笔工具】，绘制图形，将渐变面板中的【类型】设置为【线性】，将【角度】设置为178°，将0%位置处的RGB值设置为173、

189、199，将100%位置处的RGB值设置为255、255、255，将【描边颜色】设置为无，如图5-205所示。

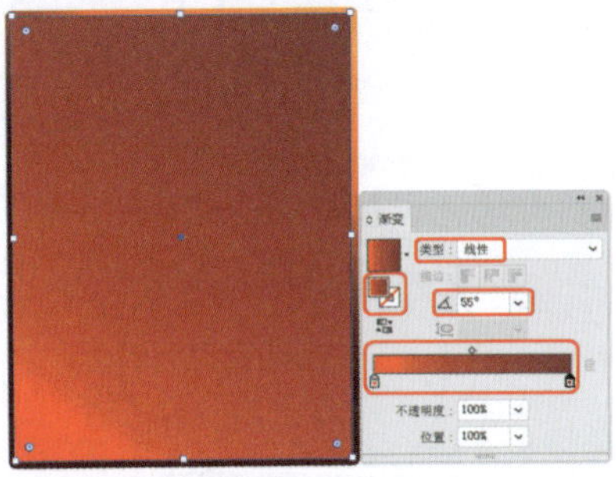

图5-204 设置渐变颜色

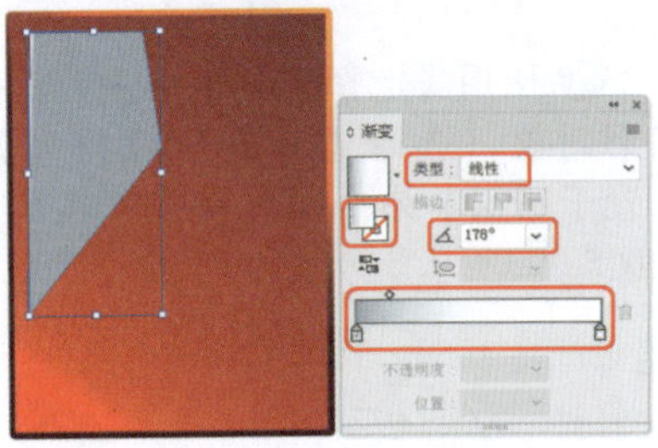

图5-205 设置渐变颜色

❼ 使用【钢笔工具】绘制图形，使用【吸管工具】，对图形吸取颜色，将【角度】设置为88°，将【描边颜色】设置为无，如图5-206所示。

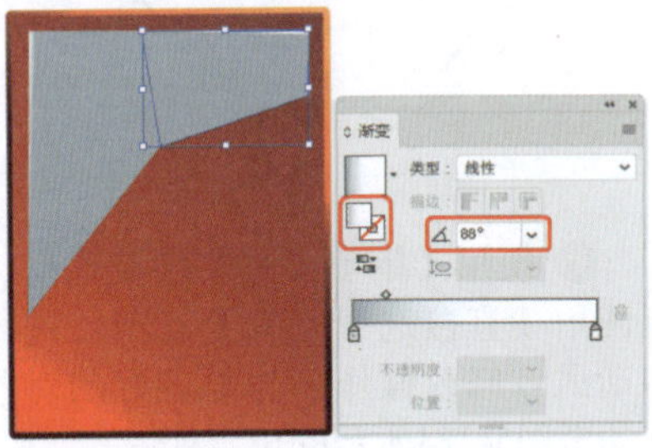

图5-206 设置渐变角度

❽ 使用【钢笔工具】绘制图形，使用【吸管工具】，对图形吸取颜色，将【角度】设置为-15°，将【描边颜色】设置为无，如图5-207所示。

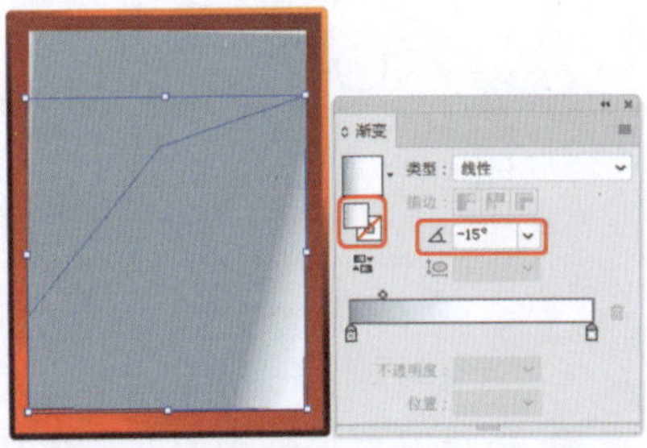

图5-207 设置渐变角度

❾ 使用【直线段工具】，在页面中绘制出一条直线，按住Alt键不放，拖拽并复制多个图形，选择绘制的所有直线段，将【填充颜色】设置为无，将【描边颜色】的RGB值设置为111、157、215，将其编组，如图5-208所示。

图5-208 绘制线段并填充颜色

❿ 调整直线段的位置，效果如图5-209所示。

图5-209 调整位置

⓫ 使用【钢笔工具】绘制纸张，将渐变颜色的【类型】设置为【线性】，将【角度】设置为155°，将0%位置处的RGB值设置为223、233、240，将100%位置处的RGB值设置为255、255、255，将描边属性设置为无，如图5-210所示。

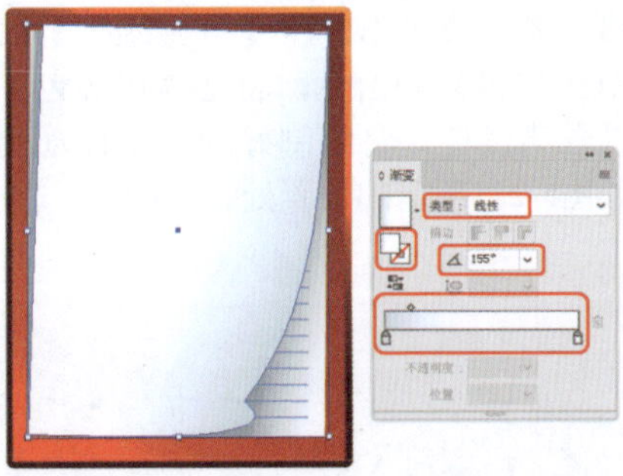

图5-210 设置渐变颜色

⓬ 使用【钢笔工具】绘制纸张卷角，将渐变颜色的【类型】设置为【线性】，将【角度】设置为160°，将0%位置处的RGB值设置为239、241、245，将15%位置处的RGB值设置为233、237、241，将100%位置处的RGB值设置为255、255、255，将描边属性设置为无，如图5-211所示。

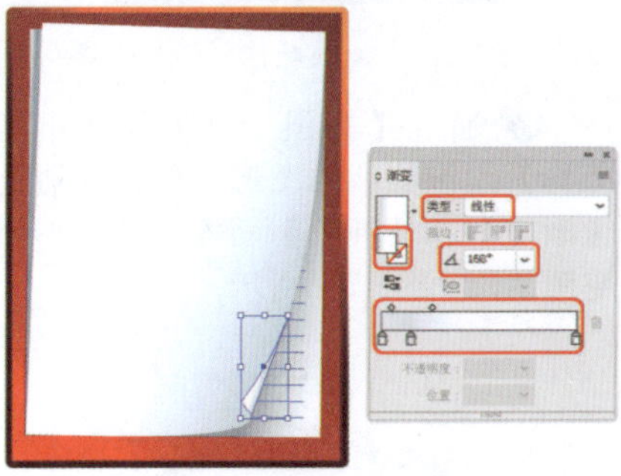

图5-211 设置渐变颜色

⓭ 使用【钢笔工具】在页面中绘制图形，可通过【直接选择工具】对相应的节点进行移动或修改，通过【颜色】面板，将【填充颜色】设置为无，将【描边颜色】的RGB值设置为111、157、215，将对象成组，调整对象的位置和顺序，如图5-212所示。

图5-212 调整完成后的效果

⓮ 使用【钢笔工具】绘制夹子轮廓，如图5-213所示。

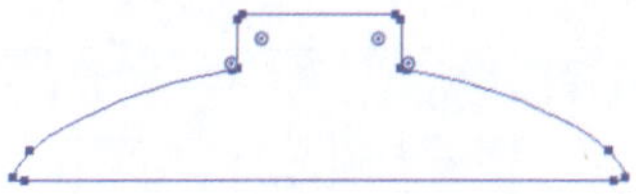

图5-213 绘制夹子轮廓

⓯ 打开【渐变】面板，将【角度】设置为-90°，设置渐变颜色，如图5-214所示。

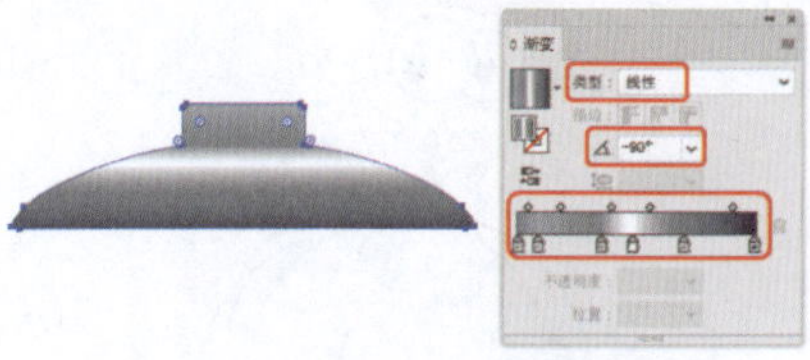

图5-214 设置渐变颜色

⓰ 选择对象，对图形进行复制，调整对象的大小和位置，如图5-215所示。

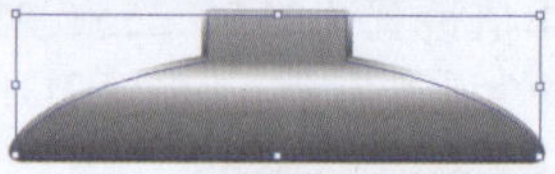

图5-215　复制对象并调整位置

⑰ 通过【椭圆工具】和【钢笔工具】绘制其他的图形对象，并通过【渐变】和【颜色】面板设置图形渐变颜色，如图5-216所示。

图5-216　绘制完成后的效果

⑱ 将夹子移动至图5-217所示的位置处。

图5-217　最终效果

实训练习117
卡通鸡

本实例将帮助读者进一步掌握钢笔工具绘制图形，并使用直接选择工具修改其中的路径节点，效果如图5-218所示。

素材	无
场景	场景|Cha05|实训练习117　卡通鸡.ai
视频	视频教学|Cha05|实训练习117　卡通鸡.MP4

图5-218　卡通鸡

❶ 在Illustrator CC 2017中选择【文件】|【新建】命令建立一个空白文件。使用【钢笔工具】在页面中绘制卡通鸡图形对象，可通过【直接选择工具】对相应的节点进行移动或修改，如图5-219所示。

图5-219　绘制图形

❷ 使用【选择工具】选择图形，选择【编辑】|【复制】命令，然后选择【编辑】|【粘贴】命令，进行复制和粘贴。使用【剪刀工具】单击图形断开路径，单击键盘上的Delete键将多余的图形删除，通过【钢笔工具】和【直接选择工具】对相应的路径进行调整，完成后的效果如图5-220所示。

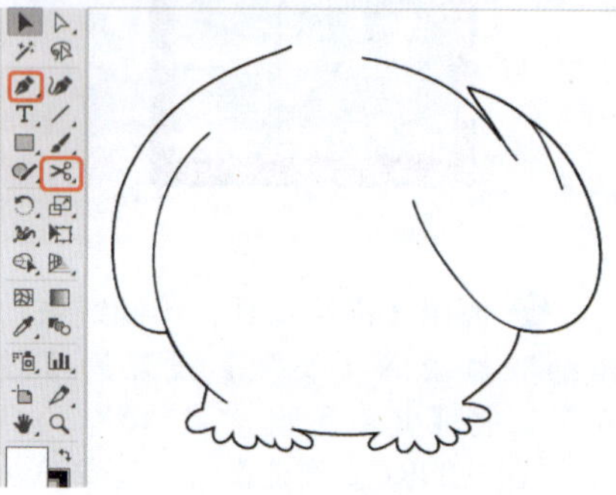

图5-220　删除多余的图形并绘制对象

❸ 使用【钢笔工具】绘制图形，可使用【直接选择工具】对节点进行移动或修改操作，将【填充颜色】的RGB值设置为白色，将【描边颜色】设置为黑色。将绘制好的对象移动到如图5-221所示的位置处。

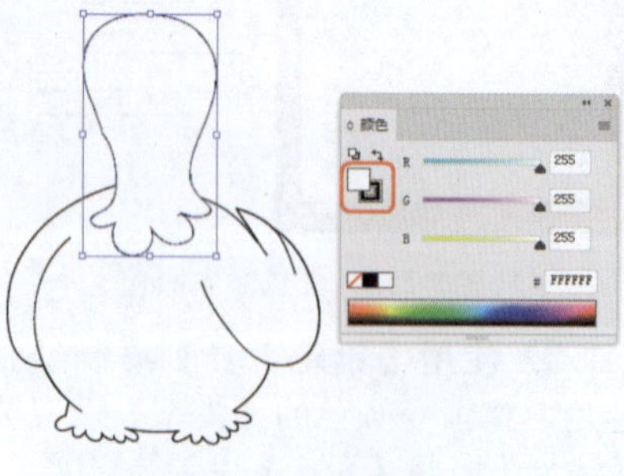

图5-221　绘制图形

❹ 使用【钢笔工具】绘制图形，可使用【直接选择工具】对节点进行移动或修改操作，将绘制好的对象移动到图5-222所示的位置处。

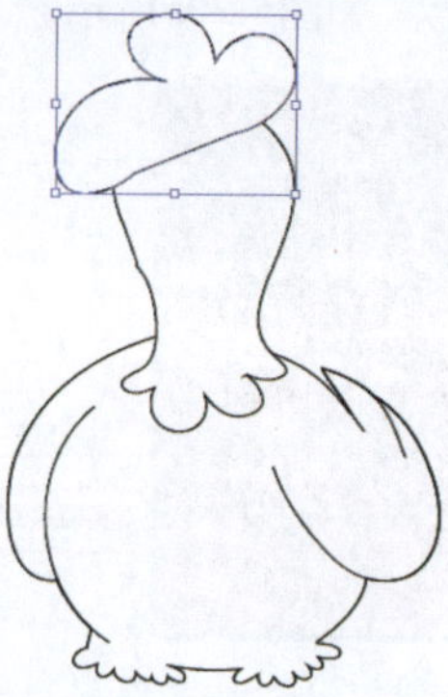

图5-222　绘制鸡冠

❺ 使用【选择工具】单击并选择图形对象，选择【对象】|【排列】|【置于底层】命令，将其置于底层，如图5-223所示。

图5-223　置于底层

❻ 使用【钢笔工具】绘制图形，可使用【直接选择工具】对节点进行移动或者修改操作，将绘制好的对象移动至图5-224所示的位置处。

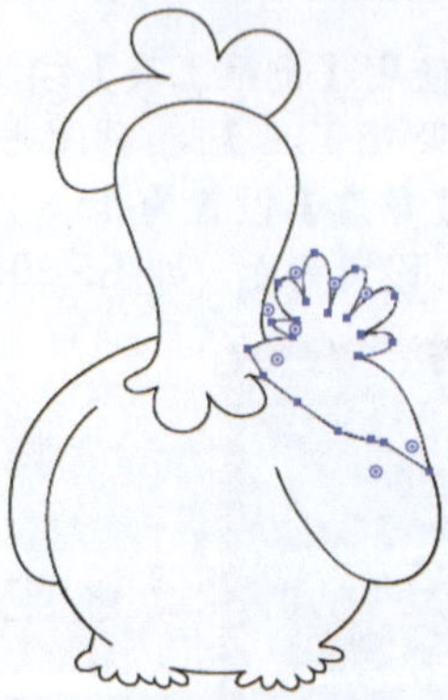

图5-224　绘制图形

❼ 确定上一步绘制的图形保持选择状态，选择【对象】|【排列】|【置于底层】命令，将其置于底层，如图5-225所示。

图5-225 置于底层

❽ 使用【钢笔工具】绘制图形，使用【直接选择工具】对节点进行移动或者修改操作，将绘制好的对象移动至图5-226所示的位置处。

图5-226 绘制嘴巴

❾ 使用【椭圆工具】绘制椭圆，将绘制好的对象移动到图5-227所示的位置处。

图5-227 绘制眼睛

❿ 使用【钢笔工具】绘制图形，使用【直接选择工具】对节点进行移动或者修改操作，将绘制好的对象移动至图5-228所示的位置处。

图5-228 绘制脚掌

⓫ 使用【选择工具】单击并选择图形对象，选择【对象】|【排列】|【置于底层】命令，将其置于底层，如图5-229所示。

图5-229 置于底层

⓬ 使用【椭圆工具】，绘制椭圆，将【填充颜色】的RGB值设置为75、75、77，将【描边】颜色设置为无，完成后的效果如图5-230所示。

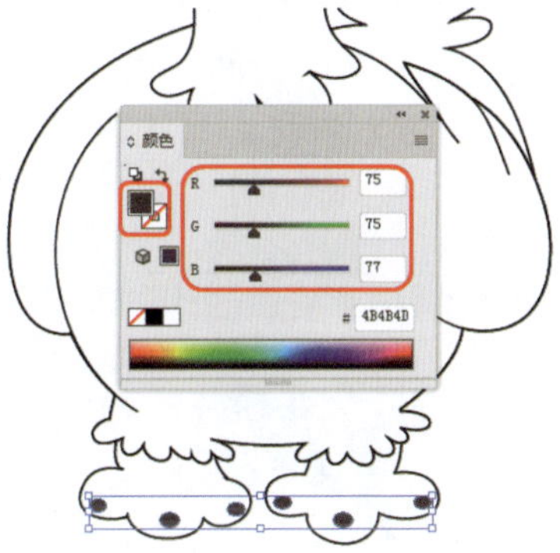

图5-230 设置填充颜色

⓭ 使用【选择工具】同时按住Shift键，选择图形，并通过【颜色】面板设置其【填充颜色】的RGB值设置为247、236、124，如图5-231所示。

图5-231 设置填充颜色

⓮ 使用【钢笔工具】绘制图形，通过【颜色】面板设置其填充属性为青色和红色，描边属性为无色，调整眼睛的位置，完成后的效果如图5-232所示。

图5-232 最终效果

实训练习118 海豚

本实例可以帮助读者掌握钢笔工具组合直接选择工具的使用，以及通过【渐变】和【颜色】面板设置图形的填充属性和描边属性，效果如图5-233所示。

素材	无
场景	场景|Cha05|实训练习118 海豚.ai
视频	视频教学 | Cha05 |实训练习118 海豚.MP4

图5-233 海豚

❶ 在Illustrator CC 2017中选择【文件】|【新建】命令建立一个空白文件。使用【钢笔工具】在页面中绘制图形对象，可通过【直接选择工具】对相应的节点进行移动或修改，如图5-234所示。

❷ 通过【颜色】面板将【填充颜色】的CMYK值设置为63、27、0、0，描边属性为无色，效果如图5-235所示。

图5-234 绘制海豚轮廓

图5-235 设置填充颜色

❸ 使用【钢笔工具】绘制图形对象，如图5-236所示。

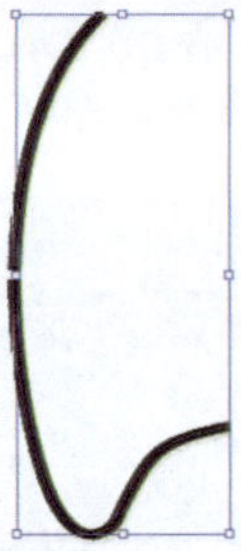

图5-236 绘制图形

❹ 使用【选择工具】选择图形对象，使用【吸管工具】吸取图形对象的颜色，将其移到视图中小海豚左侧的位置处，效果如图5-237所示。

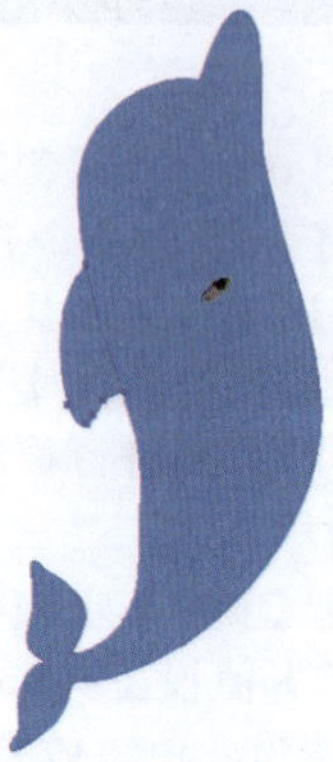

图5-237 吸取颜色并调整位置

❺ 使用【钢笔工具】绘制图形对象，通过【颜色】面板设置【填充颜色】的CMYK值为10、0、4、0，描边属性为无色，如图5-238所示。

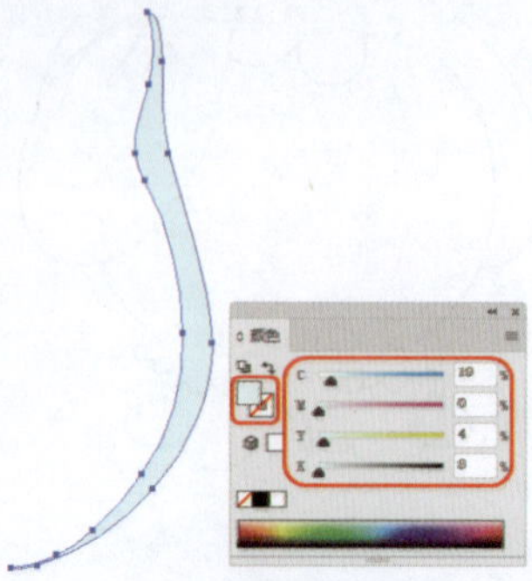

图5-238 绘制图形并设置填充颜色

❻ 使用【选择工具】选择图形对象，将其移动至图中小海豚右侧的位置，如图5-239所示。

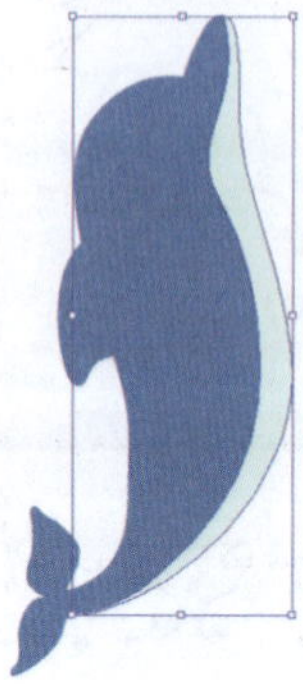

图5-239 调整对象的位置

❼ 使用【钢笔工具】绘制图形对象，如图5-240所示。

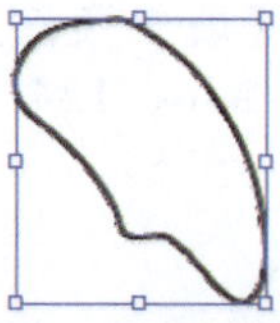

图5-240 绘制图形对象

❽ 使用【吸管工具】吸取颜色，使用【选择工具】选择图形对象，将其移动至图5-241所示的位置处。

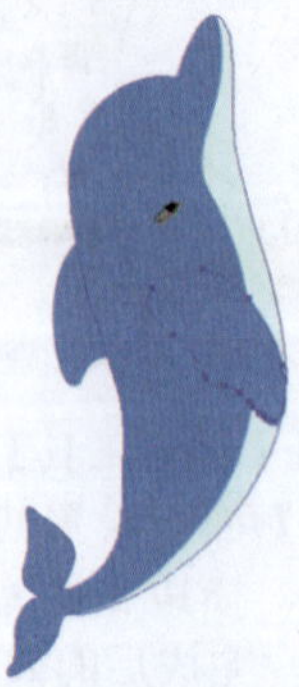

图5-241 吸取颜色并调整对象的位置

❾ 使用【钢笔工具】绘制图形对象，如图5-242所示。

图5-242 绘制图形对象

❿ 使用【吸管工具】吸取颜色，使用【选择工具】选择图形对象，移动对象的位置，如图5-243所示。

图5-243 吸取颜色并调整对象的位置

⓫ 使用【钢笔工具】绘制图形对象，如图5-244所示。

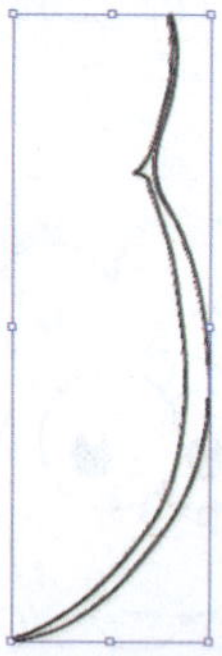

图5-244 绘制图形对象

⓬ 使用【吸管工具】吸取颜色，使用【选择工具】选择图形对象，将其移动至图5-245所示的位置处。

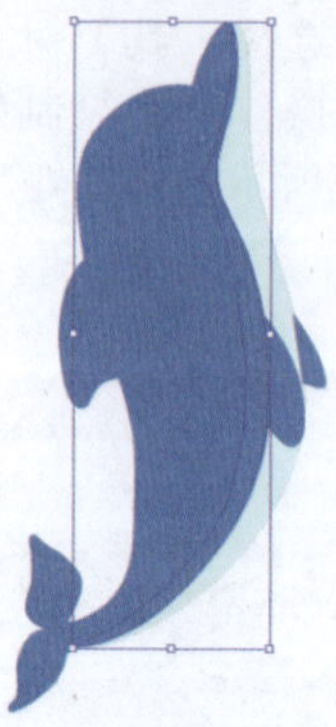

图5-245 吸取颜色并调整对象的位置

⑬ 使用【椭圆工具】绘制眼睛图形对象，将其移动到图5-246所示的位置处。

图5-246 绘制眼睛

⑭ 使用【钢笔工具】绘制图形对象，打开【颜色】面板，将【填充颜色】的CMYK值设置为51、12、4、0，描边属性为无色，将其移动至图5-247所示的位置处。

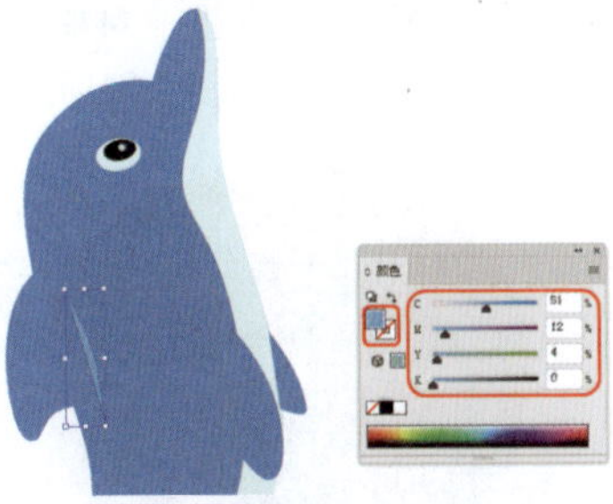

图5-247 设置填充和描边颜色

⑮ 使用【钢笔工具】，沿小海豚形状绘制图形。通过【颜色】面板设置对象的填充属性为无色，将【描边颜色】的RGB值设置为37、109、129，如图5-248所示。

图5-248 设置描边颜色

⑯ 使用同样的方法，绘制其余两只小海豚，如图5-249所示。

图5-249 绘制其余两只海豚

⑰ 使用【矩形工具】，绘制矩形，选择菜单栏中的【窗口】|【图形样式】命令，在打开的【图形样式】面板中单击左下角的【图形样式库菜单】按钮，在弹出的快捷菜单中选择【图像效果】命令，如图5-250所示。

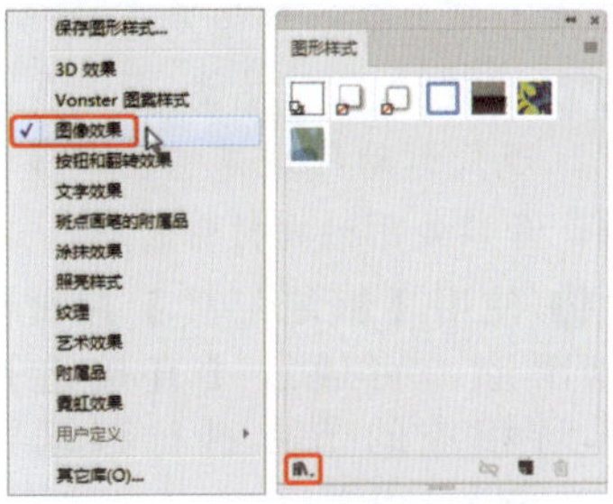

图5-250 选择【图像效果】命令

⑱ 选择【凸边】选项，如图5-251所示。

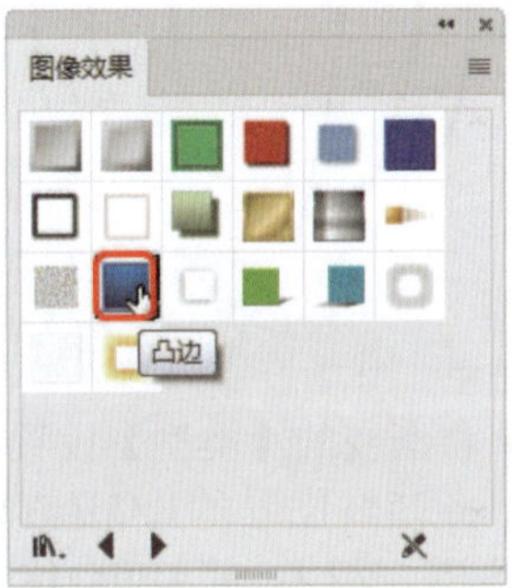

图5-251 选择【凸出】选项

⑲ 选中矩形，单击鼠标右键，在弹出的快捷菜单中选择【排列】|【置于底层】命令，将其置于底层，如图5-252所示。

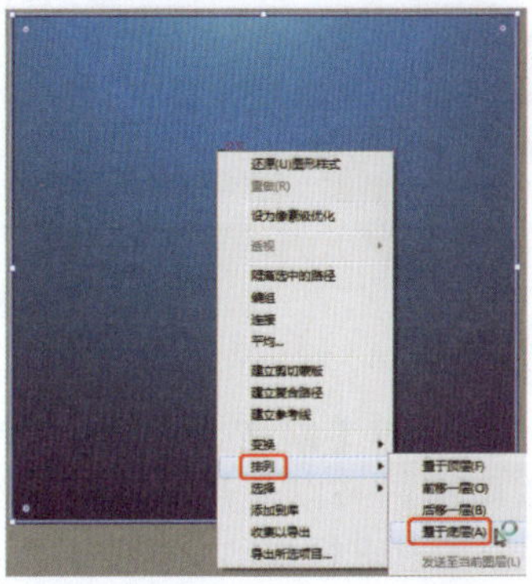

图5-252 选择【置于底层】命令

⑳ 最终效果如图5-253所示。

图5-253 最终效果

实训练习119 热气球

本实例帮助读者掌握钢笔工具组的使用，通过【渐变】和【颜色】面板设置图形的填充属性，了解【透明度】面板的使用，效果如图5-254所示。

素材	素材|Cha05|热气球.ai
场景	场景|Cha05|实训练习119 热气球.ai
视频	视频教学 | Cha05 |实训练习119 热气球.MP4

图5-254 热气球

❶ 在Illustrator CC 2017中通过【新建】命令新建一个文件。使用【钢笔工具】绘制图形，可使用【直接选择工具】对节点进行移动或修改操作，如图5-255所示。

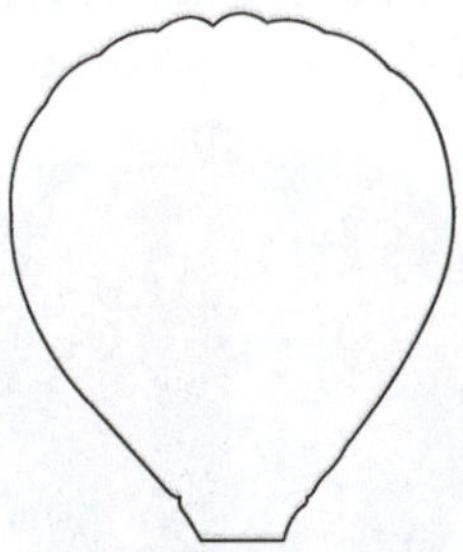

图5-255 绘制热气球轮廓

❷ 打开【渐变】面板，将【类型】设置为【线性】，将【角度】设置为-90°，将0%位置处的RGB值设

置为237、123、132，将100%位置处的GRB值设置为207、22、106，描边属性设置为无色，如图5-256所示。

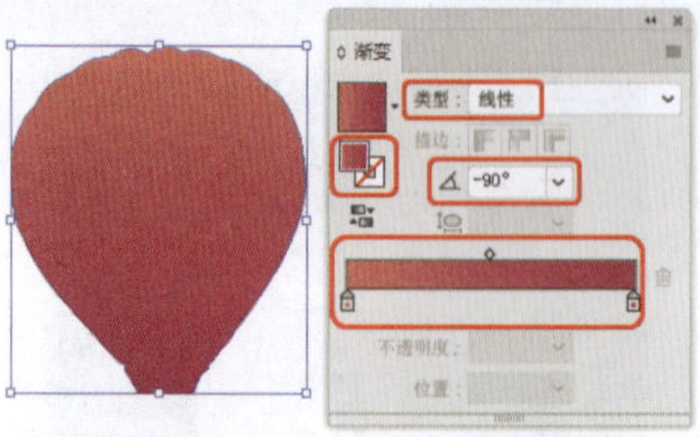

图5-256　设置热气球渐变颜色

❸ 使用【钢笔工具】在页面中绘制图形，可以使用【直接选择工具】对节点进行移动或修改操作，如图5-257所示。

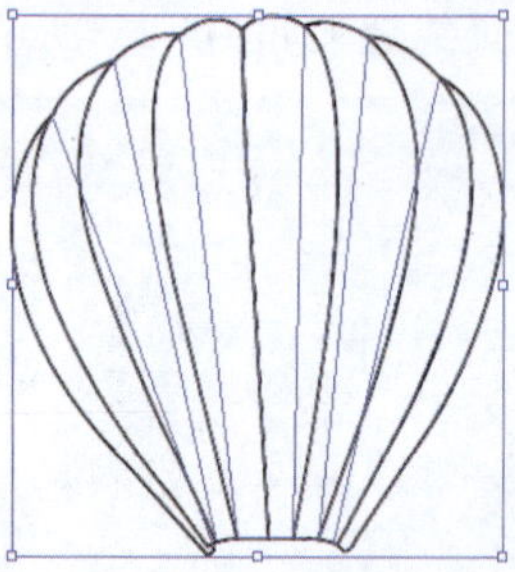
图5-257　绘制图形对象

❹ 使用【选择工具】选择图形，将其移动至图5-258所示的位置处。

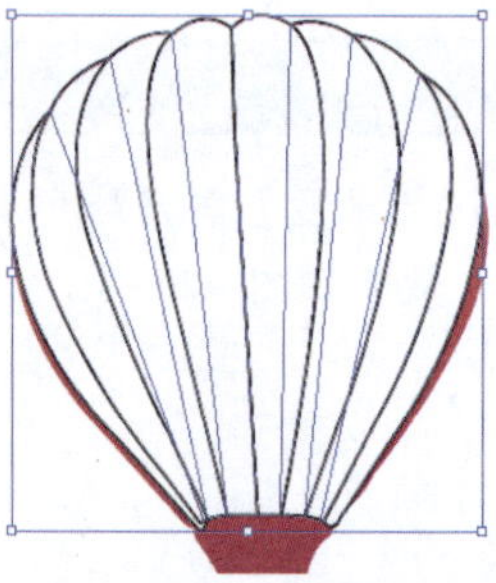
图5-258　调整位置

❺ 通过【渐变】和【颜色】面板分别设置图形的填充属性，描边属性设置为无色，如图5-259所示。

图5-259　设置渐变颜色

知识链接

热气球是一个比空气轻，上半部是一个大气球状，下半部是吊篮的飞行器。气球的内部加热空气，这样相对与外部冷空气具有更低的密度，以此作为浮力来使整体发生位移。吊篮可以携带乘客和热源（大多是明火）。现代运动气球通常由尼龙织物制成，开口处用耐火材料制成。

❻ 使用【钢笔工具】在页面中绘制图形，可通过【直接选择工具】对相应的节点进行移动或修改，如图5-260所示。

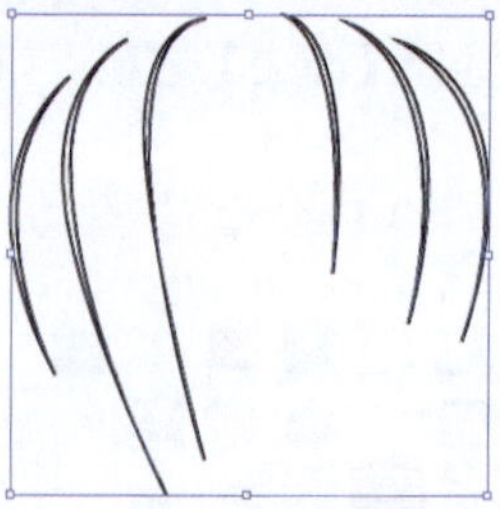
图5-260　绘制图形对象

❼ 将渐变的【类型】设置为【径向】，将25%位置的RGB值设置为229、229、229，将100%位置处的RGB值设置为4、0、0，描边属性为无色，如图5-261所示。

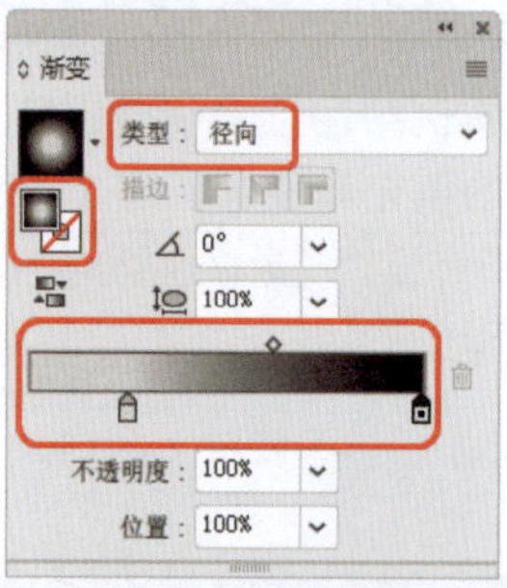

图5-261　设置渐变颜色

❽ 使用【选择工具】拖拽并选择图形，将其移动至图5-262所示的位置处。

图5-262　调整对象的位置

❾ 将【不透明度】下方的【混合模式】设置为【滤色】，如图5-263所示。

图5-263　设置混合模式

❿ 使用【椭圆工具】在页面中拖拽并分别绘制多个椭圆，对椭圆对象进行适当的旋转，如图5-264所示。

图5-264　绘制椭圆

⓫ 将渐变的【类型】设置为【径向】，将25%位置的RGB值设置为229、229、229，将100%位置处的RGB值设置为4、0、0，描边属性设置为无色，如图5-265所示。

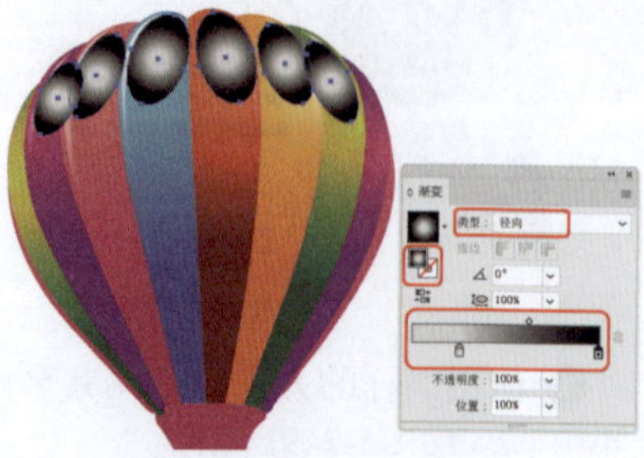
图5-265　设置渐变颜色

⓬ 将【不透明度】下方的【混合模式】设置为【滤色】，如图5-266所示。

⓭ 使用【钢笔工具】在页面中绘制图形，在绘制过程中可通过【直接选择工具】对相应的节点进行移动或修改，如图5-267所示。

图5-266　设置混合模式

图5-267　绘制图形对象

⑭ 将渐变的【类型】设置为【线性】，将0%位置的RGB值设置为236、123、130，将100%位置处的RGB值设置为206、19、105，描边属性设置为无色，如图5-268所示。

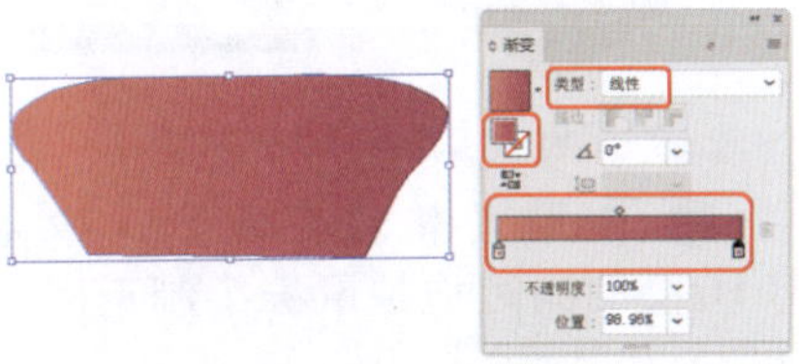

图5-268　设置渐变颜色

⑮ 使用【选择工具】单击并选择图形，将其移动至图5-269所示的位置处。

图5-269　移动对象的位置

⑯ 使用【椭圆工具】和【钢笔工具】绘制图形对象，选中图5-270所示的图形对象，将【不透明度】下方的【混合模式】设置为【正片叠底】。

图5-270　绘制图形并设置混合模式

⑰ 按住Shift键选择绘制的图形对象，将【颜色】面板中【填充颜色】的RGB值设置为0、64、121，将【描边颜色】设置为无，如图5-271所示。

图5-271　设置填充颜色

⑱ 使用【钢笔工具】绘制图形，通过【直接选择工具】对相应的节点进行移动或修改，如图5-272所示。

图5-272　绘制图形对象

⑲ 通过【渐变】和【颜色】面板设置图形的填充属性，描边属性设置为无色，如图5-273所示。

图5-273　设置渐变颜色

⑳ 使用【直线段工具】绘制多条直线，打开【颜色】面板，将【填充颜色】的RGB值设置为152、112、37，将【描边颜色】设置为无，如图5-274所示。

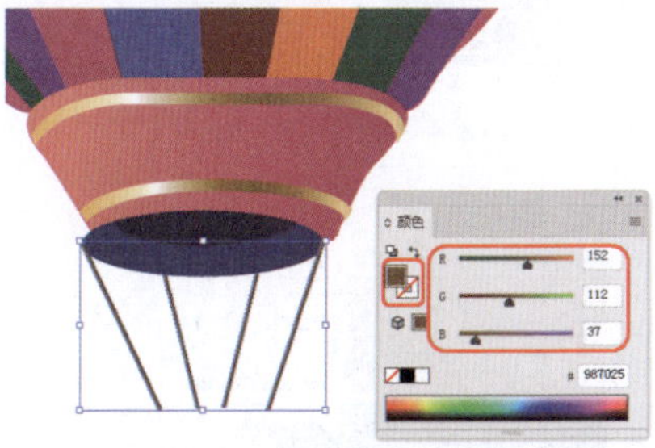

图5-274　绘制直线段

㉑ 使用【圆角矩形工具】在页面中绘制图形，如图5-275所示。

图5-275　绘制圆角矩形

㉒ 使用【矩形工具】绘制图形，通过【直接选择工具】对相应的节点进行移动，如图5-276所示。

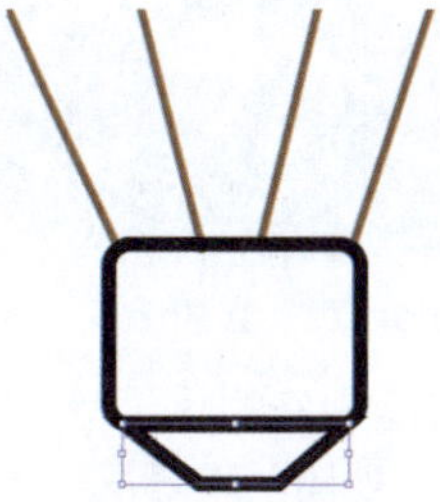

图5-276　绘制矩形并调整节点位置

㉓ 使用【选择工具】，选择图形对象，打开【渐变】面板，将【类型】设置为【线性】，将0%位置处的RGB值设置为222、186、133，将100%位置处的RGB值设置为153、91、36，描边属性设置为无色，如图5-277所示。

㉔ 选择图中的图形对象，按Ctrl+C组合键进行复制，按Ctrl+F组合键贴在前面，将复制后的对象选中，将【不透明度】下方的【混合模式】设置为【正片叠底】，如图5-278所示。

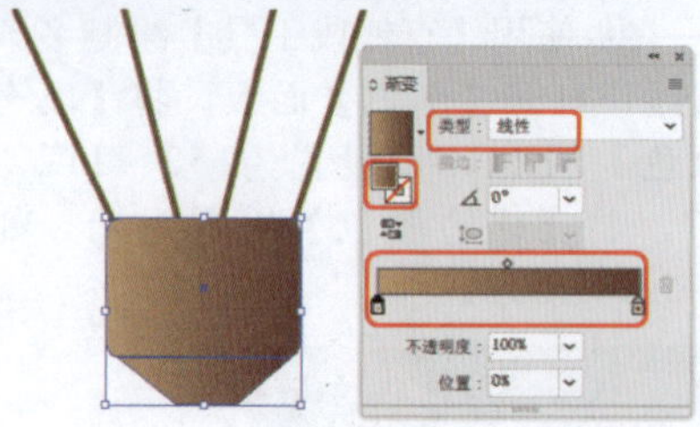

图5-277　设置渐变颜色

图5-278　设置混合模式

㉕ 使用【选择工具】框选所有图形，对其进行编组，打开随书配套资源中的素材|Cha05|热气球.ai文件，如图5-279所示。

图5-279　打开素材文件

㉖ 将绘制好的热气球，拖拽至素材文档中，如图5-280所示。

图5-280　拖拽后的效果

㉗ 选择热气球，按5次Ctrl+［组合键，调整热气球的顺序，如图5-281所示。

图5-281　最终效果

实训练习120
标志设计一

本实例通过标志设计的制作，主要讲解【钢笔工具】的使用，通过【颜色】面板设置颜色，效果如图5-282所示。

素材	无
场景	场景|Cha05|实训练习120　标志设计一.ai
视频	视频教学|Cha05|实训练习120　标志设计一.MP4

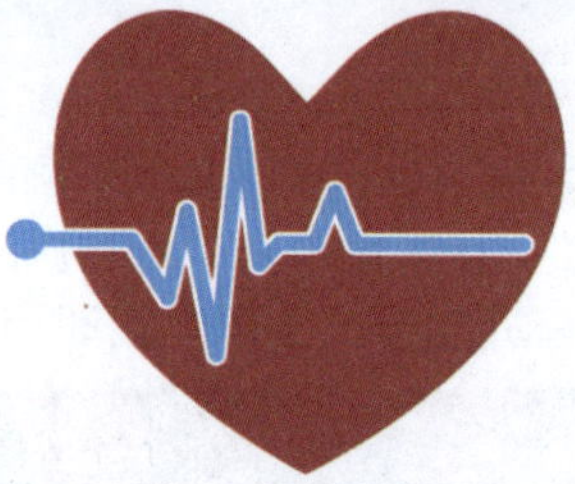

图5-282　标志设计一

❶ 使用【钢笔工具】，绘制图形，可通过【直接选择工具】对相应的节点进行移动或修改，如图5-283所示。

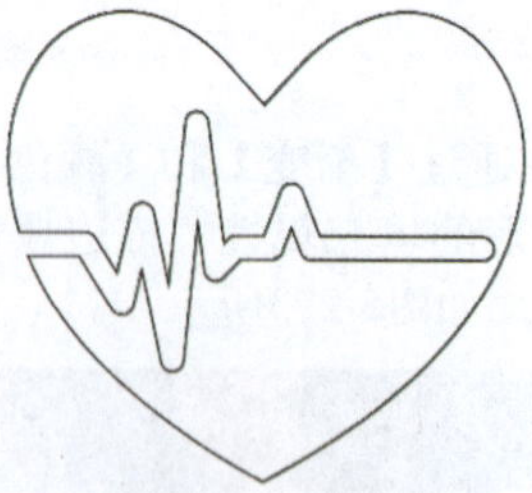

图5-283　绘制图形

❷ 确定选中该图形对象，将【颜色】面板中【填充颜色】的RGB值设置为191、38、45，将【描边颜色】设置为无，如图5-284所示。

❸ 使用【钢笔工具】，绘制图形，通过【直接选择工具】对相应的节点进行移动或修改，如图5-285所示。

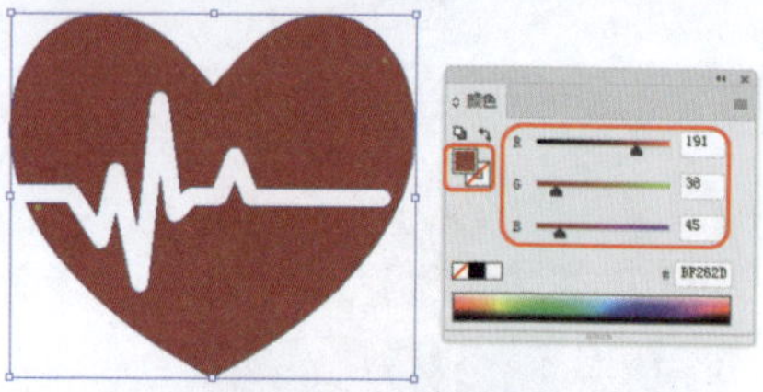

图5-284　设置填充颜色和描边颜色

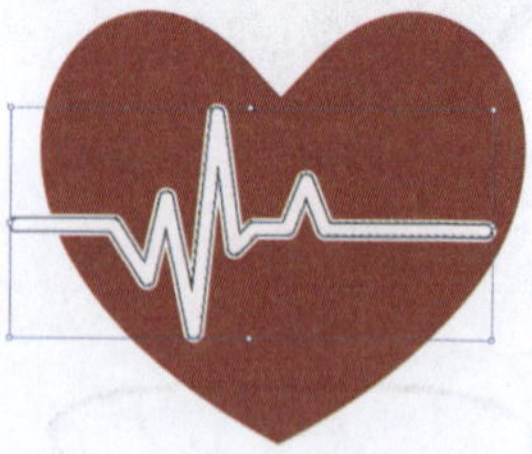

图5-285　绘制图形

❹ 确定选中该图形对象，将【颜色】面板中【填充颜色】的RGB值设置为92、184、255，将【描边颜色】设置为无，如图5-286所示。

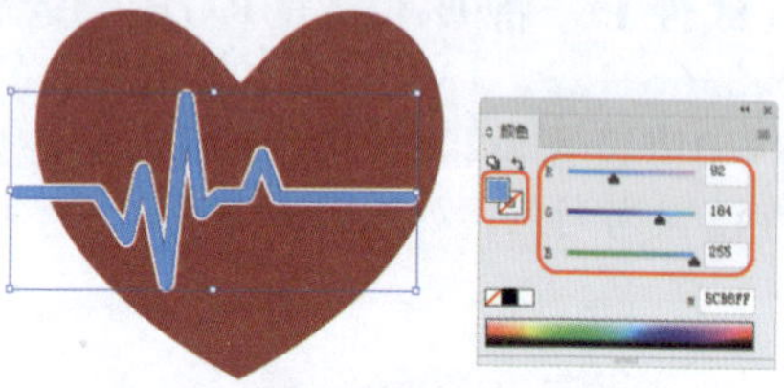

图5-286　设置填充和描边颜色

❺ 使用【椭圆工具】，按住Shift键的同时拖拽鼠标绘制正圆，如图5-287所示。

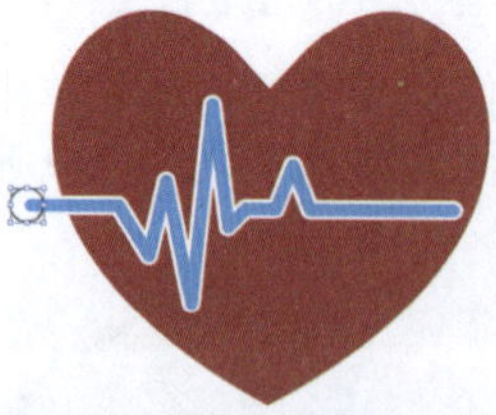

图5-287　绘制正圆

❻ 将【颜色】面板中【填充颜色】的RGB值设置为92、184、255，如图5-288所示。

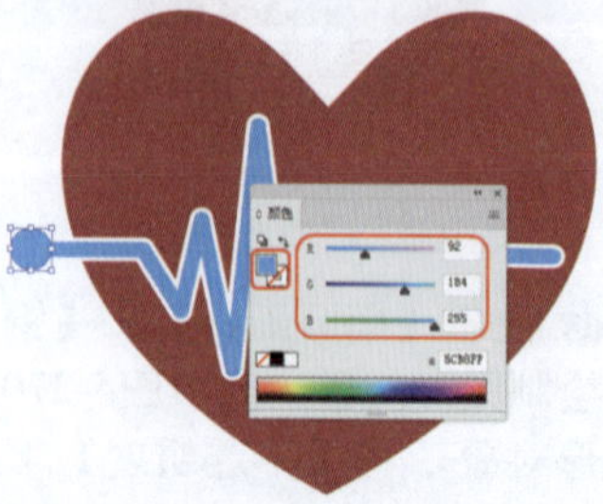

图5-288　设置填充和描边颜色

实训练习121 标志设计二

本实例通过标志设计的制作，主要讲解【钢笔工具】的使用，通过【颜色】面板设置颜色，效果如图5-289所示。

素材	素材|Cha05|足球.ai
场景	场景|Cha05|实训练习121 标志设计二.ai
视频	视频教学|Cha05|实训练习121 标志设计二.MP4

图5-289 标志设计二

❶ 使用【钢笔工具】绘制图形，通过【直接选择工具】对相应的节点进行移动或修改，如图5-290所示。

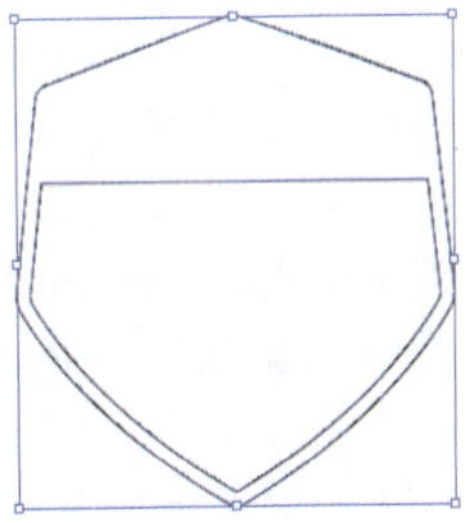

图5-290 绘制图形对象

❷ 将【颜色】面板中【填充颜色】的RGB值设置为0、41、79，如图5-291所示。

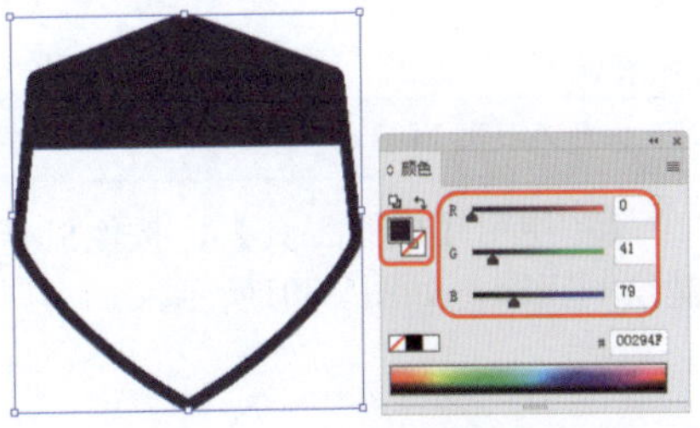

图5-291 设置填充颜色

❸ 使用【钢笔工具】，绘制图形对象，将【填充颜色】设置为白色，将【描边颜色】设置为无，如图5-292所示。

图5-292 绘制图形并设置颜色

❹ 使用【文字工具】，输入文字FOOTBALL CLUB，在菜单栏中选择【窗口】|【文字】|【字符】选项，打开【字符】面板，将【字体】设置为【汉仪综艺体简】，将【字体大小】设置为36pt，将【行距】设置为18pt，将【垂直缩放】设置为100%，将【水平缩放】设置为60%，如图5-293所示。

图5-293 设置文字字符

❺ 使用【钢笔工具】绘制图形，如图5-294所示。

图5-294 绘制图形

❻ 将【颜色】面板中的RGB值设置为255、11、18，将【描边颜色】设置为无，如图5-295所示。

图5-295 设置填充和描边颜色

❼ 使用【钢笔工具】绘制图形，将【填充颜色】设置为白色，将【描边颜色】设置为无，如图5-296所示。

图5-296 绘制图形并填充颜色

❽ 使用【椭圆工具】，按住Shift键绘制正圆，将【填充颜色】设置为白色，将【描边颜色】设置为无，如图5-297所示。

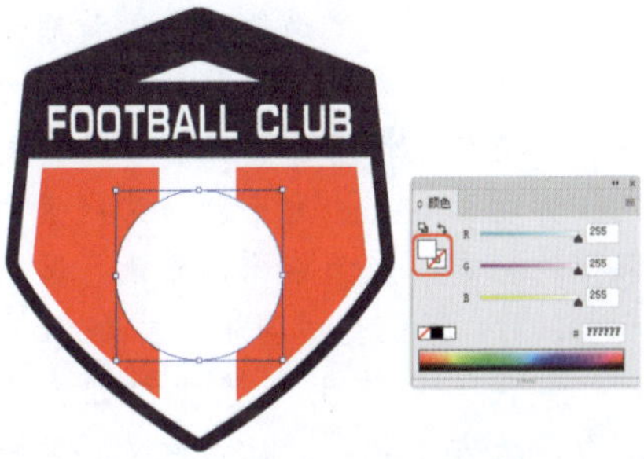

图5-297 绘制图形并填充颜色

❾ 打开随书配套资源中的素材|Cha05|足球.ai文件，如图5-298所示。

图5-298 打开素材文件

❿ 将足球复制到场景文件中，如图5-299所示。

图5-299 最终效果

知识链接

标志（logo，又写作标识），是生活中人们用来表明某一事物特征的记号。它以单纯、显著、易识别的物象、图形或文字符号为直观语言，除表示什么、代替什么之外，还具有表达意义、情感和指令行动等作用。标志，在现代汉语词典中的解释是表明特征的记号。

一、标志的来历

标志的来历可以追溯到上古时代的"图腾"。那时每个氏族和部落都选用一种认为与自己有特别神秘关系的动物或自然物象作为本氏族或部落的特殊标记，即称之为图腾。如女娲氏族以蛇为图腾，夏禹的祖先以黄熊为图腾，还有的以太阳、月亮、乌鸦为图腾。最初人们将图腾刻在居住的洞穴和劳动工具上，后来就作为战争和祭祀的标志，成为族旗、族徽。国家产生以后，又演变成国旗、国徽。

古代人们在生产劳动和社会生活中，为方便联系、标示意义、区别事物的种类特征和归属，不断创造和广泛使用各种类型的标记，如路标、村标、碑碣、印信纹章等。广义上说，这些都是标志。在古埃及的墓穴中曾发现带有标志图案的器皿多半是制造者的标志和姓名，后来变化成图案。在古希腊，标志已广泛使用。在罗马和庞贝以及巴勒斯坦的古代建筑物上都曾发现刻有石匠专用的标志，如新月车轮、葡萄叶以及类似的简单图案。中国自有作坊店铺，就伴有招牌、幌子等标志。在唐代制造的纸张内已有暗纹标志。到宋代，商标的使用已相当普遍。如当时济南专造细针的刘家针铺，就在商品包装上印有兔的图形和“认门前白兔儿为记”字样的商标。欧洲中世纪士兵所戴的盔甲，头盖上都有辨别归属的隐形标记，贵族家族也都有家族的徽记。

到本世纪，公共标志、国际化标志开始在世界普及。随着社会经济、政治、科技、文化的飞跃发展，经过精心设计从而具有高度实用性和艺术性的标志已被广泛应用于社会的一切领域，对人类社会性的发展与进步发挥着巨大的作用和影响。

二、标志分类

1. 按标志表现的不同性质可分为三大类

（1）品质标志。

（2）数量标志。

（3）属性、特征的标志。

2. 按标志的变异情况可分为两种

（1）不变标志。

（2）可变标志。

3. 根据基本组成因素，标志可分为三种。

（1）文字标志：文字标志有直接用中文、外文或汉语拼音的单词构成的，有用汉语拼音或外文单词的首字进行组合的。

（2）图形标志：通过几何图案或象形图案来表示的标志。图形标志又分为三种，即具象图形标志、抽象图形标志与具象抽象相结合的标志。

（3）图文组合标志：图文组合标志集中了文字标志和图形标志的长处，克服了两者的不足。

三、商标设计的原则

商标、标志设计不仅是实用物的设计，也是一种图形艺术设计。它与其他图形艺术表现手段既有相同之处，又有自己的艺术规律。它必须体现前述的特点，才能更好地发挥其功能。

由于对其简练、概括、完美的要求十分苛刻，即要成功到几乎找不到更好的替代方案的程度，其难度比之其他任何图形艺术设计都要大得多。

（1）标志设计应在详尽明了设计对象的使用目的、适用范畴及有关法规等有关情况和深刻领会其功能性要求的前提下进行。

（2）标志设计须充分考虑其实现的可行性，针对其应用形式、材料和制作条件采取相应的设计手段。同时还要顾及应用于其他视觉传播方式（如印刷、广告、映像等）或放大、缩小时的视觉效果。

（3）标志设计要符合作用对象的直观接受能力、审美意识、社会心理和禁忌。

（4）标志设计构思须慎重，力求深刻、巧妙、新颖、独特，表意准确，能经受住时间的考验。

（5）标志设计构图要凝练、美观、适形（适应其应用物的形态）。

（6）标志设计图形、符号既要简练、概括，又要讲究艺术性。

（7）标志设计色彩要单纯、强烈、醒目。

（8）标志设计遵循标志艺术规律，创造性的探求恰切的艺术表现形式和手法，锤炼出精当的艺术语言，使设计的商标、标志具有高度整体美感、获得最佳视觉效果，是商标、标志设计艺术追求的准则。

实训练习122 太极八卦图

本实例通过太极八卦图的设计制作，重点帮助读者掌握基本绘图工具和【钢笔工具】的使用，效果如图5-300所示。

素材	无
场景	场景|Cha05|实训练习122　太极八卦图.ai
视频	视频教学 | Cha05 |实训练习122　太极八卦图.MP4

图5-300　太极八卦图

❶ 使用【椭圆工具】，按住Shift键绘制正圆，如图5-301所示。

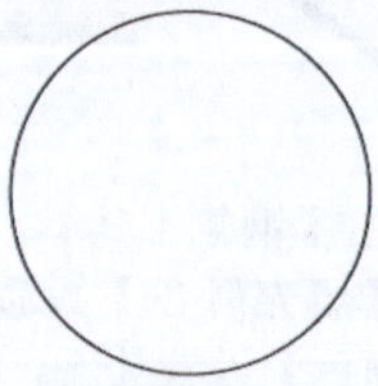

图5-301　绘制正圆

❷ 打开【颜色】面板，将【填充颜色】的RGB值设置为25、146、59，将【描边颜色】设置为无，如图5-302所示。

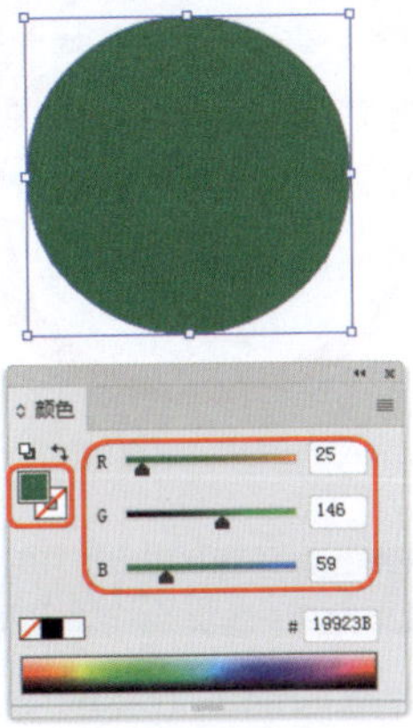

图5-302 设置圆的填充颜色

❸ 再次使用【椭圆工具】，绘制正圆，将【填充颜色】设置为白色，将【描边颜色】设置为无，如图5-303所示。

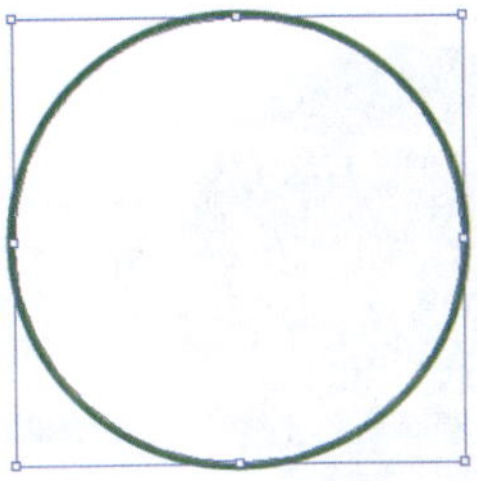

图5-303 绘制椭圆并设置颜色

❹ 使用【钢笔工具】，绘制图形对象，将【填充颜色】的RGB值设置为25、146、59，将【描边颜色】设置为无，如图5-304所示。

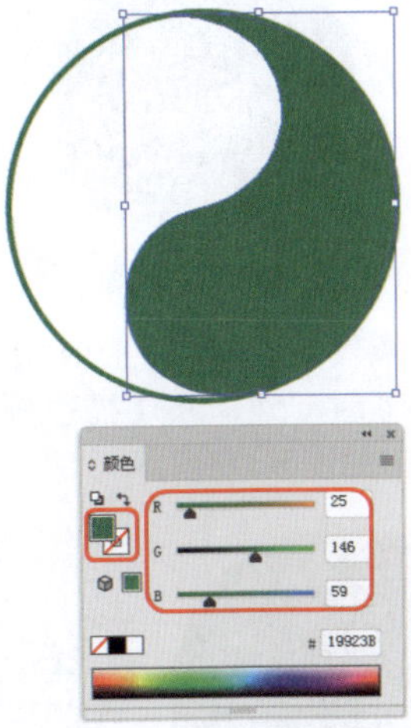

图5-304 设置填充颜色

❺ 使用【椭圆工具】，按住Shift键绘制圆，分别填充颜色，如图5-305所示。

图5-305 绘制圆

❻ 使用【多边形工具】，绘制多边形，将【填充颜色】设置为无，将【描边颜色】的RGB值设置为25、146、59，如图5-306所示。

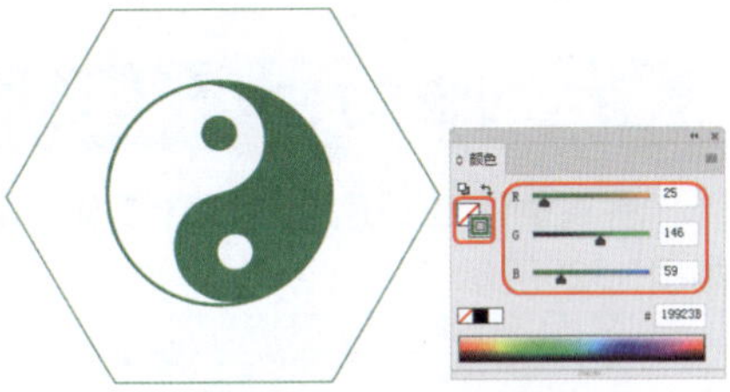

图5-306 设置描边颜色

❼ 使用【矩形工具】，绘制图5-307所示的对象，填充颜色。

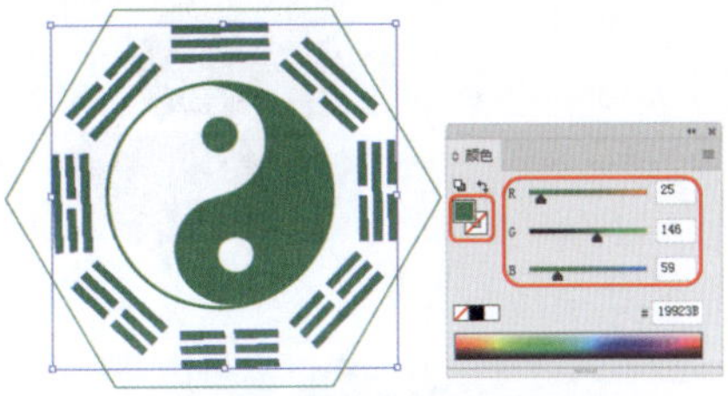

图5-307 填充颜色

实训练习123
招财猫

本实例通过制作招财猫，主要讲解【钢笔工具】的使用，通过【颜色】面板设置颜色，效果如图5-308所示。

素材	无
场景	场景|Cha05|实训练习123 招财猫.ai
视频	视频教学 | Cha05 |实训练习123 招财猫.MP4

图5-308 招财猫

❶ 使用【钢笔工具】绘制招财猫的头部轮廓和耳朵轮廓，如图5-309所示。

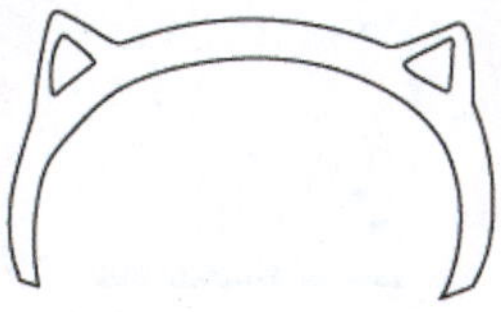

图5-309 绘制头部轮廓和耳朵轮廓

❷ 使用【钢笔工具】绘制招财猫下半身轮廓，如图5-310所示。

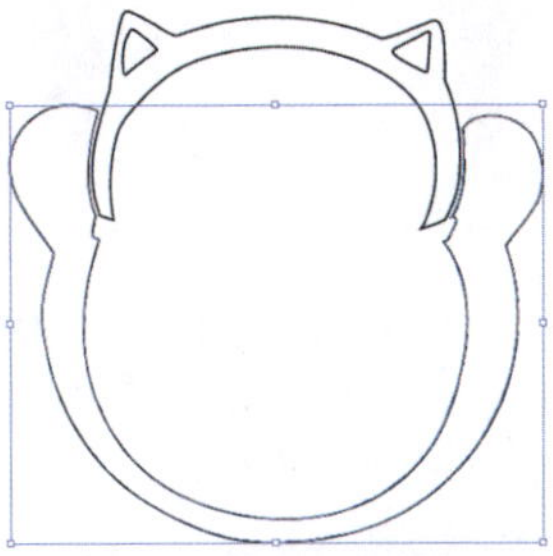

图5-310 绘制下半身轮廓

❸ 将耳朵的【填充颜色】设置为白色，【描边颜色】设置为无，将头部和下半身的【填充颜色】的RGB值设置为249、28、28，【描边颜色】设置为无，如图5-311所示。

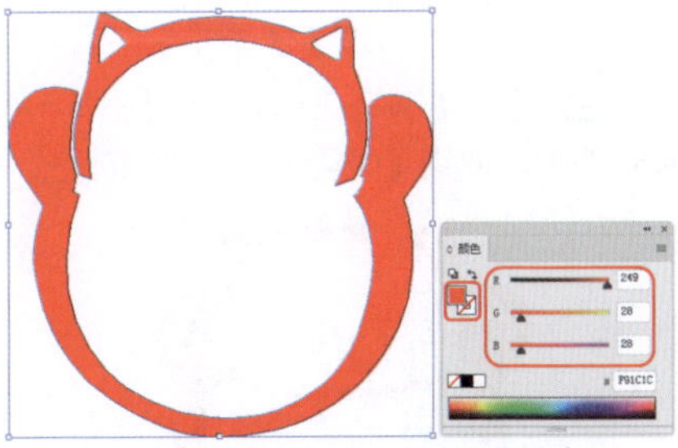

图5-311 设置填充颜色

❹ 使用【钢笔工具】绘制招财猫的爪子部分，如图5-312所示。

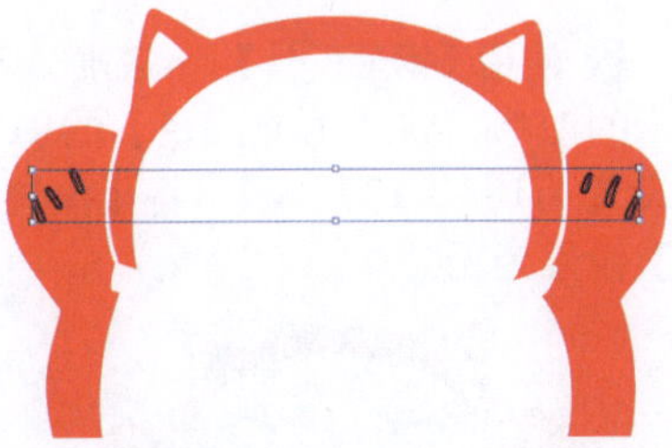

图5-312 绘制猫爪

❺ 将【填充颜色】设置为白色，将【填充颜色】设置为无，如图5-313所示。

❻ 使用【钢笔工具】绘制图5-314所示的内部猫耳图形。

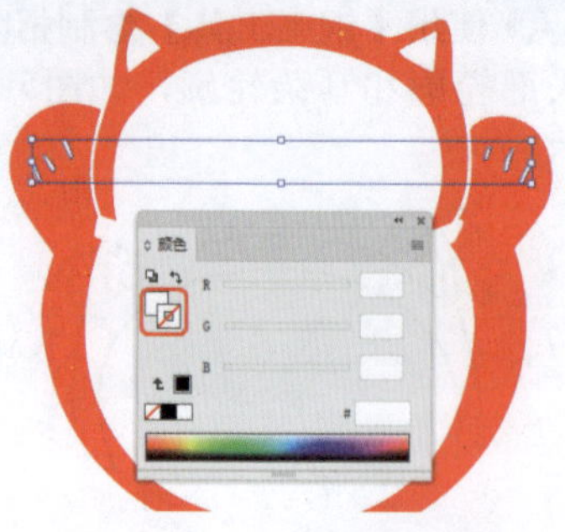

图5-313 设置填充颜色

图5-314 绘制内部猫耳

❼ 将【填充颜色】的RGB值设置为183、123、69，将【描边颜色】设置为无，如图5-315所示。

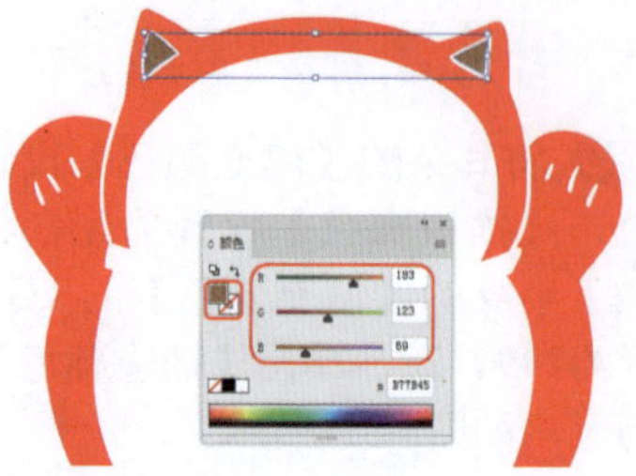

图5-315 设置填充颜色

❽ 使用【钢笔工具】，绘制图5-316所示图形，使用【吸管工具】吸取颜色。

图5-316 完成后的效果

❾ 使用【钢笔工具】，绘制图5-317所示的图形，将【填充颜色】的RGB值设置为183、123、69，将【描边颜色】设置为无。

图5-317 设置填充颜色

❿ 使用【钢笔工具】绘制图5-318所示的图形。

图5-318 绘制图形对象

⓫ 使用【吸管工具】，对图形对象吸取颜色，如图5-319所示。

图5-319 最终效果

实训练习124 玩具熊

本实例通过心连心的设计制作，重点帮助读者掌握钢笔工具的使用，效果如图5-320所示。

素材	素材|Cha05|气球.ai
场景	场景|Cha05|实训练习124 玩具熊.ai
视频	视频教学 | Cha05 |实训练习124 玩具熊.MP4

图5-320 玩具熊

❶ 使用【钢笔工具】绘制图5-321所示的图形。

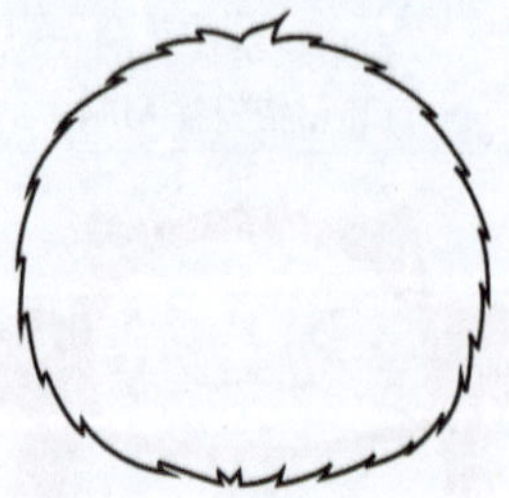

图5-321 绘制图形对象

❷ 将【填充颜色】的RGB值设置为152、83、29，将【描边颜色】设置为无，如图5-322所示。

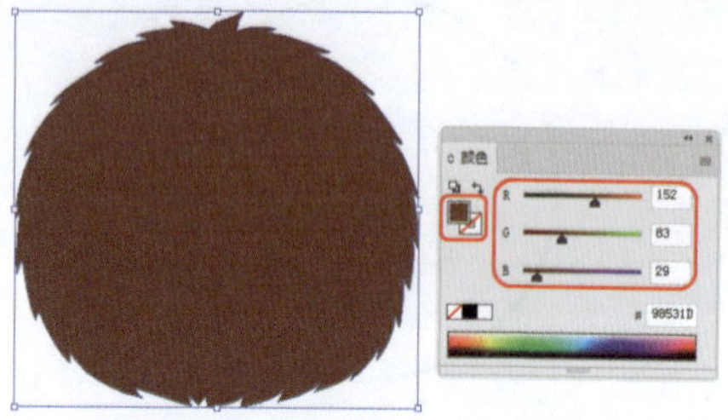

图5-322 设置填充和描边颜色

❸ 使用【钢笔工具】绘制图5-323所示的图形。

图5-323 绘制图形

❹ 将【填充颜色】的RGB值设置为187、114、58，将【描边颜色】设置为无，如图5-324所示。

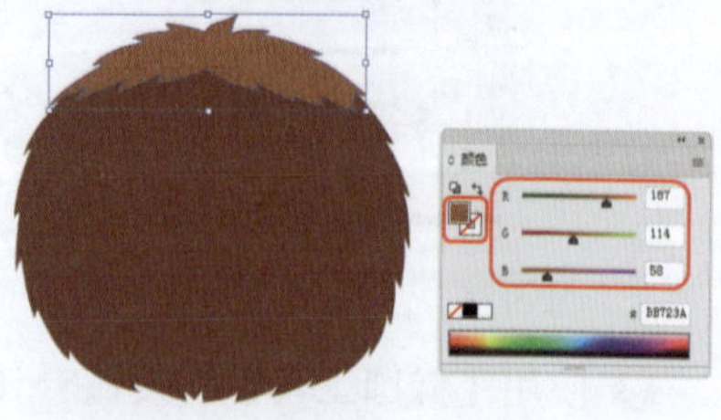

图5-324 设置填充和描边颜色

❺ 使用【钢笔工具】绘制图5-325

所示的图形。

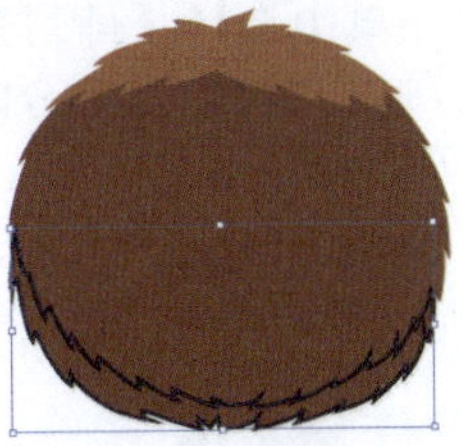

图5-325 绘制图形

❻ 将【填充颜色】的RGB值设置为120、66、28，将【描边颜色】设置为无，如图5-326所示。

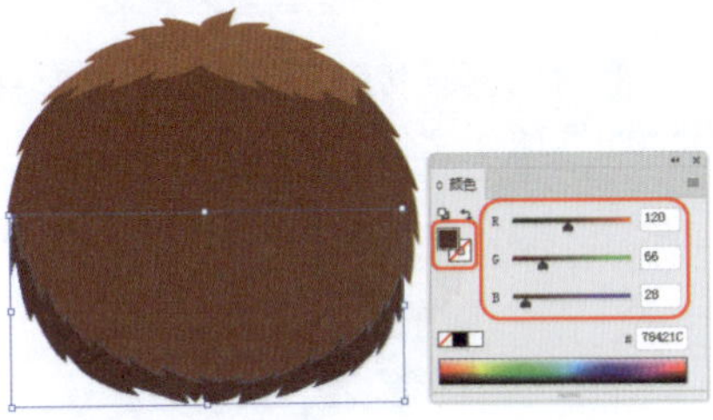

图5-326 设置填充和描边颜色

❼ 使用【钢笔工具】绘制图5-327所示的图形。

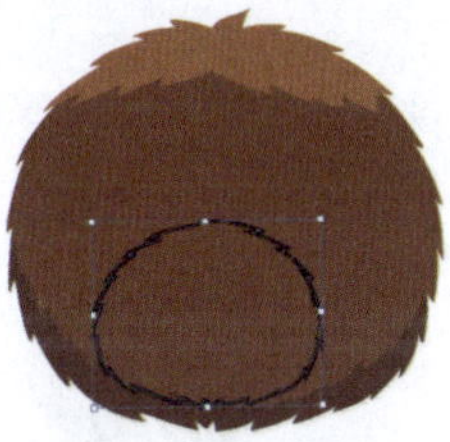

图5-327 绘制图形

❽ 将【填充颜色】的RGB值设置为213、151、88，将【描边颜色】设置为无，如图5-328所示。

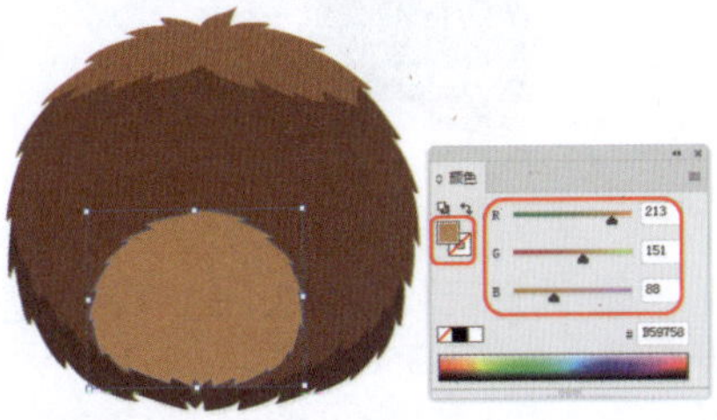

图5-328 设置填充和描边颜色

❾ 使用【钢笔工具】绘制图5-329所示的图形。

图5-329 绘制图形

❿ 将【填充颜色】的RGB值设置为136、74、29，将【描边颜色】设置为无，如图5-330所示。

图5-330 设置填充和描边颜色

⓫ 选择绘制的图形对象，单击鼠标右键，在弹出的快捷菜单中选择【排列】|【置于底层】选项，如图5-331所示。

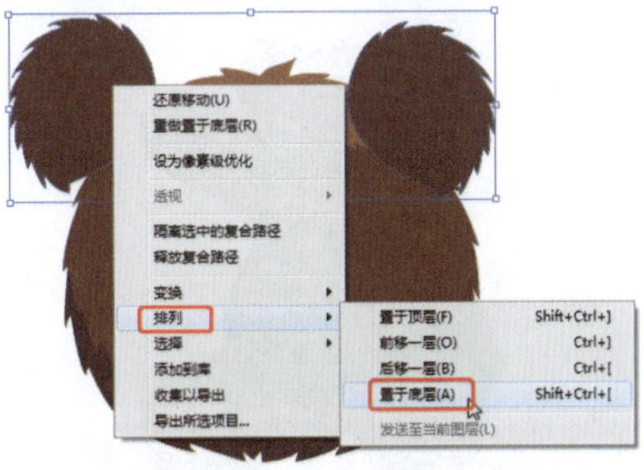

图5-331 选择【置于底层】选项

⓬ 调整玩具熊耳朵的位置，如图5-332所示。

图5-332 调整对象的位置

⓭ 使用【钢笔工具】绘制图5-333所示的图形。

图5-333 绘制图形

⓮ 将【填充颜色】的RGB值设置为80、53、17，将【描边颜色】设置为无，如图5-334所示。

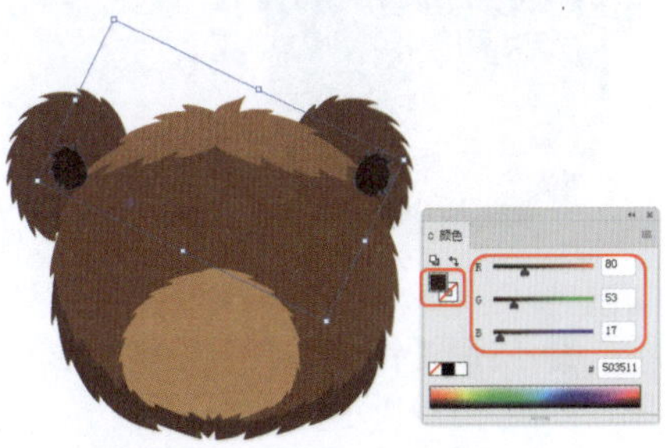

图5-334 设置填充和描边颜色

⓯ 按4次Ctrl+［组合键，调整对象的排列顺序，如图5-335所示。

图5-335 调整对象的排列顺序

⓰ 使用【钢笔工具】绘制眉毛部分，将【填充颜色】设置为黑色，将【描边颜色】设置为无，如图5-336所示。

图5-336 设置填充和描边颜色

⓱ 使用【椭圆工具】，按住Shift键，绘制正圆，将【填充颜色】设置为黑色，将【描边颜色】设置为无，如图5-337所示。

图5-337 设置填充和描边颜色

⓲ 使用【钢笔工具】绘制图形，将【填充颜色】的RGB值设置为178、178、178，将【描边颜色】设置为无，如图5-338所示。

图5-338　设置填充和描边颜色

⑲ 使用【钢笔工具】绘制图形对象，如图5-339所示。

图5-339　绘制图形对象

⑳ 将【填充颜色】的RGB值设置为57、35、1，将【描边颜色】设置为无，如图5-340所示。

图5-340　设置填充和描边颜色

㉑ 使用【钢笔工具】绘制图形，将【填充颜色】的RGB值设置为228、188、150，将【描边颜色】设置为无，如图5-341所示。

图5-341　设置填充和描边颜色

㉒ 使用【钢笔工具】绘制图形，将【填充颜色】设置为黑色，将【描边颜色】设置为无，如图5-342所示。

图5-342　设置填充和描边颜色

㉓ 选择玩具熊的头部，单击鼠标右键，在弹出的快捷菜单中选择【编组】选项，如图5-343所示。

图5-343　选择【编组】选项

㉔ 使用【钢笔工具】，绘制其他部分的图形对象，通过【颜色】面板设置图形对象的颜色，如图5-344所示。

图5-344　绘制其他部分

㉕ 使用【钢笔工具】绘制阴影部分，如图5-345所示。

图5-345　绘制图形

㉖ 将【填充颜色】的RGB值设置为213、215、216，将【描边颜色】设置为无，如图5-346所示。

图5-346　设置填充和描边颜色

㉗ 在图形上单击鼠标右键，在弹出的快捷菜单中选择【排列】|【置于底层】选项，调整阴影部分的位置，如图5-347所示。

图5-347　调整完成后的效果

㉘ 打开随书配套资源中的素材|Cha05|气球.ai文件，如图5-348所示。

图5-348　打开素材文件

㉙ 将气球粘贴至场景文件中，调整气球的大小和位置，如图5-349所示。

图5-349　粘贴后的效果

㉚ 选择玩具熊的头部，对图形进行旋转，如图5-350所示。

图5-350　旋转玩具熊的角度

实训练习125 色子

本实例通过色子的设计制作，主要帮助读者掌握钢笔工具绘制图形，通过【渐变】和【颜色】面板设置填充和描边属性等，效果如图5-351所示。

素材	无
场景	场景|Cha05|实训练习125 色子.ai
视频	视频教学|Cha05|实训练习125 色子.MP4

图5-351 色子

❶ 使用【钢笔工具】绘制图形，如图5-352所示。

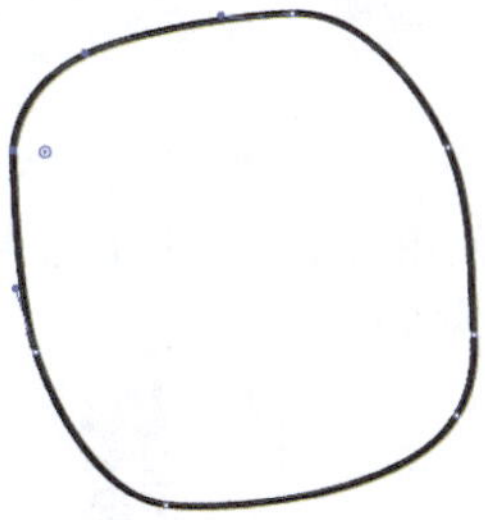

图5-352 绘制图形

❷ 打开【渐变】面板，将【类型】设置为【线性】，将【角度】设置为90°，将0%位置处的RGB值设置为226、128、64，将100%位置处的RGB值设置为195、49、31，将【描边颜色】设置为无，如图5-353所示。

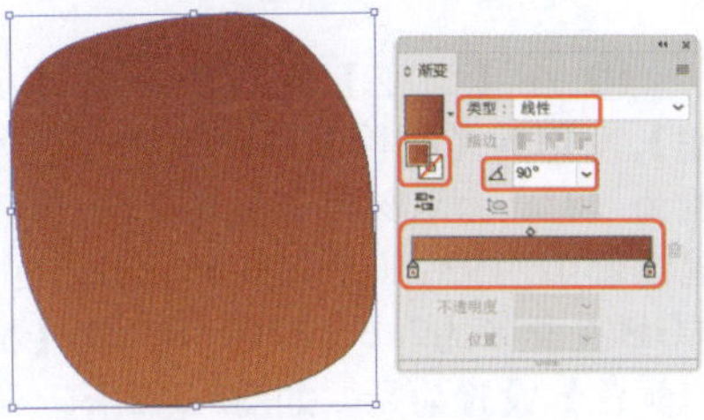

图5-353 设置渐变颜色

❸ 使用【钢笔工具】绘制图形，如图5-354所示。

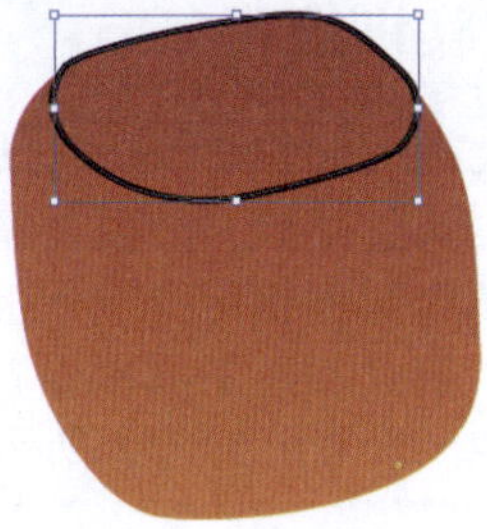

图5-354 绘制图形

❹ 在【渐变】面板中，将【类型】设置为【线性】，将【角度】设置为90°，将0%位置处的RGB值设置为216、73、62，将100%位置处的RGB值设置为176、30、36，将【描边颜色】设置为无，如图5-355所示。

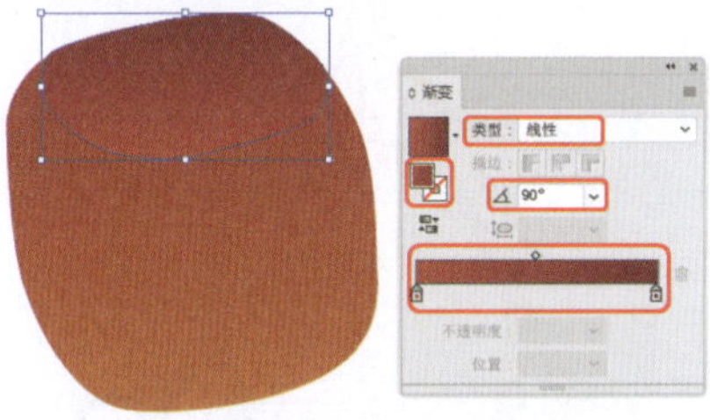

图5-355 设置渐变颜色

❺ 使用【钢笔工具】绘制图形，如图5-356所示。

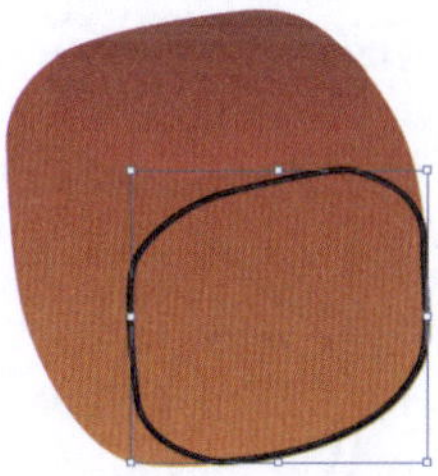

图5-356 绘制图形

❻ 在【渐变】面板中，将【类型】设置为【线性】，将【角度】设置为90°，将0%位置处的RGB值设置为226、128、64，将96%位置处的RGB值设置为166、41、36，将100%位置处的RGB值设置为195、49、31，将【描边颜色】设置为无，如图5-357所示。

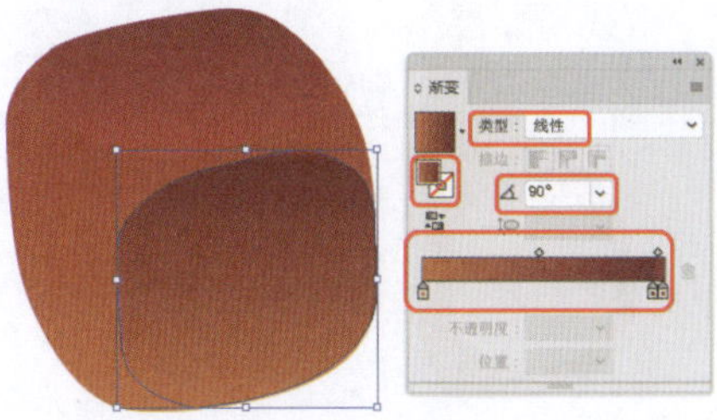

图5-357 设置渐变颜色

❼ 使用【钢笔工具】绘制图形，如图5-358所示。

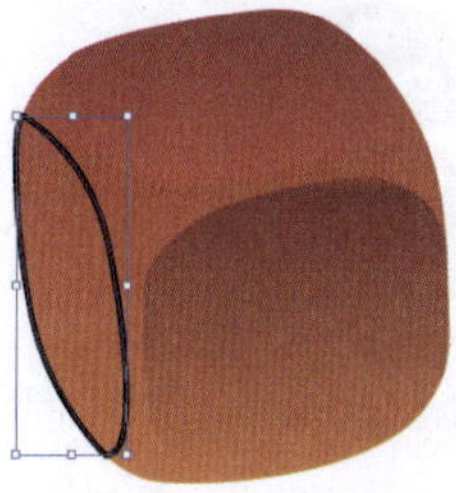

图5-358 绘制图形

❽ 在【渐变】面板中，将【类型】设置为【线性】，将【角度】设置为90°，将0%位置处的RGB值设置为231、152、64，将100%位置处的RGB值设置为215、74、33，将【描边颜色】设置为无，如图5-359所示。

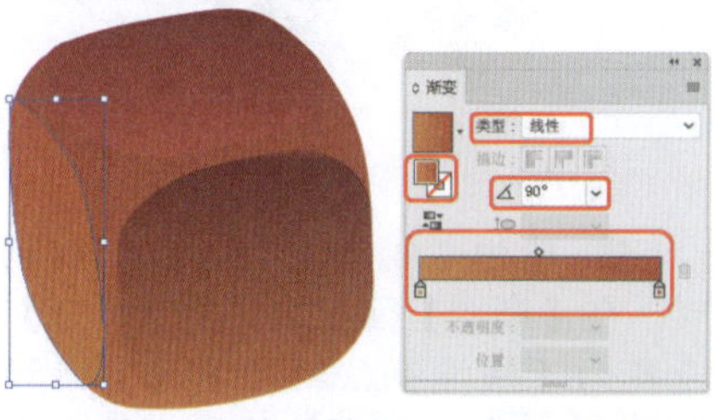

图5-359 设置渐变颜色

❾ 使用【钢笔工具】绘制图形，将【填充颜色】设置为白色，将【描边颜色】设置为无，如图5-360所示。

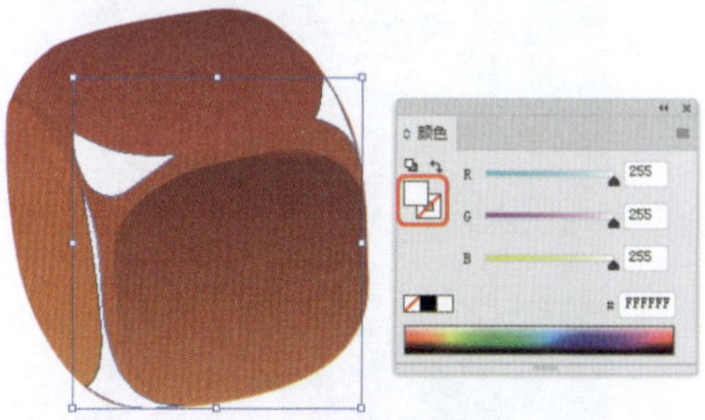

图5-360 设置填充和描边颜色

❿ 将【不透明度】设置为15%，如图5-361所示。

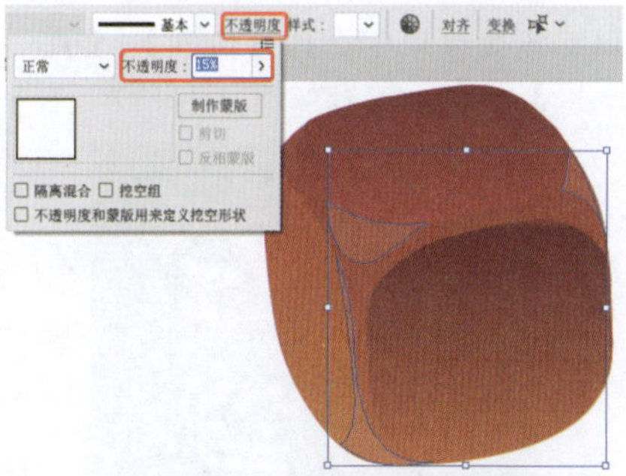

图5-361 设置不透明度

⓫ 使用【椭圆工具】绘制多个椭圆，将【填充颜色】设置为白色，将

【描边颜色】设置为无，如图5-362所示。

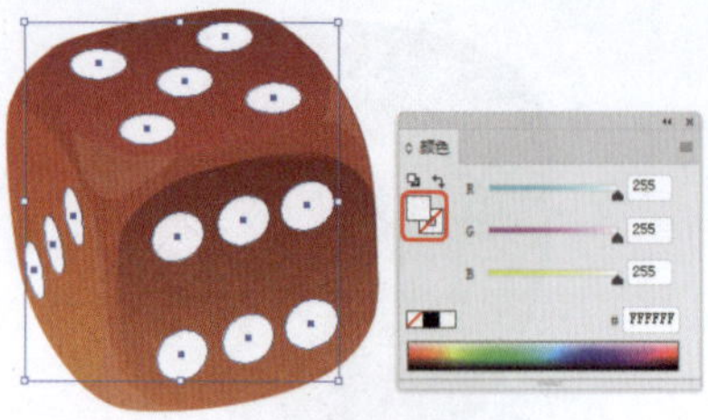

图5-362　绘制椭圆

⑫ 使用同样的方法，绘制其他的色子，如图5-363所示。

图5-363　绘制其余的色子

⑬ 使用【矩形工具】，绘制矩形，在【渐变】面板中，将【类型】设置为【线性】，将【角度】设置为-90°，将0%位置处的RGB值设置为137、197、110，将100%位置处的RGB值设置为26、174、162，将【描边颜色】设置为无，如图5-364所示。

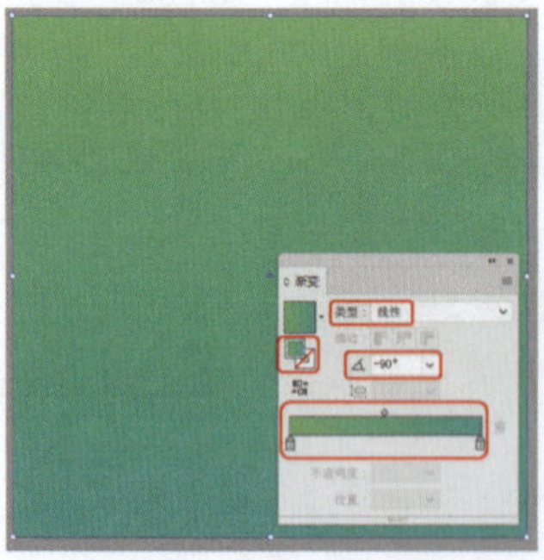

图5-364　设置渐变颜色

⑭ 在矩形上单击鼠标右键，在弹出的快捷菜单中选择【排列】|【置于底层】命令，效果如图5-365所示。

图5-365　最终效果

实训练习126
剪刀

本实例通过剪刀的设计制作，主要帮助读者掌握钢笔绘制图形，通过【渐变】和【颜色】面板设置填充和描边属性，效果如图5-366所示。

素材	无
场景	场景|Cha05|实训练习126　剪刀.ai
视频	视频教学 | Cha05 |实训练习126　剪刀.MP4

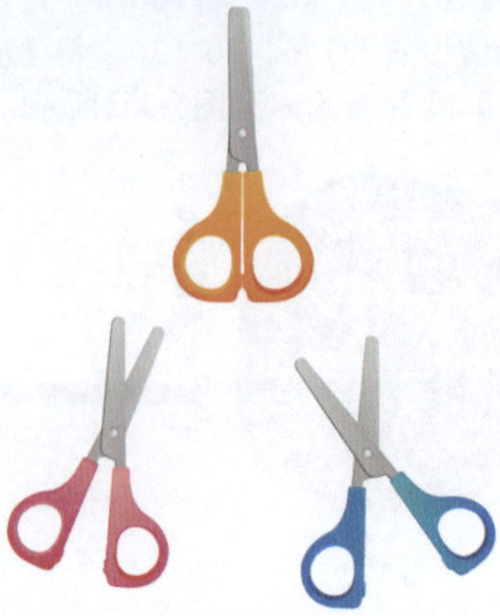

图5-366　剪刀

❶ 使用【钢笔工具】绘制图形，如图5-367所示。

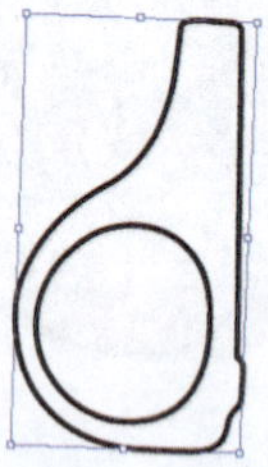

图5-367　绘制图形

❷ 在【渐变】面板中，将【类型】设置为【线性】，将【角度】设置为-92°，将0%位置处的RGB值设置为250、195、0，将100%位置处的RGB值设置为231、56、13，将【描边颜色】设置为无，如图5-368所示。

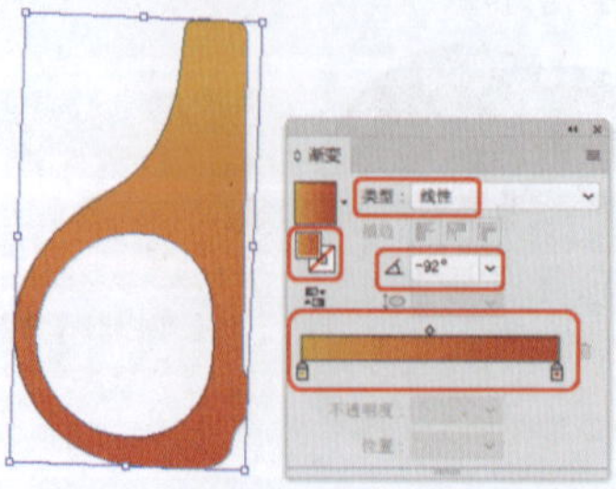

图5-368　设置渐变颜色

❸ 使用【钢笔工具】，绘制图形，如图5-369所示。

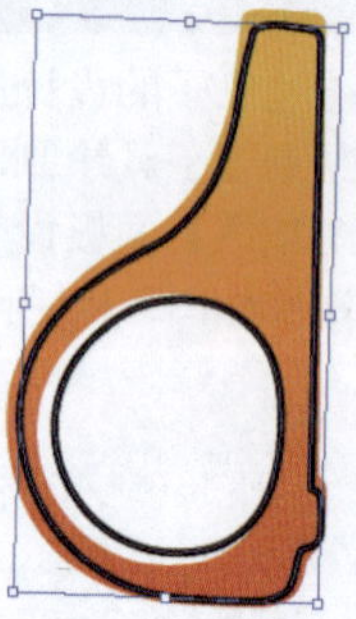

图5-369　绘制图形

❹ 在【渐变】面板中，将【类型】设置为【线性】，将【角度】设置为-92°，将0%位置处的RGB值设置为248、182、0，将100%位置处的RGB值设置为239、130、0，将【描边颜色】设置为无，如图5-370所示。

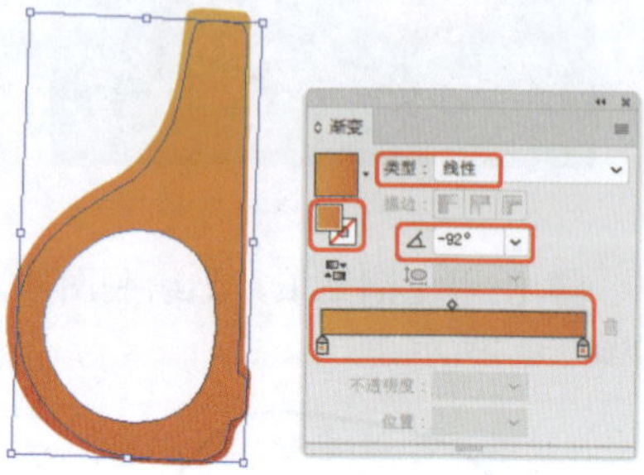

图5-370　设置渐变颜色

❺ 使用【钢笔工具】绘制图形，如图5-371所示。

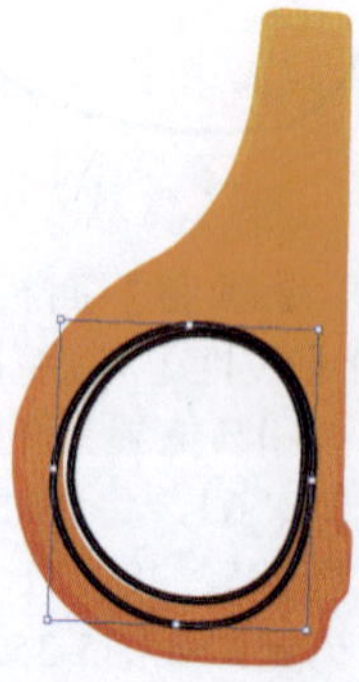

图5-371　绘制图形

❻ 在【渐变】面板中，将【类型】设置为【线性】，将【角度】设置为-90°，将0%位置处的RGB值设置为250、193、0，将100%位置处的RGB值设置为246、170、0，将【描边颜色】设置为无，如图5-372所示。

❼ 打开【路径查找器】面板，单击【减去顶层】按钮，如图5-373所示。

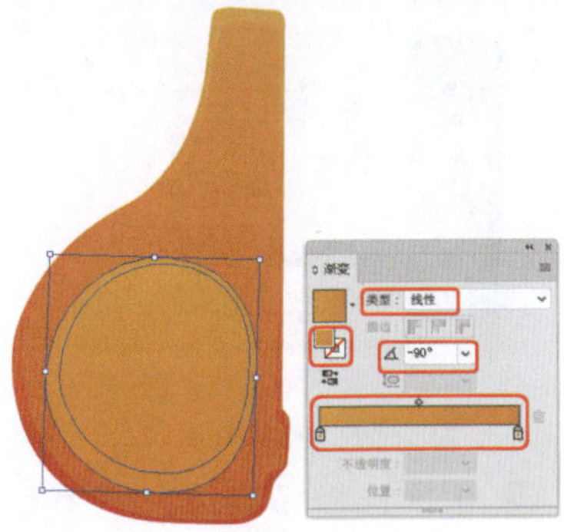

图5-372 设置渐变颜色

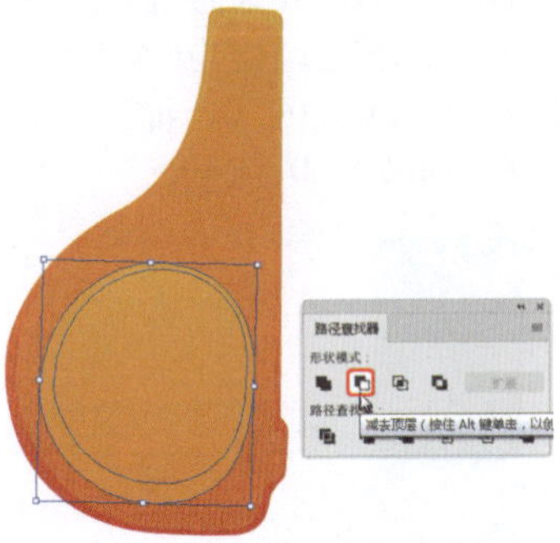

图5-373 单击【减去顶层】按钮

❽ 减去顶层后的效果如图5-374所示。

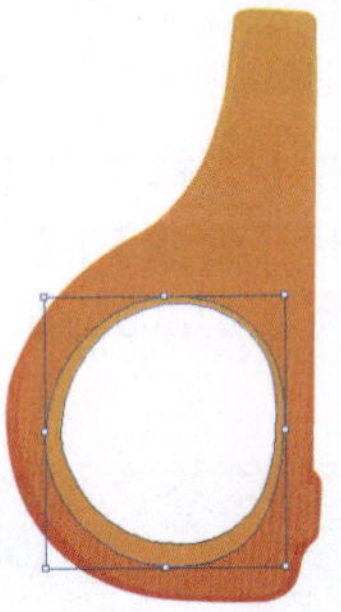

图5-374 完成后的效果

❾ 选择所有的图形对象，使用【镜像工具】，按住Alt键，指定对象的锚点位置，如图5-375所示。

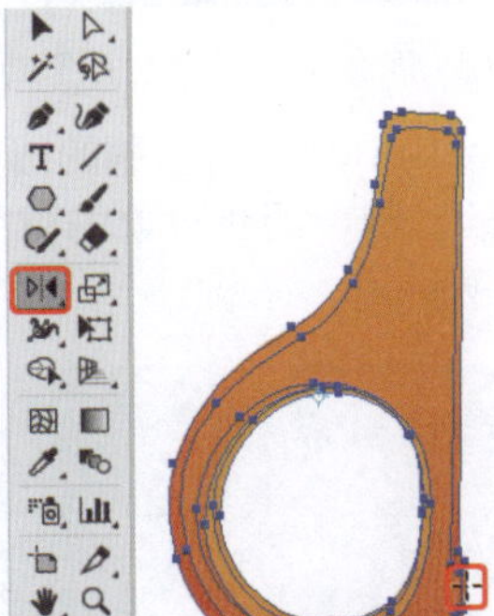

图5-375 指定锚点位

❿ 弹出【镜像】对话框，参照图5-376所示的对话框设置参数，单击【复制】按钮。

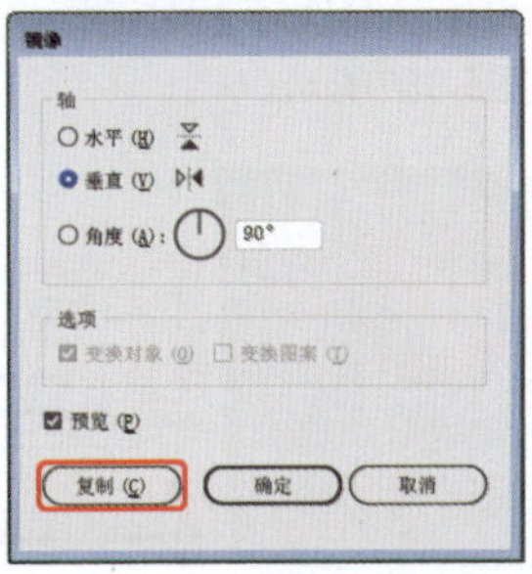

图5-376 镜像复制对象

⓫ 复制后的效果如图5-377所示。

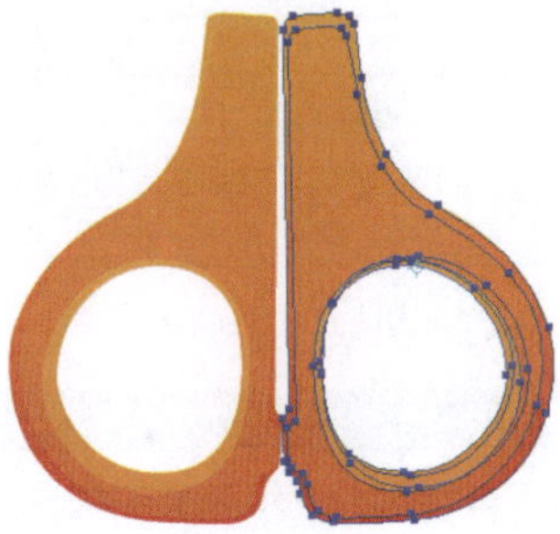

图5-377 复制后的效果

⓬ 选择图5-378所示的图形对象，在【渐变】面板中，将【类型】设置为【线性】，将【角度】设置为-90°，将0%位置处的RGB值设置为250、195、0，将100%位置处的RGB值设置为231、56、13，将【描边颜色】设置为无，如图5-378所示。

⓭ 通过【钢笔工具】绘制图形，并通过【渐变】和【颜色】面板设置图形的填充属性，如图5-379所示。

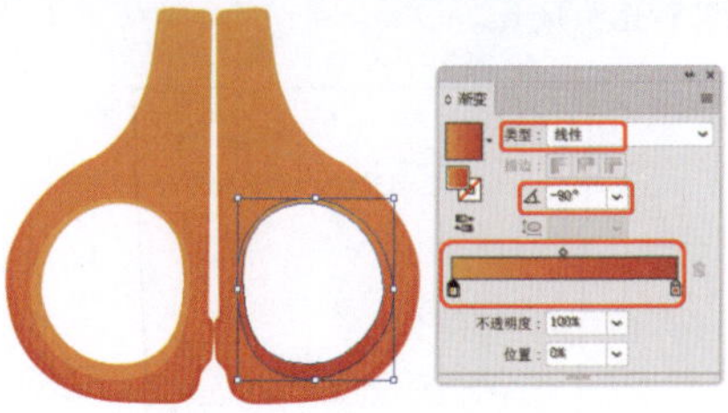

图5-378 设置渐变颜色

图5-379 绘制剪刀

⓮ 使用相同的方法，绘制其他的剪刀，效果如图5-380所示。

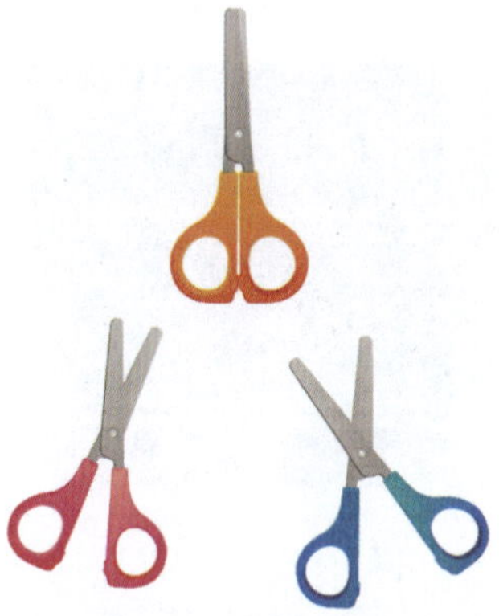

图5-380 最终效果

实训练习127 垃圾桶

本实例将帮助读者掌握【钢笔工具】组合【直接选择工具】的使用，通过【渐变】和【颜色】面板设置图形的填充和描边属性，效果如图5-381所示。

素材	无
场景	场景|Cha05|实训练习127 垃圾桶.ai
视频	视频教学 | Cha05 |实训练习127 垃圾桶.MP4

图5-381 垃圾桶

❶ 使用【钢笔工具】绘制图形，使用【直接选择工具】对节点进行移动或修改操作，如图5-382所示。

❷ 打开【渐变】面板，将【类型】设置为【线性】，将6%位置处的RGB值设置为190、227、244，将10%位置处的RGB值设置为28、46、101，将90%位置处的RGB值设置为28、46、101，将94%位置处的RGB值设置为16、92、169，描边属性为无色，如

图5-383所示。

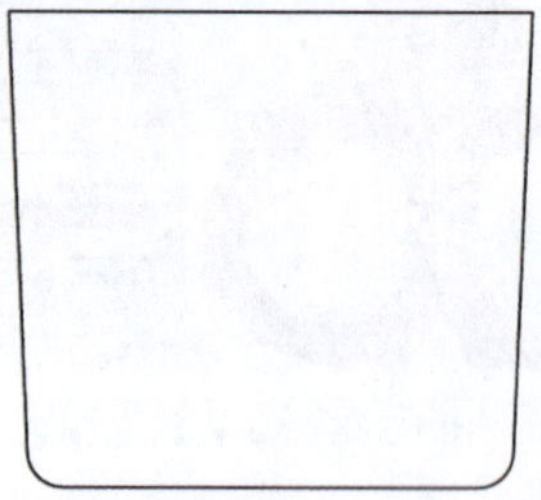

图5-382　绘制图形

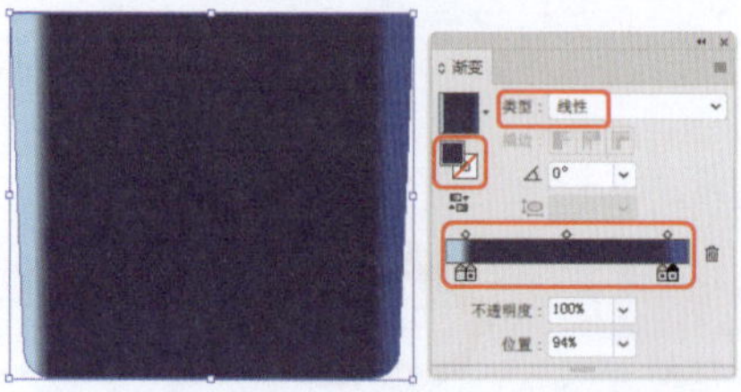

图5-383　设置渐变颜色

❸ 依次选择【编辑】|【复制】命令和【贴在前面】命令，如图5-384所示。

图5-384　复制对象

❹ 为了方便显示，现将复制后的图形颜色更改为白色，将【描边颜色】设置为黑色，使用【选择工具】单击复制后的图形，调整其大小，如图5-385所示。

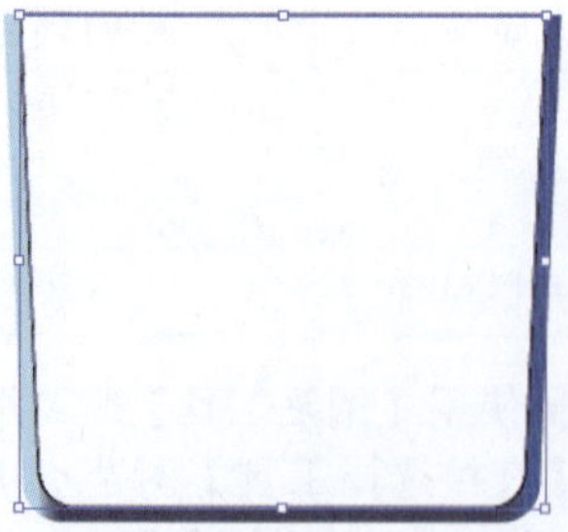

图5-385　调整后的效果

❺ 通过【颜色】面板设置图形的填充属性为CMYK，其值设置为68、30、0、0，描边属性为无色，如图5-386所示。

❻ 通过【选择工具】选择所有的图形，选择【对象】|【混合】|【建立】命令，双击【混合工具】按钮，在弹出的【混合选项】对话框中设置参数，如图5-387所示。

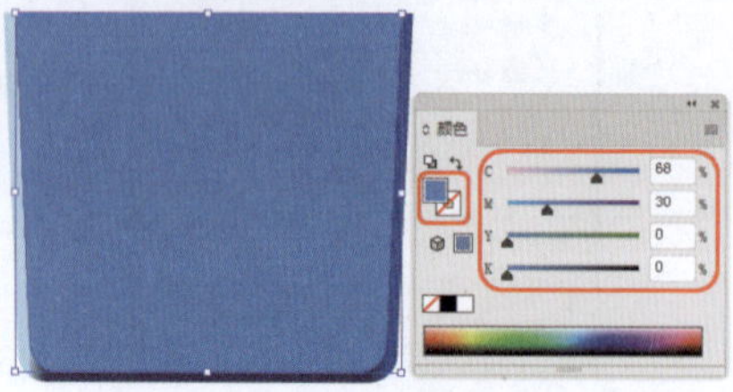

图5-386　设置填充和描边属性

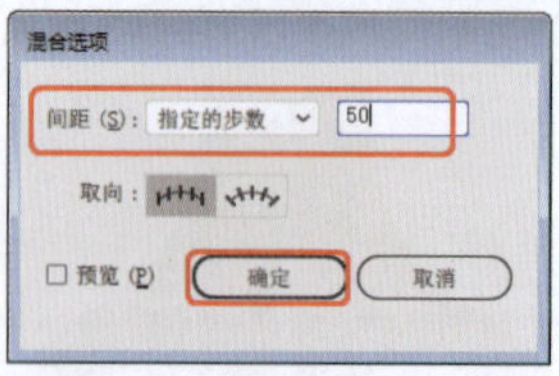

图5-387　设置混合参数

提　示

按Ctrl+Alt+B组合键可快速执行【对象】|【混合】|【建立】命令。

❼ 设置指定的步数越多，混合的效果越平滑，如图5-388所示。

图5-388　观察效果

❽ 使用【圆角矩形工具】绘制图形，使用【直接选择工具】更改节点的位置，如图5-389所示。

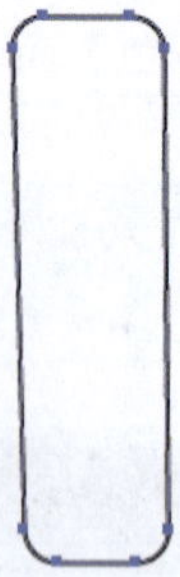

图5-389　更改节点的位置

❾ 在【渐变】面板中，将【类型】设置为【线性】，将【角度】设置为-13°，将40%位置处的RGB值设置为36、62、118，将60%位置处的RGB值设置为173、215、239，描边属性为无色，如图5-390所示。

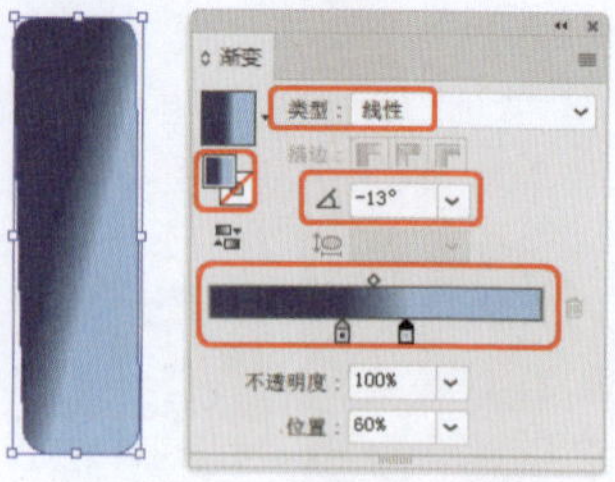

图5-390　设置渐变颜色

❿ 依次选择【编辑】|【复制】命令和【贴在前面】命令，调整复制后图形的大小，并通过【颜色】面板设置图形的填充属性为CMYK，其值设置为68、30、0、0，描边属性为无色，效果如图5-391所示。

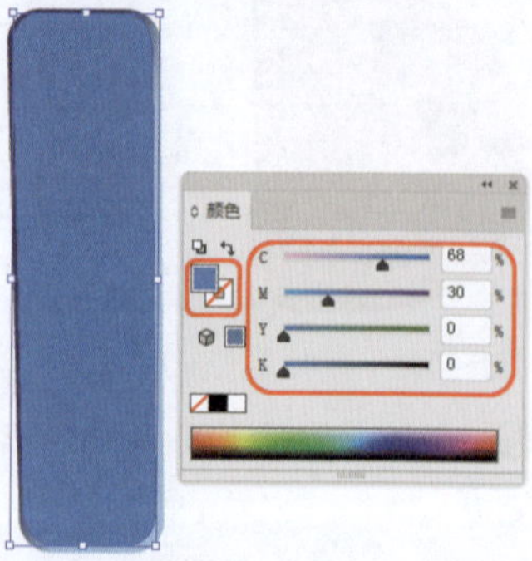

图5-391　设置填充颜色

⓫ 使用【选择工具】拖拽并选择图形，选择【对象】|【混合】|【建立】命令，调整对象的位置，如图5-392所示。

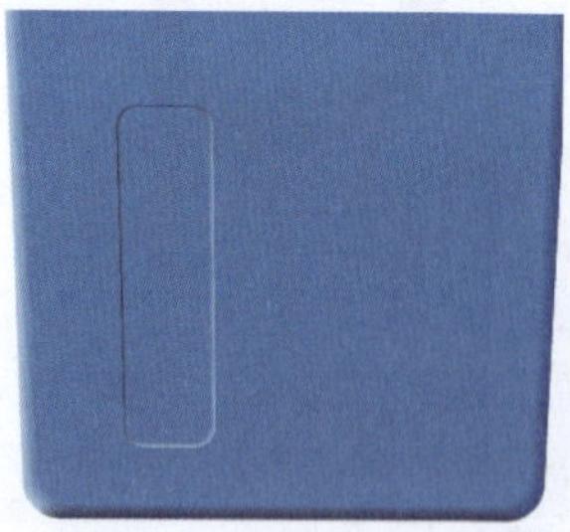

图5-392　混合建立并调整对象的位置

⓬ 按住Alt键，对绘制的圆角矩形对象进行复制，调整对象的位置，如图5-393所示。

图5-393　复制对象并调整对象的位置

⑬ 使用【钢笔工具】在页面中绘制图形，在图形中合适的位置处单击，增加节点，通过【直接选择工具】对节点进行修改，如图5-394所示。

图5-394 绘制图形

⑭ 打开【渐变】面板，将【类型】设置为【线性】，将0%位置处的RGB值设置为115、197、239，将2%位置处的RGB值设置为190、227、244，将6%位置处的RGB值设置为60、131、197，将94%位置处的RGB值设置为60、131、197，将98%位置处的RGB值设置为11、92、169，将100%位置处的RGB值设置为190、227、244，描边属性为无色，如图5-395所示。

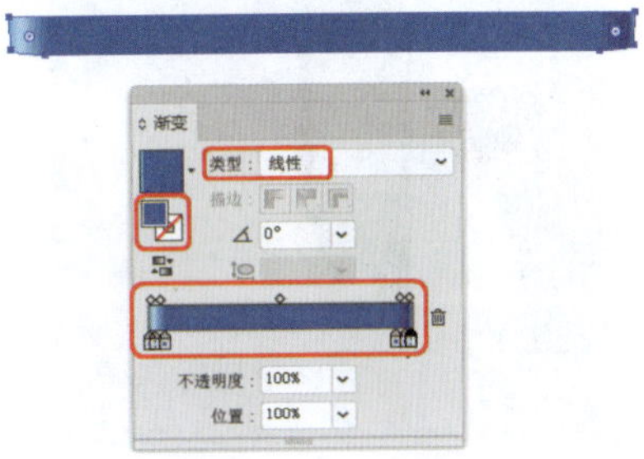

图5-395 设置渐变颜色

⑮ 使用【钢笔工具】在页面中绘制图形，在图形中合适的位置单击，增加节点，通过【直接选择工具】对节点进行修改，如图5-396所示。

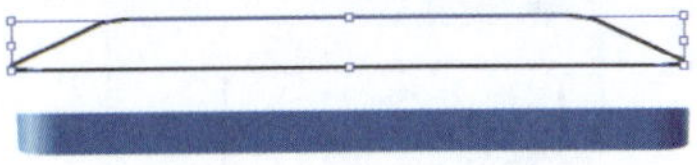
图5-396 绘制图形

⑯ 在【渐变】面板中，将【类型】设置为【线性】，将【角度】设置为-90°，将0%位置处的RGB值设置为30、106、179，将100%位置处的RGB值设置为190、227、244，描边属性为无色，如图5-397所示。

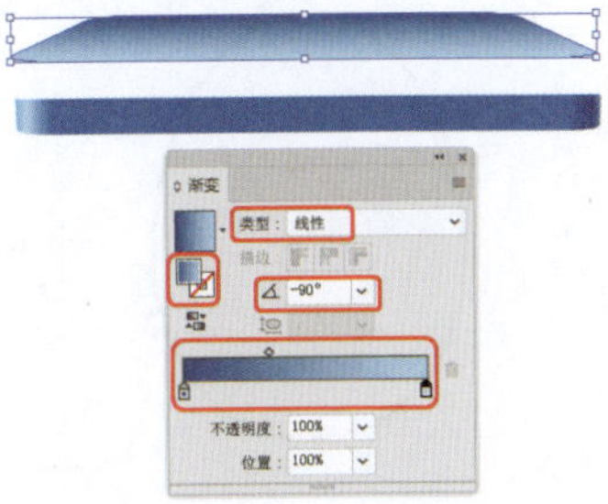

图5-397 设置渐变颜色

⑰ 使用【钢笔工具】在页面中绘制图形，在图形中合适的位置单击增加节点，通过直接选择工具对节点进行修改，如图5-398所示。

图5-398 绘制图形

⑱ 在【渐变】面板中，将【类型】设置为【线性】，将【角度】设置为2°，将24%位置处的RGB值设置为16、51、126，将30%位置处的RGB值设置为11、92、169，描边属性为无色，如图5-399所示。

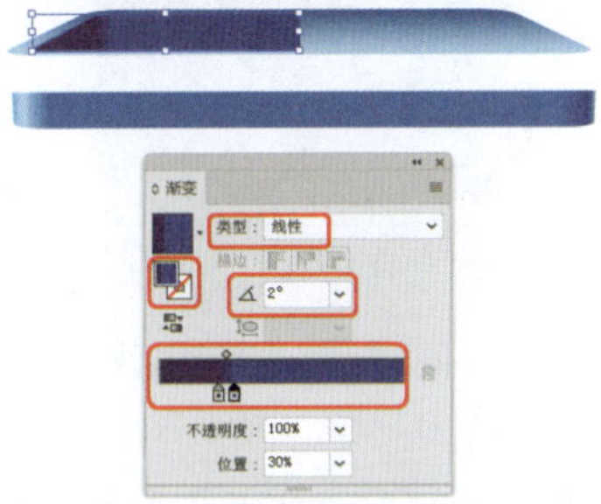

图5-399 设置渐变颜色

⑲ 使用【选择工具】单击并选择图形，通过【镜像工具】沿垂直轴镜像复制图形，调整对象的位置，如图5-400所示。

图5-400 镜像复制对象

⑳ 使用【钢笔工具】在页面中绘制图形，在图形中合适的位置单击，增加节点，通过【直接选择工具】对节点进行修改，如图5-401所示。

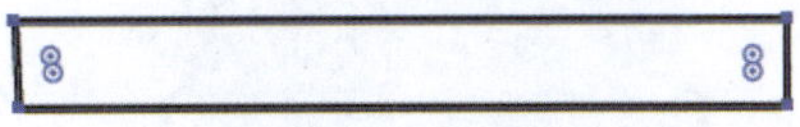
图5-401 调整节点的位置

㉑ 打开【渐变】面板，将【类型】设置为【线性】，将【角度】设置为90°，将0%位置处的RGB值设置为190、227、244，将68%位置处的RGB值设置为42、120、189，描边属性为无色，如图5-402所示。

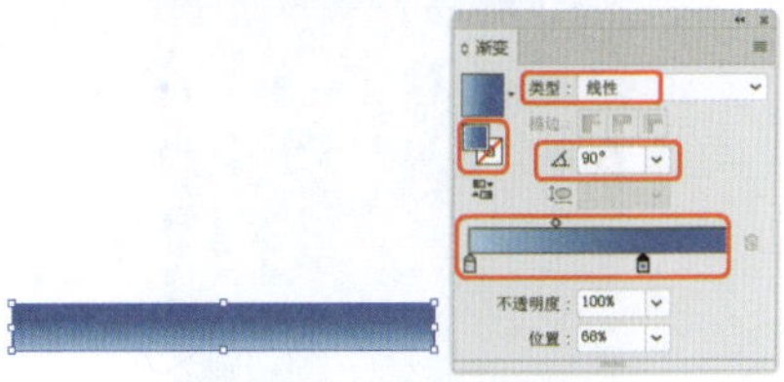

图5-402 设置渐变颜色

㉒ 依次选择【编辑】|【复制】命令和【贴在前面】命令，使用【直接选择工具】，调整节点的位置，打开【渐变】面板，将【类型】设置为【线性】，将【角度】设置为90°，将0%位置处的RGB值设置为78、146、206，将68%位置处的RGB值设置为0、62、145，描边属性为无色，如图5-403所示。

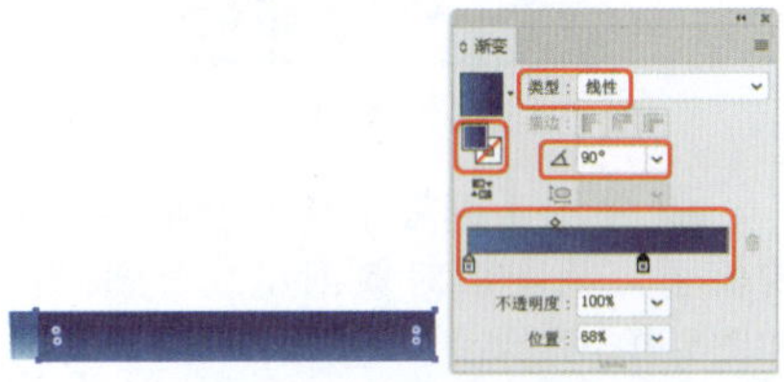

图5-403 设置渐变颜色

㉓ 使用【选择工具】调整对象的位置，如图5-404所示。

图5-404 调整对象的位

㉔ 使用【选择工具】拖拽并选择图形，选择【对象】|【混合】|【建立】命令，如图5-405所示。

图5-405 混合建立

㉕ 按4次Ctrl+［组合键，调整图形的排列顺序，如图5-406所示。

图5-406　调整图形的排列顺序

㉖ 使用同样的方法，制作图5-407所示的图形。

图5-407　绘制图形

㉗ 使用【钢笔工具】绘制垃圾箱的盖子，为图形对象创建混合图形，如图5-408所示。

图5-408　绘制盖子后的效果

㉘ 在页面中绘制图形，将【填充颜色】的RGB值设置为32、32、32，将【描边颜色】设置为无，如图5-409所示。

图5-409　绘制图形并设置填充颜色

㉙ 在页面中绘制图形，将【填充颜色】的RGB值设置为96、96、96，将【描边颜色】设置为无，如图5-410所示。

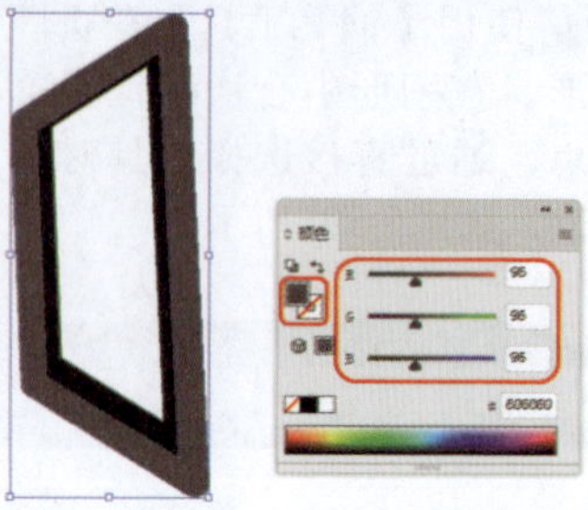

图5-410　绘制图形并设置填充颜色

㉚ 将图形移动至图5-411所示的位置处，选择【对象】|【排列】|【置于底层】命令。

图5-411　调整对象的位置

㉛ 通过【镜像工具】沿垂直轴镜像复制图形，如图5-412所示。

图5-412　镜像图形对象

㉜ 通过【椭圆工具】和【钢笔工具】绘制图形，通过【渐变】和【颜色】面板设置其填充和描边属性。将绘制好的图形移动至图5-413所示的位置。

图5-413　绘制图形对象

实训练习128
酒杯

本实例将通过酒杯的设计制作，帮助读者掌握基本绘图工具和钢笔工具的使用，进一步巩固【路径查找器】面板中各命令的掌握，以及【渐变】和【颜色】面板设置填充和描边属性等功能，效果如图5-414所示。

素材	素材|Cha05|酒杯背景.ai
场景	场景|Cha05|实训练习128　酒杯.ai
视频	视频教学 | Cha05 |实训练习128　酒杯.MP4

图5-414　酒杯

❶ 使用【椭圆工具】在页面中单击，在弹出的【椭圆】对话框中分别设置【宽度】和【高度】的参数，最后单击【确定】按钮，如图5-415所示。

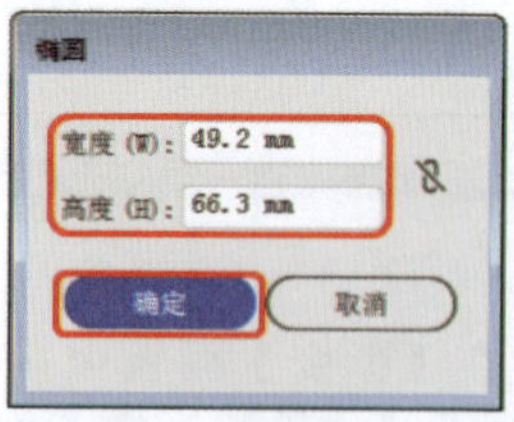

图5-415　设置椭圆参数

❷ 通过【直接选择工具】对椭圆图形相应的节点进行移动，如图5-416所示。

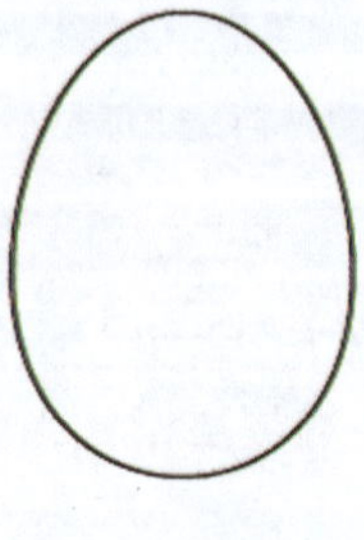

图5-416　移动节点

❸ 选择【编辑】|【复制】|【贴到前面】命令，通过范围框缩放椭圆到合适的大小，创建酒杯内壁图形，如图5-417所示。

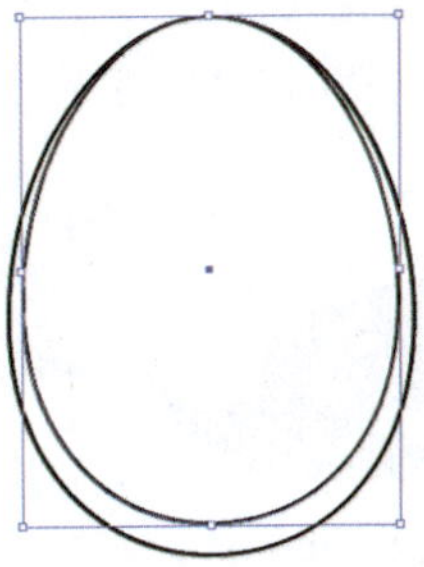

图5-417 调整椭圆的大小

❹ 单击【矩形工具】按钮，在视图中椭圆形上方五分之一位置处创建一个矩形，如图5-418所示。

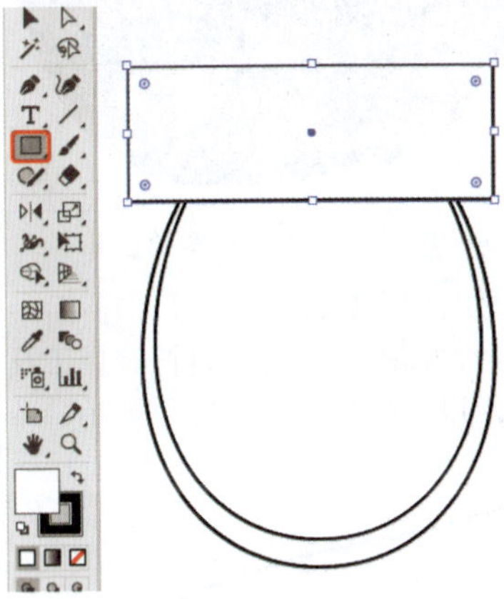

图5-418 绘制矩形

❺ 使用【选择工具】拖拽并选择对象，单击【路径查找器】面板中的【减去顶层】按钮，此时生成新的对象，如图5-419所示。

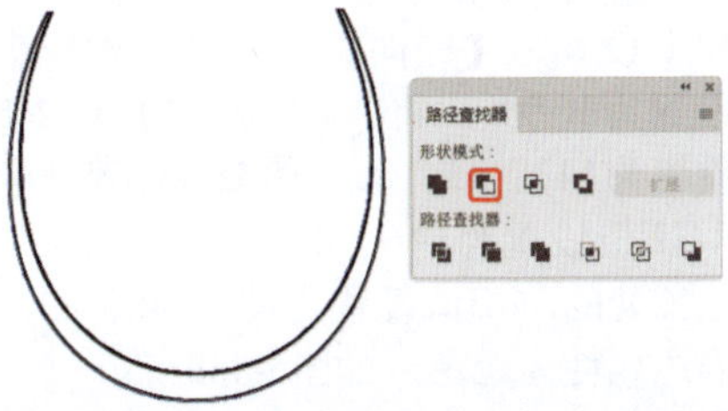

图5-419 单击【减去顶层】按钮

❻ 通过【颜色】面板设置图形的填充属性为CMYK，其值设置为7.5、27、19、0，描边属性设置为无色，如图5-420所示。

❼ 使用【钢笔工具】在页面中绘制图形，通过【直接选择工具】对节点进行修改，如图5-421所示。

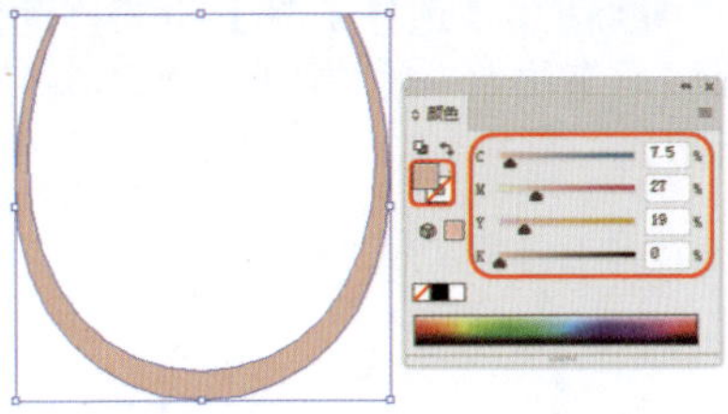

图5-420 设置填充和描边颜色

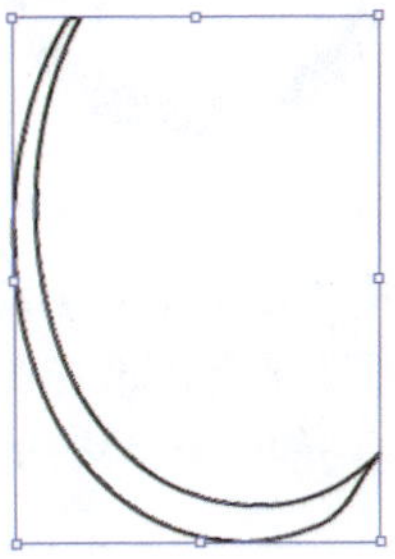

图5-421 绘制图形

❽ 打开【渐变】面板，将【类型】设置为【径向】，将【角度】设置为-0.5°，将【长宽比】设置为54%，将0%位置处的RGB值设置为189、197、228，将100%位置处的RGB值设置为214、135、133，描边属性为无色，如图5-422所示。

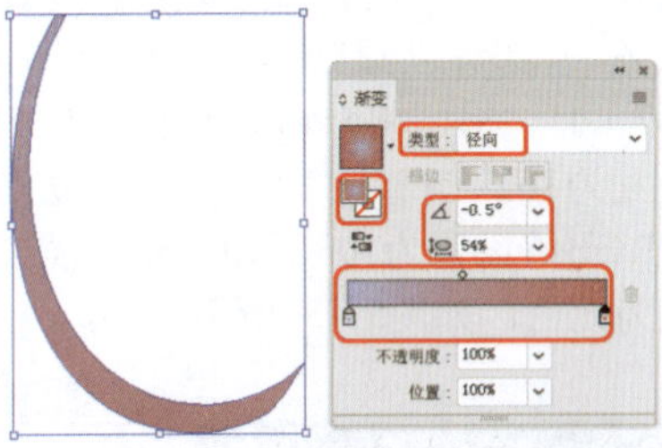

图5-422 设置渐变颜色

❾ 使用【选择工具】将其移动到酒杯左侧杯壁的位置处，如图5-423所示。

图5-423 调整对象的位置

❿ 使用【钢笔工具】在页面中单击并绘制图形，通过【直接选择工具】对节点进行修改，如图5-424所示。

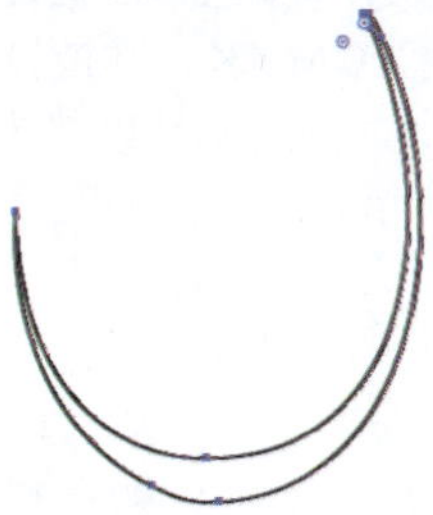

图5-424 绘制图形

⓫ 打开【渐变】面板，将【类型】设置为【径向】，将【角度】设置为0.2°，将【长宽比】设置为50%，将0%位置处的RGB值设置为188、219、243，将80%位置处的RGB值设置为146、44、46，将100%位置处的RGB值设置为147、45、81，描边属性为无色，如图5-425所示。

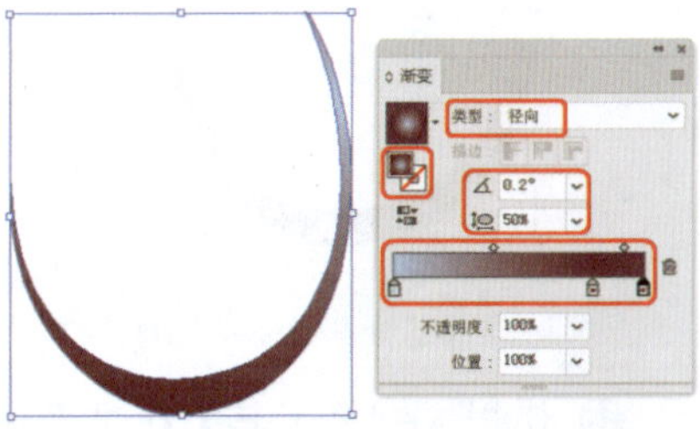

图5-425 设置渐变颜色

⓬ 使用【选择工具】将其移动到酒杯左侧杯壁的位置处，如图5-426所示。

图5-426 调整对象的位置

⓭ 使用【钢笔工具】在页面中绘制图形，通过【直接选择工具】对节点进行修改，如图5-427所示。

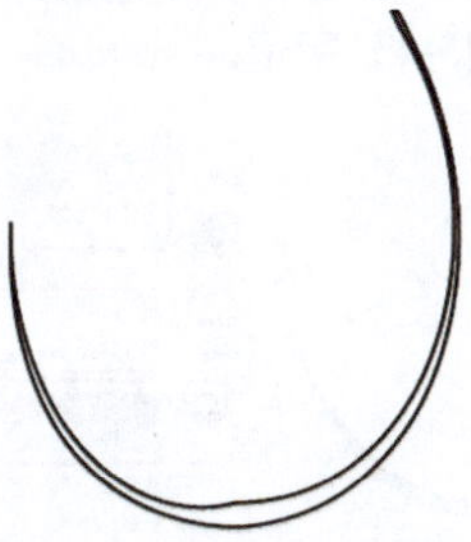

图5-427 绘制图形

⑭ 通过【颜色】面板设置图形的填充属性为CMYK，其值设置为19、99、66、6，描边属性设置为无色，如图5-428所示。

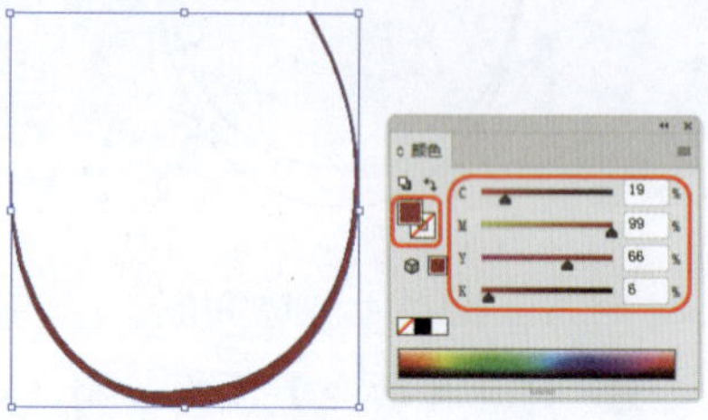

图5-428 设置填充和描边颜色

⑮ 使用【选择工具】将其移动到酒杯右侧杯壁位置处，如图5-429所示。

图5-429 调整对象的位置

⑯ 使用【钢笔工具】在页面中单击并绘制图形，在绘制过程中可以通过【直接选择工具】对节点进行修改，如图5-430所示。

图5-430 绘制图形

⑰ 在【渐变】面板中，将【类型】设置为【径向】，将【角度】设置为6°，将【长宽比】设置为84.5%，将40%位置处的RGB值设置为189、34、73，将100%位置处的RGB值设置为199、85、95，描边属性为无色，如图5-431所示。

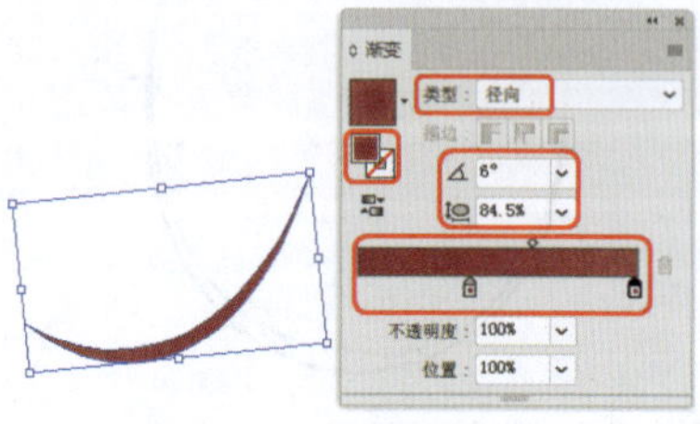

图5-431 设置渐变颜色

⑱ 使用【选择工具】将其移动到酒杯右下方杯壁位置处，如图5-432所示。

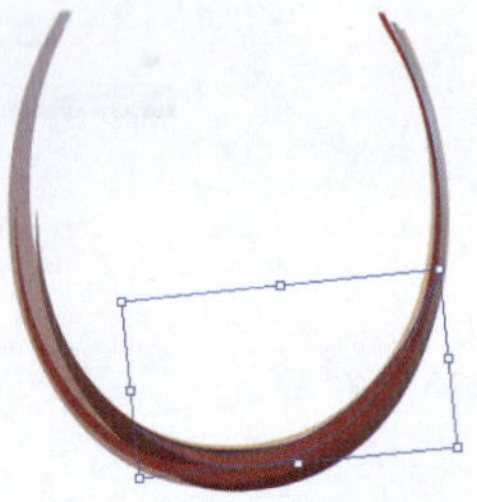

图5-432 调整对象的位置

⑲ 使用【钢笔工具】在页面中绘制图形，通过【直接选择工具】对节点进行修改，如图5-433所示。

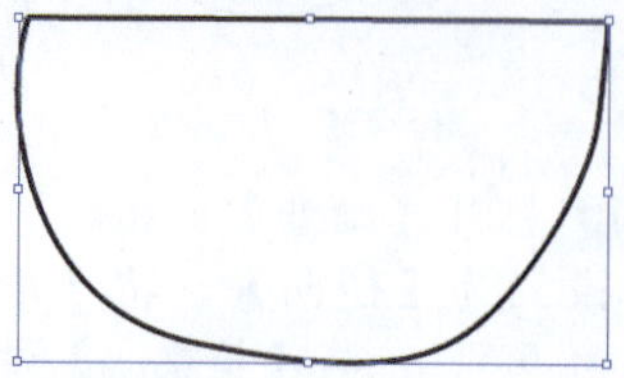

图5-433 绘制图形

⑳ 在【渐变】面板中，将【类型】设置为【径向】，将【角度】设置为-2.5°，将【长宽比】设置为42%，将0%位置处的RGB值设置为147、45、81，将55%位置处的RGB值设置为162、42、43，将100%位置处的RGB值设置为103、40、83，描边属性为无色，如图5-434所示。

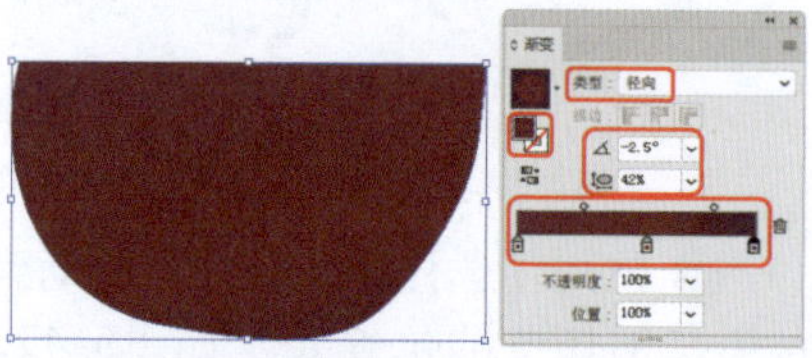

图5-434 设置渐变颜色

㉑ 使用【钢笔工具】在页面中单击并绘制图形，通过【直接选择工具】对节点进行修改，如图5-435所示。

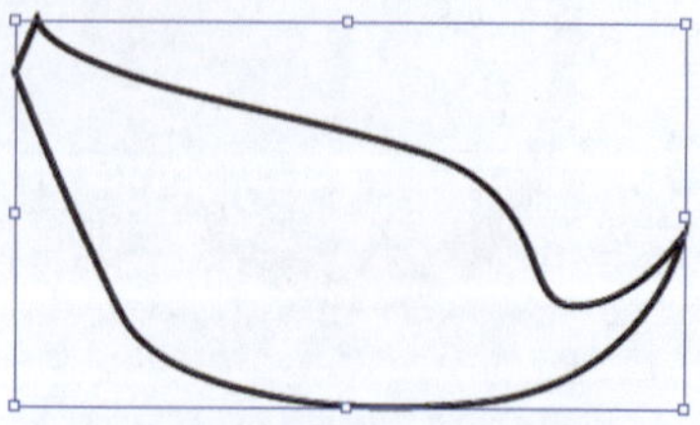

图5-435 绘制图形

㉒ 在【渐变】面板中，将【类型】设置为【径向】，将【角度】设置为-2.5°，将【长宽比】设置为38.8%，将0%位置处的RGB值设置为147、45、81，将55%位置处的RGB值设置为191、36、38，将100%位置处的RGB值设置为103、40、83，描边属性为无色，如图5-436所示。

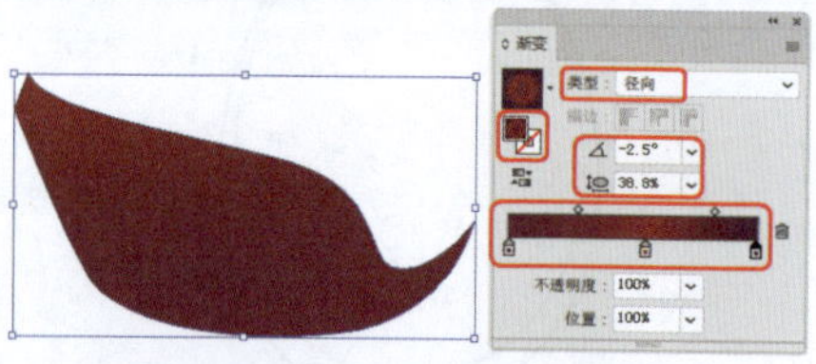

图5-436 设置渐变颜色

㉓ 调整对象的位置，如图5-437所示。

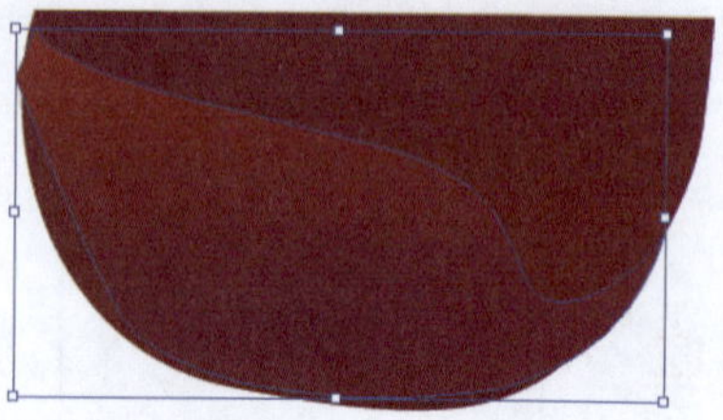

图5-437 调整对象的位置

㉔ 使用【钢笔工具】在页面中单击并绘制图形，通过【直接选择工具】对节点进行修改，如图5-438所示。

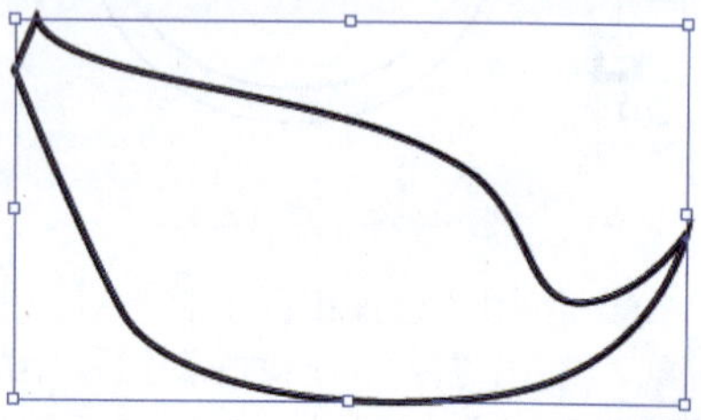

图5-438 绘制图形

㉕ 在【渐变】面板中，将【类型】设置为【径向】，将【长宽比】设置为36.9%，将0%位置处的RGB值设置为147、45、81，将55%位置处的RGB值设置为146、44、46，将100%位置处的RGB值设置为103、40、83，描边属性为无色，如图5-439所示。

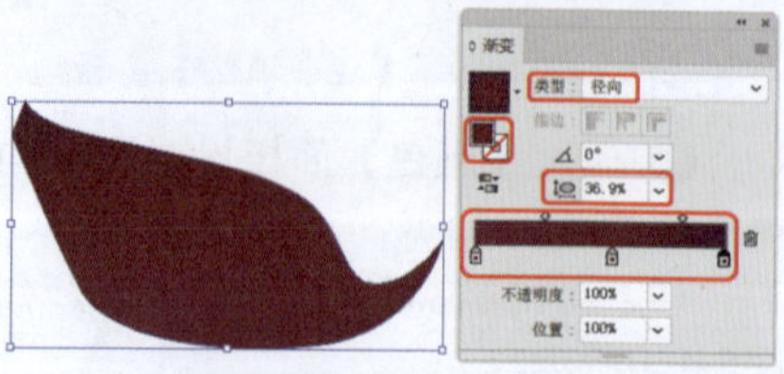

图5-439 设置渐变颜色

㉖ 使用【选择工具】调整对象的位置，如图5-440所示。

图5-440 调整对象的位置

27 使用【椭圆工具】绘制椭圆，如图5-441所示。

图5-441 绘制图形

28 在【渐变】面板中，将【类型】设置为【径向】，将【长宽比】设置为59%，将0%位置处的RGB值设置为255、255、225，将85%位置处的RGB值设置为189、34、73，描边属性为无色，如图5-442所示。

图5-442 设置渐变颜色

29 使用【钢笔工具】，绘制如图5-443所示的图形对象，对其填充颜色，如图5-443所示。

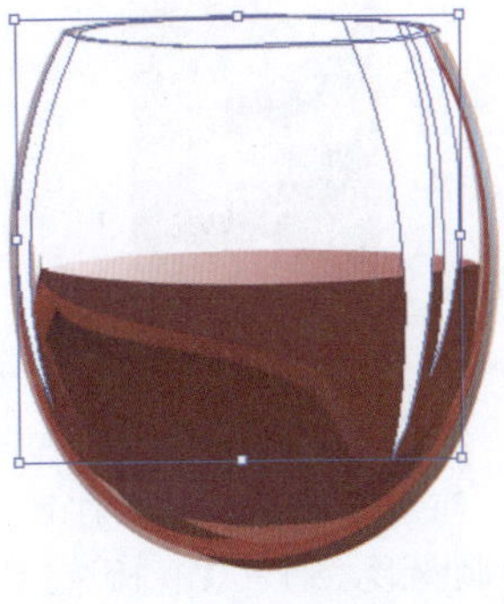

图5-443 填充颜色后的效果

30 使用【钢笔工具】绘制高脚杯图形，通过【渐变】和【颜色】面板更改对象的填充属性，如图5-444所示。

图5-444 绘制高脚杯后的效果

31 选择所有的图形对象，按Ctrl+G组合键，进行编组，打开随书配套资源中的素材|Cha05|酒杯背景.ai文件，如图5-445所示。

32 将绘制的酒杯拖拽至素材文件中，调整酒杯的位置和大小，效果如图5-446所示。

图5-445 打开素材文件

图5-446 最终效果

实训练习129 圣诞蜡烛

本实例通过制作圣诞蜡烛来讲解钢笔工具、基本绘图工具、【渐变】和【颜色】面板的使用，帮助读者进一步掌握图形对象的基本操作命令，效果如图5-447所示。

素材	素材|Cha05|圣诞背景.ai
场景	场景|Cha05|实训练习129 圣诞蜡烛.ai
视频	视频教学 | Cha05 |实训练习129 圣诞蜡烛.MP4

图5-447 圣诞蜡烛

1 使用【矩形工具】在页面中合适的位置单击，在弹出的【矩形】对话框中设置矩形的【宽度】和【高度】，单击【确定】按钮，如图5-448所示。

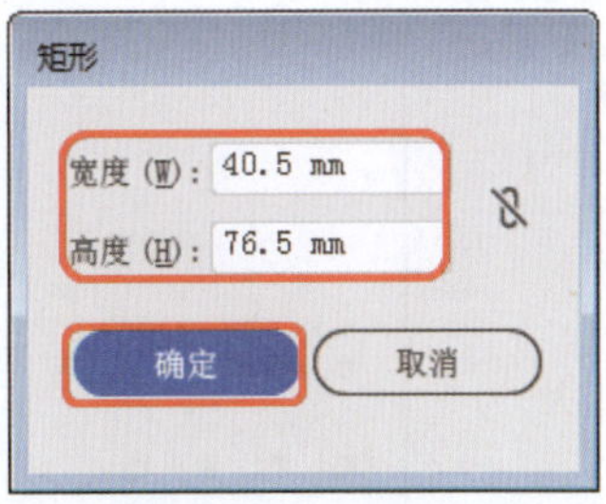

图5-448 设置矩形参数

2 绘制矩形后的效果如图5-449所示。

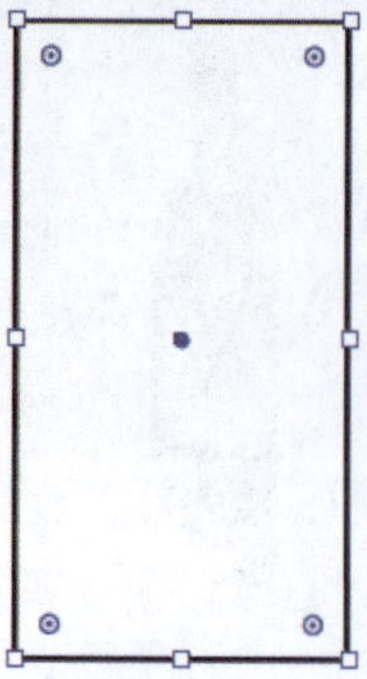

图5-449　绘制矩形

❸ 使用【椭圆工具】在页面中单击，在弹出的【椭圆】对话框中分别设置【宽度】和【高度】的参数，最后单击【确定】按钮，如图5-450所示。

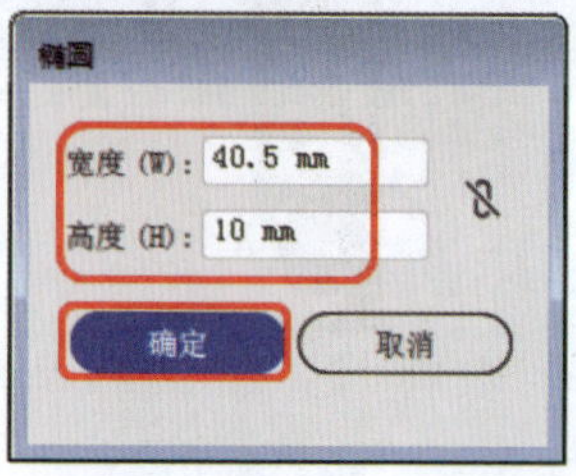

图5-450　设置属性

❹ 使用【选择工具】调整椭圆的位置，如图5-451所示。

图5-451　制作圆柱体底端的图形

❺ 使用【选择工具】选择两个图形对象，单击【路径查找器】面板中的【联集】按钮，生成新的对象，如图5-452所示。

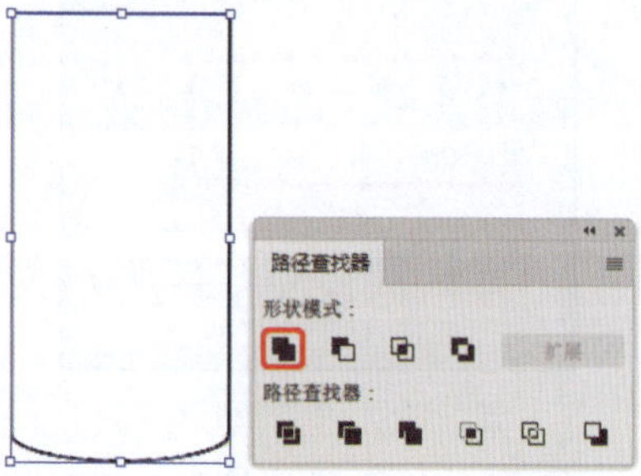

图5-452　联集生成新的图形对象

❻ 使用【椭圆工具】在页面中单击鼠标左键，在打开的【椭圆】对话框中设置椭圆的【宽度】为40.5mm、【高度】为10mm，将其移动至圆柱体的顶端，如图5-453所示。

图5-453　绘制椭圆

❼ 选择绘制的椭圆，打开【渐变】面板，将【类型】设置为【线性】，将【角度】设置为180°，将0%位置处的RGB值设置为255、249、177，将100%位置处的RGB值设置为208、154、76，将【描边颜色】设置为无，如图5-454所示。

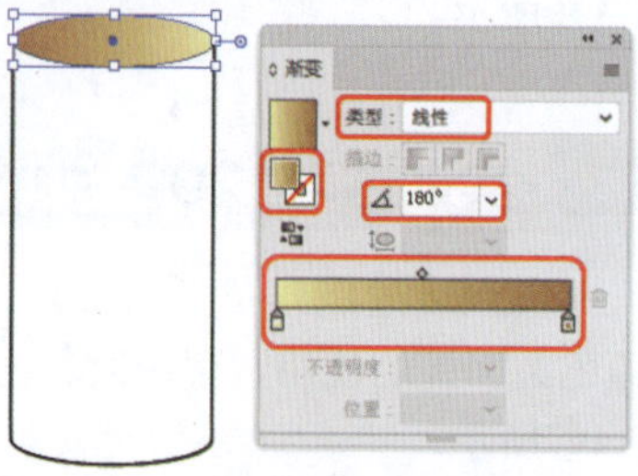

图5-454　设置渐变颜色

❽ 选择联集后的对象，在【渐变】面板中，将【类型】设置为【线性】，将0%位置处的RGB值设置为255、249、177，将12%位置处的RGB值设置为208、154、76，将65%位置处的RGB值设置为255、249、177，将100%位置处的RGB值设置为208、154、76，将【描边颜色】设置为无，如图5-455所示。

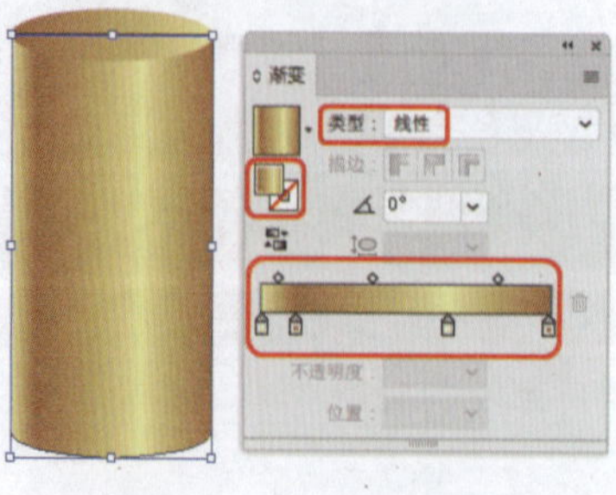

图5-455　设置渐变颜色

❾ 使用【钢笔工具】在页面中单击并绘制图形，在绘制过程中可以通过【直接选择工具】对节点进行修改，如图5-456所示。

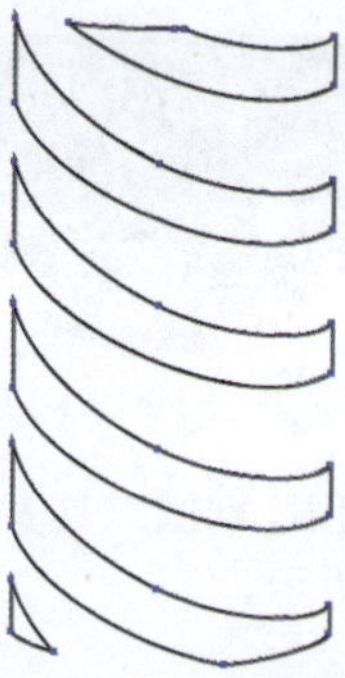

图5-456　绘制图形

❿ 在【渐变】面板中，将【类型】设置为【线性】，将0%位置处的RGB值设置为232、77、20，将18%位置处的RGB值设置为163、0、0，将50%位置处的RGB值设置为229、0、18，将74%位置处的RGB值设置为237、118、17，将100%位置处的RGB值设置为229、0、18，描边属性为无色，如图5-457所示。

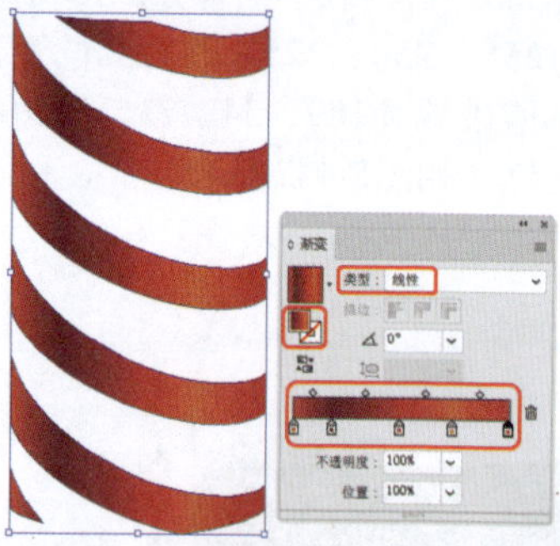

图5-457　设置渐变颜色

⓫ 使用【选择工具】将填充属性后的图形移动至合适的位置，如图5-458所示。

图5-458　调整位置后的效果

⓬ 使用【钢笔工具】在页面中单击并绘制图形，通过【直接选择工具】对节点进行修改，如图5-459所示。

图5-459 绘制图形

⑬ 通过【渐变】和【颜色】面板设置图形的填充属性，描边属性为无色，如图5-460所示。

图5-460 设置渐变颜色

⑭ 使用【选择工具】将填充属性后的图形移动至图5-461所示的位置处。

图5-461 调整对象的位置

⑮ 使用【钢笔工具】在页面中单击并绘制图形，通过【直接选择工具】对节点进行修改。在【渐变】面板中，将【类型】设置为【线性】，将0%位置处的CMYK值设置为0、0、40、0，将100%位置处的颜色设置为白色，描边属性为无色，如图5-462所示。

⑯ 使用【钢笔工具】在页面中单击并绘制图形，通过【直接选择工具】对节点进行修改。将【颜色】面板中的CMYK值设置为8、20、56、3，描边属性为无色，如图5-463所示。

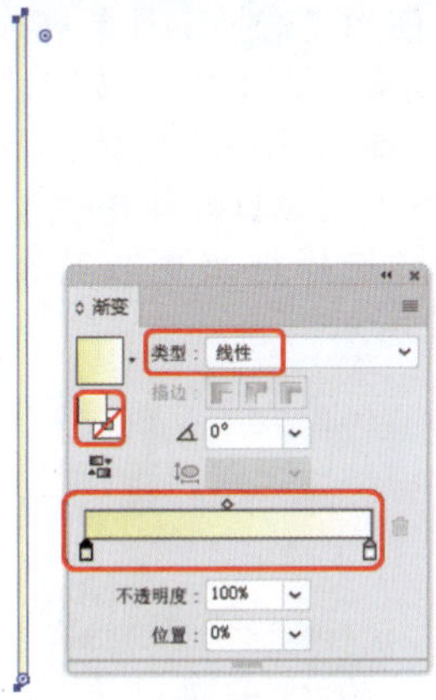

图5-462 设置渐变颜色

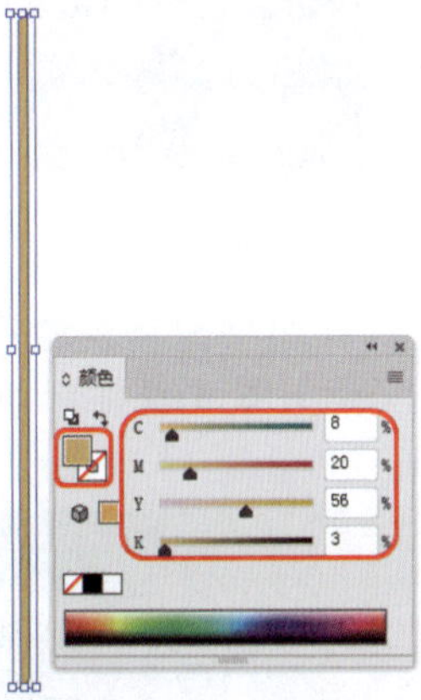

图5-463 设置填充颜色

⑰ 使用【选择工具】将填充属性后的两个图形分别移动至如图5-464所示的位置处，并调整对象的排列顺序。

图5-464 调整完成后的效果

⑱ 使用【椭圆工具】在页面中绘制一个椭圆，打开【渐变】面板，将【类型】设置为【线性】，将【角度】设置为179°，将0%位置处的RGB值设置为209、154、77，将100%位置处的RGB值设置为255、248、176，将【描边颜色】设置为无，如图5-465所示。

⑲ 使用【钢笔工具】在页面中绘制图形，通过【直接选择工具】对相应的节点进行移动或修改，如图5-466所示。

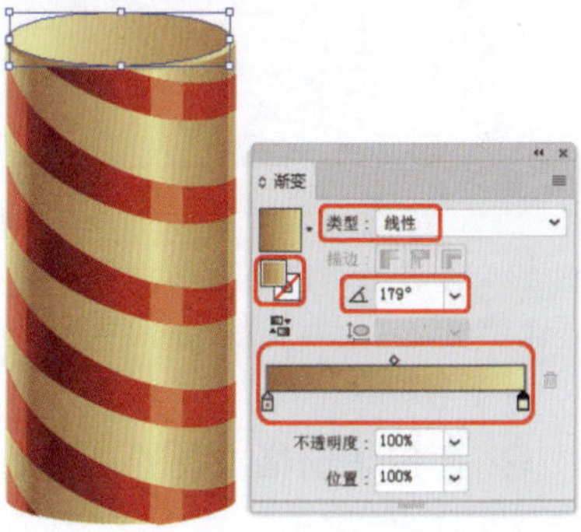

图5-465 设置椭圆的渐变颜色

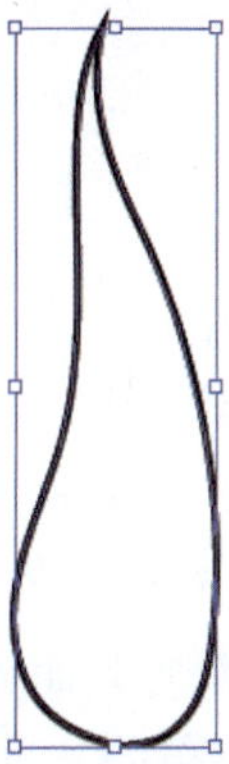

图5-466 绘制火苗

⑳ 在【渐变】面板中，将【类型】设置为【径向】，将0%位置处的RGB值设置为255、255、255，将100%位置处的RGB值设置为251、198、0，描边属性为无色，如图5-467所示。

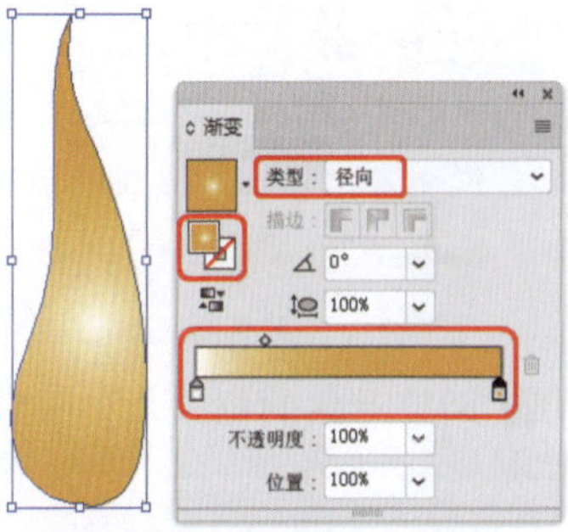

图5-467 设置渐变颜色

㉑ 选择绘制的火苗，按住Alt键复制图形对象，通过范围框调整对象的大小，在【渐变】面板中，将【类型】设置为【径向】，将0%位置处的RGB值设置为255、255、255，将100%位置处的RGB值设置为251、208、77，描边属性为无色，如图5-468所示。

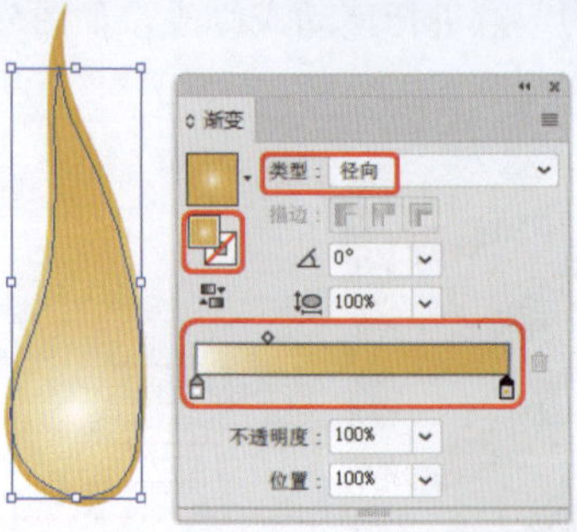

图5-468　设置渐变颜色

㉒ 使用【钢笔工具】，绘制图形，如图5-469所示。

图5-469　绘制图形

㉓ 在【渐变】面板中，将【类型】设置为【线性】，将0%位置处的RGB值设置为239、192、69，将28%位置处的RGB值设置为145、76、0，将100%位置处的RGB值设置为255、255、255，描边属性为无色，如图5-470所示。

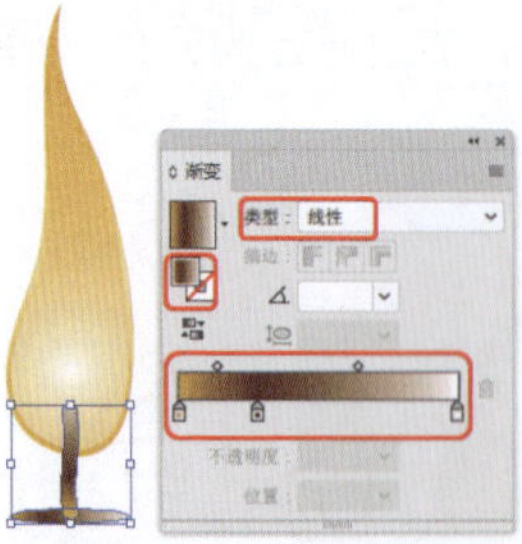

图5-470　设置渐变颜色

㉔ 调整对象的位置，如图5-471所示。

图5-471　调整位置后的效果

㉕ 使用【选择工具】拖拽并选择蜡烛的所有图形对象，按Ctrl+G组合键，将其组合为一个整体，使用选择工具，同时按Alt键并拖拽复制的对象，通过选择框来更改其大小，如图5-472所示。

图5-472　复制蜡烛

㉖ 打开随书配套资源中的素材|Cha05|圣诞背景.ai文件，如图5-473所示。

图5-473　打开素材文件

㉗ 将绘制的蜡烛拖拽至素材文件中，调整蜡烛的大小和位置，如图5-474所示。

图5-474　最终效果

实训练习130
手套

本实例将通过手套的制作帮助读者学会钢笔工具组和直接选择工具的使用，进一步掌握图形对象的基本操作命令，如图5-475所示。

素材	素材|Cha05|手套背景.ai
场景	场景|Cha05|实训练习130 手套.ai
视频	视频教学 | Cha05 |实训练习130 手套.MP4

图5-475　手套

❶ 使用【钢笔工具】依照图5-476所示绘制一个图形，使用【直接选择工具】对节点进行移动或修改操作。

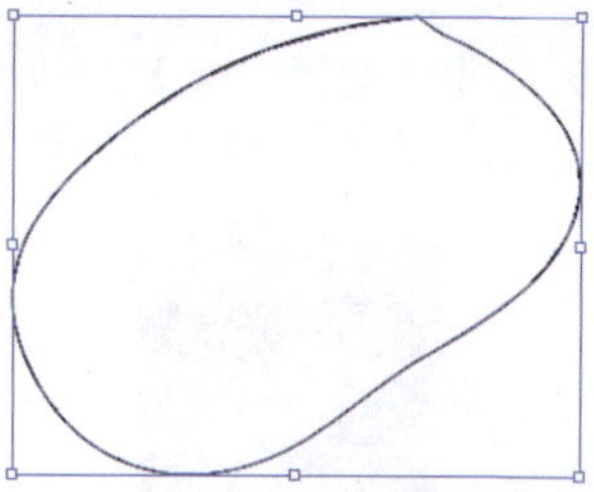

图5-476　绘制手套图形

❷ 在【渐变】面板中，将【类型】设置为【径向】，将0%位置处的RGB值设置为255、255、255，将100%位置处的RGB值设置为250、216、195，将【描边颜色】设置为无，如图5-477所示。

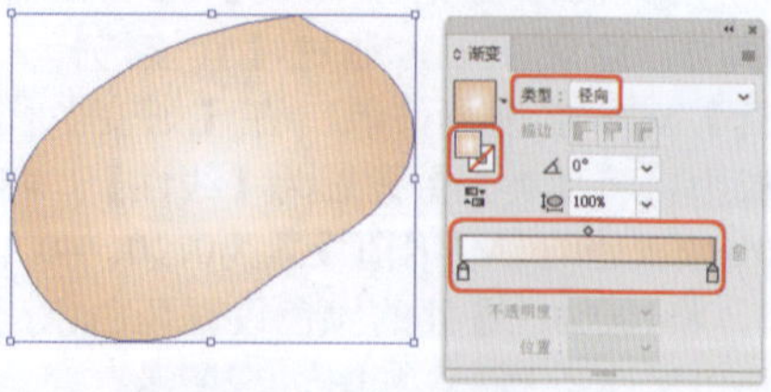

图5-477　设置渐变颜色

❸ 使用【钢笔工具】绘制手套颜色纹路的图形。通过【直接选择工具】对相应的节点进行移动或修改，效果如图5-478所示。

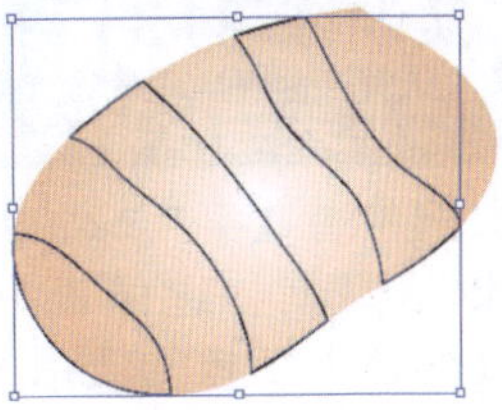

图5-478 绘制手套颜色纹路

❹ 在【渐变】面板中，将【类型】设置为【径向】，将0%位置处的RGB值设置为209、91、93，将100%位置处的RGB值设置为237、129、134，将【描边颜色】设置为无，如图5-479所示。

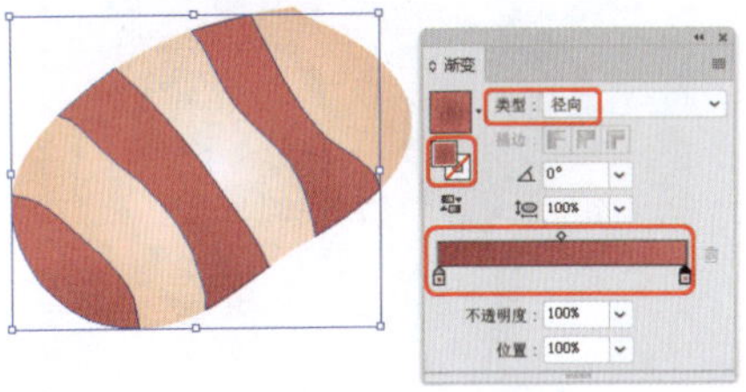

图5-479 设置渐变颜色

❺ 使用【钢笔工具】，在视图中绘制手套腕口区域图形。通过【直接选择工具】对相应的节点进行移动或修改，完成后的效果如图5-480所示。

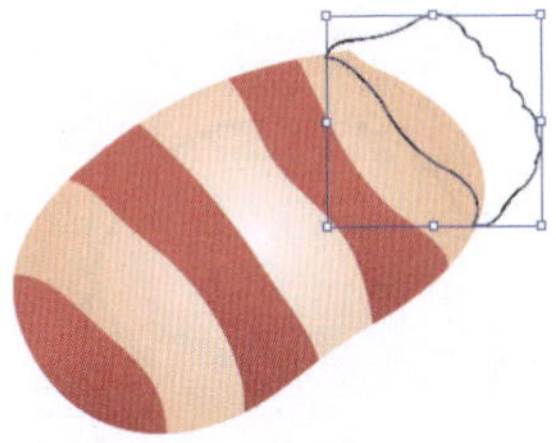

图5-480 绘制手套腕口区域图形

❻ 通过【吸管工具】对图形吸取颜色，如图5-481所示。

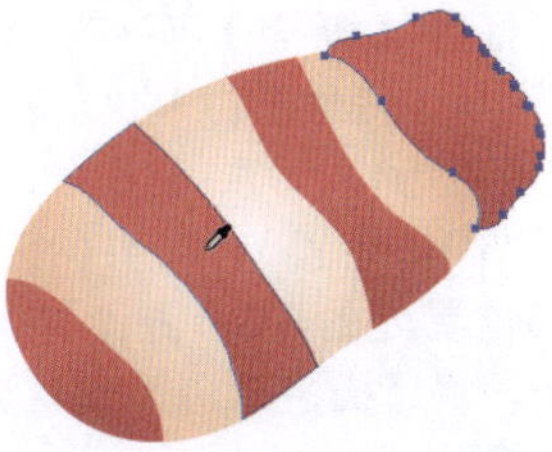

图5-481 拾取渐变颜色

❼ 使用【钢笔工具】绘制手套和手套腕口衔接处区域图形。通过【直接选择工具】对相应的节点进行移动或修改，完成后的效果如图5-482所示。

❽ 通过【颜色】面板设置对象的CMYK值为25、27、44、0，描边属性为无色。将【不透明度】下方的混合模式设置为【正片叠底】，【不透明度】设置为60%，完成后的效果如图5-483所示。

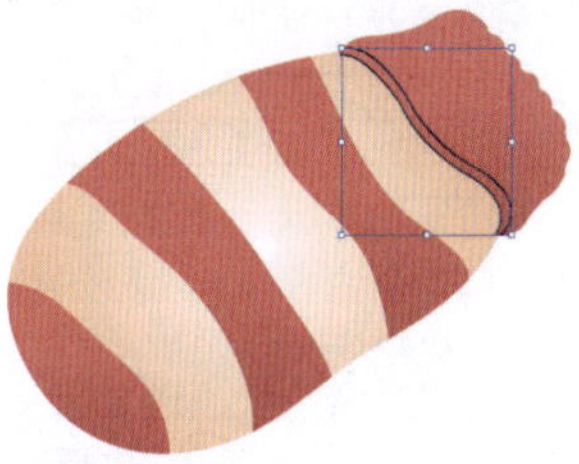

图5-482 绘制手套及腕口衔接区域图形

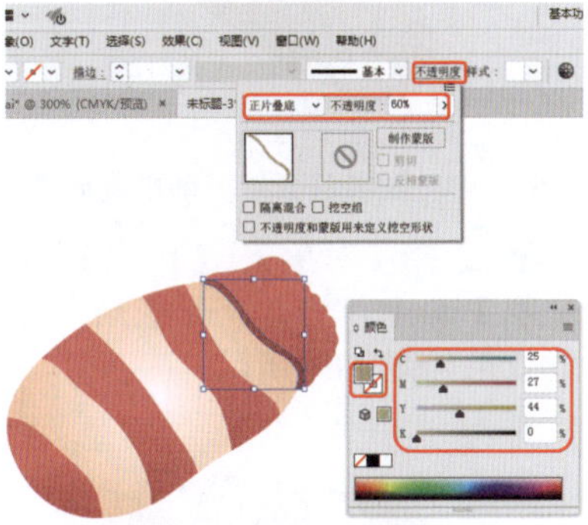

图5-483 设置衔接处图形的色彩

❾ 使用【钢笔工具】绘制腕口条纹图形。通过【直接选择工具】对相应的节点进行移动或修改，如图5-484所示。

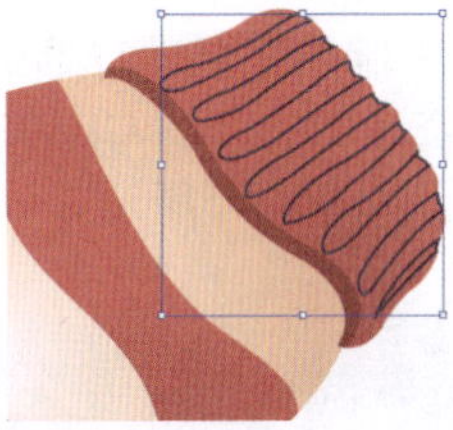

图5-484 绘制腕口条纹图形

❿ 通过【颜色】面板设置对象的CMYK值为25、27、44、0，描边属性为无色。将【不透明度】下方的混合模式设置为【正片叠底】，【不透明度】设置为60%，完成后的效果如图5-485所示。

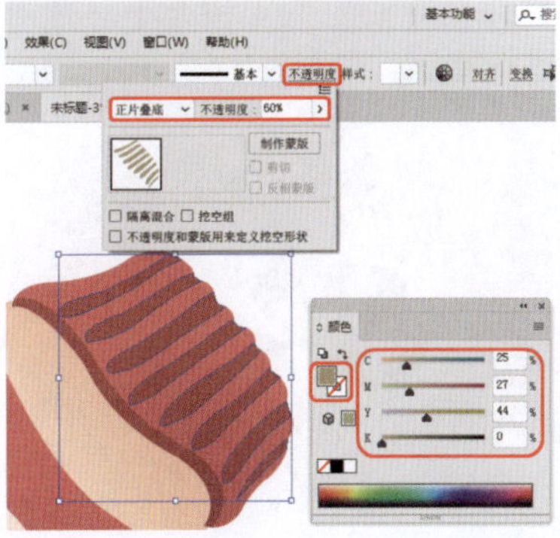

图5-485 设置腕口条纹图形的色彩

⓫ 使用【钢笔工具】绘制手套手掌区域的阴影图形，通过【直接选择工具】对相应的节点进行移动或修改，效果如图5-486所示。

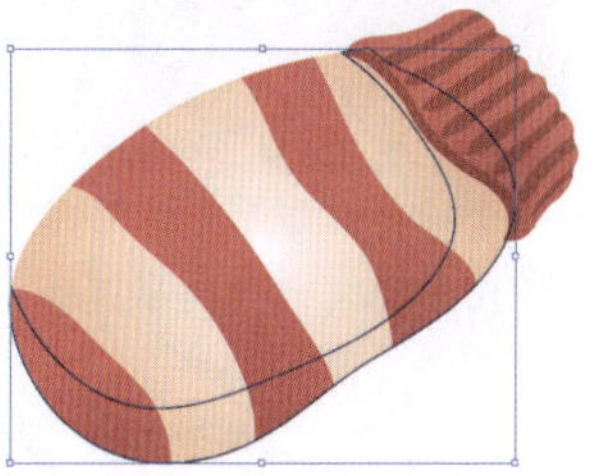

图5-486 绘制手套手掌区域的阴影图形

⓬ 打开【渐变】面板，将【类型】设置为【线性】，将【角度】设置为-137°，将0%位置处的RGB值设置为255、255、255，将100%位置处的RGB值设置为186、108、113，将【描边颜色】设置为无，如图5-487所示。

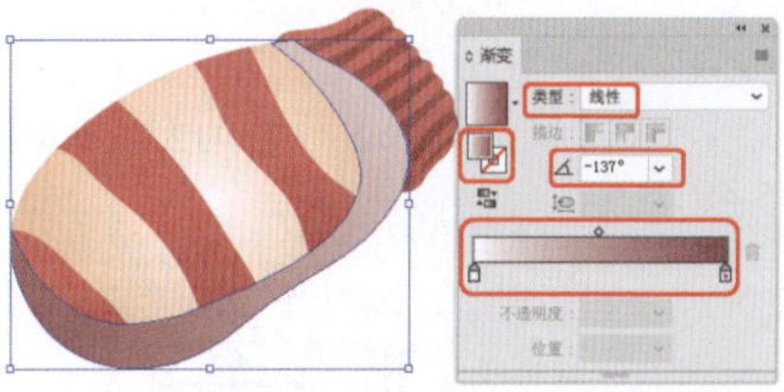

图5-487 设置渐变颜色

⓭ 将【不透明度】下方的混合模式设置为【正片叠底】，【不透明度】为66%，完成后的效果如图5-488所示。

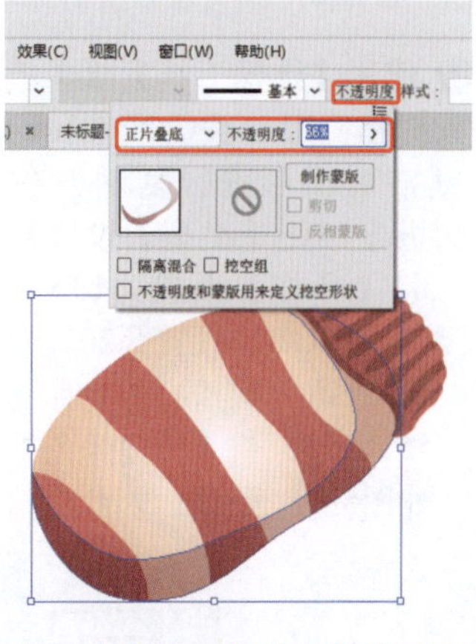

图5-488 设置腕口条纹图形的不透明度

⓮ 确定腕口条形图形处于选择状态，多次选择【对象】|【排列】|【后移一层】命令，将当前图形移动至腕口图形的下方，如图5-489所示。

⓯ 使用【钢笔工具】绘制手套拇指区域的图形，通过【直接选择工具】对相应的节点进行移动或修改，

效果如图5-490所示。

图5-489　调整阴影图形

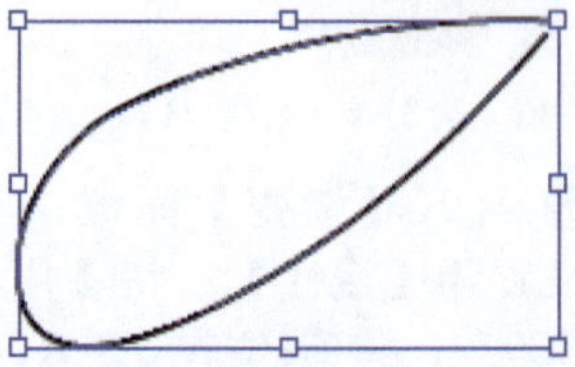

图5-490　绘制手套拇指区域的图形

⑯ 打开【渐变】面板，将【类型】设置为【径向】，将0%位置处的RGB值设置为209、91、93，将100%位置处的RGB值设置为237、129、134，将【描边颜色】设置为无，如图5-491所示。

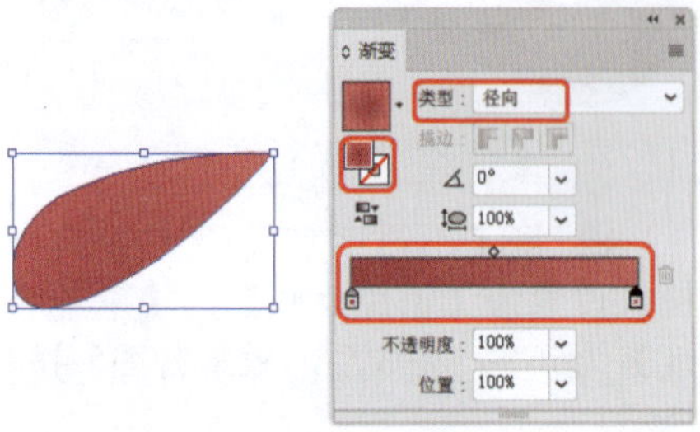

图5-491　设置渐变颜色

⑰ 使用【选择工具】单击填充后的手头拇指图形，按Ctrl+C和Ctrl+F组合键，对图形进行复制。在【渐变】面板中，将【类型】设置为【线性】，将【角度】设置为155°，将0%位置处的RGB值设置为202、164、98，将100%位置处的RGB值设置为255、255、255，将【描边颜色】设置为无，如图5-492所示。

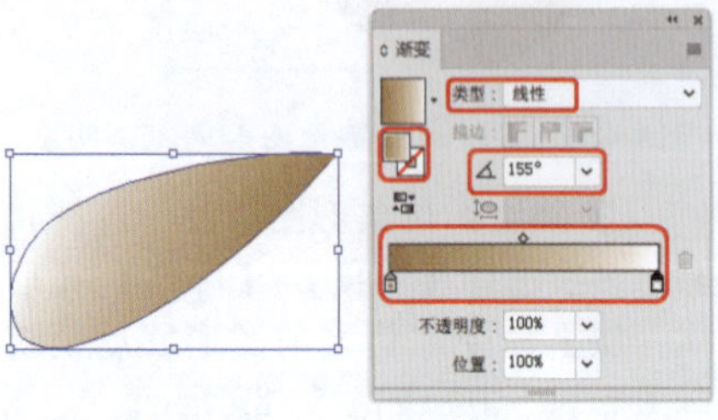

图5-492　设置属性

⑱ 将【不透明度】下方的混合模式设置为【正片叠底】，【不透明度】设置为65%，完成后的效果如图5-493所示。

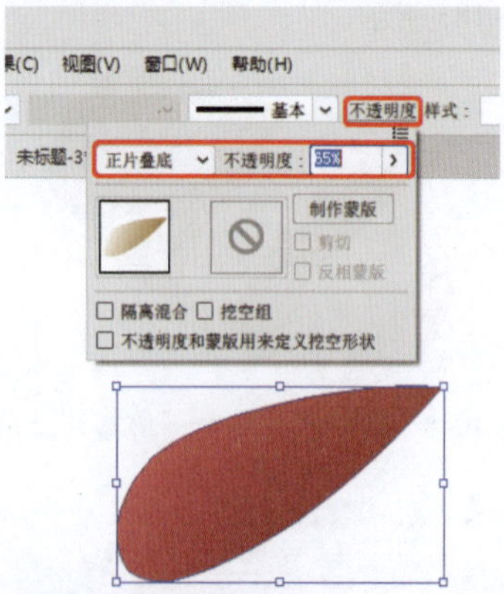

图5-493　设置拇指图形的不透明度

⑲ 选择【对象】|【排列】|【置于底层】命令，将其置于底层，完成后的效果如图5-494所示。

图5-494　将图形置于底层

⑳ 对绘制的手套进行编组，打开随书配套资源中的素材|Cha05|手套背景.ai文件，如图5-495所示。

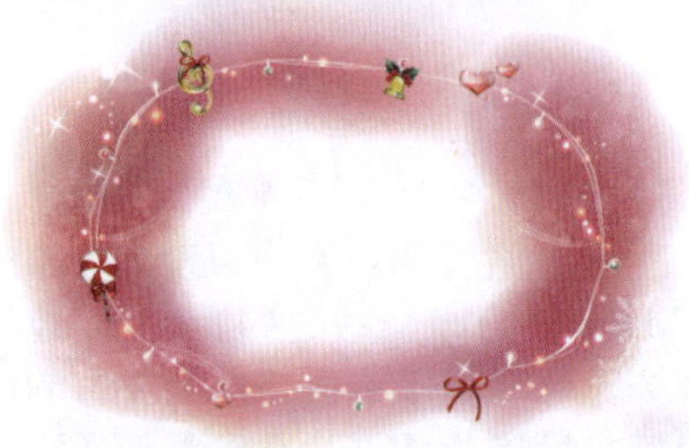

图5-495　打开素材文件

㉑ 将绘制的手套复制到素材文件中，调整对象的位置和大小，并对手套进行复制，如图5-496所示。

图5-496　最终效果

实训练习131
乒乓球拍

本实例将通过乒乓球拍的设计制作讲解钢笔工具、镜像工具、【渐变】和【颜色】面板的使用方法及技巧，效果如图5-497所示。

<table>
<tr><td>素材</td><td>无</td></tr>
<tr><td>场景</td><td>场景|Cha05|实训练习131　乒乓球拍.ai</td></tr>
<tr><td>视频</td><td>视频教学 | Cha05 |实训练习131　乒乓球拍.MP4</td></tr>
</table>

图5-497　乒乓球拍

❶ 使用钢笔工具依照图5-498所示绘制乒乓球拍面图形，使用【直接选择工具】对节点进行移动或修改操作。

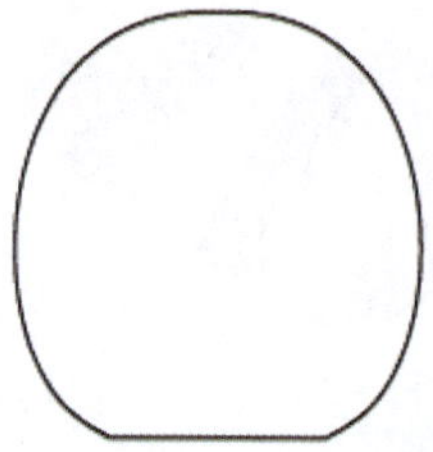

图5-498　绘制乒乓球拍面图形

❷ 打开【渐变】面板，将【类型】设置为【线性】，将0%位置处的RGB值设置为47、97、150，将52%位置处的RGB值设置为77、118、172，将100%位置处的RGB值设置为47、97、150，将【描边颜色】设置为无，如图5-499所示。

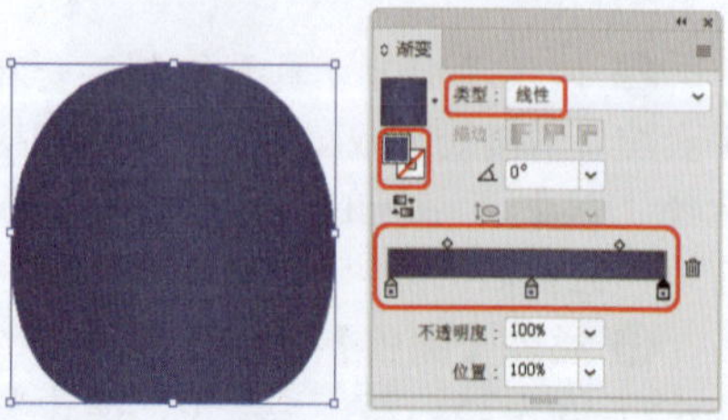

图5-499　设置属性

❸ 单击【钢笔工具】按钮，绘制乒乓球拍拍柄图形。绘制过程中通过直接选择工具对相应的节点进行移动或修改，效果如图5-500所示。

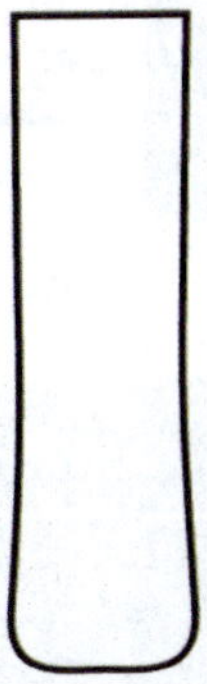

图5-500　绘制球拍拍柄图形

❹ 打开【渐变】面板，将【类型】设置为【线性】，将10%位置处的RGB值设置为186、153、116，将50%位置处的RGB值设置为207、179、149，将90%位置处的RGB值设置为186、153、116，将【描边颜色】设置为无，如图5-501所示。

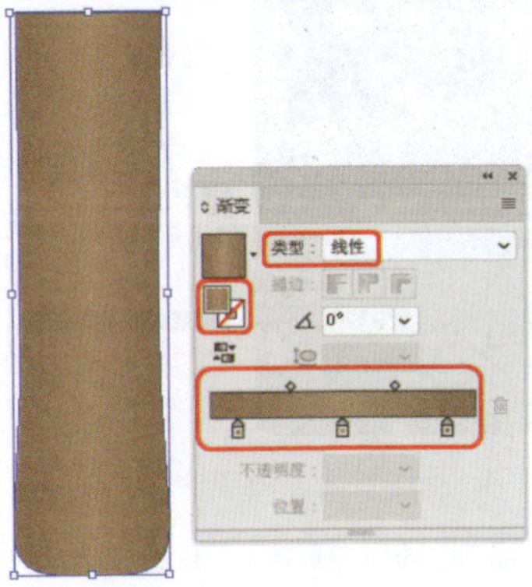

图5-501　设置渐变颜色

❺ 使用【选择工具】将两个图形移动至合适的位置，如图5-502所示。

图5-502　将图形组合

❻ 使用【钢笔工具】绘制拍柄左侧扇面图形。通过【直接选择工具】对相应的节点进行移动或修改，效果如图5-503所示。

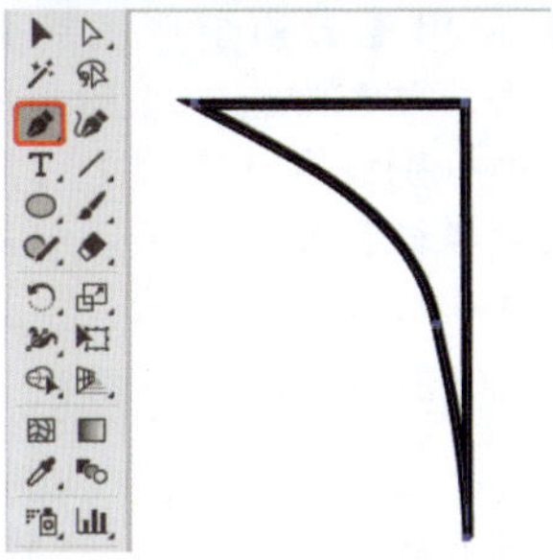

图5-503　绘制球拍拍柄左侧扇面图形

❼ 打开【渐变】面板，将【类型】设置为【线性】，将【角度】设置为-150°，将20%位置处的RGB值设置为178、141、72，将90%位置处的RGB值设置为203、173、129，将【描边颜色】设置为无，如图5-504所示。

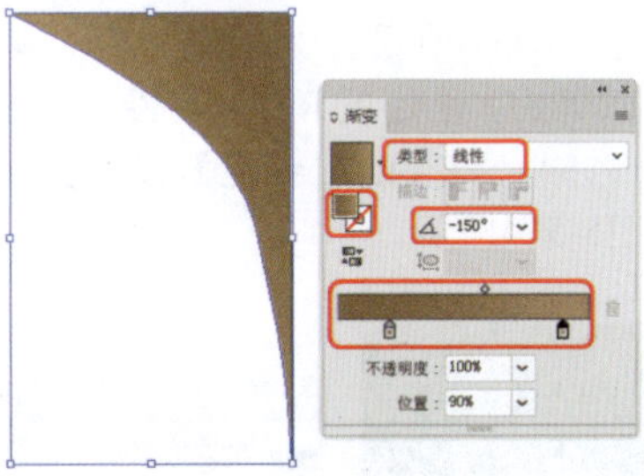

图5-504　设置属性

❽ 单击【镜像工具】按钮，按下键盘上的Alt键，单击并定位镜像中心点，在弹出的【镜像】对话框中进行参数设置后，单击【复制】按钮，如图5-505所示。

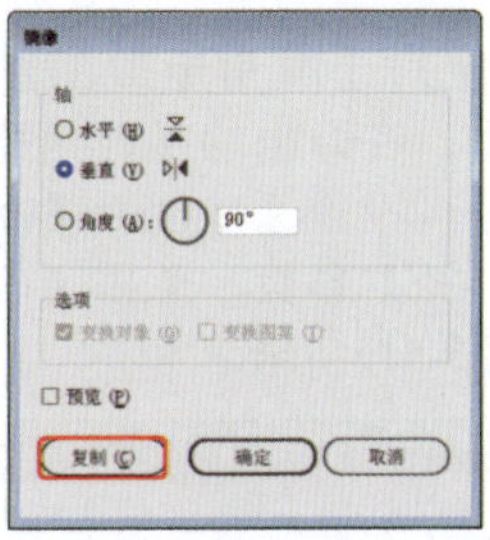

图5-505　镜像拍柄扇面

❾ 使用【选择工具】将镜像后的拍柄扇面图形移动至拍柄右侧，将其置于底层，完成后的效果如图5-506所示。

图5-506　将镜像后的扇面图形进行调整

❿ 选择球拍，按住Alt键，对乒乓球拍进行复制，选择乒乓球拍的拍面，在【渐变】面板中，将【类型】设置为【线性】，将5%位置处的RGB值设置为186、60、61，将50%位置处的RGB值设置为199、74、78，将97%位置处的RGB值设置为186、60、61，如图5-507所示。

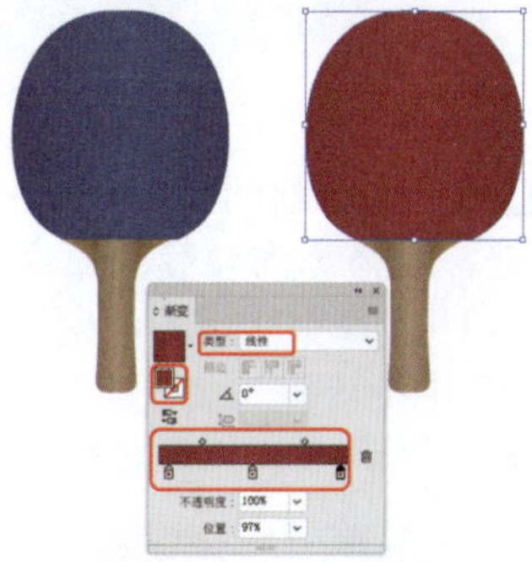

图5-507　设置渐变后的效果

⓫ 使用【椭圆工具】，按住Shift键，绘制正圆，在【渐变】面板中，将【类型】设置为【径向】，将0%位置处的RGB值设置为255、255、255，将100%位置处的RGB值设置为0、0、0，将【描边颜色】设置为无，如图5-508所示。

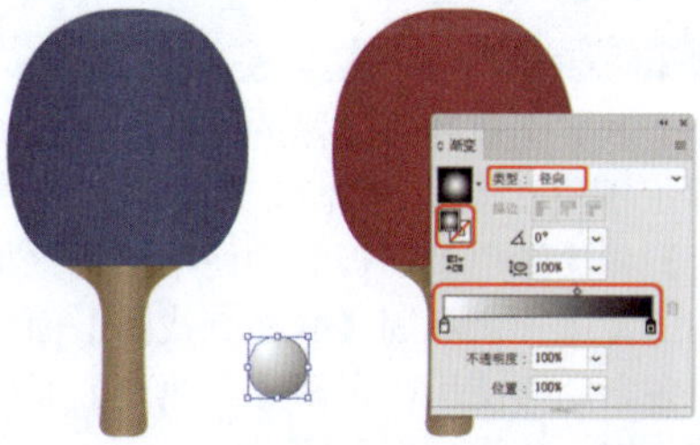

图5-508　绘制乒乓球并设置渐变颜色

⓬ 使用【矩形工具】绘制矩形，在【颜色】面板中将填充颜色的RGB值设置为67、181、73，将【描边颜色】设置为无，如图5-509所示。

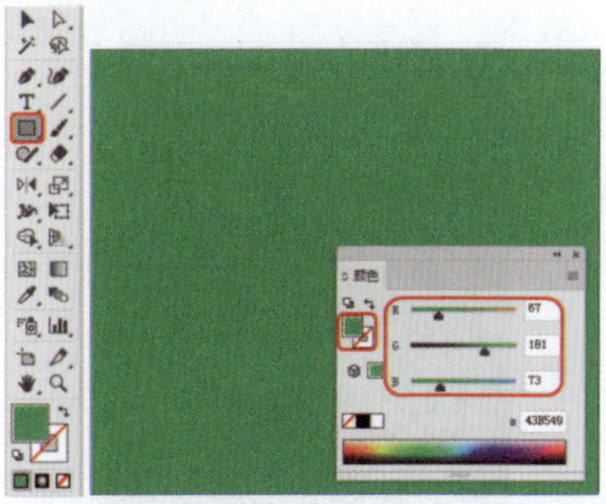

图5-509　绘制后的效果

⓭ 将【不透明度】设置为20%，效果如图5-510所示。

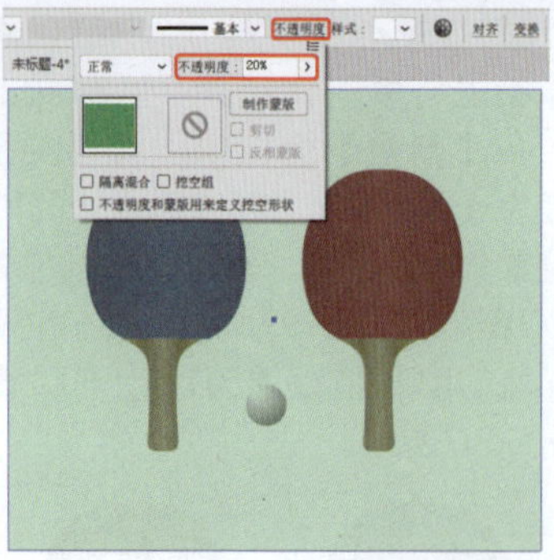

图5-510　设置矩形的不透明度

⑭ 选中绘制的矩形，单击鼠标右键，在弹出的快捷菜单中选择【排列】|【置于底层】命令，效果如图5-511所示。

图5-511　最终效果

实训练习132
播放器

本实例通过播放器的设计制作，讲解了钢笔工具、基本绘图工具、【渐变】和【颜色】面板等的使用，可以帮助读者进一步巩固【路径查找器】面板中各命令的使用，了解【透明度】面板的使用，效果如图5-512所示。

素材	无
场景	场景|Cha05|实训练习132　播放器.ai
视频	视频教学 | Cha05 |实训练习132　播放器.MP4

图5-512　播放器

❶ 使用【圆角矩形工具】在视图中单击，并在弹出的【圆角矩形】对话框中分别设置【宽度】【高度】和【圆角半径】参数，最后单击【确定】按钮，如图5-513所示。

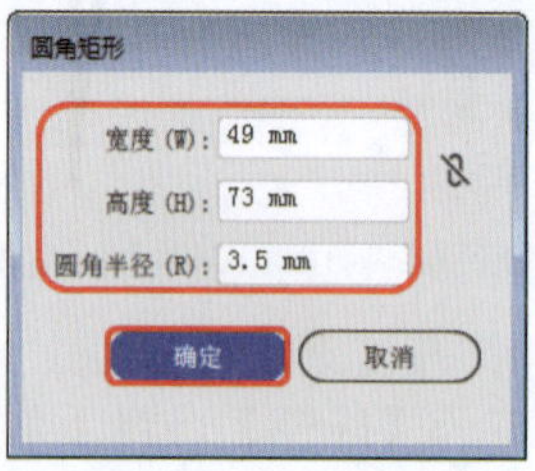

图5-513　设置【圆角矩形】对话框参数

❷ 打开【渐变】面板，将【类型】设置为【线性】，将0%位置处的RGB值设置为0、101、54，将50%位置处的RGB值设置为134、188、67，将100%位置处的RGB值设置为0、101、54，将【描边颜色】设置为无，如图5-514所示。

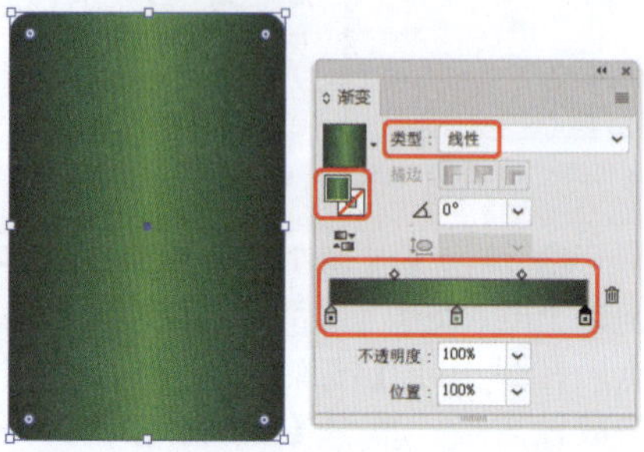

图5-514　设置【渐变】和【颜色】属性

❸ 使用【圆角矩形工具】在页面中单击，在弹出的【圆角矩形】对话框中分别设置【宽度】【高度】和【圆角半径】参数，单击【确定】按钮，如图5-515所示。

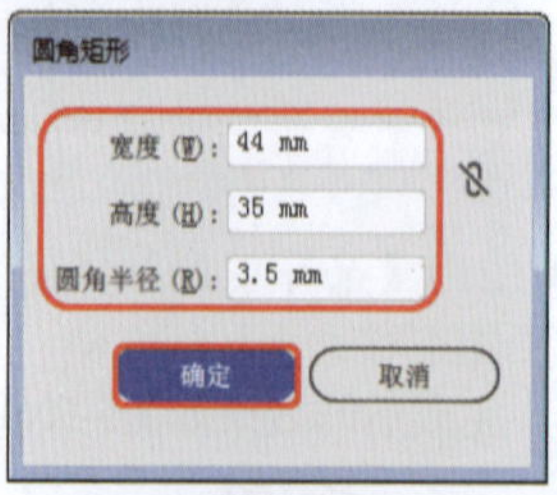

图5-515　【圆角矩形】对话框

❹ 将【颜色】面板中的RGB值设置为0、101、54，将【描边颜色】设置为无，如图5-516所示。

❺ 选择小的圆角矩形，选择【编辑】|【复制】命令，和【贴到前面】命令，通过选择框更改图形的大小，如图5-517所示。

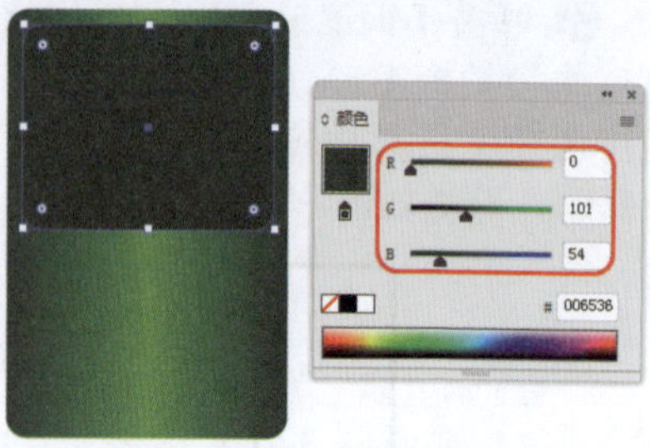

图5-516　设置渐变和颜色属性

图5-517　复制并调整图形大小

❻ 打开【渐变】面板，将【类型】设置为【线性】，将0%位置处的灰度值设置为80，将100%位置处的灰度值设置为100，将【描边颜色】设置为无，如图5-518所示。

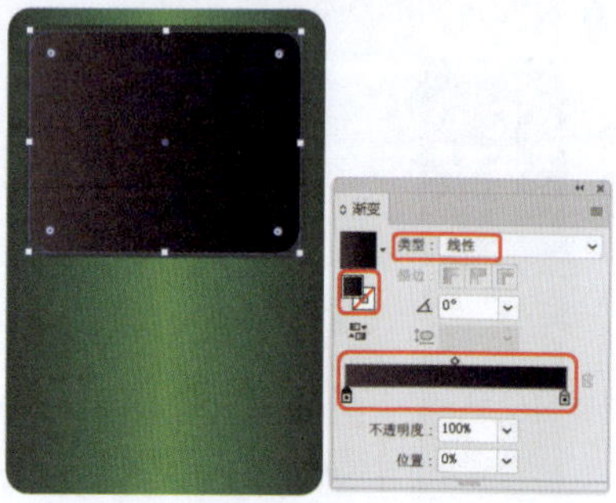

图5-518　设置渐变和颜色属性

❼ 选择【编辑】|【复制】命令，和【贴到前面】命令，使用【椭圆工具】在视图中绘制一个椭圆，将其移动至图5-519所示的位置处。

图5-519　绘制并调整椭圆形位置

❽ 使用【选择工具】，同时选择复制后的圆角矩形和椭圆图形，单击【路径查找器】面板中的【减去顶层】按钮，生成新的对象，如图5-520所示。

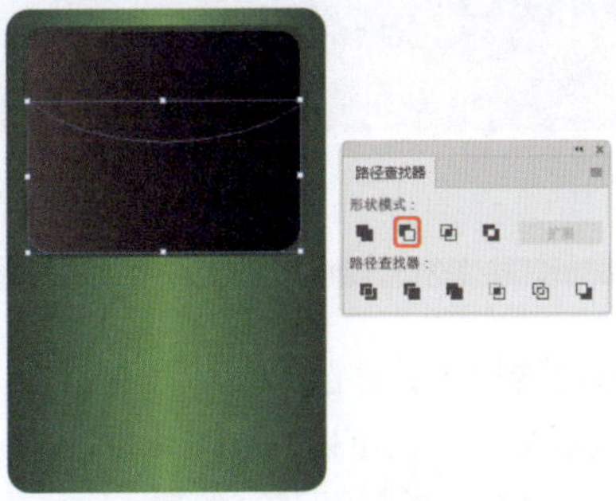

图5-520　生成新的对象

9 选择【窗口】|【透明度】命令，打开【透明度】面板，设置混合模式为【正片叠底】，完成后的效果如图5-521所示。

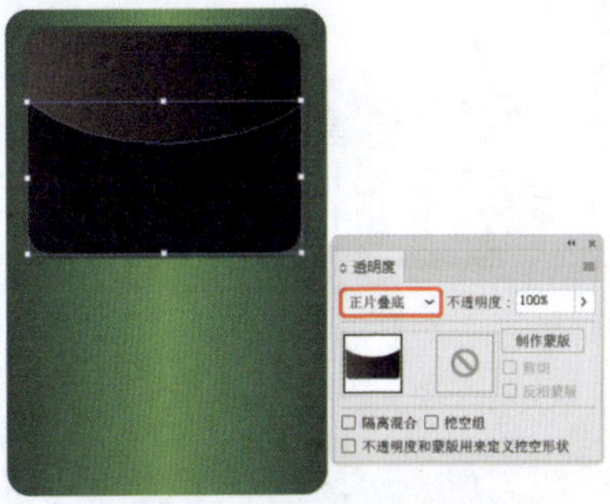

图5-521　设置图像透明度模式

10 使用【椭圆工具】在视图中单击，在弹出的【椭圆】对话框中设置椭圆形的【宽度】和【高度】，单击【确定】按钮，如图5-522所示。

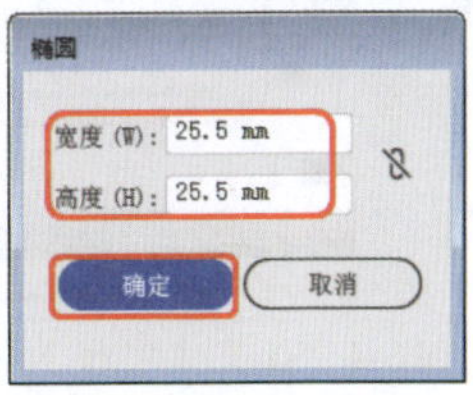

图5-522　设置椭圆形的宽度及高度

11 使用【选择工具】选择正圆形，通过【吸管工具】吸取颜色，将其移动至图5-523所示的位置处。

图5-523　设置图形的填充及调整位置

12 使用【椭圆工具】在页面中单击，在弹出的【椭圆】对话框中设置椭圆的【宽度】和【高度】，单击【确定】按钮，如图5-524所示。

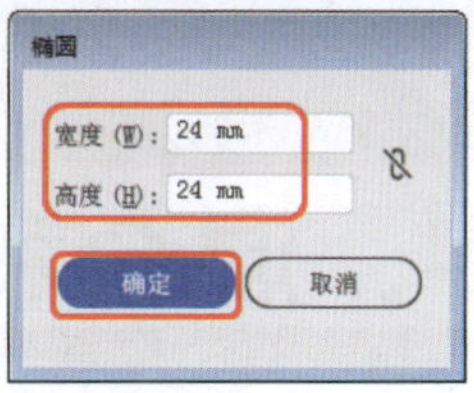

图5-524　设置椭圆形参数

13 使用【选择工具】单击并选择正圆图形，执行菜单栏中的【编辑】|【复制】|【贴到前面】命令，通过选择框更改图形的大小，如图5-525所示。

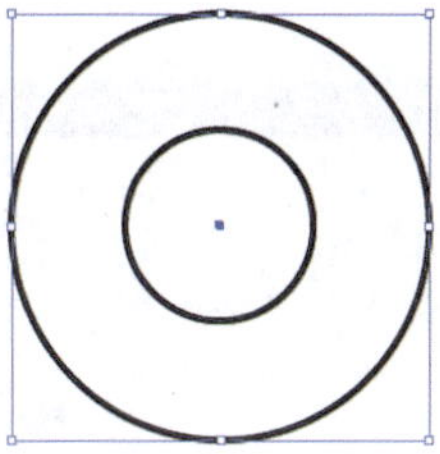

图5-525　复制并更改图形

14 使用【选择工具】拖拽鼠标，同时选择两个椭圆，单击【路径查找器】面板中的【减去顶层】按钮，生成新的对象，通过【颜色】面板设置图形的填充属性为黑色，描边属性为无色，如图5-526所示。

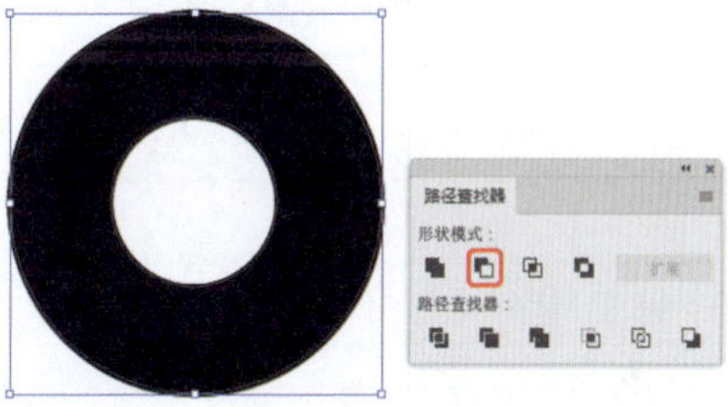

图5-526　选择并设置图形属性

15 通过多边形、直线和文字工具在页面中分别绘制图形和输入文字，并将其移动至图5-527所示的位置处。

图5-527　绘制图形及输入文字

16 使用【选择工具】拖拽并选择对象，选择【对象】|【编组】命令，将其组合成为一个整体，将其移动至播放器屏幕下方的中心位置处，如图5-528所示。

图5-528　编组并调整图形位置

知识链接

播放器通常指的是能播放以数字信号形式存储的视频或音频文件的软件，也指具有播放视频或音频文件功能的电子器件产品，如基于闪存的mp3播放器和基于移动硬盘的iPod等。除了少数波形文件外，大多数播放器携带解码器以还原经过压缩媒体文件，播放器还要内置一整套转换频率以及缓冲的算法。

以前是播放音频和视频的软件各具特色，现在大多则是视频音频播放器合二为一了。

播放器类别繁多，常用的播放器大致如下所述。

（1）音频的播放器。

千千静听、Foobar2000、百猎、WinMP3Exp、Winamp、KuGoo、mp3、儿歌播放器等。

（2）视频的播放器。

新速影音、PotPlayer、猫范（MoreFunTV）、迅雷看看、变色龙万能播放器、KMPlayer、绚彩魅影、暴风影音、超级兔子快乐影音、RealPlayer、Windows Media Player、QuickTime、快播(QVOD)、QQ影音、百度影音、天天影音、快搜播放器等。

（3）网络电视播放专用。

飞流影音、迅雷看看、PPlive、ppstream、沸点网络电视、QQlive、CBox等。

（4）网页播放器。

网页播放器是一个网页插件，运行制作好的页面后，它会调用系统自带的WindowsMedia播放器来播放事先设定好的歌曲，如Flash播放器、Adobe Flash Player等。

第6章 文字、混合和封套

在各种设计作品中，文字是必不可少的设计元素之一，文字的美观与否会直接影响到设计作品的整体效果。在Illustrator CC 2017中提供了非常强大的文本处理功能，可以方便编排文字和设置段落格式，还可以使文本设置任意形状的路径输入，或者在任意的封闭图形中编排文字，将其文字图形化等，从而制作出形态各异的文字效果。

本章通过菜谱、桌面餐牌、宣传单排版、多重描边字、商场特价吊牌、浪漫情缘、招聘广告、金属文字、标签文字、发光文字、粉笔文字、凹凸文字等实例的介绍，帮助读者熟练掌握文字工具、区域文字工具和路径文字工具、混合工具和封套的使用。

实训练习133 菜谱

本实例通过菜谱的制作讲解文字工具和直排文字工具的使用，了解文字的字体及字号设置，效果如图6-1所示。

素材	素材|Cha06|菜谱.ai
场景	场景|Cha06|实训练习133　菜谱.ai
视频	视频教学 | Cha06 |实训练习133　菜谱.MP4

图6-1　菜谱

❶ 打开随书配套资源中的素材|Cha06|菜谱.ai文件，如图6-2所示。

图6-2　打开素材文件

❷ 使用【文字工具】，在页面中单击并输入文字，打开【字符】面板，将【字体】设置为【方正黄草简体】，将【字体大小】设置为80 pt，如图6-3所示。

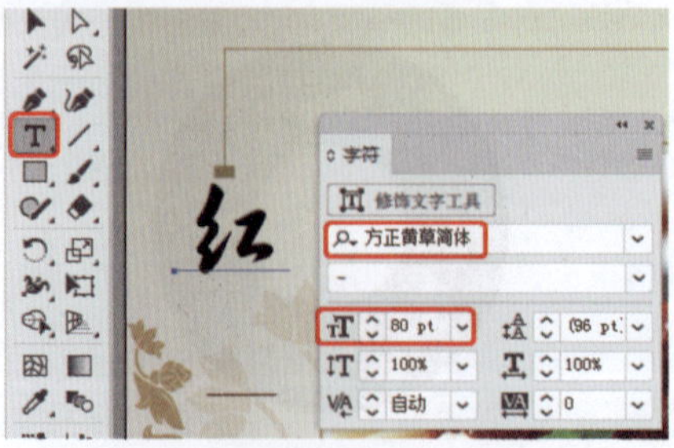

图6-3　输入文字并设置字体

❸ 打开【颜色】面板，将【填充颜色】的RGB值设置为130、32、32，如图6-4所示。

❹ 按住Alt键将文字进行复制，打开【字符】面板，将【字体大小】设置为63 pt，适当调整文字的角度，如图6-5所示。

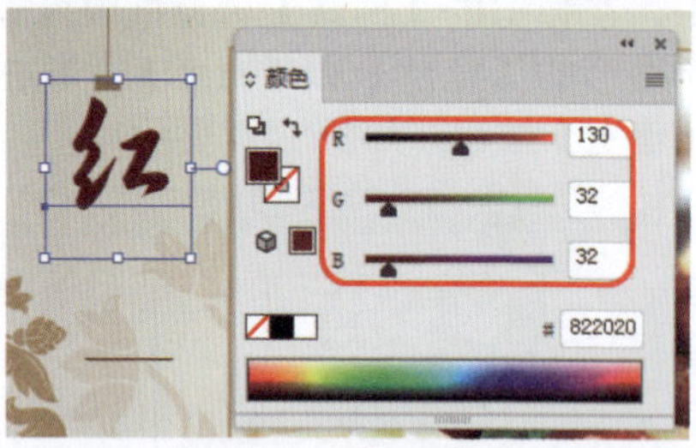

图6-4　设置文字颜色

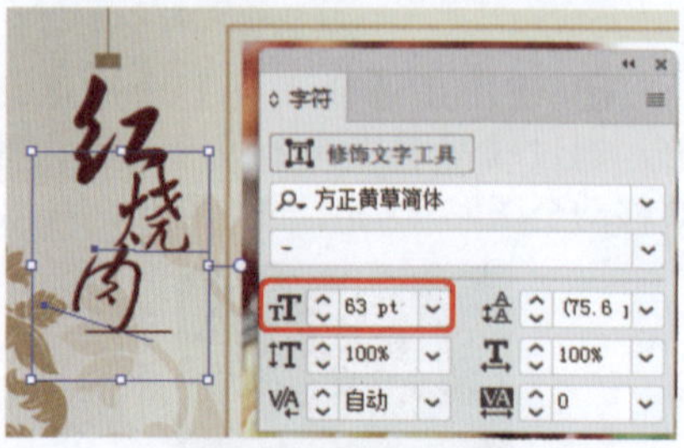

图6-5　设置文字大小

❺ 使用【直排文字工具】，输入文本，将【字体】设置为【黑体】，将【字体大小】设置为30pt，如图6-6所示。

❻ 使用【文字工具】，在页面中输入文本，如图6-7所示。

❼ 使用【旋转工具】，按住Alt键，指定锚点位置，如图6-8所示。

图6-6 输入文字并设置字体

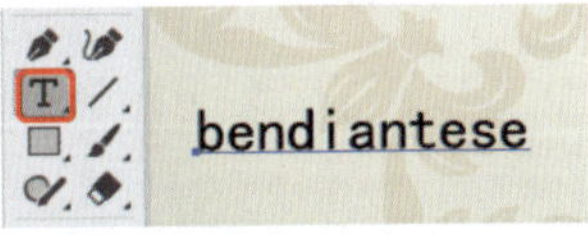

图6-7 输入文本

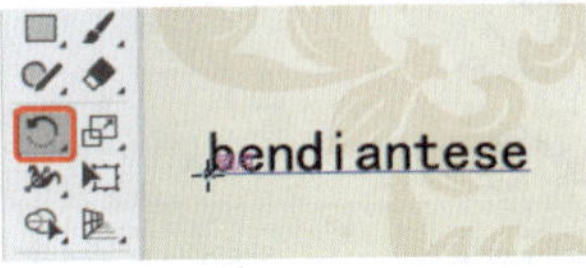

图6-8 指定锚点

⑧ 弹出【旋转】对话框，将【角度】设置为-90°，单击【确定】按钮，如图6-9所示。

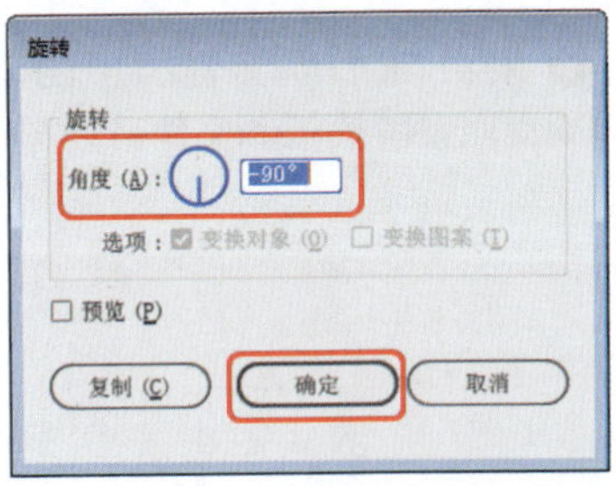

图6-9 设置旋转角度

⑨ 旋转完成后，调整文本的位置，将【字体】设置为【宋体】，将【字体大小】设置为23pt，如图6-10所示。

图6-10 设置字体和字体大小

⑩ 按住Shift键选择图6-11所示的文本，将【填充颜色】的RGB值设置为132、29、32。

图6-11 设置文本填充颜色

⑪ 使用【矩形工具】，绘制矩形，将【填充颜色】的RGB值设置为176、31、35，将【描边颜色】设置为无，如图6-12所示。

图6-12 绘制矩形并填充颜色

⑫ 使用【文字工具】，输入文本，将【字体】设置为【汉仪大宋简】，将【字体大小】设置为20pt，将【字符间距】设置为150，将【颜色】设置为白色，如图6-13所示。

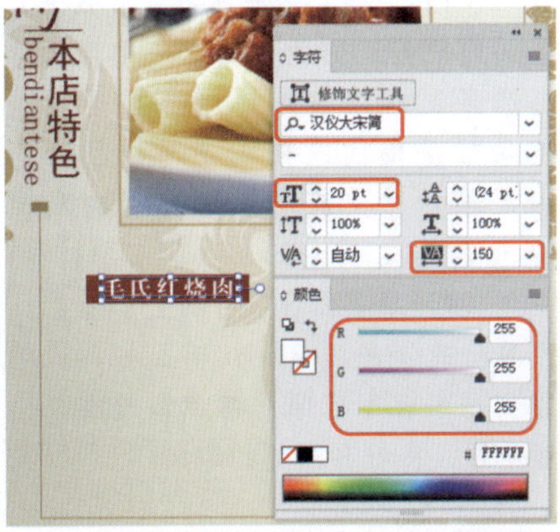

图6-13 设置字符和颜色

⑬ 使用【文字工具】输入文本，参照图6-14设置参数。

⑭ 选择“毛”文字，将【字体大小】设置为21pt，如图6-15所示。

图6-14 设置文本参数

图6-15 设置字体大小

⑮ 通过【矩形工具】和【文字工具】，绘制矩形并输入文本，通过【颜色】面板设置填充颜色，如图6-16所示。

图6-16 设置完成后的效果

知识链接

“菜谱”一词来自拉丁语，原意为备忘录，本意是厨师的备忘记录单子。现代餐厅的菜单，不仅要给厨师看，还要给客人看。我们可以用一句话概括，菜谱是餐厅提供的商品目录和介绍书，它是餐厅的消费指南，也是餐厅最重要的名片。

菜谱设计就是在确立目标市场，

了解客人的需要，根据食客口味，喜好的习惯的基础上设计菜谱。同时还要掌握饭店内部的人力、物力、财力情况，量力而行，对自己技术、供应等情况做到心中有数。

1. 设计要素

（1）菜单不仅仅是一张印有字的纸，更是一个能体现餐厅文化特色的载体。

（2）制作菜单的材料一般有：皮质封面（封面工艺分为烫金烫银、不锈钢Logo、凹凸印等），菜牌纸张可以是相纸、铜板纸、特种纸等。有些客户希望材料独特，偶尔还会用到竹简、布等材料。材料的手感质地很重要，因为菜单要是拿在手里看的。

（3）菜单中常见的插图有菜品的创意图片、餐厅外貌图片、中国名胜古迹、菜系所在地的山水画、风土人情、重要人物在餐厅就餐的图片和题名等。

（4）菜单最理想的尺寸为23～30cm，文字占总页面的面积不超出50%，且越少越好，这更适应现代的快节奏生活。

（5）菜单设计时要尽量选择能反映本店风格的特色菜，菜单中有些菜是大图，应该放置本店的招牌菜。菜单中的菜品应该有主有次，图案有大有小，这样可以方便食客选择。

（6）菜单设计中还有一点非常重要，那就是菜肴的图片，图片拍摄要有创意设计，以提升客户的精神享受。用心设计出来的菜单自然会提升餐饮店的整体形象。

2. 特色菜肴

特色菜肴列于菜单上，进行重点推销。即使大众化餐厅，往往也有几道拿手菜或看家菜。如果没有几道稳得住、立得牢的看家菜，很难留住老顾客，也很难吸引更多的新顾客，因此设计菜单一定要突出自己饭店的特色，突出自己的特色，才能给顾客留下深刻印象。

3. 设计理念

设计理念是餐厅经营活动中的重要环节，进行菜单设计最终目的是为了促销，为了盈利，而不是为了设计菜单而设计菜单。在设计菜单前一定要确立目标市场，了解客人的需要，根据食客的口味，喜好的习惯而设计菜单，只有这样的菜单才能方便顾客浏览选择，才能吸引客人和刺激客人的食欲。

4. 菜单封面

不要忽视菜单封面的重要性。要知道每一位顾客首先看到的就是菜单的封面。

封面可以营造第一印象。一个合格的菜单封面在设计时就应该考虑到餐厅的装修格调，使菜单与餐厅的风格形成一个整体。一家餐厅菜单的形象展示不仅仅是一个标志，它包含了所有的设计元素，包括排版、背景风格和设计基调等。

5. 制作意义

菜单设计是餐厅经营中活动的重要环节，菜单设计的最终目的是为了促销，为了盈利。

（1）菜单是餐厅促销的手段。一份精心编制的菜单能使顾客心情舒畅，赏心悦目，并能使顾客体会餐厅到用心经营。

（2）菜单是餐厅主要的广告宣传品，一份制作精美的菜单不但能反映餐厅的格调，使客人对菜单内所列的美味佳肴留下深刻印象，有的菜单甚至可以被视为一种艺术品，让人欣赏并留作纪念，带给客人美好的用餐体验。

（3）菜单是沟通消费者与服务者之间的桥梁。消费者通过菜单来选择自己喜爱的菜肴，而服务员通过菜单来推荐餐厅的招牌菜，两者之间由菜单开始交流，形成良好的双向沟通模式。

（4）菜单体现餐厅特色和水准。菜单上的食品项目、饮料品种、价格等能显现餐厅商品的特色和水准，以留给客人良好和深刻的印象。

实训练习134 桌面餐牌

本实例将讲解如何制作桌面餐牌，最后的效果如图6-17所示。

素材	素材|Cha06|桌面餐牌模板.ai、图01.jpg ~图04.jpg
场景	场景|Cha06|实训练习134　桌面餐牌.ai
视频	视频教学 | Cha06 |实训练习134　桌面餐牌.MP4

图6-17　桌面餐牌

❶ 打开随书配套资源中的素材|Cha06|桌面餐牌模板.ai文件，如图6-18所示。

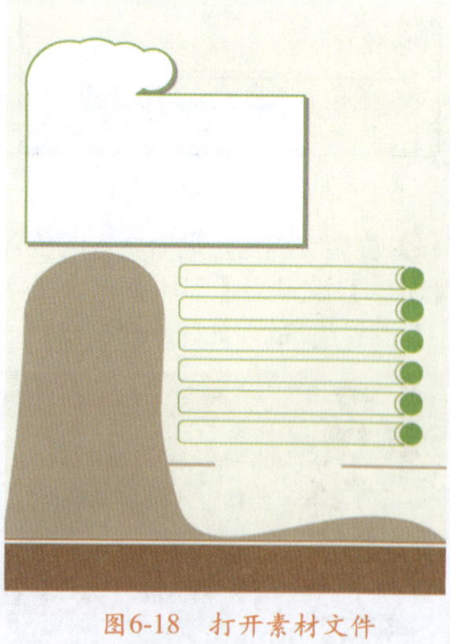
图6-18　打开素材文件

❷ 使用【矩形工具】绘制两个矩形，如图6-19所示。

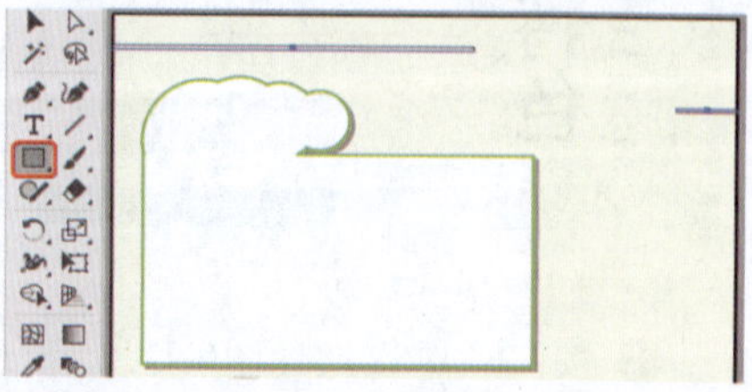
图6-19　绘制矩形

③ 将【填充颜色】的RGB值设置为201、188、156，将【描边颜色】设置为无，如图6-20所示。

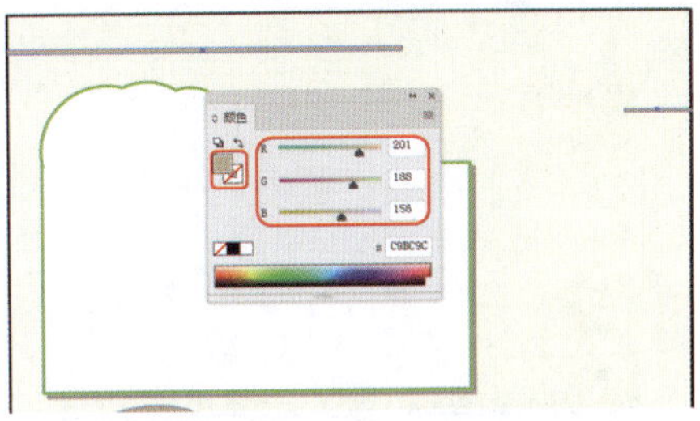

图6-20 设置填充和描边颜色

④ 使用【文字工具】，输入文本，将【字体】设置为【方正隶二简体】，将【字体大小】设置为36pt，将【填充颜色】的RGB值设置为184、28、37，如图6-21所示。

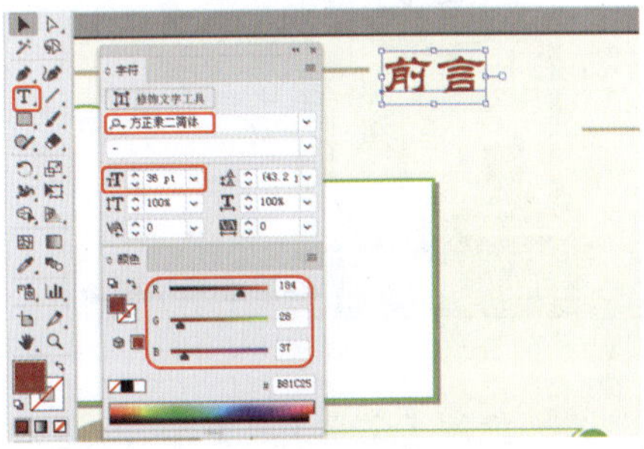

图6-21 设置文字字符和颜色

⑤ 按住Alt键对文本进行复制，修改文本为【餐馆】，如图6-22所示。

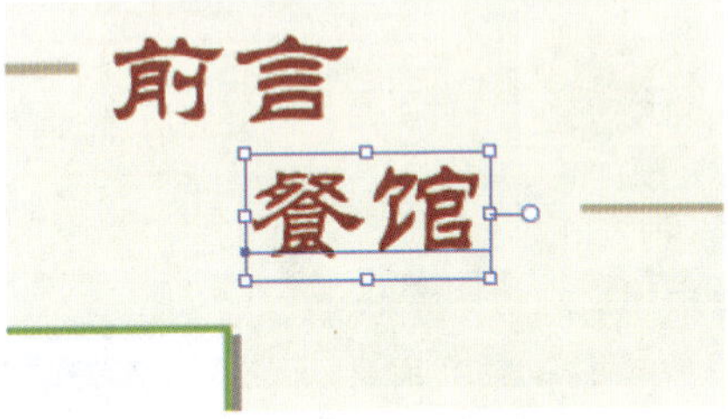

图6-22 输入文本

⑥ 使用【钢笔工具】绘制路径，如图6-23所示。

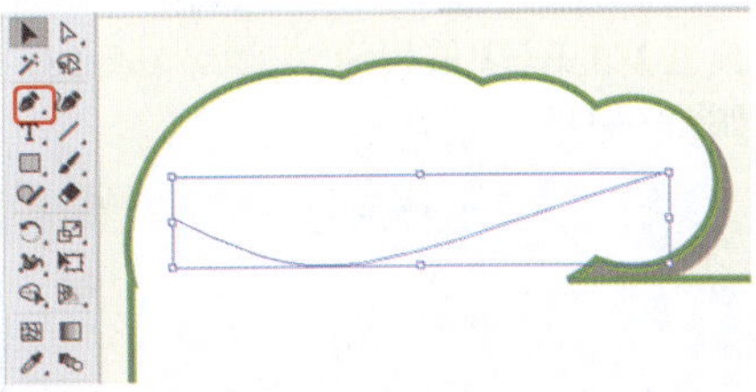

图6-23 绘制路径

⑦ 使用【文字工具】在路径上单击，输入文本，将【字体】设置为【汉仪雪君体简】，将【字体大小】设置为21pt，将【填充颜色】的RGB值设置为215、22、24，如图6-24所示。

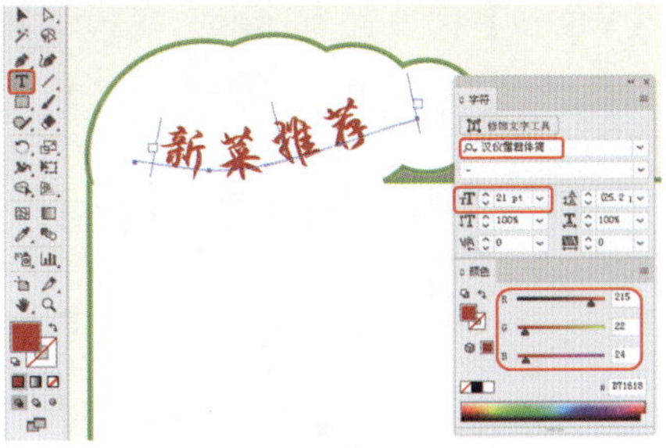

图6-24 设置文字属性

⑧ 使用【文字工具】，输入文本，将【字体】设置为【Adobe 楷体 Std R】，将【字体大小】设置为16pt，将【填充颜色】的RGB值设置为234、85、20，如图6-25所示。

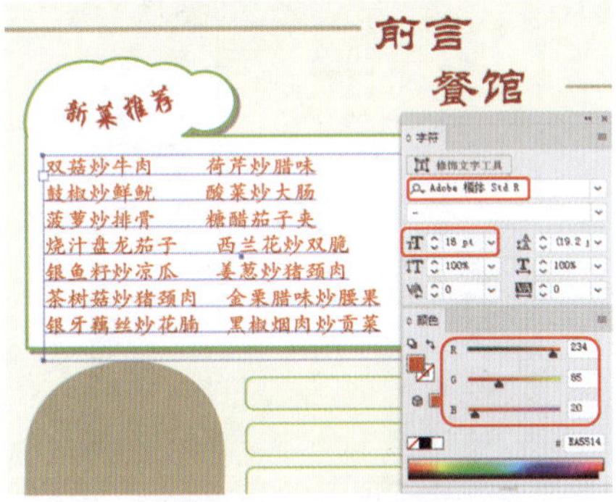

图6-25 设置文字属性

⑨ 在菜单栏中选择【文件】|【置入】命令，如图6-26所示。

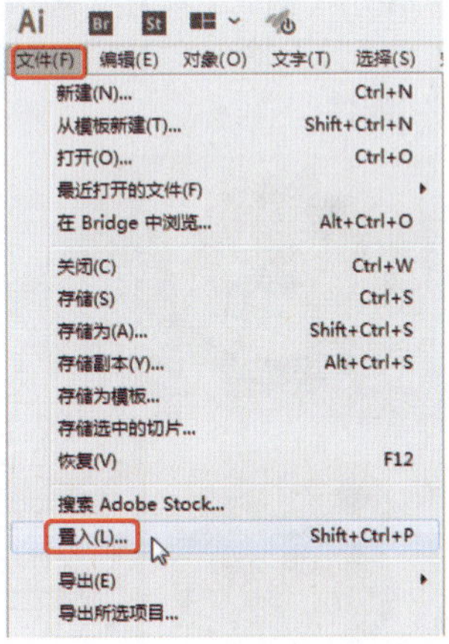

图6-26 选择【置入】命令

⑩ 弹出【置入】对话框，选择素材|Cha06|图01.jpg素材文件，单击【置入】按钮，如图6-27所示。

⑪ 调整图片的大小，按住Alt键复制图片，如图6-28所示。

⑫ 使用【文字工具】，输入文字，将【字体】设置为【Adobe楷体 Std R】，将【字体大小】设置为16pt，将【填充颜色】的RGB值设置为138、186、40，如图6-29所示。

图6-27 选择要置入的素材文件

图6-28 调整图片大小并复制图片

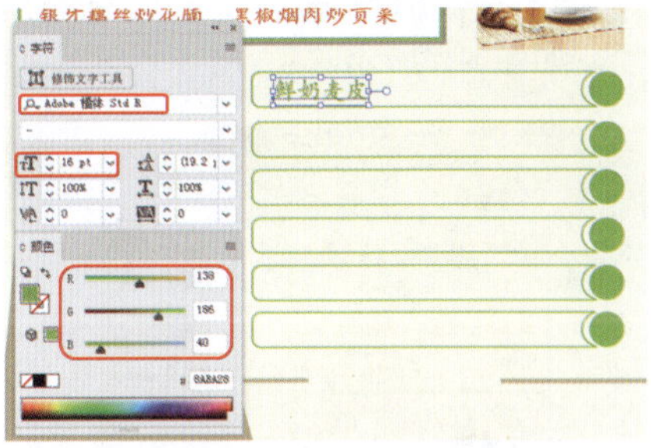

图6-29 设置文字属性

⑬ 使用【文字工具】输入文本，将【字体】设置为【汉仪中楷简】，将【字体大小】设置为10pt，将【填充颜色】设置为白色，如图6-30所示。

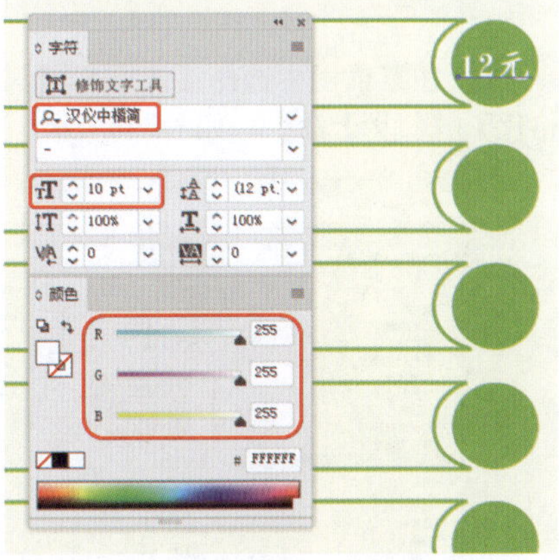

图6-30 设置文字属性

⑭ 使用【文字工具】，输入其他的文本，设置字体和填充颜色，如图6-31所示。

图6-31　输入其他的文本

⑮ 使用前面介绍的方法，置入其他的图片，如图6-32所示。

图6-32　置入其他的图片

⑯ 按住Shift键，选择所有的图片，如图6-33所示。

图6-33　选择所有图片

⑰ 在菜单栏中选择【效果】|【风格化】|【投影】命令，如图6-34所示。

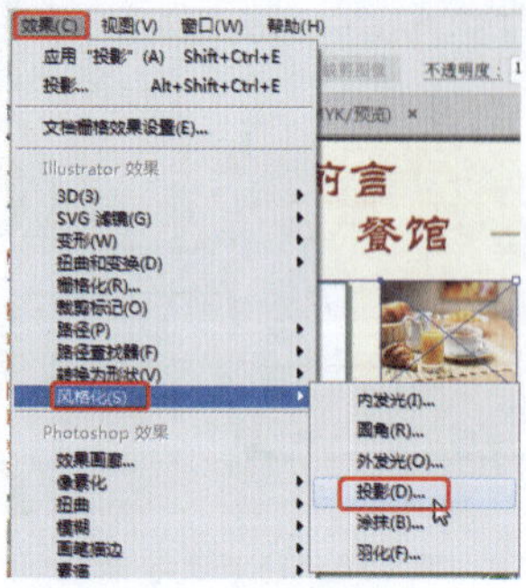

图6-34　选择【投影】命令

⑱ 在弹出的【投影】对话框中设置【不透明度】为45%，【X位移】和【Y位移】都设置为1mm，【模糊】设置为0mm，单击【确定】按钮，如图6-35所示。

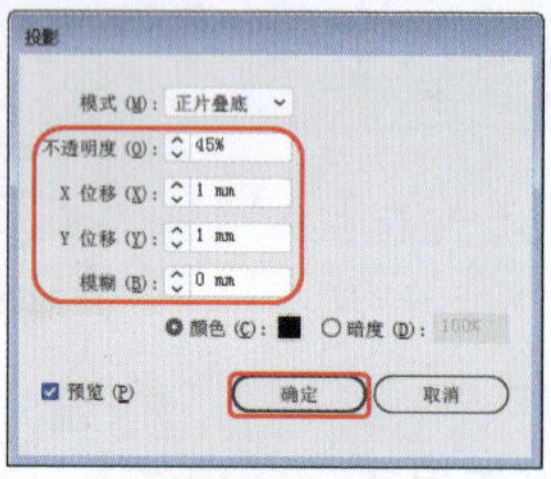

图6-35　设置投影

⑲ 添加投影后的效果如图6-36所示。

图6-36　添加投影后的效果

⑳ 使用【钢笔工具】绘制路径，使用【文本工具】输入文本，参照图6-37设置文字属性。

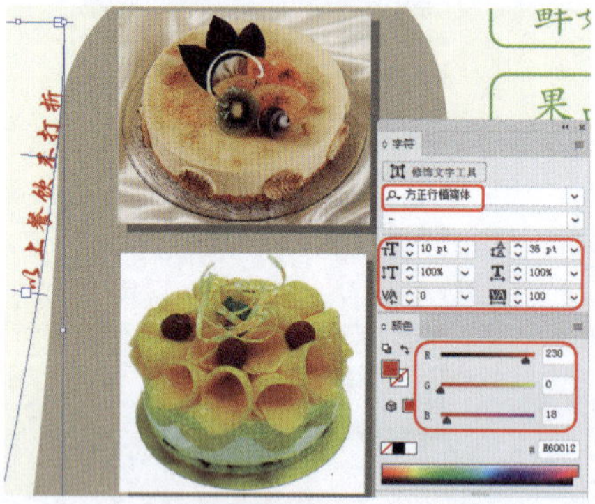

图6-37　设置文字属性

㉑ 使用【文字工具】输入文字，将【字体】设置为【汉仪雁翎体简】，将【字体大小】设置为21pt，将【填充颜色】的RGB值设置为198、186、154，如图6-38所示。

㉒ 使用【文字工具】，输入文字，将【字体】设置为【方正细珊瑚简体】，将【字体大小】设置为21pt，将【字体间距】设置为100，将【填充颜色】的RGB值设置为239、239、239，如图6-39所示。

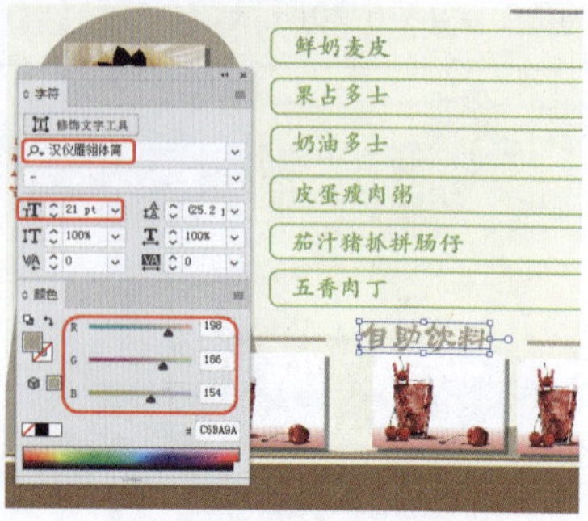

图6-38　设置文字属性

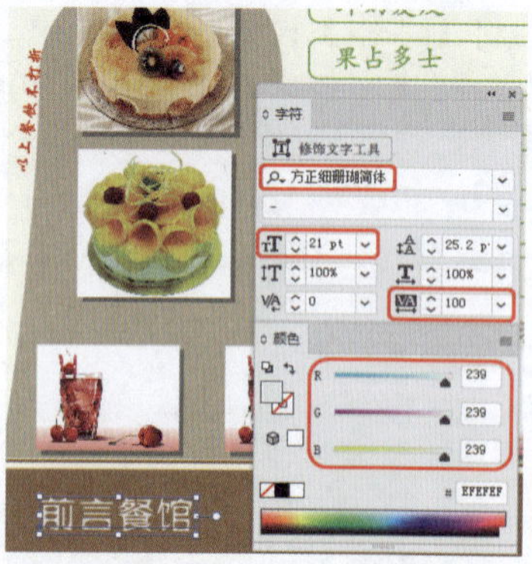

图6-39　设置文字属性

㉓ 使用【文字工具】输入文字，参照图6-40设置文字属性。

图6-40　设置文字属性

㉔ 使用【直线工具】和【椭圆工具】绘制图形对象，将直线的【填充颜色】设置为白色，将椭圆的【填充颜色】的RGB值设置为230、0、18，如图6-41所示。

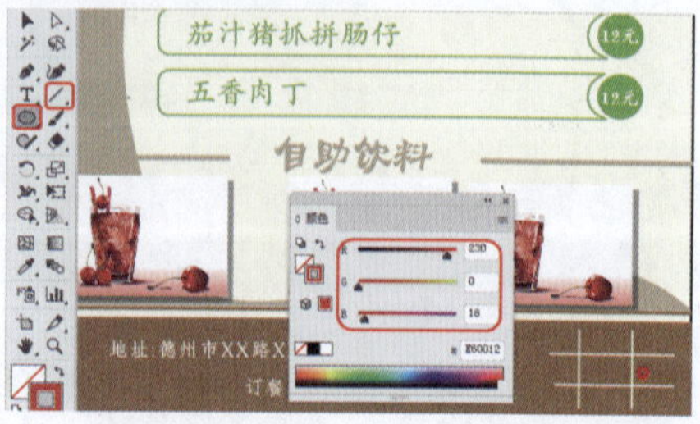

图6-41　绘制图形并填充颜色

㉕ 最终效果如图6-42所示。

图6-42 最终效果

实训练习135 宣传单排版

本实例将通过文字绕排制作一个简单的宣传单排版效果，如图6-43所示。

素材	素材|Cha06|图05.jpg~图08.jpg
场景	场景|Cha06|实训练习135 宣传单排版.ai
视频	视频教学 | Cha06 |实训练习135 宣传单排版.MP4

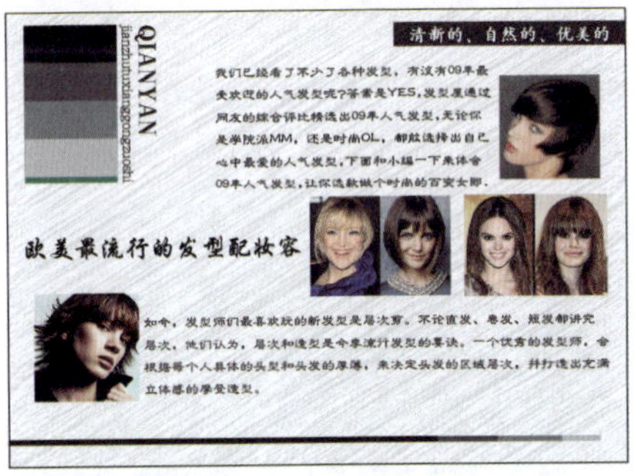
图6-43 宣传单排版

❶ 按下Ctrl+N组合键，在弹出的【新建文档】对话框中设置【宽度】和【高度】分别为286.1mm和215mm，单击【创建】按钮，新建文档，如图6-44所示。

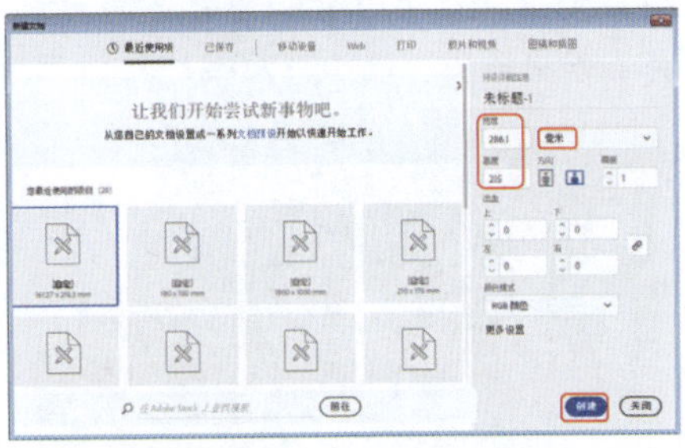
图6-44 新建文档

❷ 使用【矩形工具】，在画板中创建矩形，打开【图形样式】面板，单击面板底部的【图形样式库菜单】按钮，在弹出的下拉列表中选择【涂抹效果】选项，弹出【涂抹效果】面板，选择【涂抹5】效果，设置【不透明度】为15%，如图6-45所示。

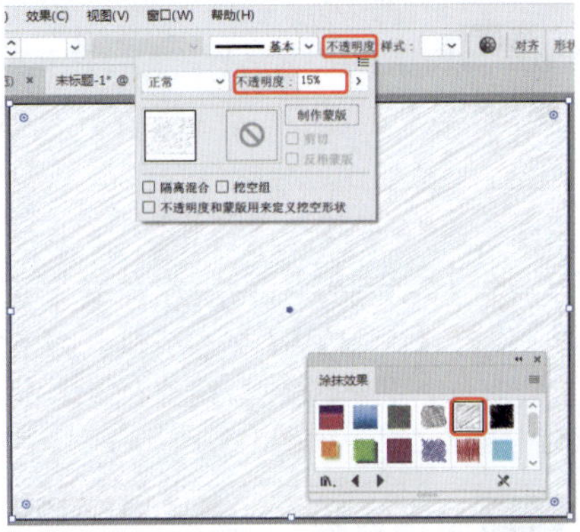
图6-45 创建矩形并进行设置

❸ 使用【矩形工具】，在画板中创建矩形，设置【填充颜色】的RGB值设置为0、145、58，设置【描边】为【无】，如图6-46所示。

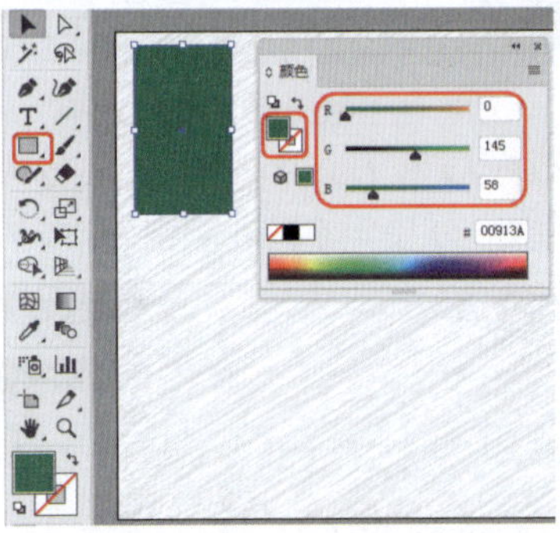
图6-46 创建矩形

❹ 使用【矩形工具】，设置【填色】为黑色，设置【描边】为无，在画板中创建矩形，如图6-47所示。

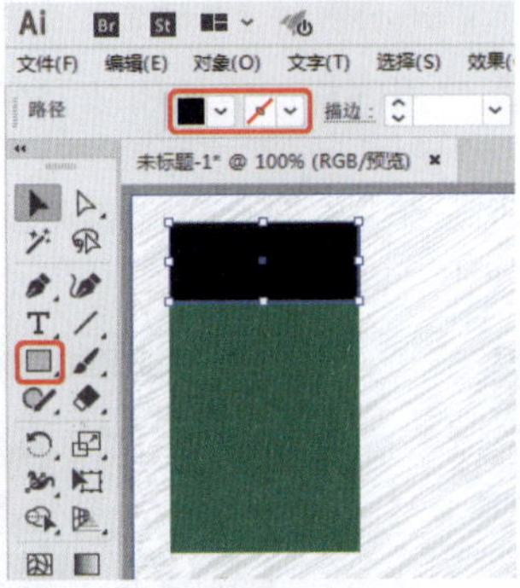
图6-47 创建矩形

❺ 使用同样的方法创建多个矩形，并分别填充颜色，将多个矩形选中，按下Ctrl+G组合键进行编组，如图6-48所示。

图6-48 创建多个矩形

❻ 使用【直排文字工具】，在矩形的右侧输入字母，将左侧文字的【字体】设置为【汉仪字典宋简】，将，【字体大小】设置为18 pt，将右侧文字的【字体】设置为【汉仪中楷简】，将【字体大小】设置为36 pt，如图6-49所示。

图6-49 输入字母

❼ 在画板中创建矩形并填充为黑色，单击鼠标右键，在弹出的快捷菜单中选择【排列】|【置于底层】命令，将矩形放置最底层，如图6-50所示。

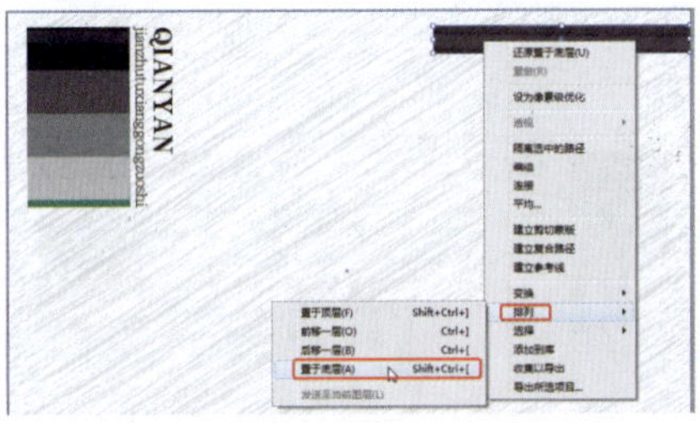
图6-50 设置排列顺序

❽ 使用【文字工具】在画板中输入文字，并将其选中，将【字体】设置为【汉仪中楷简】，【字体大小】设置为24pt，设置【填充颜色】为白色，设置【描边】为无，如图6-51所示。

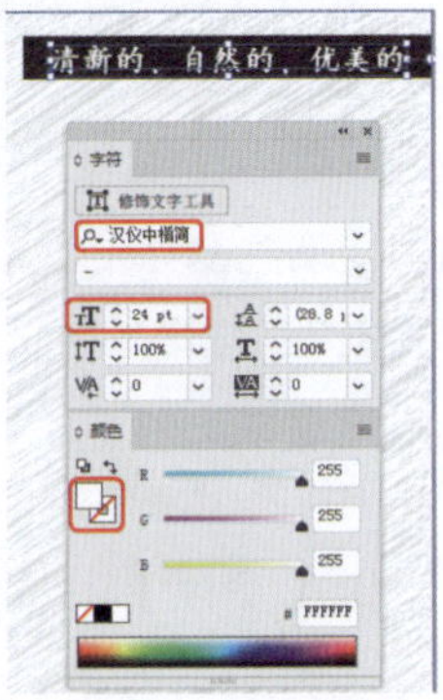
图6-51 输入文字

⑨ 使用【文字工具】在画板中创建文本框，输入文字，将【字体】设置为【汉仪小隶书简】，【字体大小】设置为18pt，【行距】设置为30pt，设置文字的填充颜色为黑色，【描边】设置为无，如图6-52所示。

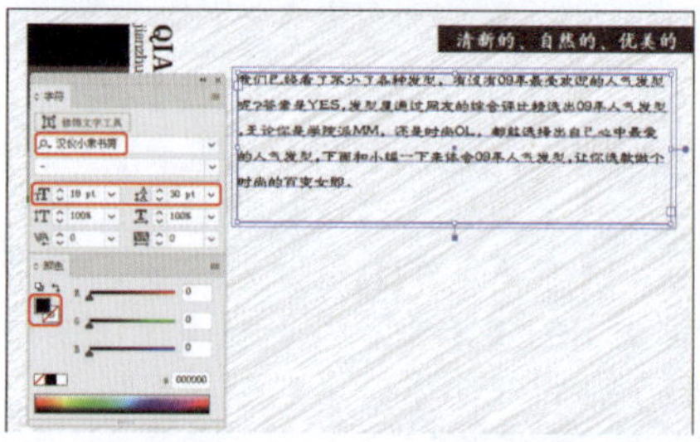

图6-52　创建文本框并输入文字

⑩ 选择【文件】|【置入】命令，在弹出的对话框中选择随书配套资源素材|Cha06|图05.jpg文件，调整置入的图片，如图6-53所示。

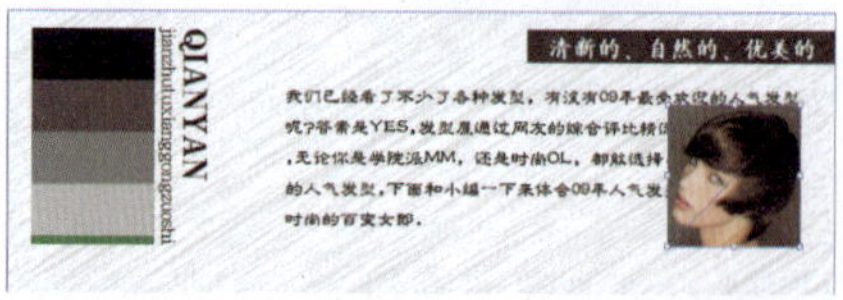

图6-53　置入并调整图片

⑪ 同时选择画板中的图片与文本框，选择【对象】|【文本绕排】|【建立】菜单命令，调整图片的位置，如图6-54所示。

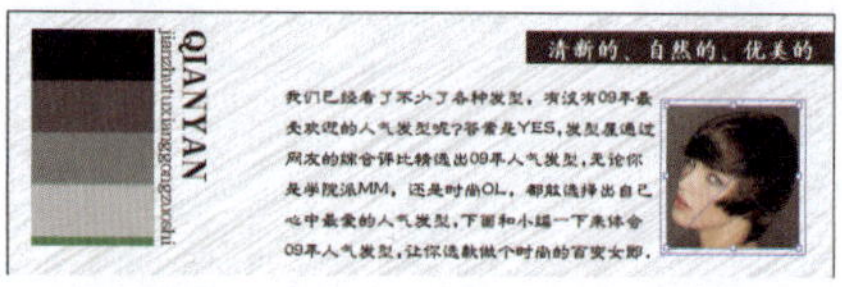

图6-54　建立文本绕排

⑫ 使用【文字工具】，在画板中创建文本框，输入文字，使用【直接选择工具】，调整文本框为图6-55所示的形状。

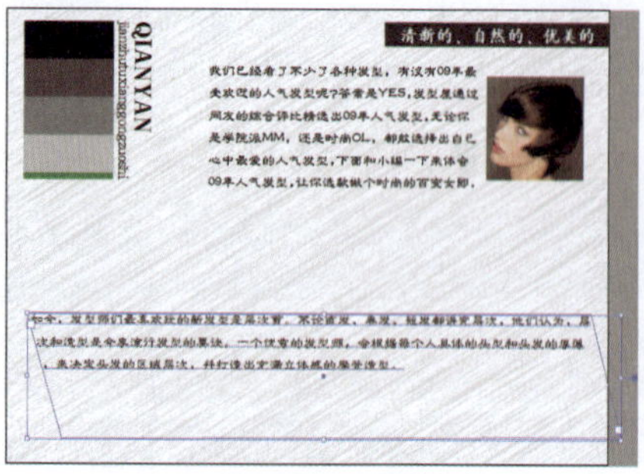

图6-55　创建并调整文本

⑬ 选择【文件】|【置入】命令，在弹出的对话框中选择随书配套资源素材|Cha06|图06.jpg文件，调整置入的图片，如图6-56所示。

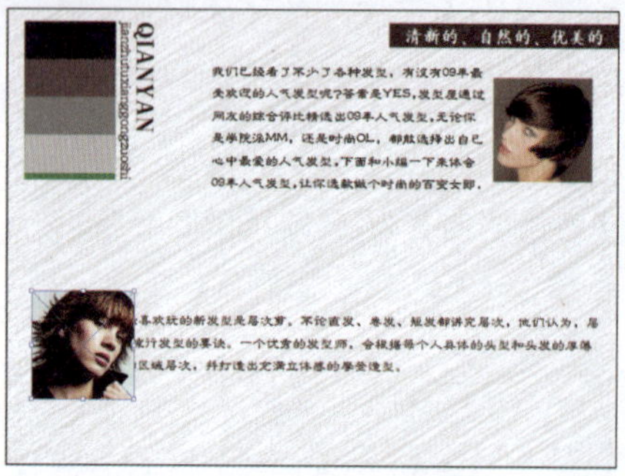

图6-56　置入并调整图片

⑭ 将刚刚置入的图片与文本选中，选择【对象】|【文本绕排】|【建立】命令，将图文建立绕排效果，调整图片的位置，如图6-57所示。

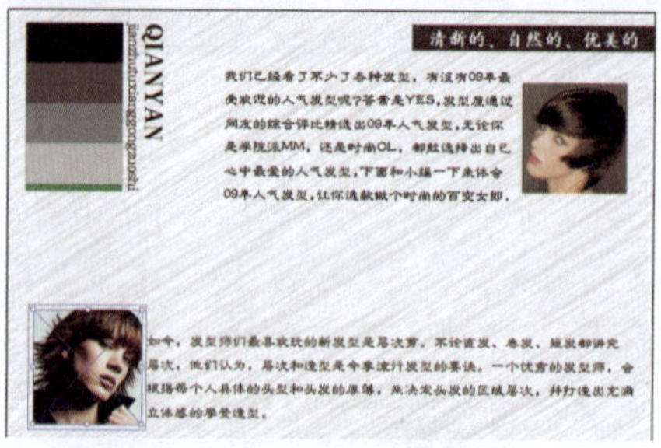

图6-57　建立图文绕排效果

⑮ 使用【文字工具】输入文本，参照图6-58设置字符和颜色。

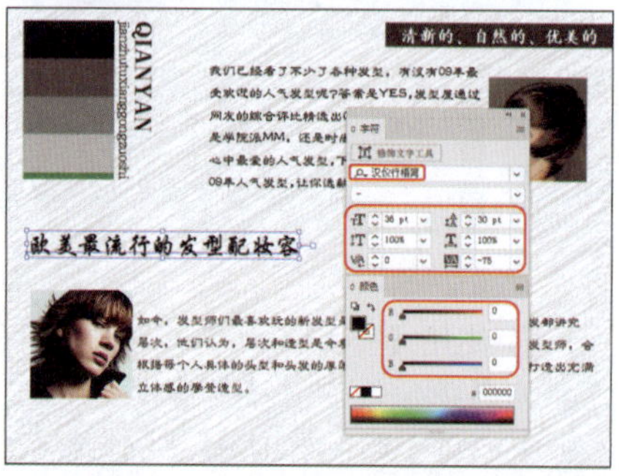

图6-58　创建并设置文本

⑯ 使用同样的方法将随书配套资源中的“图07.jpg”“图08.jpg”文件置入到场景中，调整它们的大小和位置，如图6-59所示。

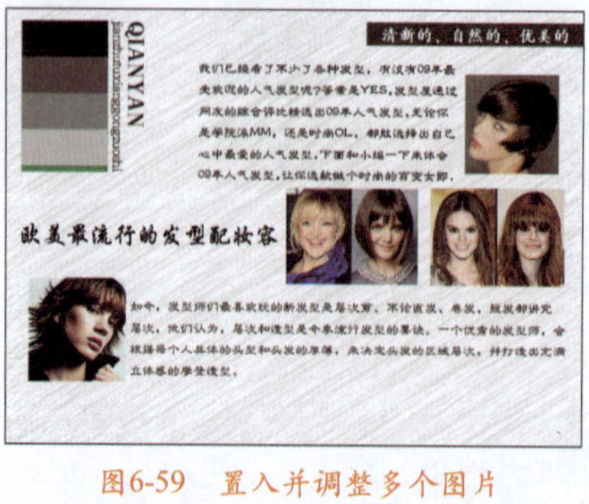

图6-59　置入并调整多个图片

⑰ 根据前面介绍的方法，制作一个渐变的横条作为装饰，制作完成后将它们编组，如图6-60所示，排版效果制作完成，将场景进行保存。

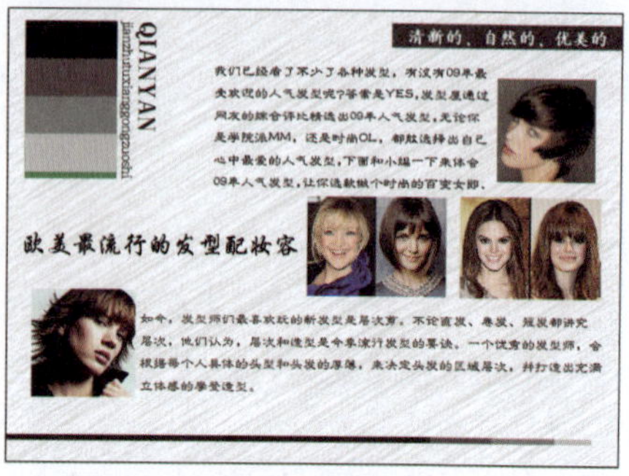

图6-60　最终效果

知识链接

区域文字指利用对象边界来控制字符的排列。当文本触及边界时将自动换行以使文本位于所定义的区域内。

1. 创建区域文字

在Illustrator中，可以通过拖拽文本框来创建文字区域，还可以将现有图形转换为文字区域。

通过拖拽文本框来创建文字区域的操作步骤如下所述。

（1）新建一个空白文档，将随书附带的光盘中的素材|Cha06|01.jpg素材置入到新建的文档中，如图6-61所示。

图6-61　置入素材文件

（2）在工具箱中选择【文字工具】，在文字起点处单击鼠标左键并向对角线方向拖拽，拖拽出所需大小的矩形框后松开鼠标，光标会自动插入到文本框内。

图6-62　绘制文本框

（3）直接输入文字就可以了，输入完成后，对输入的文字进行设置，效果如图6-63所示。

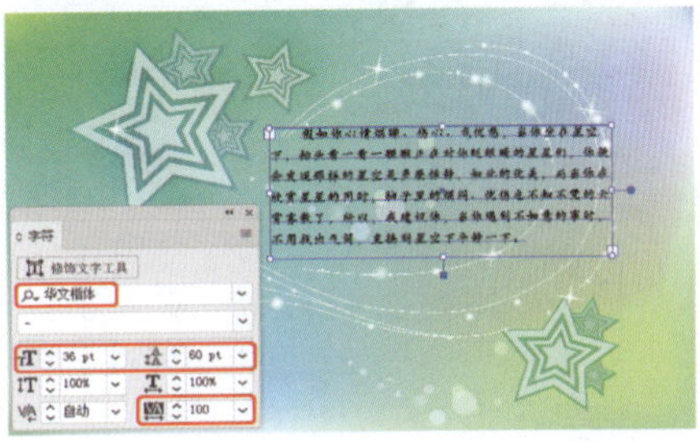

图6-63 输入文字

除了可以使用文字工具绘制文本区域外，读者还可以将绘制的图形转换为文本区域。下面将简单介绍如何将图形转换为文字区域，其具体操作步骤如下所述。

（1）在工具箱中选择【星形工具】，在画板中绘制一个如图6-64所示的星形。

图6-64 绘制图形

（2）在工具箱中选择【区域文字工具】，将鼠标移至图形框边缘，单击图形，则完成将图形转换为文字区域的操作，如图6-65所示。

图6-65 将图形转换为文字区域

（3）在转换为文字区域的图形框中输入文字，并对输入的文字进行设置，效果如图6-66所示。

提 示

将图形转换为文字区域时，Illustrator会自动将该图形的属性删除，例如填充、描边等。

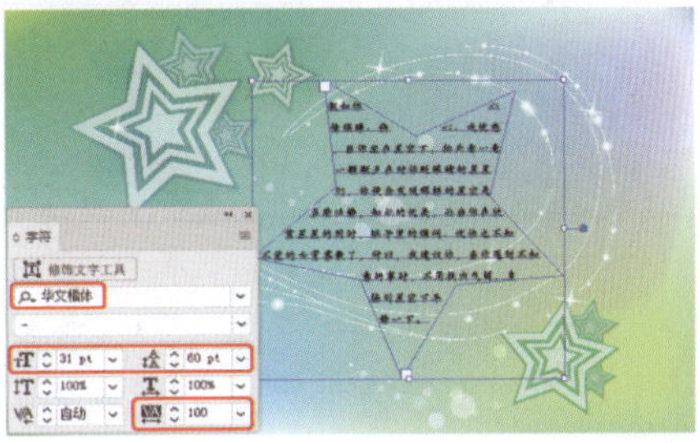

图6-66 在文本域中输入文字

如果用作文字区域的图形为开放路径，则必须使用【区域文字工具】或【直排区域文字工具】来定义文本框。Illustrator可在路径的端点之间绘制一条虚构的直线来定义文字的边界，例如在画板中绘制一条开放路径，如图6-67所示，单击【区域文字工具】，在路径上单击鼠标，输入文字即可，效果如图6-68所示。

图6-67 绘制开放路径

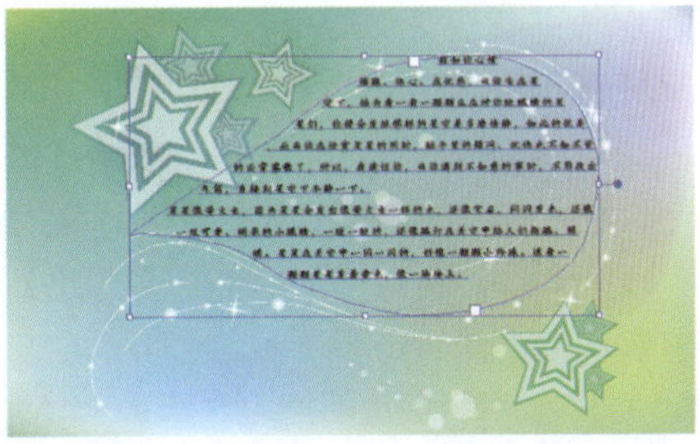

图6-68 输入文字后的效果

2. 调整文本区域的形状

当输入的文本超出文本框的容量时，会在文本框右下角出现一个红色加号⊞，表示溢流文本，这时就需要对文本区域的形状进行调整，具体的操作步骤如下所述。

（1）按Ctrl+O组合键，弹出【打开】对话框，在弹出的对话框中选择随书配套资源中的素材|Cha06|02.ai素材文件，单击【打开】按钮，如图6-69所示。

（2）在工具箱中选择【选择工具】，单击选择文本框，并将鼠标移至文本框边缘，拖拽鼠标，将文本框拉大到溢流文本出现即可，如图6-70所示。

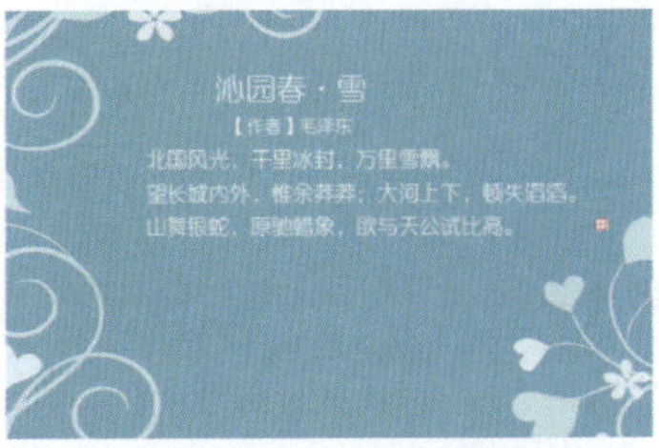

图6-69 打开的素材文件

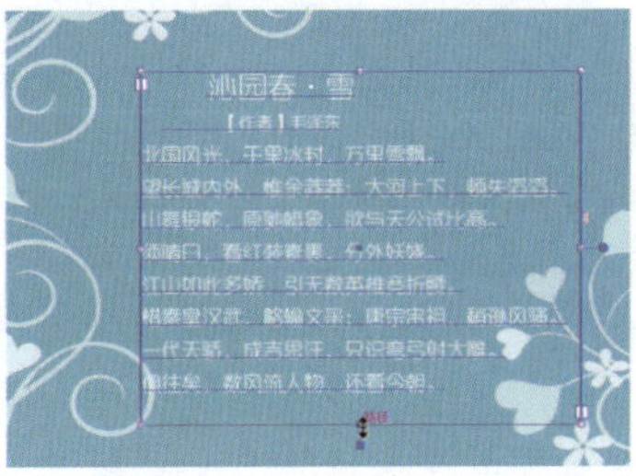

图6-70 显示全部文本

3. 文本的串接与中断

若输入的文本超出文本框容量时，还可以将文本串接到另一个文本框中，即串接文本，具体的操作步骤如下所述。

（1）随书配套资源中的素材|cha06|02.ai素材文件，在工具箱中选择【选择工具】，将鼠标移至溢流文本的位置，单击红色加号⊞，当指针变为样式时，表示已经加载文本。在空白部分单击并沿对角线方向拖拽鼠标，如图6-71所示。

图6-71 绘制文本框

（2）松开鼠标后可以看到加载的文字自动排入到拖拽的文本框中，效果如图6-72所示。

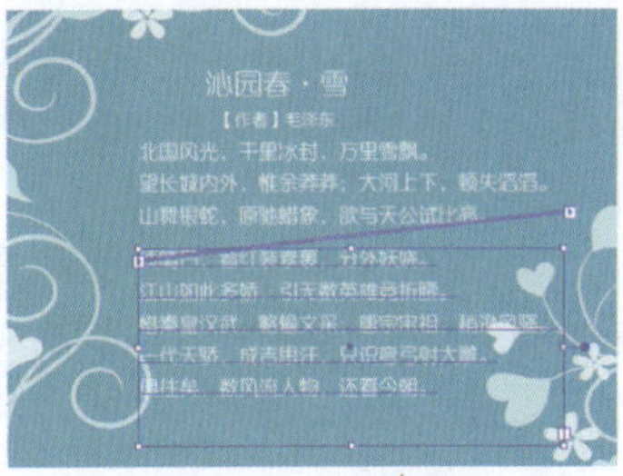

图6-72 串接文本

还可以将独立的文本框串接在一起，或者将串接的文本框断开。下面来介绍一下串接与断开文本框的方法，具体的操作步骤如下所述。

(1) 按Ctrl+O组合键，弹出【打开】对话框，在弹出的对话框中选择随书配套资源中的素材|Cha06|03.ai素材文件，单击【打开】按钮，效果如图6-73所示。

图6-73　打开的素材文件

(2) 在素材文件中有两个独立的文本框，接下来将这两个文本框串接起来。使用【选择工具】选择第一个文本框，将鼠标放置在文本框右下角文字的出口处，如图6-74所示。

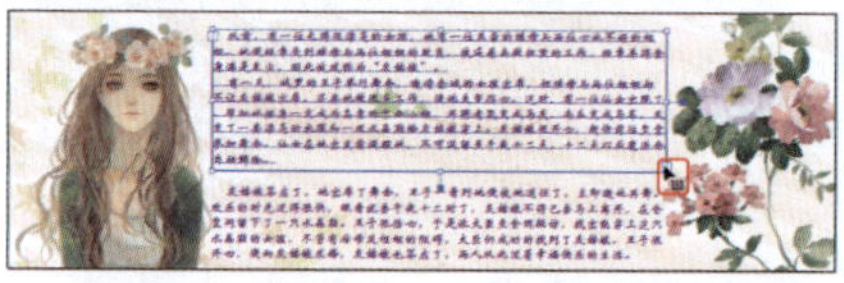

图6-74　将鼠标放置在文本框的右下角

(3) 单击鼠标左键，将鼠标移至第二个文本框中，此时鼠标变成图6-75所示的样式。

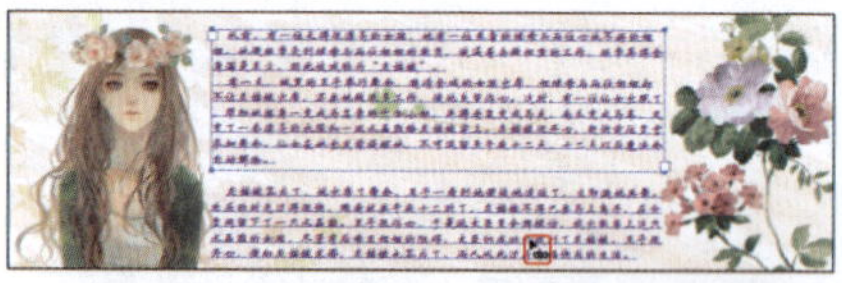

图6-75　将鼠标放置在第二个文本框上

(4) 单击鼠标左键，即可将文本框串接起来，文本框串接起来之后如图6-76所示。

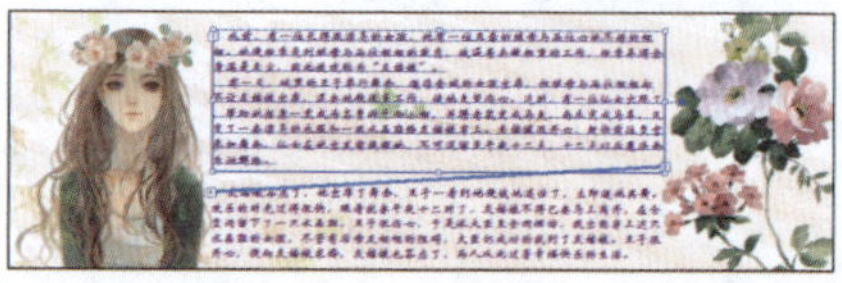

图6-76　串接文本

同样，在Illustrator中也可将串接的两个文本框断开，其具体操作步骤如下所述。

(1) 使用【选择工具】选择需要断开串接的文本框，将鼠标移至文本框的左上角，即文字的入口处，单击鼠标左键，如图6-77所示。

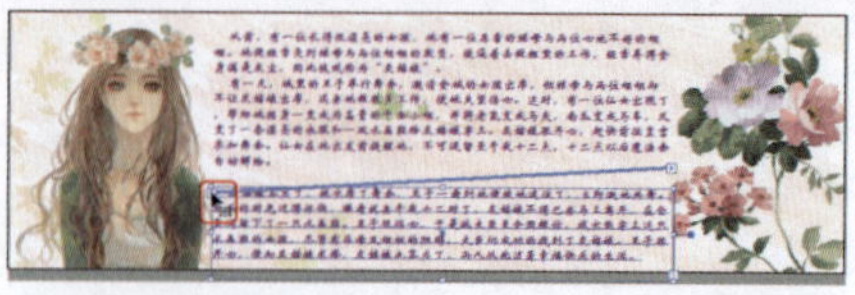

图6-77　在第二个文本框中单击鼠标

(2) 将鼠标移至上一个文本框的右下角，即文字的出口处，此时鼠标指针会变为图6-78所示的样式。

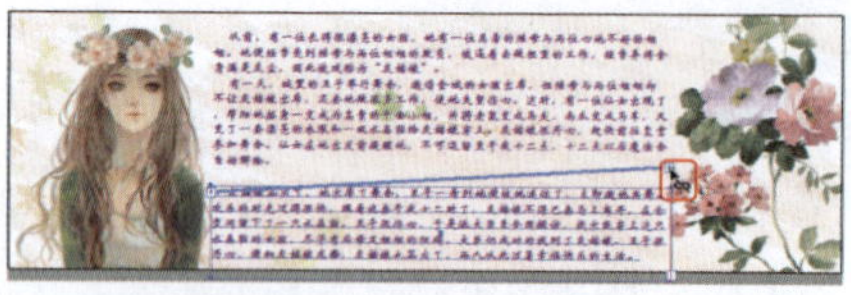

图6-78　鼠标变为断开样式

(3) 单击鼠标左键，完成断开文本框串接的操作，被断开串接的文本则排入到上一个文本框中，如图6-79所示。

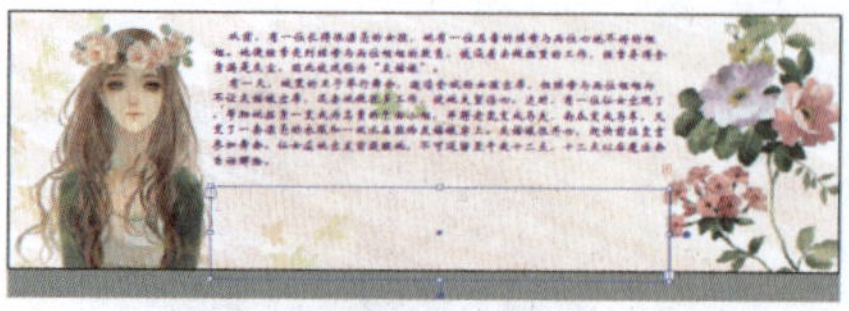

图6-79　断开文本串接

4. 设置区域文字

创建区域文字后，还可以根据需要对文字区域的宽度、高度、文字的间距等进行设置，具体操作步骤如下所述。

(1) 按Ctrl+O组合键，在弹出的对话框中选择随书配套资源中的素材|Cha06|04.ai素材文件，单击【打开】按钮，效果如图6-80所示。

图6-80　打开的素材文件

(2) 使用【选择工具】选择文本框，在菜单栏中选择【文字】|【区域文字选项】命令，如图6-81所示。

(3) 执行该操作后，将会弹出【区域文字选项】对话框，如图6-82所示。

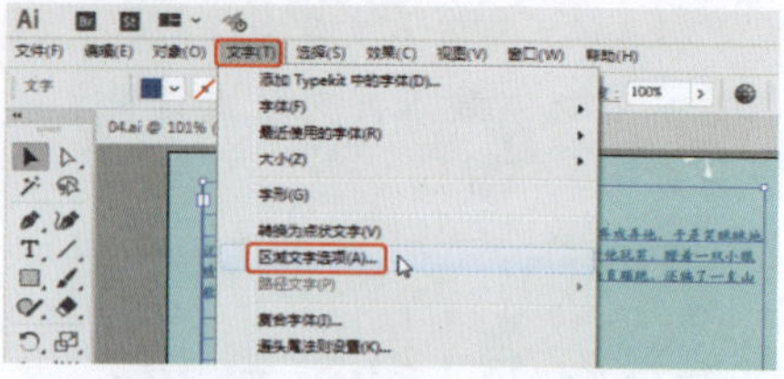

图6-81　选择【区域文字选项】命令

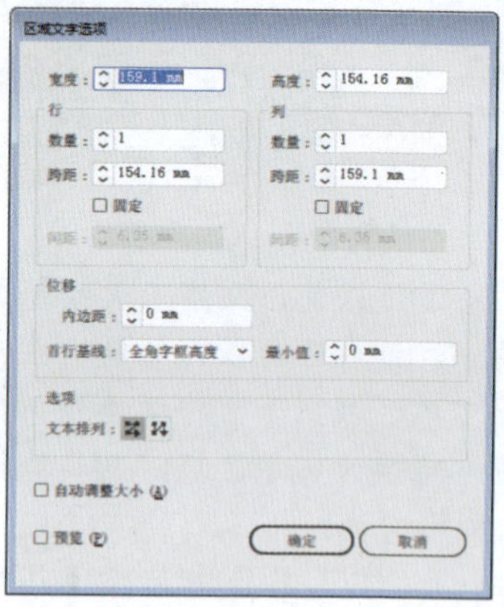

图6-82　【区域文字选项】对话框

该对话框中各选项功能介绍如下所述。

- 【宽度】和【高度】：数值框分别表示文字区域的宽度和高度，图6-83所示为设置完宽度后的效果。

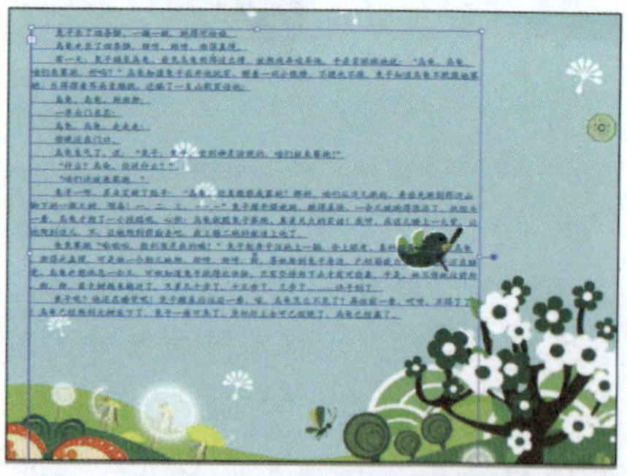

图6-83　设置宽度后的效果

- 【行】和【列】选项各项参数介绍如下所述。

【数量】：指定对象要包含的行数、列数(即通常所说的【栏数】)，设置列数量后的效果如图6-84所示。

图6-84　设置列数后的效果

【跨距】：指定单行高度和单栏宽度。

【固定】：确定调整文字区域大小时行高和栏宽的变化情况。

【间距】：用于指定行间距或列间距。

- 【位移】：用于升高或降低文本区域中的首行基线，各项参数介绍如下所述。

【内边距】：该选项用于设置文字与文字区域的间距。

【首行基线】：在该下拉列表中可以对文本首行基线进行设置。

最小值：指定基线偏移的最小值。

- 【文本排列】选项：确定文本在行和列间的排列方式，包括【按行，从左到右】和【按列，从左到右】。

（4）在该对话框中将【内边距】设置为5mm，如图6-85所示。

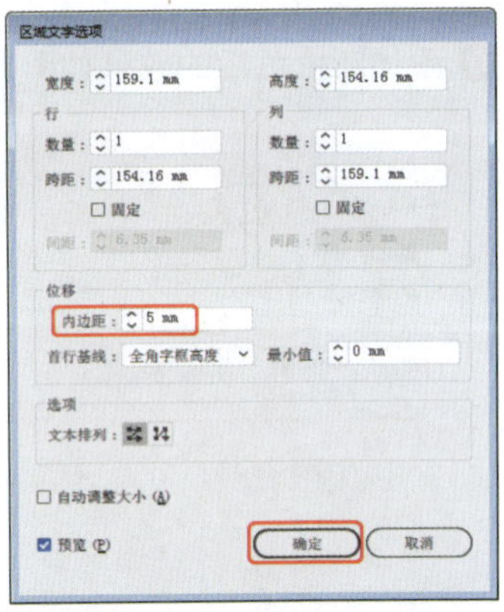

图6-85　设置内边距

（5）设置完成后，单击【确定】按钮，设置区域文字后的效果如图6-86所示。

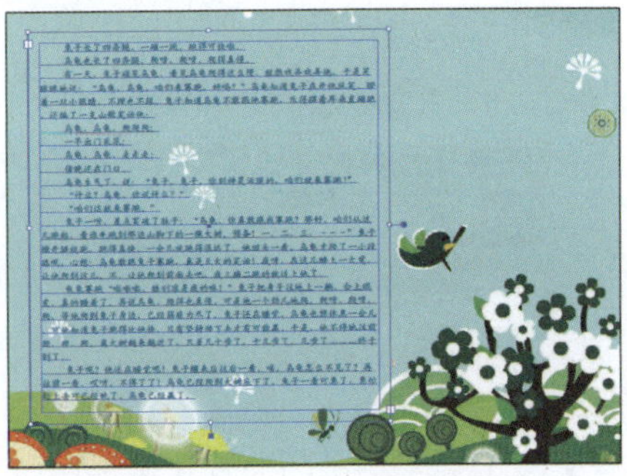

图6-86　设置内边距后的效果

5. 文本绕排

可以将文本绕排在任何对象的周围，包括文字对象、导入的图像和绘制的对象，设置文本绕排的方法如下所述。

（1）在菜单栏中选择【文件】|【置入】命令，如图6-87所示。

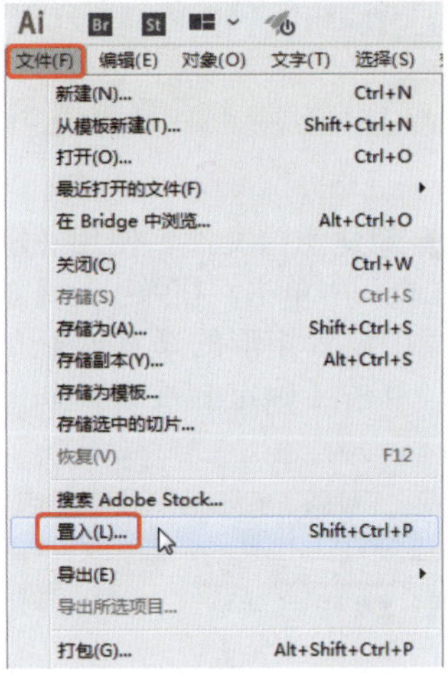

图6-87　选择【置入】命令

（2）弹出【置入】对话框，在弹出的对话框中选择随书配套资源中的素材|Cha06|龟兔.jpg素材文件，单击【置入】按钮，如图6-88所示。

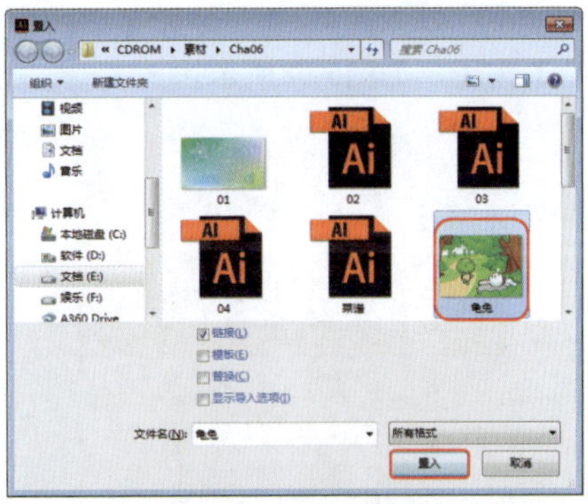

图6-88　选择素材文件

（3）将选择的图片置入画板中，对图片的大小和位置进行调整，如图6-89所示。

图6-89　调整素材文件的位置

（4）确定置入的图片处于选择状态，在菜单栏中选择【对象】|【文本绕排】|【文本绕排选项】命令，如图6-90所示。

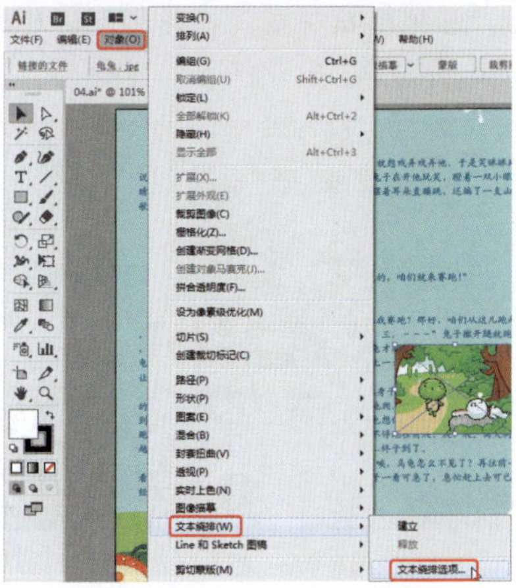

图6-90　选择【文本绕排选项】命令

（5）弹出【文本绕排选项】对话框，在该对话框中将【位移】设置为3pt，如图6-91所示。

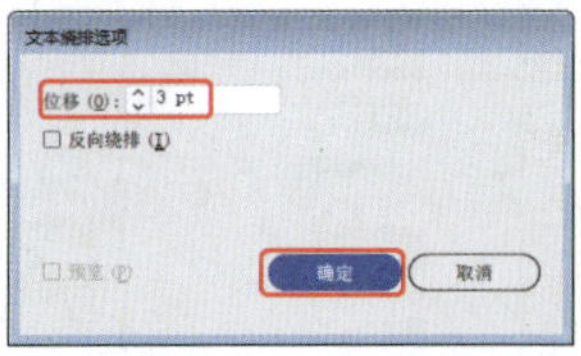

图6-91　设置位移

- 【位移】：指定文本和绕排对象之间的间距大小，可以输入正值或负值。
- 【反向绕排】复选框：勾选该复选框，可围绕对象反向绕排文本。

（6）单击【确定】按钮，在菜单栏中选择【对象】|【文本绕排】|【建立】命令，如图6-92所示。

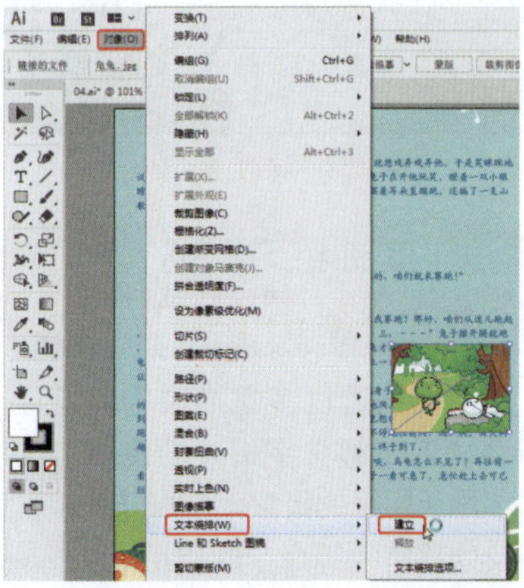

图6-92　选择【建立】命令

（7）选择该命令后，即可创建文本绕排，效果如图6-93所示。

若要删除对象周围的文字绕排，可以先选择该对象，在菜单栏中选择【对象】|【文本绕排】|【释放】命

令，如图6-94所示。释放文本绕排效果如图6-95所示。

图6-93　文本绕排

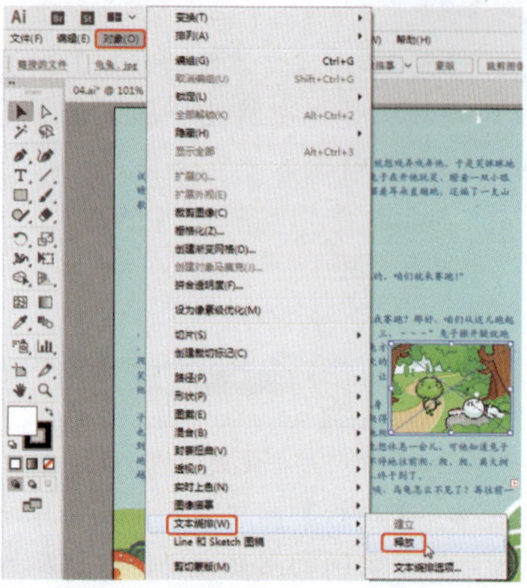

图6-94　选择【释放】命令

图6-95　释放文本绕排

实训练习136
多重描边字

本实例通过多重描边字的设计，帮助读者了解文字工具的使用，文字的字体及字号的设置，掌握【外观】面板及偏移路径等命令的使用，如图6-96所示。

素材	无
场景	场景|Cha06|实训练习136　多重描边字.ai
视频	视频教学|Cha06|实训练习136　多重描边字.MP4

图6-96　多重描边字

❶ 新建空白文件，使用【矩形工具】在页面中单击，在弹出的【矩形】对话框中设置矩形的【宽度】和【高度】，单击【确定】按钮，如图6-97所示。

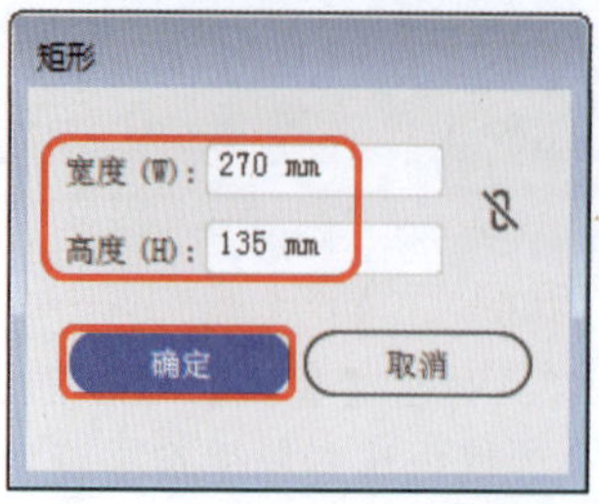

图6-97　设置矩形参数

❷ 将【填充颜色】的CMYK值设置为0、20、100、0，设置【描边颜色】为无，如图6-98所示。

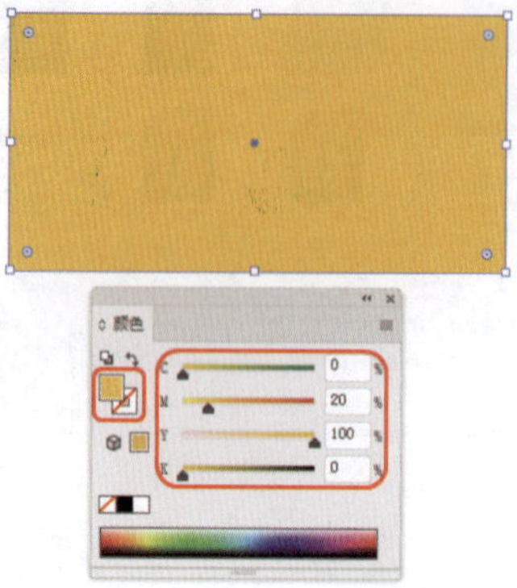

图6-98　设置填充颜色和描边颜色

❸ 使用【文字工具】，在页面中输入文字，将【字体】设置为【方正胖娃简体】，将【字体大小】设置为100pt，如图6-99所示。

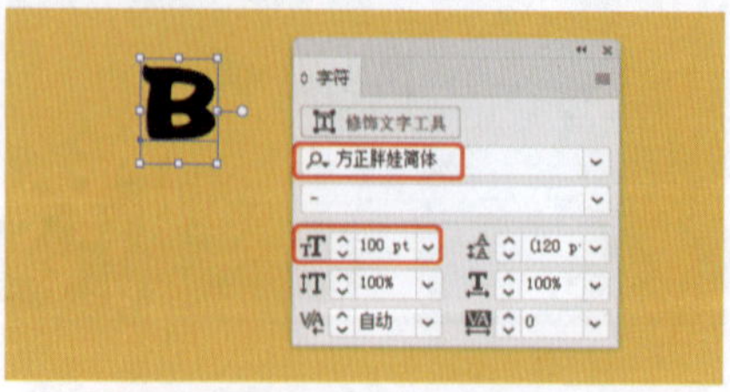

图6-99　设置文字的字体和字体大小

❹ 选择菜单栏中的【窗口】|【外观】命令，打开【外观】面板，如图6-100所示。

提　示

按Shift+F6组合键，打开【外观】面板。

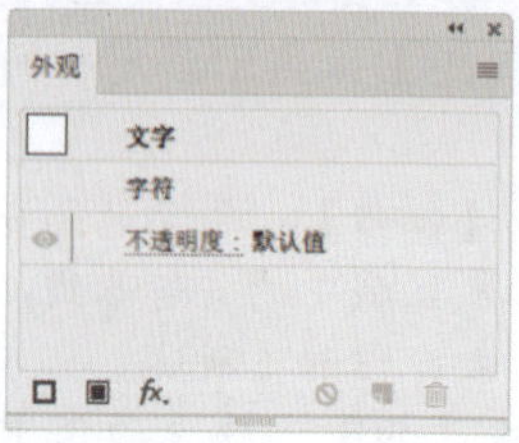

图6-100　【外观】面板

❺ 单击【外观】面板右上角的按钮，在弹出的快捷菜单中选择【添加新填色】选项，如图6-101所示。

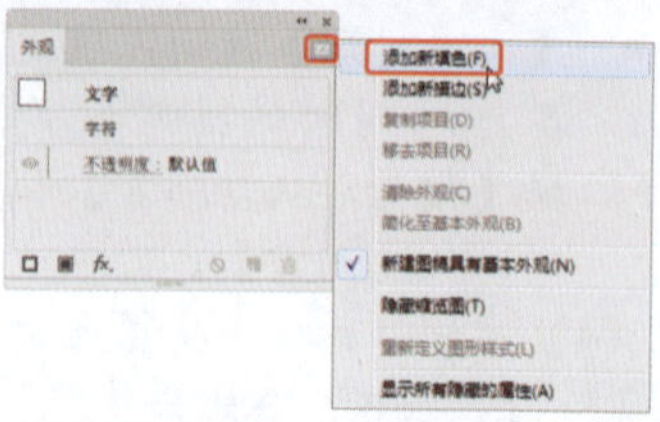

图6-101　选择【添加新填色】选项

❻ 添加新填色后的效果如图6-102所示。

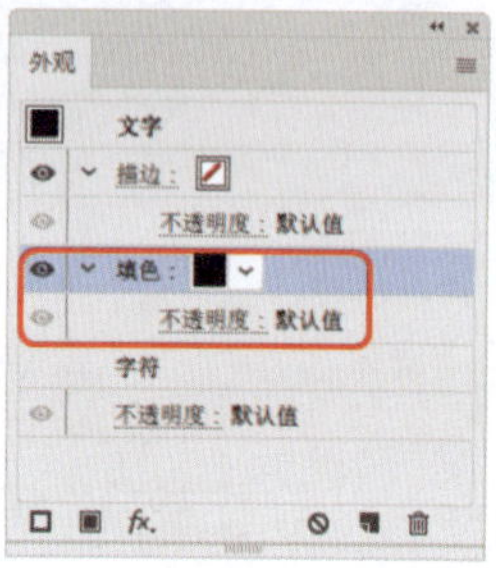

图6-102　添加后的效果

❼ 将【填色】的颜色设置为白色，如图6-103所示。

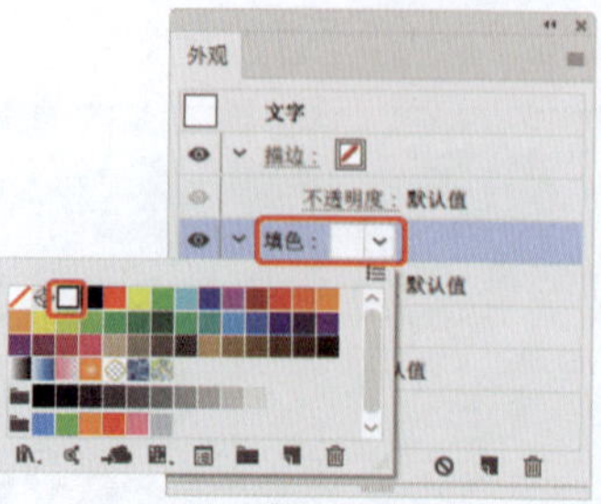

图6-103　设置填色的颜色

❽ 将【填色】选项拖拽至【文字】的下方，黑色的字幕将遮挡住白色的字母，如图6-104所示。

❾ 在【外观】面板中单击激活【填色】选项，选择菜单栏中的【效果】|【路径】|【位移路径】命令，弹出【偏移路径】对话框，参照图6-105

设置参数，单击【确定】按钮。

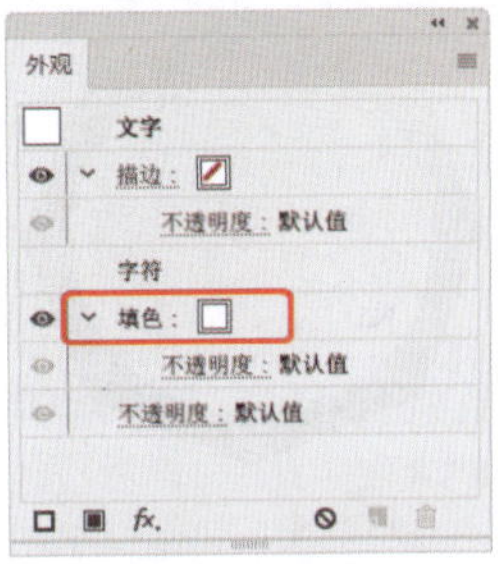

图6-104 调整填色的顺序

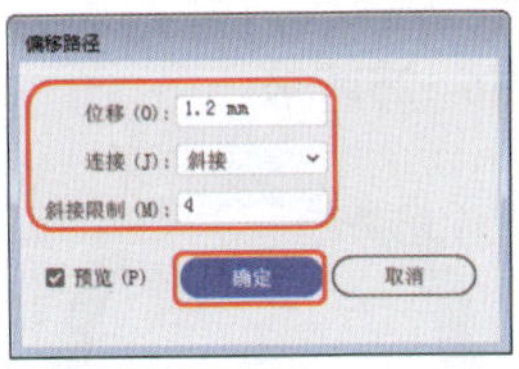

图6-105 设置偏移路径

⑩ 在【外观】面板中可以看到【填色】的下方出现刚才添加的【位移路径】，如图6-106所示。

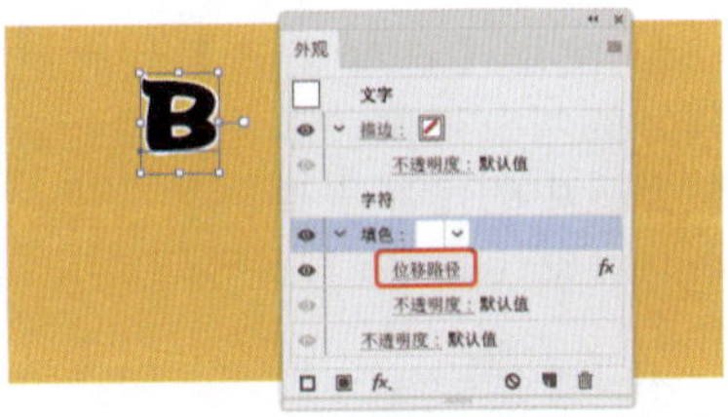

图6-106 添加完成后的效果

⑪ 在【外观】面板中单击激活【填色】选项，单击面板底部的【复制所选项目】按钮，如图6-107所示。

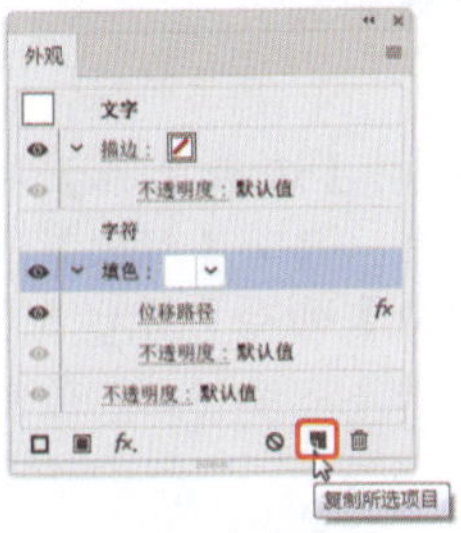

图6-107 复制所选项目

⑫ 将复制所选项目后的【填色】颜色设置为蓝色，如图6-108所示。

图6-108 设置复制后填色的颜色

⑬ 双击填色下方的【位移路径】选项，弹出【偏移路径】对话框，将【位移】设置为2.4mm，单击【确定】按钮，如图6-109所示。

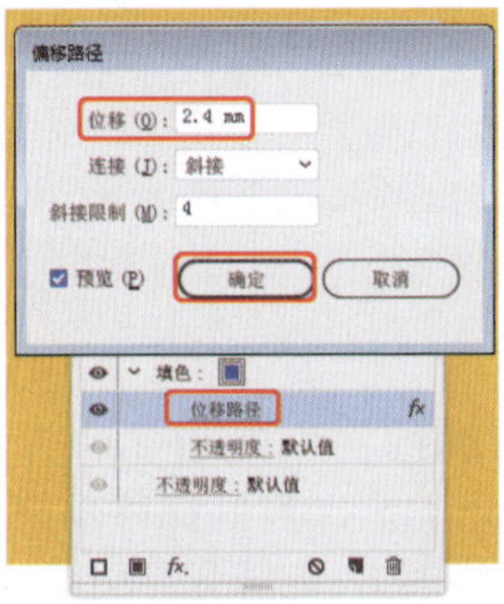

图6-109 设置偏移路径

⑭ 选择菜单栏中的【窗口】|【图形样式】命令，打开【图形样式】面板，单击底部的【新建图形样式】按钮，即可新建图形样式，效果如图6-110所示。

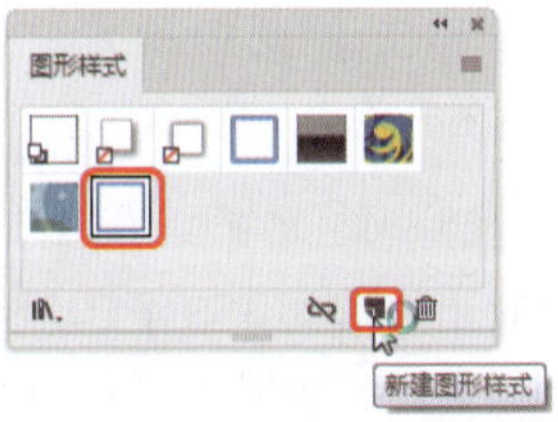

图6-110 新建图形样式

⑮ 使用【文字工具】输入文字，通过【字符】面板设置文字的字体和字号，如图6-111所示。

图6-111 输入文字

⑯ 按住Shift键选择文字，单击【图形样式】面板中新建的图形样式，如图6-112所示。

图6-112 应用图形样式

⑰ 通过【色板】面板，对文字修改颜色，如图6-113所示。

图6-113 通过【色板】更改字体的颜色

实训练习137 光盘

本实例将通过光盘的制作来讲解直线段工具、旋转工具和钢笔工具的使用方法，从而帮助读者掌握混合工具的使用及混合选项的使用方法，效果如图6-114所示。

素材	素材|Cha06|光盘背景.ai
场景	场景|Cha06|实训练习137 光盘.ai
视频	视频教学 | Cha06 |实训练习137 光盘.MP4

图6-114 光盘

❶ 新建空白文件，使用【直线段工具】，在页面中拖拽绘制一条直线，如图6-115所示。

图6-115 绘制直线

❷ 绘制完直线后，使用【旋转工具】，按下键盘上的Alt键不放，单击直线上的一个端点，弹出【旋转】对话框，将【角度】设置为45°，单击【复制】按钮，如图6-116所示。

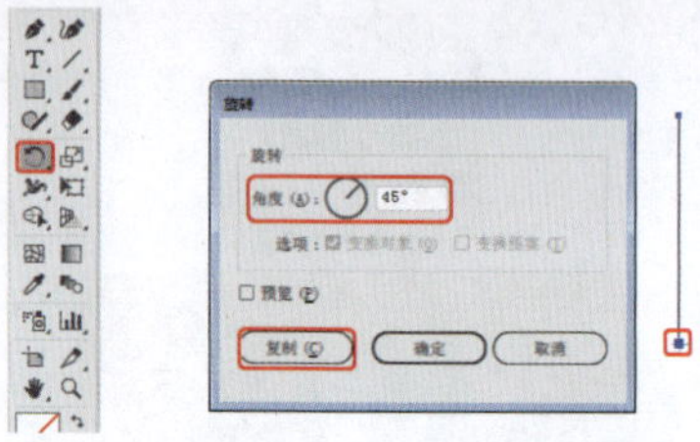
图6-116　设置旋转参数

❸ 复制后的效果如图6-117所示。

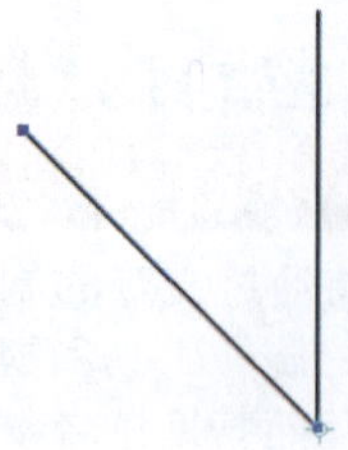
图6-117　复制后的效果

❹ 选择【对象】|【变换】|【再次变换】命令，重复旋转复制线段，通过【颜色】面板分别设置直线的【描边颜色】RGB，其值分别为：淡蓝（150、202、206）；淡黄（212、212、191）；深灰（71、76、70）；深绿（77、96、70）；深灰（71、76、70）；深红（130、70、78）；青色（112、129、145）；浅灰（205、205、205），效果如图6-118所示。

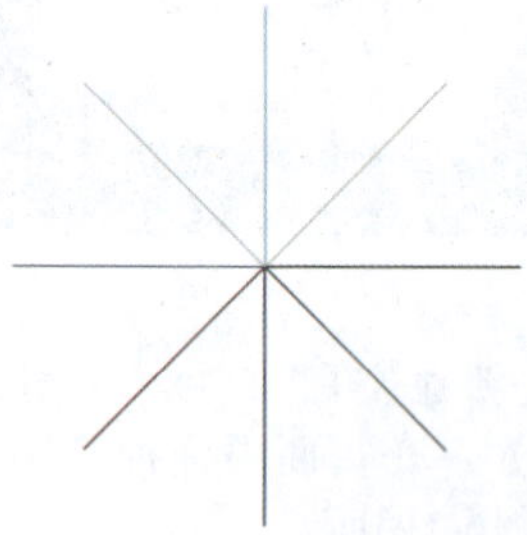
图6-118　设置线段的颜色

❺ 使用【混合工具】，将鼠标移动至第一条直线上单击鼠标（单击后不会有任何效果），如图6-119所示。

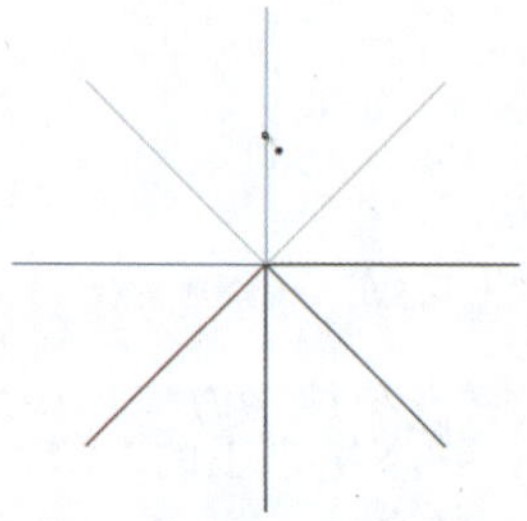
图6-119　选择第一条直线

❻ 将鼠标移动至相邻的另一条直线上，直至光标出现【+】号时再次单击直线，如图6-120所示。

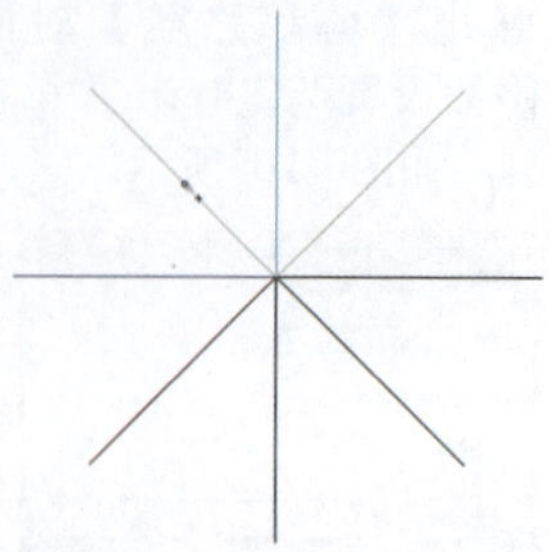
图6-120　选择第二条线段

❼ 继续在靠近相邻的直线上单击，以此类推，当鼠标移动至初始的那条直线时，光标显示小圆圈状态时，表示闭合，如图6-121所示。

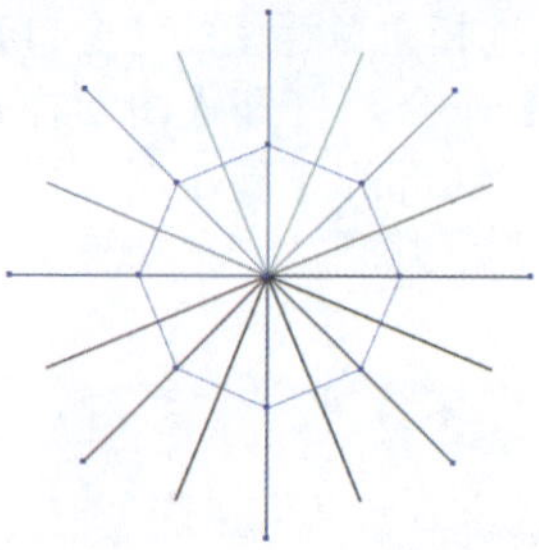
图6-121　完成后的效果

❽ 双击【混合工具】，在打开的【混合选项】对话框中【间距】的下拉式列表中选择【指定的步数】，设置混合对象的【指定的步数】为300，单击【确定】按钮，完成后的效果如图6-122所示。

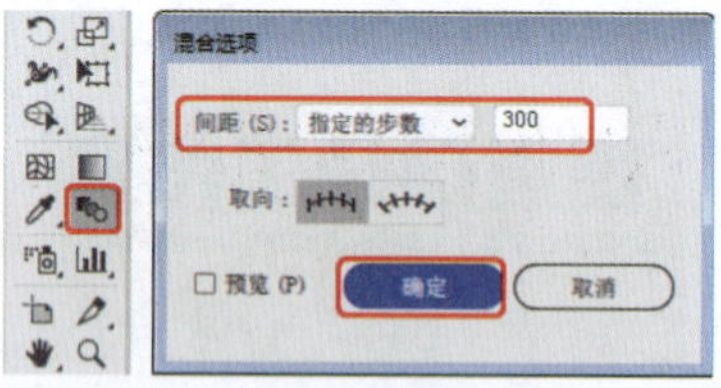

图6-122　设置混合选项

❾ 此时颜色的过渡非常的平滑（步数越多，图形过渡越平滑，文件的容量也越大），如图6-123所示。

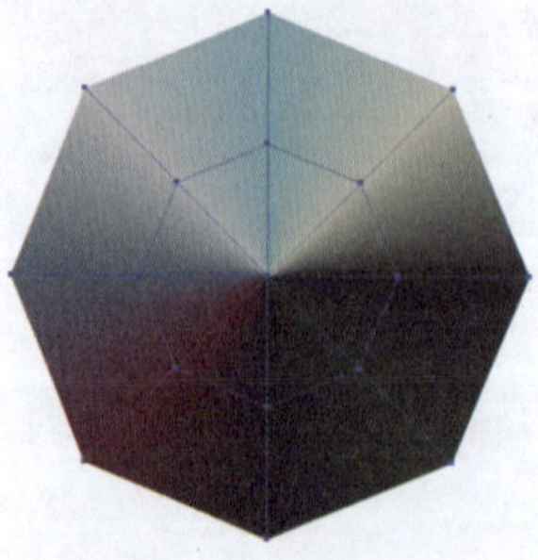
图6-123　设置完成后的效果

❿ 使用【椭圆工具】，在页面中按住Shift键的同时拖拽并绘制一个正圆，效果如图6-124所示。

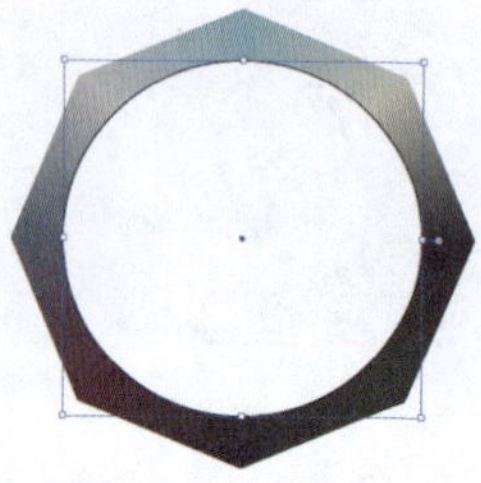
图6-124　绘制正圆

⓫ 选择【编辑】|【复制】|【贴到前面】命令，通过范围框缩放椭圆，如图6-125所示。

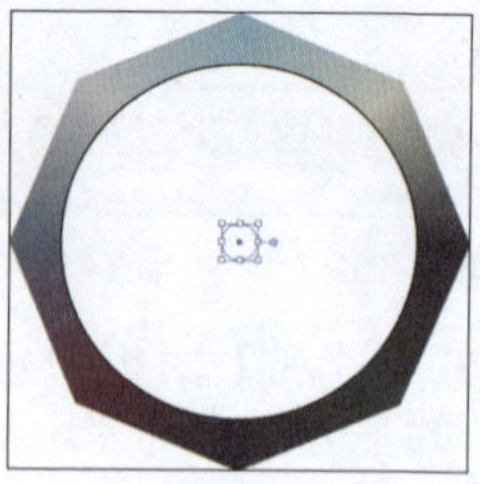
图6-125　缩放椭圆

⓬ 使用【选择工具】同时选择绘制好的两个正圆，单击【路径查找器】面板中的【减去顶层】按钮，生成新的对象，如图6-126所示。

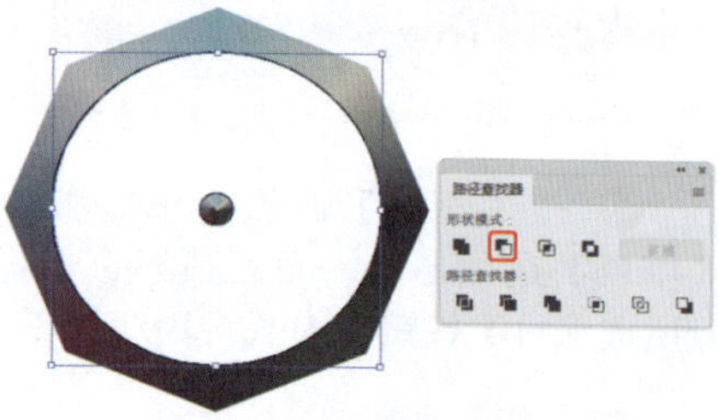
图6-126　生成新的对象

⓭ 使用【选择工具】拖拽并选择所有对象，选择【对象】|【剪切蒙版】|【建立】命令，光盘制作完成，如图6-127所示。

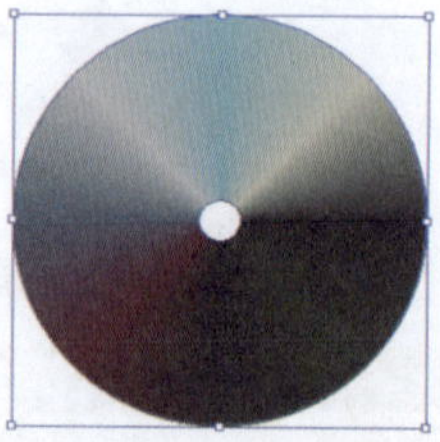
图6-127　制作完成后的效果

⓮ 使用【椭圆工具】，在页面中按住Shift键的同时拖拽并绘制一个正圆，通过属性栏设置描边的粗细为10pt，将【描边颜色】的RGB值设置为200、201、202，如图6-128所示。

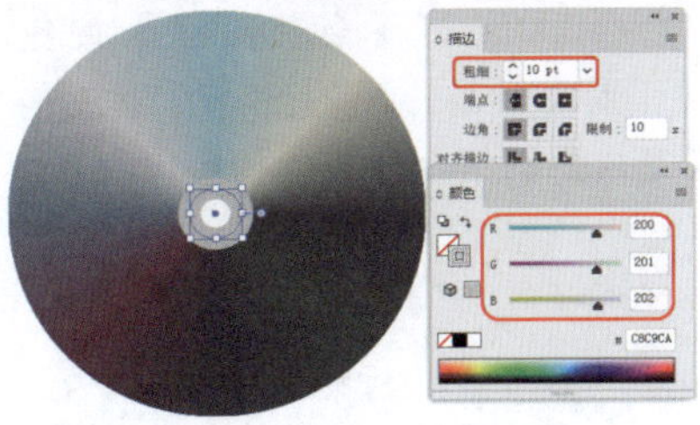

图6-128 设置描边和颜色

⑮ 打开随书配套资源中的素材|Cha06|光盘背景.ai文件，如图6-129所示。

图6-129 打开素材文件

⑯ 将图形复制到素材文件中，调整光盘的位置，如图6-130所示。

图6-130 最终效果

知识链接

下面讲解查找与替换文本、查找和替换字体的方法。

1. 查找与替换文本

查找与替换文本是常用的编辑操作，使用查找可以快速定位，使用替换可以一次性替换文档中的全部相同单词或词组。

在菜单栏中选择【编辑】|【查找和替换】命令，即可弹出【查找和替换】对话框，如图6-131所示。

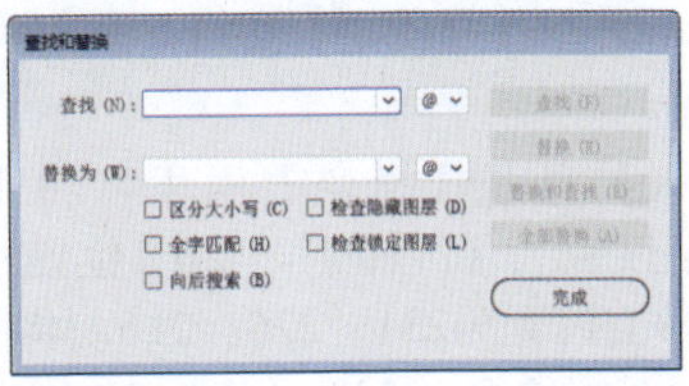

图6-131 【查找和替换】对话框

在【查找】文本框中，输入或粘贴要查找的文本，在【替换为】文本框中，输入或粘贴要替换的文本。

- 若搜索或更改包括制表符、空格和其他特殊字符的文本，或搜索未指定的字符或通配符，可单击【查找】或【替换为】列表框右侧的按钮，在弹出的下拉列表中选择Illustrator中的字符或符号，如图6-132所示。

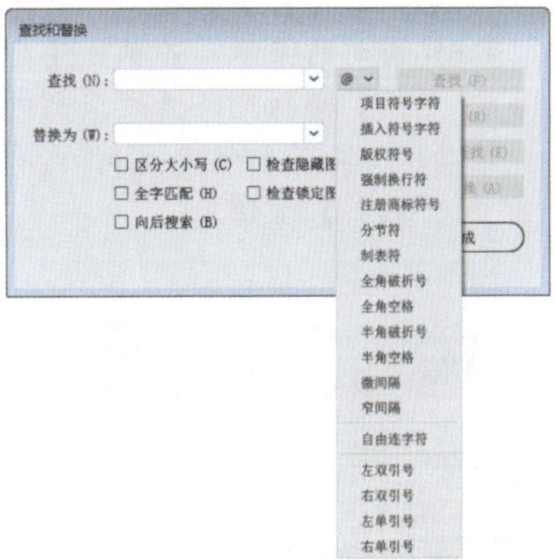

图6-132 选择字符或符号

- 若选择【区分大小写】复选框，将区分字符的大小写；若选择【全字匹配】复选框，将按全字匹配规则进行查找与替换；若选择【向后搜索】复选框，将向后搜索文字的内容。若选择【检查隐藏图层】复选框，则查找和替换范围将包含隐藏图层中的内容；若选择【检查锁定图层】复选框，则查找和替换范围将包含锁定图层中的内容。
- 若单击【查找】按钮，则开始搜索下一个匹配的文字串；若单击【替换】按钮，将替换文字串；若单击【替换和查找】按钮，将替换文字串并搜索下一个匹配的文字串；若单击【全部替换】按钮，将替换全部文字串。更改完成时单击【完成】按钮结束替换。

查找与替换文本的具体操作步骤如下所述。

(1) 按Ctrl+O组合键弹出【打开】对话框，在该对话框中选择随书配套资源中的素材|Cha06|05.ai文件，单击【打开】按钮，效果如图6-133所示。

图6-133 打开的素材文件

(2) 在菜单栏中选择【编辑】|【查找和替换】命令，弹出【查找和替换】对话框，在【查找】文本框中输入“以”，在【替换为】文本框中输入“一”，如图6-134所示。

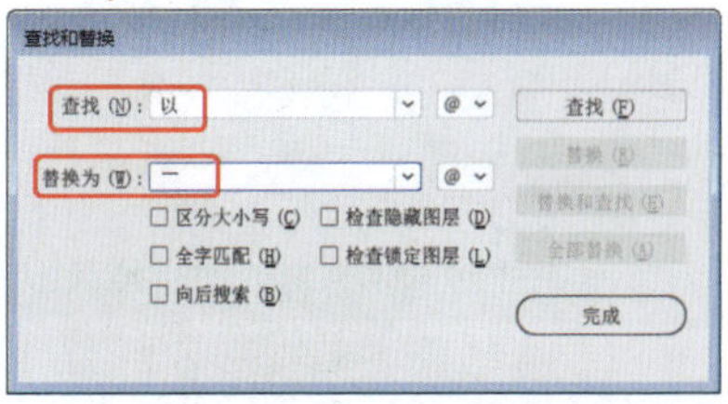

图6-134 【查找和替换】对话框

(3) 单击【查找】按钮，即可查找到第一个匹配的文字，如图6-135所示。

图6-135 查找到的文本

(4) 单击【全部替换】按钮，此时会弹出信息提示对话框，提示已完成替换，单击【确定】按钮，如图6-136所示。

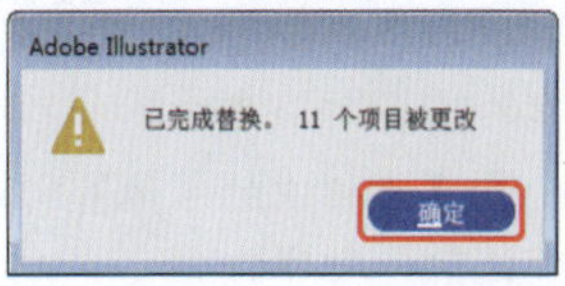

图6-136 信息提示对话框

(5) 返回到【查找和替换】文本框中，单击【完成】按钮，即可将文档中所有的“以”替换为“一”，效果如图6-137所示。

图6-137 替换效果

2. 查找和替换字体

在Illustrator中还可以查找和替换文档中的字体。在菜单栏中选择【文字】|【查找字体】命令，如图6-138所示，即可弹出【查找字体】对话框，如图6-139所示。

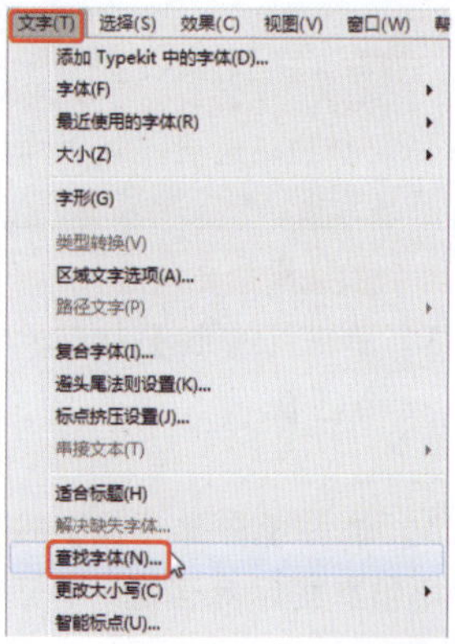

图6-138 选择【查找字体】命令

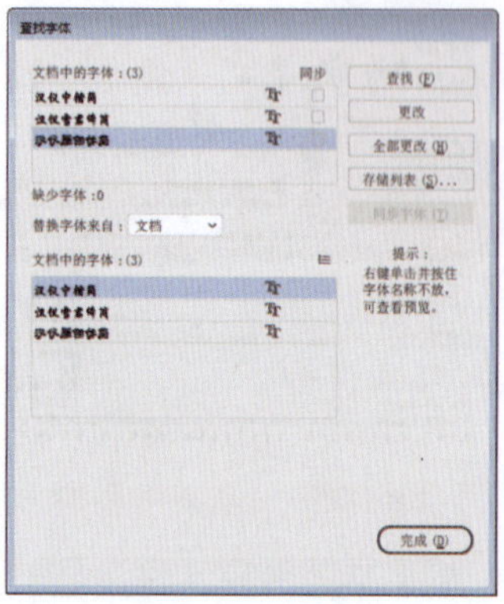

图6-139 【查找字体】对话框

- 在【文档中的字体】列表中，选取一种字体。
- 在【替换字体来自】列表中选取一种要替换的字体，若选择【文档】选项，列表中将显示文档中的所有字体；若选择【系统】选项，列表中将显示系统中的所有字体，如图6-140所示。
- 在【包含在列表中】选项区域中，可以选取的字体包括OpenType、罗马字、标准、Type 1、CID、TrueType或多模字库。
- 若单击【查找】按钮，开始搜索下一个匹配的格式字体。
- 若单击【更改】按钮，将更改搜索到的字体，若单击【全部更改】按钮，将更改全部匹配的字体。更改完成时，单击【完成】按钮。

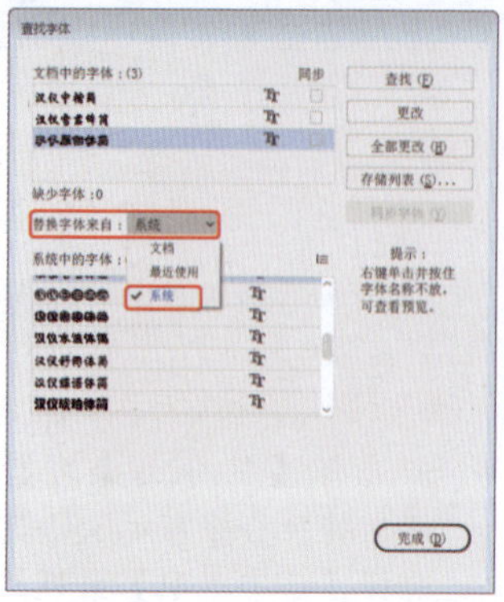

图6-140 选择【系统】选项

查找和替换字体的具体操作步骤如下所述。

（1）按Ctrl+O组合键弹出【打开】对话框，在该对话框中选择随书配套资源中的素材|Cha06|06.ai文件，单击【打开】按钮，在菜单栏中选择【文字】|【查找字体】命令，弹出【查找字体】对话框，在【文档中的字体】列表中选择【汉仪雪君体简】，在【替换字体来自】列表中选择【文档】选项，并选择字体【汉仪中楷简】，如图6-141所示。

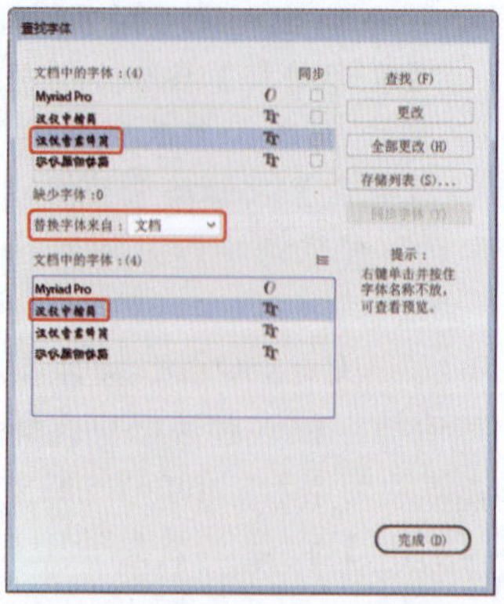

图6-141 【查找字体】对话框

（2）单击【全部更改】按钮，即可更改全部匹配的字体，然后单击【完成】按钮，效果如图6-142所示。

图6-142 更改字体后的效果

实训练习138 色卡

本实例将通过色卡的设计制作讲解基本绘图工具的使用，帮助读者掌握混合工具的使用及混合选项的设置等技巧，效果如图6-143所示。

素材	素材|Cha06|色卡素材.ai
场景	场景|Cha06|实训练习138 色卡.ai
视频	视频教学|Cha06|实训练习138 色卡.MP4

图6-143 色卡

❶ 在Illustrator CC 2017中选择【新建】命令建立一个新的空白文件。使用【圆角矩形】工具在页面中单击，弹出【圆角矩形】对话框，将【宽度】【高度】及【圆角半径】分别设置为240mm、86mm、15mm，单击【确定】按钮，如图6-144所示。

❷ 打开【渐变】面板，将【类型】设置为【线性】，将0%位置处的RGB值设置为231、226、216，将80%位置处的RGB值设置为243、240、

235，将100%位置处的RGB值设置为231、226、216，将【描边颜色】设置为无，如图6-145所示。

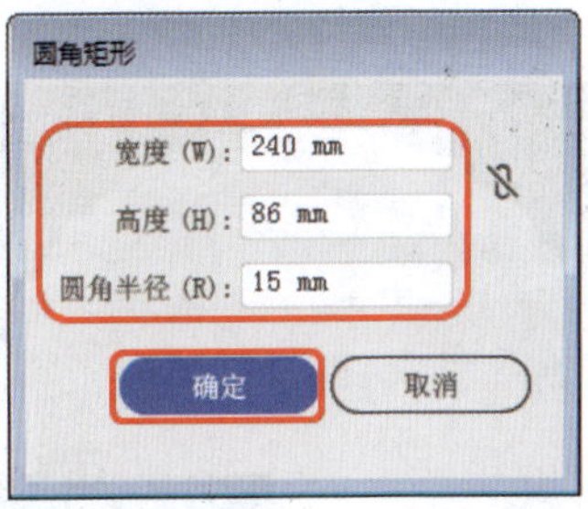

图6-144 设置圆角矩形参数

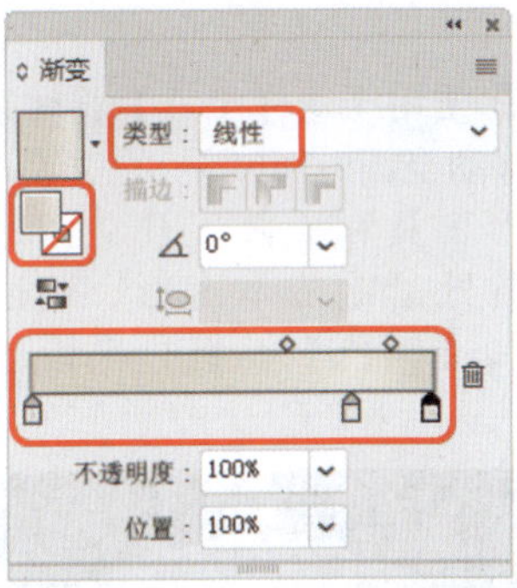

图6-145 设置渐变参数

③ 设置完成后的渐变填充效果如图6-146所示。

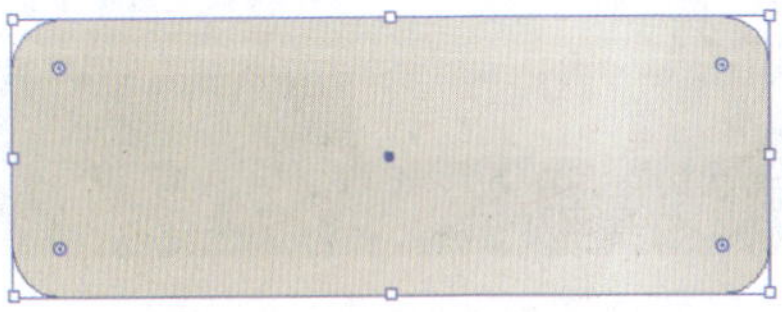

图6-146 填充后的效果

④ 使用【矩形工具】在视图中单击，在弹出的【矩形】对话框中设置【宽度】和【高度】分别为43mm、86mm，单击【确定】按钮，如图6-147所示。

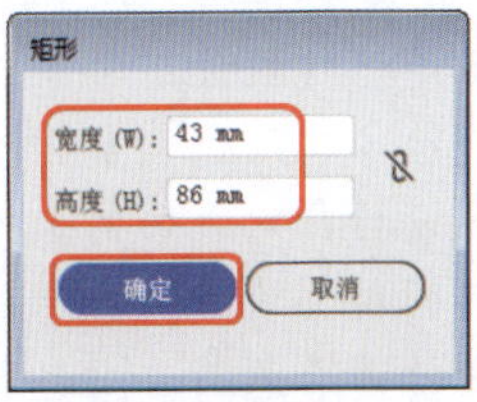

图6-147 设置矩形的参数

⑤ 在【渐变】面板中，将【类型】设置为【线性】，将【角度】设置为-90°，将0%位置处的RGB值设置为128、29、127，将80%位置处的RGB值设置为166、97、165，将100%位置处的RGB值设置为128、29、127，将【描边颜色】设置为无，如图6-148所示。

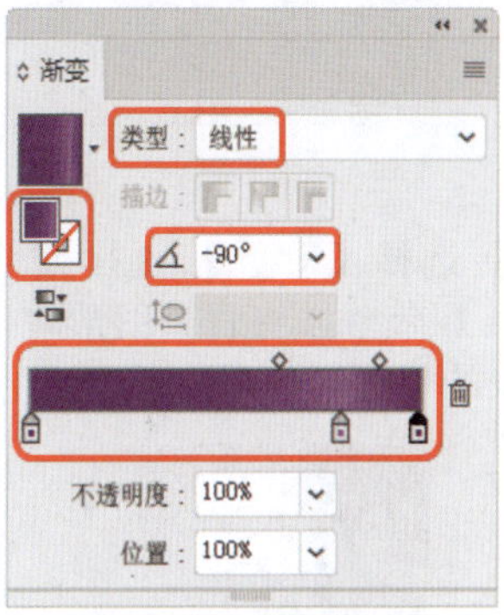

图6-148 设置渐变颜色

⑥ 填充后的效果如图6-149所示。

图6-149 填充效果

⑦ 使用【选择工具】将填充渐变后的矩形移到图6-150所示的位置处。

图6-150 移动对象的位置

⑧ 使用【选择工具】，按Enter键弹出【移动】对话框，将【水平】设置为129mm，将【垂直】设置为0mm，将【距离】设置为129mm，将【角度】设置为0，单击【复制】按钮，如图6-151所示。

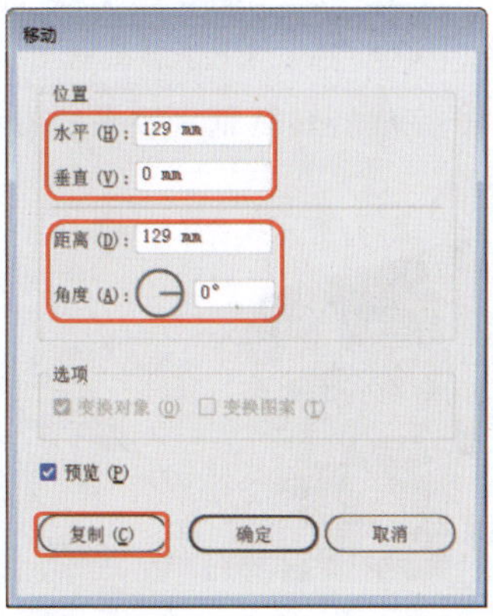

图6-151 设置移动参数

⑨ 复制后的效果如图6-152所示。

图6-152 复制图形对象

⑩ 在【渐变】面板中，将【类型】设置为【线性】，将【角度】设置为-90°，将0%位置处的RGB值设置为223、198、223，将80%位置处的RGB值设置为249、244、249，将100%位置处的RGB值设置为223、198、223，将【描边颜色】设置为无，如图6-153所示。

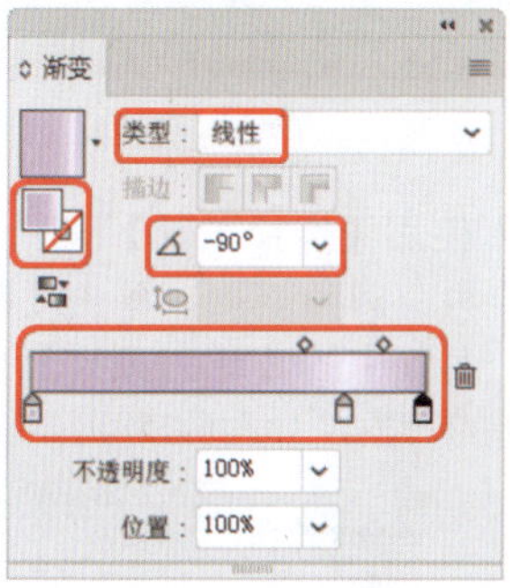

图6-153 设置渐变参数

⑪ 单击【选择工具】按钮，按住Shift键选择设置属性后的两个矩形图形，如图6-154所示。

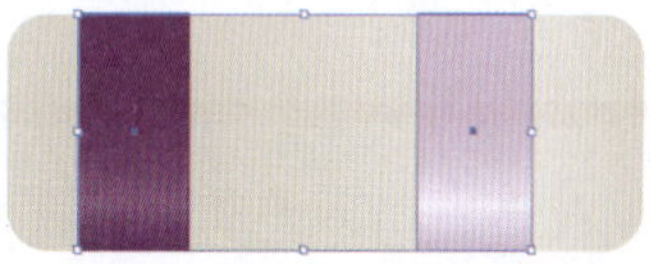

图6-154 选择图形对象

⑫ 选择【对象】|【混合】|【创建】命令或按Ctrl+Alt+B组合键，创建混合效果，如图6-155所示。

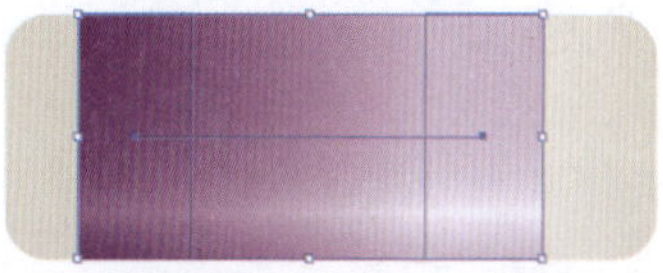

图6-155 混合效果

⑬ 选择【对象】|【混合】|【混合选项】命令，在弹出的【混合选项】对话框中的【间隔】选项下拉式列表中选择【指定的步数】，设置混合对象的【指定步数】为2，单击【确定】按钮，如图6-156所示。

⑭ 使用【圆角矩形工具】在页面中合适的位置绘制两个圆角矩形，如

图6-157所示。

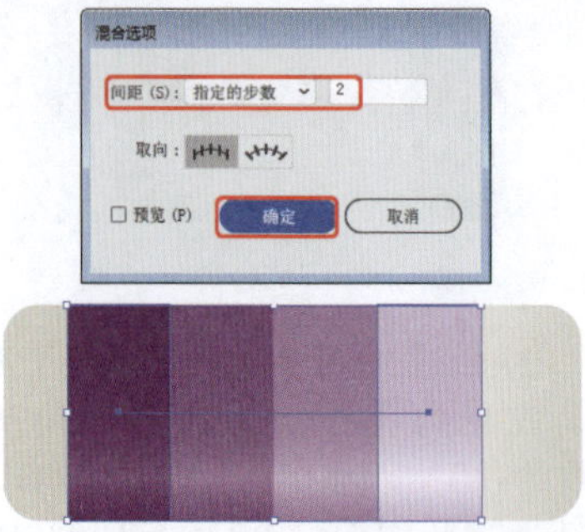

图6-156 设置混合选项参数

图6-157 绘制两个圆角矩形

⑮ 使用【选择工具】同时选择绘制好的两个圆角矩形，单击【路径查找器】面板中的【减去顶层】按钮，生成新的对象，如图6-158所示。

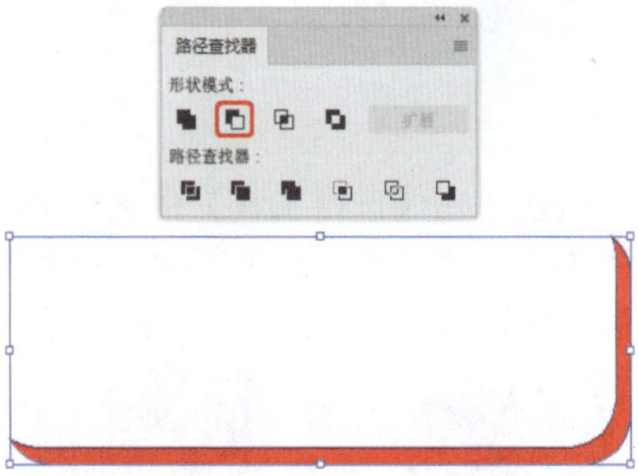

图6-158 生成新的图形

⑯ 在【渐变】面板中，将【类型】设置为【线性】，将0%位置处的RGB值设置为174、172、166，将100%位置处的RGB值设置为226、226、226，将【描边颜色】设置为无，如图6-159所示。

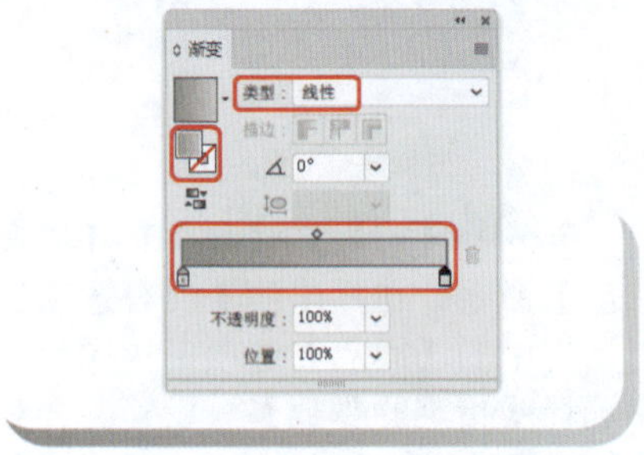

图6-159 设置渐变颜色

⑰ 使用选择工具将填充属性后的图形移动至图6-160所示的位置。

图6-160 移动位置

⑱ 选择【对象】|【排列】|【置于底层】命令，将背景图形置后，调整对象的位置，如图6-161所示。

图6-161 调整后的效果

⑲ 使用【椭圆工具】，在页面中按住Shift键，同时拖拽并绘制一个正圆，通过【颜色】面板设置图形的填充属性为白色，将其拖拽至图6-162所示的位置。选择【文件】|【打开】命令，打开随书配套资源中的素材|Cha06|色卡素材.ai文件，将素材文件复制到当前文件中，如图6-162所示。

图6-162 设置完成后的效果

⑳ 选择所有的图形对象，单击【旋转工具】按钮，按住Alt键并单击圆的中心点作为旋转的锚点，打开【旋转】对话框，将【角度】设置为-15°，单击【复制】按钮，如图6-163所示。

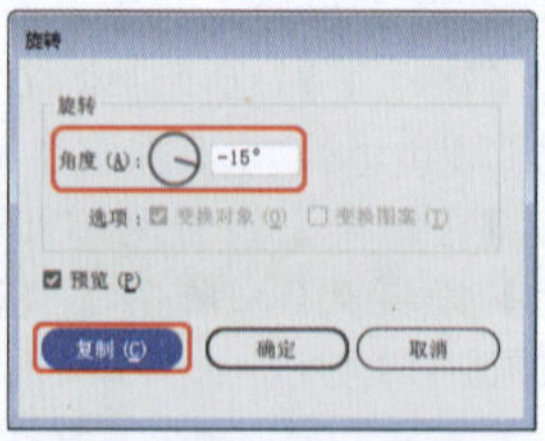

图6-163 设置旋转参数

㉑ 完成旋转复制，效果如图6-164所示。

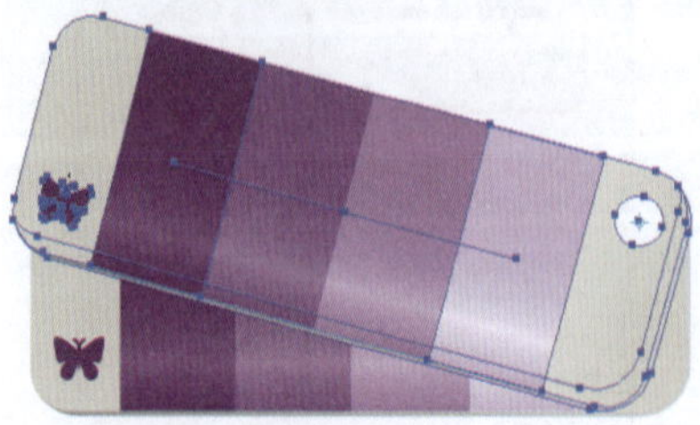
图6-164 旋转复制图形

㉒ 选择【对象】|【变换】|【再次变换】命令，重复旋转复制，使用【矩形工具】，绘制黑色的矩形，将其置于底层，如图6-165所示。

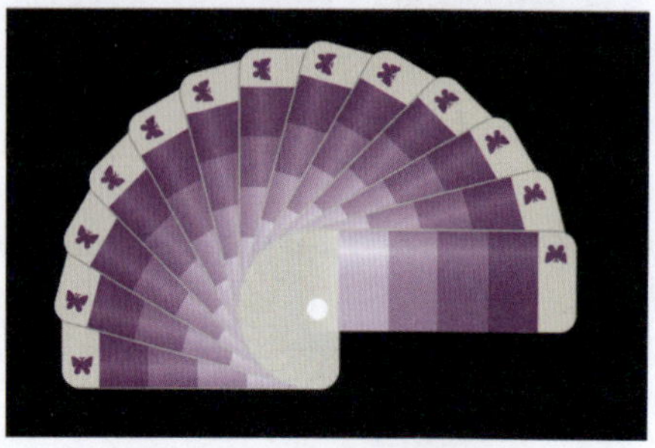
图6-165 设置完成后的效果

㉓ 使用【选择工具】将辅助图形分别移动至图6-166所示的位置，再通过矩形工具和椭圆工具在图形的合适位置处绘制基本图形。通过【渐变】和【颜色】面板分别设置其填充属性。

图6-166 最终效果

知识链接

色卡用于色彩选择、比对、沟通，是色彩在一定范围内统一标准的工具。

色卡是设计师和产品之间的桥梁。

色卡是一种预设工具。设计师选取色彩交给印刷厂进行实物生产，印刷厂按照设计师对色彩的选择制造出产品，其间需要设计师对产品色彩的预设。设计师必须具有对色彩的敏感度，因为只有这样，设计出的产品才能够符合市场的需求。

没有一个好的色彩对比，好的色彩复制，就很难赢得市场。设计师必须准确把握市场的需求，对色彩进行选择，用色卡对市场需求的颜色进行复制。

实训练习139 工作证

本实例通过工作证的设计制作，帮助读者进一步掌握文字工具的使用，重点掌握设置文字的字体和字号等，效果如图6-167所示。

素材	素材|Cha06|工作证背景.ai
场景	场景|Cha06|实训练习139　工作证.ai
视频	视频教学 | Cha06 |实训练习139　工作证.MP4

图6-167　工作证

❶ 使用【矩形工具】，绘制【宽度】和【高度】分别为55mm和85mm的矩形，将【填充颜色】设置为白色，将【描边颜色】的RGB值设置为113、113、113，如图6-168所示。

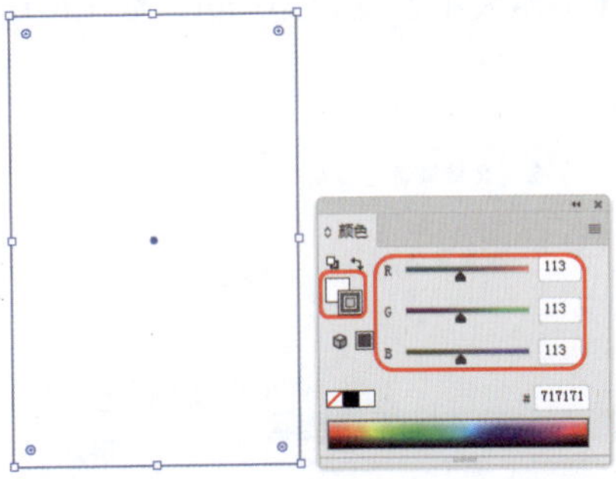

图6-168　绘制矩形并设置填充颜色

❷ 使用【圆角矩形】，在页面中单击，弹出【圆角矩形】对话框，将【宽度】【高度】和【圆角半径】分别设置为20mm、3mm、3mm，单击【确定】按钮，如图6-169所示。

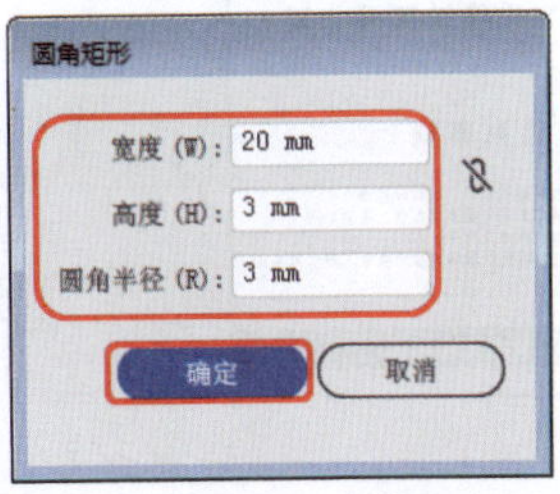

图6-169　设置圆角矩形的参数

❸ 将【填充颜色】的RGB值设置为220、214、220，将【描边颜色】设置为无，如图6-170所示。

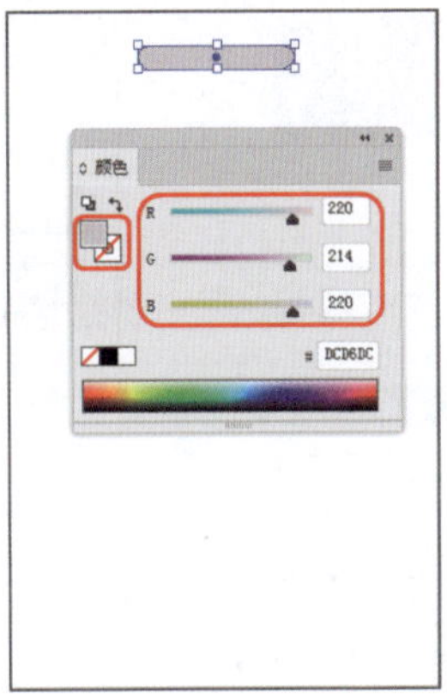

图6-170　设置填充和描边颜色

❹ 使用【文字工具】，输入文本，将【字体】设置为【文鼎CS大黑】，将【字体大小】设置为21pt，将【填充颜色】的RGB值设置为46、79、98，如图6-171所示。

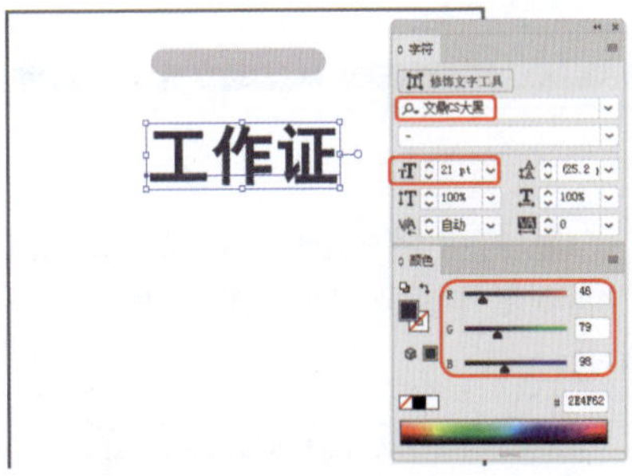

图6-171　设置文字的字符和颜色

❺ 按住Alt键将文本进行复制，修改文字，将【字体】设置为【Arial】，将【字体大小】设置为10 pt，如图6-172所示。

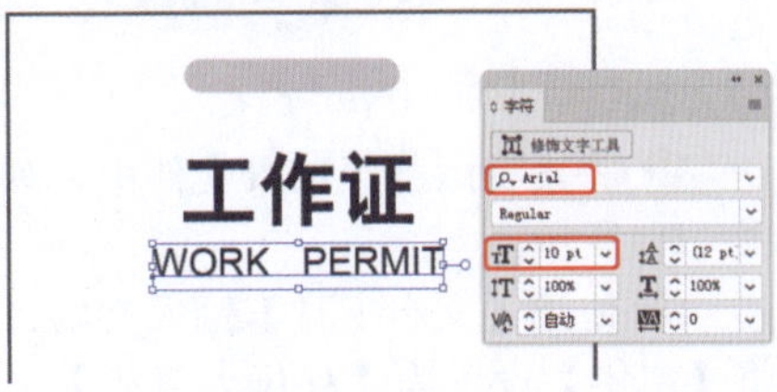

图6-172　设置字体和字号

❻ 使用【矩形工具】，在空白位置处单击，弹出【矩形】对话框，将【宽度】和【高度】都设置为20mm，单击【确定】按钮，如图6-173所示。

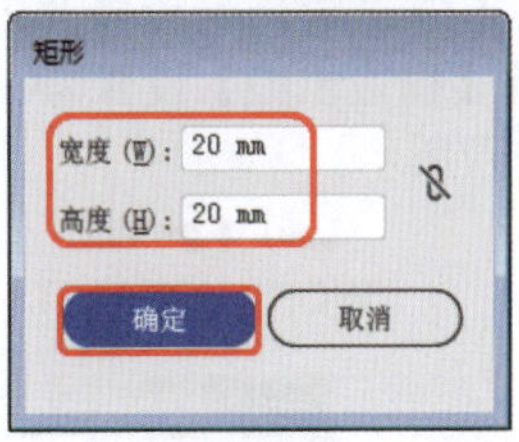

图6-173　设置矩形参数

❼ 将矩形【填充颜色】的RGB值设置为19、101、163，将【描边颜色】的RGB值设置为194、193、192，调整矩形的位置，如图6-174所示。

图6-174　设置矩形的填充和描边颜色置

❽ 使用【直排文字工具】输入文本，将【字体】设置为【文鼎CS大黑】，将【字体大小】设置为17pt，将【填充颜色】设置为白色，如图6-175所示。

图6-175　设置字体的字符和颜色

❾ 使用【文字工具】，输入文本，将【字体】设置为【黑体】，将【字体大小】设置为7 pt，将【填充颜色】的RGB值设置为10、65、120，如图6-176所示。

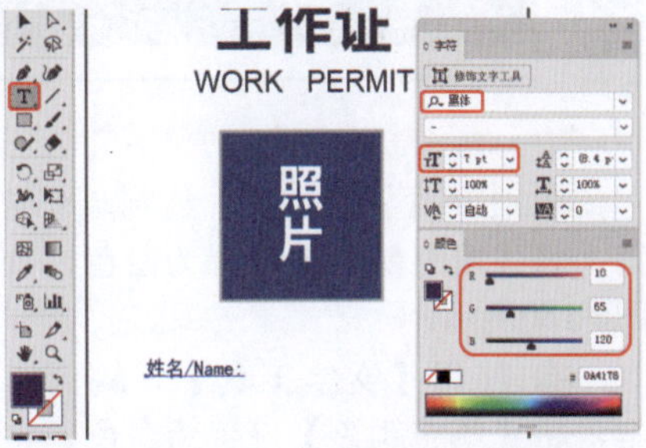

图6-176　设置字体的字符和颜色

⑩ 使用【直线工具】绘制一条直线，将【描边颜色】设置为9、65、120，将【描边粗细】设置为0.75 pt，如图6-177所示。

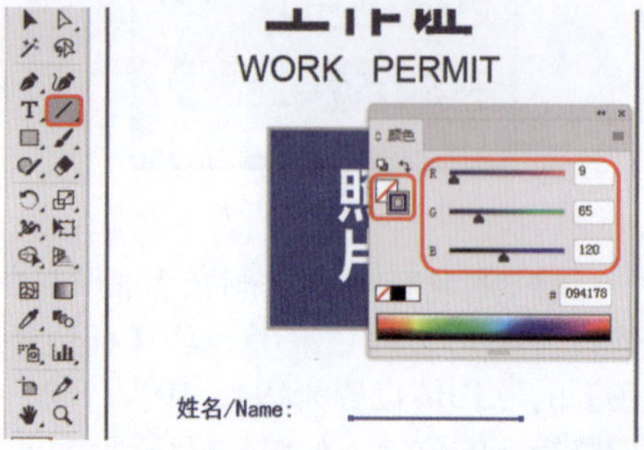

图6-177　绘制直线并设置描边

⑪ 继续使用【文字工具】和【直线工具】绘制图6-178所示的对象。

图6-178　设置完成后的效果

⑫ 使用【矩形工具】绘制矩形，将【填充颜色】的RGB值设置为9、65、120，将【描边颜色】设置为无，如图6-179所示。

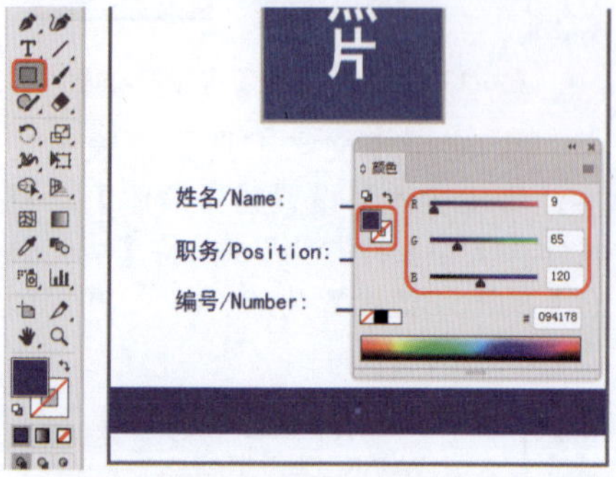

图6-179　绘制矩形并设置填充颜色

⑬ 使用【椭圆工具】绘制两个椭圆，将【填充颜色】设置为白色，如图6-180所示。

⑭ 使用【文字工具】，输入文本，将【填充颜色】设置为白色，将【字体】设置为【方正胖娃简体】，将【字体大小】设置为7 pt，将【字符间距】设置为200，如图6-181所示。

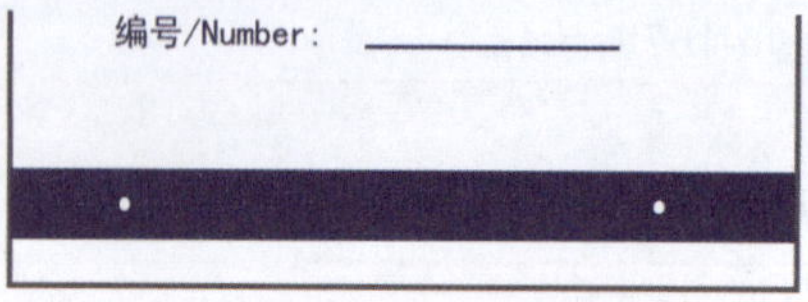

图6-180　绘制椭圆并填充颜色

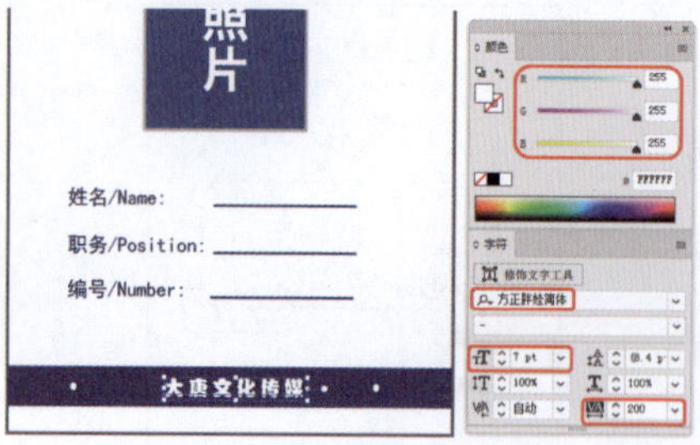

图6-181　设置文字的字符和颜色

⑮ 使用【选择工具】，按住Alt键复制图6-182所示的图形。

图6-182　复制图形对象

⑯ 打开随书配套资源中的素材|Cha06|工作证背景.ai文件，如图6-183所示。

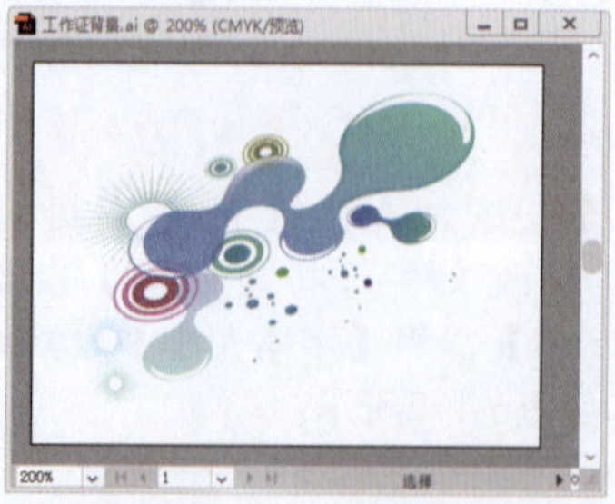

图6-183　打开素材文件

⑰ 将素材添加至场景文件中，如图6-184所示。

⑱ 使用【文字工具】输入文本，将【字体】设置为【汉仪大黑简】，将【字体大小】设置为10 pt，将【字符间距】设置为200，将【填充颜色】的RGB值设置为1、50、79，如图6-185所示。

图6-184　将素材添加至场景文件中

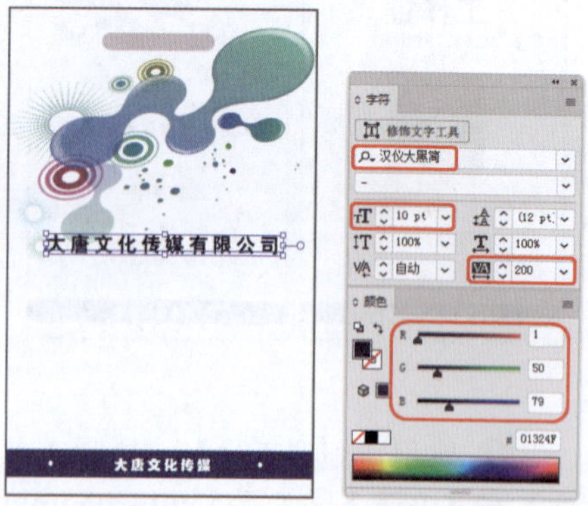

图6-185　设置文字的字符和颜色

⑲ 使用【文字工具】，输入文本，将【字体】设置为【黑体】，将【字体大小】设置为10pt，如图6-186所示。

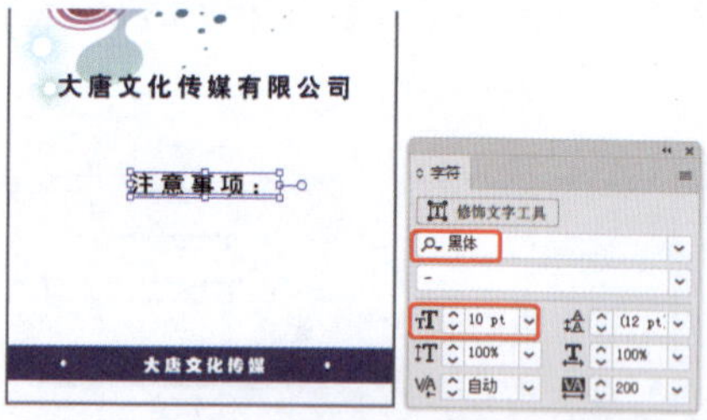

图6-186　设置文字字符

⑳ 使用【文字工具】输入文本，将【字体】设置为【黑体】，将【字体大小】设置为5pt，将【行距】设置为7 pt，如图6-187所示。

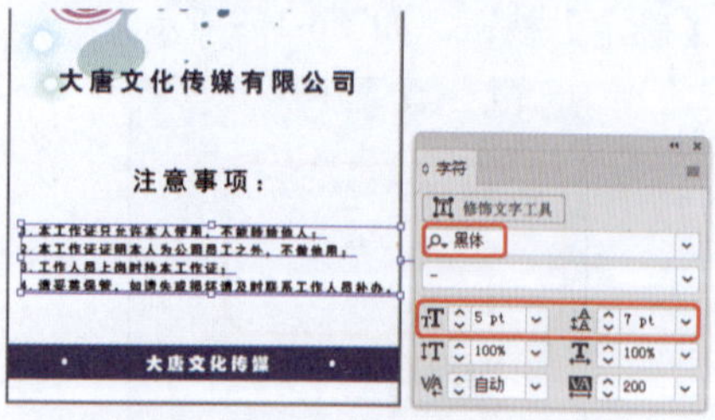

图6-187　设置文字字符

㉑ 按住Shift键选择图6-188所示的文本，将【填充颜色】的RGB值设置为10、65、120。

㉒ 工作证制作完成了，最终效果

如图6-189所示。

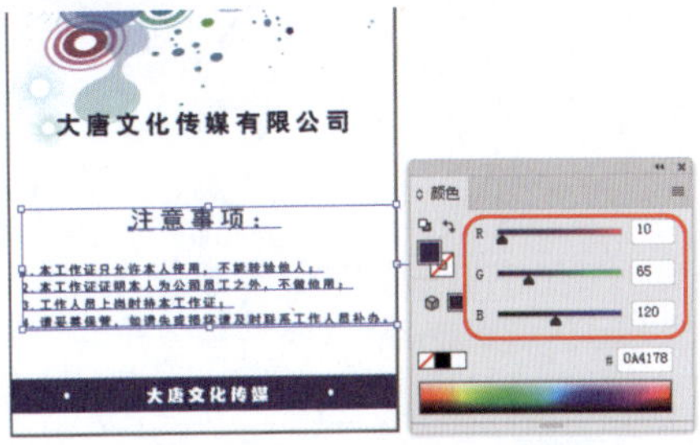

图6-188 设置填充颜色

图6-189 最终效果

知识链接

工作证是公司或单位组织成员的证件，加入后才能申请发放。通常具备方便、简单、快捷的特点。

尺寸

工作证卡标准尺寸是85.5mm×54mm(工作证尺寸有规定，也是卡的国际标准)，大一点的有70mm×100mm，现在每个单位可以根据自身需要确定证卡尺寸的大小，方便随身携带。

简介

工作证代表成为某个公司或单位组织的正式成员。

保险业务员、直销人员、快递人员、劳务派遣人员等人员流动变化快，工作地域跨度大，信息不易查询。这就需要开展人员诚信信息认定、办理个人“全国统一的数字化信用工作证”，建立动态信用档案和提供经过二次加密的17位诚信编码，还要建立全国范围内的统一接入号码的信息公示平台。

应用单位将个人的公示信息（包括单位名称、持证人姓名、职位、证件、照片等）收集、存储到设在中国电信的“全国诚信数据库”，每人随机生成17位诚信编码，将公示信息印制到带有本人照片的胸卡和名片上，通过全国统一的电话、短信、全国诚信保真查询网等方式查询。

实训练习140 封套

本实例主要讲解创建封套对象的方法，效果如图6-190所示。

素材	素材|Cha06|封套.jpg
场景	场景|Cha06|实训练习140 封套.ai
视频	视频教学 | Cha06 |实训练习140 封套.MP4

图6-190 封套

❶ 在菜单栏中选择【文件】|【打开】命令，打开随书配套资源中的素材|Cha06|封套.ai文件，效果如图6-191所示。

图6-191 打开素材文件

❷ 使用【选择工具】选择要添加封套的对象，选择【对象】|【封套扭曲】|【用变形建立】命令，如图6-192所示。

❸ 弹出【封套网格】对话框，在【变形选项】对话框中选择样式列表中的【凸出】选项，单击【确定】按钮，如图6-193所示。

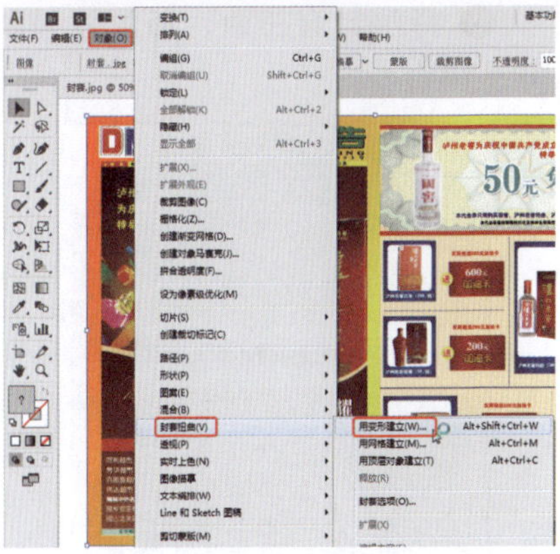

图6-192 选择【用变形建立】选项

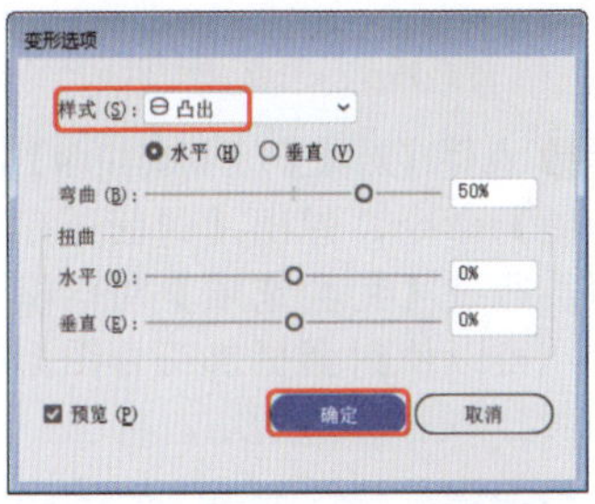

图6-193 设置【变形选项】样式

❹ 变形后的效果如图6-194所示。

图6-194 变形后的效果

❺ 选择【对象】|【封套扭曲】|【释放】命令，如图6-195所示。

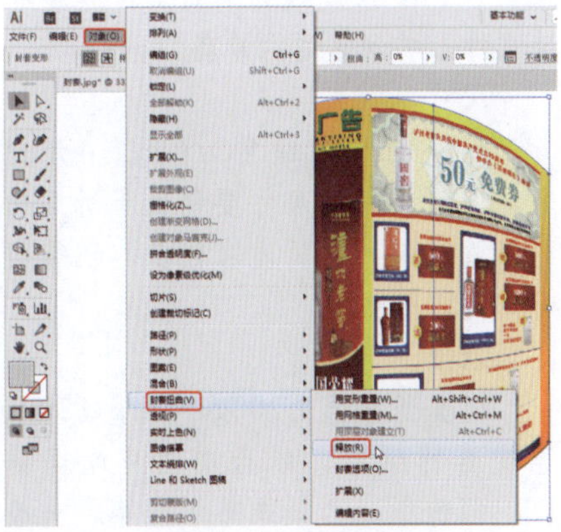

图6-195 选择【释放】命令

❻ 释放封套扭曲，释放效果如图6-196所示。

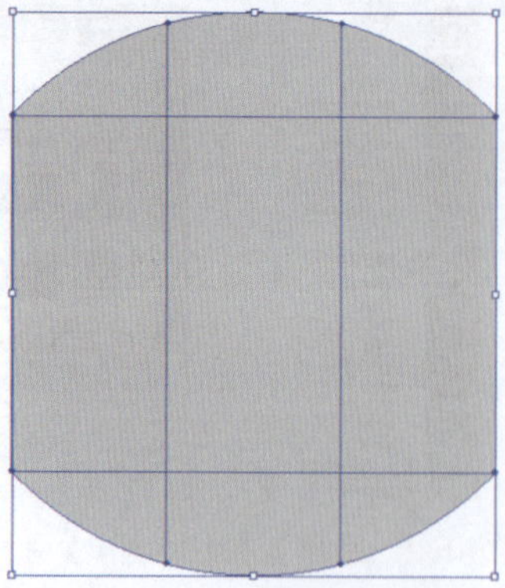

图6-196　释放封套扭曲

❼ 选择【对象】|【封套扭曲】|【封套选项】命令，弹出【封套选项】对话框，通过【封套选项】对话框设置封套，可以使封套更加符合图形绘制的要求，如图6-197所示。

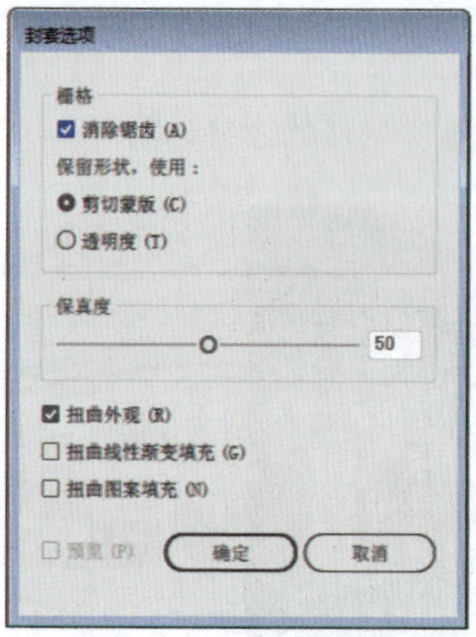

图6-197　【封套选项】对话框

知识链接

封套指书信或书籍的厚纸外套。封套的用途是将单页或样本插入封套内，形成整体的一套文件材料。旧指盛文件、书信或钱物的封筒，今多指装文件、书刊等用的外套。

尺寸

封套的尺寸通常为6开或4开封套，一般封套的尺寸要稍大于所插物的尺寸，如所插的内容较多，还需留有一定的厚度。

纸张

封套通常选用200g、250g或300g等较厚的纸张。纸张类型可选择铜版、哑粉纸、卡纸或艺术纸等。一般尺寸为220×305mm。

后续加工

封套在印刷后都需覆膜或过油来保护封面及提高强度。印刷完成后，通过模切及粘合制成成品。有的封套插口还可以做名片的插口，也可选择做右边一个或左右两个插口。

实训练习141
商场特价吊牌正面

本实例介绍商场特价吊牌的制作，该实例的制作比较简单，主要用到的工具有【椭圆工具】【矩形工具】和【文字工具】等，效果如图6-198所示。

素材	素材|Cha06|床上用品.psd
场景	场景|Cha06|实训练习141　商场特价吊牌正面.ai
视频	视频教学|Cha06|实训练习141　商场特价吊牌正面.MP4

图6-198　商场特价吊牌

❶ 按Ctrl+N组合键弹出【新建文档】对话框，将【宽度】和【高度】设置为300mm和200mm，单击【创建】按钮，如图6-199所示。

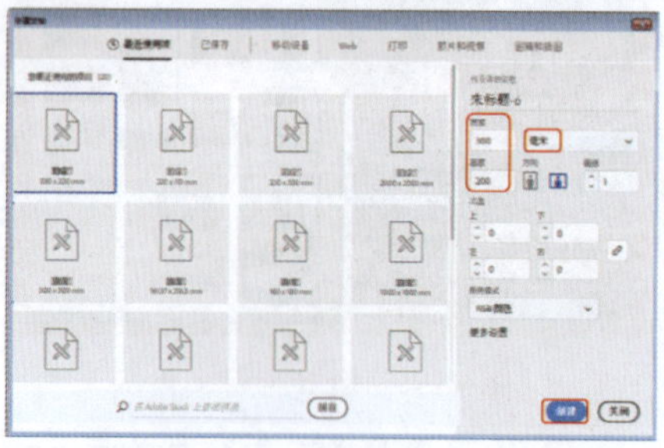

图6-199　【新建文档】对话框

❷ 新建一个空白的文档，然后使用【椭圆工具】，在画板中按住Shift键绘制正圆，如图6-200所示。

❸ 确定新绘制的正圆处于选择状态，将描边设置为无，将填充颜色设置为图6-201所示的颜色。

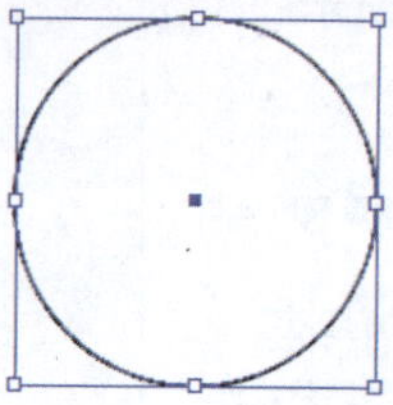

图6-200　绘制正圆

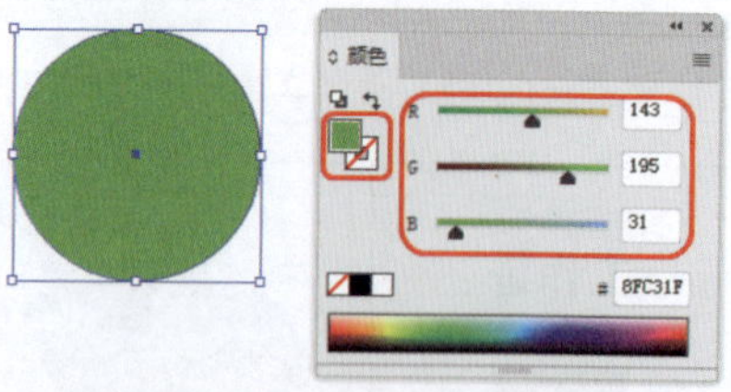

图6-201　为正圆设置颜色

❹ 使用【椭圆工具】在画板中绘制正圆，在工具箱中双击填色图标，在弹出的【拾色器】对话框中将CMYK值设置为65、12、100、0，将描边设置为无，如图6-202所示。

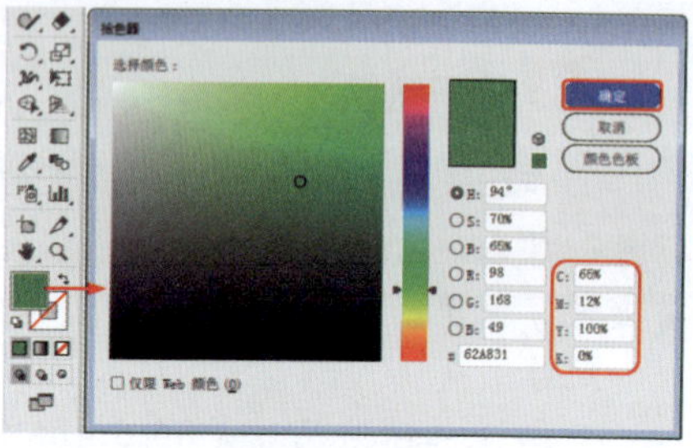

图6-202　设置填充颜色

❺ 调整圆的大小和位置，如图6-203所示。

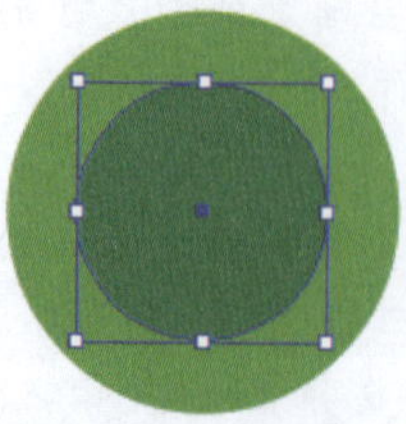

图6-203　调整后的效果

❻ 使用【椭圆工具】在画板中绘制正圆，将正圆填充颜色的CMYK值设置为85、10、100、10，将描边设置为无，如图6-204所示。

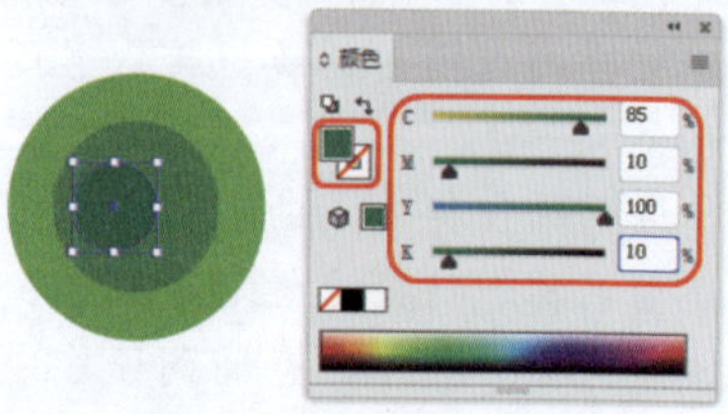

图6-204　绘制正圆并设置颜色

❼ 使用同样的方法绘制其他正圆，并为绘制的正圆设置不同的填充颜色，效果如图6-205所示。

图6-205 绘制其他正圆

❽ 在工具箱中选择【矩形工具】，在画板中绘制矩形，如图6-206所示。

图6-206 绘制矩形

❾ 按Ctrl+F9组合键弹出【渐变】面板，在该面板中将【类型】设置为【径向】，在渐变条上双击左侧的渐变滑块，在弹出的面板中单击按钮，在弹出的下拉菜单中选择【CMYK】命令，如图6-207所示。

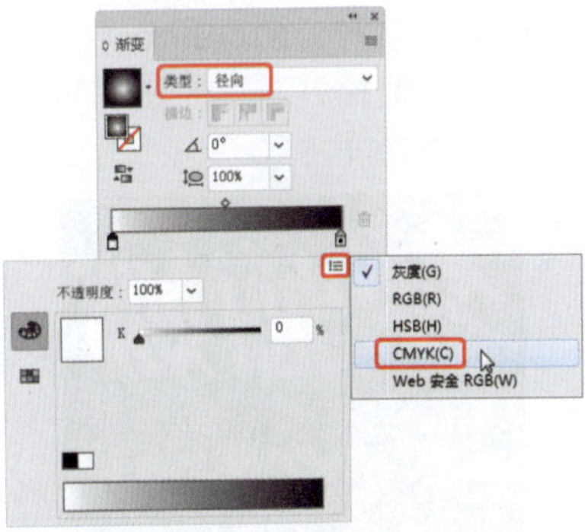

图6-207 【渐变】面板

❿ 在面板中设置颜色值为50、0、100、0，如图6-208所示。

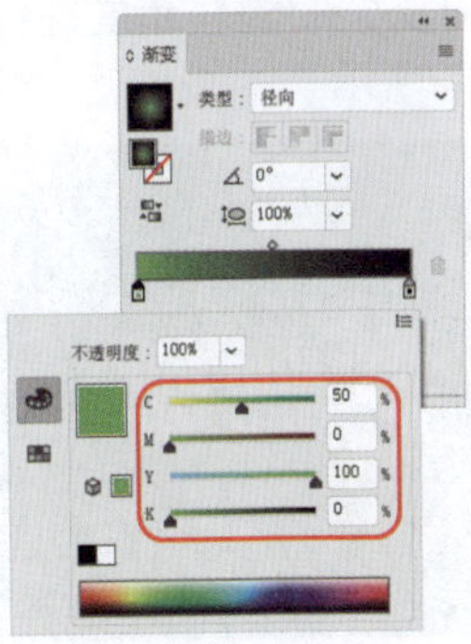

图6-208 设置颜色

⓫ 将右侧渐变滑块的CMYK值设置为100、0、100、0，如图6-209所示。

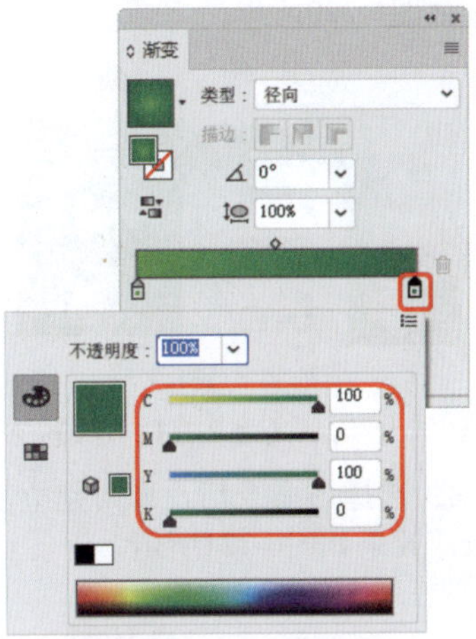

图6-209 为右侧滑块设置颜色

⓬ 在工具箱中选择【渐变工具】，在绘制的矩形上拖动鼠标填充渐变，在渐变条上调整滑块的位置，效果如图6-210所示。

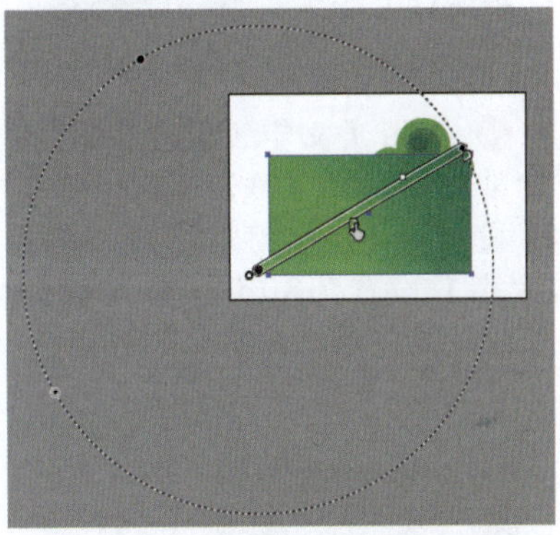

图6-210 填充渐变

⓭ 使用【选择工具】选择填充渐变颜色的矩形，单击鼠标右键，在弹出的快捷菜单中选择【排列】|【置于底层】命令，如图6-211所示。

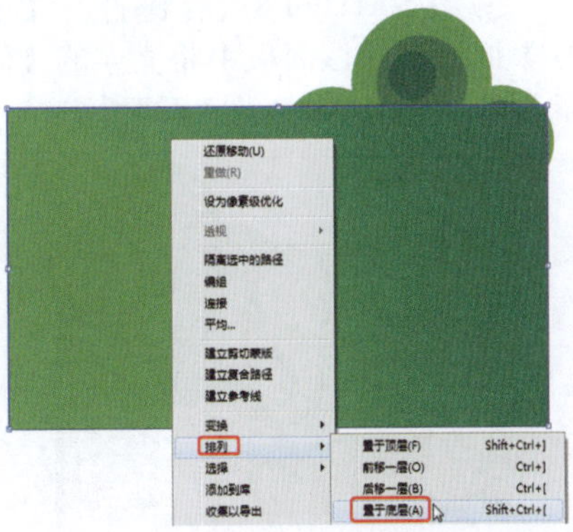

图6-211 选择【置于底层】命令

⓮ 将选择的矩形置于底层，效果如图6-212所示。

图6-212 将矩形置于底层

⓯ 使用【文字工具】输入文字，在【字符】面板中将【字体】设置为【汉仪圆叠体简】，将【字体大小】设置为65pt，如图6-213所示。

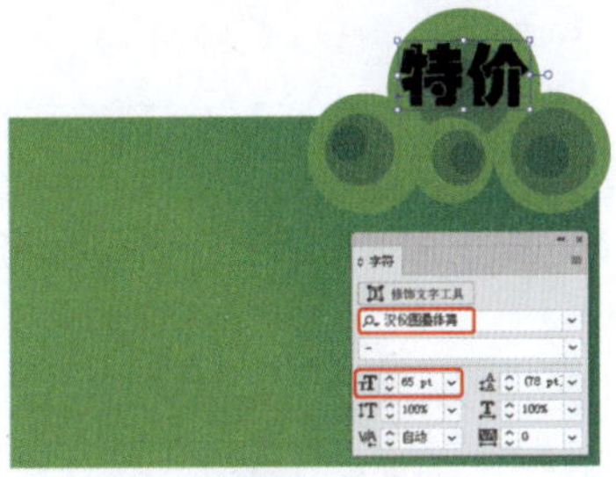

图6-213 输入并设置文字

⓰ 将文字的【填充颜色】的RGB值设置为228、0、127，将【描边颜色】设置为白色，将【描边粗细】设置为2.5pt，如图6-214所示。

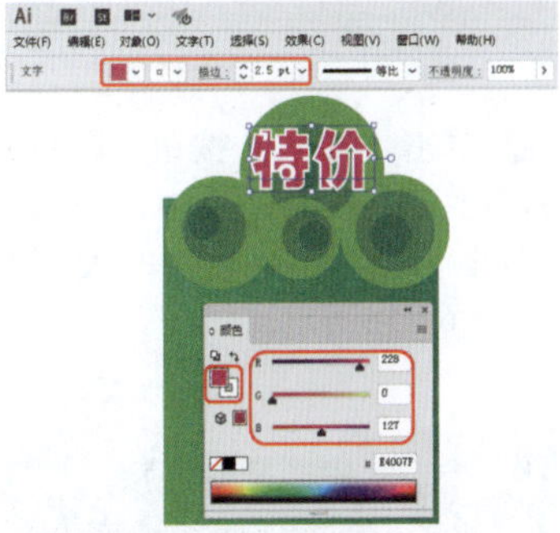

图6-214 设置文字颜色

⓱ 将文字进行复制，修改文字为“产品”，将【字体大小】设置为40pt，如图6-215所示。

图6-215 输入并设置文字

⑱ 在菜单栏中选择【文件】|【置入】命令，如图6-216所示。

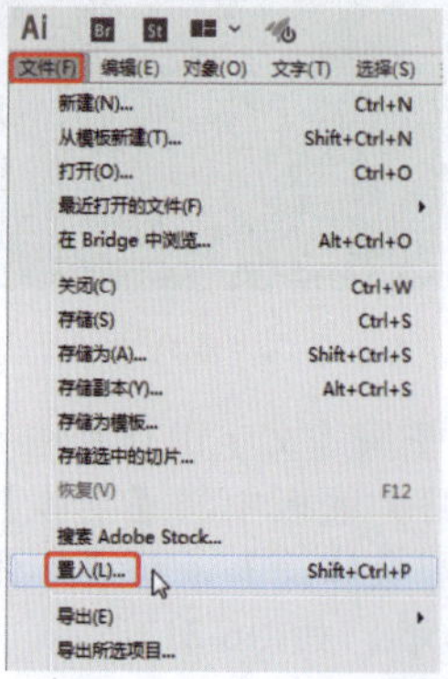

图6-216 选择【置入】命令

⑲ 弹出【置入】对话框，在该对话框中选择随书配套资源中的素材|Cha06|床上用品.psd文件，如图6-217所示。

图6-217 选择素材文件

⑳ 单击【置入】按钮，即可将选择的素材文件置入画板中，使用【选择工具】调整素材文件的大小和位置，如图6-218所示。

图6-218 调整素材文件

㉑ 使用【选择工具】，选择矩形对象，对图形进行复制，将其置于顶层，如图6-219所示。

图6-219 绘制矩形

㉒ 选择复制后的矩形和置入的素材文件，单击鼠标右键，在弹出的快捷菜单中选择【建立剪切蒙版】命令，如图6-220所示。

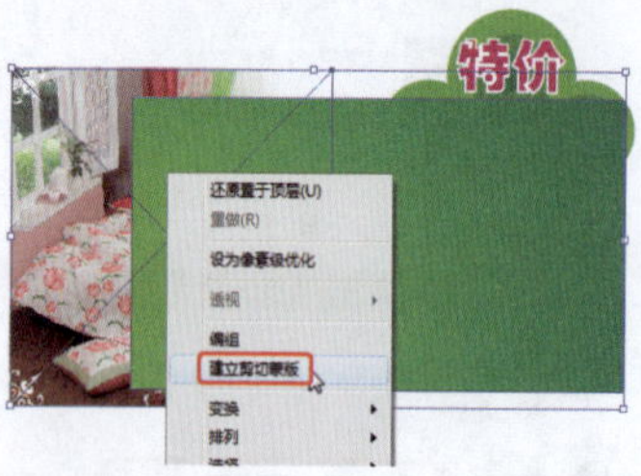

图6-220 选择【建立剪切蒙版】命令

㉓ 选择该命令后，即可建立剪切蒙版，效果如图6-221所示。

图6-221 建立剪切蒙版

㉔ 使用【文字工具】，输入文字“梦”，在【字符】面板中将【字体】设置为【汉仪粗宋简】，将【字体大小】设置为80pt，将【填充颜色】设置为白色，如图6-222所示。

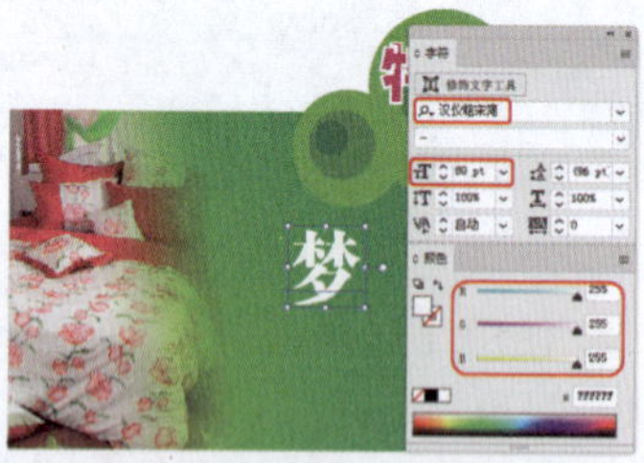

图6-222 输入并设置文字

㉕ 按Shift+F8组合键打开【变换】面板，在该面板中将文字的【倾斜】设置为20°，如图6-223所示。

图6-223 设置倾斜角度

㉖ 使用同样的方法输入文字，为输入的文字设置字体、大小和倾斜角度，效果如图6-224所示。

图6-224 输入并设置文字

㉗ 使用【文字工具】，在画板中输入文字，在【字符】面板中将【字体】设置为【汉仪行楷简】，将【字体大小】设置为24pt，将【填充颜色】设置为白色，如图6-225所示。

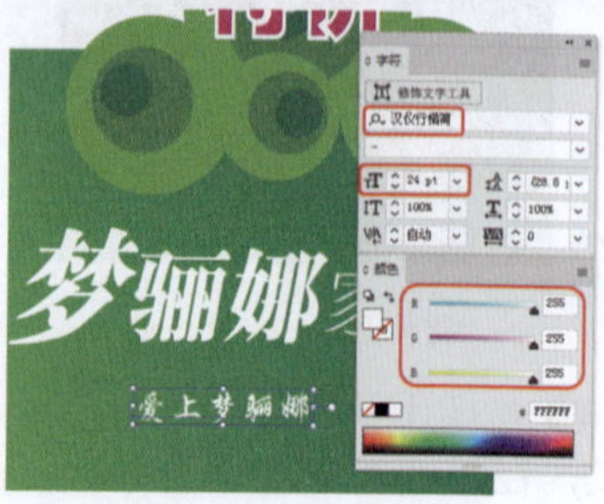

图6-225 输入并设置文字

㉘ 确定文字对象处于选择状态，将鼠标移至右上方控制点上，当鼠标变成↕样式时，单击鼠标左键并拖动鼠标，调整文字对象的旋转角度，拖动至适当位置处松开鼠标左键即可，效果如图6-226所示。

图6-226 设置文字的旋转角度

㉙ 使用同样的方法输入其他文字，并对文字的旋转角度进行调整，如图6-227所示。

图6-227 输入并调整文字

30 使用【画笔工具】，将【填充颜色】设置为无，将【描边颜色】设置为白色，将【描边粗细】设置为0.75pt，将画笔定义为【炭笔-羽毛】，如图6-228所示。

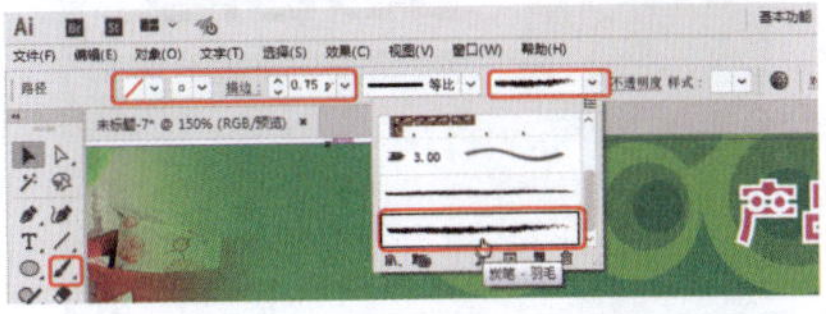

图6-228　设置画笔属性

31 在画板中绘制图形，效果如图6-229所示。

图6-229　绘制图形

实训练习142　商场特价吊牌背面

吊牌正面制作完成后，再介绍一下制作吊牌背面的方法，具体的操作步骤如下所述。

素材	无
场景	场景|Cha06|实训练习142　商场特价吊牌背面.ai
视频	视频教学 | Cha06 |实训练习142　商场特价吊牌背面.MP4

图6-230　商场特价吊牌背面

1 在画板中选择所有的正圆和矩形对象，按Ctrl+C组合键复制对象，新建一个空白文件，按Ctrl+V组合键对图形进行粘贴，如图6-231所示。

图6-231　复制对象

2 选择矩形对象，单击鼠标右键，在弹出的快捷菜单中选择【释放剪切蒙版】命令，如图6-232所示。

3 选择释放后的图片，将图片删除，如图6-233所示。

图6-232　选择【释放剪切蒙版】命令

图6-233　将图片删除

4 按Ctrl+A组合键，选择所有的图形对象，单击鼠标右键，在弹出的快捷菜单中选择【变换】|【对称】命令，如图6-234所示。

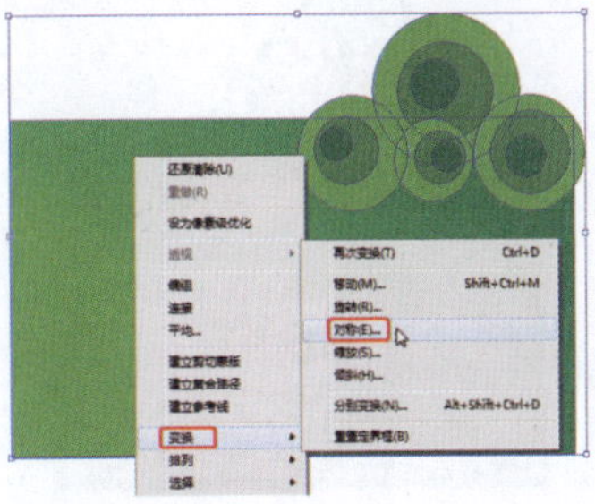

图6-234　选择【对称】命令

5 弹出【镜像】对话框，在该对话框中勾选【垂直】单选按钮，然后单击【确定】按钮，如图6-235所示。

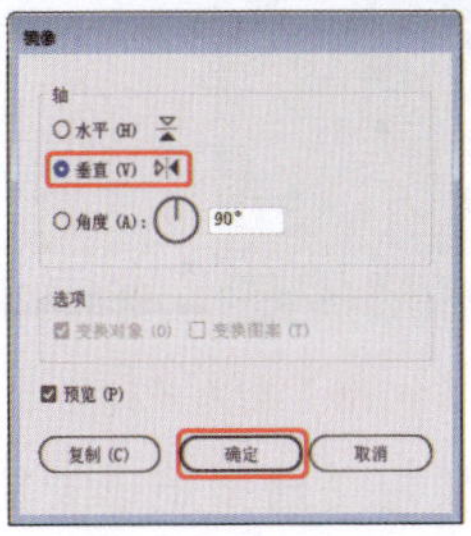

图6-235　【镜像】对话框

6 镜像对象，效果如图6-236所示。

图6-236　镜像对象

7 选择矩形对象，将【填充颜色】的RGB值设置为143、195、31，如图6-237所示。

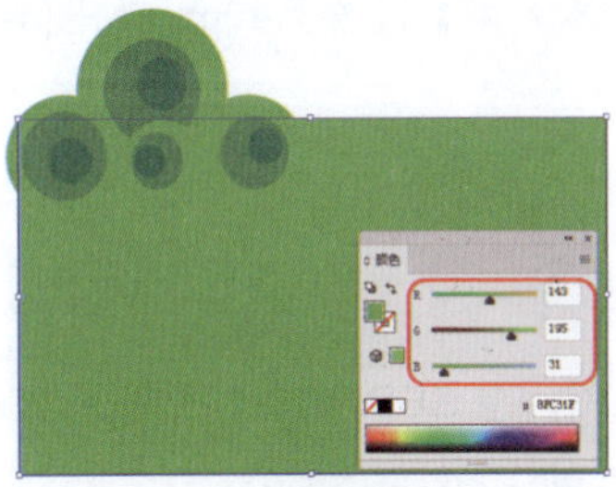

图6-237　设置填充颜色

8 选择“特价”和“产品”对象，对文字进行复制，效果如图6-238所示。

图6-238　复制文字对象

9 使用【文字工具】，在画板中输入文字，在【字符】面板中将【字体】设置为【汉仪粗黑简】，将【字体大小】设置为28pt，将【填充颜色】设置为白色，如图6-239所示。

图6-239　输入并设置文字

⑩ 使用【圆角矩形工具】绘制圆角矩形，将【填充颜色】设置为白色，将【描边颜色】设置为无，效果如图6-240所示。

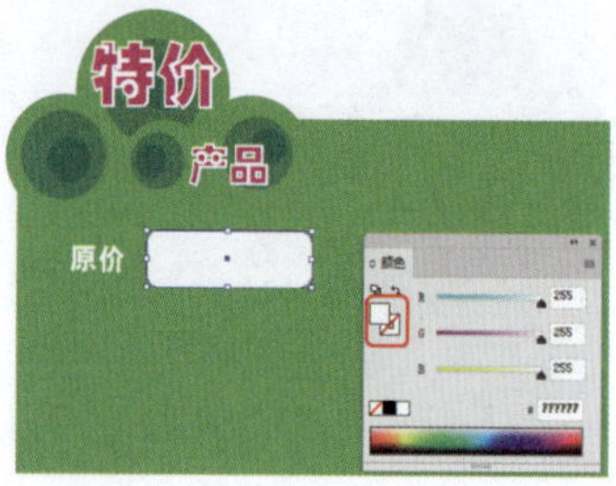

图6-240　绘制圆角矩形

⑪ 使用【文字工具】，输入文字，在【字符】面板中将【字体】设置为【DigifaceWide Regular】，将【字体大小】设置为40pt，如图6-241所示。

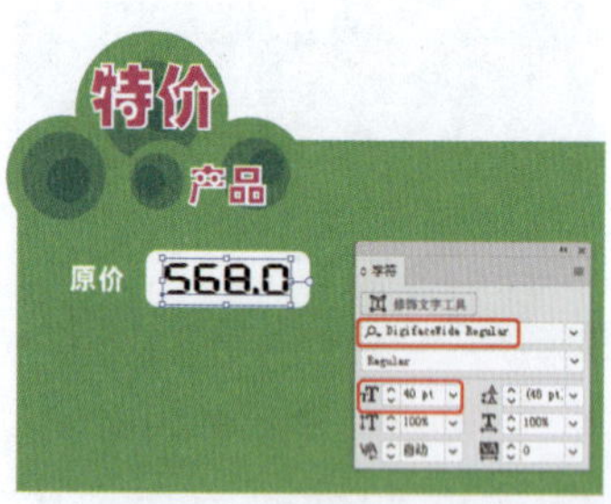

图6-241　输入并设置文字

⑫ 在【变换】面板中将文字的【倾斜角度】设置为10°，如图6-242所示。

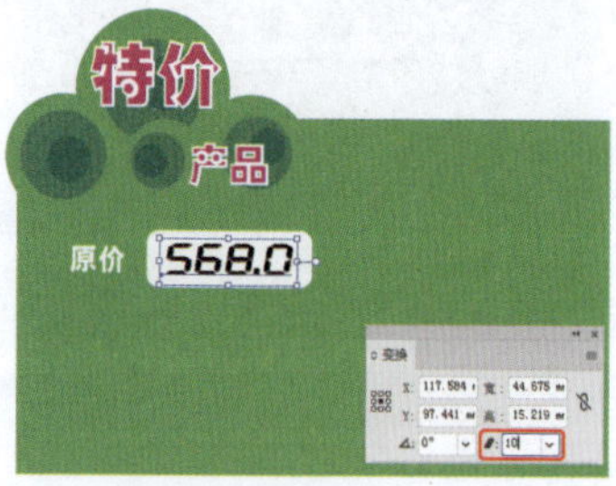

图6-242　设置倾斜角度

⑬ 使用同样的方法，制作现价内容，效果如图6-243所示。

图6-243　制作现价内容

⑭ 使用【直线段工具】，将【描边颜色】设置为229、0、18，将【填充颜色】设置为无，将【描边粗细】设置为5pt，将【不透明度】设置为80%，绘制直线，如图6-244所示。。

图6-244　绘制并设置直线

⑮ 使用同样的方法，绘制另外一条直线，效果如图6-245所示。

图6-245　绘制其他直线

⑯ 在工具箱中选择【文字工具】，输入文字，在【字符】面板中将【字体】设置为【黑体】，将【字体大小】设置为14pt，将【填充颜色】设置为白色，如图6-246所示。

图6-246　输入并设置文字

⑰ 使用同样的方法输入其他文字，并将文字的大小设置为10pt，如图6-247所示。

图6-247　输入其他文字

⑱ 使用【直线段工具】绘制直线，将【填充颜色】设置为无，将【描边颜色】设置为白色，将【描边粗细】设置为1pt，如图6-248所示。

图6-248　绘制直线

⑲ 使用【文字工具】输入文字，在【字符】面板中将【字体】设置为【黑体】，将【字体大小】设置为21pt，如图6-249所示。

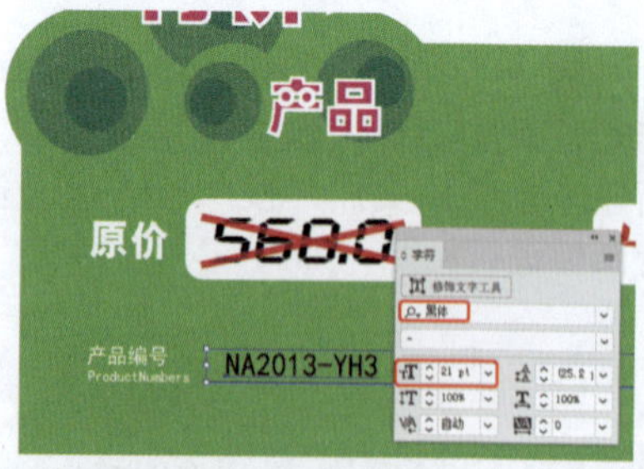

图6-249　输入并设置文字

⑳ 使用同样的方法，输入其他文字和绘制直线，效果如图6-250所示。

图6-250　最终效果

实训练习143 浪漫情缘

本实例通过“浪漫情缘”艺术字的制作讲解使用【文字工具】输入文字，帮助读者掌握如何将文字转换为轮廓命令，并结合【钢笔工具】对文字进行变形设计的制作方法，效果如图6-251所示。

素材	素材|Cha06|浪漫情缘.ai
场景	场景|Cha06|实训练习143　浪漫情缘.ai
视频	视频教学 | Cha06 |实训练习143　浪漫情缘.MP4

图6-251　浪漫情缘

❶ 在Illustrator CC 2017中选择【新建】命令建立一个新的空白文件。使用【文字工具】在页面中输入文字，通过【字符】面板，将【字体】设置为【方正粗倩简体】，将【字体大小】设置为100pt，如图6-252所示。

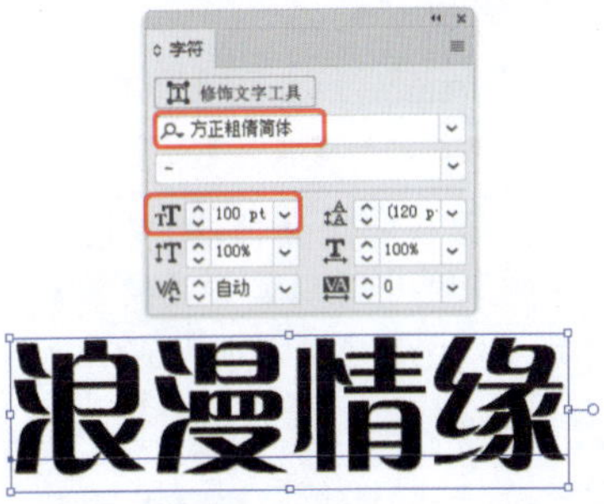

图6-252　设置文字的字符

❷ 使用【选择工具】选择文字，在菜单栏中选择【文字】|【创建轮廓】命令或者按Ctrl+Shift+O组合键，将其转换为轮廓，如图6-253所示。

图6-253　为文字转换为轮廓

❸ 使用【选择工具】并按键盘上的Delete键删除“浪”文字左侧的三点水字旁图形，如图6-254所示。

图6-254　删除图形

❹ 使用【钢笔工具】，在页面中绘制“浪”文字左侧的三点水艺术字旁图形，通过【直接选择工具】进行修改，如图6-255所示。

图6-255　制作三点水字旁的艺术图形

❺ 使用【选择工具】拖拽并选择图形，将其移动至“良”字的左侧，通过【颜色】面板设置图形的填充属性为黑色，描边属性设置为无色，如图6-256所示。

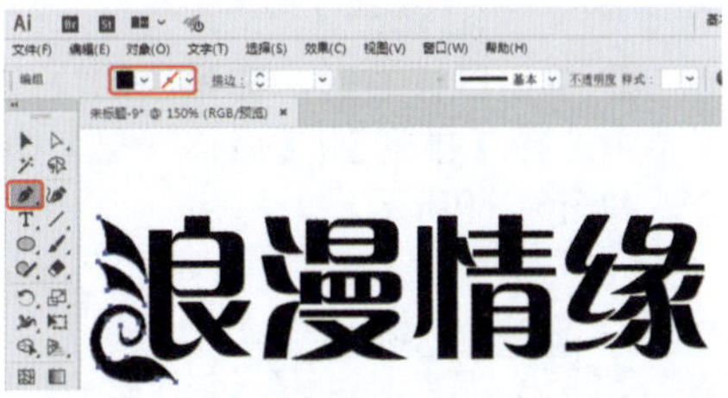

图6-256　调整并设置属性

❻ 使用【直接选择工具】，拖拽并选择相应的节点，按下键盘上的Delete键进行删除，如图6-257所示。

图6-257　拖拽选择相应的节点

❼ 使用椭圆形工具按住Shift键的同时在页面中拖拽并绘制一个正圆图形，再将其拖拽到图6-258所示的位置处。

图6-258　绘制椭圆

❽ 使用【钢笔工具】在页面中绘制图形，如图6-259所示。

图6-259　绘制图形

❾ 通过【颜色】面板设置图形的填充属性为黑色，描边属性设置为无色，使用【直接选择工具】，拖拽并选择相应的节点，按下键盘上的Delete键删除节点，将设置属性后的图形移动到图6-260所示的位置处。

图6-260　移动位置后的效果

❿ 使用【直接选择工具】拖拽并选择节点，按下键盘上的Delete键删除“漫”字三点水中间的点字图形，如图6-261所示。

图6-261　删除后的效果

⓫ 使用【钢笔工具】绘制图形，通过【颜色】面板设置图形的填充属性为黑色，描边属性设置为无色，最后将其移动至“漫”字三点水中间的位置处，如图6-262所示。

图6-262　绘制图形后的效果

⑫ 使用【直接选择工具】拖拽并选择“漫”字三点水字旁的上下两个笔划，按下Delete键删除两个笔划，如图6-263所示。

图6-263　删除笔划

⑬ 使用【钢笔工具】绘制“漫”字三点水字旁的上下两个笔划，通过【颜色】面板设置图形的填充属性为黑色，描边属性设置为无色，将其移动至图6-264所示的位置处。

图6-264　绘制图形并调整位置

⑭ 使用同样的方法对文字的其他部分进行变形。使用【文字工具】输入字母“LANGMANQINGYUAN”，适当的调整文字的大小，如图6-265所示。

图6-265　输入其他文字并变形

⑮ 使用【选择工具】选择所有的图形，选择【对象】|【编组】命令，对当前图形进行编组。选择【文件】|【打开】命令，打开随书配套资源中的素材|Cha06|浪漫情缘.ai文件，如图6-266所示。

图6-266　打开素材文件

⑯ 将图形复制到素材文件中，对文字进行适当的调整，将文字的【填充颜色】的RGB值设置为227、0、127，如图6-267所示。

图6-267　调整文字大小和颜色

⑰ 选择文字对象，按Ctrl+C和Ctrl+F组合键，对文字进行复制，调整文字的位置，将【填充颜色】的RGB值设置为181、181、181，如图6-268所示。

图6-268　设置文字的填充颜色

⑱ 单击鼠标右键，在弹出的快捷菜单中选择【排列】|【后移一层】命令，如图6-269所示。

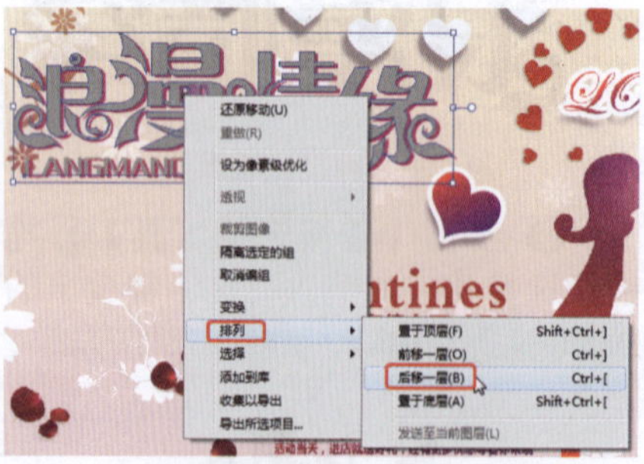

图6-269　选择【后移一层】命令

⑲ 最终效果如图6-270所示。

图6-270　最终效果

知识链接

如何设置段落格式

段落是基本的文字排版单元。在创建文本时，每次按Enter键就会产生新的段落，并自动应用前面的段落格式，段落格式包括段落文本对齐、段落缩进、段间距等。设置好文档中的段落格式，可以美化版面。使用【控制】面板或【段落】面板可以方便地进行段落格式的设置，也可以使用【文字】菜单中的命令对段落格式进行设置。

在菜单栏中选择【窗口】|【文字】|【段落】命令，即可打开【段落】面板，如图6-271所示。

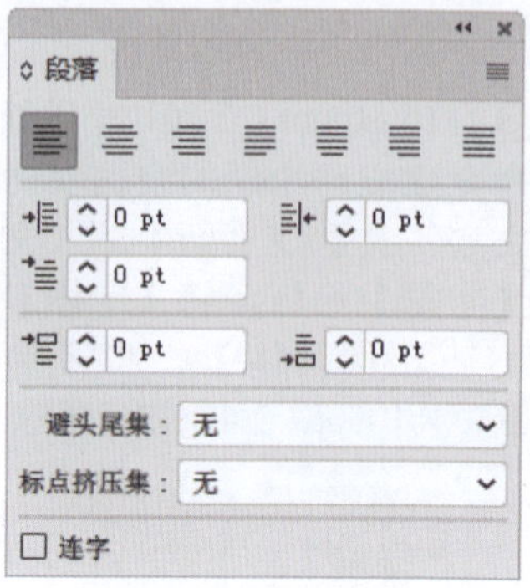

图6-271　【段落】面板

单击面板右上角的按钮，在弹出的下拉菜单中可以显示【段落】面板中的其他命令和选项，如图6-272所示。

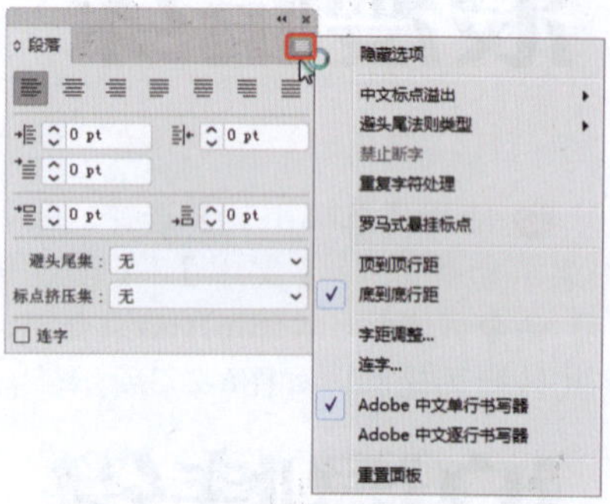

图6-272　【段落】面板下拉菜单

1. 文本对齐

在Illustrator CC 2017 中提供了多种文本对齐方式，包括左对齐、右对齐、居中对齐、两端对齐，末行左对齐、两端对齐，末行居中对齐、两端对齐，末行右对齐和全部两端对齐，从而适应多种多样的排版需要。要设置文本对齐，首先选择要设置的文本段或将光标定位到要设置的文本段中，在【段落】面板中执行下列操作之一。

- 单击【左对齐】按钮：左对齐是将段落中的每行文本对准左边界。打开随书配套资源中的素材|Cha06|06.ai，如图6-273所示。

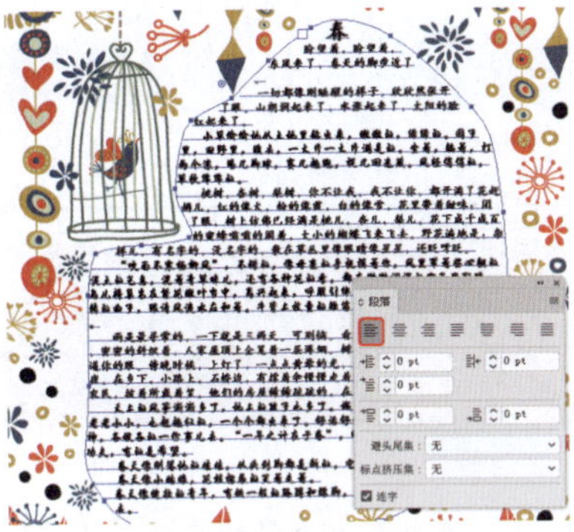

图6-273 左对齐

- 单击【居中对齐】按钮：居中对齐是将段落中的每行文本对准页面的中间，如图6-274所示。

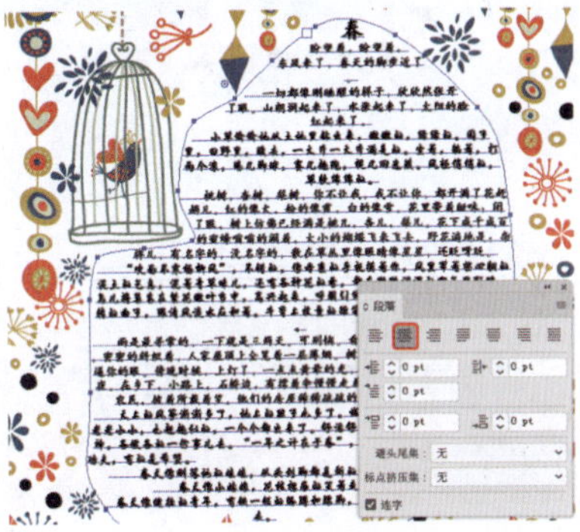

图6-274 居中对齐

- 单击【右对齐】按钮：右对齐是将段落中的每行文本对准右边界，如图6-275所示。

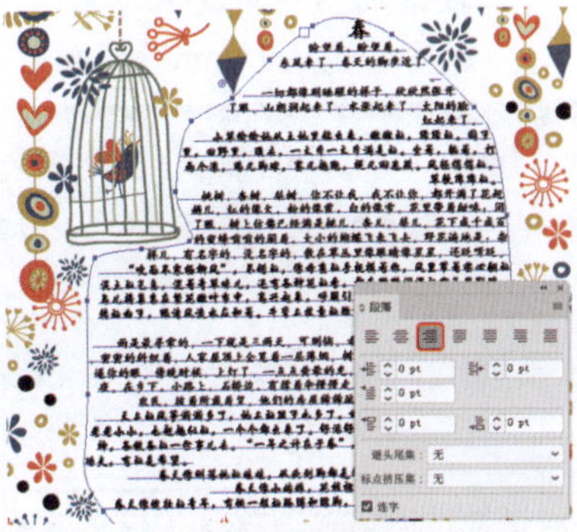

图6-275 右对齐

- 单击【两端对齐，末行左对齐】按钮：两端对齐，末行左对齐是将段落中最后一行文本左对齐，其余文本行左右两端分别对齐文档的左右边界，如图6-276所示。

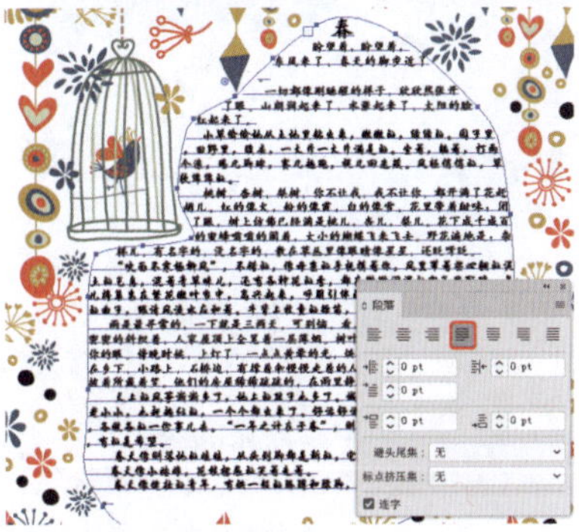

图6-276 两端对齐，末行左对齐

- 单击【两端对齐，末行居中对齐】按钮：两端对齐，末行居中对齐是将段落中最后一行文本居中对齐，其余文本行左右两端分别对齐文档的左右边界，如图6-277所示。

图6-277 两端对齐，末行居中对齐

- 单击【两端对齐，末行右对齐】按钮 ：两端对齐，末行右对齐是将段落中最后一行文本右对齐，其余文本行左右两端分别对齐文档的左右边界，如图6-278所示。

图6-278 两端对齐，末行右对齐

- 【全部两端对齐】按钮：全部两端对齐是将段落中的所有文本行左右两端分别对齐文档的左右边界，如图6-279所示。

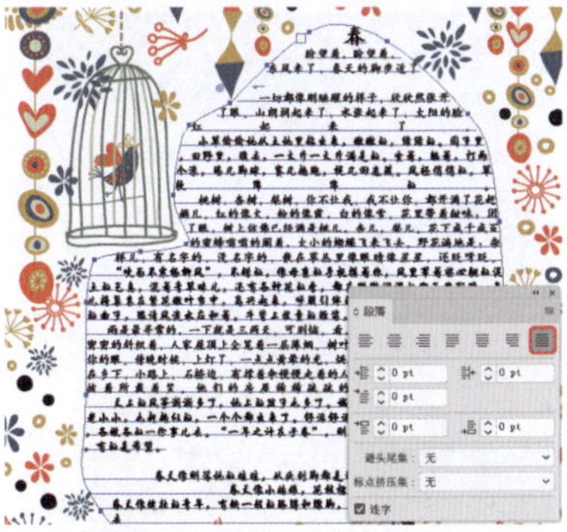

图6-279 全部两端对齐

2. 段落缩进

段落缩进是指页边界到文本的距离，段落缩进包括左缩进、右缩进和首行左缩进。使用【段落】面板来设置缩进的操作步骤如下所述。

（1）打开随书配套资源文件素材|Cha06|07.ai，使用【选择工具】选中文字，或使用【文字工具】在要更改的段落中单击鼠标左键插入光标，如图6-280所示。

图6-280 插入光标

（2）在【段落】面板中设置适当的缩进值，在【左缩进】文本框中输入12pt，效果如图6-281所示。

图6-281 设置左缩进

（3）在【右缩进】文本框中输入18pt，效果如图6-282所示。

图6-282　设置右缩进

（4）在【首行左缩进】文本框中输入18pt，效果如图6-283所示。

图6-283　设置首行左缩进

3. 段前与段后间距

段间距是指段落前面和段落后面的距离。如果要在【段落】面板中设置插入点或选定文本所在段的段前或段后间距可执行下列操作之一。

- 在【段前间距】文本框中输入一个值，例如，输入20pt即可产生段落前间距，如图6-284所示。

图6-284　设置段落前间距

- 在【段后间距】文本框中输入一个值，例如，输入50pt即可产生段落后间距，如图6-285所示。

图6-285　设置段后间距

4. 使用【制表符】面板设置段落缩进

在菜单栏中选择【窗口】|【文字】|【制表符】命令，如图6-286所示，弹出【制表符】面板，如图6-287所示。要使用【制表符】面板设置段落缩进，可以执行下列操作之一。

图6-286　选择【制表符】命令

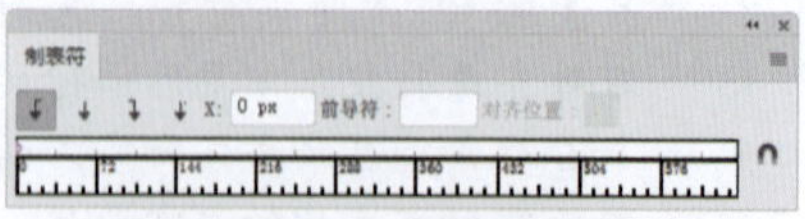

图6-287　【制表符】面板

- 拖动左上方的标志符，可缩进文本的首行，如图6-288所示。

图6-288　拖动左上方的标志符

- 拖动左下方的标志符，可以缩进整个段落，但是不会缩进每个段落的第一行文本，如图6-289所示。

图6-289　拖动左下方的标志符

- 选中左上方的标志符，在【X】文本框中输入数值，即可缩进文本的第一行，图6-290所示为输入10mm时的效果。

图6-290　左缩进10mm时的效果

- 选中左下方的标志符，在【X】文本框中输入数值，即可缩进整个段落，但是不会缩进每个段落的第一行文本，图6-291所示为输入15mm时的效果。

图6-291　左缩进为15mm时的效果

5. 使用【吸管工具】复制文本属性

使用【吸管工具】可以复制文本的属性，包括字符、段落、填色及描边属性，对其他文本应用这些属性。默认情况下，使用【吸管工具】可以复制所有的文字属性。

如果要更改【吸管工具】的复制属性，可以在工具箱中双击【吸管工具】，弹出【吸管选项】对话框，在该对话框中对复制属性进行设置，如图6-292所示。

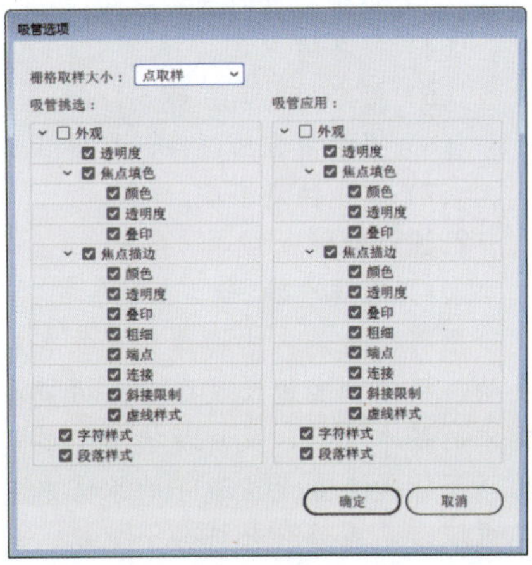

图6-292 【吸管选项】对话框

使用【吸管工具】复制文字属性的操作步骤如下所述。

（1）按Ctrl+O组合键弹出【打开】对话框，在该对话框中选择随书配套资源中的素材|Cha06|012.ai文件，单击【打开】按钮，效果如图6-293所示。

图6-293 打开的素材文件

（2）使用【文字工具】选择需要复制属性的目标文本，如图6-294所示。

（3）在工具箱中选择【吸管工具】，将鼠标移至蓝色文字上，此时鼠标会变成吸管样式，如图6-295所示。

图6-294 选择文本

图6-295 将鼠标移至蓝色文字上

（4）单击鼠标左键，即可自动将吸取的属性复制到目标文本上，如图6-296所示。

图6-296 将吸取属性复制到目标文本上

实训练习144 招聘广告

本实例通过招聘广告的设计讲解文字工具的使用，效果如图6-297所示。

素材	素材|Cha06|招聘广告.ai
场景	场景|Cha06|实训练习144 招聘广告.ai
视频	视频教学|Cha06|实训练习144 招聘广告.MP4

图6-297 招聘广告

❶ 打开随书配套资源中的素材|Cha06|招聘广告.ai文件，如图6-298所示。

图6-298 打开素材文件

❷ 使用【钢笔工具】绘制路径，如图6-299所示。

图6-299 绘制路径

❸ 使用【文字工具】在路径上单击，输入文字，将【字体】设置为【黑体】，将【字体大小】设置为

48pt，将【字体间距】设置为-60，如图6-300所示。

图6-300　设置文字字符

❹ 使用【选择工具】选择文字，按住Alt键复制文字，将文字的【字体】设置为【黑体】，将【字体大小】设置为14pt，将【字体间距】设置为0，如图6-301所示。

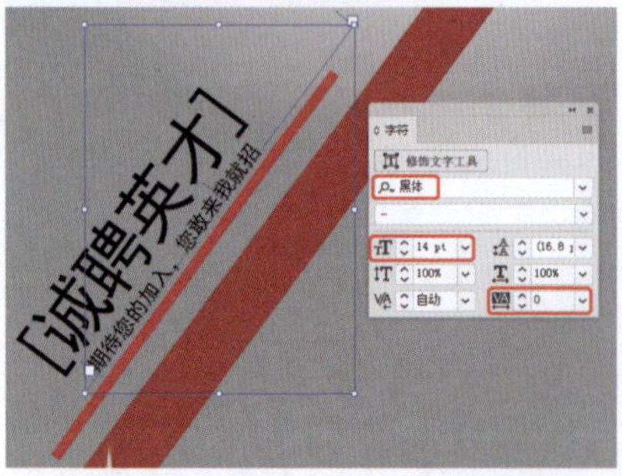

图6-301　设置文字字符

❺ 使用【圆角矩形工具】，在页面中单击鼠标左键，弹出【圆角矩形】对话框，将【宽度】【高度】和【圆角半径】分别设置为60、10、10，单击【确定】按钮，如图6-302所示。

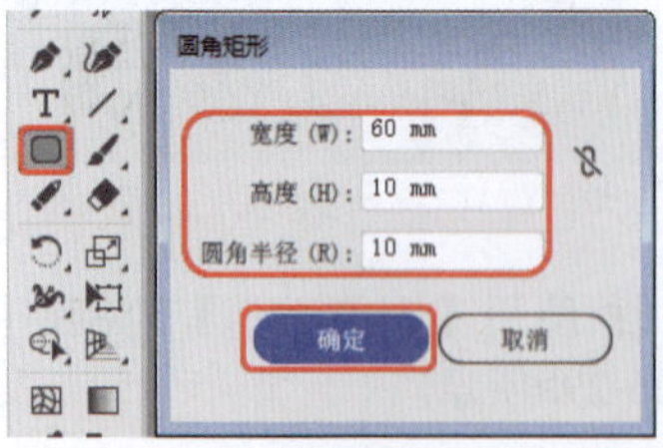

图6-302　设置圆角矩形参数

❻ 将圆角矩形的【填充颜色】设置为白色，将【描边颜色】设置为无，如图6-303所示。

图6-303　设置圆角矩形的颜色

❼ 使用【文字工具】输入文本，将【字体】设置为【黑体】，将【字体大小】设置为17pt，如图6-304所示。

图6-304　设置文字和字体大小

❽ 使用【文字工具】，输入文字，将【字体】设置为【黑体】，将【字体大小】设置为12pt，如图6-305所示。

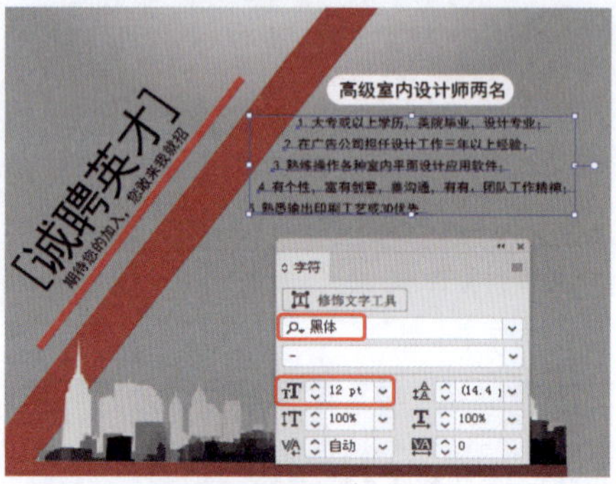

图6-305　设置文字和字体大小

提　示

使用【文字工具】和【直排文字工具】时，不要在现有的图形上单击，这样会将文字转换成区域文字或路径文字。

❾ 通过【圆角矩形】和【文字工具】绘制其他的对象，效果如图6-306所示。

图6-306　绘制其他对象

知识链接

招聘广告主要指发布招聘信息的广告，为应聘者提供一个获得更多信息的来源。人才招聘广告是企业员工招聘的重要手段之一，设计的好坏，直接影响到企业的吸引力。

1. 主要内容

传统的招聘广告主要包括以下内容。

（1）本企业的基本情况。

（2）是否经过有关方面的批准。

（3）招聘人员的基本条件。

（4）报名的方式。

（5）报名的时间、地点。

（6）报名需带的证件、材料。

（7）其他注意事项。

2. 设计原则

（1）客观准确

招聘信息是人才资源需求的客观反映，必须如实地反映企业人力资源需求的基本情况，反映现状和发展趋势。不能做企业无法遵守的承诺来误导求职者，对于晋升机会、挑战、责任等要诚实列出，树立以诚待人的企业形象。

（2）引人注意

设计人才招聘广告要能抓住读者的注意力，吸引他们深入阅读。注意度是增强广告效果的首要因素，注意度是人的认识心理活动过程的一个特点，是对事物的指向性和集中度。文字要简洁、明了、易读，版式要避免花哨，使人眼花缭乱，不愿细看。标题要反复推敲，而且要使用突出的字体，吸引求职者细读广告，深入了解广告内容。

（3）条件清楚

人才招聘广告中的信息要具体化，有助于增强应聘者对企业的信心。

3. 注意事项

（1）歧视问题

目前人才招聘广告中歧视问题还是存在的。一是性别歧视，在许多工种中都注明要求应聘者是什么性别。二是年龄歧视，许多广告都注明多少岁以下者应聘，这一方面会使企业失去一部分有才华的但年龄稍大一点的人才，另一方面使上了一定年纪的人失去公平竞争的机会。三是学历歧视，许多广告盲目追求高学历，造成人才高消费，甚至写出“XX学历以下者免谈、拒招”的字眼，以此突出招聘的档次。四是区域、籍贯歧视，如在广告中写出“不招XX省的人”等。在设计人力资源广告文案时应注意这些问题，更应当把“尊重”看作是人力资源开发与管理的基本准则。

（2）上门问题

我国大部分招聘广告还注明了“谢绝上门”，这也是一个值得探讨的问题。上门面谈本是了解应聘者的一个极好机会，理应由专人负责接待来访者，如果担心影响有关部门的正常工作，可以安排一定的时间接待应聘者；如果担心进出企业的人员太多，可以在门口安排一个接待处；还有企业担心有人会纠缠不休，这完全取决于接待人员的水平了。其实，应聘者上门是企业与应聘者相互了解的大好机会，企业可以因此而了解更多有关应聘者的情况，宣传企业，树立企业的形象，扩大企业的知名度和挑选合格的人才，何乐而不为呢？

（3）艺术组合问题

人才招聘广告在设计中，要依据焦点、简洁、魅力、统一、平衡、技巧等六项要求进行整体组合，使之成为一个整体美观、中心突出的广告作品。

焦点是指广告招聘的主题明确，使之真正符合企业需求。简洁是指招聘内容干净利索，以较少的文笔对工作要求和所需资格进行描述，以突出广告的焦点。魅力是指广告对读者具有吸引力，引发应聘行为。统一是指人才招聘广告设计的四大原则之间应有机联系，与表现主题关系不密切的和有关歧视性的内容应删除。平衡是指广告各要素在布局上要恰当配置，使人感到广告表现完整、协调，在编排过程中应当有主有次，精心策划，在统一下求平衡，设计广告的标题、正文、标语、图形，以求得最佳广告的布局。技巧是指设计出来的广告还应配有精湛的制作工艺，才能准确、完美地实现设计要求。

实训练习145 金属文字

本实例将讲解如何制作金属质感文字，其中主要讲解了渐变色、扩展和蒙版的应用。具体操作方法如下所述，完成后的效果如图6-307所示。

素材	无
场景	场景|Cha06|实训练习145 金属文字.ai
视频	视频教学 | Cha06 |实训练习145 金属文字.MP4

图6-307 金属文字

❶ 启动软件后，按Ctrl+N组合键，在弹出的【新建文档】对话框中输入【名称】为【金属文字】，将【单位】设为【毫米】，将【宽度】设置为300mm，将【高度】设置为200mm，将【颜色模式】设为【CMYK颜色】，单击【创建】按钮，如图6-308所示。

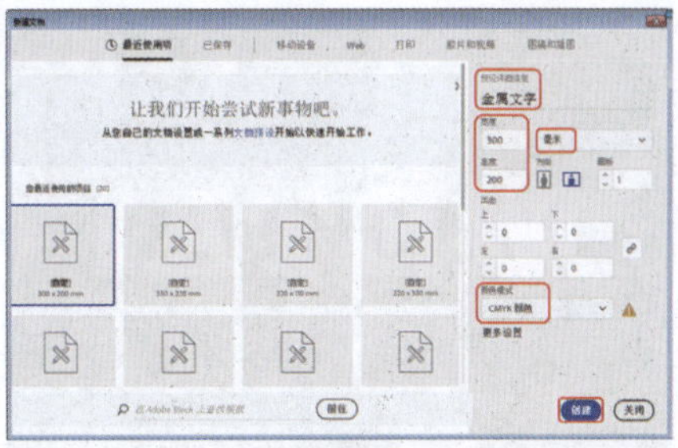

图6-308 新建文档

❷ 按M键激活【矩形工具】绘制和文档同样大小的矩形，将其【填充颜色】设为黑色，将【轮廓】设为【无】，如图6-309所示。

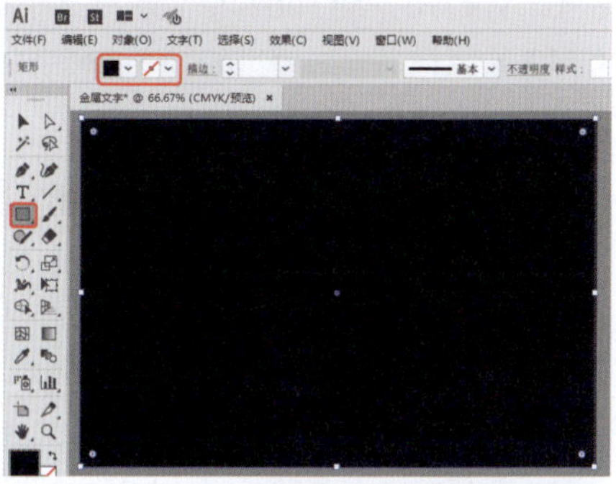

图6-309 绘制矩形

知识链接

【CMYK】：CMYK也称作印刷色彩模式，是一种依靠反光的色彩模式，和RGB类似。CMY是3种印刷油墨名称的首字母：青色Cyan、品红色Magenta、黄色Yellow。其中，K是源自一种只使用黑墨的印刷版Key Plate。从理论上来说，只需要CMY三种油墨就足够了，它们三种叠加在一起就应该得到黑色。但是由于目前制造工艺还不能造出高纯度的油墨，CMY相加的结果实际是一种暗红色。

❸ 选择上一步创建的矩形，按Ctrl+2组合键将其锁定，按T键，激活【文字工具】输入【METAI】，参照图6-310设置字体、字号和字距。

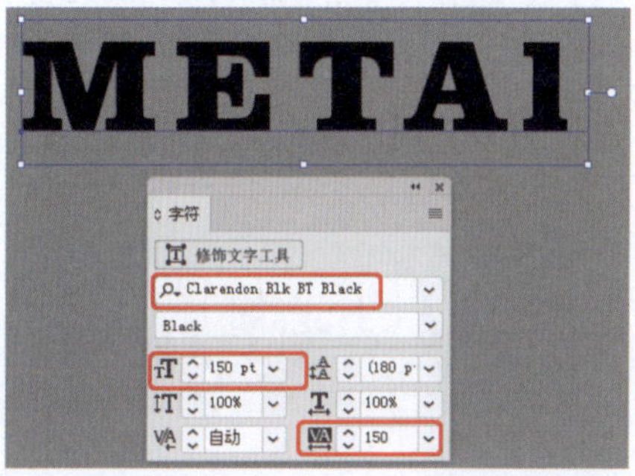

图6-310 设置文字

❹ 选择输入的文字，单击鼠标右键，在弹出的快捷菜单中选择【创建轮廓】命令，如图6-311所示。

❺ 选择输入的文字，将其【填充】设为渐变色，按Ctrl+F9组合键，弹出【渐变】面板，将【类型】

设置为【线性】，将【角度】设置为90°，分别将0%位置处色标的CMYK值设为46、37、35、0，将53%位置处色标的CMYK值设为8.2、5.4、5.8、0，将100%位置处色标的CMYK值设为67、58.6、56、6，如图6-312所示。

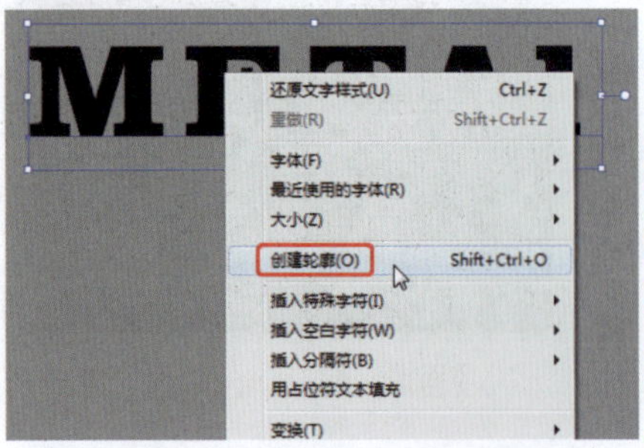

图6-311 改变文字对象

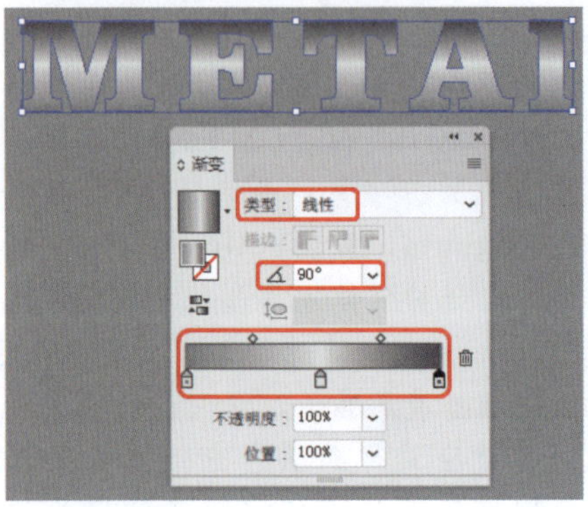

图6-312 设置渐变色

❻ 选择输入的文字，按Ctrl+C组合键对其进行复制，按Ctrl+B组合键将文字贴在后面，选择图层最下层的文字，在属性栏中对其添加描边，将【描边颜色】设为黑色，将【描边粗细】设为5pt，完成后的效果如图6-313所示。

图6-313 添加描边

❼ 在菜单栏中选择【窗口】|【色板】命令，打开【色板】，选择上一步创建的文字，在工具箱中确认【填色】处于上侧，单击【色板】底部的【新建色板】按钮，弹出【新建色板】对话框，将【色板名称】设为【金属】，如图6-314所示。

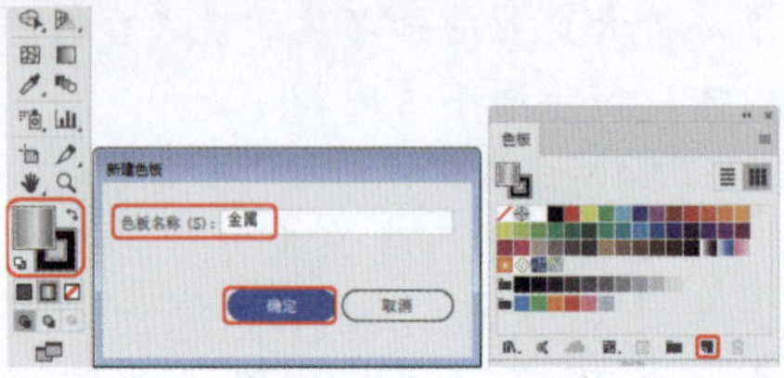

图6-314 新建色板

❽ 选择添加描边的文字，在工具箱中将【描边】设为在上侧，在【色板】面板中单击上一步创建的【金属】色板，对描边添加渐变色，如图6-315所示。

图6-315 设置渐变色

❾ 继续上一步设置描边的文字，在菜单栏中执行【对象】|【扩展】命令，弹出【扩展】对话框，勾选【填充】和【描边】复选框，将【渐变扩展为】设为【渐变网格】，单击【确定】按钮，如图6-316所示。

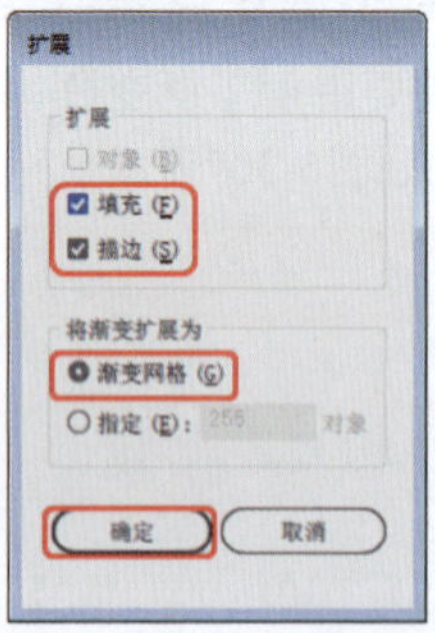

图6-316 【扩展】对话框

❿ 将创建的两行文字对齐放置到矩形内，如图6-317所示。

图6-317 调整文字位置

⓫ 选择创建的两行文字，按Ctrl+G组合键将其进行编组，选择编组后的文字，单击鼠标右键，在弹出的快捷菜单中选择【变换】|【对称】命令，弹出【镜像】对话框，将【轴】设为【水平】，单击【复制】按钮，如图6-318所示。

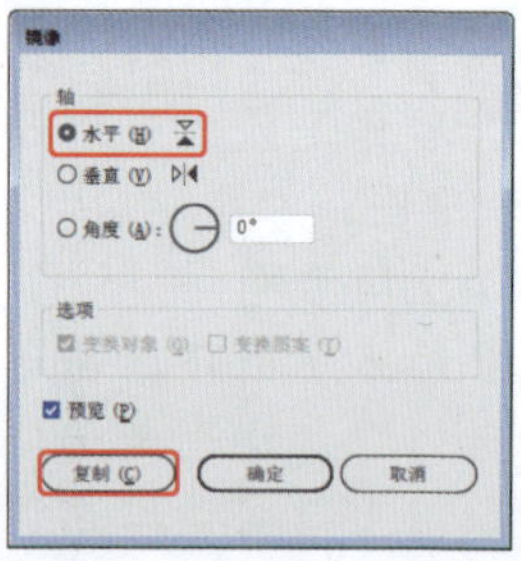

图6-318 【镜像】对话框

⓬ 选择镜像后的对象，调整位置，如图6-319所示。

图6-319 调整文字的位置

⓭ 按M键激活【矩形工具】，在图中绘制矩形使其能覆盖镜像后的文字，如图6-320所示。

图6-320 绘制矩形

⓮ 选择上一步创建的矩形，将其【填充】设为白色到黑色的渐变，将【轮廓】设为无，如图6-321所示。

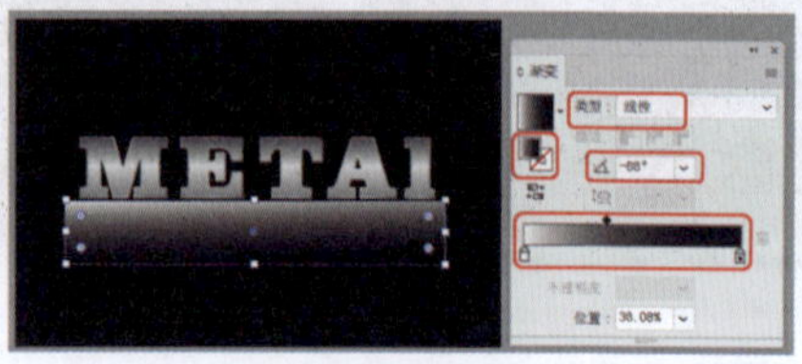

图6-321 设置渐变色

⓯ 选择创建的矩形和矩形下的文字，按Shift+Ctrl+F10组合键，弹出【透明度】面板，单击其右侧的【菜

单】按钮≡，在弹出的下拉菜单中选择【建立不透明蒙版】命令，如图6-322所示。

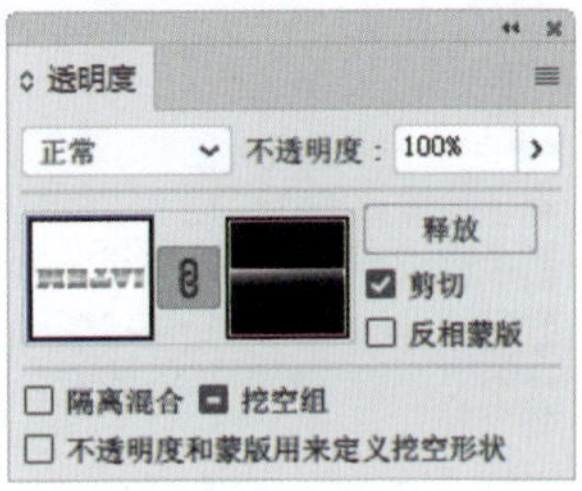

图6-322 创建不透明度蒙板

⑯ 在【透明度】面板中选择【蒙版】在场景中选择矩形，使用【渐变工具】调整渐变色，如图6-323所示。

图6-323 设置渐变色

知识链接

在编辑图稿时，设置字符格式包括设置字体、字号、字体颜色、字符间距、文字边框等。设置好文档中的字符格式可以使版面赏心悦目。使用【控制】面板或【字符】面板可以方便地对字符格式进行设置，也可以选用【文字】菜单中的命令对字符格式进行设置。

选中文字后，在菜单栏中选择【窗口】|【文字】|【字符】命令，如图6-324所示，打开【字符】面板，如图6-325所示。

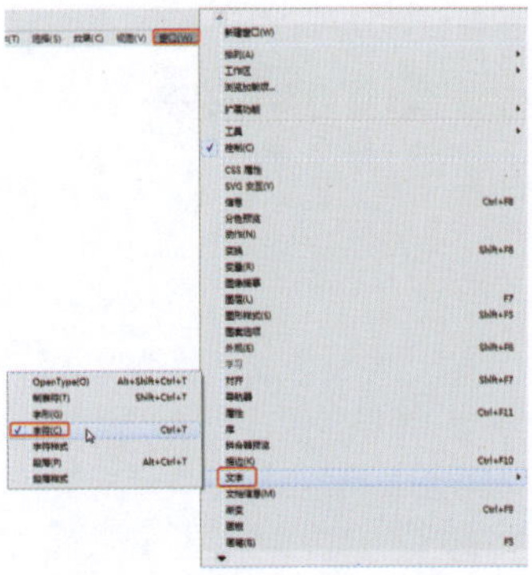

图6-324 选择【字符】命令

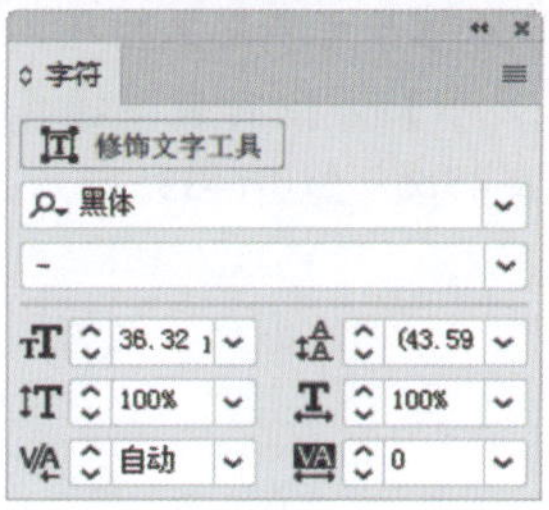

图6-325 【字符】面板

单击面板右上角的 按钮，在弹出的下拉菜单中可以显示【字符】面板中的其他命令和选项，如图6-326所示。默认情况下，【字符】面板中只显示最为常用的选项，在面板下拉菜单中选择【显示选项】命令，可以显示所有选项，如图6-327所示。

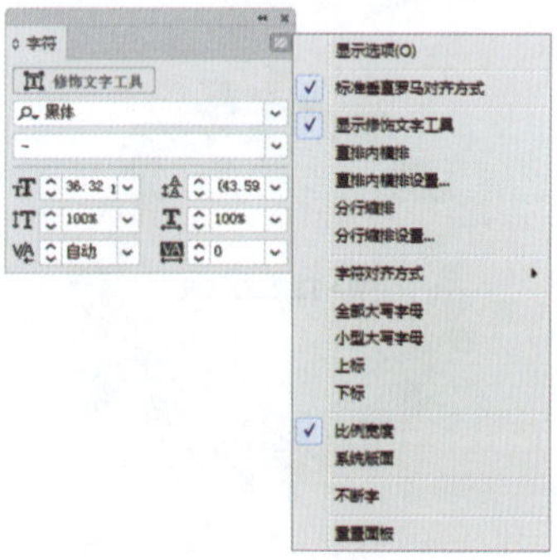

图6-326 【字符】面板下拉菜单

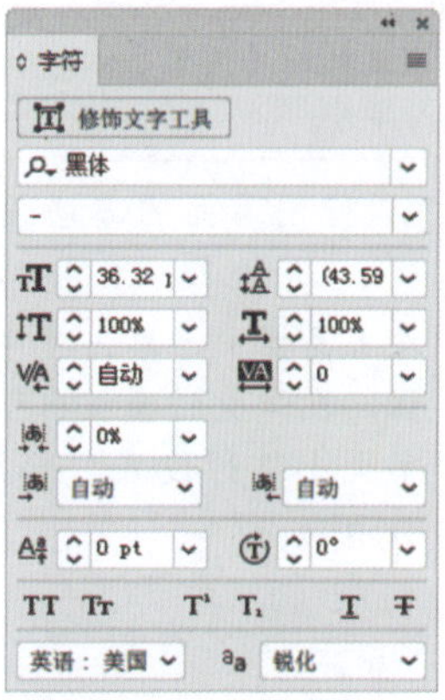

图6-327 【字符】面板

1. 设置字体

字体是具有同样粗细、宽度和样式的一组字符的完整集合，如Times New Roman、宋体等。字体系列也称为字体家族，是具有相同整体外观的字体所形成的集合。设置文字字体的操作步骤如下所述。

（1）按Ctrl+O组合键弹出【打开】对话框，在该对话框中选择随书配套资源中的素材|Cha06|08.ai文件，单击【打开】按钮，效果如图6-328所示。

图6-328 打开的素材文件

（2）使用【文字工具】在画板中选择文字，如图6-329所示。

图6-329 选择文字

（3）按Ctrl+T组合键打开【字符】面板，在【设置字体系列】下拉列表中选择一种字体，在这里选择【汉仪书魂体简】，如图6-330所示。

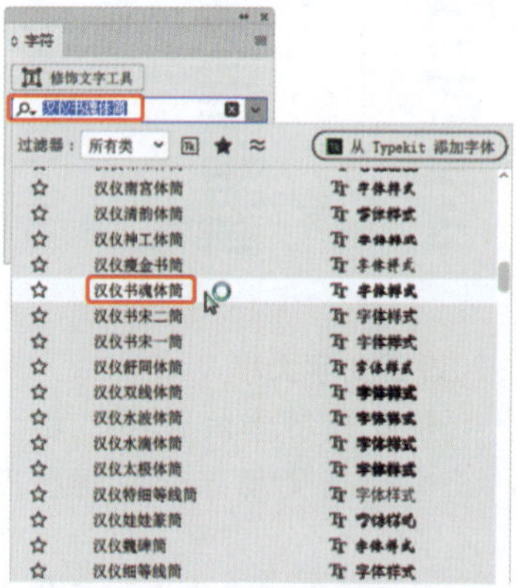

图6-330 选择字体

（4）为文字设置字体后的效果如图6-331所示。

图6-331 设置字体后的效果

还可以使用下面的方法设置文字字体。

（1）在工具栏中，单击【字符】按钮，在弹出的面板中可以对文字字体进行设置，如图6-332所示。

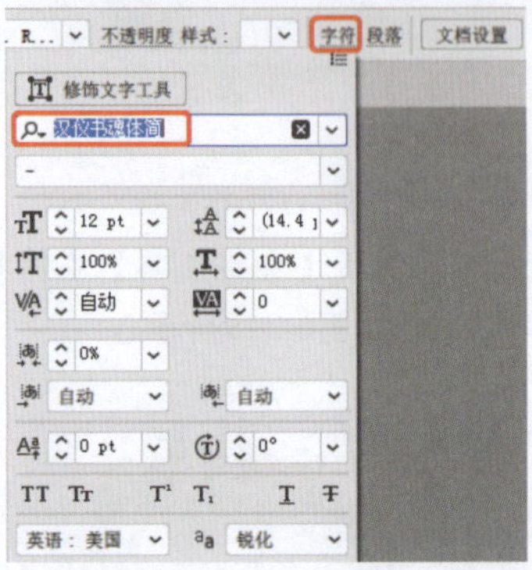

图6-332　单击【字符】按钮后弹出的面板

（2）在菜单栏中选择【文字】|【字体】命令，在弹出的子菜单中可以对文字字体进行设置，如图6-333所示。

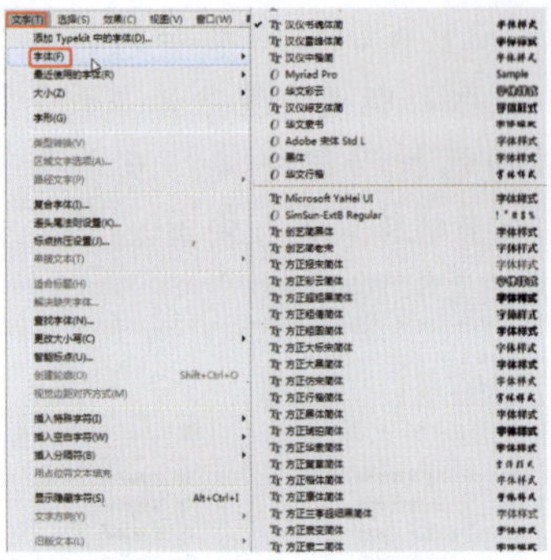

图6-333　【字体】子菜单

2. 设置文字大小

字号就是字体的大小。在文档中，正文一般使用五号字或小五号字。文字的大小，需要与字符间距和行距协调。设置文字大小的具体操作步骤如下所述。

（1）继续上面的操作，使用【文字工具】在画板中选择需要设置大小的文字，如图6-334所示。

图6-334　选择文字

（2）打开【字符】面板，在【设置字体大小】下拉列表中选择字号，这里选择48pt，如图6-335所示。

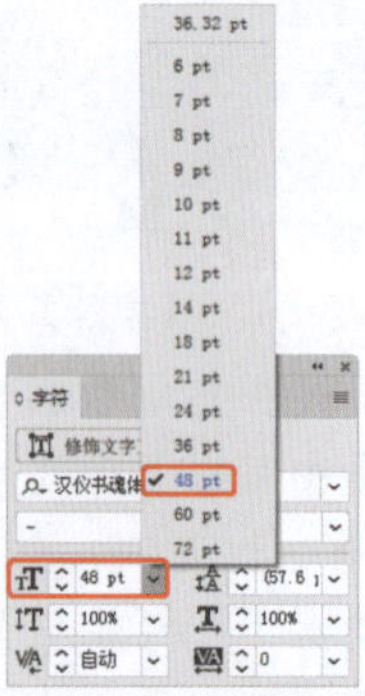

图6-335　选择字号

（3）设置文字大小后的效果如图6-336所示。

图6-336　设置文字大小后的效果

提　示

可以直接在【设置字体大小】文本框中输入字号。

还可以使用下面的方法设置文字大小。

- 在工具栏中，单击【字符】按钮，在弹出的面板中可以对文字大小进行设置，如图6-337所示。

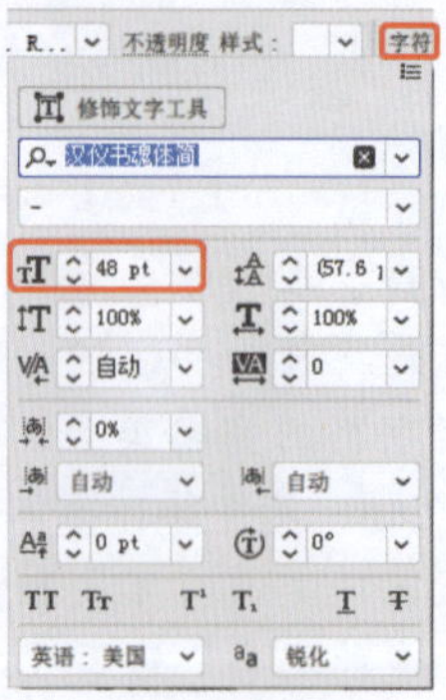

图6-337　单击【字符】按钮后弹出的面板

- 在菜单栏中选择【文字】|【大小】命令，在弹出的子菜单中可以对文字的大小进行设置，如图6-338所示。

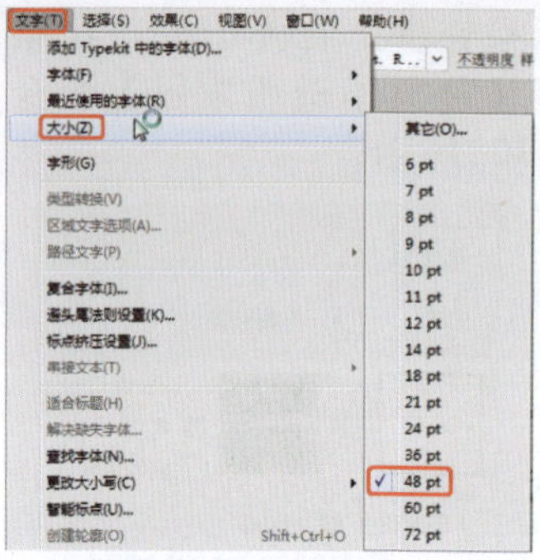

图6-338　【大小】子菜单

3. 改变行距

行距，也就是相邻行文字间的垂直间距。测量行距时是以一行文本的基线到上一行文本基线的距离。基线是一条无形的线，多数字母的底部均以其为准对齐，改变行距的具体操作步骤如下所述。

（1）打开随书配套资源中的素材|Cha06|09.ai，使用【选择工具】选择需要设置行距的文字对象，如图6-339所示。

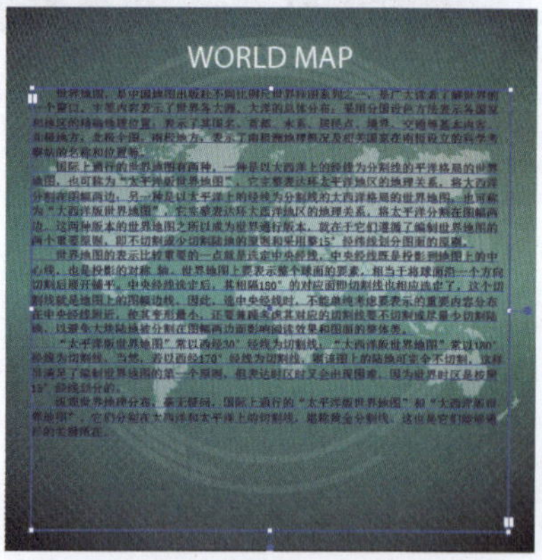

图6-339　选择文字对象

（2）打开【字符】面板，在【设置行距】下拉列表中选择数值，在这里选择24pt，如图6-340所示。

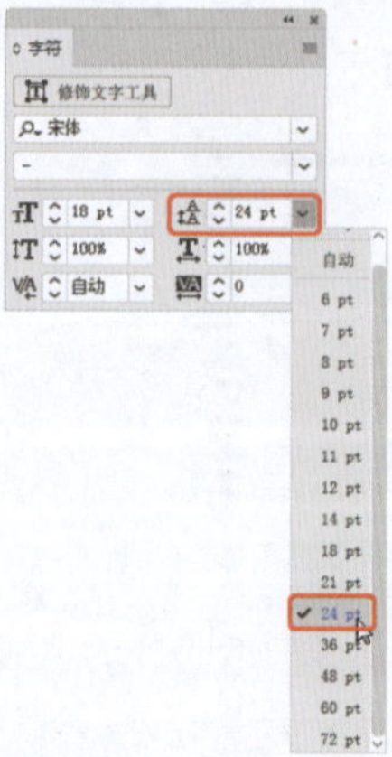

图6-340　选择行距数值

（3）设置行距后的效果如图6-341所示。

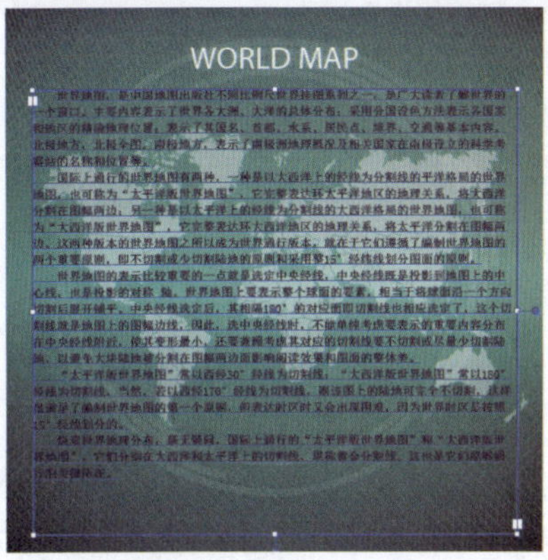

图6-341　设置行距后的效果

4. 垂直／水平缩放

在【字符】面板中，可以通过设置【垂直缩放】和【水平缩放】来改变文字的原始宽度和高度，图6-342所示为【水平缩放】分别设为100%和125%时的效果，图6-343所示为【垂直缩放】分别设为100%和125%时的效果。

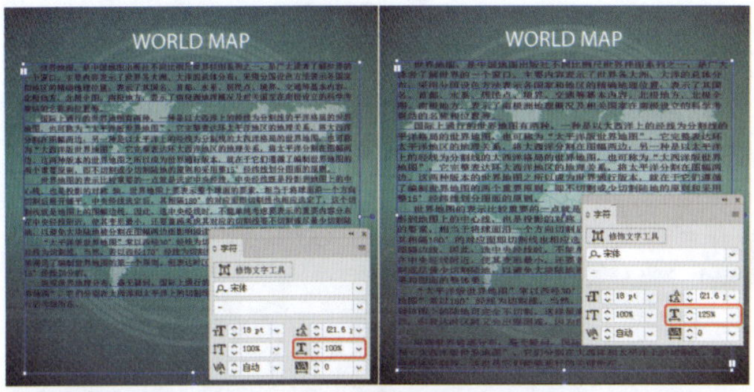

图6-342　设置【水平缩放】

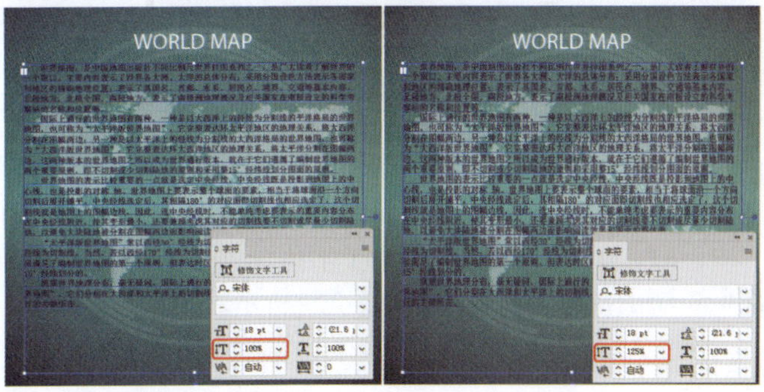

图6-343　设置【垂直缩放】

5. 字距微调和字符间距

字距微调调整的是特定字符之间的间隙，多数字体都包含内部字距表格，如LA、T0、Tr、Ta、Tu、Te、Ty、Wa、WA、We、Wo、Ya和Y0等，其中的间距是不相同的。字符间距的调整就是加宽或紧缩文本的过程。字符间距调整的值也会影响中文文本，但一般情况下，该选项主要用于调整英文间距。

字距微调和字符间距的调整均以1/1000em（全角字宽，以当前文字大小为基础的相对度量单位）度量。要为选定文本设置字距微调或字符间距，可在【字符】面板中的【设置两个字符间的字距微调】或【设置所选字符的字距调整】下拉列表中进行设置。图6-344所示为设置字距为0和300时的效果；图6-345所示为设置字符间距为0和200时的效果。

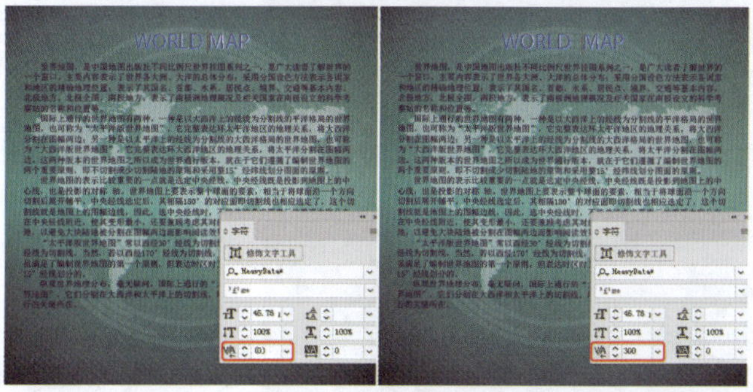

图6-344　设置字距

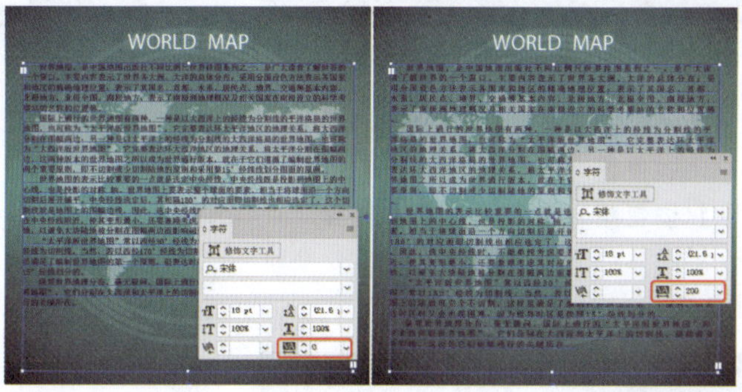

图6-345　设置字符间距

6. 旋转文字

在Illustrator中，还可以对字符的旋转角度进行设置，具体操作步骤如下所述。

（1）打开随书配套资源中的素材|Cha06|09.ai，使用【文字工具】选择需要进行旋转的文字，如图6-346所示。

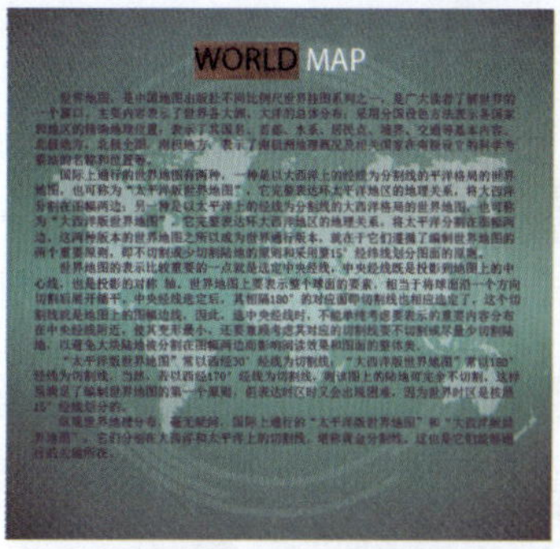

图6-346　选择文字

（2）打开【字符】面板，在【字符旋转】下拉列表中选择旋转角度，在这里选择30°，如图6-347所示。

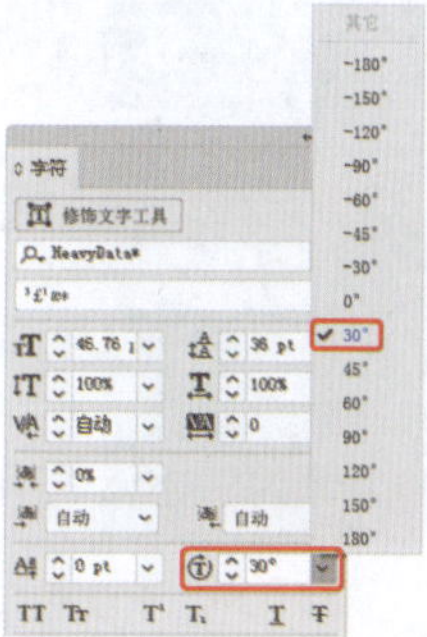

图6-347　选择旋转角度

（3）设置旋转角度后的效果如图6-348所示。

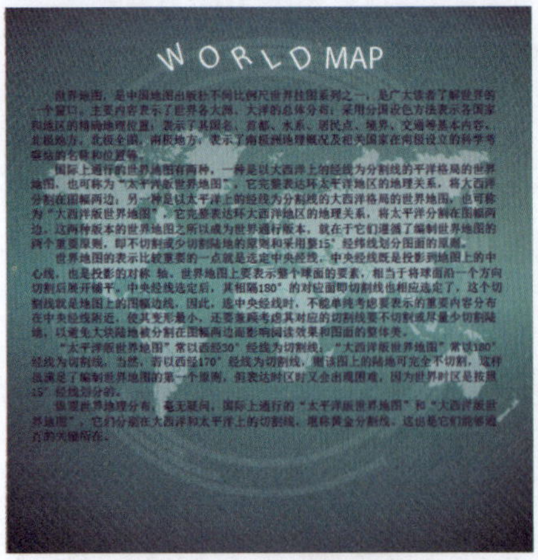

图6-348　设置旋转角度后的效果

7. 下划线与删除线

单击【字符】面板中的【下划线】按钮或【删除线】按钮，可为文本添加下划线或删除线，效果如图6-349和图6-350所示。

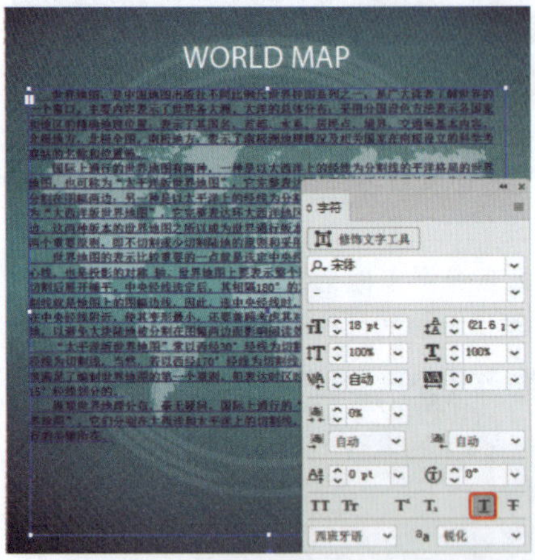

图6-349　下划线效果

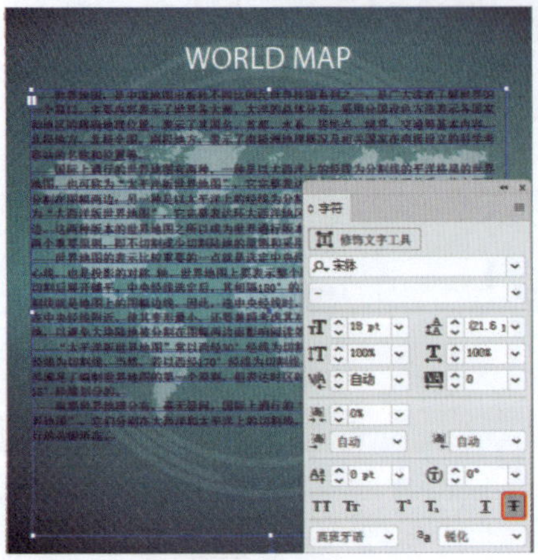

图6-350　删除线效果

实训练习146 标签文字

本实例将学习如何制作标签文字，制作重点是如何对文字进行变形，具体操作方法如下，完成后的效果如图6-351所示。

素材	素材|Cha06|素材|Cha06|标签背景.ai
场景	场景|Cha06|实训练习146 标签文字.ai
视频	视频教学 | Cha06 |实训练习146 标签文字.MP4

图6-351　标签文字

❶ 打开随书配套资源中的素材|Cha06|标签背景.ai文件，如图6-352所示。

图6-352　打开素材文件

❷ 单击【选择工具】完成面板设置，在工具箱中选择【星形工具】绘制五角星，将其【填充颜色】的CMYK值设置为14、29、87、0，将【轮廓】设为无，如图6-353所示。

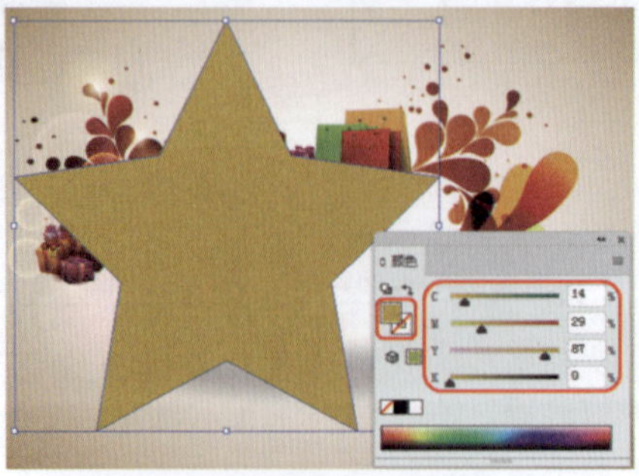

图6-353　绘制星形

❸ 按V键激活【选择工具】，对创建星形的高度适当压缩，效果如图6-354所示。

图6-354　新建文档

❹ 选择上一步创建的星形，按Ctrl+C组合键进行复制，按Ctrl+V组合键进行粘贴，将其复制的星形颜色的CMYK值设置为37、100、64、0，调整位置，如图6-355所示。

图6-355　复制矩形

❺ 按T键激活【文本工具】，输入“狂降价”，在【字符】面板中将【字体】设为【蒙纳简超刚黑】，将【字体大小】设为140pt，效果如图6-356所示。

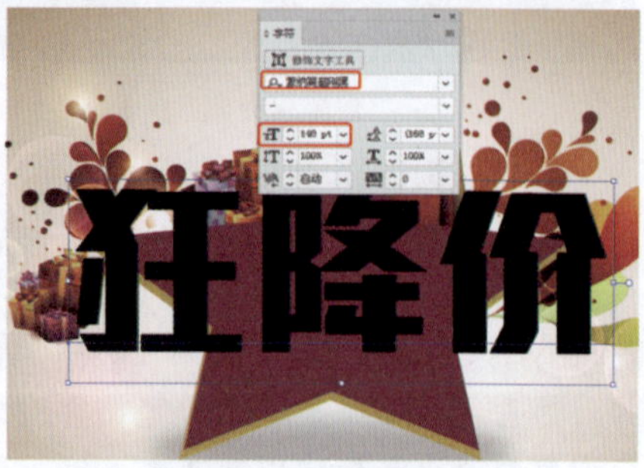

图6-356　输入文字

❻ 选择上一步输入的文字，单击鼠标右键，在弹出的快捷菜单中选择【创建轮廓】命令，将其转换为轮

廓，在此单击鼠标右键，在弹出的快捷菜单中选择【取消编组】命令，将其分解，如图6-357所示。

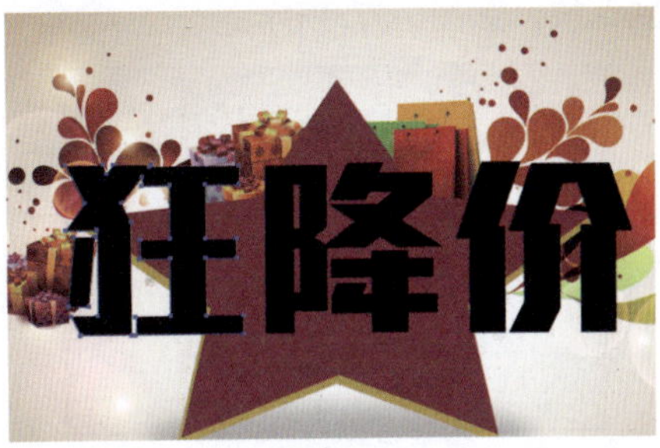

图6-357 分解文字

7 利用【直接选择工具】对文字进行修改，完成后的效果如图6-358所示。

图6-358 修改文字

8 选择所有的文字，单击鼠标右键，在弹出的快捷菜单中选择【释放复合路径】命令，利用【路径查找器】对“降”字进行修改，完后的效果如图6-359所示。

图6-359 完成后的效果

提 示

使用【路径查找器】面板时，选择需要修剪的对象和修剪部分对象，单击【减去顶层按钮】，需要注意被修剪的对象必须是一个整体，修剪部分对象必须处于修剪对象的上方。

9 利用【直接选择工具】选择文字部分，分别对其填充白色和黄色，CMYK值设置为0、0、100、0，完成后的效果如图6-360所示。

图6-360 修改文字颜色

10 利用【钢笔工具】绘制轮廓，如图6-361所示。

图6-361 绘制轮廓

11 对上一步绘制的轮廓设置填充颜色，将其【填充颜色】的CMYK值设置为37、100、64、0，将其置于文字图层的下方，如图6-362所示。

图6-362 设置轮廓颜色

12 选择创建的轮廓，对其进行复制，将其复制轮廓颜色的CMYK值设为14、29、87、0并放置到上一步轮廓的下方，如图6-363所示。

图6-363 复制轮廓

知识链接

早在1700年，欧洲印制了用在药品和布匹上作为商品识别的第一批标签。现在的标签也是用来标志产品目标和分类或内容的。印刷业所称的标签，大部分是用来标识产品相关说明的印刷品，并且大部分都是背面自带胶的，但也有一些在印刷时不带胶的。

13 按T键激活【文本工具】，输入“INSANE”，在字符面板中将【字体设】为【Bleeding Cowboys】，将【字体大小】设为18pt，如图6-364所示。

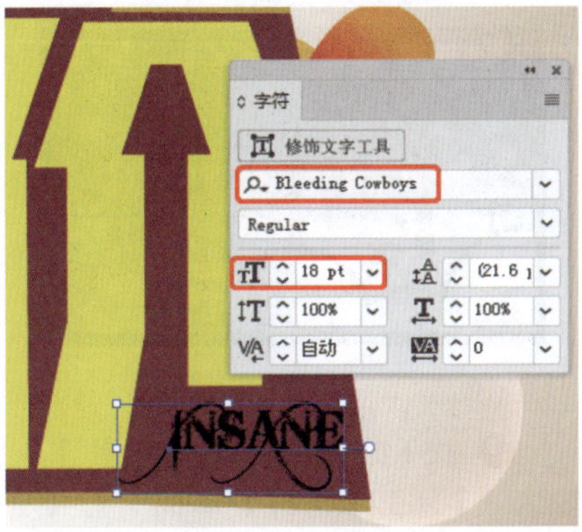

图6-364 设置字体

14 将上一步文字的填充颜色的CMYK值设置为0、0、100、0，如图6-365所示，适当调整文字的位置和大小。

图6-365 设置填充颜色

实训练习147
发光文字

本实例将详细讲解如何制作发光文字，制作重点是对【外发光】和【内发光】的应用。具体操作方法如下，完成后的效果如图6-366所示。

素材	素材|Cha06|发光背景.ai
场景	场景|Cha06|实训练习147 发光文字.ai
视频	视频教学 | Cha06 |实训练习147 发光文字.MP4

图6-366　发光文字

❶ 打开随书配套资源中的素材|Cha06|发光背景.ai文件，如图6-367所示。

图6-367　打开素材

❷ 按T键激活【文本工具】，输入“2”在【字符】面板中将【字体】设为【方正琥珀简体】，将【字体大小】设为100pt，将【字体颜色】的RGB值设置为95、183、207，【描边】设为无，如图6-368所示。

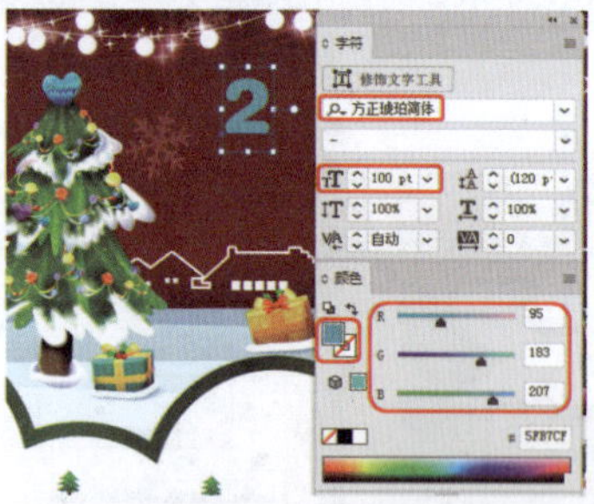

图6-368　输入文字

❸ 选择上一步创建的文字，在菜单栏执行【效果】|【风格化】|【外发光】命令，弹出【外发光】对话框，将【模式】设为【正常】，将【发光颜色】的RGB值设置为95、183、207，将【不透明度】设置为100%，将【模糊】设为28px，如图6-369所示。

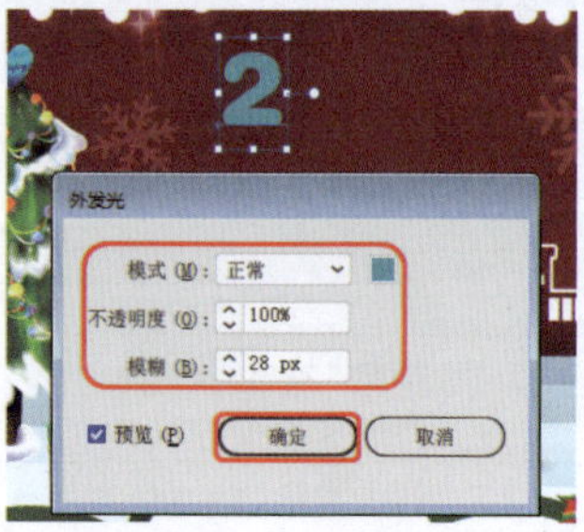

图6-369　设置外发光

❹ 选择上一步创建的文字，对其进行复制，选择复制的文字，按Shift+F6组合键弹出【外观】面板，在面板中将【外发光】效果删除，单击面板底部的【添加新效果】按钮，在弹出的下拉菜单中选择【风格化】|【内发光】，弹出【内发光】对话框，将【模式】设为【正常】，将【发光颜色】的RGB值设置为122、255、46，将【不透明度】设置为75%，将【模糊】设置为14px，选择【边缘】单选按钮，如图6-370所示。

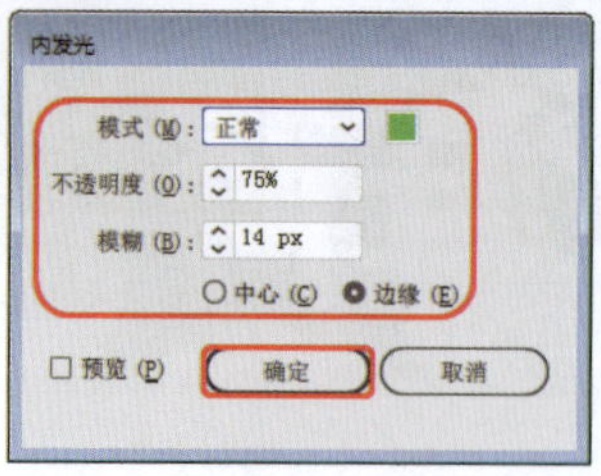

图6-370　设置内发光

❺ 单击【确定】按钮，返回到场景中，将【字体颜色】的RGB修改为122、255、46，调整文字的位置，使其呈现立体感，如图6-371所示。

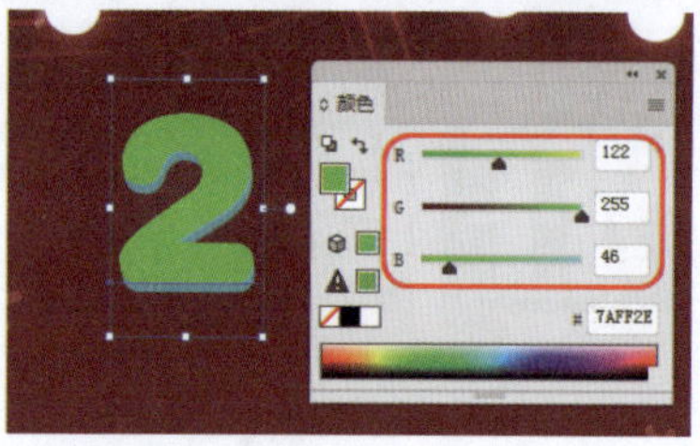

图6-371　调整文字颜色和位置

❻ 在场景中选择设置【外发光】的文字“2”，对其进行复制，将其修改为文字“1”，【填充颜色】的RGB值设为94、171、52，如图6-372所示。

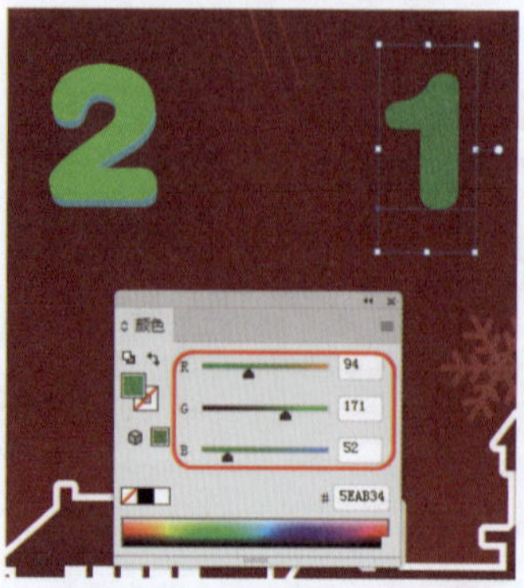

图6-372　修改文字属性

❼ 选择上一步创建的文字“1”，按Shift+F6组合键打开【外观】面板，选择【外发光】效果，双击弹出【外发光】对话框，将【发光颜色】的RGB值设为110、176、67，其他保持默认值，如图6-373所示。

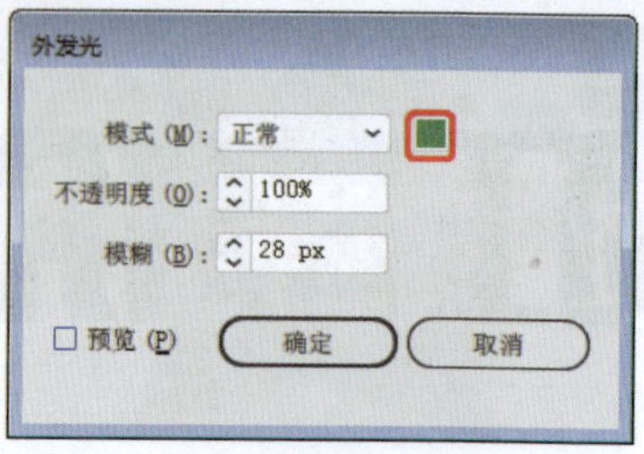

图6-373　设置发光色

❽ 选择设置【内发光】的文字进行复制，将复制的文字修改为文字“1”，将对象置于顶层，填充颜色的RGB值设为24、109、55，如图6-374所示。

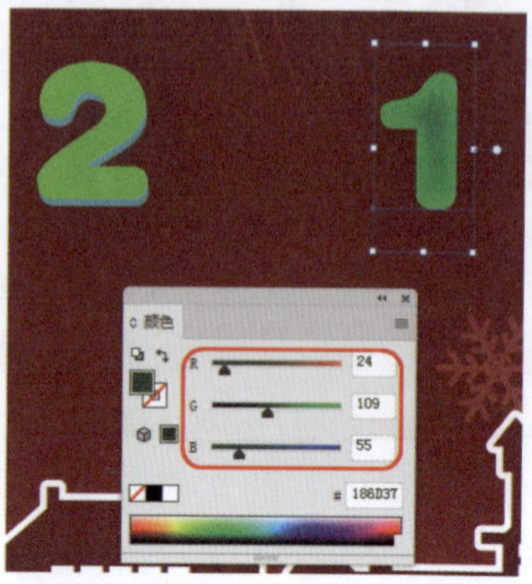

图6-374　设置文字

❾ 选择上一步创建的文字，打开【外观】面板，打开【内发光】对话框，将【发光颜色】的RGB值设为105、173、49，如图6-375所示。

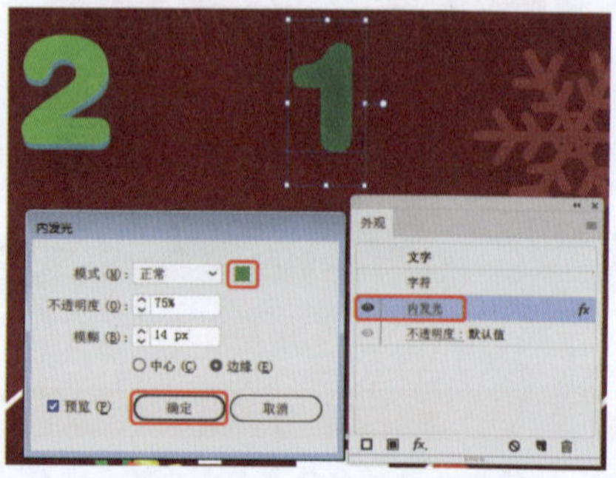

图6-375　输入文字

❿ 调整一下文字的大小，使用同样的方法输入其他文字，完成后的效果如图6-376所示。

⓫ 按T键激活【文字工具】，输入“圣”，字符面板中将【字体】设置为【方正琥珀简体】，将【字体大小】设为100pt，如图6-377所示。

图6-376 完成后的效果

图6-377 输入文字

⑫ 选择上一步创建的文字，将【字体颜色】的RGB值设为97、15、20，完成后的效果如图6-378所示。

图6-378 输入文字

⑬ 选择输入的文字，在菜单栏执行【效果】|【风格化】|【外发光】命令，弹出【外发光】对话框，将【模式】设为【正常】，将【发光颜色】的RGB值设为215、38、28，将【不透明度】设为90%，将【模糊】设为28px，如图6-379所示。

图6-379 设置外发光

⑭ 按T键激活【文字工具】，输入与上一步相同大小的“圣”字，将其颜色的RGB值设为217、63、34，如图6-380所示。

图6-380 输入文字

⑮ 选择上一步输入的文字，对其添加【内发光】效果，弹出【内发光】对话框，将【模式】设为【正常】，将【发光颜色】的RGB值设为227、124、32，将【不透明度】设为75%，将【模糊】设为14，如图6-381所示。

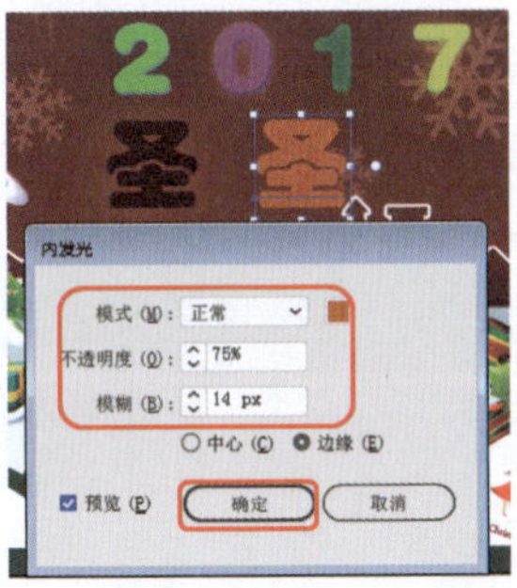

图6-381 设置内发光

⑯ 选择输入的文字，调整位置，效果如图6-382所示。

图6-382 调整位置

⑰ 使用同样的方法输入其他文字，完成后的效果如图6-383所示。

图6-383 完成后的效果

实训练习148
粉笔文字

本实例将讲解如何制作粉笔文字。导入背景图片，输入文字并设置【涂抹】效果和【粗糙化】效果。具体操作方法如下，完成后的效果如图6-384所示。

素材	素材|Cha06|黑板.ai
场景	场景|Cha06|实训练习148 粉笔文字.ai
视频	视频教学 | Cha06 |实训练习148 粉笔文字.MP4

图6-384 粉笔文字

❶ 打开随书配套资源中的素材|Cha06|黑板.ai文件，如图6-385所示。

图6-385 打开素材文件

❷ 选择【文字工具】，在绘图页中输入文字，在【字符】面板中，将【字体】设置为【汉仪综艺体简】，【字体大小】设置为56pt，将【字符间距】设置为100，调整文字的位置，如图6-386所示。

图6-386 输入文字

❸ 选中所有文字，在菜单栏中选择【效果】|【风格化】|【涂抹】命令，在弹出的【涂抹选项】对话框中设置涂抹参数，如图6-387所示。

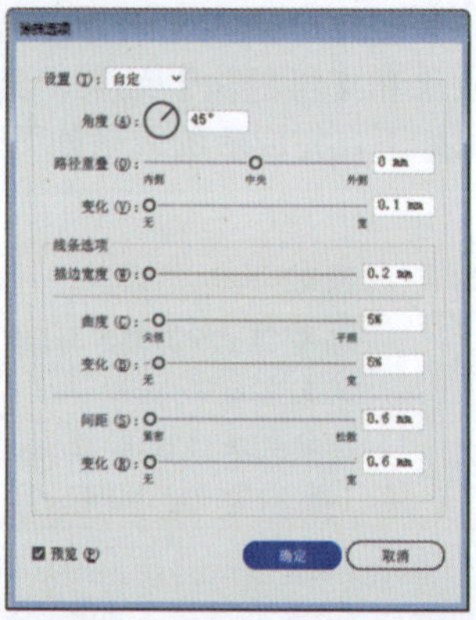

图6-387 【涂抹选项】对话框

❹ 将文字的字体颜色和描边的RGB值都设置为255、255、255，如图6-388所示。

图6-388 设置字体颜色和描边

提 示

在【涂抹选项】对话框中，勾选【预览】复选项，可以查看设置完参数后的【涂抹】效果。

❺ 选中所有文字，在菜单栏中选择【效果】|【扭曲和变换】|【粗糙化】命令，在弹出的【粗糙化】对话框中设置参数，如图6-389所示，单击【确定】按钮完成操作。

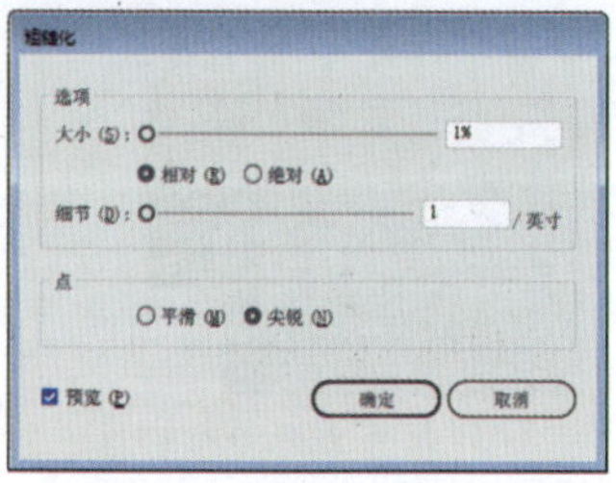

图6-389 【粗糙化】对话框

❻ 最终效果如图6-390所示。

图6-390 最终效果

实训练习149 凹凸文字

本实例将讲解如何制作凹凸文字。输入文字并设置文字新填充颜色的【内发光】效果，添加新的填充并设置填充的【变换】效果，完成后的效果如图6-391所示。

素材	素材|Cha06|凹凸背景.ai
场景	场景|Cha06|实训练习149 凹凸文字.ai
视频	视频教学 | Cha06 |实训练习149 凹凸文字.MP4

图6-391 凹凸文字

❶ 启动软件后按Ctrl+O组合键，在弹出的【打开】对话框中，选择随书配套资源中的素材|Cha06|凹凸背景.ai，如图6-392所示。

图6-392 【打开】对话框

❷ 单击【打开】按钮，将素材文件打开，如图6-393所示。

图6-393 打开素材

❸ 选择【文字工具】，在绘图页中输入文字，在属性栏中单击【字符】，在弹出的面板中，将【字体】设置为【Vani】，【字体大小】设置为72pt，调整文字的位置，如图6-394所示。

图6-394 输入文字

❹ 将文字的颜色设置为无色，如图6-395所示。

图6-395 更改文字颜色

❺ 打开【外观】面板，单击【添加新填色】按钮，将添加的填色设置为170、170、170，如图6-396所示。

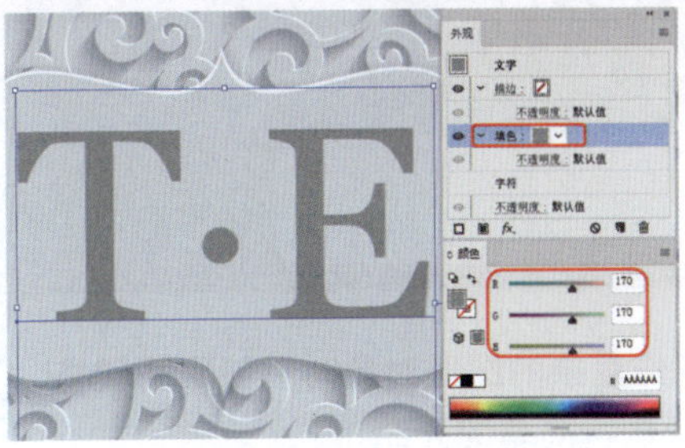

图6-396 设置新填色

❻ 选中文字，在菜单栏中选择【效果】|【风格化】|【内发光】命令，如图6-397所示。

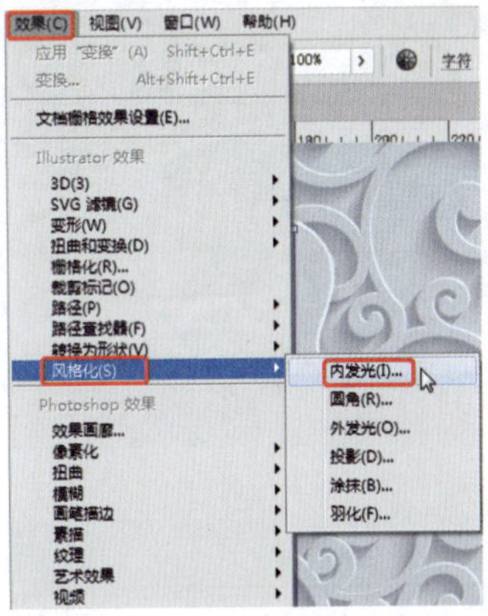

图6-397 选择【内发光】命令

❼ 在弹出的【内发光】对话框中，将颜色设置为白色，【不透明度】设置为30%，【模糊】设置为1px，选择【中心】选项，如图6-398所示。

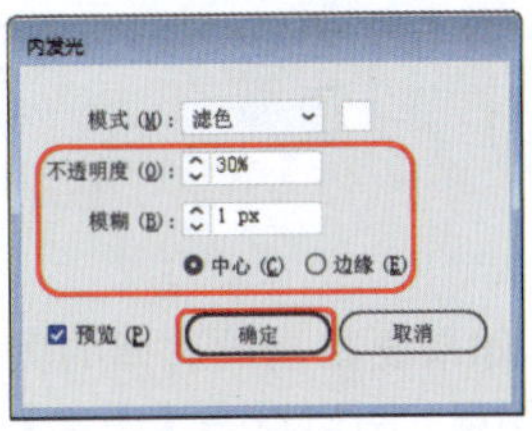

图6-398 【内发光】对话框

❽ 单击【确定】按钮，内发光效果如图6-399所示。

图6-399 内发光效果

❾ 在【外观】面板中单击【填色】按钮，将添加的填色的RGB值设置为193、193、193，如图6-400所示。

图6-400 设置填色

❿ 选中新添加的填色，在菜单栏中选择【效果】|【扭曲和变换】|【变换】命令，在弹出的【变换效果】对话框中，将【移动】组中的【垂直】设置为-0.4px，单击【确定】按钮，如图6-401所示。

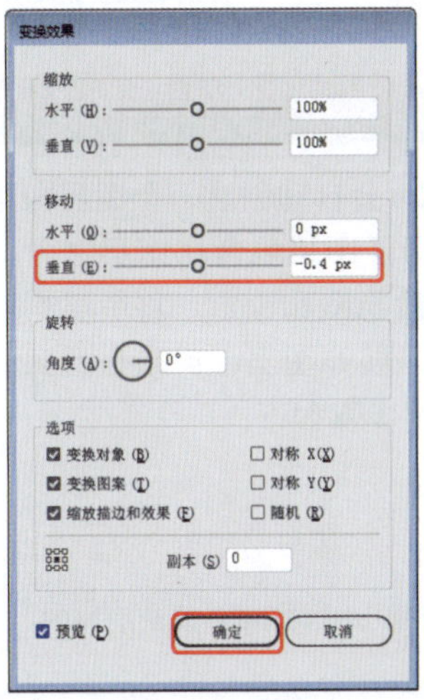

图6-401 【变换效果】对话框

⓫ 在【外观】面板中，将新添加的填色移动至最底层，查看其效果，如图6-402所示。

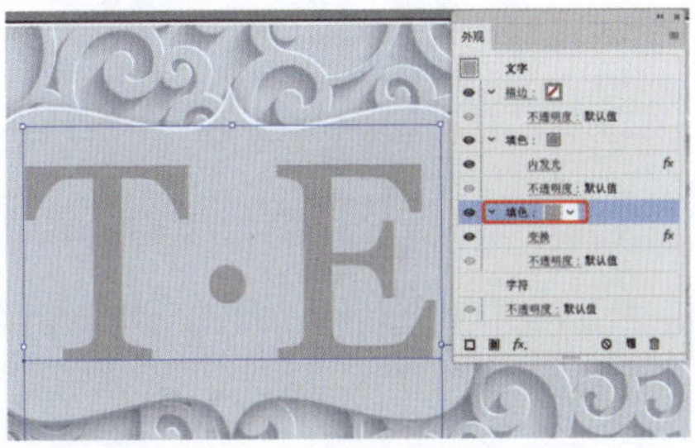

图6-402 调整填色的顺序位置

⓬ 在【外观】面板中单击【填色】按钮，将添加的填色设置为白色，如图6-403所示。

图6-403 添加新填色

⓭ 选中新添加的填色，在菜单栏中选择【效果】|【扭曲和变换】|【变换】命令，在弹出的【变换效果】对话框中，将【移动】组中的【垂直】设置为0.4 px，单击【确定】按钮，如图6-404所示。

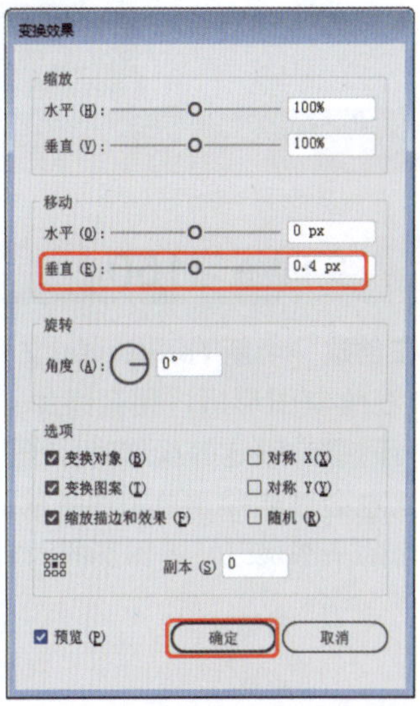

图6-404 【变换效果】对话框

⓮ 在【外观】面板中，将新添加的填色移动至最底层，再次添加一个变换效果，将【移动】组中的【垂直】设置为0.4 px，查看其效果，如图6-405所示。最后将场景文件进行保存并导出效果图片。

图6-405 调整填色的顺序位置

第 7 章 图层、动作和蒙版

在Illustrator中，读者可以通过【图层】面板对图层进行操作及管理。在制作复杂的图形对象时，使用图层将不同的内容分别放置，可以使管理对象变得更为简洁方便，同时本章还会对蒙版进行简单的介绍。

实训练习150 新建图层

在创建一个新的Illustrator文件后，Illustrator会自动创建一个图层即【图层1】，在绘制图形后，便会添加一个子图层，即子图层包含在图层之内。对图层进行隐藏，锁定等操作时，子图层也会同时被隐藏和锁定，将图层删除时，子图层也会被删除。单击图层前面的›图标可以展开图层，可以查看到该图层所包含的子图层以及子图层的内容。具体的操作步骤如下：

素材	素材|Cha07|001.ai
场景	无
视频	视频教学 | Cha07 |实训练习150 新建图层.MP4

❶ 在菜单栏中打开【文件】|【打开】菜单命令，打开随书配套资源中的素材|Cha07|001.ai文件，效果如图7-1所示，

图7-1 打开素材文件

❷ 选择【窗口】|【图层】命令，打开【图层】面板，如图7-2所示。

图7-2 图层

❸ 如果要在当前选择的图层上添加新图层，单击【图层】面板上的【创建新图层】按钮，可创建一个新的图层，如图7-3所示。

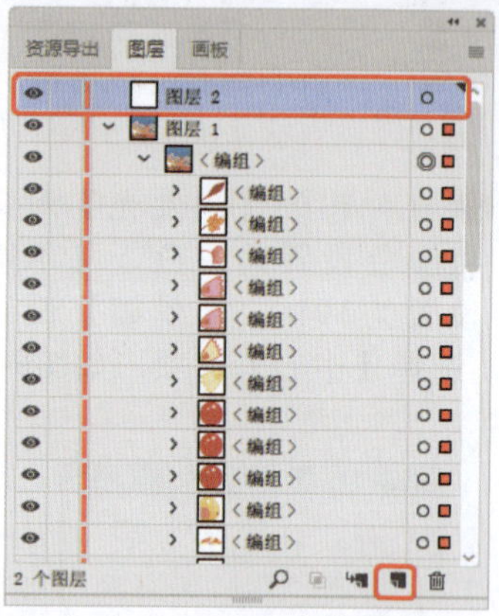

图7-3 新建图层

❹ 如果要在当前选择的图层内创建新子图层。可以单击【图层】面板上的【创建新子图层】按钮，完成后的【图层】面板如图7-4所示。

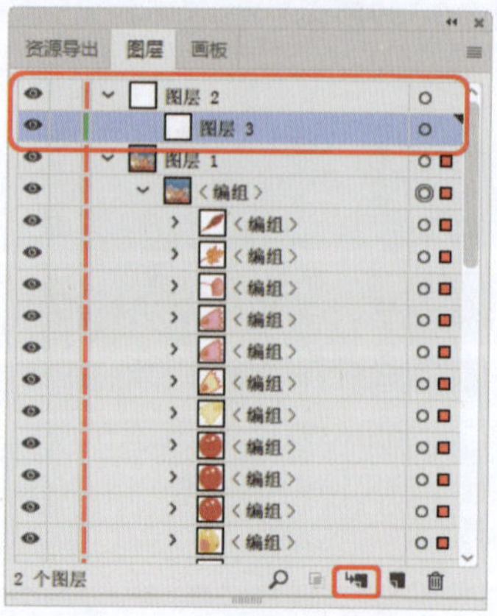

图7-4 创建子图层

知识链接

在【图层】面板中可以选择、隐藏、锁定对象，以及修改图形的外观，通过【图层】面板可以有效地管理复杂的图形对象，简化制作流程，提高工作效率。在菜单栏中打开【窗口】|【图层】命令，可以打开【图层】面板，面板中列出了当前文档中所有的图层，如图7-5所示。

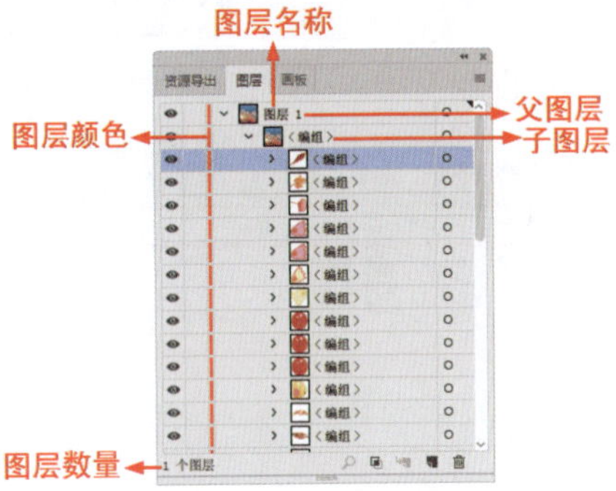

图7-5 【图层】面板

【图层颜色】：默认情况下，Illustrator会为每一个图层指定一个颜色。最多可指定9种颜色。此颜色会显示在图层名称的旁边，当选择一个对象后，它的定界框、路径、锚点及中心点也会显示与此相同的颜色。

【图层名称】：显示了图层的名称，当图层中包含子图层或者其他项目时，图层名称的左侧会出现一个三角形，单击三角形可展开列表，显示出图层中包含的项目，再次单击三角形可隐藏项目。如果没有出现三角形，则表示图层中不包含其他任何项目。

【定位对象】：可以通过该按钮来查找对象的位置。

【建立/释放剪切蒙版】：用来创建剪切蒙版。

【创建新子图层】：单击该按钮，可以新建一个子图层。

【创建新图层】：单击该按钮，可以新建一个图层。

【删除图层】：用来删除当前选择的图层，如果当前图层中包含子图层，则子图层也会同时被删除。

在输出打印时，可以通过设置【图层选项】对话框，只打印需要的图层。

在菜单中打开【窗口】|【图层】命令，打开【图层】面板，选择【图层1】，单击【面板】右上角的≡按钮，在下拉快捷菜单中选择【“图层1”的选项】，如图7-6所示，执行该命令后即可弹出【图层选项】对话框，如图7-7所示。

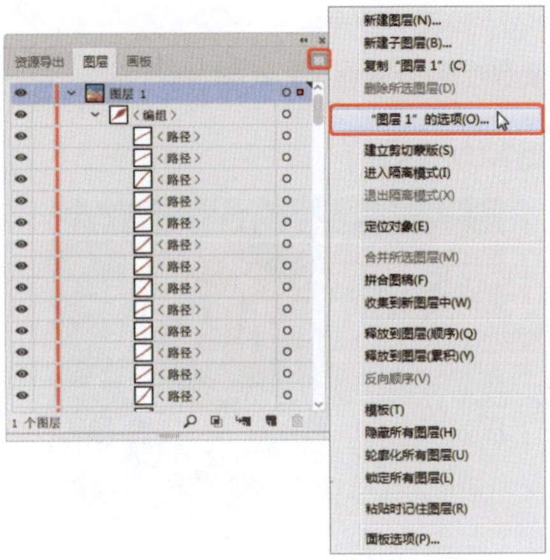

图7-6 选择【“图层1”的选项】

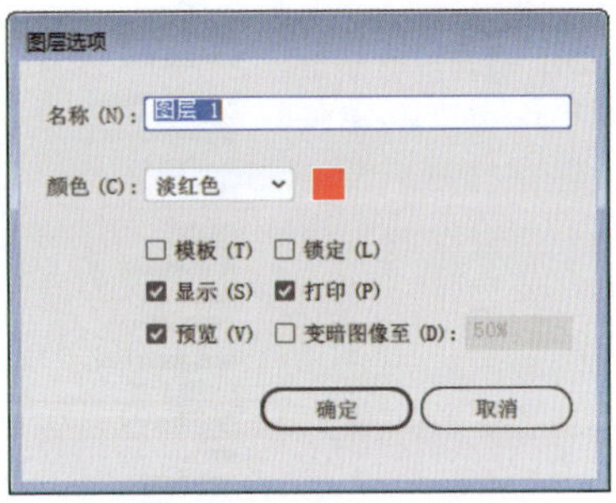

图7-7 【图层选项】对话框

在【图层选项】对话框中，可以修改图层名称、颜色和其他选项，各选项介绍如下。

【名称】：可输入图层的名称。在图层数量较多的情况下，为图层命名可以更加方便地查找和管理对象。

【颜色】：在该选项的下拉列表中可以为图层选择一种颜色，也可以双击选项右侧的颜色块，弹出【颜色】对话框，在该对话框中设置颜色。默认情况下，Illustrator会为每一个图层指定一种颜色，该颜色将显示在【图层】面板图层缩览图的前面，在选择该图层中的对象时，所选对象的定界框、路径、锚点及中心点也会显示与此相同的颜色。

【模板】：选择该选项，可以将当前图层创建为模板图层。模板图层前会显示图标，图层的名称为倾斜的字体，并自动处于锁定状态，如图7-8所示，模板能打印和导出。取消该选项的选择，可以将模板图层转换为普通图层。

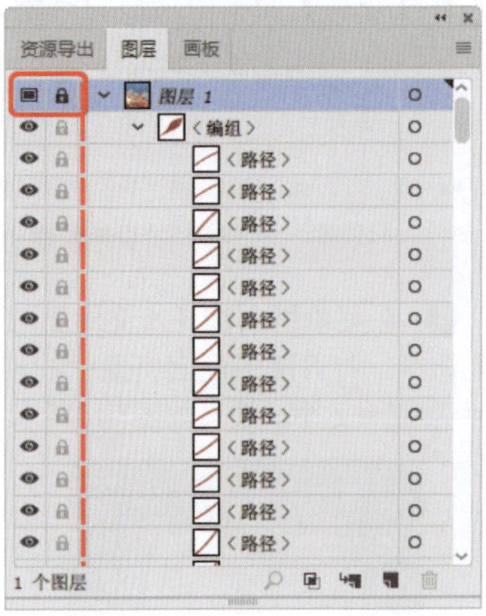

图7-8 模板图层

【显示】：选择该选项，当前图层为可见图层，取消选择，则隐藏图层。

【预览】：选择该选项，当前图层中的对象为预览模式，图层前会显示出图标；取消选择，图层中的对象为轮廓模式，图层前会显示出图标。

【锁定】：选择该选项，可将当前图层锁定。

【打印】：选择该选项，可打印当前图层；如果取消选择，则该图层中的对象不能被打印，图层的名称也会变为斜体。

【变暗图像至】：选择该选项，输入一个百分比值，可以淡化当前图层中图像和链接图像的显示效果。该选项只对位图有效，矢量图形不会发生任何变化。这一功能在描摹位图图像时十分有用。在【图层1】上双击，在弹出的【图层选项】对话框中勾选【变暗图像至】复选框，并在右侧的文本框中输入数值（默认值50%），单击【确定】按钮。完成后的画板效果如图7-9所示。

图7-9 设置图像变暗参数

实训练习151 调整图层的排列顺序

在【图层】面板中图层的排列顺序与在画板中创建图像的排列顺序是一致的，在【图层】面板中顶层的对象，在画板中则排列在最上方，在最底层的对象，在画板中则排列在最底层，同一图层中的对象也是按照该结构进行排列的。

素材	素材|Cha07|002.ai
场景	无
视频	视频教学 | Cha07 |实训练习151 调整图层的排列顺序.MP4

❶ 在菜单栏中打开【文件】|【打开】命令，打开随书配套资源中的素材|Cha07|002.ai文件，效果如图7-10所示。

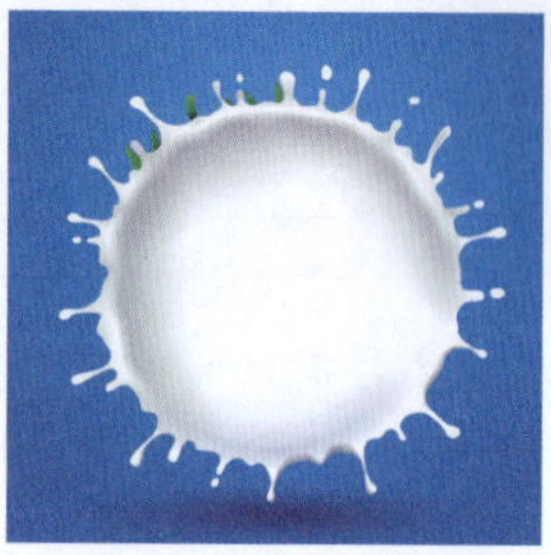

图7-10 打开素材文件

❷ 在【图层】面板中单击并拖动一个图层的名称至所要移动的位置，当出现黑色插入标记时放开鼠标，即可调整图层的位置，如果将图层拖至另外的图层内，则可将该图层设置为目标图层的子图层，如图7-11所示。

❸ 如果要反转图层的排列顺序，选择需要调整排列顺序的图层，单击【图层】面板右上角的按钮，在弹出的菜单中选择【反向顺序】选项，如图7-12所示。

图7-11 调整图层顺序

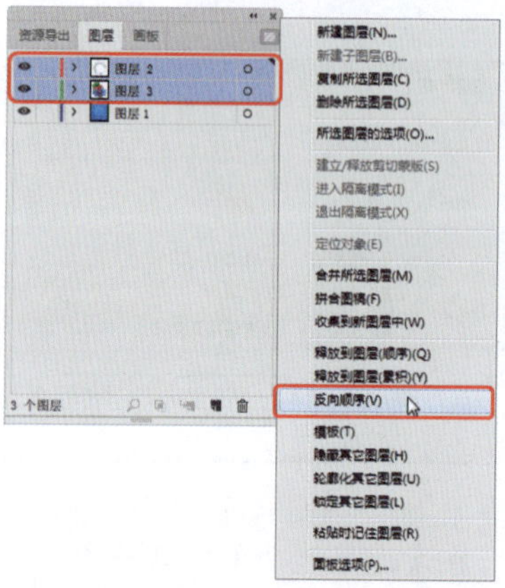

图7-12 选择【反向顺序】选项

实训练习152 复制图层

在【图层】面板中，可以通过选择该图形所在的图层，复制出多个图层，进而复制出多个相同的图形。具体操作步骤如下：

素材	素材|Cha07|004.ai
场景	无
视频	视频教学 | Cha07 |实训练习152 复制图层.MP4

❶ 在菜单栏中选择【文件】|【打开】命令，打开随书配套资源中的素材|Cha07|004.ai文件，如图7-13所示。

❷ 在【图层】面板中，将需要复制的图层拖至到【新建图层】按钮上，如图7-14所示。复制该图层后得到的图层将位于原图层之上，如图7-15所示。

图7-13 打开素材文件

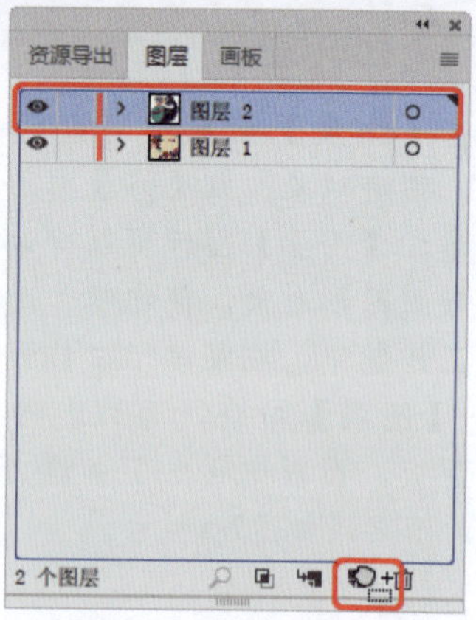

图7-14 将图层拖拽至新建图层按钮上

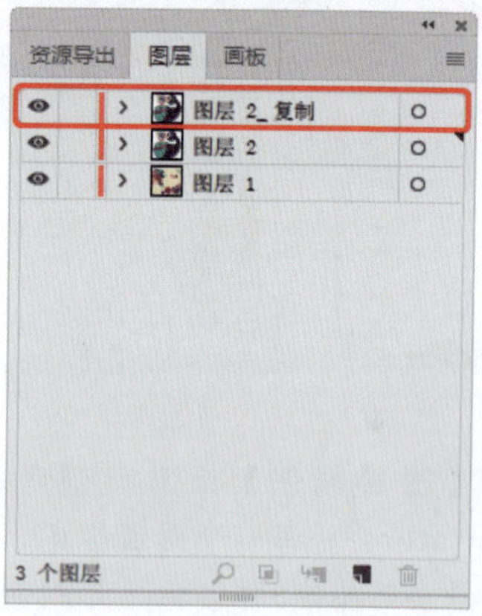

图7-15 复制后的效果

❸ 选中复制图层中的对象，调整其位置及大小，调整后的效果如图7-16所示。

图7-16 复制并调整后的效果

知识链接

除了复制图层外，用户还可以对图层进行删除、合并等。

1. 删除图层

在删除图层时，会同时删除图层中的所有对象。例如，如果删除了一个包含子图层、组、路径和剪切组的图层，那么所有这些对象会随图层一起被删除。删除子图层时，不会影响图层和图层中的其他子图层。

如果要删除某个图层或组，在【图层】面板中选择要删除的图层或组，如图7-17所示，单击【删除图层】按钮，即可删除选择的图层，也可以将图层拖至【删除图层】按钮上，进行删除。

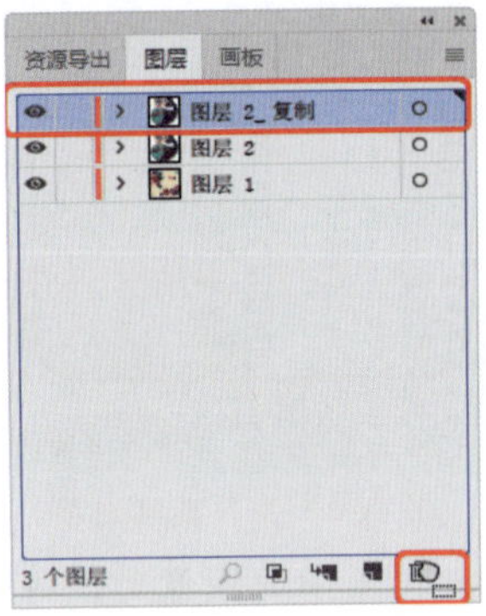

图7-17　删除图层

2. 合并图层

合并图层的功能与拼合图层的功能类似，二者都可以将对象、群组和子图层合并到同一图层或群组中。而使用拼合功能，则只能将图层中的所有可见对象合并到同一图层中，无论使用哪种功能，图层的排列顺序都保持不变，但其他的图层级属性将不会保留，例如剪切蒙版。

在合并图层时，图层只能与【图层】面板中相同层级上的其他图层合并，同样子图层也只能与相同层级的其他子图层合并。

(1) 在菜单栏中选择【文件】|【打开】命令，打开随书配套资源中的素材|Cha07|005.ai文件素材，效果如图7-18所示。如果要将对象合并到一个图层或组中，可在【图层】面板中选择要合并的图层或组，如图7-19所示。

图7-18　打开素材文件

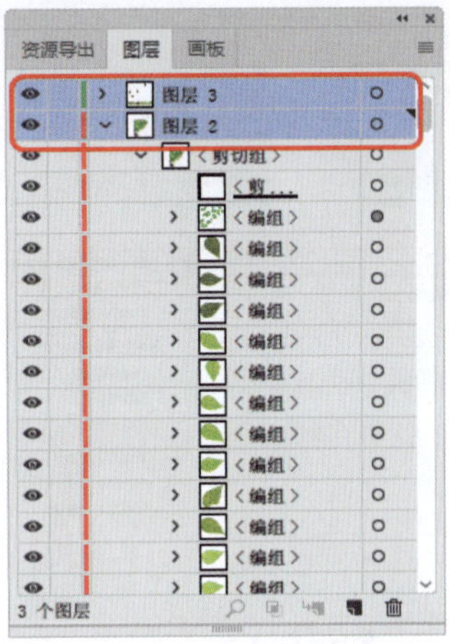

图7-19　选择要合并的图层

(2) 单击【图层】面板右上角的≡按钮，在弹出的下拉快捷菜单中选择【合并所选图层】选项，如图7-20所示，完成后的【图层】面板效果如图7-21所示。

(3) 拼合图层是将所有的图层全部拼合成一个图层，选择图层后单击【图层】面板右上角的≡按钮。在弹出的下拉菜单中选择【拼合图稿】命令，如图7-22所示。

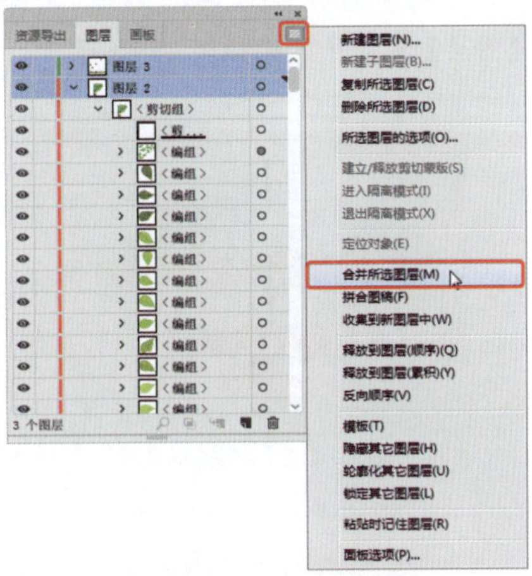

图7-20　选择【合并所选图层】选项

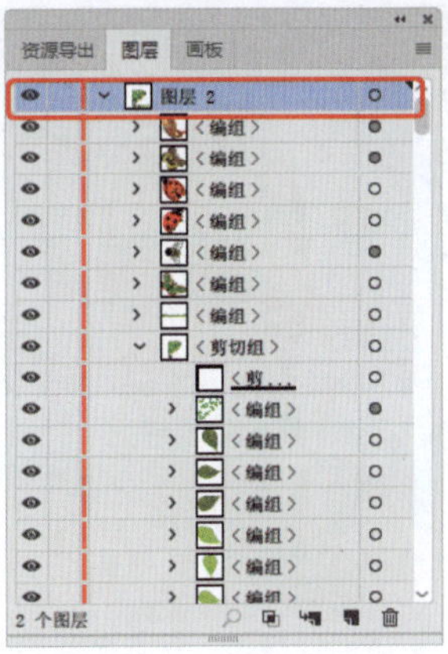

图7-21　合并后的效果

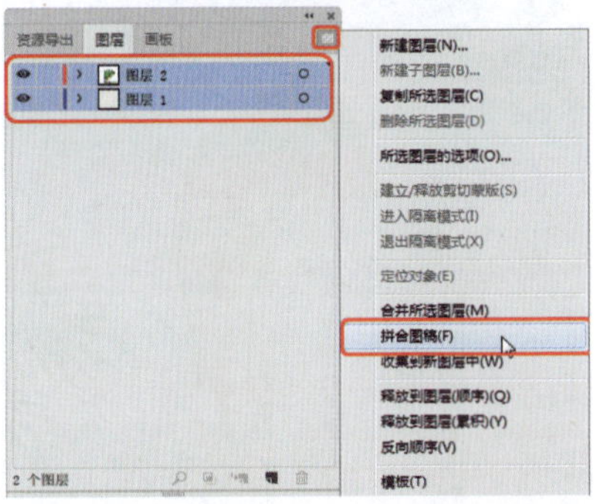

图7-22　选择【拼合图稿】选项

(4) 拼合图层后，【图层】面板效果如图7-23所示。

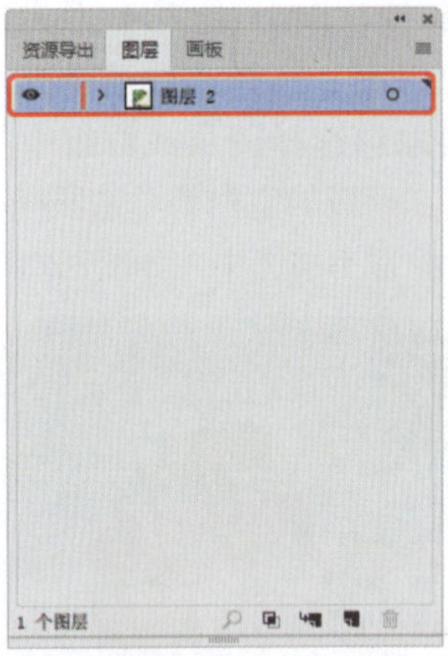

图7-23　合并后的效果

实训练习153　选择图层及图层中的对象

通过图层可以快速、准确地选择比较难选择的对象，减少了选择对象的难度，具体操作步骤如下所述。

素材	素材|Cha07|006.ai
场景	无
视频	视频教学|Cha07|实训练习153 选择图层及图层中的对象.MP4

❶ 在菜单栏中选择【文件】|【打开】命令，打开随书配套资源中的素材|Cha07|006.ai文件，如图7-24所示。如果要选择单一的对象，可在【图层】面板中单击○图标，当该图标变为◎时，表示该图层被选中，如图7-25所示。

图7-24　打开素材文件

图7-25　选择对象后的效果

❷ 按住Shift键并单击其他子图层，可以添加选择或取消选择对象，如果要取消选择图层或群组中的所有对象，在画板的空白处单击鼠标，则所有的对象都不被选中，如图7-26所示。

图7-26　未选择对象时的效果

❸ 如果要在当前所选择对象的基础上再选择其所在图层中的所有对象，在菜单栏中选择【选择】|【对象】|【同一图层上的所有对象】命令，即可选择该图层上的所有对象，如图7-27所示。

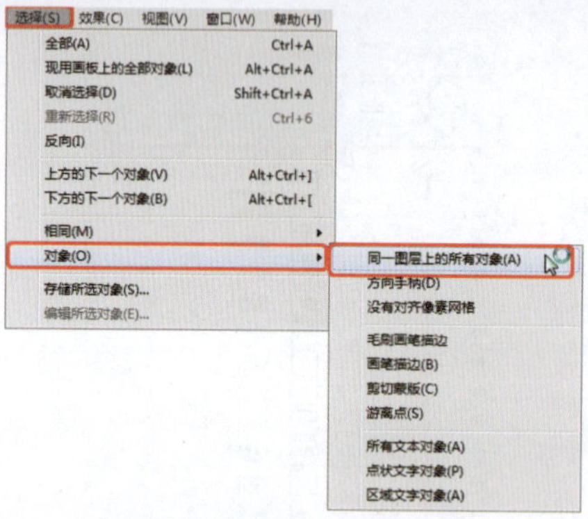

图7-27　选择【同一图层上的所有对象】选项

知识链接

在【图层】面板中通过对图层的显示、隐藏与锁定，使设计师在绘制复杂图像时更加方便，可以更加快速地绘制复杂图形以及选取某个对象。

1. 显示图层

在菜单栏中选择【文件】|【打开】命令，打开随书配套资源中的素材|Cha07|007.ai文件，效果如图7-28所示。当面板中的对象呈显示状态👁时，【图层】面板中该对象所在的图层缩览图前面会显示一个眼睛的图标【图层】面板的效果如图7-29所示。

图7-28　打开素材文件

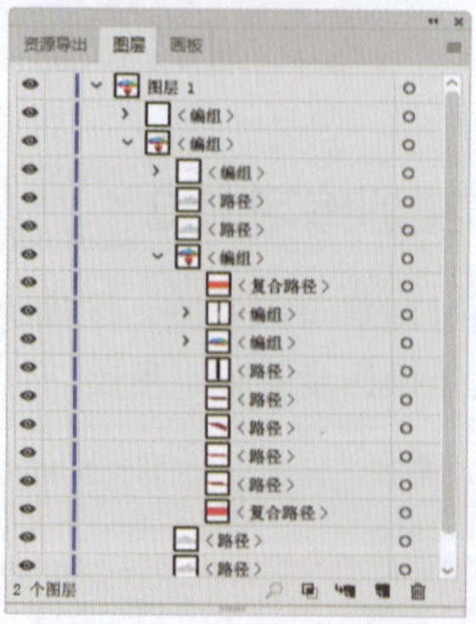

图7-29　显示图层效果

2. 隐藏图层

如果要隐藏图层，单击👁眼睛图标，可以隐藏图层，如果隐藏了图层或者群组，图层或群组中所有的对象都会被隐藏，并且这些对象的缩览图前面的眼睛图标会显示为灰色，隐藏图层后的【图层】面板效果如图7-30所示，隐藏图层后的画板效果如图7-31所示。

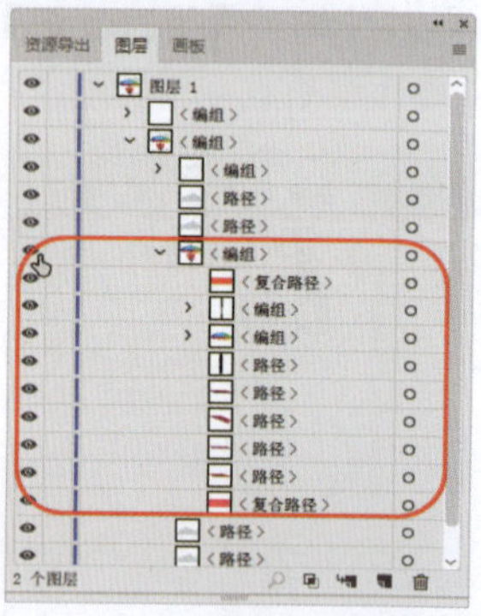

图7-30　要隐藏的图层

在处理复杂的图像时，将暂时不用的对象隐藏，这样可以减少不用图像的干扰，同时还可以加快屏幕的刷新速度，如果要显示图层，在原👁图标的位置再次单击即可。

图7-31　隐藏图层后的效果

> **提　示**
>
> 隐藏所选对象：选择对象后，打开【对象】|【隐藏】|【所选对象】菜单命令，可以隐藏当前选择的对象。
>
> 隐藏上方所有图稿：选择一个对象后，打开【对象】|【上方所有图稿】菜单命令，可以隐藏图层中位于该对象上方的所有对象。
>
> 隐藏其他图层：打开【对象】|【隐藏】|【其他对象】菜单命令，可以隐藏所有未选择的图层。
>
> 显示全部：隐藏对象后，打开【对象】|【显示全部】菜单命令，可以显示所有被隐藏的对象。

3. 锁定图层

在【图层】面板中，单击一个图层的👁图标右侧的方块，可以锁定图层。锁定图层后，该方块中会显示出一个🔒状图标，当锁定父图层时，可同时锁定其中的路径、群组和子图层，未锁定的【图层】面板效果如图7-32所示，锁定后的【图层】面板效果如图7-33所示。如果要解除锁定，可以单击🔒状图标，即可解除锁定。

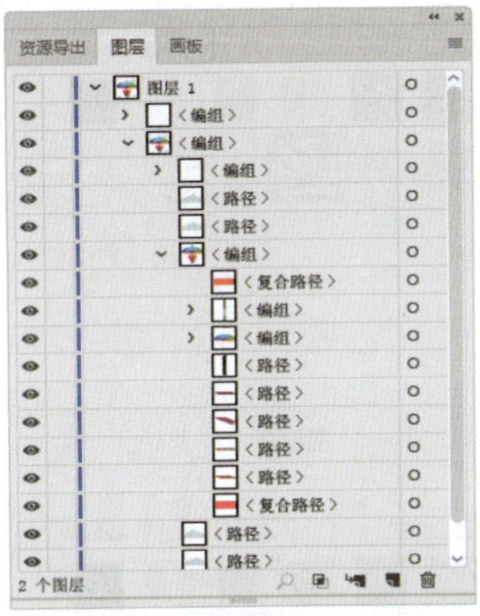

图7-32 未锁定的图层

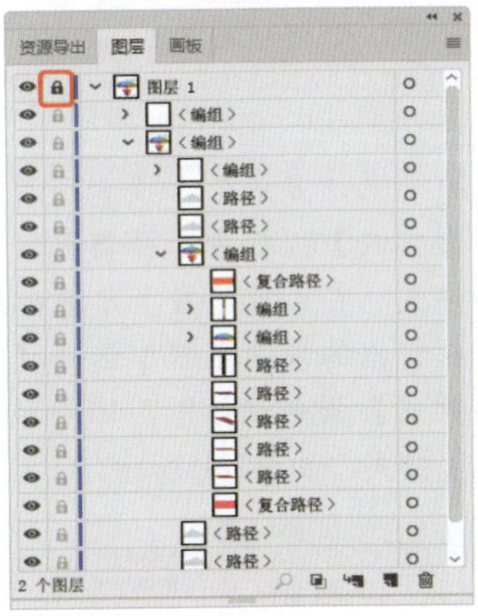

图7-33 锁定后的图层

在Illustrator中，被锁定的对象不能被选择和修改，但锁定的图层是可见的，并且能被打印出来。

知识链接

通俗地讲，图层就像是含有文字或图形等元素的胶片，一张张按顺序叠放在一起，组合起来形成页面的最终效果。图层可以将页面上的元素精确定位。图层中可以加入文本、图片、表格、插件，也可以在里面再嵌套图层。

每一个图层都是由许多像素组成的，而图层又通过上下叠加的方式来组成整个图像。打个比喻，每一个图层就好似是一个透明的“玻璃”，而图层内容就画在这些“玻璃”上，如果“玻璃”什么都没有，这就是个完全透明的空图层，当各“玻璃”都有图像时，自上而下俯视所有图层，从而形成图像显示效果。再举个例子，比如我们在纸上画一张人脸，先画脸庞，再画眼睛和鼻子，然后是嘴巴。画完以后发现眼睛的位置歪了一些。那么只能把眼睛擦除掉重新画过，并且还要对脸制作一些相应的修补，这当然很不方便。在设计的过程中也是这样，很少有一次成型的作品，常常是经历若干次修改以后才得到比较满意的效果，此时就凸显图层的作用。

想象一下，如果我们不是直接画在纸上，而是先在纸上铺一层透明的塑料薄膜，把脸庞画在这张透明薄膜上，画完后再铺一层薄膜画上眼睛，再铺一张画鼻子。将脸庞、鼻子、眼睛分为三个透明薄膜层，最后组成整体的效果。这样完成之后的成品，和先前那幅在视觉效果上是一致的。

虽然视觉效果一致，但分层绘制的作品具有很强的可修改性，如果觉得眼睛的位置不对，可以单独移动眼睛所在的那层薄膜以达到修改的效果，甚至可以把这张薄膜丢弃重新再画眼睛，其余的鼻子等部分不受影响，因为他们被画在不同层的薄膜上。这种方式，极大地提高了后期修改的便利度，最大可能地避免重复劳动。因此，将图像分层制作是明智的方式。

提 示

锁定所选对象：如果要锁定当选择的对象，可以打开【对象】|【锁定】|【所示对象】菜单命令，即可锁定所选对象。

锁定上方所有图稿：如果要锁定与所选对象所在区域有所重叠且位于同一图层中的所有对象，可以打开【对象】|【锁定】|【上方所有图稿】菜单命令。

锁定所有图层：如果要锁定所有图层，可在【图层】面板中选择所有的图层，单击【图层】面板右上角的三角形按钮，在弹出的下拉菜单中选择“锁定所有图层”选项，即可锁定所有图层。

实训练习154 新建图形样式

在图形样式面板中，提供了一些默认的图形样式，读者也可以自己创建图形样式。

创建图形样式可以选择一个对象并对其应用任意外观属性组合，包括填色、描边、不透明度或效果，在【外观】面板中调整和排列外观属性，并创建多种填充和描边。例如，在一种图形样式中包含多种填充，每种填充均带有不同的不透明度和混合模式。

素材	素材|Cha07|008.ai
场景	无
视频	视频教学 | Cha07 |实训练习154 新建图形样式.MP4

❶ 在菜单栏中选择【文件】|【打开】命令，打开随书配套资源中的素材|Cha07|008.ai文件，如图7-34所示。

图7-34 打开素材文件

❷ 在画板中选择图形，单击【图形样式】面板右上方的≡按钮，在打开的快捷菜单中选择【新建图形样式】命令，如图7-35所示。

图7-35　选择【新建图形样式】命令

❸ 执行该操作后，将会弹出【图形样式选项】对话框，在该对话框中设置图形样式的名称即可，如图7-36所示。

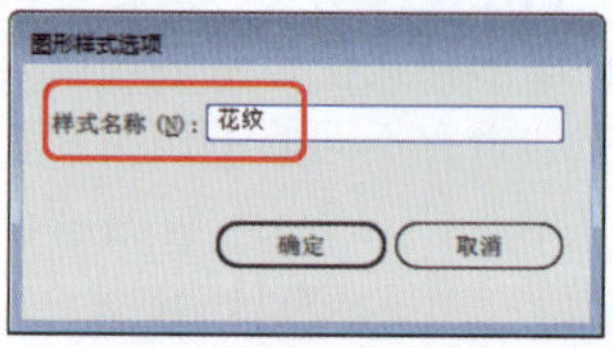

图7-36　设置样式名称

❹ 设置完成后，单击【确定】按钮，即可在【图形样式】面板中新建一个图形样式，效果如图7-37所示。

图7-37　新建图形样式后的效果

知识链接

【图形样式】面板用来创建、命名和应用外观属性。在菜单栏中选择【窗口】|【图形样式】命令，打开【图形样式】面板。

【默认图形样式】：单击该样式，可以将当前选择的对象设置为默认的基本样式，即黑色描边和白色填充。

【投影】：单击该样式后并设置填色，可以将当前选择的对象以该样式显示，为其添加阴影。

【圆角2pt】：单击该样式后，可以将当前选择对象的边角圆滑2个像素。

【实时对称 X】：单击该样式后并设置填色，可以将当前选择对象以Y轴为轴进行复制；使用该样式后，单击两个对象中的一个，只有原始对象显示选中状态；修改原始对象，复制出的对象也会做出相应的变化。

【柔化斜面】：单击该样式后，可以将当前选择的对象的斜面进行柔化。

【黄昏】：单击该样式后，可以将当前选择的对象设置为该样式。

【植物】：单击该样式后，可以将当前选择的对象设置为该样式，以该样式图案进行填充；调整对象时，该图案不会受影响，以原大小比例进行填充。

【高卷式发型】：单击该样式后，可以将当前选择的对象设置为该样式，以该样式图案进行填充；调整对象时，该图案不会受影响，以原大小比例进行填充。

【图形样式库菜单】：单击该按钮，可在打开的下拉列表中选择一个图形样式库。

【断开图形样式链接】：用来断开当前对象使用的样式与面板中样式的链接。断开链接后，可单独修改应用于对象的样式，而不会影响面板中的样式。

【新建图形样式】：可以将当前对象的样式保存到【图形样式】面板中。

【删除图形样式】：选择面板中的图形样式后，单击该按钮，可将选中的图形样式删除。

【图形样式】库是一组预设的图形样式集合。Illustrator提供了一定数量的样式库。读者可以使用预计的样式库，也可以将多个图形样式创建为自定义的样式库。

在【窗口】|【图形样式库】下拉菜单中，选择一个菜单命令，即可打开选择的库。当打开一个图形样式库时，这个库将打开在一个新的面板中。

下面介绍如何复制和删除图形样式。

1. 复制图形样式

在【图形样式】面板中选择需要复制的图形样式，并将其拖拽到【新建图形样式】按钮处，如图7-38所示。复制图形样式，如图7-39所示。

图7-38　拖拽要复制的图形样式

图7-39　复制图形样式

除了上述方法外，读者还可以在【图形样式】面板中选择需要复制的图形样式，在面板的右上角单击≡按钮，在弹出的快捷菜单中选择【复制图形样式】命令，如图7-40所示。复制图形样式，如图7-41所示。

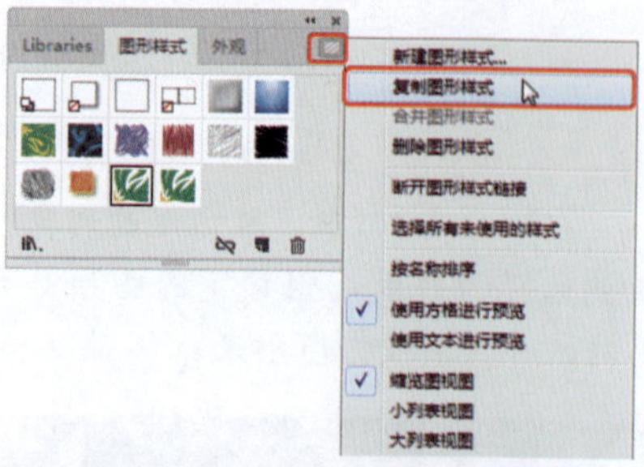

图7-40　选择【复制图形样式】命令

图7-41　复制图形样式

2. 删除图形样式

删除图形样式有三种方法，分别对其进行介绍。

（1）拖拽需要删除的图形样式至【删除图形样式】按钮上，删除图形样式，如图7-42所示。

图7-42 删除图层样式

（2）选择需要删除的图形样式，单击【图形样式】面板底部的【删除图形样式】按钮，删除图形样式。

（3）选择需要删除的图形样式，在【图形样式】面板的右上角单击按钮，在弹出的菜单中选择【删除图形样式】命令，如图7-43所示，执行该操作后，将会弹出提示对话框，单击【是】继续删除，单击【否】取消删除，如图7-44所示。

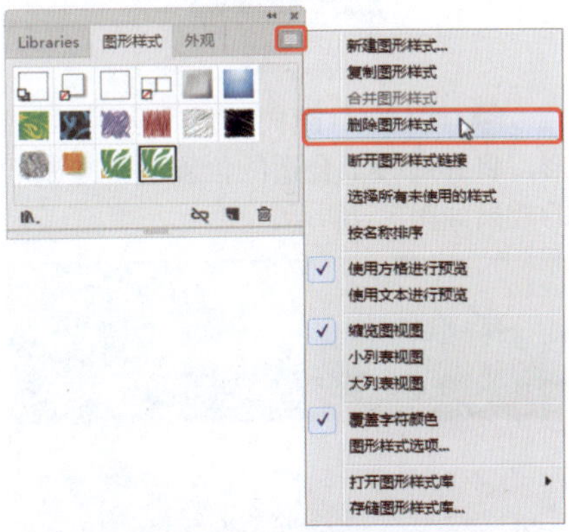

图7-43 选择【删除图形样式】命令

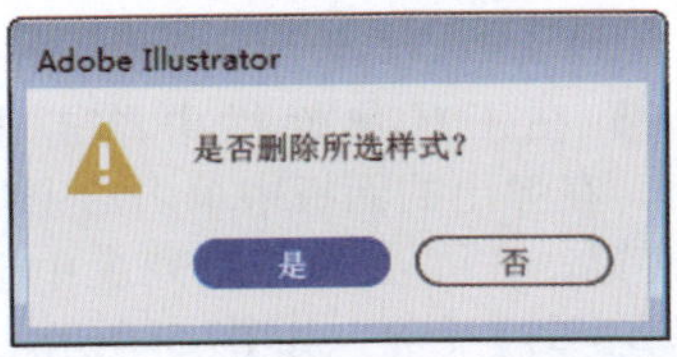

图7-44 提示对话框

除了图形样式外，读者还可以结合【外观】面板使用，下面将简单的对【外观】面板进行介绍。

外观属性是一组不改变对象基础结构的前提下影响对象外观的属性。外观属性包括填色、描边、透明度和效果。

【外观】面板是使用外观属性的入口，因为可以把外观属性应用于层、组和对象，所以图稿中的属性层次可能会变得十分复杂。如果对整个图层应用了一种效果，而对该图层中的某个对象应用了另一种效果，就可能很难分清到底是哪种效果导致了图稿的更改。【外观】面板可显示已应用于对象、组或图层的填充、描边、图形样式和效果。

1.【外观】面板

在菜单栏中选择【窗口】|【外观】命令，打开【外观】面板或按Shift+F6组合键，如图7-45所示，通过该对话框来查看和调整对象、组或图层的外观属性，各种效果会按其在图稿中的应用顺序从上到下进行排列。

【外观】面板可以显示层、组或对象(包括文字)的描边、填充、透明度、效果等，在【外观】面板中，上方所示为对象的名称，下方列出对象属性的序列，如描边、填充、圆角矩形等效果。若单击项目左边的和按钮，可以展开或折叠项目。

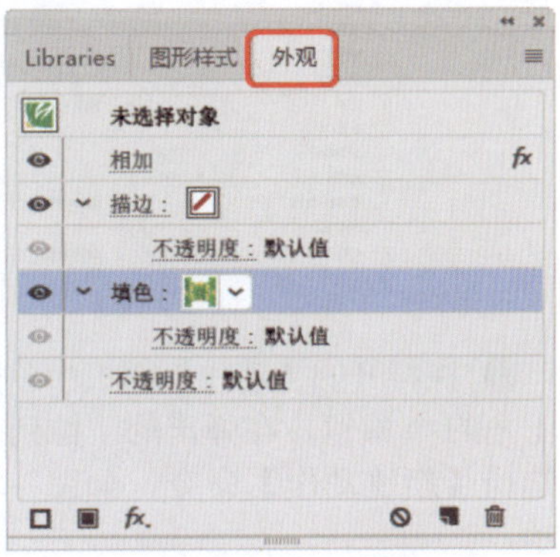

图7-45 【外观】面板

【对象缩览图】：【外观】面板顶部的缩览图为当前选择对象的缩览图，其右侧的名称为选择对象的类别，如路径、文字、群组、位图图像等。

【描边】：显示对象的描边属性。

【填色】：显示对象的填充属性。

【不透明度】：用来显示对象整体的不透明度和混合模式。当对这两种属性进行修改后，可在该选项中显示，设置【不透明度】面板，执行该操作后，即可完成不透明度的设置，如图7-46所示。

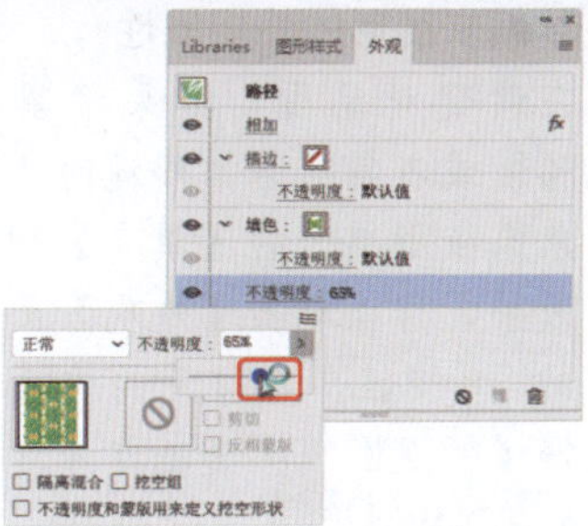

图7-46 设置透明度

【外观】面板中各个按钮的应用。

【添加新描边】：可以新添加一个描边颜色。

【添加新填色】：可以新添加一个填色颜色。

【添加新效果】：若要为选取对象设置效果，如高斯模糊，将打开相应的对话框，如图7-47所示。设置选项后，单击【确定】按钮，设置高斯模糊后的面板，如图7-48所示。

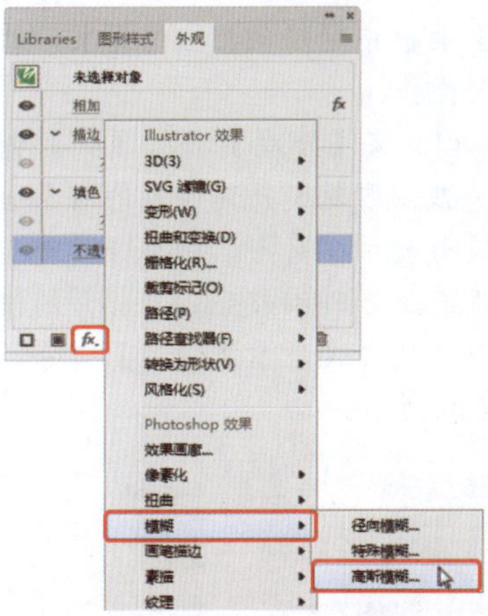

图7-47 选择【高斯模糊】命令

图7-48 高斯模糊效果

【清除外观】按钮：单击该按钮，可清除当前对象的效果，使对象无填充、无描边。

【复制所选项目】按钮：用来复制外观属性。

【删除所选项目】按钮：用来删除外观属性。

2. 编辑图形的外观属性

在新建对象后，如果希望继承外观属性或者具有基本外观时，可将新对象只应用单一的【填充】和【描边】效果，可以单击【外观】面板右上方的 ≡ 按钮，在打开的快捷菜单中选择【新建图稿具有基本外观】命令，如图7-49所示。

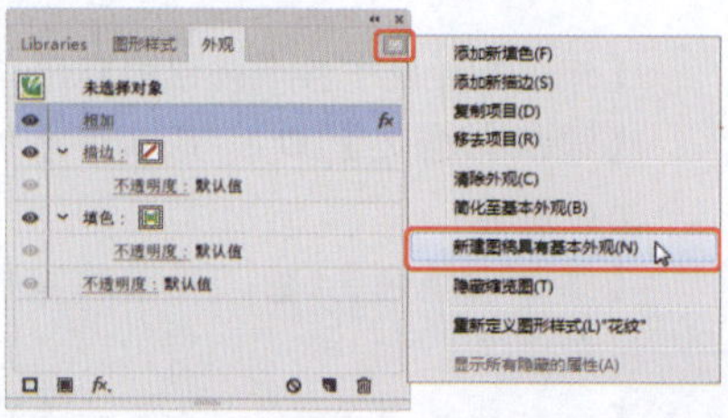

图7-49 选择【新建图稿具有基本外观】命令

要通过拖动复制或移动外观属性，可在【外观】面板中选择要复制其外观的对象或组，也可以在【图层】面板中定位到相应的图层，执行下列操作。

(1) 将【外观】面板顶部的缩览图拖拽到要复制外观属性的对象上。若没有显示缩览图，可单击【外观】面板右上方的 ≡ 按钮，在打开的快捷菜单中选择【显示缩览图】命令，如图7-50所示。

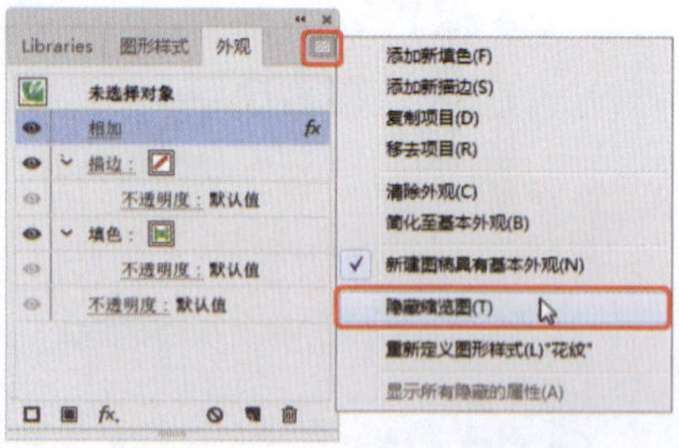

图7-50 选择【显示缩览图】命令

(2) 按住Alt键，将【图层】面板中要复制外观属性的对象的定位图标 ○ 或 ◎，拖动到要复制的项目按钮 ○ 或 ◎ 上，可复制外观属性。

(3) 若要移动外观属性，将使用【图层】面板中要复制外观属性的对象的定位图标 ○ 或 ◎ 拖动到要复制的项目按钮 ○ 或 ◎ 上，如图7-51所示。

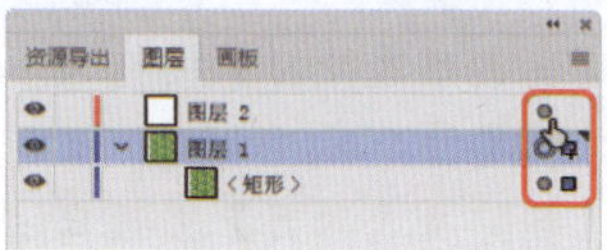

图7-51 复制属性

实训练习155 创建动作

下面将介绍如何创建动作效果，其具体操作步骤如下所述。

素材	素材|Cha07|009.ai
场景	场景|Cha07|创建动作.ai
视频	视频教学 | Cha07 |实训练习155 创建动作.MP4

❶ 在菜单栏中选择【文件】|【打开】命令，打开随书配套资源中的素材|Cha07|009.ai文件，如图7-52所示。

图7-52 打开素材文件

❷ 在菜单栏中单击【窗口】按钮，在弹出的下拉列表中选择【动作】命令，如图7-53所示。

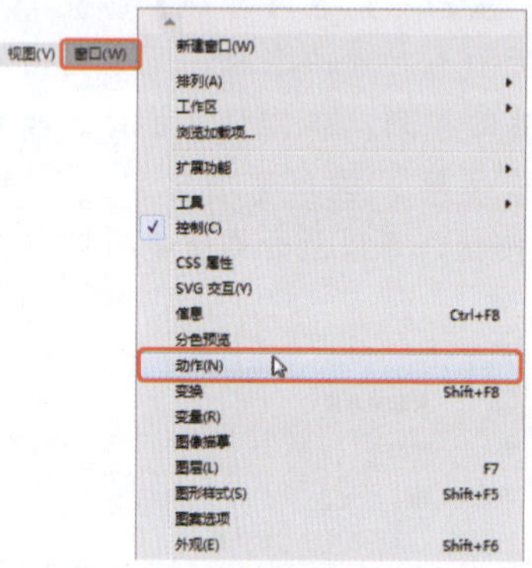

图7-53 选择【动作】命令

❸ 在打开的【动作】面板中单击右上角的 ≡ 按钮，在弹出的下拉列表中选择【新建动作】命令，如图7-54所示。

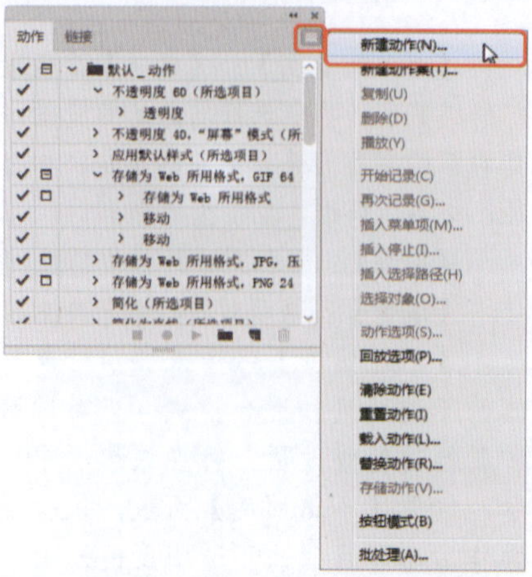

图7-54 选择【新建动作】命令

❹ 执行该操作后，将会打开【新建动作】对话框，在该对话框中设置新名称，效果如图7-55所示。

图7-55 设置动作名称

❺ 设置完成后，单击【记录】按钮，在画板中选择图7-56所示的对象。

图7-56 选择对象

❻ 按住Alt键向下拖拽选中的图形，将其拖拽至合适的位置上，复制后的效果如图7-57所示。

图7-57 复制对象后的效果

❼ 在工具属性栏中单击【变换】，在弹出的面板中单击右上角的 ≡ 按钮，在弹出的下拉列表中选择【垂直翻转】命令，如图7-58所示。

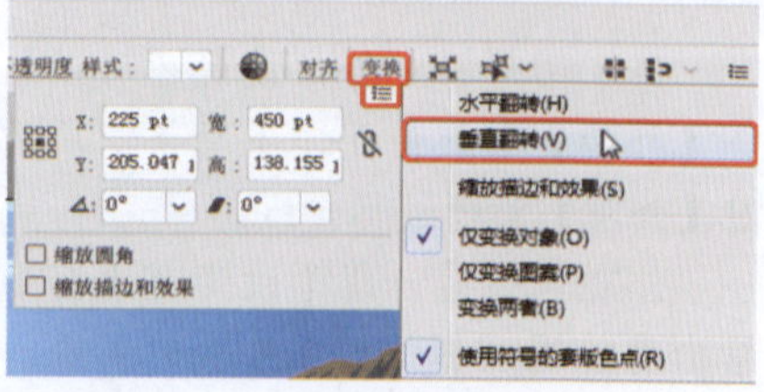

图7-58 选择【垂直翻转】命令

❽ 选中复制后的对象，在画板中调整其大小及位置，调整后的效果如图7-59所示。

图7-59 调整后的对象

❾ 打开【外观】面板，单击【不透明度】，将【不透明度】设置为66%，如图7-60所示。

图7-60 设置不透明度

❿ 执行该操作后，即可完成不透明度的设置，效果如图7-61所示。

图7-61 设置不透明度后的效果

⓫ 继续选中该对象，单击鼠标右键，在弹出的快捷菜单中选择【排列】|【置于底层】命令，如图7-62所示。

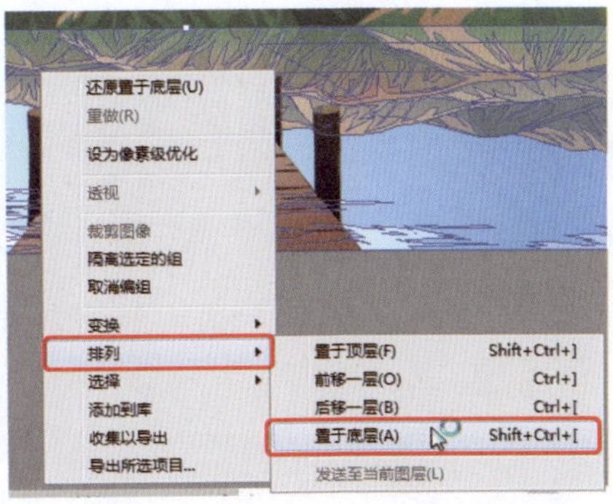

图7-62 选择【置于底层】命令

⓬ 执行该操作后，即可完成调整，在【动作】面板中单击【停止播放/记录】按钮[■]，如图7-63所示。

图7-63 完成后的效果

知识链接

下面来了解【动作】面板中各按钮的作用。

【创建新动作】按钮[ ]：单击该按钮可以创建一个新动作。

【创建新动作集】按钮[ ]：单击此按钮可以创建一个新的动作集，以便保存新的动作。

【删除所选动作】按钮[ ]：单击此按钮可以将当前选中的动作或动作集删除。

【播放当前所选动作】按钮[▶]：单击此按钮可以执行当前选中的动作。

【开始记录】按钮[●]：用以录制一个新动作，当处于录制状态时，该按钮呈红色。

【停止播放/记录】按钮[■]：只有当录制动作按钮被按下时，该按钮才可以使用，单击此按钮可以停止当前的录制操作。

实训练习156 创建剪切蒙版

下面介绍如何创建剪切蒙版，其具体操作步骤如下所述。

素材	素材|Cha07|010.ai
场景	场景|Cha07|创建剪切蒙版.ai
视频	视频教学 | Cha07 |实训练习156 创建剪切蒙版.MP4

❶ 在菜单栏中选择【文件】|【打开】命令，打开随书配套资源中的素材|Cha07|009.ai文件，如图7-64所示。

图7-64 打开素材文件

❷ 在【图层】面板中选择“01”图层，在工具箱中单击【钢笔工具】[ ]，在画板中绘制一个图7-65所示的图形。

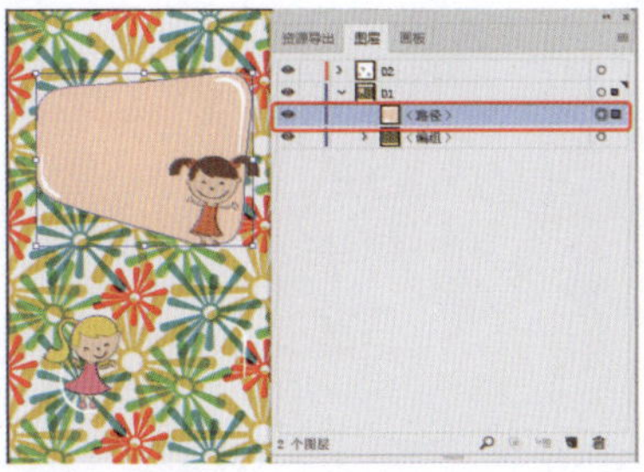

图7-65 绘制图形

❸ 在菜单栏中单击【文件】按钮，在弹出的下拉列表中选择【置入】命令，如图7-66所示。

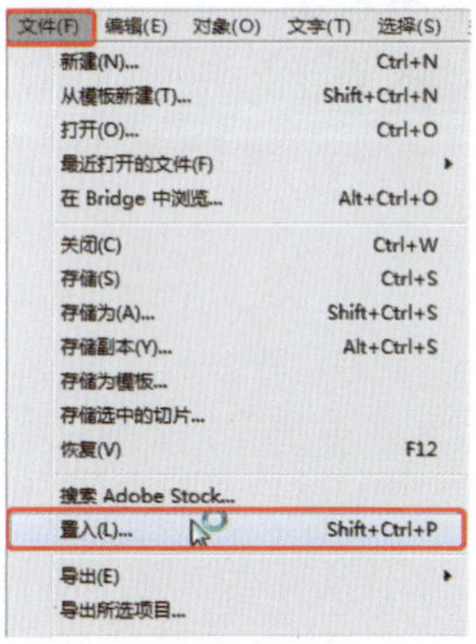

图7-66 选择【置入】命令

❹ 在弹出的对话框中选择随书配套资源中的素材|Cha07|图01.jpg素材文件，如图7-67所示。

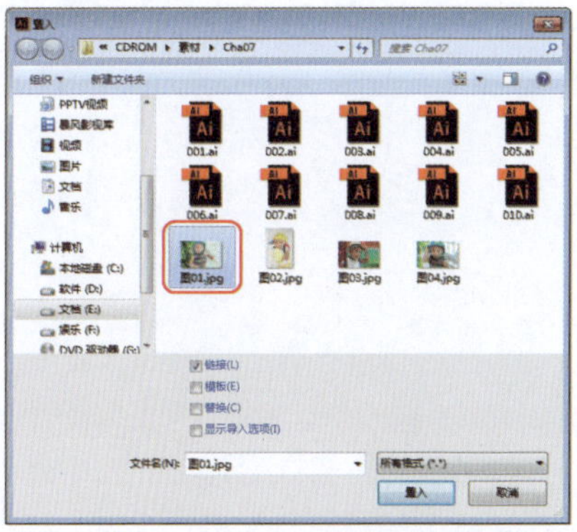

图7-67 选择素材文件

❺ 单击【置入】按钮，将选中的素材文件置入画板中，放置在画板中指定的位置，单击工具属性栏中的【嵌入】按钮，在画板中调整素材文件的大小，如图7-68所示。

图7-68　调整素材文件

❻ 在【图层】面板中选择图像图层，按住鼠标将其拖拽至【路径】图层的下方，如图7-69所示。

图7-69　调整图层顺序

❼ 在画板中按住Shift键并选择图像及绘制的图形，单击鼠标右键，在弹出的快捷菜单中选择【建立剪切蒙版】命令，如图7-70所示。

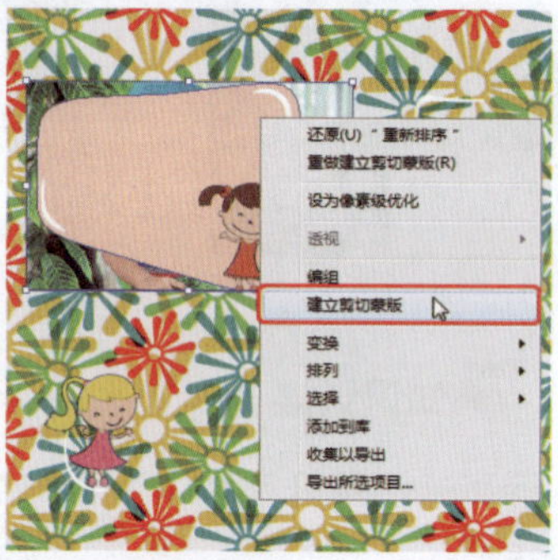

图7-70　选择【建立剪切蒙版】命令

❽ 执行该操作后，即可建立剪切蒙版，效果如图7-71所示。

图7-71　建立剪切蒙版后的效果

❾ 使用相同的方法建立其他的剪切蒙版，效果如图7-72所示。

图7-72　建立其他剪切蒙版后的效果

❿ 在画板中选择四个剪切蒙版，按Ctrl+F10组合键打开【描边】面板，将【粗细】设置为6pt，将描边颜色设置为白色，如图7-73所示。

图7-73　添加描边后的效果

第8章 符号与图表

通过使用符号工具和图表工具，可以绘制各种符号和创建多种图表，能够明显地提高工作效率。本章将介绍符号、图表工具以及修改图表数据及类型等内容。

实训练习157 置入符号

在Illustrator CC 2017中创建的任何作品，无论是绘制的元素，还是文本、图像等，都可以保存成一个符号，在文档中可重复地使用。定义和使用它们都非常简单，通过一个符号面板就可以实现对符号的所有控制。每个符号实例都与【符号】面板或符号库中的符号链接。不仅容易对变化进行管理又可以显著减小文件大小，重新定义一个符号时，所有用到这个符号的案例都可以自动更新成新定义的符号。下面将介绍如何置入符号，具体的操作步骤如下所述。

素材	素材|Cha08|001.ai
场景	无
视频	视频教学 | Cha08 |实训练习157 置入符号.MP4

❶ 在菜单栏中打开【文件】|【打开】菜单命令，打开随书配套资源中的素材|Cha08|001.ai，效果如图8-1所示。

图8-1 打开素材文件

❷ 按Shift+Ctrl+F11组合键打开【符号】面板，在该面板中选择“莲花”符号，在该面板中单击【置入符号实例】按钮，如图8-2所示。

图8-2 选择符号

❸ 执行该操作后，即可将选中的符号置入到画板中，在画板中调整符号的位置，调整后的效果如图8-3所示。

图8-3 插入符号并调整后的效果

知识链接

如果用户需要在Illustrator CC 2017中创建符号，可通过【符号】面板来创建，在菜单栏中选择【窗口】|【符号】命令，如图8-4所示。按Shift+Ctrl+F11组合键，执行该操作后也可打开【符号】面板。

1.【符号】面板

在【符号】面板中单击其右上角的按钮，在弹出的下拉菜单中可以选择视图的显示方式，包括【缩览图视图】【小列表视图】【大列表视图】三种显示方式，其中【缩览图视图】是指只显示缩览图，【小列表视图】是指显示带有小缩览图及名称的列表，【大列表视图】是指显示带有大缩览图及名称的列表，更改显示方式后的效果如图8-5所示。

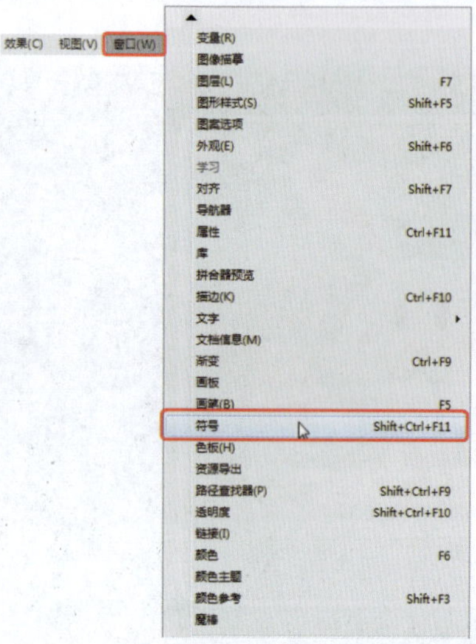

图8-4　选择【符号】命令

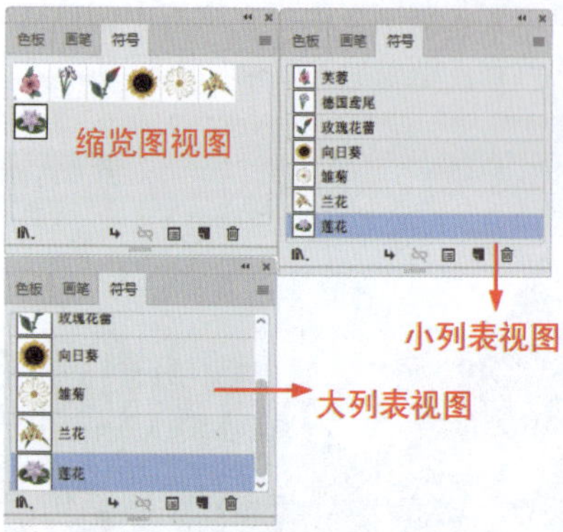

图8-5　不同显示方式的效果

2. 替换符号

在Illustrator CC 2017中，可以根据需要将置入的符号进行替换，其具体操作步骤如下所述。

(1) 在画板中选择要替换的符号，在【符号】面板中选择一个新的符号，如图8-6所示。

图8-6　【符号】面板

(2) 单击【符号】面板右上角的☰按钮，在弹出的下拉菜单中选择【替换符号】命令，如图8-7所示。

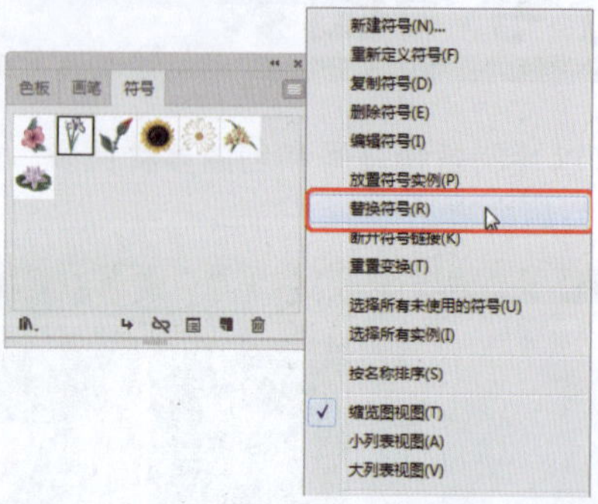

图8-7　选择【替换符号】命令

(3) 执行该操作后即可将选中的符号进行替换，替换后的效果如图8-8所示。

图8-8　替换符号后的效果

实训练习158　修改符号

在Illustrator CC 2017中，读者可以对置入画板中的符号进行修改，例如缩放比例、旋转等，还可以重新定义该符号，下面将介绍如何修改符号，其具体操作步骤如下所述。

素材	无
场景	无
视频	视频教学 | Cha08 |实训练习158 修改符号.MP4

❶ 在画板中选择要修改的符号，如图8-9所示。

图8-9　选择要进行修改的符号

❷ 在【符号】面板单击【断开符号链接】按钮，断开页面上的符号与【符号】面板中对应的链接，如图8-10所示。

图8-10　断开符号链接

❸ 按Shift+Ctrl+G组合键，取消编组，在工具箱中单击【选择工具】按钮，按住Shift键，在画板中选择图8-11所示的对象。

图8-11　选择取消编组后的对象

❹ 按Delete键将选中的对象删除，删除后的效果如图8-12所示。

图8-12　修改符号后的效果

❺ 按住Shift键，选择剩余的对象，按Ctrl+G组合键将其编组，单击【符号】面板右上角的☰按钮，在弹出的下拉菜单中可以选择【重新定义符号】命令，如图8-13所示。

图8-13 选择【重新定义符号】命令

❻ 执行该操作后，即可完成对符号的修改，其效果如图8-14所示。

图8-14 修改符号后的效果

提 示

按住Alt键将修改的符号拖拽到【符号】面板中旧符号的顶部，也可将该符号在【符号】面板中重新定义，并在当前文件中更新。

实训练习159 新建符号

在Illustrator CC 2017中，读者可以根据需要创建一个新的符号，其具体操作步骤如下所述。

素材	素材|Cha08|002.ai
场景	无
视频	视频教学 | Cha08 |实训练习159　新建符号.MP4

❶ 在菜单栏中打开【文件】|【打开】菜单命令，打开随书配套资源中的素材|Cha08|002.ai，效果如图8-15所示。

图8-15 打开素材文件

❷ 在工具箱中单击【选择工具】▶，在画板中选择图8-16所示的对象。

图8-16 选择对象

❸ 打开【符号】面板，单击【符号】面板右上角的☰按钮，在弹出的下拉菜单中可以选择【新建符号】命令，如图8-17所示。

图8-17 选择【新建符号】命令

❹ 在弹出的对话框中将【名称】设置为“海星”，将【类型】设置为【图形】，如图8-18所示。

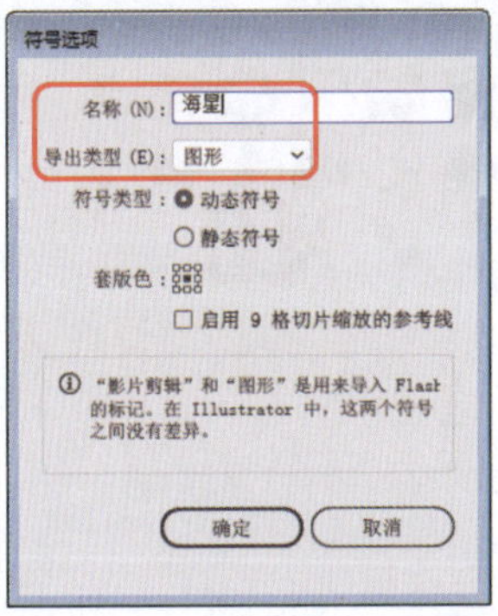

图8-18 设置符号名称及类型

❺ 设置完成后，单击【确定】按钮，即可新建符号，如图8-19所示。

图8-19 新建的符号

知识链接

在Illustrator CC 2017中，可以对【符号】面板中的符号进行复制，下面将介绍如何对符号进行复制，其具体操作步骤如下所述。

(1) 在【符号】面板中选择要复制的符号，单击【符号】面板右上角的☰按钮，在弹出的下拉菜单中选择【复制符号】命令，如图8-20所示。

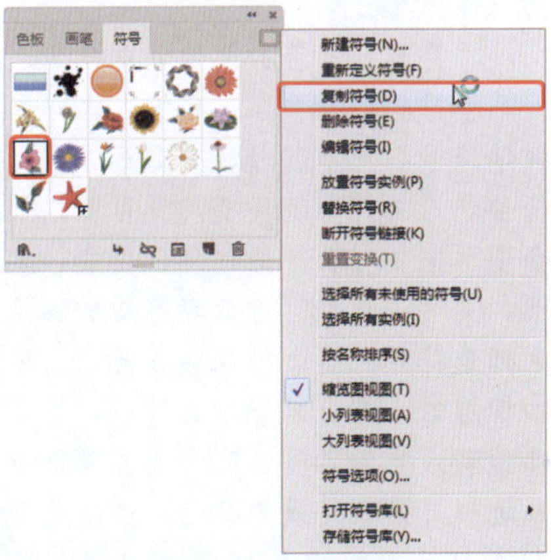

图8-20 选择【复制符号】命令

(2) 执行该操作后即可复制选中的符号，如图8-21所示。

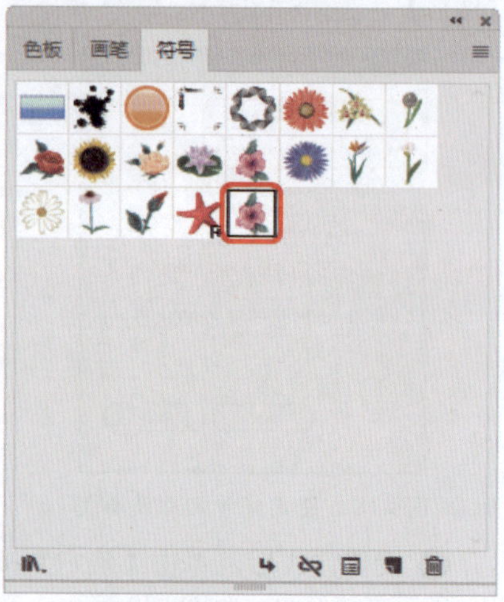

图8-21　复制符号的效果

知识链接

符号是人们共同约定用来指称某一对象的标志物，它可以包括以任何形式通过感觉来显示其意义的全部现象。在这些现象中某种可以感觉的东西就是对象及其意义的体现者。

符号与被反映物之间的这种联系是通过意义来实现的。符号总是具有意义的符号，意义也总是以一定符号形式来表现的。符号的建构作用就是在知觉符号与其意义之间建立联系，并把这种联系呈现出来。

符号是信息的外在形式或物质载体，是信息表达和传播中不可缺少的一种基本要素。符号通常可分成语言符号和非语言符号两大类，这两大符号在传播过程中通常是结合在一起的。无论是语言符号还是非语言符号，在人类社会传播中都能起到指代功能和交流功能。

“符号”是符号学的基本概念之一。符号一般指文字、语言、电码、数学符号、化学符号、交通标志等。符号学里的符号范围要广泛得多，社会生活中如打招呼的动作、仪式、游戏、文学、艺术、神话等等的构成要素都是符号。总之，能够作为某一事物标志的，都有可能称为符号。符号伴随着人类的各种活动。在各种符号系统中，语言是最重要的，也是最复杂的符号系统。语言学家索绪尔认为，一个符号包括了两个不可分割的组成部份，能指（即语言的一套表述语音或一套印刷，书写记号）和所指（即作为符号含义的概念或观念）。语词符号是“任意性”的，除了拟声法构词之外，语词的能指和它的所指之间没有固定的天然联系。符号论美学家卡西尔认为，“艺术可以被定义为一种符号语言”，是思想、感情的形式符号语言。每一个艺术形象都可以说是一个有特定涵义的符号或符号体系。为了理解艺术作品，必须理解艺术形象。

实训练习160　符号喷枪工具

下面将介绍如何使用【符号喷枪工具】，其具体操作步骤如下所述。

素材	素材|Cha08|003.ai
场景	无
视频	视频教学 | Cha08 |实训练习160 符号喷枪工具.MP4

❶ 在菜单栏中打开【文件】|【打开】菜单命令，打开随书配套资源中的素材|Cha08|003.ai，效果如图8-22所示。

图8-22　打开素材文件

❷ 在工具箱中单击【符号喷枪工具】，在【符号】面板中选择【雏菊】符号，在画板中单击鼠标创建一个符号，如图8-23所示。

图8-23　使用符号喷枪工具创建符号

❸ 使用【符号喷枪工具】再在画板中创建其他符号，创建完成后的效果如图8-24所示。

图8-24　创建其他符号

知识链接

在工具箱中单击【符号喷枪工具】，并按住鼠标不放，即可显示所有符号工具，如图8-25所示。工具箱列表包括【符号喷枪工具】【符号移位器工具】【符号紧缩器工具】【符号缩放器工具】【符号旋转器工具】【符号着色器工具】【符号滤色器工具】【符号样式器工具】。

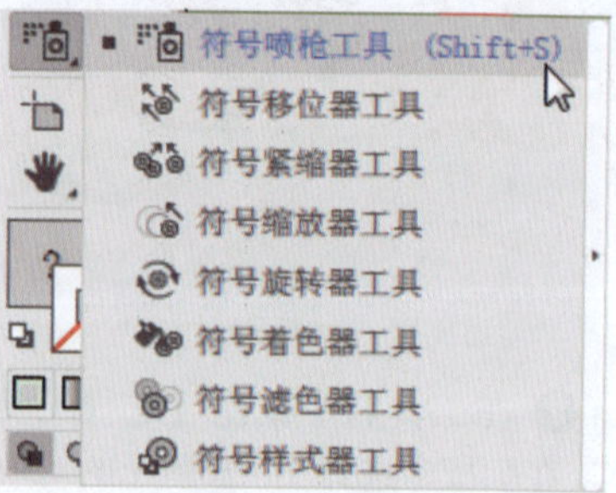

图8-25　工具箱列表

当在工具箱中双击任意一个符号工具都会弹出【符号工具选项】对话框，如图8-26所示。读者可以在该对话框中设置【直径】【强度】等，【直径】【强度】和【符号组密度】作为常规选项出现在对话框顶部，与所选的符号工具无关。特定工具的选项则出现在对话框底部。单击对话框中的工具图标，可以切换到另外一个工具选项。该对话框中各个选项的功能如下所述。

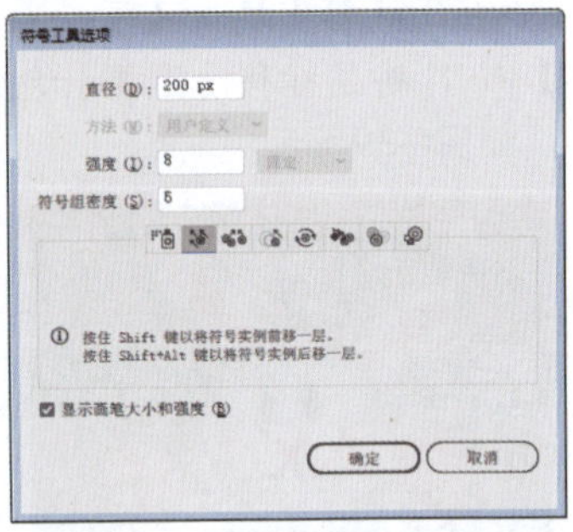

图8-26 【符号工具选项】对话框

【直径】：用于设置喷射工具的直径。

【方法】：指定【符号紧缩器工具】【符号缩放器工具】【符号旋转器工具】【符号着色器工具】【符号滤色器工具】和【符号样式器工具】，调整符号实例的方式，包括平均、用户定义和随机3种。选择【用户定义】后，将根据光标位置逐步调整符号。选择【随机】后，将在光标下的区域随机修改符号。选择【平均】后，将逐步平滑符号值。

【强度】：用来调整喷射工具的喷射量，数值越大，单位时间内喷射的符号数量就越大。

【符号组密度】：指页面上的符号堆积密度，数值越大，符号的堆积密度也就越大。

【符号喷枪选项】：仅选择【符号喷枪工具】时，符号喷枪选项(【紧缩】【大小】【旋转】【滤色】【染色】和【样式】)才会显示在【符号工具选项】对话框中的常规选项下，并控制新符号实例添加到符号集的方式。每个选项提供【平均】和【用户定义】两个选择。

【平均】：添加一个新符号，具有画笔半径内现有符号实例的平均值。如添加到平均现有符号实例为50%透明度区域的实例将为50%透明度；添加到没有实例的区域的实例将为不透明。

【用户定义】：为每个参数应用特定的预设值。【紧缩】(密度)预设为基于原始符号大小；【大小】预设为使用原始符号大小；【旋转】预设为使用鼠标方向(如果鼠标不移动则没有方向)；【滤色】预设为使用100%不透明度；【染色】预设为使用当前填充颜色和完整色调量；【样式】预设为使用当前样式。

【显示画笔大小和强度】：选中【显示画笔大小和强度】复选框，使用工具时可显示大小。

1. 符号移位器工具

在Illustrator CC 2017中，用户可以使用【符号位移器工具】对符号进行移动，其具体操作步骤如下所述。

(1) 继续上面的操作，在工具箱中单击【选择工具】，在画板中选择要移动的符号，再在工具箱中单击【符号移位器工具】，将鼠标移动至移动的符号上，如图8-27所示。

图8-27 选择要移动的符号

(2) 按住鼠标对其进行拖动，将其拖拽至合适的位置，并释放鼠标，即可移动该符号的位置，效果如图8-28所示。

图8-28 移动符号后的效果

2. 符号紧缩器工具

【符号紧缩器工具】可以将多个符号进行收缩或扩展，下面将介绍【符号紧缩器工具】，其具体操作步骤如下所述。

(1) 继续上面的操作，在工具箱中单击【符号紧缩器工具】，在画板中选择要进行紧缩的符号，如图8-29所示。

图8-29 选择要进行紧缩的符号

(2) 在画板中按住Alt键，单击鼠标向外进行拖动，即可完成符号的紧缩，如图8-30所示。

图8-30 紧缩符号后的效果

3. 符号缩放器工具

在Illustrator CC 2017中，可以使用【符号缩放器工具】在页面中调整符号的大小，其具体操作步骤如下所述。

(1) 继续上面的操作，在工具箱中双击【符号缩放器工具】，在弹出的对话框中勾选【等比缩放】复选框，如图8-31所示。

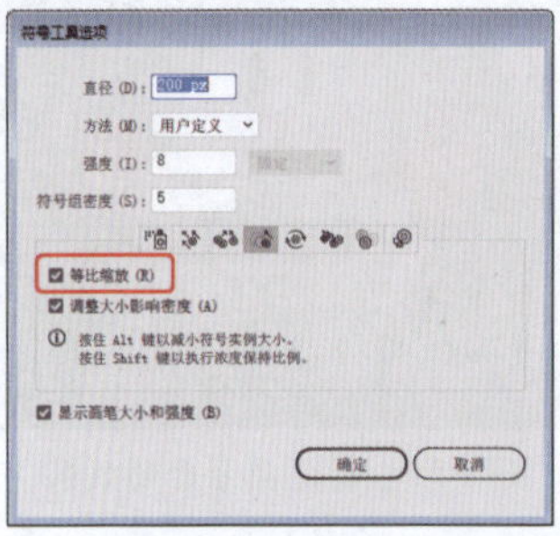

图8-31 勾选【等比缩放】复选框

(2) 设置完成后，单击【确定】按钮，在需要放大的符号上按住鼠标左键不放，可以将符号放大，如图8-32所示。若持续地按住鼠标，时间越长，符号就会放得越大。

图8-32 放大符号后的效果

(3) 按住Alt键并单击鼠标左键可以使符号缩小。按照需求调整符号的大小，效果如图8-33所示。

图8-33 缩放符号后的效果

4. 符号旋转器工具

在Illustrator CC 2017中，可以使用【符号旋转器工具】对符号进行旋转，其具体操作步骤如下所述。

(1) 继续上面的操作，在【符号】面板中选择【鸟蛛】，在工具箱中单击【符号喷枪工具】，在画板中创建一个符号，如图8-34所示。

图8-34 创建符号后的效果

(2) 在工具箱中单击【符号旋转器工具】，在符号上单击并按住鼠标进行拖动，可以看到符号上出现箭头形的方向线，随鼠标的移动而改变，如图8-35所示。

图8-35 移动鼠标调整方向

(3) 将鸟蛛拖拽至适当的方向释放鼠标，改变方向后的效果如图8-36所示。

图8-36 改变方向后的效果

5. 符号着色器工具

在Illustrator CC 2017中，用户不但可以添加符号，还可以为符号改变颜色，下面将介绍如何为符号改变颜色，其具体操作步骤如下所述。

(1) 继续上面的操作，按F6键打开【颜色】面板，在该面板中单击其右上角的按钮，在弹出的下拉菜单中可以选择【显示选项】命令，如图8-37所示。

图8-37 选择【显示选项】命令

(2) 在【颜色】面板中将RGB值都设置为255，如图8-38所示。

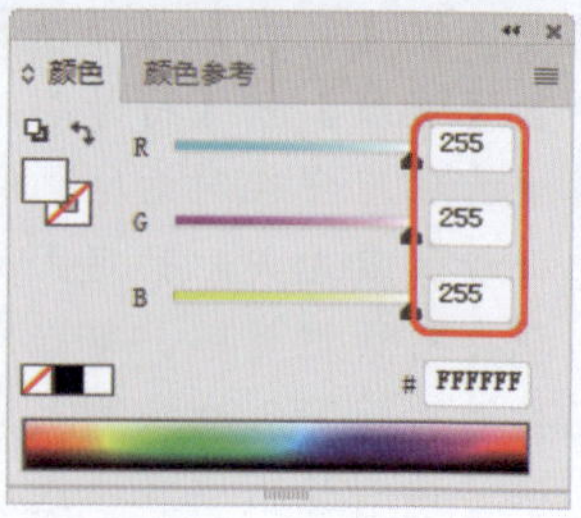

图8-38 设置颜色

(3) 在工具箱中单击【符号着色器工具】，将鼠标移动至要着色的符号上，如图8-39所示。

图8-39 选择要着色的符号

(4)单击鼠标即可改变该符号的颜色，其效果如图8-40所示。

图8-40 符号着色后的效果

6. 符号滤色器工具

下面介绍如何使用【符号滤色器工具】改变符号的透明度，其具体操作步骤如下所述。

(1) 继续上面的操作，在工具箱中单击【符号滤色器工具】，将光标移至符号上，如图8-41所示。

图8-41 选择符号

(2) 单击鼠标，可以看到符号变得透明，如图8-42所示，持续按住鼠标，符号的透明度会增大。

图8-42 符号透明后的效果

7. 符号样式器工具

下面将介绍如何使用【符号样式器工具】对符号添加图形样式效果，其具体操作步骤如下所述。

(1) 继续上面的操作，按Shift+F5组合键，即可打开【图形样式】面板，在该面板中选择一种样式，在此选择【实时对称X】，如图8-43所示。

图8-43 选择【实时对称X】

(2) 在工具箱中单击【符号样式器工具】，将鼠标移至要添加样式的符号上，单击鼠标即可为该符号添加样式，如图8-44所示。

图8-44 对称后的效果

实训练习161 图表工具

图表作为一种比较形象、直观的表达形式，不仅可以表示各种数据的数量多少，还可以表示数量增减变化的情况以及部分数量同总量之间的关系等信息。通过图表，读者更容易理解枯燥的数据，更容易发现隐藏在数据背后的趋势和规律，其具体操作步骤如下所述。

素材	无
场景	无
视频	视频教学 | Cha08 |实训练习161 图表工具.MP4

❶ 新建一个空白文档，在菜单栏中单击【对象】按钮，在弹出的下拉列表中选择【图表】|【类型】命令，如图8-45所示。

图8-45 选择【类型】命令

❷ 在弹出的对话框中勾选【在顶部添加图例】复选框，如图8-46所示。

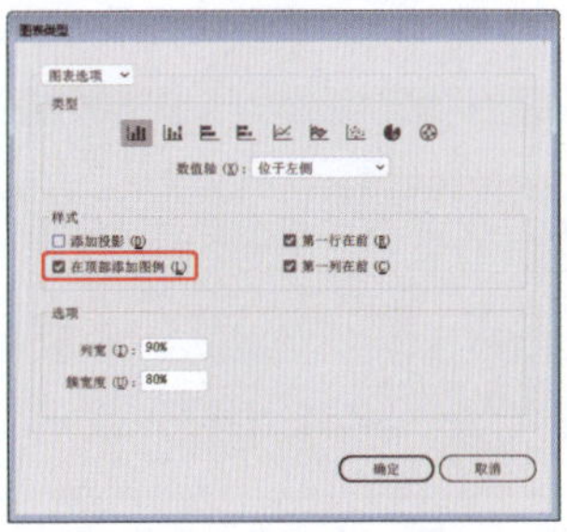

图8-46 勾选【在顶部添加图例】复选框

❸ 设置完成后，单击【确定】按钮，在工具箱中单击【柱形图工具】，在画板中拖拽鼠标，绘制一个柱形图，如图8-47所示。

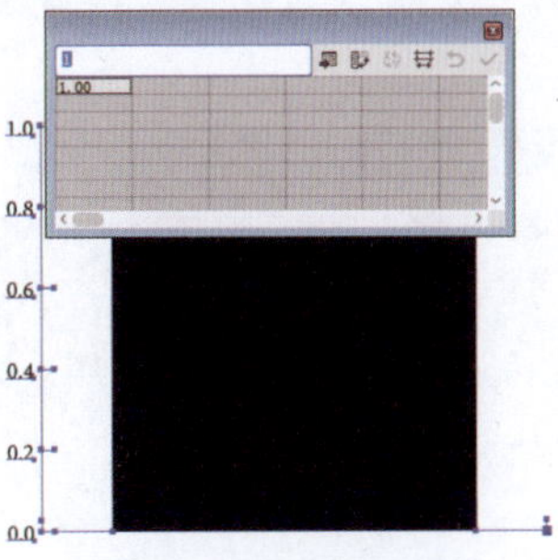

图8-47 创建柱形图

❹ 输入相应的数据，即可完成柱形图的创建，效果如图8-48所示。

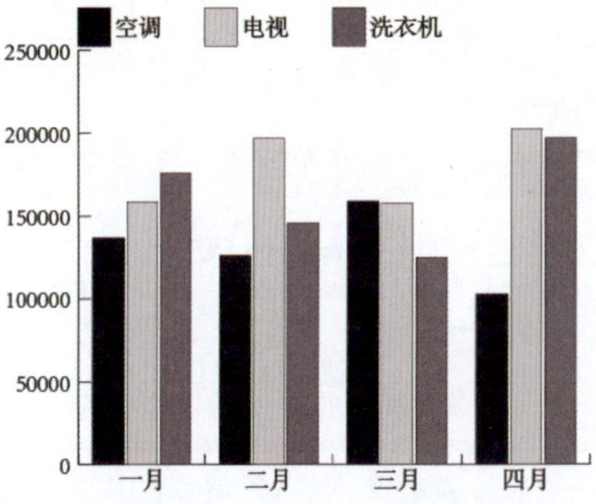

图8-48 柱形图的效果

知识链接

对话框中各个选项的功能如下所述。

【导入数据】按钮：单击该按扭可以弹出【导入图表数据】对话框，在对话框中可以导入其他软件创建的数据作为图表的数据。

【换位行/列】按钮：单击该按钮，可以转换行与列中的数据。

【切换x/y】按钮：该按钮只有在创建散点图表时才可用，单击该按钮，可以对调X轴和Y轴的位置。

【单元格样式】按钮：单击该按钮可以弹出【单元格样式】对话框，可以在该对话框中设置【小数位数】和【列宽度】。

【恢复】按钮：单击该按钮，可将修改的数据恢复到初始状态。

【应用】按钮：输入完数据后，单击该按钮，即可创建图表。

除了上述柱形图外，还可以根据需要创建其他图表，下面对其进行简单的介绍。

1. 堆积柱形图工具

堆积柱形图与柱形图有些类似，

堆积柱形图是指将柱形堆积起来，这种图表适用于表示部分和总体的关系。下面将介绍堆积柱形图的创建方法，其具体操作步骤如下所述。

(1) 在工具箱中单击【堆积柱形图工具】，在画板中按住鼠标进行拖动。

(2) 在弹出的对话框中选择第1行的第1个单元格中的数据，按Delete键删除，删除该单元格内容可以让Illustrator为图表生成图列，然后单击第1行第1个单元格，输入“材料名称”，按Tab键到该行下一列单元格，继续输入“每月用量”“采购数量”“最高存量”“平均存量”，如图8-49所示。

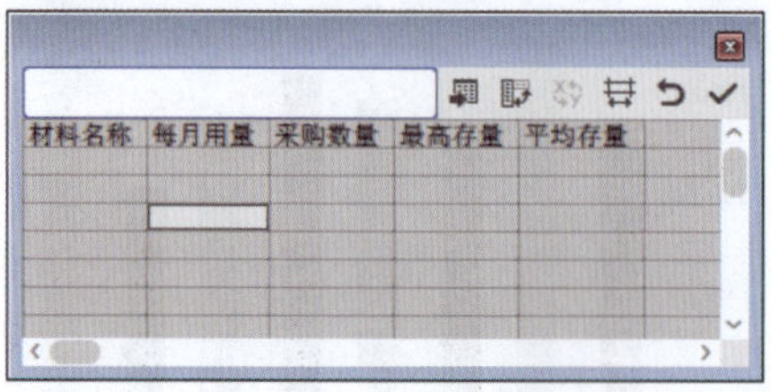

图8-49 输入图例名称

(3) 在第2行的第1个单元格中输入“M001”，接着在第2行第2列输入数据，将第2行的数据全部输完，如图8-50所示。

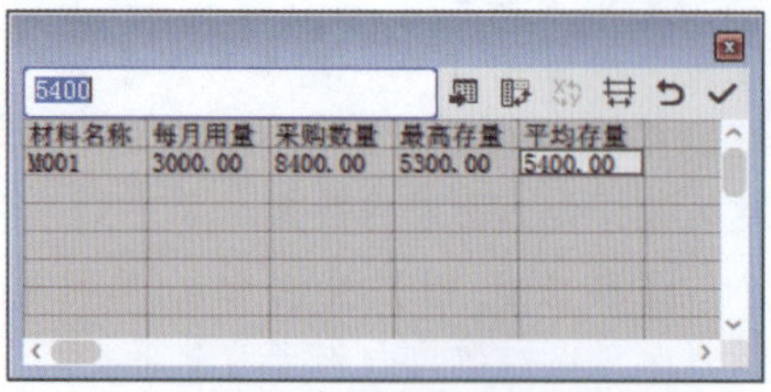

图8-50 输入数据

(4) 使用同样的方法输入其他数据，如图8-51所示。

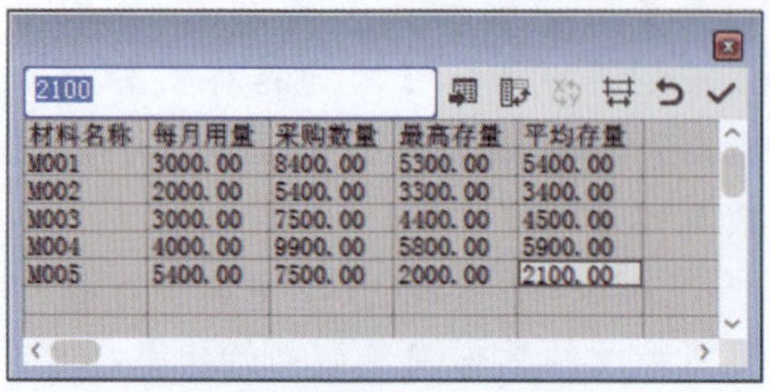

图8-51 输入其他数据

(5) 输入完成后，单击【应用】按钮，即可完成堆积柱形图的创建，如图8-52所示。

2. 条形图工具

在Illustrator CC 2017中，条形图与柱形图有些相似，但唯一不同的是条形图是水平放置的，而柱形图是垂直放置的。

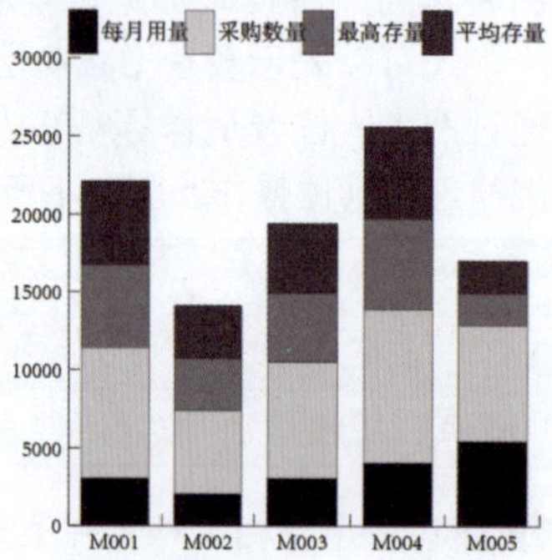

图8-52 堆积柱形图的效果

下面介绍如何创建条形图，其具体操作步骤如下所述。

(1) 在菜单栏中选择【文件】|【新建】命令，新建一个文件，然后单击工具箱中的【条形图工具】，在画板中按住鼠标左键进行拖动，拖出一个矩形。

(2) 在弹出的对话框中选择第1行的第1个单元格中的数据，按Delete键删除，删除该单元格内容可以让Illustrator为图表生成图列，然后单击第1行第1个单元格，输入“姓名”，按Tab键到该行下一列单元格，继续输入“语文”“数学”“英语”“政治”“历史”“地理”，如图8-53所示。

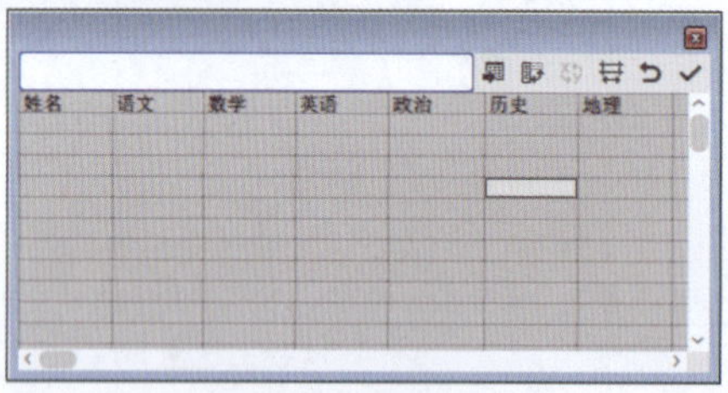

图8-53 输入图例

(3) 在第2行的第1个单元格中输入“李亮”，接着在第2行第2列输入数据，将第2行的数据全部输完，按Enter键转到第3行第1个单元格，使用同样的方法输入其他数据，如图8-54所示。

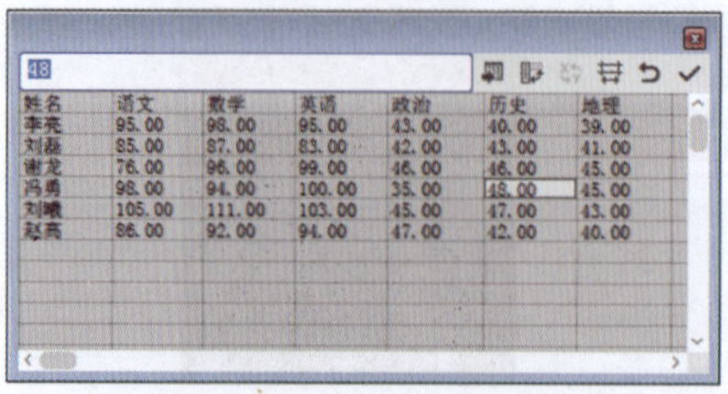

图8-54 输入其他数据

(4) 输入完成后，在该对话框中单击【应用】按钮 即可完成条形图的创建，其效果如图8-55所示。

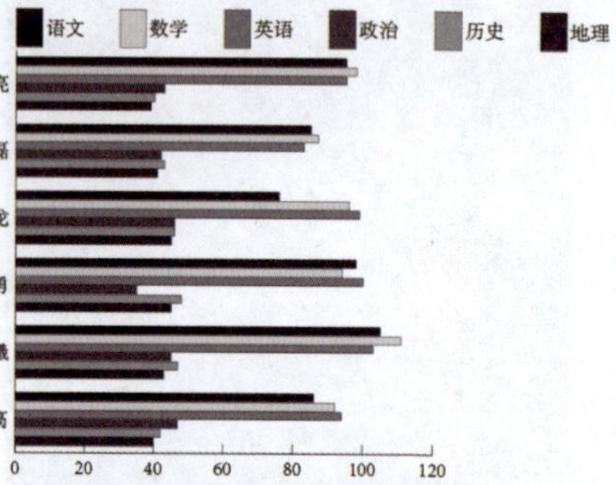

图8-55 条形图的效果

3. 堆积条形图工具

下面介绍如何创建堆积条形图，其具体操作步骤如下所述。

(1) 在菜单栏中选择【文件】|【新建】命令，新建一个文件，然后单击工具箱中的【堆积条形图工具】，在画板中按住鼠标左键进行拖动，拖出一个矩形。输入相应的数据，如图8-56所示。

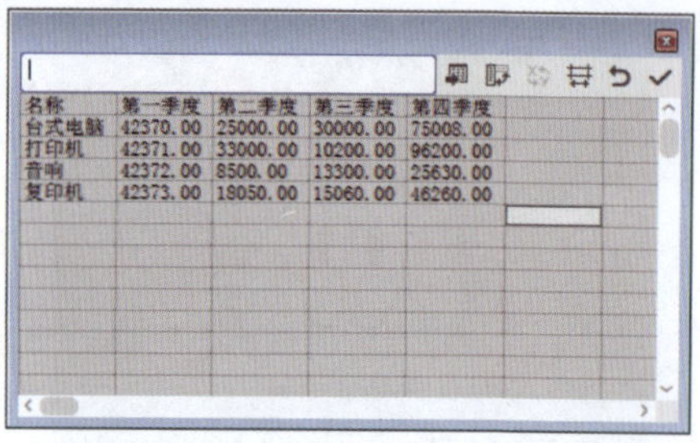

图8-56 输入数据

(2) 输入完成后，在该对话框中单击【应用】按钮即可完成堆积条形图的创建，其效果如图8-57所示。

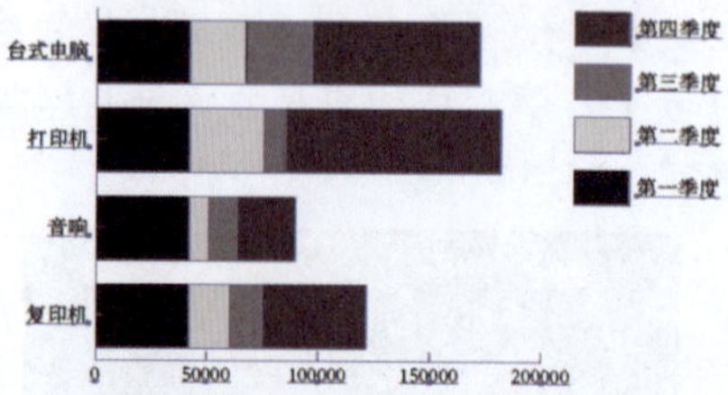

图8-57 堆积条形图的效果

4. 折线图工具

在Illustrator CC 2017中，【折线图工具】用于创建折线图，折线图使用点来表示一组或多组数据，并且将每组中的点用不同的线段连接起来。这种图表类型常用于表示一段时间内一个或多个事物的变化趋势，例如可以用来制作股市行情图等，其具体操作步骤如下所述。

(1) 在菜单栏中选择【文件】|【新建】命令，新建一个文件，单击工具箱中的【折线图工具】，在画板中按住鼠标左键进行拖动，拖出一个矩形。输入相应的数据，如图8-58所示。

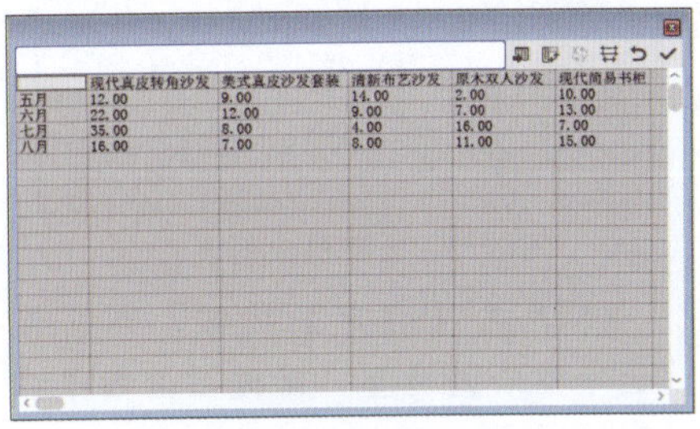

图8-58 输入数据

(2) 输入完成后，在该对话框中单击【应用】按钮即可完成折线图的创建，其效果如图8-59所示。

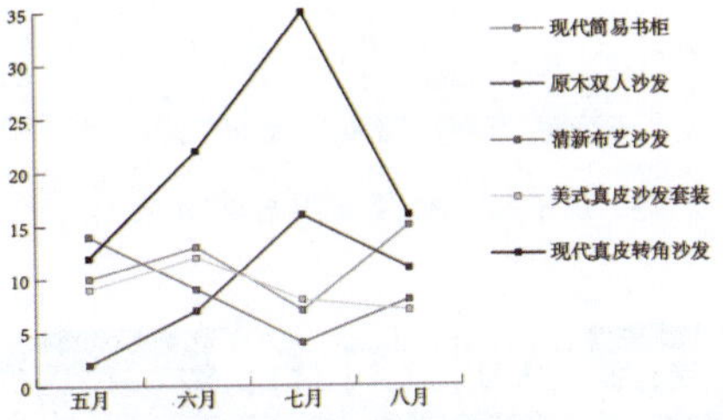

图8-59 折线图的效果

5. 面积图工具

【面积图工具】用于创建面积图。面积图主要强调数值的整体和变化情况，下面介绍如何创建面积图，其具体操作步骤如下所述。

(1) 按Ctlr+N组合键新建一个空白文档，在工具箱中单击【面积图工具】，在画板中按住鼠标左键进行拖动，拖出一个矩形。输入相应的数据，如图8-60所示。

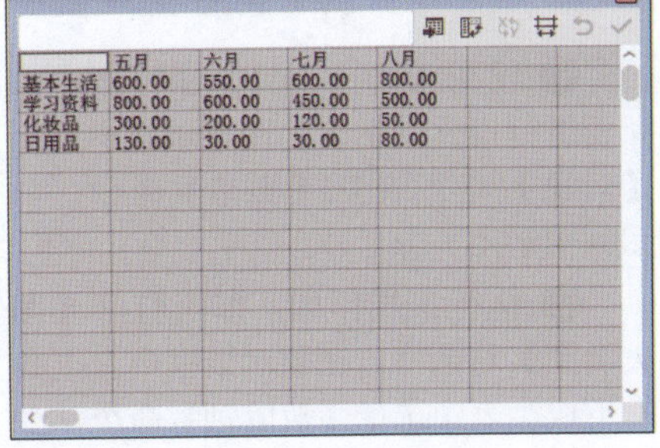

图8-60 输入数据

(2) 输入完成后，在该对话框中单击【应用】按钮即可完成面积图的创建，其效果如图8-61所示。

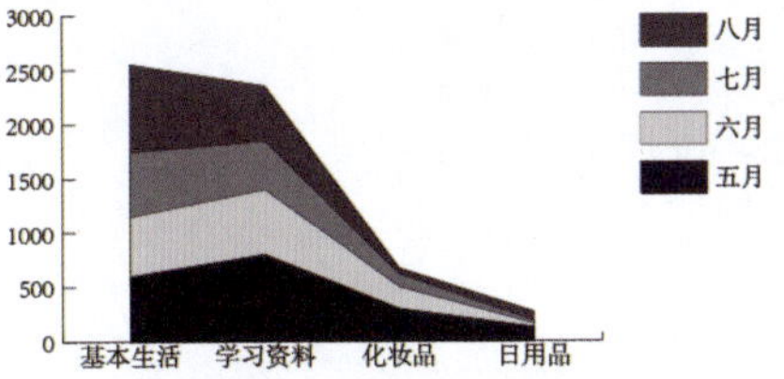

图8-61 面积图的效果

6. 散点图工具

【散点图工具】用于创建散点图。散点图沿X轴和Y轴将数据点作为成对的坐标组进行绘制，可用于识别数据中的图案和趋势，还可以表示变量是否互相影响，如果散点图是一个圆，则表示数据之间的随机性比较强，如果散点图接近直线，则表示数据之间有较强的相关性。创建散点图的具体操作步骤如下所述。

(1) 按Ctlr+N组合键新建一个空白文档，在工具箱中单击【散点图工具】，在画板中按住鼠标左键进行拖动，拖出一个矩形。输入相应的数据，如图8-62所示。

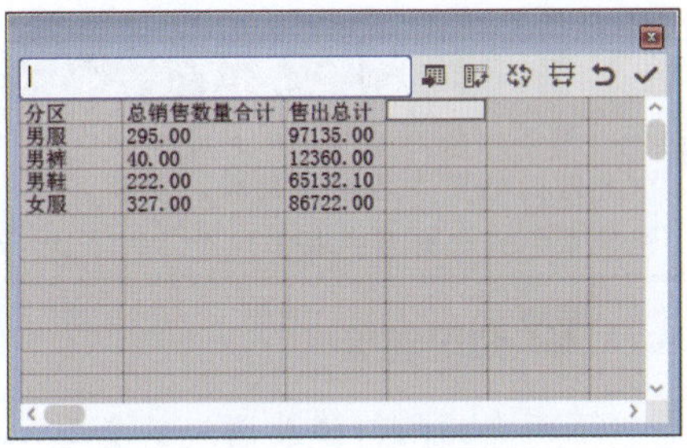

图8-62 输入相应的数据

(2) 输入完成后，在该对话框中单击【应用】按钮即可完成散点图的创建，其效果如图8-63所示。

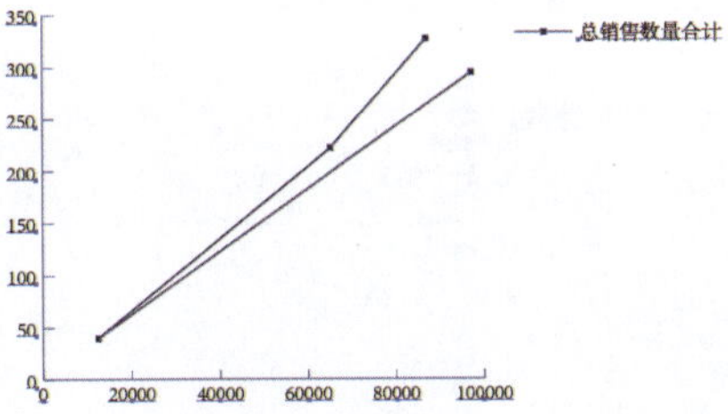

图8-63 散点图

7. 饼图工具

饼图是把一个圆划分为若干的扇形面，每个扇形面代表一项数据值，不同颜色的扇形表示所比较的数据的相对比例。创建饼图的具体操作步骤如下所述。

(1) 单击工具箱中的【饼图工具】，在画板中按住鼠标左键进行拖动，拖出一个矩形。输入相应的数据，效果如图8-64所示。

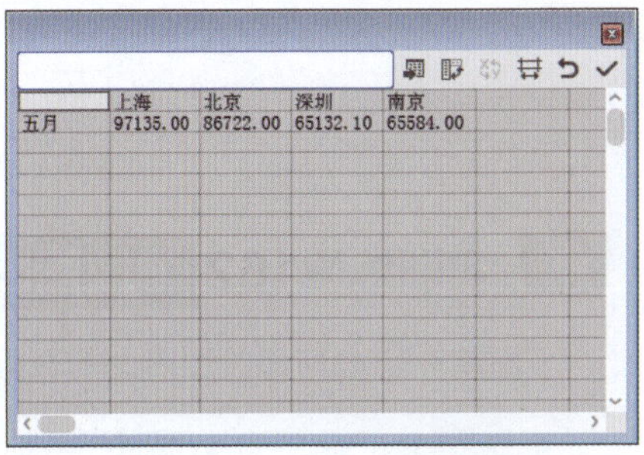

图8-64 输入相应的数据

(2) 输入完成后，在该对话框中单击【应用】按钮即可完成饼图的创建，其效果如图8-65所示。

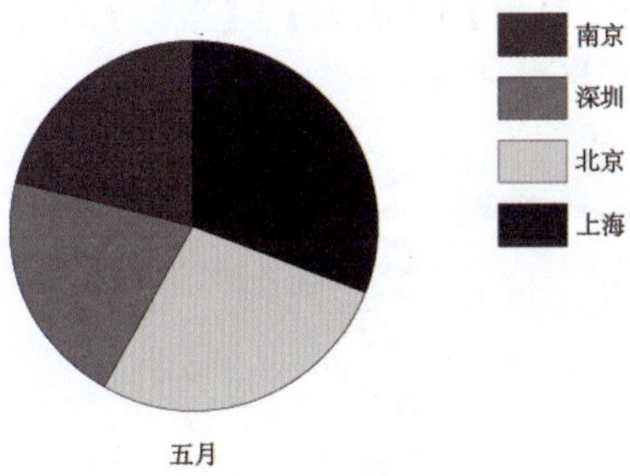

图8-65 饼图的效果

8. 雷达图工具

雷达图可以在某一特定时间点或特定数据类型上比较数值组，并以圆形格式显示出来，这种图表也称为【网状图】。下面介绍如何创建雷达图，其具体操作步骤如下所述。

(1) 按Ctlr+N组合键新建一个空白文档，在工具箱中单击【雷达图工具】，在画板中按住鼠标左键进行拖动，拖出一个矩形。输入相应的数据，如图8-66所示。

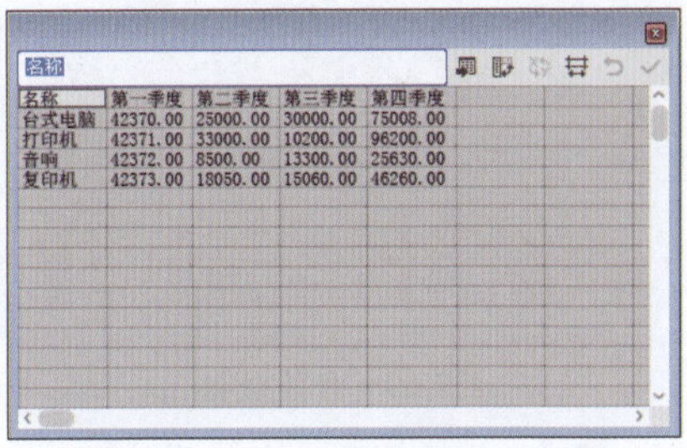

图8-66 输入相应的数据

(2) 输入完成后，在该对话框中单击

击【应用】按钮即可完成雷达图的创建，其效果如图8-67所示。

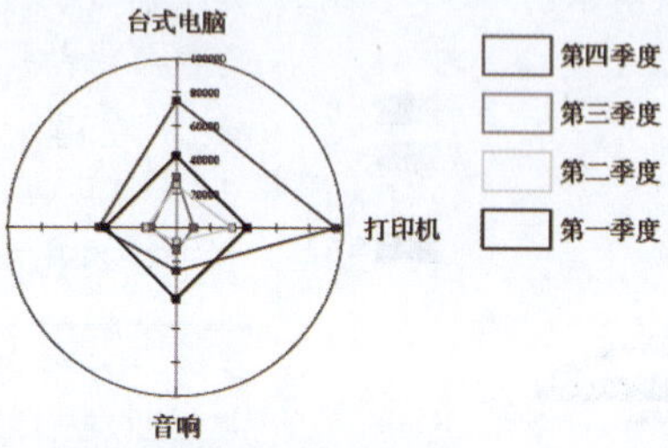

图8-67 雷达图的效果

实训练习162 修改图表数据

下面将介绍如何修改图表中的数据，其具体操作步骤如下所述。

素材	素材|Cha08|004.ai
场景	无
视频	视频教学 | Cha08 |实训练习162 修改图表数据.MP4

❶ 打开素材文件，在菜单栏中选择【对象】|【图表】|【数据】命令，如图8-68所示。

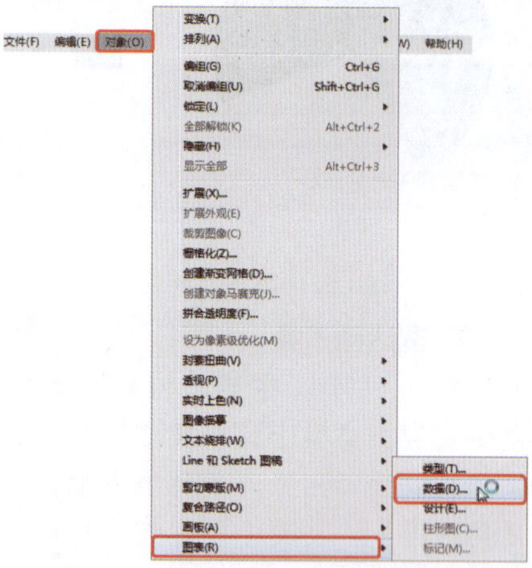

图8-68 选择【数据】命令

❷ 在弹出的对话框中选中要修改的数据格，在文本框中修改数据，如图8-69所示。

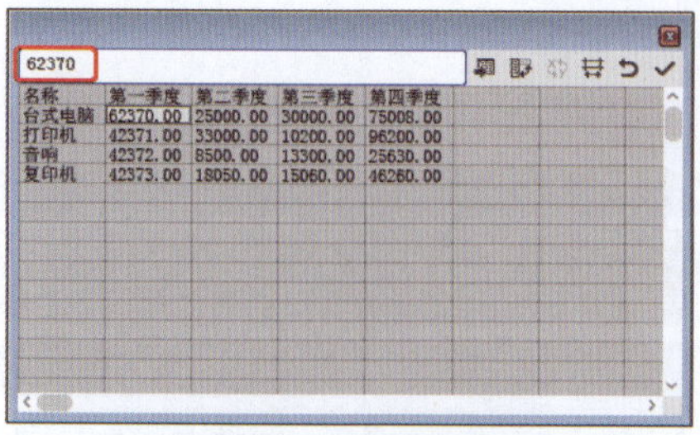
62370

名称	第一季度	第二季度	第三季度	第四季度
台式电脑	62370.00	25000.00	30000.00	75008.00
打印机	42371.00	33000.00	10200.00	96200.00
音响	42372.00	8500.00	13300.00	25630.00
复印机	42373.00	18050.00	15060.00	46260.00

图8-69 修改数据

❸ 输入完成后，单击【应用】按钮，即可对选中的图表进行修改，修改后的效果如图8-70所示。

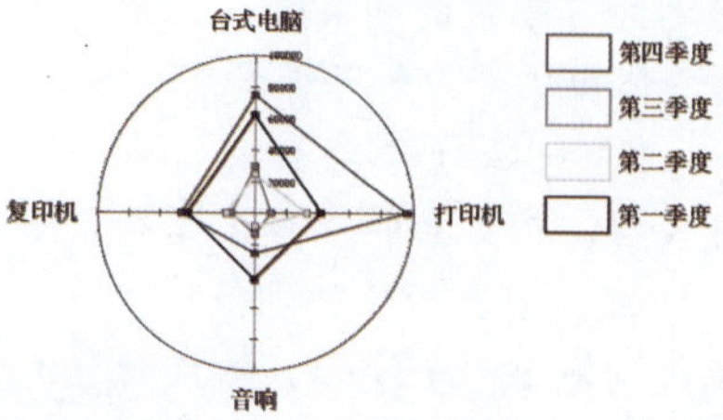

图8-70 修改后的效果

提 示

除了上述方法外，用户还可以在选中要修改的图表后单击鼠标，在弹出的快捷菜单中选择【数据】命令。

知识链接

下面介绍如何修改图表的类型，其具体操作步骤如下所述。

(1) 继续上面的操作，在画板中选择要修改的图表，在菜单栏中选择【对象】|【图表】|【类型】命令，如图8-71所示。

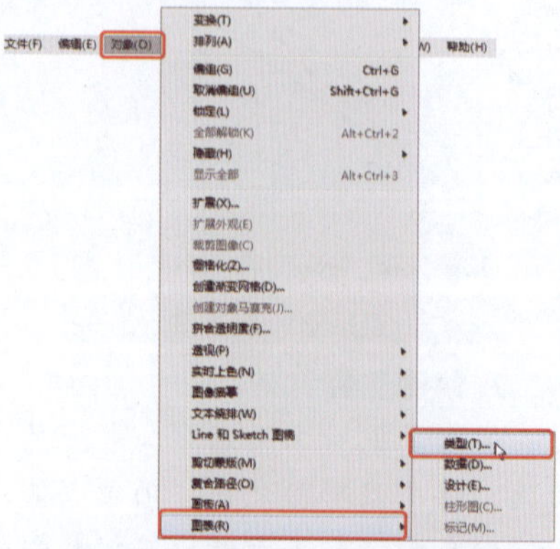

图8-71 选择【类型】命令

(2) 在弹出的对话框中单击【折线图】按钮，如图8-72所示。

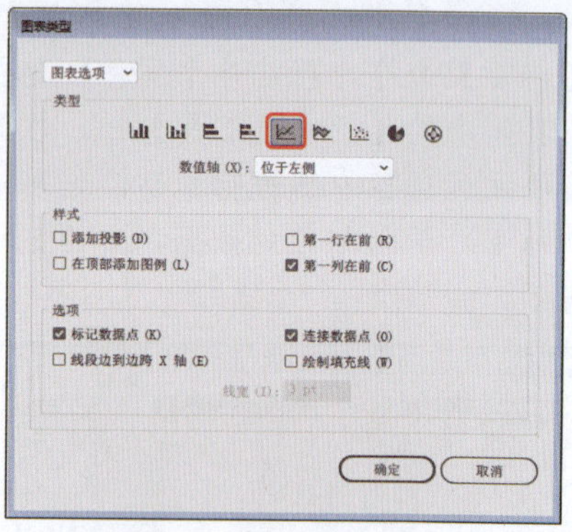

图8-72 选择修改的类型

(3)单击【确定】按钮，即可修改选中图表的类型，修改后的效果如图8-73所示。

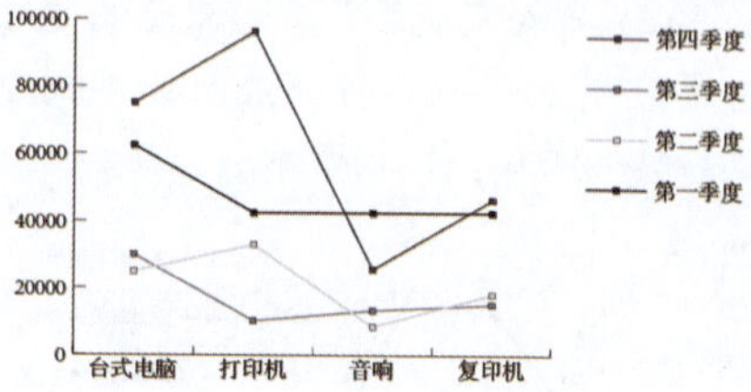

图8-73 修改类型后的效果

实训练习163 为数值轴添加标签

在Illustrator CC 2017中，读者可以根据需要在【图表类型】对话框中设置数值轴的刻度值、刻度线以及为数值轴添加标签等。下面将介绍如何为数值轴添加标签，其具体操作步骤如下所述。

素材	素材|Cha08|005.ai
场景	无
视频	视频教学 | Cha08 |实训练习150 为数值轴添加标签.MP4

❶ 使用【选择工具】在画板中选择要进行设置的图表，在菜单栏中选择【对象】|【图表】|【类型】命令，如图8-74所示。

❷ 执行该操作后，即可打开【图表类型】对话框，在该对话框中左上角的下拉类表中选择【数值轴】命令，如图8-75所示。

❸ 在【添加标签】选项组中的

【前缀】文本框中输入￥，如图8-76所示。

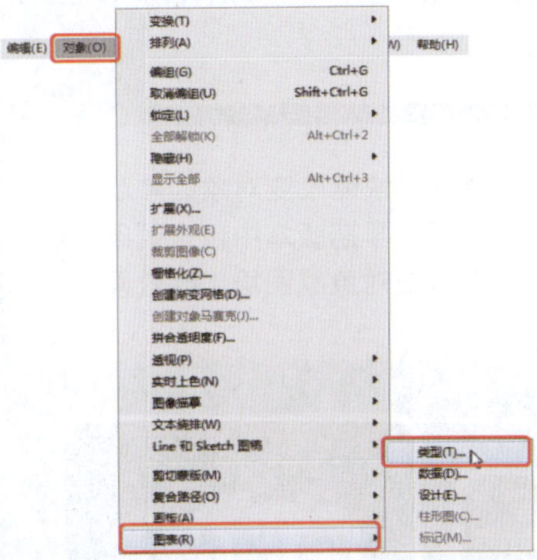

图8-74 选择【类型】命令

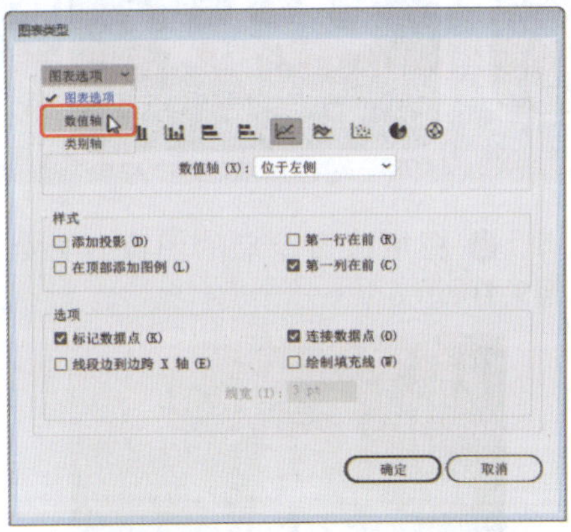

图8-75 选择【数值轴】命令

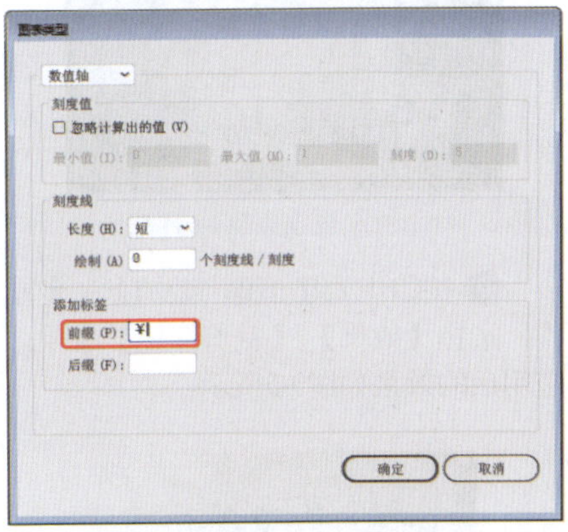

图8-76 输入前缀

❹ 设置完成后，单击【确定】按钮，完成后的效果如图8-77所示。

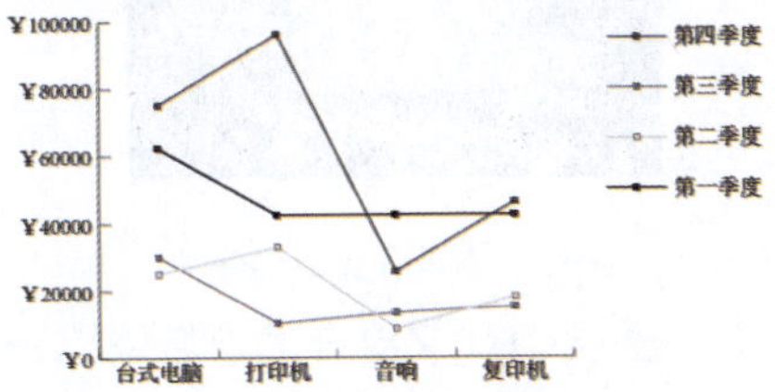

图8-77 修改后的效果

实训练习164 同一图表显示不同类型的图表

在Illustrator CC 2017中，读者可以在同一图表中同时显示不同类型，其具体操作步骤如下所述。

素材	素材|Cha08|006.ai
场景	无
视频	视频教学 | Cha08 |实训练习163 同一图表显示不同类型的图表.MP4

❶ 按Ctrl+N组合键创建一个新文档，在工具箱中单击【柱形图工具】，在画板中按住鼠标进行拖动，在弹出的对话框中输入如图8-78所示的内容。

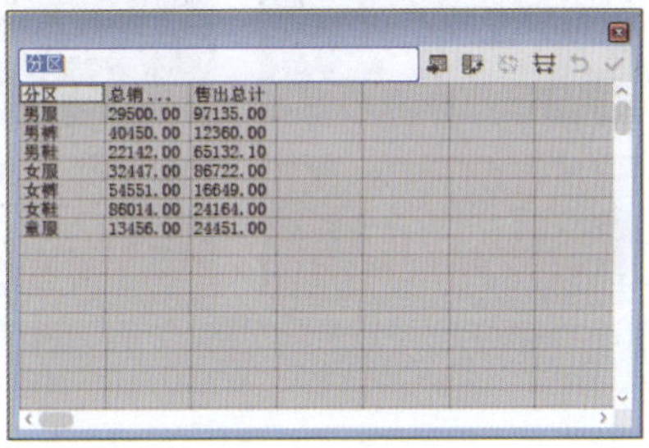

图8-78 输入数据

❷ 输入完成后，在该对话框中单击【应用】按钮 即可完成柱形图的创建，其效果如图8-79所示。

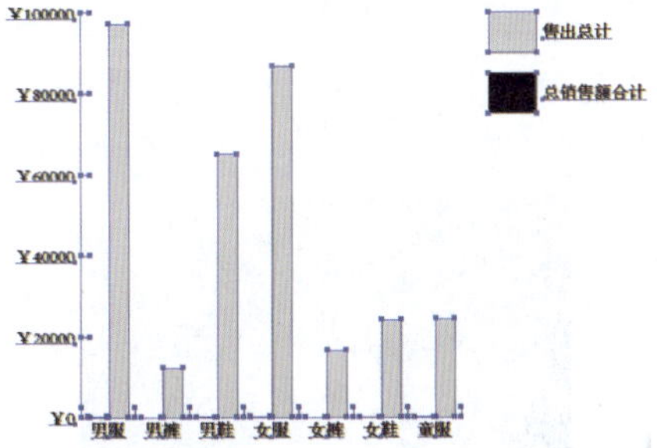

图8-79 创建图表

❸ 在空白处单击鼠标，再在工具箱中单击【编组选择工具】，在黑色颜色条上单击三次，即可选中相同颜色的颜色条和图例，图8-80所示。

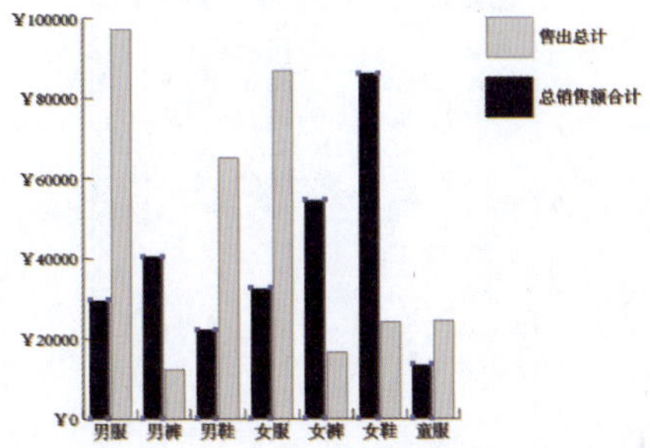

图8-80 选择图例

❹ 在菜单栏中选择【对象】|【图表】|【类型】命令，如图8-81所示。

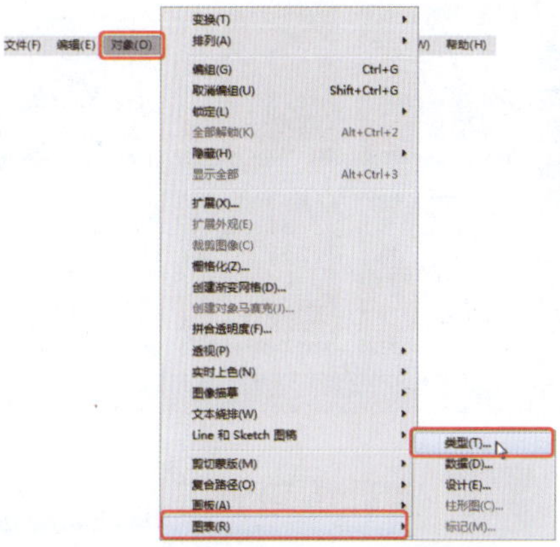

图8-81 选择【类型】命令

❺ 执行该操作后，即可打开【图表类型】对话框，在该对话框中单击【折线图】按钮，如图8-82所示。

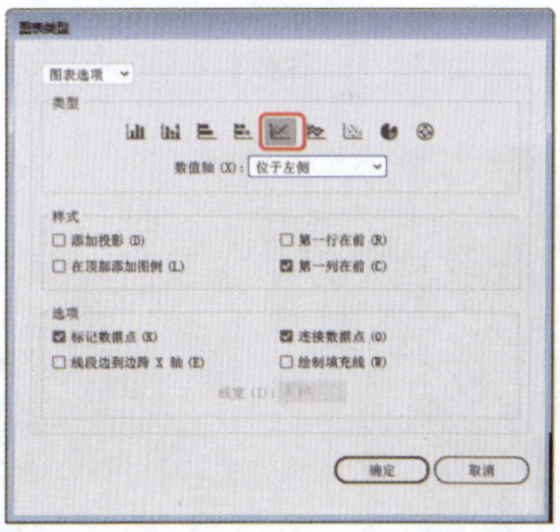

图8-82 选择【折线图】

❻ 单击完成后，单击【确定】按钮即可在一张图表中显示不同类型，效果如图8-83所示。

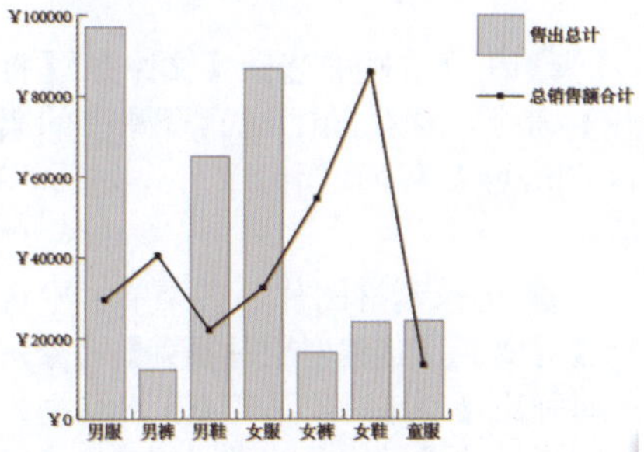

图8-83 调整后的效果

第 9 章 艺术效果和滤镜

通过Illustrator CC 2017所提供的效果命令，可以得到很多特殊的效果。效果能够快速改变对象的外观，但得到特殊效果的同时并不改变图形对象本身（即改变以后是可恢复的）。Illustrator CC早期版本中包含效果和滤镜，但现在的Illustrator中只包括效果。滤镜和效果之间的主要区别是，滤镜可永久改变对象或图层，而效果及其属性可随时被更改或删除。

实训练习165 裁剪标记

本实例主要讲解【创建对象马赛克】命令和【裁剪标记】命令的使用，重点掌握【首选项】对话框中日式剪裁标记选项的使用，效果如图9-1所示。

素材	素材|Cha09|裁剪标记.jpg
场景	无
视频	视频教学 | Cha09 |实训练习165 裁剪标记.MP4

图9-1 裁剪标记

❶ 在菜单栏中选择【文件】|【打开】命令，选择随书配套资源中的素材|Cha09|裁剪标记.jpg文件，如图9-2所示。

❷ 选择素材图片，在菜单栏中选择【对象】|【创建对象马赛克】命令，此时弹出【创建对象马赛克】对话框，在对话框中进行的参数设置，单击【确定】按钮，如图9-3所示。

图9-2 打开素材文件

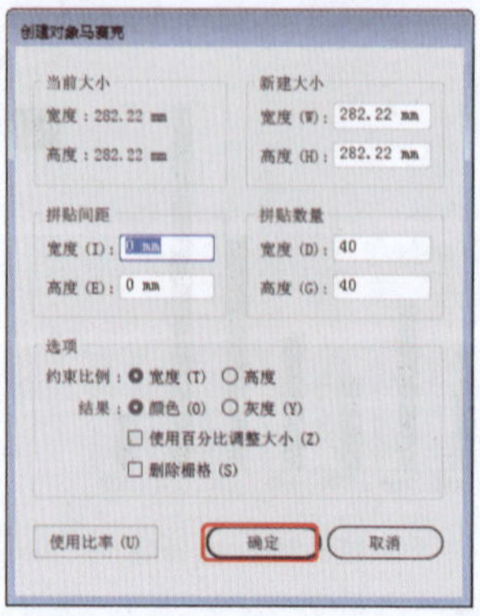

图9-3 【创建对象马赛克】对话框

❸ 应用该命令后的图像效果如图9-4所示。

图9-4 应用马赛克后的效果

❹ 按Ctrl+Z组合键，撤销上一步操作，选择【效果】|【裁剪标记】命令，应用后的效果如图9-5所示。

图9-5 应用裁剪标记效果

❺ 按Ctrl+Z组合键，撤销上一步操作，选择【编辑】|【首选项】|【常规】命令，弹出【首选项】对话

框，在该对话框中勾选【使用日式裁剪标记】选项，单击【确定】按钮，如图9-6所示。

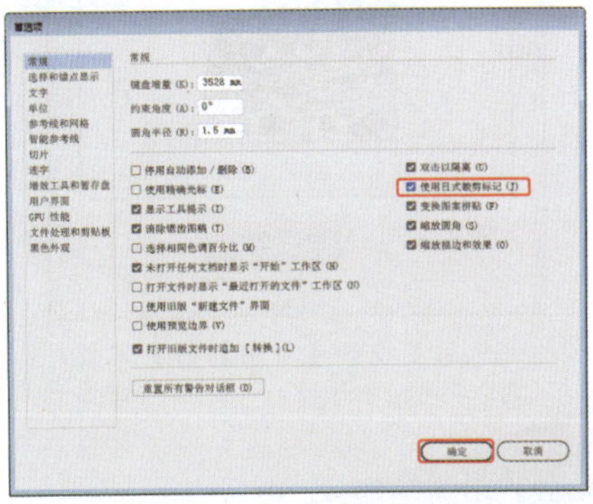

图9-6 勾选【使用日式裁剪标记】选项

❻ 应用日式裁剪标记后的效果如图9-7所示。

> **提 示**
>
> 按Ctrl+K组合键，可快速打开【首选项】对话框。

图9-7 应用日式裁剪标记后的效果

实训练习166 扭曲和变换效果组

本实例主要讲解【再次变换】命令、【扭拧】命令、【扭转】命令、【收缩和膨胀】命令、【自由扭曲】命令的使用，效果如图9-8所示。

素材	素材|Cha09|卡通动物.ai
场景	场景|Cha09|实训练习166 扭曲和变换效果组.ai
视频	视频教学 | Cha09 |实训练习166 扭曲和变换效果组.MP4

图9-8 扭曲和变换效果

❶ 选择【文件】|【打开】命令，打开随书配套资源中的素材|Cha09|卡通动物.ai文件，如图9-9所示。

图9-9 打开素材文件

❷ 使用【选择工具】，单击选择对象，按下键盘上的Alt键并拖拽鼠标复制，选择【对象】|【变换】|【再次变换】命令，重复复制6个对象，完成后的效果如图9-10所示。

图9-10 复制对象

❸ 使用【选择工具】，单击选择复制的第1个对象，选择【效果】|【扭曲和变换】|【扭拧】命令，弹出【扭拧】对话框，在该对话框中进行如图9-11所示的参数设置。

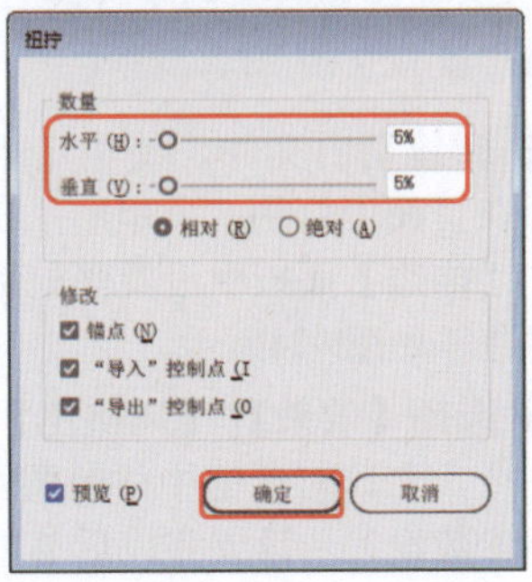

图9-11 设置【扭拧】参数

❹ 设置完成后单击【确定】按钮，应用该命令后的图像效果如图9-12所示。

图9-12 应用【扭拧】后的效果

❺ 使用【选择工具】，单击选择复制的第2个对象，选择【效果】|【扭曲和变换】|【扭转】命令，在弹出的【扭转】对话框中进行参数设置，如图9-13所示。

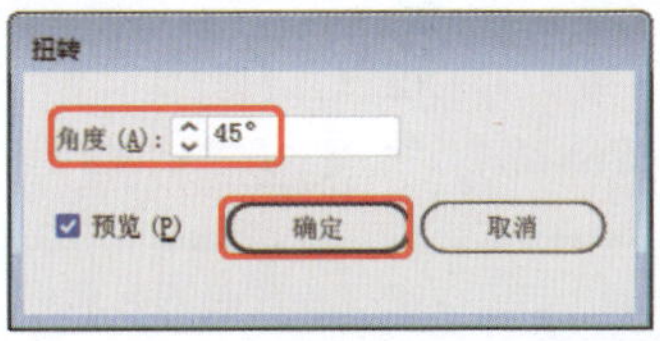

图9-13 设置【扭转】参数

❻ 设置完成后单击【确定】按钮，应用该命令后的图像效果如图9-14所示。

图9-14 应用【扭转】后的效果

❼ 使用【选择工具】，单击选择复制的第3个对象，选择【效果】|【扭曲和变换】|【收缩和膨胀】命令，在打开的【收缩和膨胀】对话框中依照图9-15所示进行参数设置。

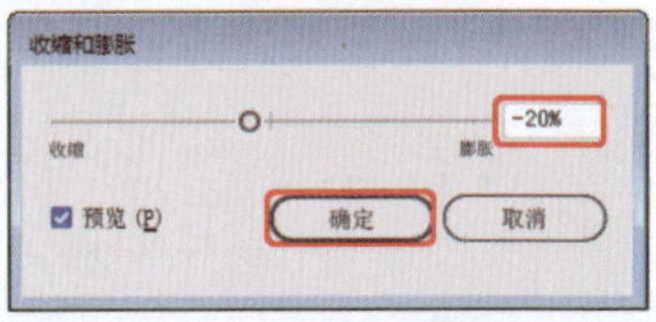

图9-15 设置【收缩和膨胀】参数

❽ 设置完成后单击【确定】按钮，应用该命令后的效果如图9-16所示。

图9-16　应用【收缩和膨胀】后的效果

⑨ 使用【选择工具】，单击选择复制的第4个对象，选择【效果】|【扭曲和变换】|【波纹效果】命令，在弹出【波纹效果】的对话框中依照图9-17所示进行参数设置。

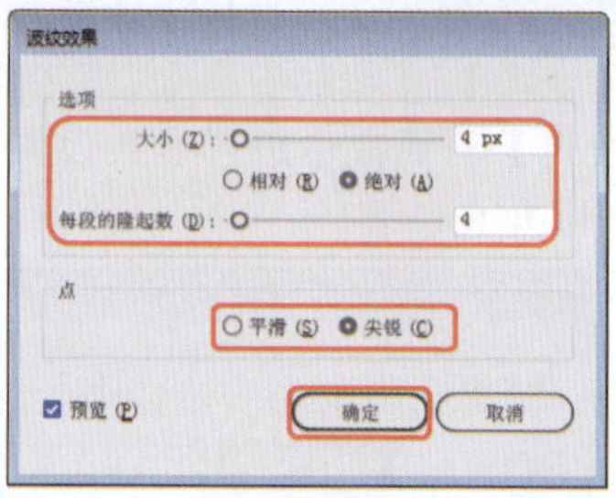

图9-17　设置【波纹效果】参数

⑩ 设置完成后单击【确定】按钮，应用该命令后的图像效果如图9-18所示。

图9-18　应用【波纹效果】后的效果

⑪ 使用【选择工具】，单击选择复制的第5个对象，选择【效果】|【扭曲和变换】|【粗糙化】命令，在弹出【粗糙化】的对话框中依照图9-19所示进行参数设置。

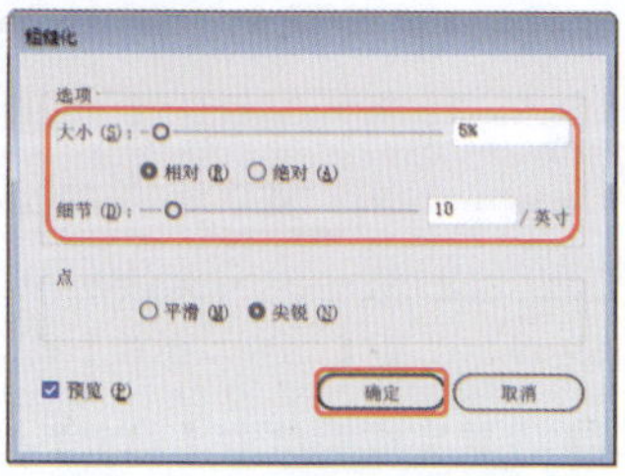

图9-19　设置【粗糙化】参数

⑫ 设置完成后单击【确定】按钮，应用该命令后的图像效果如图9-20所示。

图9-20　应用【粗糙化】后的效果

⑬ 使用【选择工具】，单击选择复制的第6个对象，选择【效果】|【扭曲和变换】|【自由扭曲】命令，在打开【自由扭曲】的对话框中依照图9-21所示进行设置。

⑭ 设置完成后单击【确定】按钮，应用该命令后的图像效果如图9-22所示。

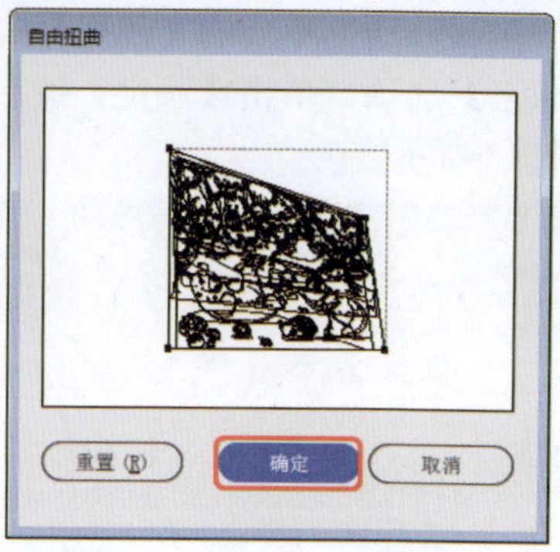

图9-21　设置【自由扭曲】参数

图9-22　应用【自由扭曲】后的效果

实训练习167 风格化效果组

本实例主要讲解风格化命令组的使用，重点掌握【圆角】命令、【投影】命令、【外发光】命令和【羽化】命令的使用，效果如图9-23所示。

素材	素材|Cha09|卡通画.jpg
场景	场景|Cha09|实训练习167　风格化效果组.ai
视频	视频教学 | Cha09 |实训练习167　风格化效果组.MP4

图9-23　投影后的效果

❶ 新建空白文件，使用【矩形工具】，在页面中绘制一个矩形，在【颜色】和【描边】面板中设置当前矩形对象的颜色，如图9-24所示。

❷ 选择【效果】|【风格化】|【圆角】命令，在该对话框中依照图9-25所示进行参数设置，设置完成后单击【确定】按钮。

图9-24　绘制矩形并填充和描边

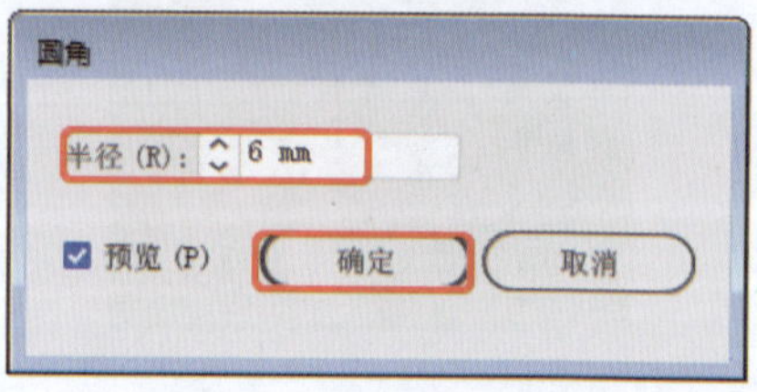

图9-25　设置【圆角】参数

❸ 应用该命令后的图像效果如图9-26所示。

图9-26 设置圆角后的效果

❹ 选择【文件】|【置入】命令，置入随书配套资源素材|Cha09|卡通画.jpg文件，如图9-27所示。

图9-27 置入素材文件

❺ 选择【效果】|【风格化】|【投影】命令，在打开的【投影】对话框中依照图9-28所示进行参数设置。

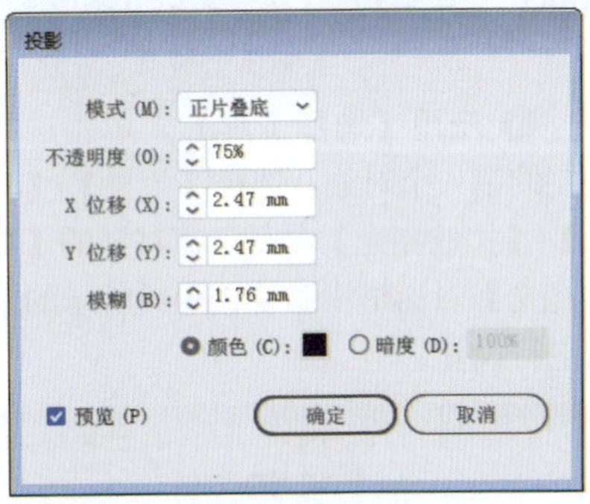

图9-28 设置【投影】参数

❻ 设置完成后的效果如图9-29所示。

图9-29 投影后的效果

❼ 分别使用【矩形工具】和【星形工具】，在页面中绘制五角星图形，在【颜色】面板中设置图形的填充颜色，如图9-30所示。

图9-30 绘制矩形和五角星

❽ 选择【效果】|【风格化】|【外发光】命令，在打开的【外发光】对话框中依照图9-31所示进行设置，设置完成后单击【确定】按钮。

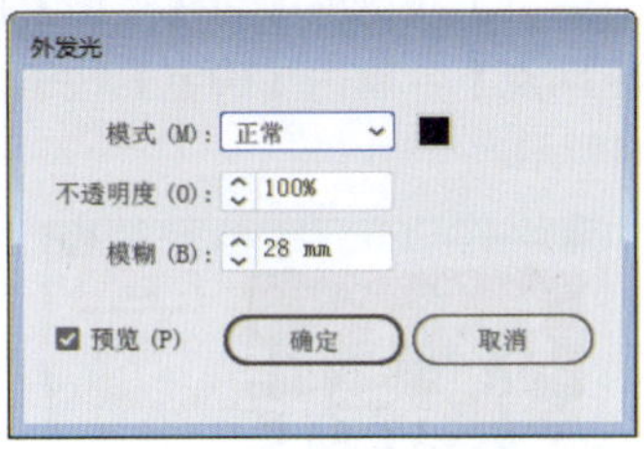

图9-31 设置【外发光】参数

❾ 应用外发光后的效果如图9-32所示。

图9-32 应用外发光效果

❿ 按Ctrl+Z组合键，后退一步。选择【效果】|【风格化】|【羽化】命令，在打开的【羽化】对话框中将【羽化半径】设置为3mm，单击【确定】按钮，如图9-33所示。

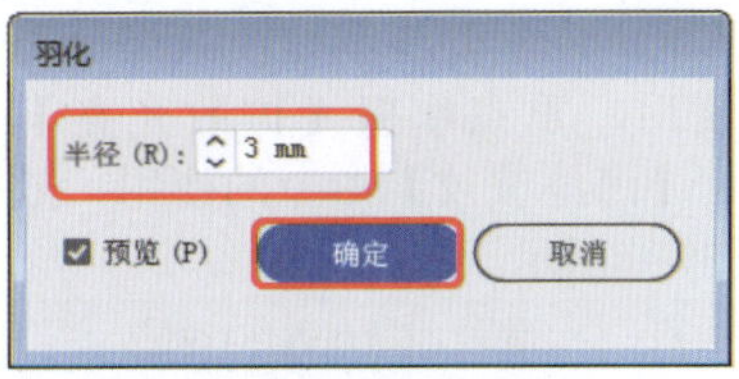

图9-33 设置【羽化】参数

⓫ 完成羽化后的效果如图9-32所示。

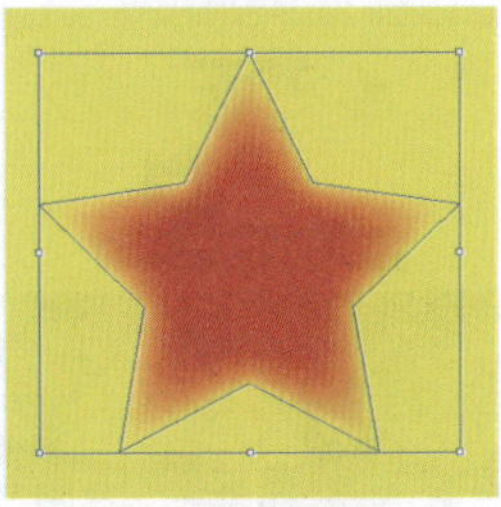

图9-34 羽化后的效果

实训练习168 像素化效果组

本实例主要讲解像素化效果命令组的使用，重点掌握【彩色半调】命令、【晶格化】命令、【点状化】命令和【铜板雕刻】命令的使用，效果如图9-35所示。

素材	素材|Cha09|欢度国庆.jpg
场景	场景|Cha09|实训练习168 像素化效果组.ai
视频	视频教学|Cha09|实训练习168 像素化效果组.MP4

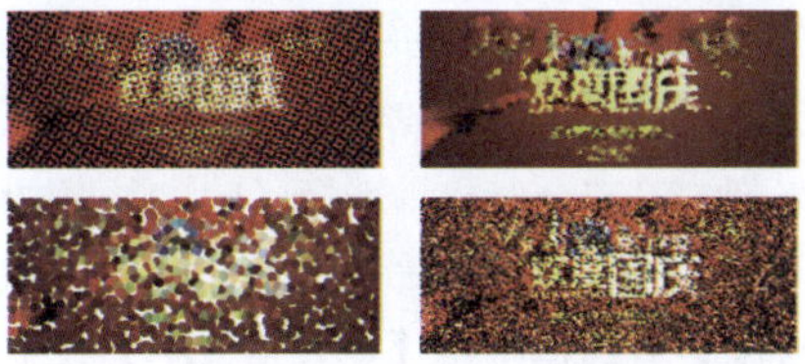

图9-35 像素化效果

❶ 新建空白文件，选择【文件】|【置入】命令，置入随书配套资源素材|Cha09|欢度国庆.jpg文件，如图9-36所示。

图9-36 置入素材文件

❷ 使用【选择工具】，单击选择对象，按下键盘上的Alt键并拖拽鼠标复制当前对象，如图9-37所示。

图9-37 复制图形对象

❸ 使用【选择工具】，单击选择复制的第一个对象。选择【效果】|【像素化】|【彩色半调】命令，在打开的【彩色半调】对话框中将【最大半径】设置为8、【通道1】设置为108、【通道2】设置为162、【通道3】设置为90、【通道4】设置为45，单击【确定】按钮，如图9-38所示。

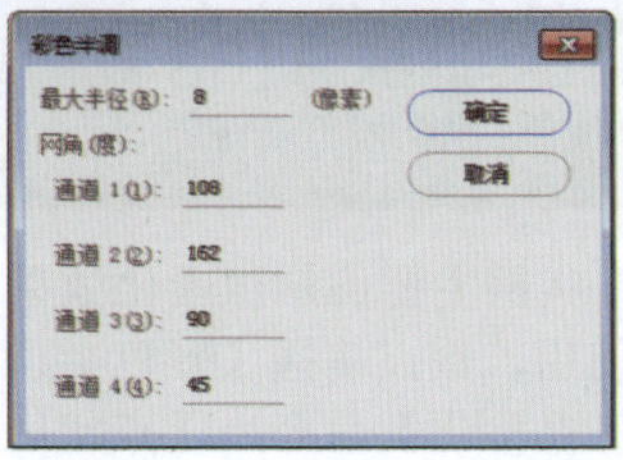

图9-38　设置【彩色半调】参数

❹ 完成操作后的图像效果如图9-39所示。

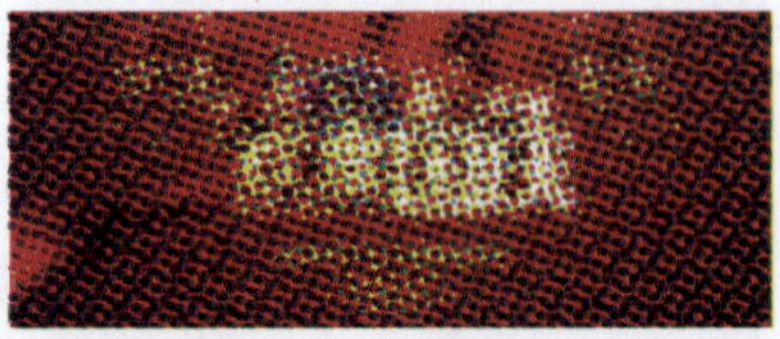

图9-39　应用【彩色半调】后的效果

❺ 使用【选择工具】，单击选择复制的第二个对象，选择【效果】|【像素化】|【晶格化】命令，在打开的【晶格化】对话框中将【单元格大小】设置为10，如图9-40所示。

图9-40　设置【晶格化】参数

❻ 完成操作后的图像效果如图9-41所示。

图9-41　应用【晶格化】后的效果

❼ 使用【选择工具】，单击选择复制的第三个对象，选择【效果】|【像素化】|【点状化】命令，在打开的【点状化】对话框中【单元格大小】设置为20，如图9-42所示。

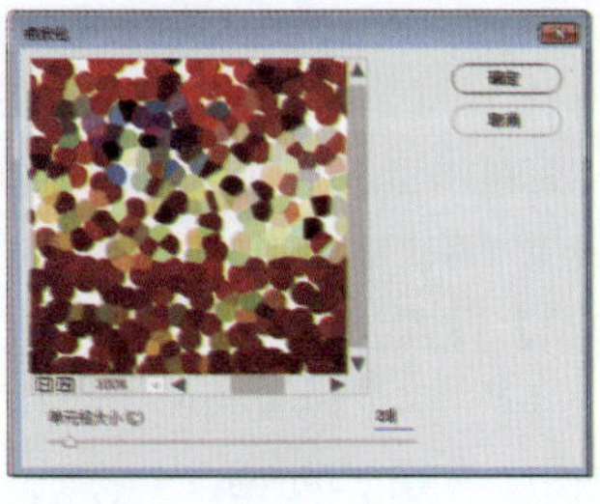

图9-42　设置【点状化】参数

❽ 完成设置后的图像效果如图9-43所示。

图9-43　应用【点状化】后的效果

❾ 使用【选择工具】，单击选择复制的第四个对象，选择【效果】|【像素化】|【铜板雕刻】命令，在打开的【铜板雕刻】对话框中将【类型】设置为【粗网点】，单击【确定】按钮，如图9-44所示。

图9-44　设置【铜板雕刻】参数

❿ 完成设置后的图像效果如图9-45所示。

图9-45　应用【铜板雕刻】后的效果

实训练习169
扭曲效果组

本实例主要讲解扭曲效果命令组的使用，重点掌握【扩散光亮】命令、【海洋波纹】命令的使用，效果如图9-46所示。

素材	素材|Cha09|绿色环保.jpg
场景	场景|Cha09|实训练习169 扭曲效果组.ai
视频	视频教学 | Cha09 |实训练习169 扭曲效果组.MP4

图9-46　扭曲效果

❶ 新建空白文件，选择【文件】|【置入】命令，置入随书配套资源素材|Cha09|绿色环保.jpg文件，如图9-47所示。

图9-47　置入素材文件

❷ 使用【选择工具】，单击选择对象，按下键盘上的Alt键并拖拽鼠标复制多个当前对象，如图9-48所示。

图9-48　复制多个对象

❸ 使用【选择工具】，单击选择复制的第一个对象，选择【效果】|【扭曲】|【扩散亮光】命令，在打开的【扩散亮光】对话框中参照图9-49所示的参数进行设置。

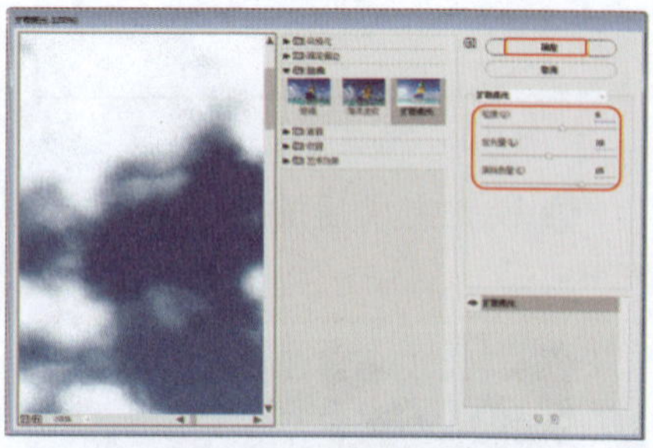

图9-49　设置【扩散亮光】参数

❹ 完成设置后的效果如图9-50所示。

图9-50　应用【扩散亮光】后的效果

❺ 使用【选择工具】，选择第二个对象，选择【效果】|【扭曲】|【海洋波纹】命令，在打开的【海洋波纹】对话框中参照图9-51所示的参数进行设置。

图9-51　设置【海洋波纹】参数

❻ 完成设置后的效果如图9-52所示。

图9-52　应用【海洋波纹】后的效果

❼ 使用【选择工具】，选择第3个对象，选择【效果】|【扭曲】|【玻璃】命令，在打开的【玻璃】对话框中参照图9-53所示的参数进行设置。

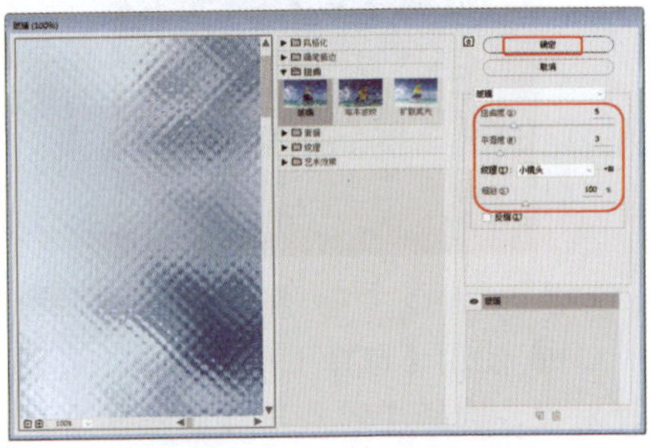
图9-53　设置【玻璃】参数

❽ 完成设置后的效果如图9-54所示。

图9-54　应用【玻璃】后的效果

实训练习170 模糊效果组

本实例主要讲解模糊效果命令组的使用，重点掌握【径向模糊】命令、【特殊模糊】命令的使用，如图9-55所示。

素材	素材|Cha09|化妆品.jpg
场景	场景|Cha09|实训练习170 模糊效果组.ai
视频	视频教学 | Cha09 |实训练习170 模糊效果组.MP4

图9-55　模糊效果

❶ 新建一个空白文件，选择【文件】|【置入】命令，置入随书配套资源素材|Cha09|化妆品.jpg文件，如图9-56所示。

图9-56　置入素材文件

❷ 使用【选择工具】，单击并选择对象，按下键盘上的Alt键并拖拽鼠标复制多个当前对象，如图9-57所示。

图9-57　复制多个对象

❸ 使用【选择工具】，单击并选择第一个对象。选择【效果】|【模糊】|【径向模糊】命令，在打开的【径向模糊】对话框中将【数量】设置为10，【模糊方法】设置为【旋转】，【品质】设置为【好】，如图9-58所示。

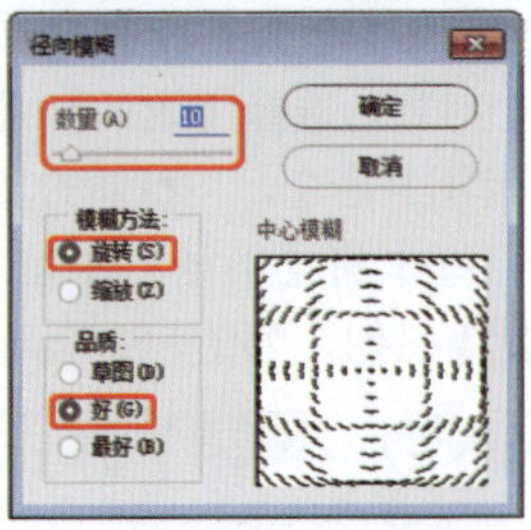
图9-58　设置【径向模糊】参数

❹ 单击【确定】按钮，完成操作后的图像效果如图9-59所示。

图9-59　应用【径向模糊】后的效果

❺ 使用【选择工具】，单击并选择第二个对象。选择【效果】|【模糊】|【特殊模糊】命令，在打开的【特殊模糊】对话框中将【半径】设置为3，【阈值】设置为25，【品质】设置为【低】，【模式】设置为【叠加边缘】，单击【确定】按钮，如图9-60所示。

图9-60　设置【特殊模糊】参数

❻ 完成操作后的图像效果如图9-61所示。

图9-61　应用特殊模糊后的效果

❼ 使用【选择工具】，单击并选择第三个对象。选择【效果】|【模糊】|【高斯模糊】命令，在打开的【高斯模糊】对话框中将【半径】设置为2，单击【确定】按钮，如图9-62所示。

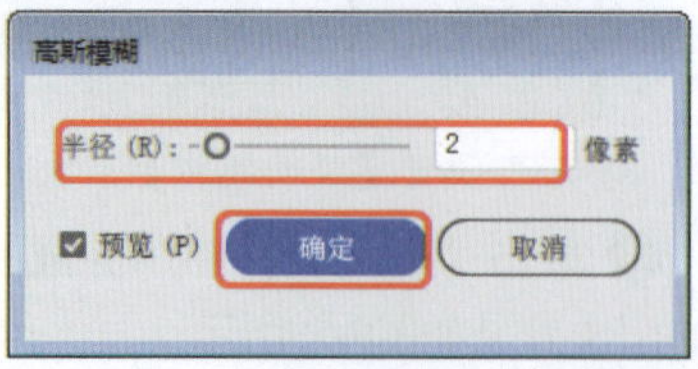

图9-62 设置【高斯模糊】参数

❽ 完成操作后的图像效果如图9-63所示。

图9-63 应用【高斯模糊】后的效果

实训练习171 画笔描边效果组

本实例主要讲解画笔描边效果命令组的使用，重点掌握【喷溅】命令、【喷色描边】命令、【墨水轮廓】命令、【强化的边缘】命令、【成角的线条】命令的使用，如图9-64所示。

素材	素材|Cha09|万圣节.jpg
场景	场景|Cha09|实训练习171 画笔描边效果组.ai
视频	视频教学|Cha09|实训练习171 画笔描边效果组.MP4

图9-64 画笔描边效果

❶ 新建空白文件，选择【文件】|【置入】命令，置入随书配套资源素材|Cha09|万圣节.jpg文件，如图9-65所示。

图9-65 置入素材文件

❷ 使用【选择工具】，单击并选择对象，按下键盘上的Alt键并拖拽鼠标复制多个当前对象，如图9-66所示。

图9-66 复制多个对象

❸ 使用【选择工具】，单击选择对象，选择【效果】|【画笔描边】|【喷溅】命令，在打开的【喷溅】对话框中参照图9-67所示的参数进行设置，单击【确定】按钮。

图9-67 设置【喷溅】参数

❹ 完成操作后的图像效果如图9-68所示。

❺ 使用【选择工具】，单击并选择对象，选择【效果】|【画笔描边】|【喷色描边】命令，在打开的【喷色描边】对话框中参照图9-69所示的参数进行设置，单击【确定】按钮。

图9-68 应用【喷溅】后的效果

图9-69 设置【喷色描边】参数

❻ 完成操作后的图像效果如图9-70所示。

图9-70 应用【喷色描边】后的效果

❼ 使用【选择工具】，单击并选择对象，选择【效果】|【画笔描边】|【墨水轮廓】命令，在打开的【墨水轮廓】对话框中参照图9-71所示的参数进行设置，单击【确定】按钮。

图9-71 设置【墨水轮廓】参数

❽ 完成操作后的图像效果如图9-72所示。

图9-72 应用【墨水轮廓】后的效果

❾ 使用【选择工具】，单击并选择对象，选择【效果】|【画笔描边】|【强化的边缘】命令，在打开的【强化的边缘】对话框中参照图9-73所示的参数进行设置，单击【确定】按钮。

图9-73 设置【强化的边缘】参数

❿ 完成操作后的图像效果如图9-74所示。

图9-74 应用【强化的边缘】后的效果

⓫ 使用【选择工具】，单击并选择对象，选择【效果】|【画笔描边】|【成角的线条】命令，在打开的【成角的线条】对话框中参照图9-75所示的参数进行设置，单击【确定】按钮。

图9-75 设置【成角的线条】参数

⓬ 完成操作后的图像效果如图9-76所示。

图9-76 应用【成角的线条】后的效果

⓭ 使用【选择工具】，单击并选择对象，选择【效果】|【画笔描边】|【深色线条】命令，在打开的【深色线条】对话框中参照图9-77所示的参数进行设置，单击【确定】按钮。

图9-77 设置【深色线条】参数

⓮ 完成操作后的图像效果如图9-78所示。

⓯ 使用【选择工具】，单击并选择对象，选择【效果】|【画笔描边】|【烟灰墨】命令，在打开的【烟灰墨】对话框中参照图9-79所示的参数进行设置，单击【确定】按钮。

图9-78 应用【深色线条】后的效果

图9-79 设置【烟灰墨】参数

⓰ 完成操作后的图像效果如图9-80所示。

图9-80 应用【烟灰墨】后的效果

⓱ 使用【选择工具】，单击并选择对象，选择【效果】|【画笔描边】|【阴影线】命令，在打开的【阴影线】对话框中参照图9-81所示的参数进行设置，单击【确定】按钮。

图9-81 设置【阴影线】参数

⑱ 完成操作后的图像效果如图9-82所示。

图9-82 应用【阴影线】后的效果

实训练习172 素描效果组

本实例主要讲解素描效果命令组的使用，重点掌握【便条纸】命令、【半调图案】命令、【图章】命令、【基底凸现】命令、【影印】命令、【撕边】命令的使用，效果如图9-83所示。

素材	素材|Cha09|促销海报.jpg
场景	场景|Cha09|实训练习172 素描效果组.ai
视频	视频教学 | Cha09 |实训练习172 素描效果组.MP4

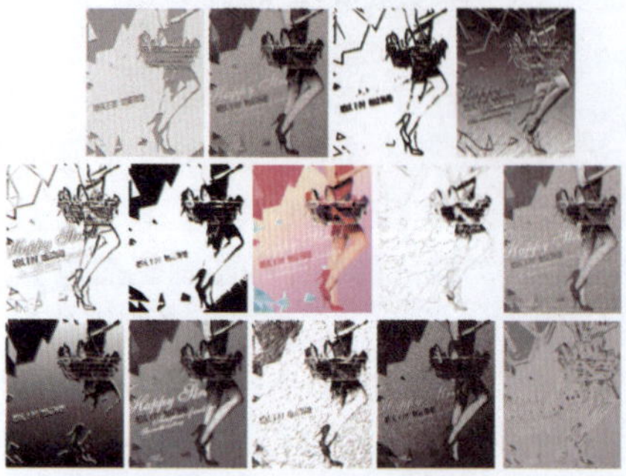

图9-83 素描效果组

① 新建空白文件，选择【文件】|【置入】命令，置入随书配套资源中的素材|Cha09|促销海报.jpg文件，如图9-84所示。

② 使用【选择工具】，单击并选择对象，按下键盘上的Alt键并拖拽鼠标复制多个当前对象，如图9-85所示。

图9-84 置入素材文件

图9-85 复制多个对象

③ 使用【选择工具】，单击并选择对象，选择【效果】|【素描】|【便纸条】命令，在打开的【便纸条】对话框中参照图9-86所示的参数进行设置，单击【确定】按钮。

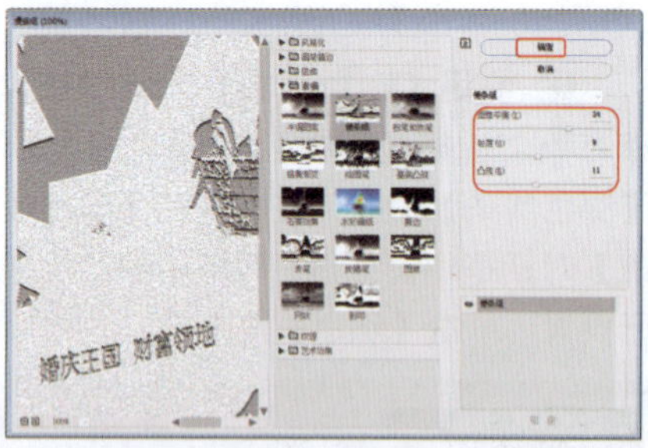

图9-86 设置【便纸条】参数

④ 完成操作后的图像效果如图9-87所示。

图9-87 应用【便纸条】后的效果

⑤ 使用【选择工具】，单击并选择对象，选择【效果】|【素描】|【半调图案】命令，在打开的【半调图案】对话框中参照图9-88所示的参数进行设置，单击【确定】按钮。

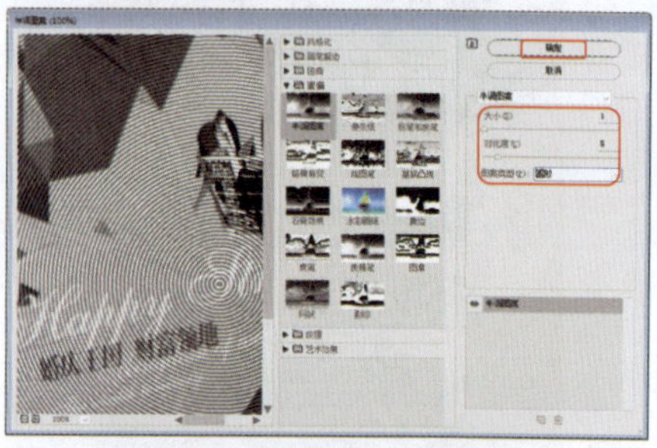

图9-88 设置【半调图案】参数

⑥ 完成操作后的图像效果如图9-89所示。

图9-89 应用【半调图案】后的效果

⑦ 使用【选择工具】，单击并选择对象，选择【效果】|【素描】|【图章】命令，在打开的【图章】对话框中参照图9-90所示的参数进行设置，单击【确定】按钮。

图9-90 设置【图章】参数

⑧ 完成操作后的图像效果如图9-91所示。

⑨ 使用【选择工具】，单击并选择对象，选择【效果】|【素描】|【基底凸现】命令，在打开的【基底凸现】对话框中参照图9-92所示的参数进行设置，单击【确定】按钮。

图9-91 应用【图章】后的效果

图9-92 设置【基底凸现】参数

⑩ 完成操作后的图像效果如图9-93所示。

图9-93 应用【基底凸现】后的效果

⑪ 使用【选择工具】，单击并选择对象，选择【效果】|【素描】|【影印】命令，在打开的【影印】对话框中参照图9-94所示的参数进行设置，单击【确定】按钮。

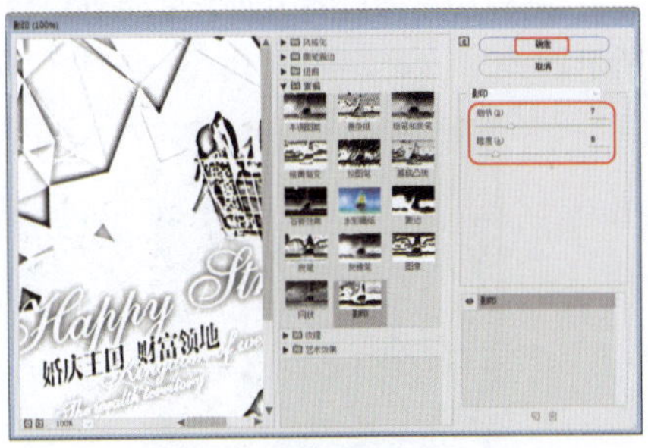

图9-94 设置【影印】参数

⑫ 完成操作后的图像效果如图9-95所示。

图9-95 应用【影印】后的效果

⑬ 使用【选择工具】，单击并选择对象，选择【效果】|【素描】|【撕边】命令，在打开的【撕边】对话框中参照图9-96所示的参数进行设置，单击【确定】按钮。

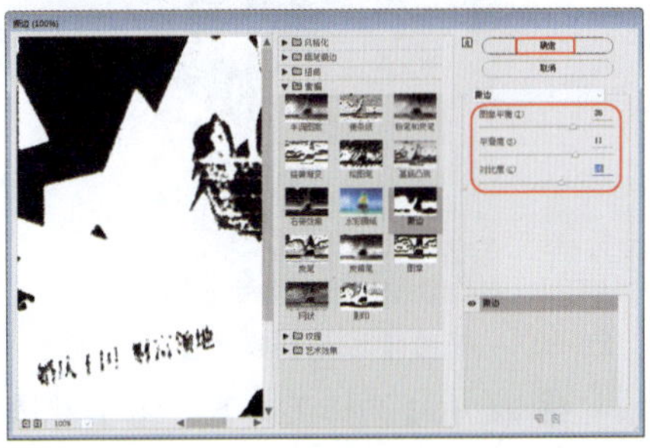

图9-96 设置【撕边】参数

⑭ 完成操作后的图像效果如图9-97所示。

图9-97 应用【撕边】后的效果

⑮ 使用【选择工具】，单击并选择对象，选择【效果】|【素描】|【水彩画纸】命令，在打开的【水彩画纸】对话框中参照图9-98所示的参数进行设置，单击【确定】按钮。

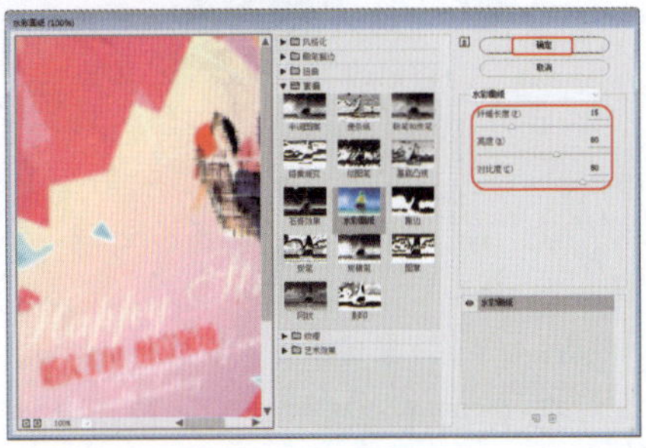

图9-98 设置【水彩画纸】参数

⑯ 完成操作后的图像效果如图9-99所示。

图9-99 应用【水彩画纸】后的效果

⑰ 使用【选择工具】，单击并选择对象，选择【效果】|【素描】|【炭笔】命令，在打开的【炭笔】对话框中参照图9-100所示的参数进行设置，单击【确定】按钮。

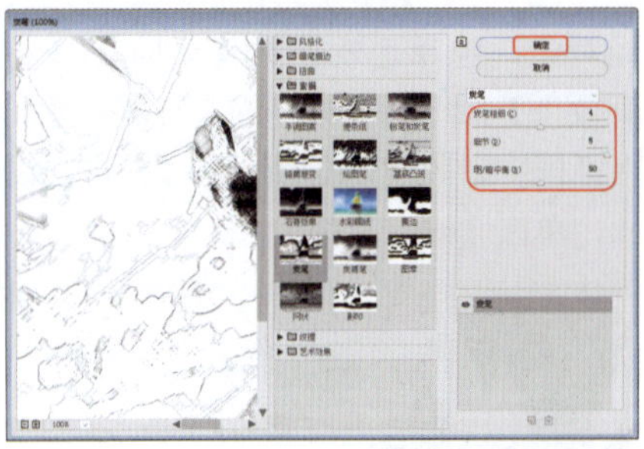

图9-100 设置【炭笔】参数

⑱ 完成操作后的图像效果如图9-101所示。

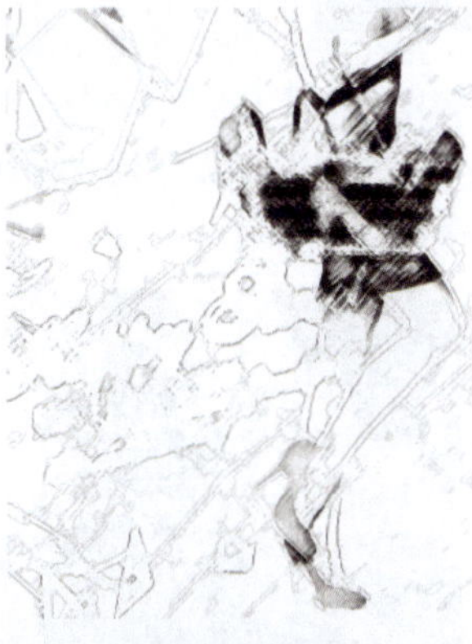

图9-101 应用【炭笔】后的效果

⑲ 使用【选择工具】，单击并选择对象，选择【效果】|【素描】|【炭精笔】命令，在打开的【炭精笔】对话框中参照图9-102所示的参数进行设置，单击【确定】按钮。

⑳ 完成操作后的图像效果如图9-103所示。

图9-102　设置【炭精笔】参数

图9-103　应用【炭精笔】后的效果

㉑ 使用【选择工具】，单击并选择对象，选择【效果】|【素描】|【石膏效果】命令，在打开的【石膏效果】对话框中参照图9-104所示的参数进行设置，单击【确定】按钮。

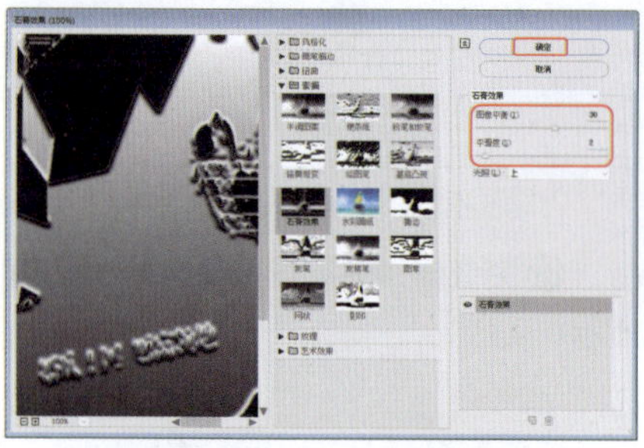

图9-104　设置【石膏效果】参数

㉒ 完成操作后的图像效果如图9-105所示。

图9-105　应用【石膏效果】后的效果

㉓ 使用【选择工具】，单击并选择对象，选择【效果】|【素描】|【粉笔和炭笔】命令，在打开的【粉笔和炭笔】对话框中参照图9-106所示的参数进行设置，单击【确定】按钮。

图9-106　设置【粉笔和炭笔】参数

㉔ 完成操作后的图像效果如图9-107所示。

图9-107　应用【粉笔和炭笔】后的效果

㉕ 使用【选择工具】，单击并选择对象，选择【效果】|【素描】|【绘图笔】命令，在打开的【绘图笔】对话框中参照图9-108所示的参数进行设置，单击【确定】按钮。

图9-108　设置【绘图笔】参数

㉖ 完成操作后的图像效果如图9-109所示。

图9-109　应用【绘图笔】后的效果

㉗ 使用【选择工具】，单击并选择对象，选择【效果】|【素描】|【网状】命令，在打开的【网状】对话框中参照图9-110所示的参数进行设置，单击【确定】按钮。

图9-110　设置【网状】参数

㉘ 完成操作后的图像效果如图9-111所示。

图9-111　应用【网状】后的效果

㉙ 使用【选择工具】，单击并选择对象，选择【效果】|【素描】|【铬黄渐变】命令，在打开的【铬黄渐变】对话框中参照图9-112所示的参数进行设置，单击【确定】按钮。

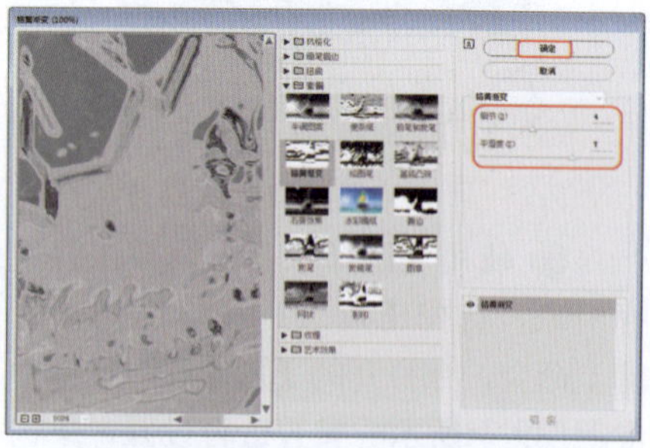

图9-112　设置【铬黄渐变】参数

㉚ 完成操作后的图像效果如图9-113所示。

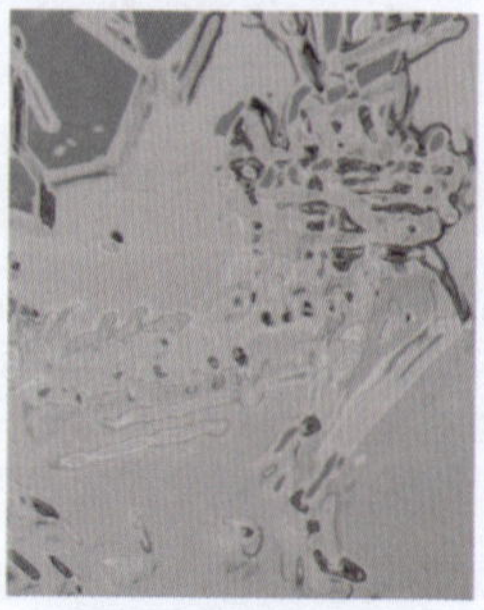

图9-113　应用【铬黄渐变】后的效果

实训练习173 纹理效果组

本实例主要讲解纹理效果命令组的使用，重点掌握【拼缀图】命令、【染色玻璃】命令、【纹理化】命令、【颗粒】命令的使用，如图9-114所示。

素材	素材|Cha09|剑南春酒.jpg
场景	场景|Cha09|实训练习173 纹理效果组.ai
视频	视频教学 | Cha09 |实训练习173 纹理效果组.MP4

图9-114 纹理效果

❶ 新建一个空白文件，选择【文件】|【置入】命令，置入随书配套资源中的素材|Cha09|剑南春酒.jpg文件，如图9-115所示。

图9-115 置入素材文件

❷ 使用【选择工具】，单击并选择对象，按下键盘上的Alt键并拖拽鼠标复制多个当前对象，如图9-116所示。

图9-116 复制对象

❸ 使用【选择工具】，单击并选择对象，选择【效果】|【纹理】|【拼缀图】命令，在打开的【拼缀图】对话框中参照图9-117所示的参数进行设置，单击【确定】按钮。

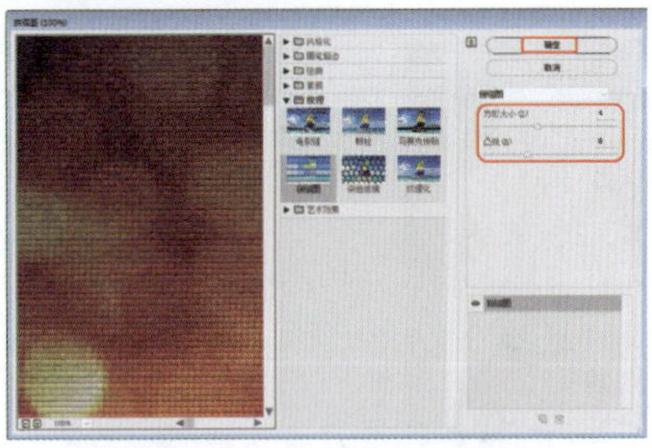

图9-117 设置【拼缀图】参数

❹ 完成操作后的图像效果如图9-118所示。

图9-118 应用【拼缀图】后的效果

❺ 使用【选择工具】，单击并选择对象，选择【效果】|【纹理】|【染色玻璃】命令，在打开的【染色玻璃】对话框中参照图9-119所示的参数进行设置，单击【确定】按钮。

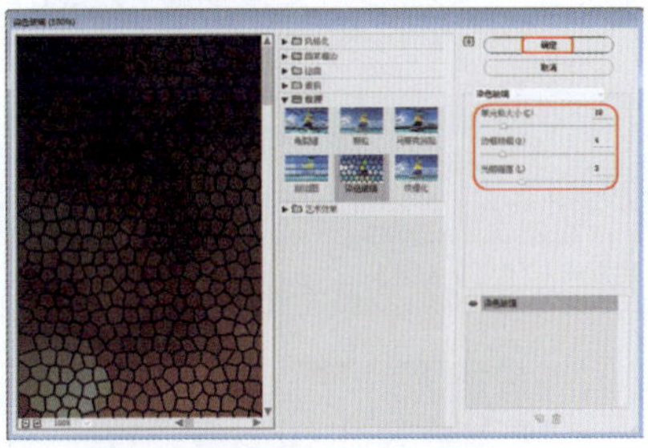

图9-119 设置【染色玻璃】参数

❻ 完成操作后的图像效果如图9-120所示。

图9-120 应用【染色玻璃】后的效果

❼ 使用【选择工具】，单击并选择对象，选择【效果】|【纹理】|【纹理化】命令，在打开的【纹理化】对话框中参照图9-121所示的参数进行设置，单击【确定】按钮。

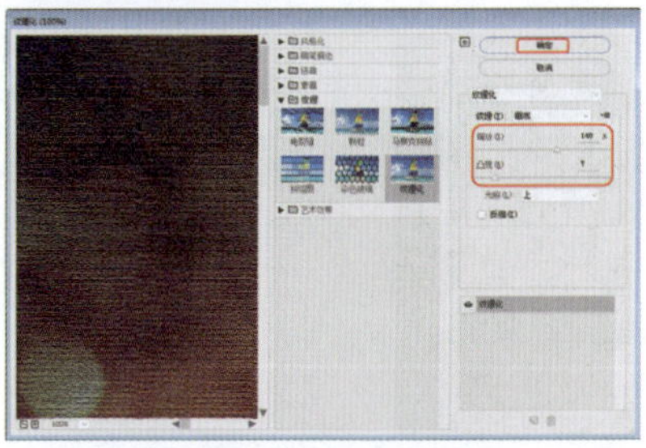

图9-121 设置【纹理化】参数

❽ 完成操作后的图像效果如图9-122所示。

图9-122 应用【纹理化】后的效果

❾ 使用【选择工具】，单击并选择对象，选择【效果】|【纹理】|【颗粒】命令，在打开的【颗粒】对话框中参照图9-123所示的参数进行设置，单击【确定】按钮。

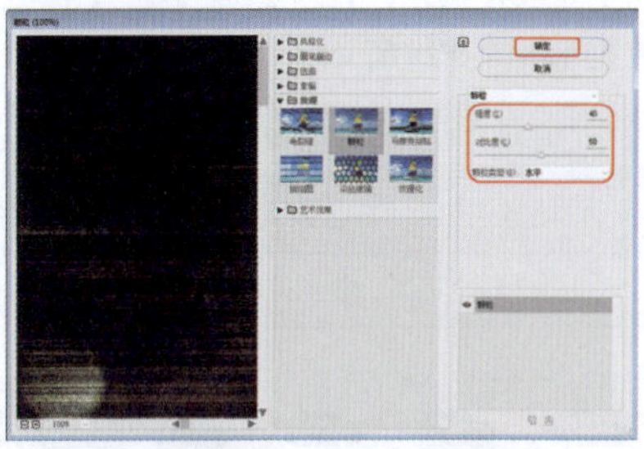

图9-123 设置【颗粒】参数

❿ 完成操作后的图像效果如图9-124所示。

图9-124 应用【颗粒】后的效果

⑪ 使用【选择工具】，单击并选择对象，选择【效果】|【纹理】|【马赛克拼贴】命令，在打开的【马赛克拼贴】对话框中参照图9-125所示的参数进行设置，单击【确定】按钮。

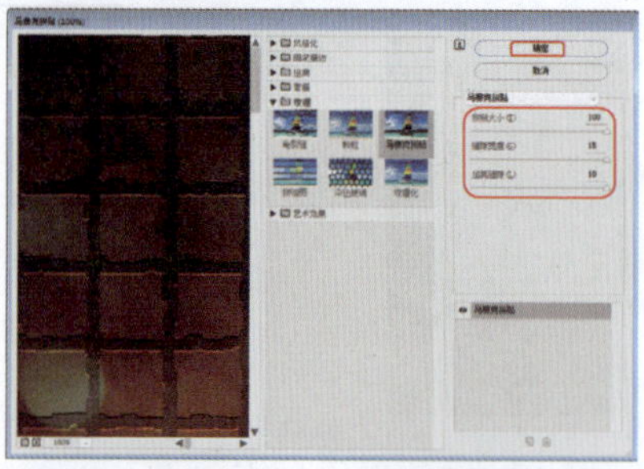

图9-125 设置【马赛克拼贴】参数

⑫ 完成操作后的图像效果如图9-126所示。

图9-126 应用【马赛克拼贴】后的效果

⑬ 使用【选择工具】，单击并选择对象，选择【效果】|【纹理】|【龟裂缝】命令，在打开的【龟裂缝】对话框中参照图9-127所示的参数进行设置，单击【确定】按钮。

图9-127 设置【龟裂缝】参数

⑭ 完成操作后的图像效果如图9-128所示。

图9-128 应用【龟裂缝】后的效果

实训练习174 艺术效果组

本实例主要讲解艺术效果组的使用，重点掌握【塑料包装】命令、【壁画】命令、【干笔画】命令、【底纹效果】命令、【彩色铅笔】命令的使用，效果如图9-129所示。

素材	素材|Cha09|汽车海报.jpg
场景	场景|Cha09|实训练习174 艺术效果组.ai
视频	视频教学 | Cha09 |实训练习174 艺术效果组.MP4

图9-129 艺术效果

① 新建一个空白文件，选择【文件】|【置入】命令，置入随书配套资源素材|Cha09|汽车海报.jpg文件，如图9-130所示。

图9-130 置入素材文件

② 使用【选择工具】，单击并选择对象，按下键盘上的Alt键并拖拽鼠标复制多个当前对象，如图9-131所示。

图9-131 复制多个对象

③ 使用【选择工具】，单击选择对象，选择【效果】|【艺术效果】|【塑料包装】命令，在打开的【塑料包装】对话框中参照图9-132所示的参数进行设置，单击【确定】按钮。

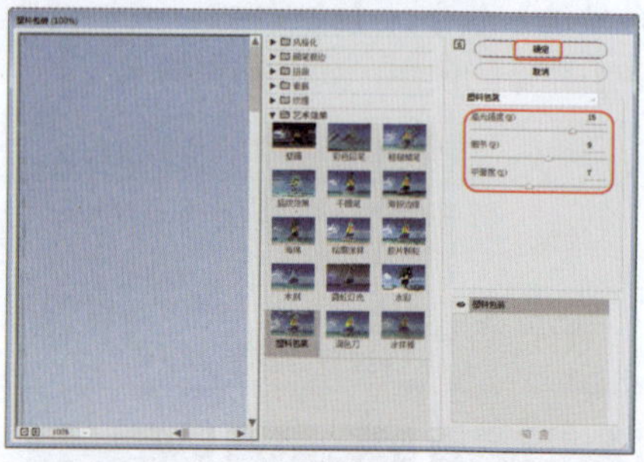

图9-132 设置【塑料包装】参数

④ 完成操作后的图像效果如图9-133所示。

图9-133 应用【塑料包装】后的效果

⑤ 使用【选择工具】，单击并选择对象，选择【效果】|【艺术效果】|【壁画】命令，在打开的【壁画】对话框中参照图9-134所示的参数进行设置，单击【确定】按钮。

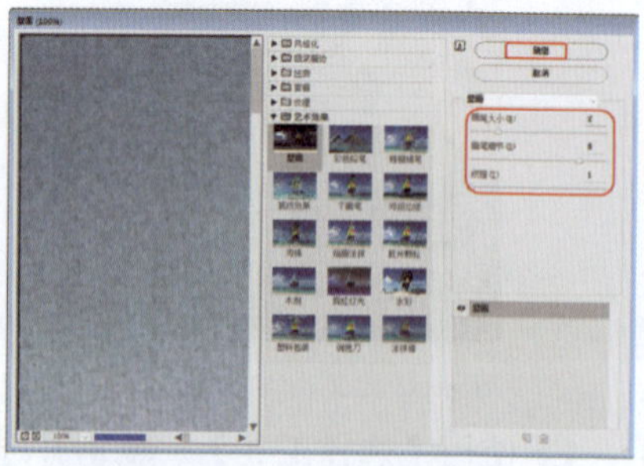

图9-134 设置【壁画】参数

⑥ 完成操作后的图像效果如图9-135所示。

图9-135 应用【壁画】后的效果

❼ 使用【选择工具】，单击并选择对象，选择【效果】|【艺术效果】|【干画笔】命令，在打开的【干画笔】对话框中参照图9-136所示的参数进行设置，单击【确定】按钮。

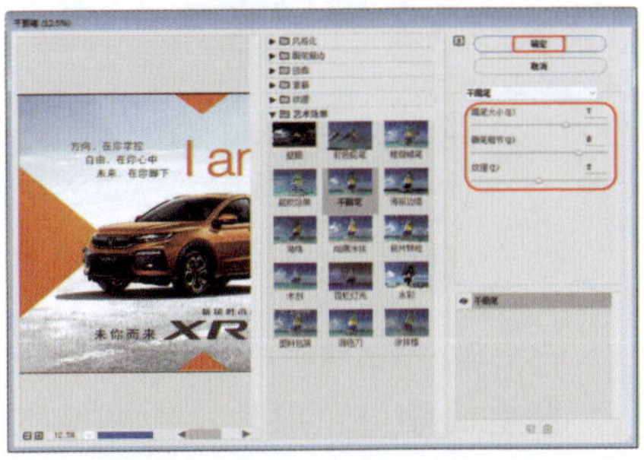

图9-136 设置【干画笔】参数

❽ 完成操作后的图像效果如图9-137所示。

图9-137 应用【干画笔】后的效果

❾ 使用【选择工具】，单击并选择对象，选择【效果】|【艺术效果】|【底纹效果】命令，在打开的【底纹效果】对话框中参照图9-138所示的参数进行设置，单击【确定】按钮。

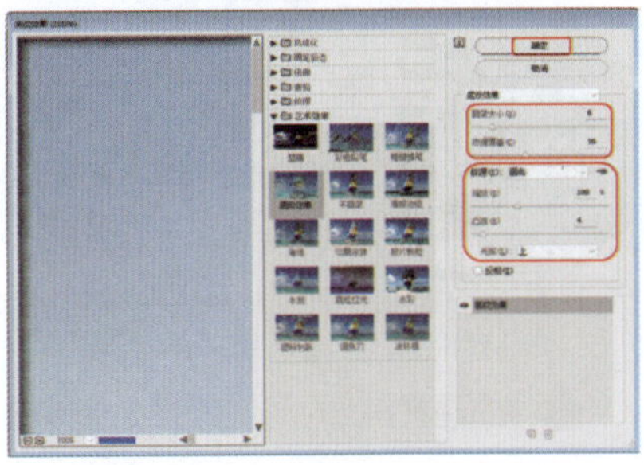

图9-138 设置【底纹效果】参数

❿ 完成操作后的图像效果如图9-139所示。

图9-139 应用【底纹效果】后的效果

⓫ 使用【选择工具】，单击并选择对象，选择【效果】|【艺术效果】|【彩色铅笔】命令，在打开的【彩色铅笔】对话框中参照图9-140所示的参数进行设置，单击【确定】按钮。

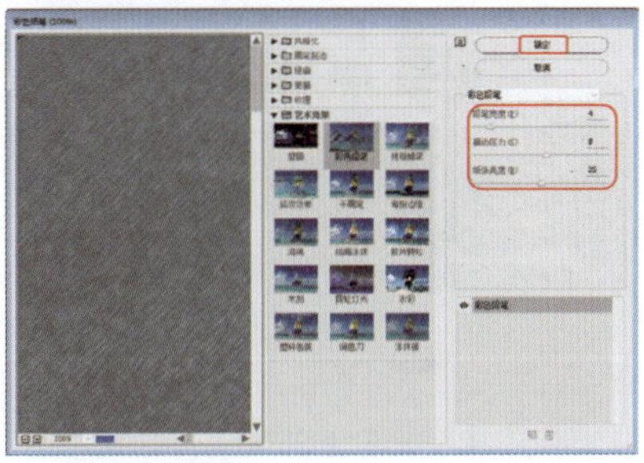

图9-140 设置【彩色铅笔】参数

⓬ 完成操作后的图像效果如图9-141所示。

图9-141 应用【彩色铅笔】后的效果

⓭ 使用【选择工具】，单击并选择对象，选择【效果】|【艺术效果】|【木刻】命令，在打开的【木刻】对话框中参照图9-142所示的参数进行设置，单击【确定】按钮。

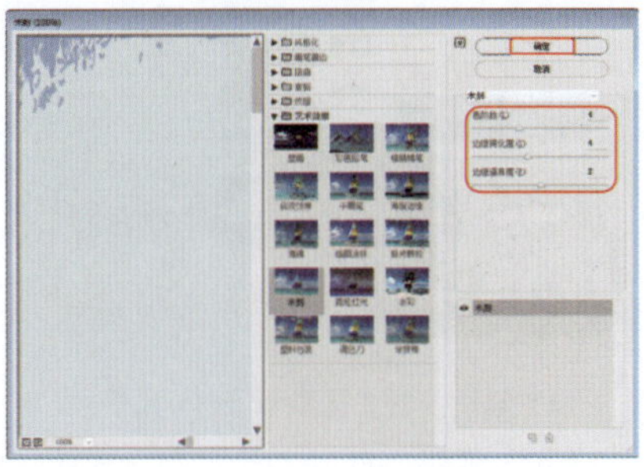

图9-142 设置【木刻】参数

⓮ 完成操作后的图像效果如图9-143所示。

图9-143 应用【木刻】后的效果

⓯ 使用【选择工具】，单击并选择对象，选择【效果】|【艺术效果】|【水彩】命令，在打开的【水彩】对话框中参照图9-144所示的参数进行设置，单击【确定】按钮。

图9-144 设置【水彩】参数

⓰ 完成操作后的图像效果如图9-145所示。

图9-145 应用【水彩】后的效果

⓱ 使用【选择工具】，单击并选择对象，选择【效果】|【艺术效果】|【海报边缘】命令，在打开的【海报边缘】对话框中参照图9-146所示的参数进行设置，单击【确定】按钮。

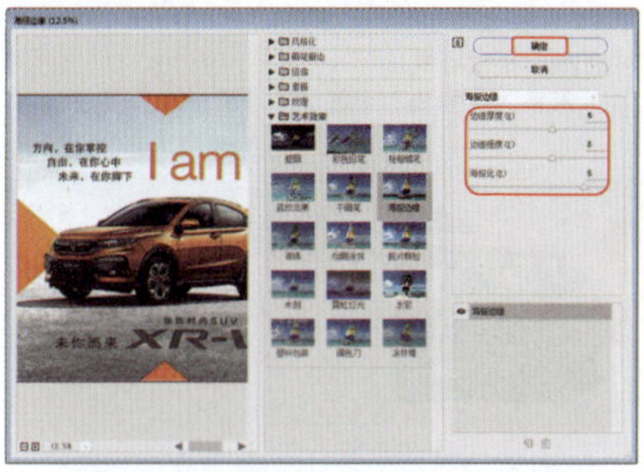

图9-146 设置【海报边缘】参数

⓲ 完成操作后的图像效果如图9-147所示。

图9-147 应用【海报边缘】后的效果

⑲ 使用【选择工具】，单击并选择对象，选择【效果】|【艺术效果】|【海绵】命令，在打开的【海绵】对话框中参照图9-148所示的参数进行设置，单击【确定】按钮。

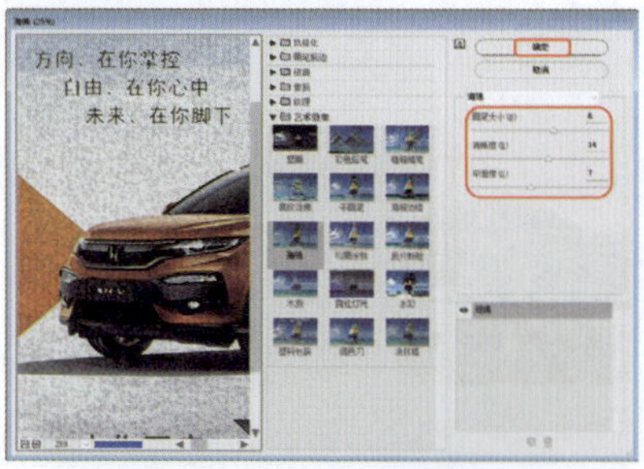

图9-148　设置【海绵】参数

⑳ 完成操作后的图像效果如图9-149所示。

图9-149　应用【海绵】后的效果

㉑ 使用【选择工具】，单击并选择对象，选择【效果】|【艺术效果】|【涂抹棒】命令，在打开的【涂抹棒】对话框中参照图9-150所示的参数进行设置，单击【确定】按钮。

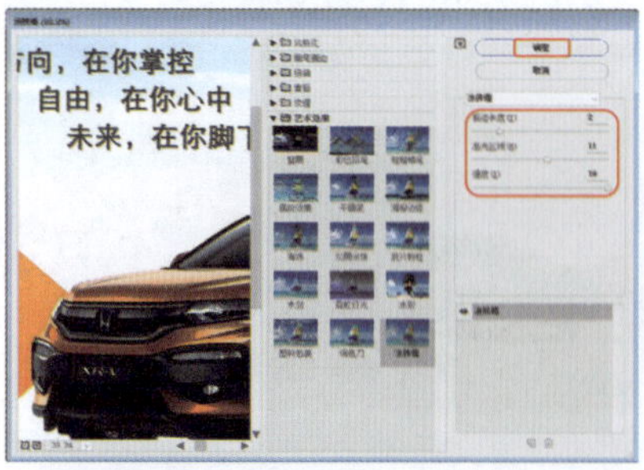

图9-150　设置【涂抹棒】参数

㉒ 完成操作后的图像效果如图9-151所示。

图9-151　应用【涂抹棒】后的效果

㉓ 使用【选择工具】，单击并选择对象，选择【效果】|【艺术效果】|【粗糙蜡笔】命令，在打开的【粗糙蜡笔】对话框中参照图9-152所示的参数进行设置，单击【确定】按钮。

图9-152　设置【粗糙蜡笔】参数

㉔ 完成操作后的图像效果如图9-153所示。

图9-153　应用【粗糙蜡笔】后的效果

㉕ 使用【选择工具】，单击并选择对象，选择【效果】|【艺术效果】|【绘画涂抹】命令，在打开的【绘画涂抹】对话框中参照图9-154所示的参数进行设置，单击【确定】按钮。

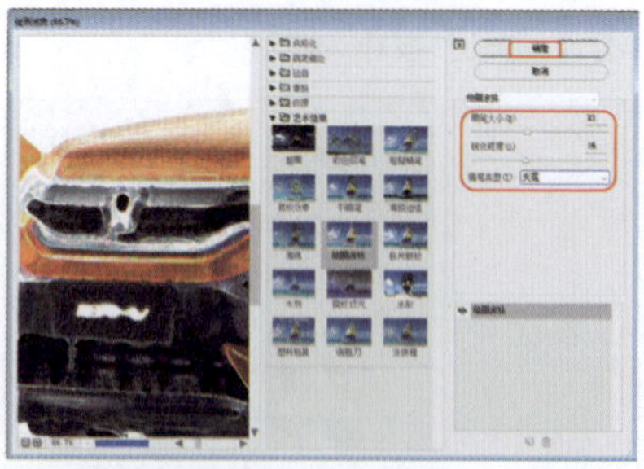

图9-154　设置【绘画涂抹】参数

㉖ 完成操作后的图像效果如图9-155所示。

图9-155　应用【绘画涂抹】后的效果

㉗ 使用【选择工具】，单击并选择对象，选择【效果】|【艺术效果】|【胶片颗粒】命令，在打开的【胶片颗粒】对话框中参照图9-156所示的参数进行设置，单击【确定】按钮。

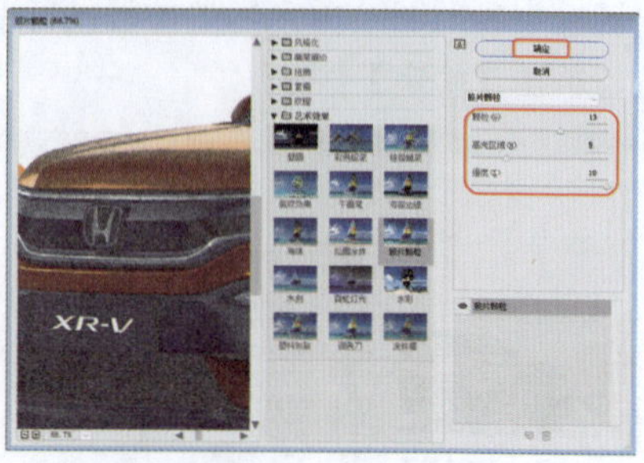

图9-156　设置【胶片颗粒】参数

㉘ 完成操作后的图像效果如图9-157所示。

图9-157　应用【胶片颗粒】后的效果

㉙ 使用【选择工具】，单击并选择对象，选择【效果】|【艺术效果】|【调色刀】命令，在打开的【调色刀】对话框中参照图9-158所示的参数进行设置，单击【确定】按钮。

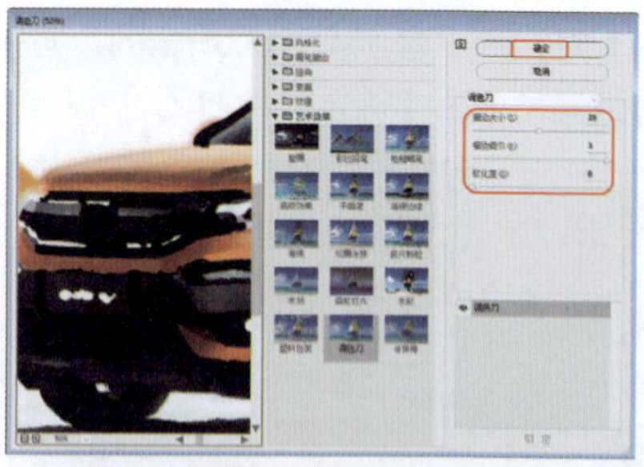

图9-158　设置【调色刀】参数

㉚ 完成操作后的图像效果如图9-159所示。

图9-159　应用【调色刀】后的效果

㉛ 使用【选择工具】，单击并选择对象，选择【效果】|【艺术效果】|【霓虹灯光】命令，在打开的【霓虹灯

光】对话框中参照图9-160所示的参数进行设置，单击【确定】按钮。

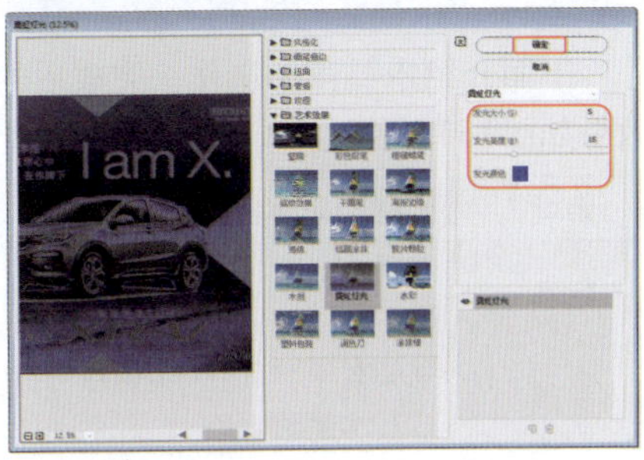

图9-160 设置【霓虹灯光】参数

32 完成操作后的图像效果如图9-161所示。

图9-161 应用【霓虹灯光】后的效果

实训练习175 凸出主角

本实例介绍凸出主角的制作，完成后的效果如图9-162所示。

素材	素材|Cha09|凸出主角.ai
场景	场景|Cha09|实训练习175 凸出主角.ai
视频	视频教学 | Cha09 |实训练习175 凸出主角.MP4

图9-162 凸出主角效果

1 打开随书配套资源中的素材|Cha09|凸出主角.ai文件，如图9-163所示。

图9-163 打开的素材文件

2 在打开的文件中选择图9-164所示的人物。

3 在菜单栏中选择【选择】|【反向】命令，如图9-165所示。

图9-164 选择对象

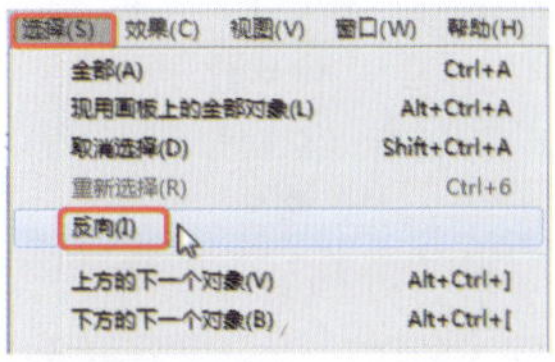

图9-165 选择【反向】命令

4 反选后的效果如图9-166所示。

图9-166 选择对象

5 在菜单栏中选择【效果】|【模糊】|【高斯模糊】命令，在弹出的【高斯模糊】对话框中设置【半径】为2像素，如图9-167所示。

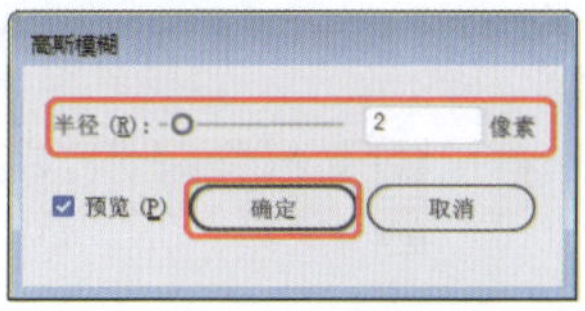

图9-167 设置【高斯模糊】参数

6 完成后的效果如图9-168所示。

图9-168 完成后的效果

实训练习176 玻璃效果

下面介绍使用【玻璃】滤镜制作玻璃效果，完成的效果如图9-169所示。

素材	素材|Cha09|玻璃效果.ai
场景	场景|Cha09|实训练习176 玻璃效果.ai
视频	视频教学 | Cha09 |实训练习176 玻璃效果.MP4

图9-169 玻璃效果

1 打开随书配套资源中的素材|Cha09|玻璃效果.ai文件，如图9-170所示。

图9-170 打开的素材文件

❷ 在【图层】面板拖拽【图层1】至【创建新图层】按钮上，复制图层副本，选择副本图层，如图9-171所示。

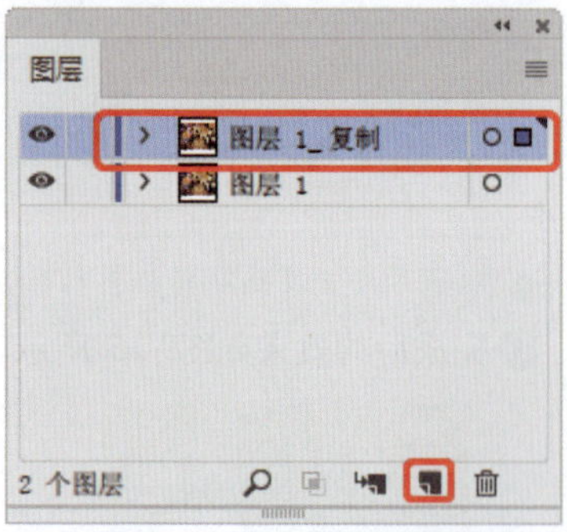

图9-171　复制图层副本

❸ 在工具箱中选择【矩形工具】，在画板中创建矩形，如图9-172所示。

图9-172　创建矩形

❹ 选择上方复制后的图片和矩形对象，在菜单栏中选择【对象】|【剪切蒙版】|【创建】命令，可以在【图层】面板中将【图层1】隐藏，查看一下效果，如图9-173所示，显示图层。

图9-173　创建蒙版

❺ 在【图层】面板中选择图层副本，在菜单栏中选择【效果】|【扭曲】|【玻璃】命令，在弹出的对话框中选择【纹理】为【磨砂】，设置【扭曲度】为20，【平滑度】为3，单击【确定】按钮，如图9-174所示。

❻ 设置玻璃效果后如图9-175所示。

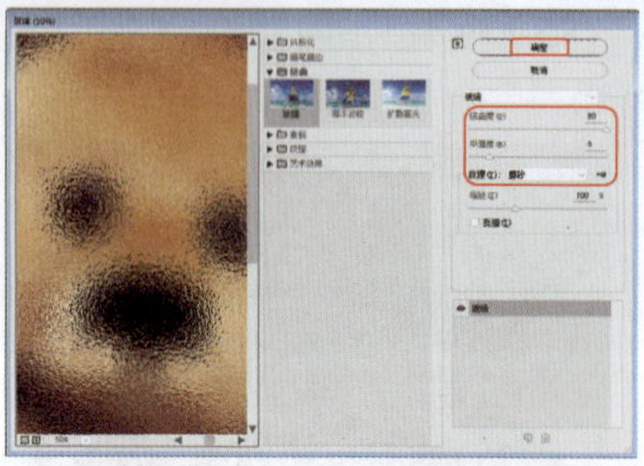

图9-174　设置【玻璃】效果

图9-175　设置玻璃后的效果

❼ 选择图层副本，在菜单栏中选择【效果】|【3D】|【凸出和斜角】命令，在弹出的对话框中设置【指定绕X轴旋转】为-1、【指定绕Y轴旋转】为-5、【指定绕Z轴旋转】为0，设置【凸出厚度】为30pt，单击【确定】按钮，如图9-176所示。

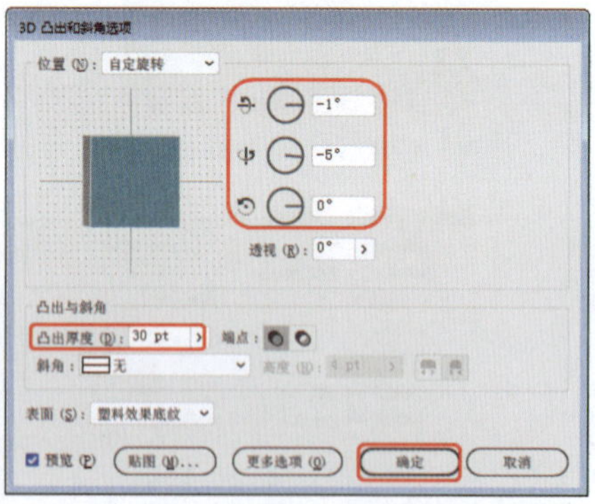

图9-176　设置3D凸出和斜角参数

❽ 完成3D凸出和斜角后的效果如图9-177所示。

图9-177　完成后的效果

实训练习177
水墨画

下面介绍水墨画的制作，完成后的效果如图9-178所示。

素材	素材|Cha09|水墨画.ai
场景	场景|Cha09|实训练习177 水墨画.ai
视频	视频教学|Cha09|实训练习177 水墨画.MP4

图9-178　水墨画效果

❶ 打开随书配套资源中的素材|Cha09|水墨画.ai文件，如图9-179所示。

图9-179　打开的素材文件

❷ 在文档中选择图像，在菜单栏中选择【效果】|【素描】|【影印】命令，在弹出的【影印】滤镜库中设置【细节】为21，【暗度】为10，如图9-180所示。

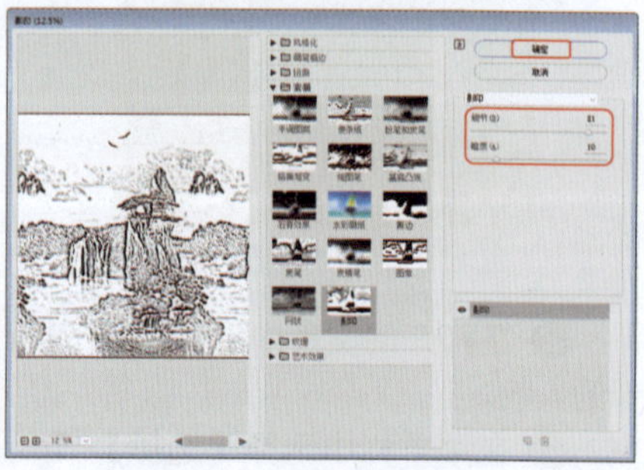

图9-180　设置【影印】参数

❸ 设置影印参数后的效果如图9-181所示。

图9-181　完成的水墨画效果

实训练习178 拼图

下面介绍拼图效果的制作，如图9-182所示。

素材	素材|Cha09|拼图.ai
场景	场景|Cha09|实训练习178 拼图.ai
视频	视频教学 | Cha09 |实训练习178 拼图.MP4

图9-182　拼图效果

❶ 打开随书配套资源中的素材|Cha09 |拼图.ai文件，如图9-183所示。

图9-183　打开的素材文件

❷ 在打开的文件中选择图像，在菜单栏中选择【效果】|【纹理】|【马赛克拼贴】命令，在弹出的【马赛克拼贴】滤镜库中设置【拼贴大小】为100，【缝隙宽度】为15，【加亮缝隙】为5，单击【确定】按钮，如图9-184所示。

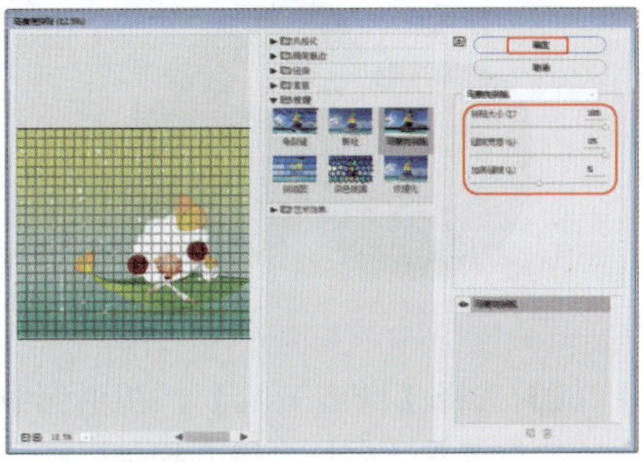

图9-184　设置【马赛克贴图】参数

❸ 设置马赛克贴图后的效果如图9-185所示。

图9-185　设置马赛克拼贴后的效果

实训练习179 果盘

本实例通过果盘的设计制作，帮助读者掌握使用钢笔工具绘制图形、【3D绕转】命令、【置于底层】命令、【建立剪切蒙版】命令的使用，效果如图9-186所示。

素材	无
场景	场景|Cha09|实训练习179 果盘.ai
视频	视频教学 | Cha09 |实训练习179 果盘.MP4

图9-186　果盘

❶ 新建一个空白文件，使用【钢笔工具】在页面中绘制果盘的截面图形，通过【转换点工具】和【直接选择工具】可对相应的节点进行修改，效果如图9-187所示。

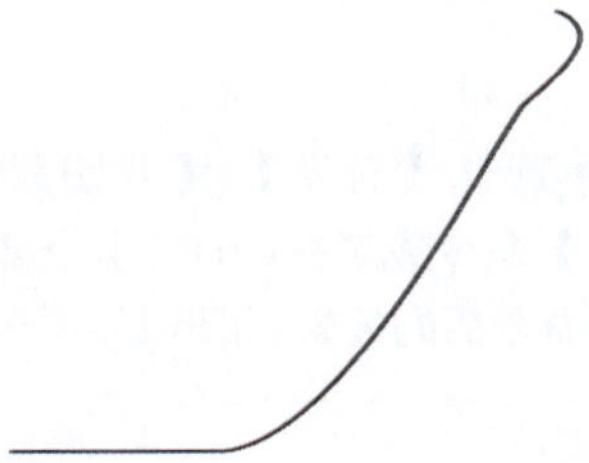

图9-187　绘制线段

❷ 通过【颜色】面板设置对象的填充色为无色，轮廓线为黄色，选择【效果】|【3D】|【绕转】命令，在打开的【3D绕转选项】对话框中参照图9-188所示的参数进行设置。

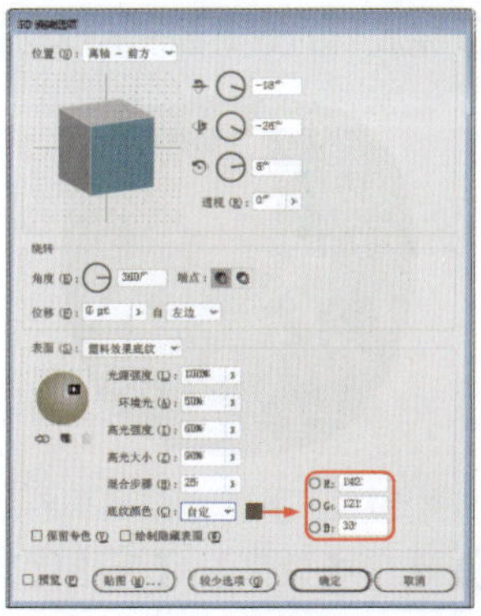

图9-188　设置3D绕转参数

❸ 完成后的效果如图9-189所示。

图9-189　3D绕转后的效果

❹ 选择【椭圆工具】，绘制一个椭圆图形，通过范围框旋转到合适的角度，通过【颜色】面板设置对象的填充颜色为红色，轮廓线颜色为无色，参数设置如图9-190所示。

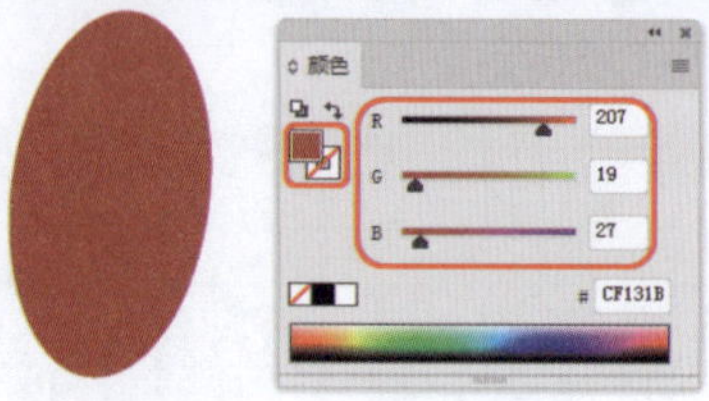

图9-190　绘制椭圆并填充颜色

❺ 选择【效果】|【3D】|【绕转】命令，在打开的【3D绕转选项】对话框中参照图9-191所示的参数进行设置。

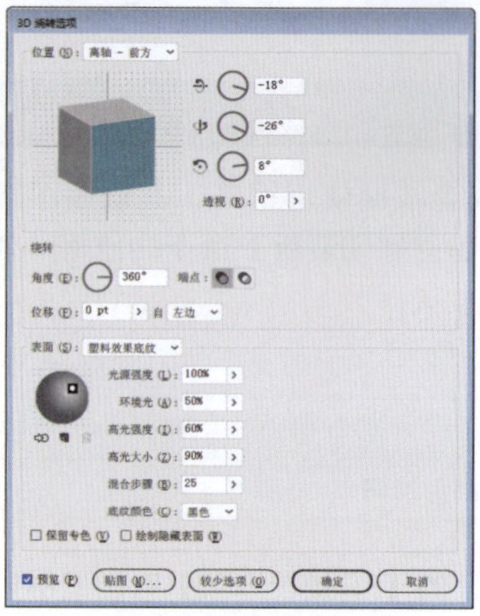

图9-191　设置3D绕转参数

❻ 完成后的效果如图9-192所示。

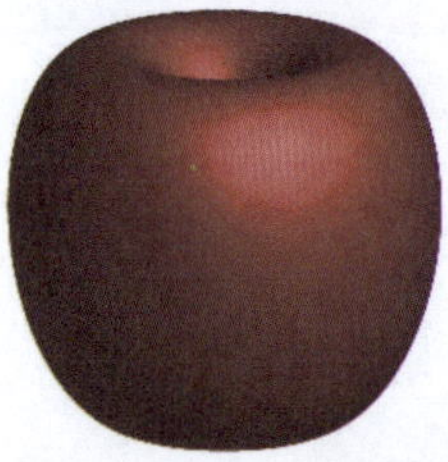

图9-192　3D绕转后的效果

❼ 选择【效果】|【风格化】|【投影】命令，在打开的【投影】对话框中将【模式】设置为【正片叠底】，【不透明度】设置为75%，【X位移】设置为2.47mm、【Y位移】设置为2.47mm，【模糊】设置为1.76mm，设置完成后单击【确定】按钮，如图9-193所示。

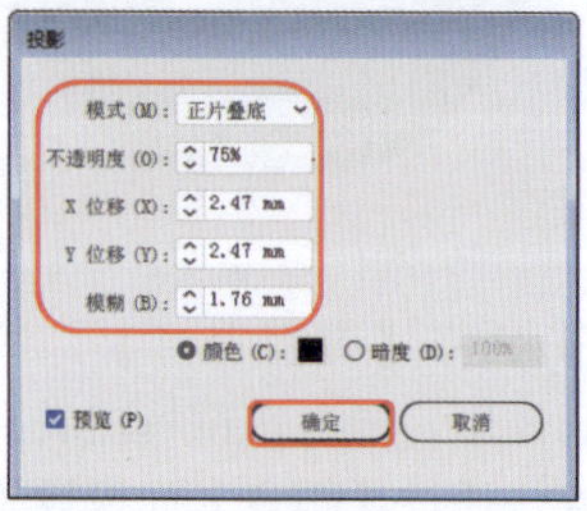

图9-193　设置【投影】参数

❽ 重复上面的操作，分别绘制图9-194所示的苹果。

图9-194　绘制其他苹果后的效果

❾ 选择【椭圆工具】，在页面中合适的位置按下鼠标左键并拖拽鼠标到图9-195所示的位置处，松开鼠标左键，即可绘制一个椭圆图形。

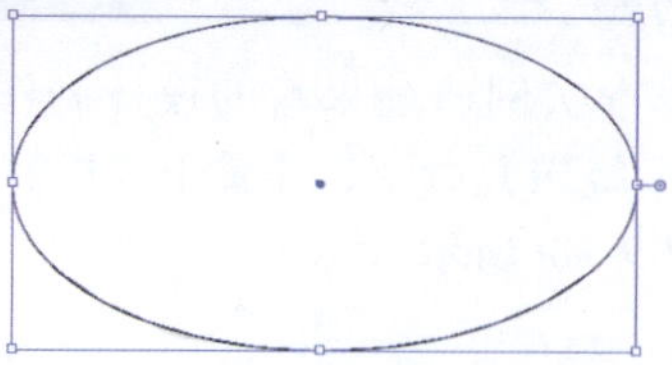

图9-195　绘制椭圆

❿ 使用【选择工具】，选择椭圆图形，将其移动至图9-196所示的位置处。

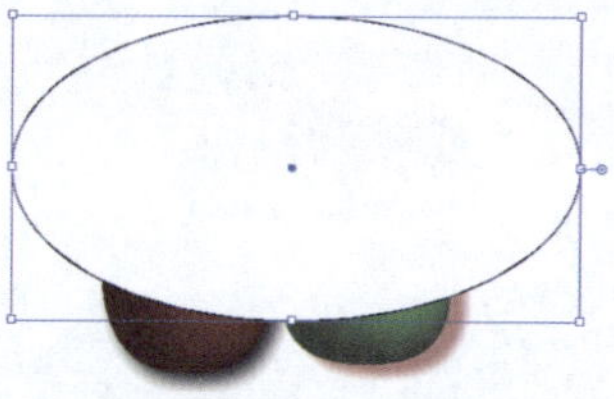

图9-196　移动椭圆的位置

⓫ 使用【选择工具】，拖拽鼠标选择对象，如图9-197所示。

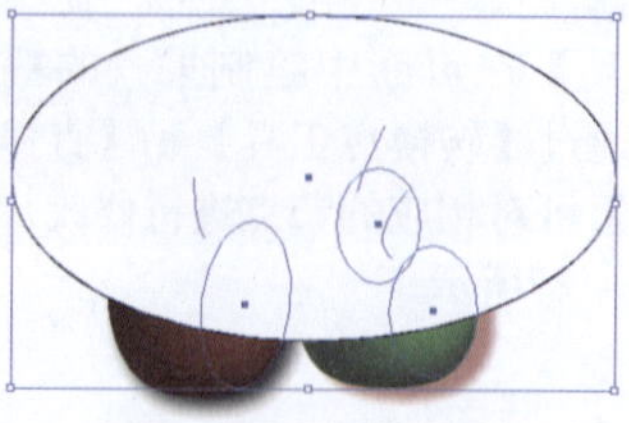

图9-197　选择对象

⓬ 选择【对象】|【剪切蒙版】|【建立】命令或者按Ctrl+7组合键，创建蒙版命令后的效果如图9-198所示。

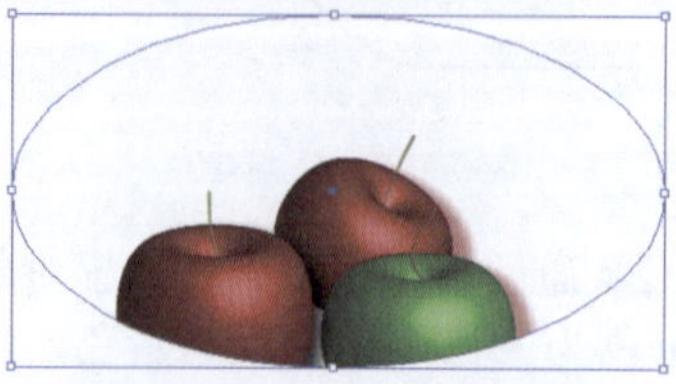

图9-198　剪切后的效果

⓭ 使用【选择工具】，单击并选择剪切后的苹果图形，将其移动至图9-199所示的位置处。

图9-199　移动对象的位置

⓮ 选择【矩形工具】，在页面中绘制一个矩形，然后在【色板】面板中设置对象填充颜色为【绿色】，【轮廓线】颜色为【无色】，再选择【对象】|【排列】|【置于底层】命令，如图9-200所示。

图9-200　设置矩形的颜色及排列顺序

实训练习180
立体字

本实例通过立体字的设计制作，帮助读者掌握文字工具、【凸出和斜角】命令、【投影】命令的使用，效果如图9-201所示。

素材	无
场景	场景|Cha09|实训练习180 立体字.ai
视频	视频教学|Cha09|实训练习180 立体字.MP4

图9-201　立体字

❶ 新建一个空白文件，使用【文字工具】，在页面中合适的位置输入文字“ONLY YOU！”，并通过【字符】面板设置文字的字体和大小，如图9-202所示。

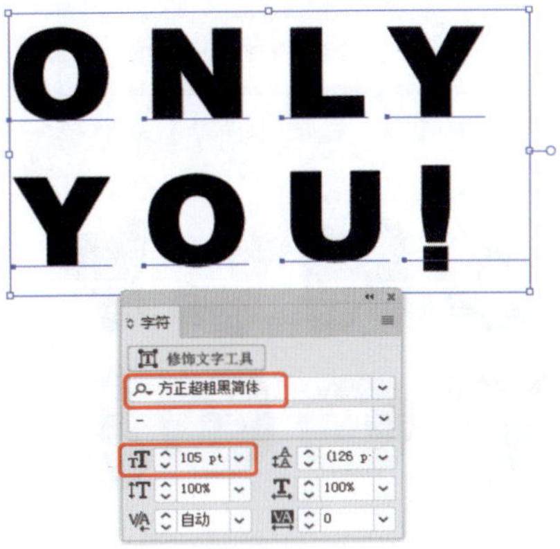

图9-202 设置文字的字体和字体大小

❷ 在【色板】面板中分别更改文字的颜色，如图9-203所示。

图9-203 设置文字的颜色

❸ 使用【选择工具】，单击并选择“ONLY”中的字母“O”，选择【效果】|【3D】|【凸出和斜角】命令，在弹出的【3D凸出和斜角】对话框参照图9-204所示的参数进行设置，设置完成后单击【确定】按钮。

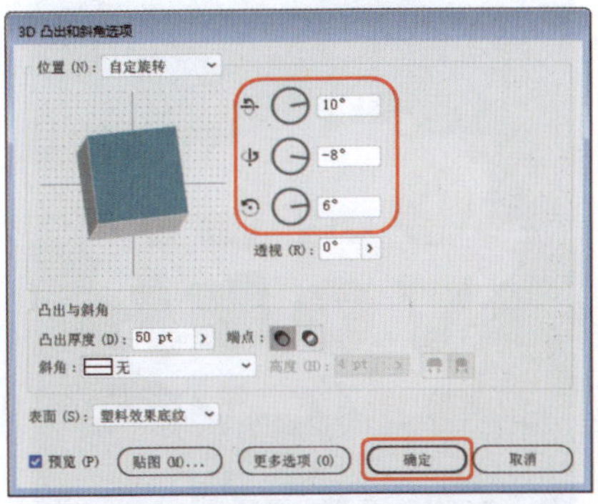

图9-204 设置【3D凸出和斜角】参数

❹ 完成后的效果如图9-205所示。

❺ 使用【选择工具】，单击并选择“ONLY”中的字母“N”，选择【效果】|【3D】|【凸出和斜角】命令，在弹出的【3D凸出和斜角】对话框中参照图9-206所示的参数进行设置，设置完成后单击【确定】按钮。

图9-205 应用【3D凸出和斜角】后的效果

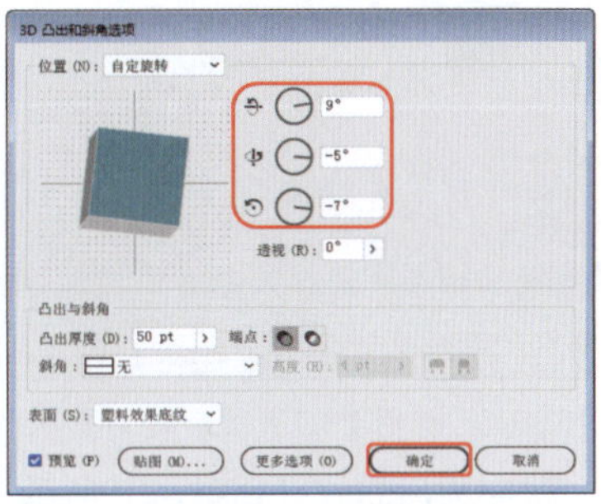

图9-206 设置【3D凸出和斜角】参数

❻ 完成后的效果如图9-207所示。

图9-207 应用【3D凸出和斜角】后的效果

❼ 使用【选择工具】，单击并选择“ONLY”中的字母“L”，选择【效果】|【3D】|【凸出和斜角】命令，在弹出的【3D凸出和斜角】对话框中参照图9-208所示的参数进行设置，设置完成后单击【确定】按钮。

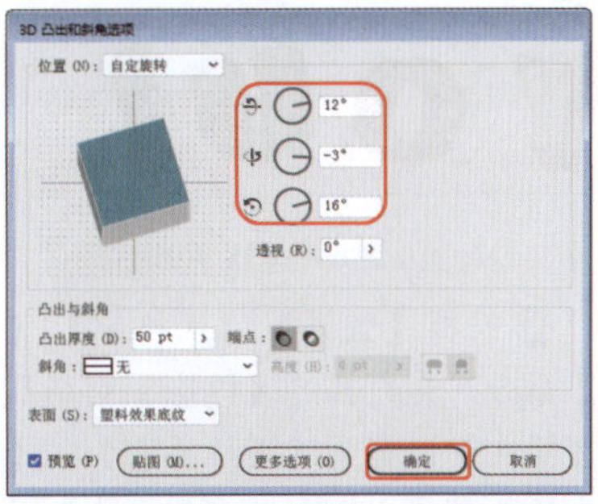

图9-208 设置【3D凸出和斜角】参数

❽ 完成后的效果如图9-209所示。

图9-209 应用【3D凸出和斜角】后的效果

❾ 使用【选择工具】，单击并选择“ONLY”中的字母“Y”，选择【效果】|【3D】|【凸出和斜角】命令，在弹出的【3D凸出和斜角】对话框中参照图9-210所示的参数进行设置，设置完成后单击【确定】按钮。

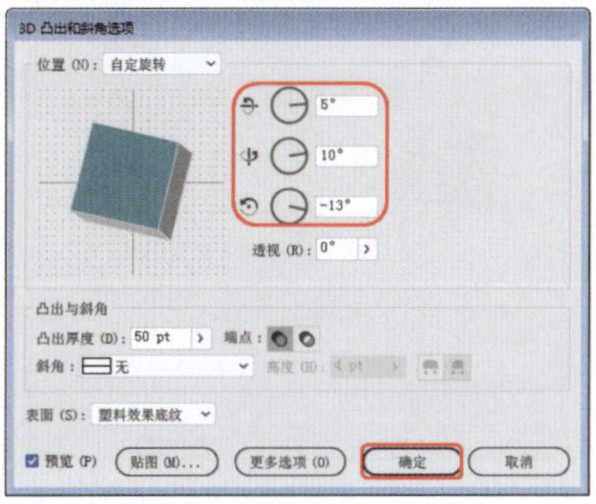

图9-210 设置【3D凸出和斜角】参数

❿ 完成后的效果如图9-211所示。

图9-211 应用【3D凸出和斜角】后的效果

⓫ 使用【选择工具】，单击并选择“YOU”字母中的“Y”，选择【效果】|【3D】|【凸出和斜角】命令，在弹出的【3D凸出和斜角】对话框中参照图9-212所示的参数进行设置，设置完成后单击【确定】按钮。

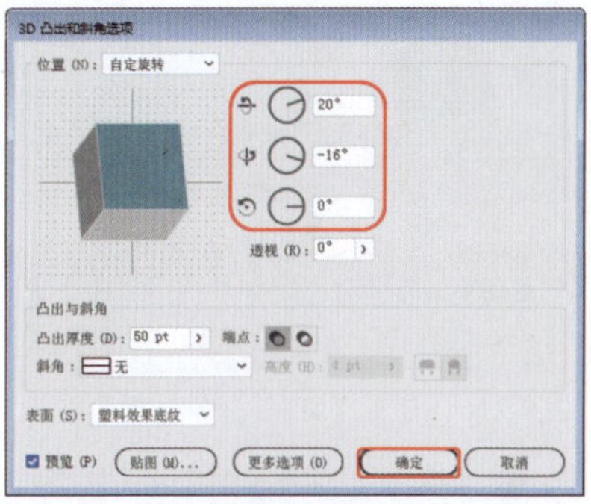

图9-212 设置【3D凸出和斜角】参数

⓬ 完成后的效果如图9-213所示。

图9-213 应用【3D凸出和斜角】后的效果

⑬ 使用【选择工具】，单击并选择“YOU”字母中的“O”，选择【效果】|【3D】|【凸出和斜角】命令，在弹出的【3D凸出和斜角】对话框中参照图9-214所示的参数进行设置，设置完成后单击【确定】按钮。

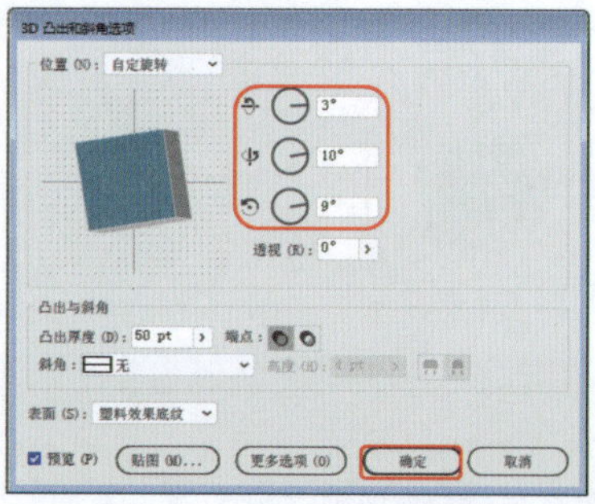

图9-214 设置【3D凸出和斜角】参数

⑭完成后的效果如图9-215所示。

图9-215 应用【3D凸出和斜角】后的效果

⑮ 使用【选择工具】，单击并选择“YOU”字母中的“U”，选择【效果】|【3D】|【凸出和斜角】命令，在弹出的【3D凸出和斜角】对话框中参照图9-216所示的参数进行设置，设置完成后单击【确定】按钮。

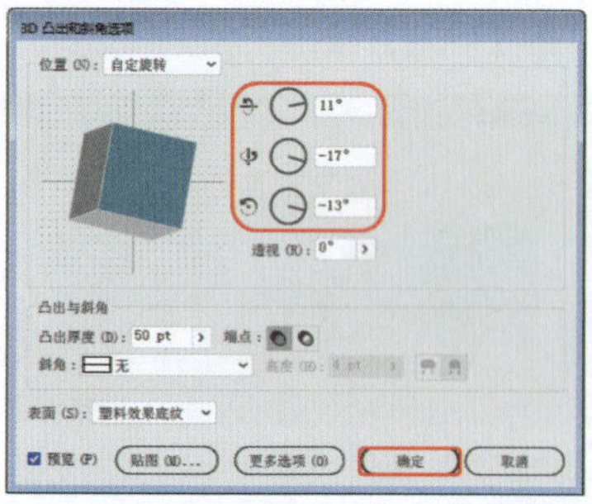

图9-216 设置【3D凸出和斜角】参数

⑯完成后的效果如图9-217所示。

图9-217 应用【3D凸出和斜角】后的效果

⑰ 使用【选择工具】，单击并选择“ONLY YOU”单词后面的“！”，选择【效果】|【3D】|【凸出和斜角】命令，在弹出的【3D凸出和斜角】对话框中参照图9-218所示的参数进行设置，设置完成后单击【确定】按钮。

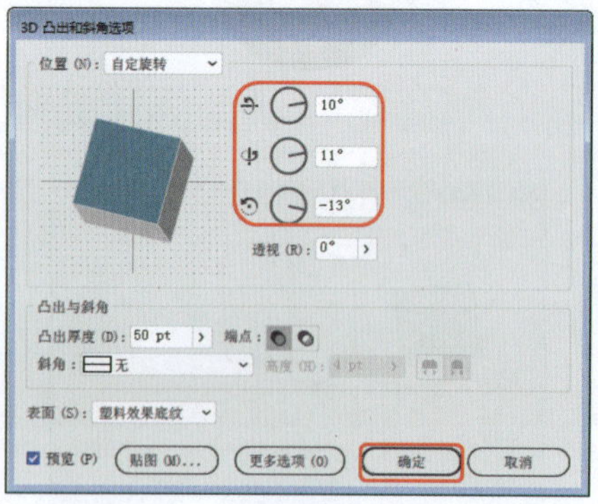

图9-218 设置【3D凸出和斜角】参数

⑱完成后的效果如图9-219所示。

图9-219 应用【3D凸出和斜角】后的效果

⑲ 使用【选择工具】，拖拽鼠标并依照图9-220所示的对视图中的字母图形。

图9-220 选择字母

⑳ 选择【效果】|【风格化】|【投影】命令，在打开的【投影】对话框中将【模式】设置为【正片叠底】，【不透明度】设置为75%，【X位移】设置为2mm，【Y位移】设置为2mm，【模糊】设置为0.5mm，设置完成后单击【确定】按钮，如图9-221所示。

㉑完成后的效果如图9-222所示。

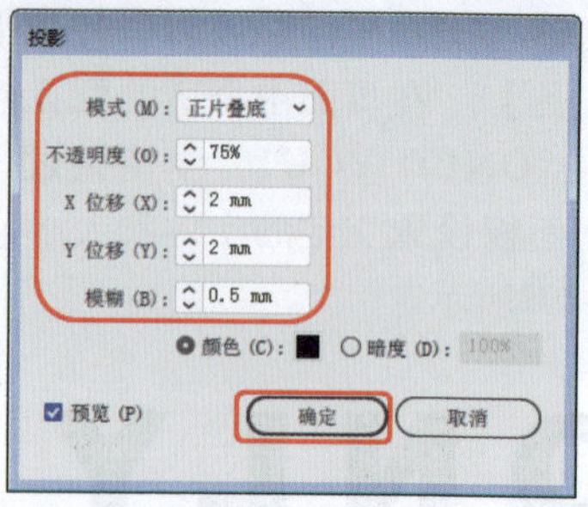

图9-221 设置【投影】参数

图9-222 应用【投影】后的效果

㉒ 通过【钢笔工具】【椭圆工具】【渐变】和【颜色】面板绘制如图9-223所示的图形。

图9-223 绘制图形

㉓ 使用【选择工具】，选择图形并将其移动至图9-224所示的位置处。

图9-224 最终效果

第10章 海报设计

海报在日常生活中随处可见，不同类型海报的特点也不相同，本章将详细讲解不同海报的制作过程，其中包括公益海报、电影海报、篮球赛事海报等。通过本章的学习可以对海报的设计有一定的了解。

实训练习181 芭蕾舞演出海报

海报是极为常见的一种招贴形式，多用于电影、戏剧、比赛、文艺演出等活动。海报中通常要写清楚活动的性质，活动的主办单位、时间、地点等内容。海报的语言要求简明扼要，形式要新颖美观。下面介绍芭蕾舞演出海报的制作，效果如图10-1所示。

素材	素材|Cha03|素材|Cha10|底纹1.ai、底纹2.ai、舞者.ai、玫瑰.ai、玫瑰2.ai
场景	场景|Cha03|实训练习181 芭蕾舞演出海报.ai
视频	视频教学 | Cha03 |实训练习181 芭蕾舞演出海报.MP4

图10-1 芭蕾舞演出海报

❶ 启动Illustrator CC 2017软件后，在菜单栏中选择【文件】|【新建】命令，如图10-2所示。

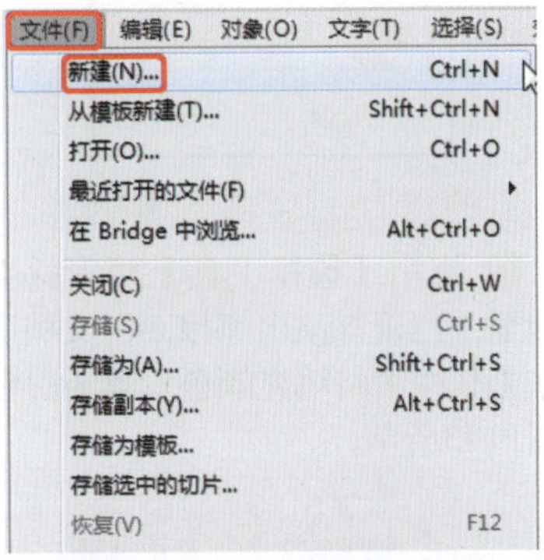

图10-2 选择【新建】命令

❷ 弹出【新建文档】对话框，在该对话框中将【宽度】和【高度】分别设置为210mm和297mm，如图10-3所示。

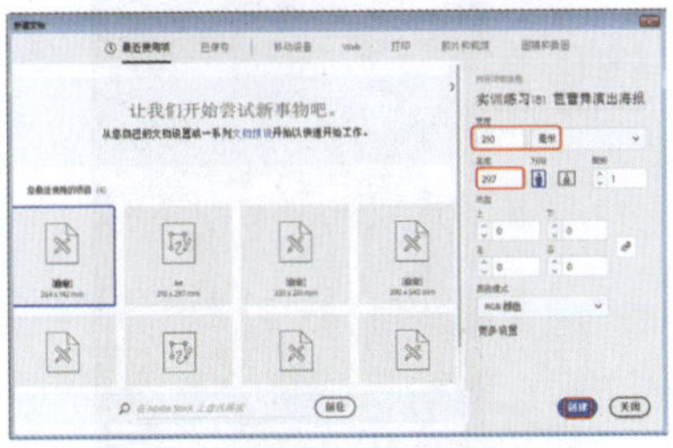

图10-3 【新建文档】对话框

❸ 单击【创建】按钮，新建一个空白的文档，使用【矩形工具】在画板中绘制矩形，如图10-4所示。

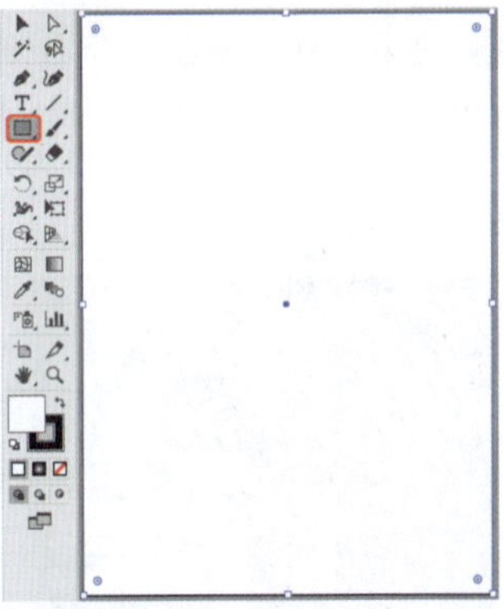

图10-4 绘制矩形

❹ 确定新绘制的矩形处于选择状态，在菜单栏中选择【窗口】|【渐变】命令，打开【渐变】面板，在该面板中将【类型】设置为【径向】，将【长宽比】设置为94%，如图10-5所示。

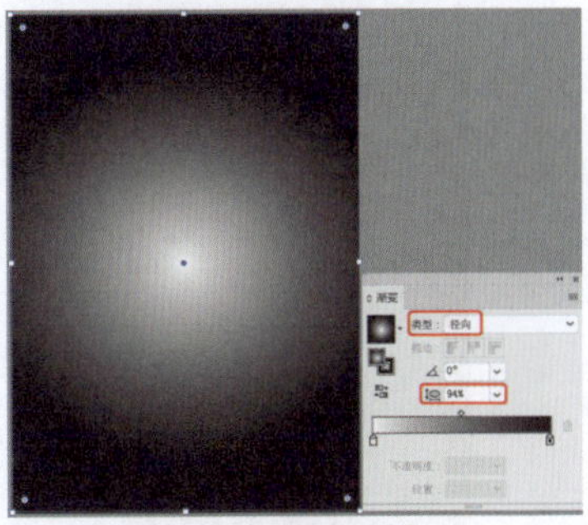

图10-5 【渐变】面板

❺ 在渐变条上双击左侧的渐变滑块，在弹出的面板中单击☰按钮，在弹出的下拉菜单中选择【CMYK】命令，如图10-6所示。

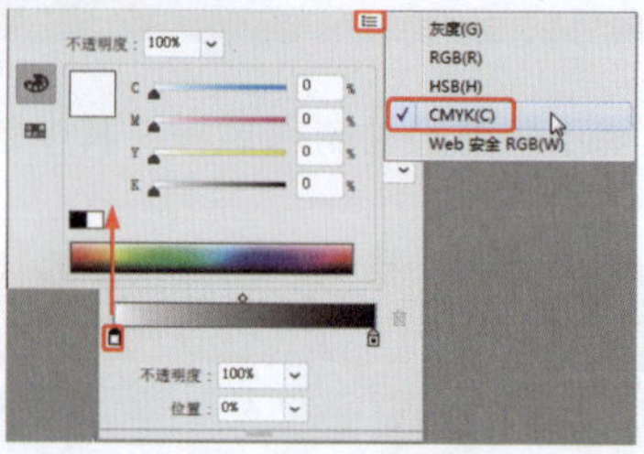

图10-6　选择【CMYK】命令

❻ 在面板中设置颜色值为0、100、100、0，并将渐变滑块的【位置】设置为40%，如图10-7所示。

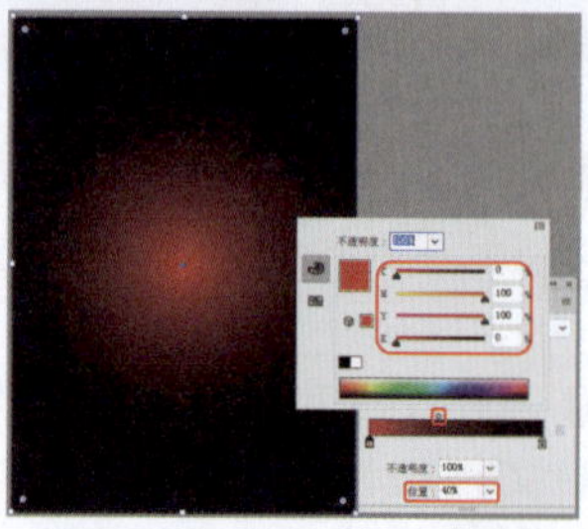

图10-7　为左侧滑块设置颜色

❼ 使用同样的方法，将右侧渐变滑块的C、M、Y、K值设置为0、100、100、30，并将其【位置】设置为98%，如图10-8所示。

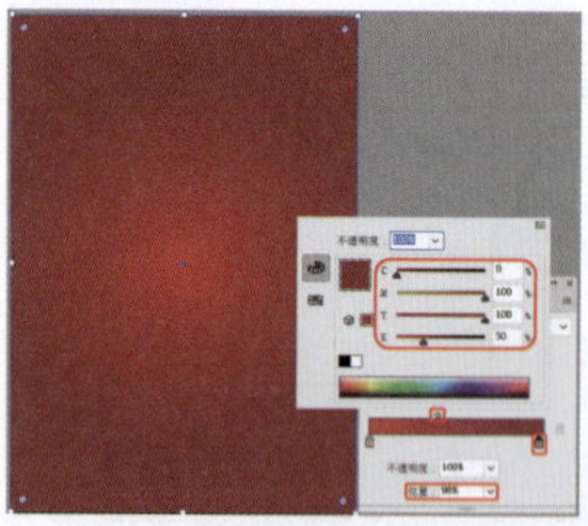

图10-8　为右侧滑块设置颜色

❽ 在工具栏中将【描边属性】设置为无色，效果如图10-9所示。

图10-9　设置描边属性

❾ 在菜单栏中选择【文件】|【打开】命令，如图10-10所示。

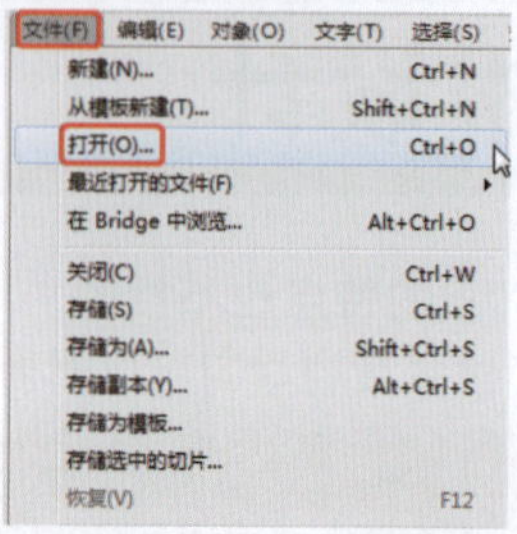

图10-10　选择【打开】命令

❿ 弹出【打开】对话框，在该对话框中选择随书配套光盘中的素材|Cha10|底纹1.ai文件，如图10-11所示。

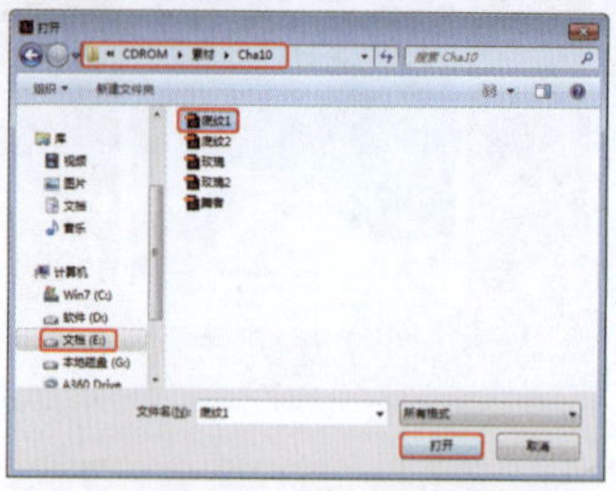

图10-11　选择素材文件

⓫ 单击【打开】按钮，即可打开选择的素材文件，如图10-12所示。

图10-12　打开的素材文件

⓬ 使用【选择工具】将素材文件拖拽至“芭蕾舞演出海报.ai”文档中，并在工具栏中将填充颜色设置为白色，如图10-13所示。

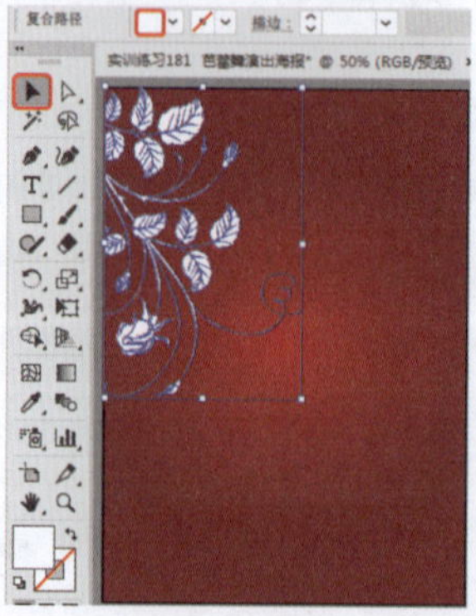

图10-13　拖拽素材文件并设置颜色

⓭ 在工具栏中将【不透明度】设置为10%，效果如图10-14所示。

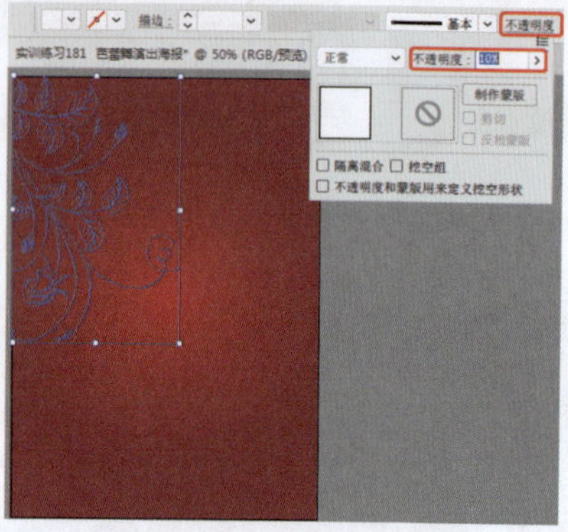

图10-14　设置不透明度

⓮ 使用同样的方法，打开素材文件“底纹2.ai”，并将其拖拽至“芭蕾舞演出海报.ai”文档中，然后调整素材文件的填充颜色和不透明度，效果如图10-15所示。

图10-15　拖拽并调整素材文件

⓯ 按Ctrl+O键弹出【打开】对话框，在该对话框中选择随书配套光盘中的素材|Cha10|舞者.ai文件，如图10-16所示。

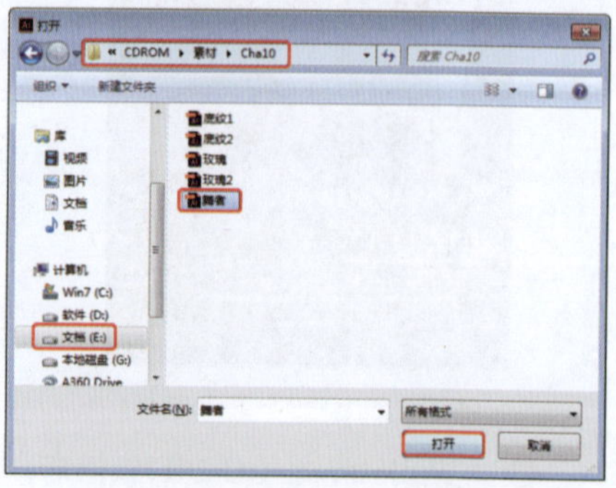

图10-16　选择素材文件

⓰ 单击【打开】按钮，即可打开素材文件，效果如图10-17所示。

⓱ 使用【选择工具】将素材文件拖拽至“芭蕾舞演出海报.ai”文档中，如图10-18所示。

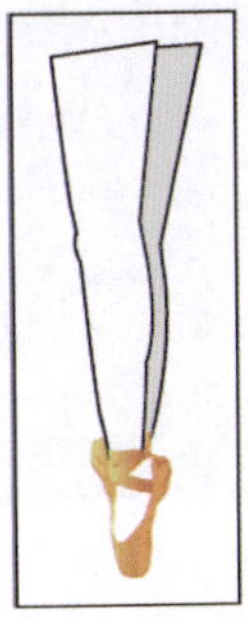

图10-17 打开的素材文件

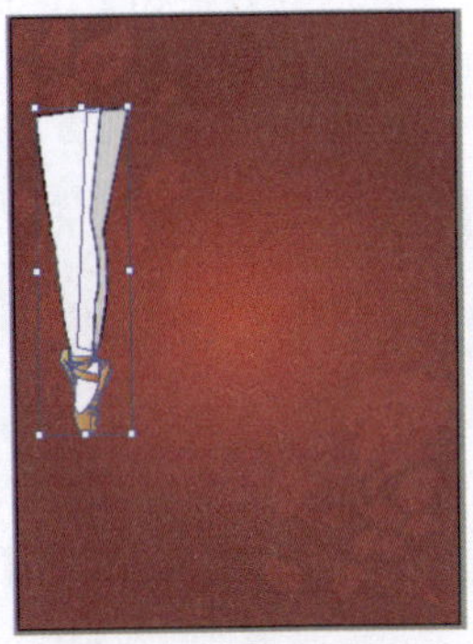

图10-18 拖拽素材文件

⑱ 使用同样的方法，打开素材文件“玫瑰.ai”，并将其拖拽至“芭蕾舞演出海报.ai”文档中，如图10-19所示。

图10-19 打开并拖拽素材文件

⑲ 选择素材文件“玫瑰”，等比例调整素材文件的大小和旋转角度，效果如图10-20所示。

图10-20 调整素材文件

⑳ 使用【矩形工具】，在画板中绘制矩形，如图10-21所示。

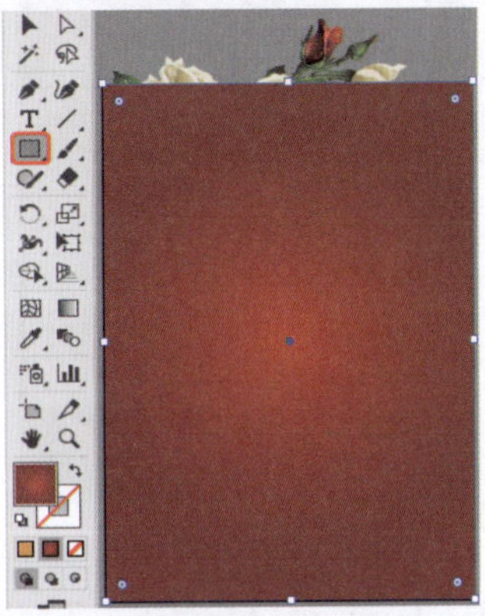

图10-21 绘制矩形

㉑ 使用【选择工具】，在按住Shift键的同时选择新绘制的矩形和玫瑰对象，在选择的对象上单击鼠标右键，在弹出的快捷菜单中选择【建立剪切蒙版】命令，如图10-22所示。

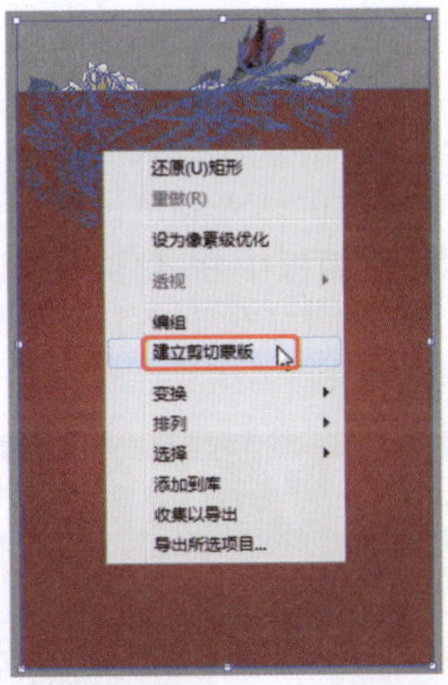

图10-22 选择【建立剪切蒙版】命令

㉒ 建立剪切蒙版，效果如图10-23所示。

图10-23 剪切蒙版

㉓ 使用【文字工具】，在画板中输入文字“梦幻玫瑰”，并选择输入的文字对象，在工具栏中将文字的填充颜色设置为白色，如图10-24所示。

图10-24 输入文字并设置颜色

㉔ 按Ctrl+T组合键打开【字符】面板，将【字体】设置为【方正美黑简体】，将【字体大小】设置为90pt，并调整文字在画板中的位置，如图10-25所示。

图10-25 设置文字

㉕ 按Ctrl+O组合键弹出【打开】对话框，在该对话框中选择随书配套光盘中的素材|Cha10|玫瑰2.ai文件，如图10-26所示。

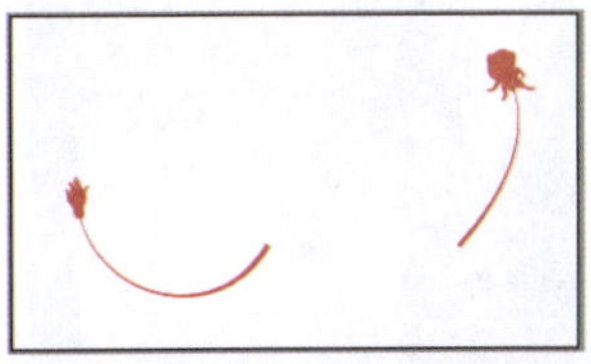

图10-26 打开的素材文件

㉖ 将素材文件拖拽至“芭蕾舞演出海报.ai”文档中，在工具栏中将填充颜色设置为白色，并在画板中调整素材文件的位置，如图10-27所示。

图10-27 调整素材文件

㉗ 使用【文字工具】在画板中输入文字“英国芭蕾舞经典剧”，并选择输入的文字对象，在工具栏中将文字的填充颜色设置为白色，在【字符】面板中将【字体】设置为【方正中等线简体】，将【字体大小】设置为28pt，如图10-28所示。

图10-28　输入并设置文字

㉘ 使用同样的方法，输入文字“11.11日即将展开订票业务”，然后将文字的颜色设置为白色，将【字体】设置为【方正准圆简体】，将【字体大小】设置为21pt，如图10-29所示。

图10-29　输入其他文字

㉙ 使用【文字工具】在画板的左下角输入数字“2017.11.11”，并选择输入的对象，在工具栏中将文字的填充颜色设置为白色，在【字符】面板中将【字体】设置为【方正大黑简体】，将【字体大小】设置为43pt，如图10-30所示。

㉚ 在数字的下方输入文字，并选择输入的文字对象“ying guo meng huan mei gui ba lei wu”，在工具栏中将文字的填充颜色设置为白色，在【字符】面板中将【字体】设置为【方正大黑简体】，将【字体大小】设置为12pt，如图10-31所示。

图10-30　输入数字

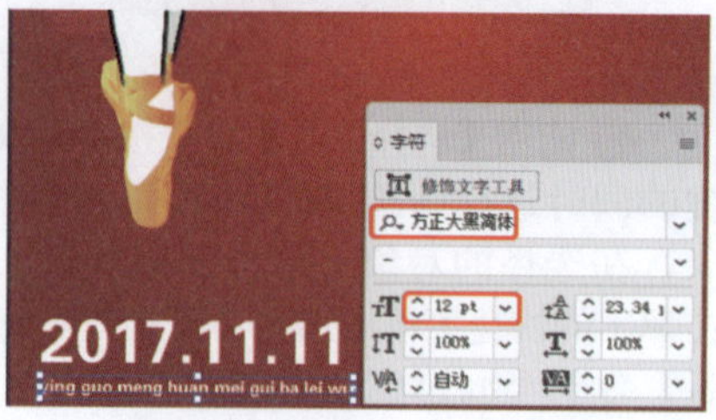

图10-31　输入并设置文字

㉛ 继续使用【文字工具】在画板中输入文字，并选择输入的文字，在工具栏中将文字的填充颜色设置为白色，在【字符】面板中将【字体】设置为【黑体】，将【字体大小】设置为9pt，如图10-32所示。

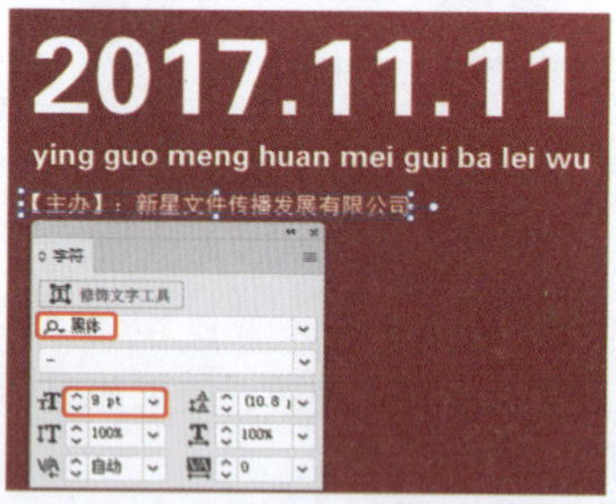

图10-32　输入并设置文字

㉜ 将光标置入“司”字的右侧，按Enter键另起一行并输入文字，并在【字符】面板中将【行距】设置为13pt，如图10-33所示。

图10-33　输入文字并设置

㉝ 使用同样的方法输入其他文字，效果如图10-34所示。

图10-34　输入其他文字

㉞ 至此，芭蕾舞演出海报就制作完成了，完成后的效果如图10-35所示。

图10-35　完成后的效果

实训练习182　简易海报设计

实例介绍制作简易海报的方法，主要运用【变形工具】和【矩形工具】进行绘制，以抽象的图形表现海报的内容，本张海报的主题为教育，如图10-36所示。

素材	底纹3.ai
场景	场景|Cha10|实训练习182　简易海报设计.ai
视频	视频教学 | Cha10 |实训练习182　简易海报设计.MP4

图10-36　简易海报设计

❶ 在运行Illustrator CC 2017后按Ctrl+N组合键弹出【新建文档】对话框，设置【宽度】和【高度】的参数分别为210mm和297mm，单击【创建】按钮，如图10-37所示。

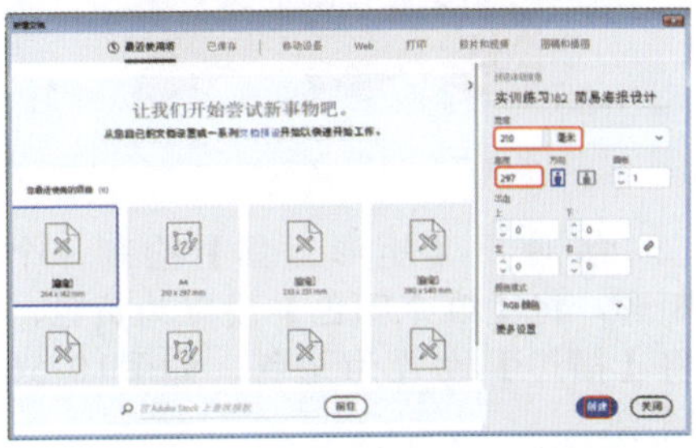

图10-37 打开【新建对话框】

❷ 使用【矩形工具】画出一个与页面大小相同的矩形，在工具栏中设置【填充】为白色，【描边】设置为黑色，【不透明度】设置为100%，如图10-38所示。

图10-38 创建矩形设置

❸ 再次使用【矩形工具】在画板中绘制出一个矩形，如图10-39所示。

图10-39 创建矩形

❹ 按住Alt键对绘制的矩形进行复制，并将其放置在下方，如图10-40所示。

❺ 对矩形进行设置，在工具栏中设置【填充】为红色，【描边】设置为黑色，如图10-41所示。

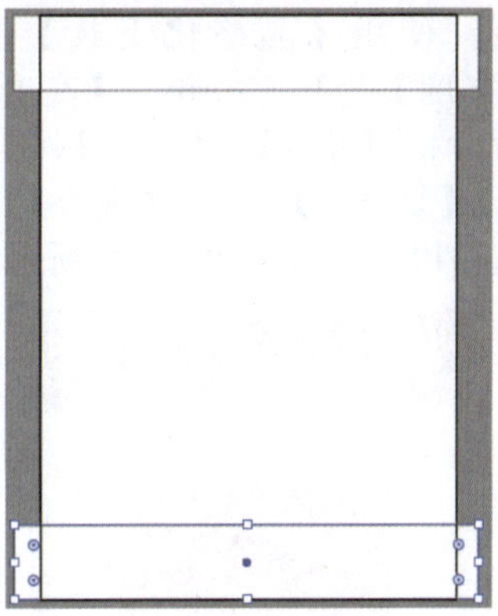

图10-40 复制矩形

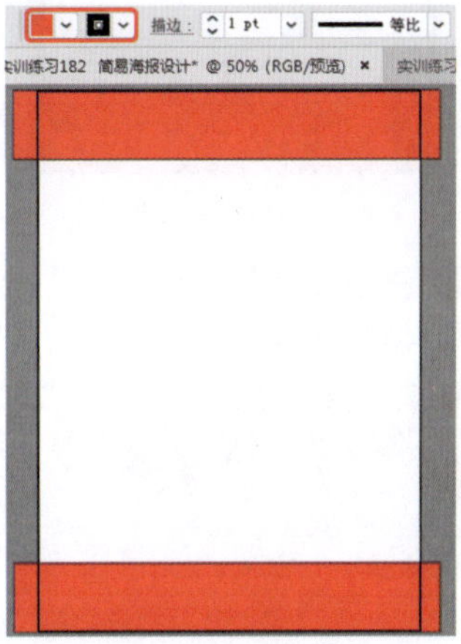

图10-41 对矩形进行设置

❻ 使用【矩形工具】画一个矩形，在工具栏中设置【填充】为红色，【描边】为黑色，【不透明度】为100%，如图10-42所示。

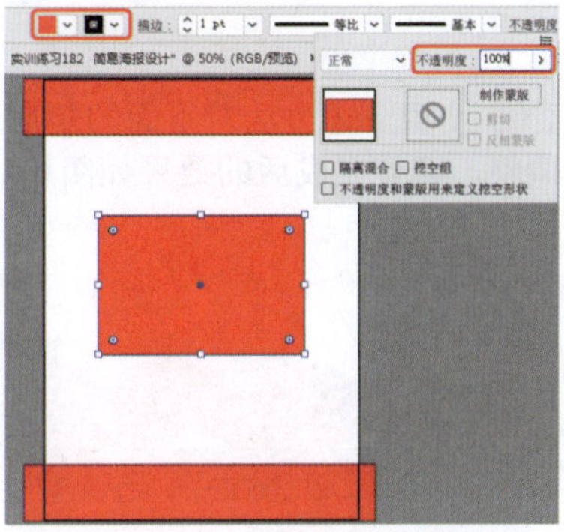

图10-42 创建矩形并设置

❼ 按Ctrl+R组合键显示标尺，拖着出参考线，如图10-43所示。

❽ 选择上面的矩形，使用【缩拢工具】对其进行调整，双击该工具，在弹出的【收缩工具选项】对话框中设置【宽度】为36.28mm、【高度】为35.28mm、【角度】为0°、【强度】为50%、【细节】为2、【简化】为44.34，设置完成后单击【确定】按钮，如图10-44所示。

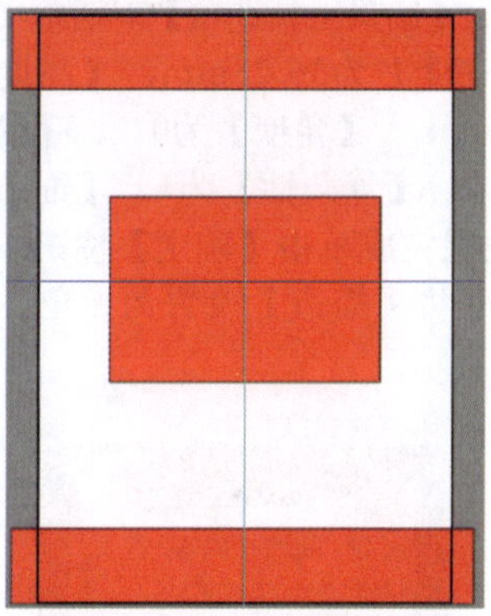

图10-43 拖出参考线

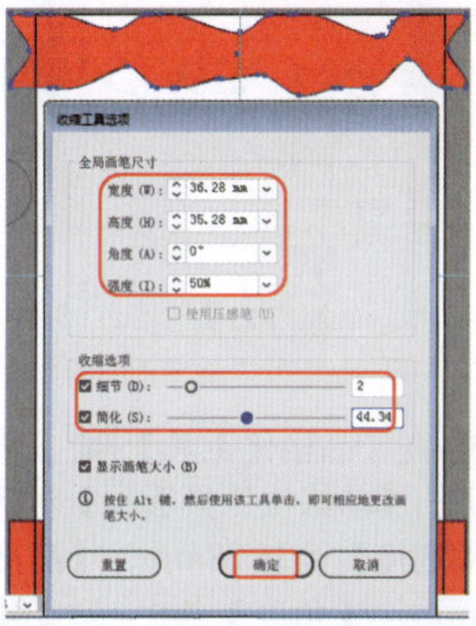

图10-44 【收缩工具】对话框

❾ 使用【缩拢工具】进行调整，调整大体轮廓，如图10-45所示。

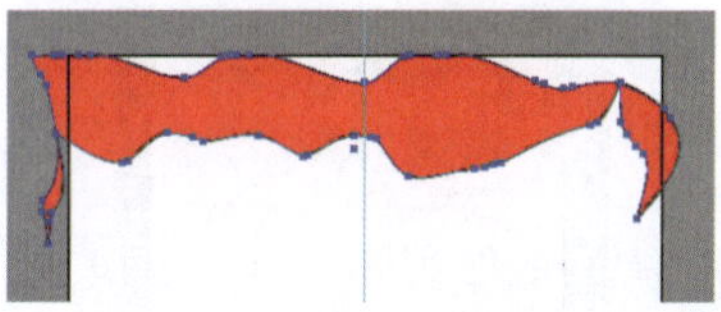

图10-45 调整轮廓

❿ 在【膨胀工具】上双击，在弹出的【膨胀工具选项】对话框中，设置【宽度】为36.28mm、【高度】为35.28mm、【角度】为0°，设置完成单击【确定】按钮，如图10-46所示。

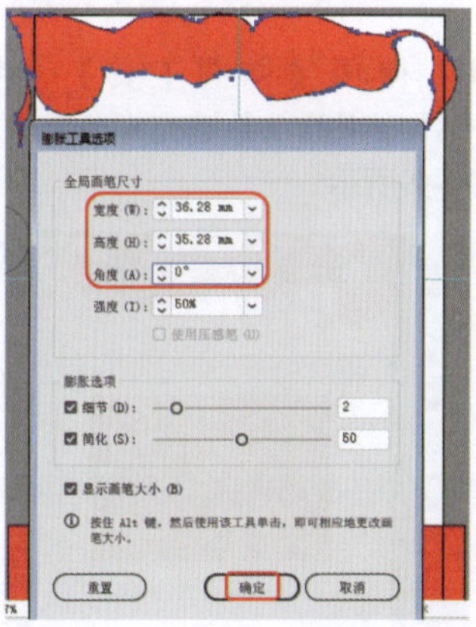

图10-46 【膨胀工具选项】对话框

⑪ 在【扇贝工具】上双击，在打开的【扇贝工具选项】对话框中，设置【宽度】为36.28mm、【高度】为35.28mm、【角度】为0°、【简化】为50%、【复杂性】为1、【细节】为2，设置完成单击【确定】按钮，在工具栏中将【描边】设置为无色，如图10-47所示。

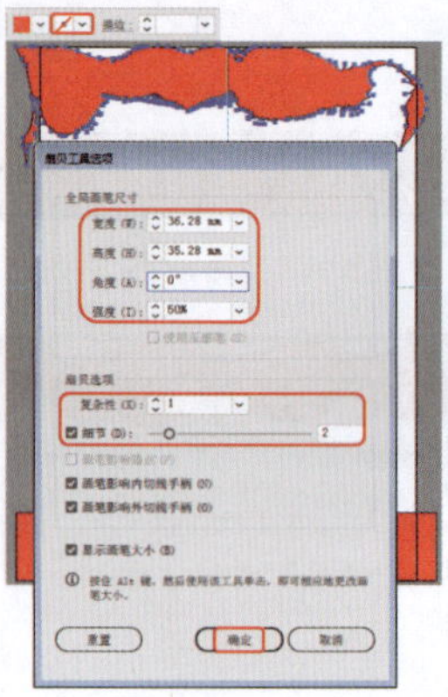

图10-47 【扇贝工具选项】对话框

⑫ 在【晶格化工具】上双击，在弹出的【晶格化工具选项】对话框中设置【宽度】为36.28mm、【高度】为35.28mm、【角度】为0°、【强度】为50%、【复杂性】为1、【细节】为2，设置完成单击【确定】按钮，效果如图10-48所示。

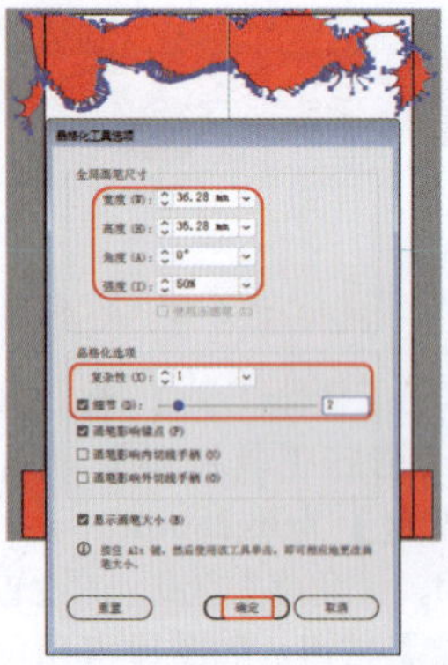

图10-48 【晶格化工具】对话框

⑬ 使用【椭圆工具】，按住shift+Alt画正圆，并填充颜色为白色，如图10-49所示。

图10-49 绘制圆形

⑭ 使用【晶格化工具】设置【宽度】为36.28mm、【高度】为35.28mm、【角度】为0°、【强度】为50%、【复杂性】为1、【细节】为2，对准正圆中心，效果如图10-50所示。

图10-50 调整圆形后的效果

⑮ 使用【椭圆工具】画一个扁长的椭圆，如图10-51所示。

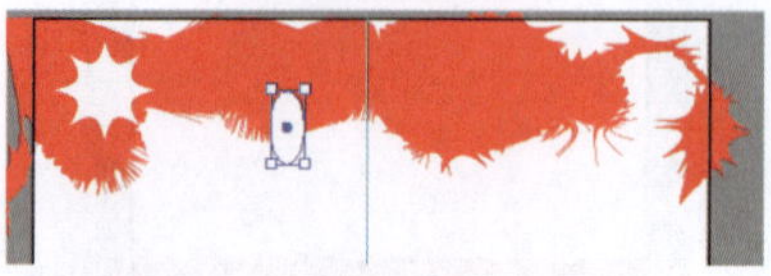

图10-51 绘制椭圆

⑯ 使用上面制作的小装饰进行调整，如图10-52所示。

图10-52 进行调整

⑰ 使用上述方法对下面的矩形进行调整，调整完成后的效果如图10-53所示。

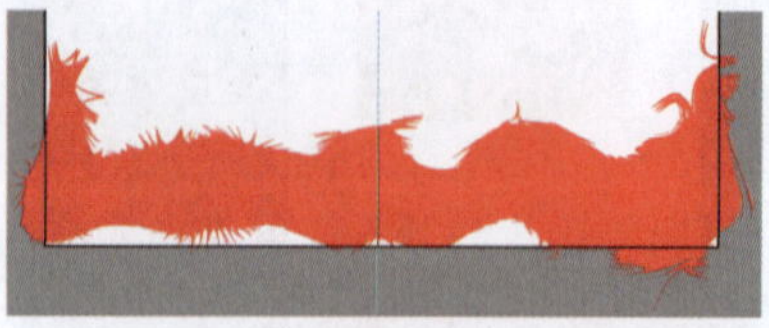

图10-53 调整矩形效果

⑱ 制作同样的装饰，可以改变其大小，进行不规则的排列，如图10-54所示。

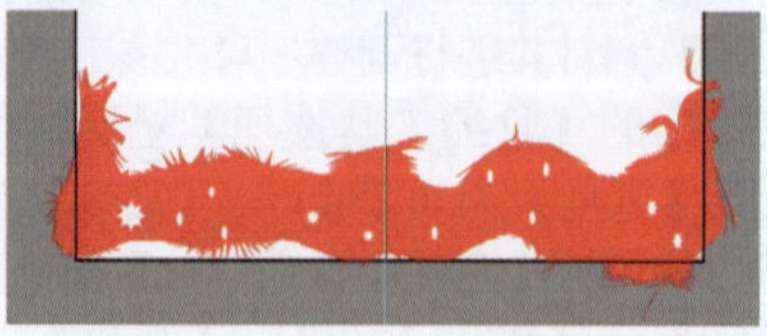

图10-54 绘制下方装饰

⑲ 使用同样的方法对中间绘制的矩形进行调整，效果如图10-55所示。

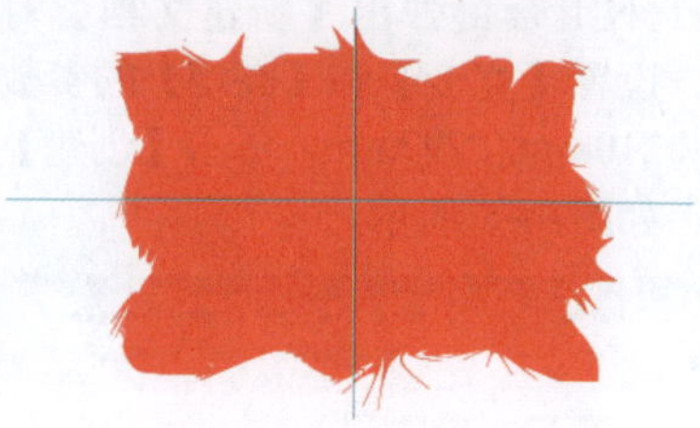

图10-55 调整矩形

⑳ 使用【矩形工具】绘制一个矩形，将【填充颜色】设置为黄色，将【描边】设置为无色，如图10-56所示。

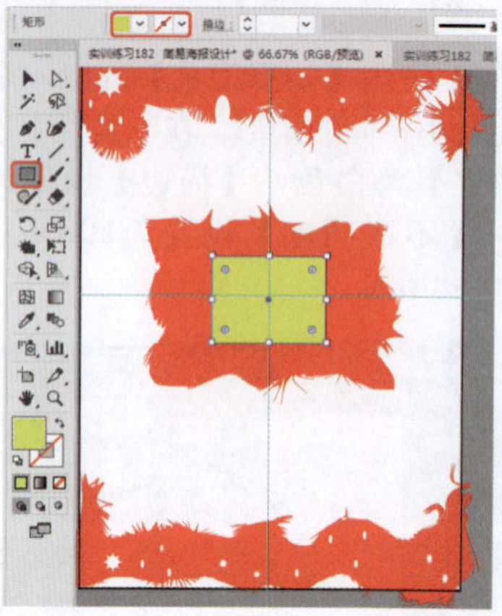

图10-56 绘制矩形并设置

㉑ 使用上述方法调整刚刚绘制的矩形，效果如图10-57所示。

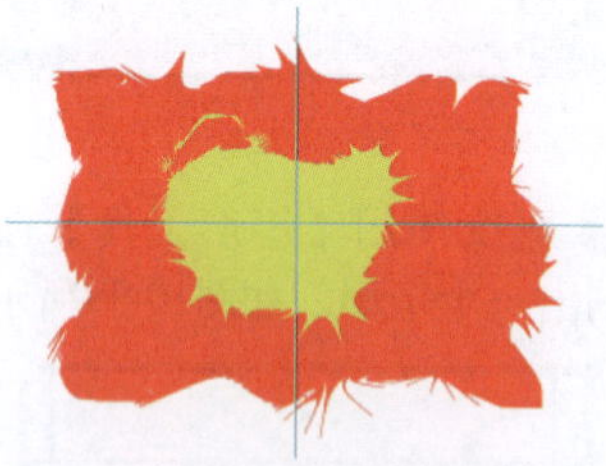

图10-57 调整矩形

㉒ 使用【圆角矩形工具】绘制一个圆角矩形，如图10-58所示。

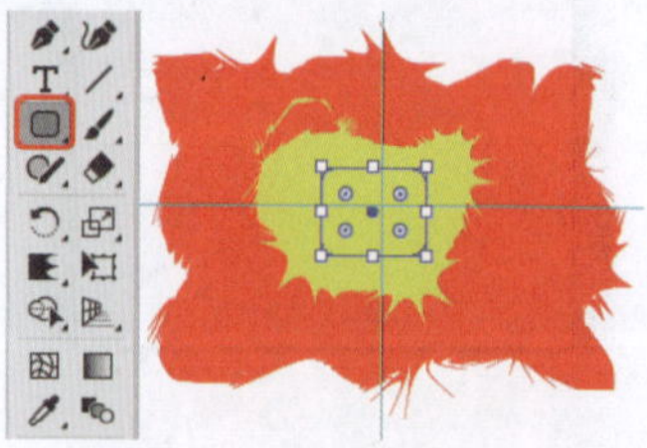

图10-58 绘制圆角矩形

㉓ 在【渐变】面板中设置该圆角矩形的渐变颜色，将第一个色块的RGB值设置为255、42、178，第二个色块的RGB值设置为191、0、53，【角度】设置为90°，如图10-59所示。

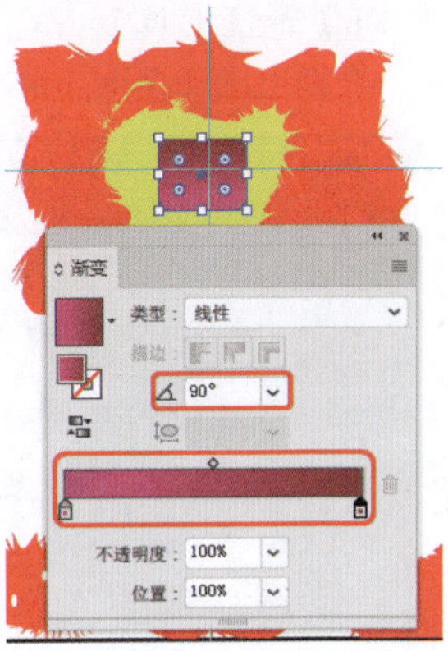

图10-59 设置渐变颜色

㉔ 使用相同的方法绘制矩形并进行调整，完成后的效果如图10-60所示。

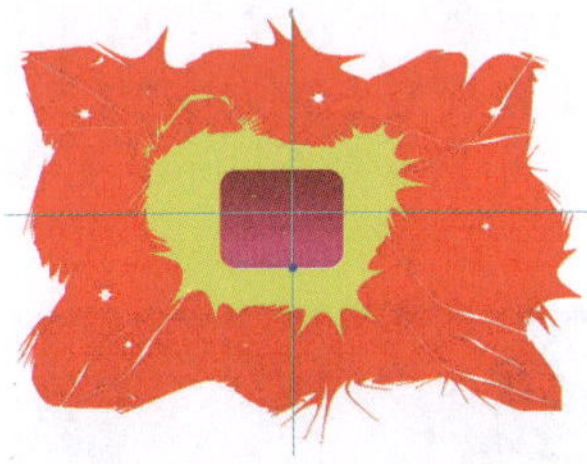

图10-60 绘制并调整

㉕ 使用【文字工具】输入文字，在【字符】面板中将【字体】设置为【宋体】，【字体大小】设置为【24pt】，在工具栏中将【填充颜色】设置为红色，如图10-61所示。

图10-61 设置文字

㉖ 按Ctrl+O组合键弹出【打开】对话框，在该对话框中选择随书配套光盘中的素材|Cha10|底纹3.ai文件，如图10-62所示。

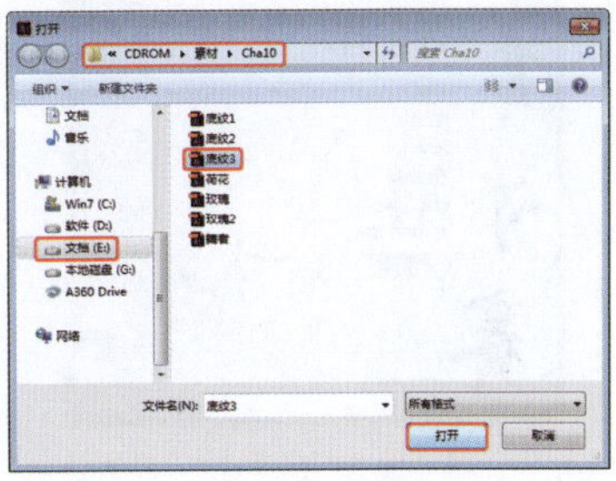

图10-62 选择素材文件

㉗ 单击【打开】按钮，即可打开选择的素材文件，如图10-63所示。

图10-63 打开素材文件

㉘ 使用【选择工具】将素材文件拖拽至“简易海报设计.ai”文档中，如图10-64所示。

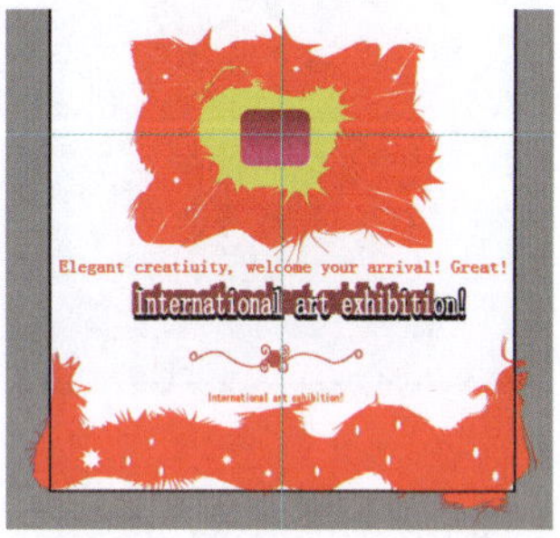

图10-64 拖拽素材文件

㉙ 选择上下两个矩形和各种装饰图形进行编组，完成后的效果如图10-65所示。

图10-65 进行编组

㉚ 使用【矩形工具】绘制一个矩形，并将【填充颜色】设置为白色，如图10-66所示。

图10-66 绘制矩形并设置

㉛ 选择刚刚绘制的矩形和编组后的图形，单击鼠标右键，在弹出的快捷菜单中选择【建立剪切蒙版】命令，如图10-67所示。

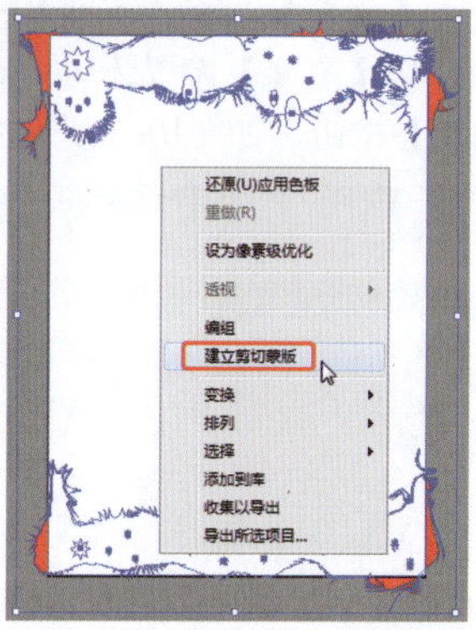

图10-67 选择【建立剪切蒙版】命令

㉜ 完成后的效果如图10-68所示。

图10-68 最终效果

实训练习183 篮球海报

本实例将讲解如何制作篮球赛事海报，其中使用了【渐变面板】和【光晕工具】的应用，具体操作方法如下，完成后的效果如图10-69所示。

素材	素材|Cha10|底纹4.ai、底纹5.ai
场景	场景|Cha10|实训练习183 篮球海报.ai
视频	视频教学|Cha10|实训练习183 篮球海报.MP4

图10-69 篮球赛事海报

❶ 启动软件后，按Ctrl+N组合键，在弹出的【新建文档】对话框中将【单位】设为【毫米】，将【宽度】设置为390mm，将【高度】设置为540mm，单击【创建】按钮，如图10-70所示。

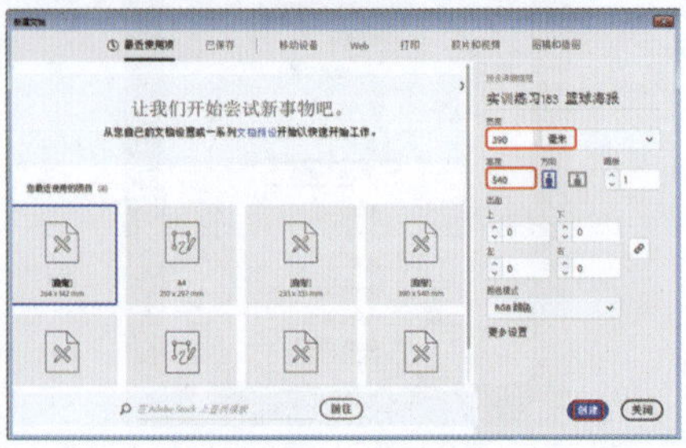

图10-70　新建文档

❷ 使用【矩形工具】绘制和文档相同大小的矩形，将其【填充颜色】设为无色，将【描边】设置为12pt，将【描边颜色】设置为渐变颜色，在【渐变】面板中设置渐变颜色，将第一个色块的RGB值设置为32、37、136，第二个色块的RGB值设置为214、0、80，将【类型】设置为【径向】，如图10-71所示。

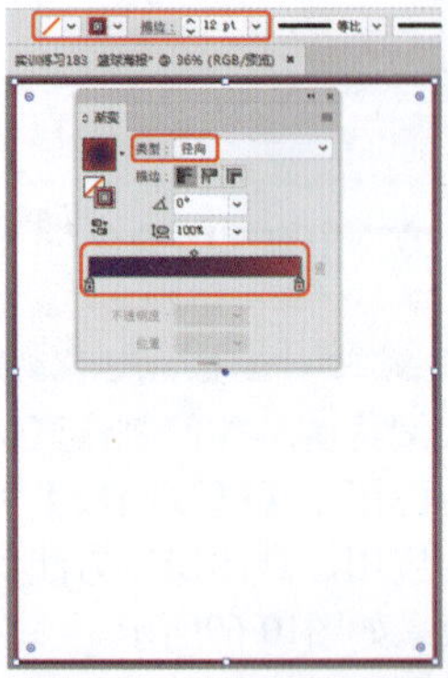

图10-71　绘制矩形并设置渐变颜色

❸ 再次使用【矩形工具】绘制和文档相同大小的矩形，将其【描边属性】设置为无色，将【填充颜色】设置为渐变颜色，在【渐变】面板中将第一个色块的RGB值设置为101、237、255，第二个色块的RGB值设置为255、19、255，将【角度】设置为60°，如果10-72所示。

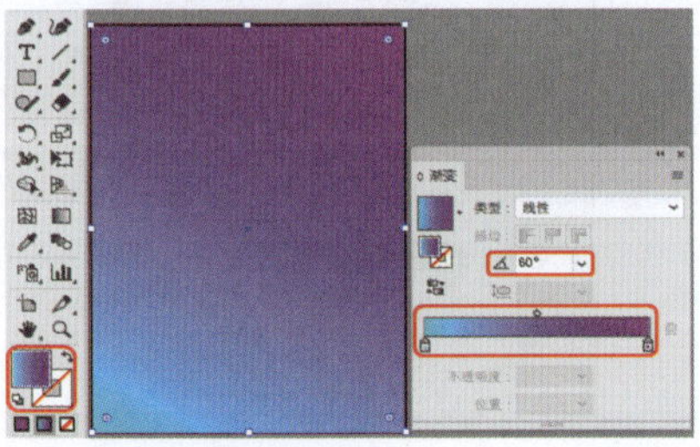

图10-72　绘制矩形并设置

❹ 按Ctrl+O组合键弹出【打开】对话框，在该对话框中选择随书配套光盘中的素材|Cha10|底纹4.ai文件，将其拖拽至“篮球赛事海报”中，并调整大小和位置，效果如图10-73所示。

图10-73　添加素材文件

❺ 选中所有的对象，按Ctrl+2组合键对其进行锁定，如果10-74所示。

图10-74　锁定对象

❻ 按Ctrl+O组合键弹出【打开】对话框，在该对话框中选择随书配套光盘中的素材|Cha10|底纹5.ai文件，将其拖拽至“篮球赛事海报”中，并调整大小和位置，效果如图10-75所示。

图10-75　添加素材文件

❼ 使用【光晕工具】，在文档中拖拽鼠标，绘制出图10-76所示的图形。

图10-76　绘制图形

❽ 使用【文本工具】输入文字“篮球联谊赛”，在【字符】面板中将【字体】设置为【汉仪雪君体简】，将【字体大小】设置为240pt，如图10-77所示。

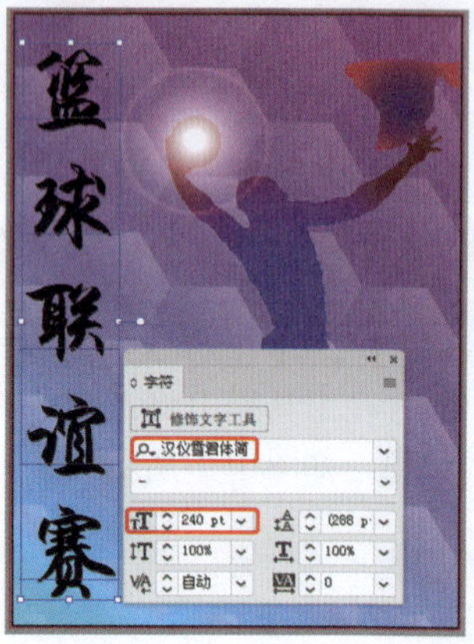

图10-77　输入文本并设置

❾ 确定输入的文字处于选择状态，单击鼠标右键，在弹出的快捷菜单中选择【创建轮廓】命令，如图10-78所示。

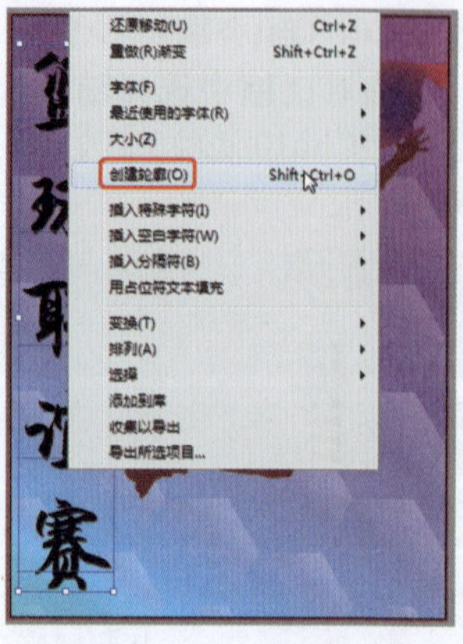

图10-78　选择【创建轮廓】命令

❿ 创建轮廓后的效果如图10-79所示。

图10-79 完成后的效果

⑪ 通过【渐变】面板设置所选文字的渐变颜色，将【角度】设置为-150°，将第一个色块的RGB值设置为45、21、255，第二个色块的RGB值设置为193、0、212，如图10-80所示。

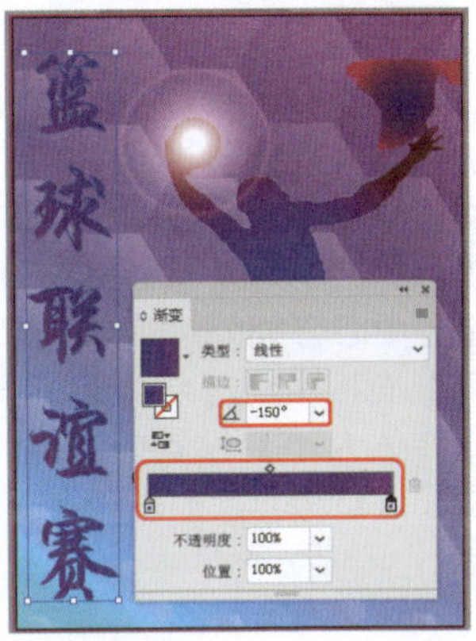

图10-80 设置渐变颜色

⑫ 使用【文本工具】输入文字“无兄弟”，在【字符】面板中将【字体】设置为【黑体】，将【字体大小】设置为80pt，如图10-81所示。

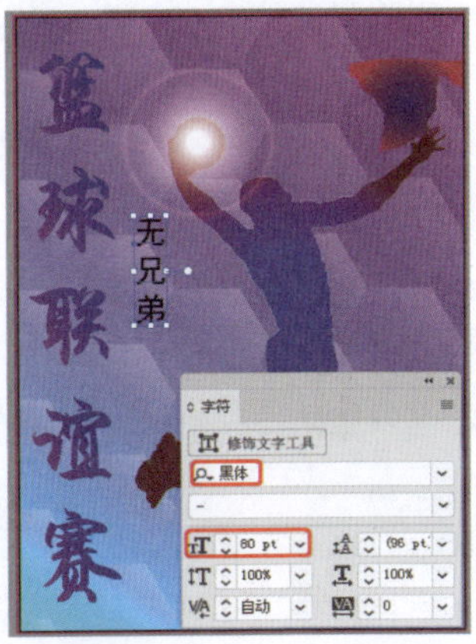

图10-81 输入文字并设置

⑬ 确定输入的文字处于选择状态，单击鼠标右键，在弹出的快捷菜单中选择【创建轮廓】命令，如图10-82所示。

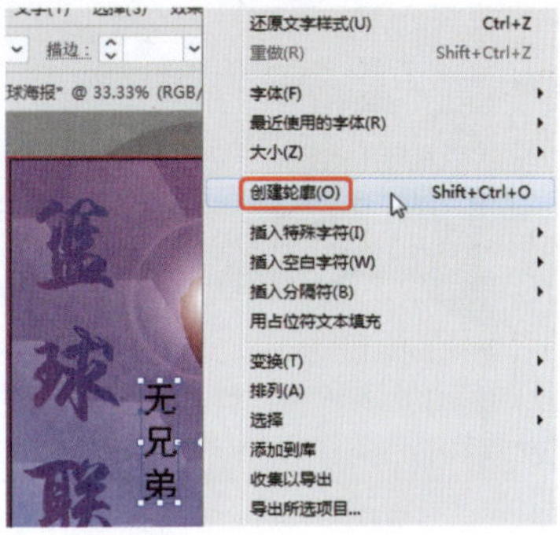

图10-82 选择【创建轮廓】命令

⑭ 创建轮廓后的效果如图10-83所示。

图10-83 完成后的效果

⑮ 确定刚刚输入的文字处于选择状态，使用【吸管工具】吸取“篮球联谊赛”的渐变颜色，效果如图10-84所示。

图10-84 吸取渐变颜色

⑯ 使用【文本工具】输入文字“不篮球”，并使用相同的方法创建轮廓和吸取渐变颜色，效果如图10-85所示。

⑰ 再次使用【文本工具】输入相应的文字，并调整至合适的位置，最终效果如图10-86所示。

图10-85 绘制文本

图10-86 输入文字并调整

实训练习184 旅游海报

本实例将讲解如何制作旅游海报，主要使用了【文字工具】和【颜色面板】，具体操作方法如下，完成后的效果如图10-87所示。

素材	素材|Cha10|背景.ai、条纹.ai、海贝.ai
场景	场景|Cha10|实训练习184 旅游海报.ai
视频	视频教学 | Cha10 |实训练习184 旅游海报.MP4

图10-87 旅游海报

❶ 启动软件后，按Ctrl+N组合键，在弹出的【新建文档】对话框中将宽度设置为390mm，高度设置为540mm，然后单击【创建】按钮，如图10-88所示。

图10-88 新建文档

❷ 按Ctrl+O组合键弹出【打开】对话框，在该对话框中选择随书配套光盘中的素材|Cha10|背景.ai文件，如图10-89所示。

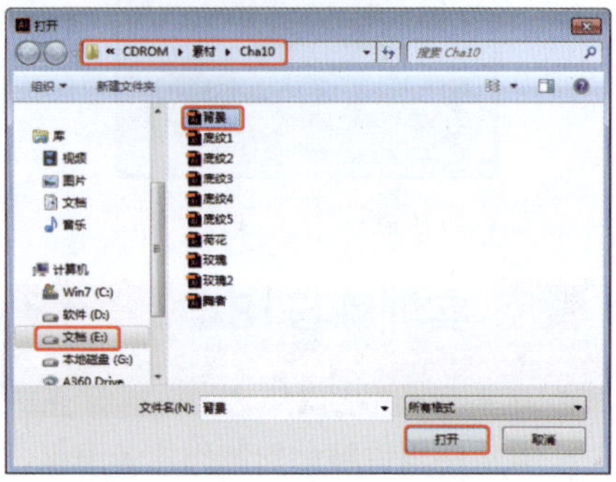

图10-89 选择素材文件

❸ 将其拖拽至“旅游海报”中，并调整大小和位置，效果如图10-90所示。

图10-90 拖拽素材文件

❹ 使用【钢笔工具】绘制一个图10-91所示的图形。

❺ 使用【文本工具】输入文本“亲爱的游客：”，在【字符】面板中将【字体】设置为黑体，【字体大小】设置为40pt，如图10-92所示。

图10-91 绘制图形

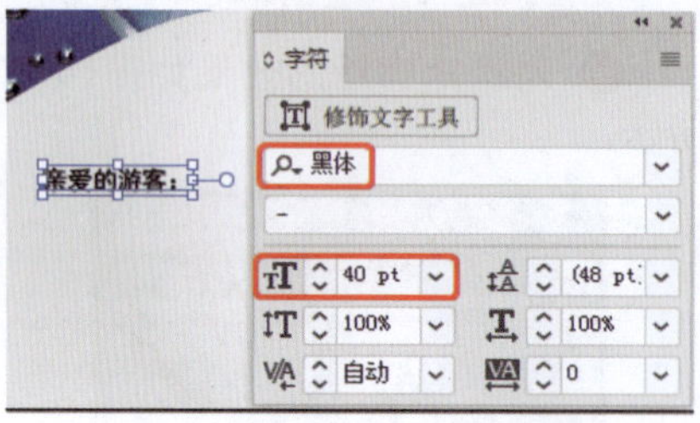

图10-92 创建文本并设置

❻ 确定刚刚创建的文本处于选择状态，在【颜色】面板中设置填充颜色，将该文本的RGB值设置为0、114、255，如图10-93所示。

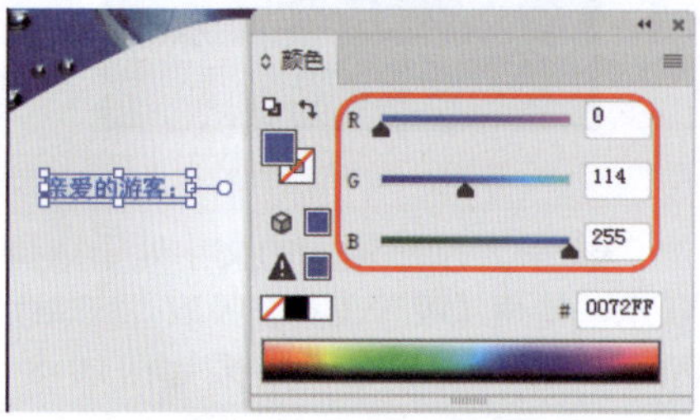

图10-93 设置填充颜色

❼ 使用【文本工具】输入文本“南国热岛，滨海风情，纯净的海风，洁白的沙滩，盛情开放的三角梅，随风摇曳的椰树，自由翱翔的白鹭……三亚沐浴在北纬18度温暖的阳光下。让我们在这里，欢欢喜喜过春节。”，在【字符】面板中将【字体】设置为黑体，【字体大小】设置为36pt，【行距】设置为60pt，如图10-94所示。

图10-94 输入文字并设置

❽ 使用【文本工具】输入文本“旅游消费投诉：12315 旅游价格投诉：12358”，在【字符】面板中将【字体】设置为黑体，【字体大小】设置为35pt，如图10-95所示。

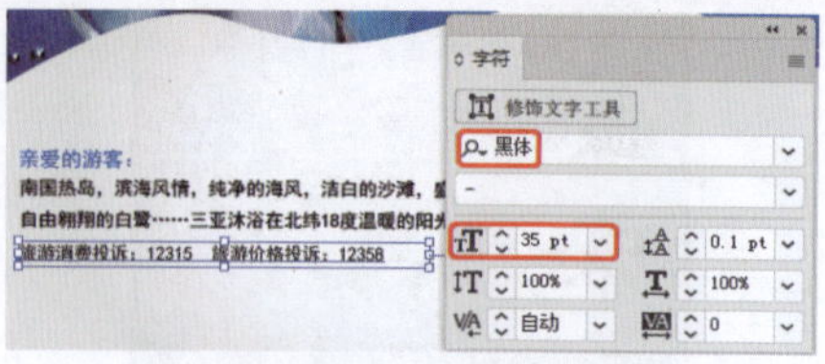

图10-95 输入文字并设置

❾ 使用【文本工具】输入文本“三亚市人民政府 www.sanyatour.com”，在【字符】面板中将【字体】设置为黑体，【字体大小】设置为35pt，如图10-96所示。

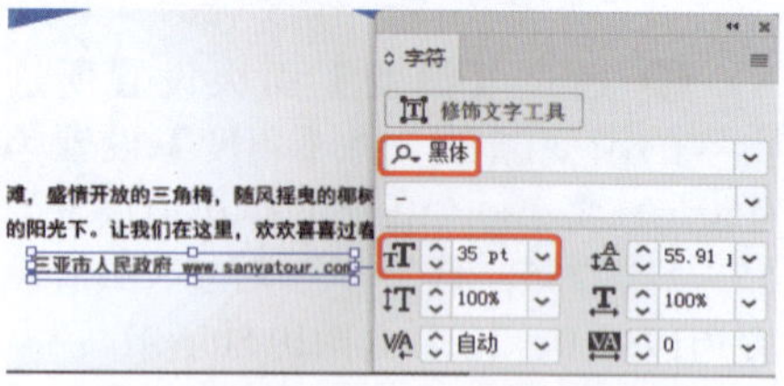

图10-96 输入文字并设置

❿ 使用【文本工具】输入文本“旅游服务质量投诉：0898-88392211 旅游交通服务投诉：0898-88276703 旅游食品卫生投诉：0898-88281474 旅游服务中心咨0898-88292666”，在【字符】面板中将【字体】设置为黑体，【字体大小】设置为22pt，【行距】设置为33.95pt，如图10-97所示。

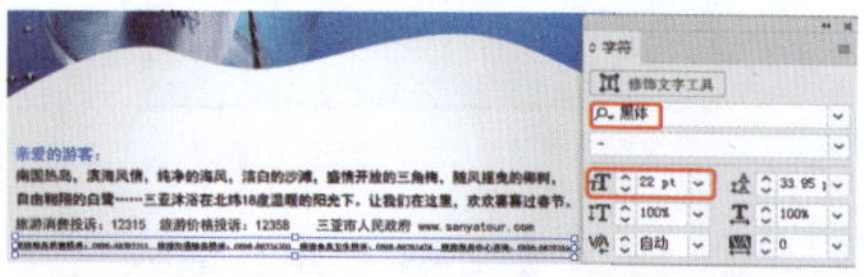

图10-97 输入文字并设置

⓫ 按Ctrl+O组合键弹出【打开】对话框，在该对话框中选择随书配套光盘中的素材|Cha10|条纹.ai文件，如图10-98所示。

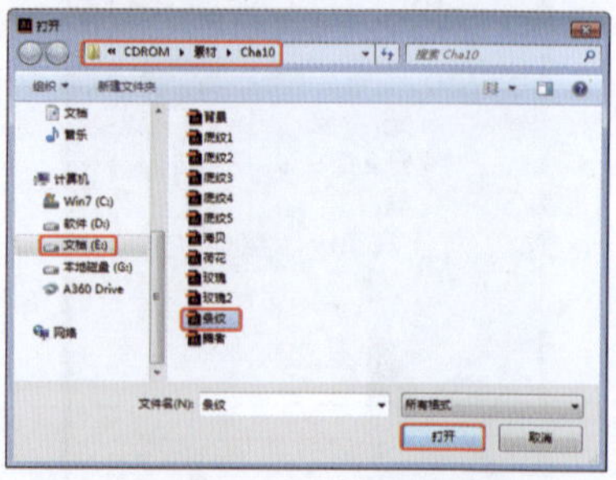

图10-98 选择素材文件

⓬ 将其拖拽至“旅游海报”中，并调整大小和位置，效果如图10-99所示。

⓭ 按Ctrl+O组合键弹出【打开】对话框，在该对话框中选择随书配套

资源中的素材|Cha10|海贝.ai文件，如图10-100所示。

图10-99 拖拽素材文件

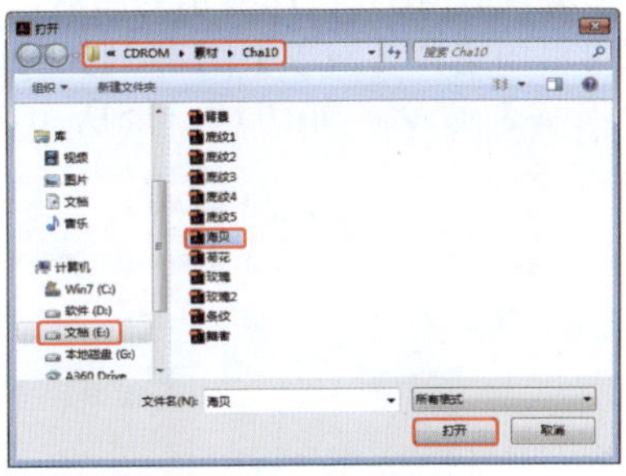

图10-100 选择素材文件

⑭ 将其拖拽至“旅游海报”中，并调整大小和位置，效果如图10-101所示。

图10-101 拖拽素材文件

⑮ 使用【文本工具】输入文本【悠然三亚】，在【字符】面板中将【字体】设置为【汉仪舒同体简】，【字体大小】设置为110pt，如图10-102所示。

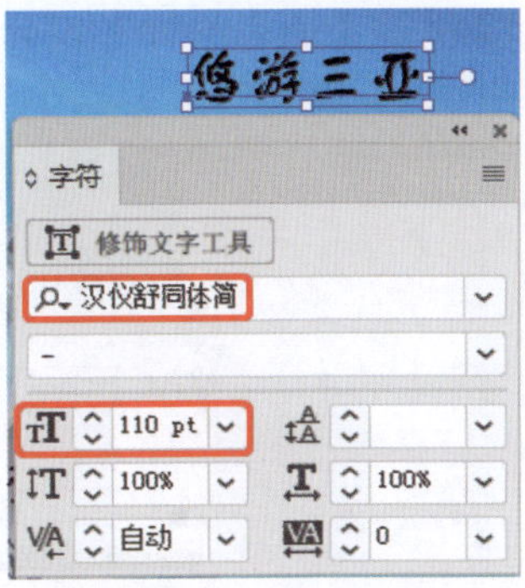

图10-102 创建文本并设置

⑯ 确定刚刚创建的文本处于选择状态，在【颜色】面板中将【填充颜色】的RGB值设置为白色，如图10-103所示。

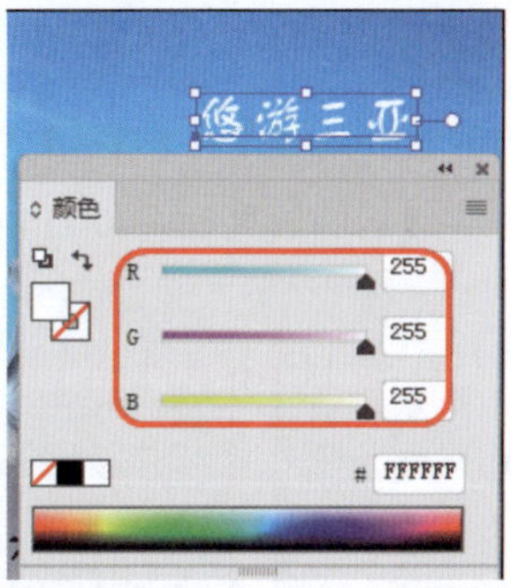

图10-103 设置填充颜色

实训练习185 对象的显示与隐藏

本实例将讲解如何制作公益海报，主要使用了【文字工具】【椭圆工具】和【钢笔工具】，具体操作方法如下所述，完成后的效果如图10-104所示。

素材	无
场景	场景|Cha10|实训练习185 公益海报.ai
视频	视频教学 | Cha10 |实训练习185 公益海报.MP4

图10-104 公益海报

❶ 启动软件后，按Ctrl+N组合键，在弹出的【新建文档】对话框中将【单位】设为【毫米】，将【宽度】设置为210mm，将【高度】设置为297mm，单击【创建】按钮，如图10-105所示。

❷ 使用【矩形工具】绘制和文档同样大小的矩形，在【颜色面板】中将其【填充颜色】的RGB值设为66、227、237，如图10-106所示。

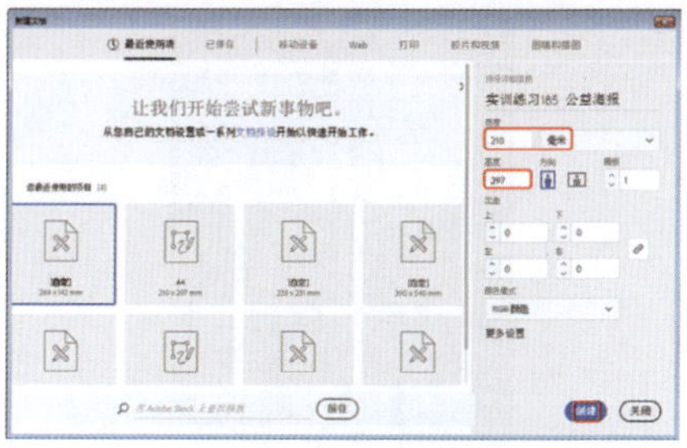

图10-105 新建文档

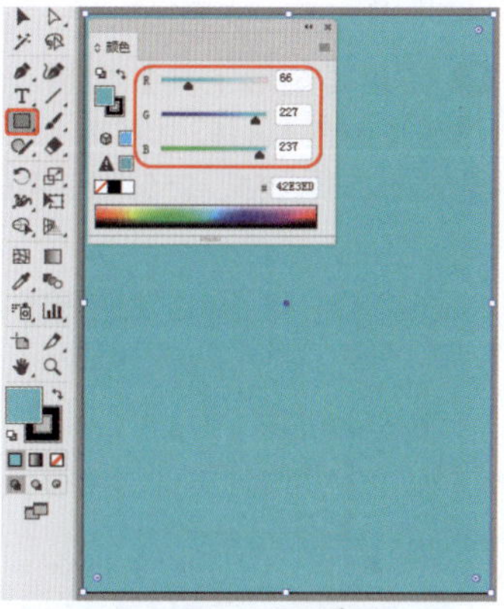

图10-106 绘制矩形

❸ 使用【矩形工具】绘制一个矩形，并在【颜色】面板中将其【填充颜色】设置为白色，如图10-107所示。

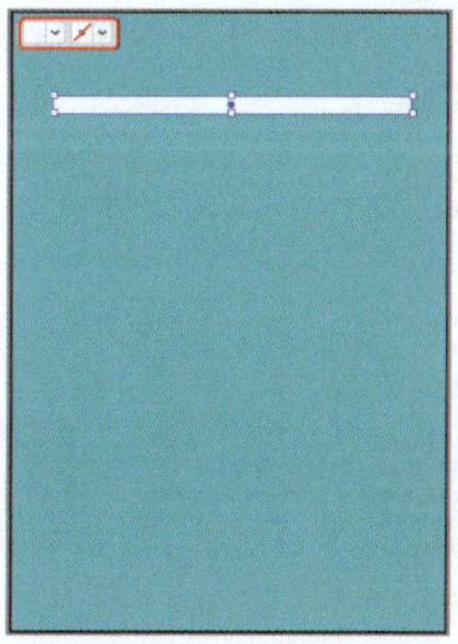

图10-107 绘制矩形并设置

❹ 使用【矩形工具】绘制一个矩形，并在【颜色】面板中将其【填充颜色】的RGB值设置为192、192、192，如图10-108所示。

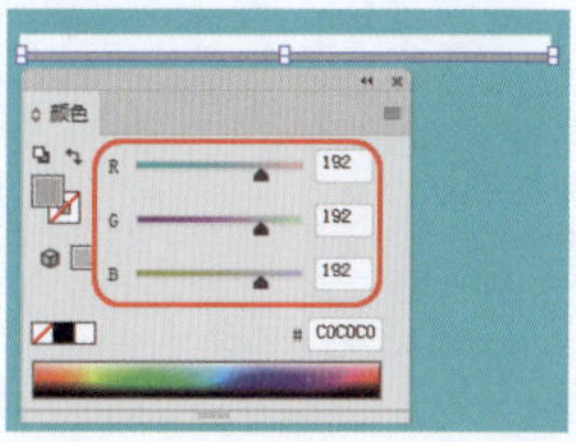

图10-108 绘制矩形并设置

❺ 使用同样的方法绘制其他的矩形并进行设置，完成后的效果如图10-109所示。

图10-109　绘制其他矩形并设置

❻ 使用【矩形工具】绘制一个矩形，并在【颜色】面板中将其【填充颜色】设置为255、255、255，如图10-110所示。

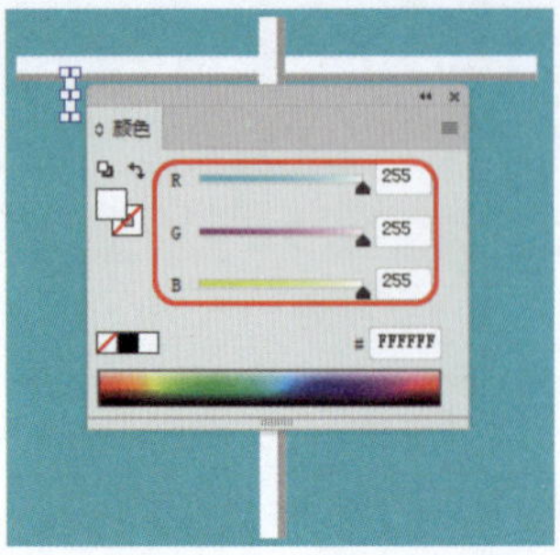

图10-110　绘制矩形并设置

❼ 选择如图10-111所示的矩形，在菜单栏中选择【对象】|【排列】|【置于顶层】命令，如图10-111所示。

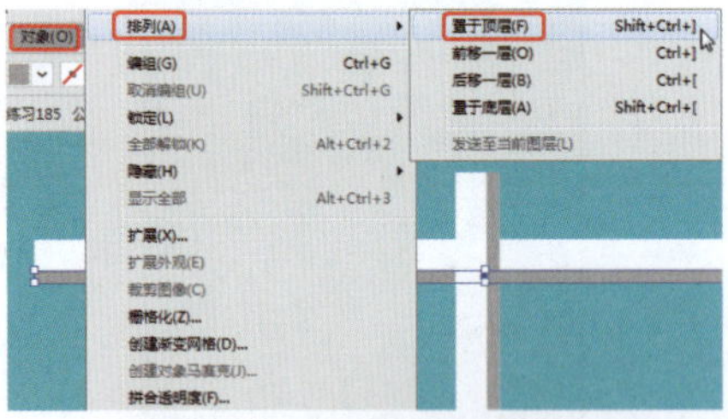

图10-111　选择【置于顶层】命令

❽ 完成后的效果如图10-112所示。

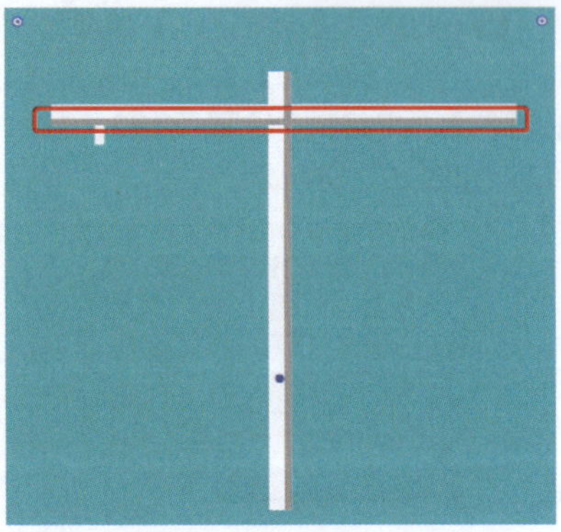

图10-112　完成的效果

❾ 选择如图10-113所示的矩形，在菜单栏中选择【对象】|【排列】|【置于顶层】命令，如图10-113所示。

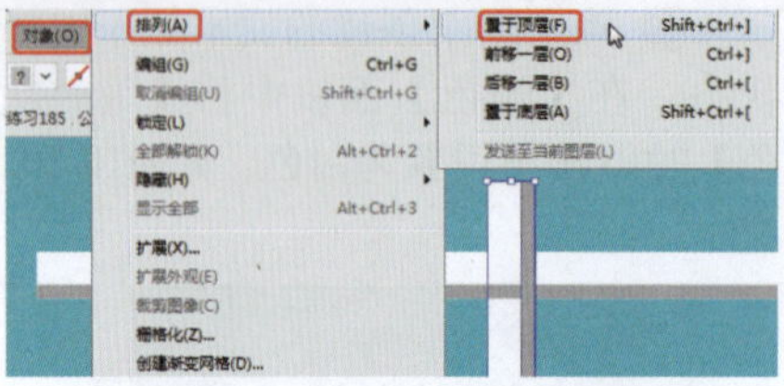

图10-113　选择【置于顶层】命令

❿ 完成后的效果如图10-114所示。

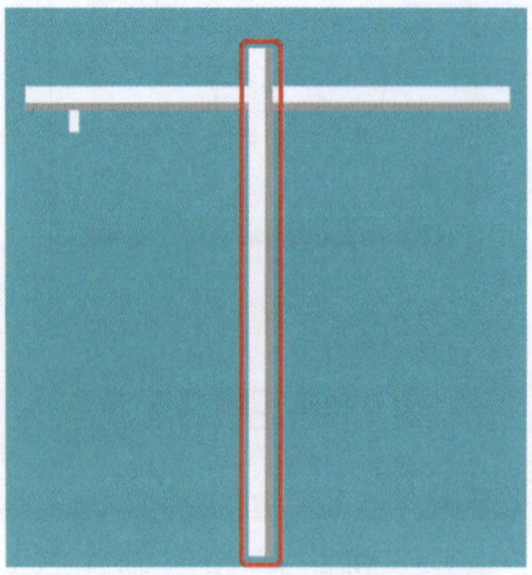

图10-114　完成的效果

⓫ 使用【椭圆工具】并配合Shift键绘制一个比较大的正圆，并在【颜色】面板中将【填充颜色】设置为白色，如图10-115所示。

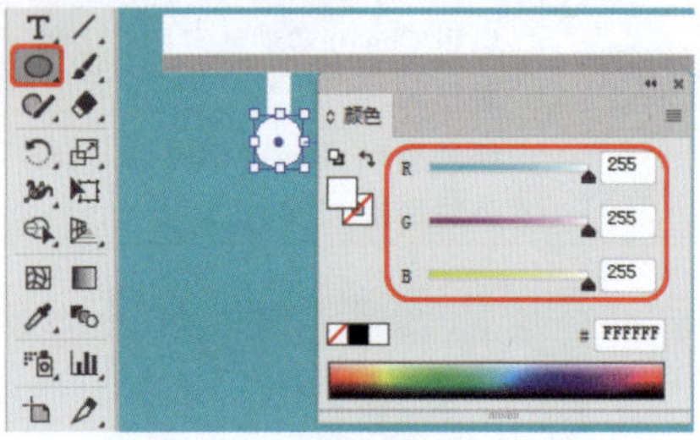

图10-115　绘制正圆并设置

⓬ 再次使用【椭圆工具】并配合Shift键绘制一个比较小的正圆，并在【颜色】面板中将【填充颜色】的RGB值设置为66、227、237，如图10-116所示。

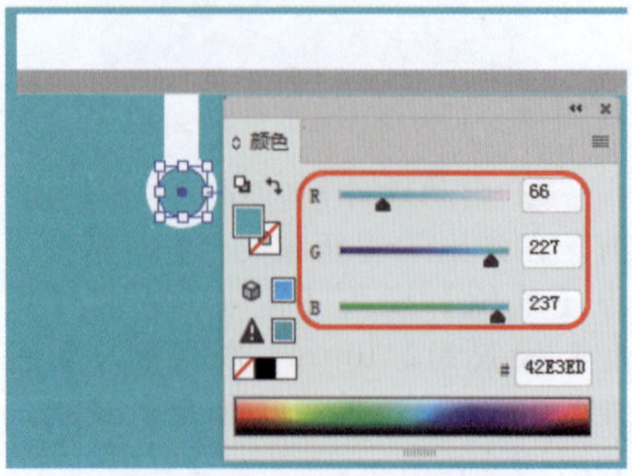

图10-116　绘制正圆并设置

⓭ 使用【钢笔工具】绘制一个图10-117所示的图形，并在【颜色】面板中将其【填充颜色】设置为255、255、255，【描边属性】设置为无色，如图10-117所示。

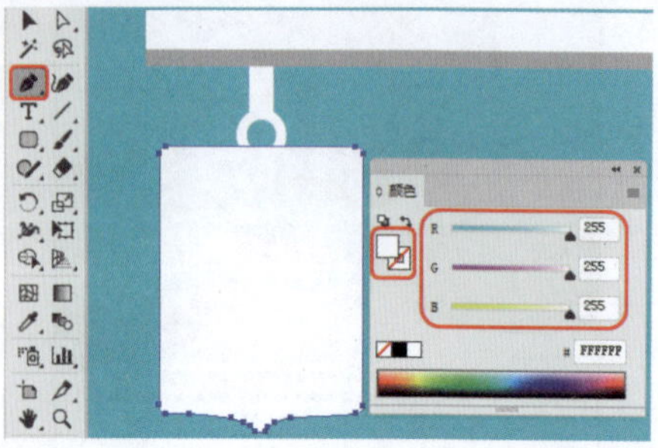

图10-117　绘制图形并设置

⓮ 选择图10-118所示的图形，在菜单栏中选择【对象】|【排列】|【置于顶层】命令，如图10-118所示。

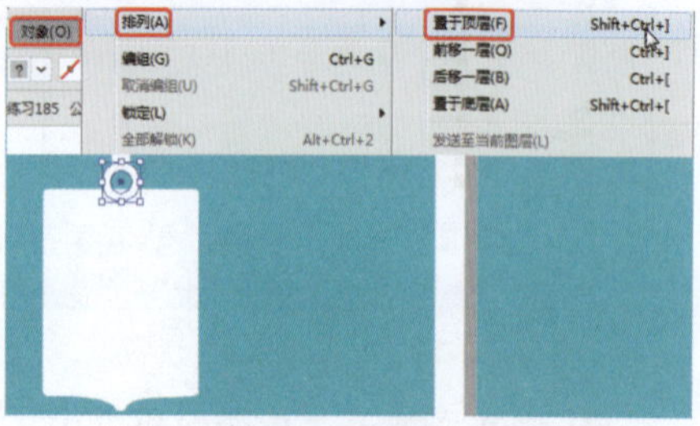

图10-118　选择【置于顶层】命令

⓯ 完成后的效果如图10-119所示。

图10-119　完成后的效果

⓰ 使用【圆角矩形工具】绘制一个圆角矩形，在【颜色】面板中将其【填充颜色】的RGB值设置为245、223、255，【描边属性】设置为无色，如图10-120所示。

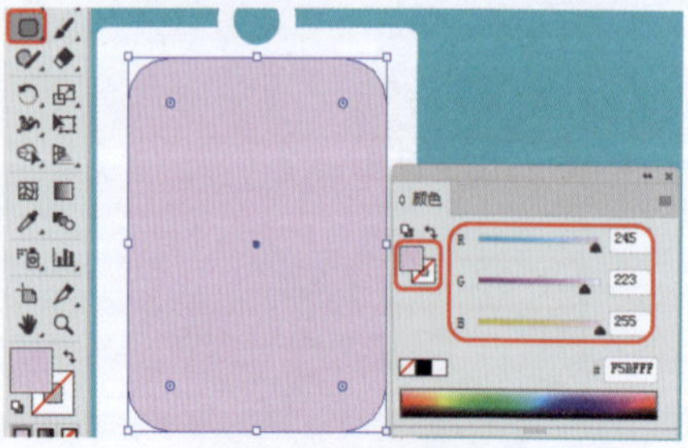

图10-120　完成后的效果

⑰ 使用【钢笔工具】绘制图10-121所示的图形，在【颜色】面板中将【填充颜色】的RGB值设置为238、237、245，将【描边属性】设置为无色，将【不透明度】设置为50%，如图10-121所示。

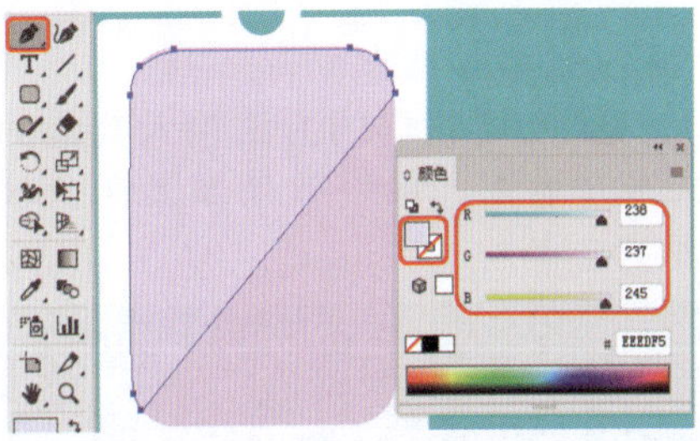

图10-121 绘制图形并设置

⑱ 使用【钢笔工具】绘制图10-122所示的心形，在【颜色】面板中将【填充颜色】设置为白色，将【描边颜色】的RGB值设置为234、45、45，如图10-122所示。

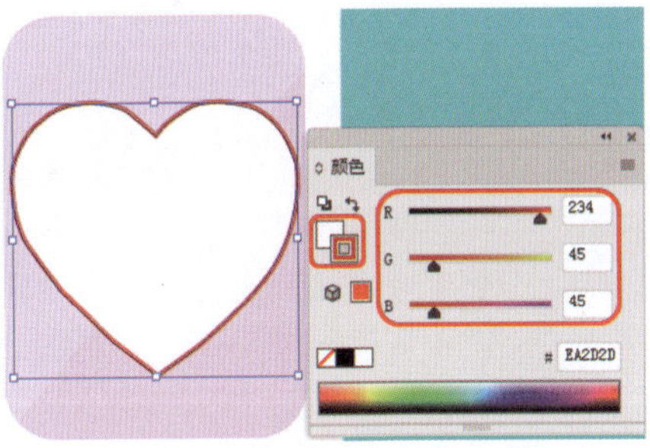

图10-122 绘制图形并设置

⑲ 使用【钢笔工具】绘制图10-123所示的图形，在【颜色】面板中将【填充颜色】和【描边颜色】的RGB值都设置为234、45、45，如图10-123所示。

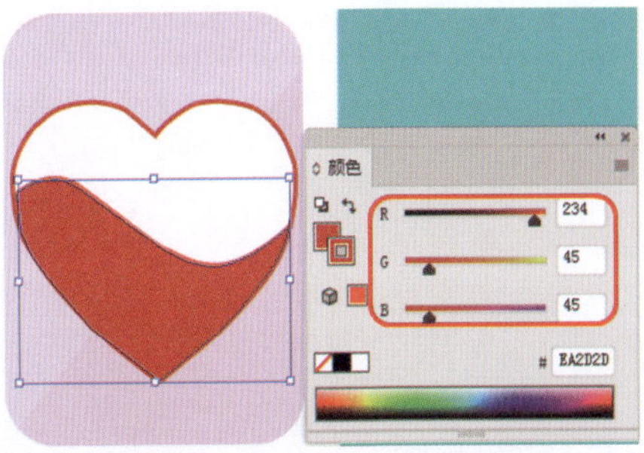

图10-123 绘制图形并设置

⑳ 使用【选择工具】选择图10-124所示的图形，在工具栏中将【不透明度】设置为80%，如图10-124所示。

㉑ 使用【选择工具】选择图10-125所示的图形，按Ctrl+]组合键将所选图形向前移一层，完成后的效果如图10-125所示。

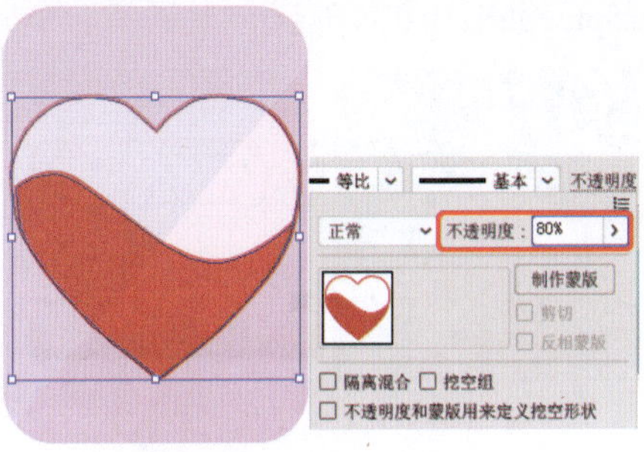

图10-124 设置【不透明度】

图10-125 移动图形

㉒ 使用【选择工具】选择图形，按Alt键对所选图形进行复制并调整至合适的位置，效果如图10-126所示。

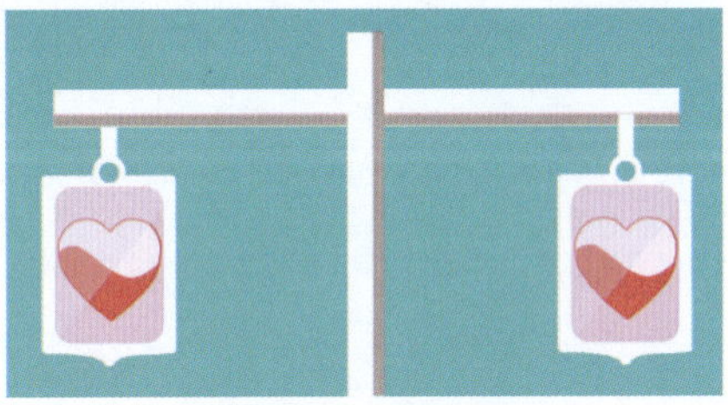

图10-126 复制图形

㉓ 使用【钢笔工具】修改复制出的图形形状，如图10-127所示。

图10-127 修改图形形状

㉔ 使用【选择工具】选择图10-128所示的图形，按Ctrl+[组合键将所选图形向后移一层，完成后的效果如图10-128所示。

图10-128 移动图形

㉕ 使用【钢笔工具】绘制图10-129所示的图形，在【颜色】面板中将【填充颜色】和【描边颜色】都设置为白色，如图10-129所示。

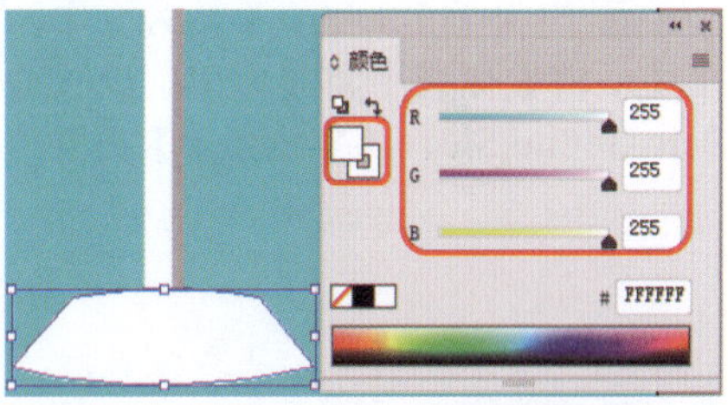

图10-129 绘制图形并设置

㉖ 使用【选择工具】选择图10-130所示的图形，在菜单栏中选择【对象】|【排列】|【置于顶层】命令，效果如图10-130所示。

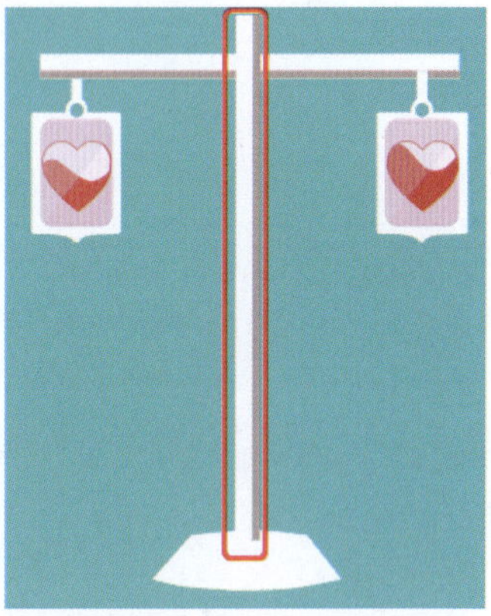

图10-130 移动图形

㉗ 使用【椭圆工具】绘制一个椭圆，在【颜色】面板中将【填充颜色】的RGB值设置为192、192、192，如图10-131所示。

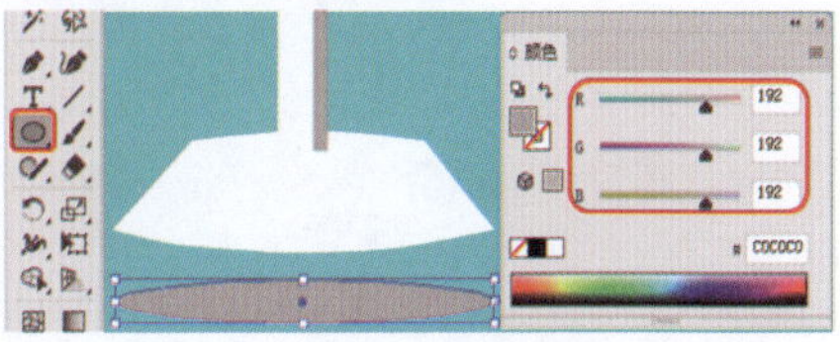

图10-131 绘制椭圆

㉘ 使用【文本工具】输入文字，在【字符】面板中将【字体】设置为黑体，【字体大小】设置为35pt，【行距】设置为42pt，如图10-132所示。

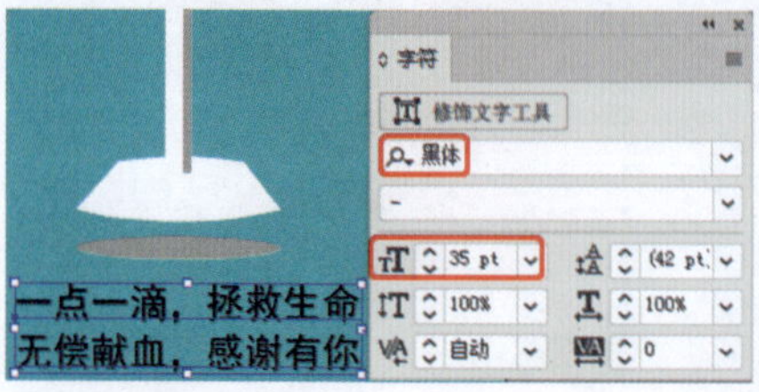

图10-132　输入文字并设置

㉙ 确定刚刚创建的文本处于选择状态，在【颜色】面板中将其【填充颜色】设置为白色，如图10-133所示。

㉚ 使用【文本工具】输入文字，在【字符】面板中将【字体】设置为Bell Gothic Std，【字体大小】设置为25pt，如图10-134所示。

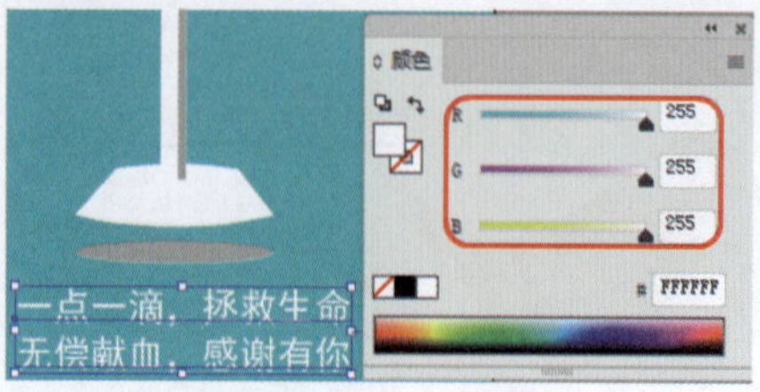

图10-133　设置【填充颜色】

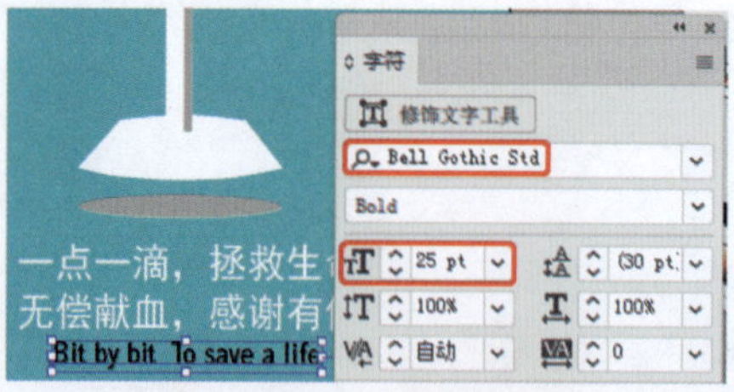

图10-134　输入文字并设置

㉛ 确定刚刚创建的文本处于选择状态，在【颜色】面板中将其【填充颜色】设置为白色，如图10-135所示。

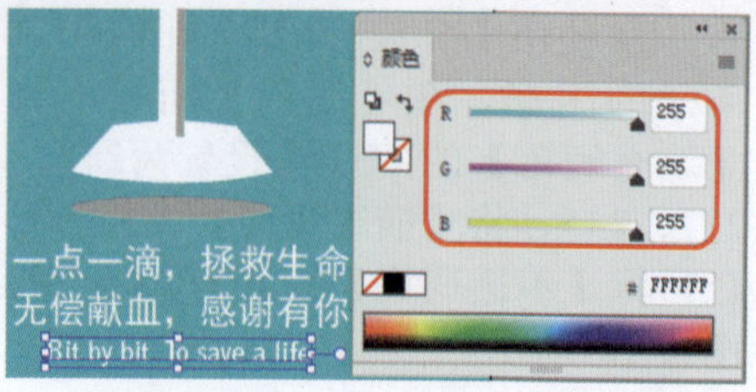

图10-135　设置【填充颜色】

㉜ 使用同样的方法输入其他的文字并设置，最终效果如图10-136所示。

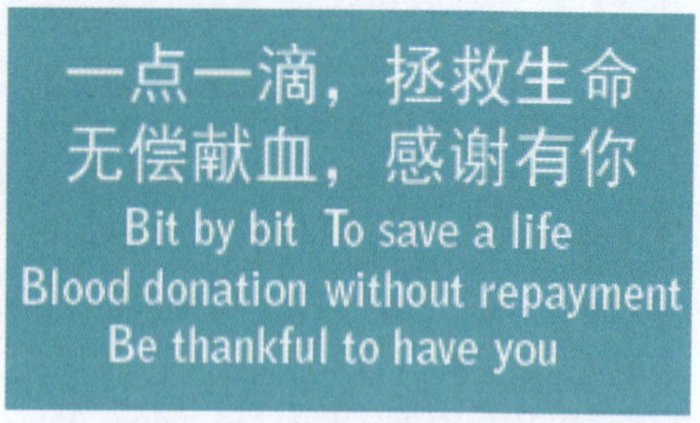

图10-136　输入并设置其他文字

第11章 户外广告设计

户外广告制作产生于二十世纪九十年代末期。企业希望能够塑造自身形象，传播商品信息，各级政府也希望通过户外广告树立城市形象，提升城市影响力。这些都给户外广告制作提供了巨大的市场机会，也因此提出了更高的要求，本章将介绍如何制作户外广告。

实训练习186 相机广告

本实例将介绍如何制作相机广告，主要通过导入素材、输入文字以及绘制图形并为其添加描边来达到最终效果，其效果如图11-1所示。

素材	素材|Cha11 |相机.psd、001.ai
场景	场景|Cha11 |实训练习186 相机广告.ai
视频	视频教学 | Cha11 |实训练习186 相机广告.MP4

图11-1 相机广告

❶ 按Ctrl+N组合键，在弹出的对话框中将【宽度】和【高度】分别设置为264和142，将【单位】设置为【毫米】，设置完成后，单击【创建】按钮，如图11-2所示。

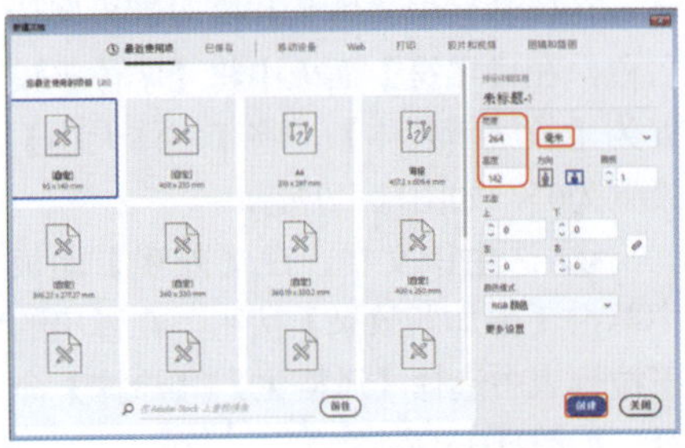

图11-2 设置新建文档参数

❷ 使用【矩形工具】，在画板中绘制一个与画板大小相同的矩形，如图11-3所示。

图11-3 绘制矩形

❸ 选中绘制的矩形，在【渐变】面板中将填充类型设置为【径向】，将左侧渐变滑块的CMYK值设置为0、0、0、0，将右侧渐变滑块的CMYK值设置为31、24、23、0，并取消描边，如图11-4所示。

❹ 在菜单栏中选择【文件】|【置入】命令，在弹出的对话框中选择“相机.psd”素材文件，如图11-5所示。

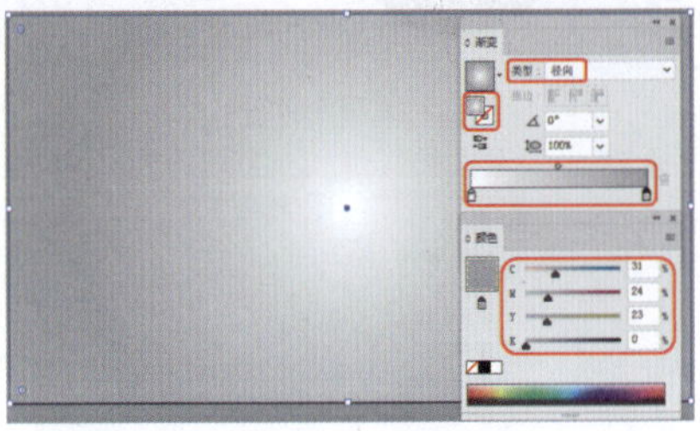

图11-4 设置填充颜色

图11-5 选择素材文件

❺ 单击【置入】按钮，在画板中为其指定位置，在属性栏中单击【嵌入】按钮，在弹出的对话框中使用默认设置即可，如图11-6所示。

❻ 单击【确定】按钮，使用【钢笔工具】，在画板中绘制一个图形，为其填充黑色，如图11-7所示。

❼ 选中该图形，在【外观】面板中单击【添加新效果】按钮，在弹出的下拉列表中选择【风格化】|【羽化】命

令，如图11-8所示。

图11-6　Photoshop导入选项

图11-7　绘制图形并填充黑色

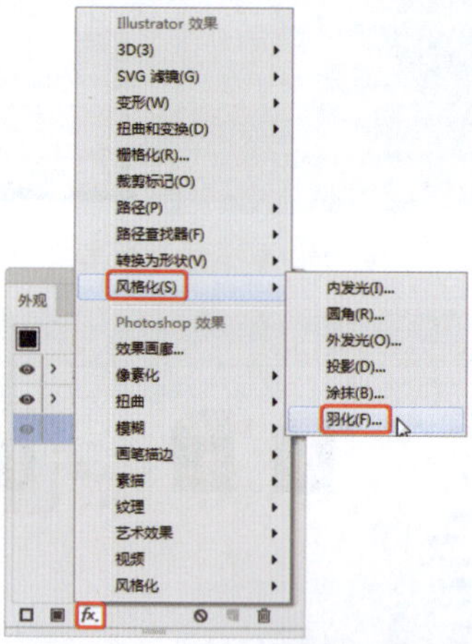
图11-8　选择【羽化】命令

❽ 执行该操作后，在弹出的【羽化】对话框中将【半径】设置为10mm，如图11-9所示。

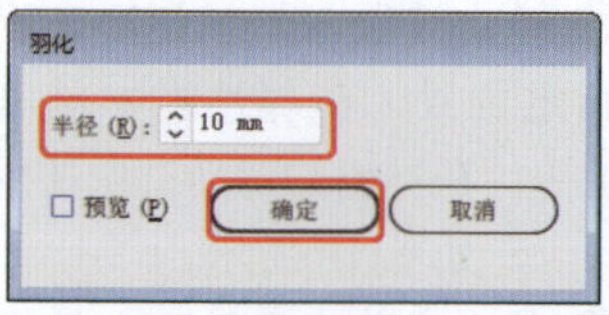
图11-9　设置羽化半径

❾ 设置完成后，单击【确定】按钮，在画板中选择“相机”素材文件，单击鼠标右键，在弹出的快捷菜单中选择【排列】|【置于顶层】命令，如图11-10所示。

图11-10　选择【置于顶层】命令

❿ 使用【矩形工具】，在画板中绘制一个矩形，将填充颜色和描边的CMYK值设置为63、0、100、0，将【描边粗细】设置为2pt，将画笔定义为【铅笔-粗】，将【不透明度】设置为72%，将矩形的【宽】和【高】分别设置为99mm和23mm，将【旋转】设置为10，如图11-11所示。

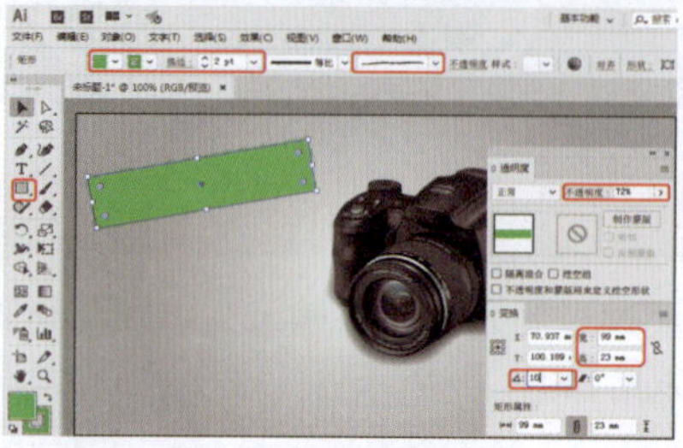
图11-11　绘制矩形并设置

⓫ 复制该矩形，并调整其颜色和位置，效果如图11-12所示。

图11-12　复制矩形并修改后的效果

⓬ 使用【直线段工具】，在画板中绘制一个直线段，将其描边颜色的CMYK值设置为63、0、100、0，将【描边粗细】设置为2pt，将画笔定义为【粉笔】，将【不透明度】设置为72%，效果如图11-13所示。

图11-13　绘制线段并进行设置

⓭ 复制该线段，并在画板中对其进行调整，更改其颜色，效果如图11-14所示。

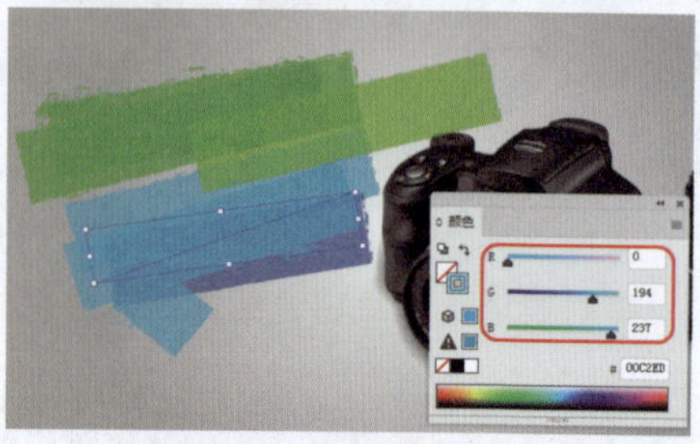
图11-14　复制线段并调整后的效果

⓮ 在菜单栏中选择【文件】|【置入】命令，在弹出的对话框中选择“001.ai”素材文件，如图11-15所示。

图11-15　选择素材文件

⓯ 单击【置入】按钮，在画板中指定该对象的位置，在属性栏中单击【嵌入】按钮，效果如图11-16所示。

图11-16　置入素材文件

⓰ 使用【文字工具】，在画板中单击鼠标，输入文字，选中输入的文字，在属性栏中将填色和描边都设置为白色，在【字符】面板中将【字体】设置为【长城新艺体】，将【字体大小】设置为65，如图11-17所示。

⓱ 选中该文字，在【外观】面板中单击【添加新效果】按钮，在弹出的下拉列表中选择【风格化】|【涂抹】命令，如图11-18所示。

图11-17　输入文字并进行设置

图11-18　选择【涂抹】命令

知识链接

【涂抹选项】对话框中各个选项的功能如下所述。

【设置】：在该下拉列表中可以选择Illustrator中预设的涂抹效果，也可以根据需要自定义设置。

【角度】：该选项用来控制涂抹线条的方向。

【路径重叠】：用来控制涂抹线条在路径边界内距路径边界的量，或在路径边界外距路径边界的量。

【描边宽度】：用来控制涂抹线条的宽度。

【曲度】：用来控制涂抹曲线在改变方向之前的曲度。

【间距】：用来控制涂抹线条之间的折叠间距量。

该对话框中的多个【变化】选项控制了相应选项的变化，所以在此处不进行详细讲解。

⑱ 在弹出的对话框中将【角度】设置为45°，将【路径重叠】【变化】【描边宽度】【曲度】【变化】【间距】【变化】分别设置为0mm、0.1mm、0.2mm、5%、5%、0.6mm、0.6mm，如图11-19所示。

⑲ 设置完成后，单击【确定】按钮，添加涂抹后的效果如图11-20所示。

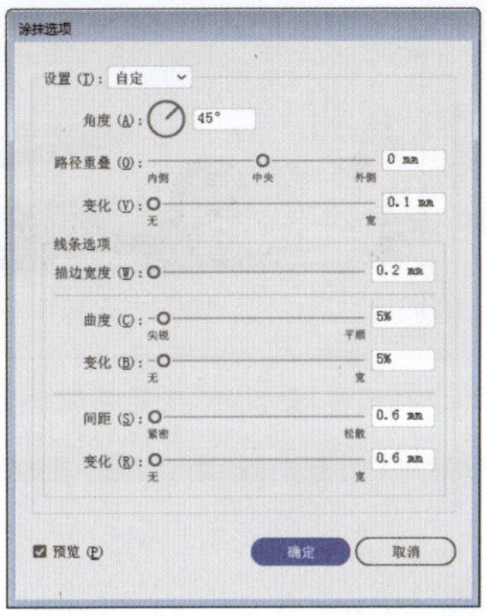
图11-19　设置涂抹参数

图11-20　添加涂抹后的效果

⑳ 继续选中该文字，在【外观】面板中单击【添加新效果】按钮，在弹出的下拉列表中选择【扭曲和变换】|【粗糙化】命令，如图11-21所示。

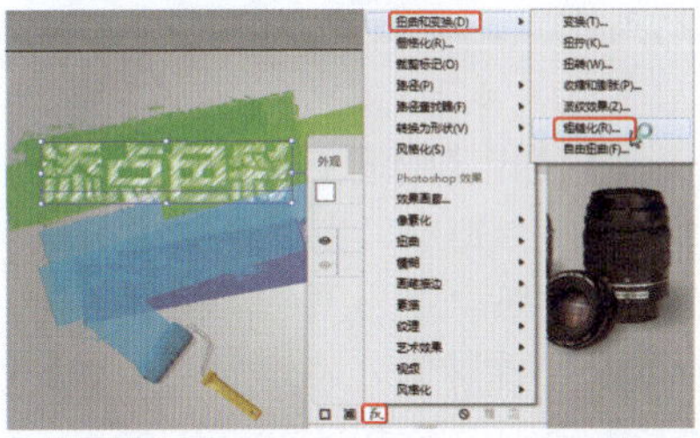
图11-21　选择【粗糙化】命令

> **提　示**
>
> 【粗糙化】滤镜可以将矢量对象的路径变为各种大小的尖峰和凹谷的锯齿数组。使用绝对大小或者相对大小可以设置路径段的最大长度。

㉑ 在弹出的【粗糙化】对话框中将【大小】和【细节】分别设置为1%和1，如图11-22所示。

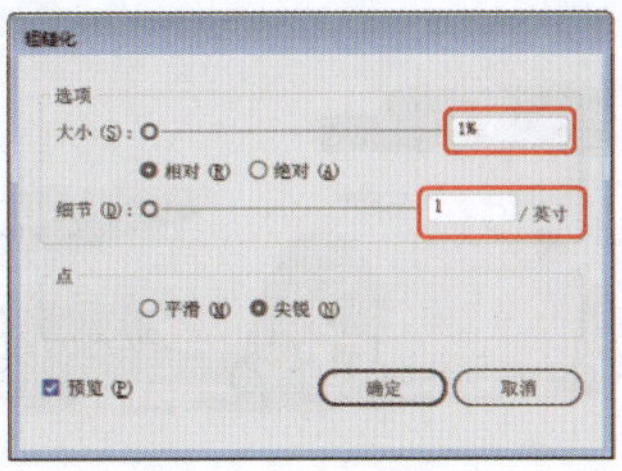
图11-22　设置【粗糙化】参数

㉒ 设置完成后，单击【确定】按钮，在【变换】面板中将【旋转】设置为13，效果如图11-23所示。

图11-23　设置旋转后的效果

㉓ 使用【文字工具】T，在画板中单击鼠标，输入文字，将其填充颜色设置为白色，在【字符】面板中将【字体】设置为【微软雅黑】，将【字体大小】设置为24pt，将其【旋转角度】设置为15°，效果如图11-24所示。

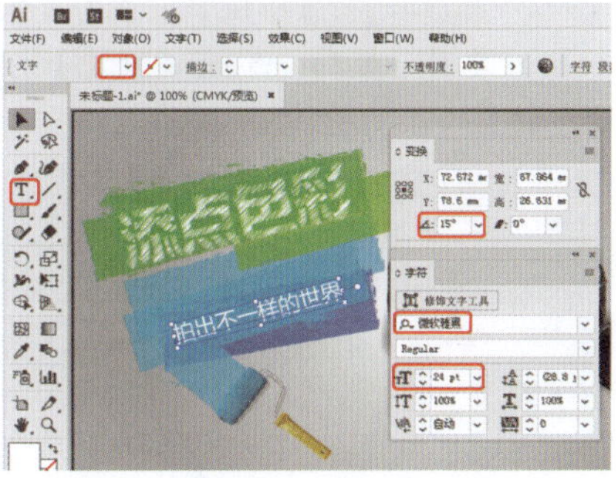

图11-24　输入文字并设置

㉔ 使用同样的方法输入其他文字，并对其进行相应的设置，效果如图11-25所示。

图11-25　输入其他文字后的效果

实训练习187
汽车户外广告

本实例将介绍汽车户外广告的制作。主要通过导入素材，并为素材添加剪切蒙版制作背景，输入文字并绘制图形，并对其进行相应的设置，最终效果如图11-26所示。

素材	素材|Cha11 |汽车.jpg
场景	场景|Cha11 |实训练习187 汽车户外广告.ai
视频	视频教学 | Cha11 |实训练习187 汽车户外广告.MP4

图11-26 汽车户外广告

❶ 按Ctrl+N组合键，在弹出的对话框中将【宽度】和【高度】分别设置为299和213，将【单位】设置为【毫米】，设置完成后，单击【创建】按钮，如图11-27所示。

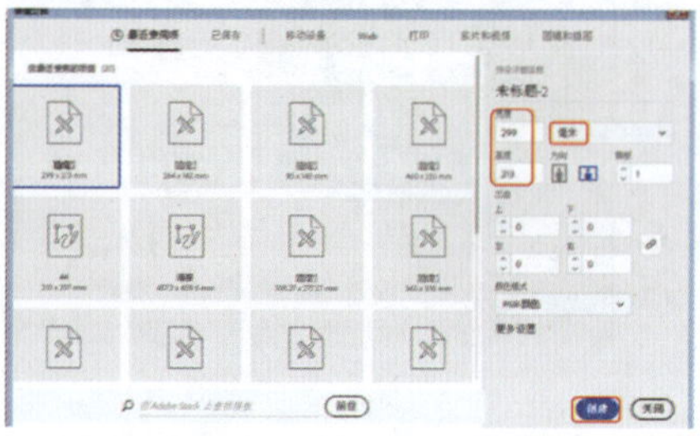

图11-27 设置新建文档参数

❷ 在菜单栏中选择【文件】|【置入】命令，在弹出的对话框中选择“汽车.jpg”素材文件，如图11-28所示。

图11-28 选择素材文件

❸ 单击【置入】按钮，在画板中指定该素材文件的位置，并调整其大小，在属性栏中单击【嵌入】按钮，效果如图11-29所示。

❹ 使用【矩形工具】，在画板中绘制一个与画板大小相同的矩形，如图11-30所示。

图11-29 指定素材文件的位置并调整其大小

图11-30 绘制矩形

❺ 选中绘制的矩形和导入的素材文件，单击鼠标右键，在弹出的快捷菜单中选择【建立剪切蒙版】命令，如图11-31所示。

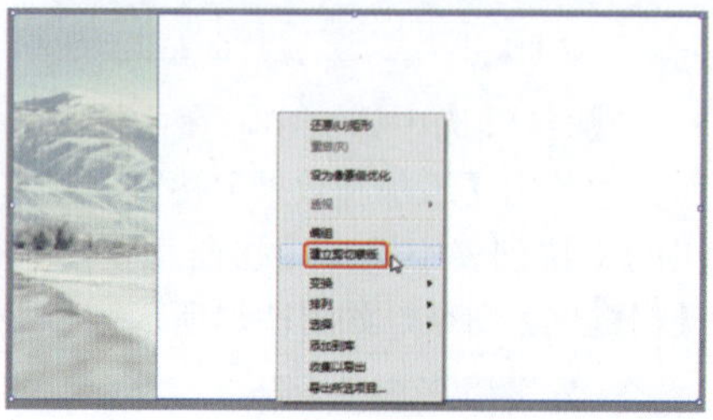

图11-31 选择【建立剪切蒙版】命令

❻ 使用【钢笔工具】，在画板中绘制一个矩形，在属性栏中将其填色和描边都设置为黑色，将画笔定义为【粉笔-涂抹】，将矩形的【宽】和【高】分别设置为93mm和10mm，如图11-32所示。

图11-32 绘制矩形并设置

❼ 按住Alt键对新绘制的矩形进行复制，并调整其位置和大小，效果如图11-33所示。

图11-33 复制矩形并调整

❽ 使用【文字工具】，在画板中单击鼠标，输入文字，选中输入的文字，在属性栏中将【填充颜色】设置为白色，在【字符】面板中将【字体】设置为【方正综艺简体】，将【字体大小】设置为33pt，如图11-34所示。

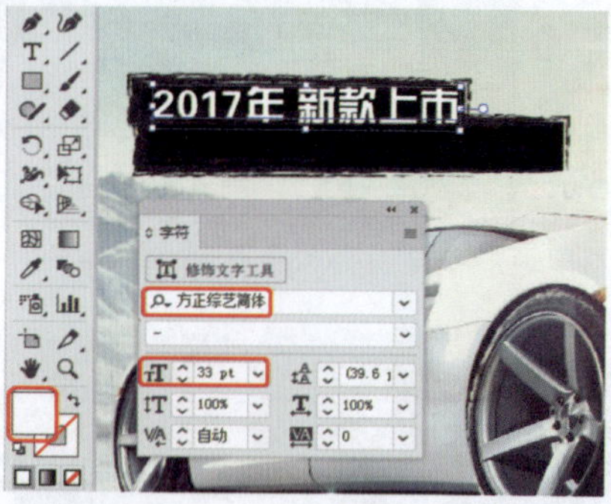

图11-34 输入文字并设置

❾ 按住Alt键对该文字进行复制，并调整其位置和内容，效果如图11-35所示。

图11-35 复制文字并调整

❿ 使用【文字工具】，在画板中单击鼠标，输入文字，选中输入的文字，在【字符】面板中将字体设置为【方正综艺简体】，将【字体大小】设置为78pt，将【水平缩放】设置为65%，将【字符间距】设置为-10，如图11-36所示。

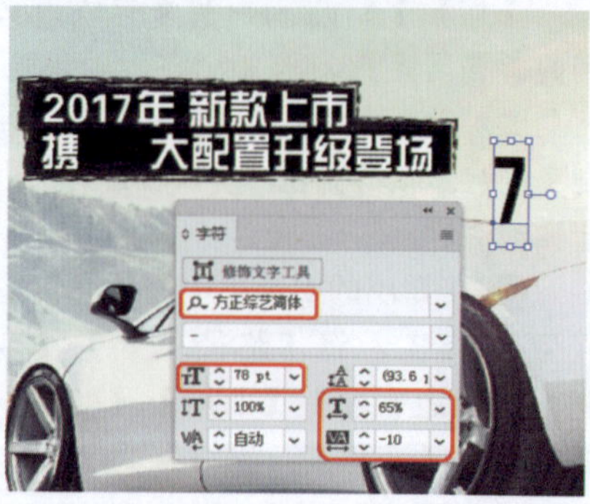

图11-36 输入文字并设置

⓫ 在该文字上单击鼠标右键，在弹出的快捷菜单中选择【创建轮廓】命令，如图11-37所示。

图11-37　选择【创建轮廓】命令

⑫ 创建轮廓后，将其填充颜色的CMYK值设置为36、100、100、30，调整其位置，使用【直接选择工具】调整该文字的形状，效果如图11-38所示。

图11-38　调整文字形状后的效果

⑬ 在【外观】面板中单击【添加新效果】按钮，在弹出的下拉列表中选择【风格化】|【外发光】命令，如图11-39所示。

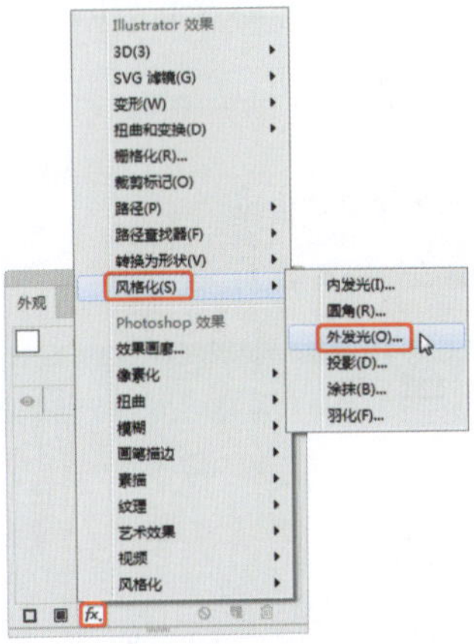

图11-39　选择【外发光】命令

⑭ 在弹出的【外发光】对话框中将外发光的CMYK值设置为0、85、94、0，将【模糊】设置为0.2mm，如图11-40所示。

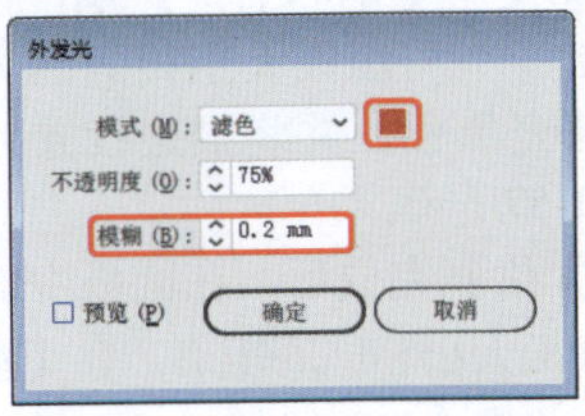

图11-40　设置【外发光】参数

⑮ 在【外观】面板中单击【添加新效果】按钮，在弹出的下拉列表中选择【风格化】|【投影】命令，如图11-41所示。

图11-41　选择【投影】命令

⑯ 在弹出的对话框中将【模式】设置为【正常】，将【不透明度】【X位移】【Y位移】和【模糊】分别设置为100%、0.2mm、0.2mm、0.6mm，将颜色设置为白色，如图11-42所示。

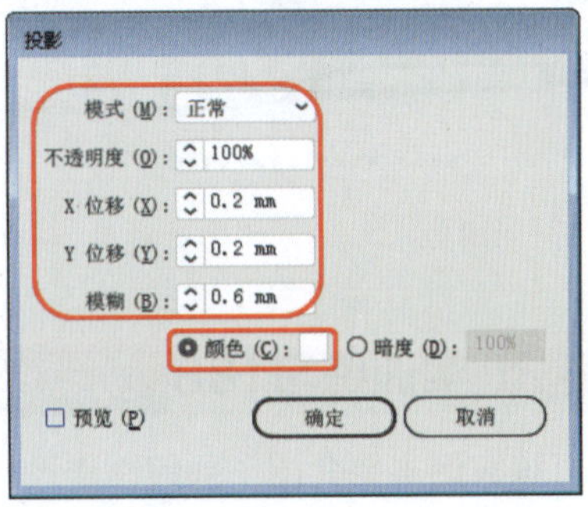

图11-42　设置【投影】参数

⑰ 设置完成后，单击【确定】按钮，使用【文字工具】T，在画板中单击鼠标，输入文字“全新车型　全面升级”，选中输入的文字，在【字符】面板中将【字体】设置为【长城新艺体】，将【字体大小】设置为28.5pt，将【水平缩放】设置为64%，将【字符间距】设置为200，如图11-43所示。

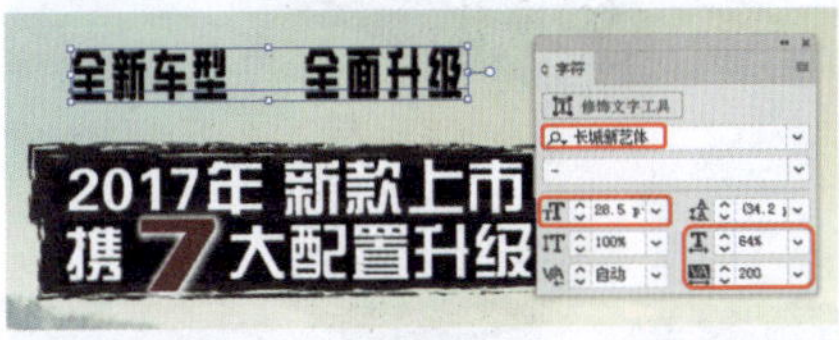

图11-43　输入文字并设置

⑱ 将“全新”和“升级”填充颜色的CMYK值设置为20、100、100、15，选中该文字，单击鼠标右键，在弹出的快捷菜单中选择【变换】|【倾斜】命令，如图11-44所示。

⑲ 在弹出的【倾斜】对话框中将【倾斜角度】设置为5°，如图11-45所示。

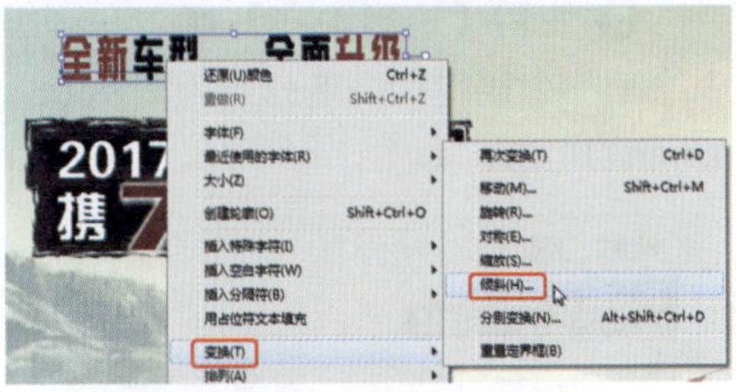

图11-44　选择【倾斜】命令

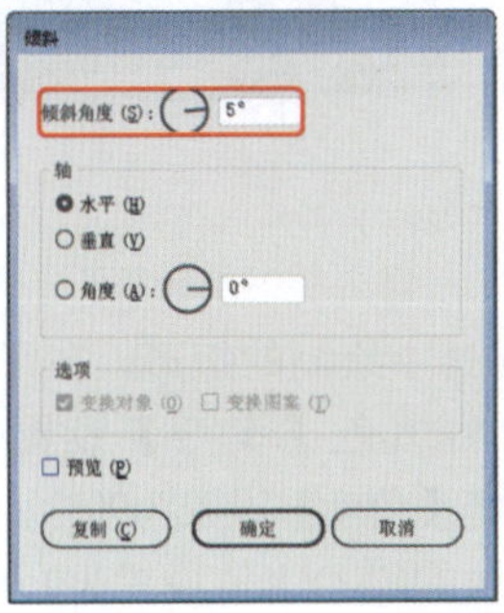

图11-45　设置倾斜角度

⑳ 设置完成后，单击【确定】按钮，在【外观】面板中单击【添加新效果】按钮，在弹出的下拉列表中选择【风格化】|【投影】命令，在弹出的【投影】对话框中将【模式】设置为【正常】，将【不透明度】【X位移】【Y位移】和【模糊】分别设置为100%、0.2mm、0.2mm、1.5mm，将颜色设置为白色，如图11-46所示。

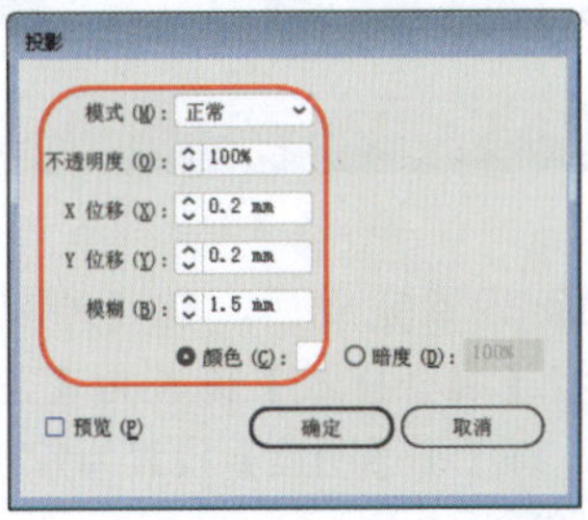

图11-46　设置【投影】参数

㉑ 设置完成后，单击【确定】按钮，使用【直线段工具】，在画板中绘制一条直线段，在属性栏中将描边颜色设置为黑色，将描边粗细设置为0.3pt，将画笔定义为【粉笔-涂抹】，如图11-47所示。

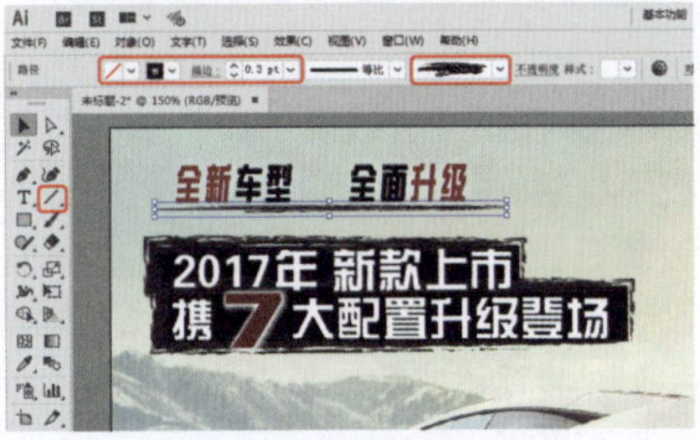

图11-47　绘制线段并设置

㉒ 使用【矩形工具】▭，在画板中绘制一个宽度和高度分别为299mm、47mm的矩形，如图11-48所示。

图11-48　绘制矩形

㉓ 选中绘制的矩形，在【渐变】面板中将填色【类型】设置为【线性】，将【角度】设置为90°，将左侧渐变滑块的CMYK值设置为0、0、0、100，将右侧渐变滑块的CMYK值设置为0、0、0、100，将右侧渐变滑块的【不透明度】设置为0，将上方节点的位置设置为25%，将描边设置为无，如图11-49所示。

图11-49　设置渐变颜色

㉔ 设置完成后，在【外观】面板中将【混合样式】设置为【正片叠底】，将【不透明度】设置为42%，如图11-50所示。

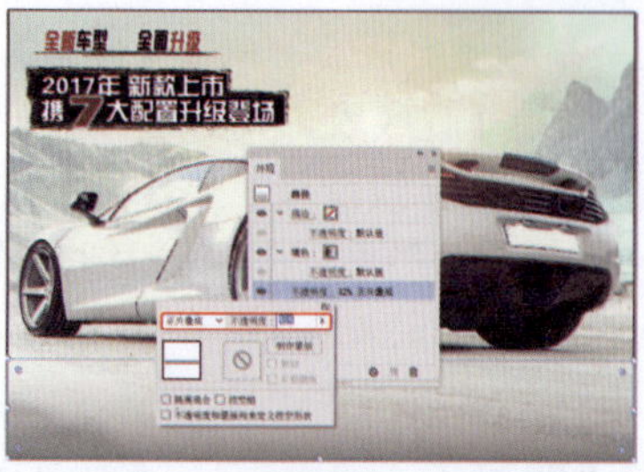

图11-50　设置混合模式和不透明度

㉕ 使用【直线段工具】╱，在画板中绘制一条直线段，在属性栏中将描边颜色设置为白色，将【描边粗细】设置为1.2pt，将画笔定义为【粉笔-圆头】，将【不透明度】设置为73%，如图11-51所示。

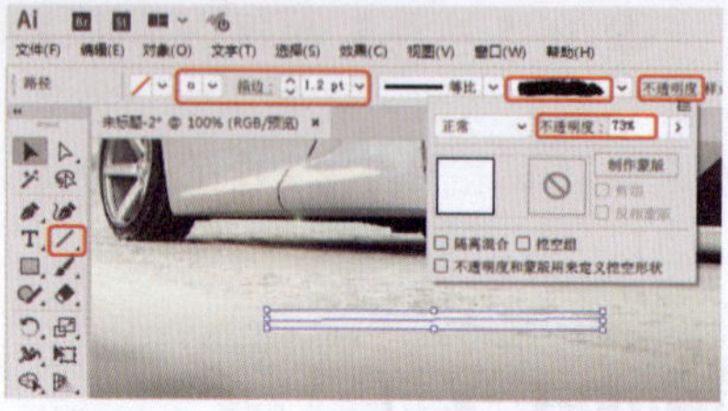

图11-51　绘制直线段并设置后的效果

㉖ 使用【文字工具】T，在画板中单击鼠标，输入文字，选中输入的文字，在【字符】面板中将字体设置为【长城特圆体】，将字体大小设置为13pt，将字符间距设置为150，如图11-52所示。

图11-52　输入文字并设置

㉗ 根据前面所介绍的方法绘制线段，并对其进行相应的设置，效果如图11-53所示。

图11-53　绘制其他线段后的效果

㉘ 使用前面所介绍的方法输入其他文字，并对输入的文字进行相应的设置和调整，效果如图11-54所示。

图11-54　输入其他文字后的效果

实训练习188　创意设计大赛活动广告

该实例主要介绍了如何制作设计大赛活动广告的制作方法，其中包括如何创建背景、利用【铅笔工具】绘制图形、混合工具的运用以及卷页的实现等，效果如图11-55所示。

素材	素材|Cha11 |灯泡.ai
场景	场景|Cha11 |实训练习188 创意设计大赛活动广告.ai
视频	视频教学 | Cha11 |实训练习188 创意设计大赛活动广告.MP4

图11-55　创意设计大赛活动广告

❶ 按Ctrl+N组合键，在弹出的对话框中将【宽度】和【高度】都设置为32，将【单位】设置为【厘米】，设置完成后，单击【创建】按钮，如图11-56所示。

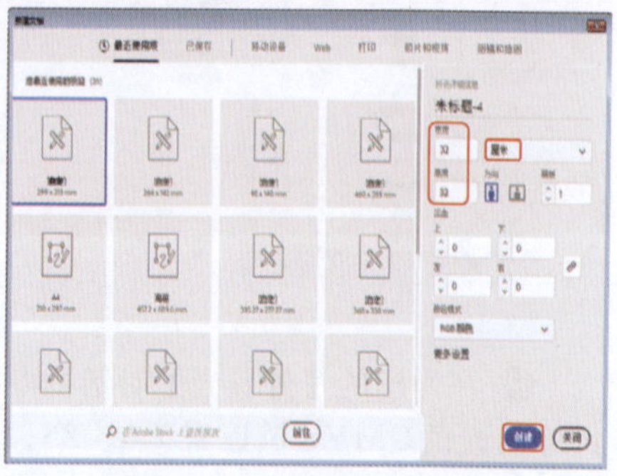

图11-56　设置新建文件参数

❷ 使用【矩形工具】▭，在画板中绘制一个与画板大小相同的矩形，为其填充黑色，并将描边设置为无，如图11-57所示。

❸ 绘制完成后，在画板中绘制一个与画板大小相同的矩形，在【渐变】面板中将填充类型设置为【线性】，将

【角度】设置为25.4°，将左侧渐变滑块的CMYK值设置为98、81、11、0，将右侧渐变滑块的CMYK值设置为76、28、7、0，如图11-58所示。

图11-57 绘制矩形并设置

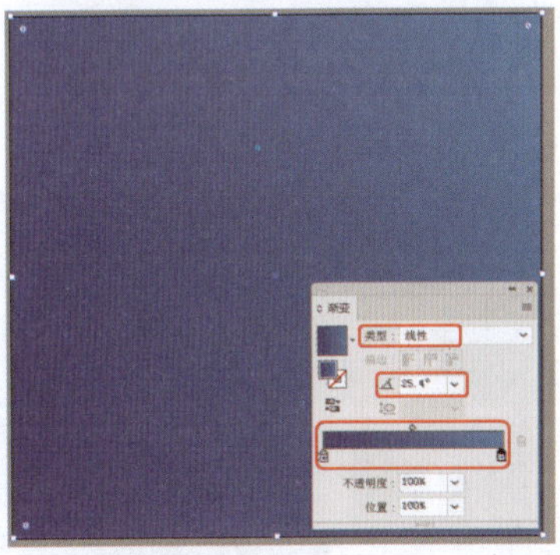

图11-58 设置渐变颜色

4 选中填充渐变后的矩形，使用【渐变工具】，在画板中调整渐变的位置，效果如图11-59所示。

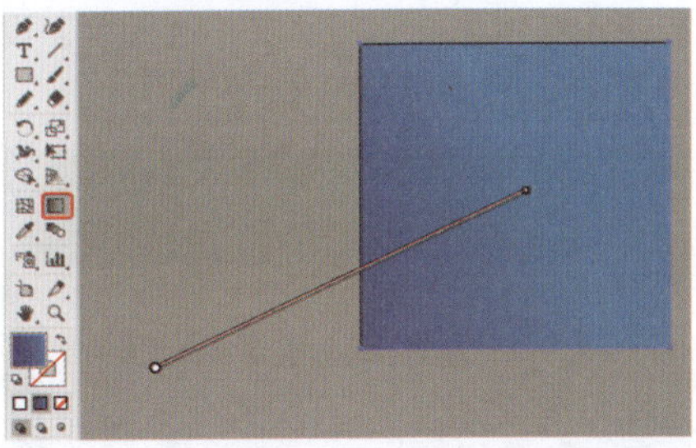

图11-59 调整渐变的位置

5 使用【钢笔工具】，在画板中绘制一个图11-60所示的图形。

图11-60 绘制图形

6 在画板中按住Shift键选择新绘制的图形和渐变矩形，在【路径查找器】面板中单击【减去顶层】按钮，效果如图11-61所示。

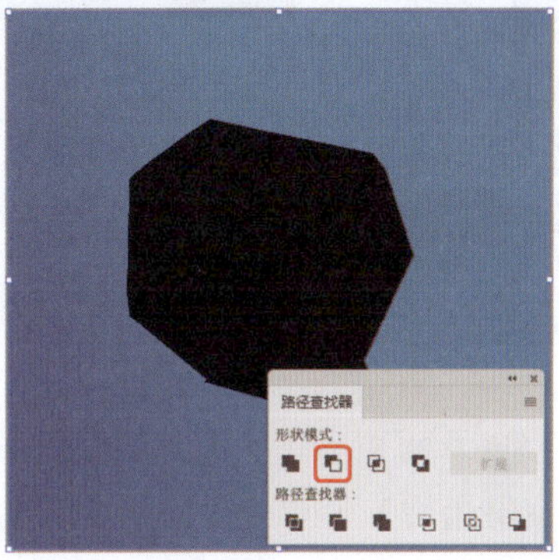

图11-61 修剪图形

7 选中修剪后的矩形，在属性栏中将描边设置为白色，使用【矩形工具】，在画板中绘制一个矩形，在【渐变】面板中将【角度】设置为0.4°，将左侧渐变滑块的CMYK值设置为0、68、91、0，将右侧渐变滑块的CMYK值设置为2、33、90、0，将其描边设置为无，效果如图11-62所示。

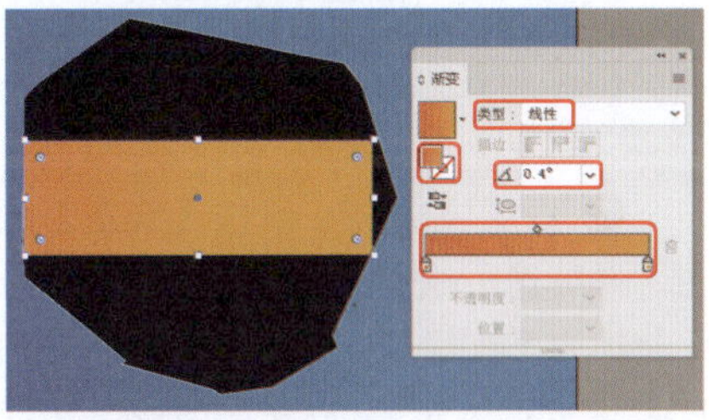

图11-62 绘制矩形并设置渐变颜色

8 使用【直接选择工具】，在画板中调整矩形的形状，效果如图11-63所示。

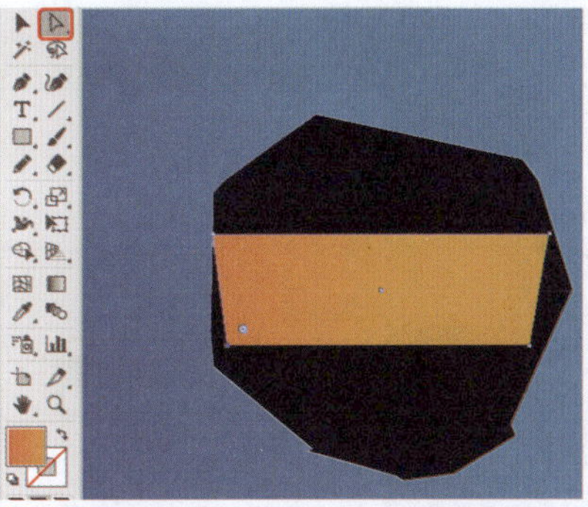

图11-63 调整矩形的形状

9 使用【直线段工具】，在画板中绘制一条直线段，将其描边颜色设置为白色，将描边粗细设置为2pt，如图11-64所示。

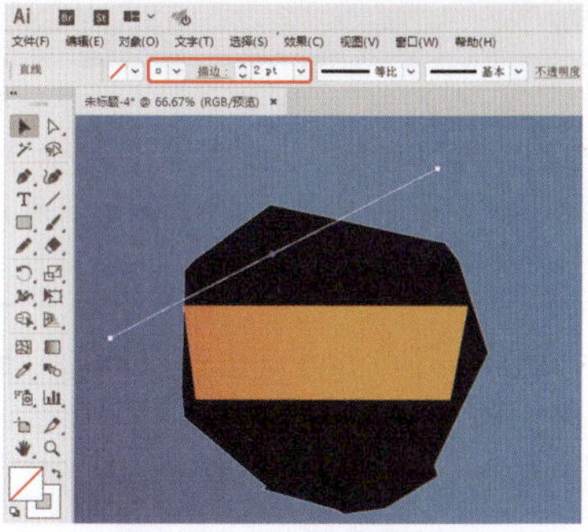

图11-64 绘制直线线段

10 按住Alt键对其进行复制，并调整其位置，复制后的效果如图11-65所示。

图11-65 复制线段后的效果

11 使用【混合工具】，然后双击【混合工具】，在弹出的【混合选项】对话框中将【间距】设置为【指定的步数】，将步数设置为45，如图11-66所示。

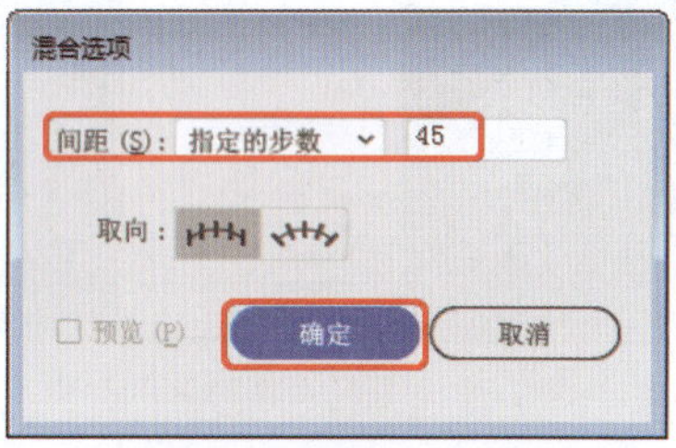

图11-66 设置混合参数

12 设置完成后，单击【确定】按钮，在画板中单击两条直线线段，选中混合后的对象，在【外观】面板中将【不透明度】设置为20%，如图11-67所示。

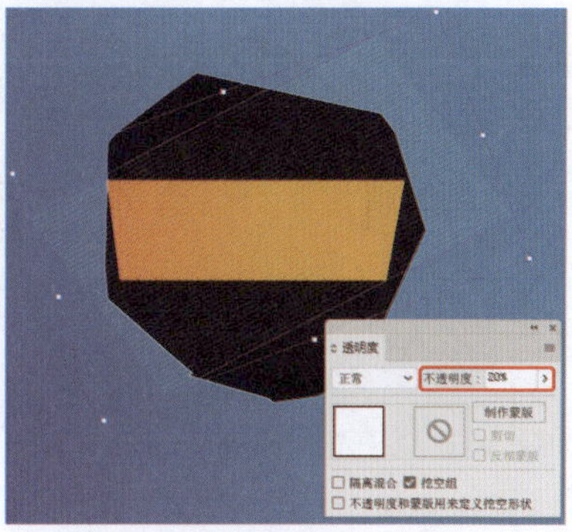

图11-67 设置不透明度

提 示

在添加混合效果后，如果需要进行修改或释放，可以在【对象】|【混合】子菜单中选择相应的选项进行操作。

⑬ 在【图层】面板中将填充渐变的图形拖拽至【创建新图层】按钮，对其进行复制，并将其调整至最顶层，效果如图11-68所示。

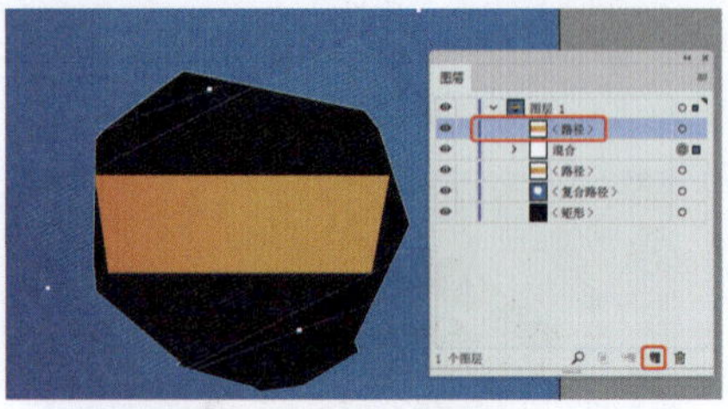

图11-68 复制图层并调整排放顺序

⑭ 选中两个渐变图形和直线线段，单击鼠标右键，在弹出的快捷菜单中选择【建立剪切蒙版】命令，如图11-69所示。

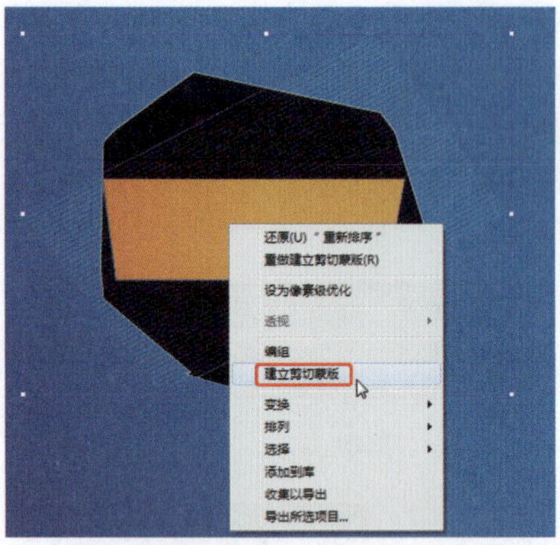

图11-69 选择【建立剪切蒙版】命令

⑮ 使用【矩形工具】，在画板中绘制一个矩形，在属性栏中将填充颜色设置为白色，将描边设置为无，如图11-70所示。

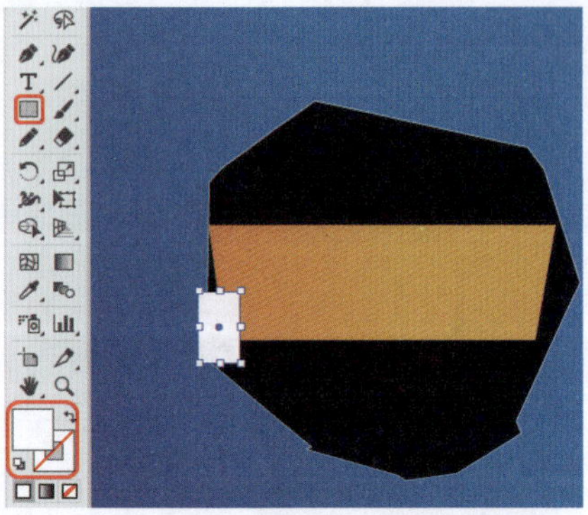

图11-70 绘制矩形

⑯ 选中该矩形，单击鼠标右键，在弹出的快捷菜单中选择【变换】|【倾斜】命令，如图11-71所示。

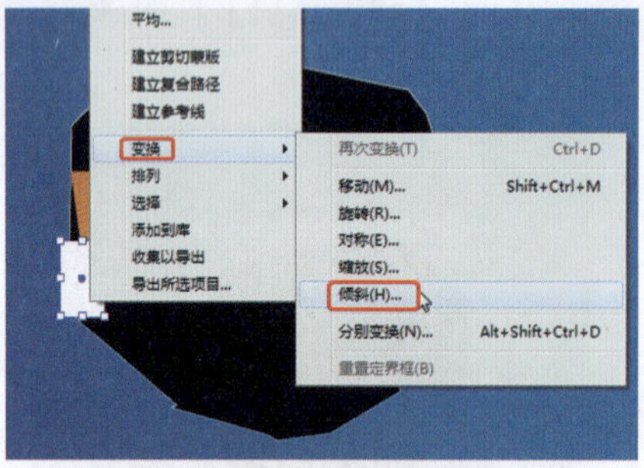

图11-71 选择【倾斜】命令

⑰ 在弹出的【倾斜】对话框中将【倾斜角度】设置为-12，如图11-72所示。

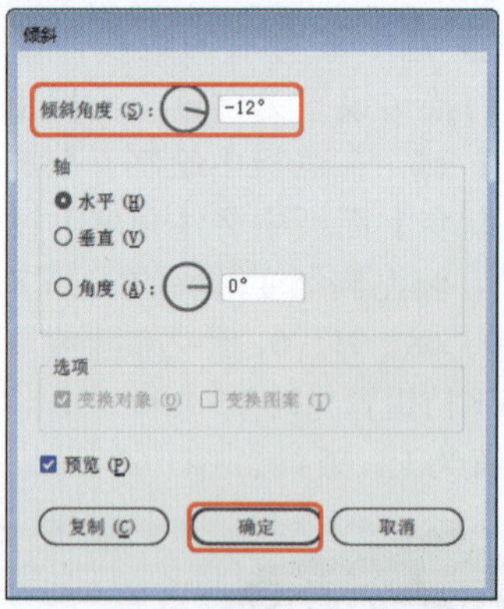

图11-72 设置倾斜角度

⑱ 设置完成后，单击【确定】按钮，继续选中该矩形，在【渐变】面板中将填充类型设置为【线性】，将【角度】设置为0.3°，将左侧渐变滑块的CMYK值设置为2、33、90、0，将右侧渐变滑块的CMYK值设置为25、91、100、0，如图11-73所示。

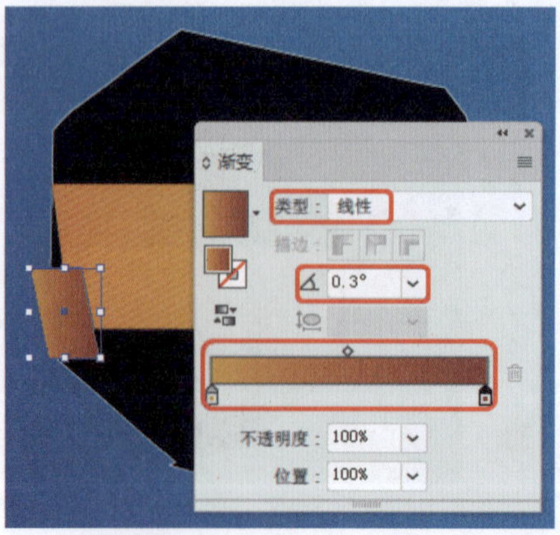

图11-73 设置渐变填充

⑲ 使用【直线段工具】，在画板中绘制一条直线，在属性栏中将填充颜色设置为白色，将描边粗细设置为2pt，如图11-74所示。

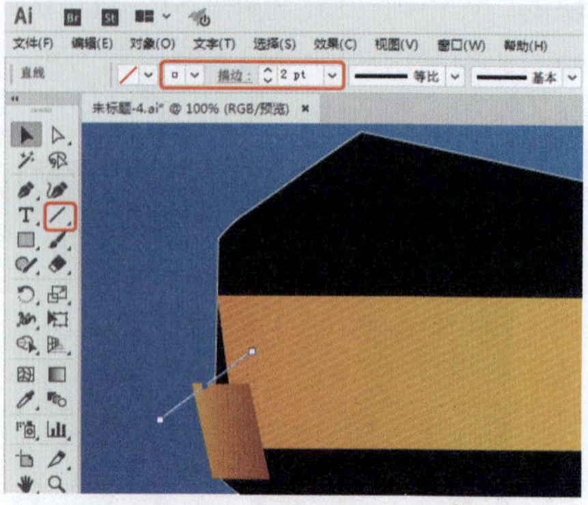

图11-74 绘制直线并设置

⑳ 按住Alt键对该直线线段进行复制，并调整其位置，双击【混合工具】，在弹出的对话框中将【间距】设置为【指定的步数】，将步数设置为16，使用【混合工具】，在画板中单击两条直线线段，如图11-75所示。

图11-75 设置混合步数

㉑ 设置完成后，单击【确定】按钮，使用选择工具选中混合后的对象，在【透明度】面板中将【不透明度】设置为20%，如图11-76所示。

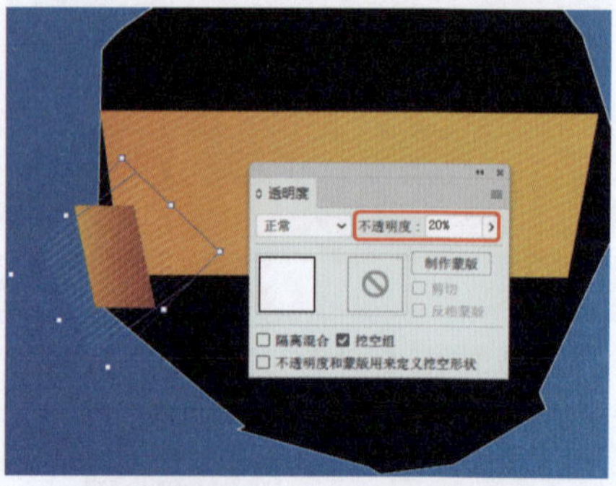

图11-76 设置不透明度参数

㉒ 在画板中对倾斜的矩形进行复制，并调整其排放顺序，选中所有倾斜的矩形和混合的直线线段，单击鼠标右键，在弹出的快捷菜单中选择【建立剪切蒙版】命令，如图11-77所示。

㉓ 使用【钢笔工具】，在画板中绘制一个三角形，在工具箱中将填充

颜色的CMYK值设置为39、100、100、4，将描边设置为无，如图11-78所示。

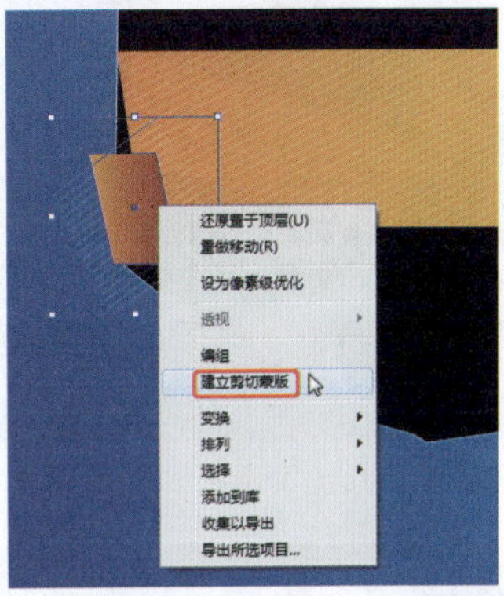

图11-77 选择【建立剪切蒙版】命令

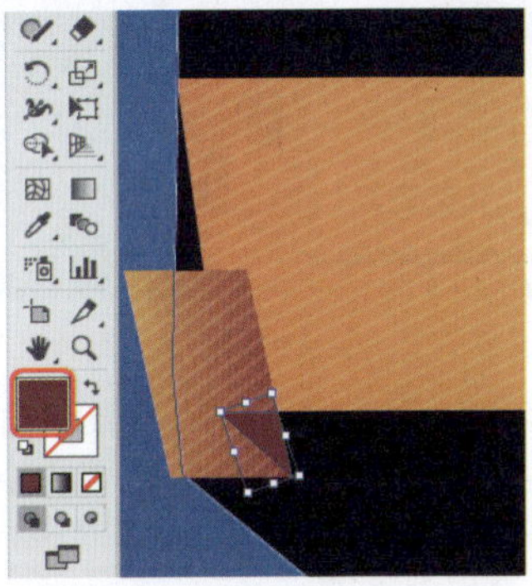

图11-78 绘制三角形并进行设置

㉔ 使用同样的方法绘制另一侧的图形，绘制后的效果如图11-79所示。

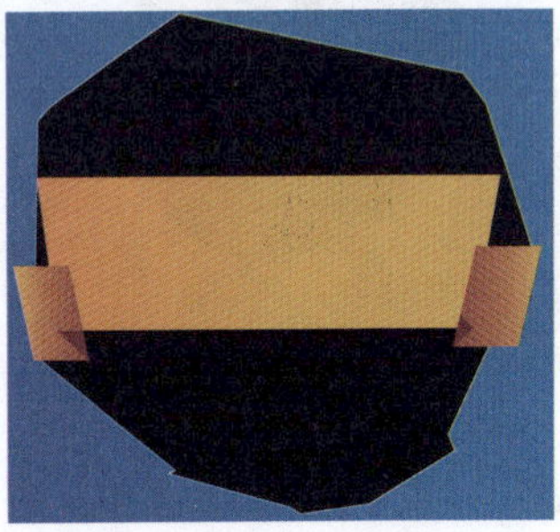

图11-79 绘制图形

㉕ 绘制完成后，调整图层的顺序，调整完成后的效果如图11-80所示。

图11-80 调整图层的排列顺序

㉖ 使用【文字工具】T，在画板中单击鼠标，输入文字，选中输入的文字，在【字符】面板中将字体设置为【长城新艺体】，将字体大小设置为63pt，将其填充颜色的CMYK值设置为44、81、100、10，效果如图11-81所示。

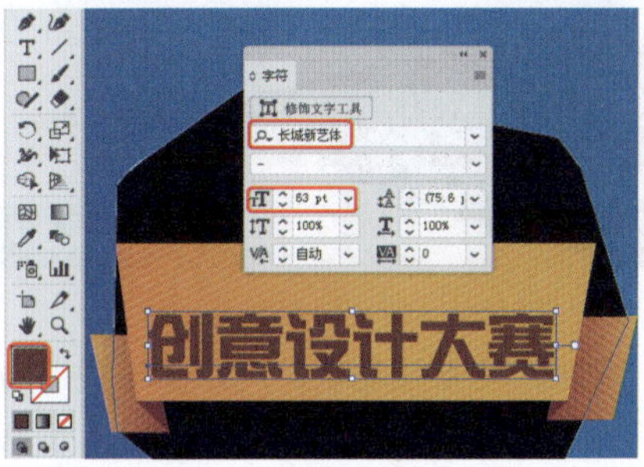

图11-81 输入文字并设置

㉗ 设置完成后，选中该文字，对其进行复制，并调整其位置，将其填充颜色设置为白色，效果如图11-82所示。

图11-82 复制文字并修改

㉘ 在菜单栏中选择【文件】|【置入】命令，在弹出的对话框中选择“灯泡.ai”素材文件，如图11-83所示。

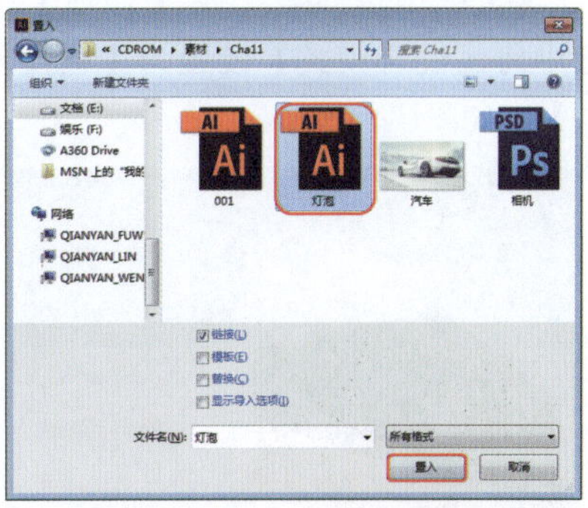

图11-83 选择素材

㉙ 单击【置入】按钮，在画板中为该素材文件指定位置，选中导入的素材文件，在属性栏中单击【嵌入】按钮，在【变换】面板中将【角度】设置为-18，如图11-84所示。

图11-84 置入素材并旋转

㉚ 使用【文字工具】T，在画板中单击鼠标，输入文字“idea..”，选中输入的文字，在属性栏中将填充颜色设置为白色，在【字符】面板中将字体设置为【Rage Italic】，将【字体大小】设置为53pt，如图11-85所示。

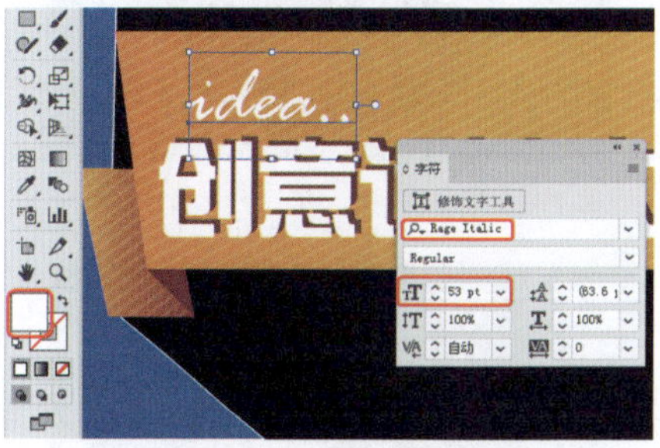

图11-85 输入文字并设置

㉛ 设置完成后，在图层面板中按住Shift键选择图11-86所示的图层。

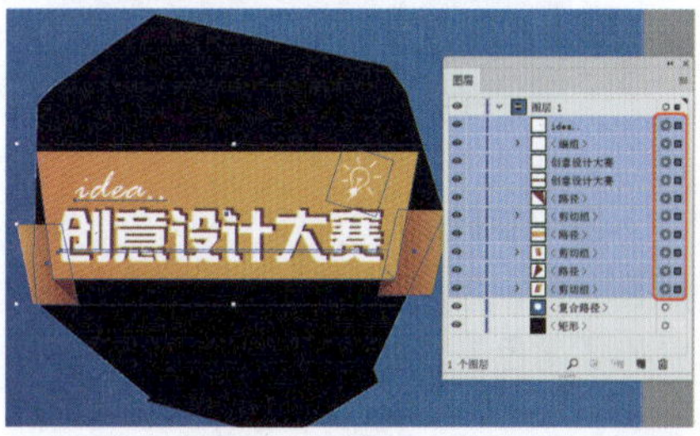

图11-86 选择图层

㉜ 按Ctrl+G组合键，将选中的对象进行成组，在【变换】面板中将【角度】设置为18，如图11-87所示。

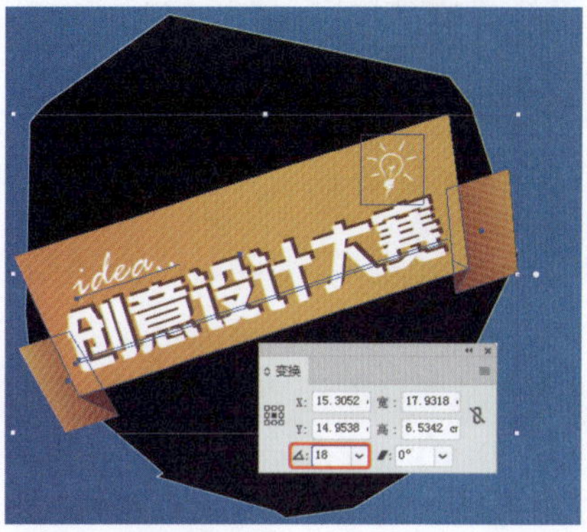

图11-87 旋转对象

㉝ 旋转完成后，在画板中调整该对象的位置，在画板中选择蓝色矩形，单击鼠标右键，在弹出的快捷菜单中选择【排列】|【置于顶层】命令，如图11-88所示。

㉞ 在画板中单击【铅笔工具】，在画板中按住鼠标进行绘制，将其描边颜色设置为78、72、70、41，如图11-89所示。

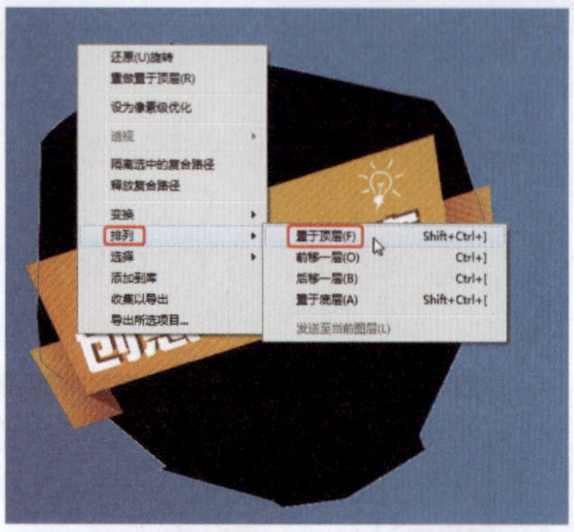

图11-88　选择【置于顶层】命令

图11-89　绘制图形并设置

35 在画板中选中该图形，在【外观】面板中将该图形的【混合模式】设置为【滤色】，如图11-90所示。

图11-90　设置混合模式

提　示

为了更加美观的体现效果，在此将使用【铅笔工具】绘制的图形进行了复制，并调整其位置和大小，读者可以根据需要进行操作，在此不赘述。

36 使用【钢笔工具】，在画板中绘制一个图形，在【渐变】面板中将【类型】设置为【线性】，将【角度】设置为-107.5°，将左侧渐变滑块的CMYK值设置为0、0、0、0，将右侧渐变滑块的CMYK值设置为0、0、0、50，将上方节点的位置调整为65%，如图11-91所示。

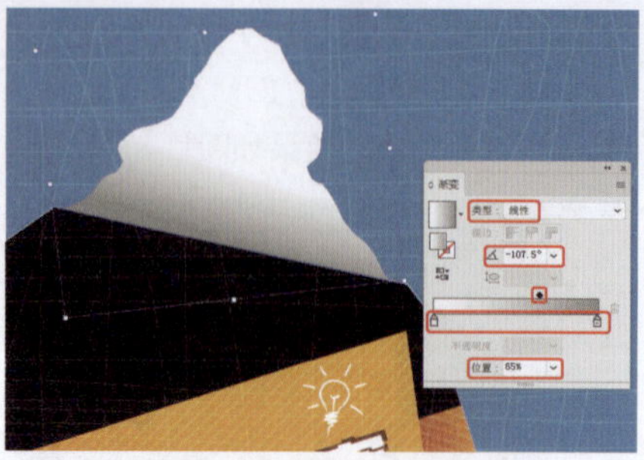

图11-91　设置渐变颜色

37 设置完成后，对该图形进行复制，并调整其位置，在【渐变】面板中将【角度】设置为72，使用【渐变工具】，在画板中调整渐变的位置，效果如图11-92所示。

图11-92　设置渐变角度并调整其位置

38 选中该对象，在【外观】面板中将【混合模式】设置为【正片叠底】，如图11-93所示。

图11-93　设置混合模式

39 使用相同的方法绘制其他图形，对绘制的图形进行设置，并选中前面的两个图形，将其进行成组，效果如图11-94所示。

40 使用【钢笔工具】，在画板中绘制三个图11-95所示的图形，选中绘制的图形，将其填充颜色的CMYK值设置为4、26、82、0，将【描边颜色】设置为无。

图11-94　绘制其他图形并进行设置

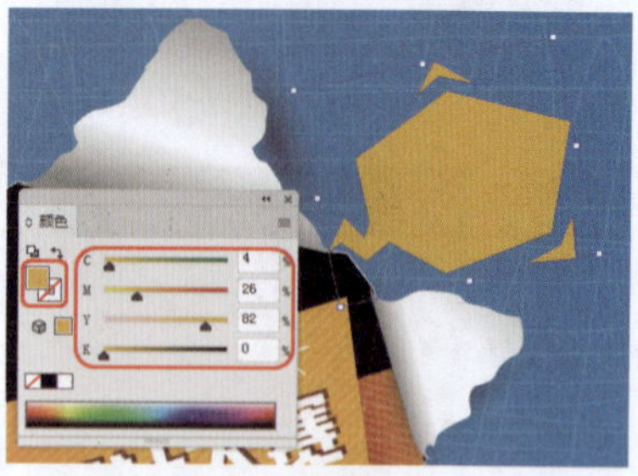

图11-95　绘制图形并填充颜色

41 使用前面所介绍的方法输入文字，并对输入的文字进行相应的设置，效果如图11-96所示。

图11-96　输入文字并设置

42 使用【钢笔工具】，在画板中绘制一个图形，在【渐变】面板中将【类型】设置为【径向】，将【角度】和【长宽比】分别设置为0°、100%，将左侧渐变滑块的CMYK值设置为27、21、20、0，将右侧渐变滑块的CMYK值设置为71、64、61、15，如图11-97所示。

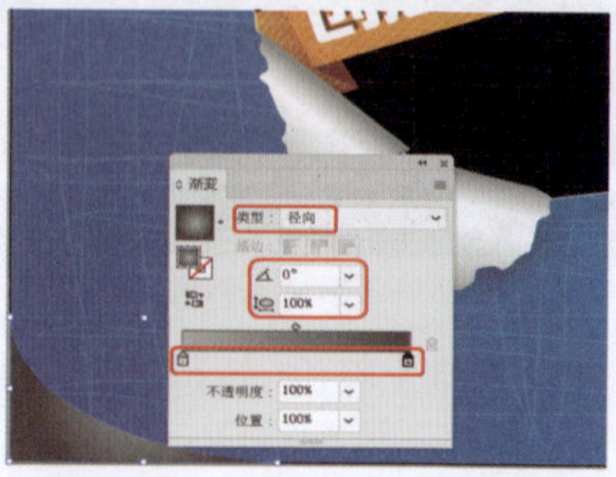

图11-97　绘制图形并设置渐变颜色

㊸ 再次使用【钢笔工具】在画板中绘制一个图形，在【渐变】面板中将【类型】设置为【线性】，将【角度】设置为51°，将左侧渐变滑块的CMYK值设置为0、0、0、0，并将其位置设置为11，在位置62处添加一个渐变滑块，将其CMYK值设置为23、20、23、0，将右侧渐变滑块的CMYK值设置为0、0、0、0，将上方两个节点分别调整至70%和68%位置处，如图11-98所示。

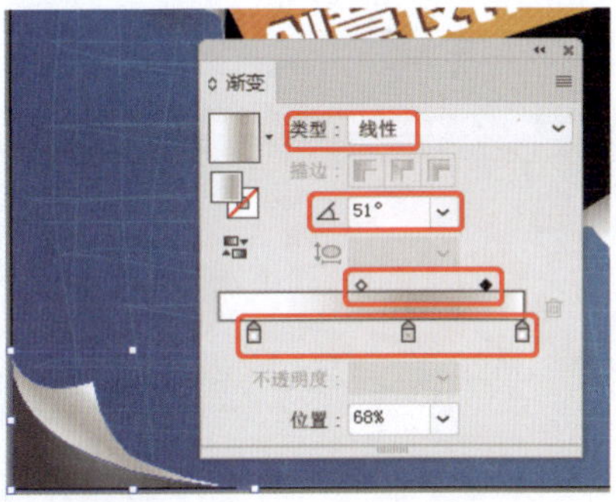

图11-98　绘制图形并填充渐变颜色

㊹ 使用【钢笔工具】在画板中绘制一个图形，将其填充颜色的CMYK值设置为52、46、49、0，如图11-99所示。

㊺ 选中该图形，在【外观】面板中将【混合模式】设置为【正片叠底】，如图11-100所示。

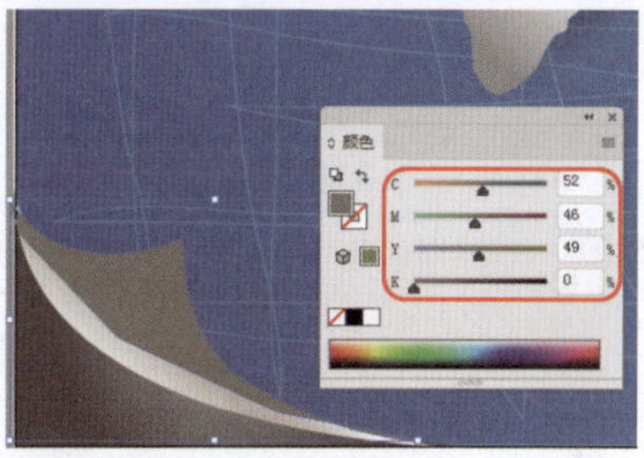

图11-99　绘制图形并填充颜色

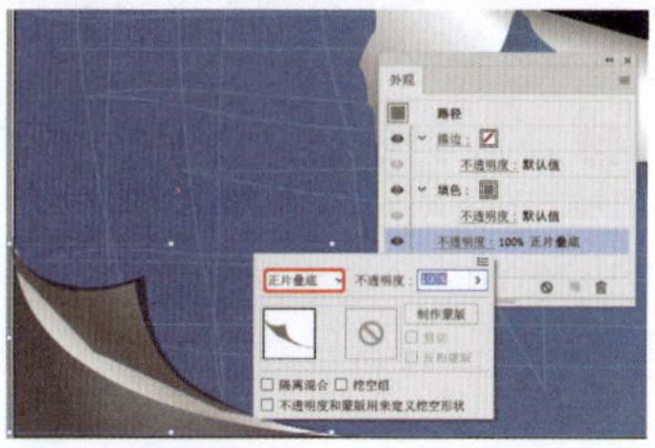
图11-100　设置混合模式

㊻ 在该图形上单击鼠标右键，在弹出的快捷菜单中选择【排列】|【后移一层】命令，将该图形向后移动一层，效果如图11-101所示。

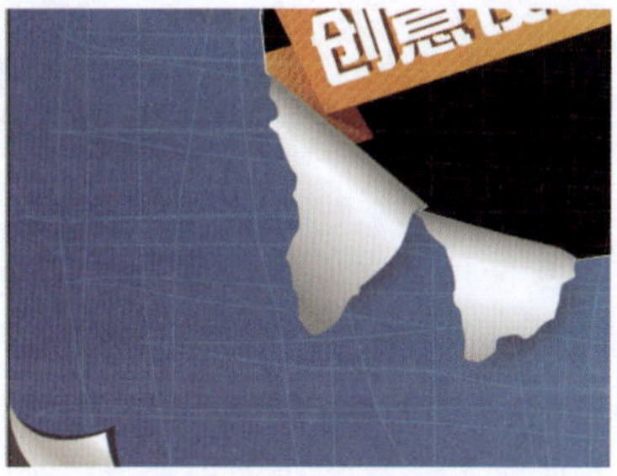
图11-101　调整图形的排放顺序

实训练习189 活动广告

本实例主要介绍活动广告的制作方法，其中包括背景的绘制、艺术文字的实现以及礼品袋的绘制等，效果如图11-102所示。

素材	无
场景	场景|Cha11 |实训练习189　活动广告.ai
视频	视频教学 | Cha11 |实训练习189　活动广告.MP4

图11-102　活动广告

❶ 按Ctrl+N组合键，在弹出的对话框中将【单位】设置为【像素】，将【宽度】和【高度】分别设置为340和397，将【颜色模式】设置为RGB，如图11-103所示。

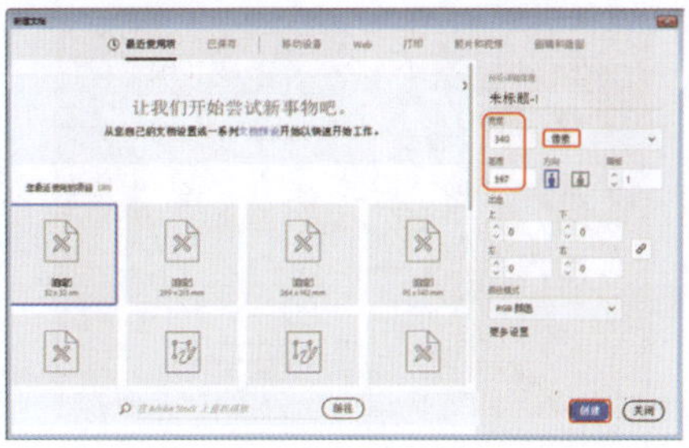

图11-103　设置新建文档参数

❷ 设置完成后，单击【创建】按钮，使用【矩形工具】，在画板中绘制一个与画板大小相同的矩形，如图11-104所示。

图11-104　绘制矩形

❸ 选中绘制的矩形，在【渐变】面板中将【类型】设置为【径向】，将【长宽比】设置为96%，将左侧渐变滑块的RGB值设置为254、222、0，将右侧渐变滑块的RGB值设置为241、108、0，将描边设置为无，使用【渐变工具】，在画板中调整渐变的大小，效果如图11-105所示。

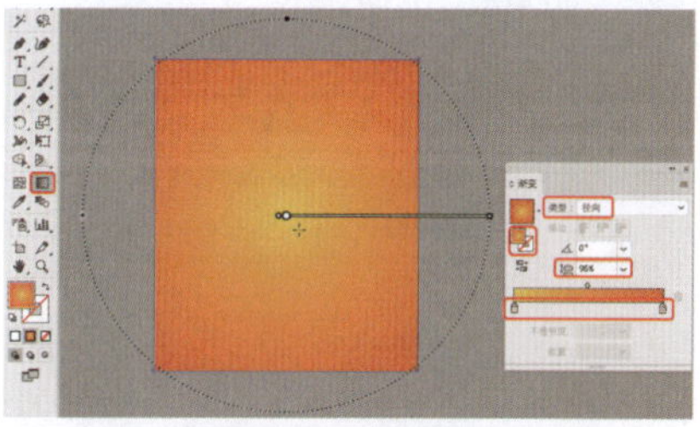
图11-105　设置渐变颜色并调整

❹ 使用【钢笔工具】，在画板中绘制一个图11-106所示的图形，使用【渐变工具】，在画板中对图形的渐变进行调整。

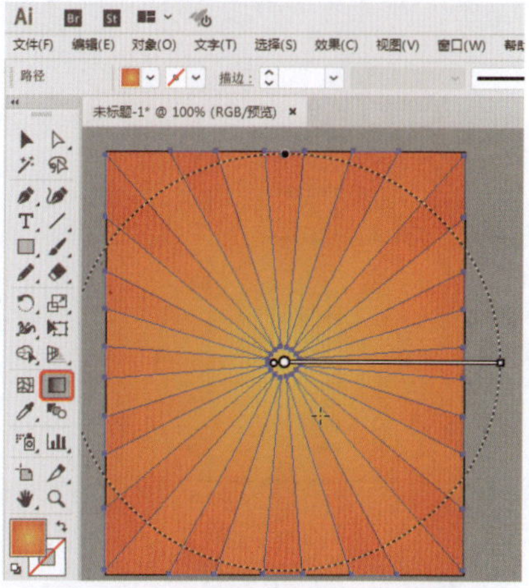

图11-106　绘制图形并调整渐变颜色

提 示

在新绘制图形时，新绘制的图形会以前面所设置的颜色为基准进行绘制，所以在此处不用设置渐变颜色。

❺ 使用【文字工具】T，在画板中单击鼠标，输入文字，选中输入的文字，在【字符】面板中将字体设置为【汉仪菱心体简】，将字体大小设置为72pt，将字体颜色设置为白色，如图11-107所示。

图11-107 输入文字并设置

❻ 选中该文字，单击鼠标右键，在弹出的快捷菜单中选择【创建轮廓】命令，如图11-108所示。

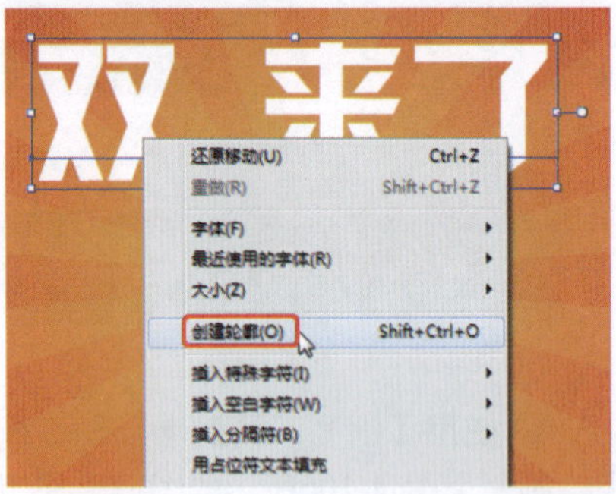

图11-108 选择【创建轮廓】命令

❼ 在该对象上单击鼠标右键，在弹出的快捷菜单中选择【取消编组】命令，如图11-109所示。

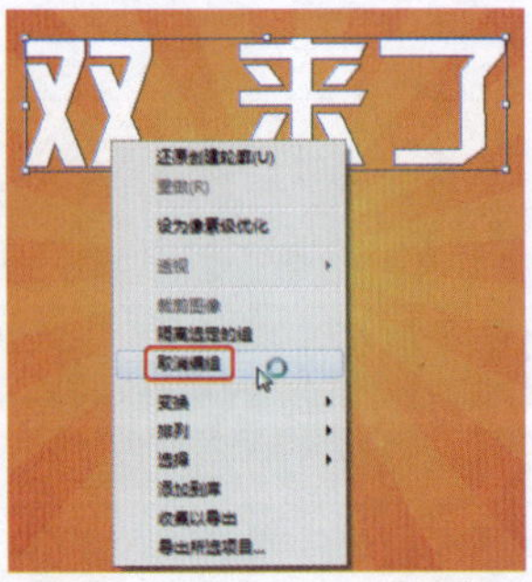

图11-109 选择【取消编组】命令

❽ 使用【直接选择工具】▷，在画板中对文字进行调整，效果如图11-110所示。

图11-110 调整文字的形状

❾ 使用【椭圆工具】◯，在画板中按住Shift键绘制一个正圆，将其填充颜色设置为无，将描边设置为白色，将描边粗细设置为4pt，效果如图11-111所示。

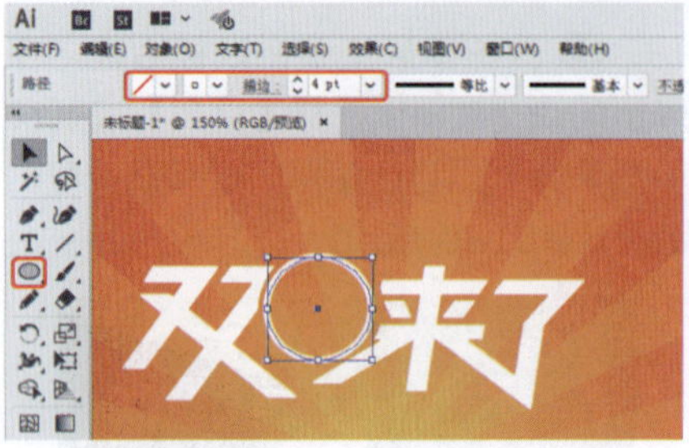
图11-111 绘制正圆并设置

❿ 使用【文字工具】T，在画板中单击鼠标，输入文字，选中输入的文字，在【字符】面板中将【字体】设置为【方正大标宋简体】，将【字体大小】设置为52pt，将【字符间距】设置为-100，将填充颜色设置为白色，效果如图11-112所示。

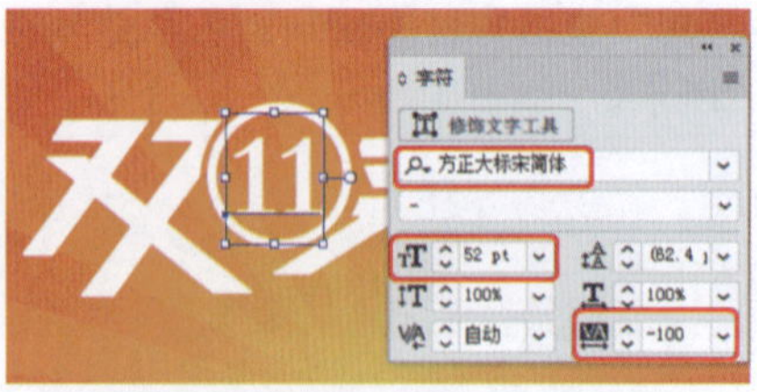

图11-112 输入文字并设置

⓫ 继续选中该文字，在【变换】面板中将【倾斜】设置为15，效果如图11-113所示。

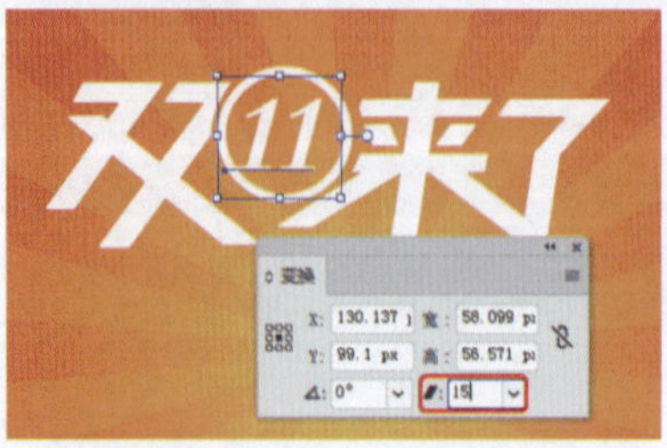

图11-113 设置倾斜参数

知识链接

活动广告包括以下四个重点：制作适当的销售信息、及时传达给受众、选择适当的时机、合理的成本。广告是在制定一项能测定的目标后，为实现这一目标制定广告战略，并进行广告计划、广告制作、销售及营销等活动。其实，只要是带有一定商业性的经营活动，都可以认为是活动广告。

⓬ 使用同样的方法创建其他文字和图形，并对其进行调整，效果如图11-114所示。

图11-114 创建其他文字和图形后的效果

⓭ 选中所有白色对象，按Ctrl+G组合键，在【变换】面板中将【角度】设置为19，效果如图11-115所示。

图11-115 设置旋转度数

⓮ 使用【钢笔工具】✒，在画板中绘制一个图11-116所示的图形，将其填充颜色的RGB值设置为230、0、0，将描边设置为无。

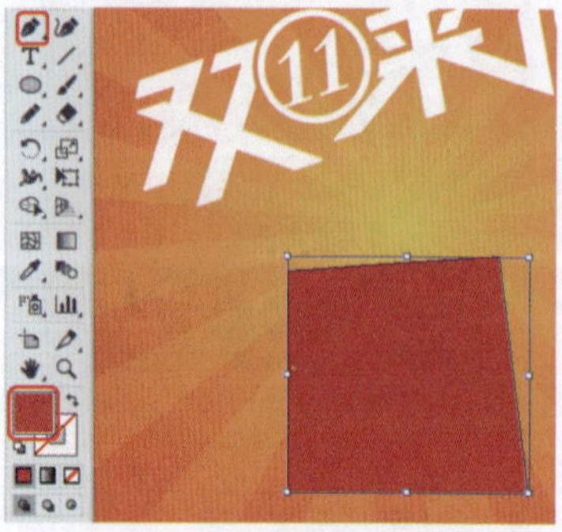
图11-116 绘制图形并填充颜色

⑮ 使用【椭圆工具】，在画板中绘制两个正圆，将其填充颜色设置为白色，并调整其位置，效果如图11-117所示。

图11-117 绘制圆形并设置填充颜色

⑯ 按住Shift键，选中绘制的圆形和红色图形，单击鼠标右键，在弹出的快捷菜单中选择【建立复合路径】命令，如图11-118所示。

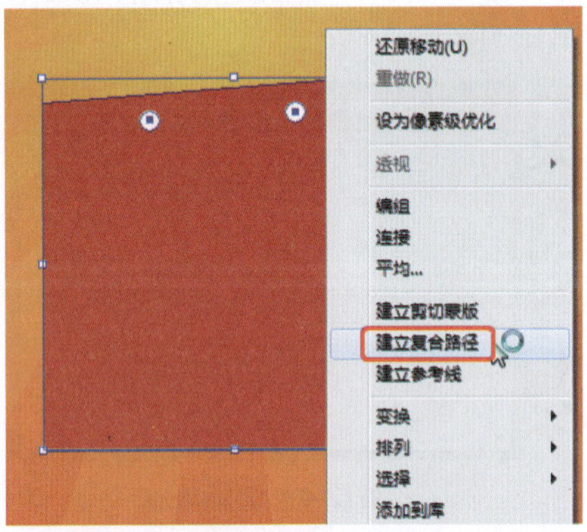

图11-118 选择【建立复合路径】命令

⑰ 使用【钢笔工具】，在画板中绘制两个图11-119所示的图形，将填充设置为无，将描边颜色的RGB值设置为230、0、0，将描边粗细设置为1.5pt，效果如图11-119所示。

图11-119 绘制图形并设置描边

⑱ 使用【钢笔工具】在画板中绘制一个图11-120所示的图形，将其填充颜色的RGB值设置为110、0、0，将描边设置为无，效果如图11-120所示。

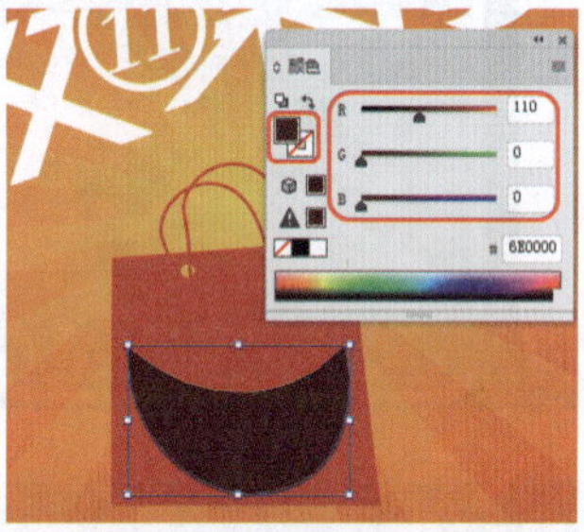

图11-120 绘制图形并填充颜色

⑲ 使用【钢笔工具】在画板中绘制三个图11-121所示的图形，并为其填充白色。

图11-121 绘制图形并填充白色

⑳ 使用同样的方法绘制其他图形，并对其进行相应的设置，效果如图11-122所示。

图11-122 绘制其他图形后的效果

㉑ 根据前面所介绍的方法绘制其他图形，并调整其排放顺序，效果如图11-123所示。

图11-123 绘制其他图形的效果

㉒ 使用【文字工具】，在画板中单击鼠标，输入文字，选中输入的文字，在【字符】面板中将字体设置为【汉仪菱心体简】，将字体大小设置为17pt，将填充颜色设置为白色，效果如图11-124所示。

图11-124 输入文字并设置

第12章 杂志广告设计

杂志可分为专业性杂志、行业性杂志、消费者杂志等。各类杂志的读者群比较明确，是各类专业商品广告的良好媒介。刊登在封二、封三、封四和中间双面的杂志广告一般用彩色印刷，纸质也较好，因此表现力较强，是报纸广告难以比拟的。本章将介绍制作杂志广告的一些技巧和思路。

实训练习190 汽车杂志广告

本实例将讲解如何制作汽车杂志广告，其中介绍了矩形工具、直线工具和文字工具的使用，完成后的效果如图12-1所示。

素材	素材|Cha12 |汽车.jpg、汽车logo.ai
场景	场景|Cha12 |实训练习190 汽车杂志广告.ai
视频	视频教学 | Cha12 |实训练习190 汽车杂志广告.MP4

图12-1 汽车杂志

❶ 启动软件后，按Ctrl+N组合键，打开【新建文档】对话框，将【宽度】设置为400，【高度】设置为250，【单位】设置为【毫米】，单击【创建】按钮，如图12-2所示。

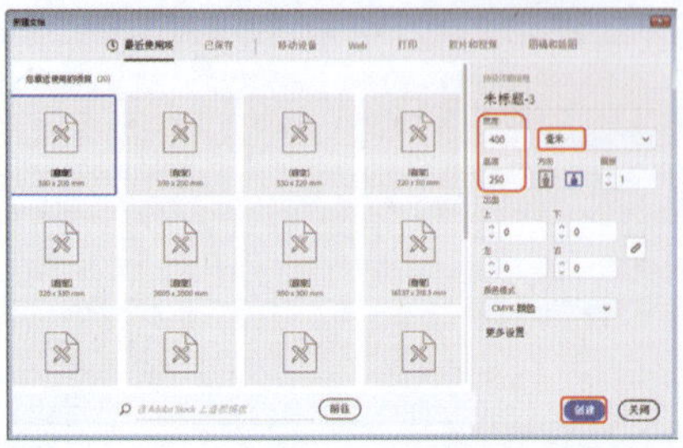

图12-2 新建文档

❷ 使用【矩形工具】，在画板中单击鼠标左键，即可打开【矩形】对话框，在该对话框中将【宽度】设置为400 mm，【高度】设置为250 mm，单击【确定】按钮，如图12-3所示。

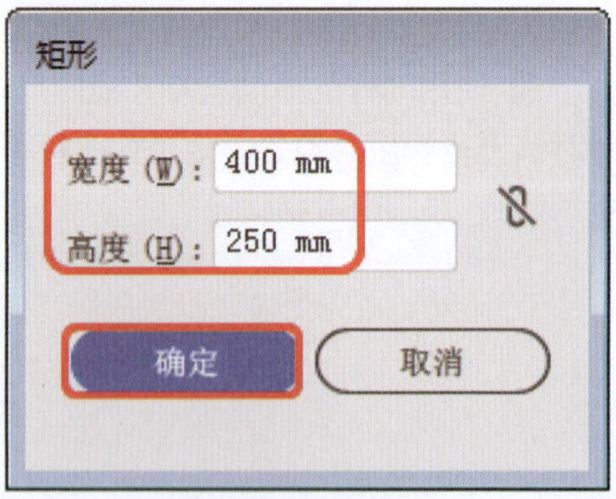

图12-3 设置矩形大小

❸ 确认矩形的颜色为白色，在工具箱中单击【描边颜色】，单击【无】按钮，将绘制的矩形描边颜色设置为无，如图12-4所示。

❹ 继续使用【矩形工具】，在画板的顶端单击鼠标左键并拖动绘制矩形，填充黑色，绘制矩形后的效果如图12-5所示。

图12-4 绘制矩形

图12-5 绘制矩形并填充黑色

> **提 示**
>
> 系统默认的填色和描边分别为白色和黑色。

❺ 使用【椭圆形工具】，按住Shift键在画板的左上角部分单击并拖动，绘制正圆，将【填充颜色】设置为无，将【描边颜色】设置为黑色，如图12-6所示。

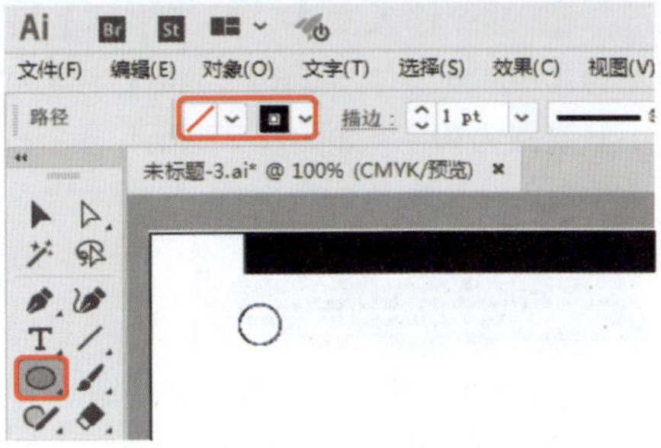

图12-6 绘制椭圆并设置颜色

❻ 确认选中的圆形，按Ctrl+C组合键复制，按Ctrl+Shift+V组合键，就地粘贴，按住Shift+Alt 组合键，使用鼠标左键缩放对象，调整后的效果如图12-7所示。

图12-7 复制并调整图形

❼ 使用【文字工具】T，在画板中单击并输入文字，完成后选中文字，按Ctrl+T组合键打开【字符】面板，将【字体】设置为【方正综艺简体】，设置【字体大小】为20pt，如图12-8所示。

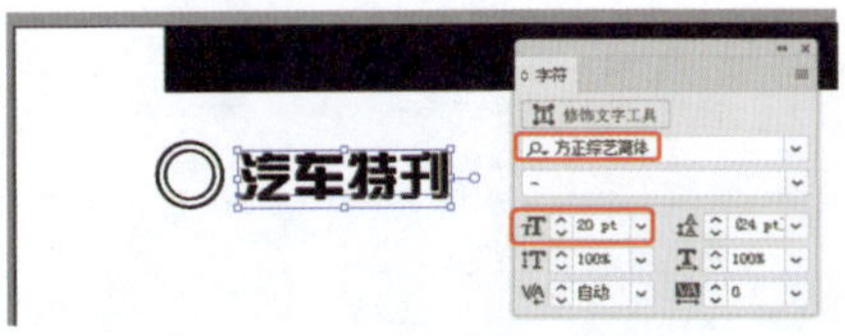

图12-8 输入并设置文字

❽ 使用【直线段工具】，在画板中按住Shift键，单击鼠标左键并拖动，绘制水平直线，效果如图12-9所示。

图12-9 绘制直线

❾ 按Ctrl+F10组合键打开【描边】面板，将【粗细】设置为2pt，如图12-10所示。

图12-10 设置直线粗细

❿ 选择【矩形工具】绘制矩形，将其填色的CMYK设置为100、100、0、0，将【描边颜色】设置为无，效果如图12-11所示。

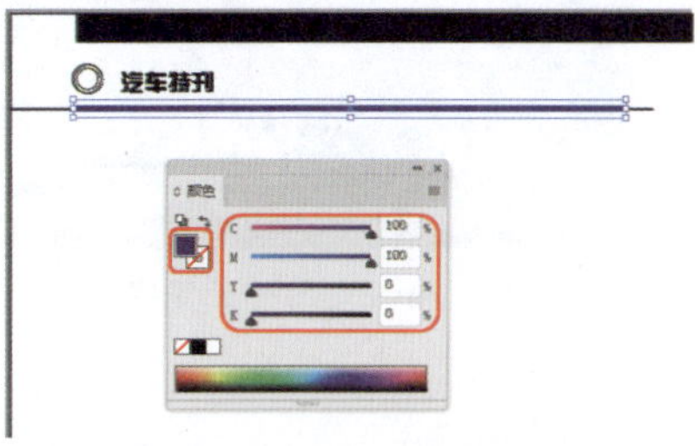

图12-11 绘制矩形并填充颜色

⓫ 按住Shift键选中圆形、文字和下面的直线、矩形，按Ctrl+G组合键组合对象，按Ctrl+C键进行复制，按Ctrl+Shift+V键，就地粘贴，单击属性右键，选择【变换】|【对称】命令，如图12-12所示。

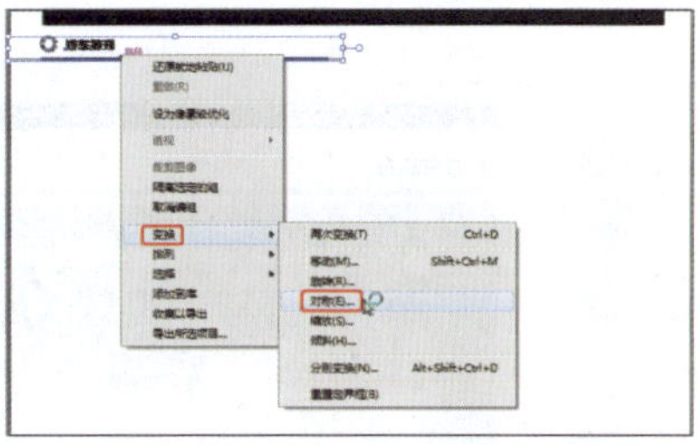

图12-12 选择【对称】命令

⓬ 在打开的【镜像】对话框中，选择【垂直】选项，单击【确定】按钮，在画板中按住Shift键向右调整对象的位置，按Ctrl+Shift+G组合键取消组合对象，使用同样方法将其镜像确定，效果如图12-13所示。

图12-13 镜像复制对象并调整

⓭ 在菜单栏中选择【文件】|【置入】命令，在打开的对话框中，选择素材文件“汽车.jpg”，并单击置入，在画板中单击，完成置入，调整图片的大小和位置，效果如图12-14所示。

⓮ 使用【矩形工具】，绘制矩形，将【填充颜色】设置为黑色，将【描边颜色】设置为无，如图12-15所示。

图12-14 导入素材效果

图12-15 绘制矩形并填充颜色

⓯ 使用【文字工具】，输入文字，在【字符】面板中将【字体】设置为【方正粗圆简体】，将【字体大小】设置为15pt，如图12-16所示。

图12-16 设置字体的字符

⓰ 继续使用【矩形工具】和【文字工具】，绘制如图12-17所示的对象。

图12-17 绘制完成后的效果

⓱ 打开随书配套资源中的素材|Cha12|汽车logo.ai素材文件，如图12-18所示。

图12-18　打开素材文件

⑱ 将素材文件拖拽至场景文件中，调整Logo的位置，如图12-19所示。

图12-19　调整Logo的位置

⑲ 使用【文字工具】，输入文本“中国房车锦标赛 CTCC五冠王”，将【字体】设置为【文鼎CS大黑】，将【字体大小】设置为20pt，将【字符间距】设置为100，如图12-20所示。

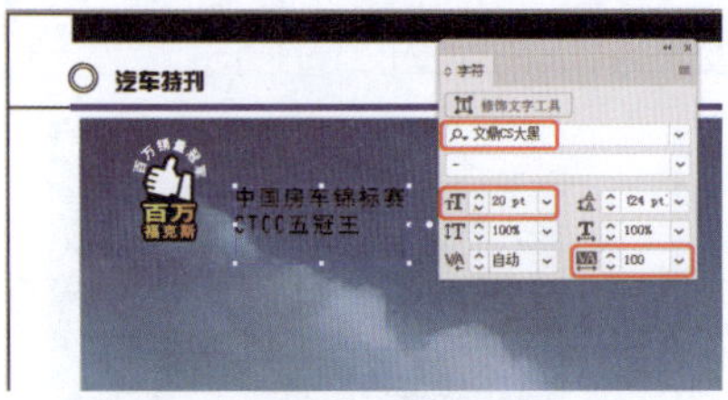

图12-20　输入文本并设置字符

⑳ 将文字颜色的CMYK值设置为0、3、100、0，如图12-21所示。

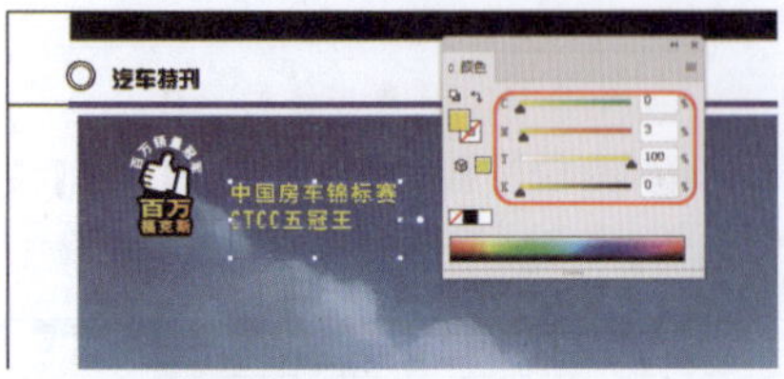

图12-21　设置文字的颜色

㉑ 使用【文字工具】，输入文本，将【字体】设置为【汉仪综艺体简】，将【字体大小】设置为36pt，将【字符间距】设置为100，将颜色设置为白色，如图12-22所示。

㉒ 使用【直线段工具】，绘制直线，将【填充颜色】设置为无，将【描边颜色】设置为白色，将【描边粗细】设置为1pt，如图12-23所示。

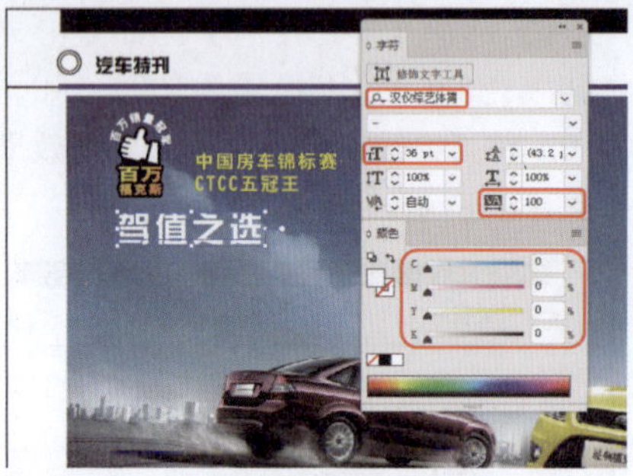

图12-22　输入文本并设置字符

图12-23　绘制直线设置颜色和描边

㉓ 使用【矩形工具】，绘制矩形，如图12-24所示。

图12-24　绘制矩形对象

㉔ 使用【文字工具】，在矩形上单击鼠标左键，创建区域文字对象，如图12-25所示。

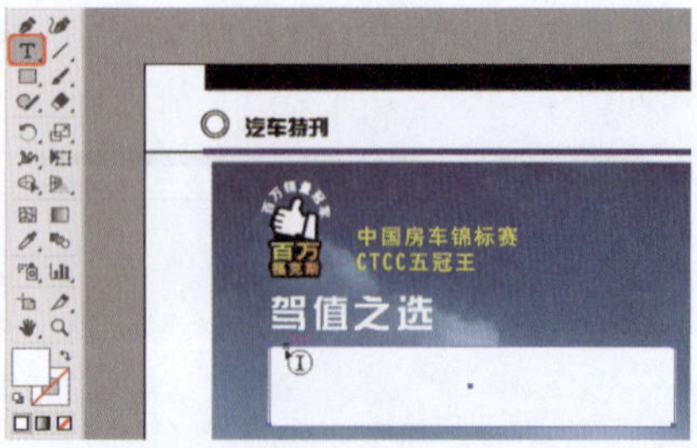

图12-25　在绘制的矩形路径上单击

㉕ 输入文本，将【字体】设置为【汉仪综艺体简】，将【字体大小】设置为17pt，将【字符间距】设置为0，如图12-26所示。

图12-26　输入文本并设置字符

㉖ 继续输入文本，将【字体】设置为【Adobe 黑体 Std R】，将【字体大小】设置为10pt，如图12-27所示。

图12-27　输入文本并设置字符

㉗ 使用【文字工具】，输入文本“现在购买，即送全额购置税+100L燃油”，将【字体】设置为【汉仪中宋简】，将【字体大小】设置为25pt，将【填充颜色】设置为白色，如图12-28所示。

图12-28　输入文本并设置字符

㉘ 使用【文字工具】，输入文本“地址：三八路西段汽车城　电话:0534-55677777”，将【字体】设置为【文鼎CS大黑】，将【字体大小】设置为16pt，将【填充颜色】设置为白色，如图12-29所示。

图12-29　输入文本并设置字符

㉙ 最终效果如图12-30所示。

图12-30　最终效果

实训练习191 DM版式设计

DM版式是企业对外宣传形象及产品的一种工具和形式，它可以在公众面前展示一个企业的形象，也是企业与消费者之间的一种企业文化及信息传递的工具。无论是从视觉角度，还是从内容上来讲，描述产品特点及优势的表达是非常关键的，制作完成后的效果如图12-31所示。

素材	素材|Cha12 |美食素材01.jpg~美食素材09.jpg、吉祥花.psd
场景	场景|Cha12 |实训练习191 DM版式设计.ai
视频	视频教学 | Cha12 |实训练习191 DM版式设计.MP4

图12-31 DM版式设计效果

❶ 按Ctrl+N快捷键，弹出【新建文档】对话框，设置【宽度】和【高度】参数分别为360和330，将【单位】设置为【毫米】，单击【创建】按钮，如图12-32所示。

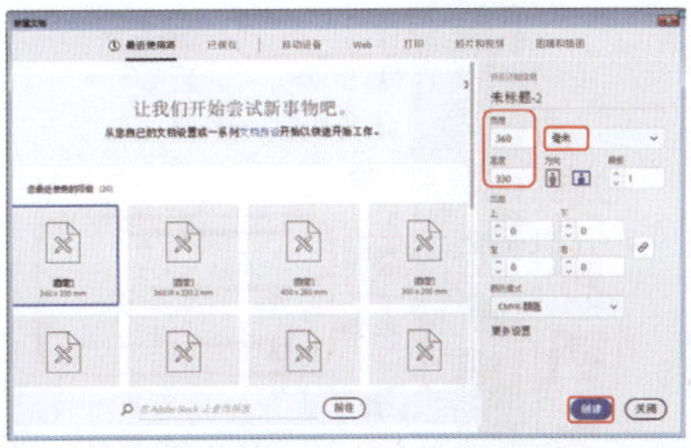
图12-32 【新建文档】对话框

❷ 按Ctrl+R键显示标尺，拖拽出如图12-33所示的参考线。

❸ 使用【矩形工具】，在画板中绘制一个矩形，设置【填充颜色】的CMYK值为75、0、100、0，【描边颜色】设置为无，效果如图12-34所示。

图12-33 拖拽出参考线效果

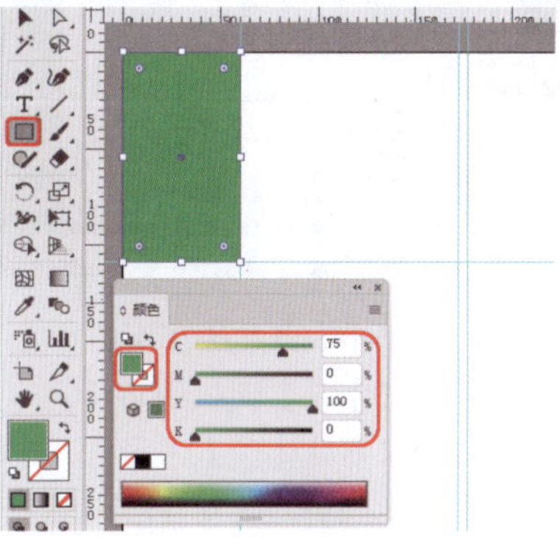
图12-34 绘制矩形效果

❹ 使用【矩形工具】，在画板中绘制一个矩形，设置【填充颜色】的CMYK值为28、0、29、0，【描边颜色】设置为无，效果如图12-35所示。

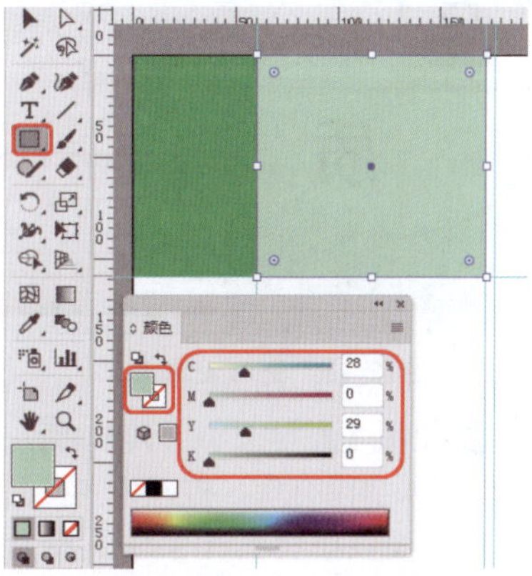
图12-35 再次绘制矩形

❺ 使用同样的方法绘制其他矩形的效果，并为其填充颜色，效果如图12-36所示。

图12-36 绘制矩形效果

❻ 使用【椭圆工具】，在画板中按Shift+Alt键绘制一个正圆，设置【填充颜色】的CMYK值为75、0、100、0，【描边颜色】设置为无，效果如图12-37所示。

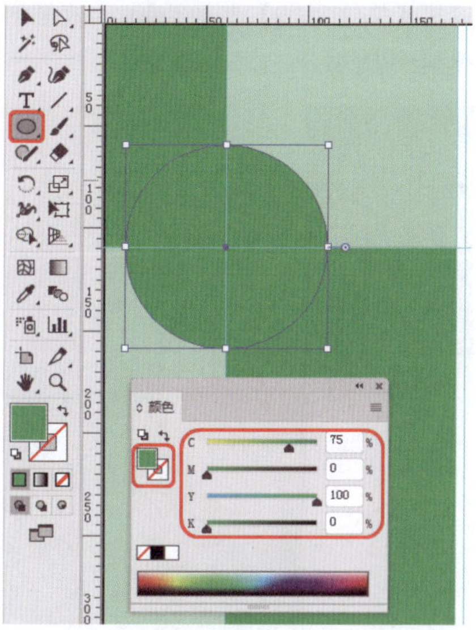
图12-37 绘制圆形

❼ 使用【直线段工具】，在画板中绘制两条直线，绘制直线是为了把上面绘制的正圆平均分为4份，效果如图12-38所示。

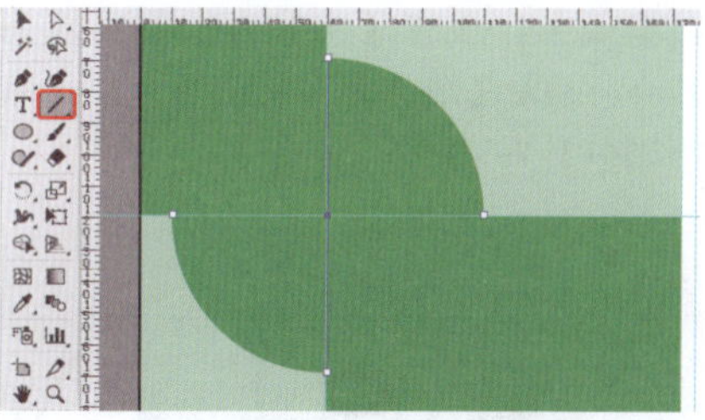
图12-38 绘制正圆效果

❽ 使用【选择工具】选择上面绘制的直线和正圆，单击【路径查找器】面板下方的【分割】按钮，将正圆分割为4份，在【图层】面板中会自动形成一个【编组】选项，如图12-39所示。

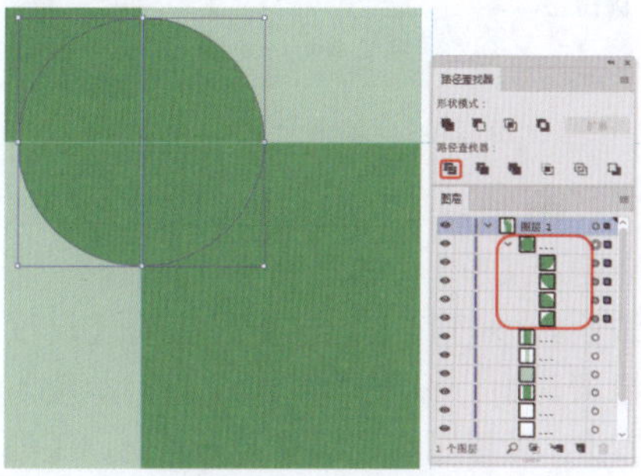
图12-39 分割对象效果

❾选择编组对象，按Ctrl+Shift+G组合键取消编组，为4个对象填充【白色】和【淡绿色】（淡绿色RGB值为195、226、197），并将其【描边颜色】的RGB值设置为34、172、56，设置其【描边粗细】参数为4pt，效果如图12-40所示。

图12-40　编辑对象效果

❿使用【文字工具】T，在画板中输入“品”，打开【字符】面板，在该面板中将其【字体】设置为【汉仪粗圆简】，设置【字体大小】参数为72pt，设置【填充颜色】为黑色，【描边颜色】为无，效果如图12-41所示。

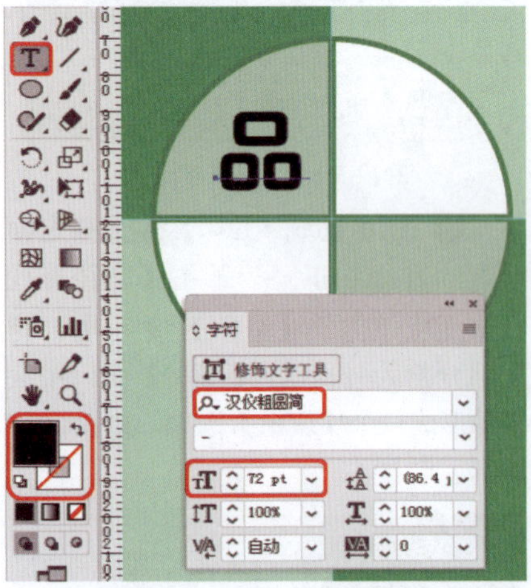

图12-41　输入“品”字效果

⓫使用【文字工具】T，在画板中输入【质】，打开【字符】面板，在该面板中将其【字体】设置为【汉仪粗圆简】，设置【字体大小】参数为72pt，设置【填充颜色】为黑色，【描边颜色】为无，效果如图12-42所示。

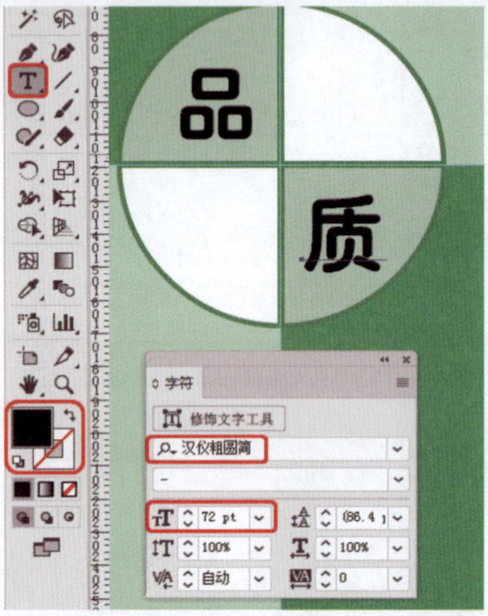

图12-42　输入“质”字效果

⓬使用同样的方法在画板中创建文字，并在【字符】面板中将【字体】设置为【汉仪书魂体简】，设置【字体大小】参数为72pt，设置【填充颜色】的RGB值为196、226、197，【描边颜色】设置为无，效果如图12-43所示。

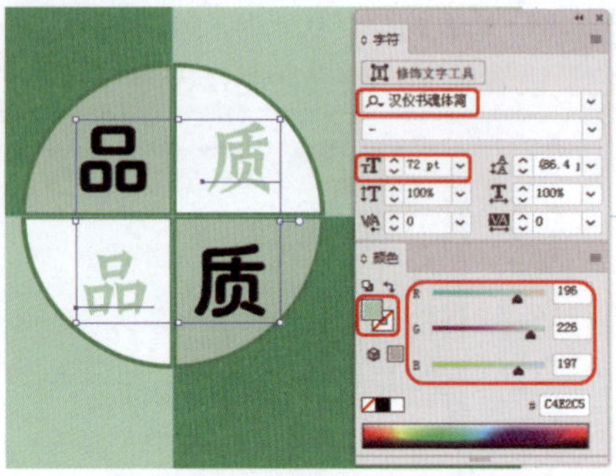

图12-43　输入文本效果

⓭使用【直排文字工具】IT，在画板中输入“没有”，打开【字符】面板，在该面板中将其【字体】设置为【方正黄草简体】，设置【字体大小】参数为60pt，设置【填充颜色】为白色，【描边颜色】为无，效果如图12-44所示。

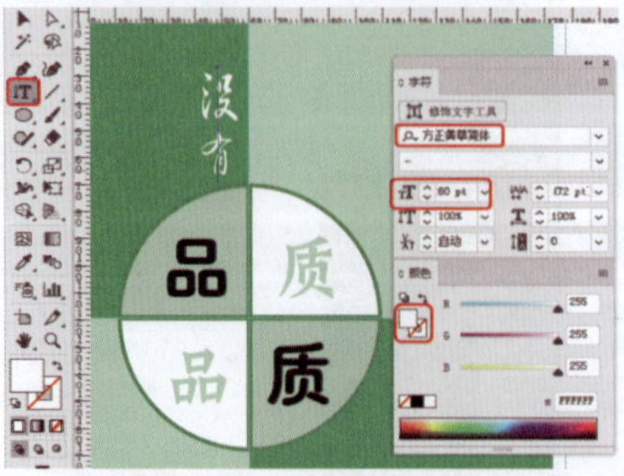

图12-44　创建文本效果

⓮使用【直排文字工具】，输入文本，在【字符】面板中将其【字体】设置为【方正黄草简体】，设置【字体大小】参数为60pt，设置【填充颜色】为白色，【描边颜色】为无，如图12-45所示。

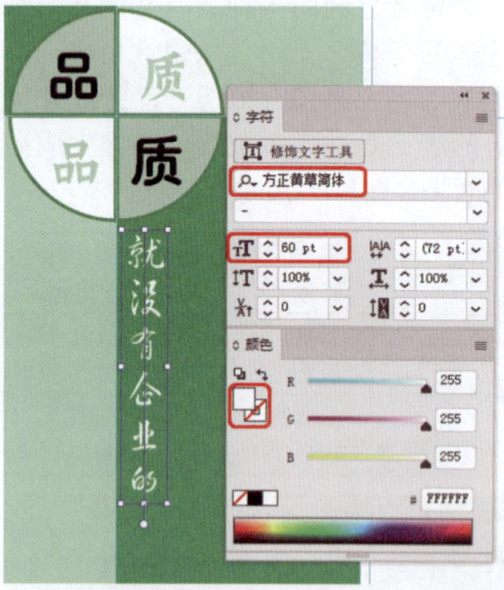

图12-45　创建文本效果

⓯使用【直排文字工具】IT，输入“美好明天”，打开【字符】面板，在该面板中将其【字体】设置为【汉仪方隶简】，设置【字体大小】参数为【72pt】，设置【填充颜色】的RGB值设置为215、22、24，【描边颜色】为白色，效果如图12-46所示。

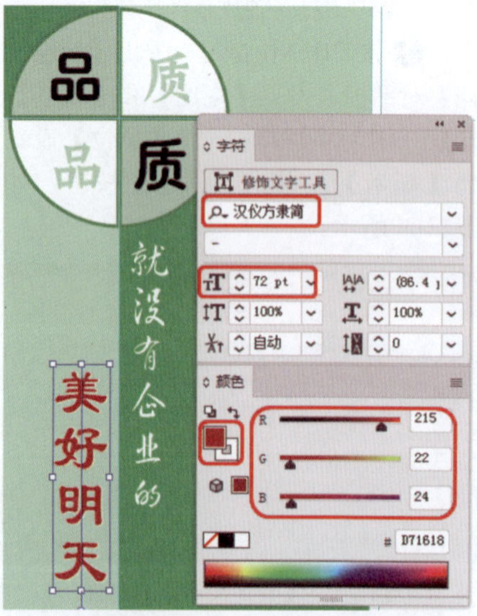

图12-46　输入并编辑文字

⓰使用【圆角矩形工具】▢，在画板中绘制一个圆角矩形，将其【填充颜色】的CMYK值设置为75、0、100、0，【描边颜色】为无，设置完成后的效果如图12-47所示。

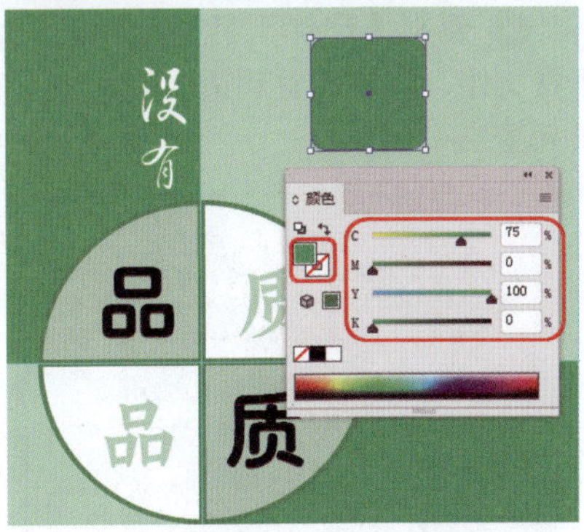

图12-47 创建圆角矩形

⑰ 使用【椭圆工具】，在画板中按Shift+Alt键创建正圆，将其【填充颜色】和【描边颜色】的CMYK值分别设置为28、0、28、0和75、0、100、0，效果如图12-48所示。

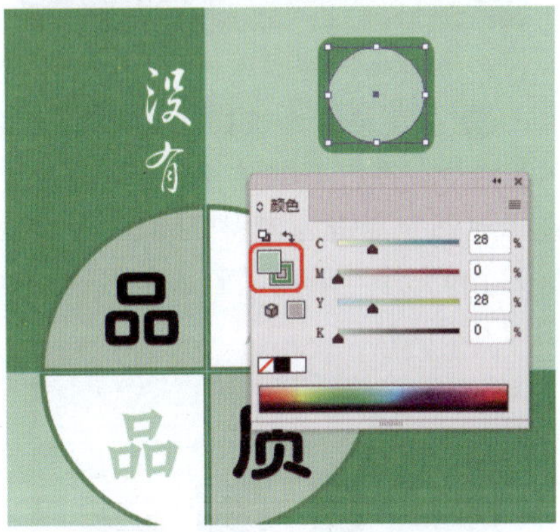

图12-48 绘制正圆效果

⑱ 按Shift+Ctrl+F11组合键，打开【符号】面板，单击左下角的【符号库菜单】按钮，在弹出的快捷菜单中选择【寿司】选项，打开【寿司】符号面板，在该面板中选择一种符号，将其拖拽至画板中，使用【选择工具】选择符号，并对其进行缩放，效果如图12-49所示。

图12-49 创建符号

⑲ 使用【文字工具】，在画板中输入“食香居”，打开【字符】面板，在该面板中将其【字体】设置为【汉仪雪君体简】，设置【字体大小】参数为20pt，设置【填充颜色】的CMYK值为75、0、100、0，【描边颜色】为【无】，效果如图12-50所示。

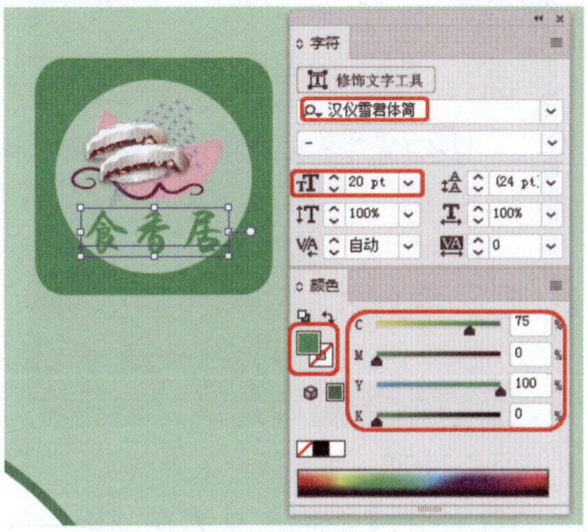

图12-50 输入文字效果

⑳ 在【图层】面板中选择如图12-51所示的选项，按Ctrl+G键编组对象，并为【编组】选项重命名为“Logo”，效果如图12-51所示。

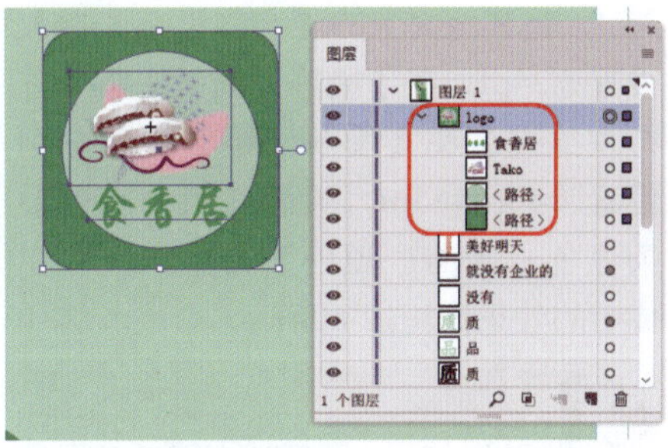

图12-51 编组对象效果

㉑ 使用【文字工具】，在画板中输入字母，打开【字符】面板，在该面板中为其设置一种字体，设置【字体大小】参数为48pt，设置其【填充颜色】的CMYK参数设置为75、0、100、0，【描边颜色】为无，效果如图12-52所示。

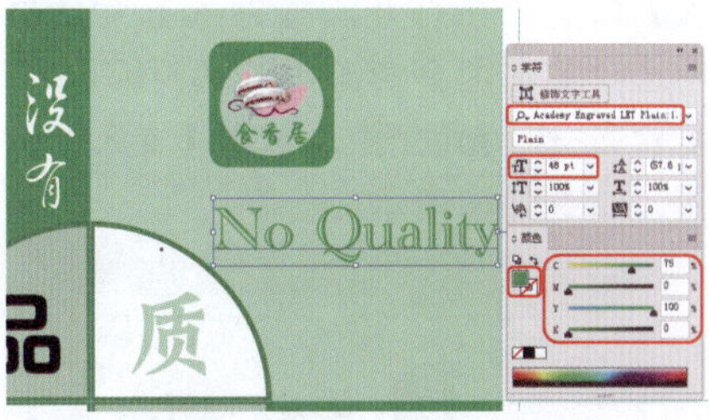

图12-52 创建文字效果

㉒ 继续使用【文字工具】，输入文本，参照图12-53设置【字体】和【字体大小】，并将其【填充颜色】设置为黑色，【描边颜色】为无，效果如图12-53所示。

图12-53 输入文字效果

㉓ 在菜单栏中选择【文件】|【置入】命令，在弹出的【置入】对话框中选择随书配套资源中的素材|Cha12|吉祥花.psd文件，单击【置入】按钮，如图12-54所示。

图12-54 打开的【置入】对话框

㉔ 使用【选择工具】选择置入的素材文件，调整其到合适的大小，调整完成后的效果如图12-55所示。

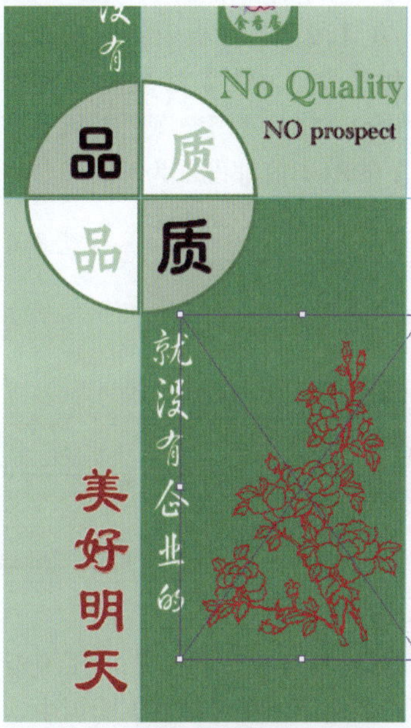

图12-55 调整置入素材的大小

㉕ 确定置入的素材文件处于编辑状态，单击【外观】面板下方的按钮，

在弹出的快捷菜单中选择【风格化】|【投影】命令，如图12-56所示。在打开的【投影】对话框中将【模式】设置为【正常】，设置【X位移】和【Y位移】参数都为1.5mm，设置【模糊】参数为1mm，将【颜色】右侧色块的RGB值设置为170、170、170，设置完成后单击【确定】按钮，如图12-57所示。

图12-56　选择【投影】命令

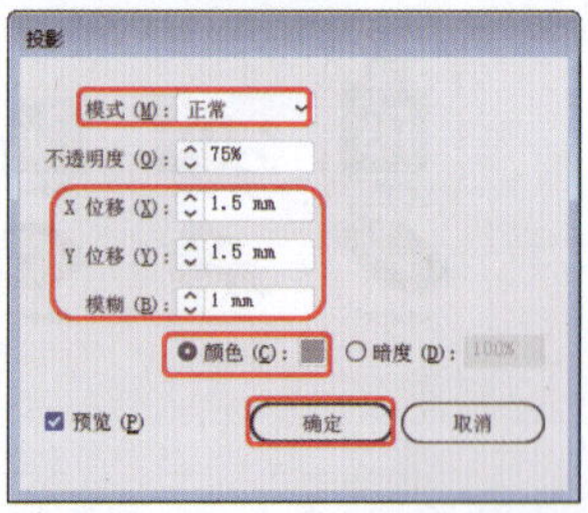

图12-57　设置【投影】参数

㉖ 使用【文字工具】，在画板中输入“品行天下”，打开【字符】面板，在该面板中将其【字体】设置为【方正彩云简体】，设置【字体大小】参数为48pt，设置【字符间距】参数为400，在【段落】面板中将【首行左缩进】和【段前间距】参数分别设置为40pt和5pt，将其【填充颜色】和【描边颜色】的RGB值都设置为230、0、18，完成后效果如图12-58所示。

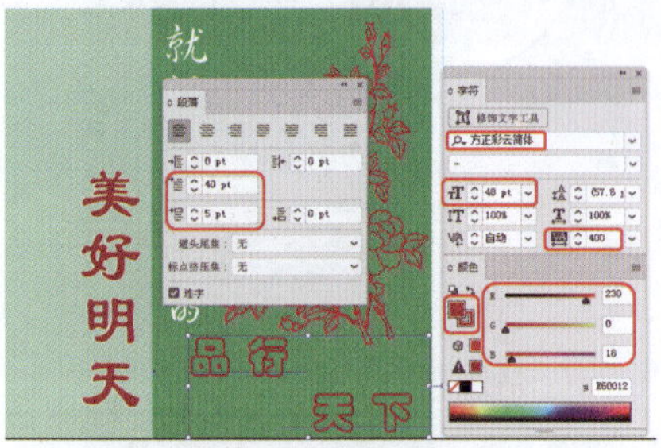

图12-58　输入文字效果

㉗ 使用【矩形工具】，在画板中绘制一个矩形，在【渐变】面板中，将【类型】设置为【线性】，将【角度】设置为-90°，将20%位置处的RGB值设置为195、226、197，将100%位置处的RGB值设置为34、172、56，设置其【描边颜色】为无，效果如图12-59所示。

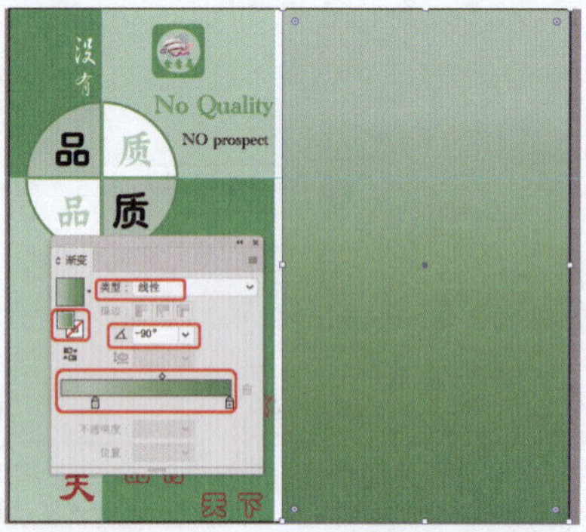

图12-59　绘制矩形填充渐变

㉘ 使用【矩形工具】在画板中创建矩形路径，使用【区域文字工具】在绘制的矩形内单击并输入文本，在【字符】面板中将【字体】设置为【方正隶变简体】，选择“公司简介”，将其【字体大小】参数设置为36pt，将其他文字的【字体大小】参数设置为24pt，在【段落】面板中将【首行左缩进】和【段前间距】参数分别设置为40pt和5pt，设置【填充颜色】为黑色，【描边颜色】为无，设置完成后的效果如图12-60所示。

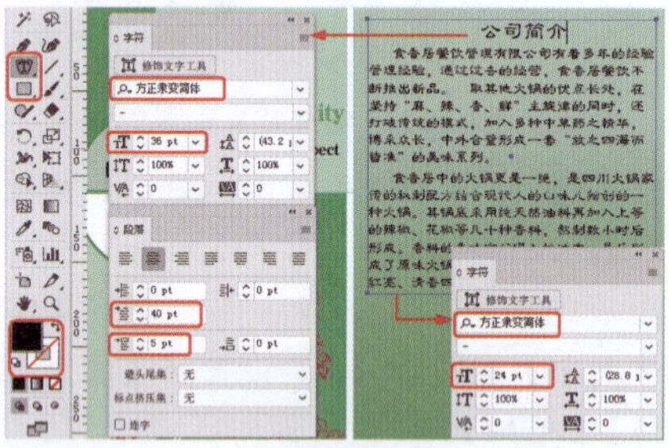

图12-60　输入文字效果

㉙ 在菜单栏中选择【文件】|【置入】命令，在打开的【置入】对话框中选择随书配套资源中的素材|Cha12|美食素材01.jpg文件，单击【置入】按钮，如图12-61所示。

图12-61　【置入】对话框

㉚ 使用【选择工具】选择置入的素材文件，将其调整到适当的大小，效果如图12-62所示。

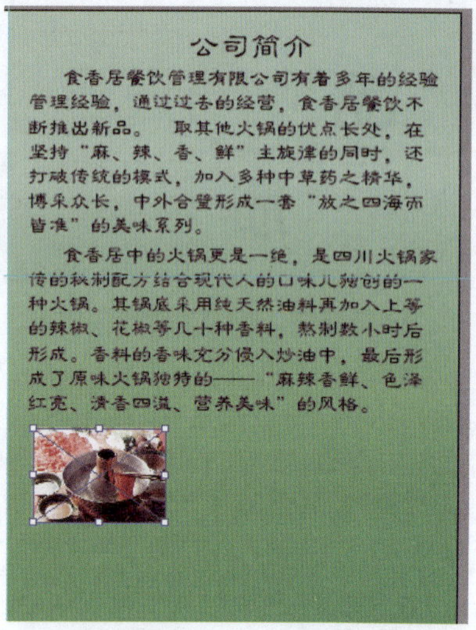

图12-62　调整素材的大小

㉛ 在菜单栏中选择【文件】|【置入】命令，在打开的【置入】对话框中选择随书配套资源素材|Cha12 |美食素材02.jpg文件，单击【置入】按钮，如图12-63所示。

图12-63　【置入】对话框

㉜ 使用【选择工具】选择置入的素材文件，将其调整到适当的大小，效果如图12-64所示。

图12-64　调整素材的大小

33 使用同样的方法置入其他素材文件，并调整到适当大小，调整完成后的效果如图12-65所示。

图12-65 置入并调整素材

34 使用【文字工具】，在画板中输入文字，打开【字符】面板，在该面板中将其【字体】设置为【方正彩云简体】，设置【字体大小】参数为30pt，设置【字符间距】参数为300，设置【填充颜色】的RGB值为230、0、18，效果如图12-66所示。

图12-66 输入文字效果

35 为文字添加【外发光】，在打开的【外发光】对话框中将【模式】设置为【正常】，将【不透明度】设置为75%，将【模糊】设置为1mm，设置【颜色】的RGB值为222、219、95，设置完成后单击【确定】按钮，如图12-67所示。

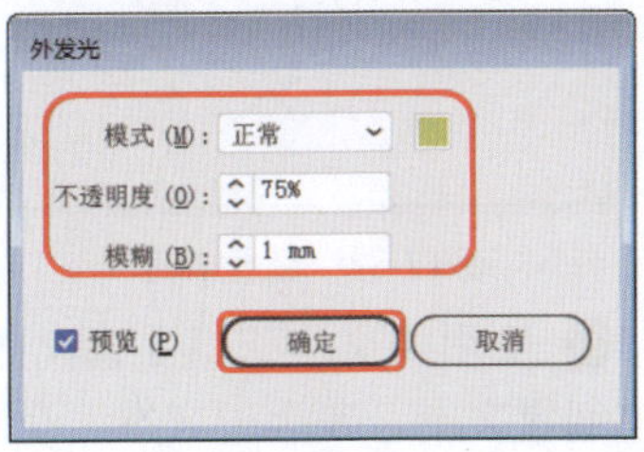

图12-67 设置【外发光】参数

36 为文字添加【投影】效果，在打开的【投影】对话框中进行设置，将颜色的RGB值设置为195、226、197，设置完成后单击【确定】按钮，如图12-68所示。效果如图12-69所示。

37 使用【矩形工具】，在画板中绘制一个矩形，将【填充颜色】和【描边颜色】分别设置为白色和黑色，设置完成后的效果如图12-70所示。

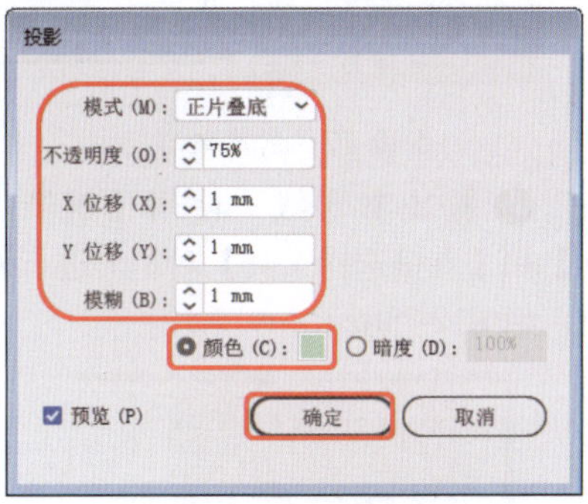

图12-68 设置【投影】参数

图12-69 添加外发光和投影效果

图12-70 绘制矩形效果

实训练习192 杂志封面设计

杂志封面的设计是一门艺术类学科，无论用什么样的形式去表现，必须遵循杂志本身的一些特性和规律去设计。每本杂志的封面采用了不同表现形式，但是杂志封面上有些元素是必须要体现的，例如杂志月号、定价、条形码等。

本实例将对杂志的正面、背面、书脊分别进行制作介绍，在制作过程中对前面的基础进行了练习，最终的效果如图12-71所示。

素材	素材|Cha12 |杂志素材.ai
场景	场景|Cha12 |实训练习192 杂志封面设计.ai
视频	视频教学 | Cha12 |实训练习192 杂志封面设计.MP4

图12-71 杂志封面效果

1 运行Illustrator CC 2017，按下Ctrl+N组合键，弹出【新建文档】对话框，设置【宽度】和【高度】分别为395.27和277.27，将【单位】设置为【毫米】，单击【创建】按钮，如图12-72所示。

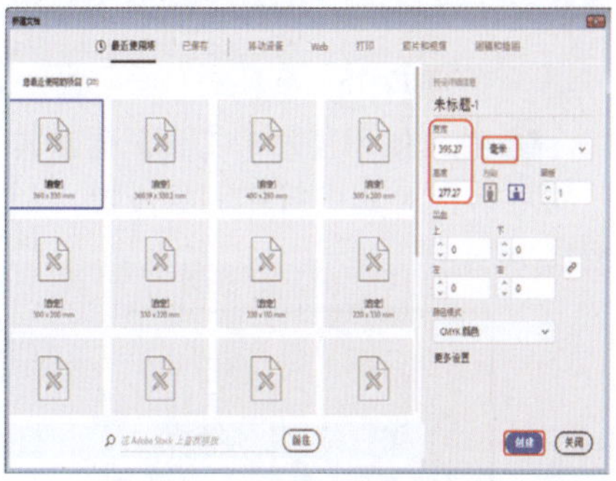

图12-72 新建文档

2 按下Ctrl+R组合键，显示标尺，使用【选择工具】，拖出参考线，如图12-73所示。

3 使用【矩形工具】，在画板中左侧沿参考线绘制矩形。打开【渐变】面板，将【类型】设置为【线性】，并设置【角度】为90°，将50%位置处的RGB值设置为白色，将100%位置处的RGB值设置为255、251、201，作为图书的背面，如图12-74所示。

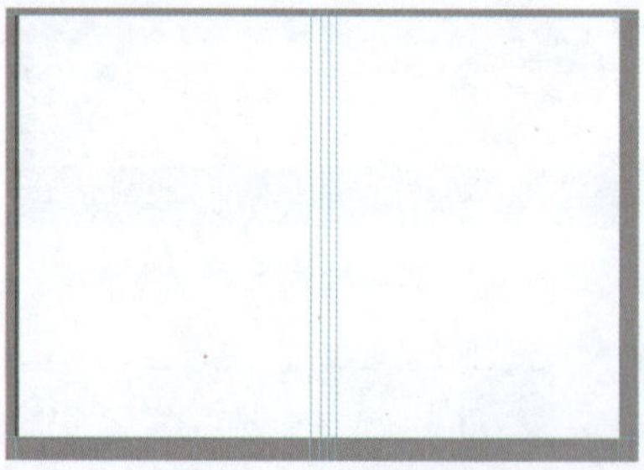
图12-73　拖出参考线

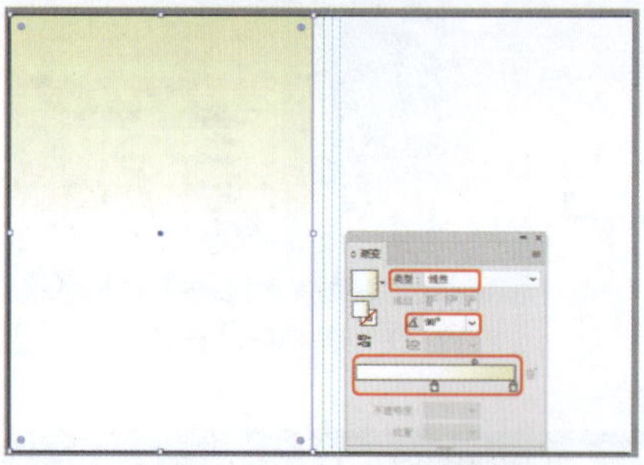
图12-74　绘制并填充矩形

❹ 使用【星形工具】，在画板中创建星形，在工具栏中设置【填充颜色】为无、【描边颜色】设置为红色，【描边粗细】设置为3pt，【不透明度】设置为9%，如图12-75所示。

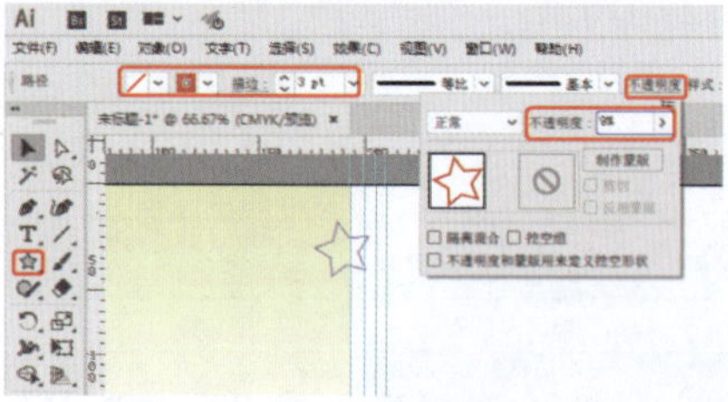
图12-75　绘制星形

❺ 继续使用【星形工具】创建其他的星形，对其进行相同的设置，如图12-76所示。

图12-76　绘制多个星形后的效果

❻ 拖出参考线，使用【矩形工具】，在画板中沿参考线绘制矩形，将【填充颜色】的RGB值设置为227、126、126，如图12-77所示。

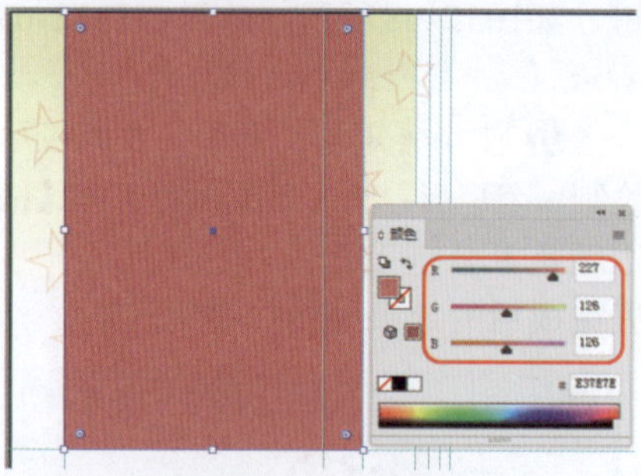
图12-77　创建矩形

❼ 拖出参考线，使用【钢笔工具】和【直接选择工具】对矩形进行调整，如图12-78所示。

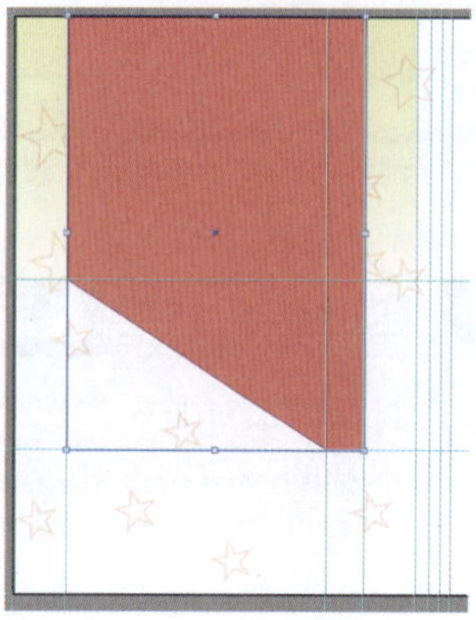
图12-78　调整矩形

❽ 使用【矩形工具】，在画板中如图12-79所示的位置处创建矩形，并填充颜色。

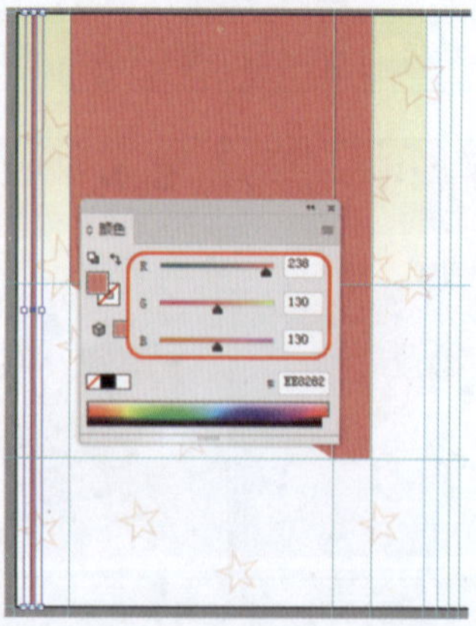
图12-79　创建矩形

❾ 使用【钢笔工具】，绘制图形，将【填充颜色】设置为白色，如图12-80所示。

❿ 选择【符号喷枪工具】，在【符号】面板中选择【绚丽矢量包】符号，在画板中创建符号。在符号上单击鼠标右键，在弹出的快捷菜单中选择【断开符号链接】，在工具栏中设置【填充颜色】为白色，【描边颜色】设置为无，【不透明度】设置9，调整符号的角度，如图12-81所示。

图12-80　对矩形进行调整

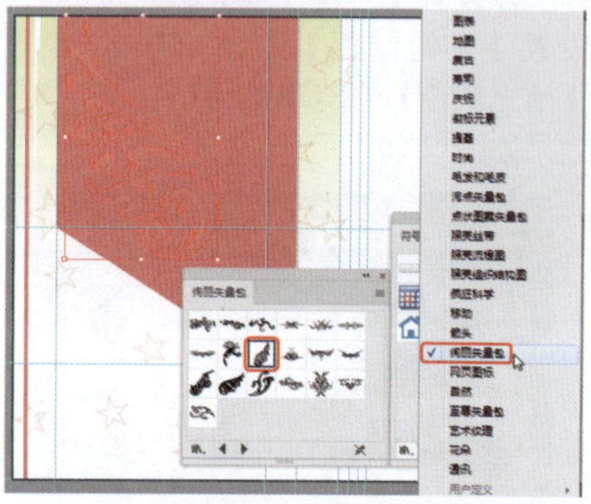
图12-81　创建符号

⓫ 使用同样的方法创建一个小的符号，将【填充颜色】设置为白色，如图12-82所示。

图12-82　创建符号

⓬ 使用【文字工具】，在画板中创建文本，并选中文本，在【字符】面板中，设置【字体】为【华文新

魏】，【字体大小】为60pt，【字符间距】设置为200，调整文本的角度，将文本颜色设置为白色，如图12-83所示。

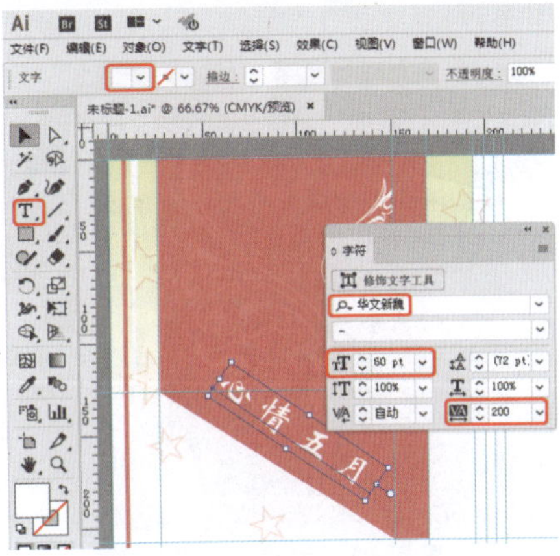

图12-83 输入并调整文本

⑬ 使用【文字工具】T，在画板中创建文本，并选中文本，在【字符】面板中设置【字体】为【Arial】，【字体大小】设置为24pt，【字符间距】设置为900，调整文本的角度，将文本颜色设置为白色，如图12-84所示。

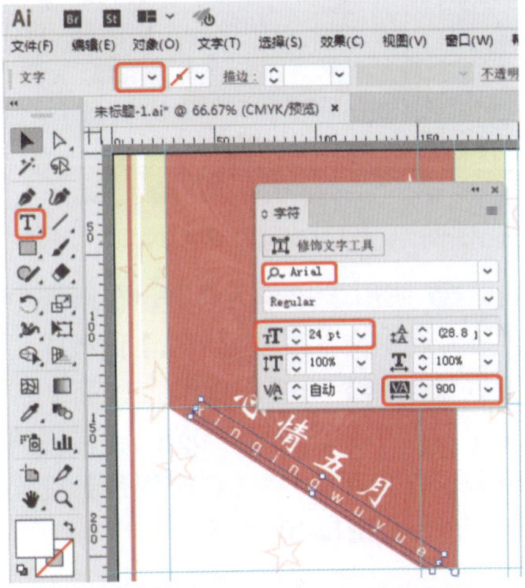

图12-84 创建文本

⑭ 使用【文字工具】T，在画板中创建文本，并选中文本，选中“格言”文本，将【字体】设置为【黑体】，将【字体大小】设置为36pt，将【字符间距】设置为0，选择其他文本，在【字符】面板中，设置【字体】为【Adobe宋体Std L】，【字体大小】设置为21pt，【字符间距】设置为800，调整文本的角度，如图12-85所示。

⑮ 使用【矩形工具】，绘制矩形，通过【吸管工具】对图形吸取颜色，将【描边颜色】设置为黑色，效果如图12-86所示。

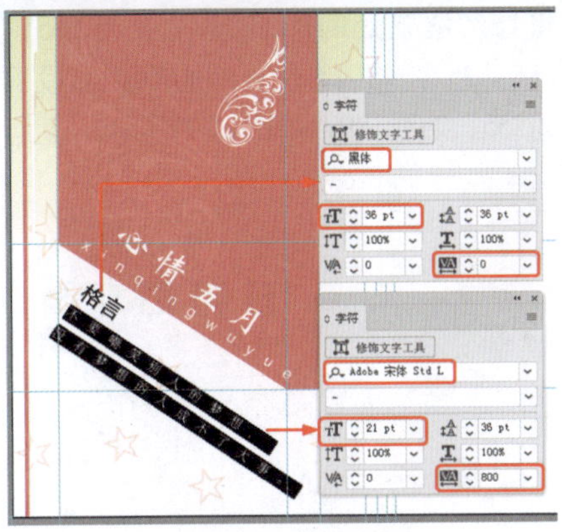

图12-85 创建并设置文本

图12-86 绘制矩形并吸取颜色

⑯ 使用【直排文字工具】IT，在画板中创建文本，在【字符】面板中设置【字体】为【幼圆】，【字体大小】设置为11pt，设置【字符间距】为800，如图12-87所示。

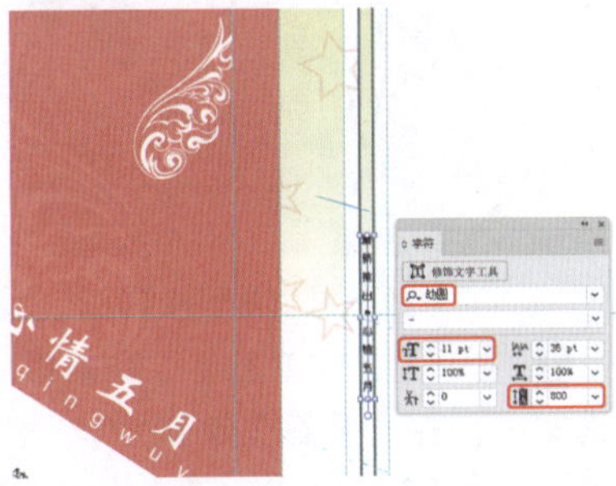

图12-87 创建文本

⑰ 使用【矩形工具】▭，在画板中中封底部创建红色的矩形，将【描边颜色】设置为黑色，如图12-88所示。

图12-88 创建矩形

⑱ 使用【直排文字工具】IT，在画板中中封底部创建文本，在【字符】面板中设置【字体】为【新宋体】，【字体大小】为9pt，【设置行距】为36pt，【字符间距】设置为200，如图12-89所示。

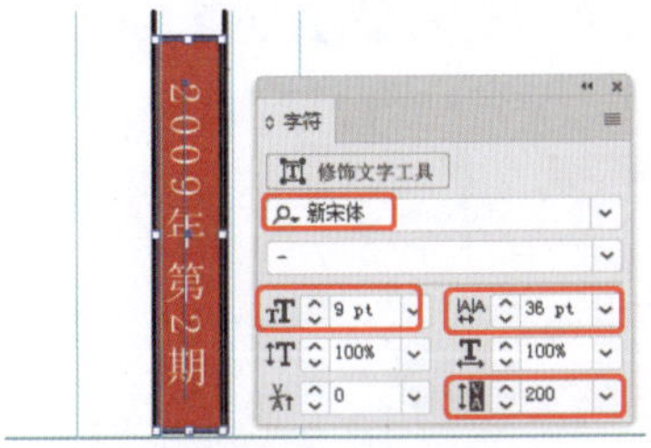

图12-89 创建文本

⑲ 将参考线隐藏显示，通过【矩形工具】和【星形工具】绘制图12-90所示的图形对象，将背景的【描边颜色】设置为黑色。

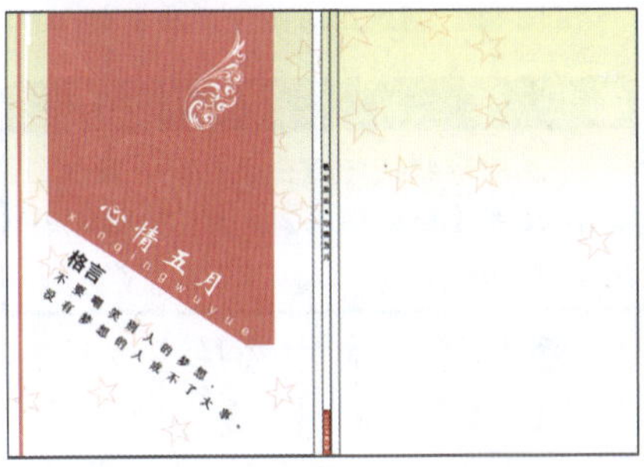

图12-90 绘制图形后的效果

⑳ 使用【椭圆工具】，在画板中创建一个椭圆，选择【渐变工具】，在【渐变】面板中设置渐变的【类型】为【径向】，将0%位置处的RGB值设置为233、74、30，将100%位置处的RGB值设置为255、255、255，将【不透明度】设置为0%，设置【长宽比】为52.5%，将【描边颜色】设置为无，如图12-91所示。

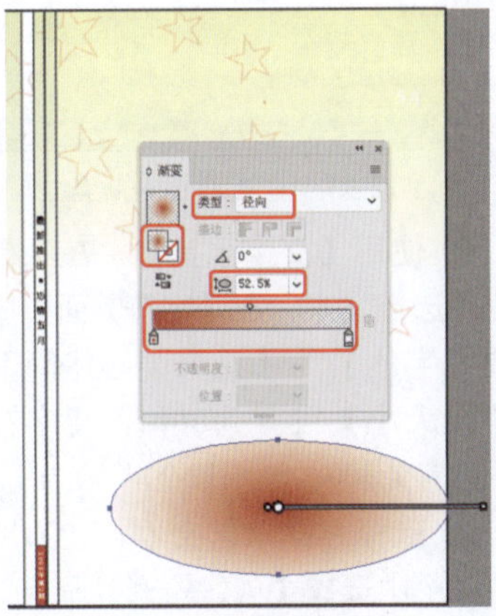

图12-91 设置渐变

㉑ 使用【钢笔工具】，在画板中绘制一个图12-92所示的心形，在【渐变】面板中，将【类型】设置为【线性】，设置【角度】为-19.4°，将0%位置处的RGB值设置为246、192、209，将83%位置处的RGB值设置为230、0、18，【描边颜色】的RGB值设置为234、85、20。

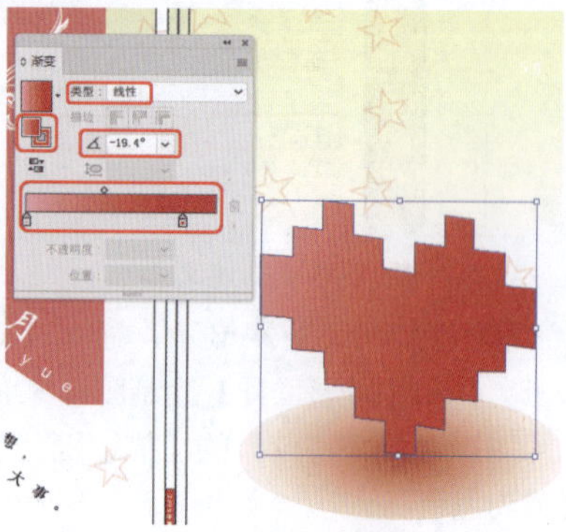
图12-92　创建图形并设置渐变颜色

> **提　示**
>
> 在对形状执行凸出操作时，形状如果没设置【描边颜色】，那么凸出的厚度没有颜色。

㉒ 在菜单栏中选择【效果】|【3D】|【凸出和斜角】命令，弹出【3D凸出和斜角选项】对话框，将【位置】设置为【自定旋转】，设置凸出的角度，将【凸出与斜角】区域下的【凸出厚度】设置为100pt，单击【确定】按钮，如图12-93所示。

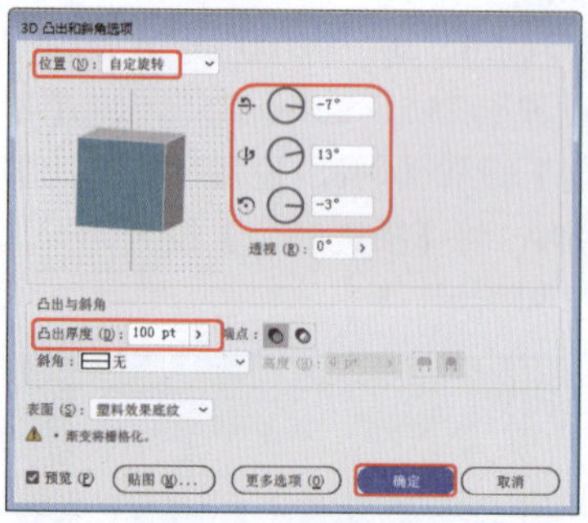
图12-93　设置凸出和斜角

㉓ 使用【文字工具】，在画板中创建并选择文本，在【字符】面板中，设置【字体】为【汉仪菱心体简】，【字体大小】设置为60pt，【字符间距】设置为300，如图12-94所示。

㉔ 鼠标右键单击文本，在弹出的快捷菜单中选择【创建轮廓】命令。在【渐变】面板中设置【角度】为-90°，将15%位置处的RGB值设置为255、255、255，将92%位置处的RGB值设置为255、244、89，如图12-95所示。

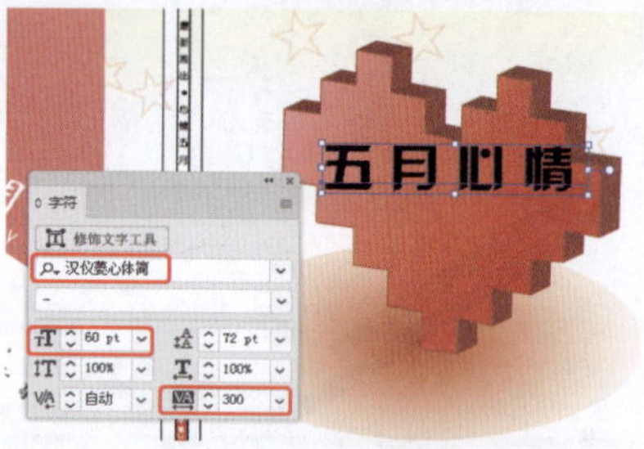

图12-94　设置文本

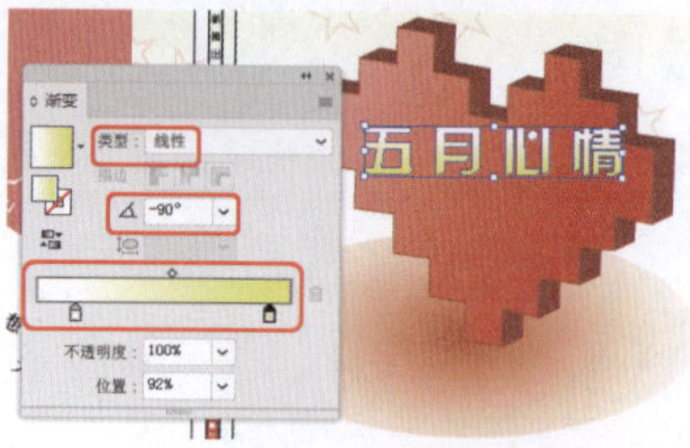

图12-95　设置轮廓文本

㉕ 复制轮廓后的文本，并将复制后的文本填充为【黑色】，调整对象的排列顺序和角度，如图12-96所示。

图12-96　调整后的效果

㉖ 使用【文字工具】，在画板中创建文本，在【字符】面板中，设置【字体】为【新宋体】，【字体大小】设置为17pt，【行距】设置为24pt，【字符间距】设置为200，调整文本的角度，如图12-97所示。

图12-97　创建文本

㉗ 使用前面的方法复制一个文本，设置文本颜色，并调整位置顺序，使用其成为文本的阴影，如图12-98所示。

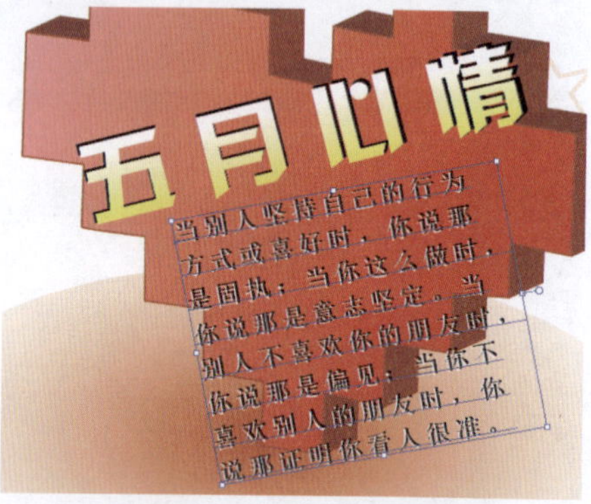

图12-98　调整文本的顺序

㉘ 使用【钢笔工具】，在画板中创建图12-99所示的形状，将【填充颜色】的RGB值设置为238、130、130，将【描边颜色】设置为无。

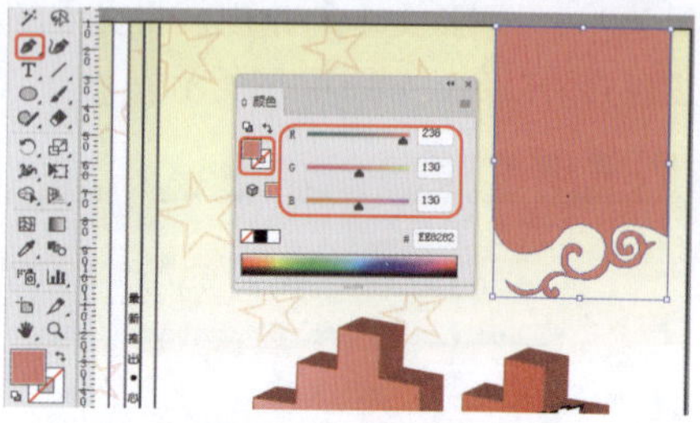
图12-99　创建形状

㉙ 使用【文字工具】，在画板中创建并选中文本，在【字符】面板中，设置【字体】为【汉仪综艺体简】，【字体大小】设置为100pt，【字符间距】设置为200，将【填充颜色】设置为白色，如图12-100所示。

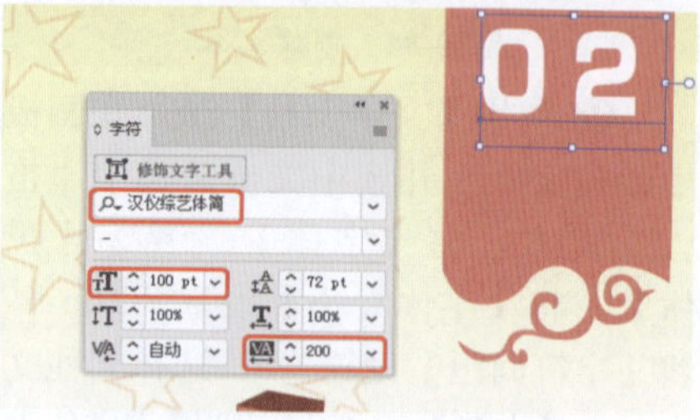

图12-100　创建文本

㉚ 使用【文字工具】，在画板中创建并选中文本，在【字符】面板中设置【字体】为【华文新魏】，【字体大小】设置为24pt，【字符间距】设置为0，将【填充颜色】设置为白色，如图12-101所示。

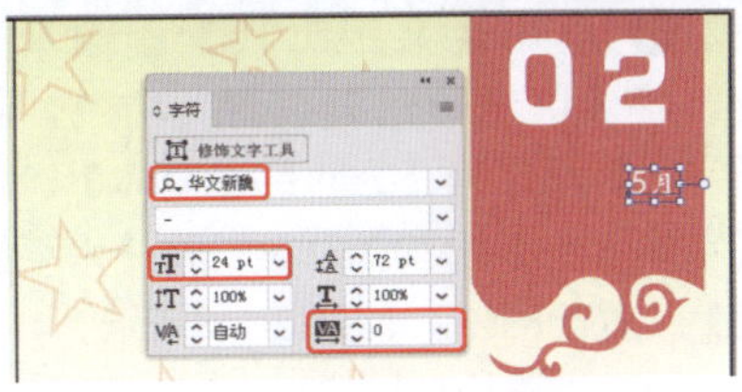

图12-101 创建并设置文本

㉛ 使用【直排文字工具】，在画板中如图12-102所示的位置处创建文本，在【字符】面板中设置【字体】为【宋体】，【字体大小】设置为12pt，【字符间距】设置为700。

图12-102 创建直排文字

㉜ 使用【文字工具】，在画板中创建并选中文本，在【字符】面板中，设置【字体】为【Adobe 楷体 Std R】，【字体大小】设置为18pt，【字符间距】设置为800，将【填充颜色】的RGB值设置为255、241、0，如图12-103所示。

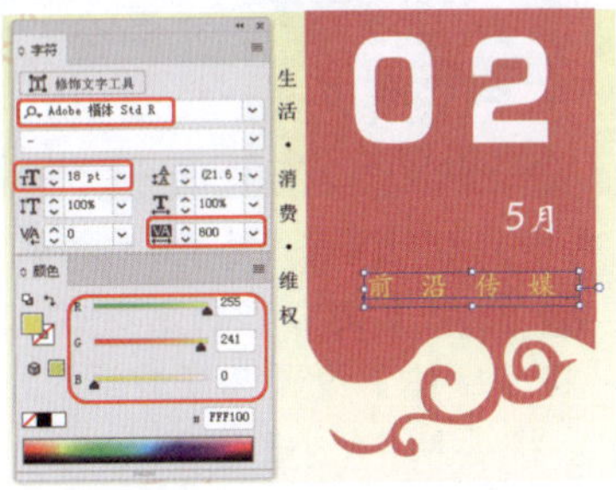

图12-103 创建并设置文本

㉝ 使用【文字工具】，在画板中创建并选中文本，在【字符】面板中，设置【字体】为【汉仪醒示体简】，【字体大小】设置为72pt，【字符间距】设置为0，如图12-104所示。

图12-104 创建并设置文本

㉞ 为文本设置不同的颜色，如图12-105所示。

图12-105 设置文本的颜色

㉟ 通过【矩形工具】，在画板中如图12-106所示的位置处创建形状，将【填充颜色】设置为红色，将【描边颜色】设置为无。

图12-106 创建形状

㊱ 使用【文字工具】，在画板中创建并选中文本，在【字符】面板中，设置【字体】为【汉仪楷体简】，【字体大小】设置为21pt，【字符间距】设置为600，如图12-107所示。

㊲ 继续使用【文字工具】和【钢笔工具】，绘制图12-108所示的图形对象，并通过【渐变】和【颜色】面板设置填充颜色。

㊳ 打开随书配套资源中的素材|Cha12 |杂志素材.ai，将标志粘贴至场景文件中，如图12-109所示。

图12-107 创建文本

图12-108 绘制图形对象

图12-109 复制后的效果

实训练习193 家居杂志广告

本实例将讲解如何设计制作家居杂志广告，利用矩形工具绘制主体大小，通过文字工具输入文字，使用直线段工具和钢笔工具绘制其他图形，具体操作方法如下所述，完成后的效果如图12-110所示。

素材	素材|Cha12 |家居.jpg
场景	场景|Cha12 |实训练习193 家居杂志广告.ai
视频	视频教学 | Cha12 |实训练习193 家居杂志广告.MP4

图12-110 制作家居杂志广告

❶ 按Ctrl+N组合键，弹出【新建文档】对话框，将【宽度】和【高度】分别设置为210和297，将【单位】设置为【毫米】，单击【创建】按钮，如图12-111所示。

❷ 使用【矩形工具】，绘制与页面大小相同的矩形，打开【渐变】面板，将【类型】设置为【线性】，将【角度】设置为-90°，将0%位置处的RGB值设置为79、181、102，将100%位置处的RGB值设置为0、145、58，将【描边

颜色】设置为无，如图12-112所示。

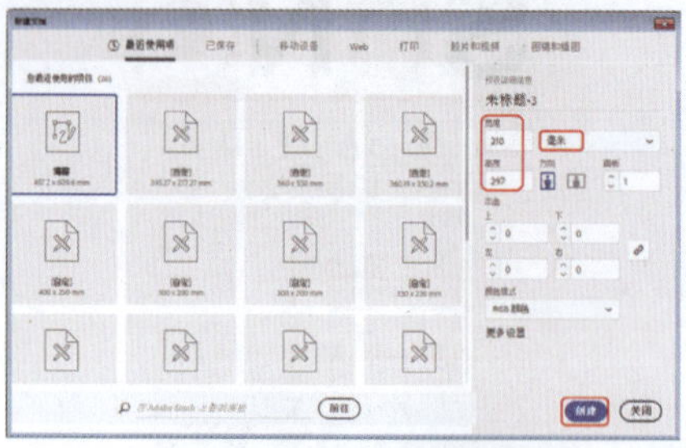

图12-111 新建文档

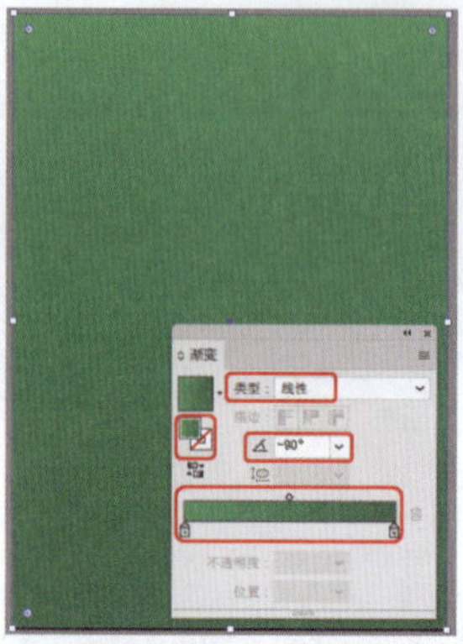

图12-112 设置矩形的渐变颜色

❸ 使用【直线段工具】，绘制图12-113所示的线段，将【填充颜色】设置为无，将【描边颜色】设置为白色。

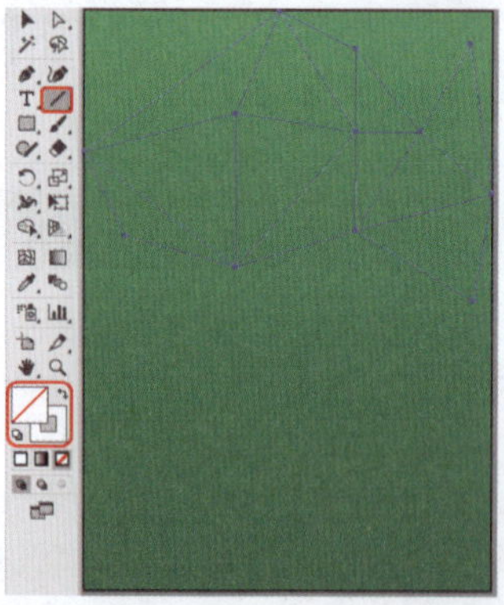

图12-113 绘制直线并设置颜色

❹ 打开【透明度】面板，将【不透明度】设置为30%，如图12-114所示。

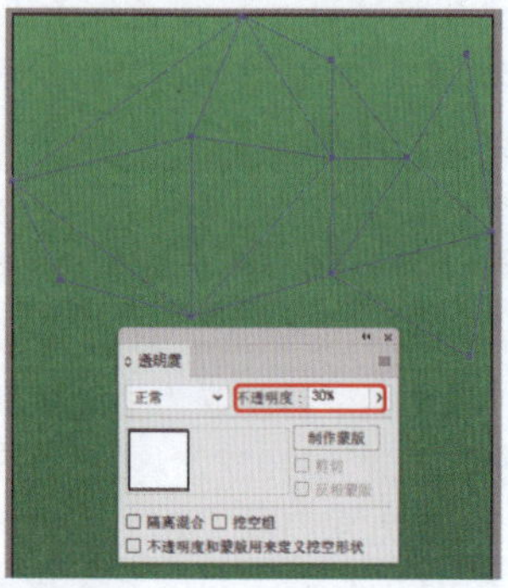

图12-114 设置不透明度

❺ 使用【椭圆工具】，绘制多个椭圆，将【填充颜色】设置为白色，将【描边颜色】设置为无，将【不透明度】设置为50%，如图12-115所示。

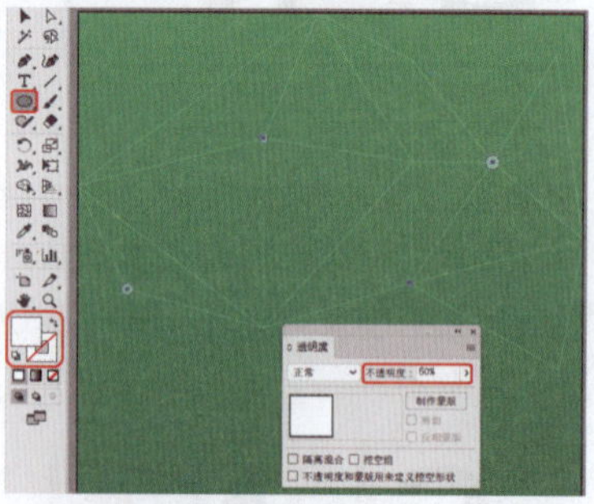

图12-115 绘制椭圆并设置不透明度

❻ 使用【钢笔工具】，绘制图形，在【渐变】面板中，将【类型】设置为【线性】，将【角度】设置为120°，将0%位置处的RGB值设置为0、144、101，将100%位置处的RGB值设置为0、85、55，将【描边颜色】设置为无，如图12-116所示。

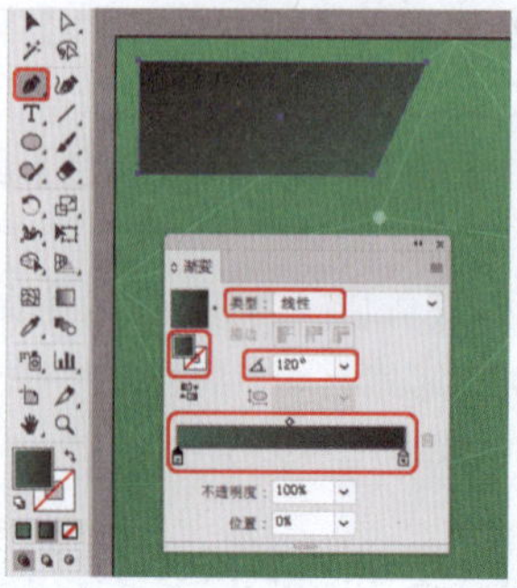

图12-116 设置图形的渐变颜色

❼ 使用【钢笔工具】，绘制图形对象，在【渐变】面板中，将【类型】设置为【线性】，将【角度】设置为0°，将0%位置处的RGB值设置为90、161、96，将100%位置处的RGB值设置为0、145、58，将【描边颜色】设置为无，如图12-117所示。

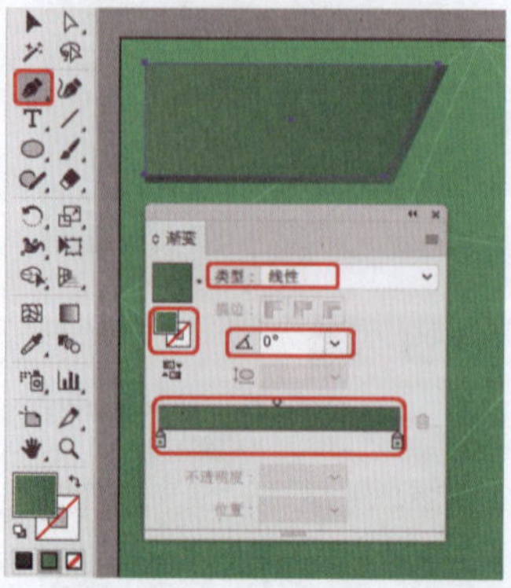

图12-117 绘制图形并设置渐变颜色

❽ 使用【文字工具】，输入文字，将【填充颜色】设置为白色，将【字体】设置为【方正综艺简体】，将【字体大小】设置为36pt，将【水平缩放】设置为83%，如图12-118所示。

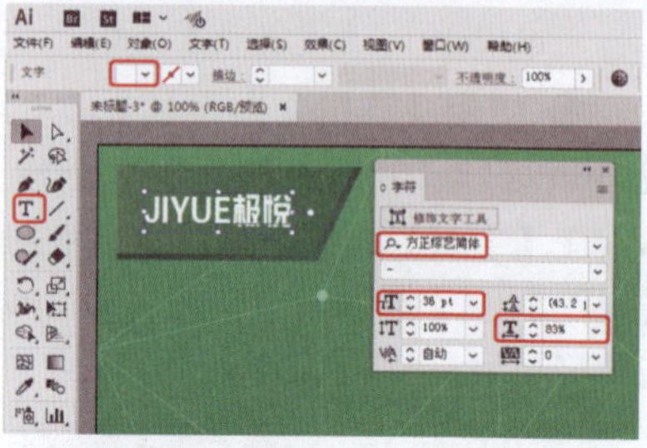

图12-118 输入文本并设置字符

❾ 使用【文字工具】输入文本"最专业的家居返利商城"，将【字体】设置为【方正中等线简体】，将【字体大小】设置为20pt，将【水平缩放】设置为100%，将【字符间距】设置为660，将【填充颜色】的RGB值设置为232、184、109，如图12-119所示。

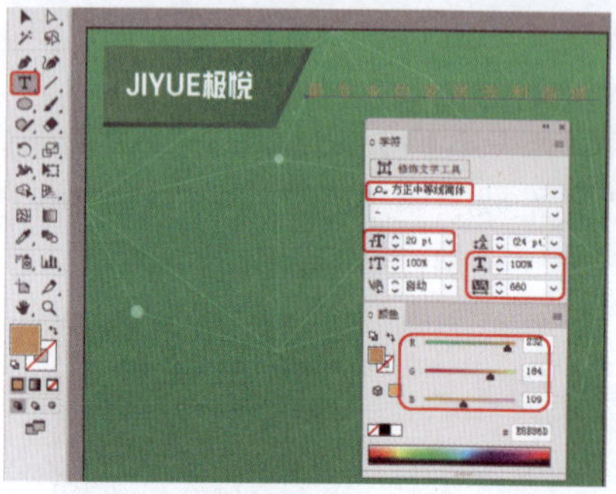

图12-119 设置文字的字符和颜色

❿ 使用【文字工具】，输入文本，将【字体】设置为【蒙纳简超刚黑】，将【字体大小】设置为70pt，将【字符间距】设置为0，如图12-120所示。

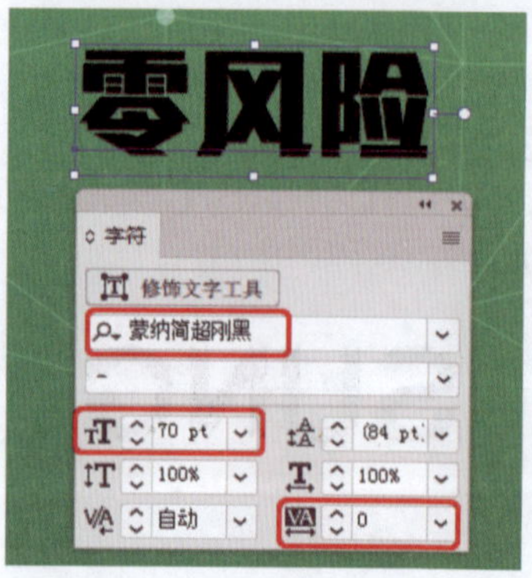

图12-120 输入文本并设置字符

⓫ 在文字上单击鼠标右键，在弹出的快捷菜单中选择【创建轮廓】选项，如图12-121所示。

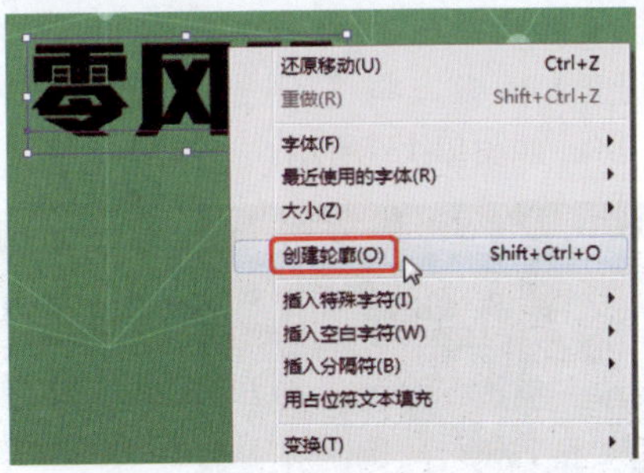

图12-121 选择【创建轮廓】选项

⑫ 通过【直接选择工具】调整文字点的位置，将【填充颜色】的RGB值设置为245、239、199，如图12-122所示。

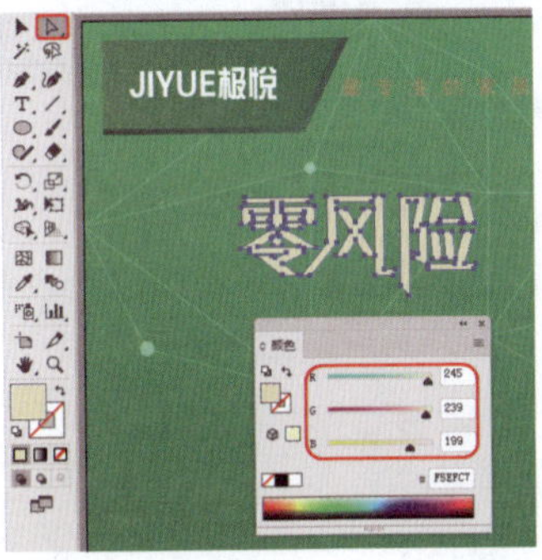

图12-122 调整文字的节点和颜色

⑬ 使用相同的方法，制作图12-123所示的文字。

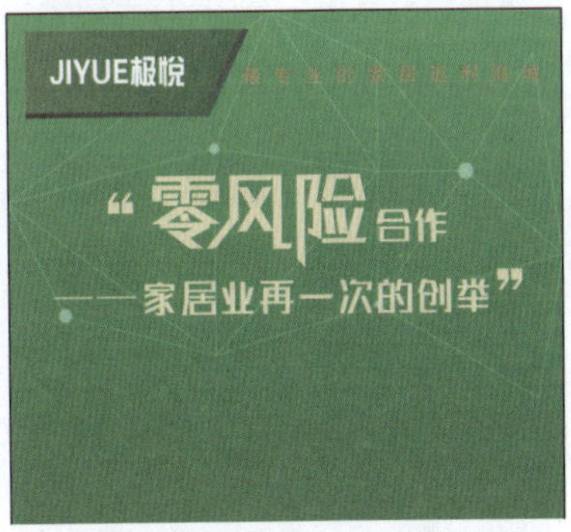

图12-123 制作其他文字

⑭ 使用【文字工具】，输入文本，将【字体】设置为【方正粗圆简体】，将【字体大小】设置为24pt，将【字符间距】设置为0，将【填充颜色】的RGB值设置为0、84、54，如图12-124所示。

图12-124 设置字体的字符和颜色

⑮ 在菜单栏中选择【文件】|【置入】命令，如图12-125所示。

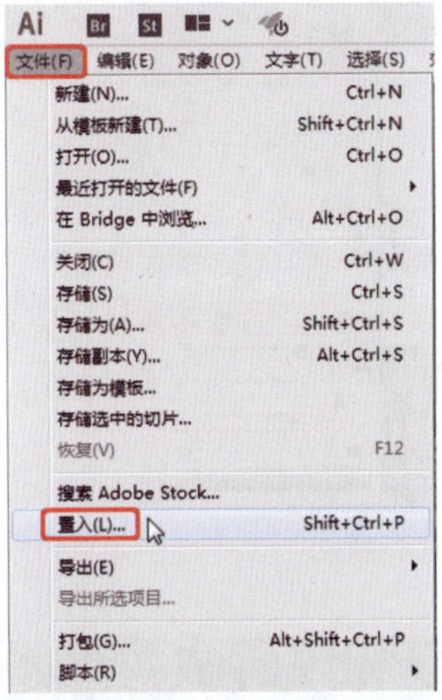

图12-125 选择【置入】命

⑯ 在弹出的【置入】对话框中选择随书配套资源中的素材|Cha12|家居.jpg素材文件，单击【置入】按钮，如图12-126所示。

图12-126 选择要置入的素材文件

⑰ 调整图片大小和位置，如图12-127所示。

图12-127 调整图片大小

⑱ 使用【直线段工具】，绘制直线，在【描边】面板中，将【粗细】设置为1pt，勾选【虚线】复选框，将【虚线】设置为5pt，如图12-128所示。

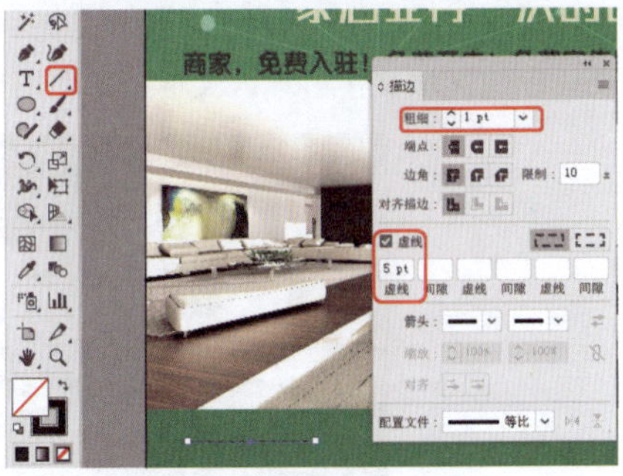

图12-128 设置描边

⑲ 使用【文字工具】，输入文本，将【字体】设置为【微软雅黑】，将【字体样式】设置为【Bold】，将【字体大小】设置为15pt，将【字符间距】设置为440，如图12-129所示。

图12-129 设置文字字符

⑳ 选中数字“8”，将【字体大小】设置为22pt，将【填充颜色】的RGB值设置为119、23、28，如图12-130所示。

图12-130 设置文字的大小和颜色

㉑ 选择绘制的虚线，按住Alt键，复制虚线对象，调整对象的位置，如图12-131所示。

图12-131 复制虚线并调整对象的位置

㉒ 使用【矩形工具】，绘制矩形，使用【文字工具】，在矩形上单击鼠标左键，创建区域文字，输入文本，参照图12-132设置文字的字符和颜色。

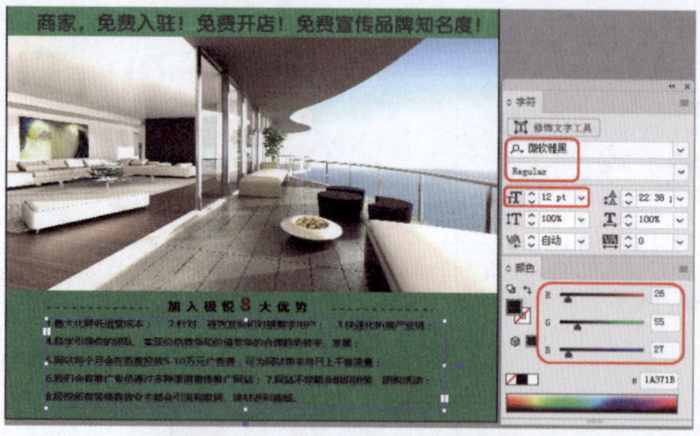

图12-132　设置文字的字符和颜色

实训练习194 相机杂志广告

本实例将介绍如何制作相机杂志广告，使用【矩形工具】绘制矩形，并为矩形填充颜色，确定杂志的背景颜色，使用【文字工具】输入文字，完成后的效果如图12-133所示。

素材	素材|Cha12 | a65.png、a77. png、H100.png、H200.png、HX300、RX10.png、警告标志.ai
场景	场景|Cha12 |实训练习194 相机杂志广告.ai
视频	视频教学 | Cha12 |实训练习194 相机杂志广告.MP4

图12-133　相机杂志广告

❶ 启动Illustractor CC 2017后，按Ctrl+N组合键，弹出【新建文档】对话框，将【宽度】和【高度】设置为460和255，将【单位】设置为【毫米】，单击【创建】按钮，如图12-134所示。

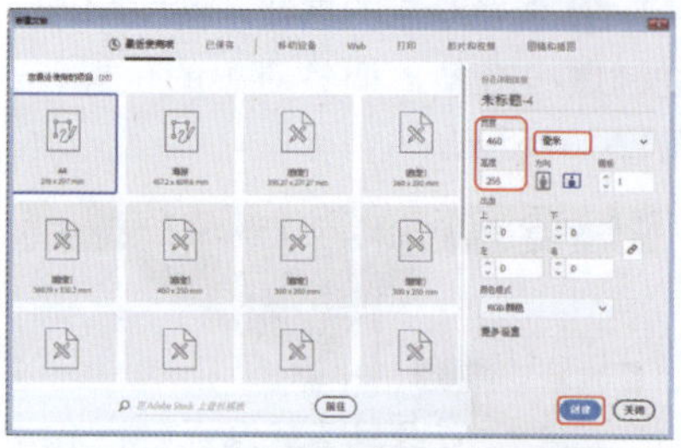

图12-134　【新建文档】对话框

❷ 新建空白文档后，使用【矩形工具】，在页面中单击鼠标左键，在弹出的对话框中将【宽度】和【高度】设置为460mm和200mm，如图12-135所示。

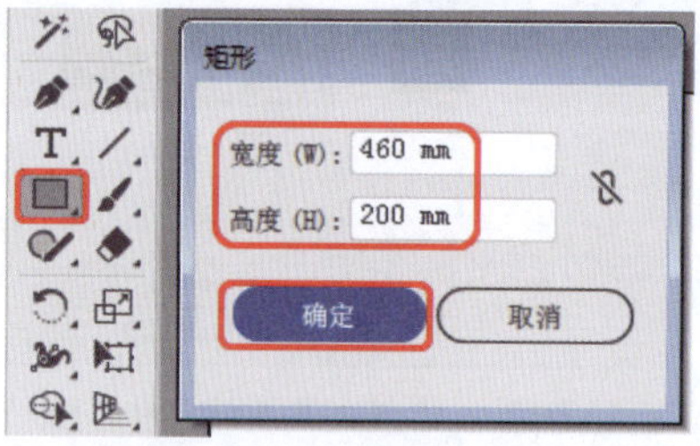

图12-135　设置矩形参数

❸ 选择绘制的矩形，将【填充颜色】的RGB值设置为9、1、22，将【描边颜色】设置为无，如图12-136所示。

图12-136　设置矩形填充颜色

❹ 继续使用【矩形工具】绘制矩形，打开【渐变】面板，将【类型】设置为【线性】，将【角度】设置为-90°，将0%位置处的RGB值设置为白色，将【不透明度】设置为0%，将100%位置处的RGB值设置为黑色，将【描边颜色】设置为无，打开【透明度】面板，将【不透明度】设置为30%，如图12-137所示。

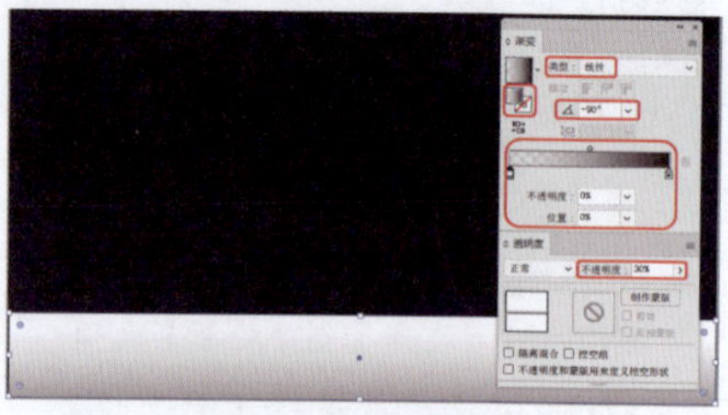

图12-137　设置矩形的渐变颜色

❺ 在菜单栏中选择【文件】|【置入】命令，如图12-138所示。

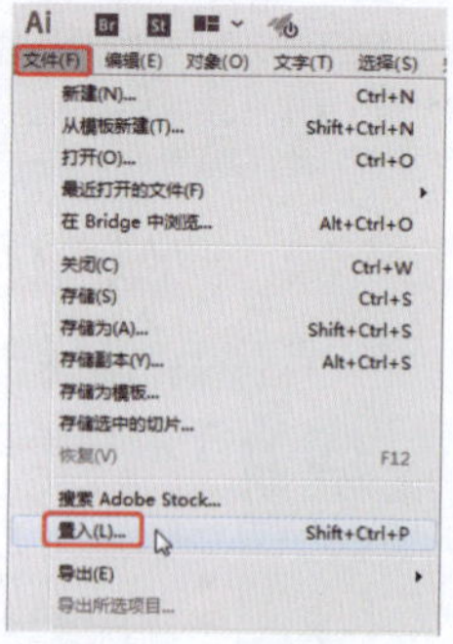

图12-138　选择【置入】命令

❻ 弹出【置入】对话框，选择随书配套资源中的素材|Cha12|H200.png文件，单击【置入】按钮，如图12-139所示。

图12-139　选择置入的素材文件

❼ 调整图片的大小和位置，如图12-140所示。

图12-140　调整图片的大小和位置

❽ 使用【矩形工具】，绘制一个与相机一般大小的矩形，参照图12-141设置渐变颜色。

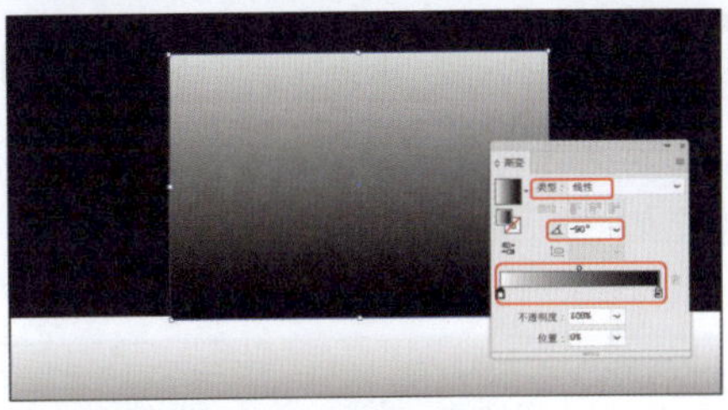

图12-141 设置矩形的渐变颜色

❾ 选择矩形和相机。打开【透明度】面板，单击右上角的按钮☰，在弹出的快捷菜单中选择【建立不透明蒙版】选项，如图12-142所示。

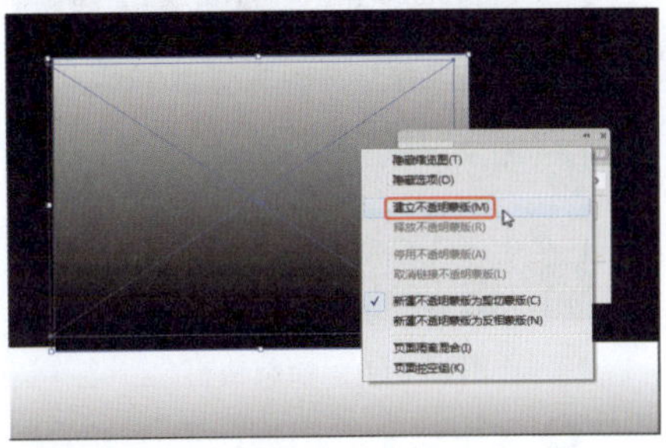

图12-142 选择【建立不透明蒙版】选项

❿ 建立蒙版后的效果如图12-143所示。

图12-143 建立蒙版后的效果

⓫ 使用同样的方法，置入其他的素材图片，调整图片的大小和位置，如图12-144所示。

图12-144 调整后的效果

⓬ 使用【文字工具】，输入文本“SONY”，打开【字符】面板，将【字体】设置为【Clarendon BT】，将【字体样式】设置为【Bold】，将【字体大小】设置为75pt，将【字符间距】设置为120，将文本颜色设置为白色，如图12-145所示。

图12-145 输入文本并设置字符

⓭ 使用【文字工具】，输入文本，参照图12-146设置文字的字符，将文本颜色设置为白色。

图12-146 输入文本并设置字符

⓮ 使用【直线段工具】，绘制直线，将【填充颜色】设置为无，将【描边颜色】设置为黑色，将【描边粗细】设置为0.5pt，效果如图12-147所示。

图12-147 绘制直线段

⓯ 使用【文字工具】，输入文本，将【字体】设置为【汉仪综艺体简】，将【字体大小】设置为36pt，将【字符间距】设置为50，将文本颜色的CMYK值设置为0、100、100、5，如图12-148所示。

⓰ 使用【文字工具】，输入文本，将【字体】设置为【黑体】，将【字体大小】设置为12pt，将【字符间距】设置为0，将文本颜色设置为黑色，如图12-149所示。

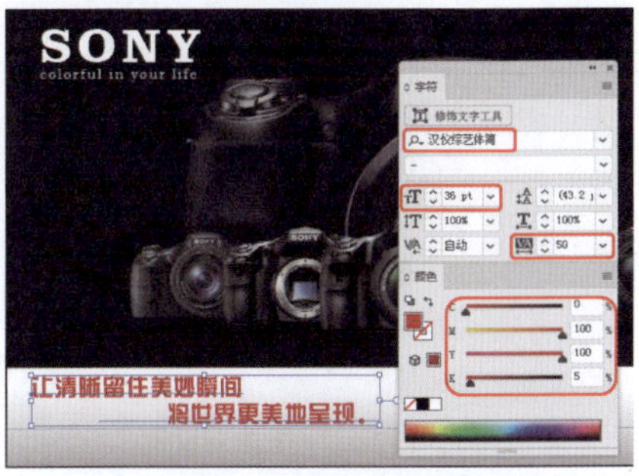

图12-148 输入文本并设置字符

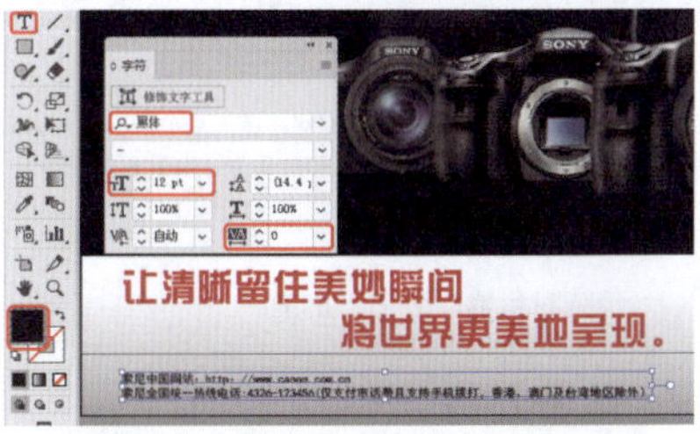

图12-149 输入文本并设置字符

⓱ 使用【矩形工具】绘制矩形，使用【文字工具】，在路径上单击鼠标左键输入文本，设置【字体】为【宋体】，将【字体大小】设置为10pt，将【字符间距】设置为0，如图12-150所示。

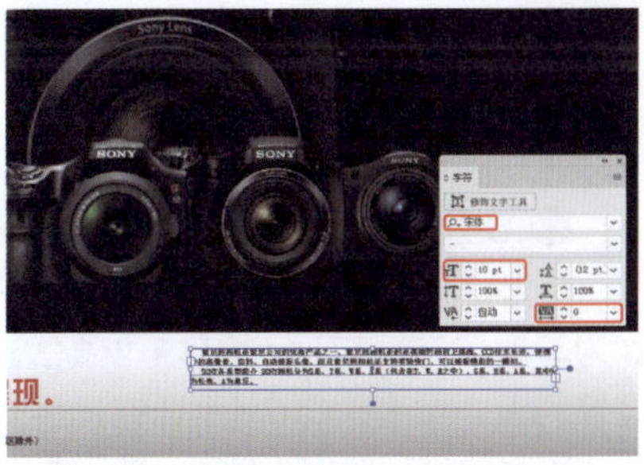

图12-150 输入文本并设置字符

⓲ 使用【文本工具】，输入文本，将【字体】设置为【黑体】，将【字体大小】设置为12pt，如图12-151所示。

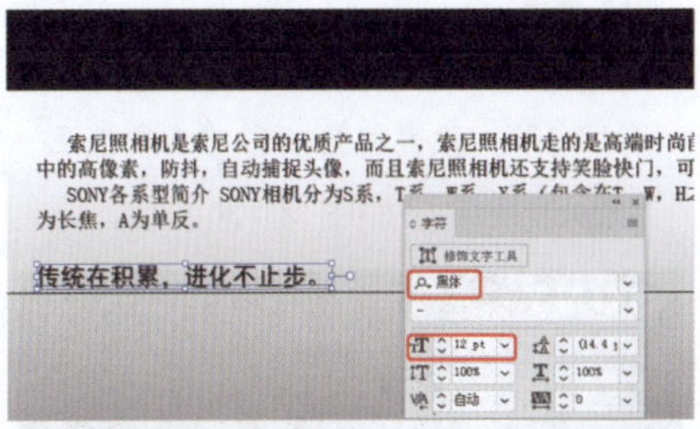

图12-151 输入文本并设置字符

⓳ 打开随书配套资源中的素材|Cha12|警告标志.ai文件，如图12-152所示。

图12-152　打开素材文件

⑳ 将素材文件粘贴至场景中，调整标志的大小和位置，如图12-153所示。

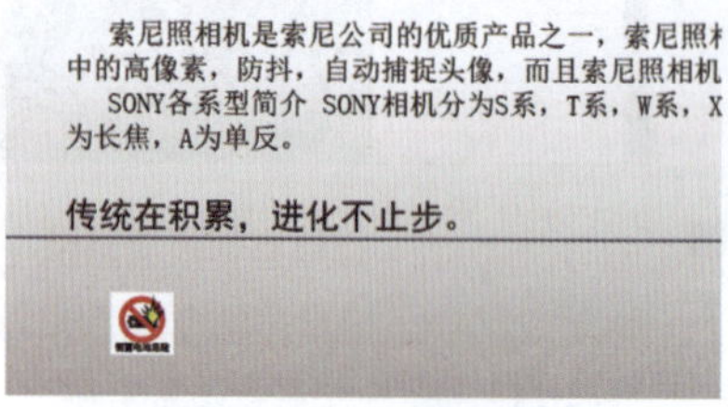

图12-153　调整后的效果

㉑ 使用【文字工具】输入文本，将【字体】设置为【黑体】，将【字体大小】设置为6pt，如图12-154所示。

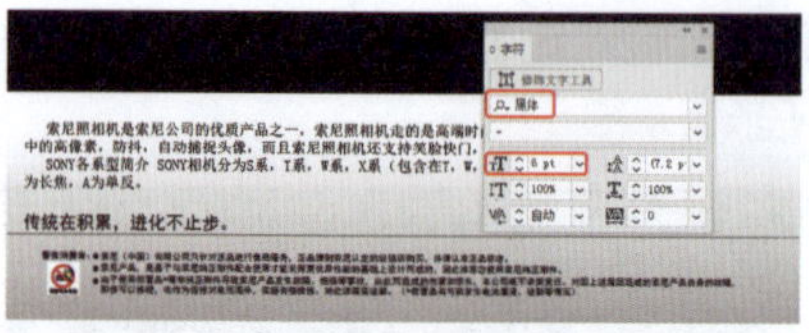

图12-154　输入文本并设置字符

㉒ 使用【圆角矩形工具】，绘制圆角矩形，将【填充颜色】的RGB值设置为220、221、221，将【描边颜色】设置为无，按多次Ctrl+[组合键，调整圆角矩形的排列顺序，调整后的效果如图12-155所示。

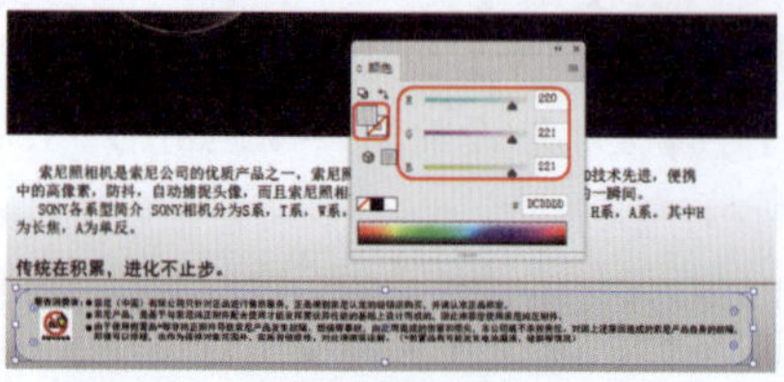

图12-155　设置圆角矩形的填充颜色

㉓ 最终效果如图12-156所示。

图12-156　最终效果

实训练习195　化妆品杂志广告

本实例将介绍如何制作按钮，主要用到的工具有【钢笔工具】【椭圆形工具】和【文本工具】，为绘制的图形填充颜色，完成后的效果如图12-157所示。

素材	素材|Cha12 |托举人物.png、化妆品..png
场景	场景|Cha12 |实训练习195 化妆品杂志广告.ai
视频	视频教学 | Cha12 |实训练习195 化妆品杂志广告.MP4

图12-157　化妆品杂志广告

❶ 启动Illustrator CC 2017软件后，在菜单栏中选择【文件】|【新建】命令，弹出【新建文档】对话框，将【宽度】和【高度】设置为400和250，将【单位】设置为【毫米】，【颜色模式】设为【RGB颜色】，单击【创建】按钮，如图12-158所示。

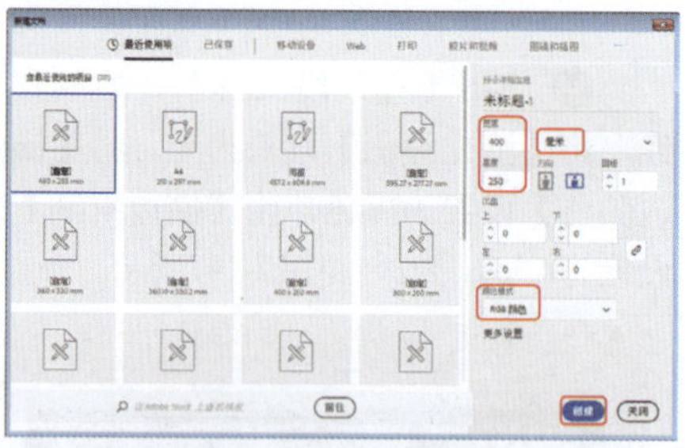

图12-158　创建文档

❷ 使用【钢笔工具】，绘制一个与文档大小相同的矩形，将【描边】设置为无，【填充颜色】的RGB值设置为6、21、35，如图12-159所示。

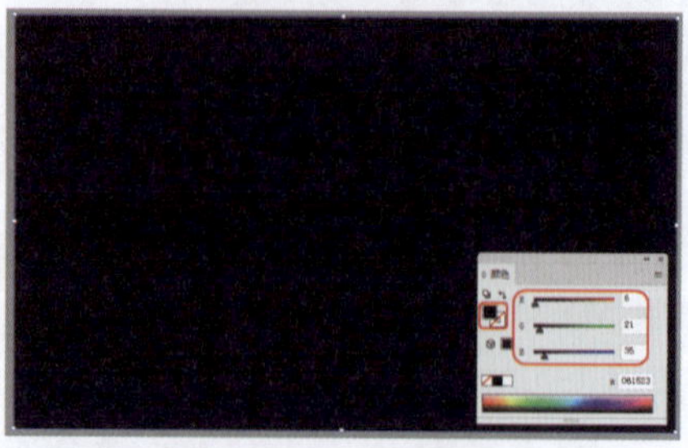

图12-159　绘制矩形

❸ 使用【钢笔工具】将【描边】设置为无，绘制图12-160所示的图形。

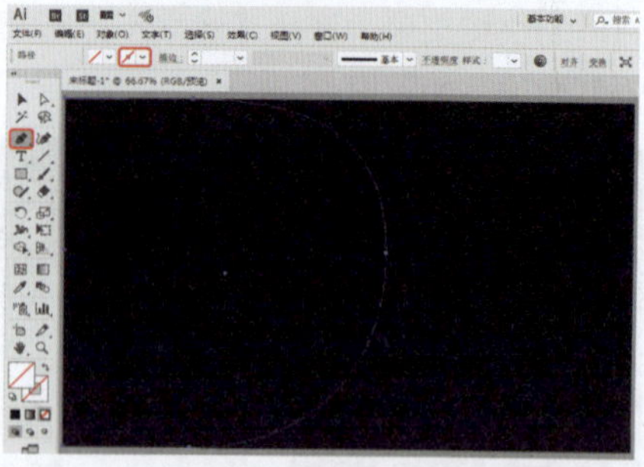

图12-160　绘制图形

❹ 选中绘制的图形，选择菜单栏中的【窗口】|【渐变】命令，在弹出的对话框中将【类型】设置为【径向】，【长宽比】设置为108%，如图12-161所示。

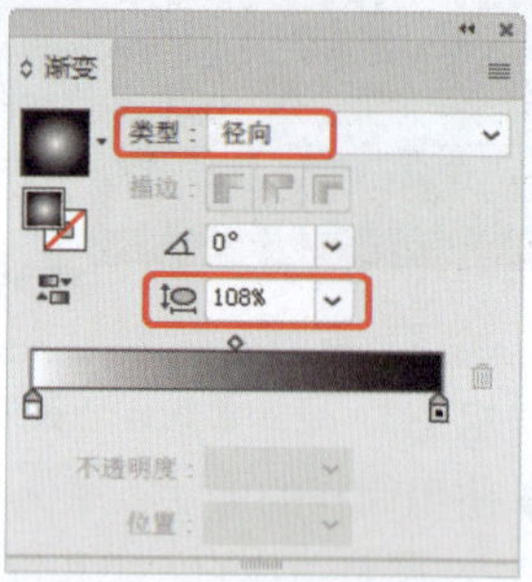

图12-161　设置渐变色

❺ 用鼠标左键双击左侧色块，将其填充颜色类型设置为RGB，并将RGB的值设置为53、144、191，如图12-162所示。

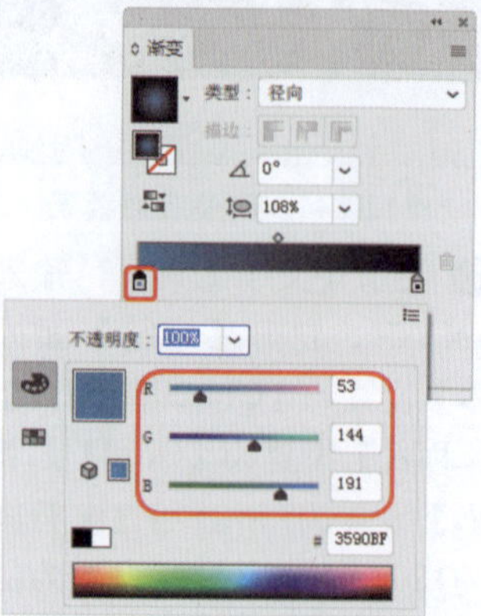

图12-162　设置渐变填色类型

❻ 使用相同的方法，将右侧色块RGB的值设置为2、70、125，并将此色块的不透明度设置为0%，效果如图12-163所示。

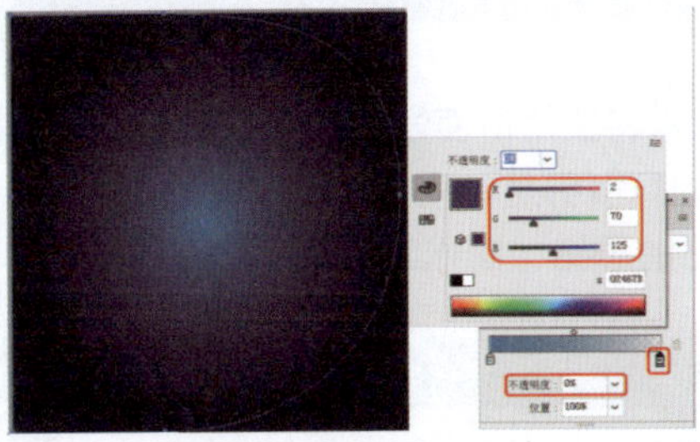

图12-163 效果图

❼ 使用【椭圆形工具】将【描边】设置为无，绘制图12-164所示的图形。

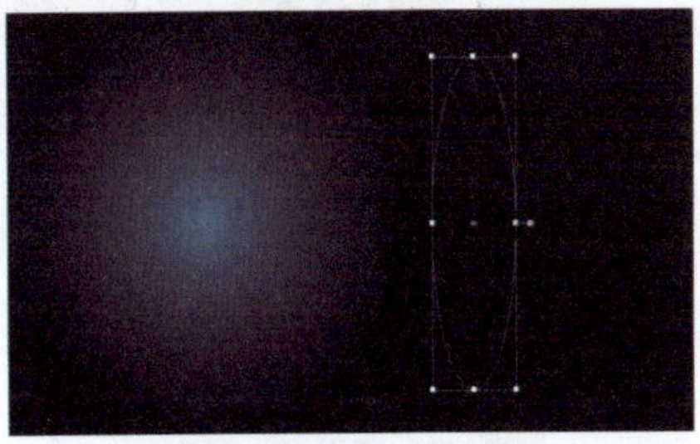

图12-164 绘制图形

❽ 选中绘制的图形，选择【窗口】|【渐变】命令，在弹出的对话框中将【类型】设置为【径向】，在位置为58%处建立一个新的渐变滑块，将【长宽比】设置为360%，如图12-165所示。

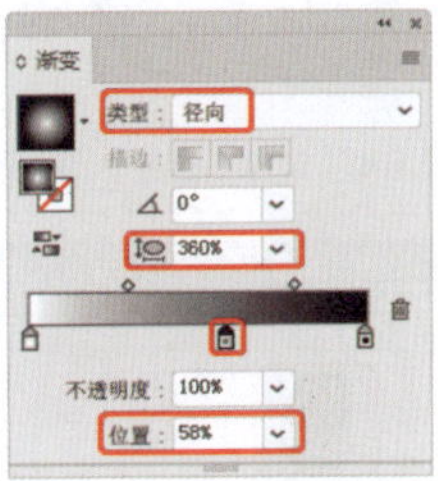

图12-165 设置渐变色

❾ 用鼠标左键双击左侧色块，将其填色类型设置为RGB模式，其值为0、93、156，如图12-166所示。

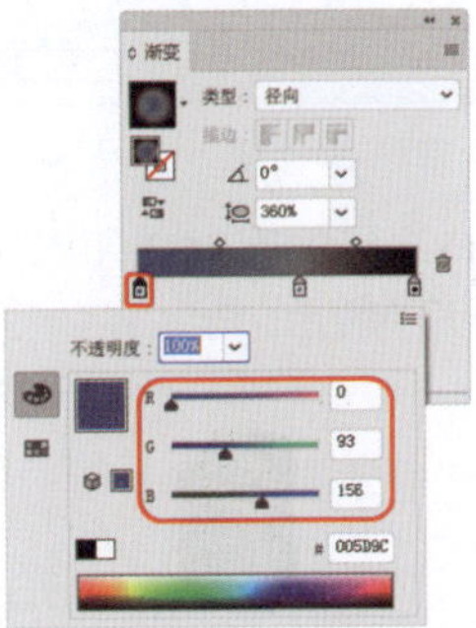

图12-166 设置渐变填色类型

❿ 使用相同的方法将位置为58%的渐变滑块的RGB值设置为3、55、92，并将其不透明度设置为48%，将位置为100%的渐变滑块RGB的值设置为5、20、33，并将其不透明度设置为0%，效果如图12-167所示。

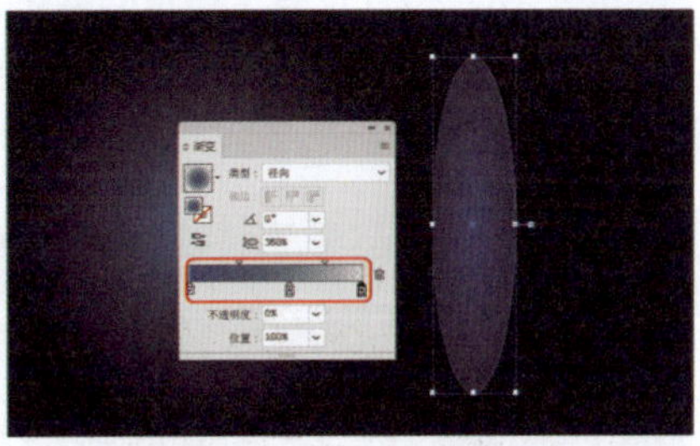

图12-167 效果图

⓫ 完成上述操作后，可以使用【渐变工具】对渐变再做调整，调整位置后的效果如图12-168所示。

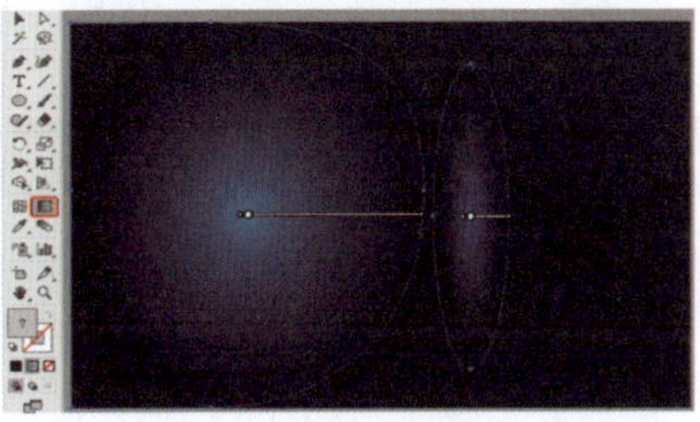

图12-168 调整渐变后的效果

⓬ 选择菜单栏中的【文件】|【置入】命令，将随书配套资源中的素材|Cha12|素材|托举人物.png、化妆品.png文件置入到当前文档中，并调整大小和位置，效果如图12-169所示。

图12-169 置入素材

⓭ 使用【文字工具】输入图12-170所示的文字。并将英文部分的字体系列设置为【创艺简老宋】，将“L”的字体大小设置为77pt，其他字母的大小均为64pt，再将汉字部分的【字体】设置为【Adobe 宋体 Std L】，【字体大小】设置为33pt。

⓮ 将所有文字的【填充颜色】的RGB值设置为95、14、18，如图12-171所示。

图12-170 输入文字并设置其属性

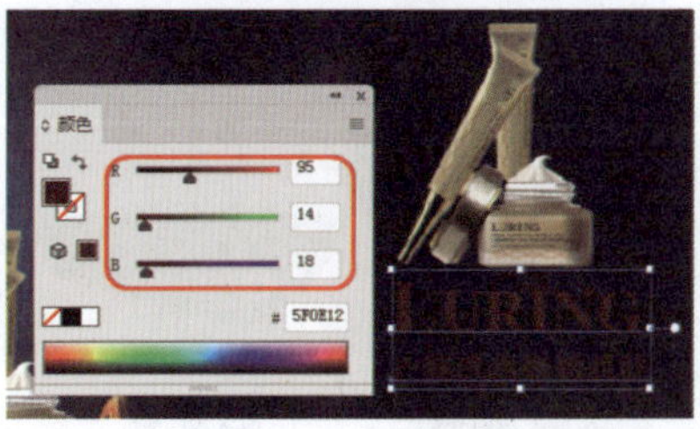

图12-171 效果图

⓯ 继续使用【文字工具】输入文字，并将所有文字的【字体】设置为【Adobe 宋体 Std L】，将“清 新 色 彩 诱 人 肌 肤”的字体大小设置为25pt。将其他文本的【字体大小】设置为10pt，将文本的【填充颜色】设置为白色，如图12-172所示。

图12-172 输入文字并设置其属性

⓰ 使用【文字工具】输入图12-173所示的文字，将【字体】设置为【创艺简老宋】，将【字体大小】设置为88pt，将其中的“L”的【字体大小】设置为106pt，所有文字的【填充颜色】为白色。

图12-173 效果图

第13章 企业VI设计

通过对前面章节的学习，读者对Illustrator CC 2017已有了初步的认识，本章将使用前面学习的知识制作综合案例，其中包括常用文字、Logo效果制作、企业VI设计、包装设计等。本章中的案例都是使用Illustrator CC 2017中简单的工具进行处理和制作的。读者在设计时，可参照本章的介绍，拓展自己的思路，制作出更好的作品。

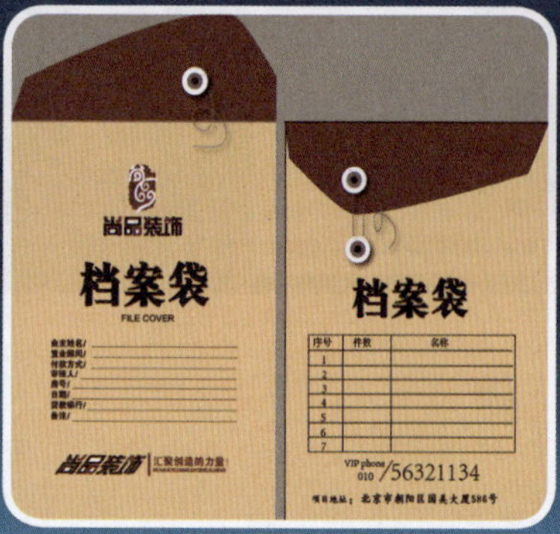

实训练习196 尚品装饰 Logo

本实例主要介绍怎样创建一个装饰公司的Logo，图13-1所示为本节所绘制的Logo效果图。在Illustrator中主要使用【钢笔工具】绘制其中式风格的内部轮廓，其具体的操作步骤如下所述。

素材	素材|Cha13|底纹.png
场景	场景|Cha13|实训练习196 尚品装饰Logo.ai
视频	视频教学 | Cha13 |实训练习196 尚品装饰Logo.MP4

图13-1 尚品装饰Logo

❶ 启动Illustrator CC 2017软件，使用【文件】|【新建】命令，如图13-2所示。

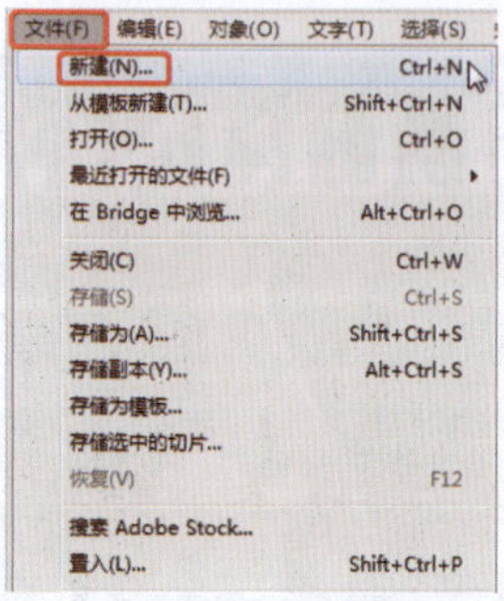

图13-2 选择【新建】命令

❷ 弹出【新建文档】对话框，将其【宽度】和【高度】设置为297和210，将【单位】设置为【毫米】，单击【创建】按钮，如图13-3所示。

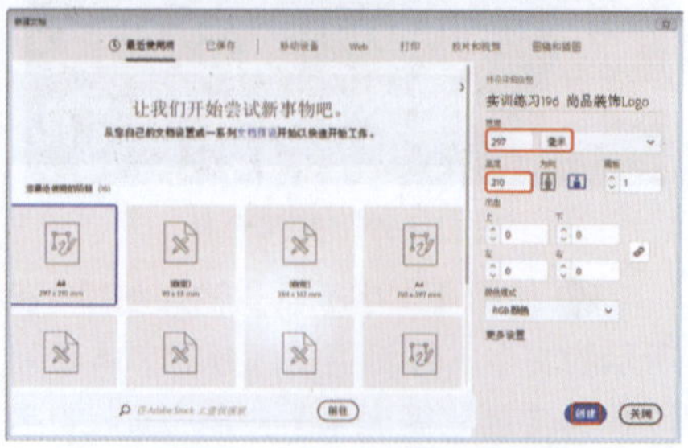

图13-3 【新建文档】对话框

❸ 创建一个空白文档后，使用【文件】|【置入】命令，如图13-4所示。

❹ 在打开的对话框中选择随书配套资源中的素材|Cha13|底纹.png文件，单击【置入】按钮，如图13-5所示。

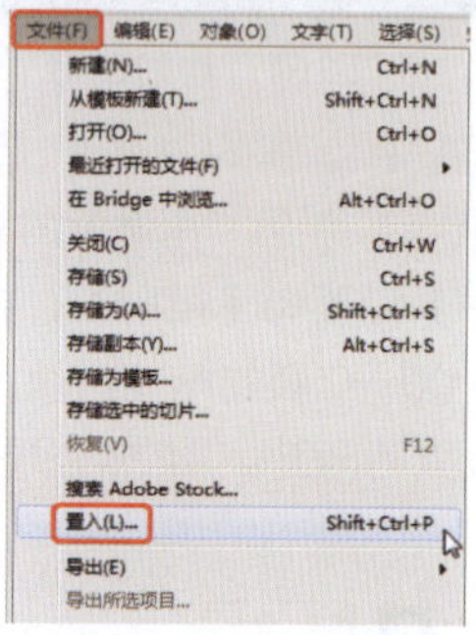

图13-4 选择【置入】命令

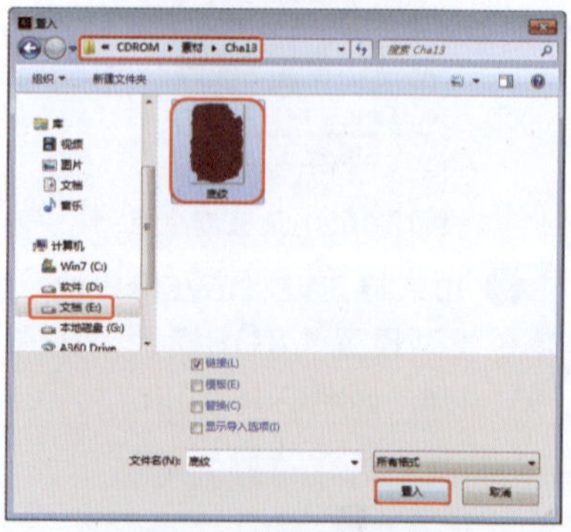

图13-5 【置入】对话框

❺ 将选择的素材文件置入到画板中，如图13-6所示。

图13-6 置入的素材文件

❻ 使用【钢笔工具】在底纹素材文件上绘制出一个“尚”字的大概轮廓，将【填充颜色】和【描边属性】都设置为无色，如图13-7所示。

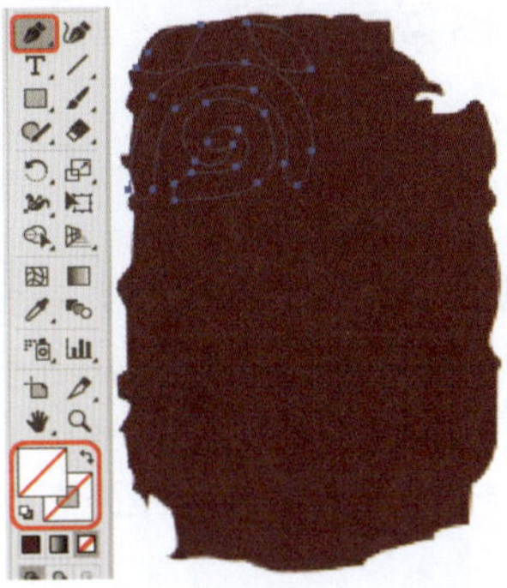

图13-7 使用钢笔工具绘制轮廓

❼ 确认绘制的轮廓处于被选择的状态下，在【颜色】面板中将其【填充颜色】设置为白色，如图13-8所示。

图13-8 为其填充颜色

❽ 使用同样的方法绘制出“品”字轮廓，将其【填充颜色】也设置为白色，完成后的效果如图13-9所示。

图13-9 完成后的效果

❾ 使用【文本工具】，在画板中单击，输入文本“尚品装饰”，在【字符】面板中将【字体】设置为【方正综艺简体】，将【字体大小】设置为110pt，如图13-10所示。

图13-10 输入文本并设置

❿ 使用【选择工具】，选择创建的文本，单击鼠标右键，在弹出的快捷菜单中选择【创建轮廓】命令，如图13-11所示。

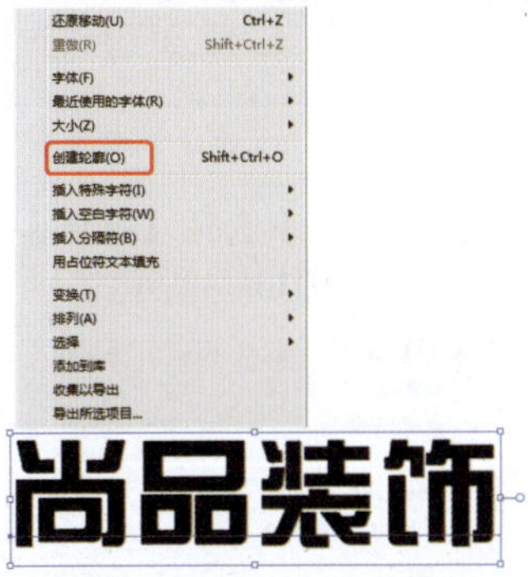

图13-11 选择【创建轮廓】命令

⓫ 创建轮廓后的效果，如图13-12所示。

图13-12 完成后的效果

⓬ 使用【直接选择工具】，在画板中双击图13-13所示的文本，将其沿直线拖拽。

图13-13 拖拽文本

⓭ 使用同样的方法，将文本拖拽至图13-14所示的效果。将“饰”字向上移动一个像素。

图13-14 完成后的效果

⓮ 使用【选择工具】选择文本，单击鼠标右键，在弹出快捷菜单中选择【取消编组】命令，如图13-15所示。

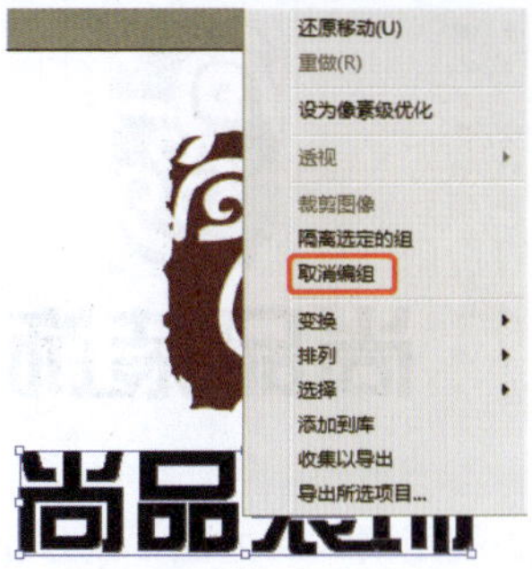

图13-15 选择【取消编组】命令

⓯ 在画板空白处单击鼠标，选择“尚”文本，单击鼠标右键，在弹出的快捷菜单中选择【释放复合路径】命令，如图13-16所示。

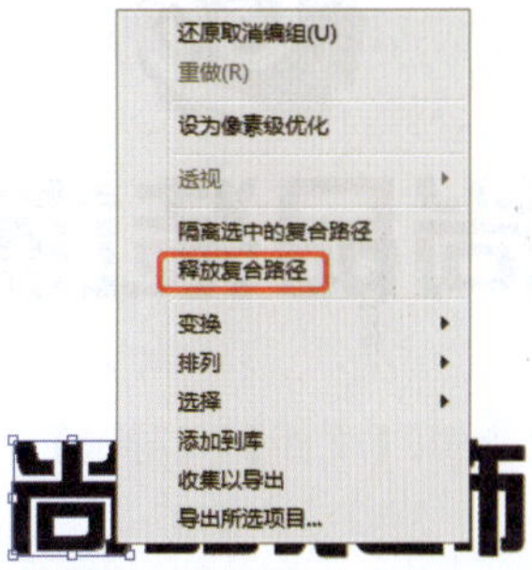

图13-16 选择【释放复合路径】命令

⓰ 使用【矩形工具】，按住Shift键，绘制图13-17所示的图形，调整其位置，将矩形颜色设置为白色。

图13-17 执行后的效果

⓱ 选择“尚”字中的口字部分，在【颜色】面板中将【填充颜色】设置为白色，如图13-18所示。

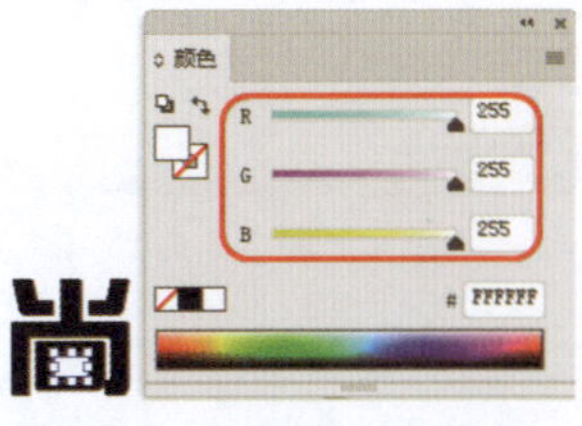

图13-18 修改【填充颜色】

⓲ 再次选择“尚”字右边的一撇，使用【吸管工具】吸取底纹素材文件的颜色，此时，选择的文本就会改变其原有的颜色，效果如图13-19所示。

图13-19 吸取颜色

⑲ 使用同样的方法，制作出其他文本的效果，并调整全部文本的位置，完成后的效果如图13-20所示。

图13-20 最终效果

⑳ 使用【文件】|【导出】|【导出为】命令，如图13-21所示。

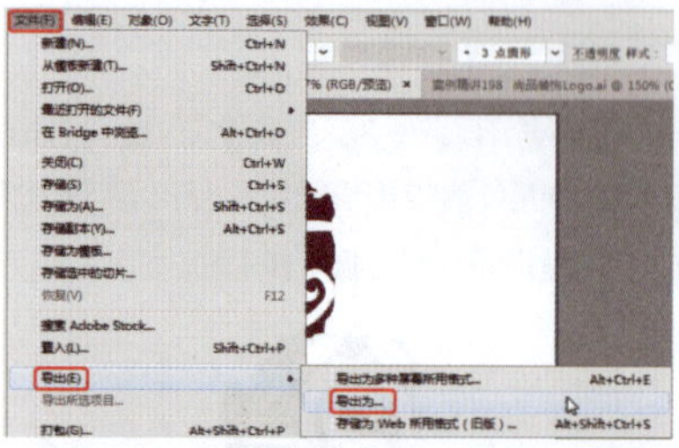

图13-21 选择【导出为】命令

㉑ 在弹出的对话框中设置保存路径，将【文件名】设置为“尚品装饰Logo”，将【保存类型】设置为【TIFF】，勾选【使用画板】选项，如图13-22所示。

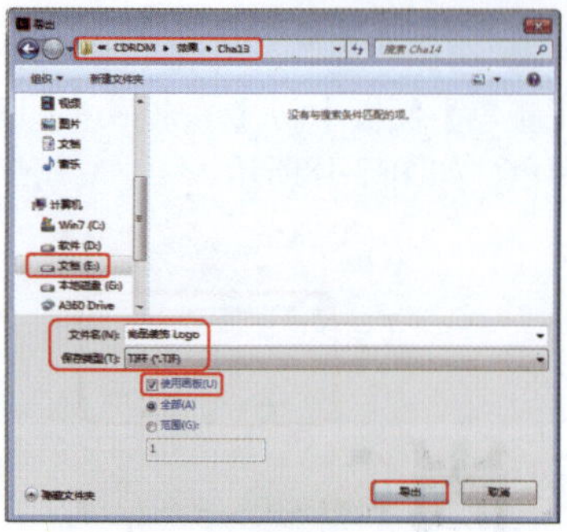

图13-22 【导出】对话框

㉒ 单击【导出】按钮，在弹出的对话框中勾选【嵌入ICC配置文件：sRGB IEC61966-2.1】选项，单击【确定】按钮即可，如图13-23所示。

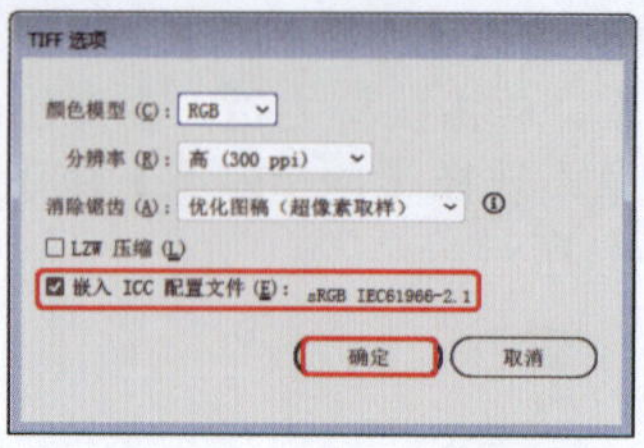

图13-23 【TIFF选项】对话框

㉓ 在菜单栏中选择【文件】|【存储为】命令，如图13-24所示。

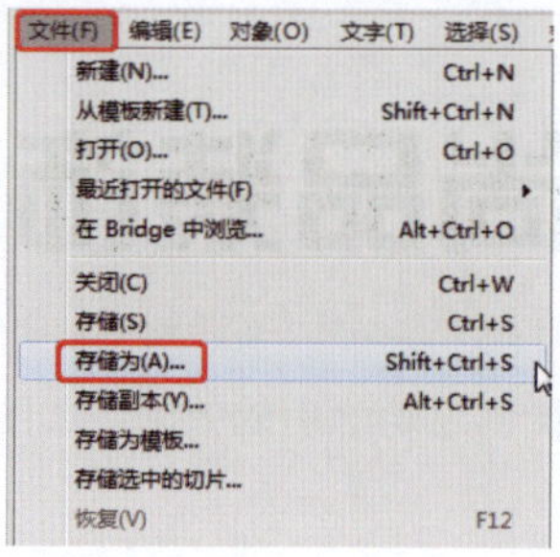

图13-24 选择【存储为】命令

㉔ 在弹出的对话框中设置保存路径，将其存储格式设为默认，如图13-25所示。

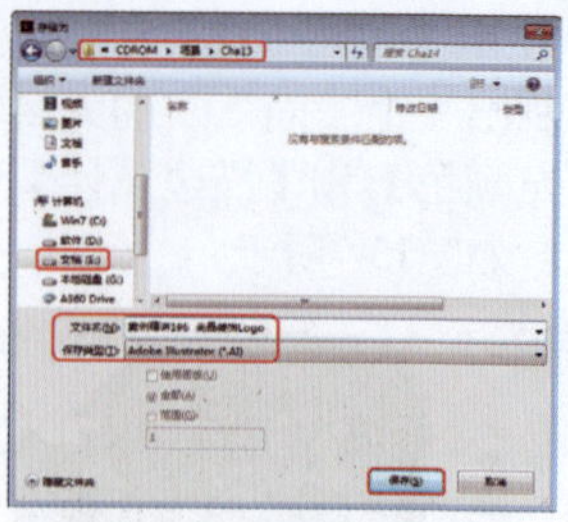

图13-25 【存储为】对话框

㉕ 单击【保存】命令，在弹出的对话框中保持其默认的设置，单击【确定】按钮即可。如图13-26所示。

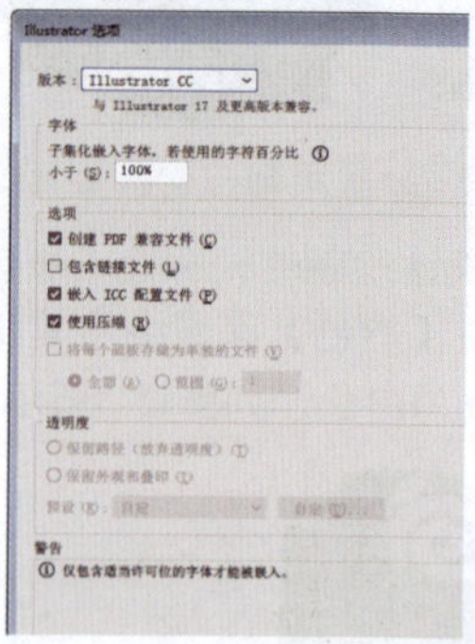

图13-26 “Illustrator 选项”对话框

实训练习197 翰和旅行社Logo

本实例主要介绍怎样设计有关旅游社的旅游Logo，图13-27所示为效果图，主要以数字“1”和飘舞的丝带构成，其具体的操作步骤如下所述。

素材	无
场景	场景|Cha13|实训练习197 翰和旅行社Logo.ai
视频	视频教学|Cha13 |实训练习197 翰和旅行社Logo.MP4

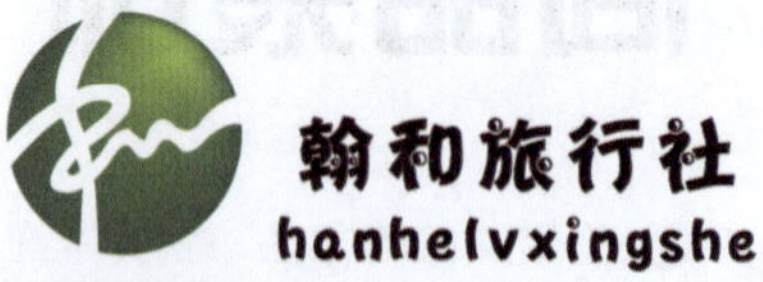

图13-27 翰和旅行社Logo

❶ 启动Illustrator CC 2017软件，在菜单栏中选择【文件】|【新建】命令，如图13-28所示。

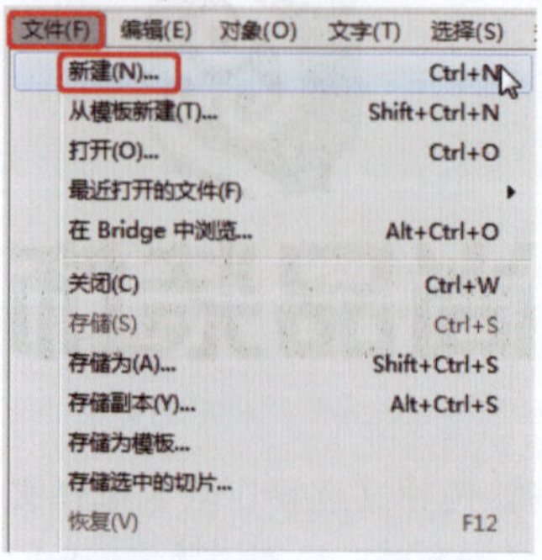

图13-28 选择【新建】命令

❷ 弹出【新建文档】对话框，在该对话框中将【宽度】和【高度】设置为297和210，将【单位】设置为【毫米】，其他均为默认值，单击【创建】按钮，如图13-29所示。

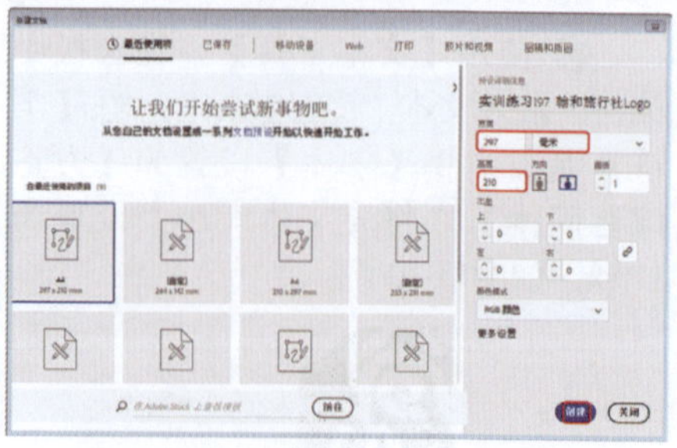

图13-29 【新建文档】对话框

❸ 使用【椭圆工具】，在面板中单击弹出【椭圆】对话框，将【宽度】和【高度】都设置为88mm，单击【确定】按钮即可，如图13-30所示。

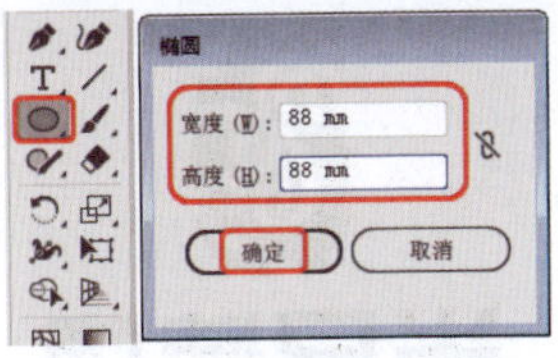

图13-30 【椭圆】对话框

❹ 确定刚刚绘制的正圆处于选择状态，将其【描边属性】设置为无色，在【颜色】面板中将其【填充颜色】的RGB值设置为63、107、61，如图13-31所示。

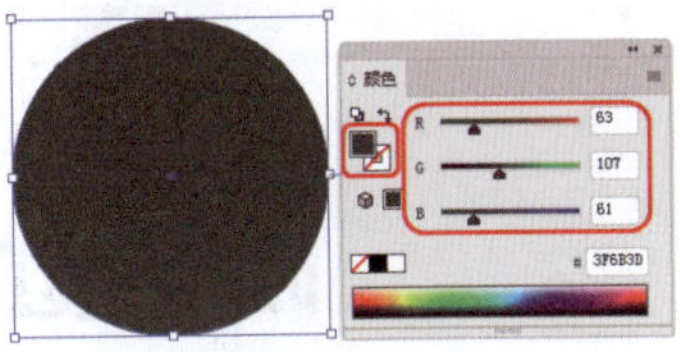

图13-31 设置属性

❺ 使用【钢笔工具】，在刚刚绘制的正圆上绘制出数字“1”的大概轮廓，如图13-32所示。

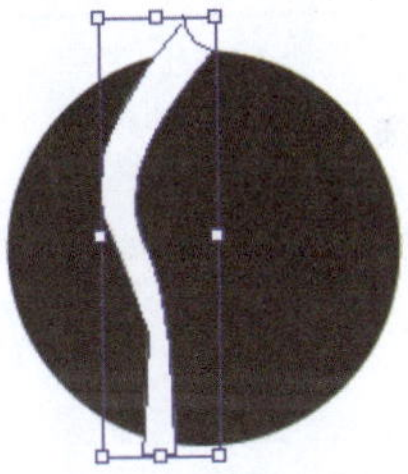

图13-32 绘制轮廓

❻ 使用同样的方法，绘制另一半轮廓，完成后的效果如图13-33所示。

图13-33 完成后的效果

❼ 使用【网格工具】添加网格点，在【颜色】面板中将其【填充颜色】的RGB值设置为195、217、81，如图13-34所示。

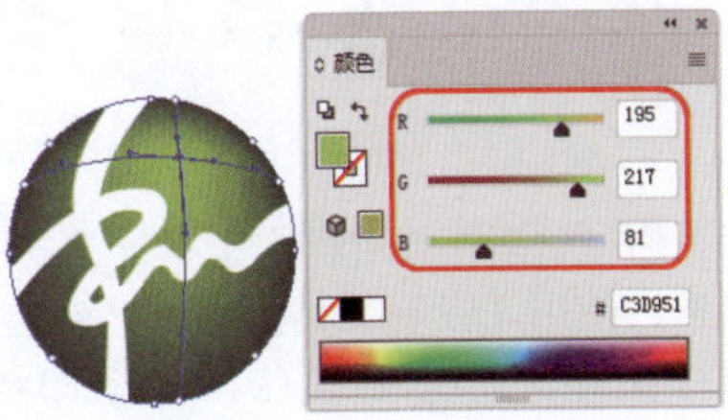

图13-34 创建网格并设置

❽ 使用【直接选择工具】拖拽其各点，调整颜色的位置，完成后的效果如图13-35所示。

图13-35 完成后的效果

❾ 使用【文本工具】，在画板中单击鼠标，并输入文本【翰和旅行社】，在【字符】面板中将【字体】设置为【汉仪太极体简】，【字体大小】设置为80pt，如图13-36所示。

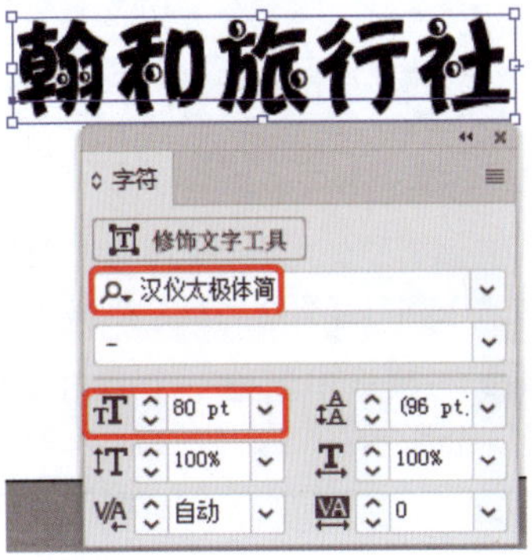

图13-36 输入文本并设置

❿ 调整刚刚创建文本的位置，效果如图13-37所示。

图13-37 调整位置

⓫ 使用【文本工具】，在画板中单击鼠标，并输入文本“翰和旅行社”，在【字符】面板中将【字体】设置为【汉仪太极体简】，【字体大小】设置为63pt，如图13-38所示。

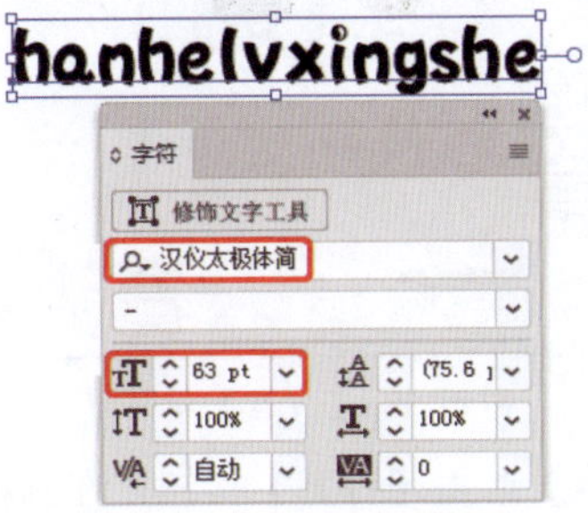

图13-38 输入文本并设置

⓬ 调整刚刚创建文本的位置，效果如图13-39所示。

图13-39 调整位置

⓭ 在菜单栏中选择【文件】|【导出】|【导出为】命令，如图13-40所示。

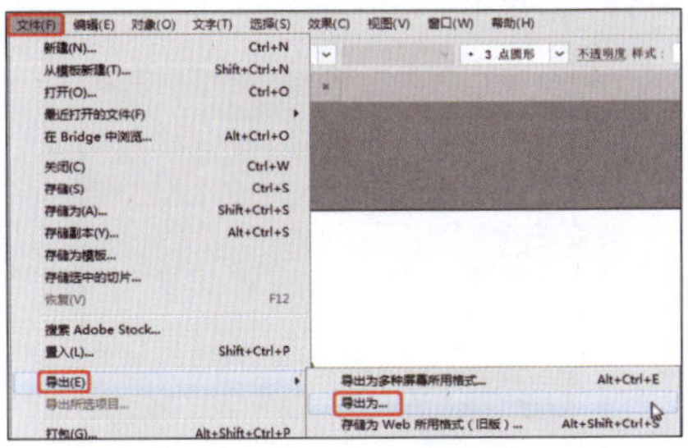

图13-40 选择【导出为】命令

⓮ 在弹出的对话框中设置保存路径，将【文件名】设置为“翰和旅行社Logo”，将【保存类型】设置为TIFF，勾选【使用画板】选项，如图13-41所示。

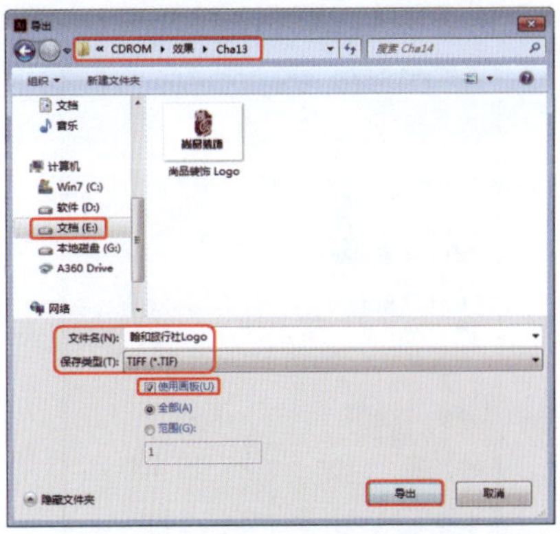

图13-41 【导出】对话框

⓯ 单击【导出】按钮，在弹出的对话框中勾选【嵌入ICC配置文件：sRGB IEC61966-2.1】选项，单击【确定】按钮即可，如图13-42所示。

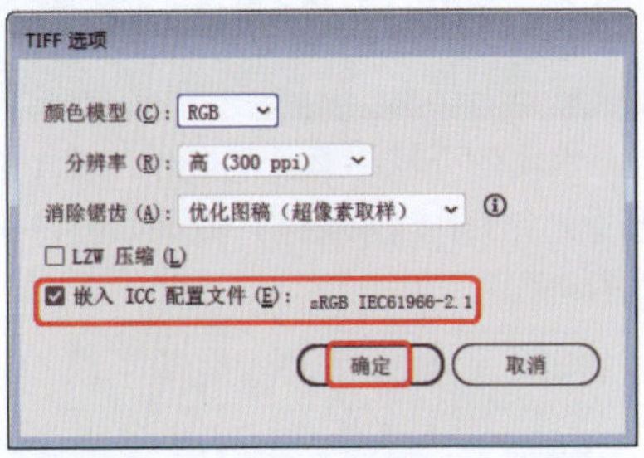

图13-42 【TIFF选项】对话框

⓰ 在菜单栏中选择【文件】|【存储为】命令，如图13-43所示。

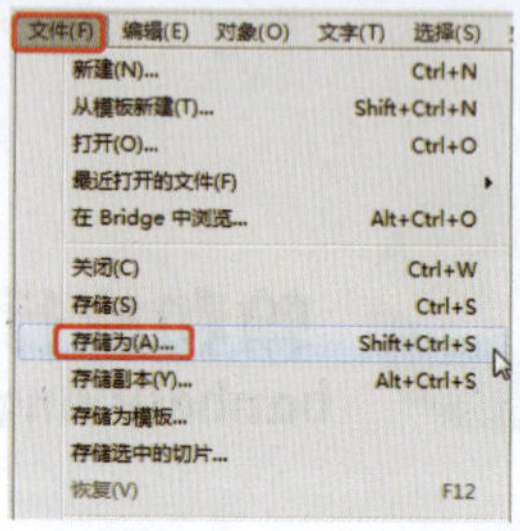

图13-43 选择【存储为】命令

⑰ 在弹出的对话框中设置保存路径，并将其存储格式设为默认，如图13-44所示。

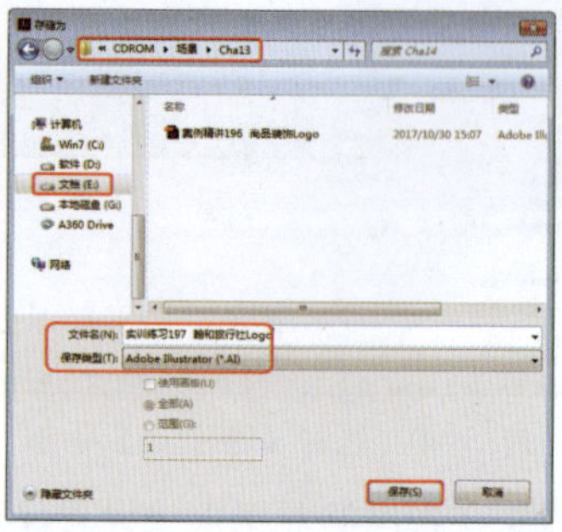

图13-44 【存储为】对话框

⑱ 单击【保存】命令，在弹出的对话框中保持其默认的设置，单击【确定】按钮即可，如图13-45所示。

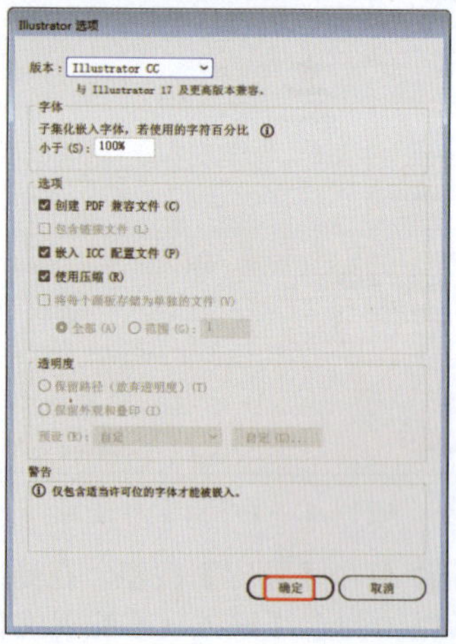

图13-45 【Illustrator 选项】对话框

实训练习198 名片

本实例介绍一名片的制作，其主要通过文字工具输入文字，效果如图13-46所示。

素材	素材|Cha13|家装.ai
场景	场景|Cha13|实训练习198 名片.ai
视频	视频教学|Cha13|实训练习198 名片.MP4

图13-46 效果图

❶ 启动Illustrator CC 2017后，按住Ctrl+N组合键，在弹出的【新建文档】对话框中，将【宽度】和【高度】分别设置为90和55，将【单位】设置为【毫米】，单击【创建】按钮，如图13-47所示。

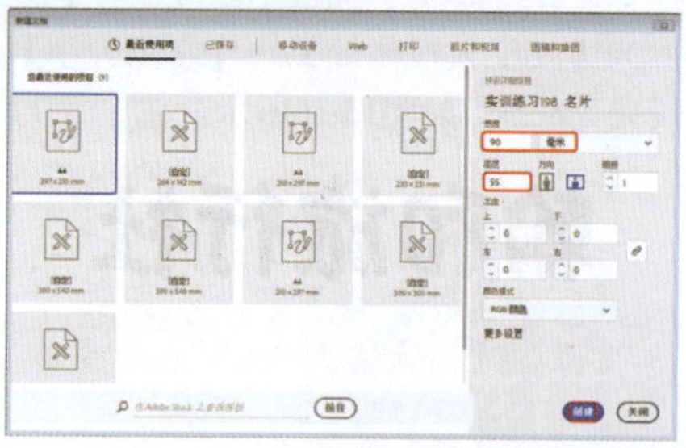

图13-47 【新建文档】对话框

❷ 在画板中新建一个空白文档，如图13-48所示。

图13-48 新建的空白文档

❸ 在菜单栏中选择【文件】|【打开】命令，在弹出的【打开】对话框中选择随书配套资源中的素材|Cha13|家装.ai文件，如图13-49所示。

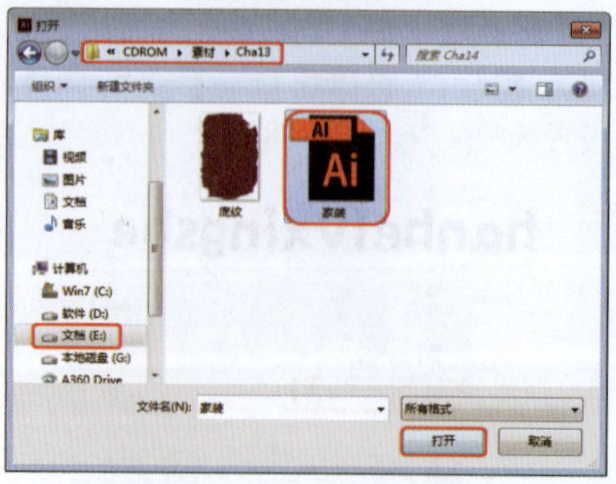

图13-49 【打开】对话框

❹ 单击【打开】按钮，在画板中打开的文件如图13-50所示。

图13-50 打开素材文件

❺ 使用【选择工具】选择所有的图形，在菜单栏中选择【对象】|【编组】命令，如图13-51所示。

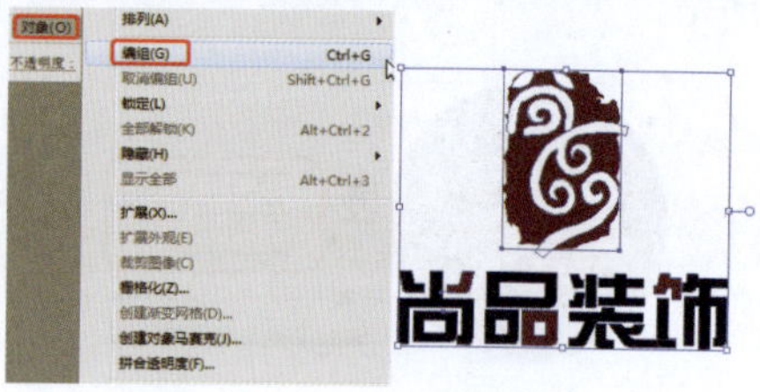

图13-51 选择【编组】命令

❻ 使用【选择工具】按住左键将其拖拽至刚刚创建的画板文档中，调整其大小和位置，如图13-52所示。

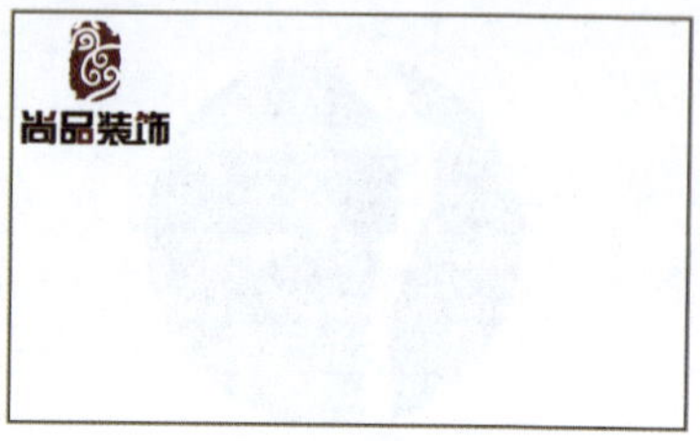

图13-52 拖拽至空白文档中的效果

❼ 使用【文字工具】在面板中单击输入文本“陈亮运管总监”，在【字符】面板中将【字体】设置为【汉仪雪君体简】，选中“陈亮”文本，将【字体大小】设置为18pt，再次选中“运管总监”，将【字体大小】设置为10pt，如图13-53所示。

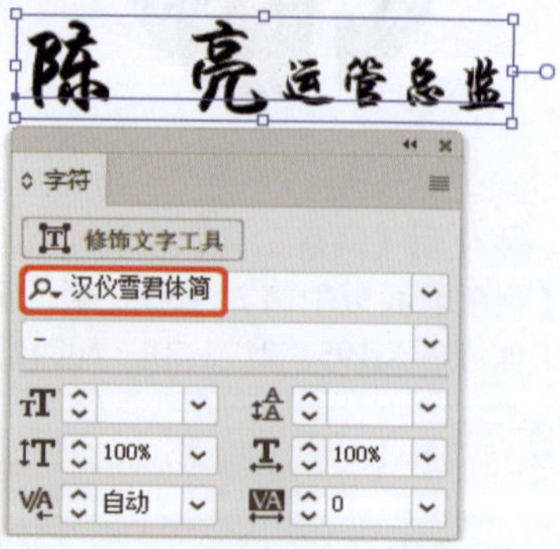

图13-53 输入文本并设置

❽ 确定刚刚创建的文本处于选择状态，使用【吸管工具】吸取“家装”素材文件中标志的颜色，如图13-54所示。

图13-54　吸取颜色

⑨ 完成后调整一下文本的位置，效果如图13-55所示。

图13-55　调整位置

⑩ 使用【直线工具】，按住Shift键拖动鼠标，在画板文档中绘制一条直线，如图13-56所示。

图13-56　绘制直线

⑪ 确定刚刚绘制的直线处于选择状态，在工具栏中将【描边属性】设置为2pt，在【颜色】面板中将【描边颜色】和【填充颜色】都设置为126、40、42，如图13-57所示。

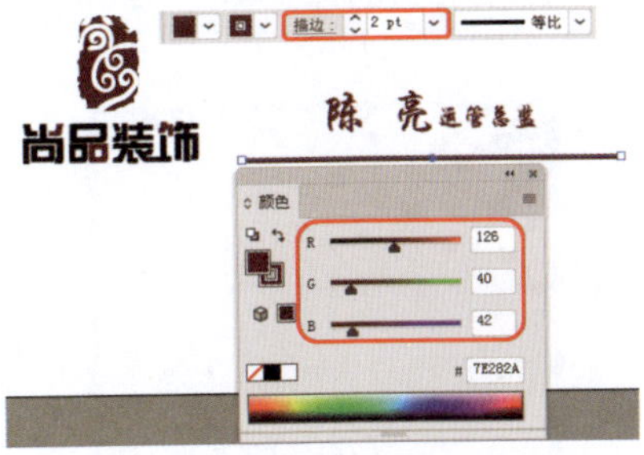
图13-57　设置属性

⑫ 使用【文字工具】，在面板中单击并输入文本，在【字符】面板中将【字体】设置为【华文楷体】，将【字体大小】设置为10pt，如图13-58所示。

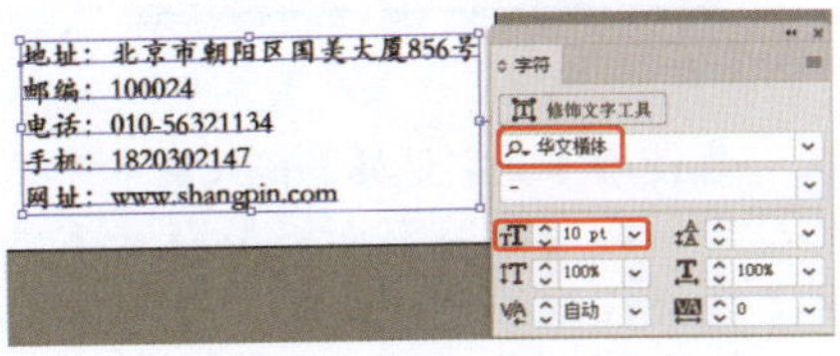
图13-58　输入文本并设置

⑬ 确定刚刚创建的文本处于选择状态，使用【吸管工具】吸取“家装”素材文件中标志的颜色，如图13-59所示。

图13-59　吸取颜色

⑭ 在菜单栏中选择【文件】|【导出】|【导出为】命令，如图13-60所示。

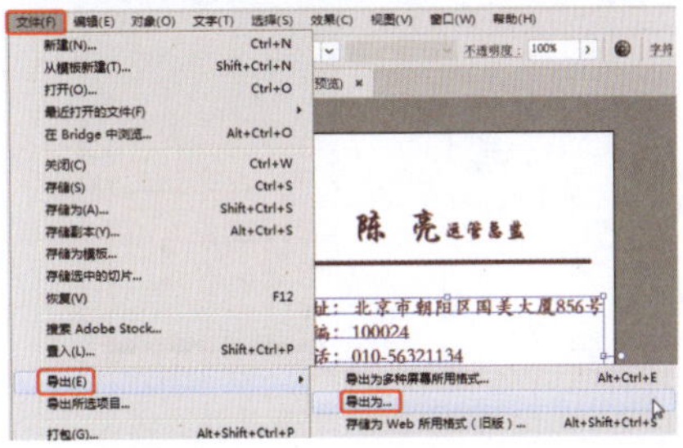
图13-60　选择【导出为】命令

⑮ 在弹出的对话框中设置保存路径和文件名，并将其格式设置为TIFF，勾选【使用画板】复选框，单击【导出】按钮，如图13-61所示。

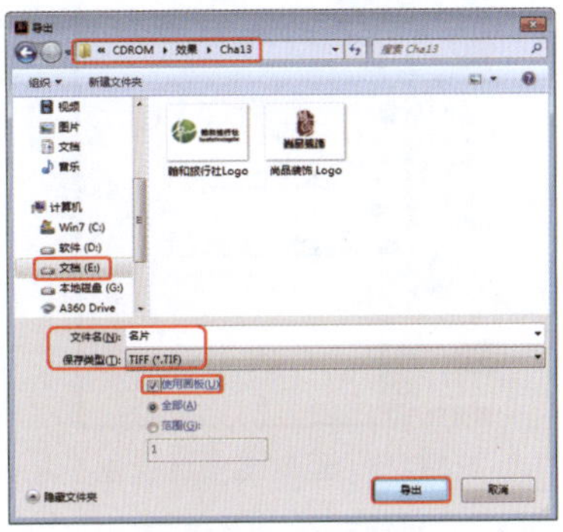
图13-61　设置格式

⑯ 在弹出的对话框中选择其默认的设置，单击【确定】按钮即可，如图13-62所示。

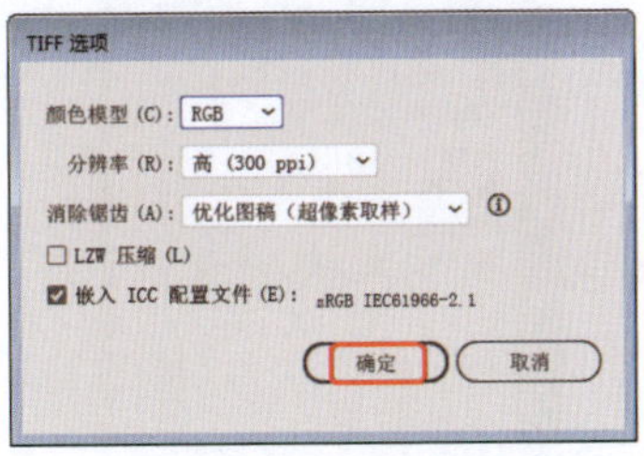
图13-62　【TIFF选项】面板

⑰ 在菜单栏中选择【文件】|【存储为】命令，如图13-63所示。

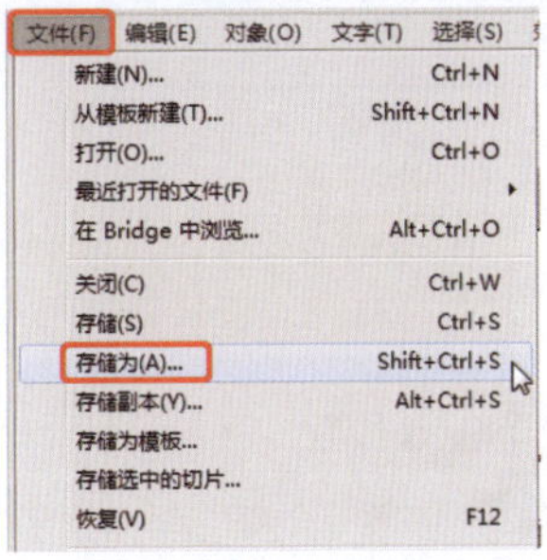
图13-63　选择【存储为】命令

⑱ 在弹出的对话框中设置保存路径和文件名，并将其存储格式设为默认，如图13-64所示。

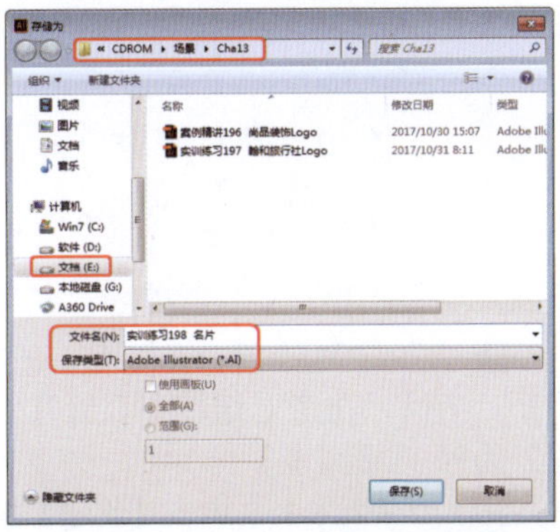
图13-64　【存储为】对话框

⑲ 单击【保存】命令，在弹出的对话框中保持其默认的设置，单击【确定】按钮即可，如图13-65所示。

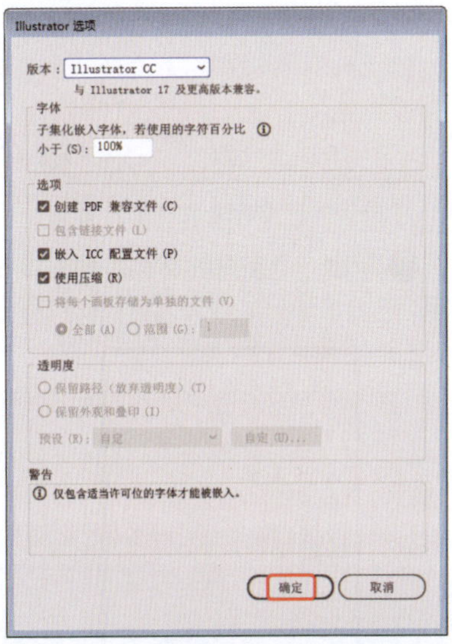
图13-65　【Illustrator选项】面板

实训练习199 工作证正面

工作证是一个人在某单位工作的证件，同时也代表了一个企业的形象。本实例主要介绍如何制作一个装饰公司员工的工作证，其效果如图13-66所示。

素材	素材|Cha13|花.ai、logo1.ai
场景	场景|Cha13|实训练习199　工作证正面.ai
视频	视频教学 | Cha13 |实训练习199　工作证正面.MP4

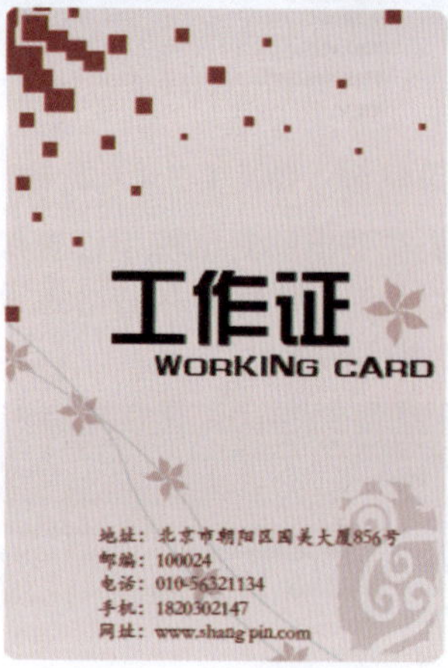

图13-66　工作证正面

❶ 按Ctrl+N组合键，弹出【新建文档】对话框，在该对话框中设置【宽度】为95，【高度】为140，将【单位】设置为【毫米】，单击【创建】按钮，如图13-67所示。

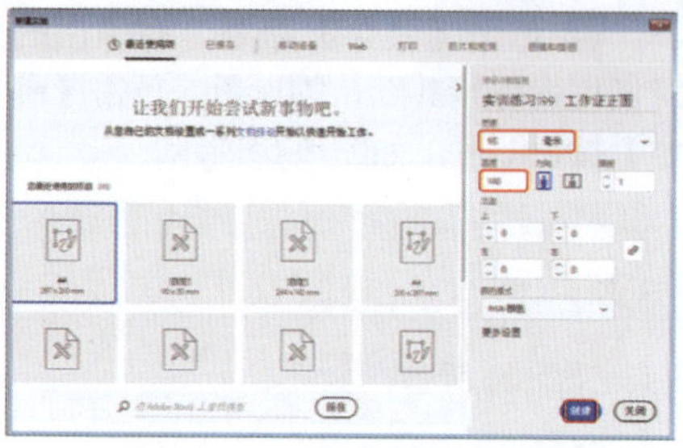

图13-67　【新建文档】对话框

❷ 新建一个空白的文档，如图13-68所示。

图13-68　空白文档

❸ 使用【圆角矩形工具】在空白处单击鼠标左键，弹出【圆角矩形】对话框，在该对话框中将【宽度】设置为95mm，【高度】设置为140mm，【圆角半径】设置为3.5mm，单击【确定】按钮，如图13-69所示。

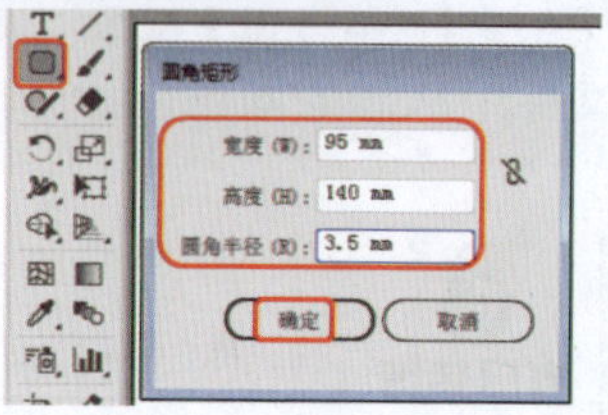

图13-69　绘制图形

❹ 在工具栏中将【描边属性】设置为无色，在【颜色】面板中将其【填充颜色】的RGB值设置为242、236、236，如图13-70所示。

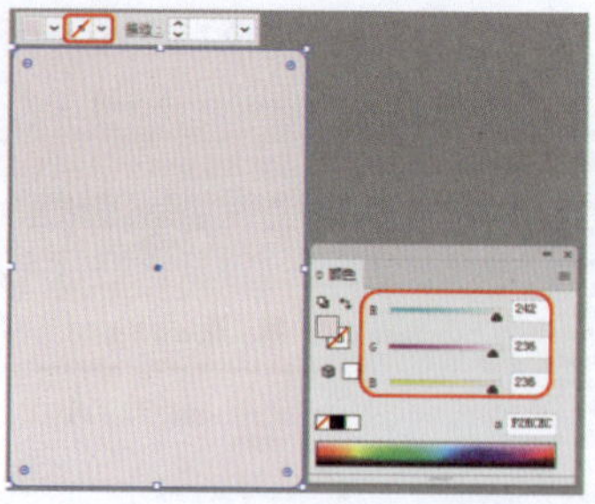

图13-70　设置属性

❺ 再次使用【矩形工具】，在面板中绘制一个矩形，在【颜色】面板中将其【填充颜色】的RGB值设置为179、30、35，如图13-71所示。

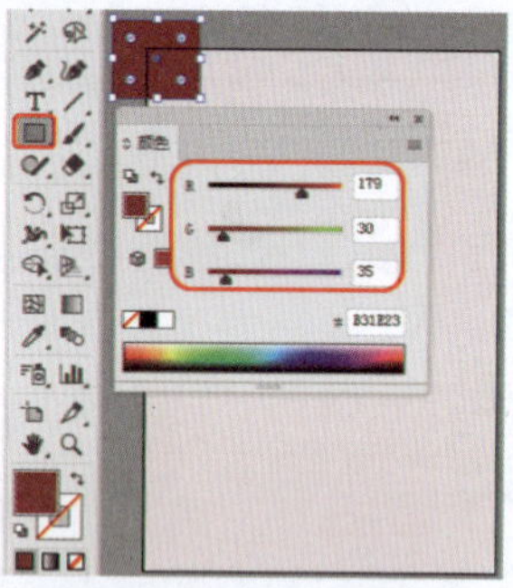

图13-71　绘制图形并设置

❻ 确定刚刚创建的矩形处于选择状态，按住Shift键的同时选择圆角矩形，按Shift+Ctrl+F9组合键，打开【路径查找器】面板，如图13-72所示。

图13-72　打开【路径查找器】面板

❼ 在打开的面板中单击【分割】按钮，使用【直接选择工具】，选择图13-73所示的图形。

图13-73　选择图像

❽ 按Delete键将其删除，效果如图13-74所示。

图13-74　删除后的效果

❾ 使用同样的方法，绘制其他的形状，调整其合适的位置和大小，完成后的效果如图13-75所示。

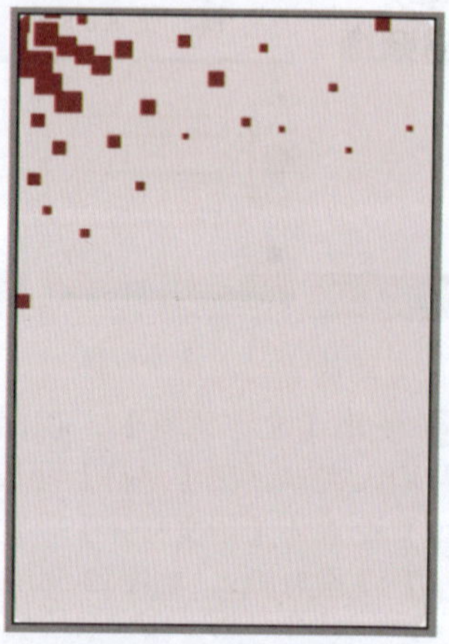

图13-75　完成后的效果

❿ 使用【文字工具】输入文本“工作证”，在【字符】面板中设置【字体】为【汉仪综艺体简】，【字体大小】设置为50pt，如图13-76所示。

图13-76 输入文本并设置

⑪ 使用【文字工具】输入文本“WORKING CARD”，在【字符】面板中设置【字体】为【汉仪综艺体简】，【字体大小】设置为18pt，如图13-77所示。

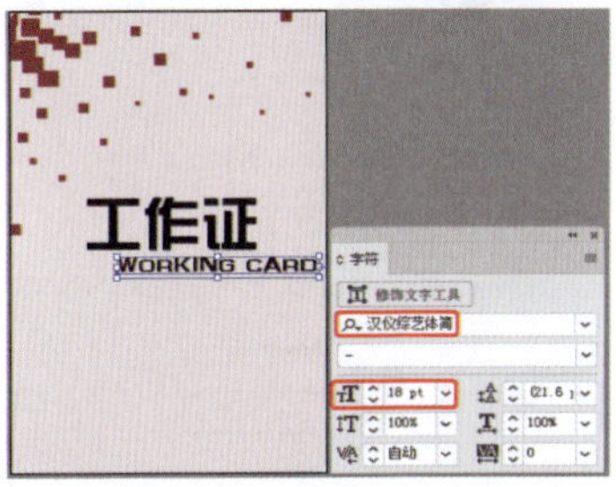

图13-77 输入文本并设置

⑫ 在菜单栏中选择【文件】|【置入】命令，如图13-78所示。

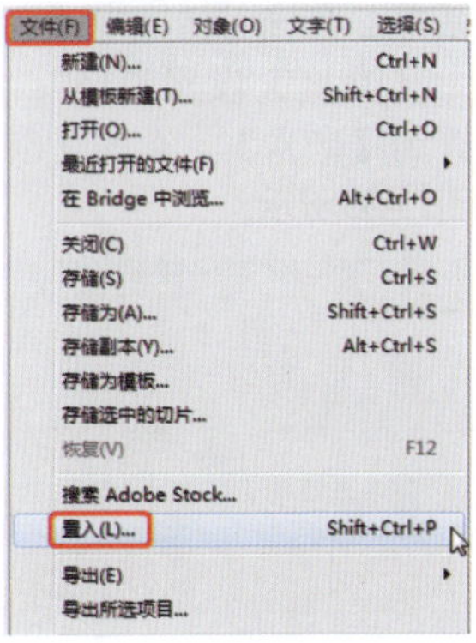

图13-78 选择【置入】命令

⑬ 弹出【置入】对话框，在弹出的对话框中选择随书配套资源中的素材|Cha13|花.ai文件，如图13-78所示。

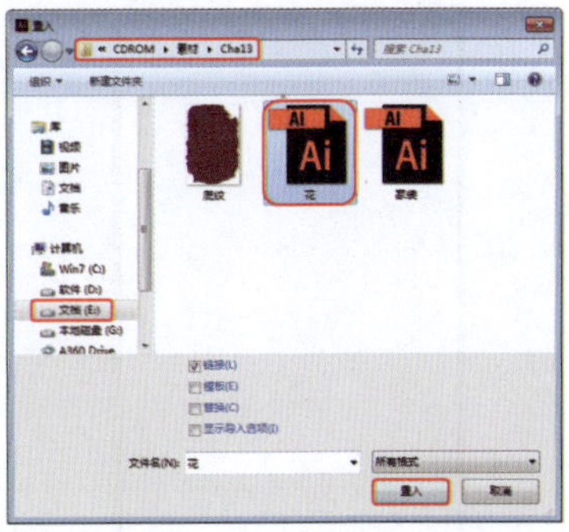

图13-79 【置入】对话框

⑭ 单击【置入】按钮，单击鼠标左键即可将选择的素材文件置入到画板中，并将其调整至合适的位置，如图13-80所示。

图13-80 调整花的位置

⑮ 使用【钢笔工具】绘制一条曲线，在【颜色】面板中将其【填充颜色】设置为无色，【描边颜色】的RGB值为215、215、216，如图13-81所示。

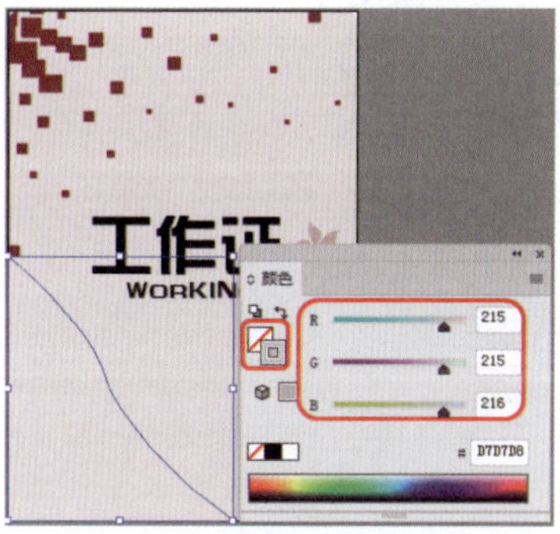

图13-81 绘制曲线

⑯ 使用同样的方法绘制另外一条曲线，选择置入的花素材文件，按住Alt键的同时拖拽花素材文件，可将其复制，将其调整至合适的位置，效果如图13-82所示。

图13-82 完成后效果

⑰ 在菜单栏中选择【文件】|【置入】命令，打开【置入】对话框，在该对话框中选择随书配套资源中的素材|Cha13|logo1.ai文件，如图13-83所示。

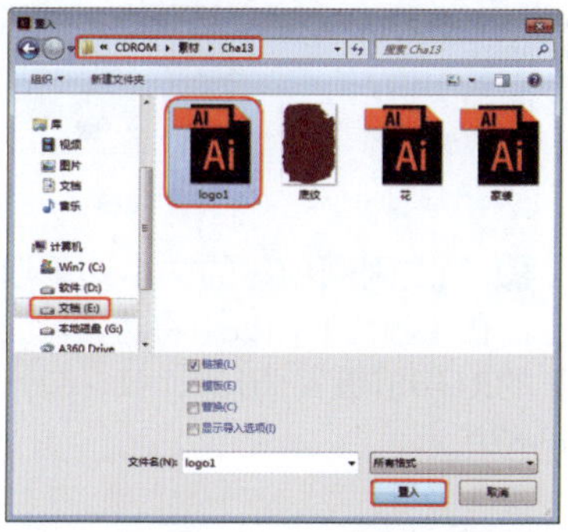

图13-83 【置入】对话框

⑱ 单击【置入】按钮，单击鼠标左键即可将选择的素材文件置入到画板中，将其调整至合适的位置，如图13-84所示。

图13-84 置入素材文件

⑲ 确定刚刚置入的素材文件处于选择状态，在工具栏中调整其【不透明度】为10%，完成后的效果如图13-85所示。

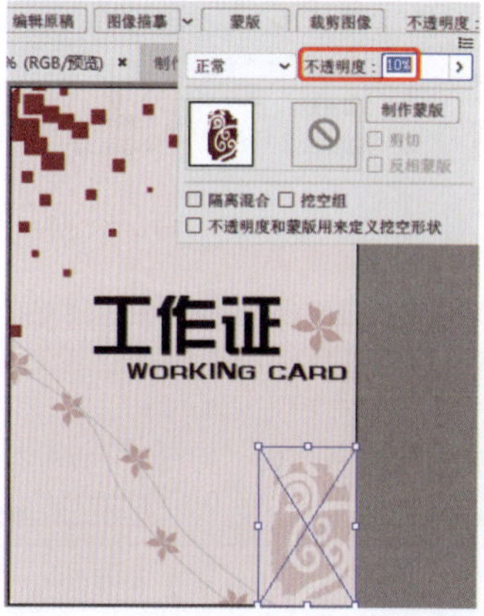

图13-85 设置logo的不透明度

⑳ 使用【文字工具】输入文本，在【字符】面板中将【字体】设置为【华文楷体】，将【字体大小】设置为12pt，如图13-86所示。

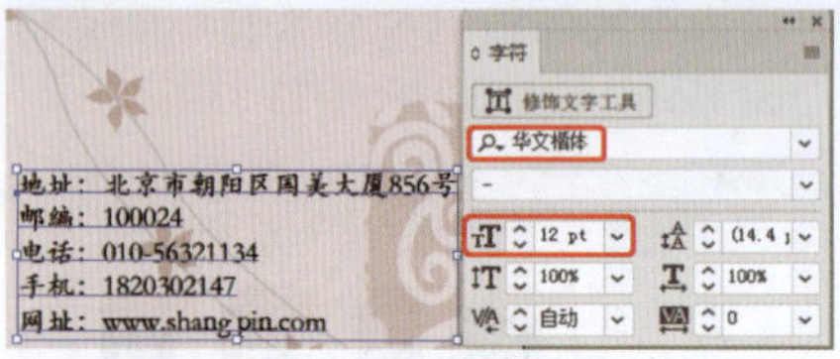

图13-86 输入文本并设置

㉑ 确定刚刚创建的文本处于选择状态，在【颜色】面板中将其【填充颜色】的RGB值设置为128、41、42，如图13-87所示。

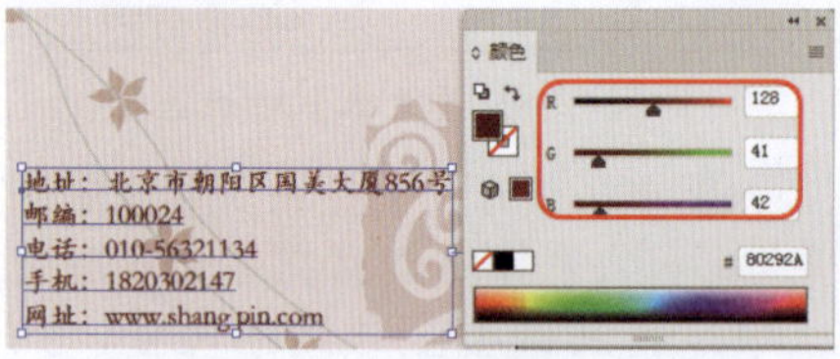

图13-87 设置【填充颜色】

㉒ 在菜单栏中选择【文件】|【导出】|【导出为】命令，如图13-88所示。

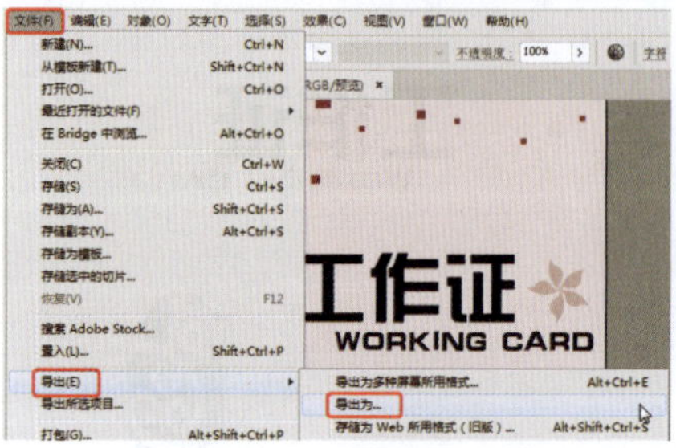

图13-88 选择【导出】命令

㉓ 在弹出的对话框中设置保存路径和文件名，并将其格式设置为TIFF，勾选【使用画板】复选框，如图13-89所示。

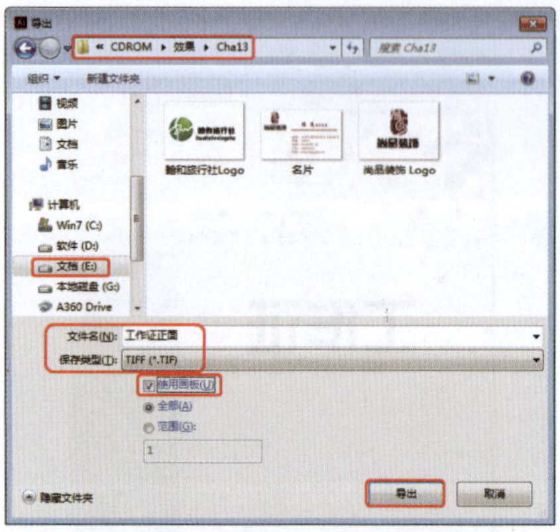

图13-89 【导出】对话框

㉔ 单击【导出】按钮，在弹出的对话框中保持默认设置，单击【确定】按钮即可，如图13-90所示。

㉕ 在菜单栏中选择【文件】|【存储为】命令，如图13-91所示。

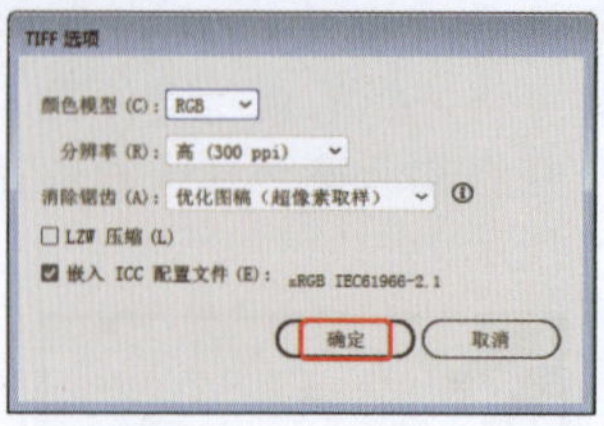

图13-90 【TIFF选项】对话框

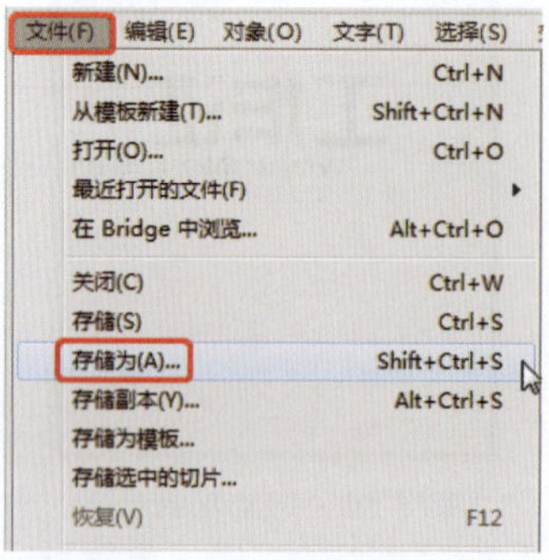

图13-91 选择【存储为】命令

㉖ 在弹出的对话框中设置保存路径和文件名，将其存储格式设为默认，如图13-92所示。

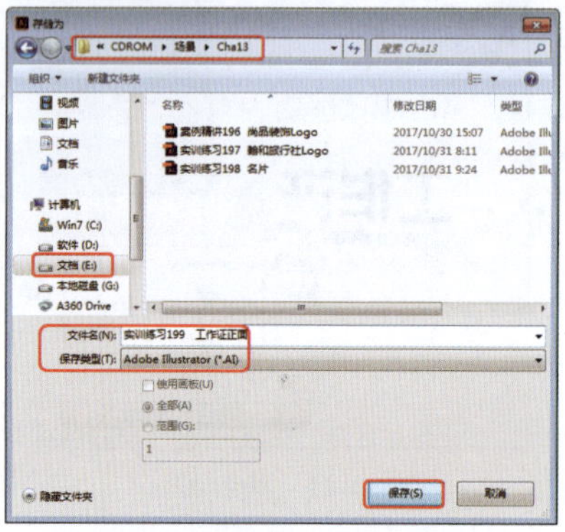

图13-92 【存储为】对话框

㉗ 单击【保存】命令，在弹出的对话框中保持其默认的设置，单击【确定】按钮即可，如图13-93所示。

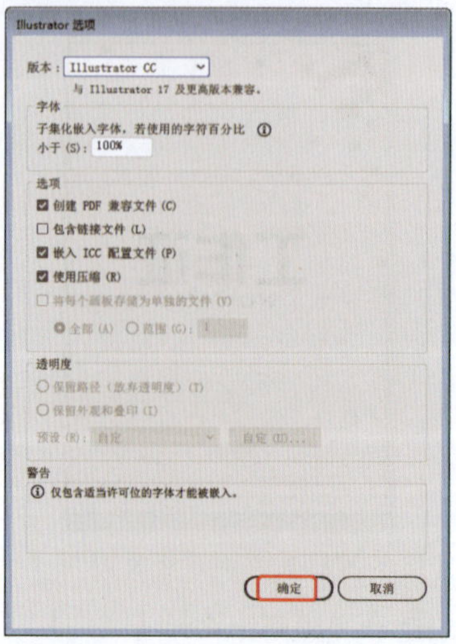

图13-93 【Illustrator选项】对话框

实训练习200 工作证反面

下面将介绍如何制作工作证的反面效果，其效果如图13-94所示。

素材	素材|Cha13|logo.ai
场景	场景|Cha13|实训练习200 工作证反面.ai
视频	视频教学 | Cha13 |实训练习200 工作证反面.MP4

图13-94 工作证反面

❶ 按Ctrl+N组合键，弹出【新建文档】对话框，在该对话框中【宽度】设置为95，【高度】设置为140，将【单位】设置为【毫米】，单击【创建】按钮，如图13-95所示。

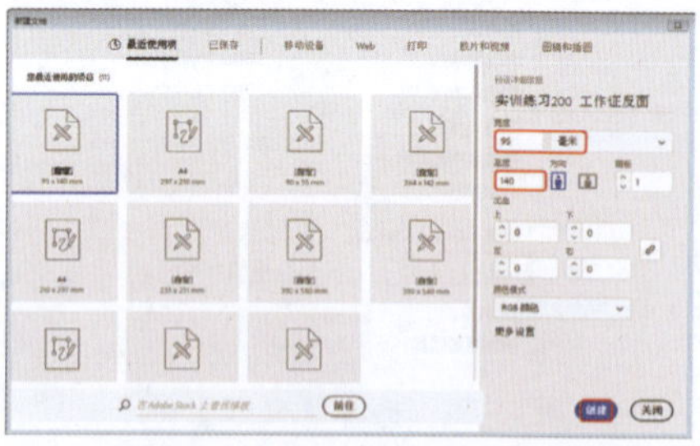

图13-95 【新建文档】对话框

❷ 新建一个空白的文档，如图13-96所示。

图13-96 新建空白文档

❸ 使用【圆角矩形工具】，在空白处单击弹出的【圆角矩形】对话框，在该对话框中设置其【宽度】值为95mm，【高度】值为140 mm，【圆角半径】值为3.5 mm，单击【确定】按钮，如图13-97所示。

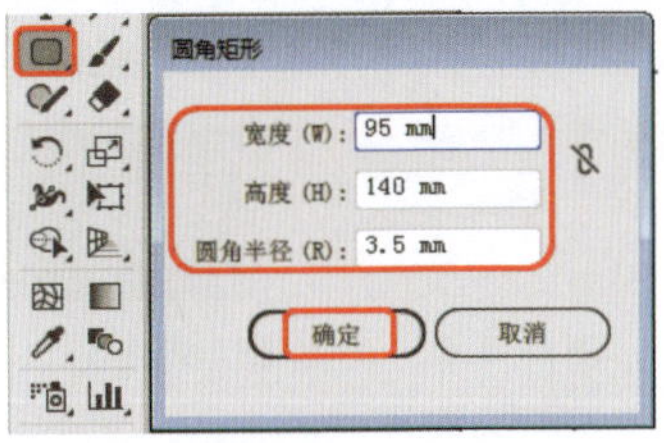

图13-97 【圆角矩形】对话框

❹ 创建一个矩形，使用【选择工具】将其调整至合适的位置，如图13-98所示。

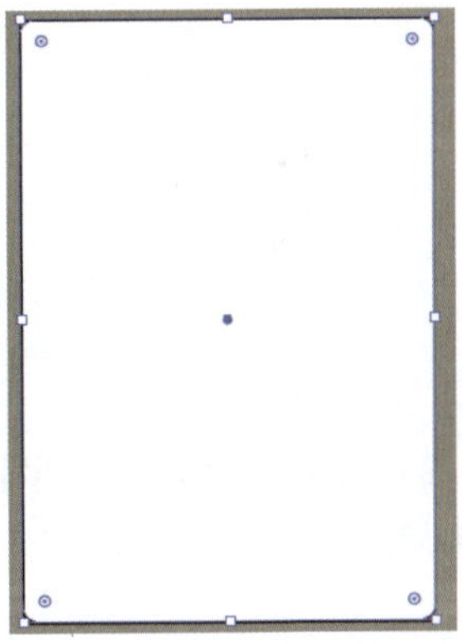

图13-98 创建的矩形

❺ 确定刚刚绘制的圆角矩形处于选择状态，在工具栏中将【描边属性】设置为无色，在【颜色】面板中将其【填充颜色】设置为242、236、236，如图13-99所示。

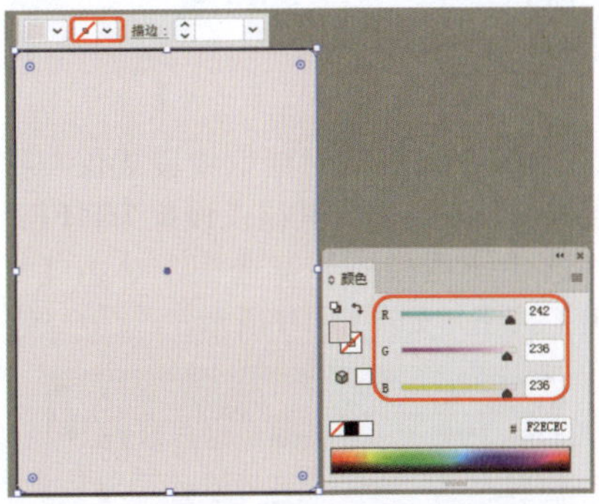

图13-99 设置属性

❻ 在菜单栏中选择【文件】|【置入】命令，在弹出的对话框中选择随书配套资源中的素材|Cha13|logo.ai文件，如图13-100所示。

❼ 单击【置入】按钮，单击鼠标左键即可将选择的素材文件置入到画板中，将其调整至合适的位置，如图13-101所示。

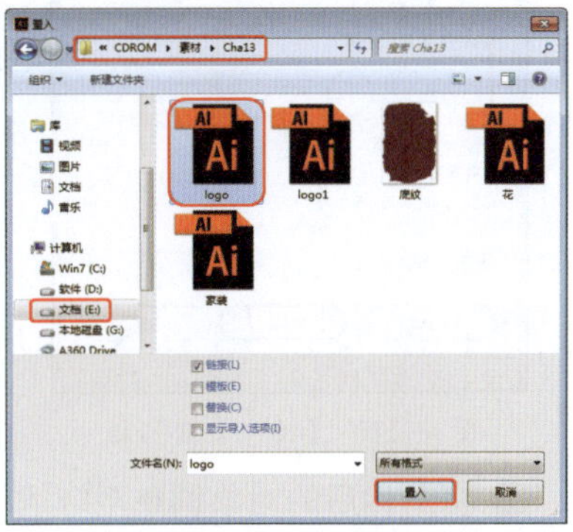

图13-100 选择素材文件

图13-101 调整后的效果

❽ 使用【圆角矩形工具】，在空白处单击鼠标，弹出【圆角矩形】对话框，设置【宽度】为25mm，【高度】为35mm，【圆角半径】为1.5mm，如图13-102所示。

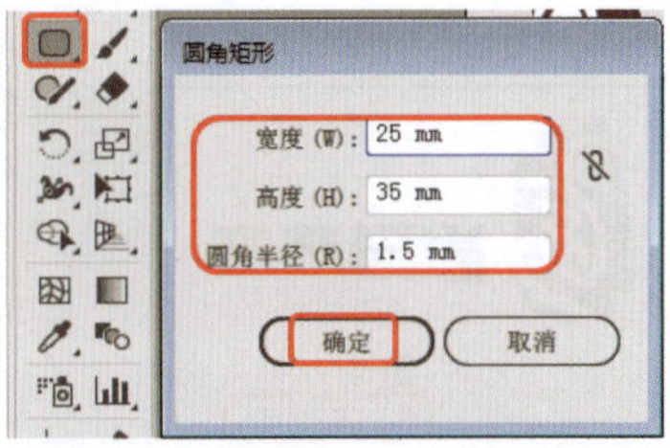

图13-102 【圆角矩形】对话框

❾ 确定刚刚绘制的圆角矩形处于选择状态，在【颜色】面板中将【填充颜色】设置为无色，【描边颜色】的RGB值设置为127、39、46，如图13-103所示。

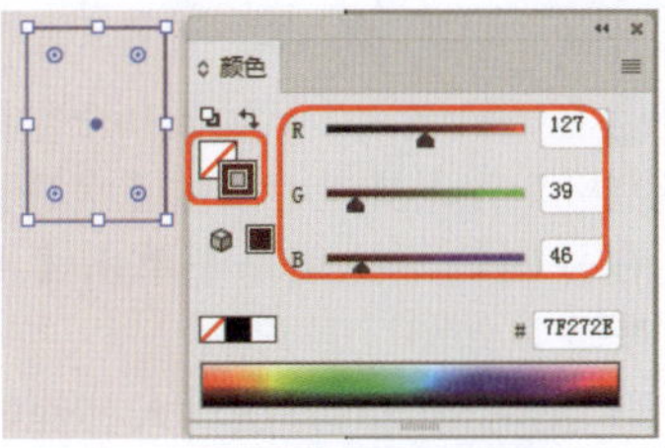

图13-103 设置属性

❿ 确认创建的圆角矩形处于选择状态，在工具栏中单击【画笔定义】下拉菜单，选择图13-104所示的画笔类型。

图13-104 选择画笔选项

⓫ 将其调整至合适位置，如图13-105所示。

图13-105 调整位置

⓬ 按Ctrl+O组合键，在弹出的【打开】对话框中选择所存储的“实训练习199 工作证正面.ai”文件，单击【打开】按钮，在打开的文件中按住Shift键的同时选择“花”素材和“曲线”素材，如图13-106所示。

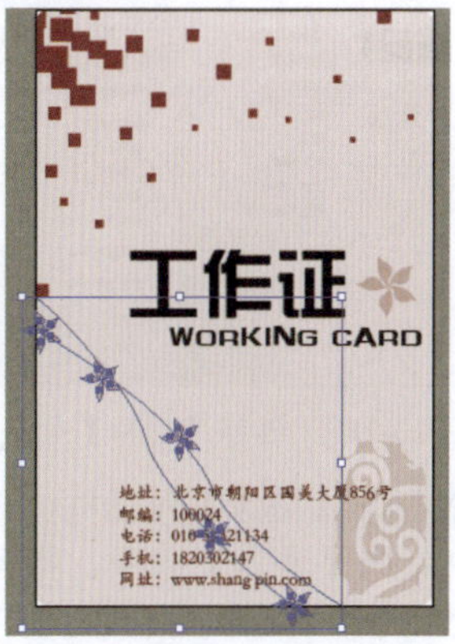

图13-106 选择素材文件

⑬ 按Ctrl+C组合键进行复制，在“实训练习200 工作证反面”面板中按Ctrl+V组合键，将选择的素材文件进行粘贴，完成后的效果如图13-107所示。

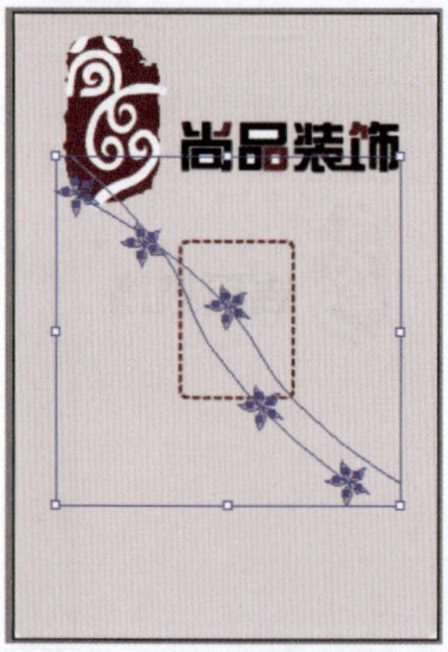

图13-107 完成后的效果

⑭ 确认粘贴后的素材文件处于选择状态，单击鼠标右键，在弹出的快捷菜单中选择【编组】命令，如图13-108所示。

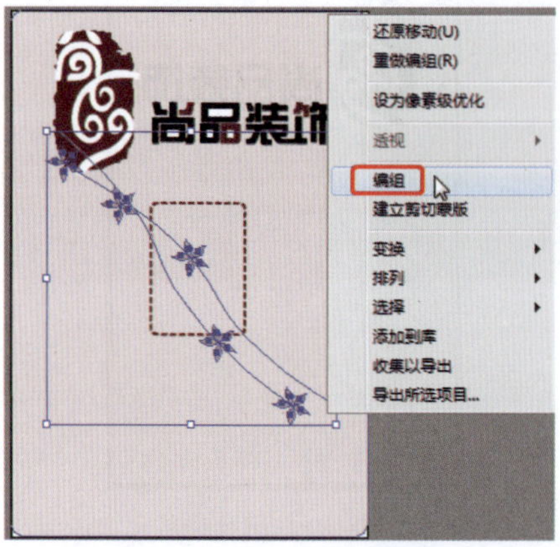

图13-108 进行编组后的效果

⑮ 确认粘贴后的素材文件处于选择状态，再次单击鼠标右键，在弹出的快捷菜单中选择【变换】|【对称】命令，如图13-109所示。

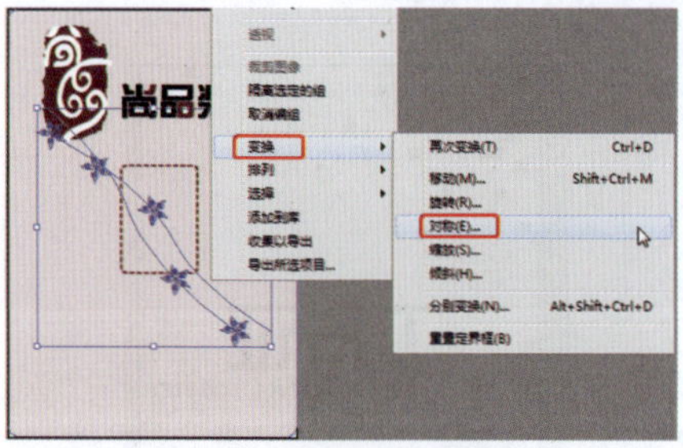

图13-109 选择【对称】命令

⑯ 打开【镜像】对话框，在该对话框中点选【垂直】选项，将其【角度】设置为90°，单击【确定】按钮，如图13-110所示。

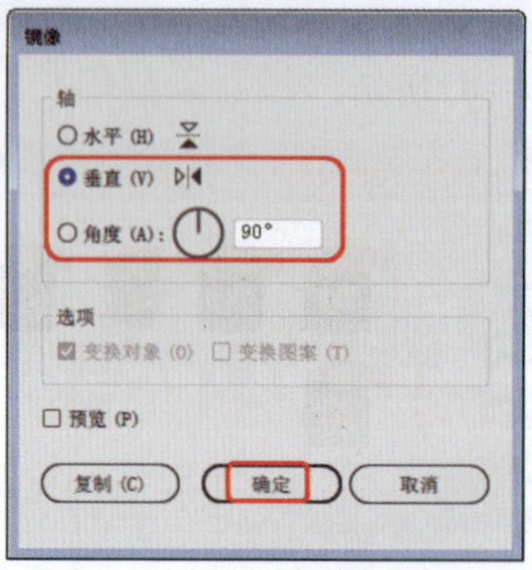

图13-110 【镜像】对话框

⑰ 将对称后的对象调整至合适的位置，完成后的效果如图13-111所示。

图13-111 完成后的效果

⑱ 使用【文字工具】输入文本“姓名：”，在【字符】面板中，将【字体】设置为【方正黑体简体】，【字体大小】设置为15pt，如图13-112所示。

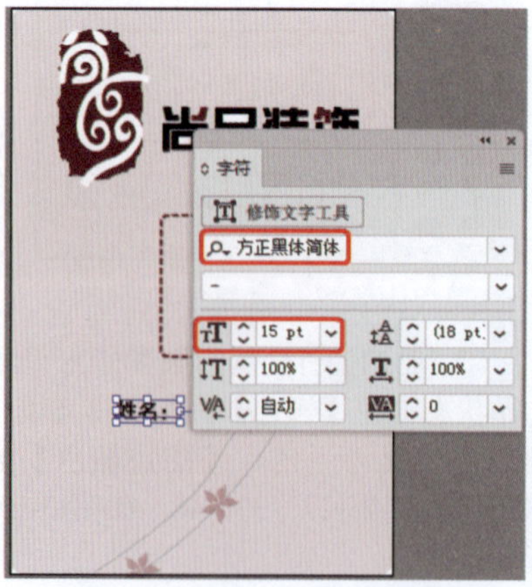

图13-112 输入文本并设置

⑲ 在“姓名：”后输入16个空格，选择空格，在工具栏中单击【字符】按钮，在弹出的下拉菜单中单击【下划线】按钮，如图13-113所示。

⑳ 使用相同的方法输入其他的文本并设置，效果如图13-114所示。

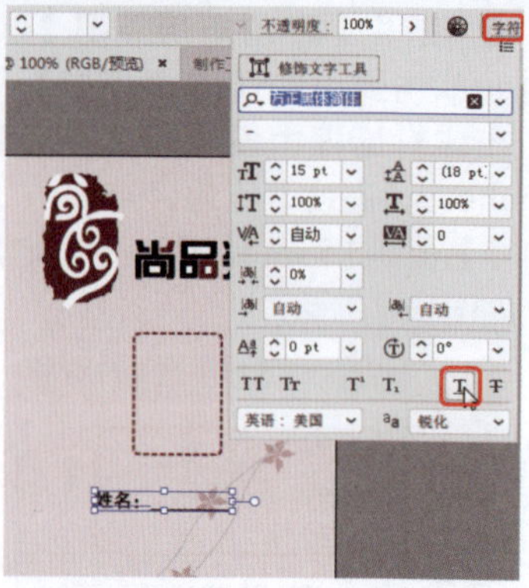

图13-113 设置【下划线】

图13-114 输入其他文本并设置

㉑ 在菜单栏中选择【文件】|【导出】|【导出为】命令，如图13-115所示。

图13-115 选择【导出为】命令

㉒ 在弹出的对话框中设置保存路径和文件名，并将其格式设置为TIFF，勾选【使用画板】复选框，单击【导出】按钮，如图13-116所示。

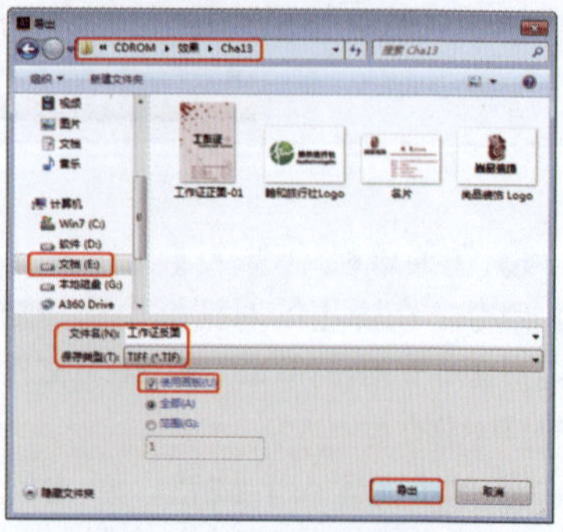

图13-116 【导出】对话框

㉓ 在弹出的对话框中保持默认设置，单击【确定】按钮即可，如图13-117所示。

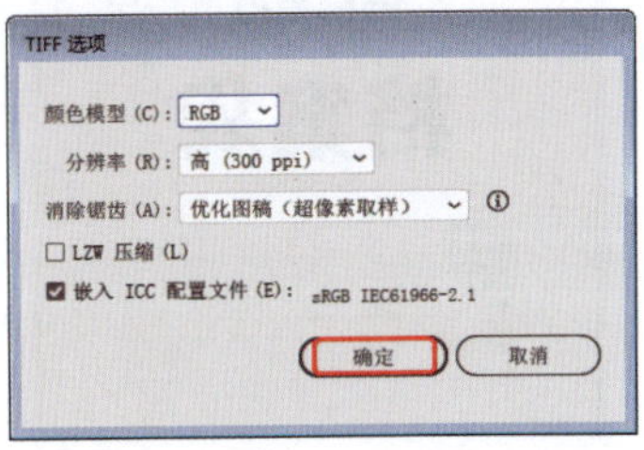

图13-117 【TIFF选项】对话框

㉔ 在菜单栏中选择【文件】|【存储为】命令，如图13-118所示。

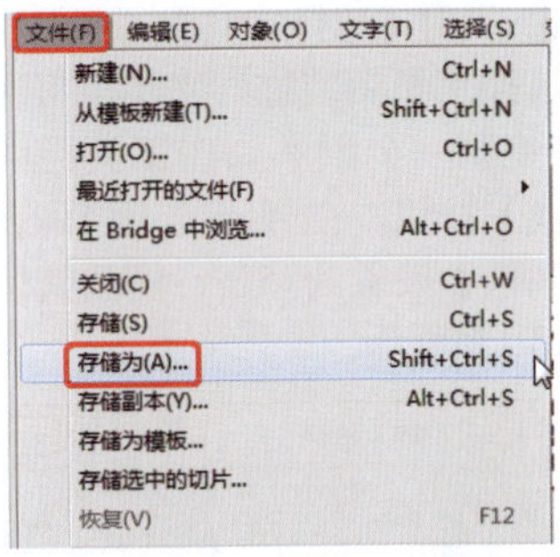

图13-118 选择【存储为】命令

㉕ 在弹出的对话框中设置保存路径和文件名，并将其存储格式设为默认，单击【保存】按钮，如图13-119所示。

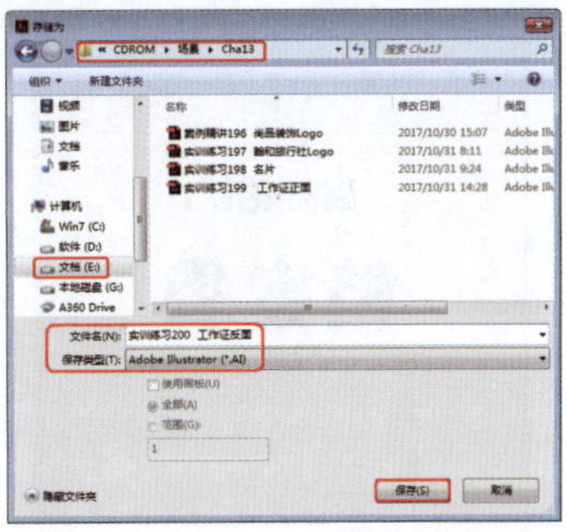

图13-119 【存储为】对话框

㉖ 在弹出的对话框中保持其默认的设置，单击【确定】按钮即可，如图13-120所示。

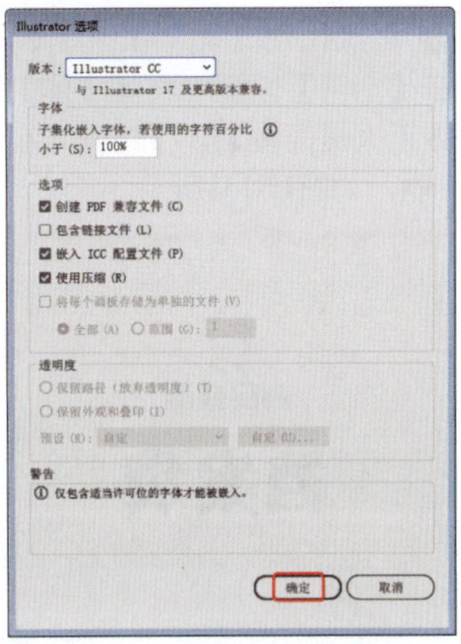

图13-120 【Illustrator选项】对话框

实训练习201 档案袋

本实例介绍档案袋的制作，效果如图13-121所示，主要用到的工具是【文字工具】和【钢笔工具】，其操作步骤如下所述。

素材	素材|Cha13|家装.ai
场景	场景|Cha13|实训练习201 档案袋.ai
视频	视频教学|Cha13|实训练习201 档案袋.MP4

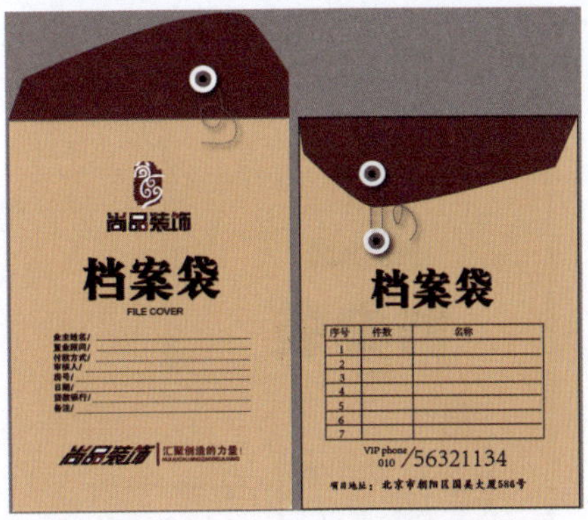

图13-121 档案袋

❶ 启动Illustrator CC 2017后，按Ctrl+N组合键，在弹出的【新建文档】对话框中将【宽度】和【高度】分别设置为210和295，将【单位】设置为【毫米】，单击【更多设置】按钮，在弹出的对话框中将【画板数量】设置为2，单击【创建文档】按钮，如图13-122所示。

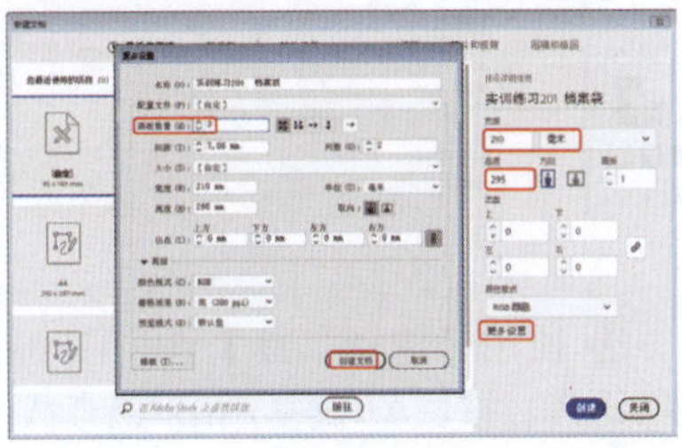

图13-122 【新建文档】对话框

❷ 在画板中创建一个矩形文档，如图13-123所示。

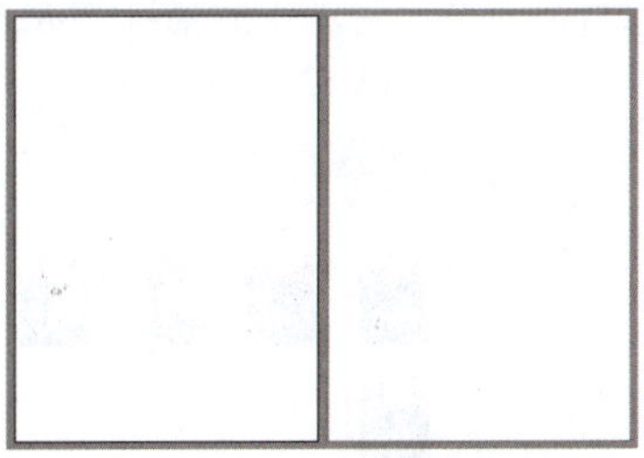

图13-123 新建空白文档

❸ 使用【圆角矩形工具】，在空白处单击，弹出【圆角矩形】对话框，在该对话框中设置【宽度】为210mm，【高度】为295mm，【圆角半径】为3.5mm，单击【确定】按钮，如图13-124所示。

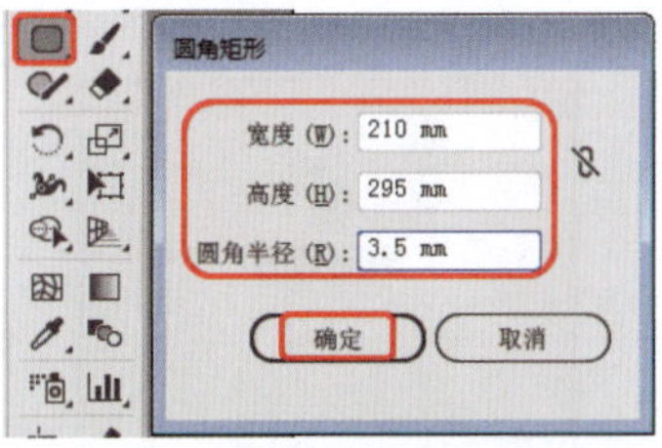

图13-124 【圆角矩形】对话框

❹ 使用【选择工具】调整其位置，如图13-125所示。

图13-125 调整位置

❺ 确定刚刚绘制的圆角矩形处于选择状态，在【颜色】面板中将其【描边属性】设置为无色，【填充颜色】的RGB值设置为245、219、174，如图13-126所示。

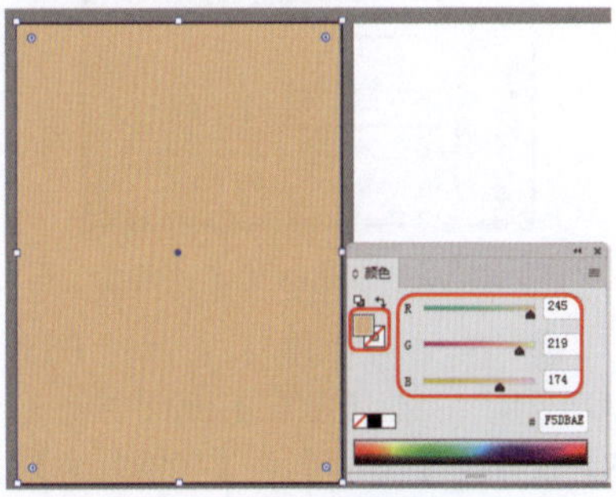

图13-126 设置属性

❻ 在菜单栏中选择【文件】|【打开】命令，在弹出的【打开】对话框中选择随书配套资源中的素材|Cha13|家装.ai文件，如图13-127所示。

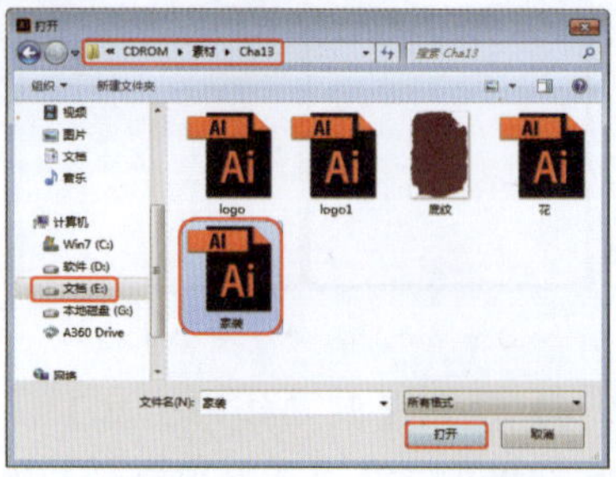

图13-127 选择素材文件

❼ 单击【打开】按钮，使用【选择工具】选择所有的对象，拖拽至画板文档中，并调整其位置和大小，如图13-128所示。

图13-128 调整文件的大小和位置

❽ 使用【文字工具】输入文本“档案袋”，在【字符】面板中将【字体】设置为【汉仪超粗宋简】，【字体大小】设置为100pt，如图13-129所示。

图13-129 输入文本并设置

❾ 在文档中输入文本“FILE COVER”，在【字符】面板中将【字体】设置为【Arial】，【字体大小】设置为20pt，如图13-130所示。

图13-130 输入文本并设置

❿ 再次使用【文字工具】输入文本，在【字符】面板中将【字体】设置为【方正大黑简体】，【字体大小】设置为18pt，如图13-131所示。

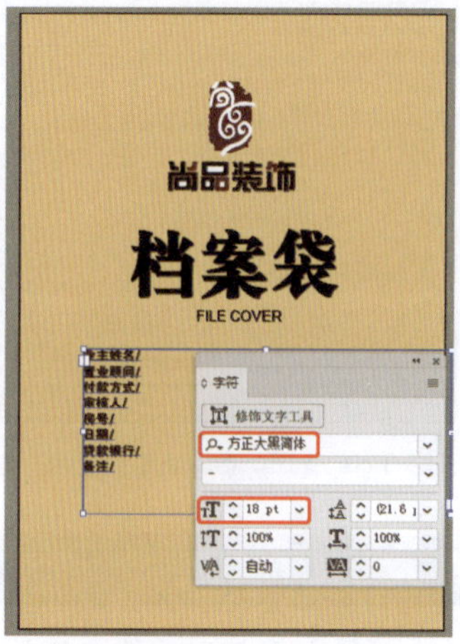

图13-131 输入文本并设置

⓫ 使用【直线工具】，按住Shift键在文档中绘制一条直线，并在工具栏中将【描边属性】填充为【黑色】，【粗细】设置为1pt，如图13-132所示。

图13-132 绘制直线

⓬ 使用【选择工具】选中刚刚绘制的工具，按住Alt键复制出7条直线，复制后的效果如图13-133所示。

图13-133 复制直线后的效果

⓭ 使用【选择工具】，按住Shift键依次选择“尚品装饰”文字，再次按住Alt键复制一个副本，在工具栏中选择【变换】按钮，在弹出的下拉列表中，将【倾斜】设置为15°，调整其位置，如图13-134所示。

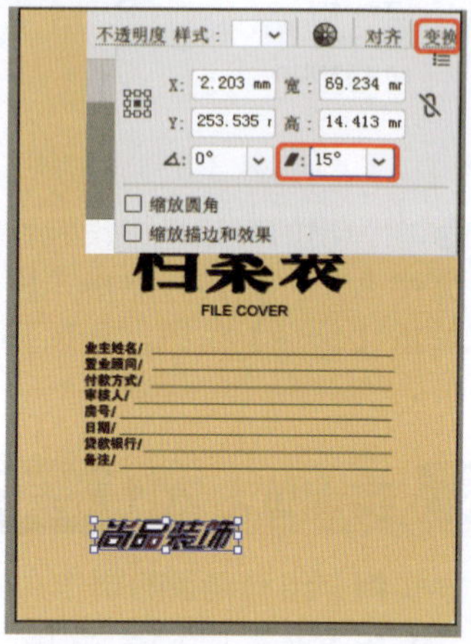

图13-134 设置倾斜度

⓮ 再次使用【直线工具】，在文档中绘制一条直线，【颜色】面板中将【描边】的RGB值设置为126、40、41，在工具栏中将【描边属性】设置为5pt，将【填充颜色】设置为无色，如图13-135所示。

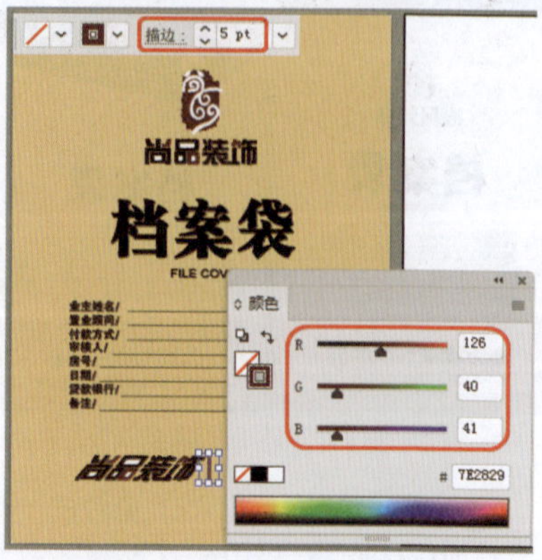

图13-135 绘制直线并设置

⑮使用【文字工具】输入文本和字母，在【字符】面板中将【字体】设置为【方正大黑简体】，将文本的【字体大小】设置为23pt，将字母的【字体大小】设置为11pt，如图13-136所示。

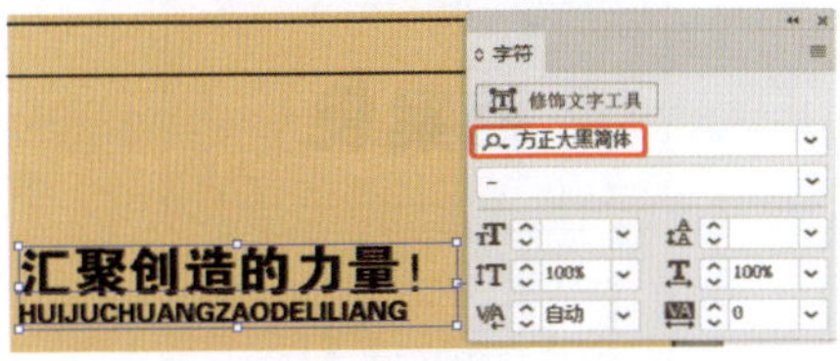

图13-136 输入文本和字母并设置

⑯确定刚刚创建的文本和字母处于选择状态，在【颜色】面板中将所选对象的【填充颜色】的RGB值设置为127、52、37，如图13-137所示。

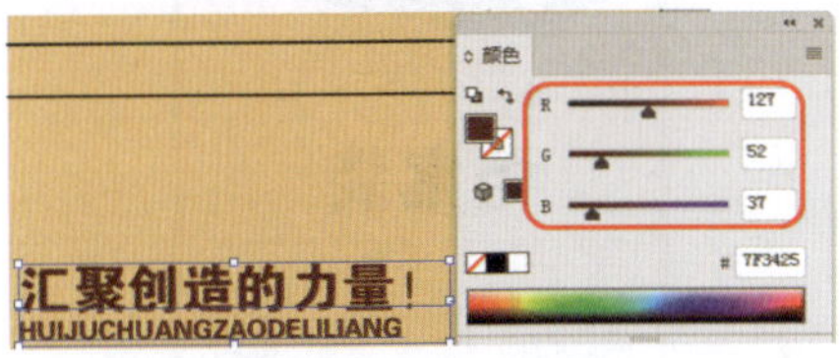

图13-137 设置属性

⑰使用【矩形工具】绘制一个矩形，在【颜色】面板中将其【填充颜色】的RGB值设置为127、52、36，如图13-138所示。

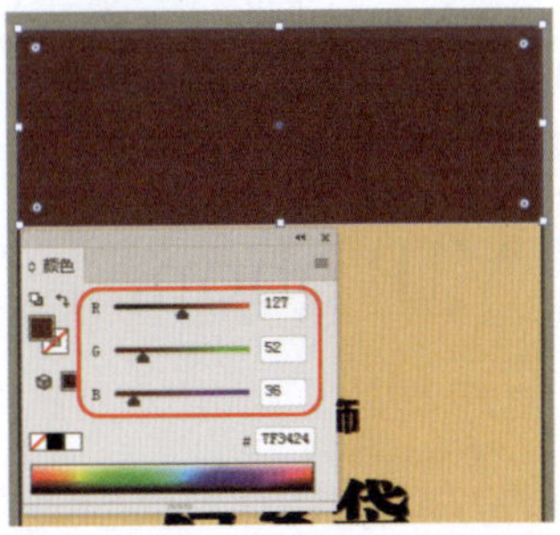

图13-138 绘制矩形并设置

⑱使用【直接选择工具】，选中矩形图形的锚点，在工具栏中选择【将所选锚点转换为平滑】按钮，并调整图形，调整后的效果如图13-139所示。

图13-139 调整矩形图形

⑲使用【椭圆工具】，按住Shift键在文档中绘制一个正圆，并在【颜色】面板中将其【填充颜色】设置为白色，如图13-140所示。

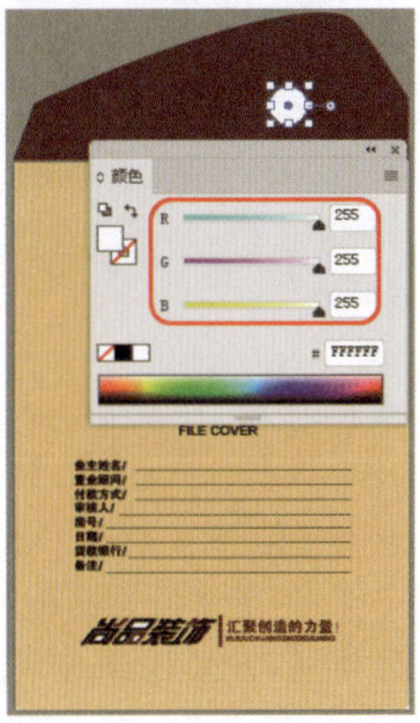

图13-140 绘制正圆并设置

⑳确定刚刚绘制的正圆处于选择状态，在菜单栏中选择【效果】|【风格化】|【投影】选项，如图13-141所示。

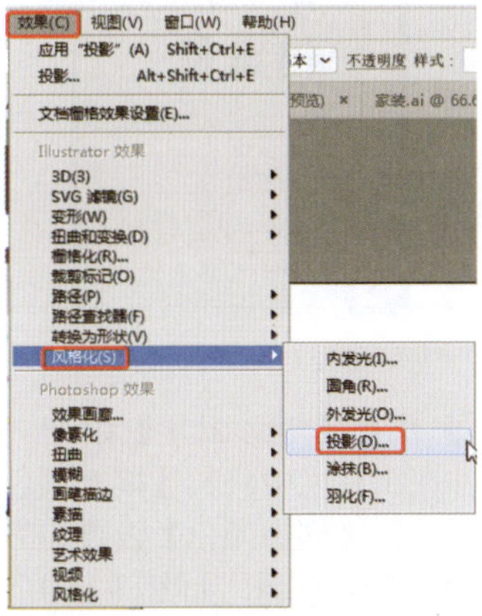

图13-141 选择【投影】选项

㉑在弹出的对话框进行设置，单击【确定】按钮即可，如图13-142所示。

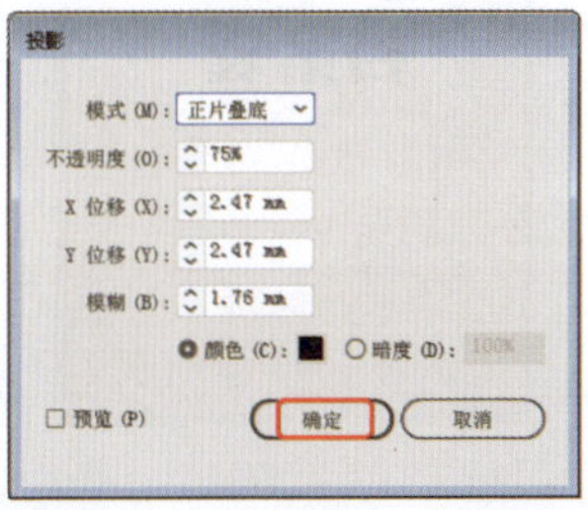

图13-142 【投影】对话框

㉒完成后的效果如图13-143所示。

㉓使用同样的方法，在文档中绘制两个正圆，并将两个正圆的【填充颜色】的RGB值分别设置为122、117、116和6、3、3，设置后的效果如图13-144所示。

图13-143 完成后的效果

图13-144 绘制正圆后的效果

㉔在菜单栏中选择【窗口】|【画笔】命令，在弹出的【画笔】面板中选择【剪切此处2】画笔，在画笔文档中绘制一个线段，如图13-145所示。

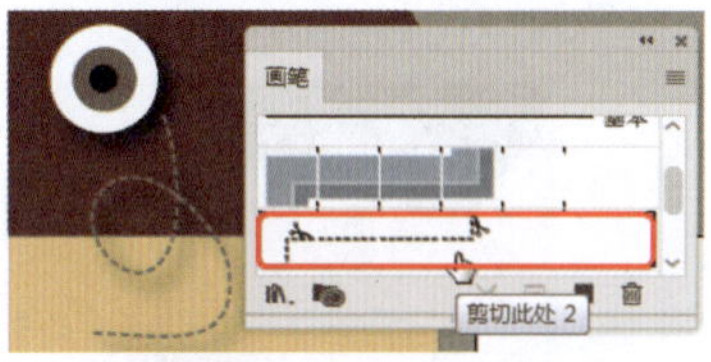

图13-145 绘制后的效果

㉕使用【矩形工具】绘制一个矩形，并在【颜色】面板中将其【填充颜色】的RGB值设置为245、219、174，如图13-146所示。

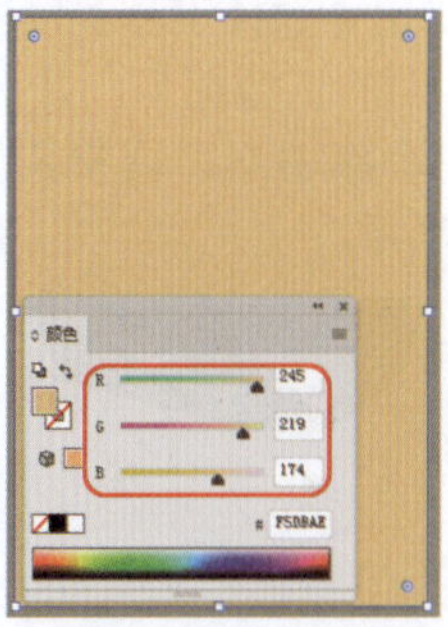

图13-146 绘制矩形并设置

㉖再次使用【矩形工具】绘制一个矩形图形，在【颜色】面板中将其【填充颜色】的RGB值设置为127、

52、37，如图13-147所示。

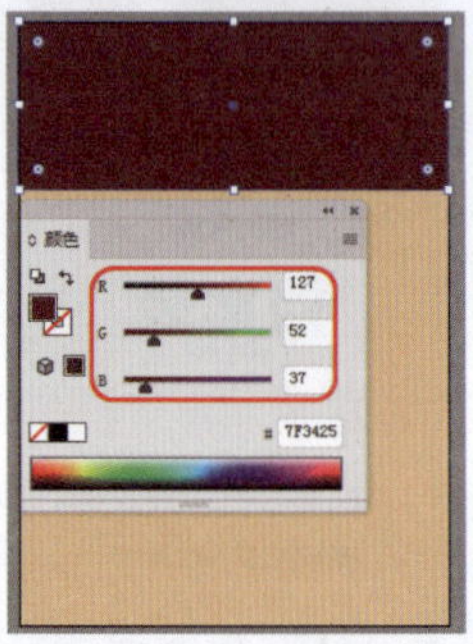

图13-147　绘制矩形并调整

㉗ 使用【直接选择工具】，选中矩形工具的锚点，并在工具栏中单击【将所选锚点转换为平滑】按钮，并进行调整，调整后的效果如图13-148所示。

图13-148　调整后的效果

㉘ 使用上述方法绘制正圆并设置，效果如图13-149所示。

图13-149　绘制正圆并设置

㉙ 使用【选择工具】，按住Shift键选中绘制的正圆图形，并按住Alt键复制出一个新图形，调整其位置，如图13-150所示。

图13-150　复制的图形

㉚ 使用上述方法绘制曲线，完成后的效果如图13-151所示。

图13-151　使用画笔工具绘制的图形

㉛ 使用【文字工具】，输入文本“档案袋”，在【字符】面板中将【字体】设置为【汉仪超粗宋简】，将【字体大小】设置为90pt，如图13-152所示。

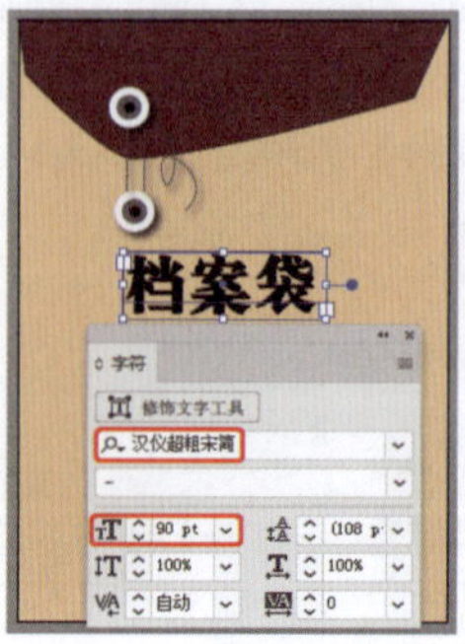

图13-152　设置文字参数

㉜ 使用【矩形工具】绘制一个矩形，并在工具栏中将其【填充颜色】设置为无色，【描边颜色】设置为黑色，【粗细】设置为2pt，如图13-153所示。

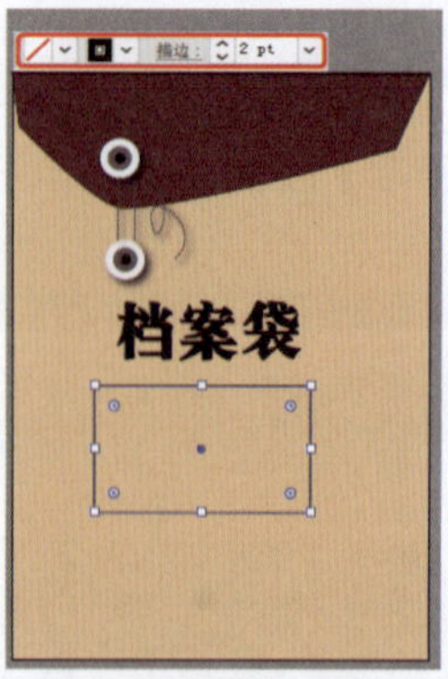

图13-153　绘制矩形并描边

㉝ 使用【直线工具】绘制多条直线，并在工具栏中将其【描边颜色】设置为黑色，【粗细】设置为2pt，设置后的效果如图13-154所示。

㉞ 使用【文字工具】在画板中输入文字和数字，在【字符】面板中将【字体】设置为【Adobe宋体Std L】，【字体大小】设置为21pt，设置后的效果如图13-155所示。

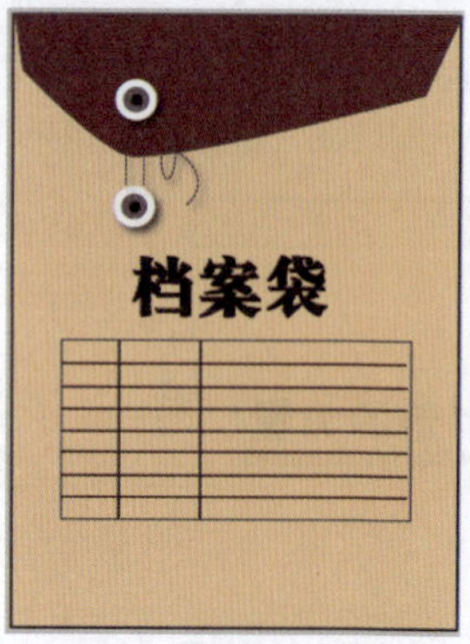

图13-154　绘制直线的效果

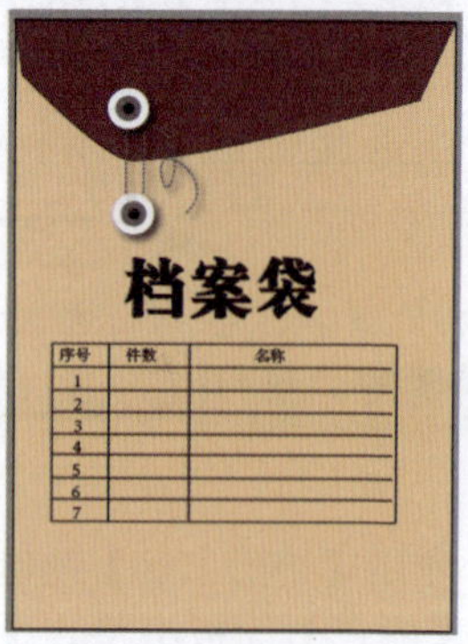

图13-155　输入文字和数字的效果

㉟ 使用同样的方法输入字母，在【字符】面板中将【字体】设置为【Adobe宋体StdL】，【字体大小】设置为21.8pt，如图13-156所示。

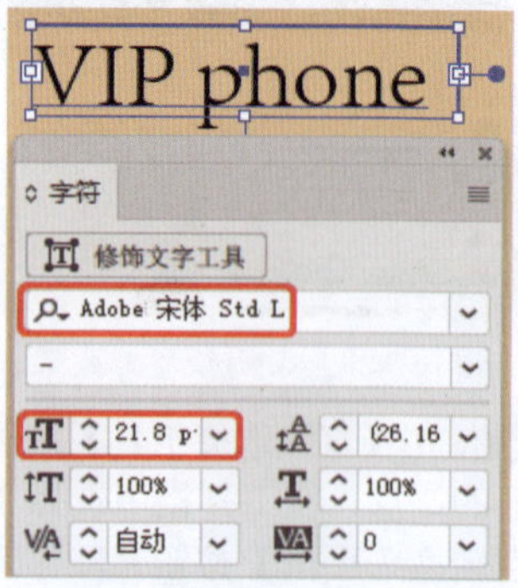

图13-156　输入字母并设置

㊱ 使用【直线工具】绘制一条直线，在【颜色】面板中将其【填充颜色】的RGB值设置为122、49、35，如图13-157所示。

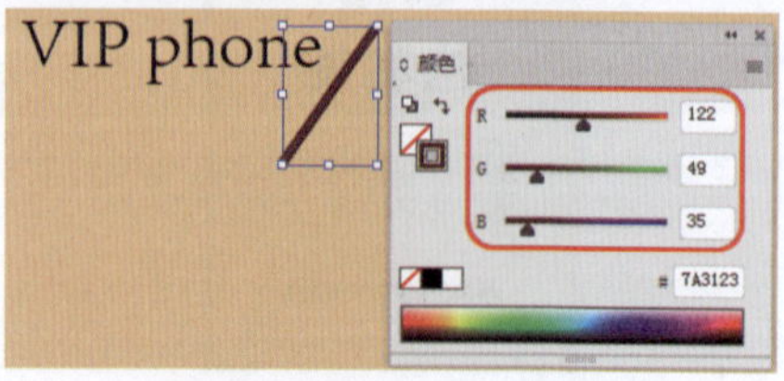

图13-157　绘制直线并设置

37 使用【文字工具】输入数字，在【字符】面板中将【字体】设置为【Adobe宋体stdL】，将【字体大小】分别设置为25pt和54.5pt，如图13-158所示。

图13-158 输入数字并设置

38 使用同样的方法，输入文本，在【字符】面板中将【字体】设置为【汉仪中楷简】，【字体大小】设置为25pt，如图13-159所示。

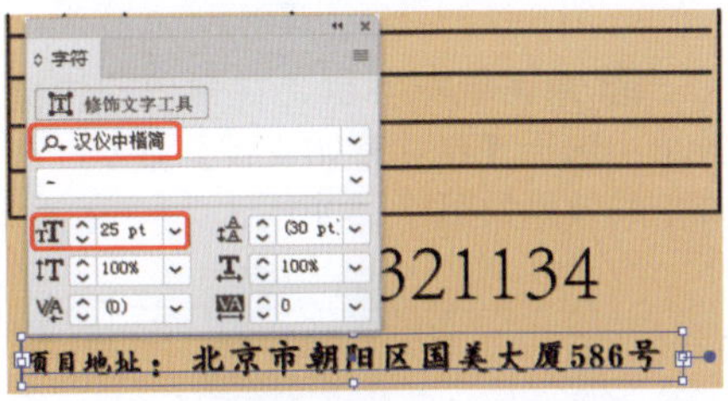

图13-159 输入文本并设置

39 在菜单栏中选择【文件】|【导出】|【导出为】命令，如图13-160所示。

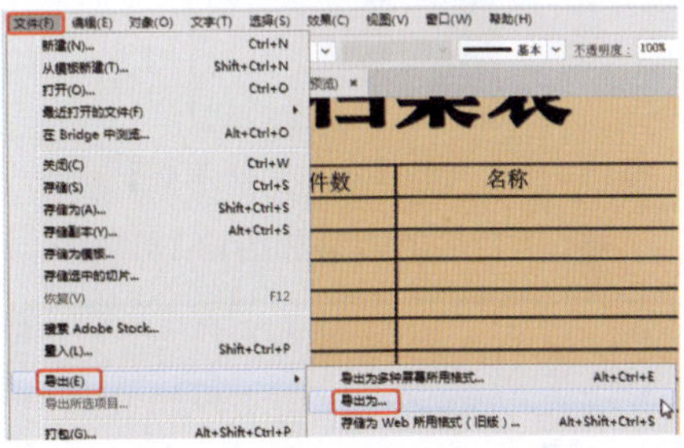

图13-160 选择【导出为】命令

40 在弹出的对话框中设置保存路径和文件名，并将其格式设置为TIFF，勾选【使用画板】复选框，单击【导出】按钮，如图13-161所示。

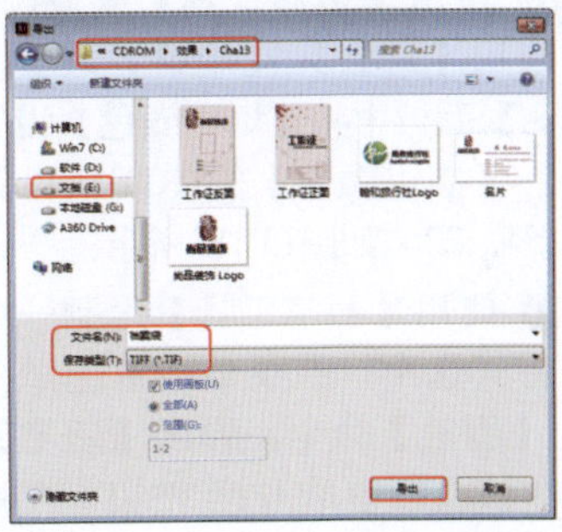

图13-161 【导出】对话框

41 在弹出的对话框中选择其默认的设置，单击【确定】按钮即可，如图13-162所示。

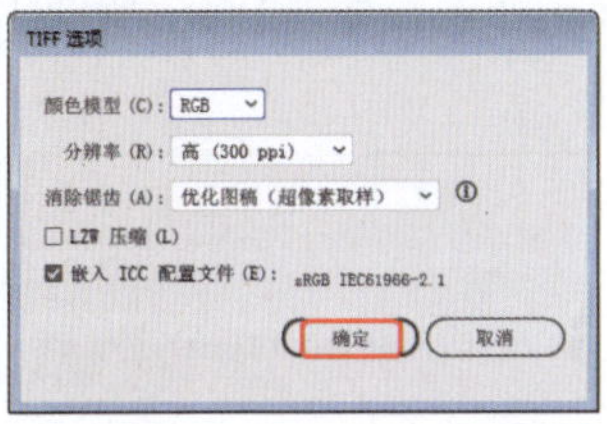

图13-162 【TIFF选项】面板

42 在菜单栏中选择【文件】|【存储为】命令，如图13-163所示。

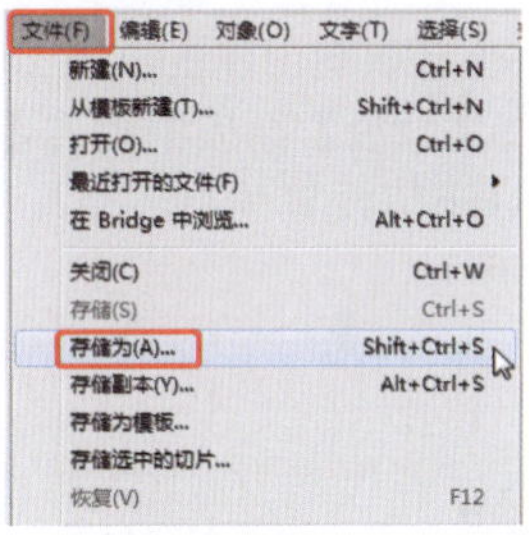

图13-163 选择【存储为】命令

43 在弹出的对话框中设置保存路径和文件名，并将其存储格式设为默认。如图13-164所示。

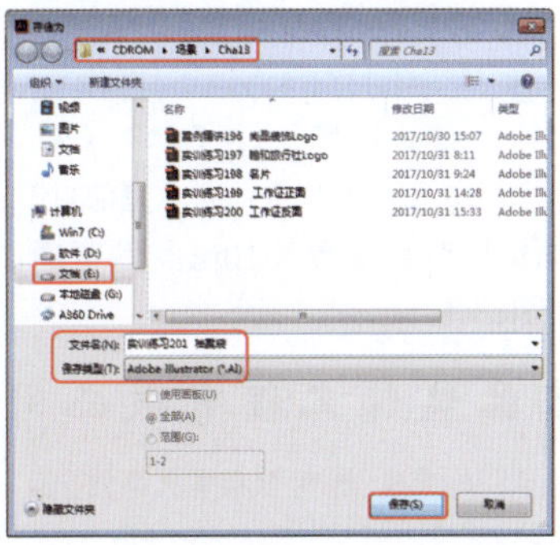

图13-164 【存储为】对话框

44 单击【保存】命令，在弹出的对话框中保持其默认的设置，单击【确定】按钮即可，如图13-165所示。

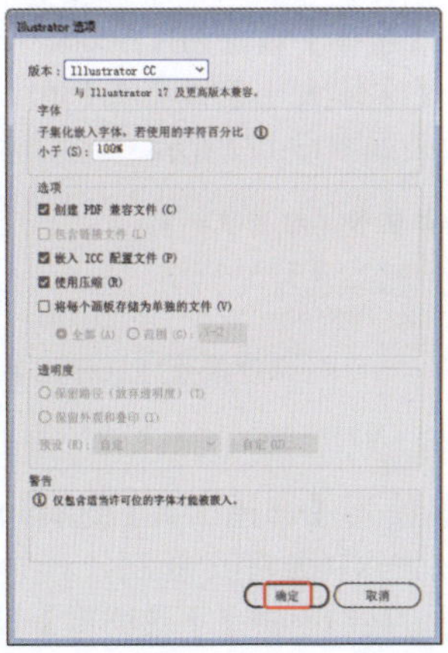

图13-165 【Illustrator选项】对话框

实训练习202 信封制作

本实例介绍信封的制作，主要通过文字工具输入文字，效果如图13-166所示。

素材	素材|Cha13|家装.ai
场景	场景|Cha13|实训练习202 信封制作.ai
视频	视频教学 | Cha13 |实训练习202 信封制作.MP4

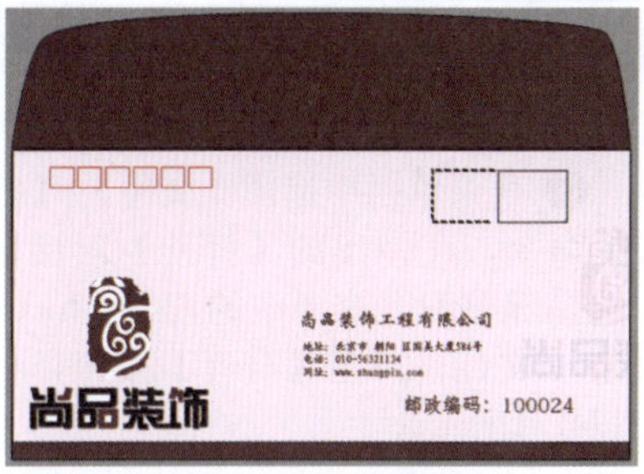

图13-166 效果图

1 启动Illustrator CC 2017后，按住Ctrl+N键，在弹出的【新建文档】对话框中，将【宽度】和【高度】分别设置为200和100，将【单位】设置为【毫米】，单击【创建】按钮，如图13-167所示。

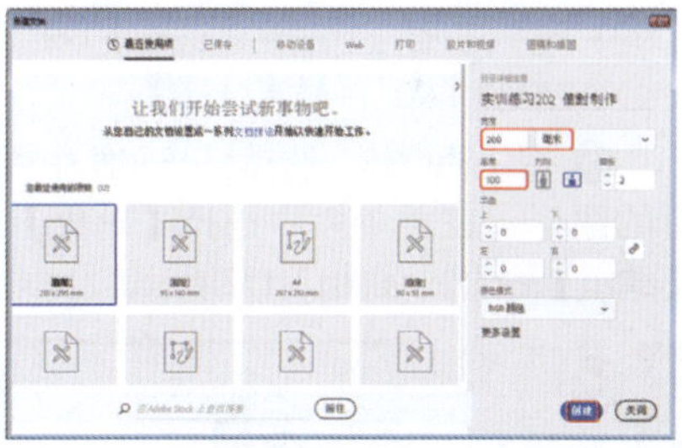

图13-167 【新建文档】对话框

2 创建一个空白文档，如图13-168所示。

图13-168 新建空白文档

3 使用【矩形工具】绘制一个矩形，如图13-169所示。

4 确定刚刚创建的矩形处于选择状态，在【颜色】面板中，将其【填充颜色】的RGB值设置为255、245、253，如图13-170所示。

图13-169　绘制矩形

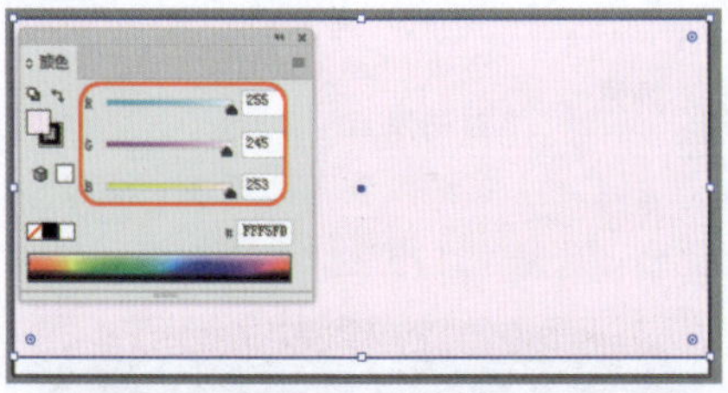

图13-170　设置属性

⑤ 在菜单栏中选择【文件】|【打开】命令，在弹出的【打开】对话框中选择随书配套资源中的素材|Cha13|家装.ai文件，单击【打开】按钮，如图13-171所示。

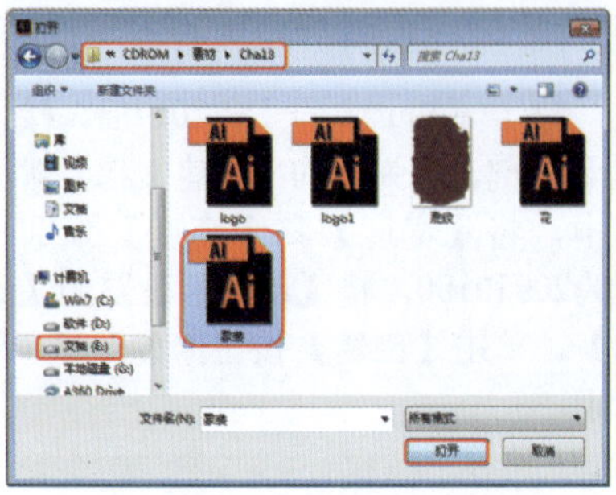

图13-171　选择素材文件

⑥ 按住Shift键，选择打开文件中所有的图形，在菜单栏中选择【对象】|【编组】命令，如图13-172所示。

图13-172　选择【编组】命令

⑦ 使用【选择工具】将刚刚打开的文件拖拽至文档中，调整其位置和大小，如图13-173所示。

图13-173　拖拽至文档中的效果

⑧ 使用【文字工具】输入文本“尚品装饰工程有限公司”在【字符】面板中将【字体】设置为【华文新魏】，【字体大小】设置为18pt，如图13-174所示。

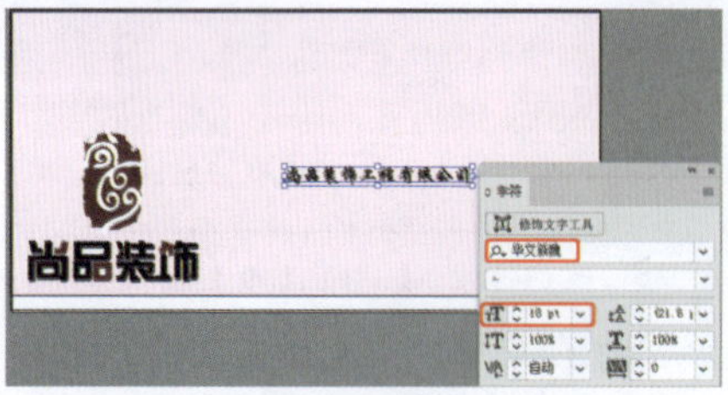

图13-174　输入文本并设置

⑨ 确定刚刚创建的文本处于选择状态，在【颜色】面板中将其【填充颜色】的RGB值设置为111、52、52，如图13-175所示。

图13-175　设置属性

⑩ 使用同样的方法，再次输入文字，并设置其属性，在【字符】面板中将【字体】设置为【楷体-GB2312】，【字体大小】设置为10pt，设置后的效果如图13-176所示。

图13-176　输入其他文字并设置

⑪ 再次使用同样的方法输入其他的文字，并设置其属性，在【字符】面板中将【字体】设置为【Adobe 宋体 Std R】，【字体大小】设置为18pt，设置后的效果如图13-177所示。

图13-177　输入其他文字并设置

⑫ 使用【选择工具】选择logo图标，按住Alt键将其复制，选择其副本，在工具栏中将【不透明度】设置为4%，设置后的效果如图13-178所示。

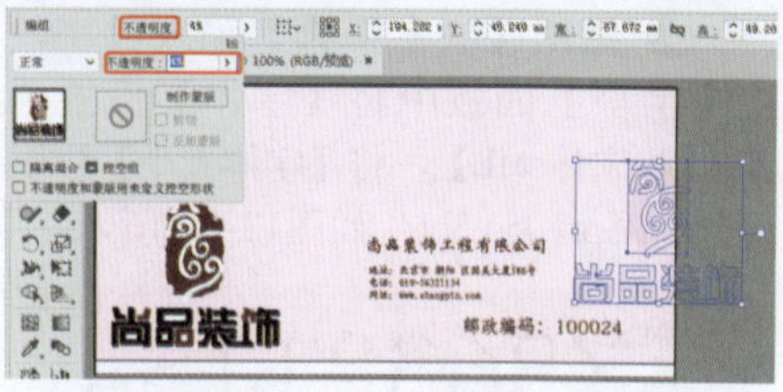

图13-178　设置logo副本的不透明度

⑬ 使用【矩形工具】绘制一个矩形，使用【选择工具】将矩形图形和logo副本的一部分选中，如图13-179所示。

图13-179　创建选区

⑭ 单击鼠标右键，在弹出的快捷菜单中选择【建立剪切蒙版】命令，选择后的效果如图13-180所示。

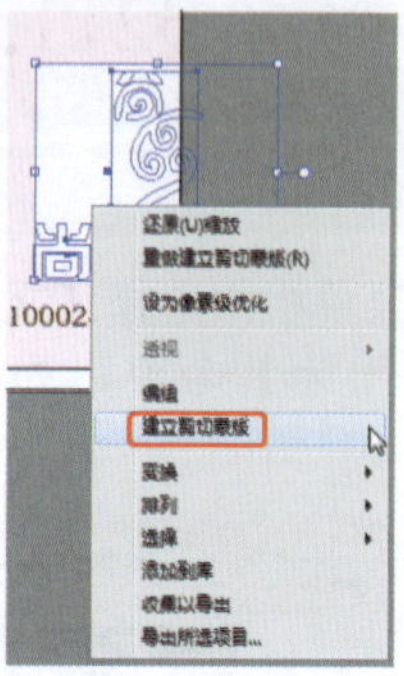

图13-180　选择【建立剪切蒙版】命令

⑮ 执行后的效果如图13-181所示。

图13-181　完成后的效果

⑯ 使用【矩形工具】绘制6个矩形，使用【对象】|【编组】命令，在【颜色】面板中将【填充颜色】设置为无色，【描边颜色】的RGB值设置为216、54、22，如图13-182所示。

⑰ 使用【画笔工具】绘制一个图形，将其选中，在菜单栏中选择【窗口】|【画笔】命令，弹出【画笔】面板，在该面板中单击 ≡ 按钮，在弹出的下拉列表中选择【打开画笔库】|【边

框】|【边框-虚线】命令，如图13-183所示。

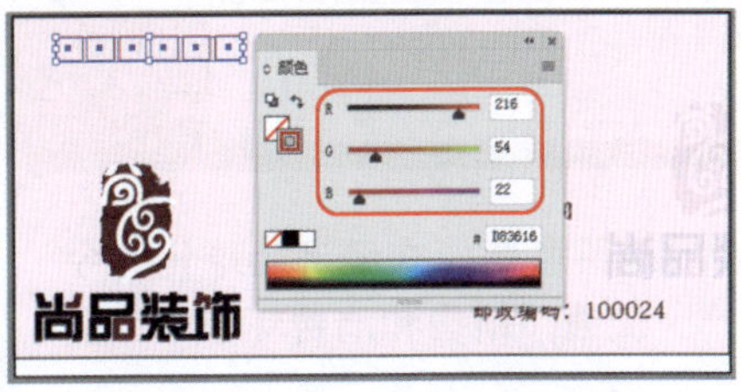

图13-182　绘制六个矩形并设置

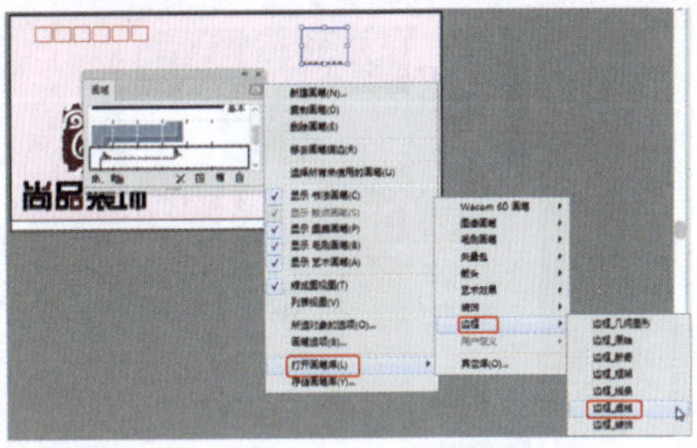

图13-183　选择【边框-虚线】命令

⑱ 在弹出的【边框-虚线】面板中选择图13-184所示的虚线。

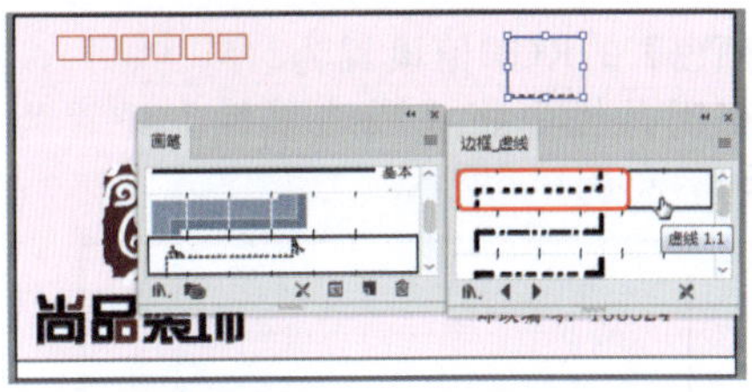

图13-184　选择虚线

⑲ 使用【矩形工具】绘制矩形，在【颜色】面板中将【填充颜色】设置为无色，【描边颜色】设置为黑色，如图13-185所示。

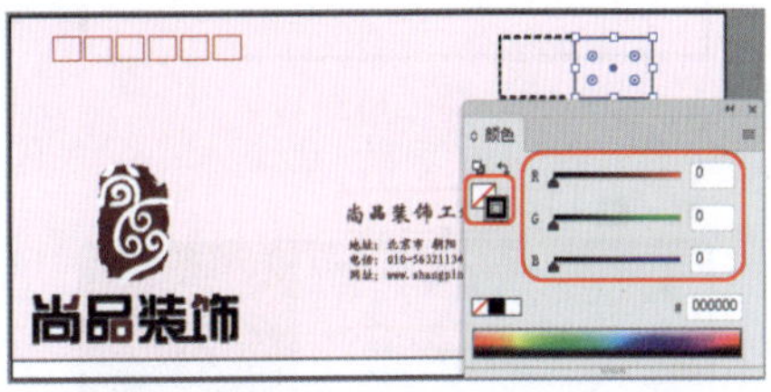

图13-185　绘制矩形并设置

⑳ 再次使用【矩形工具】分别绘制2个矩形，使用【选择工具】，按住Shift键将它们选中，在【颜色】面板中将其【填充颜色】的RGB值设置为128、41、42，将【描边颜色】设置为黑色，如图13-186所示。

㉑ 使用【直接选择工具】，选择比较大的矩形图形的锚点，在工具栏中单击【将所选锚点转换为平滑】按钮，调整图形，效果如图13-187所示。

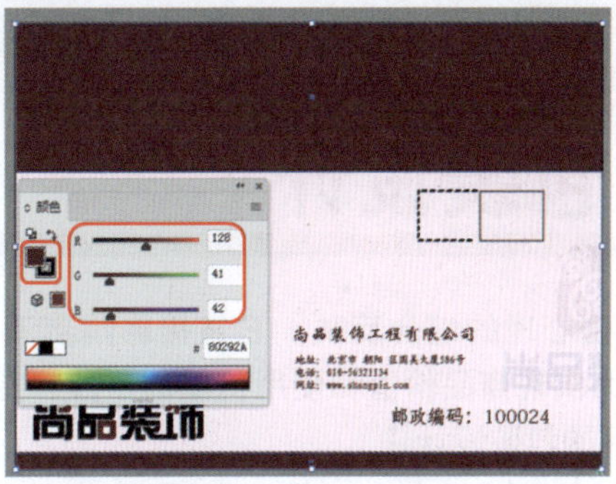

图13-186　绘制矩形并设置

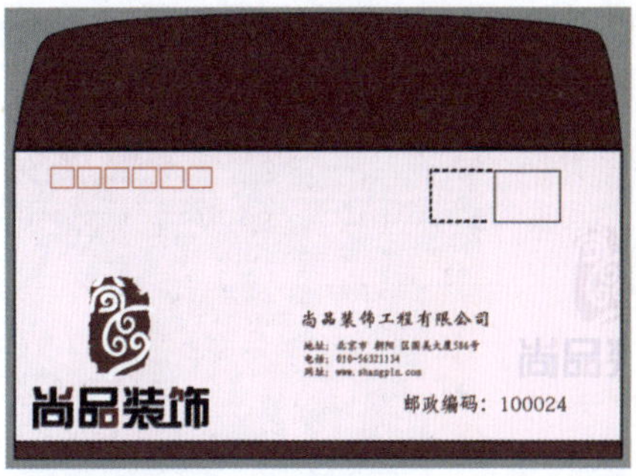

图13-187　将所选锚点转换为平滑后的效果

㉒ 在菜单栏中选择【文件】|【导出】|【导出为】命令，如图13-188所示。

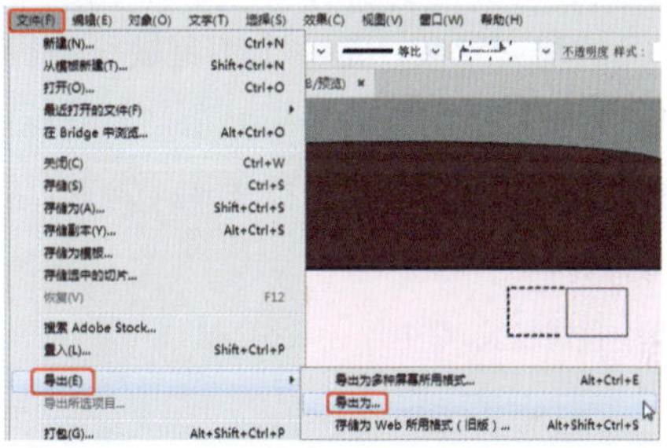

图13-188　选择【导出为】命令

㉓ 在弹出的对话框中设置保存路径和文件名，并将其格式设置为TIFF，勾选【使用画板】复选框，单击【导出】按钮，如图13-189所示。

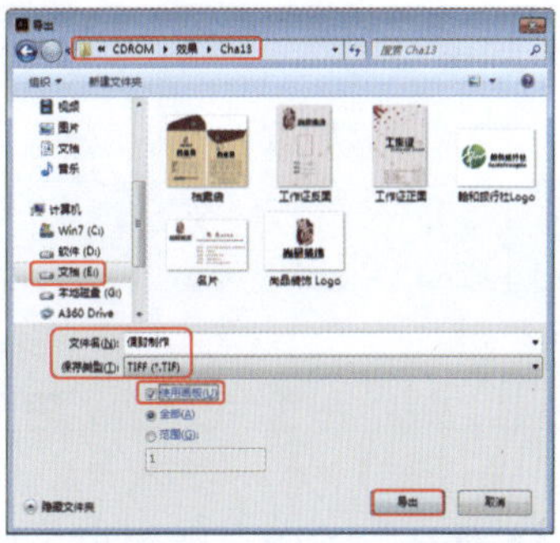

图13-189　设置导出路径

㉔ 在弹出的对话框中选择其默认的设置，单击【确定】按钮即可，如图13-190所示。

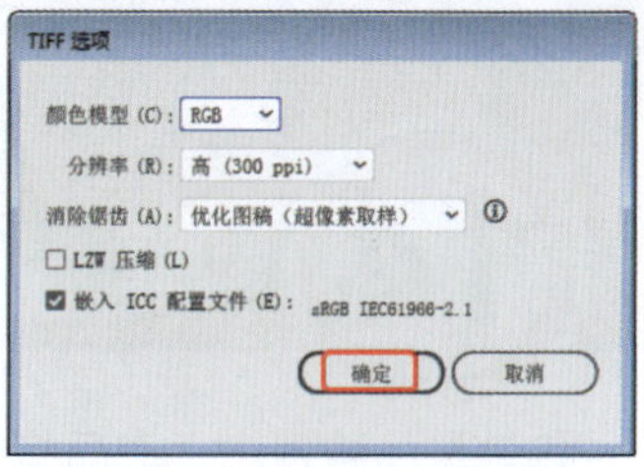

图13-190　【TIFF选项】面板

㉕ 在菜单栏中选择【文件】|【存储为】命令，如图13-191所示。

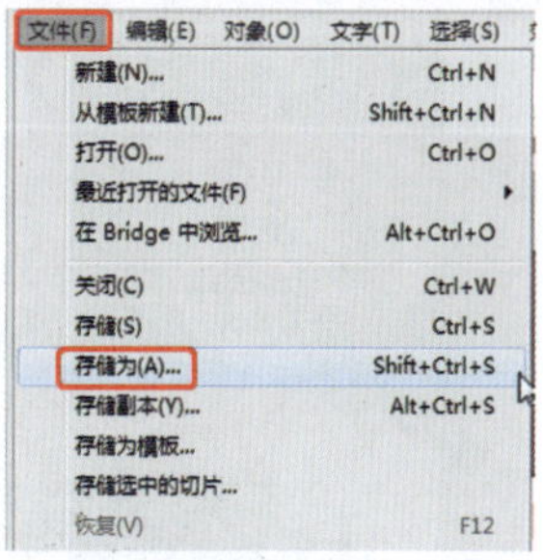

图13-191　选择【存储为】对话框

㉖ 在弹出的对话框中设置保存路径和文件名，并将其存储格式设为默认，如图13-192所示。

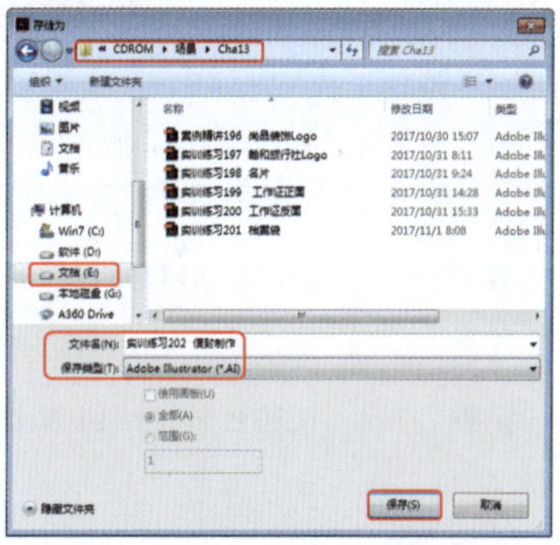

图13-192　【存储为】对话框

㉗ 单击【保存】命令，在弹出的对话框中保持其默认的设置，单击【确定】按钮即可，如图13-193所示。

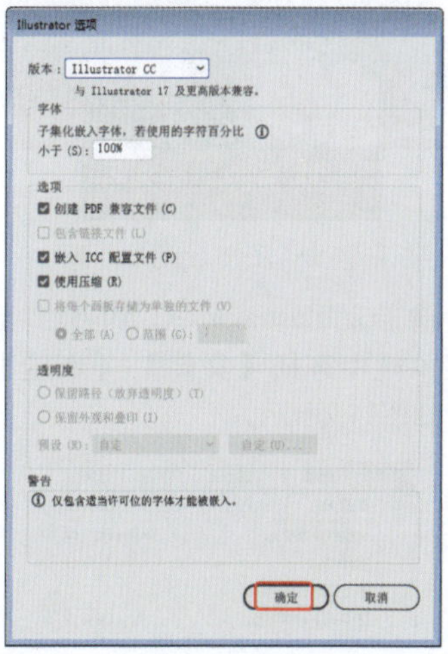

图13-193　【Illustrator 选项】对话框

第14章 包装设计

包装是品牌理念、产品特性、消费心理的综合反映，它直接影响到消费者的购买意愿。在经济全球化的今天，包装与商品已融为一体。包装作为实现商品价值和使用价值的手段，在生产、流通、销售和消费环节中，发挥着极其重要的作用。本章就介绍商品的包装设计。

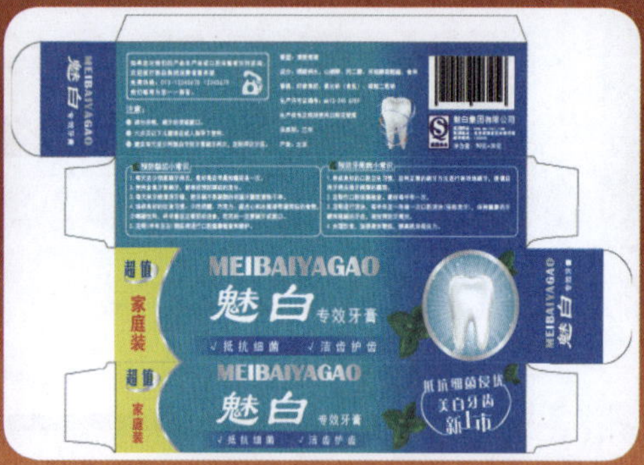

实训练习203 月饼包装

包装盒给人以强烈的视觉感受，使购买者对商品的整体外观和颜色细节等有一定了解。现已被广泛应用于各种产品的配套包装，是一个不可缺少的行业。下面就介绍月饼包装盒的制作方法，效果如图14-1所示。

素材	素材|Cha14|素材01.png、素材02.png、素材03.png、素材04.png
场景	场景|Cha14|实训练习203　月饼包装.ai
视频	视频教学|Cha14|实训练习203　月饼包装.MP4

图14-1　月饼包装盒效果

❶ 启动Illustrator CC 2017软件后，在菜单栏中选择【文件】|【新建】命令，如图14-2所示。

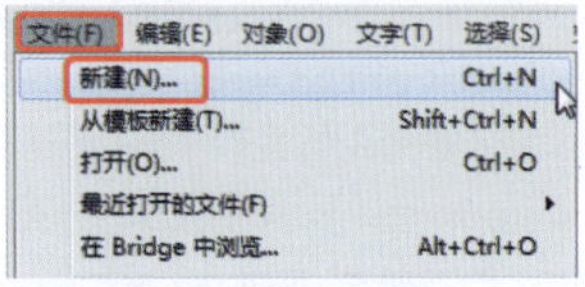

图14-2　选择【新建】命令

❷ 弹出【新建文档】对话框，在对话框中将【宽度】和【高度】分别设置为611和572，将【单位】设置为【毫米】，设置完成后，单击【创建】按钮，如图14-3所示。

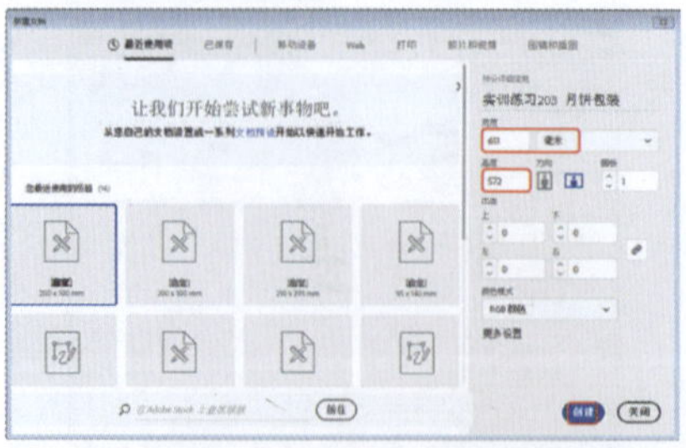

图14-3　【新建画板】对话框

❸ 新建一个空白的画板，使用【矩形工具】绘制一个矩形，如图14-4所示。

❹ 确定刚刚绘制的矩形处于选择状态，在【颜色】面板中将其【填充颜色】的RGB值设置为215、0、15，在工具栏中将【描边属性】设置为3pt，如图14-5所示。

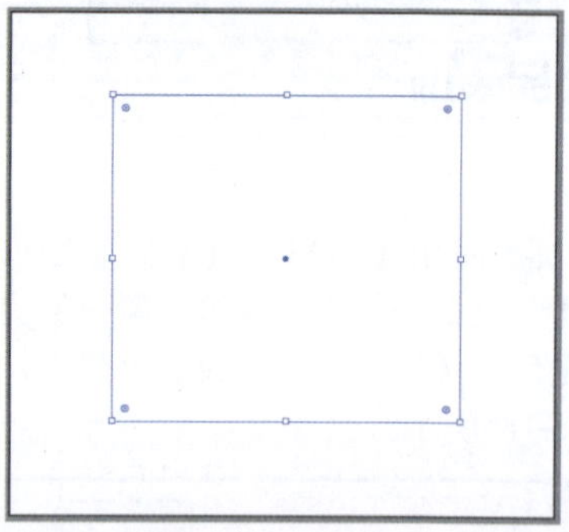

图14-4　绘制矩形

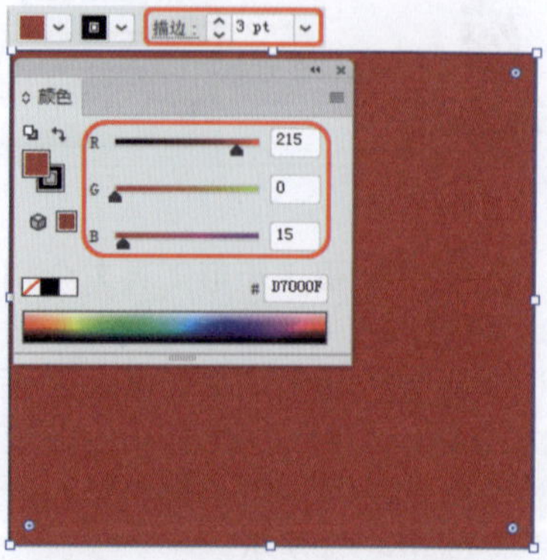

图14-5　设置【填充颜色】

❺ 在菜单栏中选择【文件】|【置入】命令，在弹出的对话框中选择随书配套资源中的素材|Cha14|素材01.png文件，如图14-6所示。

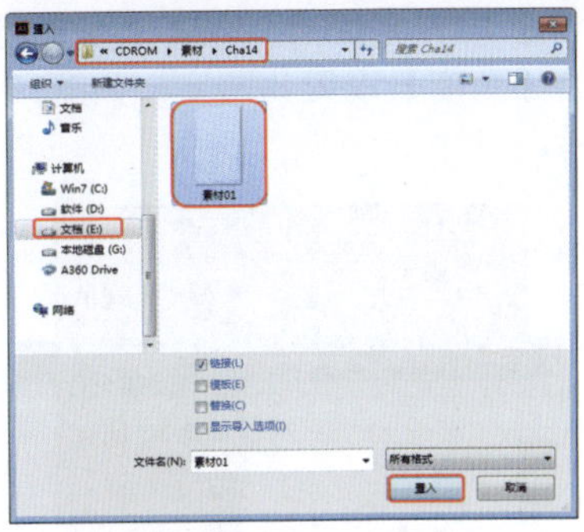

图14-6 选择素材文件

❻ 单击【置入】按钮，将选中的素材文件置入到画板中，在画板中调整其位置及大小，调整后的效果如图14-7所示。

图14-7 调整后的效果

❼ 确认该素材文件处于选中状态，在工具栏中将【不透明度】设置为10，如图14-8所示。

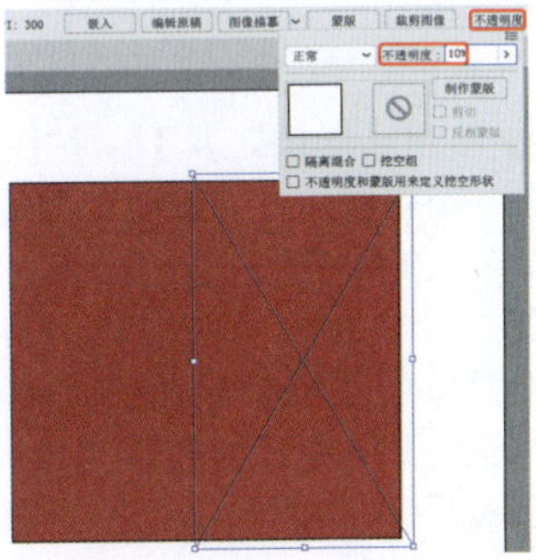

图14-8 设置【不透明度】

❽ 使用【选择工具】选择该素材文件并单击鼠标右键，在弹出的快捷菜单中选择【变换】|【对称】命令，如图14-9所示。

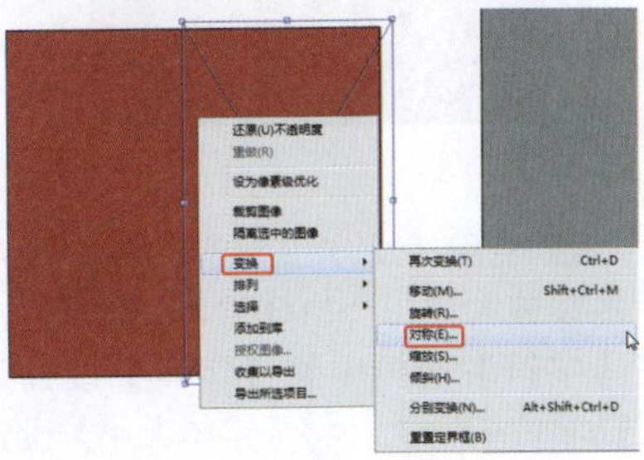

图14-9 选择【对称】命令

❾ 弹出【镜像】对话框，单击【垂直】单选按钮，单击【复制】按钮，如图14-10所示。

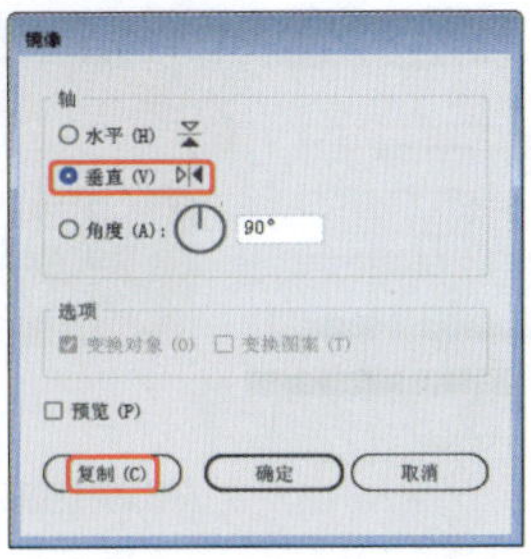

图14-10 【镜像】对话框

❿ 对该对象进行复制后，在画板中调整其位置，调整后的效果如图14-11所示。

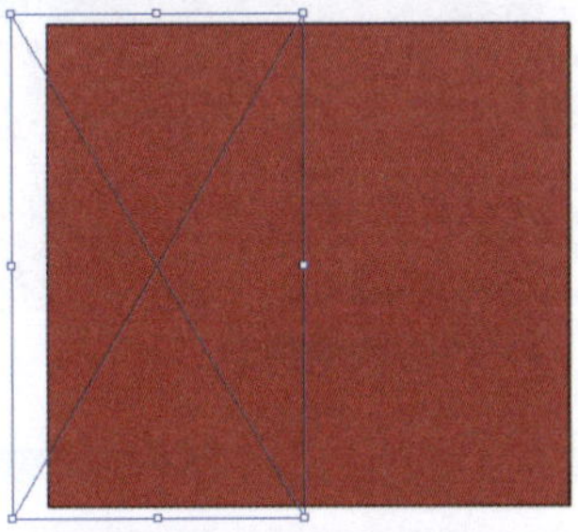

图14-11 调整后的效果

⓫ 使用【椭圆工具】，按住Shift键绘制一个正圆，如图14-12所示。

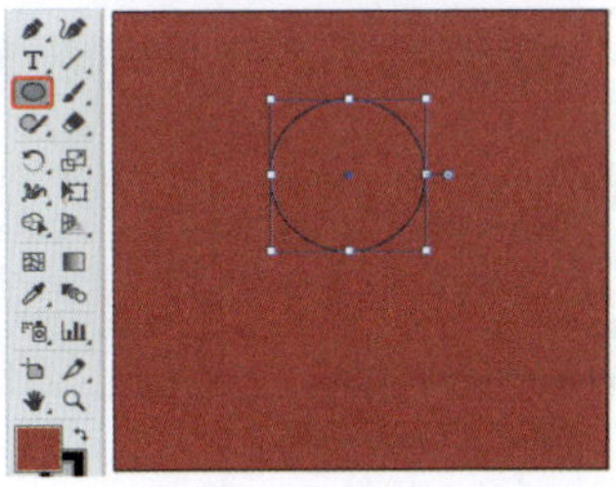

图14-12 绘制正圆

⓬ 在工具栏中将其【填充颜色】设置为黑色，将【描边属性】设置为8，将【不透明度】设置为60%，如图14-13所示。

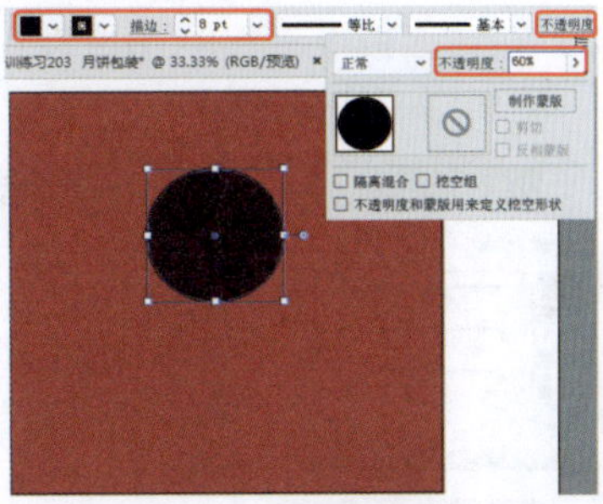

图14-13 设置正圆的属性

⓭ 在菜单栏中选择【效果】|【模糊】|【高斯模糊】命令，在弹出的对话框中将【半径】设置为3，单击【确定】按钮，如图14-14所示。

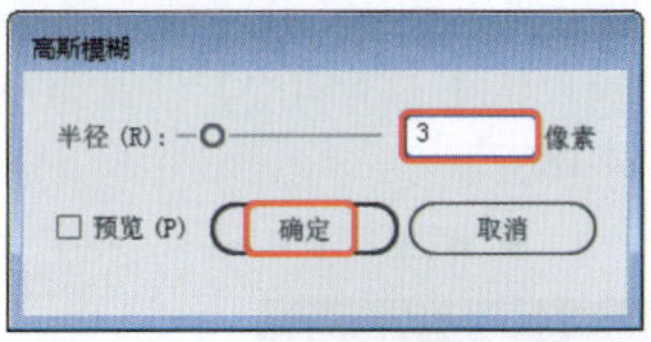

图14-14 【高斯模糊】对话框

⓮ 再次使用【椭圆工具】绘制一个正圆，在【颜色】面板中将【填充颜色】的RGB值设置为125、0、0，将【描边颜色】的RGB值设置为253、224、165，在工具栏中将【描边属性】设置为4pt，效果如图14-15所示。

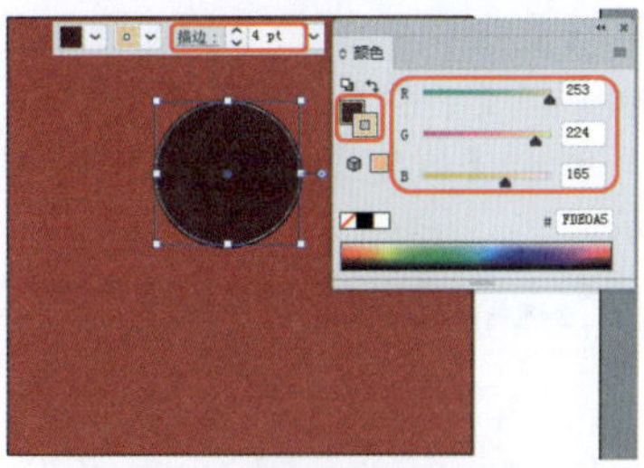

图14-15 设置属性

⓯ 在菜单栏中选择【文件】|【置入】命令，在弹出的对话框中选择随书配套资源中的素材\Cha14\素材02.png文件，单击【置入】按钮，如图14-16所示。

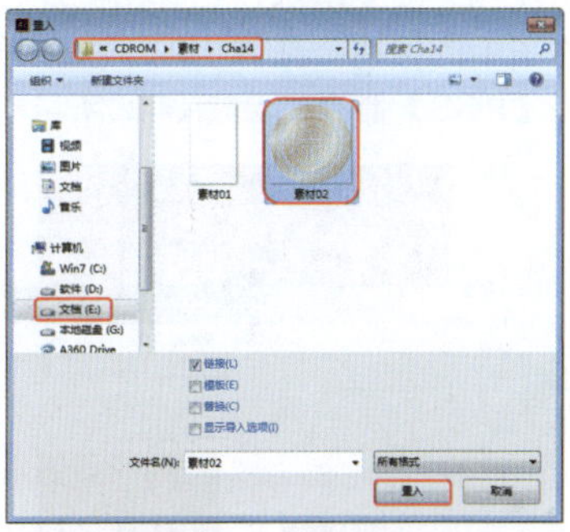

图14-16 选择素材文件

⓰ 将选中的素材文件置入到画板中，在画板中调整其位置，调整后的效果如图14-17所示。

图14-17 调整后的效果

⑰ 使用【矩形工具】绘制矩形，在工具栏中将【填充颜色】和【描边颜色】都设置为黑色，将【描边属性】设置为4pt，将【不透明度】设置为75%，如图14-18所示。

图14-18　绘制矩形并设置

⑱ 在菜单栏中选择【效果】|【模糊】|【高斯模糊】命令，在弹出的对话框中将【半径】设置为3，设置完成后，单击【确定】按钮，如图14-19所示。

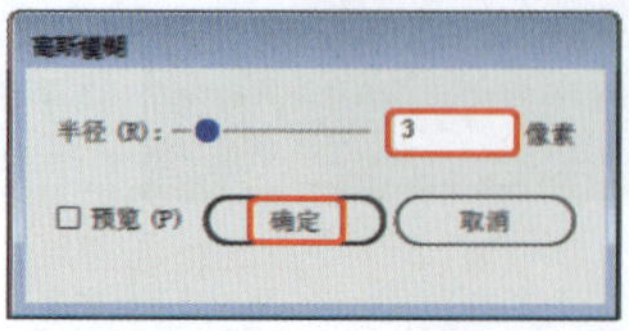

图14-19　【高斯模糊】对话框

⑲ 再次使用【矩形工具】绘制一个矩形，在【渐变】面板中在渐变条上双击左侧的渐变滑块，在弹出的面板中单击图中的按钮，在弹出的下拉菜单中选择【RGB】命令，如图14-20所示。

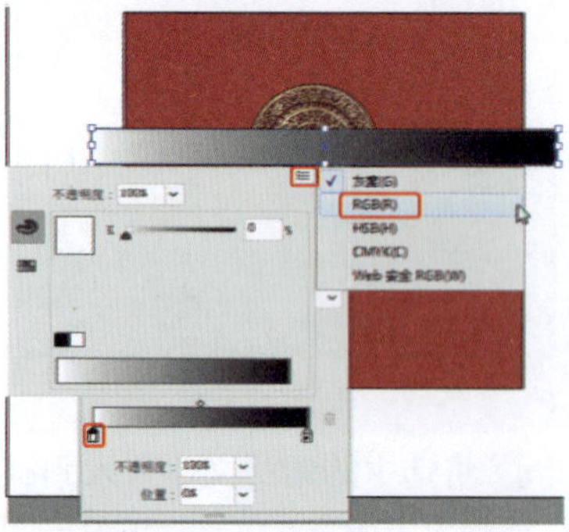

图14-20　选择【RGB】命令

⑳ 在该面板中将颜色的RGB值设置为104、0、0，如图14-21所示。

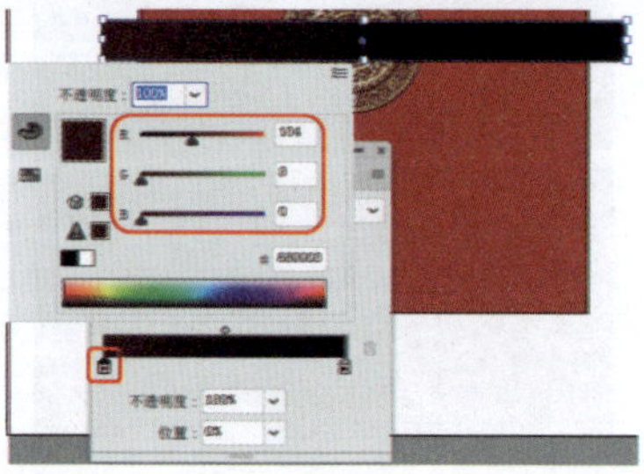

图14-21　设置左侧滑块的颜色值

㉑ 在15%位置处添加一个渐变滑块，将其RGB值设置为173、0、2，如图14-22所示。

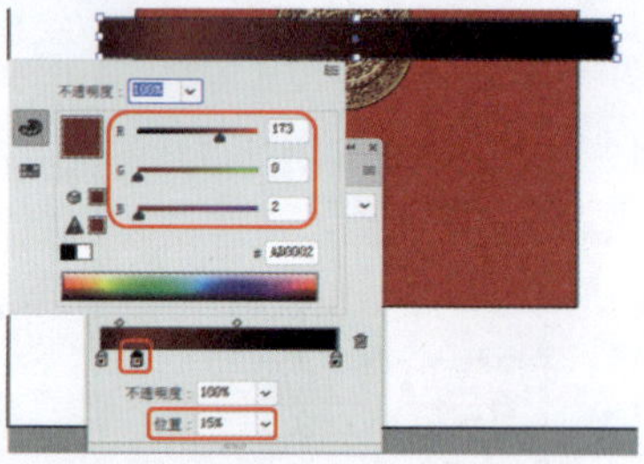

图14-22　添加渐变滑块并设置

㉒ 在50%位置处添加一个渐变滑块，将其RGB值设置为230、0、18，如图14-23所示。

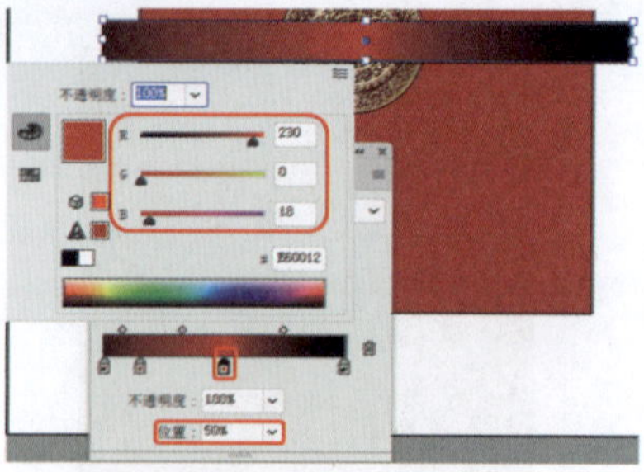

图14-23　添加渐变滑块并设置

㉓ 在85%位置处添加一个渐变滑块，将其RGB值设置为173、0、3，如图14-24所示。

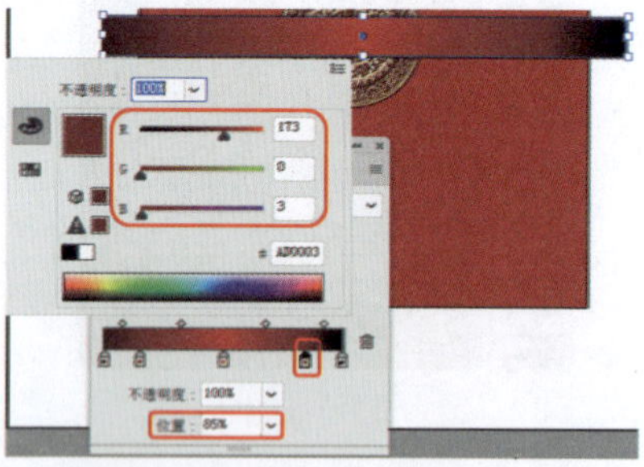

图14-24　添加渐变滑块并设置

㉔ 在渐变条上双击右侧的渐变滑块，在弹出的面板中单击图中的按钮，在弹出的下拉菜单中选择【RGB】命令，在该面板中将其RGB值设置为104、0、0，如图14-25所示。

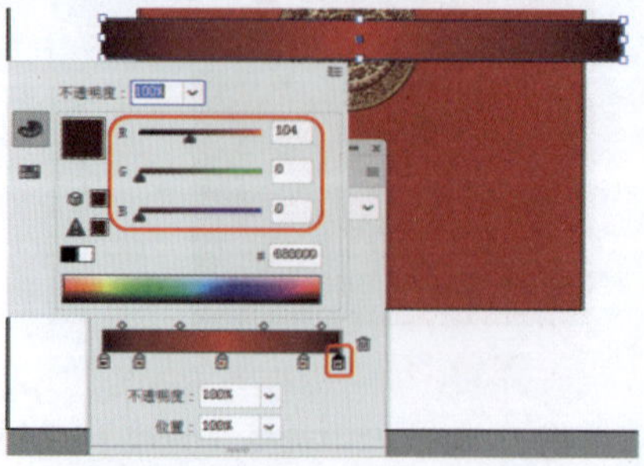

图14-25　设置右侧滑块的颜色值

㉕ 设置完成后，在【渐变】面板中将【角度】设置为90°，如图14-26所示。

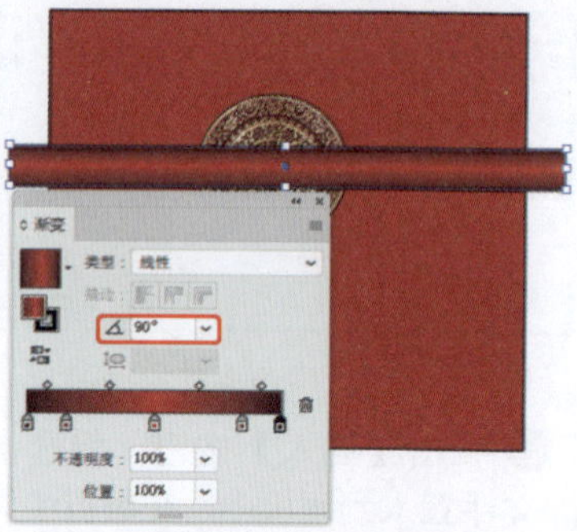

图14-26　设置渐变角度

㉖ 在菜单栏中选择【文件】|【置入】命令，在弹出的对话框中选择随书配套资源中的素材|Cha14|素材03.png文件，单击【置入】按钮，将选中的素材文件置入到画板中，在画板中调整其位置，调整后的效果如图14-27所示。

图14-27　调整素材文件的位置

㉗ 使用【椭圆工具】，按住Shift键绘制一个正圆，在【渐变】面板中将第一个色块的RGB值设置为255、151、21，第二个色块设置为白色，将【角度】设置为-45°，在【颜色】面板中将【描边颜色】的RGB值设置为104、0、0，效果如图14-28所示。

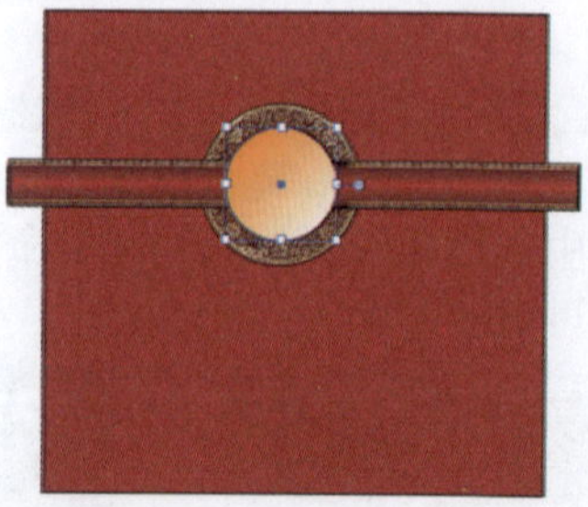

图14-28　绘制正圆并设置

㉘ 使用【文字工具】，在画板中单击并输入字母“MOON CAKE”，在【字符】面板中将【字体】设置为【Chaparral Pro】，将【字体大小】设置为16pt，如图14-29所示。

图14-29 输入字母并设置

29 使用【选择工具】选择创建的字母，在菜单栏中选择【文字】|【创建轮廓】命令，如图14-30所示。

图14-30 选择【创建轮廓】命令

30 按F6键打开【颜色】面板，在该面板中将【填色】的RGB值设置为104、0、0，如图14-31所示。

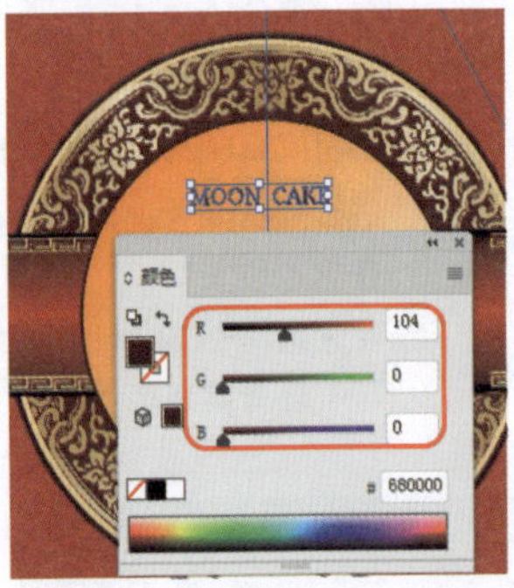

图14-31 设置填色后的效果

31 使用同样的方法输入其他文字，效果如图14-32所示。

图14-32 输入其他文字

32 在菜单栏中选择【文件】|【置入】命令，在弹出的对话框中选择随书配套资源中的素材|Cha14|素材04.png文件，单击【置入】按钮，将选中的素材文件置入到画板中，在画板中调整其位置，调整后的效果如图14-33所示。

图14-33 置入素材文件

33 使用【矩形工具】绘制一个矩形，在【颜色】面板中将其【填充颜色】设置为104、0、0，如图14-34所示。

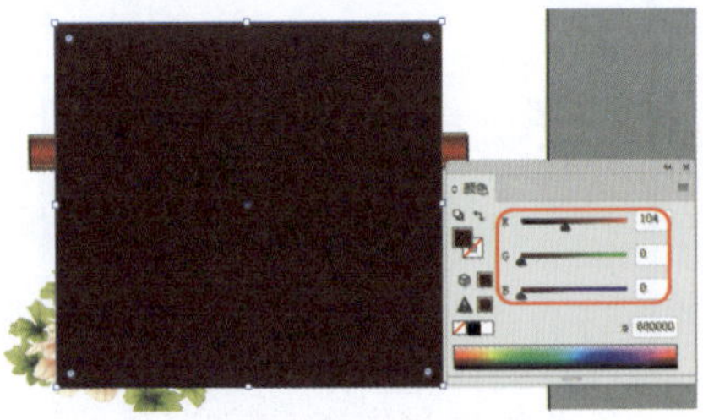

图14-34 绘制矩形

34 使用【选择工具】，按住Shift键选择刚置入的花朵，单击鼠标右键，在弹出的快捷菜单中选择【建立剪切蒙版】命令，如图14-35所示。

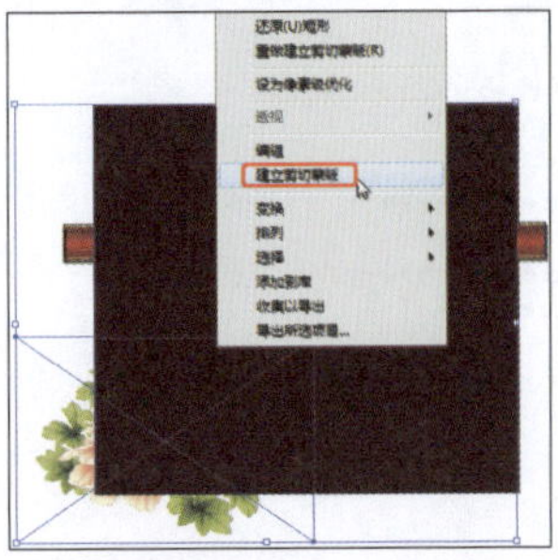

图14-35 选择【建立剪切蒙版】命令

35 执行该命令后，即可建立剪切蒙版，其效果如图14-36所示。

图14-36 建立剪切蒙版后的效果

36 使用【矩形工具】绘制一个矩形，在【颜色】面板中将其【填充颜色】设置为104、0、0，如图14-37所示。

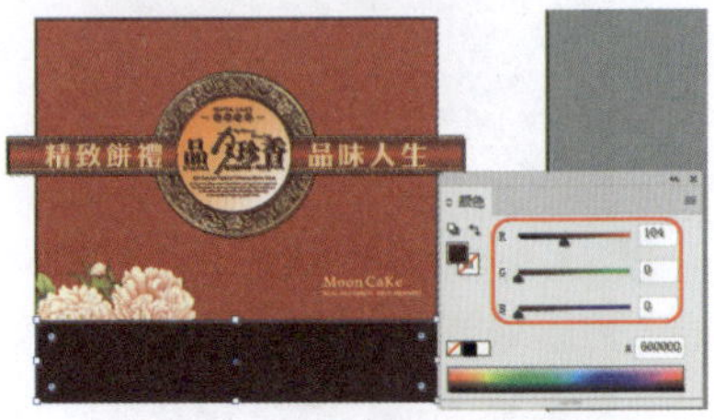

图14-37 绘制矩形并设置

37 使用【钢笔工具】绘制一条直线，在工具栏中将【描边属性】设置为3pt，在【颜色】面板中将【填充颜色】和【描边颜色】的RGB值都设置为255、233、115，如图14-38所示。

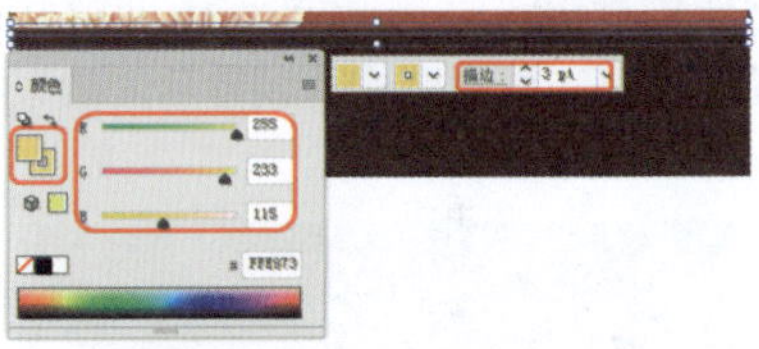

图14-38 绘制直线并设置

38 使用【选择工具】配合Shift键选择刚刚创建的矩形和直线，再次按Ctrl+[组合键将所选的图形向下移一层，效果如图14-39所示。

图14-39 移动图形

39 使用【矩形工具】绘制一个矩形，并在【颜色】面板中将【填充颜色】的RGB值设置为215、0、15，在工具栏中将【描边颜色】设置为黑色，【描边属性】设置为2.5pt，效果如图14-40所示。

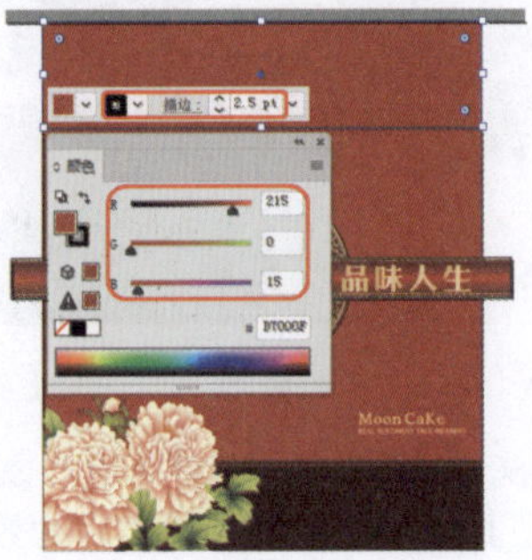

图14-40 绘制矩形并设置

40 使用【选择工具】选择图14-41所示的对象。

图14-41 选择对象

41 按Ctrl+C组合键进行复制，按Ctrl+V组合键进行粘贴，对选中的素材文件旋转90°，并在画板中调整其位置、大小和排放顺序，调整后的效果如图14-42所示。

图14-42 复制并调整对象

42 使用【矩形工具】绘制一个矩形，并在工具栏中将其【填充颜色】设置为无色，使用【选择工具】，按住Shift键选择刚复制的对象，单击鼠标右键，在弹出的快捷菜单中选择【建立剪切蒙版】命令，为其建立剪切蒙版，效果如图14-43所示。

图14-43 建立剪切蒙版后的效果

43 调整完成后，对其进行复制，并调整其大小和位置，调整后的效果如图14-44所示。

图14-44 复制后的效果

44 至此，月饼包装盒就制作完成了，按Ctrl+S组合键，在弹出的对话框中设置文件名和保存类型，单击【保存】按钮，如图14-45所示。

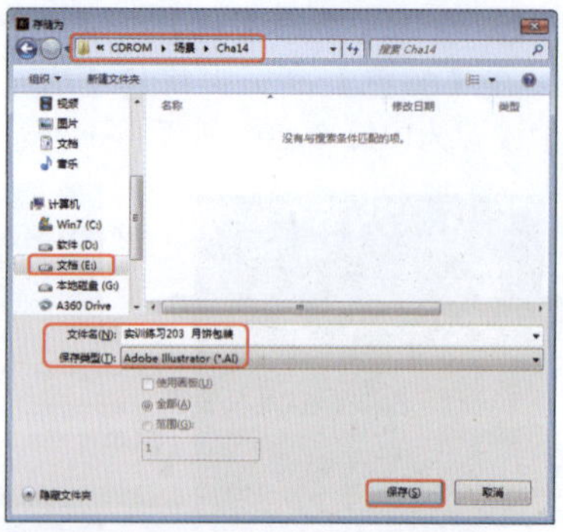

图14-45 【存储为】对话框

45 弹出【Illustrator 选项】对话框，保持默认设置，单击【确定】按钮，如图14-46所示。

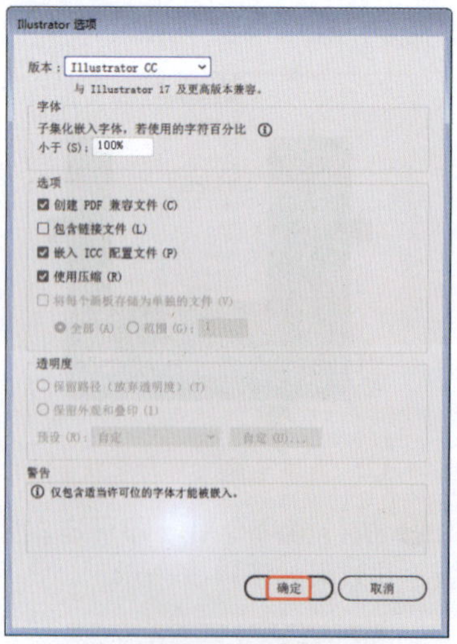

图14-46 【Illustrator 选项】对话框

46 保存场景后，在菜单栏中选择【文件】|【导出】|【导出为】命令，弹出【导出】对话框，在该对话框中设置保存路径，并将【保存类型】设置为【TIFF（*.TIF）】格式，将【文件名】设置为“月饼包装”，勾选【使用画板】复选框，单击【导出】按钮，如图14-47所示。

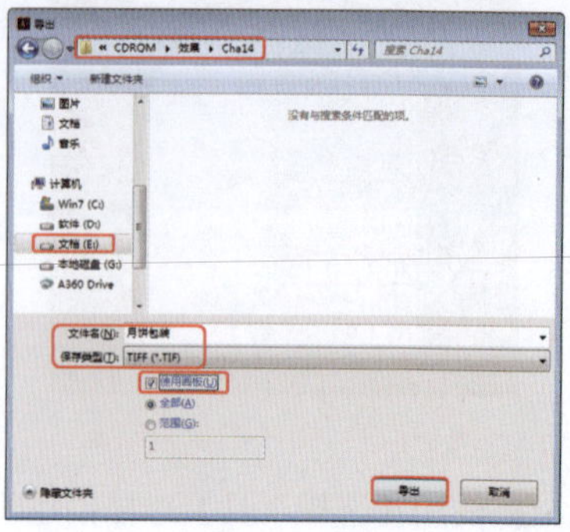

图14-47 【导出】对话框

47 弹出【TIFF 选项】对话框，保持默认设置，单击【确定】按钮，如图14-48所示，完成图片的导出。

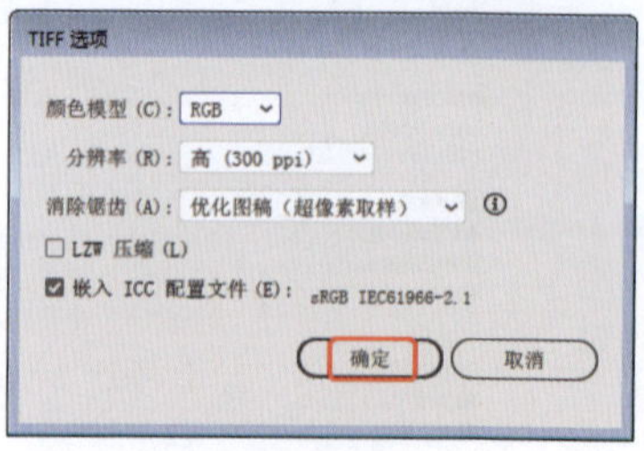

图14-48 【TIFF 选项】对话框

实训练习204 牙膏盒包装

本实例介绍牙膏盒的包装设计，主要是绘制图形，输入文字，完成后的效果如图14-49所示。

素材	素材|Cha14|牙齿.ai、标志.ai
场景	场景|Cha14|实训练习204 牙膏盒包装.ai
视频	视频教学|Cha14|实训练习204 牙膏盒包装.MP4

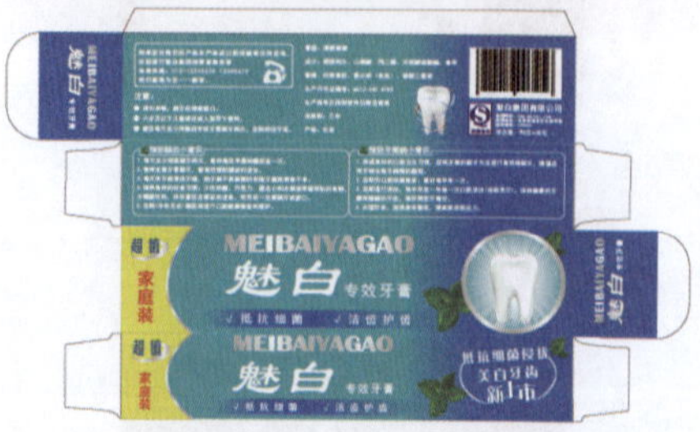

图14-49 牙膏盒包装

1 按Ctrl+N组合键，在弹出的【新建文档】对话框中将【宽度】设置为340，将【高度】设置为215，将【单位】设置为【毫米】，将【颜色模式】设置为CMYK，单击【创建】按钮，如图14-50所示。

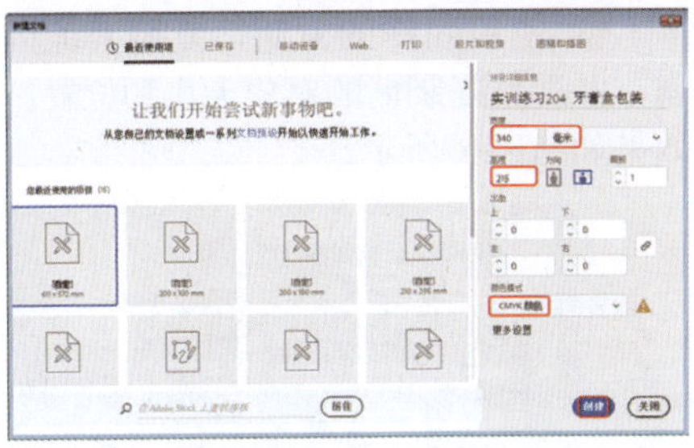

图14-50　新建画板

❷ 使用【矩形工具】绘制一个【宽度】为210mm，【高度】为50mm的矩形，在【渐变】面板中将左侧渐变滑块的CMYK值设置为69、5、21、0，在62.5%位置处添加一个渐变滑块，将CMYK值设置为69、5、21、0，将右侧渐变滑块的CMYK值设置为100、41、0、0，将右侧渐变滑块移至77%位置处，并将矩形的【描边属性】设置为无色，如图14-51所示。

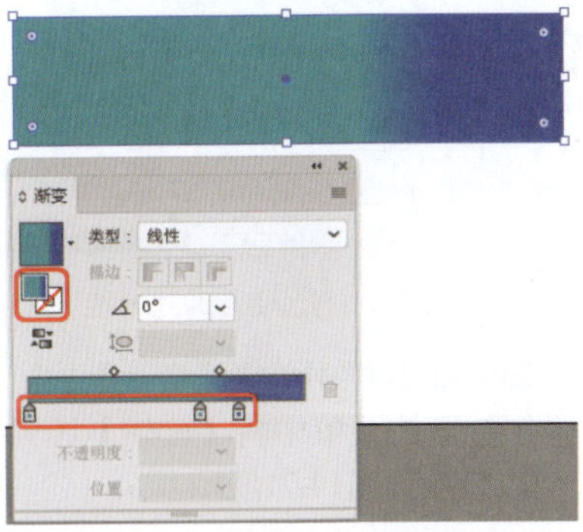

图14-51　绘制矩形并设置

❸ 使用【钢笔工具】绘制图形，并选择绘制的图形，在【渐变】面板中将【类型】设置为【径向】，将左侧渐变滑块的CMYK值设置为29、23、21、0，在24%位置处添加一个渐变滑块，将CMYK值设置为0、0、0、0，在56%位置处添加一个渐变滑块，将CMYK值设置为29、23、21、0，在80%位置处添加一个渐变滑块，将CMYK值设置为0、0、0、0，将右侧渐变滑块的CMYK值设置为29、23、21、0，效果如图14-52所示。

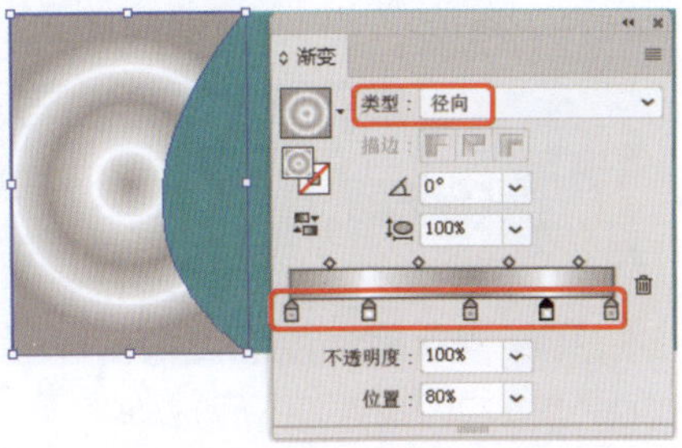

图14-52　绘制图形并设置

❹ 复制新绘制的图形，调整复制后图形的大小和位置，在【颜色】面板中将其【填充颜色】的CMYK值更改为0、0、100、0，效果如图14-53所示。

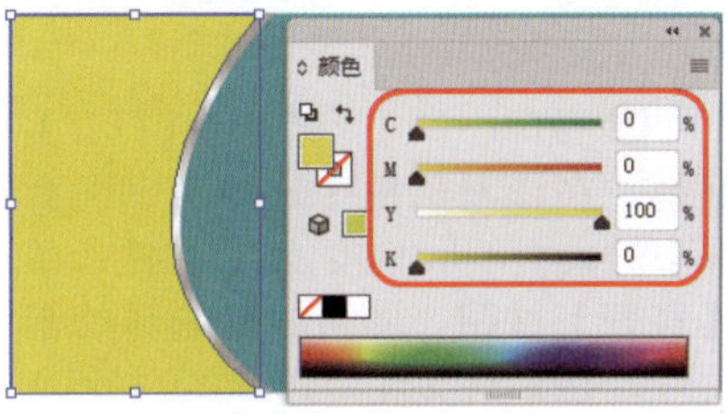

图14-53　复制图形并设置

❺ 使用【钢笔工具】绘制图形，并为绘制的图形填充步骤❸中设置的渐变颜色，在【渐变】面板中将【类型】设置为【线性】，如图14-54所示。

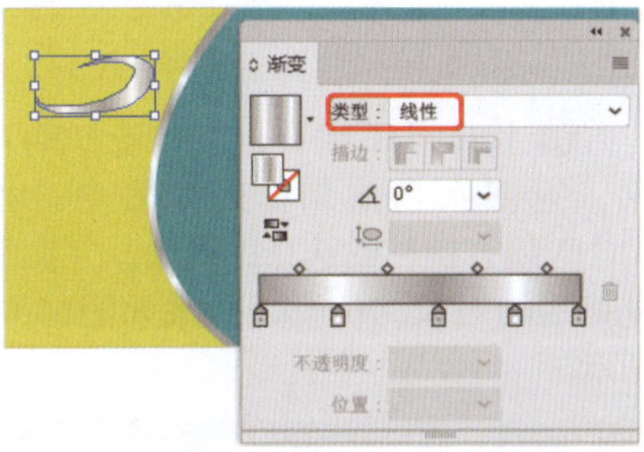

图14-54　绘制图形并设置

❻ 使用【文字工具】输入文本“超值”，在【字符】面板中，将【字体】设置为【方正美黑简体】，将【字体大小】设置为22.5pt，在【颜色】面板中将【填充颜色】的CMYK值设置为100、41、0、0，如图14-55所示。

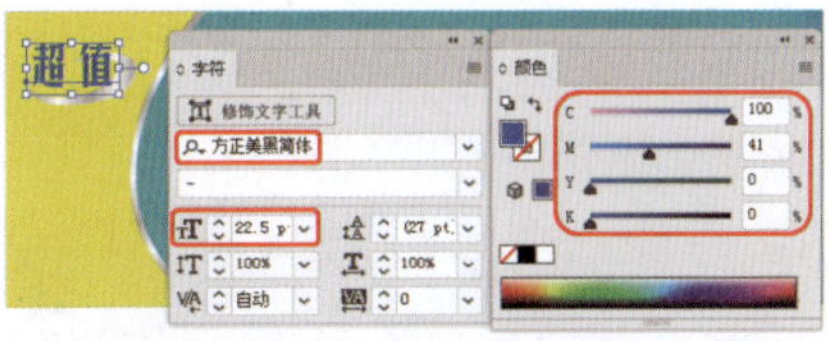

图14-55　输入文本并设置

❼ 使用【直排文字工具】输入文本“家庭装”，在【字符】面板中将【字体】设置为【方正大黑简体】，将【字体大小】设置为24pt，在【颜色】面板中将【填充颜色】的CMYK值设置为0、90、95、0，如图14-56所示。

图14-56　输入文本并设置

❽ 使用【文字工具】输入文本“MEIBAIYAGAO”，在【字符】面板中将【字体】设置为【Britannic Bold】，将【字体大小】设置为34.6pt，【水平缩放】设置为122%，在【颜色】面板中将【填充颜色】设置为白色，如图14-57所示。

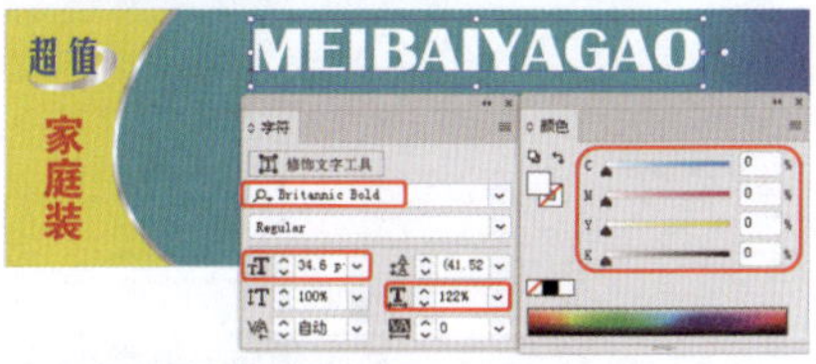

图14-57　输入文本并设置

❾ 按Shift+F6组合键打开【外观】面板，单击图中的按钮，在弹出的下拉菜单中选择【添加新填色】命令，如图14-58所示。

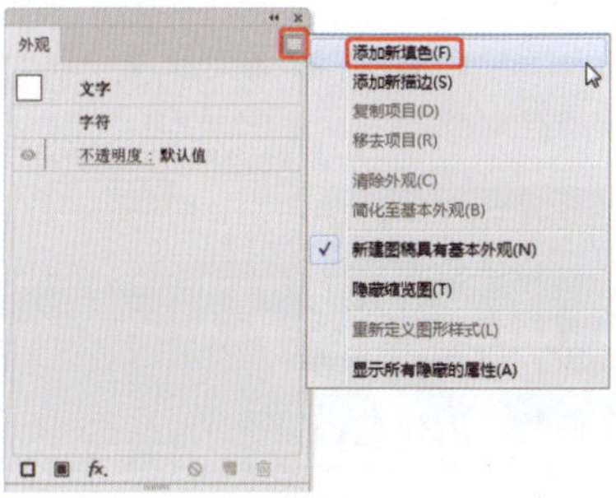

图14-58　选择【添加新填色】命令

知识链接

在菜单栏中选择【窗口】|【外观】命令，打开【外观】面板，通过该面板来查看和调整对象、组或图层的外观属性，各种效果会按其在图稿中的应用顺序从上到下排列。

【外观】面板可以显示层、组或对象(包括文字)的描边、填充、透明度、效果等。在【外观】面板中，上方所示为对象的名称，下方列出的是对象属性的序列，如描边、填充、圆角矩形等效果。

❿ 添加“超值”文字下方图形上的渐变颜色，效果如图14-59所示。

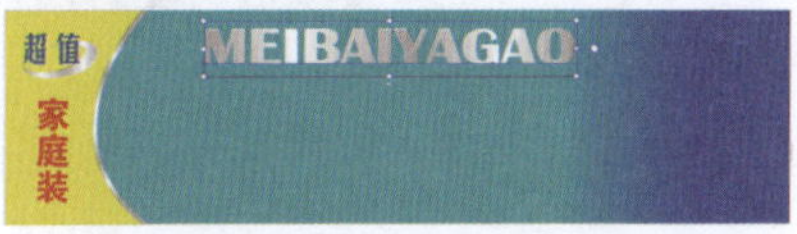

图14-59　添加渐变颜色

⓫ 使用【文字工具】输入文本“魅白”，在【字符】面板中将【字体】设置为【方正隶书简体】，将【字

体大小】设置为75.7 pt，【水平缩放】设置为100%，在【颜色】面板中将【填充颜色】设置为白色，如图14-60所示。

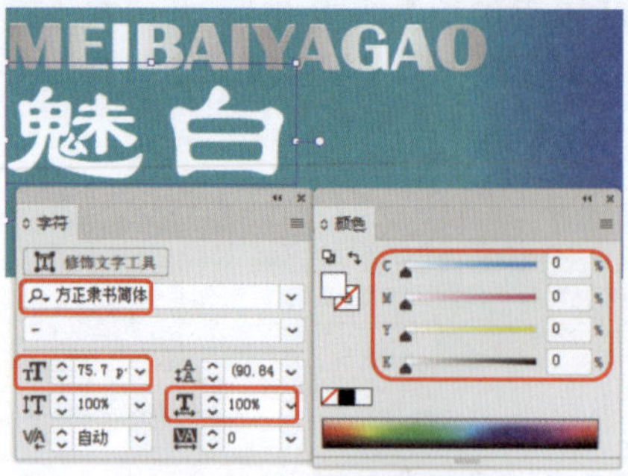

图14-60 输入文本并设置

⑫ 在工具栏中单击【变换】按钮，在弹出的下拉列表中将【倾斜】设置为15°，适当调整其位置，效果如图14-61所示。

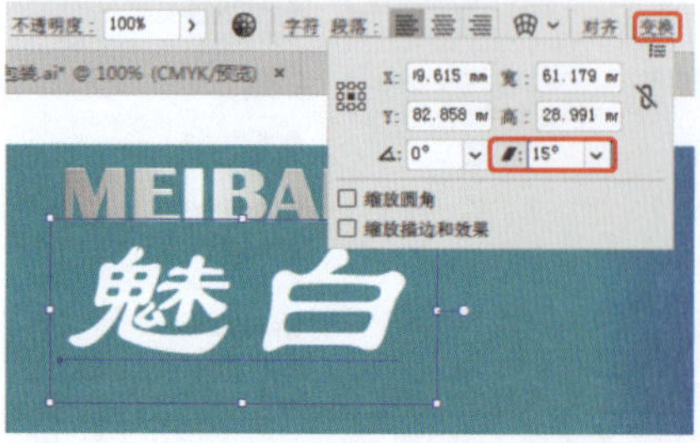

图14-61 设置文本的倾斜角度

⑬ 继续使用【文字工具】输入其他文字，效果如图14-62所示。

图14-62 输入其他文字

⑭ 使用【矩形工具】绘制一个矩形，在【渐变】面板中将【类型】设置为【线性】，将左侧渐变滑块的CMYK值设置为100、41、0、0，将不透明度设置为100%，在23%位置处添加一个渐变滑块，将CMYK值设置为100、41、0、0，在50%位置处添加一个渐变色块，将CMYK值设置为100、41、0、0，将右侧渐变滑块的CMYK值设置为100、41、0、0，将【不透明度】设置为100%，效果如图14-63所示。

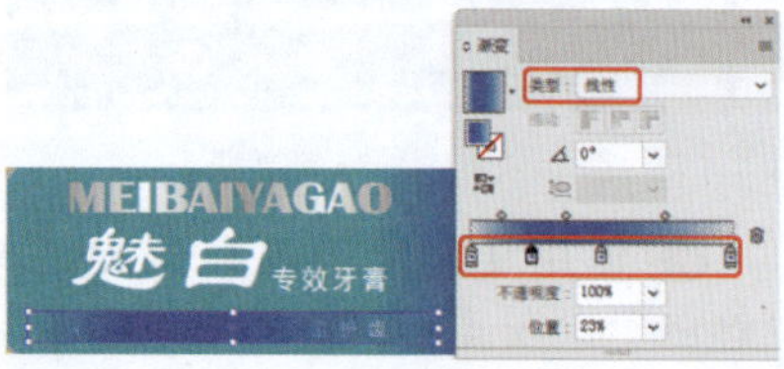

图14-63 绘制矩形并设置

⑮ 按Ctrl+［将刚刚绘制的矩形后移一层，效果如图14-64所示。

图14-64 调整排列顺序

⑯ 按Ctrl+O组合键弹出【打开】对话框，在该对话框中选择随书配套资源中的素材|Cha14|牙齿.ai文件，单击【打开】按钮，即可打开选择的素材文件，在素材文件中选择图14-65所示的对象。

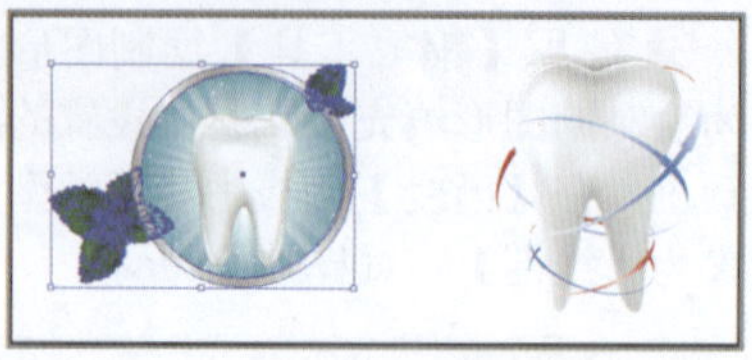

图14-65 选择对象

⑰ 按Ctrl+C组合键复制选择的对象，返回到当前制作的场景中，按Ctrl+V组合键粘贴选择的对象，并调整复制后的对象的位置，效果如图14-66所示。

图14-66 复制对象

⑱ 在画板中复制宽为210mm，高为50mm的渐变矩形，在工具栏中将复制后的矩形的高更改为40mm，并调整其位置，效果如图14-67所示。

图14-67 复制并调整矩形

⑲ 复制黄色图形和其下方的渐变图形，通过使用【直接选择工具】调整图形的顶点来更改图形的高度，并在画板中调整其位置，效果如图14-68所示。

图14-68 复制并调整图形高度

⑳ 使用同样的方法，复制其他内容，并调整复制后的对象大小和位置，效果如图14-69所示。

图14-69 复制其他内容

㉑ 使用【文字工具】输入文本“抵抗细菌侵扰”，在【字符】面板中将【字体】设置为【方正粗倩简体】，将【字体大小】设置为16.5 pt，将【字符间距】设置为200，在【颜色】面板中将【填充颜色】设置为白色，如图14-70所示。

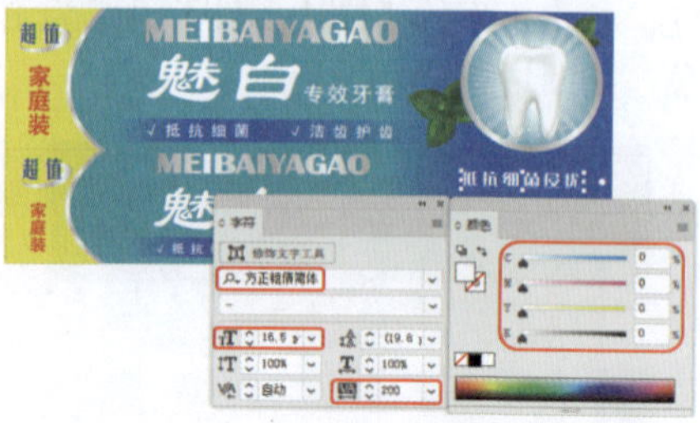

图14-70 输入文本并设置

㉒ 在工具栏中单击【变换】按钮，在弹出的下拉菜单中将【旋转】设置为4.3°，效果如图14-71所示。

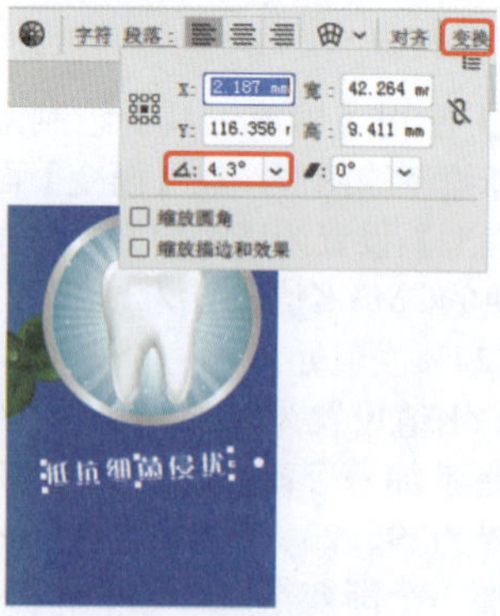

图14-71 设置旋转角度

㉓ 使用同样的方法，输入其他文字，使用【钢笔工具】绘制图形，效果如图14-72所示。

图14-72 输入文字并绘制图形

㉔ 在画板中复制树叶素材文件，并

调整其大小和位置，效果如图14-73所示。

图14-73 复制并调整树叶素材文件

㉕ 使用【选择工具】选择两个渐变矩形，对其进行复制，调整其位置，效果如图14-74所示。

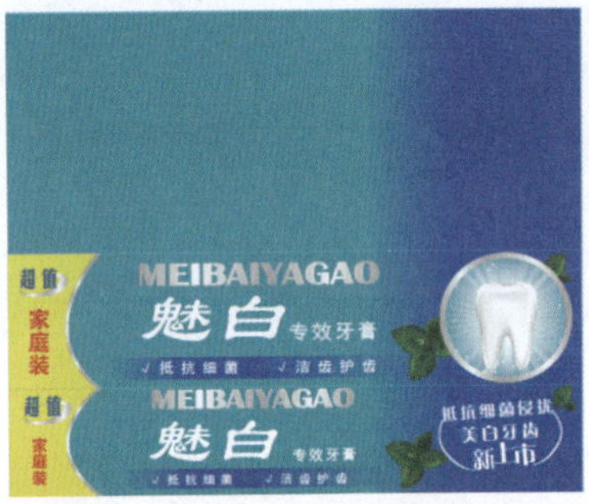
图14-74 复制矩形

㉖ 使用【钢笔工具】绘制图形，并选择绘制的图形，在【颜色】面板中将其【填充颜色】设置为白色，将【描边颜色】的CMYK值设置为0、0、0、100，在工具栏中将【描边属性】设置为0.6pt，效果如图14-75所示。

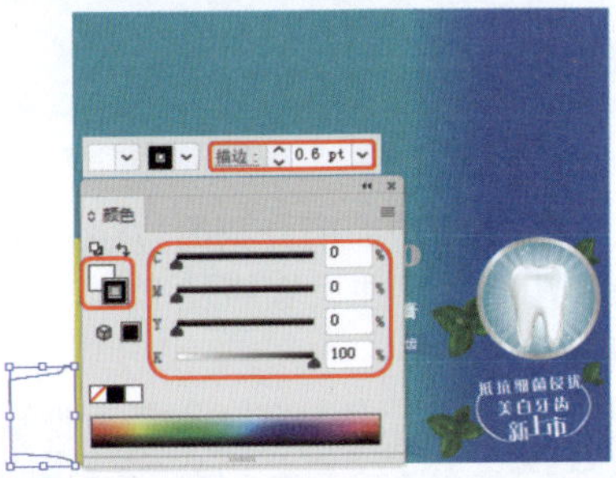
图14-75 绘制图形并设置

㉗ 确定刚刚绘制的图形处于选择状态，单击鼠标右键，在弹出的快捷菜单中选择【变换】|【对称】命令，弹出【镜像】对话框，勾选【水平】单选按钮，单击【复制】按钮，如图14-76所示。

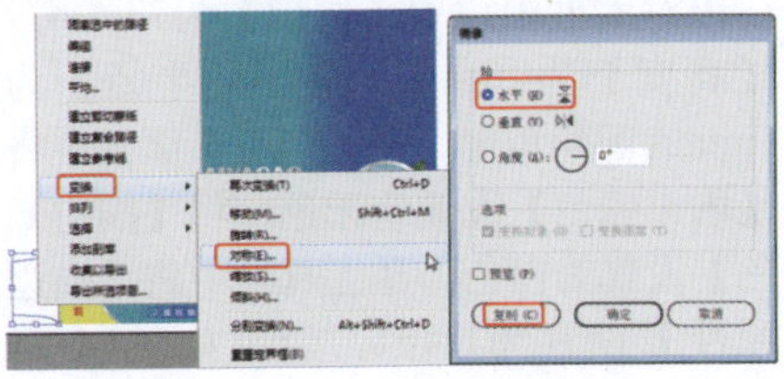
图14-76 水平镜像复制图形对象

㉘ 在画板中调整其位置，效果如图14-77所示。

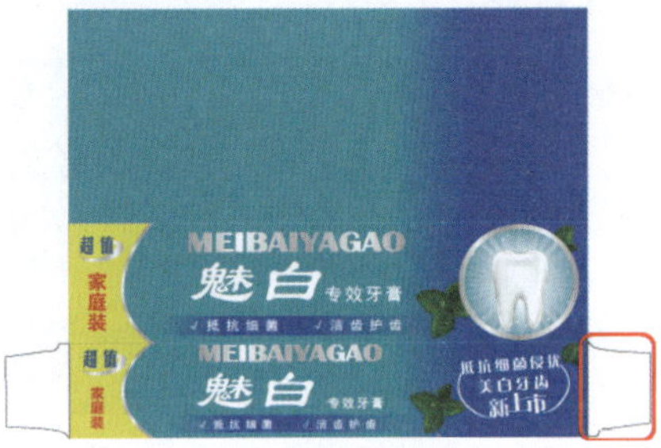
图14-77 调整后的效果

㉙ 使用【圆角矩形工具】在空白处单击，弹出【圆角矩形】对话框，在该对话框中设置【宽度】为54mm，【高度】为50mm，【圆角半径】为16mm，单击【确定】按钮即可绘制圆角矩形，调整其位置，如图14-78所示。

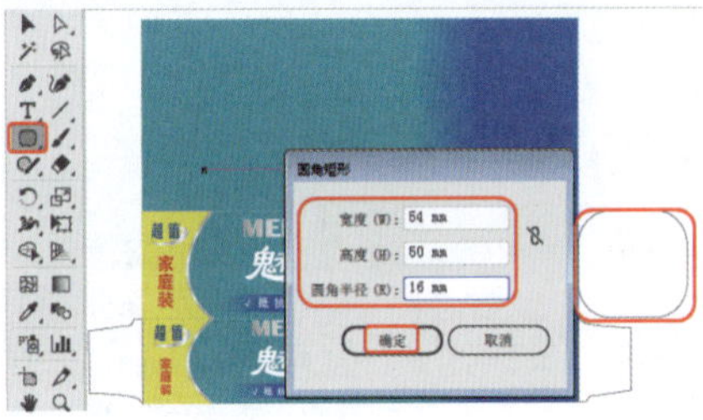

图14-78 绘制圆角矩形

㉚ 使用【矩形工具】在空白处单击，弹出【矩形】对话框，在该对话框中设置【宽度】为39mm，【高度】为50mm，单击【确定】按钮即可创建矩形，在【颜色】面板中将【填充颜色】的CMYK值设置为100、41、0、0，将【描边属性】设置为无色，如图14-79所示。

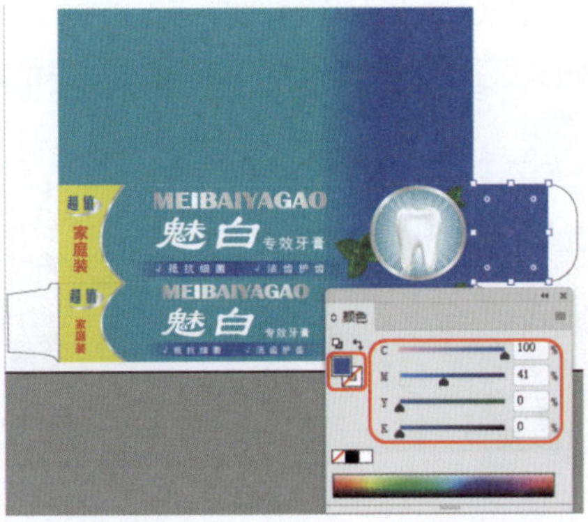
图14-79 绘制矩形并设置

㉛ 在画板中选择“MEIBAIYAGAO”和“魅白专效牙膏”，对其进行复制，调整其旋转角度、大小和位置，效果如图14-80所示。

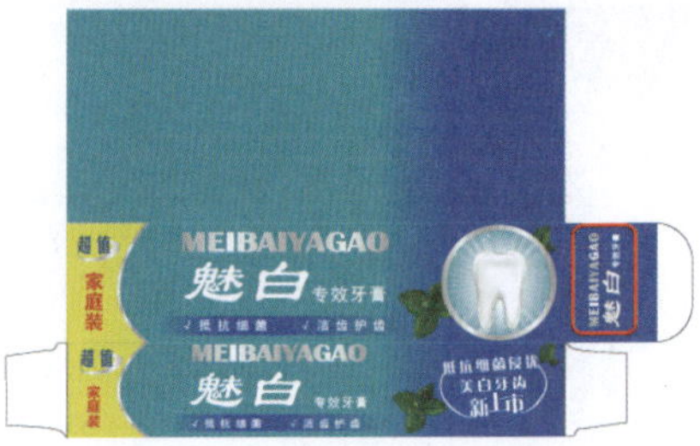
图14-80 复制并调整文字

㉜ 在画板中选择图14-81所示的对象，并单击鼠标右键，在弹出的快捷菜单中选择【变换】|【对称】命令。

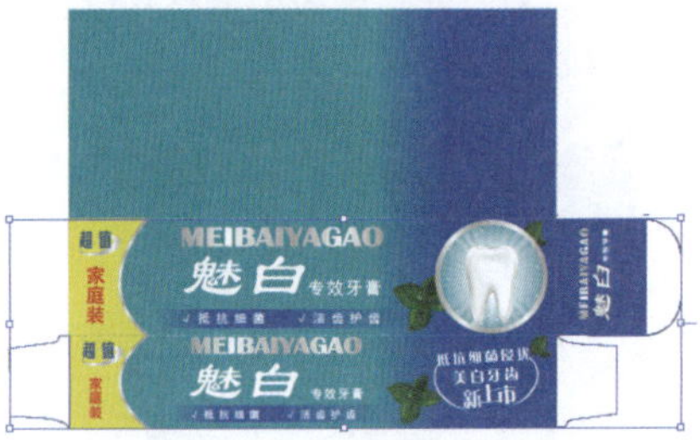
图14-81 选择对象

㉝ 弹出【镜像】对话框，勾选【垂直】单选按钮，单击【复制】按钮，如图14-82所示。

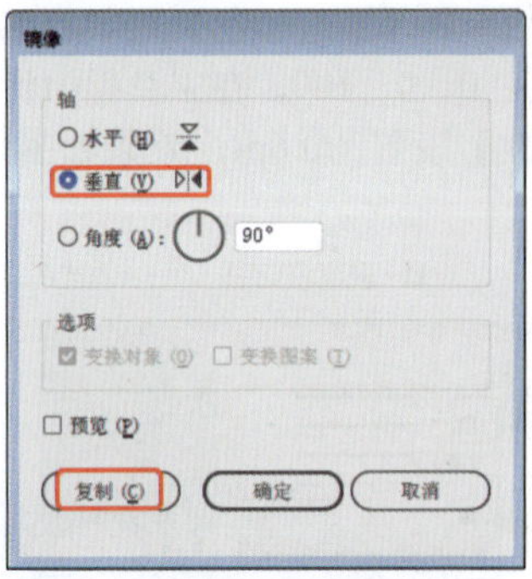

图14-82 【镜像】对话框

㉞ 垂直镜像复制选择的对象，并在画板中调整其位置，效果如图14-83所示。

图14-83 垂直镜像复制对象

㉟ 选择垂直镜像复制后的“MEIBAIYAGAO”和“魅白专效牙膏”对象，并单击鼠标右键，在弹出的快捷菜单中选择【变换】|【对称】命令，如图14-84所示。

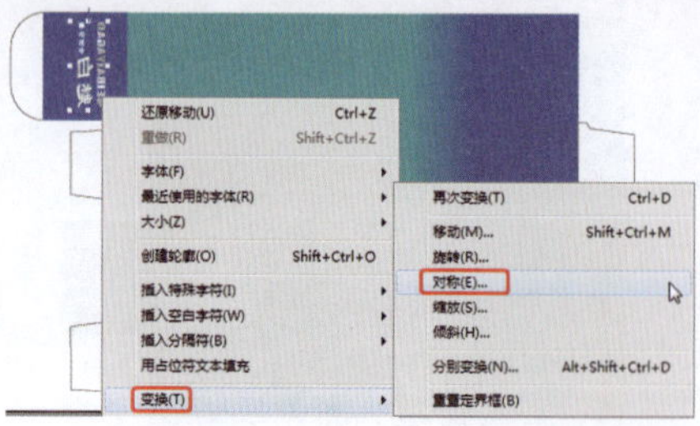

图14-84　选择【对称】命令

36 弹出【镜像】对话框，勾选【水平】单选按钮，将【角度】设置为0°，单击【确定】按钮，即可水平镜像选择对象，并在画板中调整其位置，如图14-85所示。

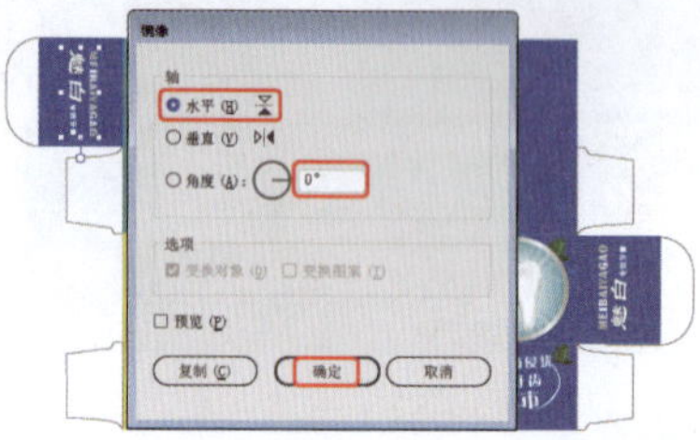

图14-85　水平镜像选择对象

37 使用【钢笔工具】绘制图形，在【颜色】面板中将【填充颜色】设置为白色，将【描边颜色】的CMYK值设置为0、0、0、100，在工具栏中将【描边属性】设置为0.6pt，效果如图14-86所示。

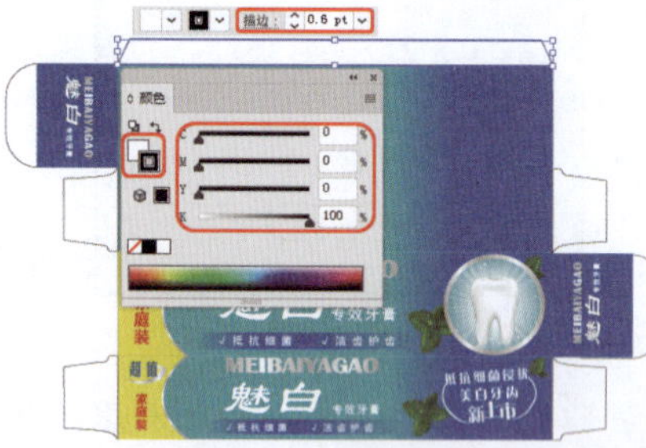

图14-86　绘制图形并设置

38 使用【文字工具】输入文字，在【颜色】面板中将【填充颜色】设置为白色，在【字符】面板中，将【字体】设置为黑体，将【字体大小】设置为10 pt，如图14-87所示。

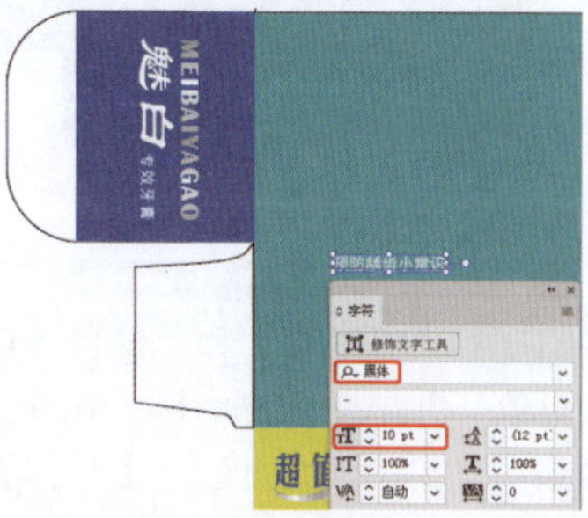

图14-87　输入文本并设置

39 在画板中复制两个叶子的素材对象，并调整其大小和位置，效果如图14-88所示。

图14-88　复制并调整叶子对象

40 使用【文字工具】输入文本，在【颜色】面板中将【填充颜色】设置为白色，在【字符】面板中将【字体】设置为黑体，将【字体大小】设置为8pt，将【行距】设置为12pt，效果如图14-89所示。

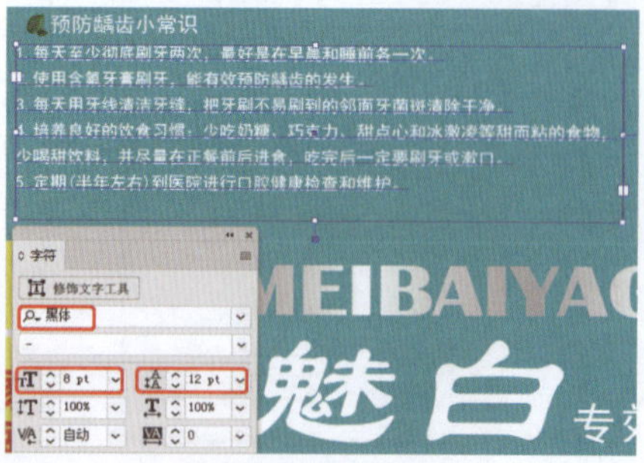

图14-89　输入文本并设置

41 使用【圆角矩形工具】，在空白处单击，弹出【圆角矩形】对话框，在该对话框中设置【宽度】为100mm，【高度】为31mm，【圆角半径】为3mm，单击【确定】按钮即可创建圆角矩形，在【颜色】面板中将【填充颜色】设置为无色，将【描边颜色】设置为白色，在工具栏中将【描边属性】设置为1pt，效果如图14-90所示。

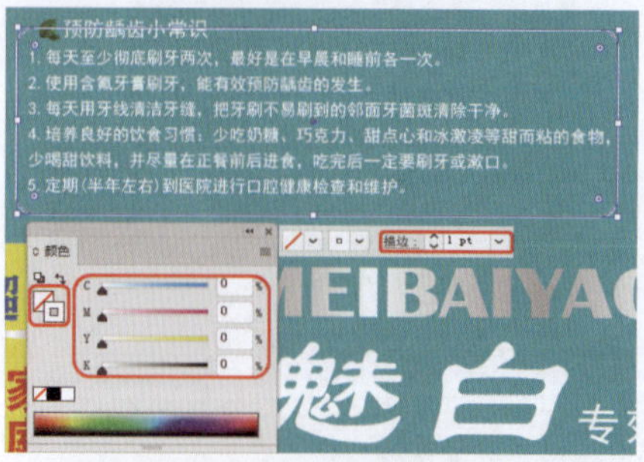

图14-90　绘制圆角矩形

42 使用【矩形工具】，在空白处单击，弹出【矩形】对话框，在该对话框中设置【宽度】为30mm，【高度】为5mm，单击【确定】按钮即可创建矩形，效果如图14-91所示。

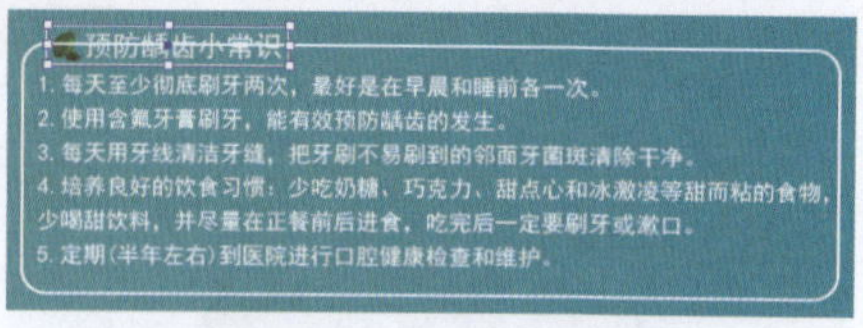

图14-91　绘制矩形

43 选择刚刚绘制的圆角矩形和矩形，在菜单栏中选择【窗口】|【路径查找器】命令，打开【路径查找器】面板，在该面板中单击【减去顶层】按钮，如图14-92所示。

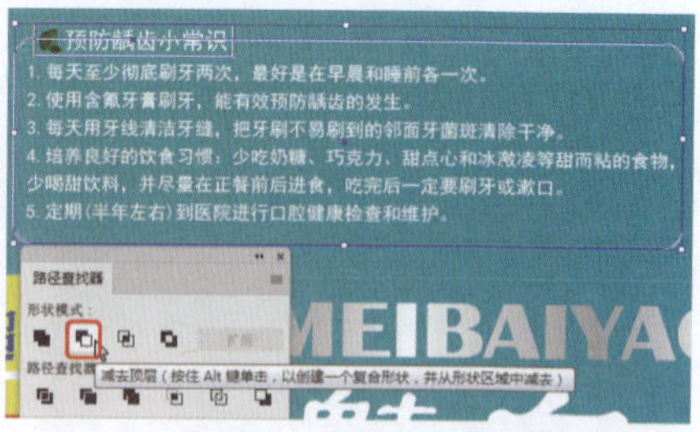

图14-92　单击【减去顶层】按钮

提　示

按Shift+Ctrl+F9组合键也可以打开【路径查找器】面板。

44 减去顶层后的效果如图14-93所示。

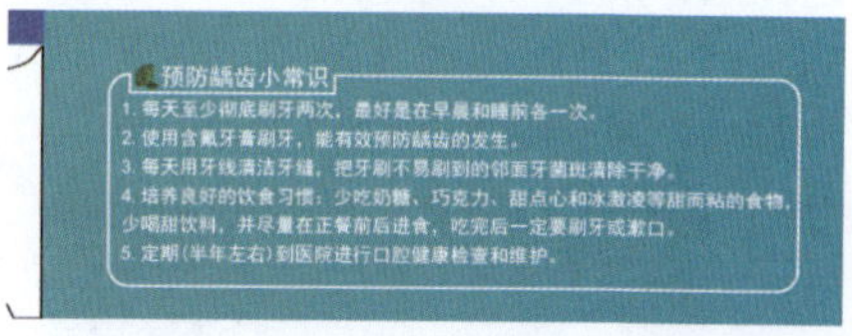

图14-93　减去顶层后的效果

45 根据前面所介绍的方法，继续输入其他文字并设置路径形状，效果如图14-94所示。

图14-94　输入其他文字并调整路径

46 使用【圆角矩形工具】，在空白处单击，弹出【圆角矩形】对话框，在该对话框中设置【宽度】为73mm，【高度】为20mm，【圆角半径】为1mm的圆角矩形，在【颜色】面板中将【填充颜色】设置为无色，将【描边颜色】设置为白色，在工具栏中将【描边属性】设置为1.4pt，效果如图14-95所示。

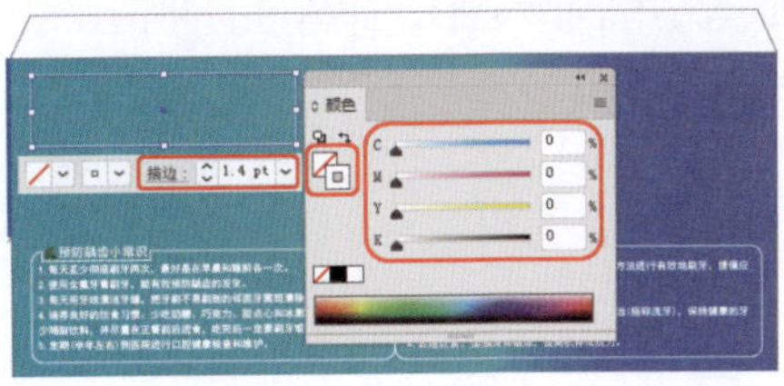

图14-95 绘制圆角矩形

47 使用【文字工具】输入文本，在【颜色】面板中将【填充颜色】设置为白色，在【字符】面板中，将【字体】设置为黑体，将【字体大小】设置为8pt，将【设置行距】设置为12pt，将【字符间距】设置为100，效果如图14-96所示。

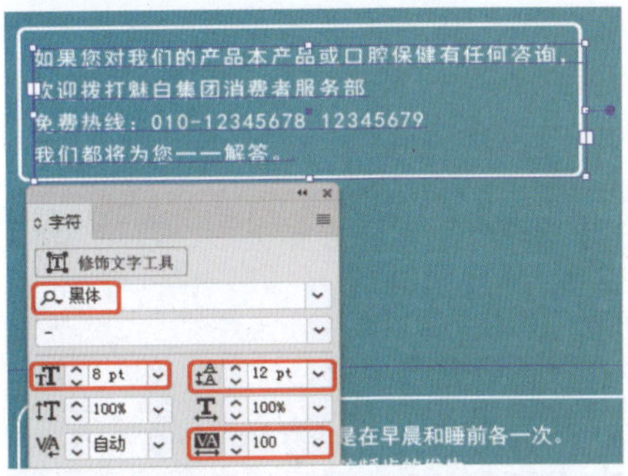

图14-96 输入文本并设置

48 使用同样的方法，输入其他文字，效果如图14-97所示。

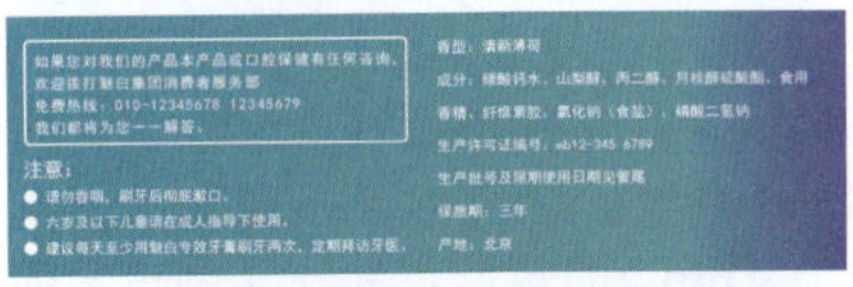

图14-97 输入其他文字

49 使用【钢笔工具】绘制图形，并在【颜色】面板中将【填充颜色】设置为白色，将【描边属性】设置为无色，如图14-98所示。

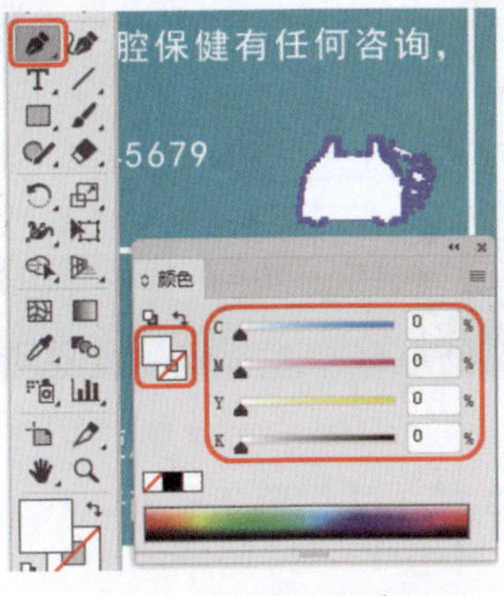

图14-98 绘制图形并设置

50 使用【椭圆工具】，按住Shift键绘制正圆，使用【钢笔工具】绘制图形，并为绘制的正圆和图形填充任意一种颜色，效果如图14-99所示。

图14-99 绘制正圆和图形

51 选择刚刚绘制的图形和正圆，在【路径查找器】面板中选择【减去顶层】按钮，即出现图14-100所示的效果。

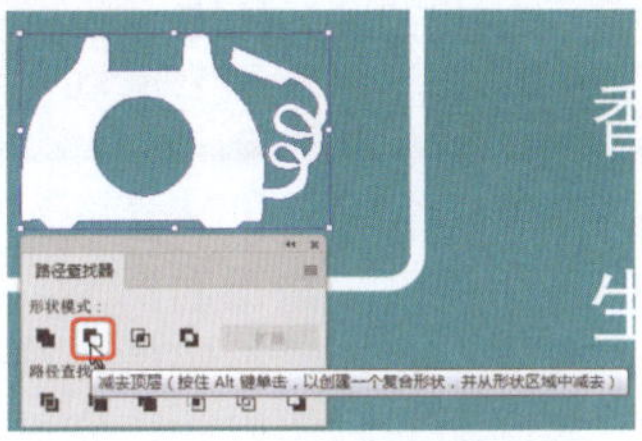

图14-100 建立复合路径

52 结合前面介绍的方法，绘制其他图形，如图14-101所示。

图14-101 绘制其他图形

53 在“牙齿.ai”素材文件中选择第二个牙齿对象，如图14-102所示。

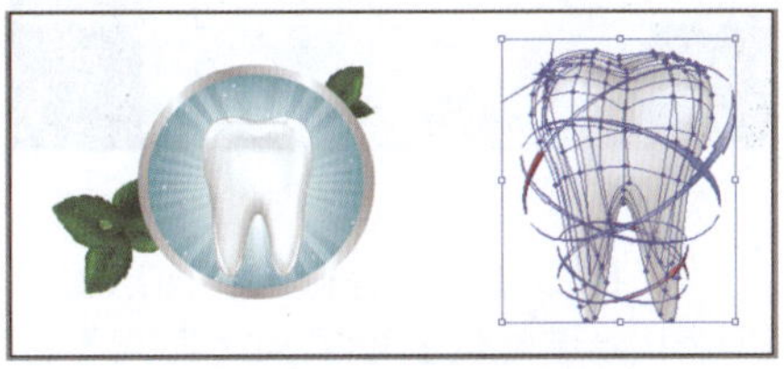

图14-102 选择牙齿对象

54 按Ctrl+C组合键复制选择的对象，返回到当前制作的场景中，按Ctrl+V组合键粘贴选择的对象，并调整复制后的对象大小和位置，效果如图14-103所示。

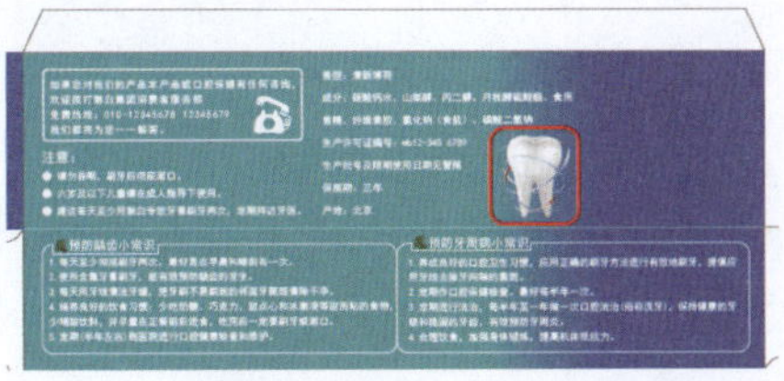

图14-103 复制对象

55 按Ctrl+O组合键弹出【打开】对话框，在该对话框中选择随书配套资源中的素材|Cha14|标志.ai文件，单击【打开】按钮，即可打开选择的素材文件，如图14-104所示。

图14-104 打开的素材文件

56 在素材文件中选择条形码和质量安全图标，按Ctrl+C组合键复制选择的对象，返回到当前制作的场景中，按Ctrl+V组合键粘贴选择的对象，调整复制后的对象位置，效果如图14-105所示。

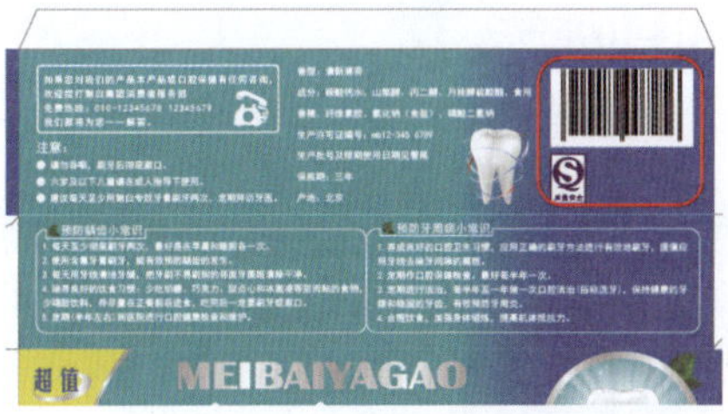

图14-105 复制对象

57 使用【文字工具】输入文本，在【颜色】面板中将【填充颜色】设置为白色，在【字符】面板中，将【字体】设置为黑体，将【字体大小】设置为11pt，如图14-106所示。

图14-106 输入并设置文字

58 结合前面介绍的方法，输入其他文字，并设置文字的字体和大小，效果如图14-107所示。

59 至此，牙膏盒的包装就制作完成了，按Ctrl+S组合键，在弹出的对话框中设置文件名和保存类型，单击【保存】按钮，如图14-108所示。

图14-107　输入其他文字

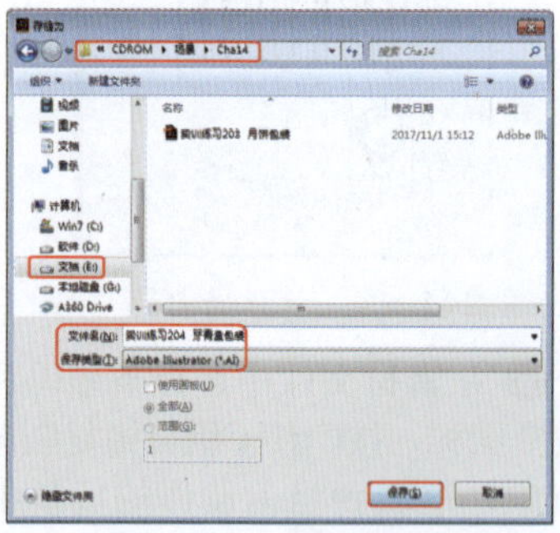

图14-108　【存储为】对话框

60 弹出【Illustrator 选项】对话框，保持默认设置，单击【确定】按钮，如图14-109所示。

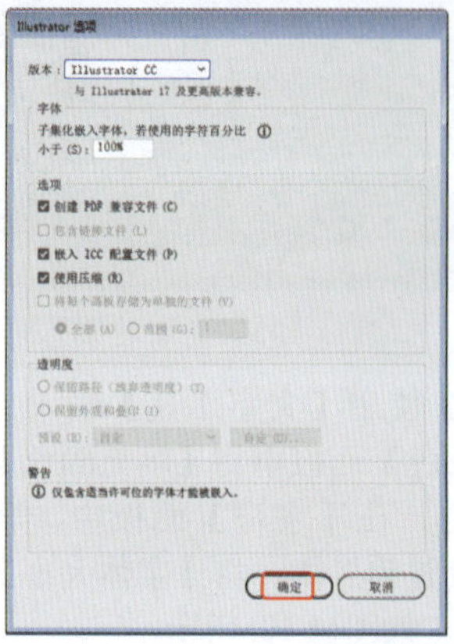

图14-109　【Illustrator 选项】对话框

61 保存场景后，在菜单栏中选择【文件】|【导出】|【导出为】命令，弹出【导出】对话框，在该对话框中设置保存路径，并将【保存类型】设置为【TIFF（*.TIF）】格式，将【文件名】设置为【牙膏盒包装】，勾选【使用画板】复选框，单击【导出】按钮，如图14-110所示。

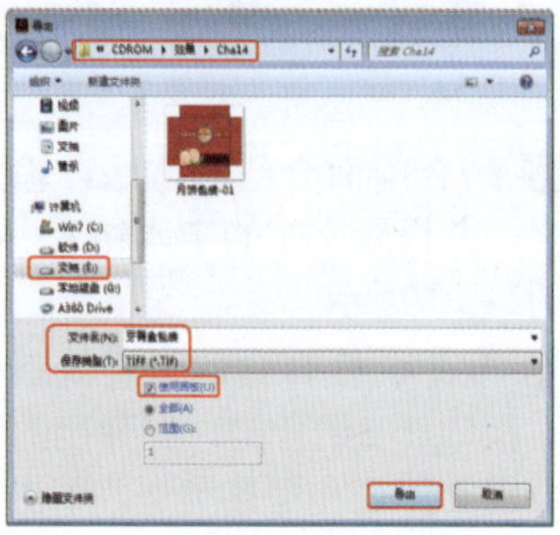

图14-110　【导出】对话框

62 弹出【TIFF 选项】对话框，保持默认设置，如图14-111所示，单击【确定】按钮，完成图片的导出。

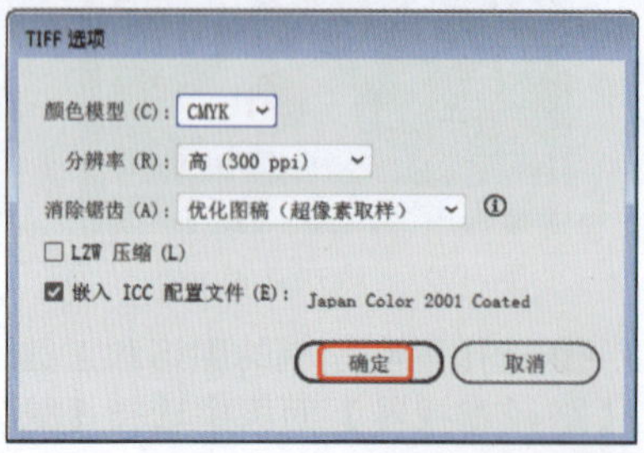

图14-111　【TIFF 选项】对话框

实训练习205
酸奶包装设计

本实例介绍酸奶包装盒的制作方法，主要介绍包装盒正面图形、文字的制作方法。此外，本实例还简单介绍包装盒侧面的制作方法，完成包装盒的绘制，效果如图14-112所示。

素材	素材|Cha14|果粒酸奶.ai、包装盒标志.ai
场景	场景|Cha14|实训练习205 酸奶包装设计.ai
视频	视频教学 | Cha14 |实训练习205 酸奶包装设计.MP4

图14-112　酸奶包装设计

1 按Ctrl+N组合键，在弹出的对话框中将【单位】设置为【厘米】，【宽度】和【高度】分别设置为42和28，设置完成后，单击【创建】按钮，如图14-113所示。

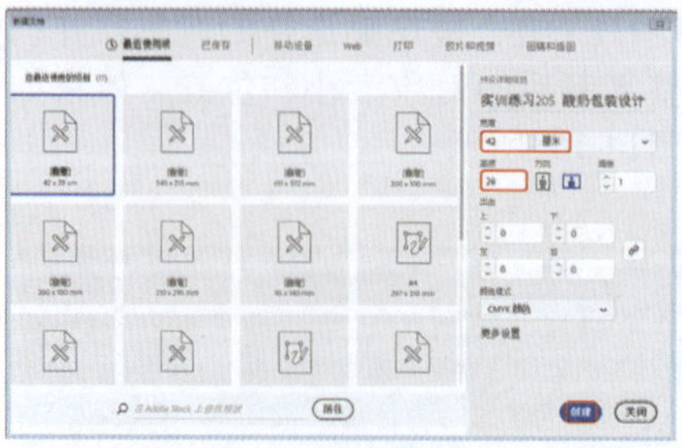

图14-113　设置画板参数

2 使用【矩形工具】绘制一个与画板大小相同的矩形，如图14-114所示。

图14-114　绘制矩形

3 确定刚刚创建的矩形处于选择状态，在【渐变】面板中将【填充类型】设置为【径向】，将左侧渐变滑块的CMYK值设置为67、59、56、6，将右侧渐变滑块的CMYK值设置为85、81、80、68，将上方节点的【位置】设置为67%，将【描边属性】设置为无色，如图14-115所示。

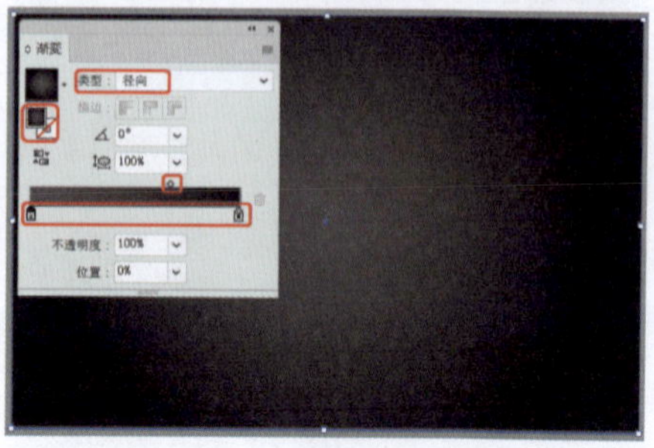

图14-115　设置【渐变颜色】

4 使用【矩形工具】，在空白处单击，弹出【矩形】对话框，在该对话框中设置【宽度】和【高度】分别为26和6.5的矩形，并在【颜色】面板中将其【填充颜色】的CMYK值设置为75、25、0、0，效果如图14-116所示。

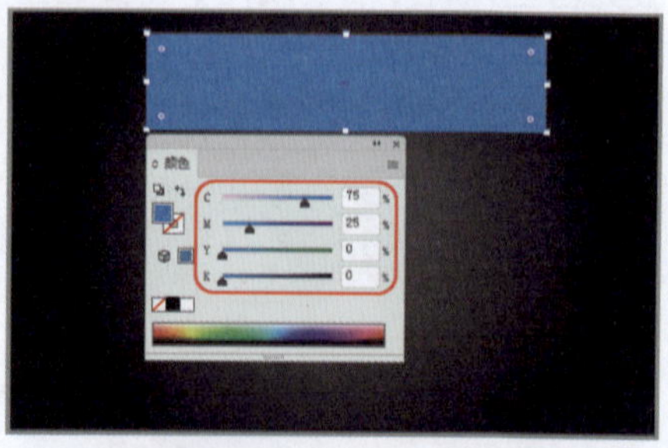

图14-116　绘制矩形并设置

5 使用【钢笔工具】，在画板中绘制一个图14-117所示的图形，并在【颜色】面板中将其【填充颜色】设置为白色，将【描边属性】设置为无色。

6 使用【钢笔工具】在白色图形的两侧绘制两个图形，效果如图14-118所示。

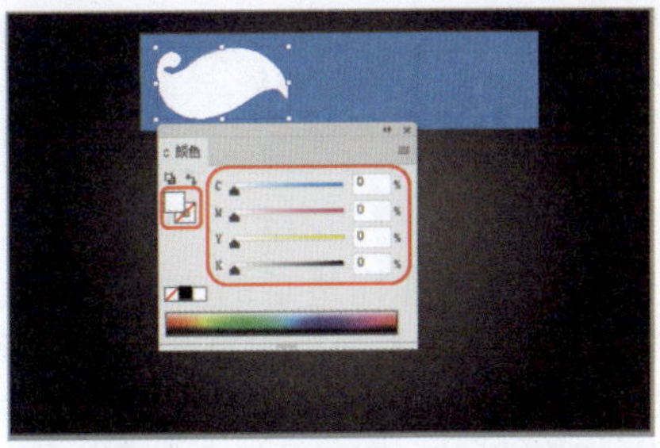

图14-117 绘制图形并填充白色

图14-118 绘制图形

❼ 使用【钢笔工具】绘制一个图14-119所示的图形，在【颜色】面板中将其【填充颜色】的CMYK值设置为32、3、4、0，【描边属性】设置为无色。

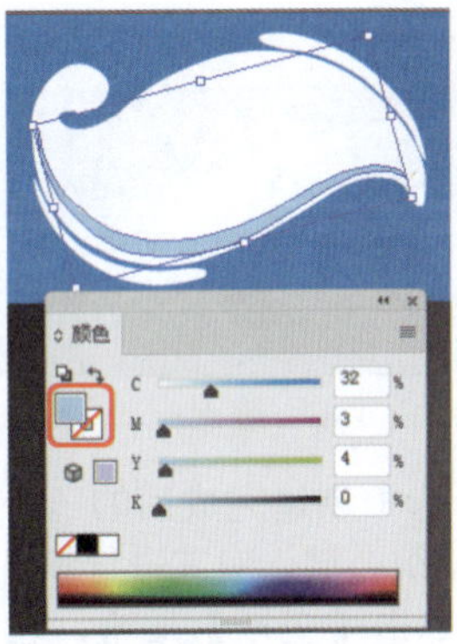

图14-119 绘制图形并设置

❽ 使用【钢笔工具】绘制一个图14-120所示的图形，并调整其位置。

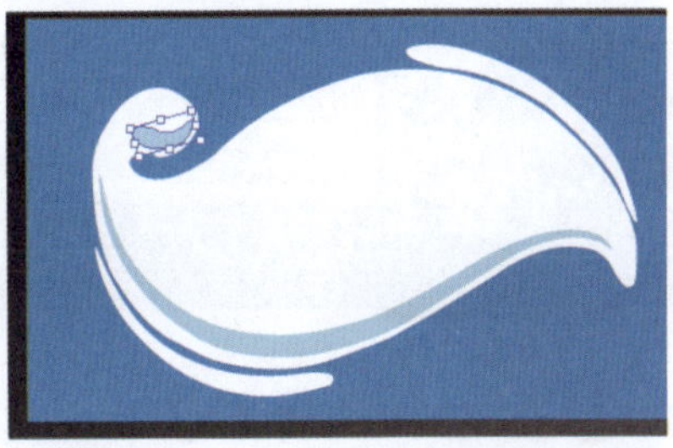

图14-120 绘制图形并调整其位置

❾ 使用【钢笔工具】绘制两个图14-121所示的图形，在【颜色】面板中将其【填充颜色】的CMYK值设置为27、7、3、0，【描边属性】设置为无色。

图14-121 绘制图形并设置

❿ 使用【钢笔工具】绘制4个图14-122所示的图形。

图14-122 绘制图形

⓫ 选中新绘制的四个图形，按Ctrl+G组合键，将其进行编组，按住Alt键对该对象进行复制，效果如图14-123所示。

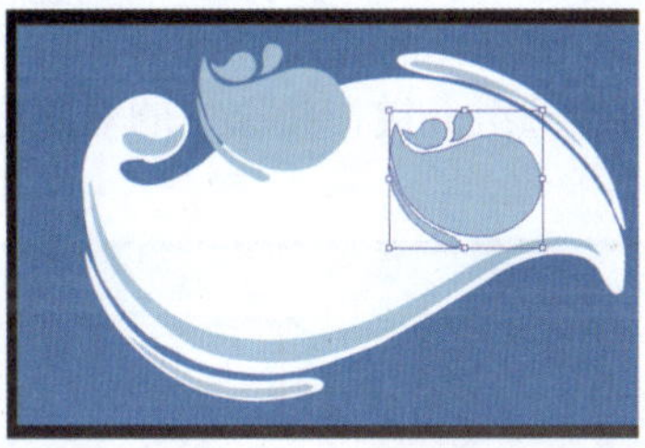

图14-123 复制对象

⓬ 选中源对象，在【颜色】面板中将其【填充颜色】和【描边颜色】都设置为白色，在工具栏中将【描边属性】设置为6pt，如图14-124所示。

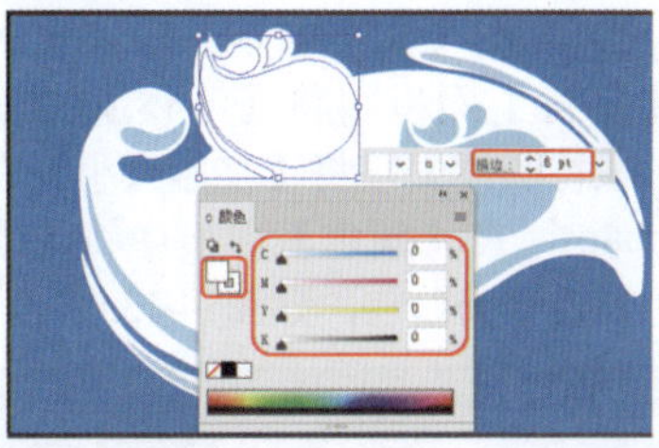

图14-124 设置填色和描边

⓭ 设置完成后，将前面所复制的对象调整至原来的位置上，并在【颜色】面板中将其【填充颜色】的CMYK值设置为75、25、0、0，效果如图14-125所示。

⓮ 使用【文字工具】，输入文字，在【字符】面板中将【字体】设置为【长城特圆体】，将【字体大小】设置为44pt，并在【颜色】面板中将其【填充颜色】的CMYK值设置为75、26、0、0，旋转文本，如图14-126所示。

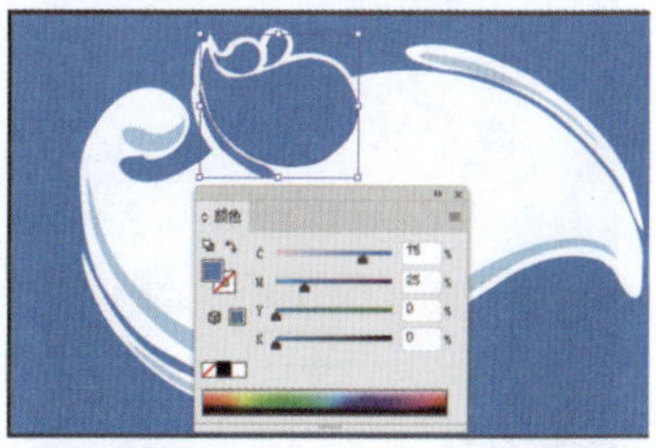

图14-125 调整对象的位置并设置

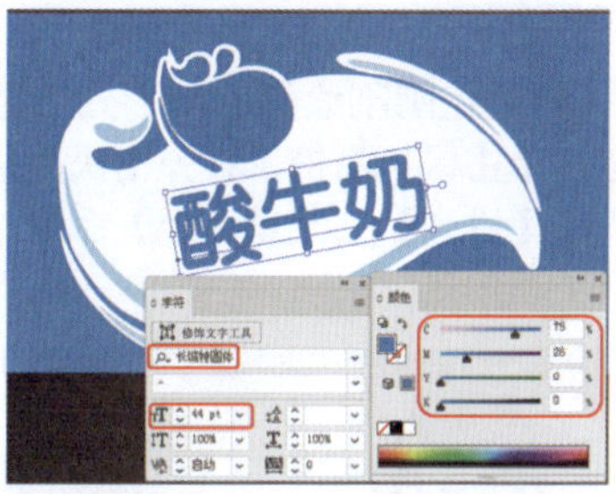

图14-126 输入文字并设置

⓯ 在该文字对象上单击鼠标右键，在弹出的快捷菜单中选择【创建轮廓】命令，如图14-127所示。

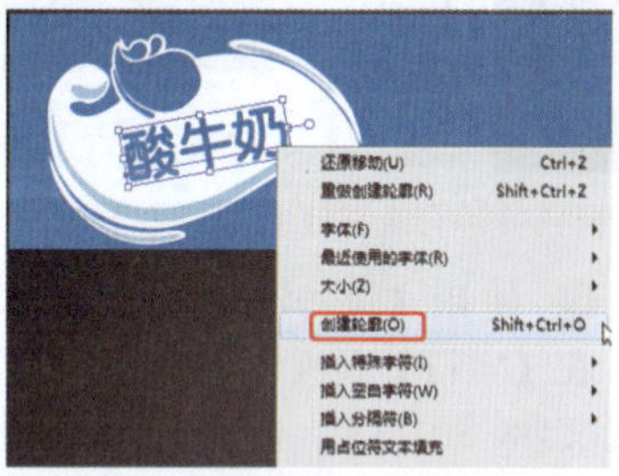

图14-127 选择【创建轮廓】命令

⓰ 在该对象上单击鼠标右键，在弹出的快捷菜单中选择【取消群组】命令，使用【直接选择工具】，在画板中对创建轮廓的文字对象进行调整，效果如图14-128所示。

图14-128 调整文字对象后的效果

⓱ 使用【钢笔工具】绘制图14-129所示的图形，在【颜色】面板中将其【填充颜色】的CMYK值设置为75、26、0、0，将【描边颜色】设置为白

色，在工具栏中将【描边属性】设置为2pt。

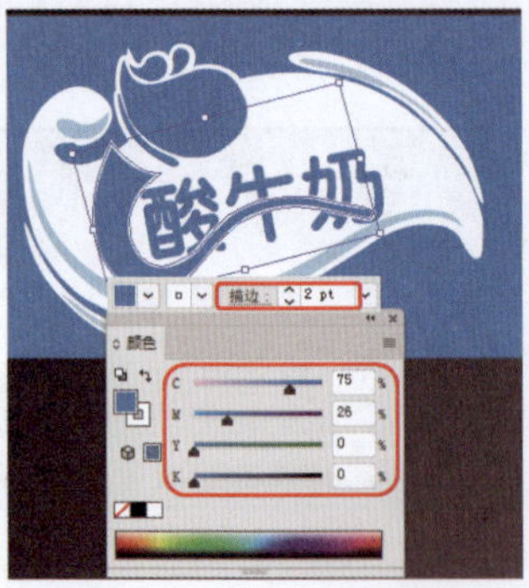

图14-129　绘制图形并设置填色和描边

⑱ 确定刚刚绘制的图形处于选择状态，单击鼠标右键，在弹出快捷菜单中选择【排列】|【后移一层】命令，如图14-130所示。

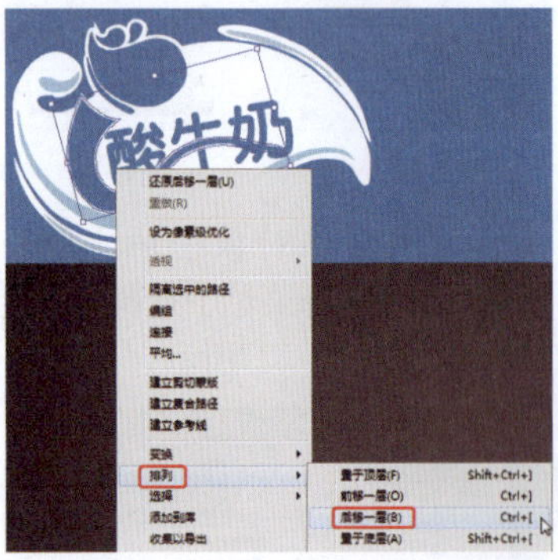

图14-130　选择【后移一层】命令

⑲ 使用【文字工具】，输入文字，在【字符】面板中将【字体】设置为【文鼎CS中黑】，将【字体大小】设置为18pt，在【颜色】面板中将其【填充颜色】的CMYK值设置为71、19、4、0，然后旋转一下文本，如图14-131所示。

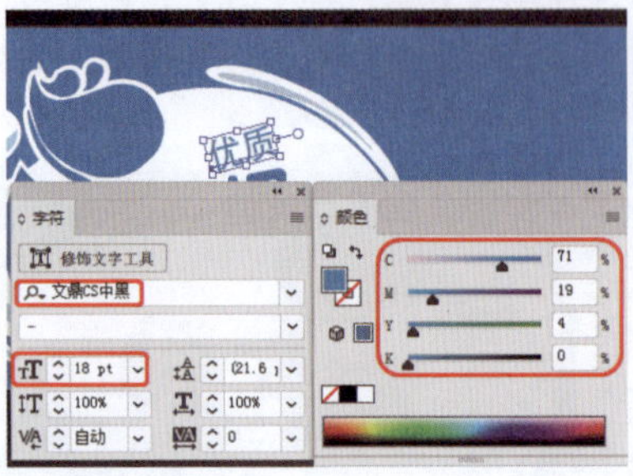

图14-131　输入文字并设置

⑳ 使用【文字工具】，输入文字，在【字符】面板中将【字体】设置为【方正水柱简体】，将【字体大小】设置为27pt，在【颜色】面板中将其【填充颜色】设置为白色，如图14-132所示。

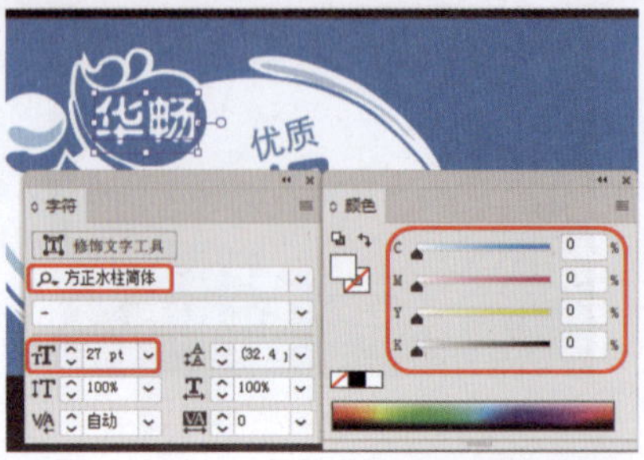

图14-132　输入文字并设置

㉑ 使用同样的方法输入其他文字，并对其进行相应的设置，效果如图14-133所示。

图14-133　输入其他文字后的效果

㉒ 使用【选择工具】按住Shift键选择图14-134所示的对象，对其进行旋转。使用同样的方法选择所有对象，按Ctrl+G组合键，将选中的对象进行编组。

图14-134　旋转并编组

㉓ 使用【文字工具】输入文字，在【字符】面板中将【字体】设置为【长城特圆体】，将【字体大小】设置为35.8pt，在【颜色】面板中将【填充颜色】设置为白色，如图14-135所示。

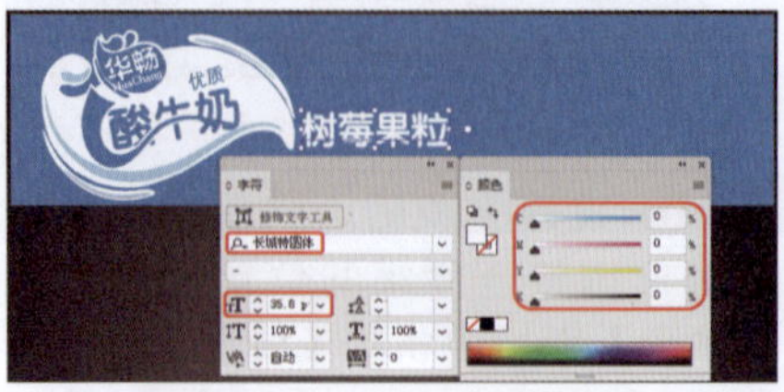

图14-135　输入文字并设置

㉔ 按住Alt键对该文字进行复制，选中源文字，在工具栏中将【描边颜色】设置白色，将【描边属性】设置为10pt，如图14-136所示。

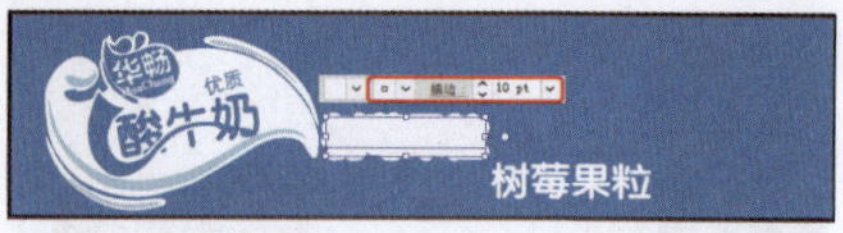

图14-136　复制文字并进行设置

㉕ 对添加描边后的文字进行复制，在【颜色】面板中将其【填充颜色】和【描边颜色】的CMYK值设置为75、25、0、0，在工具栏中将【描边属性】设置为5pt，如图14-137所示。

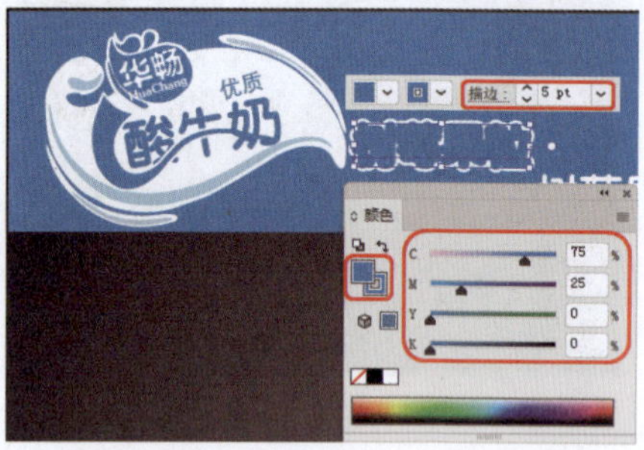

图14-137　复制文字并进行调整

㉖ 设置完成后，将第一次复制的文字调整至原来的位置，单击鼠标右键，在弹出的快捷菜单中选择【排列】|【置于顶层】命令，效果如图14-138所示。

图14-138　调整文字的位置

㉗ 选中创建完成后的三个文字，按Ctrl+G组合键，对其进行编组，在工具栏中单击【变换】按钮，在弹出的下拉菜单中将【旋转】设置为8°，如图14-139所示。

图14-139　设置旋转参数

㉘ 使用同样的方法输入其他文字，并对其进行相应的调整，效果如图14-140所示。

图14-140　输入其他文字后的效果

㉙ 在菜单栏中选择【文件】|【置入】命令，在弹出的对话框中打开随书配套资源中的素材|Cha4|果粒酸奶.ai文件，单击【置入】按钮，如图14-141所示。

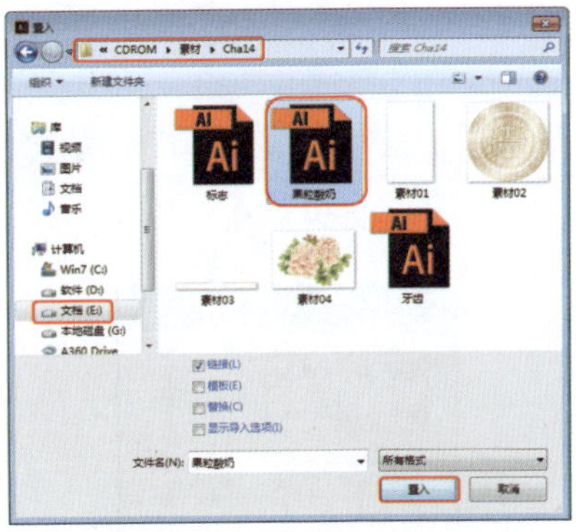

图14-141 选择素材文件

㉚ 在画板中单击鼠标左键，将选中的素材文件置入到画板中，调整该素材文件的位置，效果如图14-142所示。

图14-142 调整素材的位置

㉛ 使用【矩形工具】绘制一个【宽度】和【高度】分别为26和6.5的矩形，在工具栏中将其【填充颜色】设置无色，随意设置一种【描边颜色】即可，如图14-143所示。

图14-143 绘制图形

㉜ 在画板中选中除黑色背景外的其他对象，单击鼠标右键，在弹出的快捷菜单中选择【建立剪切蒙版】命令，如图14-144所示。

㉝ 使用【矩形工具】绘制一个【宽度】和【高度】分别为26和13的矩形，在工具栏中将其【填充颜色】设置为白色，将【描边属性】设置为无色，效果如图14-145所示。

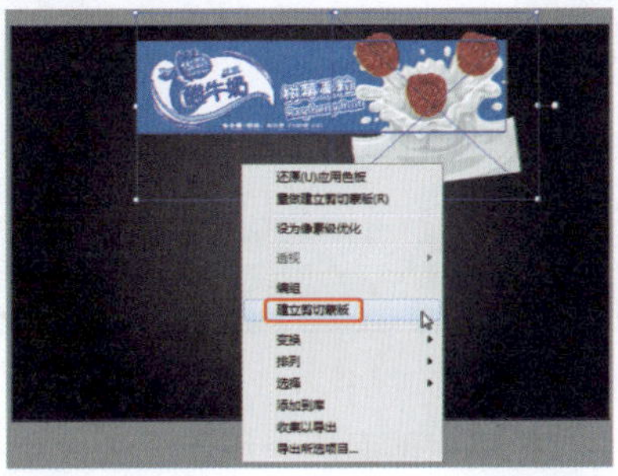

图14-144 选择【建立剪切蒙版】命令

图14-145 绘制矩形

㉞ 在画板中选择前面建立剪切蒙版后的对象，单击鼠标右键，在弹出的快捷菜单中选择【变换】|【对称】命令，如图14-146所示。

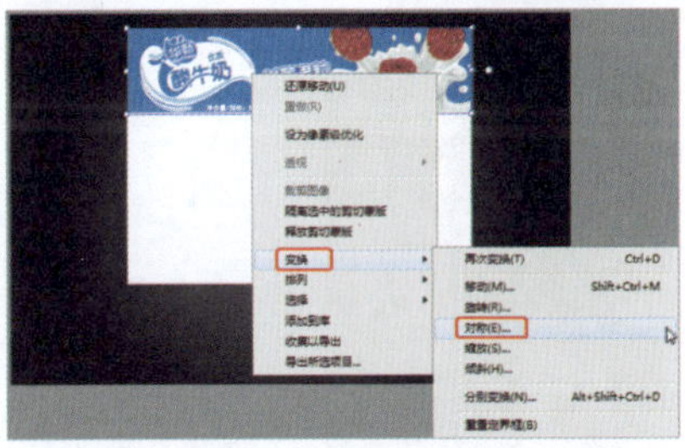

图14-146 选择【对称】命令

㉟ 在弹出的对话框中选择【水平】单选按钮，单击【复制】按钮，如图14-147所示。

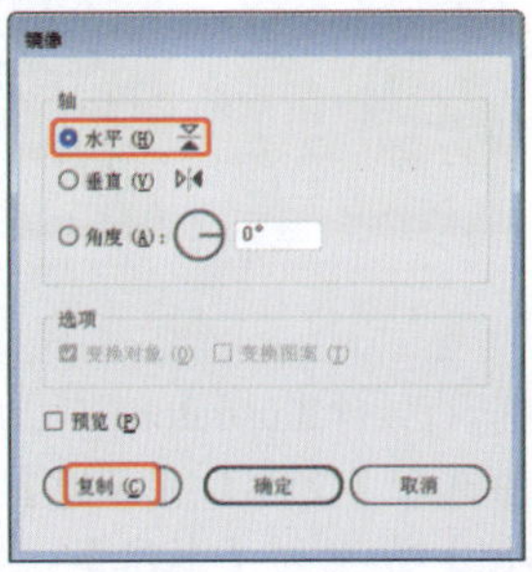

图14-147 选择【水平】单选按钮

㊱ 对镜像的对象进行垂直翻转，并调整其位置，效果如图14-148所示。

㊲ 使用【圆角矩形工具】，在空白处单击鼠标，在弹出的对话框中将【宽度】和【高度】分别设置为13和6.5，将【圆角半径】设置为0.5，单击【确定】按钮，在【颜色】面板中将其【填充颜色】的CMYK值设置为75、25、0、0，如图14-149所示。

图14-148 镜像对象并调整其位置

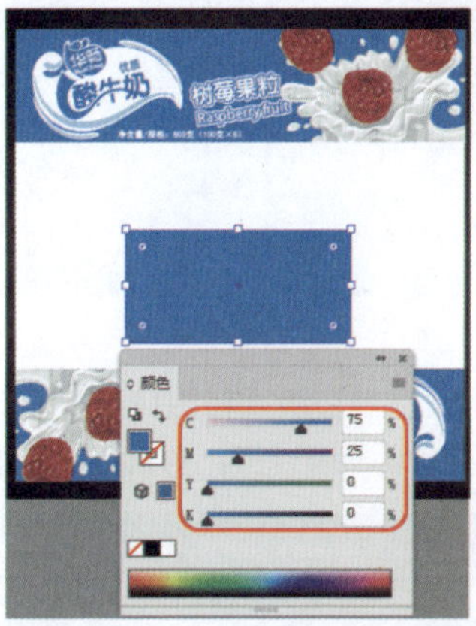

图14-149 绘制圆角矩形

㊳ 使用【矩形工具】绘制一个【宽度】和【高度】分别为13和2的矩形，如图14-150所示。

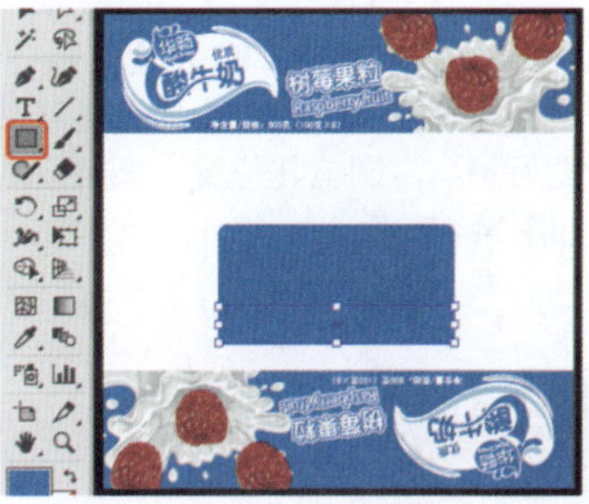

图14-150 绘制矩形

㊴ 选中刚刚绘制的矩形和圆角矩形，在【路径查找器】面板中单击【联集】按钮，如图14-151所示。

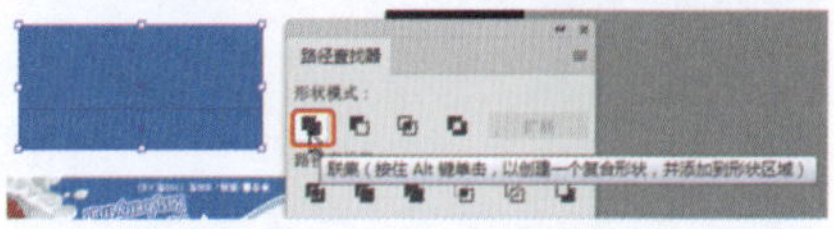

图14-151 联集路径

㊵ 使用【文字工具】输入文字，在【字符】面板中将【字体】设置为【微软雅黑】，将【字体大小】设置为11pt，并在【颜色】面板中将其【填充

颜色】设置为白色，如图14-152所示。

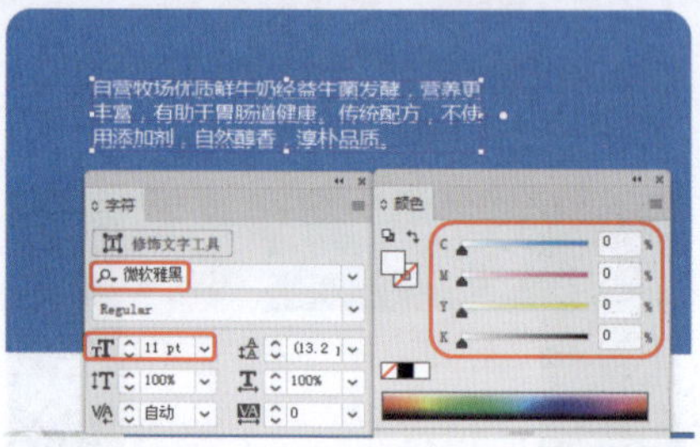

图14-152 绘制文本框并输入文字

41 使用同样的方法创建其他图形和文字，创建后的效果如图14-153所示。

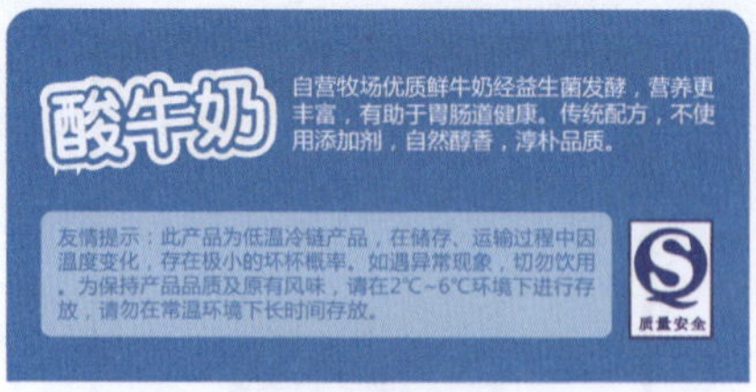

图14-153 创建其他图形和文字后的效果

42 在画板中选择图14-154所示的对象，按Ctrl+G组合键，对其进行编组。

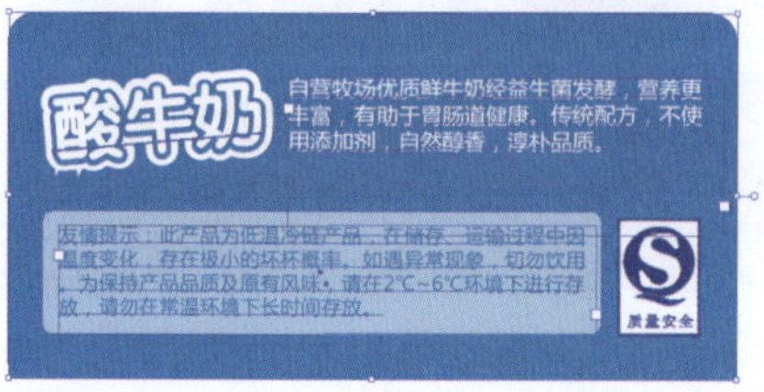

图14-154 选择对象并编组

43 在工具栏中单击【变换】按钮，在弹出的下拉菜单中将其【旋转】设置为90°，调整其位置，调整后的效果如图14-155所示。

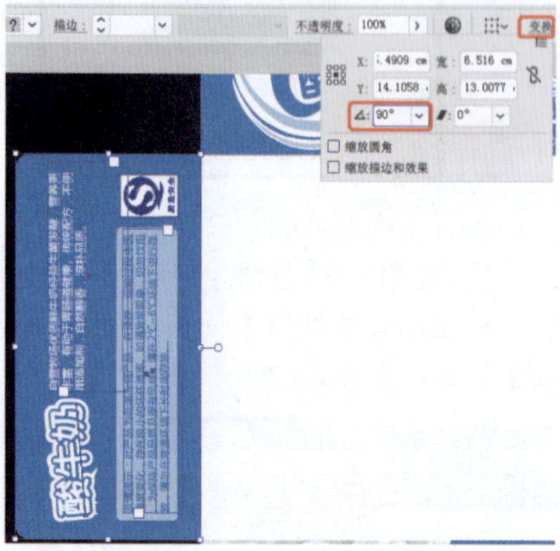

图14-155 设置旋转并调整其位置

44 根据前面介绍的方法创建其他图形和文字，并置入“包装盒标志.ai”素材文件，进行编组和旋转，效果如图14-156所示。

图14-156 创建其他对象后的效果

45 根据前面所介绍的方法保存和导出文件即可。

实训练习206 香烟包装设计

本实例将以香烟包装的制作为例进行介绍，运用前面所学的内容，演示包装盒的设计制作，完成后的效果如图14-157所示。

素材	素材|Cha14|背景.tif
场景	场景|Cha14|实训练习206 香烟包装设计.ai
视频	视频教学|Cha14|实训练习206 香烟包装设计.MP4

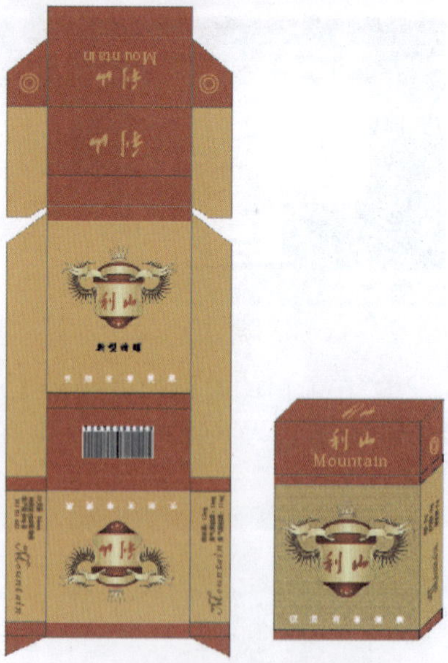

图14-157 香烟包装盒

1 运行软件Illustrator CC 2017，在菜单栏中选择【文件】|【新建】命令，将【单位】设置为【毫米】，将【宽度】设置为400，【高度】为500，单击【确定】按钮，如图14-158所示。

2 使用【矩形工具】，在空白处单击，弹出【矩形】对话框，在该对话框中将【宽度】、【高度】分别设置为110和24，单击【确定】按钮，如图14-159所示。

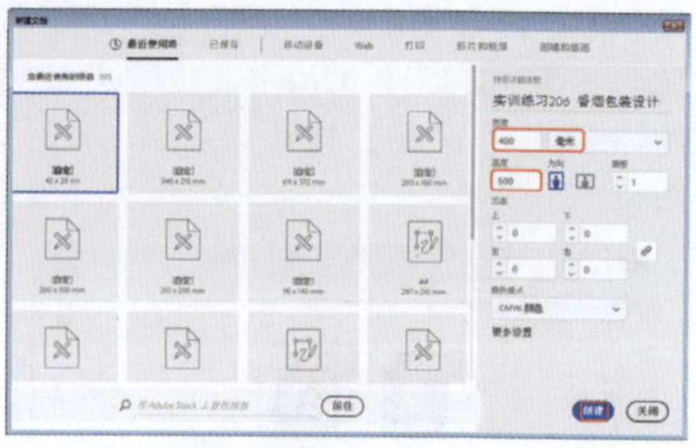

图14-158 新建画板

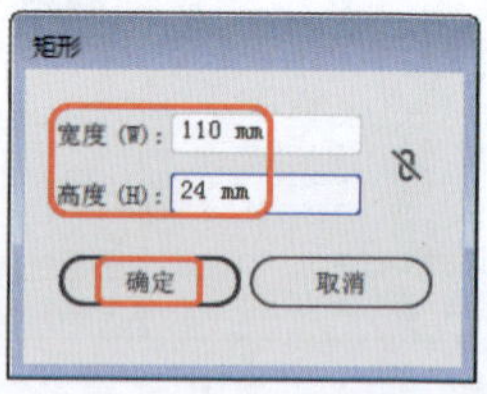

图14-159 设置矩形

3 继续绘制矩形，将【宽度】和【高度】分别设置为110和52，并将其与上一个矩形拼合，如图14-160所示。

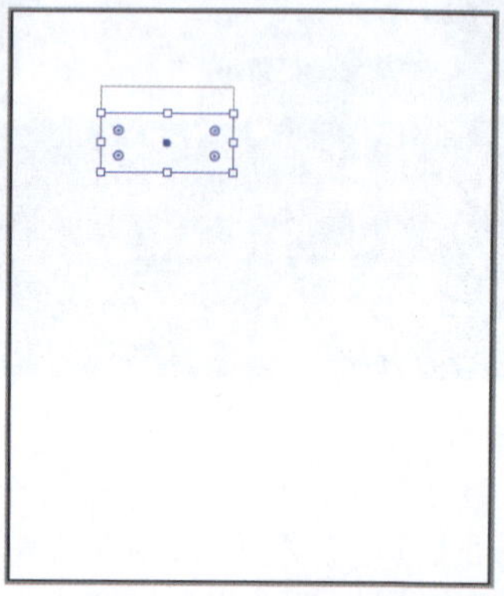

图14-160 绘制矩形

4 根据香烟盒的组成部分，继续绘制其他矩形，如图14-161所示。

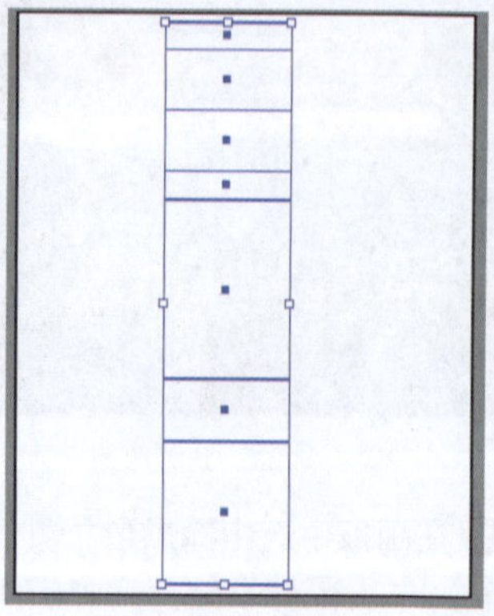

图14-161 绘制矩形

5 使用【选择工具】，选择绘制的第一个矩形，在【颜色】面板中将其【填充颜色】的CMYK分别设置为19、94、100、0，如图14-162所示。

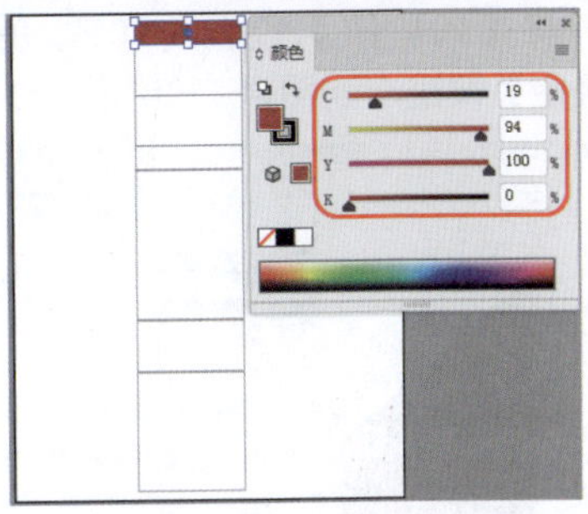

图14-162 设置颜色

⑥ 选择第二个矩形，使用【吸管工具】，吸取第一个矩形的颜色，使用同样的方法，对其他的矩形填充颜色，如图14-163所示。

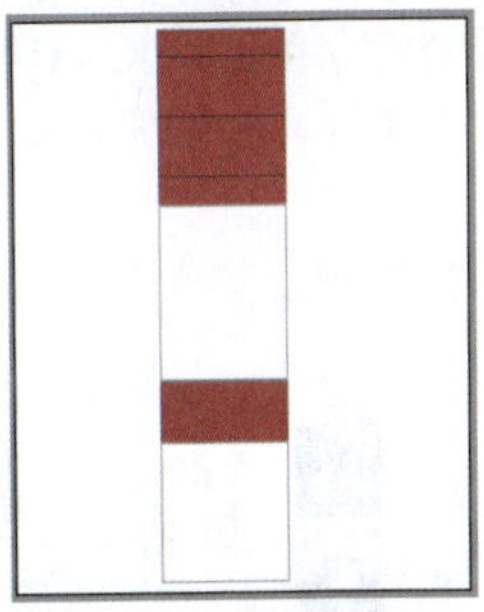
图14-163 填充颜色

⑦ 使用【选择工具】选择未填充颜色的矩形，在【颜色】面板中将其【填充颜色】的CMYK的值分别设置为8、31、65、0，如图14-164所示。

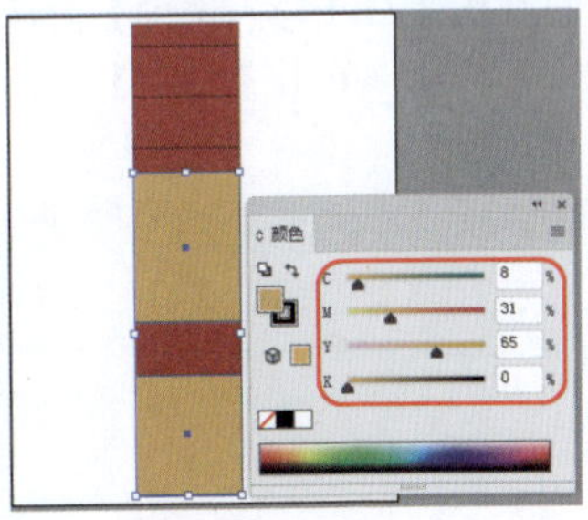

图14-164 设置【填充颜色】

⑧ 在场景中拖出参考线，在画框中绘制一个矩形，如图14-165所示。

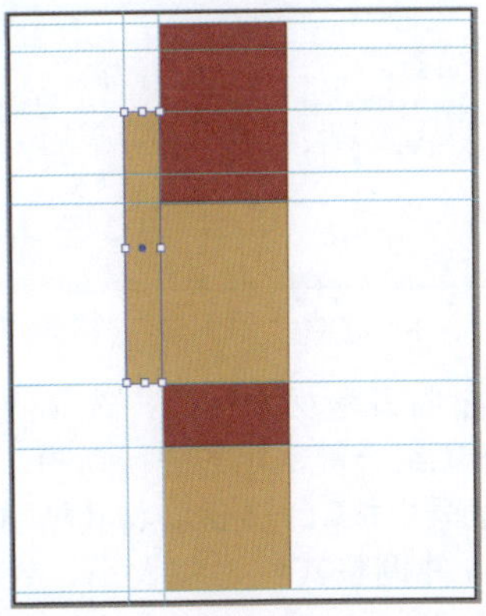
图14-165 绘制矩形

⑨ 使用相同的方式，绘制其他矩形，如图14-166所示。

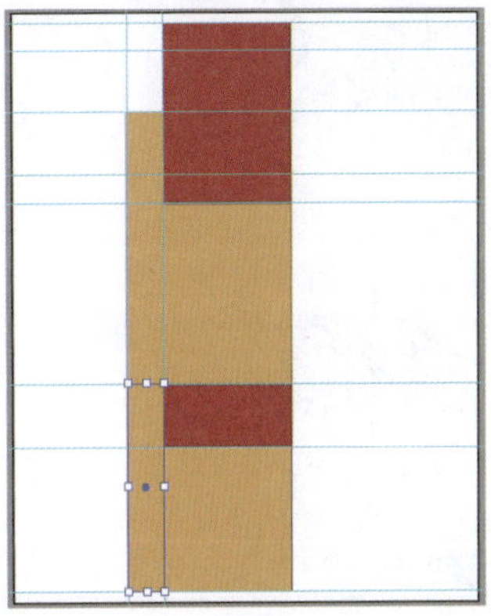
图14-166 绘制矩形

⑩ 使用【矩形工具】，沿参考线绘制一个矩形，并使用【吸管工具】吸取场景的红色，如图14-167所示。

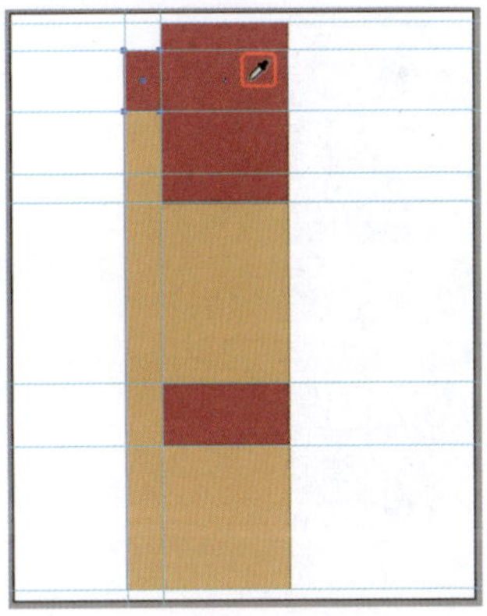
图14-167 绘制矩形

⑪ 拖出一条横向参考线，与刚刚绘制的矩形中心对齐，选择该矩形，再次使用【添加锚点工具】，在矩形上的参考线处单击鼠标添加锚点，如图14-168所示。

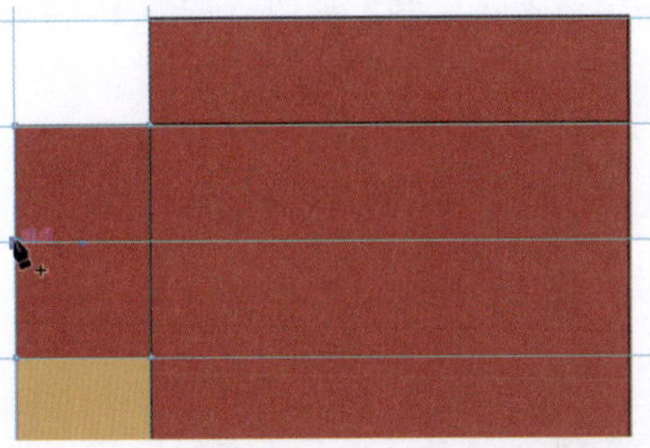
图14-168 添加锚点

⑫ 添加锚点后，使用【删除锚点工具】，将不需要的锚点删除，删除锚点后的效果如图14-169所示。

⑬ 使用【钢笔工具】，在矩形上创建图14-170所示的图形，并在【颜色】面板中将其【填充颜色】设置为白色，【描边属性】设置为黑色。

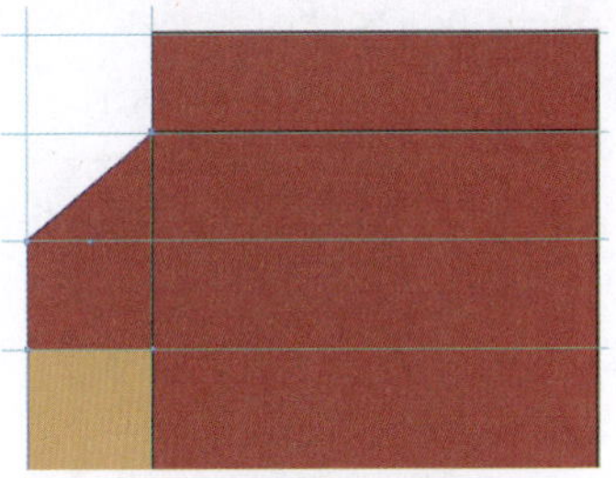
图14-169 删除锚点

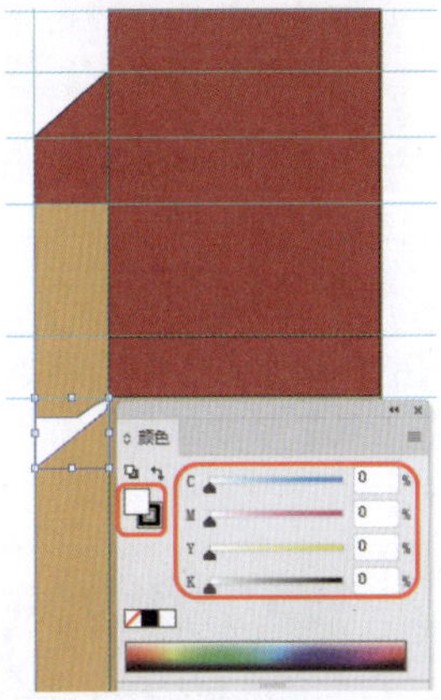
图14-170 绘制图形并设置

⑭ 选择刚刚绘制的图形，按住Shift键加选该图形下的矩形，在【路径查找器】面板中单击【减去顶层】按钮，对矩形进行修剪，如图14-171所示。

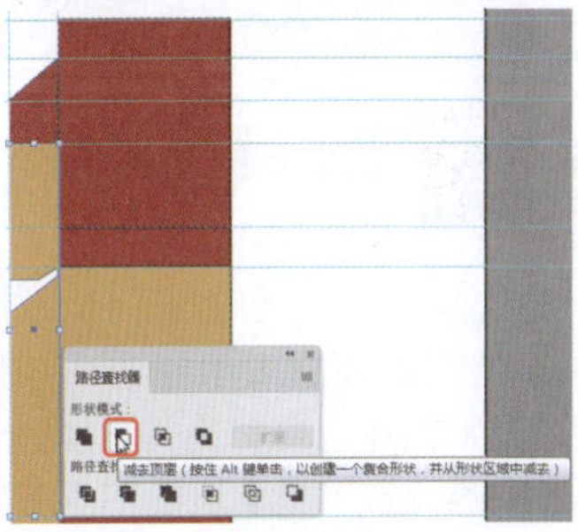
图14-171 减去顶层

⑮ 修剪的效果如图14-172所示。

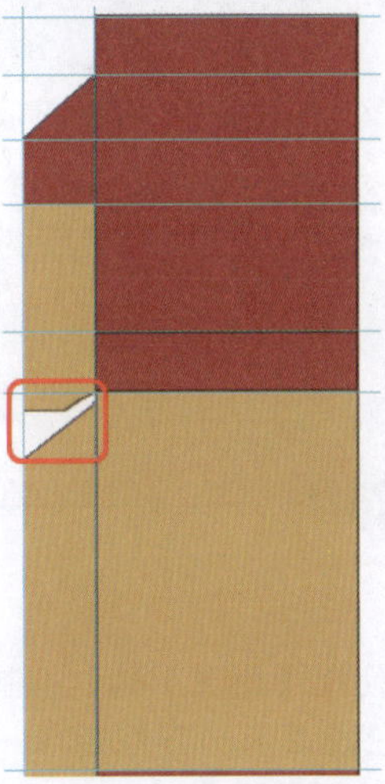
图14-172 修剪后的效果

⑯ 拖出两条横向参考线，将其拖至画框的底部，如图14-173所示。

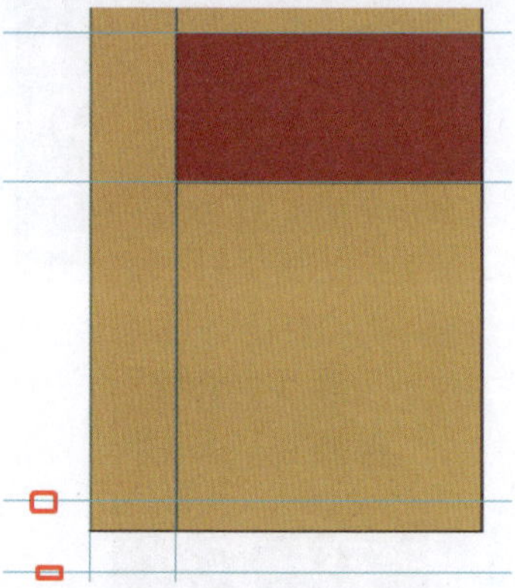

图14-173　制作参考线

⑰ 用【矩形工具】绘制矩形，并用【吸管工具】吸取画框中的红色，如图14-174所示。

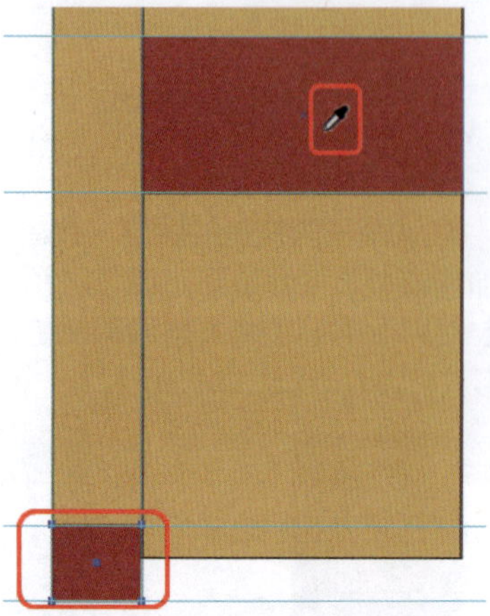

图14-174　绘制矩形

⑱ 使用前面的方法修改该矩形，使用【添加锚点工具】为其添加锚点，使用【删除锚点工具】删除不需要的锚点，效果如图14-175所示。

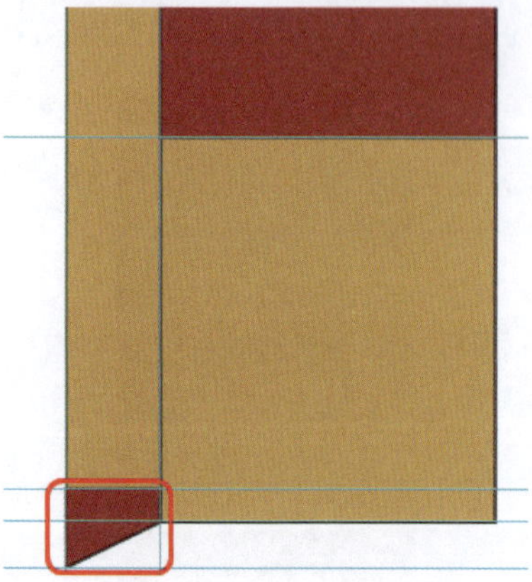

图14-175　调整矩形

⑲ 使用【矩形工具】绘制矩形，将其颜色设置为与其他矩形一致的红色，如图14-176所示。

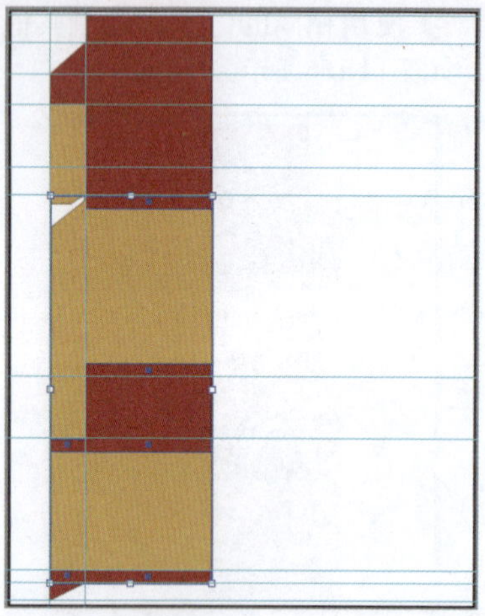

图14-176　绘制矩形

⑳ 将画框中的参考线删除，在画板中选择左侧的图形，按Ctrl+G组合键对其进行编组，如图14-177所示。

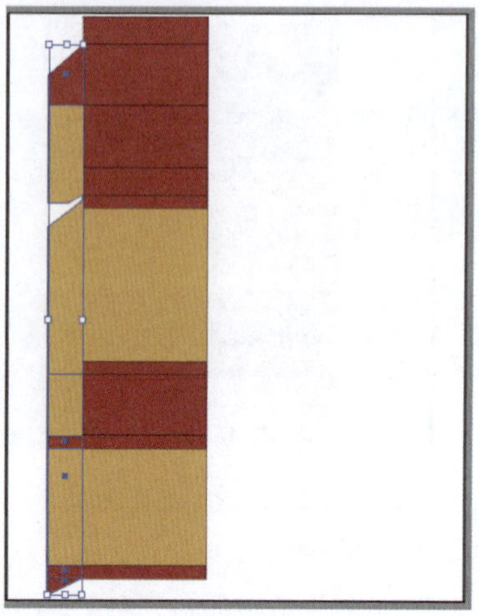

图14-177　图形编组

㉑ 选择编组后的图形，双击【镜像工具】，弹出的【镜像】对话框，选择【轴】选项区域中的【垂直】单选按钮，单击【复制】按钮，调整至合适的位置，如图14-178所示。

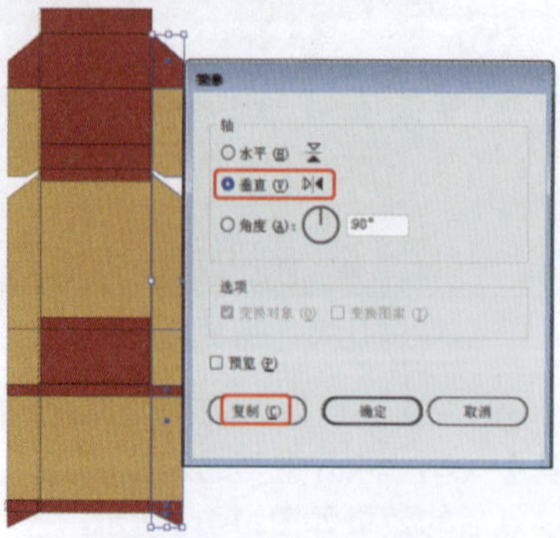

图14-178　镜像复制图形

㉒ 选择绘制的全部图形，在菜单栏中选择【效果】|【纹理】|【纹理化】命令，打开【纹理化】滤镜对话框，将【缩放值】设置为90%，单击【确定】按钮，如图14-179所示。

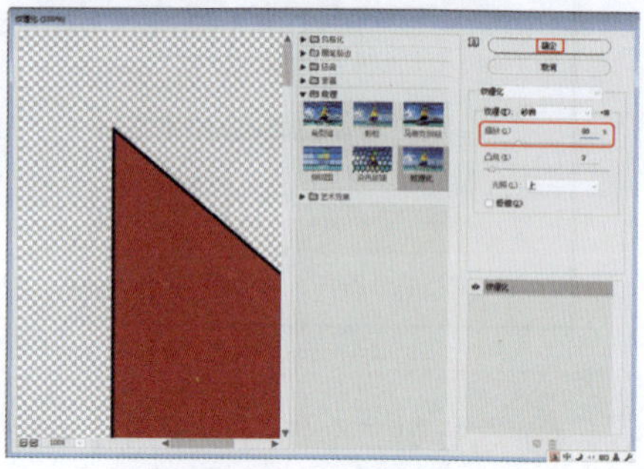

图14-179　【纹理化】对话框

㉓ 在菜单栏中选择【文件】|【打开】命令，弹出【打开】对话框，选择随书配套资源中的素材|Cha14|背景.tif文件，单击【打开】按钮，如图14-180所示。

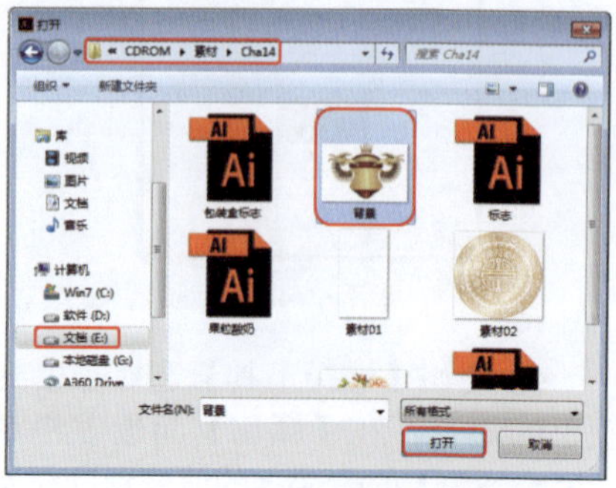

图14-180　选择素材文件

㉔ 弹出【TIFF导入选项】对话框，保持默认设置，单击【确定】按钮，如图14-181所示。

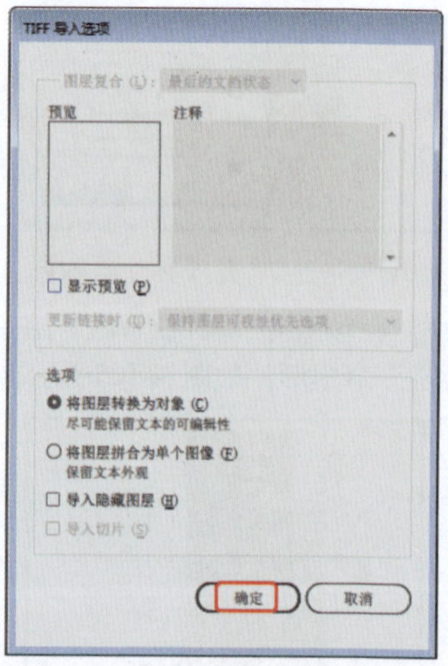

图14-181　【TIFF导入选项】对话框

㉕ 打开素材文件后，选择图形并按Ctrl+C组合键，对其进行复制，然后回到场景中按Ctrl+V键，将其粘贴至场景中，并调整其位置和大小，效果如图14-182所示。

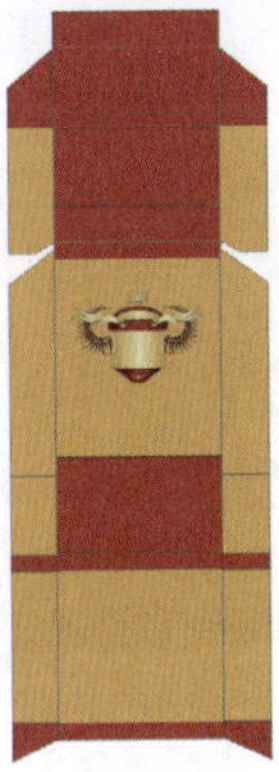

图14-182　调整图形

26 继续选择该图形，单击鼠标右键，在弹出的快捷菜单中选择【变换】|【旋转】命令，如图14-183所示。

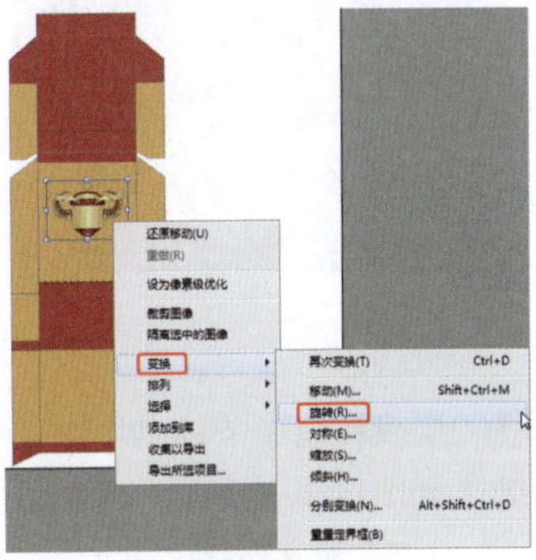

图14-183　【旋转】命令

27 弹出【旋转】对话框，将【角度】设置为180°，单击【复制】按钮，如图14-184所示。

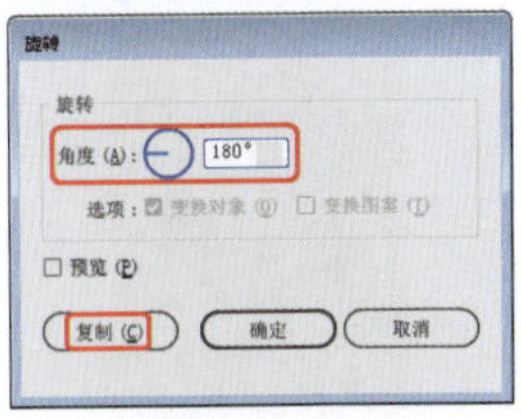

图14-184　【旋转】对话框

28 旋转复制后，调整其位置后的效果如图14-185所示。

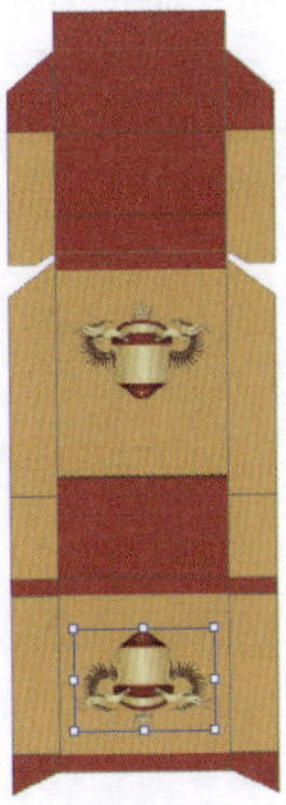

图14-185　调整图形

29 使用【文字工具】，输入文本“利山”，使用【吸管工具】吸取矩形中的红色，在【颜色】面板中将【描边属性】设置为无色，在【字符】面板中将【字体】设置为【方正黄草简体】，【字体大小】为49pt，将【字符间距】设置为-50，如图14-186所示。

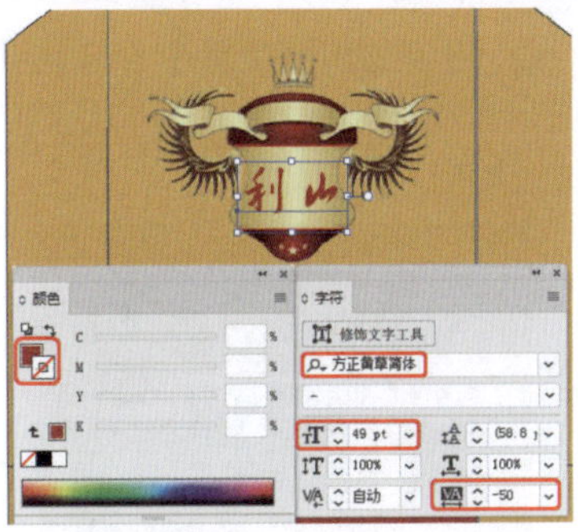

图14-186　制作文字

30 确定刚刚创建的文本处于选择状态，使用之前的方法对其旋转复制，效果如图14-187所示。

图14-187　旋转并复制文字

31 使用【文字工具】，输入文字“新型特醇”，在【字符】面板中将【字体】设置为【华文行楷】，【字体大小为24pt，将【字符间距】设置为75，如图14-188所示。

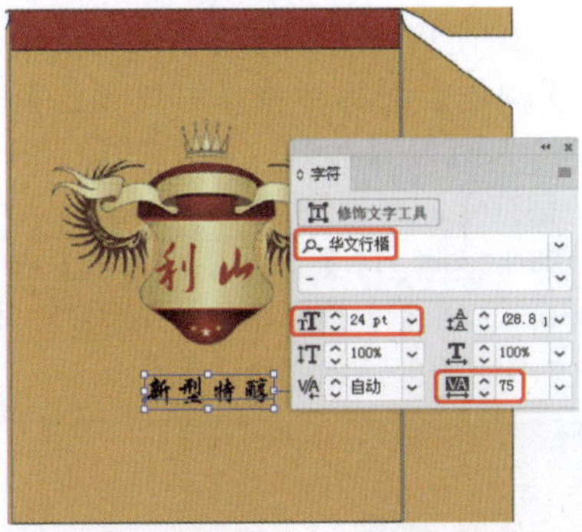

图14-188　输入文字并设置

32 使用【文字工具】，输入文字“吸烟有害健康”，在【颜色】面板中将【填充颜色】设置为白色，在【字符】面板中将【字体】设置为【Adobe 仿宋 Std R】，将【字体大小】设置为18pt，将【字符间距】设置为1500，如图14-189所示。

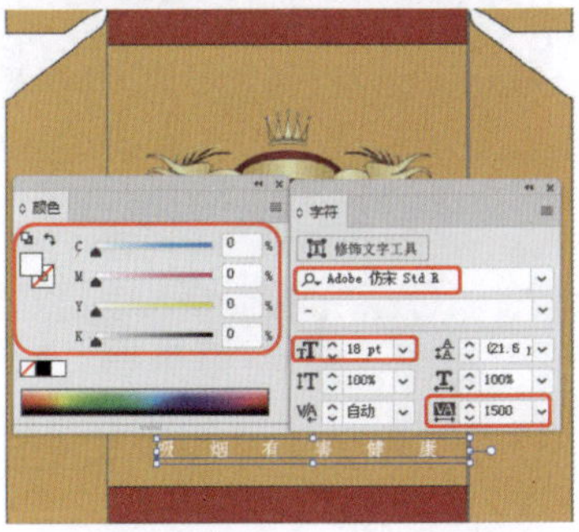

图14-189　输入文字并设置

33 使用【选择工具】选择制作的文字，使用之前的方法对其进行旋转复制，效果如图14-190所示。

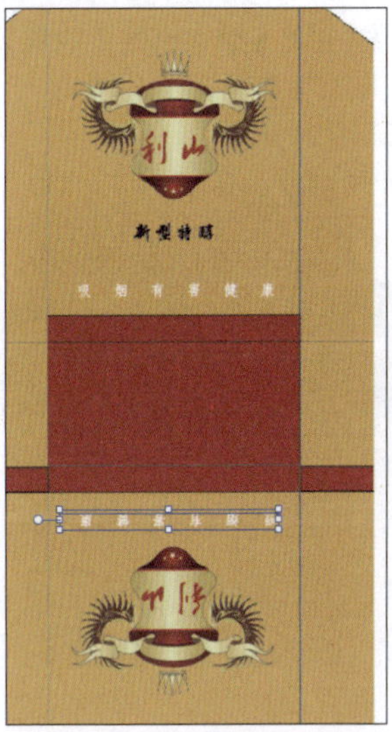

图14-190　制作文字

34 使用【选择工具】选择下方的“利山”文本，按住Alt键并拖动鼠标左键复制一个文本，在【字符】面板中将【字体大小】设置为72pt，在【颜色】面板中将其【填充颜色】的CMYK值设置为8、31、65、0，调整其位置，如图14-191所示。

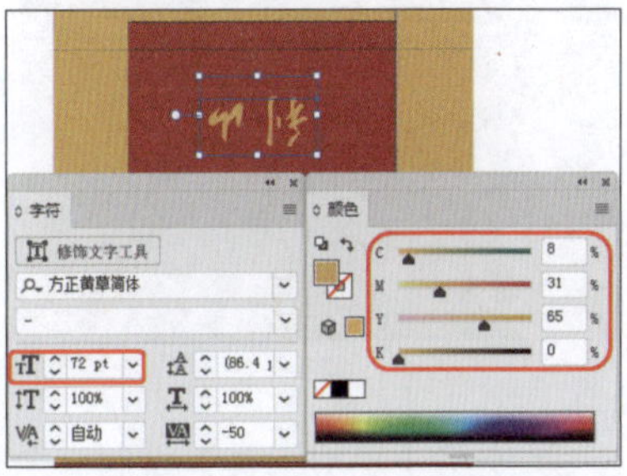

图14-191　设置属性

35 使用相同的方法制作其他的文本并设置，效果如图14-192所示。

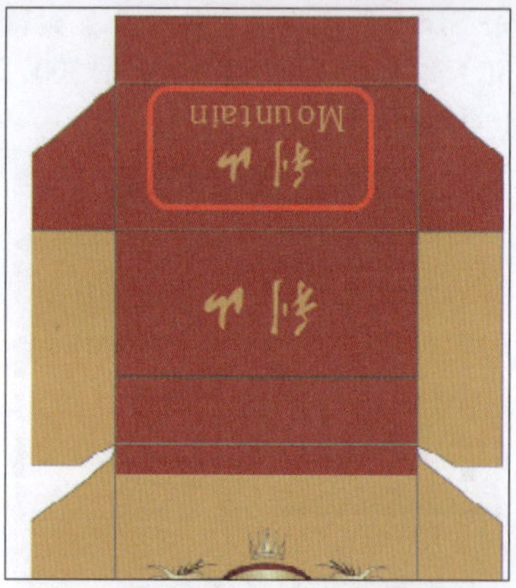

图14-192 制作文字

㉟ 使用【椭圆工具】，按住Shift键绘制一个正圆，在【颜色】面板中将其【填充颜色】设置为无色，将【描边颜色】的CMYK值设置为8、31、65、0，在工具栏中将【描边属性】设置为3pt，选择该图形复制一个，调整其大小，效果如图14-193所示。

图14-193 制作图形并设置

㊲ 选择绘制的两个圆，按Ctrl+G组合键对其进行编组，再按Alt键拖动鼠标复制出一个图形，调整其位置，效果如图14-194所示。

图14-194 制作图形

㊳ 使用【矩形工具】绘制一个矩形，在【颜色】面板中将其【填充颜色】设置为白色，【描边属性】设置为无色，如图14-195所示。

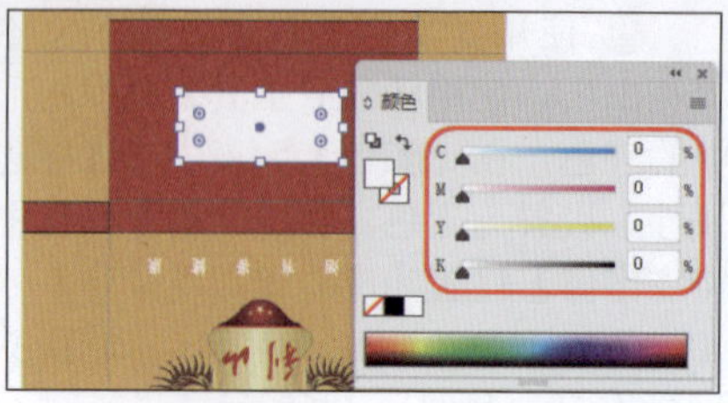

图14-195 绘制矩形并设置

㊴ 使用【矩形工具】在画板中创建图14-196所示的矩形，并将绘制的矩形进行编组。

图14-196 制作图形

㊵ 使用【文字工具】输入文本，并对文本进行调整，如图14-197所示。

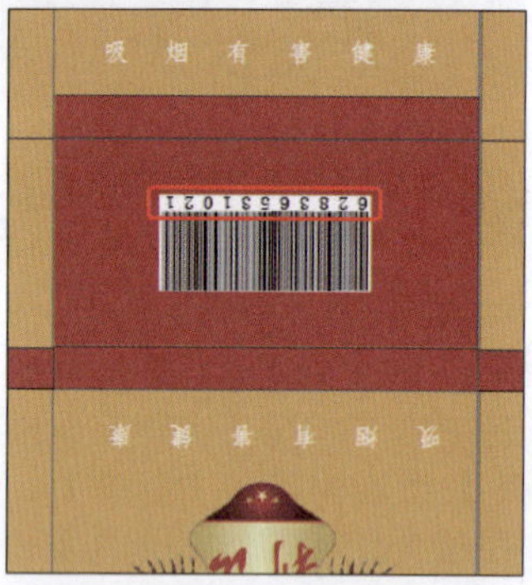

图14-197 制作文本

㊶ 使用【文字工具】输入文本，在【颜色】面板中将【填充颜色】的CMYK值设置为47、64、100、64，在【字符】面板中将【字体】设置为【Blackadder ITC】，【字体大小】设置为36pt，将【字符间距】设置为75，调整文本的角度，如图14-198所示。

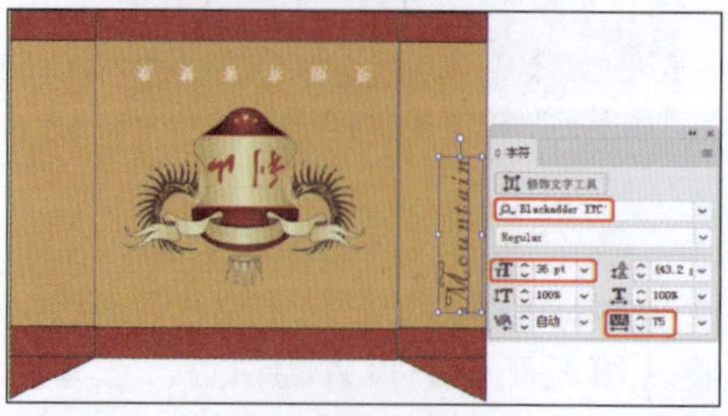

图14-198 制作文本

㊷ 选中制作的文本，对其进行旋转复制，效果如图14-199所示。

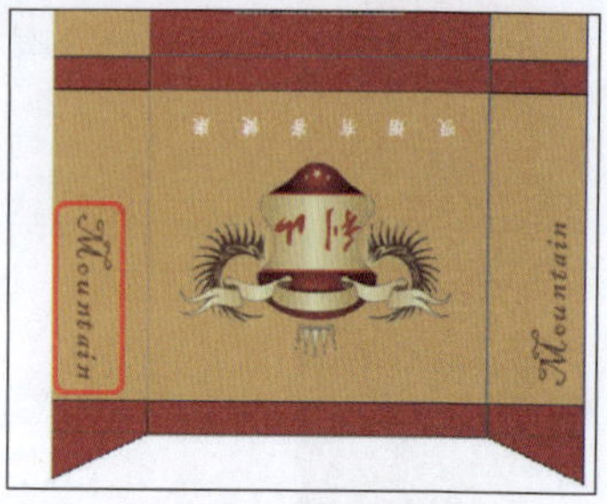

图14-199 调整文本

㊸ 使用【文字工具】输入其他文本并设置，效果如图14-200所示。

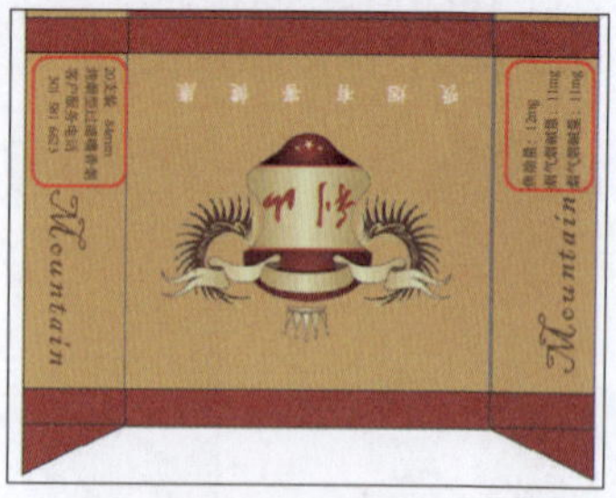

图14-200 制作文本

㊹ 香烟包装盒的展开图制作完成，效果如图14-201所示。

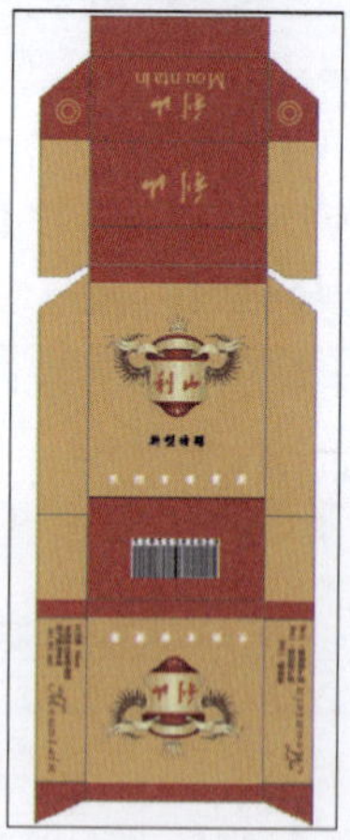

图14-201 包装盒展开效果图

㊺ 在画板中显示并添加参考线，将其合理地排列，效果如图14-202所示。

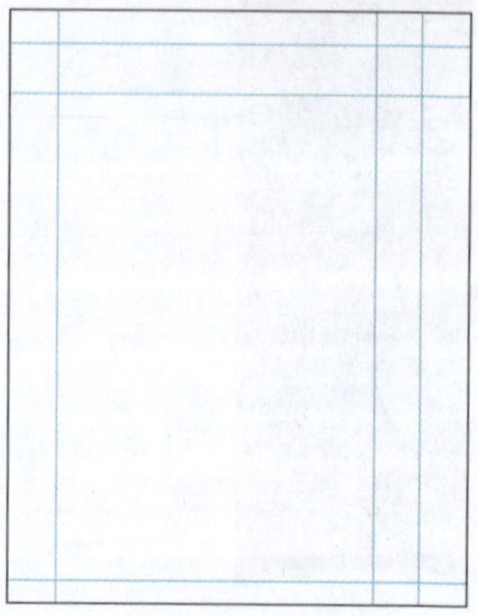

图14-202 绘制参考线

㊻ 使用【矩形工具】，在画板中根据参考线绘制矩形，使用【吸管工具】吸取香烟展开效果图的黄色，效果如图14-203所示。

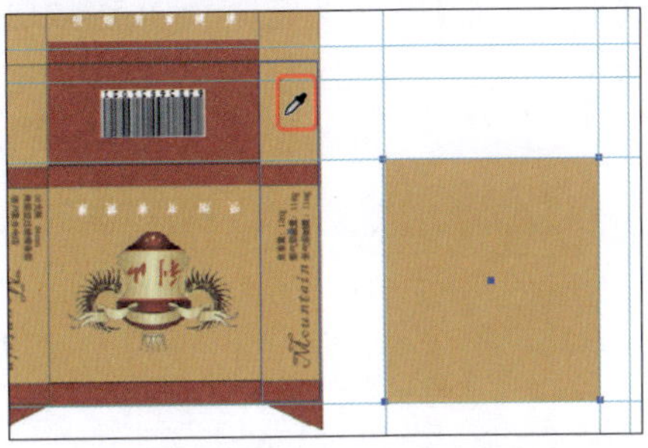

图14-203 绘制矩形并吸取颜色

㊼ 选择绘制的矩形，在菜单栏中选择【效果】|【纹理】|【纹理化】命令，打开【纹理化】对话框，将【缩放】设置为90%，单击【确定】按钮，如图14-204所示。

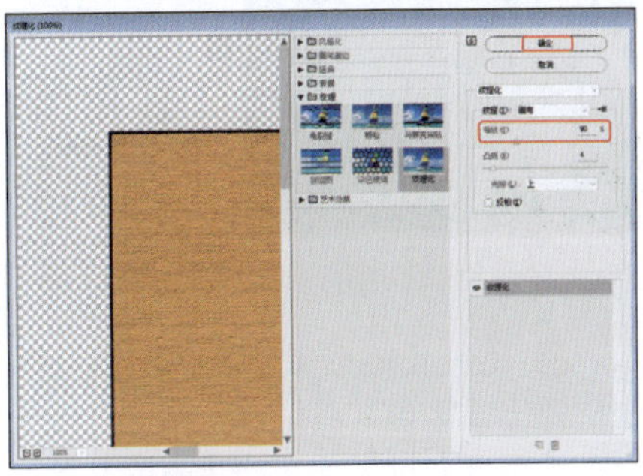

图14-204 【纹理化】对话框

㊽ 使用相同的方法制作矩形，如图14-205所示。

图14-205 绘制矩形

㊾ 再次使用【矩形工具】绘制一个矩形，选择该矩形后单击鼠标右键，在弹出的快捷菜单中选择【变换】|【倾斜】命令，弹出【倾斜】对话框，将【倾斜角度】设置为45°，勾选【预览】复选框，单击【确定】按钮，如图14-206所示。

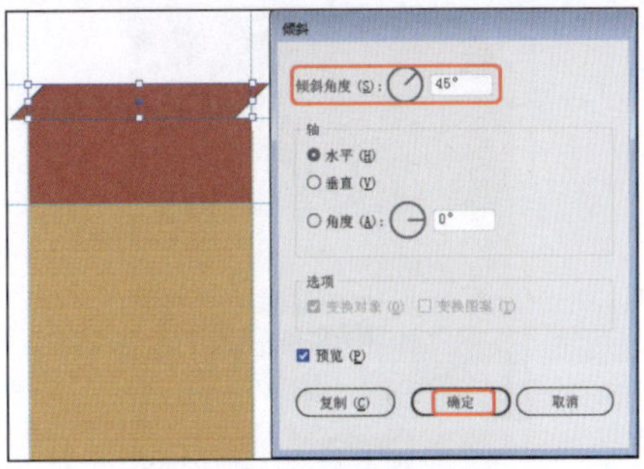

图14-206 绘制矩形并设置

㊿ 倾斜完成后，调整其位置，使用【矩形工具】，在画板中根据参考线绘制矩形，为他们添加纹理效果，如图14-207所示。

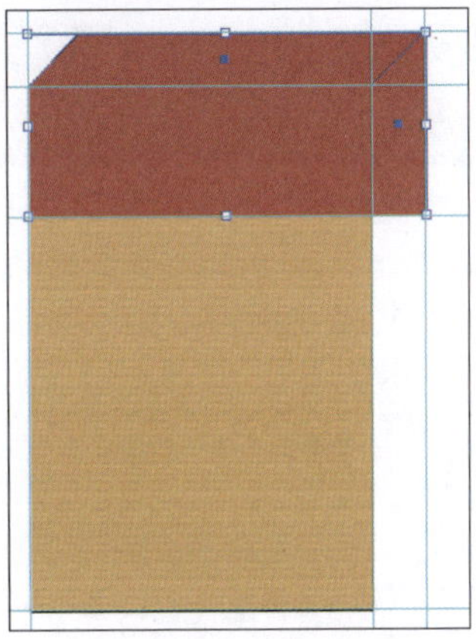

图14-207 绘制矩形

51 选择该矩形，使用【添加锚点工具】，在路径上添加锚点，使用【删除锚点工具】，将不需要的锚点删除，如图14-208所示。

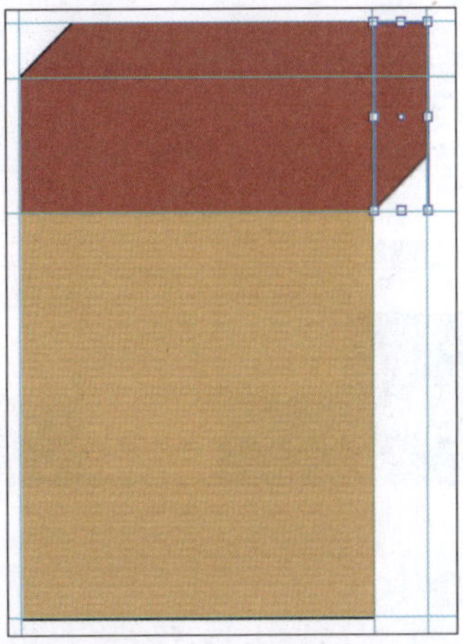

图14-208 调整图形

52 使用【矩形工具】绘制两个矩形，并为其添加纹理效果，如图14-209所示。

53 继续绘制矩形，使用前面相同的方法调整矩形，删除参考线，效果如图14-210所示。

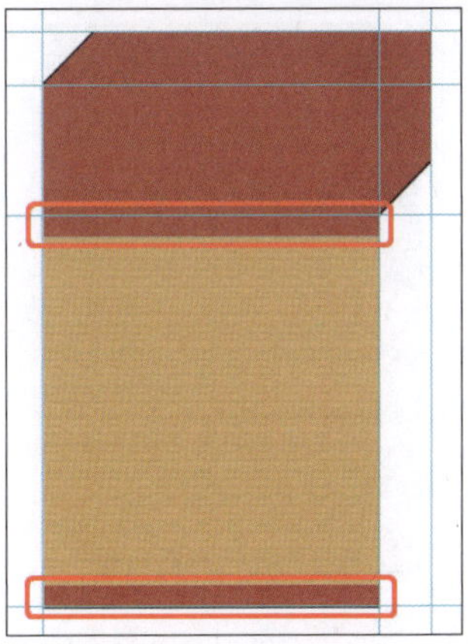

图14-209 绘制矩形

图14-210 调整矩形后的效果

54 在展开的香烟盒中，对相应位置上的图案进行复制，调整其位置和大小，效果如图14-211所示。

图14-211 复制文本并调整

55 选择“利山”文本并复制，选择复制出的文本，单击鼠标右键，选择【变换】|【倾斜】命令，在【倾斜】对话框中，将【倾斜角度】设置为48°，单击【确定】按钮，调整文本高度至合适的位置和大小，再将文本和文本所在的矩形置于顶层，效果如图14-212所示。

图14-212 文本效果

56 在展开的香烟包装盒上选择相应的图案，对其进行复制，调整该图层位置和大小，单击鼠标右键选择【变换】|【倾斜】命令，弹出【倾斜】对话框，在【轴】选项组中勾选【垂直】单选按钮，将【倾斜角度】设置为-14°，单击【确定】按钮，调整其图形的大小，如图14-213所示。

图14-213 图形效果

57 使用相同的方法，制作其他图形和文本，如图14-214所示。

图14-214 图形效果

58 在展开的香烟包装盒上选择相应的图案，对其进行复制，调整该图层的位置和大小，最终效果如图14-215所示。

图14-215 最终效果

59 根据前面所介绍的方法对文件进行保存和导出即可。

实训练习207 制作化妆品包装

本实例介绍化妆品包装的设计，该例的制作比较简单，主要是使用矩形工具绘制包装平面图，输入文字，完成后的效果如图14-216所示。

素材	素材|Cha14|花边.ai
场景	场景|Cha14|实训练习207 制作化妆品包装.ai
视频	视频教学 | Cha14 |实训练习207 制作化妆品包装.MP4

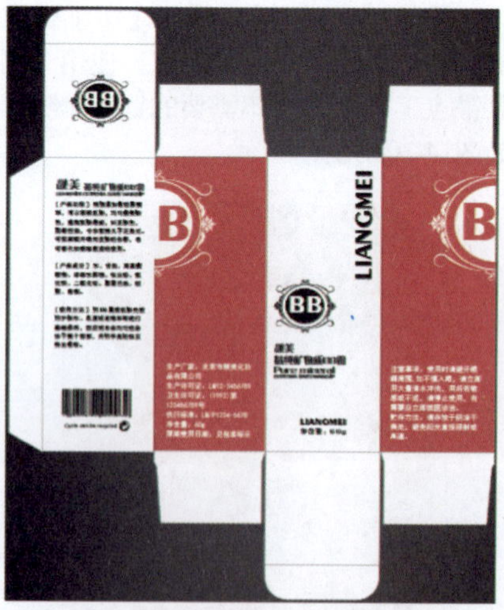

图14-216 化妆品包装效果图

1 按Ctrl+N组合键，在弹出的【新建文档】对话框中将【宽度】和【高度】都设置为300，【单位】为【毫米】，将【颜色模式】设置为CMYK，单击【创建】按钮，如图14-217所示。

2 使用【矩形工具】，绘制一个与画板大小一致的矩形，在【渐变】面板中将【类型】设置为【径向】，将【长宽比】设置为200%，将左侧渐变滑块的CMYK值设置为67、59、59、6，将右侧渐变滑块的CMYK值设置为85、84、80、68，将上方节点的位置设置为67%，并在工具栏中将其【描边属性】设置为无色，如图14-218所示。

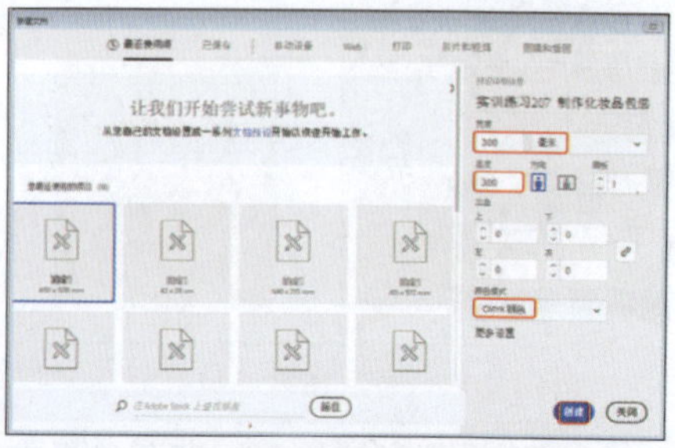
图14-217 新建画板

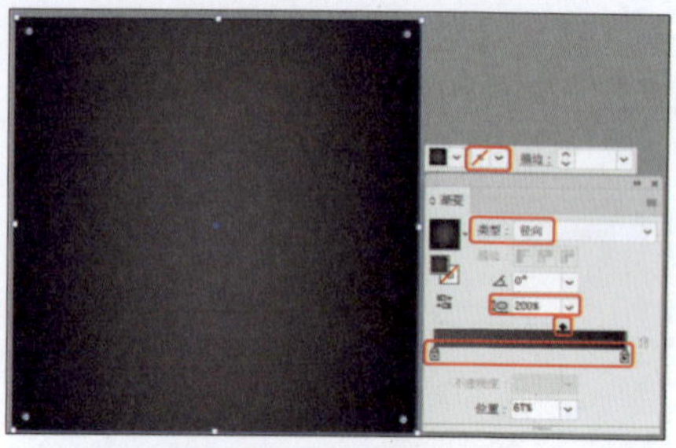
图14-218 设置属性

3 使用【矩形工具】在空白处单击，弹出【矩形】对话框，在该对话框中将【宽度】设置为50，【高度】设置为130，在【颜色】面板中将【填充颜色】设置为白色，将【描边颜色】设置为黑色，在工具栏中将【描边属性】设置为0.25pt，如图14-219所示。

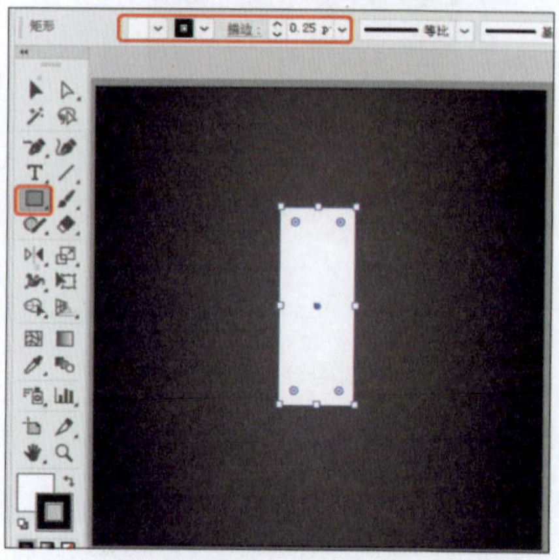
图14-219 绘制矩形并设置

4 使用【圆角矩形工具】在空白处单击，弹出【圆角矩形】对话框，在该对话框中将【宽度】设置为50，【高度】设置为65，【圆角半径】设置为10的圆角矩形，效果如图14-220所示。

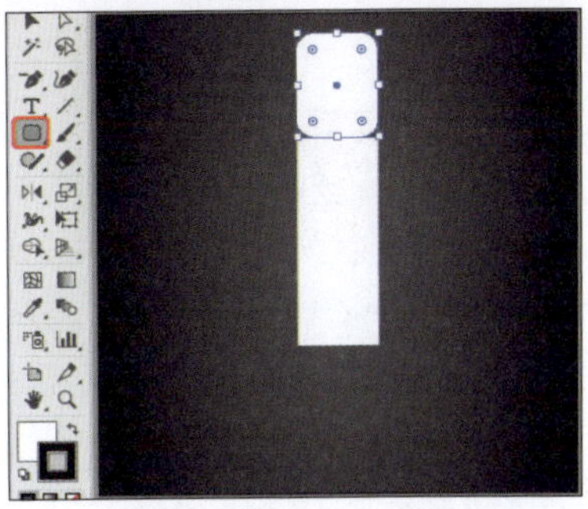

图14-220 绘制圆角矩形

5 使用【矩形工具】绘制一个【宽度】和【高度】都为50mm的正方形，如图14-221所示。

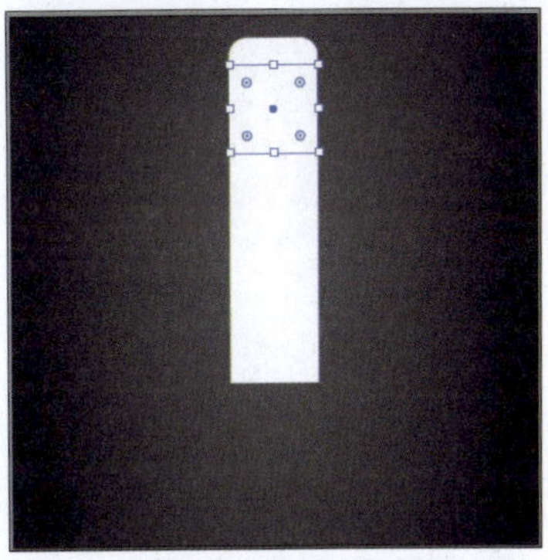

图14-221 绘制正方形

6 使用【矩形工具】绘制【宽度】为50mm，【高度】为130mm的矩形，在【颜色】面板中将【填充颜色】的CMYK值设置为0、100、50、0，将【描边颜色】的CMYK值设置为0、0、0、100，在工具栏中将【描边属性】设置为0.25pt，如图14-222所示。

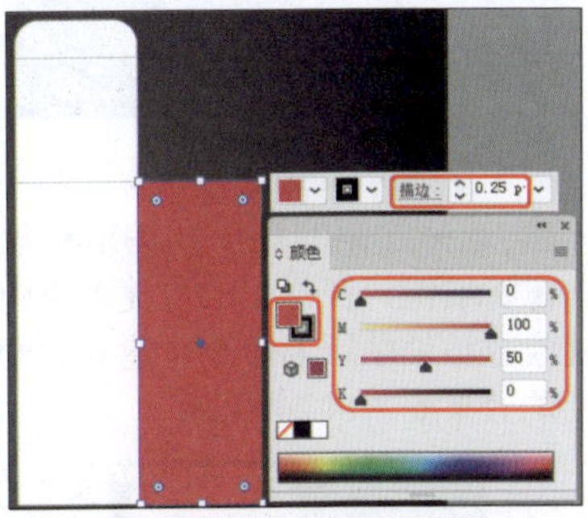

图14-222 绘制矩形并填充颜色

7 使用【钢笔工具】绘制图形，在工具栏中将【填充颜色】设置为白色，如图14-223所示。

8 在刚刚绘制的图形上单击鼠标右键，在弹出的快捷菜单中选择【变换】|【对称】命令，弹出【镜像】对话框，勾选【水平】单选按钮，单击【复制】按钮，即可水平镜像复制绘制的图形，在画板中调整其位置，效果如图14-224所示。

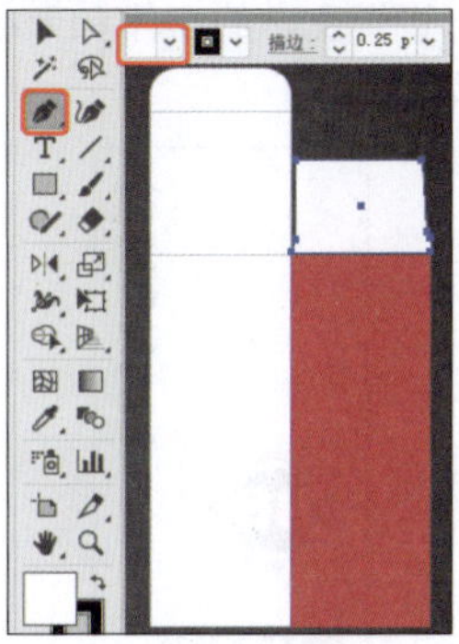

图14-223 绘制图形并设置

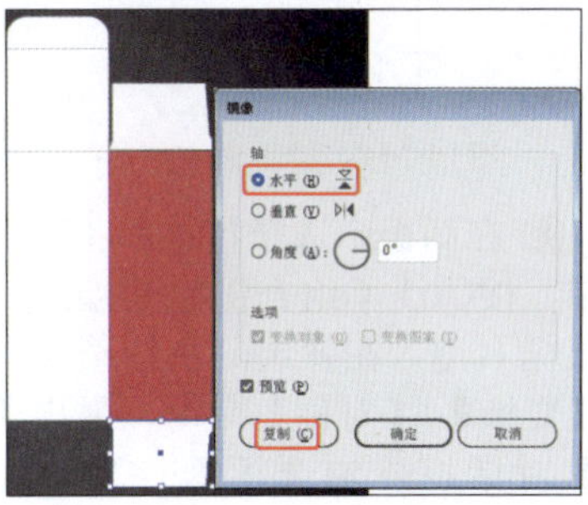

图14-224 复制并调整图形

9 在复制后的图形上单击鼠标右键，在弹出的快捷菜单中选择【变换】|【对称】命令，弹出【镜像】对话框，勾选【垂直】单选按钮，单击【确定】按钮，即可垂直镜像复制图形，效果如图14-225所示。

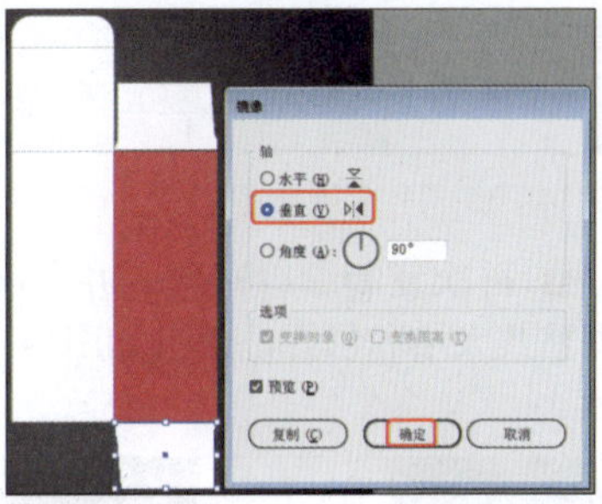

图14-225 垂直镜像对象

10 在画板中选择除背景以外的所有对象，单击鼠标右键，在弹出的快捷菜单中选择【变换】|【对称】命令，如图14-226所示。

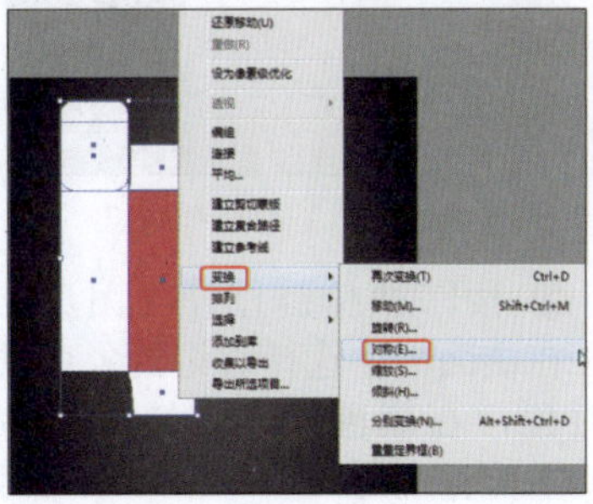

图14-226 选择【对称】命令

11 弹出【镜像】对话框，勾选【水平】单选按钮，单击【复制】按钮，即可水平镜像复制选择的对象，在画板中调整其位置，效果如图14-227所示。

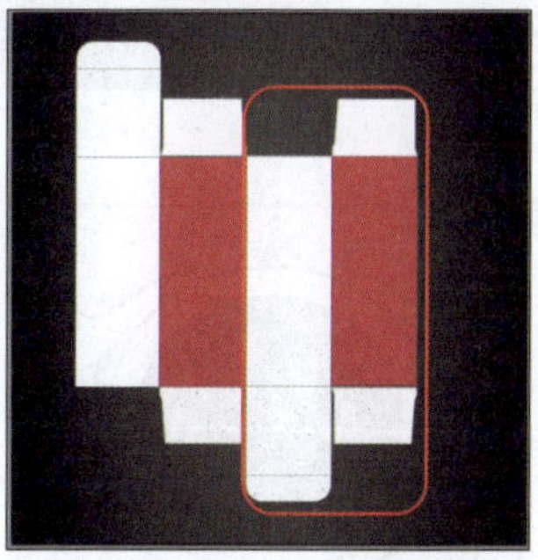

图14-227 复制并调整对象

12 使用【钢笔工具】绘制图形，在【颜色】面板中将【填充颜色】设置为白色，将【描边】属性设置为0.25pt，效果如图14-228所示。

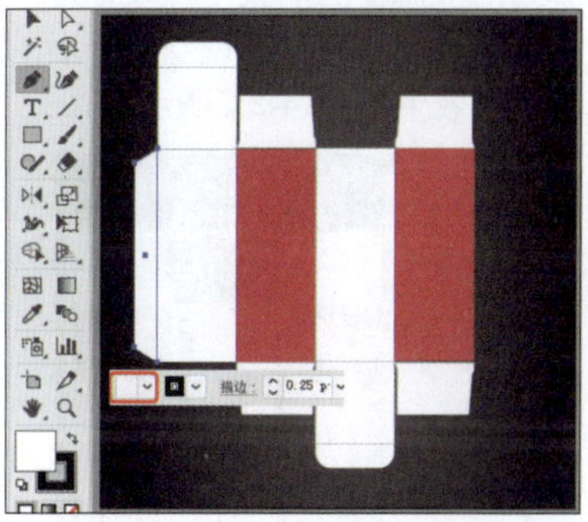

图14-228 绘制图形

13 使用【文字工具】输入文字，在【字符】面板中，将【字体】设置为【Exotc350 Bd BT Bold】，将【字体大小】设置为30.34pt，如图14-229所示。

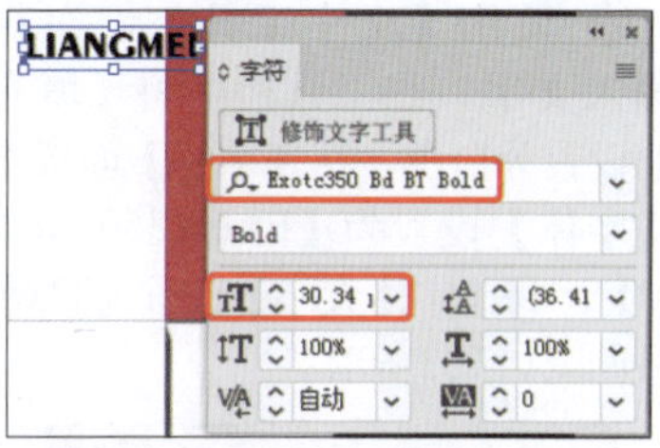

图14-229 输入并设置文字

14 在工具栏中单击【变换】按钮，在弹出下拉菜单中将【旋转】设置为90°，在画板中调整其位置，效果如图14-230所示。

15 按Ctrl+O组合键弹出【打开】对话框，在该对话框中选择随书配套资源中的素材|Cha14|花边.ai文件，单击【打开】按钮，即可打开选择的素材文件，如图14-231所示。

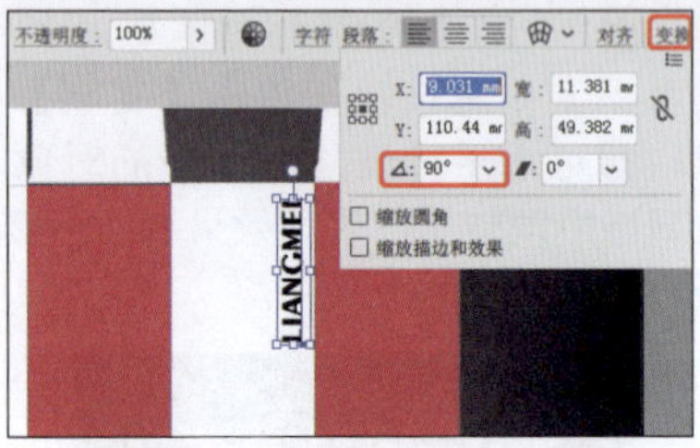

图14-230　设置文字旋转角度

图14-231　打开的素材文件

⑯ 按Ctrl+A组合键选择所有的对象，按Ctrl+C组合键复制选择的对象，返回到当前制作的场景中，按Ctrl+V组合键粘贴选择的对象，调整复制后的对象位置，效果如图14-232所示。

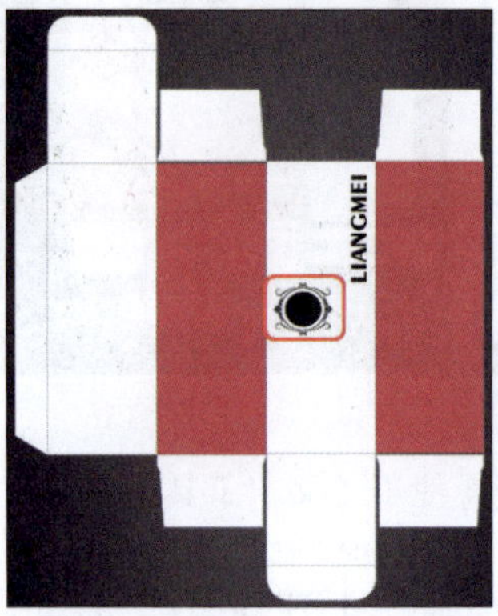

图14-232　复制对象

⑰ 使用【文字工具】，在花边上输入文字，在工具栏中将【填充颜色】设置为白色，在【字符】面板中，将【字体】设置为【Exotc350 Bd BT Bold】，将【字体大小】设置为32.6pt，效果如图14-233所示。

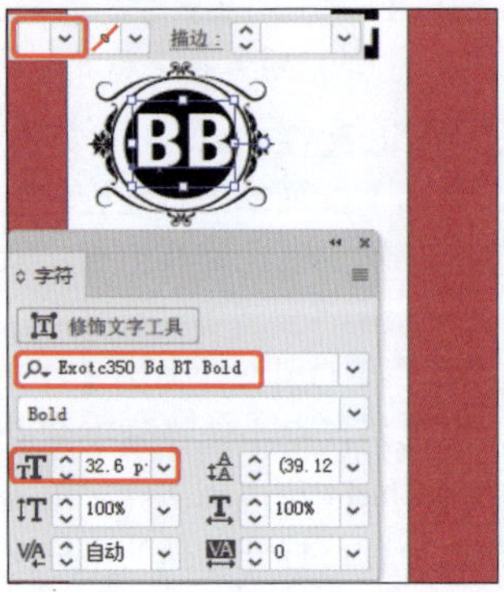

图14-233　输入并设置文字

⑱ 结合前面介绍的方法，输入其他文字，设置文字的字体和大小，效果如图14-234所示。

图14-234　输入其他文字

⑲ 在画板中选择花边和花边上的文字，按Ctrl+G组合键将其编组，单击鼠标右键，在弹出的快捷菜单中选择【变换】|【对称】命令，弹出【镜像】对话框，勾选【垂直】单选按钮，单击【复制】按钮，即可垂直镜像复制选择的对象，在画板中调整其位置，效果如图14-235所示。

图14-235　垂直镜像复制选择的对象

⑳ 再次复制编组对象，并在画板中调整其大小和位置，效果如图14-236所示。

图14-236　复制编组对象

㉑ 按F7快捷键打开【图层】面板，在该面板中选择编组对象中的文字对象，在属性栏中将填充颜色的CMYK值更改为0、100、50、0，效果如图14-237所示。

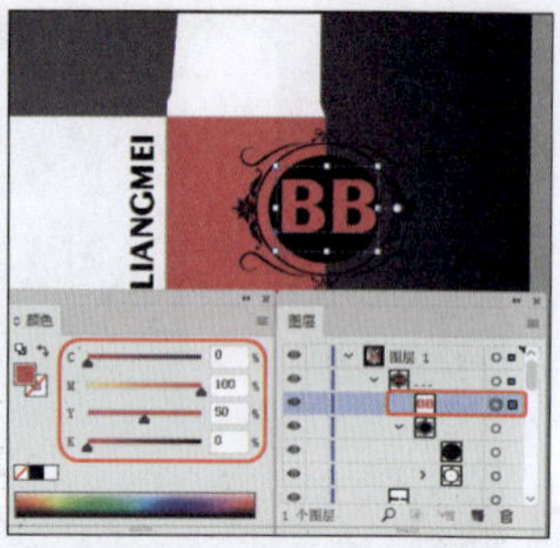

图14-237　更改文字颜色

㉒ 在【图层】面板中选择编组对象中的花边对象，在【颜色】面板中将【填充颜色】更改为白色，效果如图14-238所示。

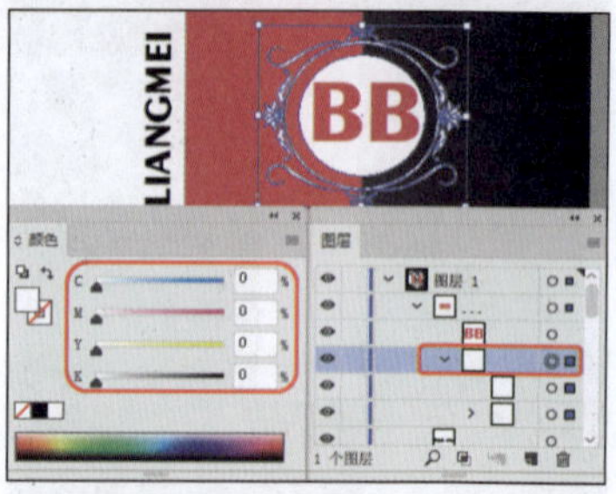

图14-238　更改花边填充颜色

㉓ 使用【矩形工具】，在画板中绘制矩形，如图14-239所示。

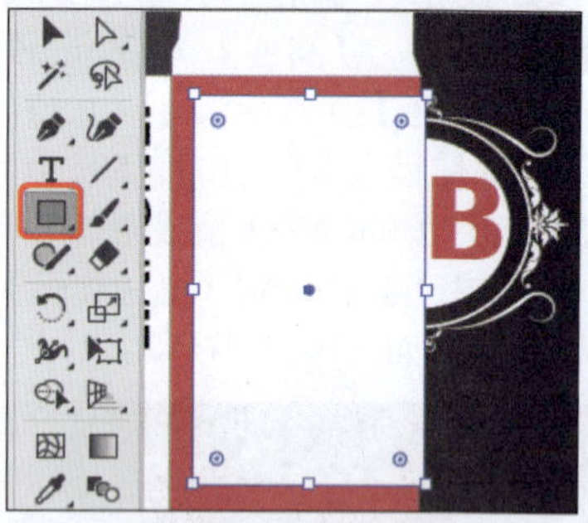

图14-239　绘制矩形

㉔ 选择绘制的矩形和编组对象，单击鼠标右键，在弹出的快捷菜单中选择【建立剪切蒙版】命令，建立剪切蒙版后的效果如图14-240所示。

图14-240　建立剪切蒙版后的效果

知识链接

如果要选择单一的对象，可在【图层】面板中单击◎图标，当该图标变为◎时，表示该图层被选中。在按住Ctrl键的同时可以选择多个对象，如果想取消选择某个对象，可以在按住Ctrl键的同时再次单击该对象，即可取消选择该对象。

如果要在当前所选择对象的基础上，再选择其所在图层中的所有对象，在菜单栏中选择【选择】|【对象】|【同一图层上的所有对象】命令，即可选择该图层上的所有对象。

㉕ 使用【文字工具】，输入文本，在工具栏中将【填充颜色】设置为白色，并在【字符】面板中，将【字体】设置为【黑体】，将【字体大小】设置为9pt，将【行距】设置为12pt，效果如图14-241所示。

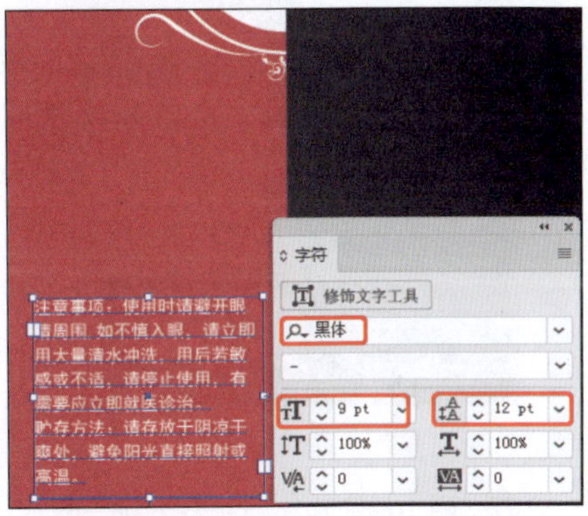

图14-241 输入段落文字并设置

㉖ 结合前面介绍的方法，继续复制并调整编组对象，输入文字，效果如图14-242所示。

图14-242 复制对象并输入文字

㉗ 使用【文字工具】在画板中输入文字，并对输入的文字进行设置，效果如图14-243所示。

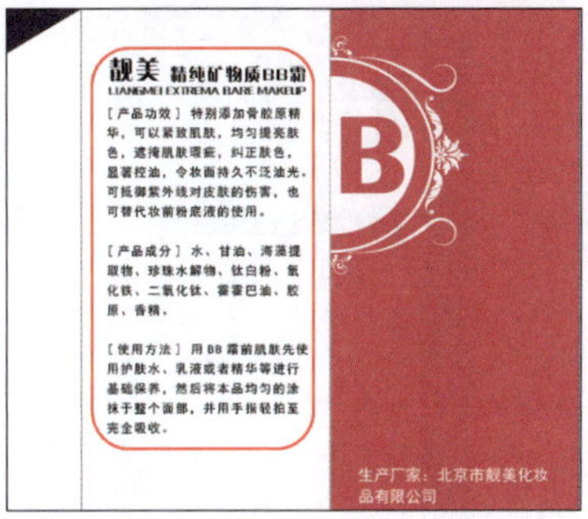

图14-243 输入其他文字

㉘ 使用【矩形工具】，在画板中绘制一个【宽度】为0.2，【高度】为11的矩形，在【颜色】面板中将【填充颜色】的CMYK值设置为0、0、0、100，将【描边属性】设置为无色，效果如图14-244所示。

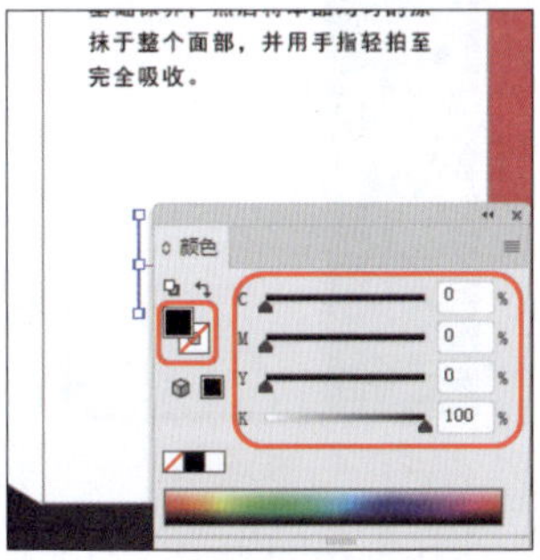

图14-244 绘制矩形

㉙ 使用同样的方法，绘制其他矩形，制作出条形码，效果如图14-245所示。

图14-245 绘制其他矩形

㉚ 使用【文字工具】，在画板中输入文字，在【字符】面板中将【字体】设置为【黑体】，将【字体大小】设置为3pt，将【字符间距】设置为125，效果如图14-246所示。

图14-246 输入并设置文字

㉛ 使用【椭圆工具】，在按住Shift键的同时绘制正圆，选择绘制的正圆，在工具栏中将其【填充颜色】设置为【黑色】，将【描边属性】设置为无色，如图14-247所示。

图14-247 绘制正圆

㉜ 使用【钢笔工具】，在画板中绘制图形，并为绘制的图形填充一种颜色，如图14-248所示。

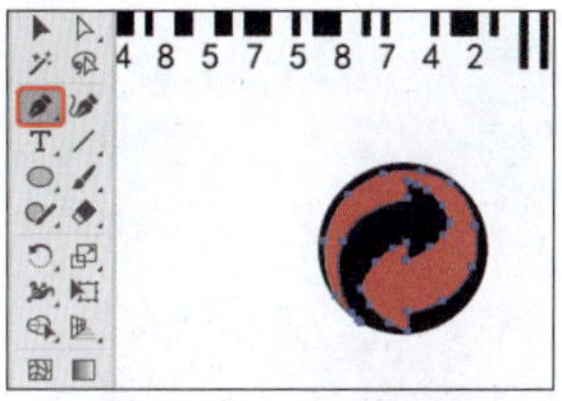

图14-248 绘制图形

㉝ 选择绘制的图形和正圆，单击鼠标右键，在弹出的快捷菜单中选择【建立复合路径】命令，即可建立复合路径，效果如图14-249所示。

图14-249 建立复合路径效果

㉞ 使用【文字工具】，在画板中输入文字，并选择输入的文字，在属性栏中单击【字符】，打开字符面板，将【字体】设置为【Arial】，将字体大小设置为6.5pt，将【字符间距】设置为25，效果如图14-250所示。

图14-250 输入并设置文字

㉟ 根据前面所介绍的方法保存和导出文件即可。

实训练习208 制作丝绸包装

本实例将讲解如何制作丝绸包装，其中主要应用了【文字工具】【渐变工具】等，具体操作方法如下所述，完成后的效果如图14-251所示。

素材	素材|Cha14|丝绸包装素材.ai
场景	场景|Cha14|实训练习208 制作丝绸包装.ai
视频	视频教学 | Cha14 |实训练习208 制作丝绸包装.MP4

图14-251 丝绸包装效果图

❶ 启动软件后，按Ctrl+N组合键，在弹出的【新建文档】对话框中，将【单位】设置为【毫米】，将【宽度】设置为376，将【高度】设置为646，单击【创建】按钮，如图14-252所示。

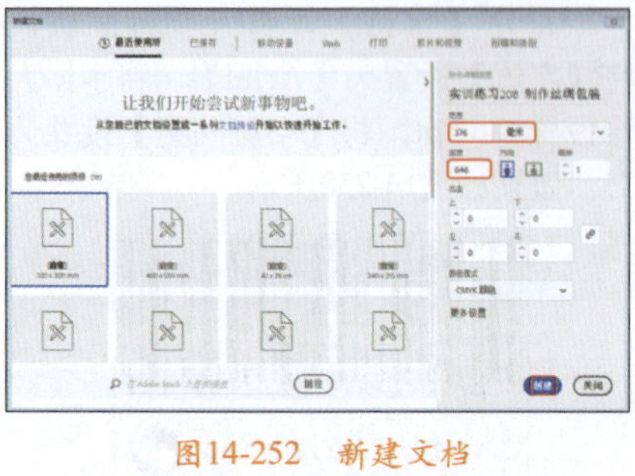

图14-252 新建文档

❷ 使用【矩形工具】，绘制【宽度】和【高度】分别为54mm和647mm的矩形，在【渐变】面板中将【类型】设置为【线性】，将0%位置的CMYK值设置为100、100、0、14，将50%位置的CMYK值设置为65、32、0、9，将100%位置的CMYK值设置为100、100、0、60，如图14-253所示。

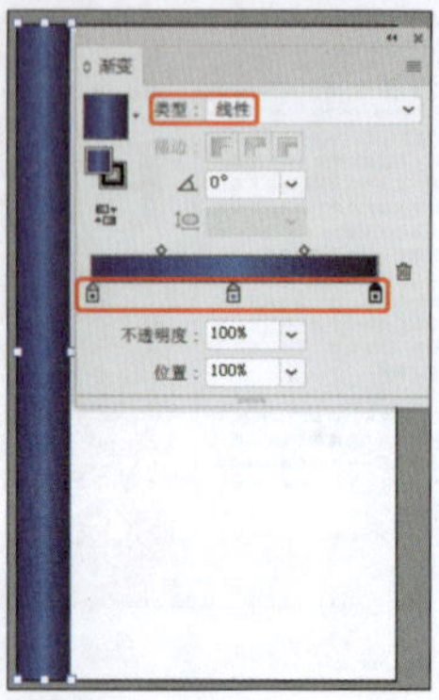

图14-253 设置渐变色

❸ 返回到场景中，利用【渐变工具】对渐变色进行调整，如图14-254所示。

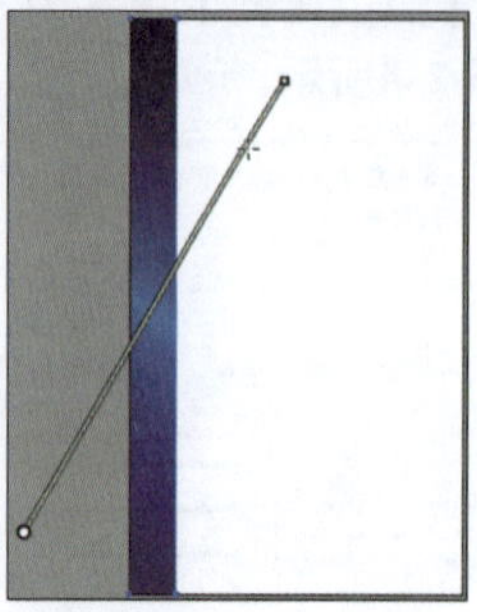

图14-254 混合后的效果

❹ 选择创建的矩形，对其进行复制，选择复制的矩形，打开【对齐】面板，将【对齐】设置为【对齐画板】，分别单击【水平右对齐】和【垂直底对齐】按钮，效果如图14-255所示。

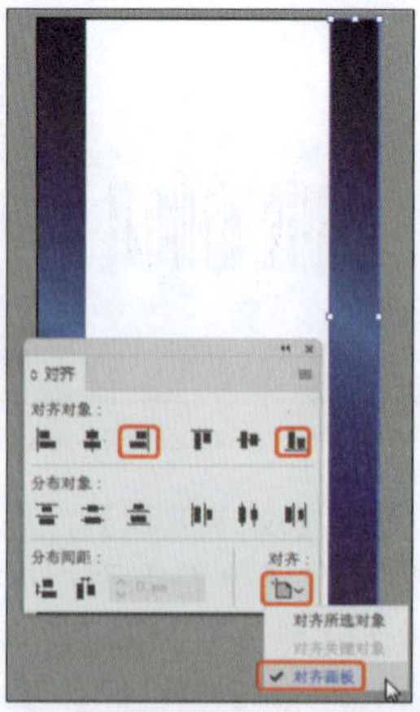

图14-255 复制矩形

❺ 使用【矩形工具】绘制【宽度】和【高度】分别为269mm和53mm的矩形，在【渐变】面板中将【类型】设置为【线性】，将【角度】设置为-90°，将0%位置的CMYK值设置为100、100、0、14，将100%位置的CMYK值设置为100、100、0、60，调整至合适的位置，如图14-256所示。

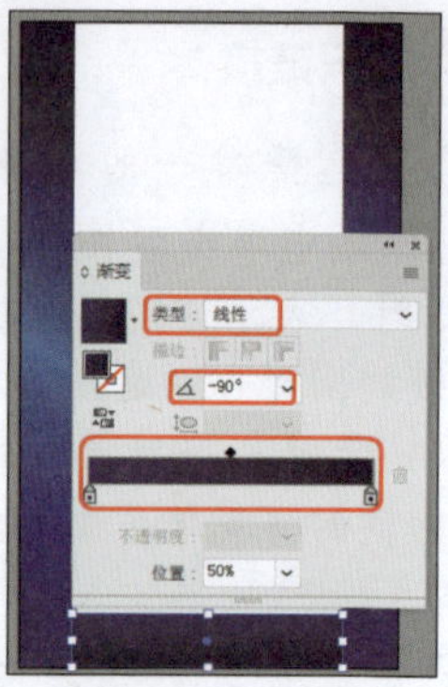

图14-256 绘制矩形

❻ 继续绘制矩形，绘制【宽度】和【高度】分别为269和270的矩形，在【渐变】面板中将【类型】设置为【线性】，将【角度】设置为-90°，将0%位置的CMYK值设置为100、100、0、14，将50%位置的CMYK值设置为65、32、0、9，将100%位置的CMYK值设置为100、100、0、60，如图14-257所示。

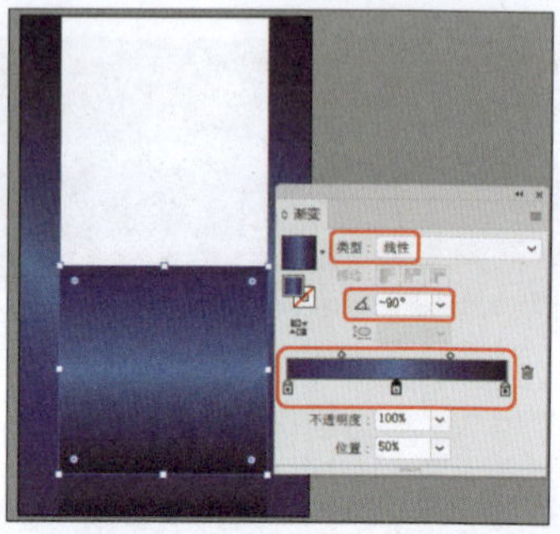

图14-257 绘制矩形

❼ 按Ctrl+O组合键，打开随书配套资源中的素材|Cha14|丝绸包装素材.ai文件，选择“地图”将其添加到场景中，调整两侧矩形的位置，如图14-258所示。

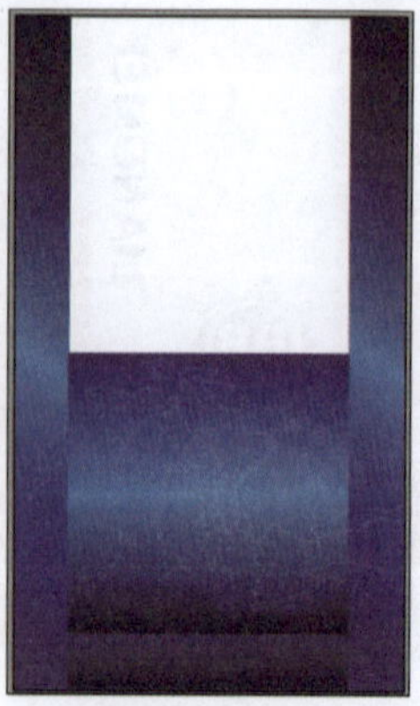

图14-258 添加素材文件

❽ 在场景中选择除两侧矩形外的其他对象进行复制，并调整位置，如图14-259所示。

图14-259　复制对象

❾ 选择上一步复制对象的最上侧矩形，利用【渐变工具】对渐变色适当调整，如图14-260所示。

图14-260　调整渐变色

❿ 利用【矩形工具】绘制【宽度】和【高度】分别为270和87的矩形，在【渐变】面板中将【类型】设置为【线性】，将【角度】设置为0°，将0%位置的CMYK值设置为100、100、0、14，将50%位置的CMYK值设置为65、32、0、9，将100%位置的CMYK值设置为100、100、0、60，如图14-261所示。

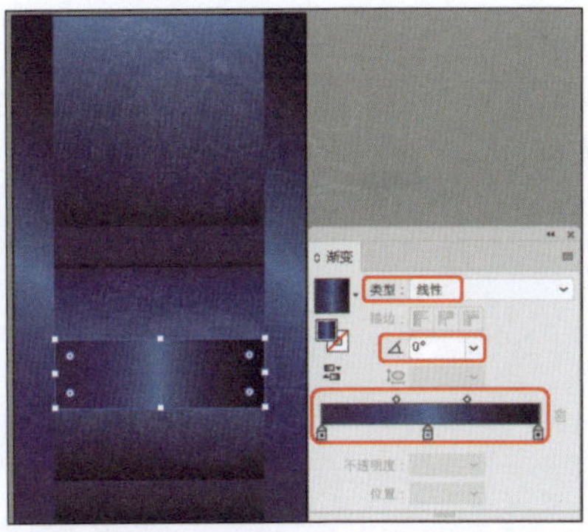

图14-261　绘制矩形

⓫ 利用【椭圆工具】绘制【宽度】和【高度】都为116.5的正圆，在【渐变】面板中将【类型】设置为【径向】，将0%位置的CMYK值设置为0、0、16、0，将100%位置的CMYK值设置为16.5、19.5、48、0，效果如图14-262所示。

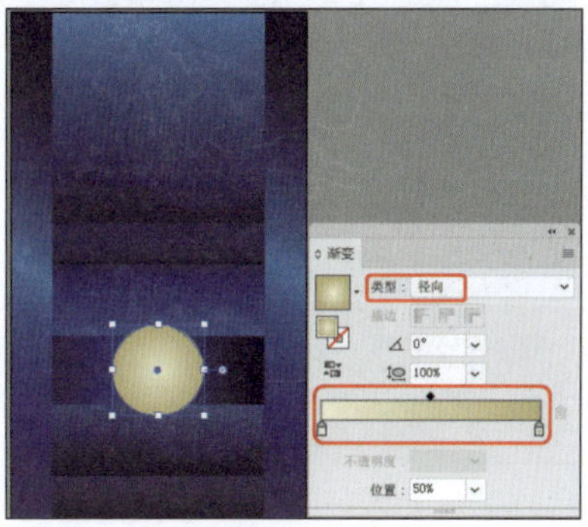

图14-262　绘制正圆

⓬ 选择上一步创建的对象，在【颜色】面板中将其【描边颜色】的CMYK值设置为100、54、0、0，将【描边粗细】设置为5pt，完成后的效果如图14-263所示。

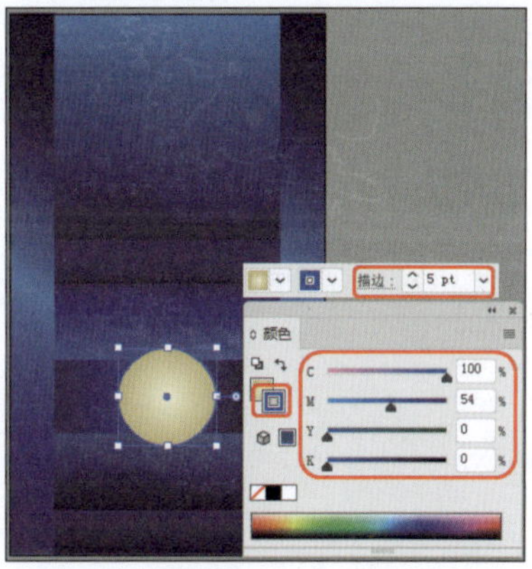

图14-263　设置描边

⓭ 选择相应的素材拖到画板中，适当调整其大小和位置，完成后的效果如图14-264所示。

图14-264　添加素材文件

⓮ 利用【文字工具】输入文本“丝”，将【字体】设置为【华文行楷】，将【字体大小】设置为120pt，按Ctrl+Shift+O组合键，将创建的文字转换为轮廓，对其填充和两侧矩形进行相同的渐变，完成后的效果如图14-265所示。

图14-265　输入文字

知识链接

将文字转换为轮廓后可以对其进行编辑和处理，就像任何其他图形对象一样。作为轮廓的文字对更改大型显示文字的外观非常有用，但对于正文文本或其他小型文字的作用就不明显了。

字体轮廓信息来自系统上安装的实际字体文件。当创建文本轮廓时，字符会在其当前位置转换，这些字符仍保留着所有的图形格式，如描边和填色。

将文字转换为轮廓时，这些文字会丢失其提示，这些提示是字体中内置的说明性信息，用于调整字体形状，以确保无论文字是何种大小，系统都能以最佳方式显示或打印它们。如果准备对文字进行缩放，请在转换之前调整其大小。

必须转换一个选区中的所有文字，而不能只转换文字字符串中的单个字母。要将单个字母转换为轮廓，需先创建一个只包含该字母的单独文字对象，然后进行转换。

⓯ 使用同样的方法输入“绸”，对其添加印章素材，完成后的效果如图14-266所示。

⓰ 输入文字“张记丝绸”，将【字体】设置为【隶书】，将【字体大小】设置为35pt，将其转换为轮廓，设置与中心圆盘相同的渐变色，如图14-267所示。

图14-266　输入“绸”字

图14-267　输入文字

⑰ 选择创建的文字，对其进行复制，将其添加到其他对象内，适当调整大小，完成后的效果如图14-268所示。

图14-268　复制并调文字

⑱ 选择中心圆盘中的所有对象，按Ctrl+G组合键对其进行编组，单击鼠标右键，在弹出的快捷菜单中选择【变换】|【对称】命令，弹出【镜像】对话框，勾选【水平】单选按钮，单击【复制】按钮，将复制对象的位置进行调整，如图14-269所示。

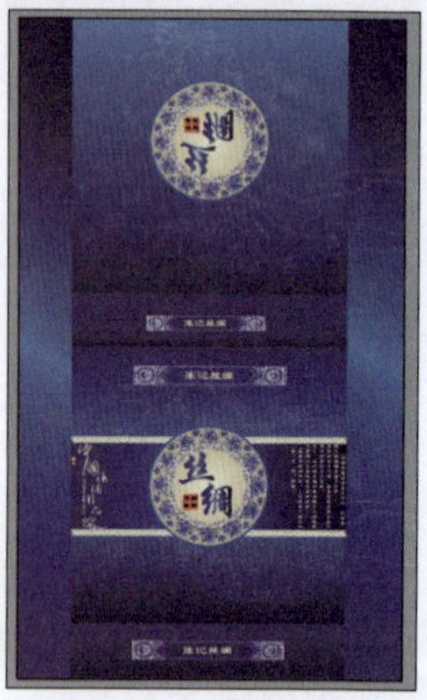

图14-269　完后的效果

⑲ 根据前面介绍的方法保存和导出文件即可。